HISTOIRE

DU

DROIT CIVIL FRANÇAIS

PRINCIPALES PUBLICATIONS DU MÊME AUTEUR.

Les Etablissements de saint Louis accompagnés des textes primitifs et de textes dérivés avec une Introduction et des Notes, publiés pour la Société de l'Histoire de France. Paris, Renouard. 1881-1886, 4 vol. in-8°.

Cet ouvrage a été honoré deux fois du grand prix Gobert de l'Académie des Inscriptions et Belles-Lettres.

Droit public. — Histoire des institutions politiques et administratives de la France, t. Ier. Paris, Larose, 1890, in-8° (en cours).

Lettres intimes de Mademoiselle de Condé à M. de la Gervaisais (1786-1787) avec une Introduction et des Notes. Paris, Didier, 1878, 1 vol. in-12.

Paris pendant la Révolution d'après les rapports de la police secrète, par A. Schmidt, traduction française par Paul VIOLLET. Paris, Champion, t. I, II, III, in-8° (en cours de publication).

DROIT PRIVÉ ET SOURCES

HISTOIRE
DU
DROIT CIVIL FRANÇAIS

ACCOMPAGNÉE

DE NOTIONS DE DROIT CANONIQUE

ET D'INDICATIONS BIBLIOGRAPHIQUES

PAR

PAUL VIOLLET

MEMBRE DE L'INSTITUT.

PROFESSEUR D'HISTOIRE DU DROIT CIVIL ET DU DROIT CANONIQUE A L'ÉCOLE DES CHARTES

BIBLIOTHÉCAIRE DE LA FACULTÉ DE DROIT DE PARIS

Seconde édition du *Précis de l'Histoire du Droit français*

corrigée et augmentée

Ouvrage honoré du grand prix Gobert de l'Académie des Inscriptions et Belles-Lettres

PARIS

LIBRAIRIE

DU RECUEIL GÉNÉRAL DES LOIS ET DES ARRÊTS

ET DU JOURNAL DU PALAIS

L. LAROSE & FORCEL, ÉDITEURS

22, RUE SOUFFLOT, 22

1893

Chaque exemplaire doit porter la signature de l'auteur et des éditeurs

Paul Viollet

Larose et Forcel

BAR-LE-DUC, IMPRIMERIE CONTANT-LAGUERRE.

AVERTISSEMENT

POUR LA SECONDE ÉDITION.

Cet ouvrage a été corrigé avec le plus grand soin et tenu soigneusement au courant. Le travail de révision que suppose aujourd'hui toute édition nouvelle d'une œuvre historique d'une portée générale, est considérable, car l'activité scientifique n'a jamais été aussi grande. J'ai conscience de m'être acquitté sérieusement du devoir très lourd qui m'incombait. Je remercie les lecteurs et les critiques dont les observations, s'ajoutant à mes recherches personnelles, me permettent d'offrir aujourd'hui au public un livre qui, j'ose l'espérer, est très amélioré.

Une disposition typographique plus avantageuse m'a permis de faire un grand nombre d'additions au texte de la première édition, sans grossir démesurément ce volume. Cependant, si j'ai complété et enrichi la plupart des chapitres de l'ouvrage, je n'en ai ajouté aucun. Les modifications ou addi-

tions les plus importantes intéressent, ce me semble, l'histoire des sources anciennes du droit canonique, les origines de la famille, le mariage et le divorce, la propriété des meubles, l'abolition des droits féodaux, la nouvelle noblesse.

Ma méthode est restée la même. On ne trouvera ici aucune discussion ou dissertation. Je condense les résultats auxquels je suis arrivé directement par mes investigations personnelles et ceux que me fournissent les travaux des érudits. L'histoire est devenue une œuvre collective à laquelle collaborent une foule de travailleurs de toute langue et de toute nation, personnellement inconnus les uns aux autres, mais qui de loin s'entr'aident, apportant chacun leur pierre à l'édifice commun.

J'ai suivi autant que possible jusqu'à nos jours les transformations de la législation et j'ai même cité en note bon nombre de projets et de propositions de lois qui sont restés projets et propositions[1]*. Ce mouvement des esprits appartient, lui aussi, à l'histoire. Il en est même une des faces les plus intéressantes.*

*Le titre qui avait été choisi pour la première édition, a été un peu modifié, afin de mettre le présent volume en parfaite harmonie avec l'*Histoire des institutions politiques et administratives de la France. *Les titres des ouvrages que je consacre l'un au droit privé, l'autre au droit public, se doivent correspondre exactement, ces deux ouvrages étant conçus dans le même esprit et rédigés d'après la même méthode.*

[1] Je dois une bonne partie des renseignements précis que je donne à cet égard à une obligeante communication de M. Lyon-Caen. Je suis heureux de lui exprimer ici mes sincères remerciements.

AVANT-PROPOS

DE LA PREMIÈRE ÉDITION.

Je présente aujourd'hui au public un précis sommaire de l'histoire du droit français, précis qui pourrait, si j'ai atteint mon but, offrir une double utilité : initier les commençants et fournir à ceux qui veulent étudier personnellement telle ou telle partie de l'histoire du droit un premier aperçu général du sujet et les indications bibliographiques indispensables.

J'ai éliminé, autant que possible, les hypothèses, les conjectures, les investigations compliquées et n'ai pas cessé un moment de parler à des commençants. J'ai voulu tracer les lignes générales, conduire le lecteur par des chemins larges et faciles. Je me suis gardé toutefois d'élever à droite et à gauche de ces grandes voies de hauts murs de clôture qui ferment l'horizon : j'aime les routes ouvertes.

Je traiterai successivement :

1° Les sources, sans la connaissance desquelles l'histoire du droit est impossible.

J'ai compris dans cette première partie de l'ouvrage les sources du droit canonique à cause de l'influence que ce droit a exercée. Par la même raison, j'ai dû m'occuper des sources du droit romain; mais je l'ai fait plus brièvement, les ouvrages et les cours sur cette matière étant à la portée de tous.

2° L'histoire du droit privé comprenant l'état des personnes, la famille, les biens et les obligations. — Ici encore j'ai dû traiter quelques sujets qu'on a coutume de réserver au droit canonique, le mariage, par exemple. J'ai cru devoir aborder le droit canon dans la mesure exacte où il peut servir à l'histoire du droit français, au sens moderne du mot.

3° L'histoire du droit public. — La connaissance du droit privé jette de vives lumières sur quelques parties de l'histoire du droit public : cette considération m'a engagé à donner au droit public la dernière place.

Si je cherchais à indiquer ici la notion la plus importante et la plus générale qui se dégage d'une étude d'ensemble sur l'histoire du droit, je m'en tiendrais à une observation que j'ai formulée en ces termes dans un mémoire déjà ancien : « Un peuple, disais-je, n'est pas libre de transformer d'un jour à l'autre sa langue ou sa littérature; il n'est pas libre de changer complètement son droit public ou privé. Langue, littérature, droit, portent fatalement l'empreinte des siècles, et l'homme, quoi qu'il fasse, se débat dans son passé : le droit n'est donc point une création artificielle de l'esprit humain; l'histoire d'une nation vient s'y réfléchir comme elle se réfléchit dans son langage. » Un jurisconsulte d'une rare valeur, Besnard, a dit un peu autrement : « Le *droit existant* puise à la fois sa raison d'être dans l'*histoire* des peuples et dans la *conscience des hommes*. C'est un fait actuel qui découle en même temps et de faits antérieurs et de principes supérieurs à lui[1]. »

L'école historique peut s'attacher d'autant plus sûrement et d'autant plus fermement à cette pensée qu'elle n'est point nouvelle et que nous n'avons nullement le mérite de l'avoir formulée les premiers. C'est là une de ces vérités de sens commun que l'historien met en relief et fait toucher du doigt; mais il n'a point l'honneur de l'avoir découverte; en l'an VIII, l'illustre Portalis disait déjà excellemment : « Les codes des peuples *se font* avec le temps, mais, à proprement parler, *on ne les fait pas*[2]. »

Voilà le meilleur et le plus utile résumé d'un ouvrage historique tel que celui-ci; voilà la pensée dont s'inspire et à laquelle est sans cesse ramené celui qui entreprend d'écrire une histoire du droit.

Je ne me dissimule aucune des difficultés d'une telle entreprise qui tantôt m'épouvante et m'apparaît folie, tantôt me charme et m'appelle invinciblement.

Je n'oublie pas qu'au cours de sa belle carrière scientifique, Charles Giraud déclara un pareil ouvrage prématuré, et se contenta d'en ébaucher quelques chapitres. Mais, depuis 1840, des travaux considérables ont été entrepris en France et en Allemagne; de toutes parts, la libre initiative et ce travail généreux que stimule le meilleur des mobiles, la curiosité indépendante et désintéressée, ont fécondé bien des terres incultes, frayé bien des voies nouvelles. Le moment ne serait-il point venu de rapprocher, de résumer tant de travaux dispersés, d'y ajouter, je ne le dissimule pas, quelque chose

[1] Besnard, *Essai sur les stipulations pour autrui*, Caen, 1844, p. 5.

[2] Fenet, *Recueil complet des travaux préparatoires du Code civil*, t. Ier, p. 476.

et de donner enfin, en abrégé, cette histoire du droit français, qui effrayait Charles Giraud?

Non sans crainte et sans hésitation, je l'ai tenté. Les bons juges auxquels je soumets cet essai m'aideront à le perfectionner, s'il a quelque valeur : ils me condamneront, si j'ai présumé de mes forces.

Qu'il me soit permis, en parlant de mes juges, de songer plus particulièrement et à ces maîtres excellents dont je suivais les cours, il y a bientôt vingt-cinq ans, à l'école des Chartes et qui m'initièrent à ces belles études, et aux savants jurisconsultes qui m'entourent aujourd'hui à l'école de droit de Paris, eux aussi mes maîtres d'autrefois. Je voudrais que cet ouvrage se ressentît quelque peu de cette double influence et qu'il ne fût tout à fait indigne ni des uns ni des autres. Si quelques parties en sont appréciées, je le devrai à ces premières et fécondes leçons, à ces précieuses relations de chaque jour.

J'ai voulu d'ailleurs profiter d'une manière plus immédiate et plus directe de ces heureuses circonstances. Ne pouvant soumettre à tous les maîtres qui m'entourent chacune des pages de cet ouvrage et n'ayant, pour assurer à mon travail, l'épreuve préalable d'une critique sévère et compétente, que l'embarras du choix, j'ai prié M. Esmein, professeur à la faculté de droit de Paris, et M. Monnier, professeur à la faculté de droit de Caen, de me servir, comme nous disons dans nos sociétés savantes, de *commissaires responsables*. Ils y ont consenti avec une grâce parfaite et j'ai pu communiquer à l'un ou à l'autre d'entre eux presque toutes les épreuves de ce premier fascicule[1]. Je dois à leur science et à leur bien-

[1] La première édition de cet ouvrage a paru en deux fascicules. Ce qui est dit ici du premier fascicule est vrai de tout l'ouvrage.

veillance d'excellents conseils et diverses améliorations qu'ils reconnaîtront facilement : je leur dois, en un mot, la même reconnaissance qu'à mon savant et bien cher confrère, M. Henri Bordier, qui, depuis plus de trois ans, accorde à mes *Etablissements de saint Louis* ces heures fécondes de lecture sur épreuves et de bienveillante critique, si précieuse pour un auteur. Ainsi MM. Esmein et Monnier sont responsables de quelques bons passages. Quant aux défaillances et aux imperfections, j'en suis l'unique auteur.

Si ce livre est jamais réimprimé, je pourrai faire mieux, avec le secours de mes lecteurs. Je les prie instamment de m'indiquer les améliorations qui paraîtraient désirables : un livre élémentaire du genre de celui-ci se doit perfectionner sans cesse.

Bibliographie. — Sous cette rubrique, je donnerai, à la fin de chaque chapitre, les titres des travaux intéressant le sujet traité. Il est convenable de placer ici l'indication des principaux ouvrages consacrés d'une manière générale à l'histoire du droit français (quant aux monographies, elles seront indiquées à leur place respective, dans le cours du présent ouvrage). — Fleury (l'abbé), *Histoire du droit françois*, Paris, 1674[1], (souvent réimprimé). — Laurière (Eusèbe de), *Glossaire du droit françois*, Paris, 1704, 2 vol. in-4°; nouvelle édition, Niort, 1882, in-4°. — Silberrad, *Historiæ juris Gallicani epitome*, à la suite de l'*Historia juris civilis Romani ac Germanici* d'Heineccius, Argentorati, 1751; nouvelle édition, 1765. — Poncelet, *Précis de l'histoire du droit civil en France*, Paris, 1838. — Schaeffner, *Geschichte der Rechtsverfassung Frankreichs*, Frankfurt am Main, 1845-1850, 4 vol. — Eschbach, *Cours d'introduction générale à l'étude du droit*, Paris, 1843; 2e édit., Paris, 1846; 3e édit., Paris, 1856. — Warnkœnig et Stein, *Französische Staats- und Rechtsgeschichte*, Bâle, 1846-1848, 3 vol. — Klimrath, *Travaux sur l'histoire du droit français*, Paris, 1843, 2 vol. — Giraud (Ch.), *Essai sur l'histoire du droit français au moyen âge*, Paris, 1846, 2 vol. (L'*Avertissement* contient l'indication d'un grand nombre d'ouvrages relatifs à l'histoire du droit français dont je ne puis ici reproduire

[1] L'absence d'indication de format suppose l'in-8° ou un format inférieur. L'absence de toute indication touchant le nombre des tomes suppose un seul volume.

tous les titres). — Laferrière, *Histoire du droit français*, 1836-1838, 2 vol.; 2e édition sous ce titre, *Essai sur l'histoire du droit français*, Paris, 1859, 2 vol. — Laferrière, *Histoire du droit civil de Rome et du droit français*, Paris, 1847-1858, 6 vol. — Minier, *Précis historique du droit français, Introduction à l'étude du droit*, Paris, 1854. — Tiercelin, *Essai sur l'histoire générale du droit français*, dans Dalloz, *Répertoire*, t. Ier, 1870, in-4°, pp. 1-341. — Beaune (Henri), *Introduction à l'étude historique du droit coutumier français jusqu'à la rédaction officielle des coutumes*, Lyon et Paris, 1880. — Beaune (Henri), *Droit coutumier français, La condition des personnes*, Lyon et Paris, 1882. — Beaune (Henri), *Droit coutumier français, La condition des biens*, Lyon et Paris, 1886. — Ginoulhiac, *Cours élémentaire d'histoire générale du droit français*, Paris, 1884. — Gautier, *Précis de l'histoire du droit français*, Paris, 1882; 2e édit., 1884. — Guétat, *Histoire du droit français*, Paris, 1884. — Glasson, *Histoire du droit et des institutions de la France*, Paris, 1887 et années suivantes, t. 1 à 4 (en cours de publication). — Esmein, *Cours élémentaire d'histoire de droit français à l'usage des étudiants de première année*, Paris, 1892, 1er fascicule (en cours).

LIVRE PREMIER.

LES SOURCES.

PRÉLIMINAIRES.

QUATRE DOMAINES JURIDIQUES.

Division des sources par l'histoire. — Avant d'aborder le droit en lui-même, il est nécessaire de se rendre compte des sources juridiques qui nous serviront à l'étudier. Ces sources sont trop nombreuses; l'étude en est trop difficile et trop délicate pour que je puisse les supposer connues.

La connaissance des sources est le fil conducteur qu'il faut avant tout tenir en main.

Cette connaissance des sources, c'est quelque chose de plus que la bibliographie pure. En effet, tout en passant en revue les sources de l'ancien droit français, nous tracerons naturellement et, pour ainsi dire, sans effort, les grandes lignes de ces études; nous toucherons du doigt, nous surprendrons sur le fait les influences diverses d'où est sorti le droit français.

Quatre grandes forces, correspondant à quatre domaines ou milieux tout à la fois intellectuels, moraux et juridiques, ont contribué à la formation de la nation française. Ces quatre domaines que j'énumère en suivant un certain ordre chronologique, sont : 1° le domaine ou milieu gaulois; 2° le domaine ou milieu romain; 3° le domaine ou milieu chrétien; 4° le domaine ou milieu germanique.

L'invasion des Barbares est le dernier grand événement politique qui ait contribué à ce mélange confus d'éléments divers. Au moment où les Germains apparaissent sur la scène, l'élément celtique ou gaulois et l'élément romain sont déjà entrés en fusion; ou, plus exactement, l'élément gaulois a presque entièrement disparu sous l'action romaine. Nos pères sont gallo-romains, ils ne sont plus gaulois. Sur le domaine gallo-romain ainsi formé l'élément religieux a commencé son action, action lente et profonde, qui se continuera de siècle en siècle et contribuera puissamment à donner aux nations chrétiennes la physionomie morale qui les caractérise et les distingue si nettement du reste du monde. La quatrième et dernière force, la force germanique va exercer à son tour sur notre pays, sur ses institutions et sur son droit une influence considérable.

Nous passerons en revue les sources juridiques qui correspondent à ces quatre domaines. Nous apprendrons ainsi à connaître les moyens d'information très divers et très variés qui sont à notre disposition pour l'étude.

Le domaine gaulois donnera lieu à de très courts développements; car nous connaissons fort mal le droit gaulois.

Il en est tout autrement du droit romain. Il survécut, comme on sait, à l'empire. Survivance presque merveilleuse (résurrection serait ici, on le verra bientôt, un mot meilleur que survivance)! A l'heure où j'écris, ce droit n'est pas entré partout dans ce grand repos de la mort, où la science seule, un jour, le viendra troubler. Il garde la valeur de droit supplétif en Allemagne, en Ecosse, dans le Bas-Canada et dans plusieurs pays dépendant de la Grande-Bretagne [1]. Presque partout ailleurs, son esprit et son souffle pénètrent encore certaines parties de la législation officielle.

Le domaine religieux et canonique, tout en ayant beaucoup perdu de sa puissance et de son influence, est toujours plein de vie.

[1] Cf. Rivier, *Introd. hist. au droit romain*, nouv. édit., 1881, p. 636.

Quant au droit germanique, son influence sur le droit français a été si grande que nous pouvons considérer un bon nombre des sources juridiques françaises du moyen âge comme apparentées de près à l'esprit germanique. D'autres sources françaises, intéressant les provinces méridionales, ont des attaches plus nombreuses et plus intimes avec le droit romain. Aussi bien, à partir du XIVe et du XVe siècle, les éléments romains et canoniques vont se mêlant de plus en plus aux éléments germaniques, même dans la région du centre et du nord. Mais il n'y a aucune solution de continuité. C'est sur un fonds en bonne partie germanique, incessamment transformé par les besoins nouveaux et par l'invasion du droit romain et du droit canonique, que s'édifie le droit coutumier.

A la suite des chapitres qui traitent des sources du droit germanique, nous avons ouvert une grande division, consacrée aux sources du droit français.

L'histoire des sources ne nous fera point méconnaître ce développement naturel du droit, ou, comme on l'a dit, cette force plastique par laquelle les sociétés humaines créent ou modifient leurs institutions suivant leurs besoins[1]. Il ne faut pas que la recherche des origines et des influences savantes qui ont exercé une action notable sur notre droit, nous fasse, un seul instant, perdre de vue cette idée générale qui domine l'histoire.

[1] R. Dareste, dans *Journal des Savants*, 1889, p. 649.

PREMIÈRE PARTIE.

SOURCES DU DROIT GAULOIS.

Celtes ou Gaulois. — Nous ne traiterons pas longuement du droit gaulois, de ce droit inconnu qui a précédé sur notre sol le droit romain, le droit canonique, le droit germanique. Ce domaine primitif, à vrai dire, ne nous est pas ouvert ou, du moins, ce que nous en savons se réduit à bien peu de chose.

Rejetant quelques erreurs trop répandues, nous devons rappeler tout d'abord :

1° Que les noms de Celtes et de Gaulois ne représentent point deux groupes ethnographiques différents[1];

2° Que les Gaulois ou Celtes des Gaules ne se divisent point en Gaëls et Kymri, comme l'a cru Amédée Thierry[2];

3° Qu'à côté des Celtes des Gaules, un groupe celtique distinct, le groupe gaëlique, habitait l'Irlande d'où il s'est répandu plus tard en Ecosse[3].

Nous n'avons donc point à nous occuper de distinctions qui n'existent pas. Nous sommes en présence des Celtes ou Gaulois des Gaules, et nous nous demandons où trouver quelques renseignements sur leurs institutions et sur leur droit. Divers passages de César sont les témoignages les plus importants qui nous soient restés. L'un a trait au régime des biens dans le mariage. Il est trop célèbre pour que nous ne le reproduisions pas ici : *Viri quantas pecunias ab uxoribus dotis nomine accepe-*

[1] H. d'Arbois de Jubainville, *Les Celtes, les Galates, les Gaulois* (Extrait de la *Revue archéologique*), Paris, 1875.

[2] H. d'Arbois de Jubainville, *Les Cimbres et les Kymri*, dans *Revue archéol.*, nouv. série, 13e année, 1872, t. XXIV, pp. 39-51.

[3] H. d'Arbois de Jubainville, *ibid.*

runt, tantas ex suis bonis, æstimatione facta, cum dotibus communicant. Hujus omnis pecuniæ ratio habetur, fructusque servantur. Uter eorum vita superarit, ad eum pars utriusque cum fructibus superiorum temporum pervenit[1]. On a longuement disserté sur ce texte où on a voulu voir le point de départ de notre communauté de biens; mais entre notre droit coutumier et l'époque de César il y a une telle solution de continuité, qu'il n'est pas légitime d'aller chercher à la communauté de biens cette origine énigmatique et lointaine. M. H. d'Arbois de Jubainville a fait remarquer que le mot *pecunia* désigne certainement ici des troupeaux.

César nous fournit un autre renseignement, très clair celui-là, sur les pouvoirs du mari gaulois qui avait, dit-il, droit de vie et de mort sur sa femme et sur ses enfants[2].

Quant au droit public, nous pouvons encore recueillir dans les *Commentaires* quelques données sommaires. Les *druides*, prêtres, magiciens, devins et professeurs, constituent le corps judiciaire : ils ont un chef unique. Les *equites* forment une aristocratie guerrière et puissante qui domine une plèbe très abaissée[3]. Les chefs sont entourés de clients ou compagnons appelés *ambacti*[4], lesquels paraissent être des hommes libres[5]. Il y a aussi des clients inférieurs, soumis à une étroite dépendance[6]; ce sont les *obœrati*[7] : ces petites gens, réduits pour une cause ou pour une autre à la misère, ont aliéné leur liberté et sont réduits à la servitude[8]. Parfois un lien tout spécial et

[1] César, VI, 19. Lire ici, entre autres travaux, Humbert, *Du régime nuptial chez les Gaulois* (*Revue hist. du droit français et étranger*, 1858, p. 517); Dorlencourt, *De la communauté chez les Gaulois* (*Revue pratique de droit français*, 4e année, t. VII, 1859); Tailliar, *Essai sur l'histoire des institutions du nord de la France*, ch. 4, no 59. La solution me paraît donnée par M. H. d'Arbois de Jubainville, dans ses *Recherches sur l'origine de la propriété foncière et des noms de lieux en France*, pp. 109-111.

[2] César, VI, 19.

[3] César, VI, 13.

[4] César, VI, 15.

[5] Cf. Roget de Belloguet, *Ethnogénie gauloise. Introd.*, 1re partie, 2e édit., 1872, pp. 82, 83; L. de Valroger, *les Celtes, la Gaule celtique*, p. 114, n. 2.

[6] César, VI, 13.

[7] César, I, 4.

[8] César, VI, 13.

très étroit réunit le chef à son entourage ou, comme nous dirions, à sa cour; ces gens, composant la famille ou la cour, que César appelle *devoti* ou *soldurii*, sont dévoués jusqu'à la mort au chef qui les nourrit et ne lui survivent jamais[1].

Voilà à peu près[2] à quoi se réduisent les témoignages directs et authentiques relatifs au droit gaulois. Par une voie indirecte on peut arriver à faire sur le droit gaulois bien des conjectures vraisemblables. Cette voie indirecte, c'est l'étude des textes juridiques irlandais, de ce droit brehon qui certainement devait avoir de grandes affinités avec le droit de la Gaule[3]. On arriverait aussi, et déjà on est arrivé, à certains résultats, en étudiant avec soin les cartulaires bretons, parmi lesquels le cartulaire de Redon.

Je n'insiste pas davantage sur le droit gaulois. Nous n'aurons plus dorénavant à nous en occuper. Les théories de l'histoire du droit français qui le prennent pour point de départ et pour assise première, sont le fruit de l'imagination, non pas le résultat d'études sévères et rigoureuses. Ces théories aventureuses qui ont eu leurs brillants représentants de nos jours, avaient été soutenues, au XVIIIe siècle, non sans charme et sans talent, par Grosley[4]. Elles ont été sagement combattues par M. L. de Valroger[5].

Si la pénurie des renseignements et des textes est presque complète en ce qui touche le droit gaulois, une considération peut atténuer nos regrets : c'est que ce droit perdu ressemblait

[1] César, III, 22. Cf. Roget de Belloguet, *ibid.*, p. 85. Toutefois ces *soldurii* sont peut-être des Aquitains ou Ibères, non des Gaulois (Cf. mon *Droit public*, p. 13).

[2] Il est douteux que les vers du *Querolus* (commencement du Ve siècle) se rapportent aux Gaulois (édit. Havet, p. 218, n. 1). Cf. la conjecture que relate M. Havet en note. On a très souvent appliqué au droit gaulois ce principe formulé par Symmaque au IVe siècle : *Gignuntur hæredes, non scribuntur*. Assurément, il est bien probable que le testament était inconnu des Gaulois; mais il semble évident, quand on lit tout le passage de Symmaque, qu'il n'a nullement songé à nous transmettre une règle du droit gaulois. Cf. L. de Valroger, *Les Celtes, la Gaule celtique*, p. 177, note 1; Chambellan, *Etude sur l'histoire du droit français*, 1re partie, Paris, 1848 (pages très intéressantes); Bremer, *Ulpians Verhältniss zu Gallien*, dans *Zeitschrift der Savigny-Stiftung für Rechtsgeschichte*, t. IV, *Rom. Abth.*, p. 84 et suiv.

[3] Joignez César, *De bello gallico*, VI, 13, *in fine*. Ce passage est très important.

[4] *Recherches pour servir à l'histoire du droit français*, Paris, 1752.

[5] Dans son ouvrage intitulé : *Les Celtes et la Gaule celtique*, Paris, 1879.

vraisemblablement beaucoup au droit germanique, tout en marquant probablement un état de culture un peu plus avancé. La science du droit comparé tend de plus en plus à prouver que les peuples primitifs ont partout les mêmes usages, à peu près les mêmes droits. Le droit celtique devait se rapprocher du droit germanique. Ce que nous en savons autorise cette supposition; mais ce fonds commun était habillé, en Irlande et probablement en Gaule, d'un vêtement scolastique *sui generis*. Cet appareil scientifique est absolument inconnu des Germains.

Bibliographie. — On se fera une idée de la curieuse littérature juridique des Irlandais, en étudiant les quatre volumes publiés sous ce titre : *Ancient laws of Ireland*, Dublin, 1865-1879. Mais cette lecture serait inutile et vaine, si elle n'était précédée d'une certaine préparation critique et historique. Les ouvrages suivants serviront de guides et d'introducteurs, à savoir : — sir Henry Sumner Maine, *Etudes sur l'histoire des institutions primitives*, trad. Durieu de Leyritz. Ce titre général couvre une étude philosophique et historique qui a pour base le droit irlandais; — H. d'Arbois de Jubainville, *Etudes sur le droit celtique. Le Senchus Mor*, Paris, 1881; — H. d'Arbois de Jubainville, *Introduction à l'étude de la littérature celtique*, Paris, Thorin, 1883; — H. d'Arbois de Jubainville, *Résumé d'un cours de droit irlandais professé au collège de France, premier semestre de l'année 1887-1888*, Paris, 1888; — H. d'Arbois de Jubainville, *Résumé du cours de droit irlandais professé au collège de France, second semestre de l'année 1887-1888, et premier semestre de l'année 1888-1889; La saisie mobilière dans le Senchus Mor*, Paris, 1890; — H. d'Arbois de Jubainville, *Le serment celtique*, dans *Revue archéologique*, 1891; — H. d'Arbois de Jubainville, *Cours de littérature celtique*, t. V, Paris, 1892; — Joignez mon *Droit public*, t. Ier, pp. 1-17; 178-182.

DEUXIÈME PARTIE.

SOURCES DU DROIT ROMAIN.

CHAPITRE PREMIER.

LÉGISLATIONS DE THÉODOSE ET DE JUSTINIEN.

Droit romain. — J'arrive au plus ancien élément, net et saisissable, parmi ceux qui ont contribué à la formation de notre droit national. J'arrive au droit romain.

Suivant l'ordre chronologique au sens matériel du mot, c'est là l'élément le plus ancien; mais il faut bien remarquer que, dans la période qui nous occupe, ce droit plus vieux, plus ancien chronologiquement, représente la plupart du temps les idées d'ordre et de progrès, quelque chose enfin de plus jeune moralement. Rome, en effet, s'est développée plus vite que la Germanie; elle est en avance sur elle. La date chronologique n'indique nullement la date morale. L'effort de l'esprit humain dans l'analyse des faits juridiques s'est épanoui chez les Romains. Le droit romain représente une civilisation plus avancée. C'est vers lui, c'est vers cette civilisation ancienne que vont se tourner, à dater de la période germanique, les regards des hommes de progrès. Le droit romain, c'est donc, par un côté, le passé; par un autre, c'est l'avenir. Depuis la période barbare jusqu'aux temps modernes, nos jurisconsultes et nos législateurs s'efforceront de retrouver ce passé perdu qui leur apparaîtra souvent comme le dernier mot de la sagesse et de la science. Et ceci aura lieu non seulement en France, mais dans l'Europe entière. En effet, le droit romain a joui au moyen âge d'une force d'expansion tout à fait analogue à la force envahissante que possède aujourd'hui une idée scientifique nouvelle, une notion philosophique ou sociale, comme sont les idées de liberté politique, de liberté religieuse, d'égalité civile, etc. Il a continué pacifiquement les conquêtes romaines et s'est étendu dans toute l'Europe bien au delà des limites de l'ancienne puissance latine. Ce mouvement, pour ainsi dire violent, nuisit plus d'une fois au développement régulier et fécond qui se fût produit naturellement et y substitua une formation un peu factice. Il importa dans le droit plus d'une erreur et plus d'une injustice; il souleva de vives et douloureuses protestations[1].

Deux blocs de droit romain, si je puis m'exprimer ainsi, ont joué, l'un après l'autre, un rôle considérable, à savoir : le *Code de Théodose* et les recueils de Justinien.

Pendant la période barbare, c'est le *Code de Théodose* qui, directement ou indirectement, exerce son influence[2]. Cette influence est encore considérable pendant la période carolingienne. Les traces du droit de Justinien sont rares, en France, jusqu'au XIIe siècle, époque à laquelle ce droit pénètre peu à peu les écoles et se répand de toutes parts. Il prend sa place, au XIIIe siècle, sur les rayons des bibliothèques de presque tous nos jurisconsultes coutumiers.

Quelques notions sommaires sur le droit de Théodose et sur le droit de Justinien, nous sont donc nécessaires.

1 Voyez, à ce sujet, Ringelmann, *Ueber die hist. Ausbildung und rechtliche Natur der Einkindschaft*, Würzburg, 1825, p. 43, note 2; Janssen, *L'Allemagne à la fin du moyen âge*, trad. franç., pp. 465 et suiv.; Petsche; *Geschichte und Geschichtschreibung*, Leipzig, 1865, p. 67; Stintzing, *Geschichte der deutschen Rechtswissenschaft*, 1re partie, München, 1880, p. 69; Michel Lhospital, *Traité de la réforme de la justice*, dans *Œuvres inédites*, t. Ier, Paris, 1825, pp. 321 et suiv.; Portalis, *De l'usage et de l'abus de l'esprit philosophique au XVIIIe siècle*, t. II, 3e édit., pp. 214, 215; Blondel, *De la condition des classes rurales en Allemagne à la fin du moyen âge*, Paris, 1891, pp. 14-20 (Extrait de *La Réforme sociale*).

2 Dans l'ouvrage intitulé : *L'invasion germanique et la fin de l'empire*, M. Fustel de Coulanges écrit : « Il a été démontré que les collections de Justinien avaient eu force de loi dans la Gaule jusqu'au milieu du moyen âge » (p. 513). C'est une très grave et étonnante erreur que l'auteur eût peut-être supprimée, s'il eût pu revoir cet ouvrage avant sa mort.

Code de Théodose. — Le *Code* appelé *Code Théodosien* est dû à l'empereur Théodose II. Ce *Code* réunit les constitutions impériales depuis Constantin. Les commissaires chargés de la rédaction y travaillèrent pendant neuf ans, à partir de l'année 429. Il fut publié en Orient, en février 438 et rendu exécutoire à partir des calendes de janvier 439. L'empereur d'Occident, Valentinien III, le publia aussi, la même année, dans ses états.

Du vivant des deux empereurs, et après eux, de nouvelles constitutions, désignées par le nom général de *Novelles*, suivirent le *Code Théodosien.*

Les documents de l'époque mérovingienne ou carolingienne qui parlent de la *Lex romana*[1], visent d'ordinaire la *Lex romana Wisigothorum* dont il sera parlé ci-après à l'occasion des lois barbares, et qui est calquée sur le *Code de Théodose.*

Législation de Justinien. — J'arrive à cet empereur de Constantinople dont l'œuvre législative a exercé dans notre Occident une si grande et si extraordinaire influence. Je veux parler de Justinien.

L'œuvre législative de Justinien comprend le *Code,* le *Digeste* ou les *Pandectes*, les *Institutes*, diverses *Constitutions* ou *Novelles.*

Code. — Justinien fit commencer, en 528, les travaux pour la publication de son *Code,* et le *Code* lui-même fut publié en 529, pour être exécutoire à partir du 16 des calendes de mai de l'année 530[2]. Une seconde édition du *Code de Justinien* (*Codex repetitæ prælectionis*) fut donnée en 534. Cette seconde édition subsiste seule; la première est perdue[3].

Le *Code de Justinien* contient des constitutions impériales de dates diverses et plus d'une fois des constitutions qui se trouvent aussi dans le *Code de Théodose*. La plus ancienne des constitu-

[1] La *Lex Romana* est le *Code de Théodose* abrégé par les Wisigoths. Nous la retrouverons, en étudiant les *Sources du droit germanique.*

[2] Cf. Rivier, *Intr. hist. au droit romain*, p. 406.

[3] Justinien fut empereur d'Orient. L'empire de Constantinople subsiste seul lors de son avènement; celui de Rome est détruit. Pages très intéressantes et importantes sur le Code de Justinien dans Edouard Cuq, *Le conseil des empereurs*, Paris, 1884, p. 484 et suiv.

tions recueillies par Justinien ne remonte qu'au règne d'Hadrien; fort peu émanent des Antonins ou de leurs successeurs immédiats. Le *Code* est divisé en douze livres et les livres en titres. On a souvent désigné, au moyen âge, par la dénomination spéciale de *Tres libri* les trois derniers livres du *Code*[1].

Digeste. — Après le *Code*, recueil de constitutions impériales, Justinien publia le *Digeste* ou les *Pandectes*, recueil de décisions de jurisconsultes. Le travail de rédaction commença en l'année 530.

Le *Digeste*, compilé avec une extrême rapidité, fut terminé au bout de trois ans.

Le *Digeste* (appelé aussi les *Pandectes*) fut publié le 16 décembre 533, pour avoir force exécutoire à partir du 30 décembre 533.

Le *Digeste* est divisé en 50 livres. Les livres sont divisés en titres et les titres en lois : *loi* est le nom donné, par l'ordre même de Justinien[2], à chaque fragment de jurisconsulte, recueilli dans cette vaste compilation.

Outre cette division qui remonte à Justinien et qui figure seule dans les éditions modernes, les manuscrits du moyen âge et les éditions du XVe et du XVIe siècle, coupent encore le *Digeste* en trois grandes divisions ou parties qui correspondent assez bien à ce que nous appellerions aujourd'hui des tomes. Mais cette tomaison est assez singulière. Elle est ainsi établie :

1° Le *Digestum vetus* (en français du XIIIe siècle la *Digeste vieille*) du livre Ier jusqu'au titre II du livre XXIV (inclus).

2° L'*Infortiat* du titre III du livre XXIV, jusqu'au livre XXXVIII (inclus).

3° Le *Digestum novum* du livre XXXIX jusqu'à la fin.

[1] On considère cette dénomination comme spéciale à l'école de Bologne (Rivier, *Intr. au droit romain*, p. 409). Justinien parle d'une autre division : « Et in septem partes eos digessimus non perperam, neque sine ratione, sed in numerorum naturam et artem respicientes, et consentaneam eis divisionem partium conficientes » (*Code de Just.*, I, XVII, *De veteri jure enucleando*, 2 § 1).

[2] « Et hoc ponere legis vicem obtinens non moremini, ut omnes qui relati fuerunt in hunc codicem prudentissimi viri habeant auctoritatem, tanquam si eorum studia ex principalibus constitutionibus profecta et nostro divino fuerant ore profusa » (*Digeste, Præfationes*, I, *De conceptione Digestorum ad Tribonianum*, 6).

Il faut aussi savoir, quand on a affaire aux manuscrits, que la dernière partie de l'*Infortiat* prend souvent le nom de *Tres partes*. La section du *Digeste*, baptisée de ce nom *Tres partes*, commence au mot *Tres partes* de la loi 82 au Dig., liv. XXXV, tit. II, et finit avec l'*Infortiat*[1].

Les exemplaires du *Digeste* abondent dans toutes les bibliothèques et dans les dépôts de manuscrits. Cette abondance témoigne matériellement de l'influence exercée par le droit de Justinien au moyen âge.

Il y aurait bien des indications secondaires mais utiles à ajouter sur les divisions du *Digeste*, et, en particulier, de l'*Infortiat*. On les trouvera dans Savigny, *Histoire du droit romain au moyen âge*.

Dans les manuscrits du moyen âge où le *Digeste* est cité, il l'est ordinairement par les deux lettres *ff* accolées, sigle qui doit dériver du π de *Pandectes*. Il faut savoir aussi que les numéros des livres et des titres ne sont point, d'ordinaire, cités au moyen âge. Un renvoi au *Digeste* ainsi conçu : l. *Libellorum*, ff. *De accusa(tionibus)* doit se traduire ainsi : *Dig.*, liv. XLVIII, tit. II, l. 3. Ainsi, *Libellorum*, premier mot de la citation, désigne la loi ; ensuite *ff*, veut dire qu'il s'agit du *Digeste* et non pas du *Code* ou des *Institutes*; après *ff* vient l'indication du titre désigné par sa rubrique *De accusationibus* et non pas par son numéro d'ordre.

Cette citation burlesque de l'Intimé des *Plaideurs* de Racine est parfaitement conforme à l'usage :

> Qui ne sait que la loi : *Si quis canis*, Digeste,
> *De vi*, paragrapho, Messieurs, *Caponibus*
> Est manifestement contraire à cet abus[2].

Ces citations dont l'usage n'est pas, d'ailleurs, entièrement perdu, ne sauraient embarrasser longtemps le lecteur. Il lui sera facile de se retrouver en consultant une table alphabétique

[1] Savigny, *Geschichte des röm. Rechts im Mittelalter*, t. III, Heidelberg, 1822, pp. 390, 391.

[2] Observation déjà faite par Ortolan, *ibid.*, p. 457.

des titres du *Digeste*, et, si le titre est long, une table alphabétique des premiers mots de chaque loi. Ces tables fournissent immédiatement le numéro d'ordre du titre et la loi cherchée.

Institutes. — Avant même la publication du *Digeste*, Justinien confia à trois professeurs de droit, Tribonien, Théophile et Dorothée, le soin de rédiger un ouvrage élémentaire, intitulé *Institutiones*, que nous avons appelé, en français, *Institutes*.

Ce traité, bien qu'il ne fût par sa nature qu'un livre destiné aux écoles de jurisprudence, reçut cependant le caractère de loi. Il fut publié un mois avant le *Digeste*, le 22 novembre 533; rendu exécutoire à la même date que le *Digeste*, le 30 décembre 533. Les *Institutes* de Justinien sont, en grande partie, copiées sur celles de Gaius, jurisconsulte célèbre du IIe siècle. On sait que ces *Institutes* de Gaïus, base de celles de Justinien, ont été retrouvées, en ce siècle, à Vérone.

Novelles. — Le *Code*, le *Digeste*, les *Institutes* furent souvent modifiés sous Justinien lui-même par des constitutions nouvelles : *Novellæ constitutiones*. Nous disons *Novelles*. La plupart des *Novelles* furent promulguées en grec, tandis que le *Code*, le *Digeste* et les *Institutes* avaient été écrits en latin.

Un professeur de droit de Constantinople, Julien, a donné, vers l'an 570, un abrégé des *Novelles* en latin. Cet abrégé, connu sous ce titre : *Juliani Novellarum Epitome*, n'embrasse pas toutes les *Novelles*, mais seulement 125 *Novelles*.

L'*Epitome* de Julien s'est répandu de bonne heure en Occident et y a joué un rôle dont la critique doit tenir grand compte.

Toute la collection des *Novelles* a été aussi traduite *in extenso* en latin : c'est ce qu'on nomme les *Authentiques*, *Authenticæ*; le recueil s'appelle *Authenticum*. L'*Authenticum* a été divisé, au moyen âge, en neuf *collationes*. Cette division qu'il est indispensable de connaître, a persisté bien après le moyen âge dans les éditions. Elle n'est pas primitive[1].

Du vivant même de Justinien, cette législation passa en Italie. En effet, cet empereur ayant détruit en Afrique le royaume des Vandales et chassé les Goths de l'Italie, les clefs de Rome lui

[1] Cf. Ortolan, *ibid.*, pp. 449, 453, 455.

furent envoyées, à Constantinople, en 537 : et, du même coup, la législation de Justinien, qui réalisait certainement de grands progrès dans le sens de la simplicité et de l'équité, fut introduite en Occident; mais elle ne s'y installa pas d'une manière plus solide que les armes de Justinien. La domination de cet empereur évanouie, ses lois restèrent à l'état de document respecté, non pas à l'état de législation vivante et obligatoire.

Bibliographie. — Textes. — On n'a possédé pendant fort longtemps qu'un *Code de Théodose* très mutilé. Clossius, Amédée Peyron, Baudi de Vesme ont largement mérité de la science par la découverte de fragments importants perdus. Enfin, Hænel a donné (1842-1844) une édition qui contient tous les fragments retrouvés; mais nous sommes encore loin de posséder le *Code de Théodose* dans son intégralité. — Krueger a revu récemment les fragments de Turin : *Codicis Theodosiani fragmenta Taurinensia*, 1880 (Extrait des *Abhdl. der Berl. Akad.*, 1879). — Le commentaire de Jacques Godefroy, publié après la mort de l'auteur par Ant. Marville (1665) reste un monument de science et d'érudition du premier ordre. Autre édition : Ritter, *Codex Theodosianus cum perpetuis commentariis Jac. Gothofredi*, Leipzig, 1736-1745, 6 vol. in-fol. Il faut avoir sous la main l'édition d'Hænel et le commentaire de Godefroy dans une autre édition. — Joignez : Ortolan, *Hist. de la législ. romaine*, 11e édit., Paris, 1880, t. Ier, pp. 398-405; — Krueger, *Geschichte der Quellen und Litteratur des röm. Rechts*, 1888, pp. 285-293; — Tardif, *Histoire des sources du droit français, Origines romaines*, pp. 61-70.

L'ensemble de l'œuvre législative de Justinien, *Code*, *Digeste*, *Institutes*, *Authentiques*, est connu depuis plusieurs siècles sous le nom de *Corpus juris civilis*. Le *Corpus juris civilis* contient aussi quelques textes accessoires du moyen âge. Les éditions du *Corpus* sont innombrables. Voici l'indication des dernières éditions spéciales et critiques de chacune des parties principales du *Corpus : — Code de Justinien*, édit. Krueger, Berlin, 1877, in-4°; — *Digeste*, édit. Mommsen, Berlin, 1868-1870, 2 vol. in-4°; — *Institutes*, édit. Krueger, Weidmann, 1867; édit. Huschke, Teubner, 1868; édit. Mispoulet, dans *Manuel des textes de droit romain*, Paris, 1889. — *Authenticum*, *Novellarum constitutionum Justiniani versio vulgata*, édit. Heimbach, Leipzig, 1851, 2 vol. in-4°; *Novellæ*, édit. Schoell, Berolini, 1880 et années suiv. in-4° (en cours de publication). — Enfin, l'*Epitome* de Julien a été publié par Hænel, à Leipzig, 1873, gr. in-4°. — Je ne parle pas ici des éditions du texte grec des *Novelles*, ce texte n'ayant qu'un intérêt accidentel ou éloigné pour nos études sur le moyen âge français.

Etudes : — Berriat Saint-Prix, *Histoire du droit romain suivie de l'his-*

toire de Cujas, Paris, 1821. — Lemonnier, *Etude historique sur la condition privée des affranchis*, Paris, 1887, Introduction (je lui ai emprunté quelques lignes). — Krüger, *Geschichte der Quellen und Litteratur des römischen Rechts*, Leipzig, 1888, pp. 322-358. — Mispoulet, *Les sources des Institutes de Justinien*, dans *Nouvelle revue historique de droit*, t. XIV, 1890, pp. 5-29. — Ad. Tardif, *Histoire des sources du droit français, Origines romaines*, Paris, 1890, pp. 33-120.

CHAPITRE II.

LE DROIT ROMAIN EN FRANCE.

Le droit de Justinien après Justinien.

Vues générales. — Je voudrais déterminer en peu de mots le caractère de l'influence exercée par le Code de Théodose et le caractère bien différent de l'influence qu'exerça la législation de Justinien.

La législation de Théodose, c'est le droit même sous lequel ont vécu nos pères. Son influence est profonde; elle affecte la pratique et les relations de chaque jour. Cette influence s'exerça d'ordinaire non pas directement par le Code théodosien lui-même, mais par l'abrégé du Code de Théodose, le *Bréviaire d'Alaric*, qui, depuis les invasions, fut, de préférence, lu et consulté dans notre pays.

La législation de Justinien est une œuvre étrangère à la société gallo-romaine et à la société franque, œuvre savante, qui pendant longtemps sort à peine du cercle de l'école. C'est un droit mort. Mais ce mort se reprend à la vie. Il refait, à partir du XIIe siècle, la conquête du monde. Et cette conquête de l'école a quelque chose d'artificiel et d'un peu forcé.

Un mot sur la postérité d'abord rare et clair-semée, puis vigoureuse et compacte du droit de Justinien.

L'histoire du droit de Justinien se divise en trois périodes : 1° période antérieure à la première renaissance du XIIe siècle; 2° période de la première renaissance; 3° période de la seconde renaissance.

Période antérieure à la première renaissance. — L'œuvre législative de Justinien eut fort peu d'influence en Occident jusqu'au XIIe siècle. Voici quelques indications sommaires sur les ouvrages très anciens où se manifeste l'influence du droit de Justinien.

VIe et VIIe siècle. — On en trouve quelques traces : 1° dans une lettre de saint Grégoire le Grand de l'année 599 et dans une autre lettre du même pape de l'année 603 ; 2° peut-être dans les ouvrages du célèbre Isidore de Séville, mort en 636 ; 3° peut-être dans une formule de Marculf[1].

IXe siècle. — L'influence du recueil de Julien est facilement saisissable dans le *Capitulaire* de Benoît Lévite[2].

Xe siècle. — Un manuscrit du Xe siècle contient la *Somme dite de Pérouse*, abrégé des huit premiers livres du *Code*. Niebuhr y voit un livre de pratique, composé du VIIe au IXe siècle, d'après « une somme plus ancienne et bien rédigée. » Tel est aussi le jugement d'Heimbach[3]. Un autre manuscrit du IXe ou du Xe siècle contient un *epitome* des *Institutes*. Cet *epitome* date peut-être lui-même du VIIe siècle[4].

XIe siècle. — L'influence du Code de Justinien est sensible dans un recueil lombard très important, composé au milieu du XIe siècle, le *Liber Papiensis*. Ce recueil a été compilé et glosé par un certain Walcausus, qui, en 1055, était *judex palatii*. Cette glose remarquable sent l'école et l'enseignement. Non seulement ce Walcausus ou Gualcausus a mêlé au droit lombard un peu de droit romain; mais il aurait aussi, suivant Fitting, glosé les *Institutes* de Justinien[5].

1 Rivier, *Introd. hist. au droit romain*, 1re édit., p. 465; Theiner, *Disquisitiones criticæ*, p. 235; Savigny, *Hist. du droit romain au moyen âge*, trad. Guenoux, t. II, p. 60, note 80 *a*, p. 107; Bœcking, *Pandekt.*, 1853, t. Ier, p. 101, n. 27; Desjardins, *De l'alién. et de la prescript. des biens de l'Etat*, p. 83. Voyez quelques pages remarquables sur le droit romain dans Marculf, chez Tardif, *Histoire des sources du droit français, Origines romaines*, pp. 172-177. Il me paraît fort douteux que l'opinion de Savigny touchant l'influence du droit de Justinien sur certaine formule de Marculf, soit justifiée. Il est également douteux qu'Isidore de Séville ait connu quelque chose des recueils de Justinien. Il a pu consulter certaines sources utilisées d'autre part par Justinien. Voyez, sur cette question, Bremer, *De Domitii Ulpiani institutionibus*, Bonnæ, pp, 20, 21; Voigt, *Ueber die Quellen von Isidor's Origines*, V, 4, dans Voigt, *Jus naturale*, t. Ier, 1856, p. 576 et suiv.; Max Conrat (Cohn), *Geschichte der Quellen und Literatur des römischen Rechts im früheren Mittelalter*, t. Ier, Leipzig, 1889, pp. 150-153.

2 Lire ici Max Conrat (Cohn), I, pp. 299 et suiv., 284, 293.

3 Flach, *Etudes critiques*, p. 72 (je lui emprunte quelques expressions).

4 Max Conrat (Cohn), *Geschichte*, I, 2e partie, pp. 166-168.

5 « Quædam appellatio, lisons-nous dans cette glose, constituatur, et quod hic a magistris solet dici describatur. » Ceci convient mieux à des étudiants qu'à des juges

Il faut citer, dans le cours du même siècle :

1° Les *Quæstiones et monita* aux lois lombardes. « La trame est lombarde, » mais l'œuvre est fourrée de droit romain (réminiscences des *Institutes*, des *Novelles* et même des *Pandectes*)[1] ;

2° Le *Libellus de verbis legalibus*, rédigé d'après plusieurs critiques en France. L'auteur du *Libellus*, qui connaît et utilise certaines parties du droit de Justinien, s'est peut-être aussi inspiré de traditions antéjustiniennes[2].

Si l'on voulait essayer d'entrevoir le mouvement des études juridiques qui ont pu se poursuivre obscurément dans le monde occidental sur la base des recueils antérieurs à Justinien, il faudrait tenir compte et des nombreux résumés de la *Lex romana Wisigothorum*, publiés par Hænel, à la suite de son édition et des gloses si précieuses que le même savant a recueillies[3].

3° Les *Petri exceptiones legum Romanorum*. Ces extraits du droit de Justinien qui constituent un remarquable petit traité de droit romain, ou ont été compilés en France peut-être à l'usage du viguier de Valence ou, à tout le moins, ont beaucoup circulé en France et y ont reçu certaines retouches caractéristiques. Il y est fait allusion à la division en pays de droit écrit et en pays de coutume. Les *Exceptiones Petri* ont été utilisées par

et à des praticiens. Voyez Pertz, *Leges*, t. IV, pp. LXXXII, XXXIII, 291. Fitting, *Die Institutionenglossen des Gualcaussus*, Berlin, 1891. (Joignez l'article de Bremer, dans *Göttingische gelehrte Anzeigen*, 15 sept. 1891, pp. 735-755.) De notre Gualcausus qui étudie le droit lombard et le droit de Justinien, rapprochez notamment cet inconnu qui nous a laissé un petit traité, *De successione ab intestato secundum novellas et secundum Longobardorum legem*, édité par Hænel, *Memoriam Kregelii de Sternbach*, Lipsiæ, 1863, p. 10. Sur Lanfranc, voyez de bonnes observations dans Jarriand, *Hist. de la nov.* 118, p. 111, note 1.

1 Flach, *ibid.*, p. 98.

2 Fitting, *Jur. Schrift.*, pp. 21-41, 181 ; Tardif, *Hist. des sources du droit français, Origines romaines*, pp. 194-196. En sens contraire Flach, *Etudes critiques*, pp. 45, 46. Joignez Max Conrat (Cohn), *Geschichte*, t. Ier, p. 312. Flach, *ibid.*, p. 157.

3 Par prudence, je n'ose parler ici de ces énigmatiques *legislatores* dont s'est occupé Savigny et qu'il semble avoir définitivement écartés. (Savigny, *Geschichte des röm. Rechts im Mittelalter*, t. Ier, 1815, p. 410). Celui qui serait tenté de reprendre la question, trouvera dans les ouvrages indiqués ci-après beaucoup de textes utiles : Viollet, *Etablis. de Saint-Louis*, t. Ier, p. 97; Froidevaux, *Etudes sur la Lex dicta Francorum Chamavorum*, pp. 225-227; Mabille, *Introd. aux chroniques des comtes d'Anjou*, Paris, 1871, pp. XCIII, XCV, CV, nos 2, 3, 8; *Bulletin de la soc. archéol. de Touraine*, t. IV, p. 345.

le rédacteur des usages ou *Usatici* de Barcelone ou, du moins, certains passages se retrouvent dans l'une et l'autre compilation.

Une découverte récente, due à M. Gaudenzi, découverte d'un très vif intérêt pour nous doit ici être signalée. Le plus ancien maître connu de l'école de Bologne, Pepo (fin du XIe siècle), possédait un manuscrit d'origine française où avaient été transcrits quelques fragments juridiques qui se retrouvent dans les *Exceptiones Petri*[1].

Fin du XIe ou commencement du XIIe siècle. — *Corpus legum* ou *Brachylogus juris civilis*, manuel de droit en quatre livres sur le plan des *Institutes*. L'auteur du *Brachylogus* possède les qualités essentielles pour la rédaction d'un bon livre d'école : science sérieuse, jugement indépendant, concision, netteté, habileté dans les définitions. L'origine du *Brachylogus* est douteuse. On l'a attribué, mais sans preuve suffisante, à la France;

[1] Gaudenzi, *Appunti per servire alla storia della Università di Bologna e dei suoi maestri*, dans *L'Università*, t. III, pp. 164-170. Voici les principaux passages des *Exceptiones Petri* où se révèle la France : « His partibus in quibus juris legisque « prudentia viget, aliis vero partibus ubi sacratissimæ leges incognitæ sunt (II, 31); « secundum leges vel secundum patriæ probabilem consuetudinem (IV, 3). Si quis « alicui oculos eruerit, præceptum legis est super hoc ut ducentos solidos aurea « moneta componat (III, 48). Veluti quod miles ex sua militia acquirit, quod ro- « manis verbis soldatas appellamus (I, 20). » Voyez ici Tardif, *Hist. des sources du droit français, Origines romaines*, pp. 216-220. Le passage le plus clairement français « possessionem meam quam in Galliæ partibus appellamus honorem (II, 1) » manque dans le ms. latin 1730 que M. Flach considère comme primitif.

Le texte des *Petri Exceptiones* se trouve dans Savigny, *Geschichte des röm. Rechts im Mittelalter*, t. II, 1816, pp. 297-392; trad. Guenoux, t. II, pp. 305-480. Max Conrat a publié le texte connu sous le nom de *Livre de Tubingue*, qui est parallèle aux *Petri exceptiones* (*Bullettino dell'Istituto di Diritto romano*, anno III, fasc. 1-3). Quant aux commentaires consacrés à ce recueil dont les origines sont complexes, il faut lire, outre Tardif déjà cité, Ficker (J.), *Ueber die Entstehungsverhältnisse der Exceptiones Legum Romanarum*, Innsbruck, 1886 (Extrait des *Mittheil. des Instit. für österr. Geschichtsforschung*, II, Ergänzungsband, Innsbruck, 1888, pp. 1-70); Fitting, *Glosse zu den Exceptiones Legum Romanarum des Petrus*, Halle, 1874; Fitting, dans *Zeitschrift der Savigny-Stiftung*, t. VI, p. 130 et suiv.; *ibid.*, t. VII, *Röm. Abth.*, livr. 2, 1886, p. 27 et suiv.; Max Conrat, *Das Ashburnamer Rechtsbuch Quelle der Exceptiones Petri*, Leipzig (*als manuscript gedruckt*); Flach, *Etudes critiques sur l'histoire du droit romain au moyen âge*, Paris, 1890, pp. 187-325; Max Conrat (Cohn), *Geschichte der Quellen und Literatur des röm. Rechts im früher. Mittelalt.*, t. Ier, ch. 29, p. 420 et suiv.; Paul Viollet, dans *Revue critique d'histoire et de littérature*, du 14 déc. 1891, pp. 450, 451.

il paraît, du moins, certain, qu'il a été glosé de très bonne heure à Orléans, ce qui déjà est considérable[1].

Le *Decretum Ivonis* date des premières années du XIIe siècle. Dans cet ouvrage attribué à Ives de Chartres (attribution très contestable), le *Digeste* a été utilisé[2]?

Ces divers recueils — on en pourrait citer quelques-autres — sont antérieurs au grand mouvement suscité par l'école de Bologne; en d'autres termes à cette phase nouvelle que j'ai appelée la résurrection du droit de Justinien.

Période de la première renaissance. — La renaissance, la résurrection des études de droit romain date du XIIe siècle et se rattache à l'école de Bologne (école que précéda, au XIe siècle, un centre d'études établi à Ravenne, mais sur lequel nous savons fort peu de chose[3]). « Les jurisconsultes de l'école nouvelle retournent aux sources; ils les étudient, ils les commentent[4]. » L'un des plus illustres et des plus anciens maîtres de l'école de Bologne est Irnerius, mort certainement après 1125, probablement avant 1140. On le considère comme le chef du mouvement nouveau auquel nous arrivons[5]. Il avait eu pour prédécesseur, à Bologne, à la fin du XIe siècle, Pepo dont j'ai déjà parlé.

Quelques années plus tard, Vacarius, mort probablement après 1170, enseignait le droit romain à Oxford[6].

A partir de cette époque, le flot des romanistes va montant

[1] Fitting, *Ueber die Heimat und das Alter des Brachylogus*, p. 37 *et passim*, pp. 17, 18; Caillemer, dans *Rev. critique d'hist. et de littér.*, t. IX, p. 67 et suiv. (je lui emprunte quelques expressions); Rivier, dans *Nouvelle Revue hist. de droit français*, t. Ier, 1877, pp. 15-17; Flach, *ibid.*, p. 112 et suiv.

[2] Mommsen, *Digeste*, t. II, Berlin, 1870, p. 47, à la fin du vol. Menu, *Recherches sur les recueils de droit canon attribués à Yves de Chartres*, 1880 (thèse).

[3] Voyez Savigny, *Geschichte des röm. Rechts im Mittelalter*, t. IV, 1826, p. 3.

[4] Cf. Flach dans *Nouv. Revue hist.*, mars-avril 1883, pp. 218, 219. Appréciations justes et fort remarquables des études de droit romain au moyen âge.

[5] Cf. *Conrad von Lichtenau, abt von Ursperg als der älteste bestimmte Zeuge über die Wiederhestellung des römischen Rechts durch Wernerius (Irnerius)*, dans Hugo, *Civilistisches Magazin*, t. VI, Berlin, 1837, p. 34 et suiv. Cf. pp. 388, 557-573; Gaudenzi, *Appunti per servire alla storia della Università di Bologna e dei suoi maestri*, dans *L'Università*, t. III, p. 162.

[6] Voyez Wenck, *Magister Vacarius, primus juris romani in Anglia professor*, Leipzig, 1820. Cf. Stölzel, dans *Zeitschrift für Rechtsgeschichte*, VI, 1865, p. 234 et suiv.

tous les jours. L'école ne les contient plus. C'est une marée qui déborde, qui se déverse par couches facilement reconnaissables sur le vieux droit national, sur le droit coutumier. Nous retrouverons plus loin ces influences romaines. Je m'attache ici à l'œuvre des savants, des jurisconsultes, et je cite rapidement quelques noms célèbres.

Placentin (*Placentinus*), qui vint d'Italie professer à Montpellier, où il mourut en 1192[1].

Azo, mort au plus tôt vers 1230, enseigna à Bologne, puis à Montpellier. Les *Gloses* et les *Sommes* des *Institutes* et du *Code*, dues à cet illustre glossateur, ont joui d'une grande autorité et peuvent encore être consultées avec fruit.

François Accurse, professeur à Bologne, mort dans cette ville vers 1260. Le grand titre de gloire d'Accurse, c'est sa *Glose*, *Glossa ordinaria*, de tout le droit de Justinien; ce n'est pas toujours une œuvre originale : le jurisconsulte y compile très souvent les travaux de ses prédécesseurs. Accurse, dans sa glose magistrale, compare quelquefois divers manuscrits, diverses leçons pour essayer de retrouver le texte original. Il est donc dans la bonne voie, dans la voie de la critique et de la collation des manuscrits[2].

Cujas rendra plus tard à Accurse un hommage réfléchi, en assurant que le meilleur guide de l'étudiant qui commence à lire les textes du droit romain, c'est Accurse et sa glose.

François Accurse et son fils aîné, héritier de sa chaire, ne mirent pas très sévèrement en pratique les règles de ce droit qu'ils étaient chargés d'enseigner. (Il est vrai que ce n'est pas précisément le droit romain qu'ils outragèrent.) Voici le fait. Les deux Accurse, banquiers de leurs élèves, prêtaient volontiers de l'argent à leurs disciples, à la condition d'un remboursement

[1] Quelques ouvrages de Placentin, dont la carrière est très remplie et très longue, ont été utilisés par un professeur de droit canonique de Paris, qui enseigna entre 1170 et 1180, et qui fit usage du droit de Justinien. Cf. Gross, *Incerti auctoris ordo judiciarius*, p. 36.

[2] Savigny, *Geschichte des röm. Rechts*, t. V, p. 253 et suiv. Il y a eu, au XIIIe siècle, plusieurs jurisconsultes du nom d'Accurse; ce qui jette une grande confusion. Cf. Chevalier, *Répert. des sources hist. du moyen âge*, Paris, 1877, p. 11; Flach, dans *Nouvelle Revue hist.*, mars-avril 1883, p. 205.

avec intérêts. De plus, ils se faisaient donner des présents par les candidats à la licence! Un jour vint où le second Accurse, pris de remords, implora le pardon du pape et le pria de lui prescrire ce qu'il avait à faire pour éviter la damnation éternelle. Nicolas IV transmit à Accurse cette élégante solution du cas de conscience qui lui avait été soumis. Les deux professeurs coupables ont eu des écoliers laïques et des clercs. « Eh bien, pour ce qui regarde les sommes indûment obtenues des écoliers laïques, Accurse les leur restituera, s'il le peut. S'il ne retrouve pas les personnes auxquelles elles sont dues, il en fera, suivant le conseil de ses confesseurs, un pieux emploi[1]. » Quant aux sommes reçues des clercs, le pape lui abandonne libéralement la jouissance de tout ce que lesdits clercs ont pu lui remettre sur les biens d'Eglise : *ea... retinere libere valeat, nec ad illorum restitutionem... tenearis aliquatenus faciendum.* Accurse, en habile homme, avait évidemment négocié avec la Cour de Rome cette remise gracieuse qui lui permit de conserver, tout en mettant sa conscience en repos, une très large part de ces petits profits.

Pierre de Belleperche (*Petrus de Bellapertica*), né à Villeneuve en Bourbonnais, professeur à Toulouse et à Orléans, mort en 1308[2].

Bartole (*Bartolus a Saxo Ferrato*) professeur à Pise, puis à Pérouse, mort à Pérouse en 1356, a laissé d'importants commentaires sur les diverses parties du *Corpus juris civilis* et de nombreux traités juridiques[3]. Sa renommée est immense. Il a inauguré un procédé d'interprétation libre des textes, procédé qui permit aux jurisconsultes de se faire en quelque sorte à eux-mêmes leur droit à côté et sous le couvert du droit romain. L'influence de l'Ecole de Bartole est longtemps reconnaissable à travers le droit.

1 Hauréau, dans *Journal des Savants*, janvier 1892.

2 Savigny, *Geschichte des röm. Rechts im Mittelalter*, t. VI, Heidelberg, 1831 pp. 26, 27. Ortolan, édit. Labbé, t. Ier, p. 516.

3 L'un des ouvrages de Bartole est bizarre : il a eu l'idée d'exposer la marche d'un procès avec toutes ses complications, dans un ouvrage où il suppose un débat juridique entre *Satan et la Vierge devant Jésus-Christ.* Ce singulier traité de procédure a été très goûté et assez souvent imité. Voyez Manaresi dans *Archivio giuridico*, t. XXVI, p. 581 et suiv.

Le sigle par lequel est désigné au moyen âge tel ou tel commentateur, laisse souvent des doutes, et c'est une des difficultés les plus sérieuses que présentent les manuscrits des glossateurs que de savoir toujours au juste quel glossateur est désigné par une ou deux lettres dans une œuvre plus récente :

Ac. ou *Acc.* désigne Accurse[1].

K. Ka. et *Kar.* désignent Karolus de Tocco (XIIe siècle)[2], un des nombreux auteurs dont je n'ai pas parlé.

Cy., sigle fréquent, notamment dans les gloses de la coutume d'Anjou du XVe siècle, désigne Cynus ou Cinus de Pistoie, romaniste du XIVe siècle[3], etc., etc.

Il y aurait là toute une étude à faire et souvent très compliquée. C'est au lecteur à résoudre le problème du mieux qu'il peut, quand il se présente à son examen.

Période de la seconde renaissance. — A partir du XVIe siècle, le droit romain continue à exercer une influence de plus en plus considérable sur le droit.

Cette influence est générale. L'un des faits les plus saillants par lesquels elle se manifeste, c'est l'adoption, ou, pour employer le terme consacré, la *réception* du droit romain en Allemagne. Depuis le XVIe siècle, l'Allemagne a été régie dans une certaine mesure par le droit de l'ancienne Rome[4], sorte de droit romain bâtard que les Allemands appellent : *Droit romain actuel, Heutiges römisches Recht.*

Cette invasion, moins officielle en France qu'en Allemagne, est

[1] Savigny, *Geschichte des röm. Rechts*, t. V, 1829, p. 239; trad. franç., t. IV, 1839, p. 123. Karolus de Tocco a laissé des gloses sur le droit romain et un *apparatus* célèbre sur la loi lombarde.

[2] Savigny, *ibid.*, t. V, p. 155.

[3] Cf. Chiapelli, *Vita e opere giur. di Cino da Pistoia; Revue hist.*, t. XVI, 1881, p. 203.

[4] Cf. Havet, dans *Revue hist.*, t. XXI, p. 413; Flach, dans *Nouvelle Revue hist.*, année 1883, p. 223. Il faut lire sur cette matière : Stobbe, *Geschichte der deutschen Rechtsquellen*, t. II; Franklin, *Beiträge zur Geschichte der Reception des röm. Rechts in Deutschland*, Hanover, 1863; Schmidt, *Die Reception des röm. Rechts in Deutschland*, Rostock, 1868; Stintzing, *Geschichte der deutschen Rechtswissenschaft*, t. Ier, p. 38 et suiv.; Paul Laband, *Rede über die Bedeutung der Rezeption des röm. Rechts für das deutsche Staatsrecht*, Strassburg, 1880.

cependant chez nous très accusée. C'est le mouvement scientifique de la Renaissance qui, semblable à un courant d'électricité, donne ainsi au vieux droit romain une vie nouvelle. Son autorité s'accroît par l'action d'une science, pleine de jeunesse et d'ardeur, d'une science qui, comme toutes les autres branches de l'activité humaine, s'épanouit et renaît.

Cette renaissance du XVIe siècle a été préparée elle-même, ne l'oublions pas, par un mouvement de critique et de curiosité qui remonte au XVe siècle. A cette époque, quelques esprits éclairés et délicats s'aperçoivent que les successeurs de Bartole se sont peu à peu fait une science arbitraire et trop éloignée des sources; ils sentent, comme leurs prédécesseurs du XIIe siècle, le besoin d'y recourir. Ange Politien, le célèbre humaniste, Fr. Barbaro aidé par Nicole Nicoli et quelques autres, se préoccupent des meilleurs textes, interrogent ou font interroger (non sans difficulté parfois), le fameux manuscrit des *Pandectes* florentines[1]; ce sont les précurseurs! Encore quelques années : Alciat et Cujas paraîtront. Alciat[2] rajeunira ces vieilles études juridiques et montrera qu'une vaste culture littéraire les féconde, les ennoblit, les élargit. Cujas embrassera le cycle complet du droit romain, corrigeant les textes avec une rare critique, traçant leur histoire d'une main sûre et jetant les plus vives lumières sur le droit tout entier[3].

Il faut citer encore Duaren, professeur à Bourges, élève d'Alciat; puis le successeur de Cujas à Bourges, Hotman, ce zélé réformé dont la carrière fut si accidentée, qui enseigna à Paris, à Strasbourg, à Valence, à Bourges où il succéda à Cujas, à

[1] Witte, dans *Rhein. Mus.*, t. VII, p. 84. Ce ms. célèbre, probablement du VIIe siècle, était conservé, dès le XIe siècle, à Pise, dès 1406, à Florence (Bibl. Laurentienne). Cf. Rivier, *Introd.*, 2e édit., p. 493; Savigny, t. III, 1822, p. 412.

[2] 1492-1550. Après avoir étudié à Pavie et à Bologne, Alciat fut avocat à Milan, professeur à Avignon, Bourges, Pavie, Bologne, Ferrare (Rivier, *Intr. hist. au droit romain*, nouv. édit., p. 584).

[3] Cujas, né à Toulouse, ouvrit, en 1547, un cours particulier d'*Institutes* à Toulouse, professa à Cahors, à Bourges, à Valence, à Grenoble, à Turin, à Paris (fort peu de temps). Il est mort en 1590. Cf. Rivier, *ibid.*, p. 590; Berriat-Saint-Prix, *Histoire du droit romain suivie de l'hist. de Cujas*, 1821. Document important sur Cujas dans Tamizey de Larroque, *Lettres inédites d'A. Dadine d'Auteserre*, 1876, pp. 36, 37.

Genève, à Bâle[1]; Doneau[2], dont les *Commentaires*, plus théoriques qu'historiques, ont gardé une grande valeur; Denis Godefroy, qui a attaché son nom à de nombreuses éditions du *Corpus juris*.

Au XVIIe siècle, Fabrot s'illustra par la publication des *Basiliques,* sorte de corps de droit romain en langue grecque, extrait des *Institutes,* des *Pandectes,* du *Code* de Justinien et des *Novelles*[3]. Jacques Godefroy, fils de Denis Godefroy, laissa des notes et des commentaires sur le *Code de Théodose* qui subsistent glorieusement après deux siècles. Parmi les Hollandais, Vinnius (1588-1657) et Jean Voet (1647-1714) ont tracé un profond sillon dans la littérature si riche et si abondante du droit romain.

A ce mouvement scientifique correspond, je l'ai déjà laissé entendre, l'évolution du droit positif et de la pratique judiciaire. Du XVIe au XVIIIe siècle, l'influence du droit romain se fit sentir de plus en plus sur notre droit. Le droit romain fut, avec la coutume de Paris, un instrument très puissant d'unification. Souvent rebelles à ces influences savantes, nos très anciens jurisconsultes et praticiens n'avaient pas accepté, sans se câbrer, ce joug trop pesant. Mais, plus tard, les juristes se départirent assez facilement de cette sage réserve. Ils abandonnèrent les traditions nationales qui dictaient au rédacteur d'une ordonnance du XIIIe siècle ces paroles remarquables : « Li advocat ne soient si hardi d'eus mesler d'alleguier droit romain là où coustumes aient lieu, » et qui, au XIVe siècle, inspiraient encore quelques magistrats, notamment un vieux maître de la Chambre des enquêtes dont le profil vient d'être finement dessiné par M. Guilhiermoz. Ce vieux maître s'irritait, s'indignait de voir près de lui des juges qui, pour rendre un arrêt, s'appuyaient sur le Digeste et non sur le droit coutumier[4]. De tels juges vio-

1 Voyez Dareste, *François Hotman* (Extrait de la *Revue hist.*). Cf. Dareste dans *Revue hist. de droit franç. et étranger,* Paris, t. Ier, 1855, p. 487 et suiv.

2 Mort en 1591.

3 Cf. Giraud, *Notice sur la vie de Fabrot,* Aix, 1834, p. 91 et suiv.

4 Guilhiermoz, *Enquêtes et procès, Etudes sur la procédure et le fonctionnement du Parlement au XIVe siècle,* Paris, 1892, p. XVII.

laient, en effet, ce principe tout français : « Coutume passe droit[1]. » Mais leur procédé devint un procédé très ordinaire. C'est surtout, comme on le verra, dans les provinces méridionales que le droit romain s'est fait, chez nous, une place prépondérante. Son action directe n'a pris fin qu'avec le Code civil. En vertu de la loi du 30 ventôse an XII par laquelle furent réunies en un seul corps les lois qui composent notre *Code civil,* toute loi romaine cessa en France d'avoir force de loi générale ou particulière, dans les matières qui sont l'objet dudit Code.

L'étude scientifique du droit romain déclinait au XVIIIe siècle[2], particulièrement en France[3]. Mais elle se releva bientôt, rajeunie et vivante : Hugo (1764-1846) et Savigny (1779-1861) lui imprimèrent, en Allemagne, une impulsion décisive. Puchta, Rudorff, Charles Giraud, Mommsen, Bruns et bien d'autres romanistes éminents, se sont unis à leurs efforts et ont ouvert des voies nouvelles. La découverte des *Institutes*[4] de Gaius était venue, au commencement du siècle, donner à la critique de nouvelles et sûres assises.

Enfin, depuis quinze ou vingt ans, le mouvement s'accélère; ce n'est plus un progrès, ce n'est plus une réforme, c'est une véritable révolution qui s'annonce. Elle sera féconde. Ne pourrait-on pas formuler en ces termes la conclusion générale qui déjà tend à se dégager : le droit romain, considéré dans ses données initiales, ne s'isole point des autres droits primitifs; il en reproduit les caractères principaux, et nous le comprendrons mieux, à mesure que nous le comparerons davantage aux usages des peuples jeunes. Cette vérité, comme toutes les vérités larges et fécondes, n'a point un caractère absolu de nouveauté; mais elle est mûre aujourd'hui. Dès à présent, elle donne ses fruits[5].

1 Voyez mes *Etablissements de saint Louis*, t. II, p. 414; t. IV, pp. 265, 309, 310.

2 Il y aurait cependant quelques grands noms à citer; je rappellerai notamment Heineccius, professeur à Halle (1681-1741).

3 Voyez les paroles du président Bouhier (1746), citées par Rivier, nouvelle édit., p. 616.

4 Due à Niebuhr (1816).

5 Lire, à ce point de vue, Sumner Maine, *Etudes sur l'hist. des inst. primit.*, trad. de l'anglais par Durieu de Leyritz, Paris, 1880; Sumner Maine, *Dissertations on early aw and custom*, London, 1883. Sir Henry Sumner Maine n'est pas romaniste

Il est temps de quitter le droit romain. Nous l'avons suivi depuis la période impériale, c'est-à-dire depuis le temps où il régna sur le monde jusqu'à cette phase du repos où il dort aujourd'hui, en France, éveillé seulement par la curiosité scientifique ou la recherche libre du jurisconsulte.

Bibliographie. — Savigny, *Geschichte des röm. Rechts im Mittelalter*, Heidelberg, 1815-1831; 2e édit., 1834-1851; trad. franç. par Guenoux, 1839, 3 vol. — Stintzing (R.), *Geschichte der populären Litteratur des röm. canonischen Rechts im 15. und 16. Jhdt.*, Leipzig, 1867. — A. Rivier, *La science du droit dans la première partie du moyen âge*, dans *Nouvelle revue hist. de droit*, t. Ier, 1877, pp. 1-46. — Rivier (A.), *Introduction historique au droit romain*, nouv. édit., Bruxelles, 1881. — A. Rivier, *L'université de Bologne et la première renaissance de la science juridique*, dans *Nouvelle revue hist. de droit français et étranger*, t. XII, 1888, pp. 289-302. — Caillemer, *Le droit civil dans les provinces anglo-normandes au XIIe siècle*, Caen, 1883 (Extrait des *Mémoires de l'Académie de Caen*). — Dresdner, *Kultur und Sittengeschichte der italienischen Geistlichkeit im 10. und 11. Jahrhundert*, Breslau, 1890, p. 204-210. — Joignez les ouvrages ou articles de Flach, A. Tardif, Max Conrat (Cohn), Gaudenzi, souvent cités au cours de ce chapitre.

de profession; on le lira donc avec prudence; mais il ouvre magnifiquement des aperçus nouveaux. Ihering, *L'esprit du droit romain*, trad. par de Meulenaere, Paris, 4 vol. Paul Gide, *Etudes sur la novation*, Paris, 1879 (surtout les cent premières pages, et diverses vues de Paul Gide, *passim*). Je n'oublie ni Ortolan dont l'*Explication hist. des Institutes* accuse un sens historique remarquable; ni Ern. Dubois, esprit original et sagace, prématurément enlevé à la science française, ni ces solides travailleurs qui s'appelaient Pellat et Machelard. Parmi les romanistes qui m'entourent, je tiens à ne préférer personne; à ne donner aucun nom; et j'espère que l'heure de les citer ne sonnera pas pour moi.

TROISIÈME PARTIE.

SOURCES DU DROIT CANONIQUE.

PRÉLIMINAIRES.

LIMITES MOBILES DU DROIT CANONIQUE. SA FORMATION. DIVISION DE LA MATIÈRE.

Vues générales. Origines du droit canon. — J'appelle droit *canonique*[1] ou *ecclésiastique* l'ensemble du droit par lequel se régit l'Eglise catholique.

Ces règles, très variées et très nombreuses, concernent avant tout la constitution même de l'Eglise, la hiérarchie ecclésiastique, la nomination des divers fonctionnaires ecclésiastiques, curés, évêques, patriarches, Souverain Pontife, leurs devoirs et leurs droits respectifs. Elles concernent aussi un certain nombre d'actes que tout catholique considère comme des actes religieux.

Où finit le domaine canonique? Quelle est la limite exacte entre le droit canonique et le droit civil? C'est là un problème aussi mobile en fait que la ferveur des convictions religieuses ou que la sincérité des opinions libérales. Il est résolu différemment suivant les temps et suivant les lieux; ou plutôt il n'est jamais résolu : il est constamment débattu. Etudier

[1] Du grec Κανών, Règle.

ces longs débats et ces transformations douloureuses, c'est envisager sous son aspect le plus élevé et le plus attachant l'histoire du moyen âge.

Cette histoire et, en particulier, celle du XIIIe siècle, loin de nous présenter le spectacle de l'harmonie des deux droits ou, si l'on veut, des deux pouvoirs, nous fait assister aux terribles luttes que se livrent l'Eglise et l'Etat. Le problème qui se débat, c'est au fond, celui-ci : l'Occident chrétien sera-t-il, ou non, soumis à un régime théocratique? Si la solution eût été affirmative, le pouvoir civil n'eût plus été qu'une délégation du pouvoir ecclésiastique, qu'une branche de ce pouvoir et le droit civil une branche du droit canon. C'est la solution négative qui prévalut.

Je ne m'occupe pas ici de cette lutte des deux pouvoirs. J'ai voulu seulement y faire allusion, afin d'éviter au lecteur l'illusion trop commune qui consiste à envisager le moyen âge comme une période calme et pacifique à ce point de vue, afin de lui faire entendre que l'empire du droit canonique, ferme et bien assis sur certains points, est vacillant et comme mouvant sur d'autres, afin aussi de le préparer à recevoir, avec toute l'intelligence et l'entente nécessaires, quelques données sur les sources particulières qui touchent à l'histoire des frontières entre les deux droits.

A l'origine, le droit canonique ou, si on veut, la discipline de l'Eglise ne se distingue pas encore nettement du dogme. La théologie et le droit canonique sont deux facteurs distincts, mais qui, primitivement, furent si voisins qu'ils se confondirent presque.

Après ce court préambule, j'arrive à l'histoire externe du droit canonique. Je me représente le droit canonique comme un très large fleuve dont les eaux, dérivées de deux sources supérieures, auraient été indéfiniment grossies par une foule d'affluents successifs et aussi par une sorte de crue ou de développement naturel. Ces deux sources primitives du droit canonique sont : 1° l'Ancien et le Nouveau Testament; 2° le droit romain. C'est là qu'il puise ses premières inspirations.

Le droit canonique s'inspira, au début, de l'Ancien et du Nouveau Testament, des usages de la Synagogue. Richard Simon a exprimé très exactement cette pensée, en disant : « Les origines de la discipline ecclésiastique ont esté la plupart tirées de ce qui s'observoit autrefois dans les synagogues des juifs. » « Il n'est pas surprenant que les premiers chrétiens qui étoient la plupart sortis d'entre les juifs et qui se trouvèrent encore le plus souvent avec eux dans le temple et dans les synagogues, ayent retenu, dans leurs premières assemblées, la même discipline qui s'observoit parmi les juifs [1]. »

Quant au Nouveau Testament sur lequel s'appuie directement la religion chrétienne, ce qu'il contient de règles disciplinaires ou de principes applicables à la discipline, figure naturellement au premier rang des règles canoniques. Ces principes ou ces règles du Nouveau Testament sont, d'ailleurs, étroitement apparentés avec les principes ou les usages hébraïques.

Le lecteur sera peut-être surpris d'entendre dire que l'Ancien Testament et surtout le Nouveau Testament ont inspiré le droit canonique. Il n'aperçoit pas du premier coup quelles règles de droit peut contenir la vie du Sauveur. Je me crois donc obligé de donner ici quelques exemples.

Une règle de procédure a dominé toute la matière des témoignages et des enquêtes pendant tout le moyen âge et jusqu'aux temps modernes. Je veux parler de cette règle : *Testis unus, testis nullus*. En d'autres termes, pour prouver un fait par le témoignage, il faut au moins le concours de deux témoins. Eh bien! cette règle dérive incontestablement de l'Evangile. Elle est formulée dans saint Jean et dans saint Matthieu. Voici le passage de saint Jean : *Et in lege vestra scriptum est quia duorum hominum testimonium verum est* (S. Jean, VIII, 17). L'Evangile est lui-même en parfait accord avec le *Deutéronome*, (ch. XIX, v. 15). Et nous pouvons affirmer que cette règle des deux témoins, (constante au moyen âge, conservée au XIXe siècle

[1] *Cérém. et coutumes qui s'observent aujourd'huy parmy les juifs* par le sieur de Semonville, 1710, Epître dédicat. à Bossuet. *Comparaison des cérém. des juifs et de la discipline de l'Eglise*, p. 52. Lire aussi Drach, *De l'harmonie entre l'Eglise et la Synagogue ou perpétuité et catholicité de la religion chrétienne*, Paris, 1844, 2 vol.

dans quelques législations des Etats-Unis d'Amérique), est d'origine hébraïque[1].

Autre exemple. Certaines paroles de l'Evangile de saint Matthieu jouent un rôle considérable dans le développement de la procédure criminelle ecclésiastique. Je veux parler de ce passage : *Si autem peccaverit in te frater tuus, vade, corripe eum inter te et ipsum solum. Si te audierit, lucratus eris fratrem tuum. Si autem te non audierit, adhibe tecum adhuc unum, vel duos, ut in ore duorum vel trium testium stet omne verbum. Quod si non audierit eos, dic Ecclesiæ. Si autem Ecclesiam non audierit, sit tibi sicut ethnicus et publicanus* (Saint Matthieu, XVIII, 15-17[2]). Voilà l'origine de la monition canonique, laquelle a pénétré jusque dans notre droit public[3].

Troisième exemple. L'usage des dîmes ou de la dîme, redevance due à l'Eglise, dérive incontestablement de l'Ancien Testament[4].

Il n'est pas surprenant qu'en ces temps de foi on ait interrogé, avant tout, avec respect les livres sacrés pour y chercher les règles de droit qu'ils pouvaient contenir ou qu'on supposait, à tort ou à raison, y avoir été exprimées.

Ces règles n'étaient pas, d'ailleurs, très nombreuses. Mais, outre les règles proprement dites, il y avait les principes, l'inspiration d'où se tirent les règles du droit positif.

Quant au droit romain, le premier développement, le premier épanouissement de l'Eglise eut lieu en plein pays romain, sous l'empire d'un droit puissant et illustré par de grands jurisconsultes. Il était fatal que cette influence ambiante qui environnait l'Eglise se fît sentir sur elle et qu'elle acceptât tout ce qui, dans le droit romain, n'était point opposé à la foi ou à la morale de l'Evangile et touchait à une foule de points et d'affaires que ni l'Ancien ni le Nouveau Testament n'avaient prévus. Les monuments de l'époque mérovingienne posent, en effet, en principe, que l'Eglise et ses prêtres sont régis par le droit romain : *Ec-*

[1] Cf. mes *Et. de Saint-Louis*, t. Ier, pp. 203, 204.
[2] Cf. P. Fournier, *Les officialités au moyen âge*, p. 258.
[3] Voyez mon *Droit public*, t. Ier, p. 275.
[4] Cf. Richter, *Lehrbuch des Kirchenrechts*, édit. Dove, 1877, pp. 41, 6.

clesia vivit lege romana : Romanorum leges sacerdotes convenit observare[1].

Ainsi un élément sacré et un élément profane constituent les deux facteurs primitifs du droit canon.

En se fixant et en se développant, le droit canon continuera à s'inspirer très souvent du droit romain. Cela se comprend à merveille, puisqu'il sera l'œuvre de la partie la plus savante et la plus éclairée de la population au moyen âge, l'œuvre de ceux-là précisément qui sont le mieux en mesure d'interroger et d'étudier le droit romain.

Après avoir signalé ces deux facteurs ou inspirateurs importants, j'arrive à examiner sommairement la masse écrite des documents qui sont directement les sources du droit canon, qui constituent matériellement le droit canon écrit.

Je diviserai cette matière des sources du droit canon en deux grandes classes :

1° Les sources proprement dites; ce que nous appellerions, en style moderne, *les textes législatifs.*

2° Les commentaires des sources; ce que nous appellerions, en style moderne, *les auteurs.*

1 Sur l'attitude de l'Eglise en face du droit romain dans le cours du moyen âge, cf., notamment, Caillemer, *Le pape Honorius et le droit civil*, p. 10; Marcel Fournier, *L'Eglise et le droit romain au* XIII*e siècle*, dans *Nouvelle revue hist. de droit français et étranger*, t. XIV, 1890, pp. 80-119; Digard, *La papauté et l'étude du droit romain au* XIII*e siècle à propos de la fausse bulle d'Innocent IV* Dolentes, dans *Bibliothèque de l'Ecole des chartes*, t. LI, pp. 381-419. Voyez des observations importantes dans Lœning, t. II, p. 284 et suiv.

CHAPITRE PREMIER.

SOURCES PROPREMENT DITES. — SOURCES PRINCIPALES COLLIGÉES PAR LES MODERNES.

Division générale. — Nous pouvons ramener à trois groupes l'ensemble des textes canoniques, envisagés au point de vue de leur nature.

1° Canons des conciles. Les conciles généraux statuent pour l'Eglise entière. Les conciles locaux ou provinciaux pour une région, pour une province ecclésiastique.

2° Lettres des papes.

3° Documents divers, autrement dit textes dont les origines sont aussi variées que possible, et qui, peu à peu, d'une manière ou d'une autre, sont devenus des textes canoniques. Dans cette troisième classe aux origines mêlées, il faut, par la pensée, faire une place : 1° à quelques fragments des Pères de l'Eglise qui, dépourvus à l'origine d'autorité officielle, ont pris peu à peu ce caractère; 2° à un certain nombre de documents apocryphes.

De ce que je viens de dire il résulte que si nous possédions une édition complète et critique des conciles, une édition complète et critique des lettres des papes (appelées souvent *Décrétales*), nous aurions, par là même, entre les mains, dans l'état le plus complet et le plus souhaitable, les deux premières séries des textes qui composent le droit canonique.

Nous n'en sommes pas là; cependant les travaux des savants des derniers siècles et ceux des modernes nous font approcher du but.

Conciles. — En 1608-1612, Sirmond, aidé par plusieurs collaborateurs, publia, à Rome, en 4 vol. in-fol., les actes des conciles généraux, sous le patronage du pape Paul V. Il donna pour la première fois le texte grec de plusieurs conciles.

En 1644, parut, à Paris, une collection en 37 vol. in-fol., imprimés à l'imprimerie royale et dite *Collectio regia.* On y a réuni les conciles généraux et les conciles provinciaux ou locaux. L'édition est fort belle d'apparence, mais peu soignée au fond.

L'édition du P. Labbe continuée par le jésuite Cossart, en 17 vol. in-fol., parut, à Paris, en 1674. Quoique le nombre des volumes soit inférieur, cette édition est bien plus complète que la précédente. Baluze a donné, en 1683, un volume qui s'ajoute à l'édition Labbe et Cossart, et qui est intitulé : *Nova collectio conciliorum. Supplementum conciliorum Labbei.* Ce supplément de Baluze devait avoir 3 volumes : il s'est arrêté au tome 1er.

En 1715, le jésuite Hardouin fit paraître une nouvelle édition pour laquelle il avait utilisé un bon nombre de manuscrits. Elle est intitulée : *Conciliorum collectio regia maxima,* et comprend 12 vol. in-fol. Comme la première *Collectio regia,* elle est sortie des presses du Louvre. Le parlement en interdit la vente, jugeant cette œuvre hostile aux libertés de l'Eglise gallicane (1716). Un peu plus tard, la vente fut autorisée, à la condition qu'on ajouterait à l'ouvrage une série de corrections et additions, qui furent imprimées, en 1722, sous ce titre : *Addition ordonnée par arrêt du Parlement pour être jointe à la Collection des conciles,* etc. Mais les jésuites obtinrent, l'année d'après, la main-levée de ces défenses, sans être astreints à la publication de la fameuse *Addition.* Elle demeura, pour l'instant, supprimée; mais elle fut réimprimée, en 1730 et en 1751, par les soins des jansénistes, sous ce titre : *Avis des censeurs nommés par le Parlement de Paris pour examiner,* etc.

La collection d'Hardouin est précieuse à cause de ses excellents index, et aussi parce qu'elle s'étend jusqu'en 1714.

De 1728 à 1734, Nicolas Coleti publia à Venise une nouvelle collection des conciles, dans laquelle il utilisa les travaux de Labbe, de Baluze et de Hardouin, 23 vol. in-fol.

Le savant archevêque de Lucques, Mansi ajouta à la collection Coleti un supplément en 6 vol. in-fol., 1748-1752. A peine Mansi avait-il donné ce supplément, qu'il entreprit lui-même une édition nouvelle des conciles, plus complète que les précédentes et intitulée : *Sacrorum conciliorum nova et amplissima collectio...* Malheureusement cette édition, la plus complète de toutes, est inachevée : elle s'arrête au milieu du xve siècle, et comprend 31 volumes in-fol., 1759-1798.

En l'état, la série la plus complète des conciles devra être ainsi composée : 1° Collection Coleti, Venise, 1728-1734, 23 vol. in-fol.; 2° Supplément de Mansi, 6 vol. in-fol., 1748-1752; 3° enfin, 2 vol. in-fol., dont je n'ai pas encore parlé, et qui contiennent tout ce qu'il y a de nouveau dans la grande collection Mansi. Ces deux volumes sont fort rares et peu connus : en voici le titre exact : *Collectionis conciliorum synopsis amplissima ea indicans quæ in præcedentibus Labbei editionibus ac in supolementis P. Jo. Dom. Mansi continebantur, et integre referens ea quæ in novissima Veneta collectione ab eodem P. Mansi adjecta sunt. Venetiis*, 1768-1798, 4 tom. en 2 vol. in-fol. Cet ensemble constitue ce qu'il y a de plus complet sur les conciles. Il n'est signalé nulle part, pas même dans la dernière *Histoire des Conciles* d'Hefele, qui ne connaît pas la *Synopsis* de Mansi. Je dois ces indications bibliographiques à une communication de mon savant confrère, M. Pécoul.

Il faut joindre à cette série des conciles anciens l'édition des conciles modernes, donnée par les jésuites de Maria-Laach. En voici le titre : *Acta et decreta sacrorum conciliorum recentiorum, collectio Lacensis*, Herder, Fribourg-en-Brisgau, 1870-1890, 7 vol. in-fol.

Toutes ces collections, sauf la dernière, sont purement et simplement distribuées par ordre chronologique. Celle des jésuites de Maria-Laach est divisée par pays; dans chaque pays, on a suivi l'ordre chronologique.

Ces collections sont loin de contenir tous les conciles dont les actes nous sont parvenus. Un bon nombre de conciles dispersés dans divers recueils historiques ont échappé aux compilateurs. Un certain nombre sont encore inédits. Ce qui est peut-être plus singulier encore, c'est que des conciles tout modernes manquent dans la *Collectio Lacensis* : parmi ces conciles omis, je citerai un concile mexicain célébré en 1771.

L'*Histoire des conciles* a été écrite par Mgr Hefele, évêque de Rottenbourg. La première édition allemande a été traduite en français par l'abbé Delarc, Paris, 1869-1878, 12 vol. Une seconde édition, continuée par Hergenröther, s'imprime en Allemagne, chez Herder; neuf volumes ont paru. Cet ouvrage fort utile et fort goûté, laisse cependant un peu à désirer; l'auteur est bien loin, notamment, d'avoir connu tous les conciles publiés, et il a fait des omissions et des confusions regrettables. Malgré tout, son livre est, en l'état, ce qu'il y a de mieux ou de moins imparfait sur l'*Histoire des conciles*. Les derniers volumes sont peut-être meilleurs que les premiers.

Lettres des papes. — Un premier recueil ou *Bullaire* a été publié, à Lyon, en 1692, 5 vol. in-fol. Une édition plus complète a été donnée à Luxembourg en 15 vol. in-fol., 1727-1748.

Ces deux premiers essais ont été bien dépassés par le grand bullaire imprimé à Rome et dû aux soins de Cocquelines et de ses continuateurs, Rome, 1739-1857, 47 vol. in-fol. L'ouvrage s'étend jusqu'à Grégoire XVI inclusivement. On l'a réimprimé à Turin. Cette réimpression, continuée à Naples, contiendra un supplément qui mettra le bullaire entièrement à jour.

Mais aucun de ces bullaires n'est complet. Je dirai mieux : aucun n'est à peu près complet. Il reste pour le bullaire plus à faire encore que pour la collection des conciles.

Après ces collections générales ou plutôt ces essais de collections générales, je dois mentionner deux recueils très importants qui concernent seulement les premiers siècles de l'Eglise, savoir : 1° Dom Coustant et Dom Mopinot, *Epistolæ Romanorum Pontificum,* Paris, 1721, in-fol. Cet ouvrage, resté inachevé, ne dépasse pas l'année 440 ; 2° un ouvrage récent qui fait suite à celui de Dom Coustant est celui de Thiel : *Epistolæ Romanorum Pontificum genuinæ et quæ ad eos scriptæ sunt a s. Hilario usque ad Pelagium secundum ex schedis clar. Petri Coustantii.....*, Brumbergæ, 1867, 2 vol. Ces deux collections nous conduisent jusqu'à la fin du VIe siècle.

L'école française de Rome a donné le signal d'une entreprise scientifique considérable que poursuivent aujourd'hui, avec un noble zèle, la France[1], le Vatican[2], l'Allemagne[3]. Je veux parler du dépouillement des registres des papes.

Enfin, en Allemagne, Jaffé, Potthast[4] et les nouveaux éditeurs de l'œuvre de Jaffé[5] ont dressé une sorte d'*index* général de toutes les lettres des papes jusqu'à l'année 1304. Grâce à ces travaux considérables, nous possédons, jusqu'à l'année 1304, une liste immense des actes émanés de la Cour de Rome. Assurément, beaucoup de ces actes n'ont qu'un intérêt privé et n'intéressent pas directement le droit canon, mais presque tous ceux qui ont un intérêt général et juridique, sont compris dans ce vaste répertoire.

Les travaux que je viens d'indiquer sur les conciles et les décrétales des papes sont un acheminement vers la publication intégrale et critique des deux sources principales du droit canonique. Ce but est même, dès à présent, en très grande partie atteint.

Mais ce n'est pas dans le bullaire de Cocquelines et avec l'aide des regestes de Jaffé ou de Potthast que nos pères ont lu les décrétales des papes; ce n'est pas dans la collection Mansi ou dans la collection Labbe qu'ils ont lu les conciles. Il nous faut donc, après avoir présenté ces deux phares, ces deux lumières allumées, ainsi que tant d'autres, par la critique moderne, par la science moderne, il nous faut les laisser à l'écart et nous demander où et comment nos devanciers ont lu les documents canoniques, par quelles collections, par quels canaux ils leur sont parvenus.

Nous allons parcourir, à grands pas, et par ordre chronologique, les principales collections canoniques anciennes. Nous

[1] Elie Berger, *Les registres d'Innocent IV*, 1884 et suiv., in-fol.; Prou, *Les registres d'Honorius IV*, 1886-1888, in-fol. Joignez Digard, Faucon et Thomas, *Les registres de Boniface VIII;* Ch. Grandjean, *Les registres de Benoit XI;* Ern. Langlois, *Les registres de Nicolas IV;* Auvray, *Les registres de Grégoire IX.*

[2] Pressutti, *I regesti del pontifice Onorio III*, Romæ, 1884 et suiv., in-4°; *Regestum Clementis Pape V*, Romæ, 1885 et suiv., in-fol.; Berthier, *Innocentii Papæ XI epistolæ*, Romæ, t. Ier, 1890, in-fol.

[3] Hergenröther, *Leonis X Regesta*, Frib., 1884 et suiv., in-4°.

[4] Potthast, *Regesta pontif. Romanorum*, 1198-1304, Berolini, 1874-1875, 2 vol. in-4°.

[5] Jaffé, *Regesta pontificum romanorum ad ann. 1198*, secunda edit., auspiciis Wattenbach, Kaltenbrunner, Ewald, Lœvenfeld, 1881-1888, 2 vol. in-4°.

y verrons apparaître, à côté des conciles et des décrétales authentiques, ces documents divers que j'ai annoncés, et, parmi eux, divers textes apocryphes. Un guide admirable pour l'étude de ces sources anciennes est l'ouvrage de Maassen, *Geschichte der Quellen und der Literatur des canonischen Rechts,* tom. 1er, 1870. Ce tom. 1er, seul paru, ne dépasse pas le xe siècle : c'est une œuvre de la plus haute valeur.

Bibliographie. — Pour beaucoup de détails que je n'ai pu donner ici, on consultera avec fruit Laemmer, *Institutionen des katholischen Kirchenrechts*, 2e édit., Freiburg im Breisgau, 1892, pp. 23, 50-57.

CHAPITRE II.

SOURCES PROPREMENT DITES (*Suite*). — SOURCES EN L'ÉTAT OU LE MOYEN AGE LES A CONNUES.

PREMIÈRE SECTION.

Très anciennes collections grecques.

Les diverses collections grecques dont nous dirons un mot ici n'émanent pas des saints personnages auxquels elles sont attribuées. Elles leur sont, comme on le verra, bien postérieures.

Doctrina duodecim apostolorum. — Ce document grec (Διδαχὴ τῶν δώδεκα ἀποστόλων. Διδαχὴ κυρίου διὰ τῶν δώδεκα ἀποστόλων τοῖς ἔθνεσιν) a été découvert, en 1883, à Constantinople, par Philothée Bryennios, métropolite de Nicomédie. Plusieurs Pères de l'Eglise ont connu et nommé une Didachè[1] qui paraît bien être la Didachè découverte par Bryennios. Ce document date du milieu du IIe siècle au plus tard. L'auteur, après avoir donné quelques avis moraux, traite du baptême, du jeûne, des offrandes, du choix des évêques et des diacres, etc. La Didachè se compose d'éléments juifs et d'éléments chrétiens. Mais « les doctrines spécifiquement chrétiennes dominent et font de la Didachè un document proprement chrétien[2]. »

La Didachè paraît avoir été moins répandue en Occident qu'en Orient; cependant elle a laissé dans notre Occident des traces bien remarquables. On a pu dire qu'elle avait été comme le catéchisme de l'apôtre de la Germanie au VIIIe siècle, saint Boniface[3].

[1] Voyez même les *Actes des apôtres*, II, 42.

[2] Jacquier, *La doctrine des douze apôtres*, p. 37.

[3] Jacquier, *ibid.*, p. 25. Non pas, bien entendu, que saint Boniface ait connu directement notre texte grec de la Didachè.

Canones ecclesiastici sanctorum apostolorum. — Ce document grec (Κανόνες ἐκκλησιαστικοὶ τῶν ἁγίων ἀποστόλων ou Αἱ διαταγαὶ αἱ διὰ Κλήμεντος καὶ κανόνες ἐκκλησιαστικοὶ τῶν ἁγίων ἀποστόλων), n'est connu en grec que depuis 1843, époque à laquelle il fut publié par Bickell. Jusque-là on n'en possédait qu'un texte éthiopien. Il date de la première moitié du IIIe siècle suivant M. Funk, du commencement du IVe suivant M. Harnack. Ce traité est divisé en 35 (*al.* 30) articles. L'auteur y donne des conseils religieux et moraux ; s'occupe ensuite des évêques et des prêtres, des lecteurs, des diacres, des veuves, etc. Ces avis et ces prescriptions sont mis dans la bouche des disciples et des apôtres ; l'auteur semble recueillir leurs propres paroles : Ἰωάννης εἶπεν, Ματθαῖος εἶπεν, etc. L'auteur inconnu a utilisé la *Doctrina duodecim apostolorum,* l'épître de saint Barnabé, l'épître de saint Clément aux Corinthiens et quelques autres textes.

Constitutions apostoliques, Διατάξεις ou διατάγαι τῶν ἀποστόλων. — La forme, l'état actuel des *Constitutions apostoliques* remonte probablement (abstraction faite d'une addition au livre VIII, addition dont il sera parlé ci-après) au IVe siècle[1]. L'ouvrage est divisé en huit livres. La critique moderne établit que ces huit livres se composent en réalité de trois ouvrages juxtaposés.

Le premier de ces trois ouvrages, la *Didascalie des apôtres,* comprend les six premiers livres actuels des *Constitutions.* Il fut composé, vers le milieu du IIIe siècle, dans l'une des cités épiscopales de l'Asie Mineure. L'auteur s'était proposé de rédiger une sorte de manuel religieux pour le clergé et pour les simples fidèles. Il entre dans de très grands détails, rendant raison des choses, recherchant leur origine, leur développement, ne reculant pas devant les conseils ou les indications accessoires, qui sont souvent pour nous d'un puissant intérêt historique.

Le second ouvrage, correspondant au livre VII, est cette *Doctrina duodecim apostolorum* dont il a été parlé tout à l'heure. Le texte n'en est pas reproduit purement et simplement. Il a été sensiblement allongé.

Le troisième, qui correspond au huitième livre actuel, est

[1] Toutefois, M. Funk diffère au delà de l'an 400 la rédaction du texte actuel (Funk, *Die apostolichen Constitutionen*, 1891).

spécialement destiné au clergé. On l'appellerait dans la liturgie moderne un *pontifical;* c'est le recueil complet de ce qu'un évêque doit observer et dire dans l'exercice de ses fonctions. Plusieurs des prescriptions de ce huitième livre sont censées émaner de l'un des douze apôtres.

Quelques critiques pensent que le compilateur à qui est dû ce précieux recueil est celui-là même qui interpola les lettres de saint Ignace. M. l'abbé Duchesne en fait un arien; M. Funk un apollinariste.

Canons des apôtres, Κανόνες τῶν ἀποστόλων. — Ce recueil, en son état le plus complet, contient 85 canons ou règles attribuées aux apôtres (ne pas confondre avec le recueil en 35 articles, portant le même titre dont il a été parlé plus haut). Il est probablement antérieur au IVe siècle; car il paraît bien qu'une allusion y est faite dans une lettre des évêques égyptiens, Hesychius, Philéas, au commencement de ce siècle.

Au VIe siècle, on ajouta les canons des apôtres en appendice aux constitutions apostoliques. Ils formèrent ainsi le dernier chapitre[1] du livre VIII des *Constitutions apostoliques.*

Vers l'an 500 après Jésus-Christ, Denys le Petit, *Dionysius Exiguus,* abbé d'un monastère de Rome, traduisit du grec en latin une collection de canons à la tête de laquelle il plaça les canons apostoliques, mais, suivant des manuscrits qui contenaient un moindre nombre de canons : 50 au lieu de 85. Denys le Petit n'ajoutait pas une foi aveugle à ces canons apostoliques; car il les désigne ainsi : *Canones qui dicuntur apostolorum, quibus plurimi consensum non præbuere facilem.*

A la fin du VIIe siècle, en 692, un concile de Constantinople, qu'on appelle ordinairement le concile *in Trullo*[2], déclara que les 85 canons apostoliques avaient force de loi, et qu'il fallait les regarder comme étant véritablement d'origine apostolique.

Le synode *in Trullo* étant œcuménique pour l'Eglise grecque,

[1] Hefele, *Hist. des conc.*, trad. Delarc, t. Ier, p. 614; Walter, édit. de 1871, p. 154. — L'opinion d'Hefele sur l'âge des *Canons apost.*, que je reproduis, n'est pas pleinement adoptée par Richter, *Kirchenrecht,* 8e édit., par Dove, 1877, pp. 44, 45.

[2] Du nom d'une des salles du palais de Constantinople. Cf. Hefele, trad. fr., t. IV, pp. 208, 209.

l'apostolicité des 85 canons devint une vérité fondamentale pour cette Eglise.

Le même synode *in Trullo* rejeta les *Constitutions apostoliques,* non pas qu'il ne les considérât comme apostoliques originairement, mais parce que le texte actuel lui paraissait altéré.

La fortune des *Canons apostoliques* fut toute différente en Occident. Ils figurent au rang des *apocryphes* dans le fameux décret *de libris non recipiendis,* attribué au pape Gélase. Mais le passage du décret qui concerne les canons apostoliques n'est certainement pas, lui-même, de Gélase; il doit être rapporté à l'époque du pape Hormisdas (514-523); c'est donc vers le commencement du VIe siècle qu'en Occident les canons apostoliques furent officiellement rejetés, après avoir été peu d'années auparavant déclarés suspects par Denys le Petit.

Malgré la condamnation du pape Hormisdas, les canons apostoliques ne tombèrent point en discrédit en Occident. Ils figuraient dans la collection très goûtée de Denys le Petit, que je viens de citer; ce fut la cause de leur succès. Ils passèrent dans diverses collections canoniques; et même, au XIe siècle, Humbert, légat du pape Léon IX, s'efforçant de mettre d'accord la condamnation d'Hormisdas et le succès des canons apostoliques, déclarait que les canons apostoliques, au nombre de 85, étaient apocryphes, excepté toutefois les 50 canons de Denys le Petit. Il ne restait donc, d'après Humbert, que 35 canons apocryphes. Il ne faut attacher aucune importance à cette distinction : c'est un essai d'explication, sans valeur réelle.

L'illustre Hincmar de Reims éleva, au IXe siècle, des doutes sur l'origine apostolique des canons.

A partir du XVIe siècle, on est tombé généralement d'accord pour reconnaître que ces canons n'étaient point authentiques. L'un de leurs derniers défenseurs a été le jésuite Torrès (en latin *Turrianus*), qui en a soutenu l'authenticité dans un travail publié à Venise, en 1563 [1].

[1] Hefele, *Hist. des conciles,* trad. Delarc, t. Ier, pp. 609-611. Naturellement, les décrets des conciles, les décrétales des papes circulèrent de bonne heure et furent réunis en diverses collections. Nous dirons tout à l'heure un mot des diverses collections de ce genre. Il faut, avant tout, nous débarrasser d'une collection qui

BIBLIOGRAPHIE. — Drey, *Neue Untersuchungen über die Constit. und Canon. der Apost.*, 1832. — Veltzen, *Constitutiones apostolicæ*, 1853. — D. Pitra, *Juris ecclesiastici Græcorum historia et monumenta*, t. Ier, 1864, in-fol. — Hefele, *Histoire des conciles*, trad. franç., t. Ier, à la fin du vol. — Bickell, *Geschichte des Kirchenrechts*, t. Ier, 1843, pp. 88-92; 107-132. — Funk, *Doctrina duodecim apostolorum, Canones apostolorum ecclesiastici*, Tubingæ, 1887. — Funk, *Die apostolichen Constitutionen*, Rottenburg, 1891 (joignez abbé Duchesne, dans *Bulletin critique* du 1er mars 1892). — Jacquier, *La doctrine des douze apôtres et ses enseignements*, Paris, 1891. — P. Minasi, *La dottrina dei dodici apostoli*, Roma, 1891. — Friedberg, *Lehrbuch*, 1889, p. 95. — Tardif, *Histoire des sources du droit canonique*, pp. 46-56. — Le texte latin des *Canons apostoliques* figure, en appendice, dans la plupart des éditions anciennes du *Corpus juris canonici*.

est encore citée quelquefois comme ayant un caractère officiel, mais qui n'est pas plus officielle en tant que *collection* que les autres. C'est à Justel que remonte cette erreur. Justel a cru qu'une collection grecque de canons conciliaires avait eu un caractère officiel et que ce caractère officiel de la collection avait été sanctionné par le concile de Chalcédoine; il s'est imaginé être en mesure de restituer cette espèce de code officiel, et il l'a publié, en 1610, sous le titre de *Codex canonum Ecclesiæ universæ*. Ballerini a prouvé que Justel s'était fait illusion (Ballerini, dans Galland, *De vetustis canonum collectionibus*, Venetiis, 1778, p. 99. Cf. Walter, *Lehrbuch des Kirchenrechts*, 1871, p. 157, n. 6).

DEUXIÈME SECTION.

Très anciennes collections latines.

Versio Isidoriana ou Hispana. — Les premières collections de conciles sont dues aux Grecs. Cela est tout naturel, car la plupart des plus anciens conciles sont des conciles grecs.

De bonne heure, les Latins traduisirent ces collections grecques. L'une de ces traductions latines est connue sous le nom de *versio isidoriana* ou *hispana*. Ce titre est une simple étiquette à laquelle il ne faut attacher aucune idée d'origine. Le nom d'*isidoriana* a été donné à cette version parce qu'elle a été (bien plus tard) accueillie dans une collection espagnole, attribuée à Isidore de Séville, appelée *Collectio Isidoriana,* et dans la partie authentique de pseudo-Isidore. Elle a beaucoup circulé en Espagne, et on l'a crue longtemps d'origine espagnole. Il n'en est rien : Maassen a établi qu'elle est, pour la presque totalité, d'origine italienne. Il faut donc se garder de confondre ces deux expressions : *versio isidoriana* et *Collectio isidoriana.*

Versio Prisca. — On a baptisé du nom de *prisca* (nom auquel il ne faut pas attacher non plus une valeur interne et réelle, mais prendre comme étiquette) une autre traduction latine de collection grecque, qui fut imprimée pour la première fois par Justel, *Biblioth.,* t. Ier, p. 275-304; puis par les Ballerini dans les *Œuvres de saint Léon,* t. III, p. 473; et enfin par Mansi, t. VI, col. 1005. Cette *versio prisca* est d'origine italienne : la traduction latine des canons de Nicée qui s'y trouve, ne peut pas être antérieure à 419. Les canons du concile de Chalcédoine et de celui de Constantinople qui y figurent, sont de la seconde moitié du ve siècle [1].

L'*isidoriana* et la *prisca* ne contiennent pas autre chose que des canons conciliaires; aucune décrétale de pape.

Denys le Petit. — A côté de l'*isidoriana* et de la *prisca,* d'autres collections latines surgirent de bonne heure en Italie.

[1] Walter, *Lehrbuch des Kirchenrechts,* p. 159.

Parmi elles, il faut citer une collection due au moine *Dionysius Exiguus*, Denys le Petit, mort au milieu du VIe siècle : elle diffère des précédentes en ce qu'elle contient non seulement des canons conciliaires, mais aussi des décrétales de papes.

La collection de Denys le Petit est adressée à l'évêque Etienne, de Salone en Dalmatie. Elle contient les cinquante canons apostoliques traduits du grec, les canons de Nicée, Ancyre, Néocésarée, Gangres, Antioche, Laodicée et Constantinople, se suivant dans une série unique de cent soixante-cinq numéros et traduits du grec; sous une nouvelle série de numéros les vingt-sept canons de Chalcédoine, ensuite les vingt et un canons de Sardique; les actes du concile de Carthage de 419, et ceux de synodes africains postérieurs; enfin des décrétales de papes.

Tel est le dernier état que Denys a donné à sa collection. Il avait d'abord composé le recueil des conciles, puis le recueil des décrétales; mais il réunit, comme je viens de le dire, ces deux recueils, et c'est de la collection ainsi formée, comprenant synodes et décrétales, que je m'occupe. Elle eut un grand succès; et, après Denys, reçut divers accroissements et modifications. C'est cette collection de Denys en sa forme nouvelle que le pape Adrien envoya à Charlemagne en 774 : on l'appelle la collection *Hadriana*. Cet envoi contribua à propager en France la *Collectio* de Denys le Petit qui paraît avoir été considérée, au commencement du IXe siècle, comme le *Codex canonum* par excellence de l'Eglise franque[1].

Collectio Isidoriana. — Nous rencontrons, en Espagne, une collection importante qui a reçu des accroissements et subi des modifications successives. En son dernier état, cette collection dite *Isidoriana* ou *Hispana,* comprend : 1° les plus anciens conciles grecs dans la traduction latine, dite *versio isidoriana* dont nous avons déjà parlé; 2° plusieurs conciles africains; 3° seize conciles gaulois; 4° trente-six conciles espagnols, le dernier en date est le concile de Tolède de 694; 5° un grand nombre de décrétales de papes, empruntées à la collection de Denys le Petit et d'autres décrétales provenant d'autres sources.

[1] Richter, édit. Dove, 1877, p. 78 et note 7.

On a attribué cette collection espagnole à saint Isidore de Séville, mort en 636. Cette attribution n'est pas impossible, pourvu qu'on s'entende bien et qu'on reconnaisse comme des additions à l'œuvre primitive les documents, d'ailleurs authentiques, mais postérieurs à saint Isidore, que contient cette collection en sa dernière forme.

L'attribution à saint Isidore de Séville n'est pas, je le répète, impossible; mais on n'a cependant pas de preuve très forte. La considération la plus sérieuse, c'est que la préface de cette collection espagnole a été utilisée par saint Isidore et insérée par lui dans ses *Etymologies*[1].

Bibliographie. — La collection de Denys le Petit, sans les modifications de l'*Hadriana*, a été imprimée dans *Wendelstinus, Can. apost., veterum concilior. constitutiones*, Mayence, 1525. Voir aussi l'édit. de Justel, 1628; de Migne, *Patrol. lat.*, t. 67. — Lire : Quesnel, *Ad sancti Leonis magni opera appendix*, t. II, 1675, Dissertatio XVI, p. 752-768. — Andres, *Lettera al abate Giacomo Morelli sopra alcuni codici*, Parma, 1802, pp. 65-66. — Maassen, *Geschichte der Quellen*, I, pp. 960-964. — Dom Pitra, *Analecta novissima*, t. I, p. 37, 38. — La *Collectio Isidoriana* ou *Hispana* a été imprimée sous ce double titre : *Collectio canonum Ecclesiæ Hispanæ ex probatissimis et pervetustis codicibus nunc primum in lucem edita*, Madrid, 1808, in-folio. (C'est la première partie de la collection); *Epistolæ decretales ac rescripta Romanorum pontificum*, Madrid, 1821, in-folio. (C'est la seconde partie de la collection.) Réimpression dans Migne, *Patrol. lat.*, t. 83.

[1] Richter, *ibid.*, p. 84.

TROISIÈME SECTION.

Livres pénitentiaux et Tarifs de la Pénitencerie apostolique.

Livres pénitentiaux. — Divers conciles et l'usage des églises établirent pour certaines fautes des peines déterminées. Il se fit ainsi dans l'Eglise une sorte de jurisprudence pénale qui, d'assez bonne heure, fut, de divers côtés, codifiée.

Ces petites codifications de ce que je pourrais appeler le droit pénal de l'Eglise sont les *Livres pénitentiaux* ou les *Pénitentiels*. Avant d'indiquer quelques *Livres pénitentiaux*, donnons, par quelques exemples, une idée de ces pénitences :

« Se tenir des années entières hors la porte de l'église; puis d'autres années dans l'église, mais prosterné; porter des cilices ou encore des cendres sur la tête; se laisser croître la barbe et les cheveux; jeûner au pain et à l'eau; demeurer enfermé et renoncer à toute relation[1]; » voilà autant de pénitences. S'en aller en pèlerinage avec des cercles de fer rivés au cou, aux bras, à la ceinture ou aux jambes[2]; » voilà encore des pénitences, etc., etc.

On a cru longtemps que les plus anciens *Livres pénitentiaux* avaient été rédigés en Irlande et en Angleterre[3]. Suivant une opinion nouvelle, très fortement défendue, mais sur la valeur de laquelle je n'ose me prononcer, le prototype des *Livres péni-*

1 Fleury, *Discours sur l'hist. ecclés.*, second discours, Paris, 1733, p. 53.

2 Cf. Cucherat, *De l'origine et de l'emploi des biens ecclésiastiques au moyen âge*, Paris, 1860, p. 21.

3 On a publié, sous le nom de Théodore, archevêque de Cantorbéry, mort en 690, plusieurs *Livres pénitentiaux* qui, en réalité, n'ont point été directement compilés par lui, bien que son action sur la discipline ait pu exercer une influence et fonder une certaine tradition. Parmi ces *Livres pénitentiaux* attribués à Théodore de Cantorbéry, il faut citer celui qui figure dans *Ancient laws and Institutes of England*, 1840, p. 277. Ce document n'est nullement de Théodore de Cantorbéry : il est postérieur à l'année 829.

Un pénitentiel qui émane réellement de celui auquel il est attribué est celui d'Egbert d'York, mort en 767. Cet ouvrage est imprimé dans Wasserschleben, *Die Bussordnungen*, 1851, pp. 231-247. Sous le nom du même Egbert d'York ont circulé deux autres ouvrages qui n'émanent pas de lui : un *Confessionnale Egberti* et un autre *Pœnitentiale Egberti*, divisé en quatre livres, mais plus moderne qu'Egbert.

tentiaux serait romain. Longtemps aussi, on a attribué à saint Colomban, fondateur du monastère de Luxeuil († 615) la rédaction d'un *Liber pœnitentialis* qui aurait pour base les usages irlandais; mais cette attribution est aujourd'hui contestée[1].

Au VIIe et au VIIIe siècle, divers ouvrages de ce genre circulaient en Gaule. L'origine en partie exotique des *Livres pénitentiaux* qui avaient cours dans notre pays, peut-être le désaccord que ces compilations présentaient entre elles et, sans doute, le caractère adouci de certains livres pénitentiaux, diverses causes, enfin, que nous ne pouvons parfaitement préciser, les firent voir d'un mauvais œil. Ils furent condamnés par le concile de Châlons de l'an 813 et par le concile de Paris de 829. Voici les expressions du concile de Paris de l'an 829 :

« Plusieurs prêtres n'imposent pas à leurs pénitents les peines prescrites par les canons, mais des pénitences bien moindres, en se servant de ce qu'on appelle les *Livres pénitentiaux*. Aussi chaque évêque doit-il faire rechercher ces faux petits livres pour les faire brûler : il devra également instruire les prêtres ignorants et leur apprendre comment ils doivent interroger sur les fautes et quelle pénitence ils doivent imposer[2]. »

Ces condamnations provoquèrent, ce semble, la rédaction de nouveaux *Livres pénitentiaux*, plus conformes aux canons et à la discipline officielle. Il faut citer ici les *Pénitentiels* d'Halitgaire de Cambrai, de Théodulf d'Orléans, de Hraban Maur. Ce dernier ouvrage fut envoyé, en 841, à l'archevêque Otgar de Mayence[3].

L'usage des pénitences publiques a persisté en diverses régions beaucoup plus longtemps qu'on ne le croit communément. Il serait facile de citer divers pénitentiaux du moyen âge. Au XVIe siècle, saint Charles Borromée, archevêque de Milan, rédigea, à l'aide des anciens livres pénitentiaux et notamment du *Pœnitentiale romanum* ou du *Pœnitentiale* prétendu romain, un re-

[1] Schmitz, *Columban und sein angeblicher Einfluss auf das Busswesen im fränkischen Reich,* dans Vering, *Archiv. für kathol. Kirchenrecht,* t. XLIX (nouvelle série, XLIII), pp. 1-21. Lire aussi Dom Pitra, *Analecta novissima,* t. Ier, p. 109.

[2] Hefele, trad. franç., t. V, pp. 259, 188.

[3] Walter, *Lehrbuch des Kirchenrechts,* 14e édit., p. 197 et suiv. Schmitz, *Die Bussbücher und die Bussdisciplin der Kirche,* pp. 193, 201 et *passim.* Mansi, t. XIII, col. 1009, 1022.

cueil tout à fait archéologique qu'on est stupéfait de voir saint Charles Borromée recommander aux confesseurs. On y trouve notamment une pénitence de deux ans, imposée à celui *qui ritu paganorum observaverit calendas januarii;* à celui *qui more gentilium elementa coluerit,* etc., etc.

Assurément saint Charles Borromée n'avait pas l'intention de rétablir dans sa vigueur première l'ancienne pénalité de l'Eglise qui était bien changée; mais il lui paraissait utile, pour encourager les confesseurs à la sévérité, de leur mettre sous les yeux le tableau de cette ancienne discipline. Au XVIIe siècle, l'Assemblée générale du clergé de France pensait, de son côté, faire une œuvre utile, en publiant elle-même le recueil de saint Charles Borromée.

Nous ne comprendrions pas la portée de ces deux tentatives, si nous n'avions présent à l'esprit un fait peu connu : je veux dire la persistance de certaines pénitences publiques jusqu'à des dates presque contemporaines. Les vestiges de l'ancienne discipline pénale de l'Eglise subsistaient encore et on pouvait espérer ranimer, dans une certaine mesure, la sévérité primitive. De là cette publication de saint Charles Borromée; de là aussi la tentative de l'Assemblée du clergé de France qui, au XVIIe siècle, faisait publier les *Canones pœnitentiæ,* recueillis par l'archevêque de Milan.

J'ai dit que les pénitences publiques s'étaient conservées fort longtemps. En effet, nous trouvons, en 1512, à Tours, des blasphémateurs soumis à la pénitence publique; le concile de Trente la maintient formellement pour les fautes publiques. A la fin du XVIIe siècle, les pénitences publiques étaient encore en usage à Rouen et dans plusieurs diocèses de France; Moléon, dans ses *Voyages liturgiques*, nous a laissé à ce sujet de curieux détails.

Il y a plus : du temps du jurisconsulte Bentham, c'est-à-dire de nos jours, la pénitence publique existait encore sur la terre classique des *Libri pœnitentiales,* je veux dire en Angleterre, chez les protestants[1].

[1] Cf. Giraudet, *Hist. de la ville de Tours,* t. II, p. 83; Concile de Trente, Sessio XXIV, *De reformatione,* c. VIII, édit. de Paris, 1666, p. 222; Alex. Varet, *Défense de la discipline qui s'observe dans plusieurs diocèses de France touchant l'imposition de la*

Indulgences et taxes de la Pénitencerie apostolique. — Par suite d'un changement complet dans les mœurs, le système des pénitences publiques tomba en désuétude. Cela se fit lentement et cet affaissement de l'institution primitive donna naissance au développement des indulgences et aux rachats tarifés.

On obtint la remise de la peine ou pénitence publique moyennant une œuvre de charité, une prière, une aumône et diverses conditions; ce fut l'indulgence[1]. Le droit pénal de l'Eglise confirme donc, lui aussi, cette profonde parole d'Ihering : « L'histoire de la peine est une abolition constante[2]. » Au commencement du XIIIe siècle, Alain de Lille déclarait que le tempérament de l'homme s'était affaibli et qu'il n'était plus possible de supporter les pénitences jadis en usage. Il est, disait-il, devenu nécessaire de tempérer et d'adoucir la peine[3]. Mais cet adoucissement ne date pas d'Alain de Lille. Il lui est bien antérieur et il s'est continué après lui.

La peine se transforma souvent en une sorte de rachat. On fut de très bonne heure astreint à payer une somme d'argent. Cette somme fut vraisemblablement remise au prêtre qui donnait l'absolution de la faute et non laissée à la libre disposition du fidèle. Par suite, la fixation de cette somme dut quelquefois donner lieu à des marchés, à des spéculations, à des débats misérables entre le prêtre qui donnait l'absolution et le fidèle. De là divers essais de tarification. Déjà les livres pénitentiaux ont parfois ce caractère.

Les fameux tarifs de la Pénitencerie en Cour de Rome jouent ici un grand rôle. Au moyen âge, l'usage avait réservé à la Cour de Rome le droit d'absoudre d'un certain nombre de fautes

pénitence publique, Sens, 1677; de Moléon, *Voyages liturgiques de France*, Paris, 1718, pp. 328, 329; Bentham, *Théorie des peines et des récompenses*, trad. Ed. Dumont, 2e édit., Paris, 1818, t. Ier, pp. 458, 461.

[1] On a aperçu une indulgence dans un passage de saint Paul, 2e épît. aux Corinth., ch. II, versets 6, 7, 8. Cf. *Trattato storico-dogmatico-critico delle indulgenze*, Pavia, 1789, pp. 20, 21.

[2] Ihering, *De la faute en droit privé*, trad. Meulenaere, Paris, 1880, p. 4.

[3] Texte très correct d'Alain de Lille, dans Hauréau, *Notices et extraits de quelques manuscrits latins de la Bibliothèque nationale*, t. II, pp. 65, 66; défectueux dans *Patrologie latine*, t. 210, col. 195.

qu'on appelait les *cas réservés*. Au reste, ces cas réservés au pape n'ont pas entièrement disparu : il y en a toujours un certain nombre[1]. Ces absolutions en Cour de Rome donnaient lieu non seulement à des amendes pécuniaires proprement dites, amendes, qui, à l'origine, ne paraissent pas avoir été tarifées en Cour de Rome, mais aussi à des frais de chancellerie; car, pour rentrer dans la vie chrétienne, il fallait faire ensuite, dans son pays, la preuve de l'absolution reçue en Cour de Rome.

Les *cas réservés* constituaient pour la Cour de Rome et surtout pour les officiers de la Cour une source de revenus assez considérable et les abus financiers que devait entraîner ce système pécuniaire, s'y développèrent largement. Un pape, Benoît XII, voulut, le premier, porter remède à ces abus : il promulgua un tarif[2], qui fut le point de départ des célèbres tarifs de la Pénitencerie apostolique.

On avait tarifé afin d'éviter le marchandage. On tomba dans un autre écueil : on parut vendre l'absolution à prix fixe. Je ne dis pas assez : il est rationnel d'admettre qu'entre des mains grossières et peu délicates, les tarifs aient eu en réalité, plus d'une fois, ce résultat.

Les *tarifs de la Pénitencerie apostolique* ne contiennent pas seulement des peines tarifées en argent pour certaines fautes, mais aussi des tarifs pour la remise de certaines règles canoniques. Ainsi un religieux ne doit pas étudier dans une université : il le pourra faire pendant sept ans, en payant une petite somme. Une religieuse ne peut, en principe, sortir de son couvent : elle aura, pour cause de maladie et en temps de peste, licence de le faire, en demeurant avec sa famille, moyennant 15 deniers 45 gros[3], etc., etc.

[1] Concile de Trente, Sessio XIV, c. VII, *De casuum reservatione*. Cf. bulle *Pastoralis* ou *in cœna Domini* de Clément XIII (20 mai 1764, *Bullarium*, t. XXXII, p. 461); bulle *Apostolicæ Sedis* de Pie IX (oct. 1869). Lire, sur les cas réservés : de Ram, *Nova et absoluta collectio synod..... archiepiscopatus Mechliniensis*, t. II, 1829, pp. 114, 115; *Analecta juris pontificii*, juillet 1880, p. 427 et suiv.

[2] *Mém. de la soc. arch. de Touraine*, t. XI, p. 123.— *Bullarium*, t. IV, pp. 263, 264.

[3] Plaintes fort remarquables à ce sujet dans *Informationes Pilei archiepiscopi Jan. super reformatione Ecclesiæ*, apud Döllinger, *Beiträge zur polit. kirchl. und Cult.-Geschichte der sechs letzten Jahrhunderte*, t. II, p. 306. Joignez Bartholomæus a Martyribus, *Petitiones in concilio Tridentino*, pp. 22, 23.

Les pénitences canoniques ont pénétré, de divers côtés, dans le droit civil. On trouve fréquemment, en Belgique, des pèlerinages imposés à des coupables à titre de peine. Comme en droit canonique, le rachat de ces pèlerinages est prévu et tarifé. Les tarifs de ce genre sont notamment très nombreux dans le *Coreboeck* de Vilvorde (environs de Bruxelles)[1].

La connexité des matières m'a fait passer des *Livres pénitentiaux*, ces témoins si respectables de la primitive Eglise, jusqu'aux *Taxes de la Pénitencerie*, qui appartiennent à l'histoire presque moderne. Je ne pouvais séparer ces deux natures de documents sans enlever au sujet sa simplicité, sa clarté et son intérêt. Je reprends la série à peu près chronologique des collections canoniques.

BIBLIOGRAPHIE. — Morin, *Commentarius historicus de disciplina in administratione sacramenti pœnitentiæ*, 1651. — Kunstmann, *Die lateinischen Pönitentialbücher der Angelsachsen*, 1844, Maynz. — Hildenbrand, *Untersuchungen über die germ. Pönitentialbücher*, Würzburg, 1851. — Wasserschleben, *Die Bussordnungen der abendländischer Kirche*, Halle, 1851. — Maassen, *Geschichte der Quellen und der Literatur des can. Rechts*, t. Ier, 1870, pp. 870, 871. — Bradschaw, *The early collection of canons commonly known as the Hibernensis*, Cambridge. — Schmitz, *Das Pœnitentiale romanum*, 1875. — Schmitz, *Die Bussbücher und die Bussdisciplin der Kirche*, 1883. — Dom Pitra, *Analecta novissima*, t. Ier, p. 109. — A. Dupin de Saint-André, *Taxes de la Pénitencerie apostolique d'après l'édition publiée à Paris en 1520 par Toussaint Denis*, Paris, Sandoz, 1879. (Joignez un article que j'ai publié sur cet ouvrage dans *Revue historique*, mars-avril 1880, p. 442 et suiv.). — P. Denifle, *Die älteste Taxrolle der apost. Pönitentiarie*, dans *Archiv für Literatur und Kirchengeschichte des Mittelalters*, t. IV, livr. 3, pp. 201-238.

[1] Wauters, *Notices sur quelques communes des environs de Bruxelles*, p. 449.

QUATRIÈME SECTION.

Les Fausses Décrétales. — Textes apparentés aux Fausses Décrétales.

Contenu, origine et but. — Une collection singulière et devenue très célèbre fit son apparition, au IXe siècle, dans l'empire franc. Je veux parler de la collection dite des *Fausses Décrétales*.

Elle contient : 1° un certain nombre de documents apocryphes déjà en circulation avant que cette collection nouvelle existât : parmi ces apocryphes anciens, je citerai deux épîtres du pape Clément à Jacques, frère du Seigneur ; les canons des apôtres, la donation de Constantin, etc. ; 2° une série de falsifications nouvelles ; 3° un grand nombre de documents authentiques, empruntés à la *Collectio Hispana* ou *Isidoriana*, déjà mentionnée, et à la collection de Denys le Petit, dans la forme de la *Collectio Hadriana*.

Les falsifications nouvelles consistent en décrétales de papes forgées par le compilateur. Ces décrétales fausses traitent d'une foule de questions différentes : dogme, préséance de l'Eglise romaine, hiérarchie ecclésiastique, procès intentés à des évêques ou à des clercs, appel au Saint-Siège, usurpation des biens de l'Eglise, chorévêques, prêtres et diacres, baptême, confirmation, mariage, etc., etc.

En France, on considéra cette collection comme la véritable collection d'Isidore de Séville, comme cette *Collectio Hispana* ou *Isidoriana* dont nous venons de parler. On l'accepta comme telle. L'*Incipit* de la collection portait, en effet, textuellement : *Incipit præfatio sancti Isidori episcopi, libri hujus*. On ajoutait que Riculf, archevêque de Mayence, avait reçu d'Espagne la collection de saint Isidore[1].

[1] Walter, *Lehrbuch*, 1871, p. 205, note 8 ; p. 206, notes 11, 12 ; p. 210, note 4. Cf. ce passage de Benedictus Levita : *Hæc vero capitula quæ in subsequentibus*, etc. (Pertz, *Leges*, t. II, pars II, p. 39), et Richter, édit. Dove, p. 85, note 4. Ainsi, Benedictus Levita parle lui-même de Mayence, et Hincmar parle, de son côté, à propos de (pseudo) Isidore, de Riculf et de Mayence.

Les évêques et les conciles français acceptèrent les premiers cette œuvre comme authentique; les papes la reçurent plus tard.

Les *Fausses Décrétales* ont beaucoup circulé au moyen âge et ont été utilisées dans un bon nombre de collections canoniques postérieures dont nous aurons à nous occuper.

La fraude se découvrit lentement par une série d'investigations qui datent du XVe siècle. En ce siècle, le cardinal Nicolas de Cusa considérait déjà les *Fausses Décretales* comme des documents apocryphes. Cette opinion s'affirme au XVIe siècle et donne lieu à d'importants et décisifs travaux de Blondel contre lesquels le jésuite Torrès essaye vainement de lutter [1].

On admettait autrefois que les *Fausses Décrétales* avaient été forgées à Rome. Cette opinion est aujourd'hui complètement abandonnée. La collection qui nous occupe a été indubitablement rédigée dans l'empire franc. On a cru longtemps qu'elle avait fait son apparition dans la région orientale de cet empire. Les plus récents travaux (dus à MM. Simson et Paul Fournier) nous dirigent, au contraire, vers la région occidentale et nous autorisent à penser que ce faux nous vient de l'évêque du Mans, Aldric ou de l'entourage de cet évêque.

L'auteur s'est bien gardé de nous livrer son nom. Il se donne, dans l'*Incipit* que j'ai déjà cité en partie, le pseudonyme d'Isidorus Mercator : « Incipit præfatio s. Isidori, episcopi, libri hujus. *Isidorus Mercator* servus Christi lectori conservo suo et parens in domino fidei salutem [2]. »

D'où vient ce nom d'*Isidorus Mercator?* Très certainement d'une réminiscence du compilateur qui avait utilisé la traduction des discours de Nestorius, faite par Marius Mercator. Marius Mercator a mis en tête de sa traduction ce salut au lecteur : *Marius Mercator servus Christi lectori conservo suo et parens in Domino fidei salutem.* Il est clair que cet *Incipit* a été copié par

[1] Il faut lire, à ce sujet, le livre de Blondel, intitulé : *Pseudo-Isidorus et Turrianus vapulantes*, Genève, 1628, in-4°. Joignez Dom Pitra, *Analecta novissima*, t. Ier, p. 103; mais complétez par la circulaire d'Otton d'Ostie que publie Giesebrecht, *Geschichte der deutschen Kaiserzeit*, t. III, 2e part., p. 1249.

[2] Hinschius, p. CCXI-CCXIII. Walter, *ibid.*, p. 210, n. 4, p. 205, note 8.

celui qui s'est appelé Isidorus Mercator[1]. Il n'y a donc, suivant toute probabilité, rien de réel dans le nom d'Isidorus Mercator.

Les *Fausses Décrétales* font partie d'une famille de textes énigmatiques qui sentent la même origine. Je dois faire connaître cette famille tout entière, en mentionnant maintenant les deux compilations qui tiennent de si près aux *Fausses Décrétales*. Ce sont : 1° Le *Capitulare* de Benoît le Lévite; 2° les *Capitula* d'Angilran.

Voici comment le Dr Hinschius résume cette parenté des trois ouvrages :

Le rédacteur des *Capitula Angilramni* s'est servi du *Capitulare* de Benoît.

Pseudo-Isidore s'est servi du *Capitulare* de Benoît et des *Capitula* d'Angilran.

Ces trois œuvres se classent donc nécessairement dans l'ordre chronologique suivant :

1° *Capitulare* de Benoît le Lévite;

2° *Capitula Angilramni;*

3° *Fausses Décrétales* de Pseudo-Isidore.

Le même critique pense que les *Fausses Décrétales* et les *Capitula Angilramni* sont l'œuvre d'un même auteur, d'un même personnage qui a écrit les *Capitula* un peu avant de rédiger les *Fausses Décrétales*, et s'est servi de sa première œuvre pour rédiger la seconde[2].

Pseudo-Isidore acheva son œuvre vers 851 ou 852. La première trace des *Fausses Décrétales* apparaît dans le mémoire apologétique présenté, en 853, au concile de Soissons par les clercs de l'église de Reims. Mais ce n'est qu'en 857, au concile de Quierzy-sur-Oise, qu'elles furent, pour la première fois, citées explicitement[3].

La collection n'était pas encore connue à Rome, en 858.

On trouve peut-être dans les lettres du pape Nicolas Ier, mort

1 Cf. Walter, p. 205, note 8 *in fine*.

2 Hinschius, *Decretales Pseudo-Isid.*, pars prior, pp. CLXVIII, CLXXII.

3 Je reproduis ici un passage d'un art. du P. Lapôtre, dans *Revue des Questions hist.*, 1er avril 1880, p. 381, n. 3.

en 867, une ou deux allusions aux *Fausses Décrétales*[1]. Elles furent mises à contribution dans un concile tenu à Rome, en 869. Elles sont, en effet, largement utilisées dans un discours qui fut prononcé au sein de ce concile, soit par le futur pape Formose qui était alors évêque de Porto, soit par le pape Adrien II. Il y a un doute sur l'auteur de ce discours.

Depuis lors, les papes n'usent pendant un certain temps de ce recueil qu'avec une extrême réserve, on pourrait presque dire avec un vague sentiment de son vice d'origine. Mais, avec l'avènement d'un pape de nation franque, Bruno de Toul, saint Léon IX, les *Fausses Décrétales* s'installent définitivement à Rome. Bruno de Toul apportait avec lui les traditions des églises dans lesquelles l'autorité de la collection pseudo-isidorienne ne faisait l'objet d'aucun doute; dès lors cette collection s'accrédite à Rome[2].

On a beaucoup discuté sur le but que s'est proposé le rédacteur des *Fausses Décrétales*. Qu'a-t-il *voulu* faire? Exalter le pouvoir du Souverain Pontife? Sans doute, ce résultat a été atteint[3]; mais il est peu probable que ce soit là *directement* la

[1] Walter, *Lerhbuch*, p. 207 note et suite de cette note p. 208.

[2] Le document de 869 auquel je fais allusion, a été découvert par Maassen en 1872. Cf. P. Lapôtre, dans la *Revue des Questions histor.*, 54e livr., 1er avril 1880, p. 377 et suiv.; et notamment p. 380, note 2; Rocquain, *La papauté au moyen âge*, p. 47, n. 2 (opinion divergente; à lire). On a fait observer qu'il existe une certaine relation entre les *Fausses Décrétales* et le fameux *Liber pontificalis*, chronique de la papauté, en partie légendaire et rédigée à Rome. L'auteur du *Liber pontificalis* attribue aux premiers papes des décisions souvent assez singulières et même impossibles, des décrétales dont il résume l'objet en deux lignes et dont il ne donne pas le texte. Ce texte personne ne l'avait jamais vu. Eh bien! dans une foule de cas, c'est précisément le texte d'une décrétale mentionnée par le *Liber pontificalis*, que l'auteur des *Fausses Décrétales* s'est appliqué je ne dirai pas à reconstituer, mais à forger. Ce fait a donné lieu à une méprise contre laquelle il est important de se prémunir. Une relation si frappante entre les deux ouvrages a fait croire que les *Fausses Décrétales* avaient été, comme le *Liber pontificalis*, rédigées à Rome. Mais tout concourt à établir le contraire. Nous savons, du reste, à n'en point douter, que le *Liber pontificalis*, bien antérieur aux *Fausses Décrétales*, s'est répandu de bonne heure dans le monde chrétien. Nous pouvons affirmer notamment qu'on l'avait entre les mains, à Metz, au VIIIe siècle. Il n'est donc pas surprenant que le rédacteur des *Fausses Décrétales* l'ait connu au IXe siècle. Cf. Walter, *ibid.*, p. 210, n. 5; Duchesne, *Etude sur le Liber pontificalis*, p. 215.

[3] Se garder toutefois de l'exagération, quand on étudie ce mouvement de la discipline.

pensée, le but du compilateur. Ce n'est point un Romain qui tient la plume, et ce résultat ne doit pas être l'objet immédiat et direct de son travail.

Parmi la masse considérable de décisions et de textes accumulés par le faussaire, il est difficile de saisir la pensée dominante et on risque fort de prendre le change, en essayant de la dégager. Voici ce que croient apercevoir de bons critiques. Ils estiment que Pseudo-Isidore a cherché : à assurer aux personnes et aux choses ecclésiastiques le droit de ne relever que des juridictions ecclésiastiques; à diminuer les chorévêques ou évêques auxiliaires; à limiter les pouvoirs des métropolitains, en réservant au pape la connaissance définitive des causes des évêques. Pseudo-Isidore est loin assurément de songer à supprimer l'action du métropolitain dans sa province ecclésiastique; mais il semble préoccupé du désir de ne point isoler le métropolitain et de lui adjoindre les évêques suffragants. Il paraît tenir tout particulièrement au concours des suffragants : ce qui convient à merveille à un évêque du Mans, suffragant de Tours.

BIBLIOGRAPHIE. — Hinschius, *Decretales Pseudo-Isidorianæ et Capitula Angilramni*, Lipsiæ, 1863, in-4°. — Roth, *Pseudo-Isidor*, dans *Zeitschrift für Rechtsgeschichte*, t. V, Weimar, 1866, pp. 1-28. — Walter, *Lehrbuch des Kirchenrechts*, 14e édit., Bonn, 1871, p. 202 et suiv. — Richter, *Lehrbuch des kathol. und evangelischen Kirchenrechts*, 8e édit: par Dove, p. 90 et suiv. — Sur les rapports entre le *Liber pontificalis* et les *Fausses Décrétales*, art. des *Analecta juris pontificii*, 1881. — P. Lapôtre, *Hadrien II et les Fausses Décrétales*, dans *Revue des questions historiques*, avril 1880, liv. 54. — Dom Pitra, *Analecta novissima*, t. Ier, p. 91 et suiv. — Simson, *Die Entstehung der Pseudo-Isidorischen Falschungen in Le Mans*, 1886. — Maassen, *Zur Frage nach Pseudo-Isidor* (Mémoires de l'Académie des sciences de Vienne, t. 109). — Paul Fournier, *La question des Fausses Décrétales*, Paris, 1887 (Extrait de la *Nouvelle revue historique de droit français et étranger*). — Paul Fournier, *Une forme particulière des Fausses Décrétales*, dans *Bibliothèque de l'Ecole des chartes*, t. XLIX, 1888. — Imbart de La Tour, *Les élections épiscopales dans l'Eglise de France du IXe au XIIe siècle*, Paris, 1891, pp. 134-176. — Conrat, *Gesch. der Quell. u. Literat. d. röm. Rechts im früheren Mittelalter*, I, 308. — Wasserschleben, dans *Hist. Ztschr.*, t. 64, p. 234 et suiv.

CINQUIÈME SECTION.

Collections diverses antérieures au Décret de Gratien.

Collection irlandaise. — Elle a été rédigée à la fin du VIIe siècle ou au commencement du VIIIe siècle. Elle a beaucoup circulé en Europe. Suivant Wasserschleben, Réginon et Burchard de Worms dont il sera parlé ci-après l'ont utilisée[1].

Collectio Anselmo dedicata. — Cette collection canonique, encore inédite mais signalée et étudiée, est d'origine italienne. On croit qu'elle a été rédigée sous Anselme, qui fut archevêque de Milan de 883 à 897, et qu'elle a été dédiée, comme semble le marquer son titre, à ce prélat.

On y a utilisé la *Collectio Dionysiana Hadriana;* les *Fausses Décrétales;* le *Regeste* de Grégoire Ier; le droit de Justinien, mais à travers des intermédiaires[2].

Réginon. — Réginon, abbé de Prüm (au N.-O. de Trèves), a composé, entre 906 et 915, une collection canonique célèbre.

Les procédures synodales y sont traitées avec soin. On y peut suivre le rôle que jouait l'autorité ecclésiastique pour maintenir, à l'aide des synodes, les bonnes mœurs et poursuivre judiciairement divers délits.

Les sources utilisées par Réginon sont très variées. Sans les énumérer toutes, je citerai la *versio isidoriana* pour les canons des conciles grecs et quelquefois la *versio dionysiana;* l'*Inter-*

[1] Wasserschleben, *Die irische Kanonensammlung*, Leipzig, 1885, pp. XIII, XXIX et *passim*.

[2] Voir Ballerini, *De antiquis collectionibus*, pars IV, c. x, dans Galland, *Sylloge*, 1778, pp. 245-246. Sarti a donné un résumé d'une partie de la collection dans son ouvrage, *De claris archigymnasii Bononiensis professoribus*, t. Ier, pars II, pp. 189-191. Consulter Savigny, *Geschichte des röm. Rechts im Mittelalter*, t. II, 2e éd., pp. 289-293; Mai, *Nova patrum Bibliotheca*, t. VII, pars III, Romæ, 1854, pp. IV, 75. Cf. Walter, *ibid.*, p. 233; Dom Pitra, *Analecta novissima*, t. Ier, p. 140; Conrat, *Gesch. d. Quellen u. Liter. d. röm. Rechts*, I, 215; Patetta, *Nota sull' età del codice vercellese della collezione di canoni Anselmo dedicata*, dans *Antologia giuridica*, t. IV, fasc. 3. Cf. article du même dans *Rivista ital. per le science giurid.*, t. XI. Je regrette de n'avoir pu lire ces deux articles.

pretatio du *Bréviaire* d'Alaric; les *Fausses Décrétales;* les *Livres pénitentiaux;* une lettre de Hraban Maur, etc.[1].

Abbon. — Abbon, abbé de Fleury, a écrit, à la fin du xe siècle, et adressé au roi Hugues Capet et à son fils Robert le Pieux, un travail en 52 articles sur l'Eglise et les clercs. Les conciles, les décrétales, les capitulaires, le *Bréviaire* d'Alaric, et les *Novelles* de Julien qu'il appelle le *Livre des Rois*[2], y sont utilisés[3].

Burchard de Worms. — La collection due à Burchard, évêque de Worms, a été composée entre 1012 et 1022. Elle est divisée en vingt livres et le vingtième de ces livres, intitulé *Corrector* ou *Medicus,* est un véritable *Liber pœnitentialis.* Burchard a utilisé, semble-t-il, la collection irlandaise; la *Collectio Anselmo dicata;* la *versio dionysiana,* pour les conciles grecs; Réginon. Il a pris à ce dernier des fragments de capitulaires ou des passages de Hraban Maur, et il a souvent donné ces extraits comme des canons de conciles ou comme des passages de décrétales de papes. Autant de traits caractéristiques qui ont passé dans les collections postérieures où a été utilisé Burchard de Worms[4].

Collection de l'évêque Anselme de Lucques. — Il ne faut pas la confondre avec la *Collectio Anselmo dicata.* Notre Anselme de Lucques est mort en 1086. Cette collection est donc du xie siècle, antérieure à 1086.

On y a utilisé : 1° la *Collectio Anselmo dicata;* 2° Burchard de Worms. Cette collection importante, divisée en 13 livres, est encore inédite[5].

1 Baluzius, *Reginonis... libri duo,* Parisiis, 1671. Cette édition est reproduite dans la *Patrologie latine* de Migne, t. 132. Wasserschleben, *Reginonis libri duo,* Lipsiæ, 1840.

2 Lebeuf, *Recueil de divers écrits*, t. II, p. 57.

3 Ce petit traité se trouve dans Mabillon, *Vetera analecta*, 1723, pp. 133-148; dans Migne, *Patrologie latine*, t. 139.

4 La collection de Burchard a été publiée à Cologne en 1543; à Paris, en 1549; à Cologne, en 1560; à Paris, en 1853 (Migne, *Patrologie latine,* t. 140). Sur Burchard de Worms, article important de Julius Harttung, dans *Forschungen zur deutschen Geschichte,* t. XVI, pp. 587 et suiv.; Grosch, *Burchard I, B. zu Worms*, Jena, 1890 (*Dissertatio inauguralis.*) Je n'ai pu lire ce travail.

5 Lire, sur la collection d'Anselme de Lucques, la dissertation des Ballerini, dans le recueil de Galland, *De vetustis canonum collectionibus,* et Mai, *Spicilegium Romanum,* t. VI, pp. 312-395, où se trouve l'indication des chapitres de la collection d'Anselme; Savigny, *Geschichte des röm. Rechts im Mittelalter,* 2e édit., t. II, p. 295 et suiv.

Deusdedit. — A la fin du XIe siècle, le cardinal Deusdedit a compilé, en Italie, une collection très importante. Il s'est servi, pour les canons grecs, la plupart du temps de la *versio dionysiana;* quelquefois de la *versio isidoriana.* Mais il a aussi, et c'est ce qui fait le prix de sa collection, consulté les archives pontificales et il en a tiré des morceaux de valeur. Il a utilisé, en outre, les *Capitulaires*, le *Code* de Justinien, les *Fausses Décrétales*[1], etc.

Ives de Chartres. — Nous passerons ici en revue trois ouvrages, deux dont l'attribution à Ives est douteuse; un qui est certainement de lui : — 1° *Decretum.* On attribue à Ives, évêque de Chartres, mort en 1117, une compilation canonique célèbre, connue sous le nom de *Decretum.* L'auteur du *Decretum* semble avoir utilisé notamment la collection de Burchard. L'attribution à Ives de Chartres est douteuse. En tout cas, le *Décret,* en l'état où nous le font connaître les éditions, a subi une addition postérieure à Ives; car les canons d'un concile de Nantes de 1127 y figurent. L'auteur du *Decretum* a connu le *Digeste* de Justinien[2]. — 2° *Tripartita.* Collection inédite, divisée en trois parties; d'où son nom. La première partie contient des décrétales, les unes fausses, les autres authentiques; la seconde, des canons conciliaires; la troisième, des extraits des Pères de l'Église. On soupçonne que cette collection dite *Tripartita* est d'Ives

[1] Martinucci, *Deusdedit, Collectio canonum,* Venetiis, 1869. Les parties les plus originales de la collection avaient été publiées, depuis longtemps, par Luc Holstein, les Ballerini, le cardinal Borgia. Cf. Savigny, *Geschichte,* t. II, 2e édit., p. 299; un article que j'ai publié dans la *Revue critique* du 14 septembre 1872; Stevenson, *Osservazioni sulla collectio canonum di Deusdedit,* dans *Archivio della Società romana di storia patria,* t. VIII, 1885, pp. 305-398; Scheffer-Boichorst, *Die Sammlung d. card. Deusdedit u. die Schenkung d. Gräfin Mathilde,* dans *Mitthlg. d. Instit., f. öster. Gesch. Forschg.,* t. XI, 1890, pp. 119-121.

[2] Theiner, *Ueber Ivo's vermeintliches Decret,* Mainz, 1832; Theiner, *Disquisitiones criticæ*, *Romæ,* 1836, p. 141 et suiv.; Wasserschleben, *Beiträge,* pp. 47-77; *Archiv für kath. Kirchenrecht,* t. XII (*Neue Folge,* t. VI), p. 474 (indication d'un manuscrit de la *Tripartita*); Menu, *Recherches et nouvelle étude critique sur les recueils de droit canon attribués à Yves de Chartres,* Paris, 1880 (thèse de doctorat en théologie); Mommsen, *Digesta, Additamenta,* p. LI*. Le *Décret* a été imprimé à Louvain, en 1661. La *Panormie* a été imprimée à Louvain, en 1557. Ces deux ouvrages se trouvent aussi dans la *Patrologie latine* de Migne, t. 161. La *Collectio trium partium* ou *Tripartita* n'est pas encore imprimée.

de Chartres. L'auteur de la *Tripartita* a utilisé la *Panormie*. — 3° *Panormie*. Quant à la *Panormie*, elle est incontestablement d'Ives de Chartres. Elle a été rédigée vers l'an 1090. Le *Décret*, la *Tripartita* et la *Panormie* sont trois collections apparentées. Ives a utilisé pour la *Panormie* la collection d'Anselme de Lucques et la *Collectio Anselmo dicata*[1].

Polycarpus. — C'est le nom d'une collection canonique compilée par le cardinal-prêtre Gregorius, avant l'année 1119. Elle est divisée en huit livres. L'auteur s'est beaucoup servi d'Anselme de Lucques et de la *Collectio Anselmo dicata*[2].

BIBLIOGRAPHIE. — Bons détails dans Tardif, *Histoire des sources du droit canon*, Paris, 1887, pp. 159-172. — Joignez les renseignements bibliographiques que j'ai donnés en note.

[1] Mommsen, *Digeste*, t. II, Berlin, 1870, p. 47* à la fin du volume.

[2] Le *Polycarpe* est inédit. Il a été étudié par les Ballerini, dans Galland, *De vetustis canonum collectionibus dissertationum sylloge*, Venetiis, 1778, et par Theiner, *Disquisitiones criticæ*, pp. 341-345.

SIXIÈME. SECTION.

Histoire et éléments du Corpus juris canonici.

1. *Décret de Gratien, première assise du Corpus juris canonici.*

Gratien. Citations. Sources — Les indications que je viens de donner (et j'ai fait seulement un choix), prouvent que le mouvement vers les études canoniques était très développé, et que ces recueils de textes étaient d'une grande utilité. L'action de l'Eglise était, en effet, trop puissante, son rôle, en toutes choses, trop important pour que les collections, réunissant les divers éléments de sa législation, ne répondissent pas à un besoin général.

J'arrive à une collection très célèbre. Elle a été admise en tête du recueil classique dont nous allons voir, de siècle en siècle, se former les diverses parties, à savoir le *Corpus juris canonici,* ainsi dénommé par analogie avec le *Corpus juris civilis.*

Le *Décret* de Gratien, appelé à devenir le premier de ces monuments canoniques dont l'ensemble va constituer le *Corpus juris canonici,* est l'œuvre d'un moine de Bologne.

Gratien, moine camaldule de Bologne, rédigea son *Décret* un peu avant 1150. Ce n'est pas une vulgaire compilation. L'auteur, non seulement réunit les monuments divers de la législation ecclésiastique, mais s'applique, par quelques observations personnelles et par des rapprochements de textes, à en critiquer, à en éclaircir le sens.

L'usage a donné à l'ouvrage de Gratien le nom de *Decretum* ou *Décret*, et on ne l'appelle jamais autrement; mais Gratien lui-même avait donné à son recueil ce titre significatif : *Concordantia discordantium canonum.* Il se proposait, comme l'indique ce titre, de faire disparaître, par de courtes explications et par d'heureux rapprochements, les discordances que présentaient entre elles quelques dispositions législatives fournies par les diverses collections canoniques déjà existantes.

Le *Décret de Gratien* ou, tout simplement, le *Décret* est divisé en trois parties :

La première division traite des sources du droit et des personnes ecclésiastiques. Elle est partagée en 101 Distinctions (*Distinctiones*).

La deuxième partie traite de la juridiction ecclésiastique. Elle est divisée en 36 *Causes;* les *Causes* sont partagées en *Questions,* et les *Questions* subdivisées en *Canons.* Ce qui complique cette division, c'est que la *Question* 3 de la *Cause* 33 forme un petit traité, partagé en *Distinctions* et intitulé : *De pœnitentia.*

La troisième partie traite des sacrements et du culte : *De consecratione.* Elle est divisée en *Distinctions,* comme la première. Cette division de la première et de la troisième partie du *Décret,* la seule reçue depuis une époque très reculée, ne figurait pas dans l'œuvre originale. On l'attribue à Paucapalea, disciple de Gratien[1].

Quand on cite le *Décret,* il est d'usage, ou plutôt il était d'usage de ne mentionner ni le *Décret* par le mot *Décret* ou *Décret de Gratien,* ni la partie citée du *Décret* par les mots *Pars prima, Pars secunda, Pars tertia.* Un mode de citation beaucoup plus concis suffisait pour indiquer du premier coup qu'il s'agissait du *Décret,* et de telle et telle partie du *Décret.* Je donnerai une idée de ce mode de citation, très énigmatique à première vue.

Première partie. — Voulait-on citer un passage de la première partie, on écrivait le premier mot du *canon* cité en le faisant précéder de la lettre c; puis le numéro de la *Distinction.* Ex. :

c. *Audite*, D. 34.

Les canons étant depuis longtemps numérotés, les canonistes facilitent souvent les recherches en indiquant le numéro du canon :

c. 6. D. 34[2].

Deuxième partie du Décret. — On se souvient qu'elle est divisée en *Causes, Questions* et *Canons.* Voulait-on citer un texte de la *Seconde partie?* On écrivait le premier mot du canon, en

[1] Cf. Tanon, *Etude de littérature canonique, Rufin et Huguccio,* Paris, 1889, p. 3. (Extrait de la *Nouvelle Rev. hist. de droit français et étranger,* 1888 et 1889.)

[2] C. 6. D. 34, veut dire *Décret* de Gratien, Partie I, Dist. 34, can. 6.

le faisant précéder de la lettre c, puis le numéro de la *Cause* et celui de la *Question*. Ex. :

c. *Omnibus*, C. 2. Q. 5.

Aujourd'hui, comme pour la première partie, on numérote le canon. Ex. :

c. 19, C(ausa) 2. Q(uæstio) 5[1].

Mais ce mode, plus rapide pour les vérifications, quand tout est bien exact, entraîne, en pratique, des confusions fréquentes, le chiffre du *canon* se confondant souvent avec celui de la *Cause*.

Veut-on désigner un passage du traité de la Pénitence qui forme, comme je l'ai dit, la Question 3 de la Cause 33 dans la deuxième Partie, on écrit : c. *Petrus*, D. 1, *De pœn.*[2]. Sans les mots *De pœn.*, rien ne distinguerait ce mode de citation de celui qui se réfère à la première partie. Ces mots sont donc indispensables.

Troisième partie du Décret. — Enfin les textes de la troisième partie sont cités comme ceux de la première; mais pour éviter une confusion, on ajoute les mots *De cons.* qui indiquent la troisième partie. Ex. :

c. *Venerabiles*, D. 3, *De cons.*[3].

Suivant un usage déjà ancien, les premiers mots du canon sont ici, comme précédemment, remplacés par un numéro.

De nos jours, les citations du *Décret* sont moins fréquentes qu'autrefois, parce que nous préférons, avec raison, renvoyer, autant que possible, aux sources elles-mêmes : aux conciles d'après les grandes collections modernes, aux décrétales d'après les éditions modernes, etc. Enfin, les hommes d'étude sont beaucoup moins familiarisés avec le droit canon et avec le *Décret* de Gratien qu'ils ne l'étaient autrefois; il convient donc de leur faciliter les recherches en adoptant un autre mode de citation, celui qui consiste à commencer par la division la plus générale pour finir par la dernière sous-division. Ex. :

Décret Grat., Pars sec.; Ca(usa) 25; Qu(æstio) 2, can. 6.

[1] C'est-à-dire *Décret* de Gratien, Cause 2, Question 5, can. 19.

[2] C'est-à-dire *Décret* de Gratien, Partie II, Cause 33, Question 3, Dist. 1, can. 1.

[3] C'est-à-dire *Décret* de Gratien, Partie III, Dist. 3, can. 28.

Gratien a mis à contribution pour son recueil Burchard de Worms, Anselme de Lucques, Ives de Chartres, *Polycarpe,* etc.

Un disciple de Gratien, appelé Paucapalea, a fait au *Décret* diverses gloses. Il y a eu encore plusieurs petites additions postérieures à Paucapalea. Les unes et les autres sont désignées, dans les manuscrits et dans les éditions, par cette étiquette *Palea,* qui sert à avertir le lecteur qu'il n'a pas sous les yeux l'œuvre primitive de Gratien [1].

Le *Décret* a été l'objet d'une quantité d'éditions et d'une foule de travaux. Nous retrouverons la meilleure et la plus récente édition quand nous aurons vu le *Corpus juris canonici* se constituer tout entier et que nous aurons à indiquer les éditions du *Corpus juris.*

2. *Compilatio prima, — secunda, — tertia, — quarta, — quinta.*

Laissons Gratien et rappelons-nous qu'il est l'assise première du *Corpus juris canonici.*

Voici quelques collections qui ne sont point entrées dans le *Corpus,* et dont l'ensemble forme une série de cinq compilations dites *Compilatio prima, — secunda, — tertia, — quarta, — quinta.* Bien que ces compilations n'aient pas eu la fortune d'entrer telles quelles dans le *Corpus,* on ne peut tracer l'histoire du *Corpus,* sans les mentionner :

Bernard de Pavie ou *Compilatio prima.* — Vers 1190, Bernard, prévôt de l'église de Pavie, qui enseigna à Rome et à Bologne, publia un recueil appelé *Breviarium* et composé de canons conciliaires et de textes divers, mais surtout de décrétales pontificales, parmi lesquelles dominent, par le nombre, celles du pape Alexandre III.

Les dernières décrétales de la collection dans l'ordre chrono-

[1] Voyez sur le *Décret* : Ant. Agostino, arch. de Tarragone, *Dialogi de emendatione Gratiani,* 1581 ; réimprimé par Baluze, avec des additions, Paris, 1672 ; Berardi, *Gratiani canones genuini,* Venetiis, 1777, 4 vol. in-4° ; Schulte, *Zur Geschichte der Literatur über das Decret Gratian's,* Wien, 1870 ; Friedberg, dans *Zeitschrift für Kirchenrecht,* t. XVII, p. 397 et suiv. ; Schulte, *Summa des Paucapalea über das Decretum Gratiani,* Giessen, 1890.

logique émanent du pape Clément III. L'ouvrage entier est divisé en cinq livres dont l'objet est résumé en ce vers latin :

Judex. Judicium. Clerus. Connubia. Crimen.

Judex. Des juges ecclésiastiques. — *Judicium.* Des jugements en matière civile (non criminelle). — *Clerus.* Des affaires ecclésiastiques en matière non criminelle. — *Connubia.* Des fiançailles et des mariages. — *Crimen.* Des affaires criminelles et des pénalités ecclésiastiques.

Le *Breviarium* de Bernard de Pavie fut étudié à Bologne, à côté du *Décret* de Gratien. Il a été glosé, en partie par Bernard lui-même, en partie par Tancrède et par d'autres canonistes. Il reçoit souvent le titre de *Compilatio prima,* parce qu'on le considère comme le premier d'une série de collections de décrétales postérieures à Gratien, série que nous étudions en ce moment.

Bernard de Pavie est mort en 1213.

Compilatio tertia et *Compilatio secunda.* — En 1210, Innocent III fit réunir toutes les décrétales qu'il avait publiées jusqu'alors. Il les envoya à l'université de Bologne; et plusieurs maîtres de cette école, notamment Tancrède, glosèrent cette collection. Elle est divisée en cinq livres comme la *Compilatio prima* qui servit de type. C'est la première collection qui ait paru revêtue d'une sanction pontificale.

La collection d'Innocent III était publiée depuis peu de temps, lorsque Jean de Galles, *Johannes Gallensis,* eut l'idée de combler la lacune qui séparait la collection de Bernard de Pavie de celle d'Innocent III. Il publia donc les décrétales de Célestin III et y joignit des décrétales et divers textes plus anciens. Ce travail fut exécuté entre 1210 et 1215.

La *Compilatio* de *Johannes Gallensis,* considérée comme faisant suite à celle de Bernard de Pavie, fut appelée *Compilatio secunda.* Celle d'Innocent III, qui se plaçait chronologiquement après celle de *Johannes Gallensis,* fut appelée, dans l'usage, *Collectio tertia.*

Compilatio quarta et *Compilatio quinta.* — Peu après l'année

1216, apparut une quatrième compilation, appelée *Compilatio quarta*. Elle comprend les canons du concile de Latran (1215) et les décrétales d'Innocent III († 1216), postérieures à 1210. Elle forme donc la suite immédiate de la *Compilatio tertia*. Elle a été glosée par Vincentius Hispanus et par Johannes Teutonicus.

Enfin Honorius III, successeur d'Innocent III, fit colliger ses propres décrétales et les envoya, en 1226, aux universités. Cette dernière collection fut appelée *Compilatio quinta*. Elle est, comme chacune des précédentes, divisée en cinq livres. Elle a été glosée par Jacobus de Albenga[1].

3. *Les Décrétales de Grégoire IX, seconde partie du Corpus.*

Les décrétales des papes depuis Alexandre III étaient, comme on le voit, disséminées en cinq recueils différents.

Grégoire IX fit faire par son chapelain et pénitencier Ramon de Pennafort une collection nouvelle, formée à l'aide des cinq compilations précédentes et des nouvelles décrétales de Grégoire IX. Cette collection est connue sous le nom de *Décrétales de Grégoire IX*. Ainsi, quand nous disons *Décrétales de Grégoire IX*, nous parlons d'un recueil où figurent une quantité de décrétales antérieures à Grégoire IX[2].

Le recueil fut envoyé, en 1234, aux universités de Bologne et de Paris. Il est divisé en cinq livres comme chacune des compilations précédentes : ce chiffre cinq est devenu comme

1 La *Prima*, la *Secunda*, la *Tertia* et la *Quarta compilatio* ont été publiées une première fois par l'illustre Ant. Augustin, Lérida, 1576; une seconde fois par Ph. Labbe, sous ce titre : *Antiquæ collectiones Decretalium cum Antonii Augustini episcopi Ilerdensis et Jacobi Cujacii notis et emendationibus*, Parisiis, 1609, in-folio. La *Quinta compilatio* a été publiée par Cironius, à Toulouse, en 1645. Riegger a publié, au XVIIIe siècle, une étude sur la *Quinta compilatio*, intitulée *De collectione Decretalium Honorii III* (*Opusc.*, p. 221). Il a commencé, mais laissé inachevée une nouvelle édition améliorée de la *Quinta compilatio*, Wien, 1762, in-4°. L'abbé Horoy a réimprimé, dans sa *Bibliotheca patristica*, parmi les œuvres d'Honorius III, la *Quinta compilatio*, Paris, 1879. Cette réimpression n'a aucune valeur scientifique particulière, mais elle est commode. Friedberg, à la vigilance duquel l'édition de l'abbé Horoy semble avoir échappé, a publié les *Quinque Compilationes*, Tauchnitz, 1882, in-4°. Lire Hauréau, *Notices et extraits*, t. III, p. 78.

2 Le dernier titre des *Décrétales de Grégoire IX* (V, XLI, *De regulis juris*) contient quelques textes qui ne sont pas des décrétales de papes.

sacramentel et nécessaire. Les livres sont divisés en titres et les titres en canons.

Les *Décrétales de Grégoire IX*, qui avaient un caractère officiel, ont supplanté les cinq compilations que je viens de citer. Elles devinrent plus tard la seconde assise du recueil connu sous le nom de *Corpus juris canonici.*

On peut assez justement comparer le *Décret* au *Digeste* ou aux *Pandectes* et les *Décrétales de Grégoire IX* au *Code* de Justinien.

Modes de citation des Décrétales de Grégoire IX. — Ce qui, au début, caractérisa les *Décrétales de Grégoire IX* comparativement au *Décret* de Gratien, c'est qu'elles étaient en dehors du *Décret.* On les désigne donc souvent par les lettres *Ext.* ou simplement *E.* et enfin par *X,* abrégé de *Extra.*

Une citation complète est ainsi conçue :

c. *Quoties, X, De pactis;* c'est-à-dire canon *Quoties, Décrétales de Grégoire IX,* titre *De pactis.*

Pour savoir où se trouve le titre *De pactis,* il faut recourir à une table par ordre alphabétique.

Aujourd'hui, pour éviter au lecteur la peine de recourir à une table, on lui indique le numéro du canon, celui du titre et celui du livre et beaucoup d'auteurs renvoient ainsi :

c. 2, *X, De pactis,* I, 35.

I est le numéro du livre; 35 celui du titre; 2 celui du canon.

Il est préférable de suivre pour les *Décrétales de Grégoire IX* l'usage que j'ai recommandé pour le *Décret* de Gratien et de descendre de la division la plus générale jusqu'à la dernière sous-division. Enfin l'abréviation *X* sent bien son moyen âge et n'est plus guère comprise par les jurisconsultes non canonistes. On dira donc, pour être tout de suite compris par tout le monde et éviter au lecteur des tâtonnements et des embarras : *Decrét. Greg. IX,* liv. I, tit. 35, c. 2.

4. *Le Sexte, troisième partie du Corpus juris canonici.*

Les rédacteurs du Sexte. — Boniface VIII, s'inspirant de la même pensée que Grégoire IX, fit, à son tour, exécuter un recueil officiel qui fut terminé en 1298 et envoyé aux universités de Bologne et de Paris pour servir de texte à l'enseignement des docteurs. Cette collection, divisée en cinq livres comme les précédentes, contient les décrétales postérieures à Grégoire IX et les canons des conciles généraux de Lyon, 1245, et de Lyon, 1274. Elle a été compilée par les soins de deux Français, Guillaume de Mandagout, archevêque d'Embrun, et Bérenger Fredol (Berengarius Fredoli), évêque de Béziers. Richard de Sienne, alors vice-chancelier de l'Eglise romaine, fut adjoint à ces deux compilateurs. Si je m'en réfère à un témoignage qui paraît autorisé, le dernier titre du *Sexte*, le titre *De regulis juris* serait l'œuvre personnelle de Boniface VIII[1]. Le *Sexte* fut ajouté dans les manuscrits au recueil grégorien et, de bonne heure, on l'appela le *Sixième livre des Décrétales, Liber sextus Decretalium,* ou simplement *Sextus,* le *Sexte.*

Le *Sexte* forme la troisième partie du *Corpus juris canonici;* la première étant le *Decretum Gratiani,* la seconde la compilation grégorienne.

On cite les décrétales de Boniface comme celles de Grégoire IX; seulement on met *in VI°* au lieu de *X.*

5. *Les Clémentines, quatrième partie du Corpus juris canonici.*

Clément V. Envoi à l'université d'Orléans. — La quatrième partie du *Corpus juris canonici* est connue sous le nom de *Clémentines.*

Ce sont les décrétales du Souverain Pontife Clément V, réunies par ce pape, approuvées dans un consistoire solennel en 1313, et envoyées par lui à l'université d'Orléans, devenue plus fameuse même que celles de Paris et de Bologne. Ces dernières universités ne reçurent le recueil que sous le pape Jean XXII (1317), successeur de Clément V.

[1] Cf. Schulte, *Die Geschichte der Quellen*, t. II, 1877, pp. 35, 180, 183; Hauréau, dans *Journal des Savants,* mai 1884, p. 271 et suiv. (on sait que Boniface VIII, étant dans les ordres mineurs, étudia à l'université de Paris; — Hauréau, dans *Journal des Savants*, mai 1891, p. 303); Hauréau, *Notices et extraits de quelques manuscrits latins de la Bibliothèque nationale,* t. II, pp. 121-127. Je fais allusion dans le texte au passage de Dino de Mugello que cite M. Hauréau, p. 126.

Les *Clémentines*, outre les décrétales de Clément V, contiennent les canons du concile de Vienne de 1311[1]. Elles sont divisées en cinq livres, comme les recueils de Grégoire IX et de Boniface VIII.

6. *Les Extravagantes, dernière partie du Corpus.*

Extravagantes. — Les *Clémentines* sont le dernier recueil officiel. Cependant, depuis cette époque, parurent nécessairement une quantité de décrétales pontificales que commentaient les docteurs : on les ajoutait à la suite des *Clémentines*. En l'an 1500, Chappuis qui publia les *Clémentines*, les fit suivre de deux séries de décrétales nouvelles. Chappuis appela toutes ces décrétales *Extravagantes*, voulant indiquer par ce mot qu'elles étaient en dehors du recueil officiel: La première série comprend les *Extravagantes* de Jean XXII ; la seconde celles de divers papes, *Extravagantes communes.*

Les *Extravagantes communes* ne dépassent pas Sixte IV. Elles sont divisées, conformément à la vieille tradition, en cinq livres. Cette division est traditionnelle plutôt que sérieuse et réfléchie, car ici le quatrième livre manque, parce que ces *Extravagantes communes* ne contiennent rien de relatif au mariage, *connubia.* Cela n'a point embarrassé Chappuis, et il a remplacé le texte absent du quatrième livre par cette mention : *Liber quartus vacat*[2].

On cite les *Clémentines* et les *Extravagantes* comme le *Sexte;* seulement on indique par ces mots : *Clém.;* ou *J. XXII;* ou *Extr. com.,* qu'il s'agit non du *Sexte,* mais des *Clémentines,* des *Extravagantes* de Jean XXII ou des *Extravagantes communes.*

[1] Joignez, pour le concile de Vienne de 1311, Ehrle, *Ein Bruchstück der Acten des Concils von Vienne* (*Archiv für Literatur und Kirchengeschichte,* IV).

[2] Cf. Richter, *Lehrbuch*, édit. Dove, 1877, p. 156.

7. *L'expression Corpus juris canonici. — Révision critique du Corpus inaugurée par le pape Pie IV. — Les Correctores romani.*

Tel est l'ensemble que nous appelons le *Corpus juris canonici.* Cette expression a été employée dans les conciles de Constance et de Bâle[1]. A cette date, les *Extravagantes* n'en faisaient pas partie. Appliquée à l'ensemble que je viens de faire connaître, l'expression date de la fin du XVIe siècle. De cette époque datent aussi les premiers essais d'éditions critiques. Citons celles de Democharès, de Ch. du Moulin (Lyon, 1554; Lyon, 1559), de Le Comte qui s'efforça de retrouver les fragments de décrétales que Pennafort avait retranchés et laissés de côté, car, le plus souvent, les *Décrétales de Grégoire IX* ne donnent pas les textes *in extenso*.

Ce mouvement scientifique stimulait l'autorité ecclésiastique qui en prit elle-même la direction. Le pape Pie IV, en l'an 1563, chargea une Commission de cardinaux et de savants de préparer une nouvelle et définitive édition, corrigée et revue sur les sources, du *Corpus juris canonici.* A cette entreprise prirent part — je cite seulement quelques noms célèbres — Ant. Caraffa, Fr. Torrès (plus tard jésuite), François Alciat, cardinal, parent de l'illustre jurisconsulte milanais; parmi nos Français, le traducteur de Plutarque, Jacques Amyot, évêque d'Auxerre[2]. Un nom manque ici, le nom de l'homme éminent que sa vaste science et sa position dans l'Eglise désignaient comme indispensable, comme nécessaire : j'ai nommé l'illustre espagnol Ant. Agostino, archevêque de Tarragone[3] (nous disons souvent en français Antoine Augustin).

Le travail considérable auquel se livra cette Commission, ne fut terminé que sous Grégoire XIII, en 1580. Nous devons à ce long labeur de la Commission créée par Pie IV l'édition

[1] Joignez la *Pragmatique* de 1438, dans Isambert, t. IX, pp. 16, 17, 21, 35.

[2] Pierre de Nolhac, *Jacques Amyot et le Décret de Gratien*, Rome, 1885; analyse par T. de L. dans *Revue critique* du 30 nov. 1885, p. 432.

[3] Friedberg, *Corpus juris can.*, t. Ier, pp. LXVII, LXVIII.

officielle connue sous le nom d'édition des *Correctores romani*, publiée à Rome, en 1582, 5 vol. in-fol.

Une foule d'éditions postérieures ont pour base l'édition des *Correctores romani*.

Considérée à un point de vue scientifique absolu, cette édition laisse encore beaucoup à désirer. Mais si on se place au XVIe siècle et si on songe aux ressources encore peu nombreuses de la critique, on reconnaîtra qu'elle constitue un très grand progrès. Les *Correctores* ont consulté un plus grand nombre de manuscrits du *Décret* de Gratien qu'aucun éditeur ne l'a fait depuis eux. Appuyés sur ces manuscrits et procédant aussi avec une liberté parfois exagérée, ils ont introduit quantité de corrections. Ils ont pu indiquer très souvent les sources auxquelles Gratien avait puisé.

Mais, si aucun éditeur postérieur n'a consulté autant de manuscrits de Gratien, cependant les recherches des derniers siècles et les progrès de la critique ont permis de reconnaître plusieurs sources utilisées par Gratien, et que les *Correctores* n'étaient point encore en mesure de discerner.

Je n'insiste pas sur l'édition des autres parties du *Corpus*, qui présentait de bien moindres difficultés.

Après avoir cité l'édition officielle des *Correctores romani*, je dois indiquer non pas toutes les éditions du *Corpus*, ni même les principales, mais la dernière et la meilleure, celle de Friedberg, Leipzig, Tauchnitz, 1879-1880, 2 vol. in-folio, qui résume tout ce qui a été écrit pour la connaissance exacte des sources du *Décret*.

On ne peut faire à l'édition de Friedberg qu'un seul reproche : il est trop timide; il n'a pas osé admettre dans son texte un certain nombre de petites corrections excellentes, faites, il y a trois cents ans, par les *Correctores romani*, et il les a reléguées en note. Friedberg a consulté un nombre de manuscrits bien moindre que les *Correctores romani*, et, quand il n'a pas trouvé dans ces manuscrits telle ou telle leçon évidemment préférable, il n'a pas osé l'introduire dans le texte. Qu'est-il arrivé? Pour de petits détails, d'ordinaire peu importants, son édition a fait faire au texte un pas en arrière; mais, dans l'ensemble, son édition est très bonne. Elle est surtout utile pour la connaissance des sources utilisées par Gratien ; et c'est celle dont il faut maintenant se servir.

Additions au Corpus juris canonici. — Postérieurement à l'édition officielle on a ajouté au *Corpus juris* quelques travaux qui ont à peu près conquis droit de cité. Ce sont :

1° Les *Institutes* de Lancelot, qui datent de 1563 et dont l'adjonction au *Corpus juris* fut autorisée par Paul V. Ces *Institutes*, qui correspondent à celles de Justinien dans le droit civil, avaient été rédigées par Lancelot sous l'inspiration du pape Paul IV. C'est un petit ouvrage didactique très simple qui peut être considéré comme un résumé clair et commode du droit canonique.

2° Le *Liber septimus* de Pierre Matthieu. — Pierre Matthieu, de Lyon, a publié, en 1590, un recueil des décisions des derniers papes, y compris Sixte-Quint (mort en 1590). Cet ouvrage est intitulé *Liber septimus Decretalium*. Il a été pour la première fois ajouté au *Corpus juris* dans l'édition de Lyon de 1671[1].

Gloses. — Les diverses parties du *Corpus* ont été glosées au moyen âge.

Avant 1215, Johannes Teutonicus[2] a glosé le *Décret* de Gratien. Son travail a été revu par Barthélemy de Brescia, mort en 1258. Cette glose est devenue la *Glossa ordinaria* du *Decretum*.

Bernardus Parmensis, mort en 1263, a composé pour les *Décrétales de Grégoire IX*, une *Glossa ordinaria*, à l'aide des gloses antérieures de Vincentius Hispanus, de Goffredus de Trano, du pape Innocent IV (Sinibaldus Fliscus).

Jean d'André mort en 1348 a glosé le *Sexte* et les *Clémen-*

1 Cf. Walter, *Lehrbuch*, édit. de 1871, p. 297. — Ne pas confondre ce *Liber septimus* de Pierre Matthieu avec le *Liber septimus* de Clément VIII qui est resté à l'état de curiosité bibliographique et ne fut jamais qu'un projet de publication officielle. Cf. Fr. Sentis, *Clementis VIII decretales quæ vulgo nuncupantur Liber septimus decretalium Clementis VIII*, Frib. Brisg., 1870.

2 Toutefois Johannes Teutonicus avait eu surtout en vue la *Summa Decretorum* d'Huguccio de Pise.

tines. La glose de Jean d'André a été revue par Franciscus Zabarella, mort en 1417[1].

Les canonistes se désignent souvent entre eux par des sigles ou des lettres initiales, absolument comme les romanistes. Ainsi cette expression *B. in glosa dicit* désigne la glose de Bernard de Parme[2].

L'interprétation est quelquefois plus délicate. Ainsi *R.* peut désigner au moins trois personnes : Ruffinus, Richardus et Rodoicus[3]. Il faut souvent se décider d'après les circonstances particulières du texte qu'on étudie.

BIBLIOGRAPHIE. — Schulte, *Die Geschichte der Quellen und Literatur des can. Rechts von Gratian bis auf die Gegenwart*, Stuttgart, 1875-1880, 3 vol. — Ad. Tardif, *Histoire des sources du droit canonique*, Paris, 1887. — Joignez les indications données ci-dessus p. 67, en note, p. 69, en note.

[1] Cf. Richter, édit. Dove, 1877, pp. 157, 158.

[2] Schulte, t. II, p. 131.

[3] *Ibid.*, t. Ier, p. 242.

SEPTIÈME SECTION.

Les Règles de la Chancellerie apostolique.

Nature et origine. — On appelle *Regulæ Cancellariæ apostolicæ, Règles de la Chancellerie apostolique,* certaines prescriptions qu'on pourrait appeler *Règles de pratique* et qui sont portées par chaque pape pour la durée de son pontificat. Ces diverses prescriptions, ces diverses *Regulæ,* s'appliquent aux nombreuses affaires ecclésiastiques qui se traitent en Cour de Rome. En général, chaque pape renouvelle les *Règles* en vigueur sous son prédécesseur. Ces règles se formèrent par l'usage, bien longtemps avant d'être écrites. Les premiers rudiments des règles écrites de la Chancellerie remontent à Jean XXII. Le concile de Bâle s'éleva fortement contre quelques-unes de ces règles. Toutes les règles de la Chancellerie romaine n'ont point été acceptées en France. D'autres, au contraire, ont été expressément admises dans la pratique canonique française.

La dernière publication des règles de la Chancellerie qui figure au Bullaire romain, est celle de Benoît XIV, en 1769. Elle a été reproduite par Walter dans ses *Fontes juris*[1].

Bibliographie. — Gomes, *Commentarii in judiciales regulas Cancellariæ,* Lugduni, 1557. — Du Moulin (Molinæus), *In regulas Cancellariæ... commentarius analyticus,* Lugduni, 1560, in-4°. — Riganti, *Commentaria in regulas Cancellariæ Apostol.,* Romæ, 1744, 4 vol. in-fol. — Phillips, *Kirchenrecht,* t. IV, p. 488 et suiv. — Ottenthal, *Regulæ Cancellariæ Apostolicæ, Die päpstl. Kanzleiregeln von Johan XXII bis Nikol. V,* Innsbruck, 1888.

[1] Walter, *Fontes juris ecclesiastici,* Bonnæ, 1862, pp. 483-507.

HUITIÈME SECTION.

Actes relatifs aux rapports de l'Eglise et de l'Etat.

Je mentionnerai ici : 1° La *Pragmatique Sanction de saint Louis;* 2° La *Pragmatique Sanction* de Charles VII ; 3° Le *Concordat* de François Ier; 4° La *Constitution civile;* 5° Le *Concordat* de Napoléon Ier.

Pragmatique de saint Louis. — La *Pragmatique* dite *de saint Louis* traite des élections des dignitaires ecclésiastiques, de la simonie, du respect des règles ecclésiastiques pour la collation des bénéfices, de la prohibition de lever des impôts sur le clergé par ordre du pape sans l'approbation du roi[1], du maintien des franchises et libertés accordées par les rois de France aux églises, aux monastères, aux personnes ecclésiastiques. Cet acte est daté de mars 1268 (a. st.).

On a beaucoup discuté pour et contre l'authenticité de ce document. Son caractère apocryphe ne me paraît pas douteux : il doit avoir été fabriqué au XVe siècle ; mais il ne faut pas partir de là pour nous présenter un saint Louis et un XIIIe siècle tout différents du vrai saint Louis et du vrai XIIIe siècle. Que d'erreurs ont été accumulées à l'occasion de cette thèse vraie, je veux dire l'inauthenticité de la *Pragmatique de saint Louis!*

La *Pragmatique* est apocryphe, mais il est très exact — on l'a nié à tort — que saint Louis a plus d'une fois montré vis-à-vis du clergé, une attitude singulièrement énergique. La *Pragmatique* est apocryphe, mais il est certain — on l'a nié à tort — que de nombreuses collectes, quelquefois abusives, furent faites en France, au XIIIe siècle, par la Cour de Rome. La *Pragmatique* est apocryphe; mais il est certain — on l'a nié à tort — que l'abus des collations directes par la Cour de Rome s'est produit au XIIIe siècle, et qu'on s'en est plaint à cette époque. Ces faits ont été niés en même temps qu'on a nié l'existence de la *Pragmatique.* La *Pragmatique de saint Louis* est donc, je

[1] Ce paragraphe manque dans plusieurs éditions.

le répète, un acte faux; mais il faut se garder d'introduire dans la démonstration du caractère apocryphe de la *Pragmatique* les erreurs historiques qui, trop souvent, s'y sont glissées.

Pragmatique de Charles VII et péripéties diverses sous Louis XI. — La *Pragmatique* de Charles VII est de l'an 1438, et fut promulguée à Bourges. Ce n'est, à proprement parler, qu'un recueil de décisions empruntées au concile de Bâle, avec quelques petites modifications au point de vue français. On y retrouve en substance ce que renferme la *Pragmatique de saint Louis* supposée probablement vers cette époque[1], notamment le maintien du droit d'élection aux dignités ecclésiastiques.

La *Pragmatique* de Charles VII proclame, en outre, la supériorité du concile général sur le pape, supprime les réserves et les grâces expectatives, donne des règles pour la célébration de l'office divin, arrête le nombre des cardinaux et les conditions de leur nomination, etc.

Les papes demandèrent avec instance le retrait de la *Pragmatique* de Charles VII. Louis XI parut céder à ces instances et consentit, en 1461, à son abolition; mais le parlement de Paris refusa d'enregistrer les lettres d'abolition; et le recteur de l'université déclara en appeler au futur concile de tout ce qui serait fait contre la *Pragmatique*. La *Pragmatique* subsista. — Louis XI avait probablement provoqué cette résistance à ses propres ordres : il avait voulu donner à la papauté un gage apparent de sa bonne volonté.

Dix ou onze ans plus tard, les mêmes faits se reproduisirent sous une autre forme. Le roi fit rédiger, le 31 octobre 1472, des lettres patentes destinées à régler les rapports de la Couronne et du Saint-Siège. C'est une sorte de transaction entre les adversaires et les partisans de la *Pragmatique* : le pape pourvoira aux bénéfices vacants pendant six mois de l'année, les ordinaires pendant les six autres mois. Le pape ne nommera aux dignités consistoriales qu'après s'être entendu avec le roi, etc. Une bulle de Sixte IV précède ces lettres royales. La bulle et

[1] La *Pragmatique de saint Louis* ne paraît pas avoir été produite à l'assemblée de Bourges de 1438, mais à l'assemblée de Chartres (1450) et à l'assemblée de Bourges de 1452. Voyez G. de Beaucourt, *Histoire de Charles VII*, t. V, pp. 213-217.

les lettres royales forment dans leur ensemble un véritable concordat entre le pape et le roi.

Le parlement de Paris refusa, ainsi que Louis XI avait dû le prévoir, d'enregistrer la bulle de Sixte IV et les choses restèrent en l'état, c'est-à-dire sous le régime de la *Pragmatique*. Louis XI entama même, peu après, une lutte assez vive contre Rome[1].

Concordat de François Ier. — La lutte entre les adversaires et les défenseurs de la *Pragmatique* se continua sous les règnes suivants jusqu'au traité conclu, en 1516, entre Léon X et François Ier. Ce *Concordat* introduisit d'assez profondes modifications disciplinaires : l'antique usage de l'élection aux bénéfices ecclésiastiques, usage qui, dès le XIVe et le XVe siècle, inclinait déjà vers sa ruine complète par suite de l'influence croissante du roi dans les nominations aux dignités ecclésiastiques et aussi par suite des nominations fréquentes par les papes, cet antique usage fut supprimé pour la France. Il fut supprimé au profit du roi. Le roi, sous la réserve de la ratification du pape, nommera désormais les évêques, les abbés, les grands dignitaires ecclésiastiques.

Rien de ce qui, dans la Pragmatique, concernait le dogme ne reparut dans le concordat. Plusieurs points importants de discipline furent passés sous silence.

Le parlement et l'université protestèrent. L'université défendit l'impression du concordat et le parlement refusa de l'enregistrer[2]; mais il fallut céder devant la volonté de François Ier : le parlement enregistra cet acte sur son ordre exprès et l'université dut s'incliner également.

Les provinces de France qui ne faisaient pas partie du royaume au temps de la *Pragmatique* et qui y ont été réunies depuis le concordat étaient considérées comme non régies par le concordat et dites *pays d'obédience*. Cette situation a été tournée au moyen d'indults accordés par les papes aux rois de France;

[1] Cf. *Extrav. comm.*, I, IX, *De treuga et pace*, 1. Desjardins, *Etats généraux*, p. 196; Phillips, *Kirchenrecht*, t. III, 1848, p. 328; Isambert, *Recueil général*, t. X, p. 650 et suiv.

[2] Voyez notamment Blondel, *Mém. du parlem. de Paris*, t. Ier, p. 110 et suiv.

c'est en vertu de ces indults que les rois disposaient des bénéfices en Bretagne, dans le Roussillon, etc.

Le concordat de 1516 fit loi jusqu'au 12 juillet 1790.

Constitution civile. — A cette date du 12 juillet 1790, fut décrétée par l'Assemblée constituante la célèbre *Constitution civile* du clergé, acceptée par Louis XVI le 24 août suivant. Aux termes de la *Constitution civile,* la nomination des évêques et celle des curés étaient faites par les électeurs politiques : l'institution canonique était enlevée au pape. Louis XVI entra aussitôt en négociation avec la Cour de Rome pour essayer d'obtenir un *modus vivendi.* Mais la lutte était fatale : elle s'engagea presque immédiatement par suite du décret du 26 novembre sur le serment à la *Constitution civile.* Un très grand nombre d'ecclésiastiques qui considéraient le serment à la *Constitution* comme contraire à la loi de leur conscience, refusèrent de le prêter. Une véritable persécution contre les prêtres insermentés suivit bientôt.

Concordat de 1801. — Le concordat de Napoléon (15 juillet 1801[1]) ratifie les ventes des biens ecclésiastiques et, au point de vue de la nomination des dignitaires ecclésiastiques, consacre les mêmes principes que le concordat de François Ier : il en est le renouvellement.

Le concordat de 1516 n'avait pas revêtu la forme d'un contrat bilatéral : le pape statuait par une bulle; dans un second acte distinct, mis au bas de cette bulle, le roi François Ier ordonnait qu'elle fût exécutée. La forme du concordat de 1801 est toute différente; c'est un contrat synallagmatique. Mais le contrat a été suivi d'une bulle de Pie VII et la Cour de Rome est restée ainsi fidèle aux traditions de sa chancellerie[2].

Un autre concordat fut signé en 1813[3] ; un troisième en 1817. Ni l'un ni l'autre n'ont été exécutés.

1 Promulgué le 8 avril 1802-18 germinal an X. Cette convention contient 17 articles.

2 Duvergier, t. XIII, pp. 354-366.

3 Mais dénoncé presque immédiatement par le pape qui déclara que sa conscience l'empêchait d'en accepter les clauses. Cf. sur ce point Crétineau-Jolly, *L'Eglise romaine en face de la Révol.*, t. Ier, 1859, pp. 450-451 ; Comte d'Haussonville, *L'Eglise romaine et le premier Empire,* t. V, p. 262.

Bibliographie. — Le texte de la prétendue *Pragmatique de saint Louis* et celui de la *Pragmatique* de Charles VII se trouvent notamment dans les *Ordonnances*, t. Ier et t. XIII. Le texte du *Concordat* de François Ier est imprimé dans le *Recueil des anciennes lois d'Isambert*, t. XIII. Le texte du *Concordat* de Napoléon Ier suivi des *Articles organiques* (8 avril 1802), bien souvent reproduit, figure avec d'autres textes analogues dans Walter, *Fontes juris eccl.*, Bonnæ, 1862, p. 187 et suiv.

Les dissertations sur ces matières sont nombreuses, surtout sur la *Pragmatique de saint Louis*, qui a été l'objet de plusieurs mémoires critiques. Sur la *Pragmatique de saint Louis :* Thomassy, *De la Pragmatique Sanction attribuée à saint Louis*, Paris, 1844; — Rösen, *Die Pragmatische Sanction welche unter dem Namen Ludwig's IX des Heiligen auf uns gekommen ist*, Münster, 1854; — Soldan, dans *Zeitschrift für hist. Theol.*, 1856, pp. 377-450; — Ch. Gérin, *Les deux Pragmatiques Sanctions attribuées à saint Louis*, Paris, 1869; — P. Viollet, Examen du précédent ouvrage dans *Bibl. de l'Ecole des chartes*, 1870; — Ch. Gérin, dans *Revue du monde catholique* du 25 août 1870; — Nouvel article de P. Viollet, dans *Bibl. de l'Ecole des chartes*, t. XXXII, 1871, p. 397 et suiv.; — Scheffer-Boichorst, dans *Mittheil. d. Instit. für öst. Geschichtsforschung*, t. VIII, 1887, pp. 353-430; — Schuermans, *La Pragmatique Sanction de saint Louis*, Bruxelles, 1890 (Extrait de la *Belgique judiciaire*, 1890); — Schuermans, *Amyot au concile de Trente*, Bruxelles, 1891 (Extrait de la *Revue de Belgique*); — Schuermans, *La Pragmatique Sanction de saint Louis*, Bruxelles, 1891 (Extrait de la *Belgique judiciaire*, 1891). — Sur la *Pragmatique* de Charles VII, il faut citer le *Commentaire de Pinsson*, Paris, 1660, in-fol. — Sur le *Concordat* de François Ier, Boutaric, *Explication du Concordat*, Toulouse, 1747, in-4°. — Sur la *Constitution civile :* Sciout, *Hist. de la Constit. civile du clergé*, Paris, 4 vol. (long et diffus); — E. de Pressensé, *L'Eglise et la Révolution française*, 2e édit., Paris, 1867. — Sur le *concordat* de 1801-1802 : Portalis, *Discours, rapports et travaux inédits sur le concordat de 1801*, Paris, 1845; — Theiner, *Histoire des deux concordats de 1801 et 1803*, Bar-le-Duc, 1869, 2 vol.; — Comte d'Haussonville, *L'Eglise romaine et le premier Empire*, Paris, 1868-1870, 5 vol.; — Elie Méric, *Histoire de M. Emery et de l'Eglise de France*, Paris, 1885, 2 vol.; — Comte Boulay de la Meurthe, *Documents sur la négociation du concordat*, t. 1, 2, 1891-1892 (en cours); — Comte Boulay de la Meurthe, *Négociation du concordat d'après de nouveaux documents*, dans *Le Correspondant* des 10 février, 25 décembre 1881, 10 janvier 1882; — Taine, *La reconstruction de la France en 1800. L'Eglise*, dans *Revue des Deux-Mondes* des 1er et 15 mai 1891, pp. 1-39; 241-274; — Taine, *Les origines de la France contemporaine, Le régime moderne*, t. Ier, liv. III, ch. 1er, édit. de 1891, pp. 222-243.

CHAPITRE III.

COMMENTAIRES ET TRAVAUX DIVERS.

Division générale du sujet. — Après avoir indiqué les sources proprement dites du droit canon, en d'autres termes, la législation canonique, je dois dire un mot des innombrables auteurs qui se sont occupés de droit canon. Cette dernière partie se divise tout naturellement en deux paragraphes : 1. Auteurs divers. 2. Travaux relatifs aux limites entre l'Eglise et l'Etat; controverses.

Auteurs divers, décrétistes, décrétalistes. — On appelle *décrétistes* les canonistes qui se sont occupés du *Décret* de Gratien; *décrétalistes*, les canonistes qui ont travaillé sur les *Décrétales de Grégoire IX*. Sans insister sur cette distinction, j'énumérerai les principaux canonistes dans l'ordre chronologique. J'ai déjà cité le décrétiste Paucapalea, le plus ancien disciple de Gratien. On lui doit un abrégé ou *Summa* du *Décret*[1]. Mais « Rufin est le premier des canonistes qui ait donné un véritable commentaire du *Décret*, contenant un exposé complet de tout l'ensemble du droit[2]. » Un autre décrétiste, Cardinalis, à qui on doit de nombreuses gloses sur le *Décret* (fin du XIIe siècle), mérite une mention. Je continue l'ordre chronologique[3].

Tancrède de Bologne a composé, au commencement du XIIIe siècle, divers ouvrages. Le principal est l'*Ordo judiciarius*,

[1] Publiée par Fr. von Schulte, *Die Summa des Paucapalea über das Decretum Gratiani*, Giessen, 1890.

[2] Tanon, *Etude de littérature canonique, Rufin et Huguccio*, p. 4. Cette Somme a été publiée par Fr. von Schulte, *Die Summa magistri Rufini zum Decretum Gratiani*, Giessen, 1892.

[3] Nous devons à Durant et à Jean d'André, son commentateur du XIVe siècle, les renseignements les plus précieux sur les glossateurs. Voyez Durant, *Speculum*, édit. de 1592, pp. 2-4.

exposé fort remarquable de la procédure canonique qui fut traduit, dès le XIIIe siècle, en français et en allemand. Bergmann a publié, en 1842, cet *Ordo judiciarius* avec ceux de Pillius et de Gratia, autres canonistes.

Henricus de Segusia (Suze), italien, enseigna le droit canon à Paris. Il fut plus tard évêque de Sisteron; archevêque d'Embrun; puis fut nommé par Urbain IV cardinal-évêque d'Ostie et Velletri. C'est à cause de cette situation de cardinal-évêque d'Ostie que Henricus de Segusia est constamment désigné par le mot *Hostiensis* tout court. Il mourut à Lyon en 1271. Hostiensis a laissé les ouvrages suivants : *Lectura in Decretales Gregorii IX; Summa super titulis Decretalium; Lectura in Decretales Innocentii quarti; Summa sive tractatus de pœnitentia et remissionibus*[1]. C'est un canoniste considérable qui est très souvent cité.

Guillaume Durant ou *Speculator*. — Guillaume Durant (Guillelmus Duranti ou Durantis), est né, en 1237, à Puimisson, près Béziers. Il étudia le droit à Bologne, sous Bernardus Parmensis. Tout en jouissant des revenus de canonicats à Chartres, à Beauvais, à Narbonne, il occupa en Cour de Rome de très hautes positions; il fut nommé, en 1286, évêque de Mende. Il est mort à Rome, en 1296.

Le principal ouvrage de Guillaume Durant est le *Speculum judiciale*, ouvrage considérable sur la procédure canonique. C'est du *Speculum judiciale* que Guillaume Durant a pris son surnom de *Speculator*.

Le *Speculum judiciale* de Durant a été extrêmement lu et répandu au moyen âge[2].

Ce Guillaume Durant est également l'auteur du *Rationale divinorum officiorum*.

Il ne faut le confondre ni avec Durant le jeune, son neveu, également évêque de Mende, ni avec Durant de Saint-Pourçain.

Guillaume Durant le jeune. — Ce second Guillaume Durant,

[1] Schulte, *Die Geschichte der Quellen und Literatur des can. Rechts*, t. II, 1877, pp. 123-129.

[2] Schulte, pp. 144-152.

également évêque de Mende, neveu du précédent, a écrit un traité célèbre du concile général, *De modo celebrandi concilii et corruptelis in Ecclesia reformandis.*

Ce second Durant est mort en 1328[1].

Pierre d'Ailly. — Pierre d'Ailly, chancelier de l'université et cardinal, un des plus grands noms dont s'honore l'Eglise de France; né en 1350, chancelier de l'université en 1389, cardinal, mort en 1425. A écrit, entre autres : *Tractatus de ecclesiastica potestate; Canones reformandi Ecclesiam; De emendatione Ecclesiæ*[2].

Jean Gerson. — Gerson, né en 1363, fut élève de Pierre d'Ailly. On sait le rôle considérable qu'il joua dans les affaires du grand schisme. Il est mort en 1429. Au point de vue du droit canonique, ses travaux les plus importants sont : *De unitate ecclesiastica; De potestate ecclesiastica; De auferibilitate papæ ab ecclesia*[3].

Abbas Siculus ou *Panormitanus.* — Nicolaus de Tudeschis (Nicolas Tedeschi), abbé de S. Maria de Maniacio au diocèse de Messine (d'où le nom d'*Abbas Siculus*), puis archevêque de Palerme (d'où le nom de *Panormitanus*), est mort en 1453. C'est un des canonistes les plus importants du moyen âge. Il a laissé : des commentaires sur les *Décrétales*, le *Sexte*, les *Clémentines*; un mémoire sur le concile de Bâle où il avait représenté le roi de Castille; divers traités[4].

Jean de Turrecremata. — Jean de Turrecremata (Torquemada), espagnol, occupa des positions importantes en Cour de Rome, fut nommé cardinal par Eugène IV en 1439, mourut, à Rome, le 26 septembre 1468.

On lui attribue, mais cette attribution est douteuse, — l'ouvrage est probablement plus ancien, — une refonte du *Décret* de Gratien[5], suivant l'ordre et les décisions des *Décrétales de Gré-*

1 Schulte, *ibid.*, p. 196.

2 Schulte, *ibid.*, pp. 401-402.

3 Schulte, *ibid.*, pp. 382-383.

4 Voyez Schulte, *Die Geschichte der Quellen und Literatur des can. Rechts*, t. II, 1877, pp. 312-313.

5 Voyez Hænel, *Uber die nova ordinatio Decreti Gratiani durch Joh. a Turrecremata* (1855).

goire IX. En tout cas, ce n'est pas là son ouvrage capital; ses œuvres les plus importantes sont : 1° un ouvrage de droit public ecclésiastique intitulé : *De potestate papæ et concilii generalis auctoritate;* 2° un ouvrage intitulé : *Summa ecclesiastica.*

Dans ces deux ouvrages, Jean de Turrecremata traite, comme nous dirions, du droit public ecclésiastique : il compare entre eux le pape, le concile, l'Eglise, réunion ou corps de tous les fidèles. Il y a là des doctrines d'une grande importance et qui méritent toute l'attention de l'historien ou du théologien.

Duaren. — Duaren, né en 1509, mort en 1559, a touché au droit civil et au droit canonique. On lui doit, en fait de droit canonique, un traité *De sacris Ecclesiæ ministeriis ac beneficiis libri VIII,* Paris, 1551.

Genebrard. — Genebrard, professeur d'hébreu au collège royal, puis archevêque d'Aix, a écrit, en 1593, un petit livre de droit canon militant qui mérite une mention. Genebrard entreprit de défendre contre le concordat de François Ier le régime des élections canoniques. Telle est la pensée inspiratrice de l'ouvrage intitulé : *De sacrarum electionum jure.* Le parlement d'Aix condamna le livre au feu et l'archevêque à l'exil (1596); cependant Genebrard obtint la permission de finir ses jours dans son prieuré de Semur en Bourgogne.

Nous sommes parvenus à la période que je puis appeler moderne, à ce courant nouveau d'activité qui relie les canonistes au grand mouvement scientifique, né à la fin du xve et au xvie siècle; ce courant a pu depuis lors s'affaiblir, se ralentir par moments; mais il ne s'est plus arrêté. La plupart des grands canonistes du xviie et du xviiie siècle ont touché (comme déjà au xvie siècle, l'illustre Antoine Augustin, archevêque de Tarragone), et l'histoire et le droit civil et les lettres. Leurs noms sont connus de tous et justement illustres : faut-il rappeler ici Pierre Pithou, les jésuites Sirmond et Denis Petau, A. et F. d'Auteserre, l'oratorien Thomassin, Claude Fleury, ce génie sage et modeste, Baluze, Benoît XIV? Leurs labeurs féconds ont préparé cet état d'esprit qui permet aujourd'hui de réunir dans une même pensée historique le droit civil et le droit canonique; le droit germanique et féodal avec le droit des conciles et des décrétales; ils sont au nombre des pères de l'esprit scientifique moderne.

Travaux relatifs aux limites entre l'Eglise et l'Etat. Les controverses. — En parcourant la série des documents législatifs j'ai cité, à propos des relations de l'Eglise et de l'Etat, les pragmatiques et les concordats.

A cet ordre d'idées se rattache dans notre série *Commentaires et travaux divers* une quantité d'œuvres individuelles. Parmi les plus remarquables il faut citer, dans la seconde moitié du XIVe siècle, le célèbre *Songe du verger,* ouvrage anonyme[1]; au XVIIe siècle, le traité de Pierre de Marca, *De concordia sacerdotii et imperii seu de libertatibus Ecclesiæ Gallicanæ libri octo.*

Des discussions sur les limites de l'Eglise et de l'Etat on peut rapprocher les grandes controverses sur le pouvoir du Souverain Pontife. Je n'en finirais pas si j'entamais ici une énumération. Nous avons déjà rencontré sur notre route Gerson et Pierre d'Ailly. Bossuet continue cette tradition au XVIIe siècle. Quelques noms du XVIIIe siècle ne peuvent rester ignorés : Febronius (c'est le pseudonyme de Hontheim, l'illustre coadjuteur de Trèves) remua tout le XVIIIe siècle avec son livre *De statu Ecclesiæ et legitima potestate romani Pontificis,* ouvrage dirigé contre la conception romaine du Souverain Pontificat[2].

Van-Espen a composé ses grands travaux canoniques dans un esprit également assez hostile. Il a été très répandu, et il a exercé beaucoup d'influence.

Dans le sens romain, il faut citer le père jésuite Zaccaria, adversaire de Febronius, et surtout Pierre Ballerini, dont le traité *De vi ac ratione primatus Romanorum Pontificum* est très remarquable; enfin le dominicain Mamachi, dont les ou-

1 Sur les sources du *Songe du verger,* voyez un travail de Carl Müller, analysé dans la *Revue crit. d'histoire et de littérature,* du 29 novembre 1879, p. 390.

2 L'un des derniers travaux sur ce sujet est dû à Kuntziger, *Febronius et le Febronianisme,* Bruxelles, 1889. Voir aussi Neller dans *Der Katholik,* juin et juillet 1891.

vrages accusent une profonde érudition, et qui, comme Zaccaria, s'est attaqué à Febronius[1].

L'expression spécialement française de ces préoccupations antiromaines a été donnée par Pierre Pithou, en 1594, dans les célèbres *Libertés de l'Eglise gallicane*[2], qui sont devenues le code quasi-officiel du mouvement antiromain et antiultramontain en France. Ce petit code a reçu des commentaires et des additions très considérables qui constituent des recueils de textes très précieux; la dernière édition et la plus ample est celle de Durand de Maillane, 1771, 5 vol. in-4°.

Les *Articles des libertés* de Pierre Pithou ont été longtemps considérés en France comme le *palladium* du pouvoir civil contre les empiètements de l'autorité ecclésiastique et surtout du Souverain Pontife.

Les mêmes préoccupations ont trouvé, au XVIIe siècle, une expression plus ample et plus large en même temps qu'officielle dans la célèbre *Déclaration* de 1682[3]. Louis XIV ne garda pas fort longtemps l'attitude prise en 1682. Le 14 septembre 1693, il écrivit au pape qu'il avait donné les ordres nécessaires pour

1 Mamachi, *Epistolæ ad J. Febronium de ratione regendæ chr. Reipublicæ, de leg. Pontificis potestate, de Ecclesiæ per orbem dispersæ jurisdictione*. Romæ, 1776, 3 vol.

2 *Les libertez de l'Eglise gallicane*, Paris, par Mamert-Patisson, imprimeur du roy, chez Robert Estienne, 1594, avec privilège, petit in-4° de 28 pages. Dans cette première édition, *les Libertez* ne sont pas distribuées en articles.

3 Lire sur la *Déclaration* Bossuet, *Gallia orthodoxa*, Paris, 1869. Pour la *Déclaration*: Tabaraud, *Hist. crit. de l'assemblée générale du clergé de France en 1682*, Paris, 1826; Loyson, *L'assemblée du clergé de France de 1682*, Paris, 1870. Contre la *Déclaration*: Litta, *Lettres sur les quatre articles*, Avignon, 1828; Gérin, *Recherches historiques sur l'assemblée du clergé de France de 1682*, 2e édit., Paris, 1870.

En finissant la partie consacrée au droit canon, je dois signaler les *Formules*. Elles sont tout aussi utiles à l'étude du droit canon qu'à l'étude du droit civil et pour les mêmes raisons. On trouvera des formules de droit canon dans le tome Ier du *Recueil général des formules* d'Eug. de Rozière. Le célèbre *Liber diurnus* n'est autre chose qu'un recueil de formules usitées dans la Chancellerie pontificale du Ve au XIe siècle; il a été publié par Eug. de Rozière, en 1869; par Sickel, à Vienne, en 1889.

Pour l'époque suivante, les documents manuscrits sont assez nombreux : je citerai notamment un *Style* de l'officialité de Corbie à la Bibl. nat. (franç. Corbie, 42). Les formulaires canoniques postérieurs au moyen âge ne manquent pas. Je citerai, parmi bien d'autres, Monacelli (Franc. Eug.), *Formularium legale practicum fori ecclesiastici, Venetiis*, 1732, 4 vol. in-4°, etc., etc.

que les choses contenues dans son édit du 22 mars 1682 touchant la *Déclaration* ne fussent pas observées. Mais la *Déclaration* fut plus tard imposée à l'enseignement ecclésiastique par Louis XV, en 1766[1], par Napoléon, en l'an IX[2].

Le sénatus-consulte organique du 17 février 1810, par lequel Napoléon réunissait contre tout droit l'état de Rome à l'empire français, déclarait en même temps les quatre propositions communes à toutes les églises de l'empire.

Les actes les plus importants de la Cour de Rome à l'égard de la *Déclaration* sont : 1° une décision d'Innocent XI qui annule tout ce qui s'est fait dans l'assemblée de 1682; 2° une bulle d'Alexandre VIII (bulle *Inter multiplices*) qui, à son tour, déclare nul et invalide tout ce qui a été fait dans l'affaire de la *Déclaration* au préjudice de l'état et ordre clérical comme au détriment du Saint-Siège; 3° la bulle *Auctorem fidei* par laquelle Pie VI, à l'occasion de l'insertion des quatre articles par le synode de Pistoie dans le décret intitulé *Della fede e della Chiesa* condamne formellement l'adoption des quatre articles par ce synode, *velut temerariam, scandalosam ac præsertim... huic Apostolicæ Sedi summopere injuriosam*[3]. Depuis 1870 il faut joindre à ces bulles un décret du concile du Vatican (constitutio *Pastor æternus,* c. IV), qui vise, sans d'ailleurs le citer, l'art. 4 de la Déclaration de 1682.

Bibliographie. — On se renseignera avec plus de précision sur cette classe innombrable d'ouvrages canoniques, en lisant le grand et important ouvrage de Fr. von Schulte, *Die Geschichte der Quellen und Literatur des can. Rechts,* 1875-1880, 3 vol. Ce livre devra être consulté avec précaution, car il n'est pas exempt d'omissions, d'erreurs assez graves pour le XVIIIe et le XIXe siècles; c'est cependant, même pour cette époque, le recueil le plus commode. J'ai donné de cet ouvrage un compte-rendu critique très développé dans le *Bulletin critique,* année 1881, n°s 23 et 24.

[1] Isambert, t. XXII, p. 454. Joignez un arrêt du parlement de 1753 (Rathery, *Journal et mém. du marquis d'Argenson,* t. VIII, pp. 421, 442, 443 et *passim.*).

[2] *Articles organiques,* 24.

[3] Tabaraud, *Histoire critique de l'assemblée générale du clergé de France en 1682,* pp. 200-201, avec la note 1 de cette dernière page. Loyson, *L'assemblée du clergé de France de 1682,* p. 492. Joignez Archives nationales, *Inventaire du bullaire,* t. III, p. 184.

Je serai peut-être utile au lecteur en indiquant ici quelques ouvrages récents non plus sur la littérature et les sources du droit canonique, mais sur le droit canonique lui-même. Il faut signaler : Phillipps, continué par Vering, *Kirchenrecht*, Regensburg, 1855-1889, 8 vol.; — Hinschius, *Das Kirchenrecht der Katholiken und Protestanten*, Berlin, 1869-1887, 4 vol. in-4°; — Walter, *Lehrbuch des Kirchenrechts*, d^re^ édit. Bonn, 1872; une des éditions antérieures a été traduite en français par M. de Roquemont, Paris, 1840; — Richter, *Lehrbuch des katholischen und evangel. Kirchenrechts*, édit. Dove et Kahl, Leipzig, 1886; sur les emprunts de Richter à Walter, curieuse brochure de Walter, *Zu Richter's Kirchenrecht*, Bonn, 1858; — Bouix, *Institutiones juris canonici*, Paris, Lecoffre, 15 vol.; — Friedberg, *Lehrbuch des katholischen und evangelischen Kirchenrechts*, Leipzig, 1889, in-4°.

QUATRIÈME PARTIE.

SOURCES DU DROIT GERMANIQUE.

CHAPITRE PREMIER.

SOURCES PRINCIPALES DE LA PÉRIODE BARBARE ET CAROLINGIENNE.

1. *Les Lois et les Capitulaires.*

Vues générales. — J'aborde les sources du domaine germanique, c'est-à-dire les sources du droit barbare et du droit carolingien.

Les documents principaux dont nous avons à nous occuper pendant cette période sont :

1° Les *Lois*.
2° Les *Capitulaires*.
3° Accessoirement les *Formules*.

Pour l'instant, je m'arrête aux *lois* et aux *capitulaires*.

A cette époque, une *loi* c'est l'ensemble des prescriptions juridiques relatives à tel ou tel peuple; les Burgondes ont leur loi, les Romains leur loi, les Wisigoths leur loi, les Saxons leur loi, les Bavarois leur loi.

Le mot *loi* doit donc éveiller dans nos esprits une idée assez analogue à celle que fait naître aujourd'hui le mot *code*. Notre *code civil*, notre *code pénal* sont des documents comparables par leur nature aux lois barbares : ils leur ressemblent comme les arrière-petits-fils peuvent ressembler aux aïeux.

Voilà l'idée générale que nous devons nous faire du mot *loi* à l'époque barbare.

Quant aux *capitulaires* je les définirai d'un mot : nous appelons aujourd'hui *capitulaire* toute ordonnance d'un roi mérovingien[1] ou carolingien. Les ordonnances des rois de la troisième race sont la suite historique des *capitulaires :* ce sont des documents de même nature.

Ce qui fait suite aux lois barbares dans l'ordre des temps, ce sont les coutumes du moyen âge dont nous parlerons bientôt.

Je m'occuperai d'abord des *lois* et je parlerai seulement des principales. L'indication de quelques *capitulaires* sera forcément mêlée à l'étude de ces *lois;* mais, une fois l'étude des *lois* terminée, je traiterai directement des *capitulaires.*

2. *La personnalité des lois.*

Les lois barbares sont personnelles. — Ce qui caractérise les *lois* de l'époque barbare, c'est la *personnalité.* Ce mot s'oppose à *territorialité.*

Voici ce que j'entends par *personnalité* et *territorialité.*

A l'époque barbare chacun vit sous sa loi particulière : le Salien et le Romain installés l'un à côté de l'autre vivent; l'un sous le régime de la loi Salique, l'autre sous celui de la loi Romaine. C'est la *personnalité des lois*[2].

Ce régime fit place, par la force des choses et pour ainsi dire par suite de l'usure du temps, à celui de la *territorialité.* Les

[1] A l'époque mérovingienne, ce mot ne sert pas encore à désigner les édits royaux. Aussi quelques modernes, très scrupuleux, le réservent à la période carolingienne. Il est à noter que déjà le pape Grégoire le Grand emploie le mot *capitulare* au sens d'instruction, de règlement. (Saint Grégoire le Grand, *Ep.*, I, 39 a, *al.* 36, édit. Ewald, I, 1, p. 53.)

[2] Déjà, au IXe siècle, Agobard attaque vivement la personnalité des lois. Cf. Gengler, *Germ. Rechtsdenkmäler,* 1875, p. 157. En principe, la femme sous le *mundium* du mari passe sous la loi de ce dernier (acte de 1023, dans Zaccaria, *De' sancti martiri Fedele, Carpoforo libri due,* Milano, 1750, p. 122. Joindre les observations de Zaccaria, p. 126. Loersch et Schröder, *Urkunden zur Geschichte des deutschen Rechtes,* I, *Privatrecht,* 1881, p. 79, n° 95 (70)). Toutefois il me paraît vraisemblable qu'en fait les contractantes déclaraient souvent suivre la loi qui paraissait convenir le mieux à leurs intérêts. Voyez, outre les deux actes cités plus haut, Saint-Marc, *Abrégé de l'histoire d'Italie,* t. II, 1763, p. 764, note.

usages s'unifièrent peu à peu et se fondirent : tous les habitants d'un même territoire furent soumis à une même coutume. C'est la *territorialité*. Au moyen âge, la *territorialité* est consommée ; toutes les coutumes du moyen âge sont *territoriales*.

Les lois barbares, supposent ordinairement la *personnalité* des lois et mettent en œuvre cette notion de la *personnalité* des lois ; nous verrons dans une seule région la *territorialité* succéder, dès la période barbare, à la *personnalité* des lois.

Nous ne nous occuperons que de trois peuples barbares, ceux qui intéressent le plus directement notre pays, à savoir : les Francs, les Wisigoths et les Burgondes.

BIBLIOGRAPHIE. — Canciani, *Barbarorum leges antiquæ*, Venetiis, 1781-1789, 5 tom. en 3 vol. in-fol. —Walter, *Corpus juris germanici antiqui*, 1824, 3 vol. (recueil commode, parce qu'il est complet, mais la plupart des éditions qu'il reproduit ont vieilli.) — Gengler, *Germanische Rechtsdenkmäler*, 1875 (choix de morceaux). — Pertz, *Monum. Germ. hist.*, *Leges*, 5 vol. in-fol.; même recueil, *Leges nationum germanicarum*, in-4° (en cours). — Biener, *De Germano lege sua vivente*, dans Biener, *Opuscula academica*, 1830, t. Ier, pp. 427-440. — Klimrath, *Travaux sur l'hist. du droit français*, édit. Warnkönig, t. Ier, 1843, pp. 342-351. — Davoud-Oghlou, *Histoire de la législation des anciens Germains*, Berlin, 1845, 2 vol. — Stobbe, *Personalität und Territorialität des Rechts und die Grundsätze des Mittelalters über die collisio statutorum*, dans *Jahrbuch des gemeinen deutschen Rechts*, t. VI, 1863, pp. 1-60. — Schröder, *Lehrbuch der deutschen Rechtsgeschichte*, t. Ier, 1887, pp. 219-256. — Brunner, *Deutsche Rechtsgeschichte*, t. Ier, pp. 254-412.

CHAPITRE II.

FRANCS SALIENS ET FRANCS RIPUAIRES.

1. *Loi Salique.*

Les Francs. Caractère de la Loi Salique. — Les Francs Saliens, étroitement apparentés avec les Cattes et les Bructères qui se confondent quelquefois avec eux, occupaient primitivement la rive orientale du Rhin. On les rencontre notamment dans la partie supérieure de l'île des Bataves.

Ils se répandirent d'assez bonne heure en dehors de leurs anciennes limites. Non seulement ils s'emparèrent de la Gaule, mais ils ont été maîtres de la Hesse et de la Franconie ou France orientale.

Avant d'envahir les Gaules et aussi avant de rédiger leur loi, les Francs Saliens ont eu d'assez fréquents rapports avec les Romains, rapports dont on suit la trace depuis l'empereur Julien[1]. Aussi leur loi, la plus franchement germanique de toutes les lois barbares, n'est cependant pas exempte de quelque influence romaine. Avant tout, le signe manifeste de cette influence, c'est l'emploi du latin pour la rédaction de la loi. Au point de vue juridique, l'influence romaine forme pour ainsi dire le très petit côté, le côté curieux de la *Loi Salique*. Si nous nous en tenons aux grandes lignes, nous devons reconnaître que nous sommes ici en présence d'un monument germanique presque pur où l'alliage romain joue un faible rôle.

A ce titre, ce monument appelle toute notre attention.

Malheureusement, l'étude critique du texte ou plutôt des textes de cette loi est très compliquée.

[1] Schrœder, dans *Zeitschrift für Rechtsgeschichte,* t. II, 2e part., pp. 8, 36.

Les problèmes qui se rattachent à la *Loi Salique* sont au nombre des plus difficiles, des plus désespérants. Les meilleurs érudits se sont donné un mal infini pour résoudre ces questions premières : Quelle est la date de la plus ancienne rédaction? A quelle époque remontent les diverses additions et changements? Je n'entrerai pas dans le détail des recherches qui ont été faites; je n'exposerai ni le pourquoi des difficultés, ni le comment des solutions. Je me contenterai d'indiquer les conclusions de la critique à l'heure où j'écris, conclusions très simples en elles-mêmes, bien que les raisonnements et les moyens employés pour arriver à ces résultats simples, soient souvent eux-mêmes fort compliqués.

Mais une observation préalable sera peut-être utile. Il me faut rappeler que la *Loi Salique* n'est point, comme on le répète trop souvent, la loi de succession au trône; elle concerne le droit privé non pas le droit public[1]. Toutefois la distinction entre le droit privé et le droit public n'avait point, en ces temps, le caractère précis et net que nous lui donnons de nos jours. Par suite, dans l'espèce de légende qui s'est faite autour de ces mots *Loi Salique,* pris au sens de loi de succession au trône, il y a, comme dans toute légende, une petite part de vérité. Je m'explique. La vraie *Loi Salique* contient un chapitre très important et très curieux sur le droit de succession, intitulé *De alodis*. Assurément, ceux qui rédigèrent ce titre ne pensèrent pas un instant à la royauté et au droit de succession à la couronne. Cependant, si nous pouvions aujourd'hui interroger un Salien et lui demander si ce chapitre règle les droits de succession à la royauté, il nous répondrait certainement qu'il n'y a pas deux droits différents de succession. Sous les Mérovingiens, la succession à la royauté se liquide à peu près comme une succession privée; le titre *De alodis* (tit. 59) peut trouver son application et dans l'ordre public et dans l'ordre privé. Tel est le point d'attache

[1] La *Loi Salique* nous représente certainement en grande partie un droit populaire; mais quel rôle le peuple a-t-il pris directement à la confection de la loi? Voyez sur cette question Schrœder dans *Zeitschrift der Savigny-Stiftung für Rechtsgeschichte,* t. II, part. 2, p. 38; Sickel résumé par Havet, dans *Bibl. de l'Ecole des chartes,* année 1880, p. 78.

historique de la légende de la *Loi Salique*. Je me hâte d'ajouter que la loi de succession au trône de France n'était plus au moyen âge en complet accord avec la vieille *Loi Salique*, puisque cette loi de succession au trône était une loi de primogéniture et que la *Loi Salique* ancienne avait consacré le partage égal entre héritiers mâles. Aussi est-ce au point de vue tout spécial de l'exclusion des femmes qu'on invoqua au moyen âge la vieille *Loi Salique*, à propos de la succession au trône. On la mit en avant à la fin du XIVe siècle[1]. Je ne sache pas qu'on l'ait rappelée ou citée dans la première moitié du même siècle[2], comme le disent par erreur la plupart des modernes.

Epoque de la rédaction de la Loi Salique. — La *Loi Salique* est, je le répète, tout à la fois un petit code de procédure, un petit code pénal et un petit code civil. La pénalité y joue le rôle principal. A chaque instant, il y est fait mention des sommes dues par un criminel soit à la victime, soit à la famille de la victime : cette somme est le wergeld. On a remarqué que ces sommes sont toujours exprimées, pour ainsi dire, deux fois, en deniers et en sous. Ex., « 600 deniers qui font 15 sous, » « Sexcentos dinarios qui faciunt solidos quindecim ; » comme nous dirions : « 30 centimes qui font 6 sous, » « 25 centimes qui font 5 sous. » Cette observation a mis sur la voie d'une conclusion critique importante. Il est clair que les Saliens avaient besoin à ce moment de *comptes faits*, pour ainsi dire. Et pourquoi? C'est qu'ils venaient d'adopter une monnaie nouvelle pour eux, le sou d'or ou sou romain. Ce sou qui entrait alors dans l'usage à côté d'une monnaie d'un usage plus ancien, le denier d'argent, valait 40 deniers d'argent[3]. De là les comptes perpétuels de la *Loi Salique* qui évalue toutes les compositions en sous d'or et deniers d'argent.

Principales rédactions ou textes de la Loi Salique. — La *Loi*

[1] Je dois sur ce point un renseignement précieux à mon ami M. Monod. Joignez Bibl. nat., ms. fr. 23281 ; la *Description de Paris* par Gillebert de Metz (1434), dans Le Roux de Lincy et Tisserand, *Paris et ses historiens*, Paris, 1867, p. 135.

[2] Voyez Servois, *Documents inédits sur l'avènement de Philippe le Long*, dans *Annuaire-Bulletin de la Soc. de l'hist. de France*, 1864, 2e partie, p. 64 et suiv.

[3] J'adopte ici les vues de M. Prou, *Catalogue des monnaies mérovingiennes de la Bibliothèque nationale, Introduction*, chap. Ier.

Salique se présente à nous sous des formes bien différentes. Les nombreux manuscrits se ramènent à plusieurs types divers. Pardessus qui a fondé la critique de la *Loi Salique,* reconnaît et publie cinq textes différents. Hessels, le dernier éditeur, en distingue huit.

Je n'examinerai pas en détail chacun de ces textes. Je me contenterai de signaler les deux principaux : le plus ancien et le plus moderne.

Le plus ancien, le premier texte, c'est le texte en 65 titres. A l'époque de sa rédaction remonterait ce changement monétaire dont je parlais tout à l'heure.

D'après les plus récents travaux critiques, le texte en 65 titres a été rédigé sous le règne de Clovis, après 486, puisque les Francs Saliens occupent le pays jusqu'à la Loire (tit. 47)[1], et que la défaite de Syagrius date de 486. Cette rédaction, qui ne renferme aucune trace de christianisme, est-elle antérieure à la conversion de Clovis (496)? On serait tenté de le croire. Mais il y a aussi des raisons d'hésiter[2].

Le cinquième texte, le plus récent, en 72 titres, remonte à Charlemagne et, sur la foi d'un manuscrit, est attribué par Pardessus à l'année 768; mais cette date de 768 est fort douteuse. Ce texte est connu sous le nom de *Lex emendata.*

On joint à la *Loi Salique* proprement dite un certain nombre de textes accessoires qui s'y rattachent étroitement. Voici l'indication des principaux : *Capitulaires; Prologues et épilogues; Recapitulatio Legis Salicæ.*

Capitulaires additionnels à la Loi Salique. — Je rappelle que nous employons ce mot *capitulaires* pour désigner les édits et ordonnances de la première et de la seconde race.

Je citerai ici sept *capitulaires* et je résumerai les derniers résultats de la critique touchant ces sept *capitulaires.* Ces résultats connus, on pourra aborder avec sûreté la lecture de ces docu-

[1] Les derniers travaux allemands reviennent, sur ce point, à l'opinion de Pardessus (*Loi Sal.,* p. 417) qu'on avait abandonnée; on consent enfin à traduire *Legerem* du tit. 47 par *Loire.* On pourrait même conclure de ce titre 47 que les Saliens ont dépassé la Loire : ce qui nous reporterait à une date postérieure à 496.

[2] Voyez Brunner, *Deutsche Rechtsgeschichte,* t. Ier, pp. 297, 298; Fustel de Coulanges, dans *Nouvelle Revue hist. de droit,* t. XI, 1887, pp. 763-768.

ments, lecture toujours périlleuse quand on l'entreprend sans préparation suffisante.

Capit. I. Incipit : *De mitio fristatito. Si quis truste,* etc. (Behrend, p. 89). On pense que ce capitulaire est de Clovis après sa conversion.

Capit. II. Incipit : *De rebus in alode patres. Si quis super alterum de rebus in alode patris* (Behrend, p. 93). On l'attribue à Childebert Ier et à Clotaire Ier. Il serait donc antérieur à l'année 558.

Capit. III. Incipit : *De agsoniis. Secundum Legem Salicam hoc convenit observari* (Behrend, p. 98). Origine et date incertaines. Il est peut-être de Clovis (Schrœder, dans *Zeitschrift der Savigny-Stiftung,* t. II, part. 2, p. 39, n. 2).

Capit. IV ou *Pactus Childeberti et Chlotarii.* Incipit : *Ut, quia multorum insaniæ convaluerunt,* etc. (Behrend, p. 101). Après avoir songé à Childebert II et à Clotaire II, la critique moderne reprend la vieille opinion de Dom Bouquet et attribue ce texte important à Childebert Ier et à Clotaire Ier. Elle pense que la date de la rédaction se place entre les années 524 et 558 (558 est la date de la mort de Childebert Ier).

Capit. V. *Chilperici edictum.* Incipit : *Pertractantes in Dei nomen cum viris magnificentissimis,* etc. (Behrend, p. 105). Ce capitulaire de la plus haute importance pour l'histoire du droit de succession et, en général, pour l'histoire du droit de propriété, est du roi Chilpéric Ier; il doit être postérieur à l'année 575 et n'est pas fort éloigné de l'année 580.

Capit. VI. Incipit : *Si quis puerum regis aut libertum,* etc. (Behrend, p. 110). Il est probable que ce capitulaire émane aussi de Chilpéric Ier.

Capit. VII. Incipit : *In nomine Domini. Incipiunt capitula Legis Salicæ. De capitulo primo Legis Salicæ id est de mannire. De hoc capitulo judicatum est,* etc. (Behrend, p. 114). Ce document est de Louis le Débonnaire et doit être attribué à l'année 818 ou 819.

Quelques-uns de ces *capitulaires* ont été insérés dans tel ou tel texte secondaire de la *Loi Salique* elle-même. Si nous les considérons tous comme distincts de la loi, c'est parce que nous

nous référons exclusivement au texte le plus ancien, au texte en 65 titres.

Je n'entreprends pas l'énumération de tous les textes accessoires, mais je dois signaler encore les *Prologues* et les *Epilogues*.

Prologues. — Il y a deux prologues principaux et trois petits prologues abrégés. Tous ces textes sont incontestablement de date postérieure à la rédaction en 65 titres. Les deux grands prologues contiennent une sorte d'historique enthousiaste de la rédaction de cette loi. Le prologue 1er débute ainsi (ce passage est trop curieux dans la forme et trop célèbre pour que je ne le cite pas *in extenso*) :

« Gens Francorum inclita, auctore Deo condita, fortis in arma, firma in pacis fœdere, profunda in consilio, corporea nobilis, incolumna candore, forma egregia, audax, velox et aspera, ad catholica fide conversa et immunis ab herese, dum adhuc teneretur barbara, inspirante Deo, inquirens scienciæ clavem, justa morum suorum qualitatem desiderans justitiam custodiens pietatem, dictaverunt Salica Lege per proceris ipsius gentis qui tunc tempore ejusdem aderant rectores, electi de pluribus viris quattuor his nominibus : Wisogastis, Bodogastis, Saligastis et Widogastis, in loca nominancium Salchamæ, Bodochamæ, Widochamæ, qui per tres mallos convenientes, omnes causarum origines sollicite discuciendum tractandis de singulis judicibus decreverunt hoc modo. — At ubi, Deo favente, rex Francorum Chlodoveus torrens et pulcher et primus recepit catholicam baptismi et quod minus in pactum habebatur idoneo per proconsolis regis Chlodovehi et Hildeberti et Chlotarii fuit lucidius emendatum. »

« Vivat qui Francos diligit Christus, eorum regnum custodiat! Rectores eorum lumen suæ gratiæ repleat, exercitum protegat, fidei munimenta tribuat, pacem, gaudia et felicitatem tempora dominancium Dominus Jesus Christus pietate concedat, etc., etc. »

Cet hymne enthousiaste, voilà à peu près tout ce que le public connaît de la *Loi Salique*, et voilà aussi ce qui en donne le moins la physionomie; car, sauf la langue qui est aussi barbare de part et d'autre, rien ne ressemble moins à la loi que ce prologue où se lit, si je ne m'abuse, toute l'ardeur juvénile d'un converti. Ou je me trompe fort ou celui-là même qui a écrit ces lignes brûlantes, c'est un païen d'hier qui vient d'arriver à la foi chrétienne.

Epilogues. — Il y a deux épilogues bien postérieurs, eux aussi, à la rédaction en 65 titres et même à plusieurs autres rédactions; car ils nous donnent à leur tour des renseignements historiques sur la loi et ses continuations.

Sous ce rapport, ils ressemblent aux prologues, mais ils sont plus circonstanciés et plus détaillés : aucun enthousiasme; aucun lyrisme. On pense que ces épilogues ont été écrits vers l'an 550.

Ces épilogues jouent bien entendu un rôle considérable dans les considérations critiques par lesquelles on s'efforce de déterminer l'âge des diverses parties des textes saliens. Mais si je donne ici les résultats, je n'entre pas dans la discussion elle-même.

Gloses malbergiques. — Au premier rang des difficultés dont est remplie l'étude de la *Loi Salique,* il faut citer ce qu'on appelle les *Gloses malbergiques*. Plusieurs mss. de la *Loi Salique* sont hérissés de mots barbares qui sont restés longtemps inintelligibles. Ces mots sont précédés très souvent de cette espèce d'étiquette : *malb.* ou *malberg.*

A quelle langue appartiennent ces notes ou gloses? Quelle en est la valeur? Ce fut là une grosse difficulté. On se perdit un moment en songeant au gaulois. Jacob Grimm, dans sa préface à l'édition de Merkel, a ouvert la voie et Kern s'y est avancé avec un plein succès : les *Gloses malbergiques* sont écrites en dialecte francique, c'est-à-dire dans la langue même des Saliens. Elles ont pour objet de faire entendre à un Salien telle ou telle expression latine ou de commenter tel passage par une courte glose. Juges et plaideurs appartenaient à la nation franque. Le besoin d'une interprétation dans la langue des Francs se faisait donc sentir; de là les gloses malbergiques[1].

[1] Un exemple des *Gloses malbergiques* : le tit. 26 de l'édition de Merkel et de Behrend traite de l'affranchissement de *lites* et d'esclaves fait par un autre que par

Ce fait considérable que nous devons à la philologie, il eût été possible de le conjecturer *à priori*. La *Loi Salique,* en effet, est écrite dans une espèce de quasi-latin plutôt que de latin, qui nous autorise à dire que les rédacteurs eux-mêmes traduisaient du francique en latin et, à tout le moins, ne pensaient pas en latin. Les Francs étaient encore assez barbares pour que la langue latine fût pour eux un instrument mal connu et souvent rebelle.

L'étude de ces gloses reste très difficile parce que nous ne connaissons le vieux francique que par à peu près et parce que ces mots francs eux-mêmes nous sont arrivés fort corrompus, ayant été recopiés ou par des clercs gallo-romains ou par des Francs romanisés qui ne les comprenaient plus.

Les modernes ne se sont pas contentés de traduire, en tâtonnant, les gloses malbergiques. Ils ont voulu aussi saisir la valeur de ce mot *malb.*, abréviation de *malberg*. On pense que *malberg* correspond à peu près au mot latin *forum*.

Je dois ici mentionner une conjecture fort remarquable de Kern. Ce critique est porté à croire qu'avant la loi latine en 65 titres dont nous avons parlé jusqu'ici, les Saliens ont possédé une rédaction plus ancienne de la loi en langue franque.

le maître. Le premier paragraphe s'occupe des *lites :* « Si quis homo ingenuus alienum letum extra consilium domini sui ante rege per dinario dimiserit et convictus fuerit *Malb. malthô : the a tomeo, lito,* hoc est IV M dinarios qui faciunt solidos C culpabilis judicetur. » M. Kern discerne dans cette petite glose malbergique la formule même de l'affranchissement et traduit : *S'il dit : je t'affranchis, lite.* Voici le mot à mot : *malthô,* s'il dit (la conjonction *si* n'est pas exprimée : *malthô* est tout simplement la 3e personne du singulier du subjonctif présent). On pourrait traduire en serrant le texte de plus près : *qu'il dit,* ou *qu'il dise. The , toi* (accus. sing. du pronom de la seconde personne) ; *atomeo,* j'affranchis (1re personne du singulier du présent de l'indicatif du verbe *atomian*).

Le § 2 du même titre de la loi s'occupe de l'affranchissement d'un esclave par celui qui n'en est pas le propriétaire : « Si quis vero servo alieno pro denario ante regem dimiserit cui fuerit adprobatum, precium servi domino et insuper *Malb. malthô : the atomeo, theo,* hoc est solidos XXXV culpabilis judicetur. » Ici encore, d'après M. Kern, nous avons la formule d'affranchissement, mais la formule d'affranchissement d'un esclave, et voici la traduction : *s'il dit : je t'affranchis, esclave.*

J'ai choisi ces exemples, parce que ces deux phrases ont été analysées grammaticalement avec grand soin par M. H. d'Arbois de Jubainville dans la *Bibliothèque de l'Ecole des chartes* (très important compte rendu des travaux de Kern, par H. d'Arbois de Jubainville, dans cette Revue, année 1880).

Le quasi-latin de la *Loi Salique* ne serait le plus souvent qu'une traduction de cette rédaction perdue et enfin les *Gloses malbergiques* elles-mêmes seraient des fragments du texte original auquel il fallait bien recourir, quand le latin était insuffisant ou obscur.

Dernière conjecture : le mot *malberg* serait le titre même que portait la *Loi Salique* dans la rédaction en langue franque. Elle se serait appelée *Malberg,* en latin *Forum.*

Tout cela est d'autant plus vraisemblable que des considérations très différentes émises par d'autres critiques et absolument indépendantes de la philologie portent à penser qu'une rédaction plus ancienne et perdue a précédé la rédaction en 65 titres que nous possédons.

Mais ce sont là des conjectures sur lesquelles je ne veux pas insister.

Diffusion et persistance de la Loi Salique. — Sans parler de la Hesse et de la Franconie où dominèrent les Francs, il convient de signaler la Lombardie où ils pénétrèrent avec Pépin le Bref et Charlemagne; nous les y rencontrons et nous pouvons les suivre jusqu'au Tyrol. Leur droit fait sentir son influence chez les Allemands, chez les Bavarois et même en Angleterre[1]. Ces faits incontestables et d'autres considérations ont vivement frappé un auteur allemand, M. Sohm qui, tout récemment, ne craignait pas d'aller beaucoup plus loin et d'écrire en substance : « Chaque peuple germanique avait son droit propre qu'il consigne dans sa loi nationale. Ces lois et ces droits particuliers à chaque pays n'ont pas subsisté. Un seul d'entre eux s'est substitué à tous les autres. La législation coutumière qui a divisé, supplanté les autres lois, ses congénères, c'est celle des Francs et, en particulier, des Francs Saliens. Les Mérovingiens, puis les maires du palais et les premiers souverains carolingiens avaient soumis les divers peuples germaniques de l'Europe centrale à la domination de la monarchie franque. L'unité de l'empire amena celle du droit. Les

1 Etude sur les formules d'Arno de Salzbourg par Schrœder, analysée dans *Zeitschrift für Kirchenrecht, Neue folge*, t. II, p. 395. *Leges Henrici I*, tit. LXXXVII, art. 10, 11, dans Schmid, *Die Gesetze der Angelsachsen*, p. 482. *Zeitschrift für Rechtsgeschichte*, V, 401. Gengler, *Germ. Rechtsdenk.*, p. 85.

souverains francs ne décrétèrent pas l'abrogation des coutumes diverses des nations auxquelles ils commandaient; mais la prépondérance de la monarchie sortie de la nation des Francs Saliens fit que, d'eux-mêmes et sans intervention du pouvoir, les peuples oublièrent leurs lois nationales et adoptèrent le droit des Saliens. Quand l'empire carolingien, se décomposant, donna naissance aux nations nouvelles, France et Allemagne, ces nations, qui représentaient tant d'anciens peuples divers, n'avaient déjà plus qu'un seul droit, le droit salique[1]. »

Sans prendre à notre compte cette affirmation, nous devions ici mettre en relief l'action remarquable des Francs Saliens. Ils portèrent au loin leurs lois et leurs usages; et c'est très souvent par la mention de personnages vivant sous la *Loi Salique* que nous pouvons suivre en détail la diffusion de la race.

Les mentions de Francs régis par la *Loi Salique* se prolongent fort longtemps et au delà certainement de l'époque où on a coutume de dire que la territorialité des lois a complètement succédé à la personnalité[2].

Dans notre France la *Loi Salique* est encore mentionnée en 987 dans le cartulaire de Saint-Père de Chartres : le concile de Limoges de l'an 1031 l'invoque[3] aussi; mais ce sont dès lors des références vagues, et on ne peut en conclure que la personnalité des lois subsiste en France à ces périodes avancées.

On a cité d'autres textes bien remarquables pour d'autres régions. Ainsi la noblesse du Luxembourg est déclarée, en 1192, *salicæ conditionis*. J'ajoute que dans le Tyrol, en 1166, on voit des Saliens et des Lombards vivant chacun sous leur loi[4]; à cette date la personnalité des lois subsiste évidemment dans le Tyrol. Cette juxtaposition des Saliens et des Lombards est très fré-

1 Sohm résumé par Havet dans *Revue hist.*, t. XXI, p. 413.

2 Schrœder, *ibid.*, p. 12.

3 Bouquet, XI, 503. Schrœder, p. 44.

4 Schmidt, *Jus primæ noctis*, p. 235, en note. L'expression *vivant sous la Loi Salique* désigne souvent d'une manière vague les usages francs, non pas la *Loi Salique* écrite. Voyez, à cet égard, de bonnes observations dans Wiarda, *Geschichte und Auslegung des Salichen Gesetzes*, Bremen, 1808, p. 141.

quente. Un recueil de droit salien devrait contenir un bon nombre de textes et de formules qu'on irait chercher dans les recueils lombards[1].

2. *Loi Ripuaire.*

Domaine de la Loi Ripuaire. Texte. — La *Loi Ripuaire* ou loi des Francs Ripuaires nous apprend elle-même qu'elle était en vigueur dans le pays ou duché de Ripuarie. La Ripuarie correspond à peu près à l'ancien pays des Ubiens : elle a pour limite à l'ouest la Meuse et l'Ourthe, au nord une ligne qui irait du Rhin à la Meuse, en traversant la région de Crefeld; à l'est, elle est à peu près limitée par le Rhin. Cologne est la ville principale de la Ripuarie[2].

Puisque les lois barbares sont personnelles, il est bien entendu qu'en dehors de ces limites, un Ripuaire est soumis à la *Loi Ripuaire* et que, dans le territoire ainsi limité, un Salien est soumis à la *Loi Salique;* j'entends déterminer simplement le noyau ripuaire le plus important.

Les manuscrits de la *Loi Ripuaire* et surtout les textes imprimés ne présentent pas entre eux de très grandes divergences[3], et on peut dire qu'il n'y a qu'un seul texte de la *Loi Ripuaire,* au lieu de cinq ou de huit de la *Loi Salique.*

Une des difficultés de l'étude de plusieurs lois barbares, de l'étude de la *Loi Salique* en particulier, disparaît donc ici. Mais d'autres surgissent; car ce texte unique n'est pas, si je puis ainsi parler en empruntant le langage de la chimie, un corps simple; c'est un corps composé, résultat d'alliages et de combinaisons diverses.

Une observation générale se présente la première, observation

1 Ouvrages particulièrement consultés pour tout ce qui vient d'être dit sur la *Loi Salique :* Schrœder dans *Zeitschrift der Savigny-Stiftung für Rechtsgeschichte,* t. II, part. 2; Hessels et Kern, *Lex Salica;* Pardessus, *Loi Salique.*

2 La famille carolingienne appartenait à la *Loi Ripuaire* (*Carta divisionis imperii* de 817, art. 16, dans Boretius, I, p. 273).

3 Sur certaines divergences qui permettent de remonter à la recension mérovingienne de la loi, voyez Sohm dans *Zeitschrift für Rechtsgeschichte,* t. V, p. 386.

très simple et, pour ainsi dire, grossière. Ce document n'est pas daté comme nos lois modernes, et il faut le dater par conjecture. Eh bien! tel qu'il se présente à nous dans son état actuel, le texte que nous étudions doit être au plus tôt de la fin du VIIIe siècle. En effet, une décision de Karloman et Pépin, qui se place entre les années 740 et 743 y est visée en ces termes : *sicut antiquitus est constitutum*. Il paraît donc raisonnable de dire que la *Loi Ripuaire* date au plus tôt de la fin du VIIIe siècle : car cette expression *antiquitus* doit désigner des prescriptions remontant à une cinquantaine d'années. Mais la couche extérieure datant de cette époque (fin du VIIIe siècle) est, en définitive, fort peu de chose. L'étude attentive de ce document va nous fournir sur sa structure intérieure, pour ainsi dire, des données importantes.

Date des différentes parties de la loi. — Un coup d'œil rapide jeté sur la loi nous fait tout de suite apercevoir des éléments distincts et mal fondus. On trouve, en effet, dans diverses parties de ce document, des tarifs de composition qui, pour les mêmes crimes, sont différents[1]. Ce texte semble donc nous inviter lui-même à en rechercher les diverses parties, évidemment mal fondues ensemble. Suivant les derniers travaux critiques, il faut distinguer dans la *Loi Ripuaire* cinq parties. Les parties 1, 3, 4 sont originales : les parties 2 et 5 dérivent de la *Loi Salique*.

1re *partie, tit.* 1 *à titre* 31 *incl.*

Cette partie de la loi est originale. On arrive à la dater approximativement, en s'attachant aux articles 3, 4, 5, 6 du titre 31, commençant par ces mots : *Hoc autem constituimus ut infra pagum Ripuarium*, etc. [2]. Ce passage est évidemment un fragment d'édit ou capitulaire royal : on y suppose des Allemands et des Burgondes vivant sous la domination franque. Le capitulaire qui nous est ainsi parvenu est donc postérieur à l'an 534; car c'est en 534 que le royaume des Burgondes fut détruit et réuni à l'empire des Francs.

Je conclus de cette observation que la première partie de la

[1] Comparez surtout tit. LI, *al.* LIII et LXXXIV, *al.* LXXXVI (édit. Sohm, pp. 238, 265).

[2] Edit. Sohm, p. 224. Je suis le numérotage des *codices* A.

Loi Ripuaire remonte au VIe siècle, et est un peu postérieure à 534 [1], très probablement antérieure à 550.

2e *partie, tit.* 32 *à* 56 *incl.; tit.* 63 *et* 64.

Cette seconde partie se compose donc de deux morceaux séparés par les titres 57, 58, 59, 60, 61. Je reviendrai sur ce groupe des titres 57 à 61 : il est bien entendu qu'il n'appartient pas à notre seconde partie.

Dans cette seconde partie, la *Loi Ripuaire* est calquée sur les titres 32 à 63 de la *Loi Salique :* mais elle omet quelques titres de cette loi, de sorte que le bloc 32 à 63 de la *Loi Salique* ne passe pas intégralement dans la *Loi Ripuaire;* mais il y passe presque entier. Ces emprunts d'ordinaire ne sont pas des emprunts textuels.

Cette seconde partie doit être de la deuxième moitié du VIe siècle [2] : elle est un peu antérieure à la troisième partie dont nous parlerons bientôt. Si elle manque d'originalité, cette seconde partie de la *Loi Ripuaire* n'est pourtant pas dénuée d'intérêt. La comparaison avec la *Loi Salique* offre, au contraire, ici, à l'historien des points de repère d'une grande valeur historique. J'en donnerai un exemple :

Chez les Germains, dans la période tout à fait primitive, le mari achetait sa femme. Plus tard, la notion d'achat s'affaiblit : le mari remit à la femme une somme qui n'est plus à proprement parler un prix d'achat; cette somme s'appela la *dot.* Eh bien! si nous comparons les textes saliens avec les textes ripuaires, nous arrivons à cette importante conclusion : à l'époque des textes saliens, la dot est toujours mobilière; au temps de la *Loi Ripuaire,* ceci déjà est changé; la dot peut être composée d'immeubles, peut être immobilière; la femme peut recevoir de son mari en dot des terres. Ce changement suppose de grandes modifications économiques [3], une évolution considérable.

3e *partie, tit.* 57 *à* 62 *incl.*

On admet, — je n'entre pas dans le détail de la démonstra-

[1] Thierri Ier, fils de Clovis, roi de Metz ou d'Austrasie, meurt précisément en 534. Cf. Sohm, dans *Zeitschrift für Rechtsgeschichte*, t. V, p. 404.

[2] Sohm, *ibid.*, p. 443.

[3] Sohm, *ibid.*, pp. 421, 422.

tion qui est assez compliquée, — que cette troisième partie est un peu plus récente que la seconde et plus ancienne que la quatrième dont il va être parlé. Elle émane peut-être de Childebert II, roi d'Austrasie (575-596).

Ces titres importants sont intéressants pour l'histoire de la juridiction ecclésiastique et, en particulier, pour l'histoire des affranchissements et pour l'histoire des pouvoirs de l'évêque[1].

4e *partie, tit.* 65 *à* 79 *incl.*

Cette quatrième partie contient diverses prescriptions intéressantes pour le droit public. Elle est postérieure elle-même à la troisième partie et conséquemment doit se placer après Childebert II. Elle appartient probablement à la première moitié du VIIe siècle.

5e *partie, tit.* 80 *à* 89 *incl.*

La *Loi Salique* est de nouveau utilisée dans cette cinquième et dernière partie. Les seuls titres qui échappent ici à l'inuflence de la *Loi Salique* sont les titres 81, 87, 88, 89. Les deux derniers titres 88 et 89, *Hoc autem consensu et consilio*, etc., sont évidemment une ordonnance royale, un capitulaire inséré dans la loi.

Cette cinquième partie doit appartenir au règne de Charles Martel († 741) ou aux premières années du règne de Pépin[2].

On voit que les diverses sections de la *Loi Ripuaire* s'échelonnent depuis la première moitié du VIe siècle jusqu'à la première moitié du VIIIe.

Je n'ai pas besoin d'ajouter que cette division en cinq parties n'existe pas dans la loi qui est tout simplement divisée en 89 titres (quelques manuscrits que je n'ai pas suivis dans cet exposé en comptent 91). C'est la critique, bien entendu, qui, pour faciliter l'exposition, établit ces cinq parties.

Je répète que, çà et là, certains détails minimes prouvent qu'à la fin du VIIIe siècle au plus tôt, la *Loi Ripuaire* ainsi constituée a encore subi une légère retouche. En d'autres termes, sa forme actuelle est tout au plus de la fin du VIIIe siècle. C'est surtout le

[1] Sohm, pp. 438, 439, 441.

[2] Sohm, *ibid.*, p. 454.

titre 36 qui a été affecté à cette époque. Il est bon de s'en souvenir quand on entreprend la lecture de la loi[1].

Il faut joindre à la *Loi Ripuaire* un capitulaire de Charlemagne de l'an 803, intitulé : *Capitula quæ in lege Ribuaria mittenda sunt*[2].

3. *Loi dite des Francs Chamaves.*

Domaine et date de la loi des Francs Chamaves. — J'arrive à la dernière loi franque, à celle qu'on a longtemps appelée *Loi des Francs Chamaves*[3]. C'est un petit document très court en 48 articles.

Cette loi a probablement été rédigée vers l'an 802. Elle concerne une région mal définie dont le lieu principal est appelé en latin *Amor*. Cette petite localité non identifiée est située dans le Mashau ou Maasgau (pays de la Meuse). Le Maasgau est le territoire arrosé par la Meuse au delà de Liège et en deçà de Nimègue.

La *loi* dite *des Francs Chamaves* a peu d'importance et peu d'originalité. C'est quelque chose comme un usage local additionnel aux lois salique et ripuaire et surtout à la *Loi Ripuaire*. Il est très probable que les usages du petit groupe de Francs qui nous ont été conservés par cette loi du pays d'*Amor* furent constatés au IXe siècle dans une enquête faite sur les lieux par des *missi dominici*. Ceux-ci interrogèrent soit les notables, soit plus vraisemblablement tout le peuple qui répondit par la bouche des notables[4]. Ces réponses constituent notre loi elle-même.

1 Cf. Schrœder, dans *Zeitschrift der Savigny-Stiftung für Rechtsgeschichte*, t. II; 2e part., p. 45, note 2; Fahlbeck, *La royauté et le droit royal francs*, p. 289 et suiv.; Prou, *Catalogue des monnaies mérovingiennes de la Bibliothèque nationale, Introduction*, ch. Ier.

2 Pertz, t. Ier, p. 117; Boretius, I, p. 117. Cf. Boretius, *Capitularienkritik*, p. 36.

3 Nommés par Ammien Marcellin, XVII, 8, les Francs Chamaves reparaissent dans Grégoire de Tours (II, 9) qui reproduit ici Sulpice Alexandre. Cf. L. de Valroger, *Les Barbares et leurs lois*, Paris, 1867, p. 89.

4 Les phrases suivantes trahissent, ce semble, des réponses à des questions posées : « In primo capitulo de causis Ecclesiæ et de illis servis Dei, qui ibidem deserviunt, sic habemus quomodo et alii Franci habent. — De banno dominico similiter habemus, sicut alii Franci habent » (art. 1, 2, dans Pertz, *Leges*, t. V, p. 271). Cf. la préface de Sohm, pp. 269, 270.

Je pourrais, à la rigueur, m'en tenir à ce rapide exposé; mais l'histoire des travaux relatifs à la loi des Francs Chamaves, des efforts qui ont été faits pour arriver aux résultats très simples que je viens de faire connaître, est piquante et instructive. Elle fera bien sentir par quels longs détours et à l'aide de combien de collaborations éloignées les unes des autres, on arrive péniblement à des conclusions, sinon complètes et entièrement satisfaisantes, du moins sérieuses et solides.

Histoire des travaux relatifs à la loi des Francs Chamaves. — Baluze publia ce document pour la première fois au XVIIe siècle, dans sa grande collection des *Capitulaires* (1677); mais une lecture rapide et un rapprochement fâcheux et non justifié avec le texte d'une chronique, lui fit croire qu'il avait affaire à un capitulaire de Charlemagne de l'an 813 : et ce document figure dans son recueil sous le titre de troisième capitulaire de l'an 813.

Cette attribution fut acceptée, et, dans les recueils postérieurs à Baluze, dans Georgisch, Canciani, Walter, le document qui nous occupe continue de s'appeler : capitulaire de l'an 813.

Pertz reconnut le premier que ce document n'était point un capitulaire de l'an 813. Il considéra un autre texte comme ce capitulaire de l'an 813 qu'une chronique avait signalé à Baluze. Et quant à notre document, il reconnut que c'était une coutume ou loi barbare. Le titre seul, tel que le donnent les mss., l'indiquait clairement. Voici ce titre : *Notitia vel commemoratio de illa euva quæ se ad Amorem habet.* Euva est un mot assez fréquent qui répond au latin *Lex* ou *Pactus.*

Ainsi un pas important était fait. Malheureusement, du même coup, Pertz jeta dans le courant scientifique une erreur grave : il déclara que cette *euva* était la loi du pays de Xanten. Les deux articles suivants lui fournissaient ce pays de Xanten :

11. « Qui per hantradam hominem ingenuum dimittere voluerit *in loco qui dicitur sanctum* sua manu duodecima ipsum ingenuum dimittere faciat. »

10. « Si quis hominem ingenuum ad servitium requirit, cum duodecim hominibus de suis proximis parentibus *in sanctis* juret, et se ingenuum esse faciat, aut in servitium cadat. »

Pertz, frappé de cette expression *in loco qui dicitur sanctum,* vit dans *sanctum* un nom de lieu et proposa Xanten. Adoptant cette traduction pour l'article 11, il retrouva également Xanten dans le *in sanctis* de l'article 10.

Des érudits hollandais, Snouck[1] en 1837, Beucker[2] en 1840, proposèrent un autre pays. Ils furent frappés de ces mots *ad Amorem* et *in Amore,* qui se trouvent dans la rubrique de la loi et dans les articles 26 et 28. Ils firent observer qu'*Amor* ne pouvait être un nom commun dans des phrases comme celles-ci : « Quicquid in Amore in alterum furatum habent in duos geldos componere faciat. » « Euva quæ se ad Amorem habet. » L'*Amor,* dirent-ils, semble être le pays appelé Hamaland. L'Hamaland est le pays des Francs Chamaves. Il s'agit donc de la loi gardée par les Francs Chamaves dans l'Hamaland. Ces identifications appuyées d'observations philologiques et géographiques parurent justes et furent acceptées.

Ces érudits n'allèrent pas plus loin et laissèrent dans l'ombre la question de savoir ce qu'il fallait faire du pays de Xanten, de ces passages *loco qui dicitur sanctum; in sanctis juret.* Cependant Xanten et l'Hamaland étaient deux interprétations géographiques inconciliables. Il restait un pas à faire[3].

En 1855, Gaupp reprit la question *ab ovo.* Il se prononça de nouveau pour l'Hamaland, et montra que la phrase *in sanctis juret* veut dire : *jurer sur les saints, jurer sur les saintes reliques.* Quelque chose d'analogue est évidemment exprimé par cette phrase bizarre : *in loco qui dicitur sanctum sua manu duodecima ipsum ingenuum dimittere faciat.* Il s'agit du serment par cojurateurs, dans un lieu saint, dans une église. Les expressions *in sanctis; in loco qui dicitur sanctum,* n'ont rien à faire avec Xanten.

Je dis : *dans une église.* Nous savons, en effet, que les Francs devenus chrétiens prêtaient le serment dans l'église : « Omne sacramentum in ecclesia et super reliquias a laicis jure-

[1] *De jure circa aggerum aquarumque curam in insula Walacriæ constituto,* Utrecht, 1837, p. 16.

[2] Beucker, *De origine juris municipalis Frisici,* p. 53.

[3] En 1846, Pertz proposa de rendre Amor par Emmerich et non par Hamaland.

tur. Si cuilibet homini sacramentum debet (adhrameat) eum ad ecclesiam sacramento die statuto[1]. »

Le *locus qui dicitur sanctum* est donc l'église. C'est à Zœpfl que nous devons ce nouvel éclaircissement. Gaupp avait vu ici, à tort, une châsse de reliques.

Toutes les difficultés paraissaient donc être tombées les unes après les autres. Le dernier mot était dit, semblait-il, sur la *Loi des Chamaves*.

C'est alors qu'intervint M. Fustel de Coulanges. Il fit observer que le rapprochement d'*Amor* et d'*Hamaland* n'était pas justifié. Par suite, alors même qu'Hamaland rappellerait le nom des anciens Chamaves dont il n'est plus question depuis longtemps au IXe siècle, il faudrait toujours renoncer à voir dans ce texte la loi ou l'usage des Chamaves. Nous ne serons définitivement fixés que le jour où un bon géographe aura réussi à identifier avec certitude le lieu appelé *Amor*.

On voit qu'après plus de deux cents ans ce petit texte garde pour nous certain mystère.

Bibliographie du § 1er. — Pardessus, *Loi Salique*, Paris, 1843, in-4°. — Hessels et Kern, *Lex Salica*, London, 1880, in-4°. — Ce sont les deux éditions fondamentales. — Holder, *Lex Salica mit der mallobergischen Glosse*, Leipzig, 1879-1880, 6 fasc. (reproduction de chaque manuscrit; inachevé). — Quant aux petites éditions de travail, il faut citer Merkel, *Lex Salica*, 1850. Merkel a trop visé à la concision et est tombé dans l'obscurité; — Behrend et Boretius, *Lex Salica nebst den Capitularien zur Lex Salica*, Berlin, 1874. — Les travaux sur la loi sont très nombreux et très dispersés. Je citerai, entre autres : — les dissertations de Pardessus à la suite de son édition; — la dissertation de Jacob Grimm en tête de l'édition de Merkel; — celle de Julius Grimm, intitulée *De historia Legis Salicæ*, Bonnæ, 1843; — G. Waitz, *Das alte Recht der Salischen Franken*, Kiel, 1846; — les travaux de Sohm sur la procédure de la *Loi Salique*, trad. franç. par Thévenin, Paris, 1873. — Schrœder, dans *Forschungen zur deutschen Geschichte*, t. XIX, 139, 172; dans *Historische Zeitschrift, Neue Folge*, t. VII, pp. 1-65; dans *Monatsschrift für die Geschichte Westdeutschlands*, t. VI, p. 468, 502; dans *Zeitschrift der Savigny-Stiftung für Rechtsgeschichte*, t. II, part. 2. — Thonissen, *L'organ. judic., le droit pénal et la procédure pénale de la Loi Salique*, 2e édit., Brûxelles et Paris, 1882. — Fahlbeck,

[1] Zœpfl, *Die Euva Chamavorum*, 1856, pp. 6, 7.

La royauté et le droit royal francs, Lund, 1883. — Brissaud, *La Loi Salique et le droit romain* (Extrait des *Mémoires de l'Académie des sciences, inscriptions et belles-lettres de Toulouse*, 9e série, t. III, 1891).

Bibliographie du § 2. — On trouve la *Loi Ripuaire* dans le recueil des *Capitulaires* de Baluze; — dans le *Corpus juris Germanici* de Walter; — dans le volume de Peyré, intitulé : *Lois des Francs contenant la Loi Salique et la Loi Ripuaire*, Paris, 1828 (se défier de la traduction française); — dans Pertz, *Leges*, t. V, pp. 185-268 (éditée par Sohm). — Travaux sur la loi : — Schrœder, dans *Zeitschrift der Savigny-Stiftung für Rechtsgeschichte*, t. II, 2e part., p. 45-47; — Gaupp, dans *Alte Gesetz der Thüringer*, Breslau, 1834; — Sohm, dans *Zeitschrift für Rechtsgeschichte*, t. V, p. 680 et suiv. J'ai suivi cet article de Sohm; — Ernst Mayer, *Zur Entstehung der Lex Ribuariorum*, München, 1886.

Bibliographie du § 3. — Gaupp, *Lex Francorum Chamavorum*, Breslau, 1855. Traduction française par Paul Laboulaye, dans la *Revue historique de droit français et étranger*, t. Ier, p. 417. — Zœpfl, *Die Euva Chamavorum*, Heidelberg, 1856. — Schröder, *Untersuchungen zu den frankischen Wolksrechten*, II, *Die Heimat der Lex Chamavorum*, dans *Pick's Monatsschrift für die Geschichte Westdeutschlands*, t. VI, 1880, pp. 492-502. — Sohm, *Lex Francorum Chamavorum*, dans Pertz, *Leges*, t. V, pp. 269-288. — Fustel de Coulanges, *De la loi dite des Francs Chamaves*, dans *Séances et travaux de l'Académie des sciences morales et politiques*, t. 127, 1887, pp. 100-118. Reproduit dans Fustel de Coulanges, *Nouvelles recherches sur quelques problèmes d'histoire*, Paris, 1891, pp. 399-414. — Froidevaux, *Etudes sur la Lex dicta Francorum Chamavorum*, Paris, 1891.

CHAPITRE III.

LOI DES WISIGOTHS.

1. *Observation générale.*

Les Francs rédigent des lois pour eux-mêmes et laissent les Romains vivre sous la loi romaine, sans toucher à cette loi.

Les Wisigoths et les Burgondes, beaucoup plus romanisés et entendant mieux les affaires des vaincus, vont plus loin. Non seulement ils s'occupent de leur propre loi wisigothique ou burgonde et la rédigent, mais ils promulguent aussi, en l'arrangeant à leur manière, la loi des Romains.

Nous aurons donc, chez chacun de ces peuples, deux lois : une loi barbare, une loi romaine.

2. *Loi Romaine des Wisigoths.*

Date de la rédaction par le roi Alaric. — Le recueil fait pour les Romains soumis à la domination wisigothique précède d'une centaine d'années le premier recueil barbare wisigothique qui nous soit parvenu.

Il est dû au roi Alaric II, celui-là même qui périt, en 507, à la bataille de Vouillé, de la main de Clovis [1]. Son code fut promulgué, en 506, à Aire en Gascogne : c'est là que ce travail, resté célèbre, fut approuvé par l'assemblée des notables romains, ecclésiastiques et laïcs.

Le roi Alaric II ordonne dans le préambule ou *commonitorium* qu'aucun exemplaire de la loi ne sera reçu officiellement et ne fera foi, s'il n'a été souscrit de la propre main d'Anien, référendaire, *Anianus, vir spectabilis.*

[1] Grégoire de Tours, *Historia eccles. Francor.*, II, 37, édit. Guadet et Taranne, t. Ier, p. 125.

Cette loi romaine des Wisigoths est connue sous les noms divers de : *Liber Aniani; Lex Romana Visigothorum; Breviarium.*

Contenu de la loi. — Ce nom de *Breviarium* nous donne tout de suite une idée de l'ouvrage : la loi romaine des Wisigoths contient un abrégé, mais un abrégé considérable du *Code de Théodose,* des *Novelles* de Théodose et de ses successeurs, un abrégé des *Institutes* de Gaius, jurisconsulte romain; les sentences de Paul, jurisconsulte romain, de Papinien, autre jurisconsulte romain, etc.

Tous ces textes, sauf les *Institutes* de Gaius, sont accompagnés d'un commentaire perpétuel appelé *Interpretatio,* qui nous fait connaître ou plutôt entrevoir l'état des institutions à cette époque et les modifications que les lois romaines ont subies dans la pratique.

Avant la découverte du palimpseste de Vérone, en 1816, on ne connaissait guère les Institutes de Gaius que par le *Bréviaire.* C'est par ce canal que nous est parvenu la majeure partie des sentences de Paul[1].

La plupart du temps, lorsqu'apparaît, dans les premiers siècles du moyen âge, une citation de la *Loi Romaine*, c'est à la *Loi Romaine des Wisigoths* qu'il faut songer et non au *Code de Théodose* proprement dit. L'influence de ce Code a été le plus souvent indirecte. Elle s'est exercée par l'intermédiaire du *Bréviaire.*

3. *Lois wisigothiques barbares.*

Il a existé certainement plusieurs recueils successifs de lois wisigothiques; il y a peut-être encore de ce côté des découvertes à faire[2], car plusieurs de ces recueils sont perdus.

Je néglige toutes les hypothèses et les suppositions sur les

[1] On se demande si Charlemagne n'aurait pas promulgué à nouveau le *Bréviaire* d'Alaric; c'est un point fort douteux. Voyez Tardif, *Hist. des sources du droit français, Origines romaines*, p. 135.

[2] J'écrivais ceci en 1883. Les découvertes de MM. Gaudenzi et Fr. de Cárdenas sont venues justifier mes espérances. Mais la mine ne me paraît point épuisée; et, pour ce motif, je maintiens ce que j'écrivais dans la première édition de cet ouvrage.

textes perdus et non retrouvés. J'indique sommairement ce qui existe et est publié, savoir divers fragments et un code qui nous est parvenu dans son intégralité :

1° Fragments découverts en 1886 et en 1888 par M. Gaudenzi et attribués par lui à Euric. Lors de la première découverte de M. Gaudenzi, cette attribution fut contestée par d'éminents critiques. Il s'agit, disait-on, non pas d'une œuvre législative, mais d'une œuvre privée, d'un commentaire dû à quelque praticien ou jurisconsulte. J'avoue que ces objections me frappent médiocrement. Les fragments publiés en 1886 me semblent pouvoir convenir à une œuvre législative. Quant au texte découvert en 1888, il exclut toute contestation. Nous sommes certainement en présence de petites lois apparentées de très près avec la *Lex Wisigothorum*. De quel prince émanent ces lois? M. Gaudenzi tient toujours pour Euric. D'excellents critiques contestent ce point. L'un d'eux rejette même l'origine wisigothique de l'un de ces fragments. Il y voit du droit lombard[1].

2° Loi du roi Teudis ou Theudis, de l'an 546, récemment découverte par M. Fr. de Cárdenas.

3° Fragment appelé *Antiqua*, attribué par Bluhme à Reccarède Ier; par M. de Pétigny[2] à Alaric II; par Brunner à Euric; par Gaudenzi au roi Leovigild.

4° Loi ou Code qu'on s'accorde à attribuer à Reccessuinthe († 672). On appelle souvent ce recueil *Liber judicum* ou *Forum judicum*.

Le *Forum judicum* ne nous est pas arrivé sans quelque retouche postérieure, car on y trouve quelques constitutions de rois plus récents que Reccessuinthe[3].

Le *Forum judicum*, traduit au moyen âge en castillan, est

[1] Cf. A. Schmidt, dans *Zeitschrift der Savigny-Stiftung*, t. XI, *Germ. Abth.*, p. 223. Le même auteur est à lire sur la nature des rapports qui relient les autres fragments à la *Lex Wisigothorum;* Max Conrat (Cohn), *Geschichte der Quellen*, t. Ier, p. 268, note 1.

[2] *Revue hist. de droit français*, t. Ier, p. 209.

[3] Les dernières lois en date sont onze lois d'Egica, successeur d'Ervige (Pailhan, dans la *Revue des questions hist.*, 1er juillet 1881, p. 42, note 3).

devenu le célèbre *Fuero juzgo* et a joui sous ce nom en Espagne d'un long succès et d'une grande autorité.

Le *Forum judicum* est une codification importante dans laquelle quantité d'édits wisigothiques antérieurs à Reccessuinthe ont été compris. Le droit romain y joue un assez grand rôle : sur 593 lois que contient le *Forum judicum*, un sixième environ est emprunté au Code Théodosien ou au *Bréviaire* d'Alaric.

Le *Liber judicum* est divisé en douze livres et par ordre de matières. La rhétorique joue un grand rôle dans cet ouvrage : les mots inutiles et vagues, les « phrases » y abondent; on a peine à se retrouver et à préciser les idées.

Reccessuinthe, par une loi insérée dans le recueil dont nous nous occupons, interdit formellement aux Romains l'emploi du droit romain. Déjà Chindasuinde, père de Reccessuinthe, avait promulgué une loi très défavorable au droit romain, mais dont le texte est moins net.

Le *Liber judicum* est donc la première loi barbare qui ait un caractère territorial. Ce grand fait se consomme, on le voit, dès le VIIe siècle, chez les Wisigoths [1].

BIBLIOGRAPHIE DU § 2. — Hænel, *Lex romana Visigothorum*, 1848, in-fol. — Beer, *La Lex romana Visigothorum y la Biblia italica en un codice palimpsesto de la catedral de Léon* dans *Boletin de la r. Acad. de la Historia*, t. XII, 1888, pp. 103-111. — Krueger, *Geschichte der Quellen und Litteratur des römischen Rechts*, Leipzig, 1888, pp. 308-317.

BIBLIOGRAPHIE DU § 3. — Le *Liber judicum* figure dans Canciani, *Leges Barbarorum*, t. IV, in-fol. et dans Walter, t. Ier. — Il en existe une édition espagnole importante, publiée par l'Académie royale d'histoire de Madrid, en 1815 : *Fuero juzgo en latin y castellano cotejado con los mas antiguos y preciosos codices por la real Academia española*, Madrid, 1815, in-4°. — L'é-

[1] De Savigny, *Hist. du droit romain au moyen âge*, trad. Guenoux, t. II, 1830, pp. 64-65. Reccessuinthe, monté sur le trône en 649, mort en 672, est ce roi goth dont le musée de Cluny possède la magnifique couronne avec l'inscription : *Reccessuinthus rex offeret*. C'est la plus grande et la plus belle couronne du fameux trésor de Guarrazar. Cf. *Musée de Cluny, Catalogue*, Paris, 1878, n°s 3113 à 3121. Chez les Ostrogoths, l'édit de Théodoric (postérieur à 493), était applicable aux Romains et aux Goths. Cet édit de Théodoric est du droit romain et non du droit barbare (Walter, *Corpus*, t. Ier, p. 396. Pertz, *Leges*, t. IV, p. 145 et suiv. Cf. Krüger, *Geschichte der Quellen und Litteratur des römischen Rechts*, p. 316).

dition portugaise (1856), n'est guère qu'une reproduction de l'édition espagnole : *Portugaliæ monumenta historica, Leges et Consuetudines*, t. Ier, fasc. 1, 1856, in-fol. — Bluhme, *Die Westgothische antiqua oder das Gesetzbuch Reccared des Ersten*, Halle, 1847. — Bluhme, *Zur Texteskritik des Westgothenrechts und Reccared's Leges antiquæ*, Halle, 1872. — Dahn, *Westgothische Studien, Zur Geschichte der Gesetzgebung bei den Westgothen*, Würzburg, 1872, in-4°. — Aug. Gaudenzi, *Un' antica compilazione di diritto romano e visigoto con alcuni frammenti delle leggi di Eurico*, Bolonia, 1886. Reproduit dans *Nouvelle revue hist. de droit*, 1886, p. 525 et suiv. — Aug. Gaudenzi, *Nuovi frammenti dell' editto di Eurico*, Roma, 1888. Reproduit dans *Nouvelle revue hist. de droit*, 1889, p. 428-435. — Fr. de Cárdenas, *Noticia de una ley de Teudis desconocida, recientemente descubierta en un palimpsesto de la catedral de Léon*, dans *Boletin de la real academia de la Historia*, t. XIV, 1889, pp. 473-491. — Fidel Fita, *La ley de Teudis y los concilios de Lerida y Valencia*, *ibid.*, pp. 491-495. — A. Tardif, *Les Leges Wisigothorum*, dans *Nouvelle revue hist.*, 1891, pp. 5-17. — Joignez Max Conrat et Schmidt cités ci-dessus en note.

CHAPITRE IV.

LOIS DES BURGONDES.

1. *Loi barbare des Burgondes ou Loi Gombette.*

Les Burgondes. — Les Burgondes paraissent avoir été longtemps en bonnes relations de voisinage avec les Romains : il est probable qu'ils luttèrent souvent pour le compte des Romains en qualité de *fœderati* contre d'autres Barbares[1]. De la Germanie occidentale ils vinrent pour la première fois jusqu'au Rhin en 370, appelés par Valentinien Ier pour combattre les Alamans. Un siècle plus tard, au milieu du ve siècle, ils s'établissent dans la province de Lyon, appelés par les Gallo-Romains qui cherchaient, en attirant ces Barbares, à secouer le fardeau des impôts impériaux[2].

Sans doute la présence de ces nouveaux venus devint plus d'une fois importune aux Gallo-Romains; néanmoins, l'histoire et la législation postérieure des Burgondes sont en parfaite harmonie avec ces débuts : les Burgondes sont des Barbares amis et romanisés[3]. Ils nous ont laissé un recueil de lois barbares et un recueil romain.

La loi Gombette. — Cette loi importante reçoit les désignations suivantes : *Liber constitutionum; Lex inter Burgundiones et Romanos; Liber legum Gundobati; Liber Gundobati; Lex Gondobada;* d'où la dénomination française de *Loi Gombette.*

1 Cf. Dahn, *Urgeschichte*, t. II, pp. 370-497.

2 Voyez Monod, *Sur un texte de la compilation dite de Frédégaire, relatif à l'établissement des Burgundions*, dans *Bibl. de l'Ecole des hautes études*, fasc. 35, Paris, 1878, pp. 235-239.

3 Dans ses lettres à l'empereur Anastase, Sigismond est obséquieux au point de se dire à peu près son vassal ou son sujet. Cf. du Cange, *Dissert.* XXIII sur l'*Histoire de saint Louys*, p. 281; mon *Droit public*, t. Ier, pp. 192-193.

La *Loi Gombette*, c'est la loi de Gondebaud, roi des Burgondes ou Bourguignons, mort en l'an 516; ou, du moins, c'est la loi qui porte le nom de Gondedaud.

Gondebaud avait publié, se corrigeant lui-même, deux codes successifs. Ni l'un ni l'autre de ces deux codes ne nous est parvenu dans leur forme originale primitive. La *Loi Gombette* qui nous occupe est le second de ces codes, mais le second de ces codes un peu modifié et complété par Sigismond, fils de Gondebaud : ce dernier point, à savoir la promulgation par Sigismond se prouve surabondamment par le texte de la promulgation dans les bons manuscrits qui portent : « In Dei nomine, anno secundo regni domini nostri gloriosissimi Sigismundi regis, liber constitutionum de præteritis et præsentibus atque in perpetuum conservandis legibus, editus sub die IV Kal. April., Lugduni. » La seconde année du règne de Sigismond correspond à l'année 517; c'est donc le 29 mars 517 que fut promulgué non pas la *Loi Gombette* primitive, mais le texte de la *Loi Gombette* qui nous est parvenu.

Cette *Loi Gombette* où les influences romaines jouent un rôle considérable est un recueil d'édits ou constitutions des rois Burgondes : quelques-unes sont antérieures à Gondebaud : le plus grand nombre est de lui. Enfin, deux sont postérieures à sa mort et émanent de Sigismond : elles sont datées de l'an 517, l'année même de la promulgation de la *Loi Gombette*[1].

Cette position relative de la *Loi Gombette* que nous connaissons seulement par une édition de Sigismond, n'a rien de bien extraordinaire. Supposez que les éditions du *Code Napoléon* datant de l'empire soient perdues, nous serions dans le même cas pour le *Code Napoléon* que pour la *Loi Gombette;* car le *Code Napoléon* a été modifié sous la Restauration : nous n'aurions plus qu'un *Code Napoléon* sous une forme postérieure à Napoléon. Au reste, chez les Wisigoths, le *Forum Judicum,* œuvre de Reccessuinthe nous est parvenu dans des conditions tout à fait analogues.

[1] Pour tout ce qui précède voir Hubé, *Histoire de la formation de la loi Burg.*, dans *Revue hist. de droit franç. et étranger,* t. XIII, pp. 211, 250, 251, 253.

J'ai dit que le droit romain avait exercé une grande influence sur la loi barbare des Bourguignons, sur la *Loi Gombette*. Il faut ajouter que cette loi autorise, dans certains procès, les Bourguignons eux-mêmes à se servir de la loi romaine[1].

2. *Loi romaine des Burgondes ou Papien.*

Origine et dénomination. — Une préface de Gondebaud en tête de la *Loi Gombette* (*secunda præfatio*) annonce la publication d'un code à l'usage des Romains habitant le territoire soumis aux Burgondes. Voici les termes mêmes dont se sert Gondebaud : « Inter Romanos vero, interdicto simili conditione venalitatis crimine, sicut a parentibus nostris statutum est, romanis legibus præcipimus judicari : qui formam et expositionem legum conscriptam qualiter judicent, *se noverint accepturos*, ut per ignorantiam se nullus excuset[2] ; » c'est-à-dire : « nous ordonnons, en interdisant de même la vénalité, nous ordonnons, comme l'ont fait nos pères, que les Romains soient jugés par les lois romaines : ils recevront un code écrit pour servir dans les jugements (je traduis librement : *formam et expositionem legum conscriptam*), afin que personne ne puisse chercher une excuse dans son ignorance de la loi. »

Cette promesse de Gondebaud remonte à l'année 502. Il est moralement certain qu'elle fut tenue. On ne doute pas que nous ne possédions sous le nom de *Papien* ce code destiné aux Romains.

La loi romaine des Burgondes porte dans les manuscrits les titres suivants : *Lex Romana*, *Liber legis Theodosii et Novellarum*, et enfin *Papianus*. C'est sous ce dernier nom qu'elle est le plus connue : nous disons couramment le *Papien*.

L'histoire de ce titre *Papien* est singulière. *Papianus* est évidemment le nom du jurisconsulte romain *Papinianus*, au-des-

[1] LV, *De removendis Barbarorum personis*, § 2 : « Sane si ex ejusdem agri finibus, quem Barbarus ex integro cum mancipiis publica largitione perceperit, fuerit contentio generata, licebit ei, seu pulsatus fuerit, seu ipse pulsaverit, romano jure contendere. » Cf. Hubé, *ibid.*, p. 247.

[2] Secunda præf., § 7, apud Pertz, *Leg.*, t. III, p. 527.

sus duquel une abrévation a été oubliée. Est-ce à dire que l'auteur de la loi romaine des Bourguignons se soit appelé Papinien, comme le fameux jurisconsulte romain de la fin du second siècle? Non pas. Voici comment on explique ce mot *Papien*. La loi romaine des Wisigoths se termine par une courte citation de Papinien précédée de cette rubrique : *Incipit Papĩani, lib. I. Responsorum*. Un copiste de la loi romaine des Burgondes transcrivit cette dernière loi à la suite de la loi romaine des Wisigoths et donna par erreur ce titre *Incipit Papiani* à la loi romaine des Burgondes. Lui-même ou quelqu'un de ses successeurs omit l'abréviation sur *Papiani;* et nous avons eu, ainsi, le *Papien*[1], dont voici l'*Incipit : Incipit Papianus liber primus Responsorum*.

Ce recueil est un arrangement assez grossier de droit romain théodosien : il présente, en certains passages, une parenté évidente avec l'*Interpretatio* du *Bréviaire* d'Alaric[2]. Quelques fragments des codes romains perdus qui portaient les noms de Grégorien et d'Hermogénien ou, plus exactement, quelques allusions précieuses à ces codes, nous sont parvenues par l'intermédiaire de la loi romaine des Burgondes[3].

Ce qu'on peut dire de certain sur la date du *Papien*, c'est qu'il a été publié entre l'an 502, époque à laquelle Gondebaud promet sa publication et l'an 516, date de la mort de ce roi.

Le droit romain que nous présente le *Papien* est bien mêlé, bien altéré. L'exemple le plus frappant de ces altérations est celui-ci : le wergeld ou la composition germanique est introduite parmi les Romains. Après avoir mentionné les tarifs, le

[1] Bluhme renvoie ici à Savigny, II, 24; VII, 36 et suiv.; Stobbe, I, p. 114. Ses observations au sujet du manuscrit E sont en grande partie nouvelles. Cf. Pertz, *Leg.*, t. III, pp. 581, 588.

[2] Tit. II, art. 6, apud Pertz, *Leg.*, t. III, p. 597. Il n'en faut pas conclure que cette *Interpretatio* du *Bréviaire* ait été utilisée elle-même par le rédacteur du Papien; car ladite *Interpretatio* ne fut pas créée tout d'une pièce pour le *Bréviaire;* elle suppose évidemment un document analogue plus ancien.

[3] Voyez Krueger, *Collectio librorum antejust.*, t. III, *Fragmenta Vaticana*, etc., édit. Mommsen, pp. 236-244. Sur la question de savoir si les rédacteurs du *Papien* ont connu les *Institutes* de Gaius, voyez Glasson, *Etude sur Gaius*, nouvelle édit., pp. 154-156.

rédacteur ajoute : « Hoc ex præcepto domni regis convenit observari[1]. »

Bibliographie du § 1er. — Bluhme a édité la loi Gombette dans les *Leges* de Pertz (t. III, pp. 525-578). Cette édition a été vivement critiquée par M. Rom. Hubé dans la *Revue hist. de droit franç.*, t. XIII, p. 209 et suiv., et par Boretius dans *Hist. Zeitschrift*, t. XXI, 1869, p. 9. Ces articles sont à lire. On y verra notamment comment une édition ancienne qu'on croit démodée, se peut recommander par des mérites qu'on ne lui soupçonnerait pas. C'est la vieille édition de du Tillet, qui, en face de l'édition de Bluhme, garde, d'après MM. Hubé et Boretius, une valeur considérable. En voici le titre : *Aurei venerandæque ætatis libelli Salicam Legem continentes, item Leges Burgundionum, Alamannorum, Saxonum*, Paris, 1573. — Bluhme a répondu aux critiques qui lui avaient été adressées, dans une brochure intitulée : *Die neueste Ausgabe der Lex Burgundionum zur Abwehr*, dans *Literaturbericht*, p. 236. — La dernière édition a été donnée par Binding dans *Fontes rerum Bernensium*, Berne, t. 1er, 1880-1882, pp. 90-134. Cette édition a pour base celle de Bluhme. — Valentin-Smith, *La loi Gombette, Reproduction de tous les manuscrits*, Paris, 1889-1890, 4 fasc. in-4°. — Bluhme, *Das west-burgundische Reich und Recht*, dans Bekker et Muther, *Jahrbuch des gemeinen Rechts*, t. Ier, 1857, p. 48 et suiv. — Jahn, *Geschichte der Burgundionen*, 1874, t. II. — Brunner, *Deutsche Rechtsgeschichte*, t. Ier, 1887, pp. 332-339. — R. Dareste, *La loi Gombette*, in-4° (Extrait du *Journal des Savants*, juillet 1891).

Bibliographie du § 2. — La dernière édition du *Papien* a été donnée par Bluhme dans Pertz, *Leg.*, t. III, p. 179 et suiv. Reproduction dans *Fontes rerum Bernensium*, t. Ier, Bern, 1880-1882, pp. 135-152. — Ginoulhiac, *Des recueils de droit romain dans la Gaule sous la domination des Barbares*, dans *Revue historique de droit français et étranger*, 2e année, 1856, pp. 539-585. — Bluhme, *Uber den burgundischen Papianus*, dans Bekker et Muther, *Jahrbuch des gemeinen deutschen Rechts*, t. II, 1858, p. 197 et suiv.

1 Sur les autres lois barbares que je n'étudie pas ici, voici quelques renseignements bibliographiques sommaires : la loi des Lombards, très importante (commentée en Italie jusqu'en plein moyen âge, encore citée dans le royaume de Naples au milieu du xvie siècle), est imprimée dans les *Leges* de Pertz, t. IV; la loi des Bavarois, celle des Frisons et celle des Alamans dans le tome III du même recueil. Celle des Anglo-Saxons a été publiée par Schmid, en 1858 (2e édition); celle des Thuringes, par Gaupp, en 1834, et par F. de Richthofen dans Pertz, t. V, p. 103 et suiv. Enfin, il est toujours commode, quoiqu'un peu périlleux, de se reporter au *Corpus juris germanici* de Walter.

CHAPITRE V.

LES CAPITULAIRES ET LES FORMULES.

1. *Coup d'œil général. Tendance à l'unification et à la territorialité.*

Vues générales. — Les lois nous mettent continuellement en présence de cette situation que j'ai résumée par un mot : *la personnalité des lois.*

Cette variété d'usages, nécessaire et fatale en un temps et dans un pays envahi par tant de nations différentes, s'usa lentement. La force même des choses fut le premier agent destructeur de cette situation : la territorialité devait peu à peu succéder à la personnalité des lois.

La plupart du temps, nous ne pouvons rien préciser quant à la date de l'avènement de la territorialité : c'est seulement chez les Wisigoths qu'une constitution royale vint formellement assimiler les Romains aux Wisigoths et enlever toute valeur officielle à la loi romaine des Wisigoths, au *Bréviaire* d'Alaric. La loi dont je parle a déjà été citée. Elle est de Reccessuinthe et antérieure à 672[1]. A cette époque, une grande partie de l'empire des Wisigoths était, depuis fort longtemps, tombée aux mains des Francs. La décision de Reccessuinthe n'y pouvait avoir d'effet, surtout d'effet direct[2].

Nous pouvons de bonne heure saisir çà et là quelques traits qui accusent une tendance vers l'unification, vers la territoria-

[1] Savigny, *Hist. du droit romain au moyen âge*, trad. Guenoux, t. II, 1830, pp. 64, 65.

[2] Si Charlemagne a promulgué de nouveau le *Breviarium* (point douteux; voyez ci-dessus, p. 116, note 1), il est clair que la loi de Reccessuinthe fut par là abolie, même pour les pays tombés aux mains des Francs au milieu du VIIIe siècle seulement (Narbonne et partie de la Septimanie).

lité et sapent peu à peu le principe de la personnalité. On rangera dans cette catégorie un texte du *Papien* déjà cité qui transplante parmi les Romains le wergeld germanique : voilà certes des Romains en bonne voie de germanisation. La loi barbare des Burgondes accuse, d'autre part, une romanisation frappante des Bourguignons. Ces deux peuples — la seule comparaison de leurs lois suffit à le prouver — marchent donc, dès l'époque barbare, vers la fusion et l'unification. Ils vont comme à la rencontre l'un de l'autre : la territorialité se prépare visiblement.

Certains capitulaires mérovingiens et surtout les capitulaires carolingiens ont contribué, en posant quelques règles générales, à amoindrir, à atténuer les variétés nées de la personnalité des lois. Ce n'est pas à dire que tous les capitulaires aient un caractère de législation générale et soient applicables à tout l'empire franc. Nous avons même déjà cité quelques capitulaires spéciaux aux Saliens et aux Ripuaires. Mais néanmoins on peut dire que, pris dans leur ensemble, les capitulaires ou ordonnances royales et impériales représentent surtout un effort vers l'unification.

Nous appelons, pour plus de commodité, *capitulaires* les ordonnances des rois des deux premières races; mais ces ordonnances nous sont arrivées, surtout celles des Mérovingiens, avec des noms et sous des titres très divers. A l'époque mérovingienne on trouve les dénominations suivantes : *pactus, decretio, edictus, constitutio*. Un peu plus tard, on trouve aussi le mot *capitula*, pour désigner une série de décisions, d'articles, série qui constitue une ordonnance, une *constitutio*, une *decretio*. *Capitula* devient ainsi synonyme de *constitutio* ou *decretio*. Enfin, vous trouvez aussi, dans le même sens, l'expression *capitulare* ou réunion de *capitula*, d'où nous avons fait *capitulaire*.

2. *Division des capitulaires d'après leur nature.*

Triple division. — On divise, d'après leur nature, les *capitulaires* en trois catégories :

1° Capitulaires sanctionnés dans les assemblées populaires et ayant force de loi d'une manière permanente. Un texte les qualifie ainsi : *capitula legibus addenda*[1].

2° Capitulaires promulgués par le roi ou l'empereur sans l'intervention de l'assemblée du peuple. Un texte les qualifie ainsi : *capitula per se scribenda*. Ces capitulaires n'avaient, ce semble, de valeur que pour la durée du règne.

3° Capitulaires contenant des instructions momentanées, des ordres particuliers, des avis adressés aux agents de l'autorité impériale, aux *missi*. On les trouve qualifiés : *capitula missorum*[2].

Il paraît bien que cette division, intéressante et importante, existait à l'époque carolingienne; mais, aujourd'hui, il ne nous est pas toujours facile de discerner à quelle catégorie appartient tel ou tel capitulaire.

3. *Comment les capitulaires nous sont parvenus. — Anségise. Benoît le Lévite.*

Recueil d'Anségise. — Les *capitulaires* nous sont arrivés de deux manières différentes qu'il importe de distinguer. Les uns nous ont été conservés isolément, individuellement, dans les manuscrits; les autres nous sont parvenus collectivement dans un recueil célèbre que je dois faire connaître au lecteur. J'ajoute que ces deux modes de conservation ne s'excluent pas et qu'un certain nombre de capitulaires, conservés en copies isolées, se retrouvent dans la collection dont nous allons parler, dans la collection d'Anségise[3].

Ce recueil a été compilé sous le règne de Louis le Débonnaire, en 827, par un homme d'église qui nous donne son nom

[1] Boretius, I, 287. Ainsi, en principe, un capitulaire n'est pas une loi, mais il peut devenir une loi. Sur l'opposition de ces deux mots voyez Klimrath, *Travaux sur l'histoire du droit français*, t. Ier, 1843, p. 342, note 3.

[2] Sickel, *Acta regum et imperatorum Karolin. digesta et enarrata, Die Urkunden der Karolinger*, t. Ier, Wien, 1867, p. 408. Cf. Thévenin, *Lex et Capitula, Contribution à l'hist. de la législ. Carol.*, Paris, 1878, pp. 150-156.

[3] Tous les capitulaires de la première race nous sont parvenus individuellement : aucun ne fait partie du recueil en question.

dans la préface : c'est un abbé du nom d'Anségise. Il s'agit probablement d'Anségise, abbé de Fontenelle, mort en 834.

Son recueil appelé le *Capitulare* d'Anségise est divisé en quatre livres : il comprend exclusivement des capitulaires de Charlemagne et de Louis le Débonnaire ; les capitulaires de ce dernier prince ne descendent pas plus bas que l'année 827.

Le premier livre comprend les capitulaires ecclésiastiques (*ad ordinem pertinentia ecclesiasticum*) de Charlemagne ; le second, ceux du même genre de Louis le Débonnaire ; le troisième, les capitulaires séculiers (*ad mundanam pertinentia legem*) de Charlemagne ; le quatrième, ceux du même genre de Louis le Débonnaire.

Ce recueil est suivi de trois appendices contenant quelques capitulaires.

Cette collection obtint un grand succès et devint pour ainsi dire officielle ; car, en 829, Louis le Débonnaire y renvoie en citant le livre et l'article. On trouve de semblables renvois dans les capitulaires de Charles le Chauve [1] et dans les épîtres d'Hincmar [2].

Capitulare de Benoît le Lévite. — Une vingtaine d'années après Anségise, un personnage fort énigmatique qui se donne le nom de Benedictus Levita et déclare travailler sous l'inspiration de l'archevêque de Mayence, Otgar, compila un nouveau recueil. Il prétend réunir un bon nombre de capitulaires qu'Anségise a omis ou n'a pas jugé à propos de faire entrer dans son recueil. Il annonce aussi qu'il a introduit dans sa collection des pièces qui ne sont pas des capitulaires ; par exemple, une lettre du pape Zacharie, des canons conciliaires et divers morceaux relatifs à la discipline ecclésiastique.

Ce nouveau recueil est certainement antérieur [3] à l'année 858, car il est cité par un synode de Quierzy en cette année 858 [4]. Il

[1] Cf. L. de Valroger, *Les Barbares et leurs lois*, pp. 62, 64.

[2] Hincmar, *Epist.* 15, dans *Patrol. latine*, t. 126, col. 95-97.

[3] Voyez ci-dessus, pp. 55-59, ce qui a été dit à l'occasion des *Fausses Décrétales*.

[4] *Epistola episcoporum e synodo apud Carisiacum missa ad Ludov. regem Germ.*, art. 7, dans Labbe, *Sacros. Conc.*, t. VIII, col. 660 ; rapprochez de cet art. 7 capit. de Benoît, I, 3 (Baluze, *Capitul.*, t. Ier, 1780, col. 826). Ce synode de Quierzy de

contient un grand nombre de documents et de capitulaires apocryphes et doit, par conséquent, être consulté avec la plus grande précaution. Il est divisé en trois livres et suivi de quatre additions.

Il existe certainement une relation et, comme nous disons, une parenté entre le *capitulare* de Benoît et le célèbre recueil des *Fausses Décrétales,* composé vers le même temps et dont nous nous sommes déjà occupé en parlant des sources du droit canonique[1].

Le *capitulare* de Benoît est très souvent réuni au *capitulare* d'Anségise. On a alors sous les yeux un recueil unique divisé en sept livres : il faut se rappeler que les trois derniers sont de Benoît et, en grande partie, apocryphes. On voit continuellement dans les ouvrages historiques ou qui se croient tels, les livres 5, 6, 7 du *capitulare,* cités avec la même confiance et sans plus de précaution que les quatre premiers livres. La plupart du temps, l'auteur donne ainsi la preuve de son ignorance complète de la critique et de la valeur des textes qu'il cite.

Benoît le Lévite a mis à contribution, entre autres sources, le *Bréviaire* d'Alaric, le *Code Théodosien* original, l'*Epitome* de Julien, les *capitulaires* authentiques, diverses collections canoniques et certaines œuvres religieuses[2]. C'était donc un personnage fort instruit : nous pourrions dire un savant.

Je dois citer, à cause de son titre, un petit texte énigmatique fort célèbre, intitulé : *capitula Angilramni*[3]. Il ne s'agit point ici, en dépit du titre *capitula*, d'un capitulaire ou d'un recueil d'ordonnances, mais d'une toute petite collection canonique, collection fort suspecte dont nous avons déjà parlé[4].

858 ne doit pas être confondu avec celui de 857 que j'ai cité plus haut, p. 57, à propos des *Fausses Décrétales,* et dans l'appendice duquel (appendice intitulé *Collectio de raptoribus,* Pertz, *Leges*, t. Ier, pp. 452, 453) les *Fausses Décrétales* sont utilisées.

1 Sohm, dans *Zeitschrift für Rechtsgeschichte*, t. V, p. 17.

2 Voyez ci-dessus, pp. 55-57.

3 Savigny, *Hist. du droit romain au moyen âge,* trad. Guenoux, t. II, pp. 83, 84; Knust, dans Pertz, *Leg.*, t. II, 2e part., p. 19 et suiv.

4 Les *Capitula Angilramni* ont été édités par Hinschius, *Decretales-Pseudo-Isidorianæ,* p. 757 et suiv.

4. *Les Formules.*

Aperçu général. — Avant de quitter la période barbare et carolingienne, je dois dire un mot d'une série de documents qui ont leurs analogues au moyen âge et même de nos jours; mais qui sont particulièrement précieux à cette époque reculée, parce qu'ils nous tiennent lieu d'une quantité de chartes perdues.

Aujourd'hui, pour bien savoir le droit moderne, il ne suffit pas de l'étudier dans les livres ou de suivre les cours des meilleurs professeurs; il faut de toute nécessité travailler dans une étude d'avoué ou de notaire, afin de joindre la pratique à la théorie : il faut rédiger des actes de vente, des testaments, des donations, des contrats de mariage, liquider des successions, suivre devant les tribunaux un procès engagé et rédiger, à cet effet, une foule d'actes divers. Ces actes si nombreux, si variés, c'est le droit vivant, c'est le droit en pratique.

Eh bien! dans toute étude d'avoué ou de notaire se trouvent des recueils qu'on appelle des *Formulaires* et où tous les actes sont rédigés d'avance, les noms, les dates, les chiffres, certains détails particuliers restant seuls en blanc.

Nos formules mérovingiennes et carolingiennes ne sont pas autre chose. Chacun comprendra que, pour une époque qui nous a laissé, en définitive, fort peu de chartes, surtout de chartes d'un intérêt privé, les formules sont inestimables. Si quantité de chartes sont perdues, nous en avons, du moins, le type, le spécimen dans les formules. Ces documents offrent de grandes ressources pour l'étude du droit.

Recueils principaux. — Voici l'indication des principaux recueils de formules avec leurs dates :

1. Formules angevines. *Formulæ Andegavenses.* — La collection fut achevée à la fin du VIIe siècle, mais elle contient des actes du commencement du VIe siècle. C'est un fort curieux mélange de droit romain et de droit franc.

2. Formules d'Auvergne. *Formulæ Arvernenses.* — Elles da-

tent probablement du milieu du VIIIe siècle[1]; mais des lambeaux très anciens y sont reconnaissables.

3. Formules de Marculf. *Marculfi monachi formularum libri duo.* — Marculf a dédié son recueil à un évêque du nom de Landri. On admettait généralement jusqu'ici que ce Landri était l'évêque de Paris ainsi nommé et on datait la collection du milieu du VIIe siècle ; mais le dernier éditeur, Zeumer, pense qu'il s'agit d'un Landri, évêque de Meaux, à la fin du VIIe siècle. M. Tardif a soutenu avec énergie l'opinion traditionnelle.

L'*Appendice* aux formules de Marculf n'est autre chose qu'un recueil de formules de Sens. Il appartient à la période carolingienne. On y remarque une allusion à une *Novelle* de Justinien.

4. Formules tourangelles. — On les nomme aussi *Formules de Sirmond*, parce que c'est Sirmond qui, le premier, les a éditées. Les formules 1 à 33 sont du milieu du VIIIe siècle. Les formules 34 à 45 forment un complément un peu postérieur[2]. La loi romaine des Wisigoths ou l'un de ses abrégés est souvent citée dans les formules de Tours.

BIBLIOGRAPHIE DES §§ 2 ET 3. — Baluze, *Capitularia regum Francorum*, Parisiis, 1677, 2 vol. in-fol.; nouvelle édit. par de Chiniac, Parisiis, 1780, 2 vol. in-fol. Reproduction dans Walter, *Corpus*, Berolini, 1824, t. II. — Pertz, *Monumenta Germaniæ, Leges*, I, II, Paris, 1835-1837, 2 vol. in-fol. Cette édition ne rend point inutile l'ancienne édition de Baluze qui conserve une très grande valeur. — Boretius, dont les importants travaux critiques avaient démontré la nécessité d'une édition nouvelle, a commencé ce grand travail dans les *Monumenta Germaniæ historica* (*Legum sectio II, Hannoveræ*, 1881 et années suiv., in-4°). — Savigny, *Geschichte des röm. Rechts im Mittelalter*, t. II, 1816, pp. 90-101; 393-396, 2e édit., t. II, 1834, p. 97 et suiv.; 477 et suiv. — Boretius, *Die Capitularien im Langobardenreich*, Halle, 1864. — Boretius, *Beiträge zur Capitularienkritik*, Leipzig, 1874. — Max Conrat (Cohn), *Geschichte der Quellen und Literatur des römischen*

[1] Telle est la dernière opinion de Zeumer (*Formulæ*, p. 726). Antérieurement (voyez Zeumer, p. 27) ce savant était d'un tout autre avis.

[2] Savigny, *Hist. du droit romain au moyen âge*, trad. Guenoux, t. II, p. 106. Brunner, dans Goldschmidt, *Zeitschrift für das gesammte Handelsrecht*, t. XXII, 1877, p. 65. Zeumer, dans *Neues Archiv.*, VI, 63, et dans *Monum. Germ. hist., Legum sectio V, Hanoveræ*, 1882, pp. 130-133.

Rechts im früheren Mittelalter, t. Ier, 1889, pp. 34, 300-305. — Patetta, *Sull' introduzione in Italia della collezione di Ansegiso e sulla data del cosi detto capitulare Mentuanum duplex attribuito all' anno 787*, dans les *Atti della Accademia di Torino*, t. XXV, pp. 876-885. — Joignez Sickel et Thévenin cités ci-dessus, p. 129.

Bibliographie du § 4. — Je n'ai pas poussé très loin les indications relatives aux formules. Il existe plusieurs autres recueils de formules dont on trouvera l'indication et le détail au t. III du *Recueil général des formules* par M. de Rozière, Paris, 1859-1871, 3 vol. M. de Rozière a édité toutes les formules suivant un ordre systématique de matières : ainsi toutes les formules de vente sont rapprochées les unes des autres ; de même, pour les formules d'affranchissement, d'élection d'évêque, etc., etc. ; mais dans le tome III, M. de Rozière a donné des tables qui permettent de reconstituer facilement les recueils primitifs. — Zeumer a donné, dans la grande collection des *Monumenta Germaniæ historica*, une nouvelle édition générale dans l'ordre des anciens recueils : *Formulæ Merovingici et Karolini ævi*, Hannoveræ, 1882, in-4° (*Legum* sectio V). — Schröder, *Über die fränkischen Formelsammlungen*, dans *Zeitschrift der Savigny-Stiftung für Rechtsgeschichte*, t. IV, *Germ. Abtheil.* Weimar, 1883, p. 75 et suiv. — Zeumer, dans *Neues Archiv*, VI, 1-115. — Tardif, dans *Nouvelle revue hist. de droit*, t. VIII, p. 557 et suiv. — Zeumer, dans *Neues Archiv*, t. X, p. 383 et suiv. — Tardif, dans *Nouvelle revue hist. de droit*, t. IX, p. 368 et suiv. — Zeumer, dans *Neues Archiv*, t. XI, p. 313.

CINQUIÈME PARTIE.

SOURCES DU DROIT FRANÇAIS.

CHAPITRE PREMIER.

TEXTES COUTUMIERS OFFICIELS.

PREMIÈRE SECTION.

Préliminaires. — Divisions générales.

Territorialité. Usages locaux. — Nous rattacherons à quatre grands groupes principaux, les sources du droit français au moyen âge : I. Textes coutumiers officiels; II. Ordonnances royales et ordonnances des grands feudataires; III. Jurisprudence; IV. Ouvrages divers. Dans un cinquième chapitre intitulé *Prémices de nos Codes* nous traiterons des origines de nos *Codes* actuels.

Les *Textes coutumiers officiels* comprennent les chartes de villes, les statuts municipaux, les coutumes provinciales. Cette première catégorie est la suite directe des lois barbares. Nous pouvons très légitimement, nous devons comparer, rapprocher ces deux séries de documents.

De personnel le droit est devenu territorial : tous les habitants d'une même région suivent les mêmes usages. Ces usages, généralement plus rapprochés du droit romain dans le midi, plus germaniques dans le nord, se sont formés, pendant les IXe, X^e et XIe siècles, au sein de cette anarchie spontanée d'où est née la féodalité, à la suite de l'affaissement du pouvoir central carolingien.

Les plus anciennes rédactions de coutumes et d'usages sont dues à des influences très diverses. Ici un seigneur, d'ailleurs maître de la situation, a voulu fixer avec plus de précision les devoirs et les redevances dus par ses vassaux, et il a promulgué une petite charte où figurent quelques articles de droit civil. Là, un autre seigneur a dû capituler devant une commune victorieuse, et il a concédé une charte qui n'est pas seulement un petit traité de droit public municipal, mais où figurent aussi plusieurs prescriptions de droit privé. Voilà les *chartes de ville.* Sur un troisième point enfin, une riche et puissante commune, maîtresse chez elle, s'est rédigé tranquillement son code, son statut municipal ou, si vous voulez, sa loi; car j'aime à rallier par ce mot *loi* les chartes communales et les statuts municipaux aux *lois* de la période barbare que nous venons d'étudier. Tels sont les *statuts municipaux.* Il convient de mettre sur le même rang les grandes coutumes provinciales du centre et du nord, dont les rédactions officielles remontent au xve siècle.

De tous côtés nous trouvons ces petites lois locales. Elles enregistrent des usages qui se sont formés en même temps que le pouvoir central disparaissait. Mais ces usages ne sont point des innovations, des inventions sans racine dans le passé : la plupart du temps, des différences profondes ne distinguent pas le droit carolingien du droit coutumier du moyen âge. Un abîme ne sépare pas les temps carolingiens de la période féodale.

Nous passerons en revue tous les textes coutumiers officiels qui se ramènent à trois catégories : 1. *Chartes de villes*. 2. *Statuts municipaux*. 3. *Coutumes provinciales.* En quatrième lieu, nous dirons un mot des pays de droit coutumier et des pays de droit écrit.

Bibliographie. — Pardessus, *Mémoires sur l'origine du droit coutumier en France et sur son état jusqu'au* xiiie *siècle*, dans *Mémoires de l'Académie des inscript.*, t. X, 1833, pp. 666-765. — Klimrath, *Etudes sur les coutumes* (1837), dans Klimrath, *Travaux sur l'histoire du droit français*, édit. Warnkœnig, t. II, 1843, pp. 133-338. — Eschbach, *Introduction générale à l'étude du droit*, 3e édit., Paris, 1856. — Laferrière, *Coutumes de France dans les diverses provinces*, dans *Histoire du droit français*, t. V, VI, Paris, 1858. — Brunner, *Überblick über die Geschichte der französischen, normannischen und englischen Rechtsquellen*, Leipzig, 1889 (Extrait de Holtzendorff, *Encyklopädie*, t. Ier, 5e édit.). — Ad. Tardif, *Histoire des sources du droit français. Origines romaines*, Paris, 1890.

DEUXIÈME SECTION.

Chartes de villages ou de villes.

Chartes de villes rares avant le XIIe siècle; fréquentes au XIIe. — Ce sont en général des documents fort courts, ne présentant que des fragments de droit civil et pénal. Quelques-unes de ces chartes sont fort anciennes.

Je citerai, au Xe et au XIe siècle, la coutume de La Réole[1] (fin du Xe siècle), la coutume de la Chapelaude (1073[2]). Ces textes sont fort brefs et ne satisfont pas pleinement notre curiosité.

Les chartes deviennent très nombreuses au XIIe siècle. Nous trouvons alors beaucoup de chartes communales qui fournissent une foule de renseignements pour l'étude du droit privé; car ce serait une grande erreur d'y chercher seulement des données sur le droit public. Qui n'a lu dans Aug. Thierry l'histoire de la commune de Laon? Cette commune a eu deux chartes ou deux lois au XIIe siècle. Le texte de la première est perdu : elle avait été achetée à prix d'argent. La seconde, celle de 1128, fut payée également à beaux deniers comptants à l'évêque d'une part, au roi Louis VI d'autre part. Le recueil des ordonnances[3] nous en a conservé le texte : il est très précieux pour l'histoire du droit pénal.

La célèbre charte ou coutume de *Lorris* ne se rattache à aucun souvenir émouvant comme la charte de Laon. Ce n'est point une charte de commune comme le privilège de Laon; car il n'y est pas question d'élection, de nomination d'aucun officier communal; mais elle présente pour le droit privé absolument le même genre d'intérêt. Elle a été concédée par Louis VII en 1155[4], puis confirmée en 1187, en 1448 et en 1625.

1 Giraud, *Essai sur l'hist. du droit franç.*, t. II, p. 510. La coutume de La Réole (Gironde) est de 977.

2 Tardif, *Monum.*, p. 180, n° 290. La Chapelaude est dans le département de l'Allier. La coutume de Strasbourg qu'on a souvent datée de la fin du Xe siècle est considérée par les derniers critiques, comme appartenant à la première moitié du XIIe siècle (Wiegand, *Urkundenbuch der Stadt Strassburg*, t. Ier, 1879, p. 476, note).

3 *Ord.*, t. XI, p. 185.

4 *Ord.*, t. XI, p. 200.

La charte de Lorris a joui d'une grande réputation au moyen âge. Une foule de localités se sont fait attribuer les privilèges de Lorris : je citerai Boiscommun-en-Gâtinois, Sceaux-en-Gâtinois, Villeneuve-le-Roi, Montargis, La Chapelle-la-Reine, Voisines, Cléri, Sancerre[1], etc.

Il faut encore citer une autre coutume fameuse et qui, comme celle de Lorris, a eu un grand succès : c'est le document célèbre qu'on appelle la *Loi de Beaumont*. Beaumont, *Bellus mons,* Biaumont, Beaumont-en-Argonne, est situé dans le département des Ardennes, arrondissement de Sedan, canton de Mouzon. Guillaume de Champagne dit aux *Blanches-Mains,* archevêque de Reims, accorda cette charte ou *loi* aux habitants de Beaumont, en 1182. Elle fut peu à peu considérée dans les pays voisins, et notamment en Lorraine, comme le but des révolutions communales et le modèle des concessions qui devaient les consacrer.

Un grand nombre de chartes données surtout à des communautés rurales, dans la région nord-est de la France, contiennent la déclaration par le seigneur que les habitants seront soumis à la *Loi de Beaumont*[2]. Dans le Luxembourg, soixante-dix villages étaient régis par cette *Loi de Beaumont.*

La charte de Rouen connue sous le nom d'*Etablissements de Rouen* (2e partie du XIIe s.) a été adoptée à Falaise, à Pont-Audemer, à Verneuil, à La Rochelle, à Saintes, à Bayonne, à Tours, à Niort, à Cognac, à Saint-Jean-d'Angély, à Angoulême, à Poitiers[3].

Les véritables causes de la vogue de telle loi, de telle coutume ne sont pas toujours aujourd'hui très faciles à déterminer sérieusement. Il est toujours commode de répéter que cette loi était très sage, que c'était un modèle de prudence; mais, quand nous allons au fait et quand nous voulons préciser, nous n'aper-

[1] Warnkœnig, t. Ier, p. 305. Prou, *Les coutumes de Lorris*, pp. 123-125.

[2] Je reproduis ici quelques lignes d'un article de M. H. d'Arbois de Jubainville, dans *Bibl. de l'Ecole de chartes,* 3e série, t. II, p. 248. — Kurth, *La loi de Beaumont,* analyse dans *Revue des quest. hist.*, oct. 1881, p. 677. M. Bonvalot a publié : *Le tiers état d'après la coutume de Beaumont,* Paris, 1883.

[3] A. Giry, *Les Etablissements de Rouen,* Paris, 1883, t. Ier (*Bibl. de l'Ecole des Hautes Etudes,* fasc. 55).

cevons pas toujours du premier coup les particularités qui faisaient considérer telle charte ou telle coutume comme très avantageuse.

En ce qui concerne Beaumont, la difficulté est moins grande qu'ailleurs, et nous pouvons indiquer deux détails de la législation qui rendent cette loi éminemment libérale. Suivant la loi de Beaumont, les bourgeois nomment librement leurs représentants (un *major,* maire, et des *jurati,* jurés) sans l'intervention du seigneur : ailleurs, notamment dans plusieurs communes du Luxembourg, le seigneur avait une grande part dans la nomination de ces dignitaires. La loi de Beaumont présente donc à ce point de vue un avantage évident.

Un autre article de la même coutume, l'article 8, est fort remarquable. Il accorde aux habitants la liberté, l'usage libre de l'eau et des bois : *usum aque et nemorum liberum.* Ces petits mots en disent très long : pâturage et pacage libres, chasse et pêche libres. Ce sont là, au moyen âge, des libertés précieuses, souvent revendiquées : ces libertés si importantes, la loi de Beaumont les reconnaît libéralement aux habitants. On n'a pas toujours fait assez attention à cet article 8, quand on a voulu expliquer le succès de la *Loi de Beaumont.*

La *Loi de Beaumont* fut invoquée et appliquée en certains points jusqu'à la Révolution de 1789[1].

Quant aux *Etablissements de Rouen,* ce ne sont pas, en général, les villes qui les désiraient; mais cette charte convenait au roi et il cherchait à la propager.

Un trait commun caractérise tous les textes que je viens de citer et les nombreux textes similaires : c'est un trait tout négatif. Ces petites chartes, ces petites lois ne sont point des codes complets : on y a traité plusieurs points de droit civil et de droit pénal; on n'y a pas abordé l'ensemble du droit.

BIBLIOGRAPHIE. — Prou, *Les coutumes de Lorris,* Paris, 1884. — Kurth, *La loi de Beaumont en Belgique,* Liège, 1881 (Extrait des *Mémoires de l'Académie des sciences, des lettres et des beaux-arts*, t. XXXI). — Giry, *Les Etablissements de Rouen,* Paris, 2 vol., 1883-1885 (*Bibliothèque de l'Ecole des Hautes-Etudes*, fasc. 55 et 59).

[1] H. d'Arbois, *ibid.*

TROISIÈME SECTION.

Statuts municipaux.

Le midi de la France. — Les statuts municipaux sont des documents officiels beaucoup moins incomplets que les chartes de ville et qui méritent vraiment le nom de codes.

Toute la région méridionale de la France se fait remarquer par l'ampleur et l'importance de ses coutumes officielles.

Au XIIIe siècle, Avignon a ses statuts officiels, scellés du sceau de la commune. Chaque année, le jour des Rameaux, les magistrats jurent de les observer fidèlement. La plus ancienne rédaction date de 1243 : il y a eu plusieurs révisions successives. Ces statuts contiennent un code assez complet où l'organisation municipale et le droit privé sont largement traités[1].

Les statuts de Salon[2] (1293), de Marseille (1228) sont dans le même cas. A Marseille, c'est le conseil de la commune qui rédige lui-même sa loi[3].

Citons encore Montpellier[4] (commencement du XIIIe siècle), Arles[5] (vers 1245). Les statuts d'Arles ont ceci de particulier qu'un légiste de l'école de Bologne, Jean Alvernatius, fut chargé de les compiler et même de surveiller leur transcription dans le cartulaire de la ville.

Au XIIIe siècle, Toulouse, aussi, possède sa coutume officielle dont le texte est conservé par les représentants de la cité. En 1283, la ville entamait une négociation pour faire approuver par le roi de France sa coutume (déjà ancienne). En 1286, Philippe le Hardi ratifia cette coutume, à l'exception de vingt-six

1 R. de Maulde, *Anciens textes de droit français inédits, Coutumes et règlements de la République d'Avignon*, Paris, 1879. Cf. Giry, dans *Revue hist.*, t. XV, janv.-févr. 1881, p. 188.

2 Salon est dans le département des Bouches-du-Rhône. Cf. Giraud, *Essais sur l'hist. du droit franç.*, t. II, p. 246.

3 Méry et Guindon, II, 327. Laferrière, V, 125, 126.

4 Laferrière, *Hist. du droit franç.*, t. V, p. 216. Giraud, I, 47.

5 *Ibid.*, t. II, pp. 185, 244. Cf. Giry, *ibid.*, p. 189, note 1.

articles qu'il rejeta ou ajourna par ces mots inscrits sur le cahier qui lui avait été soumis : *Non placet* ou *Deliberabimus*[1].

Le texte des coutumes de Perpignan est également officiel et remonte à l'année 1267 environ; mais il a été précédé de rédactions plus anciennes[2].

La plupart de ces statuts sentent le droit romain plus encore que le droit germanique.

BIBLIOGRAPHIE. — R. de Maulde, *Coutumes et règlements de la République d'Avignon*, Paris, 1879. — Tardif, *Coutumes de Toulouse*, Paris, 1884. — Massot-Reynier, *Les coutumes de Perpignan*, 1848, etc., etc. — On trouvera une liste des coutumes du midi, avec indications bibliographiques, dans Jarriand, *Histoire de la novelle 118 dans les pays de droit écrit depuis Justinien jusqu'en 1789*, Paris, 1889, pp. 204-230.

1 *Ord.*, t. XII, p. 326. Cette coutume de Toulouse figure dans Bourdot de Richebourg. Une édition nouvelle en a été donnée, en 1884, par M. Ad. Tardif.

2 Massot-Reynier, *Les coutumes de Perpignan*, Montpellier, 1848, p. 27.

QUATRIÈME SECTION.

Coutumes provinciales.

1. *Périodes de rédaction ou de révision.*

Division du sujet. — Nous en avons fini avec le XIIe et le XIIIe siècles, et nous nous rapprochons des temps modernes.

Nous laissons les chartes de villes ou les statuts municipaux, très nombreux au XIIIe siècle, et nous arrivons aux premières rédactions de coutumes communes à toute une province.

Ainsi le cercle s'agrandit à mesure que nous descendons l'ordre des temps. C'est une première concentration juridique qui a sa valeur morale et qui marque un progrès sur la période précédente.

Notre sujet se divise ici naturellement en trois périodes : 1° Rédactions officielles antérieures à Charles VII; 2° Rédactions officielles ordonnées par Charles VII et poursuivies par ses successeurs; 3° Révision demandée par les états de Blois de 1576.

Rédactions officielles de coutumes provinciales antérieures à Charles VII. — En 1411, la coutume d'Anjou et Maine fut rédigée aux Grands jours d'Anjou par « les gens du conseil desdits pays[1]. » Nous ne possédons pas ce texte primitif dans toute sa pureté : celui qui nous est parvenu a reçu des additions postérieures[2].

En 1417, la coutume du Poitou fut rédigée par sept praticiens[3] qui reçurent une mission officielle. Ils se réunirent à plusieurs reprises dans la ville de Parthenay pour travailler à cette compilation[4]. Ce texte de 1417 est arrivé jusqu'à nous ; il est inédit.

A Bourges, en 1450, le lieutenant général du bailli de Berry réunit autour de lui les avocats, les procureurs, les praticiens

[1] Beautemps-Beaupré, 1re part., t. Ier, p. 385.
[2] *Ibid.*, pp. 378, 381.
[3] Minier, *Anc. cout. du Poitou*, p. 27.
[4] Minier, *ibid.*, p. 5.

du bailliage et leur soumit sous le titre de *Stille tenu, gardé et observé par devant le bailli de Berry et le prévost de Bourges avec les coutumes dudit lieu,* une rédaction complète de pratique coutumière. Après de longues conférences, une rédaction fut adoptée, puis soumise au roi qui l'approuva. Les praticiens du bailliage promirent sur l'Evangile d'observer fidèlement ce style et cette coutume[1].

Rédactions ordonnées par Charles VII et poursuivies par ses successeurs. — Les coutumes d'un très petit nombre de provinces étaient rédigées officiellement; mais il s'en fallait de beaucoup que toutes le fussent. Sans doute, la plupart des grandes villes du midi avaient leur coutume qui mérite vraiment le nom de *code* : les autres villes du centre et du nord avaient la plupart une charte où se trouvaient diverses prescriptions de droit pénal et civil; mais l'ensemble du droit dans le centre et dans le nord de la France n'était généralement pas rédigé officiellement. Lorris, par exemple, avait sa charte. Orléans avait, elle aussi, sa charte. Mais ces petits textes ne réglaient pas l'ensemble du droit et, à chaque instant, il fallait recourir à des enquêtes difficiles dites enquêtes par tourbes, *per turbas,* pour connaître le droit, l'usage. « De là des frais et des lenteurs infinies pour aboutir quelquefois à des renseignements absolument contradictoires[2]. »

La nécessité de fixer par écrit l'ensemble du droit et d'avoir partout cette rédaction officielle que quelques provinces s'étaient déjà donnée (j'ai cité le Poitou, le Berry, l'Anjou), on la ressentit vivement à la fin du règne de Charles VII : et ce prince annonça, en 1454, la résolution de faire rédiger par écrit toutes les coutumes du royaume. Voici les motifs de cette décision importante, tels qu'ils sont exposés dans l'ordonnance de Montilz-lez-Tours[3].

« Et [aions entendu] que les parties en jugement, tant en nostre court de parlement que par devant les autres juges de

[1] Aubépin, dans *Revue crit.*, t. IV, p. 275, Raynal, liv. IX, ch. 4.

[2] Picot, *Histoire des Etats généraux*, t. Ier, 1872, p. 462.

[3] Ord. de 1454 (n. s.), art. 125, dans *Ord.*, t. XIV, pp. 312, 313. Cf. Picot, *Hist. des Etats généraux*, t. Ier, 1872, p. 461, note 2.

nostre royaume, tant nostres qu'autres, proposent et alleguent plusieurs usages, stiles et coustumes, qui sont divers selon la diversité des pays de nostre royaume, et les leur convient prouver; par quoy les procez sont souventes fois moult allongez, et les parties constituées en grands fraiz et despens; et que si les coustumes, usages et stiles des pays de nostredit royaume estoient redigez par escrit, les procès en seroient de trop plus briefz, et les parties soubslevées de despenses et mises, et aussi les juges en jugeroyent mieux et plus certainement (car souventes foys advient que les parties prennent coustumes contraires en un même pays, et aucunes foys les coustumes muent et varient à leur appétit, dont grandz dommages et inconveniens adviennent à nos subjectz), Nous, voulans abréger les procez et litiges d'entre nos subjectz et les relever de mises et despens, et mettre certaineté ès jugemens tant que faire se pourra, et oster toutes matieres de variations et contrarietez, ordonnons, decernons, declairons et statuons que les coustumes, usages et stiles de tous les pays de nostre royaume soyent redigez et mis en escrit..... »

L'exécution de cette décision royale fut généralement lente. Le travail se fit peu à peu, plus ou moins vite, suivant les provinces; plusieurs grands vassaux suivirent l'impulsion ou agirent spontanément dans le même sens.

Les coutumes du duché et celles de la comté de Bourgogne furent rédigées du vivant de Charles VII. Des lettres patentes du duc Philippe le Bon les approuvèrent en 1459[1].

Les coutumes de Touraine furent rédigées en 1460, à Langeais, et approuvées par lettres patentes de Louis XI, du mois de février 1461 (n. s.)[2].

Celles d'Anjou furent rédigées par ordre du bon roi René et approuvées par lui en janvier 1463 (n. s.)[3]. C'était pour cette

[1] Il y eut aussi, ce semble, une ordonnance confirmative de Charles VII (Isambert, IX, 364). Cf. Bourdot de Richebourg, t. II, pp. 1169, 1193; Clerc, *Histoire des Etats généraux en Franche-Comté*, t. Ier, p. 126.

[2] Defrementel, *Conférence*, etc. G. d'Espinay, *La coutume de Touraine au xve siècle*, Tours, 1888.

[3] Beautemps-Beaupré, 1re part., t. II, p. 165.

province une seconde rédaction officielle[1].

A entendre Commines, le roi Louis XI eût eu très à cœur, je ne dis pas la rédaction des coutumes, mais l'unification des coutumes, ce qui est bien différent. Peut-être, d'ailleurs, un secret désir d'unification inspirait-il, au XVe siècle, les jurisconsultes qui poussaient à la rédaction des coutumes. Ce vœu d'unification n'eut pas grand succès. Voici les propres paroles de Commines : « Aussy desiroit fort que en ce royaulme l'on usast *d'une coustume* et d'ung poiz et d'une mesure, et que toutes ces coustumes fussent mises en françois en ung beau livre, pour eviter la cautelle et pillerie des advocatz[2]. »

Cette idée, pour ainsi dire, est dans l'air : car, au XVe siècle, Nicolas de Cusa exprime le même vœu pour l'Allemagne[3].

Malgré ce vœu de Louis XI, et peut-être précisément à cause de ce vœu d'unification, *une coustume*, les travaux marchèrent très lentement sous ce prince; et, à sa mort, les états généraux de 1484 demandèrent qu'on « accomplist ce que par le roi Charles VII avoit esté advisé et ordonné, » trente ans auparavant.

Charles VIII et Louis XII activèrent la rédaction des coutumes. Plusieurs coutumes furent rédigées sous Charles VIII; un plus grand nombre sous Louis XII[4].

Les états de Tours de 1484 avaient demandé qu'on pût consulter sans frais le texte des coutumes. Louis XII, faisant droit à cette requête, ordonna qu'une copie officielle serait exécutée et que cette copie serait accessible à tous[5].

Le travail se continua sous François Ier. La coutume de Bordeaux et Bourdelois est de l'an 1521 (n. s.). La coutume de Nivernois de l'an 1534, etc., etc. Le travail s'acheva presque entièrement au XVIe siècle.

1 Voyez plus haut, p. 142.

2 Commines, VI, v, édit. de Mlle Dupont, t. II, p. 209.

3 Nicolas de Cusa, *De concord. cath.*, cap. 35, 41, cité par Janssen, *Gesch. des deutschen Volkes*, I, 1878, p. 458, n. 2.

4 Picot, *ibid.*, p. 465.

5 Picot, *ibid.*, p. 465.

A ces premières rédactions des coutumes nous devons rattacher un fait important pour l'histoire du droit : c'est au XVe siècle que le droit pur, le droit proprement dit se dégage nettement, dans les textes, de l'exposé des moyens propres à le mettre en œuvre. Ces moyens ont un nom : la procédure. Nous voyons, en effet, apparaître à cette époque, à côté des coutumes, un certain nombre de *styls* ou *styls de procéder,* qui ne sont autre chose que l'embryon de notre *Code de procédure.* La procédure avait jusque-là enveloppé de son réseau le droit proprement dit. L'histoire des sources nous fait toucher ici du doigt une phase importante dans le développement de l'esprit juridique qui manifeste une puissance d'abstraction plus accusée, en d'autres termes, conçoit le droit proprement dit en dehors de la procédure.

Révision demandée par les états de 1576. — Lors de la réunion des états de Blois, en 1576, la question des coutumes fut de nouveau mise sur le tapis.

Les députés du tiers demandèrent que les coutumes déjà rédigées fussent réformées et éclaircies. Le travail du temps et de la jurisprudence, les critiques du jurisconsulte du Moulin avaient révélé bien des obscurités. La noblesse s'unit à ce vœu, mais avec une réserve prudente : elle tient à ce que les coutumes ne puissent être changées ou altérées sans le consentement des habitants[1]. A la suite de ce vœu des états de Blois de 1576, quelques coutumes furent, en effet, révisées : il faut citer celle de Paris (1580), celle d'Orléans (1583), celle de Bretagne (1580), etc.

Diverses causes particulières qu'il serait intéressant de déterminer font qu'au XVIIe et au XVIIIe siècles nous rencontrons encore des rédactions ou des confirmations de coutumes. Les statuts de Pernes (dans les états du pape, département actuel de Vaucluse) furent rédigés et approuvés en 1765. Les trois états de la vallée de Barèges, des vallées de Lavedan, de la ville de Lourdes, du pays de Rivière-Ousse, de la baronnie des Angles et du marquisat de Bénac se réunirent, en 1768, pour ré-

[1] Picot, t. II, p. 558.

diger leurs coutumes[1], etc. A la veille même de la Révolution, les coutumes du marquisat de Hattonchâtel furent rédigées officiellement, homologuées par lettres patentes du 11 novembre 1787 et régistrées au parlement de Nancy le 7 janvier 1788[2].

2. *Mode de rédaction des coutumes.*

Rôle des états provinciaux. — Un mot maintenant sur la rédaction de ces coutumes officielles. L'opération fut très libéralement entendue. Le roi désignait des commissaires qui faisaient nommer des hommes de loi par les états de la province. Ces hommes de loi, ces praticiens et les commissaires du roi préparaient un projet : la rédaction définitive était approuvée dans une assemblée des trois états de la province[3]. C'est là une des dernières pages et non des moins curieuses de l'histoire des états provinciaux. En cas de contestation, la solution de la difficulté était renvoyée au parlement[4].

Guy Coquille, un auteur du XVIe siècle sur lequel nous reviendrons, a formulé la théorie, théorie très juste de la rédaction des coutumes, en disant : « Le premier mouvement, la première naissance et vie de ce droict civil est en la volonté des états de provinces. Le roi, en autorisant et confirmant ces coutumes, y attribue la vie extérieurement, qui est la manutention et exercice de ce droit. »

Et ailleurs :

« Ainsi, les commissaires ordonnés par le roi pour présider ces assemblées d'états, les ont autorisées, en y inspirant la puissance de loi. Mais, en effet, c'est *le peuple qui fait la loi*[5]. »

1 *Statuts munic. de la ville de Pernes*, Avignon, 1765, p. 85. *Cout. anc. et nouv. de Bareges*, Bagnères, 1836, p. 17 et suiv. Cf. Warnkœnig, t. II, p. 89.

2 Ces coutumes ont été imprimées à Nancy, 1788.

3 Au début, les délégués des villes furent seuls appelés à ces états; « sous Henri II et ses successeurs les paroisses rurales furent toutes invitées à y envoyer leurs mandataires » (Babeau dans *Revue hist.*, t. XXI, p. 92).

4 Picot, *ibid.*, p. 464. Warnkœnig, t. II, p. 84. Laboulaye et Dupin, *Inst. de Loysel*, t. Ier, p. 29.

5 Guy Coquille, *Questions, responses et méditations sur les articles des coustumes*, dans *Œuvres*, t. II, Paris, 1665, p. 153.

Parmi les nombreux commissaires royaux chargés de la rédaction des coûtumes, il faut citer le célèbre jurisconsulte Christofle de Thou, père de l'historien. Depuis 1552, de Thou, accompagné de Barth. Faye et de Jac. Viole, a présidé à la rédaction ou à la révision d'un grand nombre de coutumes[1].

Bibliographie. — Je ne donne pas ici une bibliographie des statuts et des coutumes. Ces textes sont dispersés de tous côtés. Je signalerai simplement le grand recueil usuel, pour ainsi dire classique, où Bourdot de Richebourg a recueilli, en 1724, à peu près toutes les coutumes officielles postérieures à l'ordonnance de Charles VII et un petit nombre de coutumes antérieures. Ce recueil, très utile et très commode, est intitulé : *Coutumier général*, Paris, 1724, 4 vol. in-fol. — Entre autres instruments de recherches, je signalerai les dépouillements : — de Berroyer et Eusèbe de Laurière, *Bibliothèque des coutumes*, Paris, 1699, in-4°[2]; — des nouveaux éditeurs de la *Bibl. de la France*, qui ont donné au t. IV, p. 443, l'indication des coutumes non éditées par Richebourg; — de Camus et Dupin, *Profession d'avocat, Bibliothèque choisie des livres de droit*, 5e édit., t. II, 1832, nos 1160 à 1296. — Depuis Richebourg, Fontette, Camus et Dupin, quantité de coutumes anciennes ont été publiées de tous côtés, dans des histoires locales; — dans la *Revue hist. de droit français*; — dans Varin, *Archives de Reims*; — dans Beautemps-Beaupré, *Cout. et inst. de l'Anjou et du Maine*, etc. — Une bibliographie générale des coutumes serait, même en s'en tenant aux textes imprimés, un travail extrêmement utile.

[1] Warnkœnig, *ibid.*, t. II, p. 560.

[2] Rapprochez, à la même date, cette plaquette que je vois signalée dans Barbier, mais que je n'ai jamais eue entre les mains : *Table chronologique de la rédaction ou de la réformation de toutes les coutumes de France. A Messieurs les avocats au parlement*, Paris, Cramoisy, 1699, in-4°, 15 pages. Barbier ajoute ce renseignement : « On lit à la fin de la p. 15 : A. B. (Antoine Bruneau), Caprosinus. »

CINQUIÈME SECTION.

Pays de droit écrit et pays coutumiers.

Valeur de la distinction. Ses abus.— J'ai déjà dit que les statuts du midi avaient généralement subi l'influence du droit romain à un degré plus considérable que les coutumes du nord de la France.

Ceci s'explique à merveille, puisque, dès l'époque barbare, le droit germanique est déjà, comme on l'a vu, fortement influencé par le droit romain chez les Burgondes et chez les Wisigoths.

Dans tout le nord de la France, au contraire, le droit franc subit fort peu, pendant la période barbare et carolingienne, l'influence romaine. Les Gallo-Romains qui habitaient cette région gardèrent leur loi romaine au début, c'est-à-dire leur *Code de Théodose;* mais jamais les conquérants ne se préoccupèrent directement de cette question : jamais ils ne s'avisèrent de rédiger pour leurs sujets romains quelque code romain. Par suite, l'unification et la fusion juridique se firent dans cette partie de la France au profit du droit germanique contre le droit romain.

On a appelé *pays de droit écrit* les pays où le droit romain a ainsi prévalu, et *pays coutumiers,* ceux où on en a fait un moindre usage. Le mot *droit écrit* est synonyme de *droit romain :* dire *pays de droit écrit* c'est donc dire *pays de droit romain*. Cette distinction est déjà formulée au XIIIe siècle. Elle a, comme je le disais tout à l'heure, ses racines dans une période bien antérieure[1].

La ligne exacte qui sépare les *pays coutumiers* des *pays de droit écrit* est parfois assez difficile à préciser. Ainsi, une partie de l'Auvergne est pays coutumier, une autre est pays de droit écrit. La Saintonge est *de droit écrit,* à l'exception du nord de la Saintonge qui est *pays coutumier*[2].

Il serait très faux et très dangereux de s'exagérer l'importance de cette distinction entre *pays de droit écrit* et *pays coutumier*. Il s'en faut de beaucoup que les coutumes et statuts des

[1] *Edict. Pistense,* 864, art. 13, 16, 20, 23, 31. Cf. Klimrath, II, 221.

[2] Klimrath, II, 222, 223.

pays dits de *droit écrit* soient la reproduction pure et simple du droit romain : on y trouve même, plus souvent qu'on ne le croit communément, des germanismes très marqués. La très ancienne coutume de Bordeaux, par exemple, accuse les influences germaniques les plus profondes. Les rédacteurs de la coutume de Bordeaux — ceci est tout à fait exceptionnel — ont mesuré eux-mêmes la place qu'ils accordent au droit romain et voici à quel rang ils le relèguent. Si le cas qui se présente à juger ne peut pas être décidé par la coutume de Bordeaux parce qu'elle ne l'a pas prévu, on doit recourir aux coutumes analogues qui auraient résolu la difficulté. Si ces coutumes analogues font défaut, c'est-à-dire si elles ne prévoient pas davantage l'hypothèse qui embarrasse les juges, on consultera la raison naturelle : *rason naturau, plus promedana de la costuma,* c'est-à-dire que l'on s'efforcera de trouver quelque solution de bon sens, conforme à l'esprit de la coutume de Bordeaux. Enfin, si cette ressource elle-même vient à manquer, alors seulement on s'en rapportera au droit écrit[1].

On le voit, dans cette rédaction d'une coutume du midi, le droit romain joue un rôle tout à fait secondaire; il arrive après la coutume bordelaise, laquelle est tout à fait germanique; après les coutumes voisines, après le sens commun, après le droit naturel. Cependant Bordeaux est toujours rangé parmi les *pays de droit écrit.* La classification en *pays coutumiers* et *pays de droit écrit* a pris dans les derniers siècles de l'ancien régime une rigidité et une netteté souvent bien trompeuses, surtout quand on applique cette division à la période historique que nous appelons le moyen âge.

Bibliographie. — Voyez les travaux de Pardessus, Klimrath, Jarriand, Ad. Tardif, cités ci-dessus, pp. 136, 141.

[1] *Livre des coutumes,* art. 228, édit. Barckhausen, Bordeaux, 1890, p. 176. La présence de ces mots *rason naturau* ne me surprend pas. J'ai rencontré plusieurs fois à la même époque dans des documents officiels un appel au droit naturel. Suivant un autre manuscrit, le droit naturel ne doit être mis à contribution qu'après le droit écrit. Cette variante indique, à mon sens, deux courants parmi les jurisconsultes bordelais : les uns mettaient le droit écrit avant le droit naturel; les autres le plaçaient en dernière ligne. Voyez Barckhausen, dans *Nouvelle Revue hist.,* 14e année, p. 379, et préface du *Livre des coutumes,* p. XL, avec note 2 et p. XLI.

CHAPITRE II.

ORDONNANCES ROYALES ET ORDONNANCES DES GRANDS FEUDATAIRES.

Ordonnances royales. — Les ordonnances de la troisième race font suite, ainsi que je l'ai dit, aux capitulaires de la première et de la seconde race; mais entre ces deux séries il y a une lacune considérable qui correspond à l'affaissement du pouvoir central à la fin de la période carolingienne et au commencement de la période capétienne.

Le grand recueil des *Ordonnances des rois de France de la troisième race* pourrait à cet égard faire illusion, si on le consultait trop rapidement. On y trouve des actes du roi Robert, du roi Henri Ier et on aurait tout aussi bien pu y insérer des actes de Hugues Capet; mais ces actes ne méritent pas le nom d'*ordonnances*, car ce ne sont pas des actes législatifs généraux intéressant soit le royaume tout entier, soit au moins le domaine royal : ce sont des privilèges ou des confirmations de privilèges accordés à des églises, non pas des ordonnances. J'hésite même à laisser ce nom aux confirmations ou concessions de chartes municipales par l'autorité royale. Je réserve le mot *ordonnances*[1] aux actes législatifs généraux intéressant soit le royaume tout entier, soit au moins le domaine royal. De même que les capitulaires ont contribué à user la personnalité des lois et à créer une certaine et bien faible unité; de même les ordonnances royales ont contribué puissamment, par une action lente et continue, à l'unification et au progrès du droit français.

[1] J'emploie ici l'expression *ordonnance* au sens vulgaire et non au sens technique. C'est de propos délibéré que, dans cet ouvrage consacré au droit privé, je ne distingue pas l'*édit*, l'*ordonnance*, la *déclaration*. Je me sers, comme tout le monde, du mot *ordonnance* dans certains cas où le mot *édit* serait plus rigoureusement exact et plus technique. Laurière, Berroyer et Loger, auteurs de la *Table chronologique des ordonnances*, m'ont donné l'exemple, dès 1706.

La première ordonnance d'un roi de la troisième race qui nous soit parvenue émane du roi Louis VII et est datée de l'année 1155[1]. Cet acte se rattache à toute une série de documents, la plupart émanés de l'Eglise, ayant pour objet, sous les noms de trêve ou paix de Dieu, de faire cesser ou d'entraver les guerres privées. Les premiers efforts faits en ce genre sont plus anciens qu'on ne le suppose communément : le mouvement s'accuse à la fin du xe et au commencement du xie siècle[2]. Louis VII, dans cet acte de 1155, nous apprend qu'il a convoqué à Soissons une grande réunion mi-partie religieuse et mi-partie laïque qu'il appelle *concilium celebre*. Là, à la demande du clergé et avec l'assentiment des barons, il a établi *une paix* de dix ans par tout le royaume : toute guerre privée est interdite contre quiconque consent à ester en jugement, à comparaître en justice, *ad justitiam stare*. Le duc de Bourgogne, le comte de Flandre, le comte de Champagne, le comte de Nevers, le comte de Soissons et tous les barons ont juré d'observer cette paix.

Tel est le premier acte législatif connu des rois de France de la troisième race[3].

Diverses ordonnances de Philippe-Auguste se présentent ensuite. J'en signalerai une du 1er mai 1210 relative aux successions féodales ; elle est rendue dans les mêmes conditions, avec l'assentiment des plus grands seigneurs du royaume.

[1] Dom Bouquet, *Hist. de France*, t. XIV, pp. 387-388. Le recueil des *Ord.* peut faire ici illusion et laisser supposer que la première ordonnance générale est de Philippe Ier. En effet, nous y rencontrons, en l'an 1080, un document d'un intérêt général incontestable intitulé : *Fragment d'une ordonnance de Philippe Ier touchant les ecclésiastiques* (t. XI, p. 173) ; mais ce fragment n'est point une ordonnance de Philippe Ier, c'est tout simplement un extrait traduit en français du concile de Lillebonne célébré en 1080 et auquel assista le célèbre duc de Normandie, Guillaume le Conquérant. Cf. mon *Examen de l'histoire des conciles de Mgr Hefele*, Paris, 1876, p. 11.

[2] Concile du Puy de la fin du xe siècle dans Mabillon, *De re diplom.*, édit. de Naples, p. 59. Mgr Hefele ne remonte pas plus haut que le concile de Poitiers de l'an 1000 (*Hist. des conc.*, t. IV, 2e édition allemande, p. 655). Sur le rôle d'Hugo, évêque de Lausanne, mort en 1019, voyez *Cart. du ch. de Lausanne*, t. Ier, p. 38 ; sur celui d'Odilon de Cluny, voyez Giesebrecht dans *Münchner hist. Jahrbuch für* 1866, München, 1866, p. 101. Joignez Huberti, *Gottesfrieden und Landfrieden*, t. Ier, Ansbach, 1892.

[3] En 1158, l'empereur Frédéric Ier publia une ordonnance analogue pour l'empire. Cf. *Libri feudorum*, II, 53 ; Waechter, *Beilagen zu Vorlesungen über das deutsche Strafrecht*, 1re livr., p. 91.

Dès lors la série des ordonnances royales se continue sans interruption. L'énumération des ordonnances les plus importantes serait longue et fastidieuse. Je signalerai seulement les suivantes qui sont célèbres :

1° Ordonnance de Villers-Cotterets d'août 1539 sur le fait de la justice. Elle est l'œuvre du chancelier Poyet. Plusieurs articles de cette ordonnance furent rendus obligatoires en Belgique par arrêté du Directoire du 4 prairial an V[1].

2° Ordonnance d'Orléans de janvier 1561 (n. s.). Elle a été rendue sur les remontrances des états d'Orléans. Elle est l'œuvre du célèbre chancelier L'Hospital.

3° Ordonnance ou édit de Roussillon de janvier 1564 (n. s.)[2]. Cette ordonnance fait suite à la précédente. Elle a été rendue à Paris; mais on l'appelle ordinairement *ordonnance* ou *édit de Roussillon*, à cause de la déclaration rendue à Roussillon le 9 avril 1564 qui y est jointe.

4° Ordonnance de Moulins de février 1566, sur la réforme de la justice.

5° Ordonnance de Blois de mai 1579. Cette ordonnance a été rendue sur les remontrances des états de Blois; et, pour ce motif, on l'appelle souvent *ordonnance de Blois*, bien qu'elle ait été rendue à Paris.

6° Ordonnance de 1667 sur la réforme de la justice. Elle a été souvent utilisée par les rédacteurs de notre *Code de procédure*. Une partie de cette ordonnance fut rendue obligatoire en Belgique par arrêtés du 2 frimaire an IV, art. 34 et du 14 frimaire an IV[3].

7° Ordonnance de 1669 sur les eaux et forêts. Quelques dispositions de cette ordonnance sont encore directement en vigueur; d'autres ont passé dans le *Code forestier* de 1827[4].

8° Ordonnance de 1670 sur la justice criminelle. Elle a laissé

[1] *Pasinomie, Introduction*, pp. 1-2.

[2] L'article 39 de cette ordonnance prescrit de commencer l'année au 1er janvier. Elle est datée elle-même de 1563; pour la ramener au nouveau style (n. s.), nous devons la dater de 1564.

[3] *Pasinomie, Introduction*, p. 5.

[4] Cf. Puton, *Code de la législ. forest.*, pp. 8, 45, 55, 84, 85, 86, 143.

des traces importantes dans notre *Code d'instruction criminelle*[1].

9° Ordonnance de 1673 sur le commerce, appelée souvent *Code Savary* ou *Code marchand.* Elle a fourni un grand nombre de dispositions au *Code de commerce* actuel[2].

10° Ordonnance de 1681 sur la marine.

Les trois ordonnances de 1667, 1673 et 1681 sont, écrit M. Glasson, « de véritables chefs-d'œuvre, et bien supérieures aux codes analogues de l'empire. La fameuse ordonnance de la marine est si sage dans ses dispositions, si parfaite en la forme, qu'elle est restée depuis près de deux cents ans le fondement de notre législation maritime; un certain nombre de ses dispositions sont encore aujourd'hui en vigueur et les règlements postérieurs qui ont été faits sont presque tous pénétrés de son esprit[3]. »

11° Ordonnance de février 1731 sur les donations. Plusieurs articles de notre *Code civil* en dérivent.

Ces exemples suffisent pour faire sentir tout l'intérêt que présentent les ordonnances, non seulement pour l'étude de l'ancien droit, mais encore pour celle du droit moderne.

Ordonnances des grands vassaux. — A côté des ordonnances royales, il faut mentionner les ordonnances rendues au moyen âge par les grands vassaux. Quelques-unes sont fort importantes. Je citerai, par exemple, pour la Bretagne : l'ordonnance de 1185 sur les successions, rendue par le duc Geoffroy; celle du duc de Bretagne, Pierre II, de l'an 1455, et beaucoup d'autres édits des ducs de Bretagne. Les ordonnances de ces ducs s'appellent ordinairement *assises*.

Il faut citer pour la Champagne, les célèbres ordonnances de 1212 et de 1224, rendues par Blanche de Navarre et par Thibaut IV avec le concours de leurs barons. Ces deux ordonnances concernent les successions féodales[4].

1 Cf. Esmein, *Hist. de la procéd. crim.*, p. 528.

2 Cf. Lyon-Caen et Renault, *Précis de droit commercial*, t. Ier, p. 11.

3 Glasson, *Le premier Code de commerce*, dans *Mémoires de l'Académie des sciences morales*, t. XVII, 1891, p. 908. Cf. Lyon-Caen et Renault, *Précis de droit commercial*, t. Ier, p. 14.

4 H. d'Arbois de Jubainville, *Hist. des ducs et des comtes de Champagne*, t. IV, p. 573.

Je n'insiste pas davantage sur cette catégorie importante d'ordonnances : il me suffira de l'avoir signalée à l'attention. Ces ordonnances sont disséminées dans les grandes histoires locales[1].

BIBLIOGRAPHIE. — *Ordonnances des rois de France de la troisième race*, Paris, 1723-1847, 21 vol. in-fol. plus 2 vol. de tables, Paris, 1757, Paris, 1847 et 1 vol. de supplément d'une insigne rareté; je n'en connais qu'un seul exemplaire (sans titre, 424 pages). Cet ouvrage, commencé par Eusèbe de Laurière, achevé par l'Académie des Inscriptions, ne dépasse pas l'année 1514. Il est aujourd'hui, à tous égards, insuffisant[2]. On joindra à ce recueil un vol. resté très utile et très précieux, qui en est comme le programme et la préparation : *Table chronologique des ordonnances faites par les rois de France de la troisième race depuis Hugues Capet jusqu'en 1400* (Les continuateurs ont plus tard adopté une autre date finale), Paris, 1706, in-4°. — *Recueil général des anciennes lois françaises*, par Jourdan, Decrusy et Isambert, 1827, 28 vol., plus 1 vol. de table. L'ouvrage d'Isambert fait double emploi avec la collection précédente jusqu'en 1514; à partir de cette époque on peut dire qu'il lui sert de suite. — Le recueil d'Isambert ne dispense point de recourir à d'autres collections, notamment à celle de Fontanon, *Les édicts et ord. des rois de France*, Paris, 1611, 4 vol. in-fol.; — à celle de Néron et Girard, *Recueil d'édits et d'ordonnances royaux*, Paris, 1720, 2 vol. in-fol. — Il y aurait beaucoup à faire pour nous donner une collection critique et complète des ordonnances : cette lacune se fait très vivement sentir. L'Académie des sciences morales s'est chargée d'éditer les ordonnances royales à partir de François Ier. Elle publie comme préface à cette entreprise : *Catalogue des actes de François Ier*, 1887 et années suivantes, in-4° (en cours).

[1] On en trouvera notamment un bon nombre pour la Bretagne dans Dom Morice, *Mém. pour servir de preuves à l'hist. de Bretagne*.

[2] Voy. sur ce point Laboulaye, *Note de quelques ordonnances* (adressée à l'Académie des Inscriptions), Paris, 1853, 16 pages. Il eût été facile de rédiger une note plus pressante et plus concluante encore.

CHAPITRE III.

JURISPRUDENCE.

1. *Observations générales. Valeur des monuments anciens de la jurisprudence.*

Comment se prouvait autrefois une décision judiciaire. Le record. — Nous rencontrons d'assez bonne heure au moyen âge des recueils de décisions judiciaires. C'est là ce que j'appelle les monuments de la jurisprudence.

Avant de donner l'indication de ces principaux recueils, une courte introduction est ici nécessaire.

Cette notion de recueils contenant les décisions judiciaires d'un tribunal nous est aujourd'hui très familière à tous. Nous ne concevons même plus un tribunal sans le registre officiel de ses décisions : et il nous semble évident que, pour faire la preuve d'un jugement rendu par un tribunal, il n'y a pas d'autre moyen que de fournir un extrait authentique du recueil des décisions de ce tribunal.

Eh bien, cette idée si simple, si banale est tout à fait contraire aux usages primitifs des Germains et à des traditions encore toutes vivantes au moyen âge. Chez les Germains, chez les Français du XIe, du XIIe siècle, chez la plupart de ceux du XIIIe siècle, la preuve d'un jugement rendu ne se fait guère par la production d'un écrit, mais plutôt par le témoignage oral des juges, peut-être même tout simplement par le témoignage de ceux qui étaient présents et qui auraient pu participer au jugement[1] : en un mot, c'est la preuve testimoniale qui est surtout usitée et non la preuve écrite. Cette preuve testimoniale s'appelle, au moyen âge, le *record*.

[1] Voyez mes *Etablissements de saint Louis*, t. Ier, pp. 221-222; t. III, pp. 315-317.

Voilà donc le procédé traditionnel et usuel pour faire la preuve d'une décision judiciaire. Mais ce procédé est, par lui-même, trop défectueux pour que, de très bonne heure, on n'ait pas songé à l'écriture. Il peut être utile de recourir à une décision judiciaire longtemps après l'événement, et lorsque tous les témoins sont morts; d'en fournir, en l'absence des témoins dispersés, sinon une preuve rigoureuse et conforme aux principes, du moins, comme nous dirions aujourd'hui, une preuve morale. De là l'emploi subsidiaire de l'écriture qui, de très bonne heure, joue un certain rôle dans les tribunaux laïques; de là ces chartes qui relatent des jugements à une époque cependant où le record était en pleine vigueur.

Ce rôle subsidiaire de l'écriture ne fit, bien entendu, que se développer avec les siècles. Nous trouvons, dès la fin du XIIe siècle, à tout le moins sur un point de la France coutumière, des cours qui ont leurs rôles officiels et authentiques où sont consignés les jugements. On avait vu depuis bien longtemps la partie intéressée se faire assez souvent délivrer une charte où était relaté le jugement rendu en sa faveur. Ici un pas nouveau a été fait. C'est le tribunal lui-même qui prend soin de conserver ses décisions par écrit.

Il ne faut pas, en présence de ces recueils officiels, se faire illusion sur l'importance de la preuve écrite. Elle n'a point encore détrôné le record ou preuve orale. Celle-ci joue toujours le premier rang; les registres de la cour ne sont invoqués qu'en seconde ligne et subsidiairement, dans les diverses circonstances où ils peuvent être utiles.

Ceci est l'application d'une règle générale qui gouverne l'histoire de l'humanité. L'homme ne renonce jamais subitement à de vieilles habitudes. Le système de la preuve orale ne pouvait donc être tout à coup détruit et remplacé par ce nouveau système de preuves, né près de lui et au-dessous de lui, parce qu'aucune institution, aucun usage invétéré ne disparaît ainsi soudainement. L'esprit humain ne s'habitue que lentement et graduellement à des conceptions nouvelles.

Après avoir ainsi mesuré la valeur que nos aïeux attachèrent à ces premiers registres ou recueils officiels de jugements qui sont aujourd'hui pour nous une source précieuse d'information, j'arrive à l'énumération des plus anciens d'entre ces recueils.

2. *Echiquier de Normandie et juridictions normandes inférieures. — Plaids de l'échevinage de Reims.*

Echiquier de Normandie. — L'échiquier ou parlement de Normandie prenait soin de consigner par écrit ses décisions dès la fin du XIIe siècle. Nous avons à cet égard un témoignage daté de 1196. A cette date, les barons de l'échiquier assignent aux religieux de Saint-Martin de Séez l'église de Saint-Denis-sur-Sarton qui leur avait été contestée par Robert de Saint-Denis et font inscrire cette décision sur les rôles de l'échiquier[1], *in rotulis scaccarii scribi fecerunt*. Un certain nombre de témoignages du même genre nous ont été conservés pour le XIIIe siècle.

Un greffe était donc régulièrement organisé près l'échiquier ou parlement de Normandie dès la fin du XIIe siècle[2].

Juridictions inférieures. — En Normandie, les juridictions inférieures consignent également par écrit leurs décisions[3]. Nous en avons les preuves dès 1205 et 1210. Un auteur normand du commencement du XIIIe siècle énonce le fait en ces termes : *Omnes vero questiones et nomina juratorum scripta sunt in assisia in rotulis qui bene et fideliter conservantur.*

Reims. — Les plaids de l'échevinage de Reims constituent une série très précieuse qui commence en 1248 et finit en 1330. La publication en est due à M. Varin.

[1] L. Delisle, dans *Mém. de l'Acad. des Inscript.*, tome XXIV, 2e part., p. 353.

[2] Les registres originaux de l'échiquier de Normandie de la fin du XIIe et du XIIIe siècle n'existent plus. Le plus ancien registre original subsistant aujourd'hui remonte à l'année 1336 (Delisle, *ibid.*, p. 352); il est conservé au greffe de la cour de Rouen. Si le recueil authentique des décisions de l'échiquier de Normandie du XIIIe siècle ne nous est pas parvenu matériellement, nous possédons diverses compilations qui dérivent elles-mêmes de ce recueil perdu (Delisle, *ibid.*, p. 368). Plusieurs de ces compilations ont été publiées par MM. Marnier, Léchaudé d'Anisy et Warnkœnig. En dernier lieu, les compilations déjà publiées et un bon nombre de textes inédits ont été réunis et les décisions fondues dans un ordre chronologique unique par M. Léopold Delisle. Le recueil des jugements de l'échiquier ainsi restitué commence en 1207 et finit en 1270.

[3] Delisle, *ibid.*, pp. 357, 359, 362.

A partir de la fin du XIVe siècle, les recueils de jugements qui nous sont parvenus deviennent de plus en plus nombreux[1].

3. *Registres judiciaires de quelques établissements religieux du Parisis. — Sentences du Parloir aux bourgeois.*

Parisis et Paris. — Les registres judiciaires des justices temporelles de quelques établissements religieux du Parisis remontant au XIIIe et au XIVe siècle nous sont parvenus. Je citerai le registre de l'abbaye de Saint-Maur-des-Fossés, celui de l'abbaye de Saint-Denis, celui de Notre-Dame de Paris, ceux de Saint-Germain-des-Prés, celui de Saint-Martin-des-Champs[2].

Ces registres sont de la plus grande importance pour l'histoire du droit criminel dans le Parisis. Ils nous fournissent des renseignements juridiques et économiques très précieux. Je citerai notamment un contrat d'apprentissage qui figure dans l'un de ces registres. C'est, si je ne me trompe, le plus ancien qu'on connaisse.

Nous trouvons précisément dans ces petits registres l'indice bien frappant de la persistance de la preuve orale. Et cela, à une époque où déjà, de tous côtés, les registres judiciaires sont en usage : en 1372. C'est un registre de Saint-Germain-des-Prés qui nous fournit cette précieuse indication. La justice de Villeneuve-Saint-Georges (cette justice dépend de Saint-Germain-des-Prés) interroge un certain Jehan de l'Orne, précédemment condamné à une amende. Elle veut savoir si Jehan de l'Orne, récusera[3] « le registre des explots de la Court » et en appellera des écritures

[1] Citons notamment pour le XVe siècle les décisions de Guy Pape (*Guido Papa*). On trouvera une bibliographie des *Recueils d'arrêts* dans Camus et Dupin, *Lettres sur la profession d'avocat*, t. II, 1818, p. 262 et suiv.; t. II, 1832, p. 289 et suiv.

[2] Les faits les plus anciens consignés dans ces registres figurent dans le registre de Saint-Maur-des-Fossés. Ce registre relate des événements judiciaires et des sentences qui remontent à l'année 1213 environ. Mais ces relations très anciennes ne sont pas contemporaines du jugement rendu : elles ont été rédigées après coup, comme un aide-mémoire, comme un souvenir utile à perpétuer. Plusieurs des registres que je viens de signaler contiennent, au contraire, des constatations immédiates; ils sont, à cet égard, analogues à nos registres actuels.

[3] *Bibl. de l'Ecole des chartes*, t. XXXIV, p. 324.

du tabellion au souvenir des juges. Ce droit lui est formellement reconnu. Et, en fait, Jehan de l'Orne à qui sied dans sa position de condamné une grande modération de langage, use de cette faculté dans les termes que voici : il ne propose rien contre le tabellion « fors tant que les clers enregistroient aucune foiz les amendes gregneurs que en ne les faisoit, pour faire au gré du segneur, et que il se rapportoit à ceulx qui avoient ésté à l'amende ployer. » Ainsi, un délinquant peut faire, par un record de cour, la preuve du chiffre de l'amende à laquelle il a été condamné; et ce record de cour prévaudra contre le registre même de la justice. Telle est encore dans cette petite justice la force du record, en l'année 1372[1].

Les *Sentences du Parloir aux bourgeois* constituent une série précieuse d'une importance capitale pour l'histoire du droit parisien. Ce sont les jugements rendus par la municipalité parisienne, appelée *Parloir aux bourgeois*, de 1268 à 1325.

4. *Les Olim.*

Rôles et registres du parlement de Paris. — On appelle *Olim* les quatre premiers registres du parlement de Paris. Cette désignation provient du premier mot par lequel commence le second *Olim* ou second registre du parlement, il débute ainsi : *Olim homines de Baiona*, etc.

La date la plus reculée du premier *Olim* est novembre 1254. Cette date ne figure pas en tête du registre; ce n'est pas la première dans le registre[2].

Le lecteur est, j'imagine, tout disposé à admettre maintenant que les vénérables *Olim* qui forment la tête de cette forêt de registres du parlement déposés aux Archives nationales sont et ont toujours été les registres du greffe du parlement. Mais cette vérité si simple, il a fallu à un savant, prématurément enlevé

1 On remarquera, en passant, ce détail de mœurs judiciaires : le greffier est accusé d'élever arbitrairement dans ses écritures le chiffre de l'amende prononcée par la cour, afin de plaire par là au seigneur et de mériter ses bonnes grâces; car l'amende est un revenu seigneurial.

2 Cf. Boutaric, *Actes du Parlement de Paris*, t. Ier, p. 1, no 1.

à la science et à notre affection, Henri Lot, beaucoup d'efforts et de raisonnements délicats pour la faire triompher. A force de comparer, je dirais volontiers brutalement les registres officiels du parlement de la période moderne avec ces vénérables aïeux du XIIIe siècle, des hommes d'une grande valeur en étaient venus à renier ces aïeux. La différence entre ces vieux registres et les registres des temps postérieurs est trop grande, pensait-on, pour que ceux-là émanent, comme les seconds, d'un greffe attaché à la cour du parlement. Ce ne peut être qu'une compilation privée, l'œuvre d'un amateur qui n'a point prétendu être complet, ni régulier dans ses écritures. Voltaire soutint cette opinion au XVIIIe siècle. Plus tard le comte Beugnot l'adopta et la défendit par des arguments nouveaux. Elle fut acceptée jusqu'au jour où Henri Lot, dans une thèse soutenue à l'Ecole des chartes, vint restaurer et asseoir définitivement la vieille opinion qui considérait les *Olim* comme des registres émanés des greffiers du parlement et comme la tête de ligne légitime et directe de l'immense collection des registres officiels du parlement.

Au reste, ces registres n'ont point la perfection des registres postérieurs; une institution naissante tâtonne tout d'abord, se forme et se régularise peu à peu. Il est absurde de vouloir qu'un greffier du XIIIe siècle, qui commence à tenir des registres, improvise toutes les conditions d'ordre et de régularité que conseillera peu à peu l'expérience.

C'est vers 1263 que le greffier du parlement, Jean de Montluçon, commença la rédaction du premier *Olim*. Son travail consista à copier sur des cahiers ou à résumer les décisions anciennes remontant à l'année 1255[1] qui étaient écrites sur des rouleaux, sur des rôles : car, avant Jean de Montluçon, les greffiers du parlement, qui semblent n'avoir pas eu de registres, se servaient de rouleaux de parchemin appelés *rôles*.

Montluçon commença donc par réunir, copier et résumer d'anciens rôles. Je dis résumer. Il arrive fort souvent qu'il ne copie pas tout, et il l'avoue : *Invenies in rotulo quia nimis*

[1] Il prit, en plus, une décision du 20 novembre 1254.

est longum, dit-il lui-même dans un moment où, fatigué, il renonce à donner l'arrêt en entier [1].

Nicolas de Chartres succéda à Jean de Montluçon et continua son œuvre.

Voici, au surplus, l'indication des quatre *Olim* avec les noms des greffiers :

1er *Olim*. Arrêts et enquêtes, 1254 à 1273, ou livre de Jean de Montluçon.

2e *Olim*. Arrêts, 1274 à 1298, ou livre de Nicolas de Chartres.

3e *Olim*. Arrêts, 1299 à 1318, ou livre de Pierre de Bourges.

4e *Olim*. Enquêtes, 1299 à 1318, encore de Pierre de Bourges [2].

Je viens d'énumérer les quatre *Olim* subsistants. Mais il existait à la fin du XIIIe et au XIVe siècle d'autres registres *Olim* aujourd'hui perdus. L'un d'eux a été restitué à deux reprises par M. L. Delisle, à l'aide de diverses copies et extraits anciens; c'est le *Livre des enquêtes de Nicolas de Chartres* dit *Livre pelu noir* (1269-1298).

BIBLIOGRAPHIE DU § 1er. — Bethmann-Hollweg, *Der germ. rom. Civilprozess im Mittelalter*, t. II, 1871. — Sohm, *Die altdeutsche Reichs- und Gerichtsverfassung*, t. Ier, 1871, pp. 525-537. — Brunner, dans *Festgaben für Heffter*, 1873, p. 148 et suiv.

BIBLIOGRAPHIE DU § 2. — Il faut lire sur les recueils officiels de l'échiquier de Normandie et des juridictions inférieures dans cette province, l'étude insérée par M. L. Delisle dans les *Mémoires de l'Académie des Inscriptions et Belles-Lettres*, t. XXIV, 2e part. — Le *Recueil des jugements de l'échiquier de Normandie au XIIIe siècle* a été publié par M. L. Delisle dans les *Notices et Extraits*, t. XX, 2e partie. — Les plaids de l'échevinage sont publiés dans Varin, *Archives administratives de la ville de Reims*, t. Ier, 2e part., p. 707 et suiv.; t. II, 1re part., p. 91.

BIBLIOGRAPHIE DU § 3. — Paul Viollet, *Registres judiciaires de quelques établissements religieux du Parisis au XIIIe et au XIVe siècle*, dans *Bibl. de l'Ecole des chartes*, t. XXXIV. — Tanon, *Registre criminel de la justice de Saint-Martin-des-Champs à Paris au XIVe siècle*, Paris, 1877. — Tanon, *Histoire des justices des anciennes églises... de Paris*, Paris, 1883. — Tanon, *Les justices seigneuriales de Paris au moyen âge*, dans la *Nouvelle Revue*

[1] Lot, *Essai sur l'auth. des olim*, p. 30.

[2] Lot, *ibid.*, p. 46.

historique, t. VI, 1882, pp. 448 et s., 551 et s. — Les *Sentences du Parloir aux bourgeois* ont été publiées par Le Roux de Lincy dans son *Hist. de l'Hôtel-de-Ville de Paris*, Paris, 1846, in-4°, 2e partie, p. 99 et suiv.

Bibliographie du § 4. — On trouvera le texte des *Olim* dans Beugnot, *Les Olim*, Paris, 1839-1848, 4 vol. in-4° (*Collection des documents inédits*); — l'analyse dans l'*Inventaire du Parlement* d'Edg. Boutaric, 2 vol. in-4o. — Dans ce dernier ouvrage se trouve la première restitution de M. L. Delisle, dont j'ai parlé p. 163; la seconde a paru dans les *Notices et Extraits*, t. XXIII, 2e partie, p. 113 et suiv. — Lot, *Essai sur l'authenticité et le caractère officiel des Olim*, Paris, 1863. — Langlois, *De monumentis ad priorem curiæ regis judiciariæ historiam pertinentibus*, Paris, 1887. — Langlois, *Rouleaux d'arrêts de la cour du roi au* XIIIe *siècle*, dans *Bibliothèque de l'Ecole des chartes*, t. XLVIII, pp. 177-208. — Langlois, *Textes relatifs à l'histoire du Parlement depuis les origines jusqu'en 1314*, Paris, 1888. — Sée, *De judiciariis inquestis* XIIIo *sæculo agente*, Paris, 1890. — Guilhiermoz, *Enquêtes et Procès, Etude sur la procédure et le fonctionnement du Parlement au* XIVe *siècle*, Paris, 1892, in-4o.

CHAPITRE IV.

OUVRAGES DIVERS JUSQU'AUX PRÉCURSEURS DE NOS CODES.

Observation préliminaire.

Coutumiers non officiels. — J'arrive aux ouvrages divers parmi lesquels figurent un grand nombre de coutumes non officielles. Je dois faire une observation préalable sur ces coutumes non officielles.

Beaucoup de provinces ont eu, au XIIIe et au XIVe siècle, des coutumiers rédigés par des praticiens sans aucun caractère officiel. Ces documents ne pouvaient être invoqués en justice. L'usage seul avait force de loi, et l'usage, la coutume non écrite se prouvait, non pas par la citation d'un texte sans caractère officiel, mais par des enquêtes, enquêtes par tourbes, *per turbas*[1]. Ainsi ces coutumes non officielles sont des œuvres privées. Mais telle de ces œuvres privées jouit d'une grande vogue, conquiert peu à peu droit de cité, et arrive ainsi à jouer à la fin un rôle officiel. Je donnerai plus loin plusieurs exemples de ces transformations.

Après cette observation qu'il était utile de placer en tête de cette dernière série où nous rencontrerons beaucoup de coutumes non officielles, j'aborde mon sujet, en suivant le plus souvent possible l'ordre chronologique.

[1] Il faut ici se prémunir contre une illusion bien facile. On rencontre des chartes qui font allusion à la coutume d'un pays : « secundum consuetudinem Aurelianesem, » selon la coutume d'Orléanais; « secundum consuetudinem Andegavensem, » selon la coutume d'Anjou. Si, d'autre part, on possède un texte de la même époque intitulé : « Coutume d'Orléanais, » ou « Coutume d'Anjou, » on sera, au premier abord, tenté de croire que la charte, qui mentionne la coutume d'Anjou ou d'Orléanais, vise le document écrit portant ce même titre. En aucune façon : un examen plus approfondi de la question ne tarde pas à prouver que la coutume visée est l'usage non écrit, la coutume non écrite, et nullement la rédaction écrite non officielle. Au reste, quatre-vingt-dix-neuf fois sur cent, le chercheur serait bien en peine de retrouver dans la rédaction écrite qu'il a sous les yeux, le moindre article qu'il puisse supposer avoir été visé par le rédacteur de la charte. Il s'agit de quelque autre point de droit et le rapprochement ne peut même pas être tenté.

PREMIÈRE SECTION.

Les Libri feudorum.

Origine lombarde. — Tous ou presque tous les textes dont nous avons déjà parlé et tous ceux dont nous parlerons, consacrent quelques développements à la matière des fiefs, ce mode de tenure si caractéristique qui ne fut aboli qu'en 1789. Mais aucun, parmi ceux que nous avons étudiés, n'est consacré exclusivement à cet important sujet. Celui-ci, au contraire, est spécial aux fiefs; c'est une théorie complète du fief.

Ces fameux *Libri* ou *Consuetudines feudorum* sont d'origine étrangère; mais ils ont joué un assez grand rôle en France. Ils figurent dans tous les anciens *Corpus juris*, parmi ces textes accessoires dont j'ai dit un mot au début de cet ouvrage[1].

Les *Libri feudorum* étaient autrefois divisés en deux livres : le premier livre contenait 28 titres, le second 58 titres. Je me reporterai constamment à cette division ancienne, tout en prévenant le lecteur qu'en 1567, Cujas donna une édition dans laquelle il partagea les *Libri feudorum* en cinq livres, après avoir ajouté d'anciens textes féodaux, fort intéressants[2]. Les éditeurs postérieurs, embarrassés en face de cette division nouvelle et de ces additions, ont taillé à leur manière dans la masse; il en résulte une confusion, une bizarrerie et une diversité de divisions dans le détail desquelles je n'entre pas. Je me reporte uniquement à la division en deux livres, antérieure à Cujas et rétablie par les derniers éditeurs. La recension à laquelle je me réfère et que je puis appeler la *vulgate* n'est pas de tous points primitive. Elle remonte, semble-t-il, au temps d'Accurse et date, par conséquent, du milieu du XIIIe siècle[3].

[1] Voyez ci-dessus, p. 15.

[2] *De feudis libri quinque aucti, emendati atque etiam explicati*, dans Cujas, *Opera*, t. II, Paris, 1637, col. 785-980. Cf. Eschbach, *Cours d'introd. à l'étude du droit*, Paris, 1843, pp. 181, 182.

[3] Pour le dernier état de la critique quant aux recensions antérieures, voyez Lehmann, *Entstehung der Libri feudorum*, p. 16 et suiv.

Si nous voulions résumer d'un seul mot l'histoire des *Libri feudorum*, nous dirions tout simplement qu'ils sont d'origine lombarde et que, sans caractère officiel à l'origine, ils ont pris peu à peu une place considérable. Voici quelques détails plus précis :

Dans l'état et dans la forme actuelle, ce recueil remonte, je le répète, au XIIIe siècle. Il n'est point homogène : on y distingue à première vue des morceaux de dates très différentes. Les éléments des *Libri feudorum* sont trop divers pour que j'entreprenne d'en faire l'énumération complète. Je signalerai seulement trois parties importantes, qui se distinguent facilement :

1° Les huit premiers titres du livre Ier. — Ces huit premiers titres ont été rédigés entre 1095 et 1136. Ils constituent un petit traité systématique de droit féodal. L'auteur en est inconnu.

2° Une très grande partie des 24 premiers titres du livre II est encore un traité systématique de droit féodal, traité dont nous connaissons l'auteur, Obertus ab Orto, consul de Milan. Ce traité fut rédigé sous la forme de deux lettres adressées par Obertus ab Orto à son fils Anselmus ou Anselminus. Ces deux titres ou traités sous forme de lettres furent écrits de 1154 à 1158.

3° Titres 28 à 49 du livre II. — Ces titres constituent un troisième traité de droit féodal, qui a été ajouté postérieurement aux deux précédents.

On a longtemps considéré Gerhardus Niger, consul de Milan, comme auteur, avec Obertus ab Orto, des *Libri feudorum*. Mieux renseignée, la critique ne peut plus attribuer avec certitude aucune partie des *Libri feudorum* à Gerhardus Niger.

Voilà trois groupes qui se détachent nettement et dont l'importance est grande. Beaucoup d'autres textes font partie intégrante des *Libri feudorum*. Sans entrer dans le détail, je citerai des constitutions impériales de Lothaire III[1], de Frédéric Ier[2], de Henri VI[3].

Les *Libri feudorum*, respectés presque à l'égal des ouvrages

[1] *Libri feudorum*, II, 52. Cf. Pertz, *Leges*, t. II, p. 82.

[2] *Libri feudorum*, II, 27, 55, 56. Cf. Pertz, *Leges*, t. II, pp. 101, 113, 111.

[3] *Libri feudorum*, II, 57. Cf. Pertz, *Leges*, t. II, p. 200.

de droit romain, ont été traités de la même manière : ils ont été glosés par divers jurisconsultes, parmi lesquels je me contenterai de citer Jacobus Columbi (XIIIe siècle)[1].

BIBLIOGRAPHIE. — Toutes les anciennes éditions du *Corpus juris civilis* contiennent à la fin les *Libri feudorum.* Il faut se reporter de préférence à Osenbrüggen, *Corpus,* t. III, pp. 843-887 ou à Beck, *Corpus,* t. II, pp. 581-608. — Paetz, *De vera librorum juris longobardici origine,* Gottingæ, 1806, in-4°. — Dieck, *Litterargeschichte des longobardischen Lehnrechts bis zum 14. Jahrhundert, ihren Hauptgegenständen nach dargestellt,* Halle, 1828. — Laspeyres, *Ueber die Entstehung und aelteste Bearbeitung der Libri feudorum,* Berlin, 1830. — Lehmann, *Die Entstehung der Libri feudorum,* Rostock, 1891, in-4°. Extrait de *Festschrift der Rostocker Juristen Fakultät.*

[1] Cf. Gerber, *System des deutschen Privatrechts,* pp. 40-42; G. Phillips, *Grundsätze,* t. Ier, pp. 103, 104; Eschbach, *Cours d'introd. génér. à l'étude du droit,* p. 181.

DEUXIÈME SECTION.

Le droit latin en Orient.

Observations générales. — Les Latins et en particulier les Français portaient avec eux, lorsqu'ils s'emparèrent de la Terre-Sainte, un ensemble de droits et d'usages suivant lesquels se gouverna cette société nouvelle.

Des documents postérieurs d'environ 150 ans à l'événement racontent[1] que Godefroy de Bouillon fit lui-même rédiger par écrit les coutumes des croisés et que ce texte de lois déposé dans une cassette fut conservé dans l'église du Saint-Sépulcre. Ce texte officiel se serait appelé les *Assises du royaume de Jérusalem* : on le désigne aussi sous le nom de *Lettres du Saint-Sépulcre*. Ces *Assises* de Godefroy ou *Lettres du Saint-Sépulcre* n'existent plus. Ont-elles jamais existé? En d'autres termes, le récit que je viens de relater est-il véridique? Y eut-il une rédaction officielle au temps de Godefroy de Bouillon? Nous l'ignorons. La chose assurément n'est pas impossible : mais elle n'est pas prouvée; car un témoignage postérieur de 150 ans ne saurait servir de preuve.

Ce qui nous reste et ce que nous désignons aujourd'hui par l'étiquette commode d'*Assises de Jérusalem*, c'est un ensemble de travaux dus à des jurisconsultes de l'Orient. Ce sont donc des œuvres privées et, en outre, des œuvres privées bien postérieures à Godefroy de Bouillon. La plupart de ces travaux ont été composés à une époque où Jérusalem n'appartenait plus aux croisés : Acre ou Ptolémaïs était alors la ville la plus importante.

On ne posséderait pas la clef des différents ouvrages relatifs au droit latin en Orient et on ne pourrait en aborder la lecture, si on n'avait présente à l'esprit l'organisation judiciaire de l'Orient. Il faut savoir qu'à Jérusalem et dans toutes les seigneuries de la colonie latine, il y avait deux juridictions très

1 *Assises de la Haute Cour*, ch. 1, 3, 4. Cf. Sybel, *Geschichte des ersten Kreuzzugs*, Leipzig, 1881, pp. 437, 439.

dictinctes, l'une pour les nobles et les affaires féodales proprement dites, l'autre pour les non-nobles ou bourgeois. La première de ces juridictions s'appelait la Haute Cour; la seconde la Cour des bourgeois. Tous les travaux des jurisconsultes se répartissent nettement entre ces deux juridictions : les uns concernent la Haute Cour; les autres la Cour des bourgeois.

Les Latins perdirent Saint-Jean-d'Arc en 1291. Mais toute leur organisation judiciaire fut conservée dans la capitale du royaume de Chypre, à Nicosie : et c'est, en dernier lieu, à Nicosie que furent lus et utilisés dans le monde judiciaire les documents que nous réunissons aujourd'hui sous l'étiquette commode d'*Assises de Jérusalem*.

Je passerai en revue les plus importants traités parmi ceux qui sont connus sous ce titre : *Assises de Jérusalem*.

Assises de Jérusalem. Cour des bourgeois. — Parmi les œuvres diverses qui intéressent le droit bourgeois en Orient il faut citer, en première ligne, le *Livre des Assises de la Cour des bourgeois*. Cet ouvrage considérable est le plus ancien et l'un des plus importants du droit oriental. Il a été rédigé, semble-t-il, entre les années 1173 et 1180. L'influence du droit de Justinien y est très sensible. L'auteur expose avec de précieux détails le rôle du président de la Cour, le vicomte, et celui des jurés. Il traite ensuite de l'ensemble du droit privé.

Les principaux textes accessoires, souvent fort curieux, sont : *Le Pledeant*; les *ordonemens de la court du visconte de Nicossie*.

Assises de Jérusalem. Haute Cour. — Nous rencontrons ici deux ouvrages fondamentaux un peu postérieurs au *Livre des Assises de la Cour des bourgeois*, ceux de Philippe de Novare[1] et de Jean d'Ibelin, puis quelques ouvrages accessoires dont je dirai un mot.

Philippe de Novare. — Lombard d'origine, mais entièrement francisé, Philippe de Novare est le plus ancien jurisconsulte des Hautes Cours dont les œuvres nous soient parvenues,

[1] Novare en Lombardie et non Navarre. Cette correction est due à M. Gaston Paris, *Philippe de Novare*, dans *Romania*, t. XIX, pp. 99-102.

si toutefois nous laissons à part les *Assises d'Antioche* dont il sera parlé ci-après. Ce Français, né Italien, n'était pas un homme ordinaire. Il toucha à tout. Il fut : soldat, diplomate, historien, moraliste, poète, jurisconsulte. L'œuvre juridique que nous lui devons porte ce titre : *Le livre de forme de plait que sire Felippe de Novaire fist pour un sien ami aprendre et enseigner coument on doit plaidoier en la Haute Court.* Cet ouvrage a été écrit vers le milieu du XIIIe siècle. Philippe de Novare nous apprend lui-même qu'il avait fréquenté les cours d'Acre, de Nicosie et de Beyrouth, et nous transmet les noms de quelques-uns des avocats célèbres près desquels il se forma[1]. Son traité contient de précieux détails sur le régime des fiefs.

Philippe de Novare est l'auteur d'une histoire de la guerre des Chypriotes contre l'empereur Frédéric II (1218-1242) et d'un traité de morale, intitulé : *Les quatre tens d'aage d'ome.* Ces ouvrages ont été récemment imprimés[2]. Il est mort fort âgé, très probablement peu après 1263[3]. Il avait composé des chansons d'amour que nous ne possédons plus[4].

Le talent poétique et surtout satirique de Philippe de Novare est extrêmement remarquable. Notre savant confrère, M. Raynaud, qui a édité ses œuvres historiques mêlées de poésie, signale une « parodie, pleine d'esprit et de finesse, du roman de *Renart,* où Philippe, donnant à Jean d'Ibelin le surnom d'*Ysengrin* et aux cinq bails les noms des divers animaux de la *compagnie Renart*, raille de la façon la plus piquante le bail Anceau de Brie, dont la confession est mise en pendant de celle de Renart. Légèreté de style, ironie mordante, tournure alerte des phrases, choix précis des mots, rhythme sautillant du vers, l'imi-

1 Rey, *Les familles d'outre-mer de du Cange*, p. 606. Beugnot, t. Ier, pp. XXXVII, XXXVIII.

2 *Les quatre âges de l'homme* ont été édités avec beaucoup de goût et de soin par M. Marcel de Fréville, Paris, 1888 (*Société des anciens textes français*). *L'Estoire de la guerre qui fu entre l'empereur Frederic et Johan d'Ibelin* a été éditée par M. Raynaud dans le volume intitulé : *Les gestes des Chiprois*, Genève, 1887 (*Société de l'Orient latin*).

3 Marcel de Fréville, Préface aux *Quatre âges de l'homme,* p. IV. Gaston Paris, *La littérature française au moyen âge,* 2e édit., Paris, 1890, p. 151.

4 Voyez *Les quatre âges de l'homme*, édit. Marcel de Fréville, p. 122.

tation est parfaite ; et on comprend quel puissant avocat devait être cet homme « universel, » qui pouvait si bien s'assimiler les choses les plus diverses et se montrer à la fois sérieux dans ses écrits juridiques et spirituellement badin, quand il ne s'occupait que de littérature légère[1]. »

Jean d'Ibelin. — Jean d'Ibelin, comte de Jaffa, d'Ascalon et de Rame descendait de Guillaume, comte de Chartres, par un certain Balian de Chartres qui avait passé la mer au temps du roi Foulques. C'était en Orient un seigneur puissant. Joinville en parle avec grand éloge. Il réunit ses forces à l'armée de saint Louis sous les murs de Damiette, lors de la première croisade de ce prince[2]. Fait prisonnier à La Massoure, Jean d'Ibelin fut transféré à Damiette dans la galère même qui portait Joinville. Remis en liberté avec saint Louis, il opina dans le conseil pour que les croisés n'abandonnassent point la Terre-Sainte. En 1253, il reçut saint Louis à Jaffa, et ce prince fit réparer le château et les murs de cette ville dont Jean d'Ibelin était comte[3]. Jean d'Ibelin est mort en 1266.

L'ouvrage de Jean d'Ibelin est intitulé : *Le livre des assises et des bons usages dou roiaume de Jerusalem.* Il est un peu postérieur à celui de Philippe de Novare, ami de Jean d'Ibelin. L'ouvrage de Philippe de Novare a été utilisé par Jean d'Ibelin[4].

Le droit public, et, comme nous dirions aujourd'hui, le droit constitutionnel y joue un rôle intéressant (fonctions du sénéchal, du connétable, du maréchal, divisions ecclésiastiques et judi-

1 G. Raynaud, *Les gestes des Chiprois*, Genève, 1887, Préface, p. XVIII.

2 Voici en quels termes s'exprime Joinville : « A nostre main gauche aborda le comte de Jaffa qui était cousin germain du comte de Montbeliard et du lignage de Joinville. Ce fut celui qui aborda le plus noblement; car sa galère aborda toute peinte dedans la mer et dehors d'écussons à ses armes; lesquelles armes sont d'or à une croix de gueules patée. Il avait bien trois cents rameurs dans sa galère, et pour chaque rameur il y avait une targe à ses armes, et à chaque targe il y avait un pennon à ses armes en or appliqué. » Cf. Monnier, *Godefroy de Bouillon*, Paris, 1874, pp. 2, 3; Joinville, rapproché du français moderne, édit. N. de Wailly, 1874, pp. 87, 89. Voyez un acte de 1237 où Jean d'Ibelin figure comme témoin (Paoli, *Codice diplomatico*, p. 118).

3 *Hist. littér.*, t. XXI, p. 449.

4 Beugnot, *Assises*, t. Ier, pp. L, LI.

ciaires, services dus au roi par les barons, les églises, les bourgeois, etc.). La procédure y est surtout traitée avec de grands développements. Les artifices, les ruses des plaideurs y sont exposés d'une manière souvent très piquante, très amusante.

Cet ouvrage a joui en Orient d'un crédit considérable. Il y a plus : à partir de l'année 1369, le livre de Jean d'Ibelin devint, à Chypre, le code officiel. Un exemplaire, considéré comme authentique et officiel, fut renfermé dans un coffre et déposé dans la cathédrale de Nicosie, d'où il ne pouvait être tiré que par l'ordre du roi et en présence de quatre hommes liges[1].

Ouvrages accessoires. — Je n'entreprends pas l'énumération complète des divers ouvrages relatifs au droit des nobles, aux Hautes Cours. J'ai cité les deux plus importants. Je me contenterai de mentionner encore :

1° *La clef des assises de la Haute Cour*, petit résumé commode de l'ouvrage de Jean d'Ibelin[2].

2° Un traité et un discours de Jacques d'Ibelin, jurisconsulte et grand seigneur, de la même famille que Jean et un peu postérieur.

Je n'insiste pas sur le petit traité de jurisprudence que nous a laissé Jacques d'Ibelin. Mais il nous reste aussi de lui une plaidoirie qui est le plus ancien et le plus vénérable monument de l'éloquence judiciaire et aristocratique. C'est un document inappréciable pour l'histoire de l'éloquence du barreau. Le grand procès politique où Jacques d'Ibelin prend la parole se débat à Chypre, en 1271, entre le roi de Chypre, Hugues III et ses barons. Il s'agit de savoir si les barons doivent au roi le service militaire en dehors du royaume. Edouard, fils de Henri III, roi d'Angleterre (sur le point de monter lui-même sur le trône d'Angleterre sous le nom d'Edouard Ier) est arbitre du différend. Le roi Hugues prétend avoir le droit d'exiger le service de ses hommes hors du royaume. Il expose lui-même ses raisons. Jacques d'Ibelin, pour la communauté des hommes de Chypre, soutient que

1 Beugnot, *Assises*, t. Ier, p. LXXI. Il est douteux que le texte de Jean d'Ibelin que nous possédons aujourd'hui soit entièrement dégagé des additions qu'il a pu subir en 1369.

2 Beugnot, *Assises*, t. Ier, p. 579.

les hommes du roi ne sont pas tenus de sortir du royaume et proteste, en même temps, de sa fidélité et de son dévouement au roi. Ce mélange de deux sentiments qui ne sont nullement opposés mais qu'on trouve trop rarement réunis : fidélité, résistance, inspire à Jacques d'Ibelin des paroles magnifiques et d'une fierté toute aristocratique. Les vassaux du roi suivront leur seigneur partout où besoin sera, à une condition seulement, c'est qu'on ne l'exigera pas d'eux à titre de service dû. Ils sont prêts à faire librement ce qu'ils ne feront jamais, contraints. Nous irons, dit Jacques d'Ibelin, partout où nous croirons servir Dieu et nos seigneurs terriens qui voudront recevoir nos services « à gré et à grâce. » A gré et à grâce : c'est la condition que la noblesse de Chypre met à son service militaire. L'orateur conclut ainsi : « Les services et les cœurs des gentilshommes et des vaillants on ne peut jamais les avoir par servage. Il n'en fut, il n'en sera jamais autrement [1]. »

C'est d'une mâle et haute éloquence. Nous ignorons quelle fut la décision.

La plupart des ouvrages des jurisconsultes du royaume latin d'Orient conservèrent fort longtemps un grand crédit à Chypre; celui de Jean d'Ibelin y devint même officiel.

Assises d'Antioche. — La principauté d'Antioche a eu ses *Assises* comme les royaumes de Jérusalem et de Chypre.

Les *Assises d'Antioche* furent rédigées sous un des Boémond, princes d'Antioche, probablement Boémond IV (1201-1235). Elles sont donc un peu antérieures à l'ouvrage de Jean d'Ibelin et à celui de Ph. de Novare.

Elles comprennent le droit des nobles ou *Assises de la Haute Cour d'Antioche* et le droit des non-nobles ou *Assises des bourgeois*. Le texte original est perdu. Nous ne possédons qu'une traduction arménienne, retraduite tout récemment en français moderne.

Cette traduction arménienne antérieure à l'année 1265 est due à Sempad, connétable d'Arménie, mort en 1276. Le même Sempad, outre cette traduction, a écrit des *Assises arméniennes*

[1] Beugnot, *Assises*, t. Ier, pp. 427-434.

que les Pères Mekhitharistes de Saint-Lazare nous feront connaître un jour. Il a laissé aussi une chronique arménienne traduite en français par MM. Langlois et Dulaurier.

Sempad, connétable d'Arménie, est le frère de Héthoum, roi d'Arménie[1].

Bibliographie. — Lorsque la République de Venise devint maîtresse de l'île de Chypre, ces ouvrages servaient encore aux avocats et aux juges : la République fit traduire en italien les plus importants d'entre eux. Cette traduction parut à Venise en 1535[2]. Les rapports des commissaires chargés de ces traductions nous font connaître l'existence de quelques recueils importants qui ne furent pas traduits à cette époque en italien et qui, malheureusement, ne sont pas encore retrouvés aujourd'hui. Voyez R. de Mas-Latrie, *Chronique de l'île de Chypre* par Florio Bustron, dans *Mélanges historiques*, t. V, 1886, p. 465 et suiv.

Une bonne partie des textes composant les *Assises* ont été publiés par Thaumas de la Thaumassière, *Assises de Jérusalem*, Bourges, 1690, in-fol. — De nos jours trois publications presque simultanées ont été entreprises : — Victor Foucher, *Assises du royaume de Jérusalem*, Rennes, 1840 : la première et la seconde partie du t. Ier ont seules été publiées. Cette publication dont on a peut-être dit trop de mal est au moins très utile et commode, parce qu'elle reproduit la traduction italienne du XVIe siècle, qu'il est souvent avantageux de pouvoir consulter; — Kausler, *Les livres des Assises et des usages dou reaume de Jerusalem*, t. Ier, Stuttgardiæ, 1839, in-4° (inachevé); — Beugnot, *Assises de Jérusalem*, 1841-1843, 2 vol. in-fol. (*Recueil des historiens des croisades. Lois*). C'est la seule édition complète. Les préfaces sont malheureusement trop vagues, et contiennent même quelques erreurs regrettables. — M. Sathas a publié une traduction grecque des *Assises de Jérusalem* dans sa *Bibliotheca græca medii ævi*, t. VI, 1877. — Le texte arménien des *Assises d'Antioche* a été découvert et retraduit en français par la Société Mekhithariste de Saint-Lazare, *Assises d'Antioche reproduites en français*, Venise, 1876, in-4°. Cette traduction est dédiée à l'Académie des Inscriptions.

1 Ce Sempad et le roi son frère, Héthoum, ont accompli en Tartarie des voyages politiques fort importants et fort curieux dont la relation fut écrite par un autre Héthoum dit Héthoum l'historien, celui qui a été connu, de bonne heure, en Occident sous le nom d'Hayton. Cet Hayton l'historien, retiré au couvent des Prémontrés de Poitiers, dicta son ouvrage en français, en l'an 1307. (Il fut immédiatement traduit en latin.) On voit quels rapports variés existaient alors entre la France et l'Arménie et quelle influence elle y exerçait. Cette traduction arménienne des *Assises d'Antioche* est un nouvel indice de cette influence. Cf. *Bibl. de l'Ecole des ch.*, t. XXXV, p. 93; *Recueil des hist. des croisades, Doc. arméniens*, t. Ier, p. 541-549.

2 Beugnot, *Assises*, t. II, p. LXX. Cf. Canciani, *Leges Barbar.*, t. II, v.

Pardessus, *Mémoire sur l'origine du droit coutumier en France et sur son état jusqu'au* XIII*e siècle*, dans *Mémoires de l'Institut royal de France*, t. X, Paris, 1833, pp. 731-765. — Beugnot, *Notice sur la vie et les écrits de Philippe de Navarre*, dans *Bibliothèque de l'Ecole des chartes*, t. II, 1840-1841, pp. 23-31. — Ch. Giraud, *Du droit français dans l'Orient au moyen âge et de la traduction grecque des Assises de Jérusalem*, notice lue à l'Académie des sciences morales et politiques, le 12 nov. 1842, dans *Séances et Travaux de l'Académie*, t. II, 1842, pp. 261-284 et dans *Revue de législation et de jurisprudence*, t. XVII, 1843, pp. 22-43. — Laferrière, *Histoire du droit français*, t. IV, 1852-1853, pp. 473-494. — Monnier, *Godefroy de Bouillon*, Paris, 1874 (Extrait des *Comptes-rendus de l'Académie des sciences morales*. Je ne saurais accepter les conclusions de ce travail). — G. Raynaud, *Les gestes des Chiprois*, Genève, 1887, Préface, pp. XIII-XX. — On lira avec fruit sur Ph. de Novare et Jean d'Ibelin l'*Hist. littér. de la France*, t. XXI, p. 441 et suiv.; de Fréville et surtout G. Paris, cités plus haut, pp. 170, 171.

TROISIÈME SECTION.

Coutumiers et œuvres diverses.

1. *Coutumiers normands.*

Très ancien coutumier de Normandie. — Le *Très ancien coutumier* de Normandie date du commencement du XIIIe siècle. On peut reconnaître facilement dans cette œuvre deux parties : la première, rédigée en 1199 ou 1200, comprend les 65 premiers chapitres dans l'édition de M. Joseph Tardif; la seconde partie, rédigée vers 1220, comprend les chapitres 66 à 91 dans la même édition.

L'auteur de la première partie a dû assister souvent aux sessions de l'échiquier ou des assises. Il est probable qu'il n'y siégeait pas en qualité de juge. C'était vraisemblablement un clerc. On ne sait rien de l'auteur de la seconde partie.

Ces deux textes, première et seconde partie du *Très ancien coutumier* de Normandie, ont été tous les deux rédigés en latin.

A la fin du premier tiers du XIIIe siècle, le *Très ancien coutumier* a été traduit en français par une personne très probablement étrangère à la Normandie.

Grand coutumier normand. — A la fin du XIIIe siècle, avant 1284, un jurisconsulte normand, appelé probablement Manales ou Mancael[1], a rédigé en latin une œuvre plus considérable et qui est vraiment fort remarquable : je veux parler du *Grand coutumier normand.*

Le *Grand coutumier normand* a été, comme le *Très ancien coutumier,* traduit en français, j'entends en prose française. Il y a plus : il a été, en 1284, traduit en vers français.

Le *Grand coutumier normand* nous offre un premier exemple de ces transformations par lesquelles une œuvre privée a pris peu à peu un caractère officiel. Dès l'année 1302, nous voyons

[1] Cf. Julien Havet, dans *Bibliothèque de l'Ecole des chartes*, t. XXXVIII, 1877, p. 65.

Philippe le Bel citer et confirmer par une approbation formelle un article du *Grand coutumier*. Cette œuvre considérable prend pied peu à peu. Elle acquiert une telle autorité qu'au xve siècle et pendant plus de la moitié du xvie siècle, les Normands, satisfaits de leur vieux coutumier du xiiie siècle, négligent d'obtempérer aux ordres de la royauté et n'élaborent aucune rédaction nouvelle.

Enfin, aux états de Blois, en 1576, les députés normands réclamèrent eux-mêmes une nouvelle rédaction de leur coutume. Henri III, faisant droit à ces vœux, décida par lettres patentes que la coutume de Normandie « seroit réduicte, accordée et rédigée par escript, en retranchant ce qui estoit antiqué, adjoutant ce qui estoit depuis receu et remettant en langage clair et intelligible ce qui estoit obscur et confus, sans toutefois changer le sens de la coustume et ce qui estoit observé dans la province. »

La nouvelle coutume normande fut mise en vigueur le 1er juillet 1583[1]. Ainsi le *Grand coutumier de Normandie*, d'œuvre privée devenu texte officiel, avait fourni une brillante carrière de plus de trois cents ans.

Le *Grand coutumier normand* du xiiie siècle a aujourd'hui encore, sauf certaines restrictions nécessaires, autorité légale dans l'île de Jersey[2].

2. *Coutumiers du Vermandois.*
Conseil de Pierre de Fontaines. — Coutumier du Vermandois du xve siècle.

Nous possédons deux coutumiers relatifs au Vermandois : l'un du xiiie siècle, connu sous le nom de *Conseil* de Pierre de Fontaines; l'autre du xve siècle.

Conseil de Pierre de Fontaines. — Pierre de Fontaines était bailli de Vermandois en 1253; c'est vers cette époque et certainement avant l'ordonnance de saint Louis contre les duels qu'il

[1] Picot, *Hist. des Etats-Généraux*, t. II, pp. 558, 559. Cf. ci-dessus, p. 146 et suiv.

[2] W. Laurence de Gruchy, *L'ancienne coutume de Normandie*, Préface, p. vii.

a écrit l'ouvrage connu sous le nom de *Conseil* de Pierre de Fontaines.

Ce titre, généralement admis par les historiens, est emprunté à la rubrique du chapitre 2 qui débute ainsi : *Ci commence li conseulz que Pierre de Fontaines done à son ami.* L'ouvrage est, en grande partie, composé sous cette forme de conseil à un ami. De là ce titre.

Pierre de Fontaines manque singulièrement d'originalité. Il traduit continuellement le *Digeste* et le *Code* et ne nous fait connaître qu'une petite quantité d'usages coutumiers : ces usages sont ceux du Vermandois. Il nous avertit tout simplement lui-même dans le chapitre 1er de l'embarras où il s'est trouvé pour rédiger ce recueil des coutumes du Vermandois : rien encore n'a été rédigé, dit-il, et sur la coutume chacun a un avis différent. Aussi le compilateur se déclare-t-il très perplexe : il fera, dit-il, de son mieux; mais il ne tarde pas à se dérober et copie tout simplement le droit romain.

Certains manuscrits de Pierre de Fontaines ou, si l'on veut, des manuscrits extrêmement voisins de Pierre de Fontaines sont intitulés *Le livre la Roine.* On a longuement disserté sur le rapport, sur la relation qui existe entre ces deux ouvrages : le *Conseil* de Pierre de Fontaines et le *Livre la Roine.* Si je ne m'abuse, Klimrath qui s'est beaucoup occupé de cette question, l'a fort embrouillée, au lieu de la faire avancer. Ce qu'il y a, pour l'instant, de plus sûr et de plus simple à dire, c'est que les manuscrits intitulés *Livre la Roine* sont presque identiques à ceux du *Conseil* de Pierre de Fontaines[1].

[1] On a joint au nom de Pierre de Fontaines celui d'un certain Guido à l'occasion duquel les imaginations se sont donné libre carrière. Les uns ont vu dans Guido un auteur du XIe siècle qui, sous Philippe Ier (1060-1108), écrivit en français sur les lois et coutumes de France (Eschbach, *Cours d'introd. à l'étude du droit,* p. 171); d'autres y ont reconnu Guy Foulquois (mieux Folcuei), devenu pape sous le nom de Clément IV et ont pensé que Guy Foulquois pouvait bien être l'auteur du *Conseil* et non Pierre de Fontaines. D'autres ont parlé d'un ouvrage de droit postérieur à Pierre de Fontaines et pour lequel le *Conseil* de Pierre de Fontaines aurait été utilisé; l'auteur de cet ouvrage que Klimrath signale d'après Carondas, serait encore un certain Guido et l'ouvrage serait intitulé : *La Pratique de Guido.* Ce *Guido* et sa *Pratique,* l'attribution du *Conseil* tantôt à Guy Foulquois, tantôt à un Guido du XIe siècle, ce sont là deux légendes qui ont une seule et même origine. La

Coutume de Vermandois du xve siècle. — Un autre jurisconsulte du Vermandois a écrit en 1448 un traité fort remarquable intitulé : *Coustumes des pays de Vermendois et ceulx de envyron.* Ce texte non officiel est purement et simplement coutumier. Il n'est point envahi par le droit romain comme l'ouvrage de Pierre de Fontaines.

3. *Livre de Jostice et Plet.*

Origine orléanaise. — Le *Livre de Jostice et Plet* est un ouvrage très précieux qui émane de l'école orléanaise. Il a été écrit sous saint Louis après 1255 et probablement avant l'ordonnance de ce roi contre les duels. *Jostice et Plet* a été souvent attribué au commencement du XIVe siècle : c'est une erreur évidente. On abordera la lecture de cet ouvrage avec prudence, parce que l'auteur y a mêlé le droit coutumier, le droit canon et le droit romain, en défigurant un peu le droit canon et le droit romain, en les dissimulant sous des étiquettes modernes qui sont de véritable trompe-l'œil[2]. Le jurisconsulte vous parlera, par exemple, d'un mandement du roi Louis; ce roi Louis est l'empereur Adrien : nous sommes en plein droit romain.

A ce système se rattache toute une série d'auteurs fictifs qui

source de ces imaginations, — car ce sont de pures imaginations, — c'est un manuscrit qui se trouve aujourd'hui en Angleterre dans la bibliothèque de sir Thomas Phillipps, à Cheltenham. Ce manuscrit est tout simplement un manuscrit du *Conseil* du XIIIe siècle. Vers la fin du XIVe ou le commencement du XVe, un lecteur ajouta sur la première page cette note sans aucune valeur : « L'auteur de cest livre est Guido. » Carondas et Laurière qui connaissaient ce manuscrit, ont lancé à ce propos des hypothèses dont les modernes qui n'ont pas vu le manuscrit et ne savent trop d'où viennent ces hypothèses, ne se sont pas encore débarrassés. Il est temps d'en finir une bonne fois. La courte note en question qui se devine aujourd'hui plutôt qu'elle ne se lit, car elle a été coupée par le relieur, est la seule source de ces attributions fantaisistes. Il n'y a point de *Pratique de Guido*. Clément IV n'est pour rien dans la rédaction du *Conseil* de Pierre de Fontaines. Aucun Guido du XIe siècle n'a écrit en français sur le droit. Cf. ce que j'ai dit, à ce sujet, dans *Bibl. de l'Ecole des chartes*, t. XLI, p. 153.

[2] On s'y est trompé déjà et, pour s'y être laissé prendre, M. Laferrière a cru que l'auteur avait visé un passage d'une ordonnance de Louis X dans cette petite phrase : « Loys rois dit que costume doit valoir loi. » Or le compilateur avait tout simplement ici traduit et abrégé un passage d'Ulpien au *Digeste*. Cf. mes *Et. de saint Louis*, t. Ier, pp. 64, 65.

font leur apparition dans *Jostice et Plet.* Les noms sont souvent réels ; ils ont été portés par des contemporains de l'auteur : mais tout indique que ces personnages n'ont jamais écrit une seule ligne, bien qu'ils soient cités dans *Jostice et Plet* à plusieurs reprises. Voici quelques noms : Renaut de Tricot, Geufroi de la Chapelle[1], Jehan de Beaumont, Adam, etc. L'auteur pense évidemment animer par là, rendre plus vivant son ouvrage, peut-être son cours : car il n'est pas impossible que nous ayons là sous les yeux un cours professé dans les écoles d'Orléans. Il est certain qu'au moyen âge quelques professeurs de droit orléanais ont fait entendre la langue française dans les chaires de droit à Orléans : ce qui scandalisait beaucoup les autres romanistes, notamment Jean Faber.

Quant aux parties de l'ouvrage qui ne sont ni romaines, ni canoniques, c'est alors du droit coutumier souvent très original et d'une haute valeur : j'ajouterai que c'est du droit coutumier orléanais.

Les deux plus anciens documents de droit orléanais sont *Jostice et Plet*[2] et le livre II des *Etablissements de saint Louis* dont nous parlerons tout à l'heure.

Tous les critiques s'accordaient jusqu'ici à penser que *Jostice et Plet* est postérieur à une compilation dont nous allons bientôt parler, les *Etablissements de saint Louis.* Ils admettaient même que l'auteur de *Jostice et Plet* avait connu et cité les *Etablissements de saint Louis.* C'est là une illusion partagée par Klimrath, Anschütz, Warnkœnig, Laferrière. Tenons pour certain, au contraire[3], que *Jostice et Plet* est antérieur à la compilation connue sous le nom d'*Etablissements de saint Louis.*

Je n'insiste pas sur la démonstration : je signale seulement

[1] PP. 244, 245, 231, xx.

[2] En tête du manuscrit unique de *Jostice et Plet* conservé à la Bibliothèque nationale figurent plusieurs ordonnances de saint Louis, savoir : 1° l'ordonnance générale de 1254; 2° l'ordonnance ou règlement sur la procédure au Châtelet; 3° l'ordonnance contre les duels. Ces trois textes paraissent avoir été ajoutés après coup à l'ouvrage : ils ne faisaient probablement pas partie de *Jostice et Plet* dans sa forme primitive. L'éditeur de *Jostice et Plet* les a rejetés en appendice.

[3] Cf. Viollet, *Etabl.*, t. Ier, p. 60.

la situation relative de ces deux textes. Il ne faut pas s'y tromper.

4. *Etablissements de saint Louis.*

Sources et origine probables. — Ce traité n'émane pas du roi saint Louis. Ce qui a donné lieu à cette attribution, c'est la présence dans un très petit nombre de manuscrits d'un prologue par lequel saint Louis promulgue cet ouvrage comme une sorte de code dont il serait l'auteur. Ce prologue est entièrement supposé. Jamais saint Louis ne l'a écrit; et, d'ailleurs, il n'appartient même pas à l'œuvre primitive, en sorte que désormais le texte critique des *Etablissements de saint Louis* ne pourra prêter à cette illusion, car le prologue ne figure plus dans un texte auquel il n'appartenait pas originairement; il est relégué parmi les notes.

Le jurisconsulte auquel nous devons le recueil connu à tort sous le nom d'*Etablissements de saint Louis* était probablement d'Orléans. Il rédigea cette compilation entre le 8 novembre 1272 et le 19 juin 1273.

Son travail consista tout simplement à réunir deux ordonnances[1] de saint Louis, une coutume de Touraine-Anjou et une coutume d'Orléanais. Les *Etablissements* sont divisés en deux livres : le livre Ier contient les deux ordonnances de saint Louis et la coutume de Touraine-Anjou; le livre II contient la coutume ou usage d'Orléanais.

Le compilateur des *Etablissements* s'est contenté d'ajouter aux deux ordonnances de saint Louis et aux deux coutumes copiées de nombreuses allusions au droit romain et au droit canonique qui sont de son crû. Ces allusions sont imprimées en italiques dans la dernière édition que j'ai donnée des *Etablissements* et on peut ainsi les distinguer très facilement.

[1] L'une de ces ordonnances, la plus célèbre, je veux dire l'ordonnance sur le duel judiciaire, n'est pas conçue dans le style ordinaire des ordonnances. M. Joseph Tardif qui y a consacré une étude spéciale, suppose que c'est une instruction adressée aux officiers royaux. « On trouve, sous Philippe le Hardi et sous Philippe le Bel, plusieurs exemples de cette sorte d'actes » (Jos. Tardif, dans *Nouvelle revue historique de droit*, t. XI, pp. 163-174).

Je me résume : les *Etablissements de saint Louis* sont une compilation privée sans autorité, ni valeur officielle. Il n'y a d'officiel dans les *Etablissements* que deux ordonnances de saint Louis lesquelles se trouvent ailleurs séparément : elles forment les chapitres 1 à 9 du livre Ier.

Ainsi dépourvus de tout caractère officiel, les *Etablissements* ont été très répandus et très goûtés au moyen âge. En parcourant les diverses provinces de France, comme nous le faisons en ce moment, nous verrons que divers jurisconsultes du moyen âge les ont lus et utilisés en Artois, en Bretagne, en Poitou, à Tournai, etc.

Usage d'Orléanais et coutume de Touraine-Anjou copiés dans les Etablissements de saint Louis. — Avant de quitter les *Etablissements de saint Louis,* je dois dire un mot des deux textes coutumiers, l'un angevin, l'autre orléanais que le compilateur a copiés.

Le texte orléanais copié dans le livre II est ainsi qualifié : *Usage d'Orlenois.* Il n'est pas arrivé jusqu'à nous dans son état primitif, le compilateur des *Etablissements* l'ayant noyé dans un mélange confus de droit romain et de droit canonique. J'ai essayé de le dégager et de le restituer par conjecture.

L'*Usage d'Orlenois* doit être l'œuvre d'un officier royal. Il a été composé sous le règne de saint Louis et avant l'ordonnance de ce prince contre les duels judiciaires. Ce texte — je parle ici de ce document tel que je me le représente dans son état primitif — accuse des influences canoniques et romaines très sensibles ; un état de culture juridique, littéraire et intellectuelle assez développé.

J'arrive à la coutume de Touraine-Anjou, copiée dans le livre Ier des *Etablissements*[1] :

La coutume de Touraine-Anjou copiée dans les chapitres 10-175 du livre Ier a été composée soit en Touraine, soit en Anjou, par un officier du roi de France, un bailli ou un prévôt, vers les mois de juin ou juillet 1246.

[1] Elle nous est arrivée isolément, mais dans des manuscrits du XIVe siècle et avec le titre de *Coutume d'Anjou et Maine.* Le droit de l'Anjou et celui du Maine étaient presque identiques.

C'est un texte très original, très naïf, où les éléments germaniques sont fortement accusés.

Cette coutume de Touraine-Anjou n'est jamais, dans sa forme du XIIIe siècle, devenue officielle; mais elle a joui d'une grande vogue et d'un grand crédit. Elle est le point de départ, le point initial d'une série de coutumes angevines qui procèdent les unes des autres, s'engendrent les unes les autres et aboutissent à la dernière rédaction de 1508. La rédaction de la coutume d'Anjou de 1508 est restée au moins partiellement en vigueur jusqu'à la promulgation des lois nouvelles qui composent le *Code civil.*

Telle a été en Anjou la fortune de la coutume de 1246. Dans une province voisine, en Bretagne, elle a fourni une autre carrière; elle y a pénétré par la pratique et les relations entre jurisconsultes et elle est devenue le canevas sur lequel ont été rédigées diverses règles coutumières bretonnes [1]. Cette influence française sur le droit breton est fort remarquable.

Je me résume : la coutume de Touraine-Anjou, incorporée dans les *Etablissements*, partage, à ce titre, la grande et extraordinaire fortune de ce recueil. En outre, elle donne naissance en Anjou à une nombreuse postérité dont les derniers rejetons ne disparaissent qu'au commencement de ce siècle.

5. *Compilatio de usibus et consuetudinibus Andegavie.*

Texte angevin postérieur aux Etablissements. — Ce titre latin *Compilatio de usibus* s'applique à un texte français fort court, mais fort curieux, qui est spécial à l'Anjou.

La *Compilatio* a été rédigée en Anjou, au commencement du XIVe siècle, et probablement un peu après l'ordonnance du 28 juillet 1315; car l'article 15 de cette ordonnance paraît bien avoir été visé par l'auteur de la *Compilatio* (art. 55).

La *Compilatio* n'est jamais devenue officielle; mais elle a obtenu un grand succès : elle a été presqu'entièrement copiée au XIVe siècle par un jurisconsulte poitevin dont nous parlerons plus tard.

[1] Voyez *Etabl. de saint Louis*, t. III, p. 188 et suiv.

Il est bon de savoir que la *Compilatio*, postérieure d'environ quarante-cinq ans aux *Etablissements de saint Louis*, a été considérée, au contraire, par un des derniers historiens du droit français, M. Laferrière, comme antérieure aux *Etablissements*. M. Laferrière pensait que la *Compilatio* avait été rédigée vers 1268, un peu avant les *Etablissements de saint Louis*. Je n'entre pas dans le détail de la controverse; mais le lecteur peut tenir pour certain que la *Compilatio*, loin d'être antérieure aux *Etablissements de saint Louis* qui en dériveraient, leur est bien postérieure [1].

6. *Coutume du comté de Clermont en Beauvoisis. Beaumanoir.*

Caractère original de Beaumanoir. — Nous arrivons à l'œuvre juridique la plus originale, la plus remarquable de tout le moyen âge, à la coutume non officielle qu'on qualifie ordinairement *coutume de Beauvoisis*, mais qu'il convient d'appeler plus exactement coutume du comté de Clermont en Beauvoisis. Cette œuvre est due à Beaumanoir, bailli du comte de Clermont.

Les noms complets du jurisconsulte si connu sous le nom de Beaumanoir sont *Philippe de Remi* ou *Remin, sire de Beaumanoir*. Remi ou Remin est situé dans l'arrondissement de Compiègne et faisait partie au XIIIe siècle du comté de Clermont. Les Montfort étaient seigneurs de ce village. Beaumanoir est situé tout près de Remi, sur les rives de la petite rivière appelée Aronde.

Après avoir exercé les fonctions de bailli du comte de Clermont (il s'agit de Robert, comte de Clermont, sixième fils de saint Louis), Beaumanoir entra au service du roi et fut sénéchal de Poitou, sénéchal de Saintonge, bailli de Vermandois, bailli de Touraine, bailli de Senlis. Il mourut au commencement de l'année 1296.

La coutume du comté de Clermont est essentiellement une œuvre pensée et vivante. Je dirai plus : c'est un traité de

[1] Cf. Viollet, *Etabl.*, t. Ier, p. 27 et suiv

droit du moyen âge de la plus haute valeur. Il a été commencé dans le temps que Beaumanoir était bailli du comte de Clermont, c'est-à-dire au plus tard en 1279 : il fut achevé en 1283, alors que Beaumanoir n'était déjà plus bailli du comte de Clermont ou allait quitter ces fonctions. Beaumanoir, étant bailli de Clermont, venait souvent assister aux séances du parlement de Paris. Nous avons dans son livre un écho des audiences auxquelles il assista[1].

Beaumanoir est un esprit lucide et simple, ferme et original. Il connaît le droit romain et le droit canonique; mais il s'en sert librement, avec un sans-façon et un sans-gêne fort curieux. Il n'est pas non plus esclave des usages coutumiers qu'il prétend reproduire, et il serait facile de prouver que sa coutume de Beauvoisis est quelquefois en désaccord avec l'état réel des choses. Nous sommes donc, je le répète, en face d'une œuvre essentiellement personnelle, chose si rare parmi les travaux juridiques du moyen âge. La coutume du comté de Clermont n'est jamais devenue officielle.

Si Beaumanoir nous a laissé une œuvre vraiment personnelle, il est sensible néanmoins que, comme tout auteur sérieux, il s'était préparé à cette œuvre par certaines lectures. Mais quelles furent ces lectures? Il nous plairait, après six siècles, d'en savoir quelque chose. Plus d'un curieux s'est posé cette question délicate et a émis son avis. — Beaumanoir a eu sous les yeux l'*Ordo judiciarius* de Tancrède, écrit Daniels[2]. Les divisions des deux ouvrages se ressemblent fort, et cette ressemblance trahit une imitation de la part de Beaumanoir. — Je crois que ce sont les grandes divisions du *Digeste* qui, en partie du moins, l'ont guidé, assure à son tour notre regretté H. Bordier[3]. — Non pas, reprend M. Gross. Il avait lu un certain *Ordo judiciarius* que je viens de découvrir et de publier. Le plan des deux auteurs présente certaines analogies. Je retrouve de part et d'autre les mêmes procédés littéraires. Enfin, je crois

[1] Cf. Suchier, *Introd.* aux *Œuvres poétiques*, t. Ier, p. XI.

[2] Daniels, *System und Geschichte des franz. Civilprocessrechtes*, 1849, t. Ier, p. 37 et suiv.

[3] H. Bordier, *Philippe de Remi, sire de Beaumanoir*, Paris, 1869, p. 376-384.

être en mesure de signaler quelques emprunts[1]. — Après ces trois savants, un quatrième critique suggère une observation indépendante des précédentes. Beaumanoir, suivant lui, a dû lire les *Etablissements de saint Louis*. Il aperçoit, dans l'ouvrage, quelques traces de cette lecture[2]. — Un cinquième et dernier critique se hâte de rejeter cette conjecture[3].

Sur un seul point, les érudits sont unanimes. Ils reconnaissent tous la force et l'originalité de ce grand esprit.

Beaumanoir n'est pas seulement un jurisconsulte du premier ordre; c'est aussi un poète. Ses deux poésies principales sont le roman de la *Manekine* et le roman de *Jehan de Dammartin et Blonde d'Oxford.*

Dans le poème intitulé *Jehan de Dammartin et Blonde d'Oxford,* Beaumanoir qui, très probablement, avait quitté lui-même assez jeune le foyer de famille pour servir en Angleterre en qualité de page et y apprendre la vie élégante et le métier des armes, gourmande, en termes énergiques, les gentilshommes pauvres qui vivent confinés dans leurs terres au lieu d'aller chercher fortune au loin. Ses vers nerveux méritent d'être cités :

Qui honeur cace, honeur ataint
Et qui à peu bée, à peu vient.
. . . .
Tex hom demeure à son hostel
Qui à grant paines a du sel,
Qui, s'il aloit en autre tere,
Il savroit assés pour aquerre
Honneur et amis et richece,
. . . .
Car cascuns moustre son savoir
Miex en autre païs qu'el sien
Et plus tost en vient à grant bien.
Quant povres gentiex hom demeure
En son païs une seule heure,
On li devroit les iex crever[4].

1 Gross, *Incerti auctoris ordo judiciarius,* Innsbruck, 1870, p. 75 et suiv.

2 Cf. mes *Etabl. de saint Louis*, t. Ier, pp. 333 et suiv.

3 Dareste, dans *Journal des Savants,* 1889, p. 647, 648.

4 *Jehan et Blonde,* vers 1 à 27, dans Suchier, *Œuvres poétiques de Philippe de Remi, sire de Beaumanoir,* Paris, 1885, pp. 3, 4.

Le gentilhomme pauvre auquel s'adresse ici le poète apparaît souvent dans les textes du moyen âge. Je le retrouve précisément dans la coutume de Beauvoisis [1]. Je le rencontre aussi dans les récits charmants de Joinville [2].

7. *Anciens usages d'Artois.*

Conseil et Etablissements utilisés. — Un jurisconsulte anonyme a rédigé vers l'an 1300 une compilation fort remarquable connue sous le nom d'*Anciens usages d'Artois.*

Ce compilateur était un personnage fort intelligent. Il a, en combinant ses souvenirs de pratique judiciaire et ses lectures, écrit un livre très intéressant et en certaines parties très original. Les ouvrages du moyen âge lus et même transcrits mot à mot par le rédacteur des *Anciens usages d'Artois* sont : le *Conseil* de Pierre de Fontaines et les *Etablissements de saint Louis.* Tout en copiant de longs passages dans ces deux ouvrages, ce compilateur a réussi à nous laisser une œuvre qui n'est point dépourvue de couleur locale et d'intérêt.

8. *Style de du Breuil.*

Du Breuil, avocat de mauvaise réputation. — Du Breuil, né à Figeac en Quercy, avocat au parlement de Paris, mort en 1344 ou 1345 [3], nous a laissé un ouvrage important connu sous le titre de *Stylus curiæ parlementi* ou *Style du parlement de Paris.* Cet ouvrage a été rédigé en latin et paraît avoir été écrit vers l'an 1330 [4]. Des arrêts de 1323, 1324 et années suivantes jusqu'en 1329 y sont souvent cités. Quelques manuscrits mentionnent aussi un arrêt de 1343 ; mais il est très probable qu'il

[1] Ch. II, 21 ; ch. XVII, 4, éd. Beugnot, t. Ier, pp. 54, 274.

[2] Ch. XX, 90, 91, édit. Nat. de Wailly, Paris, 1874, p. 53. Joignez cette expression dans un diplôme de 931 : « Tam ex villis fratrum quam in beneficio datis hospitali nobilium atque pauperum » (Dom Bouquet, t. IX, p. 573).

[3] Entre ces deux dates : octobre 1344 et 23 décembre 1345 (Delachenal, dans *Bulletin de la société de l'histoire de Paris*, t. X, 1883, p. 174).

[4] « Dans une période qui s'étend depuis 1329 jusqu'à la fin de l'année 1330 » (Félix Aubert, dans *Nouvelle revue hist. de droit*, t. VIII, p. 357).

n'appartient pas à l'œuvre primitive ou que la date est fausse. Du Breuil a voulu guider les praticiens dans toutes les procédures au parlement de Paris et il a composé un traité très précieux pour nous et qui a joui d'un grand et long crédit au moyen âge. La réputation de du Breuil était assez mauvaise. Il avait été l'avocat de Robert d'Artois et on le soupçonna de complicité dans les faux qui marquèrent ce célèbre procès. Il fut, de ce chef, suspendu un moment de son office d'avocat. Il était, quand il mourut, sous le coup d'une accusation criminelle. Il fut absous, après sa mort, de tous les crimes pour lesquels il avait été poursuivi par le procureur du roi et par l'official de Paris.

Deux autres *Styles* du XIVe siècle (1336 ou 1337), dont l'auteur est incertain, viennent d'être publiés par M. Guilhiermoz. Je veux parler du *Style de la Chambre des enquêtes* et du *Style des commissaires du parlement*. L'étude que M. Guilhiermoz a jointe à cette publication est de la plus grande valeur.

9. *Très-ancienne coutume de Bretagne.*

Influences romaines et canoniques. — La *Très ancienne coutume* de Bretagne est une de ces compilations privées qui se sont élevées peu à peu au rang de document officiel. Elle date du premier tiers du XIVe siècle. Sur un exemplaire incunable de la coutume, exemplaire non retrouvé aujourd'hui, un annotateur inconnu avait pris la peine de transcrire les noms de trois Bretons auxquels serait due, suivant lui, cette rédaction ancienne : Copu le Saige, Mahé le Léal, Tréal le Fier. Cette attribution est douteuse, mais n'a rien d'impossible.

La *Très ancienne coutume* de Bretagne ne se distingue pas par l'originalité. Le droit vraiment breton semble étouffer sous ce vaste manteau aux couleurs ternes et mêlées. Le droit romain, le droit canonique sont des sources familières à nos compilateurs. Ils les fondent avec le droit vivant, avec le droit coutumier, non sans talent, non sans harmonie et méthode. Une piété qui n'est pas toujours fade leur inspire au cours de ce long travail plusieurs homélies ou prières. Une intelligence honnête, modérée, qui charme par sa franchise préside à l'œuvre entière. Ainsi, on montre à l'égard des juridictions ecclésiastiques une hostilité sensible; mais on avoue, avec bonhomie, que les extorsions des juges laïques ont singulièrement favorisé le développement des justices d'Eglise. Çà et là une allure littéraire assez marquée.

La *Très ancienne coutume* a été divisée originairement en une série unique d'articles numérotés, ainsi que nous l'apprend le prologue; c'est un procédé bien peu suivi au moyen âge et fort utile. On a dressé, peut-être dès l'origine, une bonne table alphabétique qui se trouve dans plusieurs manuscrits. Voilà deux précautions très commodes pour le lecteur et bien rares au XIVe siècle. L'auteur ou les auteurs de la *Très ancienne coutume de Bretagne* ont certainement connu les *Etablissements de saint Louis.*

La *Très ancienne coutume de Bretagne* a joui d'une grande vogue dans ce pays, comme l'attestent encore les nombreux manuscrits qui nous en sont restés. Le duc François II la cite dans une ordonnance et, par conséquent, la considère comme un document à peu près officiel. Elle fut révisée au milieu du XVe siècle.

10. *Le livre des droiz et commandemens d'office de justice.*

Origine poitevine. — Au cours du XIVe siècle, probablement avant 1372, un jurisconsulte poitevin eut l'idée de réunir divers textes de droit et de les accommoder tant bien que mal aux usages du Poitou. Il forma ainsi une assez vaste compilation, toute pénétrée de droit romain et canonique, mais sans vigueur, sans originalité, sans netteté, confuse, chargée de répétitions et parfois contradictoire; car cet anonyme n'est point un esprit clair et original; c'est un compilateur qui compile des compilations. Il a mis à contribution : les *Etablissements de saint Louis;* très probablement la coutume de Touraine-Anjou, copiée déjà dans les *Etablissements,* mais qu'il semble avoir connue aussi isolément; certainement la *Compilatio de usibus et consuetudinibus Andegavie.*

Il n'a pas suivi, à l'égard de ces textes, un système uniforme : lorsque les usages poitevins diffèrent du droit angevin, tantôt il altère le texte qu'il a sous les yeux, tantôt il le copie littéralement, sauf à ajouter une observation rectificative.

Tel qu'il est, l'ouvrage avec ses défauts et son manque d'originalité est capital pour l'histoire du droit poitevin. C'est le plus ancien document juridique concernant cette province qui nous ait été conservé. Il convient, à ce point de vue local (comme d'ailleurs à bien d'autres égards), de le consulter avec prudence ; car l'auteur est sujet à de graves distractions : il transcrit parfois servilement un texte angevin, sans songer à une rectification nécessaire au point de vue du droit poitevin. Ces distractions ou ces négligences peuvent être perfides pour l'érudit qui prendrait aveuglément pour guide, dans une étude sur le droit poitevin, le *Livre des droiz et commandemens d'office de justice*.

Un autre poitevin, Jean Mignot, a écrit, en 1372, un ouvrage sur le droit poitevin qui, malheureusement, est aujourd'hui perdu[1].

11. *Le Grand coutumier de France.*

Œuvre due à Jacques d'Ableiges. — Le *Grand coutumier* offre une importance exceptionnelle pour l'étude des origines de la coutume de Paris. On n'en connaissait point l'auteur jusqu'à ces derniers temps : M. L. Delisle nous a appris que l'auteur du *Grand coutumier* est Jacques d'Ableiges.

Jacques d'Ableiges fut secrétaire du duc de Berry (1371), puis examinateur au Châtelet ; plus tard, bailli de Chartres et de Saint-Denis-en-France (1380), enfin, bailli d'Evreux. Le *Grand coutumier* a été achevé, au plus tard, en 1389 ; l'auteur était alors bailli d'Evreux.

Jacques d'Ableiges a mis en tête de son ouvrage une dédicace très bonhomique à ses quatre neveux. Il les engage à prendre pour modèle leur grand-père plutôt que leur père ou leur oncle qui, l'un et l'autre, ont été « jeunes, infancibles et volages. » Notre auteur avait de bonnes raisons pour parler de la sorte :

[1] Cf. Viollet, *Etab.*, t. Ier, p. 309.

sa vocation de jurisconsulte ne l'avait point préservé de folles aventures et sa jeunesse n'avait pas toujours été « refridée et meurée [1]. »

Jacques d'Ableiges nous apprend lui-même que son *Grand coutumier* n'est pas une œuvre originale, venue d'un seul jet. C'est une compilation où ont été réunis des éléments variés, de l'aveu même de l'auteur qui s'exprime ainsi : « Je ay dès longtemps encommencié à conqueillir et assembler plusieurs memoires et oppinions des saiges, que je, qui petitement suis fondé pour estudier en grans livres, en grans ou haultes sciences, ay quis et serchié en plusieurs petiz livres et petiz traictiez, puis çà puis là, en grand peine et en grant cure. Et à present que je suis à plus grant loisir et moins embesongné que je n'ay plusieurs fois esté, les ay mises en ordonnance et par chapitres. Et ne vueillez mie avoir en despit ceste petite compilacion pour ce, si je l'ay faite : car le bien qui y est, s'aucun peu en y a, ne vault de rien moins pour mon insuffisance. Et, en vérité, ce qui y est je l'ay trouvé et aconquelly d'autre part et acquiesté sur aultruy seens. »

Le *Grand coutumier* est divisé en quatre livres. Jusqu'aux dernières recherches de M. L. Delisle, on avait cru que le livre Ier n'appartenait pas au *Grand coutumier* primitif. Il n'en est rien : le livre Ier fait partie, comme les trois autres, de l'œuvre authentique de Jacques d'Ableiges.

Parmi les ouvrages ou les documents utilisés ou copiés par Jacques d'Ableiges pour la rédaction de son *Grand coutumier*, il faut citer : 1° un *Style* de la Chambre des Enquêtes du parlement; 2° un *Style* des commissaires du parlement [2]; 3° le *Style* de du Breuil [3]; 4° un certain nombre d'actes administratifs émanés de Jacques d'Ableiges lui-même; 5° le petit texte appelé

[1] Voyez Molinier, dans *Bull. de la Soc. de l'hist. de Paris*, 9e année, mai-juin 1882, p. 91.

[2] Le *Style de la Chambre des enquêtes* et le *Style des commissaires du parlement* ont été publiés par M. Guilhiermoz, *Enquêtes et procès, Etude sur la procédure et le fonctionnement du parlement au XIVe siècle*, Paris, 1892, in-4°.

[3] MM. E. de Rozière et Guilhiermoz pensent que l'auteur du *Grand coutumier* a aussi utilisé un *Style* manuscrit de Pierre et Guillaume de Maucreux.

Constitutions du Châtelet de Paris[1]; 6° un document fort curieux intitulé : *Les demandes que le roy fait des coustumes de fief à l'usage de France*[2].

Bien que rédigé à la fin du XIVe siècle, cet ouvrage contient de nombreux et précieux détails sur le duel judiciaire. Qu'on n'en soit pas surpris : sans doute, le duel judiciaire avait été aboli par saint Louis, mais l'ordonnance de saint Louis ne concernait que le domaine royal; et, d'ailleurs, mal exécutée dès l'origine, elle avait été révoquée par Philippe le Bel qui promulgua sur cette matière, en 1306, une ordonnance fondamentale : par cette ordonnance Philippe le Bel permettait le duel judiciaire dans un très petit nombre de cas déterminés[3]. La matière du duel judiciaire a été régie par cette ordonnance au XIVe, au XVe et même au XVIe siècle. Voilà comment Jacques d'Ableiges, longtemps après saint Louis, est appelé à s'occuper doctement du duel judiciaire : un duel judiciaire resté célèbre fut ordonné de son temps par le parlement de Paris. Je veux parler du duel de Jacques Le Gris et de Jean de Carrouge[4] (1386).

12. *La Somme rural de Jehan Boutillier.*

Origine tournaisienne. — Boutillier, jurisconsulte de Tournai, est l'auteur de la *Somme rural*, essai de généralisation du droit français fort remarquable. Boutillier prend, entre autres qualifications, celle de *lieutenant du bailli de Vermandois en la souveraineté de Tournesis*. Il est mort en 1395 ou 1396[5].

Il écrivit la *Somme rural* à peu près à la même époque que Jacques d'Ableiges le *Grand coutumier*. J'insistais, dans la première édition de cet ouvrage et surtout dans mes *Etablissements*

[1] Comparez *Const. du Châtelet*, § 56 et *Grand coutum.*, II, 10 (Mortet, dans *Mém. de la Soc. de l'histoire de Paris*, t. X, 1883, p. 67, note).

[2] Cf. Bordier, dans *Bibl. de l'Ecole des chartes*, 2e série, t. V, p. 45 et suiv.

[3] Cf. Viollet, *Etab.*, t. Ier, p. 268.

[4] Recueil de Jean le Coq dans Brit. Mus., Manuscrit Harl. 4503, fol. 35 v°, 36 r° et v°. Imprimé par du Moulin à la suite du *Stilus antiquus*, Parisiis, 1558, p. 276.

[5] Plus exactement entre le 16 septembre 1395 et le 24 janvier 1396 (n. s.).

de saint Louis, pour prouver que Boutillier avait dû terminer son œuvre à la fin du XIVe siècle et non pas au commencement du XVe, comme l'avaient fait croire les éditions très défectueuses de la *Somme*. Cette conclusion, fournie par la seule comparaison des manuscrits et des éditions anciennes qui ont la valeur de manuscrits, est désormais hors de toute contestation, car on sait, grâce à M. de Meulenaere, que Boutillier avait cessé de vivre à la fin de janvier 1396 (n. s.).

Boutillier parle vaguement, à plusieurs reprises, de divers coutumiers qu'il a utilisés pour la rédaction de sa *Somme*, sorte de code aux visées élevées et qui ne tend à rien moins qu'à une généralisation du droit français. Un examen sommaire permet de signaler, en effet, les textes suivants : 1° *Anciens usages d'Artois*; 2° *Grand coutumier normand*; 3° *Poines de la duchie d'Orléans*; 4° *Etablissements de saint Louis*; 5° *Style de la Chambre des enquêtes*; 6° *Style des commissaires du parlement*[1].

13. *Jean Masuer.*

Auvergne, lieu d'origine. — Nous possédons sous une double forme en latin et en français, un ouvrage de droit du XVe siècle, dû à Jean Masuer, jurisconsulte auvergnat, mort après 1449. Jean Masuer était avocat à la cour de la sénéchaussée de Riom. Dans un acte de 1449, il se qualifie, en outre, chancelier de Riom et conseiller du duc de Bourbonnais et d'Auvergne.

L'ouvrage de Masuer qui porte les titres de *Practica forensis*, *Practica senescalliæ Alverniæ* ou encore *Viator juris civilis*, concerne, bien entendu, le droit de l'Auvergne et du Bourbonnais; mais il est très fortement empreint de droit romain. Dans deux manuscrits français qui se trouvent à la Bibliothèque nationale, une bonne partie des longueurs, des allusions directes au droit romain qu'on trouve dans le texte des éditions latines, manque ou est relégué à la marge. Klimrath en tire cette conséquence que cette glose ne faisait pas, à l'origine, partie du

1 Guilhiermoz, *Enquêtes et procès, Etude sur la procédure et le fonctionnement du parlement au XIVe siècle*, p. 25.

texte, mais qu'elle s'y est incorporée ultérieurement[1]. M. Ad. Tardif, qui a étudié attentivement les manuscrits de Masuer, n'admet pas cette hypothèse. J'ai constaté moi-même que les rubriques sont restées latines dans les manuscrits français et qu'une note du temps placée à la fin de l'un de ces manuscrits[2] semble indiquer une traduction. D'autre part, l'allure libre et naturelle du texte français donnerait, à première vue, une impression favorable à l'hypothèse de Klimrath.

Le *Style de la Chambre des enquêtes* et le *Style des commissaires du parlement,* documents de la première moitié du XIVe siècle récemment publiés par M. Guilhiermoz, ont été utilisés par Masuer[3].

14. *Imbert.*

Influences romaines. — Jean Imbert, avocat à Fontenay-le-Comte et lieutenant particulier au même siège, a écrit en latin, au milieu du XVIe siècle, deux ouvrages qui ont obtenu un grand succès :

1° *Institutionum forensium Galliæ pene totius quæ moribus regitur communium libri IV,* Parisiis, 1545, petit in-4°; publié en français sous ce titre : *Pratique judiciaire tant civile que criminelle,* illustrée et enrichie de commentaires et annotations par Fontanon, 1609; par Guénois, Genève, 1641, in-4°. L'ouvrage est divisé en quatre livres : les deux premiers sont consacrés aux matières civiles; les deux derniers aux matières criminelles. Imbert cite volontiers des arrêts du XVIe siècle; ce qui donne assez souvent à son livre un intérêt particulier[4].

2° *Enchiridion juris scripti Galliæ moribus et consuetudine frequentiore usitati itemque abrogati,* Lugduni, 1556; publié en français sous ce titre : *Enchiridion du droit écrit gardé ou*

[1] Klimrath, *Trav. sur l'hist. du droit franç.*, t. II, p. 18 et suiv.. Rivière, *Hist. des inst. de l'Auvergne*, t. Ier, p. 450. Delisle, *Inv. des mss. fr.*, t. II, p. 11.

[2] Bibl. nat., ms. fr. 4661A, fol. 94.

[3] Guilhiermoz, *Enquêtes et procès. Etude sur la procédure et le fonctionnement du parlement au XIVe siècle*, p. 25.

[4] Edit. de Paris, 1545, fol. 42 r° et v°, 43 r°.

abrogé en France par Jean Imbert, augmenté par Guénois, Genève, 1641, in-4°[1].

Le droit romain joue toujours un grand rôle dans Imbert, même dans le premier de ces deux ouvrages où le droit coutumier est fortement imprégné de droit romain. C'est du reste le caractère général des travaux juridiques du XVIe siècle.

15. *Chartes et formules du moyen âge.*

Utilité des formulaires du moyen âge. — En terminant l'histoire des sources de la période mérovingienne et carolingienne ou période germanique, j'ai signalé l'importance des formules; j'ai expliqué que les formules nous fournissaient pour cette époque les spécimens d'une quantité de chartes disparues.

Nous possédons, pour la période féodale, un nombre de chartes qui va croissant de siècle en siècle, et nous pouvons prendre très souvent directement dans les chartes ce sentiment de la réalité des choses, cette vue concrète que je considère comme indispensable dans les études juridiques. Ne négligeons donc pas les chartes : elles nous feront saisir et comprendre le droit.

On pourrait supposer à première vue que les formulaires sont pour cette période sans intérêt. Il en serait ainsi, en effet, si nous possédions des séries complètes de chartes correspondant à tous les actes de la vie civile et juridique. Mais il y a des titres importants qu'on conserve : il y en a d'autres assez fugitifs par leur nature qu'on détruit volontiers, lorsque la période très courte pendant laquelle ils étaient nécessaires est écoulée. Il reste donc un certain nombre d'actes pour lesquels les formulaires du moyen âge nous offrent des spécimens fort utiles à consulter. En outre, un formulaire a toujours l'avantage de nous présenter groupés en un petit volume des spécimens d'actes très différents, tandis que dans les chartriers ou les cartulaires les actes de même nature reviennent souvent à satiété et qu'il nous faut feuilleter bien des volumes ou bien des manuscrits

1 Loisel, *Inst. cout.*, édit. Dupin et Laboulaye, t. Ier, p. CIV. Denis Simon, *Nouv. bibl. hist.*, t. Ier, p. 183.

pour constituer une série même incomplète, pour réunir, par exemple, une constitution de dot, un acte de vente, un acte d'échange, une constitution de rente, un testament, un acte de partage, etc. Il nous arrivera de renconter trente donations ou trente ventes à la suite les unes des autres, avant de trouver enfin un nouveau spécimen. Les formulaires nous permettent de former une collection plus complète en moins de temps.

Mais je n'insiste pas sur les divers genres d'intérêt que peuvent présenter les formulaires.

BIBLIOGRAPHIE DU § 1er. — Brunner, *Excurs über die älteren normannischen Coutumes*, à la suite de *Das anglonormannische Erbfolgesystem*, Leipzig, 1869. — Joseph Tardif, *Coutumiers de Normandie*, Rouen, 1881, Ire partie. — W. Laurence de Gruchy, *L'ancienne coutume de Normandie*, Jersey, 1881.

BIBLIOGRAPHIE DU § 2. — Le *Conseil* a été édité : — par Du Cange, à la suite de la *Vie de saint Louis* par le sire de Joinville; — par Marnier, Paris, 1846. — Lire sur Pierre de Fontaines : — Klimrath, dans *Travaux sur l'histoire du droit français*, t. II, p. 27; — Laboulaye, dans l'*Histoire littéraire de la France*, t. XXI, pp. 844-848, et dans *Revue bibliographique et critique de droit français et étranger*, 1853, no 1, p. 25 et suiv. — Beautemps-Beaupré, *Coustumes des pays de Vermendois et ceulx de envyron*, Paris, 1858.

BIBLIOGRAPHIE DU § 3. — *Jostice et Plet* a été publié par Rapetti, en 1850, d'après les notes de Klimrath, dans la *Collection des documents inédits*. On n'a pas reproduit dans cette édition les passages traduits du droit romain ou du droit canonique, quand ils ne sont pas mélangés de droit coutumier. Il faut aller chercher ces passages considérables et qui ont plus d'une fois de l'intérêt dans le manuscrit de la Bibliothèque nationale. On peut lire sur *Jostice et Plet* : — un essai d'Anschütz à la fin du t. VI de Laferrière, *Hist. du droit français*. L'auteur y a recueilli tous les passages où le nom d'Orléans est cité; mais ces passages ne sont pas les seuls qui intéressent le droit orléanais; — un travail du même Anschütz dans *Kritische Zeitschrift für Rechtswissenschaft und Gesetzgebung*, t. XXIII, pp. 331-333; — Klimrath, dans ses *Travaux sur l'histoire du droit français*, t. II, pp. 127-132; — la préface de M. Rapetti en tête de l'édition que je viens d'indiquer; — plusieurs passages du tome Ier de mes *Etablissements de saint Louis*.

BIBLIOGRAPHIE DU § 4. — Laferrière, *Histoire du droit français*, t. VI, 1858, pp. 108-296. — Paul Viollet, *Les sources des Etablissements de saint Louis*, Paris, 1877. — Paul Viollet, *Les Etablissements de saint Louis*, Paris, 1881-

1886, 4 vol. — Beautemps-Beaupré, *Coutumes et institutions de l'Anjou et du Maine*, Ire partie, *Coutumes et Styles*, Paris, 1877, t. Ier. — Joseph Tardif, *La date et le caractère de l'ordonnance de saint Louis sur le duel judiciaire*, dans *Nouvelle revue historique de droit français et étranger*, t. XI, 1887, pp. 163-174.

Bibliographie du § 5. — La *Compilatio* a été éditée par Marnier, *Anciens usages inédits d'Anjou*, Paris, 1853; — par M. Beautemps-Beaupré dans *Cout. et instit. de l'Anjou et du Maine*, 1re partie, t. Ier, 1877; — par moi-même dans *Les Etabl. de saint Louis*, t. III, 1883, p. 116 et suiv.

Bibliographie du § 6. — Editions de Beaumanoir : — Thaumas de la Thaumassière, *La coutume de Beauvoisis par Beaumanoir* (dans le même vol., *Assises et bons usages du royaume de Jérusalem*), Bourges et Paris, 1690, in-fol. — Comte Beugnot, *Les coutumes de Beauvoisis par Philippe de Beaumanoir*, Paris, 1842, 2 vol. Le notes de Thaumas de la Thaumassière sont très précieuses et plus utiles que celles du comte Beugnot. — La *Manekine* a été éditée par M. Francisque Michel dans la collection du *Bannatyne club*, *Roman de la Manekine* par Philippe de Reimes, 1840, in-4°. — Le roman de *Jehan de Dammartin et de Blonde d'Oxfôrd* a été édité, en 1858, dans la collection de la *Camden Society*. — M. Bordier a édité une grande partie de ces deux poèmes dans le second fascicule de son ouvrage sur Beaumanoir. — Enfin, M. Suchier en a donné une édition nouvelle : *Œuvres poétiques de Philippe de Remi, sire de Beaumanoir*, Paris, 1884-1885, 2 vol. (*Société des anciens textes français*).

Etudes sur Beaumanoir : — Laboulaye dans *Revue de législation et de jurisprudence*, t. XI, 1840. — Bordier, *Philippe de Remi, sire de Beaumanoir*, Paris, 1869-1873, 2 parties en 1 vol. — Suchier, *Introd.* aux *Œuvres poétiques*, t. Ier, 1834, pp. I-CLX. — Tardif, *Histoire des sources du droit français*, *Origines romaines*, Paris, 1890, pp. 396-403. — Cf. Daniels, Paul Viollet, Gross cités ci-dessus, pp. 186, 187, en note.

Bibliographie du § 7. — Au XVIIIe siècle, Maillart a publié les *Anciens usages d'Artois* dans son ouvrage intitulé *Coutumes d'Artois*, in-fol., 2e édit., Paris, 1756. — Ad. Tardif en a donné une édition nouvelle dans son *Recueil de textes pour servir à l'enseignement de l'histoire du droit*, Paris, Picard, 1883. — Paul Viollet, *Les Etablissements de saint Louis*, t. Ier, 1881, pp. 342-347.

Bibliographie du § 8. — Au XVe siècle, Etienne Aufreri (en latin Aufrerius), président du parlement de Toulouse, glosa le *Style* de du Breuil.

Editions principales de du Breuil : — Ch. du Moulin, *Stilus supremæ curiæ parlamenti*, Paris, 1551, in-4°. — Voyez de très précieux renseignements sur les éditions antérieures à du Moulin, dans Guilhiermoz, *Enquêtes et procès*, Paris, 1892, pp. 174-175. — H. Lot, *Guillaume du Breuil, Style du parlement de Paris,* Paris, 1877, in-fol. C'est la reproduction du texte du manuscrit de du Breuil conservé depuis le moyen âge au greffe du parlement de Paris. Cet exemplaire, pour avoir servi aux greffiers du parlement, n'est pas exempt de fautes et d'erreurs nombreuses. La comparaison des manuscrits pourra seule conduire à l'établissement d'un texte correct. Ici l'éditeur se heurtera à une grosse difficulté : il cherchera probablement en vain dans les registres du parlement de Paris un grand nombre d'affaires et d'arrêts cités par du Breuil, qu'on devrait retrouver, semble-t-il, et qui, cependant, n'ont point laissé de trace. Ce fut une grande déception pour Lot.

Travaux divers sur du Breuil : — Bordier, dans la *Bibl. de l'Ecole des chartes,* 1re série, t. III, pp. 47-62. — H. Lot, *ibid.,* t. XXIV, pp. 119-138. — Delachenal, *Notes pour servir à la biographie de Guillaume du Breuil,* dans *Bulletin de la société de l'histoire de Paris*, t. X, 1883, p. 174. — Félix Aubert, *Note sur la date du Stilus parlamenti de Guillaume du Breuil*, dans *Nouvelle revue hist. de droit,* t. VIII, 1884, pp. 355-359. — J. Tardif, *Un mémoire de Guillaume du Breuil*, dans *Nouvelle revue hist. de droit français et étranger,* t. XII, pp. 278-280. — Moranvillé, *Guillaume du Breuil et Robert d'Artois,* dans *Bibliothèque de l'Ecole des chartes,* t. XLVIII, 1887, pp. 641-650.

Guilhiermoz, *Enquêtes et procès. Etude sur la procédure et le fonctionnement du parlement au XIVe siècle, suivie du Style de la Chambre des enquêtes, du Style des commissaires du parlement et de plusieurs autres textes et documents*, Paris, 1892, in-4°.

Bibliographie du § 9. — Je me contente, laissant de côté les éditions anciennes, de mentionner le texte reproduit par Bourdot de Richebourg, *Coutumier général*, t. IV, pp. 199-288. — M. Planiol prépare une édition critique. — Paul Viollet, *Les Etablissements de saint Louis,* t. Ier, pp. 301-307. — Planiol, *L'assise au comte Geffroi*, dans *Nouvelle revue hist. de droit*, t. XI, 1887, pp. 117-162; 652-708. — Planiol, *L'esprit de la coutume de Bretagne*, Vannes, 1890 (Extrait de la *Revue de Bretagne et de Vendée*, janvier 1891).

Bibliographie du § 10. — Beautemps-Beaupré, *Le livre des droiz et des commandemens d'office de justice*, Paris, 1865, 2 vol. — Paul Viollet, *Les Etablissements de saint Louis*, t. Ier, pp. 308-315.

Bibliographie du § 11. — Parmi les éditions nombreuses du *Grand coutumier,* on doit citer celle de Charondas le Caron, 1598, in-4°. — La dernière édition a été donnée par MM. Laboulaye et Dareste, *Le grand coutumier de France*, Paris, 1868. Il est maintenant nécessaire de recourir aux deux manuscrits signalés par M. L. Delisle. — M. Guilhiermoz, qui avait songé à donner une édition nouvelle, a malheureusement abandonné ce projet.

Travaux divers : — L. Delisle, *L'auteur du grand coutumier de France*, dans *Mém. de la soc. de l'hist. de Paris*, t. VIII, 1881, pp. 140-160. — Molinier, *Lettres de rémission de 1377 pour un ennemi de Jacques d'Ableiges*, dans *Bulletin de la soc. de l'hist. de Paris*, t. IX, 1882, pp. 90-94.

Bibliographie du § 12. — L'œuvre de Boutillier, tout imprégnée de droit romain et de droit canonique, obtint un très grand succès. En 1479, Colard Mansion imprimait la *Somme* à Bruges : vers le même temps elle était traduite en hollandais et imprimée à Delft (1483), à Harlem (1484). Pierre Gérard la publia, en 1486, à Abbeville. Ce succès se continua au xvie et au xviie siècle. Je signale, au commencement du xviie siècle, les éditions de Charondas le Caron avec des notes intéressantes (1602, 1611). —Voir la nomenclature des éditions dans *La Somme rural de Jean Boutillier, Bibliographie*, Gand, 1885 (Extrait de la *Bibliotheca Belgica*). — Lire sur Boutillier : — Paul Viollet, Les *Etablissements de saint Louis*, t. Ier, p. 347 et suiv.; — O. de Meulenaere, *Documents inédits pour servir à la biographie de Jehan Boutillier*, Bruxelles, 1890 (Extrait des *Bulletins de la commission royale d'histoire de Belgique*, t. XVII, no 3, 4e série).

Bibliographie du § 13. — Les éditions de Masuer sont nombreuses : — Texte latin : Paris, 1510, 1523, 1534, 1548; Lyon, 1536, 1577, etc., etc. — Traduction française : Paris, 1577, 1578, etc., etc. — Ad. Tardif, *Practica Forensis de Jean Masuer*, dans *Nouvelle revue hist. de droit français et étranger*, mai-juin 1883, p. 283 et suiv.

Bibliographie du § 15. — Je signalerai quelques formulaires qui font suite aux recueils de la période précédente : — Formules tourangelles du xie siècle dans le manuscrit 659 de la Bibl. de Tours; — *Summa artis notarie*, par Rollandinus de Bologne. Ouvrage du xiiie siècle et d'origine bolonaise, imprimé notamment à Venise, 1485, in-4o. Cet ouvrage a circulé en France au moyen âge. — Formulaire manuscrit à la Bibl. Nat., dans le manuscrit latin 3445 (ancien fonds, ms. du xve siècle), etc., etc.; — *Le grand stille et prothocolle de la chancellerie de France*, Paris, 1532, etc., etc. — Lire sur les formules du moyen âge les divers travaux de Rockinger, notamment : *Die formelbücher vom dreizehnten bis sechzehnten Jahrhundert*, München, 1855; — *Briefsteller und Formelbücher des elften bis vierzehnten Jahrhundert*, München, 1863 (Recueil de textes, mais un grand nombre de ces textes ont plutôt une allure littéraire que juridique). — Bibliographie des travaux sur les formulaires du moyen âge par Langlois, *Formulaires de lettres du xiie, du xiiie et du xive siècle*, dans *Notices et extraits*, t. XXXIV, 1re partie, p. 7, avec les notes 1 et 2.

CHAPITRE V.

LES PRÉMICES DE NOS CODES.

PREMIÈRE SECTION.

Le vœu général.

L'unité. — Nos codes, considérés au point de vue historique, sont la concentration et l'unification du vieux droit français, dispersé et souvent divergent dans les ordonnances royales et les coutumes.

La procédure civile et criminelle, le droit pénal et le droit commercial étaient devenus peu à peu l'objet préféré des ordonnances, tandis que le droit civil proprement dit, toute la matière juridique qui correspond à notre code actuel était plutôt l'objet des dernières rédactions de coutumes.

Le droit des ordonnances était très confus à cause de la multiplicité des édits se succédant les uns aux autres et souvent divergents entre eux. Le droit coutumier donnait lieu à mille difficultés à cause des divergences juridiques entre les coutumes. La contrariété qui existait souvent entre le droit des ordonnances et celui des coutumes augmentait la confusion.

De là naquit de bonne heure une aspiration vers la codification et vers l'unité. La révolution devait réaliser ce vœu; car à cette époque il était mûr.

Rien de grand ne se fait en un jour. Nos codes, pas plus que toute autre œuvre considérable, n'ont été, si on va au fond des choses, le résultat d'un travail de quelques mois ou de quelques années. Pour que ce court travail de rédaction pût être entrepris et pût aboutir, il fallait une longue et laborieuse préparation. Il fallait aussi que cette préparation difficile fût depuis longtemps un besoin senti, le vœu des hommes d'affaires intelligents et même le vœu populaire. On peut affirmer que la préparation des siècles n'a point manqué à nos codes et, en particulier, au *Code civil.*

Sans remonter jusqu'à l'illustre Agobard, archevêque de Lyon, qui, au IXe siècle, réclamait déjà une seule loi, celle des Francs, pour l'empire carolingien[1], je rappellerai que Louis XI désirait *une seule coutume*. Si quelques-uns des auteurs du moyen âge dont je viens de parler nous avaient livré leur pensée intime, il est bien probable qu'ils auraient exprimé le même vœu. Le compilateur des *Etablissements de saint Louis,* par exemple, paraît avoir caressé cette idée d'unification. Elle prit corps et nous la voyons, au XVIe siècle, plusieurs fois manifestée au sein des états généraux.

Citons tout d'abord les états généraux d'Orléans de 1560 : « Le tiers voudroit qu'il fût fait recueil de ce qui devroit être dorénavant gardé et observé entre les sujets, retranchant le surplus et que, par ce moyen, on coupât chemin à toute longueur et affluence des procès et malice des parties et des ministres de la justice » (Tiers, art. 243). La noblesse émit, de son côté, un vœu analogue. Le roi promit d'y pourvoir; mais pour l'instant rien ne se fit[2].

Aux mêmes états d'Orléans de 1560, le tiers demanda inutilement l'unité des *Styles* de justice (art. 191) : c'était demander sinon l'unité des coutumes, au moins l'unité des procédures coutumières.

En 1576, aux états de Blois, la même idée fut mise en avant. On parla non seulement de codifier les ordonnances royales, mais même de codifier les coutumes; en 1576, c'est le clergé et le tiers qui se chargent d'exprimer cette pensée. Le clergé demande que « tous les édits, ordonnances et coutumes soient reçus par certains savants et expérimentés personnages qui seront à ce choisis et députés, et pour éviter la confusion de la multiplicité de lois, compileront un volume et cahier de celles qui se devront garder et qui se trouveront utiles et nécessaires

[1] Agobard, *Liber adversus legem Gundobadi*, ch. 5, 6, 7 (*Patrol. Migne*, t. 104, col. 116, 117).

[2] Picot, *Hist. des Etats génér.*, t. II, pp. 193-194.

en ce royaume, afin d'abroger toutes les autres » (Clergé, art. 281). Requête analogue de la part du tiers (Tiers, art. 200).

Dans l'*édit de Blois* le roi promit de faire droit à ces requêtes par une codification non des coutumes, mais des ordonnances. Il annonça (art. 207) que « certains personnages seroient commis pour recueillir et arrester lesdites ordonnances et réduire par ordre en un volume celles qui se trouveront utiles et nécessaires[1]. »

Cette promesse ne fut pas tenue. Aucune commission ne fut constituée, mais une œuvre privée importante fut provoquée par ce vœu des états et par cette promesse royale : le président Brisson[2] compila l'ouvrage appelé *Code Henri III;* ce qui ne veut pas dire : recueil d'ordonnances promulguées par Henri III; mais recueil des ordonnances en vigueur sous Henri III. Il y a donc, dans le *Code Henri III,* beaucoup d'ordonnances antérieures à Henri III. Brisson y suit l'ordre systématique des matières, non pas l'ordre chronologique. C'est bien la compilation que demandaient les états d'Orléans de 1560 et ceux de Blois de 1576. Elle fut composée en 1585[3] et fut plusieurs fois réimprimée et augmentée; mais elle ne reçut jamais la sanction royale : elle ne fut jamais officielle; le vœu des états ne fut donc pas rempli. L'incertitude et le chaos subsistèrent.

Aux états généraux de 1614, le tiers renouvela ce vœu, déjà émis à deux reprises, d'une codification générale des ordonnances[4] (Tiers, art. 359). Ce vœu ne fut pas pleinement exaucé, tant s'en faut. Cependant on peut admettre que la grande et considérable ordonnance de 1629, dite *Code Marillac* ou *Code Michau,* en est une réalisation partielle.

Sous Louis XIV, on songeait à codifier les ordonnances[5] :

1 Picot, *ibid.*, t. II, p. 560.

2 Pendu en 1591 par ordre des Seize.

3 D'après Denis Simon, t. Ier, p. 65. Pour les travaux analogues à celui de Brisson voyez Camus et Dupin, *Lettres sur la profession d'avocat,* t. II, 1818, p. 167.

4 Picot, *ibid.*, t. IV, p. 86. Il existe un *Code Louis XIII*, Paris, 1628, in-fol. Cet ouvrage est dû à Jacques Corbin, avocat. C'est, comme conception, quelque chose d'analogue au *Code Henri III.*

5 L'ordonnance d'avril 1667 est en effet une codification partielle, mais fort importante. Pussort fut l'un des principaux rédacteurs de l'ordonnance de 1667.

c'était la pensée de Colbert qui la formule dans une note adressée à Louis XIV et en fait honneur au roi[1].

La plupart du temps, cette tendance vers l'unité fut limitée par les obstacles qui séparaient la zone du droit écrit de la zone du droit coutumier. Le chancelier Séguier, préoccupé des divergences d'interprétation et d'application auxquelles le droit romain lui-même était soumis en pays de droit écrit, songeait à unifier la jurisprudence des pays de droit écrit; Bretonnier poursuivit le même but, en écrivant son *Recueil des principales questions de droit*[2]. Fénelon et le duc de Bourgogne semblent, au contraire, avoir songé plus particulièrement à l'unification des coutumes[3].

L'abbé de Saint-Pierre[4] et Daguesseau[5] parlent plus vaguement d'un corps uniforme de législation.

1 Pierre Clément, *Lettres, instructions et mémoires de Colbert*, t. VI, p. IX. Colbert, dans cette note, assure qu'Henri IV avait eu le même projet.

2 Bretonnier, *Recueil des princ. questions de droit*, Paris, 1718, pp. 23-68.

3 Mesnard, *Projets de gouvern. du duc de Bourgogne, Mémoire attribué au duc de Saint-Simon*, Paris, 1860, p. LIX.

4 Cf. Goumy, *Etude sur la vie et les écrits de l'abbé de Saint-Pierre*, p. 305 et suiv.

5 Monnier, *Le chancelier d'Aguesseau*, pp. 286, 287 et appendice.

DEUXIÈME SECTION.

Les jurisconsultes précurseurs.

J'arrive aux œuvres de quelques jurisconsultes qui se sont inspirés de la même pensée.

Tout en suivant la trace de cette pensée et comme guidé par ce fil conducteur, je mentionnerai ici quelques grands jurisconsultes, je devrais dire quelques grands hommes dont l'activité multiple et variée prouve surabondamment que l'étude du droit n'exclut pas une abondante et brillante culture [1].

1. *Charles du Moulin ou du Molin* (en latin *Molinæus*).

L'homme et ses travaux. — Voici un personnage bruyant, un légiste ardent et passionné, dont le nom est un drapeau et dont la vie militante forme un singulier contraste avec l'existence paisible d'un Imbert ou d'un Charondas le Caron.

Charles du Moulin, né à Paris en l'an 1500, débute, en 1522, comme avocat au parlement de Paris. Mais un vice de prononciation l'empêche de réussir. Il échoue, se retire et s'isole dans l'étude, se faisant, d'ailleurs, par ses consultations, de suffisants revenus. L'isolement auquel il se voue est si complet et en même temps si voulu qu'il fait donation générale de ses biens présents et à venir à son frère, Ferry du Moulin [2]. L'avocat consultant avait, en ce temps-là, renoncé pour son compte, au mariage. Mais il eut l'occasion de revenir sur cette décision : il épousa, en 1538, Anne de Beldon. « Ce mariage ayant eu la bénédiction de trois enfants, » du Moulin fit « ce qu'un bon père doit faire, » écrit Brodeau : il parvint à faire révoquer les donations et renoncia-

[1] En suivant tout simplement ce vœu de l'unité, j'élaguerai tout naturellement un grand nombre de noms qu'il n'est pas possible de citer dans une histoire rapide des sources; car, à partir du XVIe siècle, les jurisconsultes français affluent, et je n'en finirais pas si je voulais les citer tous. En me restreignant à ceux qu'on peut considérer comme les précurseurs du *Code civil*, comme les jurisconsultes de l'avenir, je ne citerai guère que de grands noms.

[2] Voyez Brodeau, *La vie de maistre Charles du Molin*, Paris, 1654, p. 22.

tions universelles qu'il avait consenties en faveur de Ferry du Moulin, ce frère chéri qu'il appelait, avant son mariage, « son disciple et sa nourriture[1]. » Ce Ferry s'était, paraît-il, fort mal conduit envers Charles du Moulin.

Du Moulin s'est construit un système général de droit public et privé d'où se dégagent ces tendances maîtresses : respect de la royauté qui doit servir de point d'appui; guerre à outrance à la féodalité; guerre à tous les abus de la Cour de Rome.

Je résumerai rapidement la doctrine de du Moulin sous ces trois chefs :

1. Le roi et la féodalité.
2. L'Eglise.
3. Le droit coutumier. Projet de codification.

1. Le roi et la féodalité. — Je vise, dans ce résumé, les nombreux commentaires de du Moulin sur un très grand nombre de coutumes françaises et en particulier son fameux commentaire sur le titre Ier de la coutume de Paris, qui porte cette rubrique : *De fiefs.*

Le commentaire de du Moulin sur ce titre *De fiefs* de la coutume de Paris est un véritable traité de la matière. Il fut publié en 1539. Cet ouvrage eut un tel succès et éleva du Moulin si haut que le parlement lui décerna d'office et à deux reprises une charge de conseiller. Du Moulin refusa par deux fois, voulant garder intacts son temps et ses efforts. Ce travail est un des monuments de la lutte séculaire contre la féodalité. En voici le résumé :

Le roi puise ses droits dans la loi : la loi et la royauté sont au-dessus du roi. La loi de la monarchie a été libellée dans un monument juridique propre à la royauté, dans la plus vénérable et la plus ancienne des lois franques, la *Loi Salique.* Le roi n'est pas le propriétaire de son royaume. Il n'en est que l'administrateur : *Non censetur dominus seu proprietarius regni sui, sed administrator.* Mais ses pouvoirs d'administrateur sont considérables : il peut, en vertu de son autorité

[1] Brodeau, *ibid.*, pp. 23-63.

supérieure, délier les vassaux du serment qu'ils ont prêté à leurs suzerains, car tous les habitants du royaume sont confondus vis-à-vis du roi dans une certaine égalité de soumission et de devoirs.

Le droit de justice est l'attribut essentiel de la royauté. Tous sujet dans l'Etat est soumis à la justice royale : seigneurs féodaux, prélats et abbés en relèvent, quelles que puissent être leurs prétentions. S'il existe des justices seigneuriales, — et le sol de la France en est couvert, — elles ne peuvent exister qu'en vertu d'une délégation royale. Ainsi les justices féodales sont réduites au rôle subalterne de mandataires de la royauté. Telle est du moins la théorie.

Les redevances féodales sont considérées comme odieuses et, à ce titre, le jurisconsulte les combat le plus qu'il peut : *Ejusmodi relevia, jura exorbitantia, graves et odiosæ, ne dicam sordidæ servitutes, experientia docente, provocant et inducunt homines ad multas fraudas, tricas, mendacia.* Il ne faut donc reconnaître que les redevances admises expressément par la coutume, et ne jamais donner à la coutume la moindre extension.

Ce n'est pas tout : la coutume elle-même, si elle est inique et contraire au droit naturel, ne sera pas observée.

Dans ses luttes contre la féodalité, du Moulin rencontra sur sa route un jurisconsulte distingué, très attaché à la tradition, l'honnête breton d'Argentré. D'Argentré, dans son commentaire sur la coutume de Bretagne, cherche sans cesse à raffermir et à défendre la féodalité attaquée par du Moulin : il suit ce dernier pas à pas, glose par glose, et s'efforce constamment de réfuter son habile adversaire. La verve, la fougue et la bonne foi dominent dans d'Argentré : du Moulin est plus avisé et plus retors dans sa fermeté [1].

2. L'Eglise. — Du Moulin attaque avec énergie les juridictions ecclésiastiques.

L'Eglise possède une juridiction sur tous les clercs. Du Moulin livre à cette juridiction d'audacieux assauts.

1 Aubépin dans la *Revue crit. de législ.*, t. III, pp. 603-625. J'ai emprunté plus d'une expression à M. Aubépin et j'ai suivi son analyse.

Quant aux rapports du pape et du roi, même attitude. L'autorité de Rome, ses lois, ses ordres n'ont aucune force en France par eux-mêmes : il leur faut l'assentiment du roi.

Contre les théologiens du Moulin soutient la légitimité du prêt à intérêt [1]; contre Rome il lance les plus violentes attaques, à l'occasion des *Petites dates* [2] (1552).

Un peu plus tard, en 1564, il publie le *Conseil sur le fait du concile de Trente.* C'est une consultation en cent articles, dans laquelle il examine les décrets du concile et conclut qu'il y aurait danger pour les libertés du royaume à recevoir ces décrets. Que dis-je, danger? Voici en quels termes du Moulin traite ceux qui veulent accepter le concile : ceux-là oublient les antiques traditions de l'Eglise nationale; ils insultent la majesté royale, ils blasphèment Dieu lui-même. Le *Commentaire sur l'édit des petites dates* avait valu, en 1552, à du Moulin des poursuites judiciaires. Il avait plaidé à Châlons devant le conseil privé et obtenu un arrêt de surséance. Sur ces entrefaites, la populace pillait sa demeure et l'obligeait à chercher son salut dans l'exil. Cette sortie contre le concile de Trente donna lieu à de nouvelles poursuites; le parlement fut saisi et le légiste emprisonné. La protection de Jeanne de Navarre et de Renée de France le rendit à la liberté. Il mourut deux ans après.

3. Le droit coutumier. Projet de codification. — J'arrive à la partie de l'œuvre de du Moulin qui nous intéresse plus particulièrement : je veux parler du rôle de du Moulin vis-à-vis de la législation coutumière. Il a commenté presque toutes les coutumes : je pourrais dire qu'il les a commentées à sa manière, c'est-à-dire violemment, les brisant au besoin afin de les ramener à l'équité ou au type préféré de la coutume de Paris qu'il appelle : *Caput omnium hujus regni et totius etiam Galliæ Belgicæ consuetudinum*. Les autres coutumes se meuvent, suivant lui, autour de la coutume de Paris

[1] *Tractatus contractuum et usurarum redituumque pecunia constitutorum* (*Œuvres complètes*, 1681, t. II, p. 1).

[2] Cf. Durand de Maillane, *Dict. de droit canon*, 1776, t. II, p. 204; t. V, p. 207. Aubépin, dans *Revue crit. de législ.*, t. III, IV.

comme autour d'un centre commun. La coutume de Paris devient entre ses mains un type auquel il compare sans cesse les autres petits codes provinciaux, une règle à laquelle il les ramène.

Tous ces commentaires sur les coutumes ont pour inspiratrice et régulatrice une idée d'avenir que du Moulin a formulée et développée en quelques pages célèbres intitulées : *Oratio de concordia et unione consuetudinum Franciæ.*

Du Moulin demande une codification générale et unique de toutes les coutumes de la France coutumière, je ne dis pas des pays de droit écrit. Les coutumes contiennent des divergences et des contradictions indignes de la loi. Où donc est le remède ? Le voici : réunir dans une concordance brève, claire et complète toutes les coutumes du royaume. « Porro nihil laudabilius, nihil in tota republica utilius et optabilius quam omnium diffusissimarum et ineptissime sæpe variantium hujus regni consuetudinum in brevem, unam, clarissimam et æquissimam consonantiam reductio[1]. »

Ainsi on portera la lumière dans l'obscurité des textes ; ainsi on remplira les lacunes ; ainsi on ramènera toutes les coutumes à l'équité ; ainsi on tarira dans sa source le flot des procès qui engraissent les praticiens et les hommes de mauvaise foi : enfin le pouvoir trouvera dans cette unité de la loi une force nouvelle. « Nihil aptius, nihil efficacius ad plures provincias sub eodem imperio retinendas et fovendas ! »

Quant à l'exécution, voici le plan de du Moulin. Il adressera lui-même à chaque ville de France son projet de codification générale approuvé dans un conseil de jurisconsultes : chaque ville fournira, dans un délai de rigueur, son adhésion ou ses observations. Le parlement statuera. Après quoi la loi générale sera soumise à l'approbation du roi.

Quelles objections peuvent encore surgir ? s'écrie du Moulin, enthousiasmé de son projet. Ceux-là sans doute se plaindront qui spéculent sur les procès comme sur les infirmités humaines.

[1] *Oratio de concordia et unione consuetudinum Franciæ*, dans *Opera*, t. II, Parisiis, 1681, p. 690.

Mais il faut que la voix de l'ambition se taise, que l'intérêt privé s'efface et que chacun comprenne qu'il s'agit ici de l'intérêt de tous.

Les efforts de plusieurs générations de jurisconsultes, l'action presque journalière des ordonnances royales, le lent travail du temps rendirent, au bout de deux siècles, possible et presque facile cette unification de la loi que du Moulin a l'honneur d'avoir si vigoureusement réclamée pour la moitié de la France, pour la France coutumière, en plein XVIe siècle.

Celles de nos coutumes qui furent revues et remaniées après la mort de du Moulin l'ont été, en général, sous l'influence de ses annotations : c'est le cas de la coutume de Paris.

Les œuvres de du Moulin ont été mises à l'index. Les Italiens qui ne voulaient pas se priver du secours de sa science firent réimprimer ses œuvres juridiques sous le nom fantastique de *Gaspar Caballinus.* Ce n'est qu'à la faveur de ce déguisement qu'il fut permis de le citer en Italie.

2. *Guy Coquille.*

Guy Coquille traite le droit public et le droit privé. — Voici une physionomie plus reposée que celle de du Moulin, une vie plus calme bien qu'encore parfois militante.

Guy Coquille, né en 1523, à Décize (Nièvre), mort en 1603, est un jurisconsulte nivernais qui a joué un rôle au XVIe siècle. Il étudia le droit à Padoue, où il suivit les leçons de Marianus Socin *junior.* De retour en France, il se familiarisa avec la pratique française en travaillant chez le procureur, étudia à Orléans, suivit quelque temps le barreau à Paris, et enfin s'installa à Nevers comme avocat. Il y devint premier échevin (1568), puis procureur général pour le duc de Nevers, Louis de Gonzague.

Il fut trois fois député du tiers-état de Nevers aux états généraux, savoir : aux états d'Orléans de 1560, aux états de Blois de 1576-1577, et enfin aux états de Blois de 1588. En 1560, Coquille fut remarqué par le chancelier Lhospital qui l'honora de son amitié. Coquille a été mêlé aux affaires publiques de son temps par des écrits dirigés, comme ceux de du Moulin, contre la Cour de Rome. Il faut citer notamment deux traités : *Les libertés de l'Eglise de France*, 1591, et la *Réponse aux bulles de Grégoire XIV contre Henri IV*.

Ses travaux juridiques doivent être remarqués aujourd'hui à deux points de vue différents. Coquille est sérieusement préoccupé du droit public; c'est là un des traits originaux de son œuvre. En second lieu, s'il ne travaille pas avec la même ardeur que du Moulin à procurer la rédaction d'un code unique, il y songe certainement et il prépare cette grande entreprise en publiant son *Institution au droit françois*.

Ses préoccupations politiques et l'intérêt qu'il porte au droit public se révèlent par plusieurs écrits sur les *Etats généraux*, par un *Traité des pairs de France, leur origine, fonction, rang et dignité*, et surtout par les principes et les maximes qu'il pose dans les premiers chapitres de son *Institution au droit françois*.

Outre cette *Institution au droit françois* qui fait de Guy Coquille un des premiers généralisateurs de notre droit, ce grand jurisconsulte a écrit un commentaire célèbre de la coutume de Nivernais, des annotations sur l'ordonnance de 1579.

Une parole exquise, un conseil excellent résume pour moi l'esprit de ce jurisconsulte coutumier qui, maintenant en plein XVIe siècle, au milieu du pédantisme qui envahit tout, la simplicité traditionnelle de nos vieux auteurs, s'exprime ainsi : « Me semble que l'intelligence et la pratique de nos coutumes doit être traitée simplement, sans grand apparat, sans y appliquer ces fanfares de distinctions, limitations, subtilités, fallences et autres discours qui sont plus de fard que de subsistance[1]. »

Voilà la bonne tradition coutumière : efforçons-nous de la suivre. Parmi les fanfares de distinctions et de subtilités l'intelligence s'égare trop souvent; ne perdons pied jamais.

[1] Guy Coquille, *Commentaires sur les coutumes de Nivernois*, dans *Œuvres*, t. II, Paris, 1665, p. 3.

3. *Antoine Loisel.*

Aperçu de la vie. — Antoine Loisel, né en 1536, mort en 1617[1], est une des figures les plus remarquables du XVIe siècle. Poète, érudit, littérateur (c'est par oubli, par méconnaissance qu'il n'est pas rangé parmi nos classiques), jurisconsulte praticien et jurisconsulte antiquaire, Loisel nous a laissé des travaux toujours distingués et deux chefs-d'œuvre.

Né à Beauvais, il fut élevé à Paris au collège de Presle et y contracta une illustre amitié, l'amitié de Ramus. Il fit son droit à Toulouse : c'est là qu'il s'attacha à son maître, le grand Cujas. Il le suivit dès lors d'université en université, à Cahors, à Bourges, un moment à Paris, puis à Valence. Cujas avait pour acolyte un autre jurisconsulte et savant célèbre, Pierre Pithou : Pithou et Loisel travaillaient avec une ardeur infatigable sous l'égide et l'inspiration de Cujas, participant à ses travaux et parfois, — cela est raconté de Loisel, — suggérant au maître hésitant ou embarrassé une conjecture heureuse et acceptée.

En février 1560, Loisel se fit inscrire comme avocat à Paris; c'est dans cette ville qu'il passa la plus grande partie de sa vie, partagé entre l'étude et les affaires. Il quitta Paris, en 1581, pour aller exercer pendant trois ans en Guyenne les fonctions d'avocat du roi en la chambre de justice accordée par Henri III aux protestants.

Je ne ferai pas l'énumération complète des travaux et des opuscules de Loisel. Ses *Mémoires du Beauvoisis* constituent son œuvre historique la plus importante. Ses deux chefs-d'œuvre sont : 1° *Pasquier ou Dialogue des advocats du parlement de Paris;* 2° les *Institutes coutumières.*

Pasquier. — Sous la forme d'un dialogue amené avec un art consommé et si simple que cette forme usée aujourd'hui ne nous paraît chez Loisel ni surannée, ni forcée, Loisel a mis en œuvre de longues et excellentes recherches sur l'histoire des

[1] Camus et Dupin, *Lettres sur la profession d'avocat*, t. Ier, 1818, p. 196.

avocats au parlement de Paris : il n'a point négligé l'histoire anecdotique de ceux de ses contemporains décédés au moment de la rédaction de son travail.

L'illustre Etienne Pasquier, l'auteur des *Recherches sur la France*, avocat lui-même, et ami de Loisel, préside au dialogue et l'inspire. Loisel a mis son nom en tête du dialogue comme Cicéron a mis celui de *Brutus* en tête du dialogue *De claris oratoribus*. C'est de la forme de cet ouvrage que Loisel s'est inspiré; mais peut-être est-il permis de dire qu'en imitant l'antique il l'a surpassé. Outre Pasquier, les principaux interlocuteurs sont Loisel, Pithou et quelques jeunes avocats.

Le prétexte littéraire de cette causerie historique est un événement fort curieux du commencement du XVIIe siècle, événement qui pourrait fournir la matière d'un chapitre fort piquant de l'histoire des salaires des avocats, histoire un peu sèche en apparence, mais qui touche à de grosses questions économiques et morales.

L'article 161 de l'ordonnance de Blois[1] de mai 1579 portait : « Les advocats et procureurs seront tenus signer les délibérations, inventaires, et autres escritures qu'ils feront pour les parties, et au-dessous de leur seing escrire et parapher de leur main ce qu'ils auront receu pour leur salaire, et ce sur peine de concussion. »

Cet article de l'ordonnance n'avait jamais été exécuté, évidemment parce que les avocats exigeaient des salaires bien supérieurs aux salaires légaux.

Le parlement s'avisa, en l'an 1602, de prescrire la stricte exécution de cet article de l'ordonnance de Blois. Il fut enjoint aux avocats qui n'y voudraient pas obéir de le déclarer, pour être rayés du tableau ou, comme on disait, de la matricule.

Mais les choses se passèrent autrement que la cour ne l'avait supposé, car les avocats indignés organisèrent, sous forme de démission, une grève générale. Ils se réunirent au nombre de 307 dans la chambre des consultations et résolurent tout d'une

1 Cette ordonnance est datée de Paris; mais on l'appelle toujours *ordonnance de Blois*, parce qu'elle fut rendue sur les plaintes des états assemblés à Blois en novembre 1576.

voix de renoncer publiquement à leurs charges. Ils se rendirent, à l'instant, deux à deux au greffe de la cour et y déclarèrent qu'ils quittaient la fonction d'avocat plutôt que de souffrir un règlement qu'ils estimaient préjudiciable à leur honneur[1].

Les avocats — ceci est fort remarquable — semblent avoir fondé leur résistance sur ce motif que l'article 161 de l'ordonnance de Blois de 1579 y avait été couché sans la réquisition des états généraux. Cet article, suivant eux, était, par suite, sans valeur[2].

La décision inattendue des avocats arrêta le cours de la justice. Les plaidoiries cessèrent complètement pendant plusieurs jours. Il faut lire ici non pas le *Dialogue des advocats* de Loisel, mais le registre du conseil secret du parlement, à la date du 21 mai 1602. Le procès-verbal de ce jour est singulièrement plaisant; c'est du meilleur comique, si le meilleur comique est le comique grave. Toutes les chambres du parlement se réunissent; les magistrats sont perplexes; ils n'ont pu juger, faute d'avocat. Ils mandent les gens du roi « pour enquérir s'il y a des advocats pour plaider à l'audience. » Ceux-ci répondent qu'ils ont jeté un coup d'œil en la salle du palais, et qu'ils n'ont aperçu que peu de procureurs et pas un avocat. On attend. On mande le procureur général. Le procureur général et Servin, avocat du roi, espérant que l'heure avancée a ramené les avocats, mais n'osant le vérifier par eux-mêmes, envoient des huissiers « s'enquérir s'il y a des advocats. » La réponse est accablante : « ont rapporté ne s'en trouver aucuns. »

La cour et le roi lui-même qui ne pouvaient ni sacrifier officiellement l'ordonnance de Blois, ni revenir sur l'arrêt rendu contre les avocats, se trouvèrent dans un cruel embarras. On s'en tira en cédant complètement sur le fond, tout en gardant l'appa-

[1] Camus et Dupin, *Lettres sur la profession d'avocat*, t. Ier, 1818, p. 188. En fait d'honneur, il faut lire la contre-partie qui est bien moins connue et non moins piquante; il faut entendre l'honnête et farouche Clément Vaillant stigmatiser l'ignorante avarice de ses confrères et raconter qu'il refusa, lui, de se mutiner et qu'il lui en cuit. Voyez Clément Vaillant, *De l'estat ancien de la France*, Paris, 1605, fol. 176, 177.

[2] Camus et Dupin, *ibid.*, p. 449.

rence d'une rigidité implacable. Une déclaration du roi du 25 mai 1602 confirma l'arrêt de la cour, enjoignit aux avocats d'y obéir et, en même temps, rendit aux avocats rayés du tableau la faculté d'exercer de nouveau leur charge. Quant au règlement et à l'article de l'ordonnance de Blois, il n'en fut plus du tout question dans la pratique : aussi les avocats retournèrent-ils peu à peu au palais et l'affaire s'éteignit, chacun ayant gardé sa dignité [1].

Pendant cette grève du palais, quelques amis désœuvrés se rencontrent chez Loisel et la conversation s'engage. C'est le *Dialogue des advocats*, œuvre historique que je n'ai point à analyser ici; je me contenterai de signaler un passage remarquable où Loisel, en praticien sérieux, — nul ne ressemble au praticien comme le vrai savant, — j'ajouterai en homme de sens et de bon goût, nous a donné très librement son opinion sur l'éloquence judiciaire. « En somme, dit-il, je désire en mon advocat, le contraire de ce que Cicéron requiert en son orateur, qui est l'éloquence en premier lieu, et puis quelque science de droict: car je dis, tout au rebours, que l'advocat doit surtout estre sçavant en droict et en pratique, et médiocrement éloquent, plus dialecticien que rhéteur, et plus homme d'affaires et de jugement que de grand ou long discours. J'en parle par adventure trop librement; mais puisque vous m'y avez poussé, j'en ay dit... entre nous... ce que j'en pense [2]. » Saines paroles et qui ne sauraient être trop méditées. Langue simple et ferme.

Le *Dialogue des advocats* est un des derniers ouvrages de Loisel; il ne fut imprimé qu'après sa mort.

Institutes coutumières. — L'autre ouvrage de Loisel qu'il n'est point permis d'ignorer, ce sont ses *Institutes coutumières*. Il y a résumé sous une forme brève et toujours simple sa propre expérience et ses nombreuses lectures; l'axiome, le proverbe juridique est le moule préféré qui lui sert à condenser les notions les plus importantes du droit français. Loisel a voulu,

[1] Camus et Dupin, *ibid.*, p. 190.

[2] *Ibid.*, p. 318.

comme Guy Coquille, rédiger sa coutume, sa loi unique : mais il a imprimé à son œuvre un cachet tout différent de celui que Guy Coquille avait imprimé à la sienne. Guy Coquille expose, raconte, développe : Loisel résume en un mot, en une ligne; en sorte qu'on pourrait volontiers considérer l'*Institution au droit françois* de Guy Coquille comme le commentaire du petit code axiomatique de Loisel. Le commentaire est antérieur au code, car Guy Coquille était mort quand parurent les *Institutes* de Loisel; j'ajouterai que, précisément, elles furent publiées pour la première fois à côté de l'*Institution au droit françois* de Guy Coquille, à l'occasion d'une nouvelle édition de cet ouvrage que donnait Guillaume Jolly, gendre de Loisel. On ne pouvait assurément rapprocher deux ouvrages mieux faits pour être réunis[1]. Cette publication est de l'an 1607.

Quelle est ici l'inspiration de Loisel, le désir secret qui l'anime? Toujours ce vœu d'uniformité que du Moulin avait émis, avait jeté avec son ardeur passionnée. Voici les paroles très sages de Loisel : je les tire de sa préface aux *Institutes coutumières,* préface dédiée à ses deux enfants, Antoine et Guy Loisel. Il énumère divers avantages secondaires de cette publication : après quoi il passe à la grande idée que je viens d'indiquer.

« Et par adventure en adviendroit-il un troisième (profit) qui surpasseroit de beaucoup les deux autres. Qui seroit que tout ainsi que les provinces, duchés, comtés et seigneuries de ce royaume, régies et gouvernées sous diverses coutumes, se sont, avec le temps, rangées sous l'obéissance d'un seul roy, et quasi de sa seule et unique monnoie : ainsi enfin se pourroient-elles réduire à la *conformité, raison et équité d'une seule loi, coutume, poids et mesure,* sous l'autorité de Sa Majesté. Vous pouvant assurer que la plupart de ce qui est ici projecté, se trouvera extrait de la source et origine du droit ancien coustumier et plus ordinaire de ce royaume, usage et practique d'icelui[2]. »

[1] Dupin et Laboulaye, *Inst. cout. d'Ant. Loysel,* t. Ier, p. 35.

[2] A. Loysel, *Instit. cout.,* t. Ier, édit. Laboulaye et Dupin, p. 36.

Lorsqu'en 1679, Louis XIV érigea à la faculté de Paris une chaire de droit français et une chaire de droit romain, le premier professeur de droit français, Fr. de Launay[1], commenta les *Institutes* de Loisel qui prirent ainsi une situation quasi-officielle à côté des *Institutes* de Justinien.

4. *Lamoignon et Auzanet. Colbert et Pussort. Savary.*

Travaux législatifs sous Louis XIV. — Sous Louis XIV, la pensée d'un code unique s'empara de plusieurs grands esprits. Colbert y songeait; Lamoignon (je parle de Guillaume de Lamoignon, premier président au parlement de Paris, mort en 1677) s'en préoccupait de son côté; il souhaitait de fixer « des règles qui pussent servir de lois générales et communes dans tout le royaume, sur les questions que les coutumes ne décident pas nettement[2]; sur la fin de sa carrière sa pensée s'élargit, s'affermit; et lui aussi écrivit son *Code civil.* »

Lamoignon, sachant que le jurisconsulte Barthélemi Auzanet avait « commencé quelques mémoires sur une partie de ces questions douteuses, » l'invita à les achever et l'associa à ses grandes préoccupations. Auzanet paraît avoir fourni, en effet, à Lamoignon des notes et des travaux importants. Lamoignon soumit au roi la pensée d'opérer de grandes réformes dans la législation : le roi donna son approbation et Lamoignon organisa en son hôtel des conférences d'avocats et de magistrats où s'élaborèrent péniblement des projets de réforme qui, pour le moment, n'aboutirent pas[3]. — Ces faits doivent être placés avant l'année 1665.

[1] Loisel, *Institutes coutumières,* avec un commentaire sur le premier livre par Fr. de Launay, Paris, 1688. Jusque-là le droit canonique avait seul été enseigné officiellement à la faculté de droit de Paris. Fr. de Launay, quoique professeur à la faculté, enseignait au collège de France. Je dois ces renseignements sur Fr. de Launay à une obligeante communication de M. Ed. Laboulaye. L'enseignement du droit français fut établi, à Caen, en 1681. Le premier titulaire fut Le Courtois, « docteur aux droits, avocat au présidial et bailliage de Caen » (*Mercure galant,* février 1681, p. 169).

[2] Il songeait aussi à une nouvelle réformation de la coutume de Paris (Monnier, *Guillaume de Lamoignon et Colbert,* pp. 6, 7).

[3] Monnier, *Guillaume de Lamoignon et Colbert,* pp. 12, 13, 33.

C'est à cette époque que Colbert entretint, de son côté, Louis XIV d'un projet analogue. Colbert songeait depuis plusieurs années[1] à un corps d'ordonnances aussi complet, dit-il, que celui de Justinien; en d'autres termes, — et pour lui laisser entièrement un mérite qu'il attribue trop généreusement, ce semble, à Louis XIV[2], — il avait le dessein de « réduire le royaume sous une même loi, même mesure et même poids. » Cette idée fut acceptée.

Un plan très large fut adopté : on voulut recueillir les doléances et observations des parlements de province[3] (et peut-être les faire surveiller de près pour bien connaître les abus). Quant au parlement de Paris, Colbert, qui nourrissait contre ce grand corps de funestes projets, ne voulait pas associer ses membres à l'entreprise glorieuse qu'il méditait; il n'acceptait d'autre collaboration que celle des conseillers d'Etat et de quelques praticiens renommés. Aussi les premiers travaux commencèrent-ils mystérieusement, à l'insu du parlement et du premier président Lamoignon. Louis XIV les inaugura, le 25 septembre 1665, en réunissant au Louvre MM. Voisin, Hotman, de Villeroy, d'Aligre, Letellier, de Lyonne, Colbert, de Machault, de Verthamon, Poncet, Boucherat, Pussort et le chancelier Séguier.

Le 11 octobre 1665, dans une séance royale tenue encore au Louvre, le roi interrogea lui-même les différents conseillers et leur demanda à chacun leurs avis : il décida de « faire diviser la matière en principaux chefs, de confier chacun d'eux à deux ou trois conseillers d'Etat, qui, après s'être entendus avec quelques fameux avocats, me rapporteront leurs sentiments pour

[1] En 1661, Pussort travaillait déjà à la réalisation du plan de Colbert (Esmein, *Hist. de la procédure crim. en France*, pp. 178, 179).

[2] A la suite de bons critiques, j'enlève ici à Louis XIV l'honneur d'avoir eu par lui-même cette pensée d'un code unique, mais ce n'est là, il est bon de le rappeler, qu'une hypothèse. Si on s'en tient aux termes mêmes des documents, il faut mettre Louis XIV au premier rang. Il est certain, du moins, qu'il eut un rôle personnel vraiment fort remarquable (voyez Monnier, *ibid.*, p. 48). Je ferai observer que Colbert reproduit ici les termes mêmes dont s'était servi Loisel (voyez ci-dessus, p. 216); il est évident qu'il l'a lu.

[3] Cf. Esmein, *Hist. de la procédure crim. en France*, p. 194. Les mémoires des parlements ne sont pas publiés.

y prendre la dernière résolution. » Pussort[1], oncle maternel de Colbert et son confident, fut le centre et comme l'âme de ces travaux; c'est lui qui rédigea tous les projets et les défendit dans les réunions.

Le préambule et les huit premiers articles de l'ordonnance civile d'avril 1667, articles d'une importance générale et d'un intérêt politique supérieur furent discutés en présence de Louis XIV. La suite de l'ordonnance consacrée à la procédure proprement dite fut élaborée sous la direction du chancelier Séguier[2], le roi restant, d'ailleurs, en relation régulière et suivie avec la commission.

Ces travaux duraient depuis quinze mois, lorsque le parlement auquel cette entreprise ne pouvait rester ignorée, s'émut de voir les conseillers d'Etat et les avocats chargés d'une mission qui lui incombait plus naturellement. On usa ici d'un de ces détours familiers aux hommes du monde et aux hommes d'affaires. Lamoignon, feignant de tout ignorer, alla trouver le roi et lui parla des vues et des projets de réforme concernant l'administration de la justice dont il l'avait déjà précédemment entretenu. Louis XIV répondit simplement : « M. Colbert emploie actuellement M. Pussort à ce travail. Voyez M. Colbert et concertez-vous avec lui. » C'est ainsi que le premier président Lamoignon fut appelé à prendre part à ces grands travaux. Il entra dans la commission en compagnie d'un cortège imposant de présidents à mortier et de magistrats.

La commission qui représentait dès lors tout à la fois le parlement et le conseil d'Etat continua régulièrement dans l'hôtel du chancelier Séguier (rue Grenelle-Saint-Honoré) l'œuvre commencée : la première réunion eut lieu le 26 janvier 1667 et la dernière le 17 mars de la même année.

C'est au sein de ces conférences, c'est au cours de la discussion de l'ordonnance de 1667 que faillit expirer l'antique indépendance du parlement. Il fut défendu avec une modération, une fermeté, une habileté admirables. Lamoignon, su-

1 Né en 1615, mort en 1697; l'un des commissaires dans le procès Fouquet.

2 Pierre Séguier, chancelier de France, né en 1588, mort en 1672.

périeur à toute faiblesse et toujours égal à la grande cause qu'il représentait, soutint seul, — en apparence contre Pussort, en réalité contre Colbert et Louis XIV, — tout le poids de cette suprême défense. Le parlement sortit des discussions, meurtri sans doute, amoindri devant le conseil d'Etat et devant la royauté, mais debout encore : et Lamoignon lui-même, le jour de l'enregistrement de l'ordonnance, le 20 avril 1667, put réserver le droit de remontrances sous les flatteries nécessaires, mais délicates, que commandait la présence de Louis XIV[1].

L'ordonnance de 1669 (août) sur les évocations, celle de la même année sur les eaux et forêts (août 1669), enfin celle d'août 1670 sur l'instruction criminelle se rattachent au plan d'ensemble qui nous occupe. Lamoignon et Denis Talon soutinrent presque toute la discussion de cette dernière ordonnance et firent passer un grand nombre d'amendements et de corrections.

M. Esmein apprécie en ces termes le rôle de Lamoignon :

« Lamoignon se montra sous un double aspect. Esprit élevé et âme généreuse, il protesta contre les rigueurs de cette procédure terrible : lui seul, dans cette assemblée, fit entendre la voix de l'humanité, comme on dira au siècle suivant; par là il dépasse de beaucoup ses contemporains. Nous le verrons protester contre le serment imposé aux accusés, contre la disposition qui leur refuse l'assistance des conseils, contre l'article qui punit comme faux témoin celui qui se rétracte à la confrontation. Enfin, s'il s'élève avec moins de force contre la *question*, ce n'en est pas moins un grand honneur pour un magistrat du XVIIe siècle, que d'avoir déclaré : qu'il voioit de grandes raisons de l'oster, mais qu'il n'avoit que son sentiment particulier. »

« Mais, d'autre part, Lamoignon avait au plus haut degré l'esprit de corps et le respect de la tradition; et cette tendance conservatrice l'amena à combattre un certain nombre d'articles qui, cependant, réalisaient un progrès. C'est ainsi qu'il défend les justices seigneuriales qu'une disposition menaçait de rui-

[1] Une publication hostile à l'ordonnance de 1667 fut étouffée par les soins du procureur général de Harlay (Depping, *Correspondance administrative sous le règne de Louis XIV*, t. II, pp. 176, 177).

ner..... Il proteste contre la nécessité imposée d'interroger l'accusé dans les vingt-quatre heures de son arrestation, et contre la disposition excellente qui veut que les jugements en premier ressort soient rendus au moins par trois juges, et ceux en dernier ressort par sept au moins..... C'est surtout contre les articles qui réduisent les droits et profits pécuniaires des officiers de judicature, que nous voyons protester le premier président[1]. »

A l'occasion des cas royaux, il eut un mot simple qui bouleversa profondément l'assemblée : « Je crains, dit-il, qu'on n'ait l'intention d'étendre le pouvoir du roi. »

Ici s'arrête la participation de Lamoignon à l'œuvre législative de Louis XIV. Il continua sans aucune mission officielle ses travaux judiciaires, j'allais dire ses travaux législatifs. Avec Fourcroy et Auzanet, auxquels s'adjoignirent de Brillac et Le Pelletier devenu prévôt des marchands, il entreprit une révision de la coutume de Paris, révision qui n'est jamais devenue officielle, mais dont nous possédons l'important procès-verbal dû à Auzanet[2]. D'après les mémoires et les notes de ses collaborateurs et sur l'impression des discussions engagées, Lamoignon rédigea ses célèbres *Arrêtés*. Il les a lui-même résumés en ces termes : « L'une des principales fins de l'ordonnance que l'on se propose de faire, est de donner autant qu'il se pourra une loi générale à toute la France, et de corriger certains usages particuliers extraordinaires qui se sont introduits en quelques lieux contre l'ordre du droit commun. » L'une des principales réformes demandées par Lamoignon était l'affranchissement général des serfs. C'est le premier article des *Arrêtés*. Ce *Code* est divisé en articles, ordinairement très courts; l'allure en est vive et alerte. Daguesseau s'en inspira au XVIIIe siècle. Il est évident que les rédacteurs du *Code civil* l'ont eu sous les yeux.

Les *Arrêtés* furent terminés vers 1672. Lamoignon mourut en 1677. Il avait eu la douleur de voir le parlement frappé sous sa présidence : c'est le 24 février 1673 que Louis XIV enleva aux

[1] Esmein, *Histoire de la procédure criminelle en France*, pp. 209, 210.

[2] *Lettres de maître Barthélemy Auzanet écrite à un de ses amis*, dans Auzanet, *Œuvres*, Paris, 1708, en tête de l'ouvrage avant la p. 1.

parlements le droit de remontrances. Ce coup atteignit Lamoignon au cœur.

On peut considérer l'ordonnance du 23 mars 1673 sur les épices et frais de justice, et la célèbre *Ordonnance du commerce* de mars 1673 comme les deux dernières du cycle législatif qui vient d'attirer notre attention[1]. Cette *Ordonnance du commerce* était l'œuvre favorite de Colbert. Il l'avait longuement préparée : « dès son arrivée aux affaires, il avait fait venir des provinces, les négociants les plus connus, » pour s'instruire en s'entretenant avec eux des usages et du droit marchand. Il les avait logés chez lui et présentés lui-même au roi. — C'est le célèbre commerçant Savary, un Angevin, qui dressa la première rédaction du *Code marchand* ou *Code Savary*. Il faut rapprocher de cette ordonnance les grandes œuvres de Savary : *Le parfait négociant* (1675); les *Parères*[2] (1688).

5. *Domat.*

Les lois civiles dans leur ordre naturel. — Voici un des hommes et un des ouvrages les plus célèbres parmi ceux qui ont préparé notre droit moderne. Ce n'est point ici la recherche curieuse du passé coutumier qui domine comme chez le bon Loisel. La tradition historique est, au contraire, noyée dans l'édifice froid et géométrique de Domat. Le raisonnement juste, la profondeur, la rigueur et la symétrie sont les qualités dominantes de ses œuvres. Le droit y a perdu, comme l'architecture à la même époque, presque tout souvenir du moyen âge. *Les lois civiles dans leur ordre naturel* ressemblent à un beau monument du temps de Louis XIV.

1 Pour l'influence de plusieurs des ordonnances qu'on vient de citer sur notre législation actuelle, voyez ci-dessus, pp. 153, 154.

2 Le *Dictionnaire universel de commerce* publié en 1723, 2 vol. in-fol. (nombreuses éditions postérieures, plus développées), n'est pas, comme on le dit souvent, de Jacques Savary, rédacteur de l'ordonnance. Il a été composé par Jacques Savary des Brulons, fils du premier Jacques Savary et publié par un frère de l'auteur. Pour le succès et l'importance des ouvrages des Savary, voyez Camus et Dupin, *Lettres sur la profession d'avocat*, t. II, 1818, pp. 390, 392; t. II, 1832, pp. 425, 426; mais les auteurs ont confondu les deux Jacques Savary. — Cette notice a été rédigée d'après les travaux de MM. Monnier, Bellanger, Esmein, indiqués dans la BIBLIOGRAPHIE.

Victor Cousin a fort bien caractérisé ce jurisconsulte; voici le portrait qu'il en a tracé :

« Domat est, par excellence, notre jurisconsulte philosophe. Cujas habite en quelque sorte avec l'antiquité romaine : ce qui l'occupe, c'est l'édit du préteur, la restitution et l'interprétation légitime du texte authentique. Du Moulin s'enfonce dans les coutumes et le droit canon, pour y disputer la raison et l'équité à la barbarie qui l'enveloppe lui-même. Domat a travaillé pour la société nouvelle que Richelieu et Louis XIV tiraient peu à peu du chaos du moyen âge. C'est au profit du présent qu'il interroge le passé, les lois romaines et les coutumes, les soumettant les unes et les autres aux principes éternels de la justice et à l'esprit du christianisme. Il est incomparablement le plus grand jurisconsulte du XVIIe siècle; il a inspiré et presque formé Daguesseau; il a quelquefois prévenu Montesquieu et frayé la route à cette réforme générale des lois entreprise et commencée par la révolution française et réalisée par l'empire. *Les lois civiles dans leur ordre naturel* sont comme la préface du *Code Napoléon*. La même législation pour la même société, sur le fondement immuable de la justice et à la lumière de cette grande philosophie qu'on appelle le christianisme, tel est l'objet de l'ouvrage de Domat. Sa méthode est celle de la géométrie. »

« Personne, écrit Daguesseau, n'a mieux approfondi que cet auteur le véritable principe des lois et ne l'a expliqué d'une manière plus digne d'un philosophe, d'un jurisconsulte et d'un chrétien. Après avoir remonté jusqu'au premier principe et descendu jusqu'aux dernières conséquences, il les développe dans un ordre presque géométrique. Toutes les différentes espèces de lois y sont déterminées avec les caractères qui les distinguent. C'est le plan général de la société civile le mieux ordonné qui ait jamais paru. »

Boileau, enthousiasmé, s'écrie que Domat est le *restaurateur de la raison dans la jurisprudence*.

On le voit, Domat est, dans le domaine du droit, le représentant éminent de cet *esprit classique,* si bien décrit et critiqué par M. Taine. L'ordre naturel, le droit naturel, voilà l'idéal vers lequel se dirige sans cesse l'intelligence lumineuse de Domat. Ces grands esprits du XVIIe et du XVIIIe siècle avaient une foi trompeuse dans les résultats de leurs investigations intellectuelles; ils croyaient trouver, ils croyaient atteindre l'absolu immuable : ils ne voyaient pas qu'étant donnée la nature humaine, il ne faut pas isoler le droit et les lois des circonstances économiques et des milieux historiques.

Jean Domat, né à Clermont en Auvergne le 30 novembre 1625, mort à Paris en 1696, passa la majeure partie de sa vie comme avocat au siège présidial de Clermont.

L'illustre et savant jésuite Sirmond, grand-oncle de Domat, dirigea son éducation. Il le conduisit à Paris, le mit au collège de Clermont, où, « avec les humanités et la philosophie, il apprit encore le grec, l'italien, l'espagnol et la géométrie. »

Il prit ses licences en droit dans l'université de Bourges et reçut le bonnet de docteur à vingt ans. De retour à Clermont, il suivit le barreau et plaida avec succès pendant neuf à dix ans, s'appliquant en même temps à l'étude du droit et à l'étude de la religion.

Il fut étroitement lié avec Pascal. « Leurs premiers entretiens et leurs premières conférences furent sur les mathématiques; ils firent ensemble plusieurs expériences sur la pesanteur de l'air, etc. » Dans la suite, leurs entretiens roulèrent sur les affaires de l'Eglise, et l'ancien élève du collège de Clermont, le petit-neveu de Sirmond se trouva en parfaite communauté d'idées avec le grand adversaire des jésuites. Domat fut très lié avec la famille de Pascal et avec Messieurs de Port-Royal. Il était à Paris, au moment de la dernière maladie de Pascal et reçut son dernier soupir.

Sept ou huit ans après son marige, Domat fut pourvu d'une charge d'avocat du roi au siège présidial de Clermont. Lors des Grands-Jours de Clermont (1665), il se lia d'amitié avec les présidents de Novion, Le Pelletier et Talon qui lui confièrent plusieurs affaires importantes, notamment la recherche des abus commis par la noblesse. Il s'acquitta de cette mission difficile avec énergie et courage.

Désintéressé, généreux, laborieux, intègre, Domat était, à Clermont, l'arbitre des grandes affaires de la province. Il occupait ses loisirs à un grand travail sur le droit, ayant pour objet de ramener à l'unité et à l'harmonie les lois ou, au moins, les principes juridiques dont la confusion offensait son intelligence. Il fit voir cet essai à quelques amis qui le goûtèrent fort et l'engagèrent à le communiquer aux meilleurs juges. Il vint à Paris dans ce but, en 1681. Son plan fut très goûté et Louis XIV, en lui ordonnant de le continuer, lui assura une pension de 2,000 livres sur sa cassette. Domat se retira dès lors à Paris et rédigea lentement et méthodiquement une vaste théorie générale du droit.

On assure que Le Pelletier fut le protecteur de Domat auprès de Louis XIV : nous savons aussi que Henri Daguesseau, conseiller d'Etat, prisait fort le travail de Domat. Ce grand ouvrage intitulé : *Les lois civiles dans leur ordre naturel* parut en 1694. *Le droit public* qui est une suite des *Lois civiles* fut imprimé après la mort de Domat, en 1697[1] (nombreuses éditions).

Le Pelletier, reprenant l'idée d'un code unique, avait prié Domat et Henri Daguesseau de se charger de ce travail. Plusieurs mémoires furent rédigés; mais le projet n'eut pas de suite[2].

En dehors des *Lois civiles dans leur ordre naturel* nous possédons de Domat : 1° quelques harangues qui roulent presque toutes sur les devoirs des juges et des avocats : la Bible et l'Evangile y sont si fréquemment cités, écrit V. Cousin, qu'on prendrait ces harangues pour des sermons, si on ne connaissait le nom de l'auteur; 2° quelques notes et mémoires, parmi lesquels on remarque une dénonciation contre un jésuite que Domat accuse d'avoir enseigné publiquement, en 1673, à Clermont, l'infaillibilité du pape[3]; 3° enfin des maximes qui ne sont ni sans élévation, ni sans finesse d'observation. J'en citerai quelques-unes :

[1] Domat eut une grande part à certains écrits de Pascal, lit-on dans le *Recueil d'Utrecht*. Peut-être s'agit-il des écrits perdus contre la signature du *Formulaire*. — J'emprunte cette observation à V. Cousin.

[2] Monnier, *Mémoire sur les ordonnances de d'Aguesseau*, 1858, p. 45.

[3] Une démarche de ce genre serait bien choquante aujourd'hui; mais Domat vivait au XVIIe siècle; le respect de la liberté des autres ne faisait pas alors partie du capital moral et intellectuel des hommes les plus distingués et les plus cultivés.

« Les avocats ont pour objet la vérité même. »

« Le geste est un effort de l'âme pour se communiquer à travers le corps, et faire passer dans l'âme de celui qui entend ce qu'elle sent et ce qu'elle voit. »

« Il y a une infinité de lois qui ne subsistent que parce qu'on n'a pas le temps de les réformer. »

« Le superflu des riches devroit servir pour le nécessaire des pauvres; mais, tout au contraire, le nécessaire des pauvres sert pour le superflu des riches. »

« Quand on est dans la vérité, il ne faut pas craindre de creuser : on trouve toujours un bon fond, on ne sauroit manquer d'être soutenu; mais dans les choses vaines et incertaines, il est périlleux de creuser. »

« Les louanges, quoique fausses, quoique ridicules, quoique non crues par celui qui loue, ni par celui qui est loué, ne laissent pas de plaire; et, si elles ne plaisent par un autre motif, elles plaisent, au moins par la dépendance et par l'assujettissement de celui qui loue. »

« Ce n'est pas une petite consolation pour quitter ce monde que de sortir de la foule du grand nombre des sots et des méchants dont on est environné[1]. »

6. *Daguesseau.*

Projets et ordonnances. — Henri-François Daguesseau (on écrit souvent à tort d'Aguesseau), fils de Henri Daguesseau, intendant du Languedoc, naquit à Limoges, le 27 novembre 1668, mourut à Paris le 5 février 1751. Avocat général au parlement de Paris (1690), procureur général (septembre 1710), Daguesseau soutint, en 1714-1715, le parlement dans sa lutte contre le roi au sujet de la bulle *Unigenitus*, et prit une grande part à la cassation du testament de Louis XIV.

Daguesseau, chancelier en 1717, garda les sceaux jusqu'en 1718; les reprit de 1720 à 1722; enfin de 1737 à 1750. En qualité de chancelier, il fit enregistrer, en 1720, au grand conseil,

[1] Voyez V. Cousin dans le *Journal des Savants*, janvier et février 1843.

en 1730, au parlement, la bulle *Unigenitus* contre laquelle il s'était élevé très fortement comme procureur général, peu d'années auparavant.

Daguesseau, a fort bien dit M. Falconnet, « fut dans son siècle, un ornement, une vertu, une protestation, mais il ne fut pas une influence, » parce qu'il lui manqua une qualité sans laquelle toutes les autres sont impuissantes : l'énergie.

Sa part « est belle cependant : elle suffit à illustrer un homme qui se conserva si pur et si honnête en plein XVIIIe siècle; qui donna des exemples si nobles et si peu suivis de désintéressement, de bonnes mœurs, d'amour de la justice et des belles-lettres. Ses œuvres, ses correspondances, ses travaux, ses projets, ses croyances nous montrent en lui un grand honnête homme. S'il n'eut pas la portée d'esprit qui fait le génie, la vigueur de caractère qui fait l'homme d'Etat, il eut du moins, au plus haut degré, l'amour de la science, le talent de la parole, la conscience du magistrat[1]. »

Ce qui attire ici plus particulièrement notre attention, c'est l'œuvre législative de Daguesseau; car elle se rattache à cette pensée d'une loi unique dont nous suivons les représentants depuis le XVIe siècle.

Nous nous attacherons donc exclusivement aux travaux législatifs de Daguesseau. Quant à l'ensemble de ses œuvres, nous nous contenterons d'en signaler, en passant, la belle simplicité, la féconde variété. Religion, droit civil, relations de l'Eglise et de l'Etat, étude de l'histoire, morale, philosophie, Daguesseau a touché noblement les sujets les plus nobles et les plus hauts dont se puisse préoccuper l'esprit de l'homme. S'il n'était point jurisconsulte, il y a longtemps que bien des pages de ce grand honnête homme seraient devenues classiques[2].

Dans la maison de son père, Daguesseau vit souvent Domat qui éclaira de bonne heure cette jeune intelligence; c'est sous les yeux des deux Daguesseau que s'élabora le grand ouvrage

1 Falconnet, *Œuvres de d'Aguesseau*, t. Ier, p. 131.

2 Les œuvres complètes sont considérables et d'un maniement difficile. Les *Œuvres* (choisies), publiées en 2 vol., par M. E. Falconnet, Paris, Chaix, 1865, sont à la portée de tous.

de Domat : « Je l'ai vu croître et presque naître entre mes mains, » écrit Daguesseau. Il revient, dans un mémoire manuscrit, sur cette œuvre de Domat et lui emprunte le plan général de ses propres réformes[1].

Daguesseau songeait, comme Lamoignon qu'il avait lu et dont il s'était pénétré[2], à une refonte générale du droit français. C'est en 1727 qu'il entreprit de réaliser ses projets : il associa à ses travaux, outre ses deux fils, son ami Joly de Fleury, procureur général, le Voyer d'Argenson (frère de l'auteur des *Mémoires*), qui, en qualité de conseiller d'Etat, coopéra à la rédaction des principales ordonnances du chancelier; Louis-Charles Machault d'Arnouville, conseiller d'Etat (1718), lieutenant général de police (1720), et son fils; divers autres collaborateurs. Enfin, il rencontra un allié volontaire et comme un engagé irrégulier en ce bon et quelquefois si sage abbé de Saint-Pierre, l'auteur du *Projet de paix perpétuelle :* dès l'année 1715, l'abbé de Saint-Pierre, dans son *Mémoire pour diminuer le nombre des procès,* avait fait sentir la nécessité d'abroger des lois contradictoires et de donner un code uniforme à tout le royaume. Aussi apprit-il avec une sorte d'enthousiasme le projet de Daguesseau; il lui offrit ses services et avec un zèle souvent intempestif lui envoya lettres sur lettres, projets sur projets. Il exerça sur Daguesseau une incontestable influence : au témoignage même du chancelier, c'est lui qui entraîna la décision prise par Daguesseau de procéder par ordonnances séparées, au lieu de publier un code unique. Voici les propres paroles de Daguesseau : « L'abbé de Saint-Pierre observe avec raison qu'on ne parviendra jamais à donner une loi uniforme tout d'un coup et sur toutes les matières... Je me réduirais donc à des ordonnances détachées..... Oui, la perfection des lois est d'être les plus sim-

[1] Monnier, *Mémoire sur les ordonnances de d'Aguesseau*, pp. 30, 38, 39, 43, 44.

[2] *Ibid.*, p. 46. Monnier, *Guillaume de Lamoignon et Colbert*, pp. 162-165. J'ajouterai, pour confirmer ces vues, qu'Auzanet semble avoir été en relation avec Henri Daguesseau, père du chancelier : il rédigea le testament de son frère : il était évidemment de leurs amis (Voy. *Discours sur la vie et la mort de M. d'Aguesseau*, dans Falconnet, *Œuvres de d'Aguesseau*, t. Ier, p. 340). C'est l'ami de son père que Daguesseau le chancelier salue en termes pompeux reproduits par Camus (Camus et Dupin, *Lettres sur la profession d'avocat*, t. II, 1818, p. 243).

ples et les plus générales possibles : la loi ne doit être que l'expression d'un principe. Il est à propos, toutefois, de n'amener les meilleures lois que peu à peu, par degrés, et à l'aide des conjonctures. Tout changement est dangereux, l'abbé de Saint-Pierre a raison, et c'est une grande présomption que celle de ceux qui ne craignent jamais d'innover[1]. »

Enfin, parmi les auxiliaires de Daguesseau, il est permis de citer le jurisconsulte Bretonnier, mort en 1727; il laissait d'excellents travaux que Daguesseau utilisa largement[2].

Daguesseau voulait reprendre et perfectionner toutes les ordonnances de Colbert[3], introduire, en outre, dans le droit français, une série de réformes sur des points de droit civil que Colbert n'avait pas abordés. Ce qu'il fit n'est qu'une faible partie de ce qu'il voulait faire.

Il appela tous les parlements de France à prendre part à ses travaux législatifs : il leur envoya plusieurs listes de questions sur les matières qui devaient faire l'objet de ses premières ordonnances, c'est-à-dire les donations, les testaments, les substitutions. Les mémoires des cours furent concentrés à la chancellerie et soumis à un travail de dépouillement et d'analyse par les collaborateurs de Daguesseau, réunis sous la présidence de Machault d'Arnouville père[4]. Daguesseau lui-même s'occupa souvent de ce travail : il résuma notamment de sa propre main les réponses des cours sur les douze premières questions relatives aux substitutions. Tout plein de son grand projet, il mettait, dans la bouche du roi, en 1731, l'annonce officielle d'un *corps de lois* destiné à unifier la jurisprudence[5]. Le *corps de lois* annoncé ne parut pas, mais de ces

[1] Monnier, *ibid.*, pp. 24, 25, 41, 42.

[2] *Ibid.*, p. 51. L'ouvrage de Bretonnier est intitulé : *Recueil des principales questions de droit qui se jugent diversement dans les différents tribunaux du royaume, avec des réflexions pour concilier la diversité de la jurisprudence*, Paris, 1718; nouvelle édit. par Boucher d'Argis, Paris, 1759, 2 vol.

[3] Monnier, *Guillaume de Lamoignon et Colbert*, pp. 162, 165. Il ne paraît point avoir songé à modifier profondément la funeste ordonnance criminelle de 1670. Voyez Esmein, *Hist. de la procédure crim. en France*, pp. 384, 386.

[4] Monnier, *Mém. sur les ord. de d'Aguesseau*, pp. 62, 65.

[5] Dans l'ordonnance de février 1731 sur les donations, Louis XV annonce un *corps des lois qui seront faites dans cette vue* (d'unifier la jurisprudence) (Isambert, t. XXI, p. 344).

efforts bien compris et bien dirigés naquirent les ordonnances de Daguesseau : 1° ordonnance sur les donations (février 1731) ; 2° ordonnance sur les testaments (août 1735) ; 3° ordonnance sur les substitutions (août 1747) ; 4° règlement pour le conseil d'Etat (28 juin 1738), etc., etc.

Plusieurs articles des ordonnances de Daguesseau se retrouvent aujourd'hui dans le *Code civil.*

Le style de ces ordonnances est remarquable par sa largeur et sa netteté. Les préambules sont des morceaux achevés. Il y règne un sentiment profond de la justice, une foi tranquille dans le droit. Cette allure abstraite et philosophique est nouvelle; c'est le grand ton *classique* dans la bouche d'un homme d'Etat rompu aux affaires et d'un homme de goût[1].

7. *Bourjon.*

L'ordre naturel. — François Bourjon, jurisconsulte français du XVIIIe siècle, avocat au parlement, a publié, en 1747, un ouvrage intitulé : *Droit commun de la France et la coutume de Paris réduite en principes,* Paris, 1747.

Ce titre seul indique la pensée de Bourjon. Il veut, lui aussi, une loi unique, un droit commun : ce droit commun, il le calque sur la coutume de Paris.

Il a refait à sa manière une nouvelle coutume de Paris, complétée à l'aide des principes que celle-ci n'énonce pas, mais qu'elle suppose (d'après Bourjon), et surtout mise en un ordre plus rationnel. Jetez un coup d'œil même rapide sur cette nouvelle ordonnance de la coutume et vous vous apercevrez que la manière de Bourjon, c'est la manière du *Code civil.*

Bourjon nous a donné lui-même un résumé de sa méthode : je l'abrège à mon tour :

1° Former ce corps complet qui a été le but de nos meilleurs commentateurs, corps que le texte de la coutume suppose.

1 Pour sentir ce qu'il y a d'excessif dans cette recherche de l'absolu, qu'on se représente des hommes d'Etat légiférant sur ce ton pendant quelques siècles : ce serait le comble du ridicule. Ne pourrait-on pas dire que, depuis le XVIIe siècle, les penseurs et les grands jurisconsultes sont, en France, à la recherche de l'absolu?

2° Rendre ce corps régulier par la liaison de toutes ses parties.

3° Ranger les dispositions des ordonnances et de la coutume, et les principes acceptés du droit romain dans leur ordre naturel et conséquent.

4° Réduire la coutume et toutes les suppositions qu'elle fait aux principes et aux décisions, parce que les principes rapprochés sont plus conséquents et plus sensibles que lorsqu'ils sont divisés et coupés par des preuves.

5° Diviser le tout par titres, chapitres et sections, afin que toutes les branches du droit se présentent dans leur ordre, sans peine, sans recherche, et naissent par degré les unes des autres.

Voilà, si je ne me trompe, exposée par Bourjon, en 1747, la méthode qui devait présider cinquante-cinq ans plus tard à la rédaction de notre *Code civil.*

Bourjon a réalisé son programme. Il nous a donné une nouvelle coutume de Paris mise en bel ordre, logiquement déduite et richement divisée : et il a annoté cette nouvelle coutume refaite par lui.

L'œuvre de Bourjon ressemble à celle de Domat, dans la mesure où une intelligence assez vulgaire peut ressembler à un esprit éminent. Bourjon, en effet, manque beaucoup trop de talent. Son livre n'est pas, dans l'ensemble, un ouvrage remarquable : ce que j'ai voulu signaler chez lui, c'est la méthode de mise en ordre.

Les rédacteurs du *Code civil* lui ont fait, en outre, un petit nombre d'emprunts matériels; ils ont pris notamment chez Bourjon la maxime : *En fait de meubles possession vaut titre.* L'idée est ancienne; mais c'est chez Bourjon qu'on trouve cette formule.

8. *Pothier. Jousse. Guyot.*

Pothier. — Pothier ne nous a pas laissé, comme les auteurs précédents, son petit *Code civil,* je veux dire ses *Institutes coutumières,* ou ses *Lois civiles dans leur ordre naturel,* ou son *Institution au droit françois;* mais il nous reste de lui, comme on le verra, dans le domaine du droit romain, une œuvre parallèle à celles que je viens de signaler et née à peu près de la même pensée. Nous lui devons aussi en droit français des travaux considérables qui ont été directement utilisés par les rédacteurs du *Code civil.*

Un mot d'abord sur sa vie. Pothier, né en 1699 à Orléans, y mourut en 1772. Il fit son droit à l'université d'Orléans et s'occupa, en même temps, de géométrie. On pressent les qualités qui domineront chez Pothier, la précision, la netteté, la clarté.

Pothier fut nommé, en 1720, conseiller au siège présidial d'Orléans. (Les présidiaux correspondaient à peu près à nos tribunaux de première instance; ils avaient, outre une juridiction civile, une juridiction criminelle).

Dès cette époque, Pothier se préoccupa de ranimer, à Orléans, les études juridiques et il fonda dans cette ville, de concert avec Prévot de la Jannès, magistrat et professeur distingué, une conférence de jeunes gens où on discutait des matières juridiques.

Lorsque Pothier siégeait au présidial d'Orléans dans des affaires criminelles, on évitait de lui distribuer des procédures dans lesquelles la *question* dût être posée : car, s'il ne s'éleva pas courageusement et très publiquement contre la torture, à l'exemple d'Augustin Nicolas [1] et du jésuite Théod. Spée au XVIIe siècle, ou comme Beccaria devait le faire du temps même de Pothier, il témoigna néanmoins une aversion profonde pour cette procédure qu'il considérait comme inhumaine et ordinairement inutile. Pothier n'a fait part au public de son opinion sur la torture que dans une petite note perdue au bas d'une page de son édition du *Digeste* dont nous parlerons bientôt, mais ses collègues d'Orléans savaient à quoi s'en tenir.

Pothier eût désiré à l'université d'Orléans une chaire de droit romain : il venait de publier un ouvrage capital sur la matière;

[1] Augustin Nicolas a publié un petit livre intitulé : *Si la torture est un moyen sûr à vérifier les crimes secrets*, Amsterdam, 1682. Il était président au parlement de Dijon (Esmein, *Hist. de la procéd. crim.*, p. 350). Frédéric Spée a publié un ouvrage d'une importance capitale, intitulé *Cautio criminalis contra sagas liber*, Rhuitel, 1631; Cologne, 1632; Posen, 1647 (Cf. A. du Boys, *Hist. du droit crim. de la France, depuis le XVIe siècle jusqu'au XIXe*, t. II, 1874, p. 147 et suiv.).

mais il était timide et manquait de vivacité. Il n'osa se soumettre aux épreuves du concours et, pour cette raison, il n'enseigna jamais le droit romain.

En 1750, à la mort de Prévot de la Jannès, professeur de droit français à l'université d'Orléans, il fut désigné pour lui succéder, sans qu'il eût sollicité, dit-on, cette faveur. Il la devait à la bienveillance toute particulière du chancelier Daguesseau.

Pothier occupa jusqu'à la fin de ses jours ce double poste de conseiller au présidial et de professeur de droit français à Orléans.

On peut dire que, comme professeur, il fut non seulement le successeur, mais le continuateur de Prévot de la Jannès : ces deux jurisconsultes se recommandent par les mêmes qualités, qui sont la simplicité, la clarté et l'esprit de vulgarisation.

Absorbé par ses devoirs professionnels et ses travaux, Pothier ne trouva jamais le temps d'accepter le rectorat de l'université d'Orléans que ses collègues lui offraient. Il n'eut pas le temps d'être recteur.

Cette biographie esquissée, j'arrive à l'œuvre de Pothier :

Pothier débuta dans la carrière scientifique par une publication faite en commun avec Prévot de la Jannès, je veux parler de la *Coutume d'Orléans annotée,* Orléans, 1740, 2 vol. L'ouvrage fut réimprimé et revu par Pothier seul, en 1760, 2 vol. Dans cette édition, l'*Introduction* à la *Coutume d'Orléans* est un résumé méthodique du droit français.

On peut considérer ce petit ouvrage comme la tête d'une série de publications contenant chacune un petit traité spécial de droit français. Le premier volume parut, en 1760, sous ce titre : *Traité sur les obligations,* 2 vol. Les suivants se succédèrent les uns aux autres jusqu'à la mort de Pothier : après lui, son ami, le professeur Guyot, donna encore, d'après les manuscrits de Pothier, huit petits volumes in-12, qui ont paru de 1776 à 1778. Ces œuvres posthumes sont moins achevées que les œuvres imprimées du vivant de Pothier.

Tous ces traités ont été la lecture habituelle, le pain des jurisconsultes qui devaient rédiger le *Code civil.*

Afin de ne pas couper la série française des travaux de Pothier, je n'ai pas encore mentionné de lui un ouvrage considérable sur le droit romain. C'est une mise en ordre, en *ordre naturel* de tous les textes du *Digeste* de Justinien. Nous retrouvons ici cette préoccupation de la mise en ordre si vive chez Domat, chez Bourjon et on pourrait dire presque chez tous ceux qui tenaient une plume au XVIIe et au XVIIIe siècle. L'ouvrage dont je parle est intitulé : *Pandectæ Justinianeæ in novum ordinem digestæ*. Prévot de la Jannès s'intéressa le premier à l'œuvre de Pothier non encore imprimée. Il en entretint le chancelier Daguesseau qui prisa beaucoup ce qu'il en vit manuscrit, déclara y trouver un ordre, une netteté, une précision fort remarquables, donna à Pothier divers conseils qui n'ont rien de banal et semble l'avoir aidé avec les deniers du roi pour l'impression de ce grand ouvrage, qui parut en 1748, 3 vol. in-fol.

De Guyenne, avocat au Parlement de Paris, ami de Pothier, écrivit la préface et paraît avoir eu aussi quelque part à la rédaction de l'un des chapitres de l'ouvrage.

C'est à l'occasion de cette publication que Meerman appela Pothier : *Pandectarum restitutor felicissimus*. Aujourd'hui que nous étudions plus volontiers l'histoire du droit romain et ses transformations que le droit romain vu de face au temps de Justinien, l'ouvrage a singulièrement perdu de son intérêt : il peut toujours être commode et utile pour une première étude, mais il faut le compulser avec prudence.

Quant à nous, nous retenons seulement ici cette idée de classification et de mise en ordre qui préoccupa Pothier comme beaucoup d'autres jurisconsultes du XVIIe et du XVIIIe siècle; c'est l'esprit classique qui s'exerce non pas seulement sur lui-même, mais encore sur l'œuvre d'autrui : Boileau, Domat, Pothier, sont, chacun en leur genre, d'éminents représentants de l'*esprit classique* [1].

[1] L'*esprit classique* n'est pas cantonné en France. Pothier eut pour émule le grand Frédéric qui prétendit, lui aussi, *disposer le droit romain dans un ordre naturel* ou plutôt à qui un courtisan, Cocceii, attribua ce noble travail : *Code Frédéric ou Code de droit pour les états de Sa Majesté le roi de Prusse, fondé sur la raison et sur les constitutions du pays dans* LEQUEL LE ROI A DISPOSÉ LE DROIT ROMAIN DANS UN ORDRE NA-

On a comparé avec raison le bonhomme Rollin au bonhomme Pothier. Ce sont deux types respectables, tranquilles et froids, au milieu de ce XVIIIe siècle si agité, si bruyant et souvent assez peu respectable. Pothier vit loin du monde, retiré et paisible; il ignore Voltaire, il ignore le grand mouvement du siècle, et il résume et analyse le système féodal de son temps avec la même tranquillité, la même inaltérabilité que l'institution du mariage ou la théorie des obligations.

Et cependant Boncerf est sur le point d'écrire (1776) son fameux opuscule intitulé : *Les inconvénients des droits féodaux*, opuscule qui fut, dans le domaine juridique, comme le tocsin de l'abolition du droit féodal.

Pothier résuma, simplifia, clarifia toute la matière juridique, — et elle est considérable, — qui devait survivre à la révolution et passer dans nos codes. Il ne contribua que fort peu pour sa part à la partie destructive de l'œuvre législative de la révolution : mais cette partie destructive n'est guère moins historique que la partie positive : on en trouve les prodromes dans toute l'histoire de France, dans cette histoire du droit que nous allons aborder, enfin dans les œuvres des jurisconsultes qui ont peu à peu sapé le régime féodal : parmi ces jurisconsultes, ceux que j'ai cités sont particulièrement à lire, parce qu'ils ont la plupart contribué à l'œuvre négative comme à l'œuvre positive de la révolution, c'est-à-dire à la destruction du régime féodal en même temps qu'à la formation du droit civil actuel.

Jousse. Guyot. — Je ne peux quitter Pothier sans saluer cette noble et antique université d'Orléans sur laquelle il jeta un dernier et durable éclat. Elle ne méritait point de mourir, cette grande école, déjà brillante au XIIe siècle, où s'agitaient au XIIIe les idées généreuses et les projets de réforme de ces temps-là, cette école d'où sortirent les *Etablissements de saint Louis* et qui, à la France nouvelle, légua son *Code civil*. Elle comptait,

TUREL, *retranché les lois étrangères, etc., établissant de cette manière un droit certain et universel*, traduit de l'allemand par A. A. de C., conseiller privé du roi, avec l'exposition abrégée du plan du roi, pour la réformation de la justice, par M. Formey, 1751, 3 vol.

au XVIIIe siècle, outre Pothier, d'autres jurisconsultes d'une grande valeur, le laborieux Jousse qui a laissé d'excellents travaux sur la procédure civile, le droit criminel, le droit commercial, les eaux et forêts, etc., et qui collabora au commentaire de Pothier sur la *Coutume d'Orléans;* Guyot, l'ami de Pothier qui publia les œuvres posthumes de son confrère et s'honora lui-même par des travaux de la plus grande importance[1].

Les écoles d'Orléans n'existent plus; mais elles ont laissé une postérité : Orléans est encore un centre intellectuel et littéraire, un centre d'études sérieuses, unique peut-être en son genre.

9. *Code civil.*

L'élément historique du Code civil. — On le voit, l'Assemblée Constituante se faisait l'écho d'un vœu séculaire et traditionnel, vœu renouvelé dans un grand nombre de cahiers, lorsque, le 21 août 1790, elle déclarait qu'il serait formé un code général de lois simples et claires.

Les constitutions de 1791 et de 1793 contenaient la même promesse. Les projets de *Code civil* de 1793, de 1794, de l'an IV, le premier projet de l'an VIII (*projet Jacqueminot*), n'aboutirent pas; il était réservé au cinquième projet (an VIII-an XII) de devenir, sous l'impulsion du premier consul[2], notre

[1] Je citerai le *Répertoire... de jurisprudence*, Paris, 1775-1786, 64 vol. et 17 de supplément; Paris, 1784-1785, 17 vol. in-4°; Guyot et Merlin, *Traité des offices*, 1789, 4 vol. in-4°, etc. Sous peine de transformer cette revue rapide des sources en une véritable *Bibliographie juridique*, je dois nécessairement omettre ici une quantité d'auteurs importants. Les paragraphes intitulés BIBLIOGRAPHIE, qui terminent dans le cours de cet ouvrage la plupart des chapitres, fourniront l'occasion naturelle de donner, à leur vraie place, un grand nombre de renseignements utiles; mais, dès à présent, je dois renvoyer le lecteur à l'ouvrage de Camus et Dupin, *Profession d'avocat, Recueil de pièces concernant l'exercice de cette profession*, 5e édit., t. II, Paris, 1832. Les ouvrages concernant le droit public sont indiqués aux pages 189 et suiv.; les divers traités anciens de droit privé sont indiqués aux pp. 313 et suiv. Enfin, on trouvera des indications utiles sur les publications qui ont contribué aux grandes réformes du XVIIIe siècle, dans Jules Ferry, *De l'influence des idées philosophiques sur le barreau au XVIIIe siècle. Discours prononcé dans la séance de rentrée des avocats*, le 13 décembre 1855, Paris, 1855.

[2] Quant à l'honneur qui lui en revient, je crains qu'il ne faille s'en tenir à sa propre appréciation : personne n'en a porté une plus sévère. Voyez *Correspondance de Napoléon Ier*, t. XII, pp. 528, 529. Nos codes obtinrent un accueil qui, comme tous

Code civil. Le *Code civil* se compose de trente-six lois, qui, successivement promulguées, furent réunies en un seul corps, en vertu de la loi du 30 ventôse an XII (21 mars 1804).

Le même besoin d'unification s'était fait sentir dans d'autres pays de l'Europe, et quelques nations — on l'oublie trop facilement — nous avaient devancés dans cette voie.

« Les codes se font avec le temps, mais à proprement parler on ne les fait pas, » a dit l'illustre Portalis dans le *Discours préliminaire* du projet de *Code civil.* Parole profondément vraie, et que vérifie chaque jour l'étude attentive de l'histoire. Si nous envisageons, en effet, l'ensemble du droit civil moderne, et si nous le comparons au droit du XVIIIe siècle, c'est-à-dire au vieux droit français lentement élaboré par le temps et les hommes, nous arrivons à cette conclusion : déduction faite de ce qui est purement féodal, l'ensemble du vieux droit français a persisté, avec quelques modifications, dans le *Code civil* actuel.

Cette idée, presque banale pour celui qui est familiarisé avec l'histoire du droit français, je pourrais dire plus largement avec la marche nécessaire de l'esprit humain qui ne crée rien tout d'une pièce et ne procède pas par bonds, a été exposée et développée par feu Valette, professeur à la faculté de droit de Paris, dans une étude fort remarquable intitulée : *De la durée persistante de l'ensemble du droit civil français pendant et après la révolution de 1789, Mémoire lu à l'Académie des sciences morales et politiques en décembre 1870*, Paris, 1872.

les grands succès, a nui en définitive au développement ultérieur : l'observation nous apprend qu'une œuvre supérieure produit presque toujours dans sa sphère un temps d'arrêt. Le phénomène ici est frappant. Malgré leurs lacunes peu à peu reconnues, leurs dispositions aujourd'hui surannées ou obscures, les contradictions qu'ils présentent avec l'état actuel des idées et des faits économiques, nous avons, écrit M. Beudant, conservé presque intacts les codes publiés de 1804 à 1810, tandis que ces mêmes lois empruntées par les pays voisins y ont été déjà modifiées et améliorées. L'histoire qui nous montre le droit se transformant sans cesse et qui n'a jamais rencontré l'œuvre législative immortelle est bien propre à nous inspirer ce désir, cette souffrance du mieux qui est pour l'humanité une condition nécessaire de vie. Cf. le discours de M. Beudant, doyen de la faculté de droit de Paris, dans la brochure intitulée : *Distribution des prix fondés en vertu de la donation Ernest Beaumont,* concours de 1881, Paris, 1881, pp. 7-9. Pour plus de détails, voyez Aubry et Rau, *Cours de droit civil français*, t. Ier, 4e édit., p. 16 et suiv.; Laurent, *Principes de droit civil franç.*, t. Ier, pp. 20 28.

Valette fait la part de ce qui est nouveau, la part de ce qui est ancien dans le *Code civil.* Voici ses conclusions :

« Les hommes politiques d'alors, chargés de la grande œuvre de rédaction d'un *Code civil* (dont on se promettait des merveilles pour les progrès de l'avenir), n'ont fait, en général, que mettre en articles le droit courant, le droit bien connu par les jurisconsultes, formé par l'expérience et la logique des siècles, et enraciné dans la conscience et dans les habitudes de la nation[1]. »

Si nous voulions examiner dans le détail l'œuvre des rédacteurs du *Code civil,* nous verrions qu'ils ont mis largement à contribution Domat et Pothier, qu'ils ont quelquefois consulté Bourjon, qu'ils ont utilisé les ordonnances de Daguesseau sur les testaments, les donations et les substitutions.

Un mot pour finir sur l'expression *Code, Code civil.* L'étiquette, comme on va le voir, n'est pas plus une nouveauté que le fond des choses.

Le nom d'*Institutes* conviendrait mieux au *Code civil* que celui de *Code,* car, aussi bien que les ouvrages précédents, ses prototypes, il est imité des *Institutes* de Justinien et non du *Code de Justinien* ou du *Code de Théodose.*

Toutefois, le mot *Code,* appliqué à un travail du genre du *Code civil* et ainsi un peu éloigné du sens primitif où il était pris pour désigner des compilations comme celle de Théodose et de Justinien, existait depuis longtemps dans la langue française. Ainsi, dès le XVIIe siècle, on avait appelé *Code Marillac* ou dédaigneusement *Code Michau,* l'ordonnance de 1629, due à Michel de Marillac; *Code Savary,* l'ordonnance de commerce de 1673; *Code Noir,* l'ordonnance de 1685 sur les esclaves dans les colonies. On appliquait donc déjà assez volontiers le mot *Code* à un travail d'une seule haleine, d'un seul jet assez analogue à notre *Code civil.* Cette expression *Code civil* est, en ce sens, synonyme d'*Institutes de droit civil.*

Nous terminons ici l'histoire des sources du droit français.

Le droit coutumier du moyen âge dérive en partie du droit

[1] Valette, *De la durée persistante,* etc., p. 63.

germanique, mais il s'en écarte de plus en plus à mésure que nous nous rapprochons des temps modernes, parce que le temps et la civilisation opèrent peu à peu bien des transformations nécessaires, — les sociétés vivantes modifiant sans cesse leurs institutions suivant leurs besoins, — parce que le droit romain et le droit canonique exercèrent dans les derniers siècles une influence de plus en plus marquée. Les provinces méridionales se rattachent généralement davantage au droit romain.

Nous pouvons maintenant considérer en lui-même ce droit français dont nous connaissons les origines et la filiation. Les transformations seront précisées dans l'histoire proprement dite ou histoire interne que nous allons aborder.

Bibliographie du § 1er. — Presque tous les ouvrages de du Moulin sont écrits en latin. Ses œuvres complètes ont été plusieurs fois imprimées : il faut citer l'édition de Paris, 1612, 3 vol. in-fol. et surtout l'édition de Paris, 1681, 5 vol. in-fol. avec la vie de du Moulin par Brodeau. — Du Moulin à qui nous devons une édition du *Style* de du Breuil, a aussi publié un petit recueil de jurisprudence fort curieux, l'ouvrage de Jean le Coq (Joannes Galli), fin du XIVe siècle; c'est un sommaire fort intéressant d'arrêts importants du parlement de Paris de cette époque. — A lire : — Brodeau, *La vie de maistre Charles du Molin*, Paris, 1654, in-4o; — Aubépin dans *Revue critique*, t. III, pp. 603-625, 778-806; t. IV, pp. 27-44; 261-299. Je lui ai emprunté plusieurs passages.

Bibliographie du § 2. — De Guy Coquille il faut citer encore : — son *Histoire du Nivernois*[1]; — son *Mémoire de ce qui est à faire pour le bien du Nivernois;* — un *Dialogue sur les causes des misères de la France,* — et enfin une masse considérable de vers latins. — Parmi les diverses éditions de Guy Coquille on peut signaler l'édition de 1665 et celle de 1703, Bordeaux, 2 vol. in-fol.. — Dupin a publié, en 1864, la *Coutume de Nivernois* avec une bonne partie des notes de Coquille, et une notice sur ce vieil auteur nivernais pour lequel il professait un véritable culte.

Bibliographie du § 3. — Les opuscules de Loisel ont été publiés par Cl. Joly, en 1652, in-4o. — Ses *Institutes coutumières* ont été souvent imprimées : — notamment par Laurière, avec des notes importantes, en 1710, 2 vol.; — par Laboulaye et Dupin, en 1846, 2 vol. Cette dernière édition est fort intéressante et utile. Mais il faut, en la consultant, faire bien attention à ce détail : les éditeurs ont fait précéder les *Institutes* de Loisel d'un livre

[1] Publiée en 1612 par A. Loisel (Dupin et Laboulaye, *Instit. cout. de Loysel,* t. Ier, p. LXII).

préliminaire sur le droit public dans la manière de Loisel; ce livre est entièrement rédigé par Laboulaye et Dupin, d'après l'ouvrage de Guy Coquille. Ils ont prévenu le lecteur, bien entendu; mais on peut s'y tromper, en consultant rapidement l'ouvrage [1]. — Truinet, *Antoine Loysel,* dans *Revue bibliographique et critique de droit français et étranger,* 1853, n°s 4 et 5, p. 119. — Loubers (H.), *Quid de forensi eloquentia senserit Ant. Loysellus,* Paris, 1873 (thèse de doctorat ès-lettres). — Demazure, *Antoine Loisel,* Paris, 1876. — Charvet (Ern.), *Les dernières années d'Ant. Loisel,* dans *Mémoires de la Société académique d'archéologie, sciences et arts du département de l'Oise,* t. XI, 1re partie, pp. 237-259.

Bibliographie du § 4. — *Arrêtés de M. le P. P. de L. ou lois projetées dans les conférences du premier président de Lamoignon pour le pays coutumier de France et pour les provinces qui s'y régissent par le droit écrit* (avec une lettre d'Auzanet à la tête de l'ouvrage), (Paris), 1702, 2 parties in-4°; — nouvelle édit. publiée par Richer, avocat, Paris, 1783, 2 vol. in-4° (A la suite de cette nouvelle édition, *Vie de Lamoignon d'après des papiers de famille*). — Gaillard, *Vie ou éloge historique de M. de Malesherbes suivie de la vie du premier président de Lamoignon, son bisaïeul* (d'après des papiers de famille), Paris, 1805. — Monnier (Fr.), *Guillaume de Lamoignon et Colbert. Essai sur la législation française au* XVIIe *siècle,* Paris, 1862 (Extrait du *Compte-rendu de l'Académie des sciences morales et politiques*). — Pierre Clément, *Lettres, instructions et mémoires de Colbert,* t. VI, pp. I-XXVIII, in-4°. — Pierre Clément, *La réforme des codes sous Louis XIV d'après des documents inédits,* dans *Revue des quest. hist.,* t. VII, 1869, p. 115 et suiv. — Esmein, *Histoire de la procédure criminelle en France,* Paris, 1882, pp. 177 à 211. — Auzanet (Barth.), *Œuvres,* Paris, 1708, in-fol. — *Procès-verbal des conférences tenues par les commissaires du roi et les députés du parlement pour l'examen des articles proposés pour la composition de l'ordonnance civile de 1667 et de l'ordonnance criminelle de 1670* (Impr. par les soins de Brossette), Lille (Lyon), G. Barbier, 1697, in-4°, souvent réimprimé. L'édition de 1776 a été revue et corrigée par Jousse [2].

Sur Savary dont les travaux ont été indiqués ci-dessus, p. 222, note 2, lire : Bellanger, *Jacques Savary,* 1857 (Extrait de la *Revue d'Anjou,* année 1856).

Bibliographie du § 5. — Domat, *Les lois civiles dans leur ordre naturel,* Paris, 1689-1697, 5 vol. in-4° (Très nombreuses éditions). Il faut citer Remy, *Œuvres de Domat,* nouv. édit., Paris, 1835, 4 vol. — Aux

[1] Laboulaye a fait connaître quelle a été sa part personnelle de collaboration dans cette publication collective (*Les axiomes du droit français par le sieur Catherinot,* tirage à part, p. 13, note 1).

[2] Je me sers, pour ces indications, de Barbier, *Dict. des anonymes,* Paris, 1875, t. III, p. 1054.

œuvres complètes de Domat on joindra un mémoire de Domat publié par Monnier, à la fin de l'ouvrage intitulé : *Le chancelier d'Aguesseau*, Paris, 1860. — Victor Cousin, *Documents inédits sur Domat*, dans *Journal des Savants*, 1843, pp. 5-18; 76-93. Parmi ces documents, *Mémoire pour servir à l'histoire de la vie de M. Domat*. Le tout a été reproduit par V. Cousin à la suite de *Jacqueline Pascal*, 3e édit. et édit. suiv., p. 425 et suiv., — Cauchy, *Etudes sur Domat*, dans *Revue Wolowski*, t. XLII, pp. 323-378, t. XLIII, pp. 209-239 et dans *Revue critique*, t. III, pp. 487-514. — Henri Loubers, *Jean Domat, philosophe et magistrat*, Paris, 1873 (Thèse soutenue devant la Faculté des lettres de Paris). — Henri Loubers, *Domat, criminaliste* (Cour de cassation. Audience de rentrée du 17 oct. 1887, Paris, 1887). — Benoid-Pons, *Les œuvres de Domat*, Gannat, 1878.

Bibliographie du § 6. — Je signalerai seulement la dernière édition et la plus complète des *Œuvres* de Daguesseau; elle a été donnée par Pardessus, 1818-1820, 16 vol. — Charles Butler, *Life of d'Aguesseau*, London, 1830. — Boullée, *Histoire de la vie et des ouvrages du chancelier d'Aguesseau*, Paris, 1835, 2 vol. — Monnier (Fr.), *Le chancelier d'Aguesseau, sa conduite et ses idées politiques*, Paris, 1860; 2e édit., 1863. — Monnier (Fr.), *Mémoire sur les ordonnances de d'Aguesseau*, 1858 (Extrait du *Compte-rendu de l'Académie des sciences morales et politiques*, 3e série, t. xxvi). — O. de Vallée, *Le duc d'Orléans et le chancelier d'Aguesseau, Etudes morales et politiques*, Paris, 1860. Cf. ci-après la bibliographie de Pothier.

Bibliographie faisant suite au § 7. — J'ai appelé l'attention du lecteur sur quelques-uns des ouvrages qu'on doit considérer comme ouvrant la voie au *Code civil* : la plupart sont, pour ainsi dire, des essais de *Code civil* par des particuliers. J'aurais pu prolonger cette revue des petits codes civils privés. Je me contenterai de citer comme devant être rapprochés des ouvrages déjà indiqués, les travaux suivants : — Argou, *Institution au droit françois*, Paris, 1692; Paris, 1762 (édit. publiée par Boucher d'Argis); — A. Pocquet de Livonnière, *Règles du droit français*, Paris, 1730 (nombreuses éditions); — Claude Serres, *Les institutions du droit français suivant l'ordre de celles de Justinien*, Paris, 1753, in-4°; — Poullain du Parc, *La coutume et la jurisprudence coutumière de Bretagne dans leur ordre naturel*, Rennes, 1759; 4e édit., 1783; — Poullain du Parc, *Principes du droit français suivant les coutumes de Bretagne*, Rennes, 1767-1771, 12 vol. Ce dernier ouvrage a été très utile à Toullier, élève de Poullain du Parc, pour la composition de son *Cours de droit civil* [1].

Bibliographie du § 8. — Lecomte de Bièvre, *Eloge de M. Pothier*, Paris, 1772. — Le Trosne (G.-F.), *Eloge historique de M. Pothier*, 1773. — Dupin aîné, *Dissertation sur la vie et les ouvrages de Pothier*, en tête de ses *Œu-*

[1] Quérard, *La France littér.*, t. VII, p. 310.

vres, publiées à Paris en 1823-1825, 11 vol. — Henri Busson, *Discours sur Pothier*, Paris, 1849. — Thézard (L.), *De l'influence des travaux de Pothier et du chancelier d'Aguesseau sur le droit civil moderne.*, Paris, 1866. — Frémont, *Recherches historiques et biographiques sur Pothier*, Orléans et Tours, 1859. — Trois lettres de Pothier (deux ont un intérêt juridique), dans *Le cabinet historique*, t. IV, Ire part., p. 208 et suiv.

Bibliographie du § 9. — Fenet, *Recueil complet des travaux préparatoires du Code civil*, Paris, 1827-1829, 15 vol. — Portalis, *Discours, rapports et travaux inédits sur le Code civil*, Paris, 1844. — Seruzier, *Précis historique sur les codes français*, Paris, 1845. — Dramard, *Bibliographie raisonnée du droit civil*, Paris, 1879.

LIVRE II.

DROIT PRIVÉ.

LES PERSONNES.

CHAPITRE PREMIER.

LE SEXE. — LA LIBERTÉ.

Préliminaires. — J'ai passé en revue les sources du droit : j'arrive au droit proprement dit.

J'étudierai ici le droit des personnes, celui des biens et des obligations.

Les personnes d'abord. Les règles du droit n'existent que pour elles : elles jouent dans le droit et dans l'histoire du droit le premier rôle. Nous n'aurons plus tard à nous occuper des biens et des obligations qu'en tant que les biens ou les contrats affectent directement les intérêts ou la situation des personnes. Au reste, comme l'a fait observer Guizot, « dans les premiers temps qui ont suivi les conquêtes des Barbares; c'est l'état des personnes qui a déterminé l'état des propriétés territoriales[1]. » Le bon sens et l'histoire se réunissent donc pour nous engager à étudier avant tout l'état des personnes.

Tous les Français majeurs jouissent aujourd'hui des mêmes

[1] Guizot, *Essais sur l'hist. de France*, Paris, 1858, p. 75.

droits civils et politiques[1]. A moins qu'ils n'aient encouru par leur faute quelque déchéance, leur position juridique à tous est la même. Il n'en était pas ainsi autrefois; et nous devons, avant tout, exposer les différences nombreuses établies entre les personnes.

L'homme et la femme. — Le plus ancien des privilégiés, c'est l'homme. Lui seul, jouit à l'origine des droits civils et politiques; la femme en est privée. La situation juridique de cette dernière s'est améliorée avec les siècles; mais elle est bien loin, encore aujourd'hui, d'être sur le même rang juridique que l'homme. Un chapitre spécial sera consacré à la femme. Je me contente ici de formuler cette première notion historique : l'homme, dans les milieux sociaux que nous étudions, est le plus ancien des *privilégiés*.

Cette observation me dispense peut-être de justifier longuement l'absence d'une division consacrée aux personnes jouissant du droit commun, division qui, à première vue, semble nécessaire. Où est le droit commun, si tout d'abord je trouve l'un des deux sexes en possession du droit privilégié le plus ancien et le plus tenace?

Les libres. — Cependant il existe une grande catégorie qu'il faut mettre d'abord en relief et qui occupe jusqu'à un certain point cette position moyenne, cette position de droit commun, intermédiaire entre les divers états; je veux parler des *libres*. L'état de liberté, c'est l'état de tous dans les temps primitifs : pensée largement et simplement rendue par Beaumanoir : « Quoique, dit-il, plusieurs états de gens soient maintenant,

[1] C'est là, du moins, ce que j'écrivais, en 1883; mais, depuis lors, le droit d'enseigner dans les écoles publiques a été enlevé à quiconque n'est pas laïque. Des Français en assez grand nombre ont ainsi été frappés d'une incapacité spéciale; ce qui est évidemment contraire aux principes de la société moderne. Voyez loi des 30-31 oct. 1886, art. 17. Il est certes évident que ni nos mœurs, ni l'opinion n'admettent l'accession à certains emplois publics des prêtres et des religieux. Le législateur qui, peu soucieux de la lettre des principes modernes, édicterait dans cet esprit certaines incapacités politiques (on l'a fait en Suisse, constit. fédér. de 1874, art. 75), mettrait tout simplement en pratique, sans s'en douter probablement, le vieil axiome canonique : *Nemo militans Deo implicat se negotiis sæcularibus.* Mais ni l'opinion moderne, ni la tradition ne rangent l'instruction parmi ces *negotia sæcularia.*

il est certain qu'au commencement tous furent libres (*franc*) et d'une même liberté (*francise*); car chacun sait que nous descendîmes tous d'un seul père et d'une seule mère[1]. »

Au moment où les Francs envahissent la Gaule, il y a déjà et depuis longtemps chez eux des esclaves au-dessous des hommes libres : mais, parmi les libres, ceux qui formeront plus tard une élite privilégiée appelée la noblesse n'ont pas encore pris une place à part. Le peuple franc se compose d'hommes libres, *franci homines*. Ce qui, en ce temps, caractérise peut-être le mieux la liberté, c'est le monopole des armes : l'homme libre seul fait la guerre[2].

Difficulté de définir l'homme libre. — En même temps que les nobles se dessinent parmi les libres, les libres eux-mêmes se ramifient, se diversifient presque à l'infini. Leur position varie avec le degré de dépendance qui les relie soit à une église, soit à un seigneur laïque, soit à une commune, soit au roi de France. La définition *in abstracto* de l'homme libre et l'étude du droit commun qui le régit, devient très difficile au moyen âge. Beaumanoir, esprit éminemment lucide, ne trouve sous sa plume que cette définition à peu près romaine, fort belle assurément, mais critiquable au point de vue du droit positif : « Quiconque naît de franche mère il est franc, et ont franc pouvoir de faire ce qui leur plaît, excepté les vilains cas et les méfaits qui sont défendus entre les chrétiens[3]. » Retenons de cette pensée une notion précise et qui a une grande portée dans le droit du moyen âge : c'est que la liberté (Beaumanoir dit constamment la franchise) se transmet par la mère. Cette pensée est rendue par ce vieux dicton : « le ventre affranchit[4] ; » par conséquent, de l'union d'un esclave ou d'un serf avec une

[1] Ch. XLV, 32, édit. Beugnot, t. II, p. 234.

[2] Voyez Boretius, *Capitularia*, t. Ier, p. 185, cap. 86, art. 4, 5. Cf. Tacite, *Germanie*, c. 13; Schulte, *Hist. du droit et des instit. de l'Allemagne*, trad. Marcel Fournier, p. 128.

[3] Ch. XLV, 30, édit. Beugnot, t. II, p. 233. Rapprochez cette définition romaine : « Libertas quidem, ex qua etiam liberi vocantur est naturalis facultas ejus quod cuique facere libet, nisi si quid aut vi aut jure prohibetur » (*Inst. de Just.*, I, III, 1). La restriction rendue par le mot *jure* manque à tort dans Beaumanoir. Voyez ce qui sera dit plus loin des serfs; le texte du XIVe siècle que je cite à la p. 246 est la contre-partie exacte du document parisien que je résumerai en parlant des serfs, p. 315.

[4] Cf. Loisel, *Inst.*, liv. Ier, titre Ier, XXII, 40.

femme libre naissent des libres. Ce principe d'origine romaine n'était point déposé dans les lois barbares. Il s'est développé peu à peu au moyen âge et a pris dans nos coutumes une très grande extension, mais il n'est pas devenu général. Le droit canonique, au XIe et au XIIe siècle, ne l'admettait pas [1]. Un anonyme du XIVe siècle s'est essayé non sans succès à définir l'homme libre avec plus de précision que n'avait fait Beaumanoir : « Les personnes non nobles et franches sont celles qui pevent ordonner à leur voulenté et tous leurs biens, sans delinquer ou forfaire envers aucun, et se pevent marier à qui leur plaist, vandre ou donner leurs biens sans le consentement de leur seigneur. » Ces personnes libres mais non nobles sont sujettes, poursuit notre auteur qui appartient à la région parisienne, aux tailles, impositions et gabelles, tandis que les nobles en sont exempts [2].

Expressions diverses. — Quand on oppose l'homme libre au noble, on l'appelle souvent *roturier*. *Vilain* est synonyme de *roturier*. Pierre de Fontaines oppose énergiquement le *vilain* au *serf* [3]. Le mot *bourgeois* désigne dans son sens large les habitants des villes [4]. Le vieux mot *citoyen* qu'on trouve déjà au XIIe siècle a tout à fait le même sens. L'expression *homme de poesté* (*de potestate*) est un terme vague qu'on pourrait traduire par *homme dépendant*. L'*homme de poesté* peut être libre; il peut aussi être serf [5].

En supprimant tous les privilèges et en abolissant toutes les incapacités et infériorités juridiques, la révolution a restitué en France, comme nous le verrons ci-après, tous les *hommes* à cet état de franchise primitive, de « même franchise, » comme disait Beaumanoir au XIIIe siècle.

BIBLIOGRAPHIE. — Luchaire, *Manuel des instit. franç.*, pp. 318-330.

[1] Cf. Viollet, *Etab. de saint Louis*, t. Ier, pp. 176-179.

[2] *Style du Châtelet*, dans ms. fr. 1076, fol. 55 v° (Bibl. nat.).

[3] Pierre des Fontaines, *Conseil*, XXI, 8, édit. Marnier, pp. 224, 225.

[4] Dans un sens étroit, il y a le *bourgeois du roi*, le *bourgeois de tel* ou *tel seigneur* : il en sera dit un mot plus loin à propos des aubains.

[5] « Cascuns gentix hons ou hons de poesté qui n'est pas sers. » (Beaumanoir, ch. XII, 3, édit. Beugnot, t. Ier, p. 180).

CHAPITRE II.

LES NOBLES.

1. *Qu'est-ce que la noblesse?*

Définition de la noblesse. Pas de noblesse chez les peuples primitifs. — J'appelle *noblesse* un certain état social privilégié et héréditaire.

Chez les peuples tout voisins de la période primitive, la noblesse n'existe pas encore, c'est-à-dire qu'une classe de privilégiés héréditaires ne se dessine pas au milieu du peuple : mais déjà de grandes familles ont acquis par leur richesse et leur importance une considération héréditaire : sorte de privilège moral qui précède la formation du privilège juridique et qui lui survit.

De nos jours, parmi les tribus tatares, les plus riches n'ont aucun droit, aucun privilège spécial. Leur genre de vie est tout à fait semblable à celui des autres membres de la tribu. Un voyageur nous raconte qu'il a fait la connaissance d'un Tatar qui possédait 5,000 chevaux, 2,000 bêtes à cornes, plus de 1,000 chèvres et brebis, et qui, en outre, pouvait avoir en argent comptant quelque cent mille roubles. Aucun privilège, aucune habitude particulière ne distingue ce puissant personnage des autres Tatars de la région. Toute sa force est dans sa richesse.

Il en était sans doute de même autrefois chez les Germains. Toutefois Tacite parle déjà d'une *nobilitas*[1] et les lois de plusieurs peuples germains nous révèlent chez ces peuples l'existence d'une noblesse. Quant aux Francs, ils ont gardé bien nettement cet état primitif. Il n'y a chez eux, au point de vue

[1] Reges ex nobilitate, duces ex virtute sumunt (Tacite, *De moribus Germ.*, 7). Cf. *ibid.*, 11, 18.

juridique, que des libres et des esclaves ou demi-esclaves. Les libres ne connaissent encore parmi eux aucune distinction héréditaire[1].

Les antrustions chez les Francs. — Les *antrustions* des temps mérovingiens ne constituent point un corps de noblesse; car l'*antrustionat* n'est pas une fonction héréditaire; c'est une qualité personnelle. Les *antrustions* forment l'entourage du roi à la cour et dans les assemblées. Cet entourage, souvent appelé la *trustis regia* ou *trustis dominica* se compose d'hommes riches et puissants appelés, je le répète, *antrustions*, toujours prêts à défendre le roi à la guerre et remplissant auprès de sa personne des offices très divers. Les *antrustions* sont évidemment les successeurs de ces compagnons dévoués des rois germains que Tacite appelle *comites*.

Un homme libre, pour devenir *antrustion*, devait prendre des engagements spéciaux et prêter un serment particulier. L'*antrustion* du roi avait droit à un triple wergeld[2].

De grands personnages autres que le roi avaient probablement, eux aussi, des *antrustions*[3].

Ces *antrustions* ou fidèles sont devenus, semble-t-il, les *vassi* ou *vassali* dont nous parlerons plus tard[4] : ces *vassali* ou vas-

[1] Cependant il est peut-être permis d'apercevoir déjà une noblesse dans le petit texte local du IXe siècle, appelé à tort *Loi des Francs Chamaves* (art. 2-6; 17-21). L'*homo francus* de ce texte semblerait correspondre au *nobilis* des Frisons. Il est distinct de l'*ingenuus*. Cf. Froidevaux, *Etudes sur la Lex dicta Francorum Chamavorum*, p. 78 et suiv.

[2] Marculf, I, 18 (Zeumer, *Form.*, p. 55). Voyez, sur les *antrustions* : Deloche, *La trustis et l'antrustion royal sous les deux premières races*, Paris, 1873; Thonissen, *L'organisation, le droit pénal et la procédure pénale de la Loi Salique*, Bruxelles, 1882, pp. 119, 120; Tardif, *Etudes sur les institutions politiques et administratives de la France, Période mérovingienne*, I, p. 47. Dans mon *Droit public*, t. Ier, p. 231, il est question du *double* wergeld de l'antrustion royal. C'est une faute d'impression : il faut lire : *triple*.

[3] C'est aussi l'opinion de G. L. Maurer, *Geschichte des Gerichtsverfahrens*, Heidelberg, 1824, p. 14. Les *buccellarii* des Wisigoths (Blume, *Reccaredi Antiqua*, 1847, pp. 28, 30) sont-ils autre chose que des antrustions privés?

[4] Cf. Schulte, *Hist. du droit et des instit. de l'Allemagne*, trad. Marcel Fournier, p. 102; Roth, *Feudalität und Unterthanverband*, p. 250. Waitz a combattu cette opinion de Roth. Je rappelle, d'ailleurs, que le mot *vassus* désigne à l'origine un non libre, un esclave; et par lui-même, ne rappelle originairement aucune idée de noblesse ou simplement de liberté. Cf. Roth, *ibid.*, pp. 247-249; Deloche, *La trutis*, p. 241 et suiv.

saux étaient pour la plupart, au moyen âge, des gentilshommes, des nobles.

Distinctions voisines de la noblesse chez les Romains. Traces de ces distinctions. — Existe-t-il une noblesse chez les Romains du bas empire? En tout cas, ils en sont bien près. Leurs mœurs sont aristocratiques. Il s'est créé chez eux une certaine hérédité des situations et la loi traite inégalement les diverses situations sociales. Nous voilà bien près de la noblesse, au sens rigoureux du mot.

Une catégorie de citoyens composée des membres des familles sénatoriales forme une classe supérieure dite des *clarissimi* et se divise en *illustres, spectabiles* ou simples *clarissimi*. A la fin de l'empire, la situation privilégiée de ces *clarissimi* s'est affirmée et développée. Ils sont en possession d'un crédit et d'une considération héréditaires[1].

Les lois pénales de l'empire envisagent souvent dans la population plusieurs classes distinctes qu'on peut ramener à cette triple division : une classe supérieure, une classe moyenne et au-dessous la plèbe. Les châtiments varient suivant les classes : l'amende s'élève, mais la peine corporelle s'adoucit en proportion du rang des coupables[2].

Nous trouvons chez les Burgondes et chez les Wisigoths quelque chose d'analogue. Chez les Burgondes, les textes législatifs font mention d'*optimates*, de *mediocres*, de *minores*[3]; chez les Wisigoths l'*inferior persona* est distinguée de l'*honestioris loci persona*[4].

Je suis porté à voir là des influences romaines et je constate qu'au moyen âge la loi consacre dans certaines villes un groupement tripartit de la population[5], groupement qui correspond,

[1] Je dois, sur ce point, de précieux renseignements à M. Greaves, qui prépare une étude sur l'aristocratie du bas empire.

[2] *Code de Théodose*, XVI, v, 52, 54. Cf. Fustel de Coulanges, *Hist. des instit. polit. de l'ancienne France*, 1re partie, pp. 270-279.

[3] Cf. H. v. Sybel, *Entst. des deutsch. Kœnig.*, 1881, p. 464.

[4] *Lex Wisig.*, VIII, IV, 24, 29, apud Georgisch, *Corpus juris Germ.*, col. 2094, 2097. Cf. Dahn, *Urgeschichte*, t. Ier, p. 452.

[5] Voyez notamment une inscription d'Elne, dans *Marca Hispanica*, p. 158, d'après R. de Lasteyrie, *Notice sur une inscription du XIIIe siècle découverte à Brive*, Brive,

sans doute, avant tout à la réalité des faits, mais qui a aussi son attache historique; et cette attache semble bien romaine.

La noblesse au moyen âge. Son origine militaire. — Quant à la noblesse du moyen âge français, il est probable qu'une étude attentive permettrait de noter certaines influences romaines; mais les traits les plus caractéristiques ne me paraissent pas avoir cette origine.

Dans l'armée carolingienne composée de tous les hommes libres, les plus riches devaient s'équiper complètement à cheval. L'hérédité de fait d'une situation de fortune permettant cet équipement[1] finit par engendrer peu à peu dans certaines familles, une hérédité de droit. Dès lors la noblesse existe. Cette hérédité de fait, génératrice de l'hérédité de droit, s'est souvent attachée à la possession de certaines terres dont les propriétaires étaient, à l'origine, au moins cavaliers dans l'armée carolingienne, et recevaient ou rendaient certains services militaires se rattachant à ces origines guerrières.

L'histoire de la noblesse vérifie donc parfaitement cette parole de Guizot : « Selon qu'un homme était plus ou moins libre, plus ou moins puissant, la terre qu'il occupait a pris tel ou tel caractère. L'état des terres est devenu ainsi le signe de l'état des personnes; on s'est accoutumé à présumer la condition politique de chaque homme d'après la nature de ses rapports avec la terre où il vivait. Et comme les signes deviennent promptement des causes, l'état des personnes a été enfin non seulement indiqué, mais déterminé, entraîné par l'état des terres[2]. »

1870, p. 21. A Toulouse, au XIIIe siècle, les nouveaux consuls sont pris, chaque année, moitié parmi les *majores*, moitié parmi les *medii*. Ce mot *medii* indique bien l'existence d'une troisième classe, la *plèbe*, au sein de laquelle les consuls ne peuvent être choisis (Cf. Molinier, dans *Bibl. de l'Ecole des chartes*, t. XLIII, p. 19). Remarquez encore à Vienne des *majores* appelés aussi, ce me semble, *nobiles* (*Bulletin d'hist. ecclés. du diocèse de Valence*, XIe année, 71e livr., pp. 57, 60); à Milan les *capitanei*, les *valvassores* et la *plèbe* (Hegel, *Geschichte der Stadteverfassung von Italien*, t. II, p. 162, note 3).

[1] Voyez mes *Etab. de saint Louis*, t. Ier, pp. 169, 170-172 : ce que j'ai dit à la p. 171 donne peut-être prise à quelques critiques. Voyez pour l'Angleterre des textes très importants relevés dans la *Revue critique d'histoire et de littérature*, année 1879, p. 326.

[2] Guizot, *Essais sur l'histoire de France*, édit. de 1858, p. 75.

Les propriétés auxquelles devait s'attacher le caractère de la noblesse prirent peu à peu de préférence le nom de *fiefs*. Nous étudierons plus loin l'origine et la nature du fief; mais nous devions ici le mentionner : ce qui le caractérise, c'est l'obligation où se trouve son propriétaire, le *vassus* ou *vassalus*, de rendre foi et hommage à un propriétaire supérieur appelé le suzerain. Les membres de la noblesse ne sont donc pas isolés sur le territoire. En général, tout chef de famille noble ou, comme on disait de préférence, tout gentilhomme, est lié à un autre gentilhomme par une obligation de foi et hommage.

La noblesse, une fois acquise par la possession d'un fief[1], devient héréditaire dans la famille; la perte du fief n'entraîne point la perte de la noblesse. Au reste, si la possession d'un fief dans la famille a été le signe ordinaire de la noblesse, je ne prétends pas, bien entendu, qu'elle en ait été le signe exclusif. Quant à la durée de cette tradition de famille dont je viens de parler, la jurisprudence du parlement de Paris admet, au XIIIe siècle, que le petit-fils est gentilhomme, si son grand-père a été chevalier[2].

Le chevalier, c'est tout simplement le cavalier des temps mérovingiens et carolingiens, c'est-à-dire l'homme libre assez riche pour s'équiper complètement à cheval. Au seul noble est réservé le droit d'être fait chevalier. L'éperon est son attribut essentiel[3].

[1] J'exprime ici l'idée en termes généraux : voyez plus loin, pp. 254, 255, quelques détails plus précis.

[2] « Inquesta facta de mandato baillivi Viromandensis per magistrum Robertum Coccum et per Thomam dictum Tellier ad sciendum utrum Petrus dictus Aus Maçues miles sit de tali genere quod possit et debeat esse miles. Quia satis sufficienter probatum est quod Johannes de Champognes, avus ipsius, fuit miles, voluit consilium domini regis quod iste Petrus remaneret miles » (Arrêt du parlement de la Chandeleur 1261 (a. s.), dans *Olim*, édit. Beugnot, t. Ier, p. 154 ; copié dans le ms. fr. 3910, fol. 50 r°, à la Bibl. nat.; déjà cité par Choppin sur Anjou, liv. Ier, art. 63, édit. de 1663, t. Ier, p. 342).

[3] La période carolingienne correspond encore à cet état de choses du vieux droit scandinave, qui permettait à toute personne d'entrer dans l'ordre des privilégiés, pourvu qu'elle eût un cheval d'une valeur de 40 marcs au moins, et une armure complète et qu'elle justifiât d'une fortune suffisante pour satisfaire à cette charge (Dareste, *Mém. sur les anc. lois suédoises*, dans *Journal des Savants*, 1880, tirage à part, p. 6). Plus tard, la noblesse qu'on pourrait appeler l'ordre des chevaliers, devient héréditaire, mais sans se fermer encore, comme on le verra.

« Vilain ne sçait que valent éperons [1], » a dit Loisel. « Vilain ne sçait que vaut ceinturon, » pourrai-je dire à mon tour; car le ceinturon a joué aussi un rôle considérable dans le costume officiel du gentilhomme.

Puisque les gentilshommes représentent les familles autrefois riches, chez lesquelles certains attributs de la richesse se sont fixés héréditairement, on ne sera pas supris qu'ils soient, dans plusieurs provinces, soumis, en cas de délits, à des peines pécuniaires plus fortes que les roturiers. En Anjou et en Touraine, par exemple, tous les meubles du gentilhomme sont confisqués dans les cas où le roturier paie seulement une amende de 60 s.

J'ajouterai que la possession d'un fief emporte un système successoral très différent du système successoral ordinaire : ce qui caractérise ce système, c'est un droit d'aînesse plus ou moins développé; les roturiers, au contraire, partagent également. Enfin, dans les pays de taille personnelle, les nobles ne paient pas la taille. Le roturier seul est astreint à cet impôt [2] : « Noble n'est tenu de payer taille [3]. »

Les gentilshommes représentent, on le voit, cette fraction des libres, la plus riche, la plus puissante qui, peu à peu, s'est élevée. Elle forme, au commencement du XIIIe siècle, une classe à part, mais non encore fermée, car, comme on va le voir, les autres hommes libres y peuvent pénétrer ou assez facilement y acheminer leurs descendants.

2. *Comment on arrive à la noblesse.*

Nous pouvons compter cinq modes différents d'arriver à la noblesse :

1° *La naissance.* — De tout ce que je viens de dire et de la notion même de la noblesse il résulte que le premier mode d'arriver à la noblesse, au moyen âge, c'est la naissance.

[1] Loisel, *Institutes coutumières,* liv. Ier, tit. Ier, art. 29. Cf. mon *Droit public,* t. Ier, p. 446.

[2] *Encyclopédie méthodique, Jurisprudence,* t. VII, p. 713.

[3] Loisel, *Institutes,* liv. VI, tit. VI, § 8 (règle 916), avec les notes de Laurière qui restreignent cet axiome au sens que je lui donne dans le texte.

Les enfants d'un gentilhomme appartiennent à la noblesse comme leur père.

On a beaucoup discuté la question de savoir si, dans certaines provinces, une mère noble peut transmettre la noblesse à ses enfants, bien que le père soit roturier. Il me semble qu'à l'origine il y a eu hésitation sur ce point. On peut citer un texte du XIIe siècle[1] qui paraît admettre assez nettement la noblesse maternelle. Mais, dans presque toutes les provinces, la noblesse pleine et complète descend du père aux enfants et non de la mère aux enfants. La Champagne et le Barrois font exception; il est certain qu'au XIVe et au XVe siècle, la noblesse maternelle, c'est-à-dire la noblesse par la mère a été admise en Champagne. Grosley a cité à cet égard des textes décisifs. La noblesse maternelle était encore admise en quelques parties de la Champagne au XVIIIe siècle[2]. La noblesse maternelle de Champagne a soulevé diverses discussions et contestations[3]; celle du Barrois n'a point été contestée.

La transmission de la noblesse par la mère a donné lieu à ce

[1] Viollet, *Etabl.*, t. Ier, p. 173.

[2] Grosley, *Recherches pour servir à l'hist. du droit franç.*, p. 216 et suiv. Pasquier, *Interprétation des Institutes de Justinian*, édit. Giraud, p. 53. En 1556, les habitants de Châlons déclarent que « de tout temps et ancienneté, ilz ont usé et souffert pour estre noble estre issu de pere noble ou de mere noble » (*Bulletin hist. et philologique du Comité des travaux hist. et scientifiques*, 1887, p. 142).

[3] Voyez : Babille, Henrion, Oudart, *Mémoire et consultation sur la noblesse maternelle de Champagne*. [Paris], impr. de Dhoury, 1785, in-4°; A. de Barthélemy, *Recherches sur la noblesse maternelle*, Paris, 1861 (Extrait de la *Bibliothèque de l'Ecole des chartes*, 5e série, t. II); *Encore la noblesse maternelle. Réponse à M. A. de Barthélemy (jurisprudence rétrospective) par l'auteur du Code de la noblesse française*, Paris, 1861; F. Bourquelot, dans *Mémoires présentés par plusieurs savants*, 2e série, *Antiq. de la France*, t. V, 1re part., p. 52, note 3; Bonneserre de Saint-Denis, *De l'origine de la noblesse et des anoblissements*, dans *Revue nobiliaire*, t. Ier, 1862-1863, nos 1, 7; A. de Barthélemy, *Nouvelles observations contre la noblesse maternelle* (Extrait de la *Revue nobiliaire*), Paris, 1865; Biston, *De la noblesse maternelle en Champagne*, Paris, 1878; A. de Mauroy, *La noblesse maternelle en Champagne, Etude de droit coutumier*, Paris, 1882 (Extrait de *La France judiciaire*); [A. de Barthélemy], *Notes de monsieur de Caumartin sur la recherche des nobles de la province de Champagne en 1673*, Paris, 1883; A. de Mauroy, *De la noblesse maternelle* (Extrait de l'*Annuaire héraldique de France*, 1891), Saint-Amand, 1891; Guilhiermoz, *Un nouveau texte relatif à la noblesse maternelle de Champagne*, dans *Bibliothèque de l'Ecole des chartes*, t. L, pp. 509-536. M. Guilhiermoz a établi d'une manière à peu près certaine qu'à l'origine, la noblesse ne pouvait se transmettre en Champagne *que* par les femmes.

dicton : (*en Champagne et en Barrois*), *le ventre anoblit*. C'est un souvenir des temps où les idées de noblesse et de liberté se confondaient encore. C'est la théorie de la transmission de la liberté par la mère, appliquée à la noblesse.

Les enfants héritaient primitivement de la noblesse, qu'ils fussent légitimes ou bâtards : du moins, cela paraît très probable. En l'an 1600, la noblesse fut ôtée aux bâtards par l'article 26 du règlement daté de cette année, règlement qui porte : « Les bâtards, encore qu'ils soient issus de pères nobles, ne se pourront attribuer les titres et qualités de gentilshommes, s'ils n'obtiennent nos lettres d'anoblissement fondées sur quelques grandes considérations de leur mérite ou de leur père, vérifiées comme il appartient[1]. »

2° *La possession d'un fief*. — On arrive à la noblesse par la possession d'une terre noble, d'un fief. Il semble, d'après Pierre de Fontaines, qu'on y arrive immédiatement pourvu qu'on habite sur le fief ainsi acquis[2]. Ailleurs, en Touraine et en Anjou par exemple, l'assimilation n'est complète qu'à la troisième génération : c'est seulement à la troisième génération que les successions se partagent suivant l'usage des gentilshommes, c'est-à-dire avec des avantages considérables à l'aîné, avantages dits *droit d'aînesse*[3].

A partir de la seconde moitié du XIIIe siècle[4], les roturiers éprouvèrent des difficultés pour l'acquisition des fiefs ou terres nobles. Il faut lire notamment à ce sujet une ordonnance de Philippe le Hardi de 1275[5]. Les roturiers furent soumis à un

1 Semainville, *Code de la noblesse franç.*, p. 711. Loisel, *Inst.*, liv. Ier, tit. Ier, règle 44, avec les notes de Laurière. Le bâtard était noble comme son père, mais il ne lui succédait pas (*ibid.*, règle 45).

2 Pierre de Fontaines, édit. Marnier, pp. 12, 14, 80. *Jostice et Plet*, p. 66. Cf. un texte du Pogge cité par Laurière sur *Etab.*, liv. Ier, ch. 25 (édit. Viollet, t. III, p. 284).

3 *Etab.*, liv. Ier, ch. 147, t. II, p. 281. A Rome, on prend aussi en considération, dans des circonstances comparables, la troisième génération. Ainsi, un sénatus-consulte du temps de Tibère ne permet de porter l'anneau d'or qu'à ceux dont l'aïeul et le père ont possédé le cens de 100,000 sesterces et ont siégé sur les quatorze premiers gradins du théâtre (Naudet, *De la noblesse ..... chez les Romains*, 1863, pp. 79, 80).

4 Cf. *Olim*, t. Ier, p. 740.

5 Isambert, t. II, p. 659. D'après l'art. 7 de cette ordonnance, le roi pourra

droit spécial, quand ils acquéraient des fiefs : ce droit est appelé *droit de franc fief*, c'est-à-dire *droit de fief noble*[1]. Le droit exceptionnel d'acquérir des fiefs sans payer cet impôt fut accordé par le roi aux bourgeois de plusieurs[2] villes, aux officiers municipaux de certaines autres, par exemple, aux consuls de Limoges[3] : ce privilège représente l'ancien droit commun disparu.

A mesure que le vilain acquiert plus difficilement les fiefs, il acquiert aussi plus difficilement la noblesse par ce moyen. Ce mode d'anoblissement, qui était tout à fait dans la tradition et dans les mœurs, est de plus en plus contesté. Enfin, en 1579, l'ordonnance de Blois statue formellement : « Les roturiers et non nobles achetans fiefs nobles ne seront pour ce anoblis, de quelque revenu et valeur que soient les fiefs par eux acquis[4]. »

En Béarn (cette province n'a été réunie à la couronne que postérieurement à l'ordonnance de 1579), l'anoblissement par l'acquisition d'une terre noble, d'un fief, a persisté jusqu'en 1789[5]. Cette vieille idée se retrouve encore au XVIIIe siècle, à l'autre extrémité de l'Europe, à Lubeck; mais elle est sensiblement atténuée[6].

3° *L'anoblissement*. On arrive à la noblesse par lettre d'anoblissement du roi. Les premières lettres d'anoblissement au-

évincer les non nobles ayant acquis parties de fiefs dans ses domaines, s'il juge que cette acquisition porte atteinte aux divers avantages de sa position de suzerain.

[1] Le droit de franc fief a été un moment supprimé au XVIIe siècle (Isambert, t. XVII, pp. 335, 336, 367).

[2] Bourgeois de Paris (1371); texte dans Berthelot du Ferrier, *Traité de la connoissance des droits et des domaines du roy*, 1719, pp. 239, 240. Bourgeois de Bourges et de Saint-Omer (XVe s.); textes dans *Ord.*, t. XIII, 233, 327. Habitants d'Orléans (1483, 1485, 1498); textes dans *Ord.*, t. XIX, pp. 112, 608, t. XXI, p. 100.

[3] Ordonnance de Charles VII visée dans *Cabinet historique*, t. III, *Catalogue*, p. 75, n° 54. Pour le maire et les échevins d'Auxonne (1498), voy. *Ord.*, t. XXI, p. 49.

[4] Isambert, t. XIV, p. 439.

[5] Raymond, *Notices sur l'intendance en Béarn et sur les états de cette province*, Paris, 1865, p. 138. De Jaurgain, *Nobiliaire de Béarn*, Paris, 1879, t. Ier, p. III (préface). A. de Boislisle, *Correspondance des contrôleurs généraux des finances*, t. Ier, p. 264.

[6] « Sana tenuit jurisprudentia, ex qua traditur rustico æque ac nobili feudum dari posse... Imò hunc accipientem feudum cujus natura id exigit, fieri nobilem, si ab eo qui nobilitandi facultatem habet, conferatur » (Mevius, *Commentarii in jus Lubecense*, Franc. et Lipsiæ, 1744, p. 465).

thentiques émanent du roi Philippe le Bel[1] et se placent entre les années 1285 et 1290. Vers le même temps (1280), on relève un arrêt du parlement de Paris qui, *malgré la preuve de l'usage contraire*, interdit à un grand feudataire, le comte de Flandre, d'élever un vilain à la dignité de chevalier[2], autrement dit de l'anoblir. Dès lors, les jurisconsultes ne cessèrent de revendiquer pour le roi de France le droit exclusif de faire des nobles : néanmoins, au XIVe siècle, les ducs de Bourgogne créent encore des nobles[3] et on possède des lettres d'anoblissement du XVe siècle, émanées des ducs de Bretagne[4], des ducs d'Orléans (dans l'étendue du comté de Blois[5]). Lorsque les ducs de Bretagne anoblissaient quelque personne, ils anoblissaient aussi d'ordinaire la terre avec la personne. La terre possédée par l'anobli se trouvait par là exempte de toute contribution roturière[6].

Les anoblissements ont été pour la couronne une source de revenus[7], source bien trompeuse, car le roi, en faisant des nobles contre argent comptant, diminuait pour l'avenir ses revenus ou en rendait la perception de plus en plus douloureuse.

4° *La possession d'une charge.* On arrive à la noblesse par le seul fait qu'on est pourvu de certaines charges, de certains offices; et c'est là ce qu'on appelle la *noblesse d'office*.

1 A. de Barthélemy, *Etudes sur les lettres d'anoblissement*, p. 9.

2 Boutaric, *Actes du parlement de Paris*, t. Ier, p. 221, n° 2304. Beugnot, *Olim*, t. II, p. 166.

3 Clerc, *Hist. des états généraux... en Franche-Comté*, t. Ier, p. 55.

4 Dom Morice, *Mémoire pour servir de preuves à l'histoire de Bretagne*, t. II, col. 1190, 1191.

5 Archives nationales, KK. 897, fol. 31, 91, 133, 135, 163; d'après J. de Croy, *Etude sur la chambre des comptes de Blois*, p. 119 (thèse manuscrite, soutenue en janvier 1892, à l'Ecole des chartes).

6 *Lettres et mandements de Jean V, duc de Bretagne*, p. 45 (*Archives de Bretagne*, t. IV).

7 L'auteur du *Rosier des guerres* insiste sur ce moyen de battre monnaie : il conseille de faire payer *pour tout anoblissement le quint en rente de ce que vault ce pour quoy on vuelt estre anobly* (Paulin Paris, *Les manuscrits français de la bibliothèque du roi*, t. IV, 1841, p. 130). Cf. notamment Isambert, t. XIV, p. 226 (édit de janvier 1568). Sur les abus et les exactions sous prétexte d'anoblissements et d'anoblissements nuls voyez Chassant, *Les nobles et les vilains du temps passé*, pp. 150-154.

La noblesse ainsi acquise est tantôt héréditaire, tantôt purement personnelle[1]; et, en ce dernier cas, c'est un genre de privilège qui s'écarte assez sensiblement de la notion, pour nous principale, qui s'attache au mot *noblesse*.

On trouve, dès le XIVe siècle, des nobles d'office, des nobles arrivés à la noblesse par suite de l'office dont ils étaient revêtus[2]. Ainsi les maires et échevins de Poitiers et d'Angoulême acquéraient, par leur charge même, la noblesse héréditaire, en vertu de lettres patentes de 1372 et de 1375[3].

5° *La prescription*. Pour être complet, je dois ajouter qu'on arrive à la noblesse par usurpation, ou, pour employer une tournure plus juridique, par la prescription, c'est-à-dire par la possession continuée pendant un long laps de temps, alors même qu'elle aurait pour point de départ l'usurpation. L'usurpation, depuis les entraves apportées à l'anoblissement par l'achat d'un fief, joue un rôle considérable : c'est en fait le mode de recrutement le plus actif. Au temps de Loyseau, le père et l'aïeul ayant vécu noblement, la noblesse était prescrite et acquise à leur postérité[4]. Une préoccupation fiscale fit admettre, pendant un certain temps, ce principe rigoureux : « sitôt qu'il est prouvé qu'une famille n'a pas toujours été noble, elle ne peut pas le devenir par le temps, s'il n'y a une concession[5]. » Ainsi la noblesse ne pourrait s'acquérir par prescription. Mais on se relâcha de cette rigueur, et, au XVIIIe siècle, on admettait que la possession centenaire conduit à la noblesse[6].

3. *Comment se perd la noblesse.*

En diverses circonstances, la noblesse s'éteint ou simplement se paralyse. J'envisagerai trois circonstances principales :

1° *Crime de lèse-majesté*. La noblesse s'éteint, nous disent

1 Cf. de Semainville, *Code de la noblesse franç.*, p. 333.
2 Semainville, *ibid.*, pp. 337, 352. Beaune, *La condition des personnes*, p. 85.
3 Voyez Beaune, *ibid.*; Giry, *Les Etabl. de Rouen*, t. Ier, pp. 369, 401.
4 *Des offices*, liv. Ier, ch. 9, § 32.
5 Fleury, *Instit. au droit franç.*, édit. Laboulaye et Dareste, t. Ier, p. 217.
6 *Encycl. méthod., Jurisprudence*, t. VI, pp. 124, 125.

les jurisconsultes des derniers siècles de la monarchie, par le crime de lèse-majesté, non pas par les autres. Cette extinction de la noblesse ne peut nuire aux enfants du condamné qui sont déjà conçus ou nés : elle ne se fait sentir qu'à l'égard des enfants à naître.

2° *Condamnations infamantes.* Les condamnations infamantes privent la personne du condamné des droits de la noblesse, mais cette privation de la noblesse ne passe pas aux enfants qui demeurent nobles.

3° *Dérogeance.* On appelle *acte dérogeant* tout exercice d'un métier, excepté la verrerie, tout trafic, excepté le commerce maritime (ord. de 1629, art. 452) et le commerce en gros, le grand commerce (ord. de 1701). Certains postes inférieurs, comme ceux de sergent, procureur, huissier, font aussi *déroger.*

Le commerce n'était pas à l'origine interdit à la noblesse [1] : cette interdiction ne paraît dater en France que du XVIe siècle [2].

On enseigne généralement que l'acte dérogeant n'enlève pas, à proprement parler, la noblesse à celui qui déroge; celle-ci dort, pour ainsi dire; elle est paralysée en sa personne. Il est vrai que, pour rentrer dans les privilèges de la noblesse, celui qui a dérogé prend souvent des *Lettres de réhabilitation;* mais c'est seulement, dit-on, pour avoir un témoignage public qu'il a cessé de déroger. Un besoin absolu de *Lettres de réhabilitation* n'existe que pour le petit-fils, si le père et le fils ont continué l'acte dérogeant. Il ne faudrait d'anoblissement tout nouveau que si l'acte dérogeant se continuait jusqu'à la septième génération [3].

Toute cette théorie de la perte de la noblesse est de date assez moderne. Dans l'origine, on n'en cherchait pas si long, et il est clair qu'on perdait surtout la noblesse lorsqu'on n'avait plus

[1] Cf. *Etabl. de saint Louis*, livre Ier, ch. 64. Voyez aussi mon Introd. aux *Etablissements*, t. Ier, p. 390.

[2] Ord. de janvier 1560, art. 109 (Isambert, t. XIV, p. 91); rapprochez *Bulletin du comité hist., Histoire, sciences, lettres*, t. Ier, p. 277; ord. de Blois, art. 156; F. Bourquelot, dans *Mém. présentés par divers savants*, 2e série, *Antiq. de la France*, t. V, 1re partie, pp. 53, 54.

[3] Warnkœnig, t. II, pp. 169, 170. Fleury, *Instit. au droit franç.*, t. Ier, pp. 217, 218.

le moyen de soutenir sa position : c'était une question de fait plutôt que de droit.

4. *Rôle de la noblesse française. — Ses privilèges. Leur abolition.*

Faiblesse de la noblesse française. — La noblesse française n'a pas joué un grand rôle dans notre histoire : elle n'a montré ni l'énergie, ni la vitalité de l'aristocratie anglaise, par exemple. Parmi les causes diverses qui ont contribué à cette faiblesse constitutionnelle de notre noblesse, il faut signaler, en première ligne, l'insuffisance du droit d'aînesse qui la régissait; ses propriétés s'émiettèrent, ses forces s'épuisèrent, parce qu'elle n'était soutenue que par un droit d'aînesse incomplet, tout à fait insuffisant.

Le droit d'aînesse dans les familles vassales est un système conçu dans l'intérêt du suzerain. Il a pour objet d'assurer à celui-ci la perception facile de ses revenus et des services qui lui sont dus. Tel est l'un des effets du droit d'aînesse, et c'est là ce qui, à l'origine, fut voulu et cherché; mais le droit d'aînesse a un autre résultat dont on ne paraît pas s'être préoccupé dans les premiers temps : il assure la fortune et la force de la famille vassale régie par ce droit, car la terre ne sera point divisée entre ses membres.

La noblesse française a généralement échappé à la rigueur de cette loi ou s'en est affranchie : ses aînés ont joui bien souvent d'avantages plus ou moins considérables plutôt que d'un droit d'aînesse absolu. C'est là le germe de l'irrémédiable faiblesse de notre noblesse. En Angletere, au contraire, l'aristocratie représente originairement une armée soumise à un chef puissant, je veux dire l'armée des Normands et son chef Guillaume : elle garde, souvent malgré elle, la forte organisation qui lui a été donnée. Le droit d'aînesse absolu est comme le pivot de sa puissance : ceci, elle ne le sent pas à l'origine, et l'histoire nous la montre même s'élevant, au XIIIe siècle, contre cette loi du droit d'aînesse, et invoquant, mais en vain, l'exemple de la noblesse française chez laquelle les patrimoines se divisent entre les enfants[1]. Cependant le droit d'aînesse subsiste et la noblesse anglaise garde ce point d'appui indispensable. Cet usage entre peu à peu dans ses mœurs, elle en comprend alors l'utilité; et, après l'avoir subi, elle arrive à s'y attacher avec une sorte de passion, et même elle le développe encore au moyen du testament et des substitutions[2].

En France, la noblesse languissait. Pendant des siècles, elle fit entendre ses doléances; elle était comme ces malades entourés de médecins consultants qui prodiguent au moribond avis et conseils.

Privilèges de la noblesse. — Voyons rapidement quels privilèges conférait la noblesse dans le dernier état du droit, et assistons à la suppression définitive de ces privilèges.

Celui que je mentionnerai le premier parce qu'il est tout à fait historique et caractéristique est aussi le plus inoffensif de tous :

Le gentilhomme peut timbrer ses armoiries, c'est-à-dire qu'il peut dessiner sur le sommet de l'écu l'une des parties de l'ancien costume du chevalier, le casque ou heaume, ou, bien entendu, quelque attribut supérieur qui suppose celui-là[3]. Ainsi l'ancien costume guerrier du cavalier carolingien reste fixé sur l'image que son successeur appelle ses *armes* : un fait matériel très simple, utile et nécessaire au public, le fait de s'équiper complètement à cheval a engendré le droit à un signe, le monopole puéril d'une image. Les métamorphoses de ce genre abondent!

Le gentilhomme est exempt de la taille personnelle et des corvées personnelles. Bien des indices font penser que ce privilège a été autrefois commun à tous les hommes libres[4].

[1] Voyez un passage très important des *Grandes chroniques de France*, édit. Paulin Paris, t. IV, p. 380.

[2] Voyez Glasson, *Hist. du droit et des institutions de l'Angleterre*, t. V, pp. 101, 105, 106, 482, 483; t. VI, pp. 237, 263, 264, 274, 277; Sumner Maine, *Etudes sur l'histoire des institutions primitives*, trad. Durieu de Leyritz, Paris, 1880, p. 156.

[3] Pour la valeur technique des mots *heaume* et *timbre*, *couronne timbrée*, voyez Du Cange, *Dissertation* XXIV, sur l'*Histoire de saint Louys*, p. 299.

[4] Voyez notamment pour les bourgeois de Saint-Quentin au XIe siècle, Bouchot et

Le gentilhomme peut seul acquérir les fiefs ou terres nobles, sans être astreint au droit de franc fief.

Il a un accès exclusif à certaines fonctions et dignités, jouit de certains privilèges honorifiques et juridiques[1].

Je rappelle, en passant, que tous les possesseurs de fiefs, nobles ou non nobles[2], ont droit à certaines redevances attachées à la terre et non à la personne. Ce sont proprement les droits féodaux; nous en parlerons en étudiant l'histoire de la propriété : nous nous attachons ici aux personnes.

Abolition. — Les privilèges personnels de la noblesse furent abolis dans la célèbre nuit du 4 août, en même temps que toute une catégorie de droits féodaux[3]. Le décret qui régularisa ce vote célèbre, mit les choses à peu près dans l'état où elles sont aujourd'hui. Il ne toucha pas aux titres et aux armoiries qui constituent, si l'on veut, un privilège, mais absolument inoffensif.

Ce sacrifice du 4 août et ce grand changement, soudain réalisé, étaient de loin préparés par l'histoire. Il en est de cette chute comme de l'effrondrement subit d'un roc solide en apparence, mais dont la base était minée, rongée par le temps. Pauvre depuis des siècles, sans force, sans organisation, sans habitudes politiques, la noblesse française était destinée à disparaître au premier choc. Peut-être pouvait-elle, en 1789, aspirer à un rôle politique, à une certaine influence régulière dans le régime nouveau qui s'organisait[4]; mais ses privilèges, notamment l'exemption de la taille qui domine tout le reste, étaient condamnés à l'avance! Cette exemption dont elle avait été privée un moment au XIVe siècle (ordonnance du 28 déc.

Lemaire, *Le livre rouge de Saint-Quentin*, p. XXI; pour la Bourgogne à la fin du XIIIe siècle, *Recueil des édits... concernant l'administration des états de Bourgogne*, Dijon, 1784, t. Ier, pp. 1, 2.

1 Voyez A. de Barthélemy, dans la *Bibl. de l'Ecole des chartes*, Ve série, t. II, p. 130; *Traité politique et historique du gouvernement de France*, Amsterdam, 1742, pp. 76, 77, 81.

2 Pour le droit de chasse, voyez ord. de 1669, tit. XXX, art. 28; *Encyclop. méth., Jurisprudence*, t. II, p. 545.

3 Décret des 4, 6, 7, 8, et 11 août-21 septembre et 3 novembre 1789, art. 1, 3, 9.

4 C'est la pensée de Mirabeau. Voyez Decrue dans *Revue hist.*, t. XXIII, p. 315.

1355), dont les vilains se plaignirent plus d'une fois au xve[1], était battue en brèche depuis une centaine d'années par des inventions fiscales nouvelles. En effet, depuis 1701, l'égalité absolue de l'impôt apparaît de loin à l'horizon : on en fait des essais partiels (*capitation*[2], *décime*), elle est attendue partout; les pairs de France, c'est-à-dire les plus illustres représentants de la noblesse, l'ont consentie et demandée à l'avance (20 déc. 1788); les cahiers la réclament[3]. Elle est nécessaire d'une nécessité historique : j'en dirai autant des autres privilèges, ou odieux ou usés.

Quant aux titres et à la physionomie du nom, tout ce bagage a un double caractère : c'est une sorte de patrimoine moral des familles qui rappelle quelquefois de grands et vraiment nobles souvenirs; c'est une partie du nom (je songe à la particule[4]) sans valeur spéciale et n'indiquant pas la noblesse, mais d'un usage fort commode parmi les hochets dont s'amusent les hommes. A tous ces points de vue, les titres et le nom semblent

[1] Voyez, pour le Languedoc et l'année 1483, Caseneuve, *Le franc-alleu de la province de Languedoc*, Tolose, 1645, pp. 51, 69.

[2] Voyez d'abord le projet de capitation de Vauban (1695) dans *Oisivetés*, t. Ier, 1843, p. 159, et joignez *Lettres d'un gentilhomme français sur l'établissement d'une capitation générale en France*, Liège, Jean le Bon, 1695. Pour la *capitation* et le *décime* au xviiie siècle, ainsi que pour les divers projets en ce sens au xviiie siècle, voyez Clamageran, *Histoire de l'impôt*, t. III, pp. 89, 142-145, 94, 95, 155, 264, 265, 361, 362, 364.

[3] Cf. de Beauchesne, *La vie de Madame Elisabeth*, t. Ier, p. 280; Combier, *Doléances de* 1789, Laon, 1877, p. 16. Ch. de Ribbe, *Pascalis, Etude sur la fin de la constitution provençale*, Paris, 1854, p. 158. Le clergé et la noblesse de Bretagne ont consenti à l'avance, le 17 avril 1789, à l'égalité de l'impôt; le clergé breton ajoute seulement cette note un peu restrictive : « il se conformera, quant à cette égalité de répartition, » à ce que consentira le clergé de France (*Délibérations des ordres de l'Eglise et de la noblesse de la province de Bretagne*, Saint-Brieuc, Prudhomme, 1789). Enfin l'égalité pécuniaire des impôts fait partie du programme royal (*Déclaration des intentions du roi*, art. 13, dans Galisset, *Corps du droit français*, t. Ier, p. 3).

[4] La fameuse particule ne joue aucun rôle dans la théorie de la noblesse : on peut être noble sans le *de* et être parfaitement roturier avec le *de*. L'erreur vulgaire a pourtant une origine historique qui veut être notée. On est arrivé longtemps à la noblesse par la simple acquisition d'une terre noble, d'un fief; cette acquisition entraînait l'addition du nom du fief, précédé du mot *sire* ou *seigneur* : un tel, sire de Noirfontaines; un tel, seigneur de Ronqueroles, etc. Il y avait donc ordinairement un *de* dans le nom complet du gentilhomme, et surtout du gentilhomme anobli par l'acquisition d'un fief. On prit très vite l'habitude de s'anoblir en ajoutant tout

présenter une force de résistance très sérieuse. Ils sont placés dans une sphère quasi-inexpugnable et survivent à toutes les abolitions de privilèges et de noblesse. Contre les titres et le nom toutes les tentatives sont restées vaines.

« Ce qu'il est impossible d'arracher du cœur des hommes, disait Mirabeau, c'est la puissance des souvenirs. La vraie noblesse est, en ce sens, une propriété aussi indestructible que sacrée... Que tout homme soit égal devant la loi, que tout monopole disparaisse! Tout le reste n'est que déplacement de vanité[1]! »

La suppression des titres et des armoiries fut cependant décrétée les 19-23 juin 1790[2].

La noblesse depuis Napoléon Ier. — Cette suppression fut éphémère. Rappelons en peu de mots les phases diverses du rétablissement des titres et de la noblesse. Napoléon Ier, sans rétablir les anciens titres, en créa de nouveaux et voulut même reconstituer non pas seulement l'apparence, mais la réalité d'une noblesse assise sur des fiefs héréditaires[3]. Il rattacha à cette pensée l'institution de la légion d'honneur. On n'a pas

simplement ce *de;* ou bien, malgré les ordonnances qui avaient modifié l'ancien état de choses, on continua à se croire noble, lorsqu'on avait acquis une terre féodale. Aujourd'hui il n'est resté de tout cela dans l'esprit du public que le *de* qu'on prend à tort et à travers. C'est l'ombre de l'anoblissement; mais, comme il ne s'agit que de l'ombre de la noblesse, le compte, après tout, est assez juste. Aussi bien, depuis 1858, la question a pris un aspect tout nouveau et assez élégant. On se demande si l'erreur vulgaire touchant la particule nobiliaire ne serait point devenue une vérité juridique depuis la loi du 28 mai 1858 qui a modifié l'art. 259 du Code pénal. Voici en quoi consiste ce curieux raisonnement. La particule a été visée dans la discussion et a été considérée par des ignorants comme nobiliaire. Cela suffit pour qu'elle soit devenue, en effet, nobiliaire, car ces ignorants-là, ce sont nos législateurs. Cf. Molinier, *Cours élémentaire de droit constitutionnel,* p. 160. Les armoiries ne sont point le signe de la noblesse, à moins qu'elles ne soient timbrées.

[1] Mirabeau cité par Decrue, dans *Revue historique*, t. XXIII, p. 316.

[2] Art. 1er. « La noblesse héréditaire est pour toujours abolie; en conséquence, les titres de prince, de duc, comte, marquis, vicomte, vidame, baron, chevalier, messire, écuyer, noble et tous autres titres semblables ne seront ni pris par qui que ce soit, ni donnés à personne. »

Art. 2. « Personne ne pourra porter, ni faire porter des livrées, ni avoir d'armoiries. »

[3] Voyez *Correspondance de Napoléon Ier*, t. XII, pp. 154, 155, 201, 203, 233, 234. Joignez décret du 30 mars 1806, dans *Bulletin des lois*, IVe série, t. IV, pp. 378, 379, 429; décret du 26 avril 1806 concernant l'Italie, dans *Correspondance, ibid.*, pp. 387, 388; décrets du 4 juin 1809, du 3 mars 1810, du 11 juin 1811.

assez remarqué cette étrange tentative de résurrection de la noblesse par la légion d'honneur[1]. C'était l'assise inférieure du système des grands fiefs[2] (bâtis souvent un peu en l'air et n'ayant de territorial que l'apparence), ou, si l'on veut, des majorats; tel est, en effet, le nom que, par retenue, les légistes avaient adopté en 1808[3].

La déclaration de Saint-Ouen (2-5 mai 1814) consacra la noblesse nouvelle en ces termes : « Les pensions, grades, honneurs militaires seront conservés, ainsi que l'ancienne et la nouvelle noblesse. » La charte de 1814 (art. 71) ajouta cette déclaration expresse : « la noblesse ancienne reprend ses titres; la nouvelle conserve les siens. »

Une ordonnance de la même année[4] reprit la pensée impériale et confirma ce système d'accession à la noblesse par la voie de la légion d'honneur : « Lorsque l'aïeul, le fils et le petit-fils auront été successivement membre de la légion d'honneur, » rempliront d'ailleurs certaines conditions de fortune et auront obtenu des lettres de chancellerie, « le petit-fils sera noble de droit et transmettra sa noblesse à toute sa descendance. » Il transmettra aussi son titre de chevalier.

Par cette ordonnance, le roi prétendait « attacher à la légion d'honneur un mode d'hérédité plus conforme aux anciennes lois et usages qui régissent la noblesse du royaume et déjà établi pour l'ordre de Saint-Louis[5]. » Il y a aujourd'hui, en France, un tout petit nombre de chevaliers héréditaires, par application de l'ordonnance de 1814. La dernière application de l'ordonnance de 1814 a été faite sous la troisième République. Mais ce sont là dans notre histoire des curiosités sans portée. Chacun sait que la légion d'honneur n'a pas produit d'effets généraux

[1] Statut du 1er mars 1808, art. 11 (*Bulletin des lois*, IVe série, t. VIII, pp. 177-179). Il est piquant de rapprocher cet article 11 de la *Correspondance*, t. VII, p. 588. Joignez une note de Napoléon du 17 mai 1808 (*Correspondance*, t. XVII, p. 174). Décret du 3 mars 1810, art. 21 à 23.

[2] *Correspondance*, t. XVI, p. 54 (vers septembre 1807). Cf. pp. 52, 300.

[3] Statut du 1er mars 1808.

[4] Ord. des 8-14 oct. 1814, art. 2. Cf. autre ordonnance du même jour (Duvergier, t. XIX, pp. 265, 266).

[5] Cf. Lallier, *De la propriété des noms et des titres*, p. 155.

appréciables pour la genèse d'une noblesse héréditaire. Non pas que la noblesse héréditaire soit parmi nous moins goûtée qu'autrefois. On ne saurait dire ici que la vanité se soit déplacée. Mais, outre que nos lois, si différentes de nos mœurs, servent assez mal notre vanité, celle-ci a su s'ouvrir des voies plus faciles et plus rapides que l'étroit et obscur débouché, ménagé par les décrets impériaux et par l'ordonnance de 1814.

Les titres furent encore une fois abolis par le gouvernement provisoire de 1848 (décret du 29 février). Ils ont été rétablis par le décret des 24-27 janvier 1852.

Au résumé, les privilèges et les droits de l'ancienne noblesse ont disparu. Mais il nous reste légalement quelque chose d'héréditaire qu'on pourrait appeler l'ombre ou l'image de la noblesse.

Bibliographie. — G.-A. de la Roque, *Traité de la noblesse*, 1678, in-4°; dernière édit., Rouen, 1734, in-4°. — Loisel, *Instit. cout.*, liv. Ier, tit. Ier, règles 25 à 33, avec les notes de Laurière. — Lehuërou, *Histoire des institutions carolingiennes*, Paris, 1843, pp. 442-466. — Comte de Semainville, *Code de la noblesse française*, Paris, 1860. — Chassant (A.), *Les nobles et les vilains du temps passé*, Paris, 1857. — Louandre, *La noblesse française sous l'ancienne monarchie*, Paris, 1880. (Cet ouvrage a d'abord paru en articles dans la *Revue nationale* de 1861 et 1862). — Baron de Vincent, *Etude sur la noblesse*, Paris, 1858. — Beautemps-Beaupré, *Du droit des propriétaires de fief d'ajouter le nom de leur fief à leur nom patronymique*, Paris, 1863. — Lévesque, *Du droit nobiliaire français au* XIX*e* *siècle*, Paris, 1866. — Paulin Paris, *De la particule dite nobiliaire*, dans *Annales, séances et travaux de l'Académie de Reims*, t. XXXIII, pp. 1-24. — Konrad Maurer, *Ueber das Wesen des ältesten Adels der deutschen Stamme in seinem Verhältniss zur gemeinen Freiheit*, München, 1846. — F.-C. von Savigny, *Rechtsgeschichte des Adels*, dans *Vermischte Schriften*, t. IV, p. 1-73. — Waitz, dans *Deutsche Verfassungsgeschichte*, t. Ier et t. II. — Viollet, dans *Etablissements de saint Louis*, t. Ier, pp. 168-174. — Deloche, *De la question relative à l'existence d'une noblesse dans la société gallo-franque, sous les rois de la première race*, dans *La trustis et l'antrustion royal*, Paris, 1873, p. 345 et suiv. — Roth von Schreckenstein, *Ritterwürde und Ritterstand*, Freiburg, 1886. — Roth von Schreckenstein, *Zur rechtlichen Bedeutung des Wortes nobilis*, dans *Zeitschrift für die Geschichte des Oberrheins*, Neue Folge, t. II, 1887, pp. 288-302. — *Staatslexikon herausgegeben von der Görres-Gesellschaft zur Pflege der Wissenschaft im kath. Deutschland*, t. Ier, p. 78 et suiv., v° *Adel*. — Lallier, *De la propriété des noms et des titres*, Paris, 1890. — Fustel de Coulanges,

L'invasion germanique et la fin de l'empire, Paris, 1891, pp. 258-271. — Luchaire, *Manuel des institutions françaises, Période des Capétiens directs*, Paris, 1892, pp. 178-183. — Joignez pour la noblesse maternelle les nombreuses indications données ci-dessus, p. 253, note 3.

CHAPITRE III.

LES CLERCS.

Je n'étudie pas ici le rôle et l'influence du clergé envisagé comme corps. Je considère la personne des clercs et j'examine la situation qui leur est faite.

Je diviserai cette matière en deux parties : 1. *Qui est clerc?* 2. *Privilèges et incapacités des clercs.*

1. *Qui est clerc?*

Définition du clerc. — J'appelle clerc celui qui a reçu la tonsure. La tonsure ouvre l'accès aux ordres ecclésiastiques. Voici la série des ordres ecclésiastiques suivant l'échelle ascendante : portier, lecteur, exorciste, acolyte, sous-diacre, diacre, prêtre-[évêque]. Dans les textes français du moyen âge, on trouve ordinairement l'expression *couronne de clerc* au lieu de *tonsure.*

On peut dire qu'à l'origine le simple moine est laïque, s'il n'est pas entré dans les ordres. Et cela est si vrai que saint Jérôme donne ce conseil à un moine : « Sic vive in monasterio ut clericus esse merearis. » Cependant l'état monacal est devenu peu à peu un état *sui generis*, bien distinct de la cléricature et de la laïcité, de telle sorte que le moine qui n'est pas clerc ne peut plus être qualifié de laïque. Il n'est ni clerc, ni laïque, il est moine. Un ermite, s'il n'est point tonsuré, est un laïque. Il y a eu beaucoup d'ermites laïques[1].

Clercs mariés. — On remarquera que le mariage n'est point interdit aux clercs inférieurs : un tonsuré, un portier, un exorciste peut parfaitement être marié. Il faut avoir ceci présent à

[1] Voyez dans *Revue crit. d'hist. et de littérature*, du 14 juin 1880, p. 481, une note d'un certain *Laicus*, qui se trompe trop souvent, mais qui ici est exact. Cf. Thomassin, *Anc. et nouv. discipl. de l'Eglise*, 1re partie, liv. III, ch. XII à XXIII.

l'esprit, quand on lit les textes du moyen âge où il est si souvent question des clercs mariés[1].

Les privilèges des clercs mariés ont été souvent l'objet de discussions; en France, à la fin de l'ancien régime, ils avaient perdu leurs privilèges[2].

Le clerc qui se remarie est dit *bigame*. Il n'a plus le droit de porter la tonsure, ni l'habit clérical. Le clerc qui épouse une veuve est assimilé à celui qui se remarie. Il est également *bigame*. Les clercs bigames ne jouissent d'aucun des privilèges de cléricature[3].

Autorisation du pouvoir civil pour entrer dans les ordres. — Parmi les privilèges des clercs dont nous parlerons tout à l'heure, il en est un qui a motivé de très bonne heure l'intervention de l'autorité civile dans un domaine où on ne s'attend pas à la rencontrer. Les clercs étaient exempts des charges publiques. De là une perte pour le trésor quand un homme riche entrait dans le clergé; voilà pourquoi Valentinien défendait aux plébéiens riches de recevoir les ordres[4]. Les lois de l'Eglise défendaient aux clercs de porter les armes; voilà pourquoi, sous les Mérovingiens, on ne pouvait être ordonné clerc sans la permission du roi ou de son représentant[5]. Ce principe qui subsistait au temps de Charlemagne[6] paraît avoir disparu ensuite assez vite.

1 *Décrétales de Grégoire IX*, III, III, *De clericis conjugatis*. Sexte, III, II, *De clericis conjugatis*.

2 Cf. Durand de Maillane, *Dict. de droit can.*, t. IV, 1776, p. 514, 2e col. Voyez un texte de 1274, dans Isambert, t. II, pp. 655, 656, art. 4, 8. Toutefois, la *Coutume de l'évêché de Metz* portait encore (en conformité avec le concile de Trente, Sessio XXIII, *De reform.*, c. 6) cette disposition : Les clercs mariés jouissent des privilèges de cléricature, « tant et si longuement qu'ils portent la tonsure et habit clérical, et servent à quelque église, hôpital ou séminaire. » Cf. *Cout. de l'évêché de Metz*, tit. Ier, art. 1er, dans Bourdot de Richebourg, t. II, p. 414; Brussel, *Usage génér. des fiefs*, p. 844 et suiv.; *Etabl. de saint Louis*, édit. Viollet, t. IV, pp. 33, 34.

3 *Sexte*, I, XII, *De bigamis*.

4 *Code de Théodose*, XVI, II, *De episcopis*, 6, 17.

5 Cf. Hefele, *Conciliengeschichte*, 2e édit., t. II, p. 662; Marculf, I, 19, dans Zeumer, p. 55, dans Rozière, t. II, p. 690. Voir Tardif, *Etudes sur les instit. polit. et administr. de la France, Période mérov.*, t. Ier, p. 142.

6 Voyez *Capit. d'Anségise*, liv. Ier, ch. 114, et Pertz, *Leges*, t. Ier, p. 134. Cf. Waitz, *Deutsche Verfassungsgeschichte*, t. IV, pp. 499, 500.

L'esclave ou le colon ne pouvait entrer dans le clergé sans la permission de son maître [1]; ce consentement devait se manifester par l'affranchissement [2]. On retrouve au moyen âge cette nécessité de la permission du maître : le serf (l'ancien esclave) ne peut entrer dans les ordres, sans la permission de son seigneur [3].

2. *Privilèges et incapacités des clercs.*

Privilèges des clercs. — Pendant tout l'ancien régime, la situation juridique des clercs a été particulière et privilégiée.

Ces privilèges ont singulièrement varié suivant les lieux et suivant les temps, et ont soulevé les plus fréquentes et les plus vives controverses.

J'arrive à l'énumération des divers privilèges dont jouissent les clercs. Nous constatons dès l'époque mérovingienne qu'ils sont en grand honneur et très estimés : leur wergeld élevé dans les lois barbares nous donne cette première impression. L'élévation du wergeld en faveur des clercs commence, en général, au sous-diaconat. Cependant la loi des Alamans et la loi des Bavarois élèvent le wergeld même pour les clercs d'ordre inférieur, quand ils ont été atteints dans l'exercice de fonctions ecclésiastiques [4].

Ceci nous donne, comme une première vue, une première impression. Voilà tout un ordre de personnes qui occupe une position supérieure. Descendons au détail, et examinons : 1° le privilège de juridiction des clercs; 2° l'exemption des charges personnelles; 3° l'exemption du service militaire.

1° *Privilège de juridiction.* — Le principal privilège des clercs est le privilège de juridiction dit *privilège du for* (*privi-*

[1] Imp. Valent. *Nov.*, tit. XII, édit. Ritter, t. VI, pars I, p. 127. Cf. *Canons des apôtres*, 81.

[2] Cf. Allard, *Les esclaves chrétiens*, 2e édit., p. 344. Joignez, *Nov.* 123, c. 17.

[3] Beaumanoir, XLV, 28, édit. Beugnot, t. II, p. 231. Joignez actes de 1259 et 1269, dans Salmon, Recueil ms. à la Bibliothèque de Tours, intitulé : *Saint Martin, Copies et extraits*, t. VIII, pp. 58, 102, 103; *Mémoires de l'Institut national des Sciences et Arts, Sciences morales et politiques*, t. V, an XII, p. 261.

[4] Lœning, t. II, p. 309.

legium fori), ou encore *privilège clérical.* En vertu de ce privilège qui a son attache dans la législation romaine impériale, les clercs ne relèvent que des tribunaux ecclésiastiques et ne peuvent être jugés par les tribunaux laïques[1].

Mais comment cette situation de faveur s'est-elle peu à peu constituée? Il nous faut distinguer ici les matières criminelles et les matières civiles.

Matières criminelles. — Ce sont les fils de Constantin qui accordèrent les plus anciens privilèges : ils décidèrent qu'un évêque accusé de crime ne pourrait être jugé que par d'autres évêques. Ce privilège fut confirmé en 376. Une constitution d'Honorius et de Théodose le Jeune de l'an 412 l'étendit à tous les clercs qui devinrent justiciables de leur évêque. On peut citer dans le même sens des textes postérieurs.

La *Lex romana Wisigothorum* reproduisit la constitution de 376, aux termes de laquelle les clercs criminels, autres que l'évêque, doivent être déférés au juge civil. Mais quel système suivit-on à l'époque franque et chez les Francs? La question est très embarrassante et très obscure. Voici la réponse d'un historien qui vient de consacrer à ce sujet difficile une importante monographie. Ses conclusions me paraissent d'un grand poids pour la période mérovingienne.

« En matière criminelle proprement dite, c'est-à-dire dans les causes qui pouvaient se terminer par une condamnation à la peine de mort, à l'exil ou à la réclusion, les évêques n'étaient pas jugés par les tribunaux ordinaires. Le procès, en pareil cas, passait par deux ou trois phases distinctes. L'accusation et l'instruction appartenaient au roi. L'accusé était ensuite traduit devant une

[1] Cf. *Code de Théodose*, XVI, II, *De episcopis*, 12; *Code de Justinien*, I, IV, 7, 8; *Interpretatio* sur la *Nov.* de Valentinien III de l'an 452, dans Hænel, *Novellæ constitutiones..... XVIII Constitutiones quas J. Sirmondus divulgavit*, Bonnæ, 1844, p. 254 et suiv.; Constitutions dites de Sirmond, 1, 6, 17. Voyez sur cette matière : Richter, édit. Dove, p. 616; Lœning, *Geschichte des deutschen Kirchenrechts*, t. Ier, pp. 291, 524, 526; Maassen, *Ein Commentar des Florus von Lyon*, pp. 17, 24 et suiv.; Smith et Cheetham, *A dictionary of christian antiquities*, part. VI, p. 824; Lichtenberger, *Encyclopédie des sciences religieuses*, t. VII, p. 630 (art. très remarquable et très pensé de M. Vollet); Lœning, *Geschichte des deutschen Kirchenrechts*, t. II, pp. 512, 516, 527, note 1; *Revue critique* du 12 juillet 1880, pp. 31, 32.

assemblée d'évêques qui examinaient sa conduite, et, selon qu'ils le trouvaient innocent ou coupable, le renvoyaient absous ou lui infligeaient la peine canonique de la dégradation. Dans le premier cas, l'acquittement était définitif; dans le cas contraire, le prélat dégradé retombait sous la juridiction de la cour du roi qui le jugeait à son tour et le condamnait à telle peine qui lui paraissait à propos. »

« Les prêtres et les diacres, jusqu'en 614, furent soumis à la même juridiction criminelle que les laïques. A partir de l'édit de Clotaire II du 18 octobre 614, la règle suivie pour les évêques leur devint applicable. »

Il faut ajouter que l'Eglise n'a guère cessé de revendiquer le privilège de juger elle-même tous les clercs criminels ou, du moins, s'est toujours opposée à ce qu'ils fussent livrés à la justice civile, *inscio episcopo*. Ce système finit par être admis sous les Carolingiens par plusieurs édits royaux et impériaux; il caractérise la seconde partie de la période franque. Divers capitulaires du VIIIe et du IXe siècle confèrent aux seuls évêques le droit de juger les clercs accusés de crimes. Toutefois le législateur ne défend pas toujours purement et simplement au juge civil de procéder contre le clerc; il se contente quelquefois de déclarer que le *judex publicus* n'agira pas contre le clerc, *extra conscientiam pontificis;* ce qui laisse une porte ouverte à l'action du pouvoir civil.

Il ne faut pas s'attendre à trouver en ce temps-là des lois toujours obéies. L'historien et l'érudit pourront donc facilement signaler des procédures entamées contre des clercs contrairement aux règles que je me suis efforcé de dégager.

Matières civiles. — Quant aux affaires civiles entre clercs, aucun privilège nettement formulé ne subsiste dans le dernier état des recueils impériaux, ou, du moins, ne nous est parvenu; mais le droit ecclésiastique faisait aux clercs une obligation rigoureuse de ne pas plaider devant les tribunaux civils, *invito episcopo*, et l'on peut être assuré que le tribunal de l'évêque était leur tribunal ordinaire. L'édit de Clotaire II (614), et plusieurs capitulaires carolingiens semblent accepter purement et simplement cette loi de l'Eglise et défendre aux juges civils de statuer sur tous différends entre clercs; mais un capitulaire du VIIIe siècle introduit certaines distinctions suivant les catégories d'affaires, et il paraît bien que ce capitulaire, plus explicite que les autres textes législatifs, nous représente l'état vrai des choses sous les deux premières races. Je résumerai la situation d'après M. Nissl et M. Esmein. On distingue trois catégories de causes : 1° les *causæ de possessione* ou procès concernant les immeubles; 2° les *causæ de libertate et statu* ou procès concernant le droit des personnes et les droits de famille; 3° les *causæ civiles* ou *causæ pecuniariæ, minores causæ, causæ privatæ,* aboutissant à une composition en argent. En ce qui concerne les deux premières catégories, la compétence des tribunaux séculiers est maintenue. Quant aux *causæ civiles* qui embrassent une catégorie énorme d'affaires, les clercs sont entièrement soustraits à la juridiction séculière [1].

Le *privilège du for* a subsisté jusqu'à la fin de l'ancien régime, mais avec bien des restrictions et bien des amendements.

La plus importante de ces restrictions a trait aux affaires criminelles. Elle est fondée sur une distinction entre la gravité des délits reprochés aux ecclésiastiques. Les *crimes graves* sont dits *cas privilégiés* ou *délits privilégiés :* on les oppose aux *délits communs.* Les ecclésiastiques qui se sont rendus coupables de *crimes graves* dits *cas privilégiés,* sont jugés par le juge civil conjointement avec le juge ecclésiastique [2]. S'ils n'ont commis qu'un *délit commun,* ils sont jugés par l'autorité ecclésiastique. Cette terminologie suppose que, d'après le droit ordinaire, dans l'ordre régulier des choses, ce sont les tribunaux ecclésiastiques qui devraient seuls juger les clercs.

[1] Ce résumé de Nissl est emprunté, en grande partie, à MM. Julien Havet et Esmein. Afin d'éviter des répétitions inutiles, je supprime, pour ce qui vient d'être dit, tous les renvois aux sources. On les trouvera dans mon *Droit public,* t. Ier, pp. 393-398, où j'ai traité la question dans les mêmes termes, mais avec plus de détails.

[2] Edit de Melun, février 1580, art. 22. Déclaration de février 1678. Ord. d'avril 1695, art. 38 (Isambert, t. XIV, p. 471; t. XIX, pp. 449-451; t. XX, p. 255). Cf. Durand de Maillane, *Dict. de droit can.,* t. II, 1776, p. 267, 1re col.; document intéressant du 11 mai 1788, dans Barbier de Montault, *Collection des décrets authentiques des congrégations romaines, Congrégation de l'immunité,* p. 436, n° 69.

Le droit romain impérial connaît une distinction analogue entre les délits; mais il appelle *délits civils*, les délits qu'on a appelés au moyen âge et jusqu'à la Révolution *cas privilégiés; délits ecclésiastiques* les délits que notre droit a nommés *délits communs*.

J'entrevois en France la théorie des *délits privilégiés* dès la fin du XIIIe siècle ou le commencement du XIVe[1]. Toutefois, à cette date reculée, la procédure n'était pas constituée, telle que je viens de la définir. Le clerc criminel était jugé non par un tribunal mixte, mais par le tribunal de l'évêque; seulement les gens du roi prenaient part à l'enquête[2]. Telle fut l'origine du tribunal mixte. En 1469, lors des négociations compliquées que Louis XI tenta avec la cour de Rome au sujet du cardinal La Balue qu'il voulait être autorisé à juger, ses ambassadeurs ne manquèrent pas d'invoquer le cas privilégié. Cette formule parut nouvelle aux cardinaux : « ils nous enquirent fort que c'estoit de ce cas privilégié et pourquoy on l'appelloit *cas privilégié*, et comme le roi entendoit en user[3]. »

Quant aux affaires civiles, le droit du moyen âge se ressent des distinctions de la période franque que nous venons d'indiquer. Il y a tendance à reconnaître que certaines affaires civiles, quoique intéressant les clercs, relèvent des tribunaux civils. Mais, quand il s'agit de préciser, les discussions commencent. Le roi anglais, Henri II promettait, en 1176, de ne plus traduire les clercs devant le juge séculier pour affaires civiles autres que les causes concernant le fief lai[4]. Mais je n'entre pas dans le détail; car je ne finirais point. Ce *privilège du for* a donné lieu à des discussions incessantes pendant tout le moyen âge. Nous retrouvons sur ce point comme sur tant d'autres ces luttes entre l'Eglise et l'Etat sur lesquelles j'ai

1 Qui voudrait essayer de scruter les origines fera bien de se reporter aux textes suivants : *Nov.* 83; *Code de Justinien*, I, III, 33 et textes ajoutés à la suite de cette loi 33; Guyot, *Répertoire de jurispr.*, t. V, 1784, pp. 357, 359. Isambert, *Anc. lois franç.*, t. II, p. 655 (décision de Philippe le Hardi de 1274, art. 3).

2 Bibl. nat., ms. lat. 4763, fol. 5 r°. Beautemps-Beaupré, *Cout. et instit. de l'Anjou et du Maine*, t. IV, p. 327.

3 Bibl. nat., ms. fr. 3884, fol. 248 v° à 252 r°.

4 Voyez Paul Fournier, *Les officialités au moyen âge*, p. 65.

appelé l'attention du lecteur au début de cet ouvrage, en abordant l'histoire des sources du droit canonique.

Une ordonnance de L'Hospital de janvier 1564 déclara que le *privilège clérical* ne s'étendait pas au delà du sous-diaconat[1]. L'ordonnance de 1695 est plus favorable au clergé et admet au *privilège du for* les clercs non sous-diacres mais vivant cléricalement et attachés à une église[2].

2° *Exemption des charges personnelles.* — Depuis Constantin (décision de l'an 313), les clercs furent exempts des charges personnelles, par exemple, les corvées. Cette exemption semble persister à l'époque mérovingienne. Des textes prouvent que les clercs sont, à cette époque, exempts de la capitation[3].

Au moyen âge et sous l'ancien régime, les luttes entre l'Eglise et l'Etat ont eu très souvent pour objet cette exemption des clercs. Je ne puis entrer dans le détail de ces difficultés sans cesse renaissantes. La fameuse bulle *Clericis laicos* de Boniface VIII, par exemple, a trait à ces questions si débattues[4]. En fait, le clergé contribua très souvent[5].

Depuis le milieu du XVIe siècle, la question fut tournée par les *dons gratuits* que le clergé consentait dans ses assemblées. Ces dons n'étaient guère volontaires que de nom : toutefois le *quantum* du *don* était parfois sérieusement discuté. Par ce procédé, le clergé s'imposait lui-même. On trouvera dans les *Mémoires du clergé* l'état des sommes imposées par le clergé sur les biens de l'Eglise et sur les *personnes* et communautés ecclésiastiques depuis le commencement du XVIe siècle[6].

Colbert songeait déjà à supprimer le *don gratuit* et à soumettre tout simplement le clergé à l'impôt[7].

1 Ord. de janvier 1564 (n. s.), art. 21 (Isambert, t. XIV, p. 165).

2 Ord. d'avril 1695, art. 38 (Isambert, t. XX, p. 254).

3 Land, *Symbolæ syriacæ*, pp. 152, 153. Lœning, t. Ier, p. 169 et suiv.; t. II, p. 167 et suiv.

4 Cf. La Poix de Fréminville, *Traité de l'origine des dixmes*, p. 431.

5 Voyez ici Bourgain, *Contribution du clergé à l'impôt sous la monarchie française*, dans *Revue des quest. hist.*, 1er Juillet 1890, liv. 95, pp. 62-132.

6 *Mémoires du clergé*, t. VIII, 1769, col. 751 et suiv. Voyez pour le trait d'union entre le *don gratuit* et l'imposition sur les ecclésiastiques un décret des 30 mars-3 avril 1790.

7 Cf. Monnier, *Guillaume de Lamoignon et Colbert*, p. 141.

Mais ce n'est pas ici le lieu d'insister sur ces questions. Je m'occupe seulement des privilèges *personnels* des ecclésiastiques : et la question de l'impôt intéresse non seulement les personnes, mais les biens et le droit public. A ce dernier point de vue, elle sera traitée ailleurs.

3° *Exemption du service militaire.* — Il faut rattacher à cette exemption de charges personnelles celle du service militaire qui, sans être formellement inscrite dans les lois, s'établit aussi assez facilement, non pas cependant d'une manière uniforme. Ainsi, nous avons des textes de lois wisigothiques qui supposent que les clercs sont soumis au service militaire. Leur exemption chez les Wisigoths ne date que du roi Ervige et du douzième concile de Tolède[1] (fin du VIIe siècle). Mais, chez les Francs, cette exemption paraît fonctionner dès l'origine, au moins en fait, assez régulièrement; elle n'est autre chose que la sanction des lois de l'Eglise qui défendent aux clercs de porter les armes.

Au VIIIe siècle[2], une transformation remarquable se produit ici dans les mœurs et dans l'organisation sociale et politique. La masse des clercs reste exempte du service militaire, mais les évêques et souvent les abbés se trouvent obligés de conduire les milices et d'en prendre la direction. Cette obligation devient peu à peu un devoir féodal très étroit, qui persiste pendant tout le moyen âge. A cette époque, les obligations militaires auxquelles étaient tenus les évêques et souvent les abbés sont surabondamment prouvées[3]. Tel ou tel évêque est parfois exempt par faveur, par privilège; mais cette faveur elle-même prouve que l'obligation existe en principe et pour l'ensemble des évêques.

Je n'ai pas besoin de dire à combien de tiraillements et de difficultés cette situation féodale donna lieu. Les lois de l'Eglise

1 *Hist. du Lang.*, t. Ier, 1874, p. 729. Cf. Hefele, *Histoire des conciles*, trad. franç., t. IV, pp. 194, 195.

2 Lœning, *ibid.*, pp. 312, 313.

3 Arch. nat., J. 1030, n° 76. De la Roque, *Traité du ban et de l'arrière-ban*, pp. 47 à 53, 69 et suiv., 98, 104, 108, d'après Lebeurier, *Rôle des taxes de l'arrière-ban du bailliage d'Evreux*.

interdisaient la guerre à tous les clercs, et les lois de l'Etat obligeaient les évêques et les abbés, non pas précisément à se battre, mais à fournir des troupes au roi et à les lui conduire personnellement. De là des querelles et des difficultés perpétuelles.

Ces querelles et ces difficultés ont trait non seulement aux obligations militaires et féodales des hauts dignitaires, évêques et abbés, mais même à celles des simples clercs et religieux. L'exemption du service militaire dont jouissent ordinairement les clercs et les moines n'a pas, en effet, une valeur absolue. Nous voyons à la fin du XIe siècle, des curés qui vont à la guerre avec leurs paroissiens, des abbés avec leurs hommes [1]. Les conciles déclarent à l'envi qu'aucun clerc ne doit porter les armes [2]. Mais le roi n'accepte pas nettement cette doctrine. On s'en tire par des déclarations vagues et intentionnellement ambiguës. Au commencement du XIIIe siècle, Philippe-Auguste était en discussion à ce sujet avec le chapitre de Reims. On ne trouva rien de mieux que de se référer, en termes généraux, aux usages français. C'était écarter la difficulté, non pas la résoudre, car ces usages eux-mêmes étaient mal définis et fort contestés : « Quando submonitio fiet sicut solet fieri in regno Franciæ per christianitatem pro defensione corone et regni, facere tenentur sicut alia capitula Francie [3]. »

Nous voyons, en 1303 et en 1403, les ecclésiastiques de France, obligés à une contribution pécuniaire, représentative du service militaire [4]. De nouveau, en 1410, le roi permet aux gens d'Eglise (et aux non nobles) d'envoyer des gens armés en leur place ou de payer une certaine somme pour s'exempter du ser-

[1] Delisle, *Etudes sur la condition de la classe agricole en Normandie*, pp. 101, 732.

[2] Voyez notamment concile de Clermont de 1095, can. 4 (Hefele, trad. Delarc, t. VII, p. 35).

[3] Teulet, *Layettes*, I, p. 567.

[4] Thomassin, édit. André, t. VI, pp. 313, 314. Veut-on savoir ce que font les Anglais? Voici ce qu'écrit en 1429, Jacques de Bourbon : « Dux de Bertford (Bedford) et comes di Veruit (Warwick) qui remanserant vivi, miserunt in Angliam pro gentibus; faciunt armare *usque ad presbyteros* (Lettre de Jacques de Bourbon du 24 juillet 1429, découverte par M. Bougenot, communiquée par M. Siméon Luce à l'Académie des Inscriptions, le 5 février 1892).

vice[1]. Une exemption de ce genre suppose en théorie l'obligation de servir. (D'autres textes non moins importants paraissent, au contraire, admettre en principe, l'exemption[2].) En 1556, le roi convoque le ban et l'arrière-ban. Il exempte ses seuls commensaux. Tous les autres « exempts et non exempts, privilegiez et non privilegiez, » reçoivent la semonce : ils devront « servir en personne » ou bailler argent pour contribuer au service[3].

En 1574, un acte émané d'Henri III ressemble fort à une exemption générale et absolue. J'y lis ces mots : le clergé ne devra « payer, ny contribuer aucune solde de garde, guets et sentinelles, ny y aller[4]. » Cependant, on vit encore, à plusieurs reprises, au XVIIe siècle, des membres éminents du clergé recevoir des convocations pour le ban et arrière-ban devenu presque exclusivement un impôt; mais les agents qui lançaient ces convocations étaient désavoués par le roi qui ne manquait point de déclarer les ecclésiastiques exempts « de la convocation et contribution du ban et arrière-ban. » La dernière décision de ce genre est de l'an 1675[5]. On admettait, à la fin de l'ancien régime, que le clergé était exempt sans aucune contribution représentative[6].

Au résumé, les obligations militaires des membres les plus considérables du clergé, obligations qui dérivaient de leurs grandes positions féodales, s'effacèrent en même temps que l'ancienne armée féodale disparaissait et faisait place à une organisation toute nouvelle. Enfin, l'exemption des simples clercs et religieux devint elle-même dans les derniers siècles plus précise et plus nette.

Période moderne. — J'arrive au droit qui nous régit.

Les 20 et 21 mai 1789, au lendemain de la réunion des états

1 *Ord.*, IX, p. 530. Cf. La Poix de Fréminville, *Traité hist. de l'origine et nature des dixmes*, p. 455.

2 Lettre de Philippe-le-Bel au clergé du bailliage de Bourges, concernant les affaires de Flandre, 29 août 1302, dans Funck-Brentano, *Mémoire sur la bataille de Courtrai*, Paris, 1891, p. 88.

3 Fontanon, III, 78.

4 Fontanon, IV, col. 606.

5 Néron, *Edits et Ord.*, t. II, p. 775.

6 Durand de Maillane, *Dict.*, t. Ier, p. 250.

généraux, le clergé et la noblesse renoncèrent à tous leurs privilèges pécuniaires[1]. A dater de ce moment, le principe de l'égalité des charges régna sans conteste dans la législation.

La loi des 16-24 août 1790 (art. 16) abolit les privilèges de juridiction[2]. Mais l'Eglise, en théorie, n'a point admis cette suppression. En effet, Pie IX, par la constitution *Apostolicæ Sedis moderationi*, déclarait encore, en 1869, que « ceux-là encourent spécialement l'excommunication réservée au pontife romain qui forcent soit directement, soit indirectement les juges laïques à attraire devant leur tribunal les personnes ecclésiastiques, en dehors des dispositions canoniques[3]. » Il est même permis de se demander si quelques lignes de la même constitution ne pourraient pas être interprétées comme une revendication vague des immunités pécuniaires[4].

Quant à l'exemption du service militaire, la révolution en conserva quelque chose. Par décision du 23 mars 1793, la Convention exempta du service militaire les évêques, curés et vicaires, salariés par l'Etat. La législation postérieure, même celle de la période réparatrice, resta, pendant un certain temps, flottante et la pratique incertaine[5]. En 1806, Napoléon songeait à prendre un décret qui eût dispensé formellement de toute espèce de service militaire, les ecclésiastiques engagés dans les ordres[6]. Les lois militaires de 1818[7],

1 Cf. *Annuaire de la société de l'histoire de France*, 1842, p. 164.

2 Joignez constit. de sept. 1791.

3 « Cogentes sive directe, sive indirecte judices laicos ad trahendum ad suum tribunal personas ecclesiasticas præter canonicas dispositiones; item edentes leges vel decreta contra libertatem aut jura Ecclesiæ. » (*Constit. Apostolicæ Sedis, Excommunic. latæ sententiæ.... reservat.*, art. 7, édit. de Rome, 1870, p. 4). Joignez lettre du cardinal Monaco du 23 janvier 1886, dans *L'Univers* du 15 mars 1886.

4 « Edentes leges et decreta contra libertatem aut *jura* Ecclesiæ » (Passage cité déjà, note ci-dessus). Toutefois les commentateurs n'ont pas, que je sache, indiqué ce sens.

5 Sous Napoléon, les évêques communiquaient des listes de séminaristes et l'empereur, par sa signature au bas de la liste, accordait l'exemption (Renseignement communiqué par M. Boulay de la Meurthe). Cette exemption dépendait de sa seule volonté. Il fit un jour enrôler et marcher à l'ennemi tous les élèves d'un grand séminaire.

6 *Correspondance de Napoléon Ier*, t. XII, p. 80.

7 Loi du 10 mars 1818, art. 15-4°.

1832[1], 1868[2], 1872[3], ont exempté les clercs en les assimilant à d'autres catégories d'exempts. Cette situation a été récemment modifiée. La loi du 15 juillet 1889 astreint à un an de présence sous les drapeaux même les jeunes gens « admis à titre d'élèves ecclésiastiques à continuer leurs études en vue d'exercer le ministère dans l'un des cultes reconnus par l'Etat, » mais, cette année écoulée, elle leur accorde, en temps de paix, ainsi qu'à beaucoup d'autres demi-exempts, le bénéfice du « congé dans leurs foyers[4]. » La loi militaire de 1889 qui pourrait bien produire, en fait, comme il arrive si souvent, des résultats profondément différents de ceux qu'entrevoyait plus d'un législateur hostile à l'idée religieuse, a soulevé de vives protestations[5]. Une voix conciliatrice isolée n'a été ni écoutée, ni même entendue.

En 1864, le célèbre *Syllabus* avait rangé parmi « les principales erreurs de notre temps signalées dans les allocutions consistorales, encycliques et autres lettres apostoliques du pape Pie IX, » la proposition suivante : « Sans violer ni la loi naturelle, ni l'équité, on peut abroger les immunités personnelles qui exonèrent les clercs de la loi militaire ; cette abrogation est réclamée par le progrès civil, surtout dans une société modelée sur les principes d'un gouvernement libéral[6]. » Le problème de l'immunité militaire des clercs, problème difficile qui, au moyen âge, suscita tant de débats, se pose donc à nouveau. Le roi, au temps de la féodalité, était préoccupé, avant

1 Loi du 21 mars 1832, art. 14.

2 Loi du 1er février 1868, tit. II, sect. 1re, art. 4.... 5o (renvoi formel à l'art. 14 de la loi de 1832 en ce qui concerne l'exemption du service dans la garde nationale). Pour les exemptions plus importantes, la loi de 1868 qui n'est pas une loi complète et générale, mais qui modifie simplement la législation antérieure, renvoie implicitement à cette législation.

3 Loi du 27 juillet-17 août 1872, art. 20-7o.

4 Loi du 15 juillet 1889, art. 23-4o.

5 Voyez notamment une lettre de plusieurs cardinaux français au président de la République dans *Le Figaro* du 22 juin 1884; une lettre du cardinal archevêque de Toulouse au président de la République dans *L'Univers* du 13 janvier 1890; la déclaration des cardinaux du 16 janvier 1892.

6 *Syllabus*, art. 32, (Annexe à l'*Encyclique Quanta cura* du 8 décembre 1864). (L'*Encyclique et l'épiscopat français*, Paris, 1865, p. 31). Joignez lettre adressée par Pie IX, le 29 sept. 1864, à l'évêque de Montréal (Raulx, *Encyclique et documents*, t. Ier, pp. 599, 600).

tout, de l'intérêt militaire, et c'est à ce point de vue pratique qu'il fut conduit plus d'une fois à violer le principe de l'immunité des clercs, principe qui était en opposition avec les lois les plus certaines de l'organisation féodale. De nos jours la difficulté est déplacée. Le principe ecclésiastique de l'immunité des clercs se heurte au principe moderne de l'égalité. Et les deux idées semblent à première vue inconciliables. Mais notre passé n'est guère autre chose qu'une longue série de transactions et d'arrangements. L'histoire est une grande école de modération et de paix.

Je n'ajouterai qu'un mot sans lequel tout ce que je viens de dire de l'exemption des clercs au XIXe siècle, risquerait d'être bien mal compris. C'est uniquement sous le couvert de l'idée d'égalité que l'exemption, depuis 1889 la demi-exemption des clercs, a pu être admise dans le droit moderne. Cette exemption, cette demi-exemption, n'est point un privilège spécial du clergé; car plusieurs autres catégories de citoyens sont dans la même situation que les clercs. Un français, pénétré de l'esprit moderne, ne l'entend pas autrement.

Incapacités des clercs. — Après avoir mentionné les privilèges des clercs, je dois ajouter que certaines incapacités pèsent sur eux, du moins en principe. Ces incapacités, singulières au premier abord, sont autant d'applications de cette parole de saint Paul : « Nemo militans Deo implicat se negotiis sæcularibus[1]. »

Inutile d'ajouter que cette règle fut, en grande partie, oubliée au moyen âge. Néanmoins elle a eu son influence, et il était nécessaire de la signaler; car celui qui n'en connaît pas l'existence n'a pas la clef d'un bon nombre de textes juridiques et historiques qui lui paraissent bizarres et inexplicables[2].

Parmi les textes de droit civil qui se rattachent à ce principe, je citerai notamment le ch. 6 de la *Nov.* 123 de Jus-

[1] Saint Paul, *Epistola ad Thimotheum secunda*, cap. II, vers. 4. Cf. Bernard de Pavie, *Summa decret.*, lib. III, tit. 37, édit. Laspeyres, pp. 129, 130; *Nouveau traité de diplomatique*, t. V, p. 567.

[2] Cf. Thomassin, *Traité du négoce et de l'usure*, p. 153; *Histoire littéraire de la France*, t. XVI, pp. 79, 80.

tinien, intitulé : *Ut clerici a muneribus personalibus et negotiis sæcularibus abstineant.* Encore, au XIIIe siècle, des textes nombreux interdisent (très vainement) aux clercs tout office public[1].

BIBLIOGRAPHIE. — Thomassin, *Ancienne et nouvelle discipline de l'Eglise*, 2e partie, liv. III, ch. CIX à CXIV; 3e partie, liv. Ier, ch. XXXIII à XLVII. — Fleury, *Discours sur les libertés de l'Eglise gallicane;* l'édition la plus pure a été donnée, en 1807, dans *Nouveaux opuscules de l'abbé Fleury*, p. 1 et suiv. — *Elementa juris canonici ad jur. Comit. Burg. accom.*, Vesuntione, p. 239 et suiv. — Sur la différence fondamentale qui existe entre les anciennes officialités supprimées en 1790 et les officialités nouvelles rétablies dans un bon nombre de diocèses, lire *Institutions diocésaines ou Recueil des règlements publiés par Monseigneur l'évêque de Digne*, t. Ier, 1845, p. 417 et suiv. — Mgr Chaillot, *Privilèges du clergé*, Paris, 1866. — Beaune, *La condition des personnes*, pp. 50-70.

[1] Voyez Vincent de Beauvais, *Spec. doctr.*, liv. X, ch. 126-128 et joignez ci-dessus p. 280, note 2.

CHAPITRE IV.

LES MOINES.

Privilèges des moines. — La condition des moines ressemble beaucoup à celle des clercs, d'abord parce que l'immense majorité d'entre eux sont non seulement moines mais aussi clercs, ensuite parce qu'ils ont été, en tant que moines, assimilés aux clercs[1]. On en est venu à qualifier l'ensemble des moines du nom de *clergé régulier,* en réservant aux clercs non moines la qualification de *clergé séculier*. Conformément à la même terminologie, les *moines* sont souvent appelés les *réguliers*.

Le *privilège du for* est commun au clerc et au moine[2], en ce sens, du moins, que le moine échappe comme le clerc à la juridiction laïque. Mais relève-t-il de la juridiction de l'évêque ou de celle de l'abbé? Nous touchons ici à une des plus grosses et des plus épineuses questions du droit canon, à la question des *exemptions*. On appelle *exemption* le privilège qui rattachait un couvent directement à la Cour de Rome en l'*exemptant* de la juridiction de l'évêque appelé souvent l'*ordinaire*. Ces *exemptions* accordées par les papes ont donné lieu à d'interminables discussions entre le clergé séculier et le clergé régulier[3]; car elles étaient mal vues des évêques. La jurisprudence française leur fut généralement très hostile dans les derniers siècles[4].

Incapacités des moines. — Les incapacités qui, en principe, frappent les clercs et dont j'ai parlé plus haut atteignent aussi les moines; mais les moines et les religieuses ont été, en outre,

[1] Cf. Durand de Maillane, *Dict. de droit canonique*, t. IV, 1776, p. 514, 2e col.

[2] Voyez notamment *Etabl. de saint Louis*, liv. Ier, ch. 89 (édit. Viollet, t. II, pp. 145, 146).

[3] Voyez du Bois, *Maximes du droit canonique de France,* Paris, 1681, p. 165; mon *Droit public,* t. Ier, pp. 370-372.

[4] Cf. Durand de Maillane, *ibid.*, t. II, pp. 582, 587.

frappés par le droit français d'incapacités tout à fait particulières :

Les religieux sont incapables de succéder à leurs parents, et le monastère est incapable de succéder pour eux.

De plus, un religieux, après l'émission de ses vœux, ne peut tester, ni recevoir de legs ; et s'il n'a disposé de ses biens avant sa profession, « ses proches parents lui succèdent comme par mort naturelle. » Les papes ont souvent accordé à des religieux des dispenses pour succéder à leurs parents[1] ou pour tester. Mais, dans les derniers siècles de la monarchie, toutes ces dispenses ont été rejetées par la jurisprudence française[2].

Cet état d'incapacité du religieux s'appelle la *mort civile*. C'est une création de notre ancien droit inconnue au droit romain. Cette *mort civile* du religieux existait déjà dans les pays coutumiers au XIIIe siècle ; elle fut généralisée[3] par François Ier.

Ainsi les religieux et les criminels frappés de condamnation capitale étaient, les uns et les autres, morts civilement dans notre ancien droit[4].

Quel contraste avec la notion moderne du droit commun pour tous (notion déjà en formation à la fin de l'ancien régime) ! Pour pénétrer ici dans la pensée de nos aïeux, il faut songer au développement excessif qu'avait pris la profession religieuse : on entrait souvent en religion, par suite de combinaisons de famille et pour obéir à la volonté d'un père qui voulait éviter la division, la dispersion d'une fortune[5]. On peut dire que le trop-

1 Exemples : bulles d'Innocent IV du 13 février 1245 et du 11 juin 1246; bulle d'Alexandre IV du 15 juin 1256 pour les religieuses de Roosendael (cf. Wauters, *Hist. des environs de Bruxelles*, p. 661) ; bulle d'Alexandre IV du 23 janvier 1261 pour les moines de Saint-Remi de Reims, dans Varin, *Archives admin. de la ville de Reims*, t. Ier, p. 803, etc. Ces dispenses ne s'étendent pas aux biens féodaux (*rebus feodalibus exceptis*).

2 Delalande, *Cout. d'Orléans commentée*, t. II, 1705, pp. 83-86. Sur l'exception favorable dont jouissaient les religieux en Franche-Comté voyez Guyot, *Répertoire*, t. IX, p. 101.

3 Voyez Richer, *Traité de la mort civile*, pp. 663-679 (aux pages 678, 679 détails utiles). Cf. Isambert, t. XII, p. 359; Beautemps-Beaupré, *Cout. et inst. de l'Anjou*, t. IV, p. 539.

4 Prévot de la Jannés, *Les princ. de la jurispr. française*, t. Ier, p. 11.

5 Cf. L. Guibert, *La famille limousine*, p. 28.

plein de la population fut versé au couvent. C'est le couvent qui recueillit ces pauvres créatures qui, dans certaines provinces de la Chine, sont jetées à la voirie, *quemadmodum catuli et porculi, quos matres non sufficiunt enutrire*. Mais le but n'eût pas été atteint, si ces abandonnés n'étaient morts civilement, *ut videlicet mundo non spiritualiter, sed, ut ita dicamus, civiliter moriantur, videlicet ut portione hæreditaria priventur et hæc ad eos qui in sæculo remanent, devolvantur*[1].

A dater du 19 février 1790, l'Etat cesse de reconnaître les vœux monastiques et même supprime les ordres religieux[2]. En bonne logique, les ex-moines eussent dû, dès lors, reprendre tous leurs droits civils et politiques. Mais, jusqu'en 1793, nos législateurs, sur ce point, ne se piquèrent pas de logique. Tout en déclarant solennellement ne pas reconnaître les vœux monastiques, ils continuèrent à reconnaître certains effets de ces mêmes vœux. En effet, le comité de constitution, à la date du 30 mars 1790, est d'avis que les ex-moines ne paraissent pas devoir être reçus à exercer les droits de citoyens actifs; un décret des 20 février-26 mars les déclare incapables de succéder, tant qu'ils seront en concurrence avec des parents. Il s'agit toujours, comme au moyen âge, de protéger la famille; car, si l'ex-moine n'est en concurrence qu'avec le fisc, il redevient habile à succéder[3]. Le droit successoral ne fut accordé aux « ci-devant religieux et religieuses » que par un décret de la Convention du 9 octobre 1793.

Lorsque, plus tard, la liberté ou du moins une certaine liberté fut rendue aux associations religieuses, on ne songea pas à rétablir toutes les incapacités de l'ancien droit. Toutefois, une disposition destinée à maintenir les biens dans les familles a reparu sous la restauration. On organisa, en 1825, l'existence légale des communautés religieuses de femmes. A cette occasion, les préoccupations anciennes se firent jour et inspirèrent

[1] Guillaume d'Auvergne, *Tractatus de moribus*, c. 9, dans *Opera omnia*, Venetiis, 1591, p. 226. Joignez, dans certains cas, cette considération d'un autre ordre : la plupart des obligations attachées à la possession d'un fief n'auraient pu être remplies par un religieux.

[2] Décret des 13-19 février 1790.

[3] Décret des 19-26 mars 1790.

au législateur un article de loi, resté toujours en vigueur, qui a pour objet d'empêcher les religieuses (dans le droit nouveau elles peuvent hériter de leur famille) de laisser une somme trop considérable à leur communauté : « Nulle personne, faisant partie d'un établissement autorisé, ne pourra disposer, par actes entre-vifs ou par testament, soit en faveur de cet établissement, soit au profit de l'un de ses membres au delà du quart de ses biens, à moins que le don ou legs n'excède pas la somme de mille francs[1]. » Rien autre chose, dans le droit moderne, ne me paraît sentir d'aussi près notre ancienne législation. Elle s'est mieux conservée dans la Nouvelle-France : des jurisconsultes canadiens autorisés soutiennent que le religieux, au Canada, est, aujourd'hui encore, mort civilement[2].

Bibliographie. — Thomassin, *Ancienne et nouvelle discipline de l'Eglise*, 1re partie, liv. III. — Durand de Maillane, *Institutes du droit canonique*, t. III, 1770, pp. 369-487. — Richer, *Traité de la mort civile*, Paris, 1755, p. 663 et suiv. — Chaulin, *De l'état civil des religieux en France*, Paris, 1860. — Beaune, *Droit coutumier français. La condition des personnes*, liv. Ier, tit. III, ch. i, ii, Paris, 1882, pp. 166-195.

[1] Loi des 24 mai-2 juin 1825, art. 5. Joignez Duvergier, t. XXV, p. 224, note 5, et pour établir parfaitement la comparaison avec l'ancien droit, voyez Guyot, *Répert.*, t. IX, p. 100.

[2] Loranger, *Commentaire sur le Code civil du Bas-Canada*, Montréal, t. Ier, 1873, pp. 278-293; 307-329.

CHAPITRE V.

LA FEMME.

1. *Tutelle perpétuelle de la femme germaine.*

Incapacité de la femme germaine. Mundium. — Nous avons coutume de répéter que tous les Français majeurs jouissent aujourd'hui des mêmes droits civils. Cela est rigoureusement vrai, si on prend le mot Français à la lettre et si on exclut les Françaises.

La femme, en effet, n'est point juridiquement l'égale de l'homme; et cette inégalité des sexes est la plus ancienne de toutes les inégalités sociales.

Chez les Germains, la femme, mariée ou non, est complètement incapable : elle est en tutelle perpétuelle. Les Romains avaient connu aussi cette tutelle perpétuelle de la femme[1]; mais, au moment des invasions, cette institution s'était depuis longtemps effacée chez eux. La femme était dans leur législation non pas l'égale de l'homme; mais bien moins incapable que la femme germaine.

C'est surtout du droit germanique que dérive chez nous l'incapacité de la femme. Je m'attacherai donc aux origines germaniques.

La femme germaine est en tutelle perpétuelle; c'est-à-dire qu'elle est depuis sa naissance jusqu'à sa mort sous la puissance d'un autre, à savoir de son père, de son mari ou d'un parent mâle, de préférence du côté du père. A défaut de parents, elle est sous la puissance du roi[2]. Cette puissance qui pèse sur la femme s'appelle le *mundium* : en français nous appelons celui

[1] C'est d'ailleurs un fait à peu près général. Les Romains eux-mêmes l'avaient déjà remarqué; voyez, à ce point de vue, Gaius, *Institutes*, I, 193.

[2] *Loi Ripuaire*, tit. xxxv (37), c. 3, dans Pertz, *Leges*, t. V, p. 228. *Edict. Roth.*,

qui en est investi, le *mainbour* ou *mainbourg*[1] (souvent en latin *mundoaldus*). Ce nom de *mundium* n'est pas spécial à l'autorité exercée sur la femme. Il s'applique aussi notamment à l'autorité du père sur ses enfants ; nous le retrouverons sur notre route.

Ainsi la femme a toujours un maître : son père, son mari, ou le parent jouissant du *mundium*.

D'ordinaire la femme veuve a pour tuteur ou mainbourg, son propre fils.

Cette tutelle perpétuelle s'usa peu à peu en France et la dépendance de la femme mariée subsista seule. Cependant nous trouvons encore, en plein XIIIe siècle, des traces remarquables de la tutelle perpétuelle : en Touraine et en Anjou, la femme veuve est si bien sous la dépendance de son fils qu'elle ne peut, sans l'autorisation de ce dernier, vendre ou aliéner la moindre parcelle de son propre bien[2]. A la même époque, la tutelle perpétuelle de la fille non mariée est réglementée par la coutume bordelaise[3].

On peut dire d'une manière générale que le droit coutumier français des trois ou quatre derniers siècles ne connaît plus la tutelle perpétuelle de la femme non mariée. Cette institution a subsisté beaucoup plus longtemps dans des pays voisins[4]. La

c. 205 (*ibid.*, p. 719). Le mot *mundium* est une forme latine du mot germanique *Mund*, *bouche*. Les Barbares traduisent souvent *mundium* par le mot latin *verbum*. Cf. Kraut, *Die Vormundschaft*, t. Ier, 1835, pp. 74, 75 et surtout p. 74, note 30.

1 Dans les textes on trouve très souvent *mundiburdis*, *mundiburde* appliqué au *mündium* lui-même et non à celui qui l'exerce. Voyez, par exemple, Zoepfl, *Alterthümer des deutschen Reichs und Rechts*, t. Ier, p. 216.

2 Cf. mes *Etabl. de saint Louis*, t. Ier, p. 150.

3 *Livre des coutumes*, art. 66, édit. Barckhausen, p. 63.

4 Voyez, par exemple, G. de Longé, *Cout. du pays et duché de Brabant*, *Quartier d'Anvers*, *Cout. d'Anvers*, t. III, p. 205. Voici ce texte important, traduit par M. de Longé : « Des femmes non mariées, voulant passer quelque contrat ou obligation devant échevins, doivent être pourvues à cet effet d'un mambour (*sic*) étranger, ce qui se pratique sur due semonce et avec sentence d'échevins, comme il est plus amplement dit ci-dessus sous le titre : *Des personnes mariées*, et avec ce mambour les femmes non mariées peuvent passer toute espèce de contrats comme si elles étaient des hommes; mais les mambours leur donnés ne sont pas tenus de prêter serment, ni accoutumés de le faire. Lorsque des femmes veulent obliger leur personne, ou leurs biens pour les dettes d'autrui, alors il ne suffit pas qu'elles soient seulement pourvues de mambours, de la manière susdite, mois il est, en outre, né-

tutelle du sexe n'a été abolie dans le canton suisse d'Argovie qu'en 1877[1].

2. *Caractère primitif du mundium. — Sa transformation. — Dernières traces du mundium royal.*

Mundium de la femme, autorité du plus fort. — Dans l'idée germanique primitive, le caractère dominant de ce *mundium* de la femme n'est peut-être pas la protection, la garantie accordée à un être faible : le *mundium*, c'est par dessus tout le pouvoir, l'autorité du fort sur le faible[2], autorité qui a pour mobile l'intérêt, car le mainbourg a ordinairement droit à la succession de la femme dont il a le *mundium*. On a vu des parents mainbourgs d'une femme leur cousine, vendre ce droit à un tiers comme toute autre valeur[3]; néanmoins le cas paraît avoir été fort rare.

Parfois le rôle des parents de la femme persiste au delà du mariage : en effet, ils ont quelque intérêt à surveiller la gestion

cessaire qu'elles y soient d'abord autorisées, avec information préalable des bourgmestre et échevins, ainsi qu'il est dit aussi ci-dessus, sous le titre : *Des personnes mariées*, à l'égard des femmes qui sont mariées. »

[1] Cf. A. Rivier, *Précis du droit de famille romain*, Paris, 1891, p. 361, note 2 et ci-après, p. 290, note 4.

[2] Certains textes pourraient ici donner le change, si on les examinait trop rapidement : je fais allusion aux lois barbares qui établissent, en cas de meurtre d'une femme, un wergeld plus élevé qu'en cas de meurtre d'un homme. Pourquoi cela? Est-ce ici une pensée de protection particulière qui inspire le législateur? Je ne le pense pas : la femme est une valeur, surtout la femme féconde, pouvant enfanter, ou la femme enceinte; or c'est la femme nubile ou la femme grosse qui est l'objet de ce wergeld plus élevé, souvent triple du wergeld de l'homme. L'idée de protection n'est donc point l'idée première, l'idée dominante : on se fait indemniser d'une valeur considérable perdue. Voilà tout!

[3] Acte de 840 dans lequel un certain diaconus Abo, *vivens lege romana,* transmet moyennant un prix déterminé à un certain Richard le *mundium* sur sa « cognata Ferlinde » (acte analysé, d'après l'édition de Ficker, dans Zœpfl, *Alterthümer des deutschen Reichs und Rechts*, t. II, p. 348, note 2). Ce fait d'un individu vivant *lege romana* et exerçant le *mundium* sur une femme, sa parente, est fort remarquable.

Dans certains pays, le *mundium* absorbe tellement la personnalité de la femme qu'on trouve encore au XIVe siècle, en Suède, des actes dans lesquels une vente faite par une femme est passée au nom de son tuteur : la femme n'apparaît qu'en seconde ligne pour consentir à l'opération. Voyez Hildebrand, *Svenskt Diplom.*, t. VI, p. 40, n° 4338.

de biens qui leur reviendraient en l'absence d'enfants. Aussi les voit-on, chez les Lombards, intervenir dans certaines conditions déterminées, lorsque la femme mariée aliène tout ou partie de ses biens[1]; cette intervention se retrouve en plusieurs autres pays[2]; sur le territoire de la coutume de l'évêché de Metz elle a persisté jusqu'à la fin de l'ancien régime[3].

Transformation du mundium primitif. — Mais le *mundium* primitif s'est transformé sous l'influence de l'Eglise et du progrès général des mœurs : entre les mains du mari il s'est adouci (non pas éteint). Depuis quelques siècles, la femme non mariée a été dégagée chez nous des liens de cette tutelle perpétuelle[4].

Enfin, entre les mains du roi, le *mundium* a revêtu peu à peu le caractère d'un pouvoir protecteur, dont l'intervention peut être utile et efficace. C'est ici qu'à l'origine le rôle de l'Eglise apparaît clairement; elle se préoccupa de bonne heure du sort de la femme : on peut citer, à cet égard, le concile de Mâcon de l'an 589, le concile de Pavie de l'an 850. Inspiré par l'Eglise, le pouvoir royal ou impérial rivalisa bientôt de zèle avec elle et se préoccupa de la mission sainte de faire bonne et prompte justice aux veuves, aux orphelins et aux pauvres[5].

[1] Cf. Rosin, *Die Formvorschriften für die Veräusserungsgeschäfte der Frauen nach Lang. Recht*, Breslau, 1re partie; analyse dans *Gött. gelehrte Anzeigen*, 3 août 1881, pp. 962, 963.

[2] Mabille, *Cartul. de Marmoutier pour le Dunois*, p. 36 (acte du XIe siècle); *Compte rendu de la Commission royale d'histoire de Belgique*, 3e série, t. XIV, 1872, p. 74 (acte de 1276). Cf. Beyer, *Urkundenbuch zur Geschichte... Coblenz und Trier*, t. Ier, p. 216; Lœrsch et Schröder, *Urkunden zur Geschichte des deutschen Rechtes*, t. Ier, 1881, p. 125.

[3] *Cout. de l'évêché de Metz*, tit. II, art. 18. En l'an XI, le tribunal civil de Sarrebourg fit une dernière application de ces principes : sa décision ne fut pas maintenue par les juridictions supérieures (Merlin, *Répert.*, t. XII, 1826, pp. 157, 158). Ainsi nous pouvons suivre jusqu'en l'an XI cette antique notion germanique.

[4] Que des législateurs bien inspirés viennent seulement d'abolir dans plusieurs cantons suisses. Voyez loi du 16 octobre 1876 pour Bâle-Ville; loi du 29 avril 1877 pour le canton d'Argovie; cf. *Annuaire de législ. étrangère*, 6e année, Paris, 1877, p. 570; 7e année, 1878, p. 619. La tutelle perpétuelle de la femme a disparu en Norvège, en 1869; en Danemark, en 1857; mais elle a laissé, dans ces deux derniers pays, quelques traces fort curieuses. Pour la Suède, il faut se reporter aux lois de 1863 et du 5 juillet 1884 (*Ann. de législ. étrangère*, 1884, 14e année, pp. 646, 647).

[5] Voyez deux capit. de 803; un capit. de 817. Viollet, *Etabl.*, t. Ier, p. 152.

« Au roi appartient la garde des vefves et puppilles, » dira-t-on encore au xve siècle[1]. C'est sous l'influence de cette pensée qu'en 1560, la noblesse de Châteaulandon priait le roi d'attribuer à ses procureurs généraux et à leurs substituts la protection des veuves et des mineurs[2]. Ce vœu devint, aux états d'Orléans, le vœu général de la noblesse et du clergé; aucun article de l'ordonnnance d'Orléans n'y correspond; mais je suis porté à croire, avec M. Georges Picot, « que la règle existait déjà dans nos mœurs judiciaires[3]. » Cette vieille idée a été recueillie dans la loi des 16-24 août 1790[4]. Elle a laissé sa trace dans notre *Code de procédure*[5] et dans notre *Code civil*[6].

3. *Résumé. — Vicissitudes des droits de la femme.*

Débris subsistants de l'incapacité de la femme. — Plaçons-nous au XIXe siècle et essayons de résumer l'état juridique de la femme française sous l'empire des lois actuellement en vigueur.

Les droits successoraux de la femme sont aujourd'hui les mêmes que ceux de l'homme.

La tutelle perpétuelle de la femme non engagée dans les liens du mariage a depuis longtemps entièrement disparu. La femme

[1] Bibl. Nat., ms. fr. 4515, fol. 141 7°. Un fait important dérive de cette protection accordée à la femme par l'Eglise et par le roi, sous l'influence de l'Eglise : je veux parler d'un double privilège de juridiction qui est inscrit dans une foule de textes au moyen âge. Ce privilège de juridiction est accordé non pas à toute femme, mais aux veuves. Une veuve est vassale d'un seigneur et relève de sa justice. Elle devrait régulièrement s'adresser à la cour de ce seigneur pour tout ce qui concerne ses intérêts pécuniaires et surtout son droit de douaire sur les biens de son mari prédécédé. Eh bien, elle a le choix de recourir, soit au tribunal de ce seigneur, son juge naturel, soit au tribunal du roi (la cort le roi), soit à celui de l'Eglise (cort de Sainte Eglise). Le droit de justice sur femmes a été, au moyen âge, un des objets de lutte et de querelle entre l'Eglise et le pouvoir civil.

Ainsi la veuve au moyen âge est protégée; sa faiblesse peut s'appuyer sur certaines garanties. — Cf. Beaumanoir, édit. Beugnot, t. Ier, p. 154. Ce privilège est étendu par certains textes au mari pour les actions relatives aux biens apportés par la femme et appelés le *mariage* : cf. *Et. de saint Louis*, liv. Ier, ch. 20 (édit. Viollet, t. II, p. 30).

[2] *Des états généraux et autres assemblées nationales*, t. XI, p. 159.

[3] G. Picot, *Hist. des états généraux*, t. II, p. 178.

[4] Titre VIII, art. 3.

[5] *Code de procédure*, art. 83.

[6] *Code civil*, art. 2194.

non engagée dans les liens du mariage jouit donc d'une capacité civile très grande. Toutefois, quelques débris de son incapacité primitive subsistent. La femme ne peut être témoin instrumentaire dans un acte public[1] : ainsi, elle ne peut, comme témoin, attester la naissance d'un enfant! Elle ne peut faire partie d'un conseil de famille. La mère veuve n'a sur ses enfants qu'un droit de correction légale entouré de garanties qui n'existent pas pour le père. Une femme ne peut exercer sur d'autres que ses enfants ou petits-enfants les fonctions de tutrice; elle ne peut être curatrice ou conseil judiciaire[2].

Quant à la femme mariée, elle est toujours sous le *mundium* du mari, *mundium* qui prend le nom plus moderne d'autorité maritale. Par suite de ce *mundium*, elle subit une infériorité civile considérable. Il est un grand nombre d'actes qu'elle est toujours incapable de faire sans l'autorisation de son mari. Elle ne peut ester en jugement[3]; faire aucune acquisition, ni aucune aliénation; elle ne peut hypothéquer, ni contracter aucune obligation[4].

Enfin, mariée ou non mariée, la femme française n'a aucun droit politique.

On le voit, par l'effet d'un travail plus de douze fois séculaire, la femme a vu sa situation juridique s'améliorer sensiblement; mais elle n'est pas avec l'homme sur le pied d'égalité.

Ce mouvement ascensionnel n'a pas suivi, tant s'en faut, une marche continue et uniforme. Les droits des femmes ont subi des fluctuations dans le détail desquelles je ne saurais entrer ici. Si on examine, par exemple, à ce point de vue le droit du XIIIe siècle, il semble qu'à cette époque un penseur eût pu légi-

1 Les témoins dont il est parlé, art. 71 du *Code civil*, ne sont pas proprement des témoins instrumentaires.

2 Cf. Paul Gide, *Etude sur la condition privée de la femme*, pp. 470-472.

3 C'est-à-dire comparaître en justice, figurer comme partie dans un procès.

4 Si cependant l'acquisition, l'aliénation ou l'obligation rentrait dans la sphère des actes d'administration, la femme aurait la capacité d'y procéder seule et sans autorisation, dans les cas où l'administration de ses biens lui appartiendrait d'après les stipulations du contrat de mariage. (Je reproduis les expressions de M. Ern. Dubois, *De la condition légale des femmes..... et de l'incapacité de la femme mariée*, Paris, 1860, p. 158); et je suis, dans le texte, sa doctrine.

timement présager à la femme un avenir d'égalité assez prochain, lui donner de hautes et larges espérances. Au moyen âge, la femme mariée est sérieusement associée aux affaires et aux intérêts de son mari[1]; celui-ci, en même temps, est plus honoré et plus respecté qu'il ne l'a jamais été. Aux termes d'une coutume qui joua alors un grand rôle, la femme mariée, si elle se livre au commerce, peut intenter une action judiciaire sans aucune autorisation de son mari[2]. — Ce droit subsista dans un petit nombre de coutumes[3] jusqu'à la fin de l'ancien régime.

Il y a plus. Dans l'ordre public et politique, bien des faits pouvaient jadis faire présager que la femme en viendrait un jour à partager la position dont jouit l'homme. Non seulement elle avait obtenu, sur beaucoup de points, le droit de succéder aux fiefs et s'était trouvée, par suite, exercer des droits de juridiction et, comme nous dirions aujourd'hui, des droits politiques; mais on avait vu plus d'une fois les femmes roturières participer avec les hommes aux élections intéressant la commune. Ce droit était même régulier et constant, au moins dans une région, le comté de Bigorre[4].

1 Je songe ici surtout au contrôle que la femme exerce constamment sur le mari par suite de ses droits au douaire. Cf. Beaumanoir, ch. XXI, § 2, édit. Beugnot, t. Ier, p. 303; *Etabl. de saint Louis*, liv. Ier, ch. 66, 139. La femme accompagne très souvent son mari, lorsqu'il s'acquitte d'un service militaire (*Et.*, liv. Ier, ch. 57). Joignez mes *Etabl. de saint Louis*, t. Ier, p. 147.

2 Cout. de Touraine-Anjou, 142. *Etabl. de saint Louis*, liv. Ier, ch. 153.

3 Cout. de Dourdan et de Mantes; voyez Ern. Dubois, *De la condition légale..... des femmes et de l'incapacité de la femme mariée*, 1860, p. 163.

4 Voici quelques faits : au IXe siècle, dans le diocèse de Nantes, les femmes se mêlent aux assemblées politiques; un concile le leur interdit. En 1308, en Touraine, des femmes prennent part aux élections d'un village de campagne pour les états généraux de Tours. Quelques veuves ou filles, possédant divisément, figurent aux élections pour les états généraux de 1560 et de 1576. En 1612, à Scey-sur-Saône, deux femmes figurent parmi les habitants réunis pour rédiger une charte de commune. Cf. Laboulaye, *Recherches sur la condition des femmes*, p. 443; Le Roux de Lincy, *Les femmes célèbres de l'ancienne France*, t. Ier, p. 331; Boutaric, *La France sous Philippe le Bel*, p. 444; Babeau, dans *Revue hist.*, 8e année, t. XXI, p. 95; *Revue des sociétés savantes*, V^e série, t. Ier, 1871, p. 500; Beaune, *Droit coutumier français, La condition des personnes*, p. 393, note 4. Pour le Bigorre voyez de Lagrèze, *La féodalité dans les Pyrénées, comté de Bigorre*, p. 82. Parmi les lois révolutionnaires, il faut citer celle du 10 juin 1793 qui, à l'occasion des partages de biens communaux, accordait le droit de vote aux habitants *de tout sexe*.

De tout cela il ne reste rien aujourd'hui. Le penseur auquel je prêtais tout à l'heure de si hautes visées se fût trompé; ses espérances eussent été déçues, s'il en eût placé en notre temps la réalisation. Tous les progrès sur lesquels on pouvait, semble-t-il, compter, n'ont pas été réalisés, et même quelques résultats partiels atteints autrefois[1] ont été perdus. Il serait sage à nous de prêter en ce moment quelque attention aux lois nouvelles qui, chez les peuples voisins, viennent presque chaque année améliorer la position sociale et juridique de la femme[2].

Bibliographie. — Brand, *Dissertatio de imperio mariti in uxorem*, 1810. — Grégoire (l'abbé), *De l'influence du christianisme sur la condition des femmes*, Paris, 1821. — Laboulaye, *Recherches sur la condition civile et politique des femmes*, Paris, 1843. — Kœnigswarter, *L'achat des femmes*, dans *Etudes historiques sur le développement de la société humaine*, Paris, 1850, p. 19 et suiv. — Paul Gide, *Etude sur la condition privée de la femme*, Paris, 1867; 2e édit. par Esmein, Paris, 1887. — E. Dubois, *De la condition légale des femmes et de l'incapacité de la femme mariée*, Paris, 1860. — Lehuërou, *Histoire des institutions carolingiennes*, Paris, 1843, ch. III, p. 27 et suiv. — Marie (J.), *Essai sur la condition civile des femmes*, Valogne, 1865 (thèse de doctorat devant la Faculté de Caen). — Stuart Mill, *L'assujettissement des femmes*, traduit par Cazelles, Paris, 1876. — Besset (P.), *Etude historique sur la condition légale de la femme dans le mariage*, Albi, 1880 (thèse de doctorat devant la Faculté de Toulouse). — Gubba, *Della condizione giuridica delle donne, studio storico*, 2e édit., Torino, 1880. — [Léon Giraud], *Essai sur la condition des femmes en Europe et en Amérique*, Paris, 1883. — Léon Giraud, *De la condition des femmes au point de vue de l'exercice des droits publics et politiques*, Paris, 1891. — Bridel, *La femme et le droit. Etude historique sur la condition des femmes*, Paris, 1884. — Osvaldo Piñero, *Condición jurídica de la mujer*, Buenos-Aires, 1888. — Ostrogorski, *La femme au point de vue du droit public. Etude d'histoire et de législation comparée*, Paris, 1892.

[1] Sur l'aggravation de situation que le *Code de commerce* (art. 7) a imposée à la femme marchande publique mariée sous le régime dotal, voyez Homberg, *Abus du régime dotal*, pp. 111, 112 et note 1 de cette dernière page.

[2] Voyez *Annuaire de législ. étrangère*, 6e année, p. 570; 7e année, pp. 423, 619 et *passim*.

CHAPITRE VI.

ESCLAVAGE ET SERVAGE.

Aperçu général.

Définition de l'esclavage. — La définition de l'esclavage donnée par les jurisconsultes romains s'applique à tout esclavage. « L'esclavage est une institution par laquelle une personne, contrairement à la nature, devient la propriété d'une autre[1]. »

Les Romains ont des esclaves. Les Germains, eux aussi, ont des esclaves; mais, chez ces derniers, au moins chez les Germains étudiés par Tacite, l'esclavage paraît moins dur que chez les Romains.

Les deux esclavages. — Après les invasions, l'esclave appelé *servus* garda son nom, mais améliora sa position peu à peu, en sorte qu'à la fin le mot *servus* ou *serf* perdit son sens primitif, le sens d'*esclavage.* On en vint à opposer ces deux mots : *servage, esclavage.*

Esclavage est le mot nouveau qui désigne la chose ancienne, l'antique et complète servitude. C'est qu'en effet l'esclavage s'est reformé au moyen âge principalement par des achats d'hommes d'origine slave, des sclaves, des esclaves que des commerçants chrétiens vendaient[2] souvent aux mahométans : on trouve d'ailleurs, çà et là, des esclaves dans la chrétienté au moyen âge[3].

Ainsi deux couches superposées pour ainsi dire :

1° La servitude ancienne ou premier esclavage qui aboutit au servage.

2° La nouvelle servitude ou second esclavage que l'érudition moderne est en mesure de rattacher à la servitude ancienne.

[1] *Inst. de Justinien*, I, III.
[2] Mas-Latrie, *Hist. de Chypre*, t. II, p. 127; p. 458, note 1.
[3] Voyez ci-après la quatrième section de ce chapitre intitulée : *Second esclavage.*

PREMIÈRE SECTION.

Premier esclavage.

1. *L'esclave chez les Germains au moment de l'invasion.*

Valeur de l'esclave. — L'esclave, dans la *Loi Salique*, est assimilé à l'animal : il est confondu avec les bêtes de somme : « Celui qui aura volé un esclave, un cheval ou une bête de somme paiera 30 sous. — Si quis servo aut caballo vel jumentum furaverit cui fuerit adprobatum, MCC denarios qui faciunt solidos XXX culpabilis judicetur [1]. » Ainsi, du temps de Clovis, on ne distingue pas l'esclave des autres animaux domestiques.

La vie de l'esclave est protégée de l'agression étrangère, mais au point de vue du dommage que cette mort causerait au maître. Aussi dans les tarifs se préoccupe-t-on de la valeur intrinsèque de l'esclave, de l'utilité qu'il peut procurer au maître et non d'autre chose.

L'esclave, étant une valeur pour le maître, est protégé contre les violences des étrangers, des tiers. Il ne l'est point contre le maître lui-même. Le maître a une juridiction absolue sur son esclave.

Chez les Wisigoths, le wergeld de l'esclave est la moitié du wergeld de l'homme libre : ce wergeld est payé au maître, bien entendu [2]. Chez les Burgondes, l'esclave n'a pas de wergeld fixe; la valeur de l'esclave varie avec sa position; et ces variations sont fort instructives [3].

2. *Comment on devient esclave pendant la période barbare.*

Les sources de l'esclavage. — On devient esclave de quatre manières différentes :

1° Par la naissance. — Quiconque a pour père un esclave ou

[1] *Sal.*, x, 1, édit. Behrend, p. 13. Cf. *Sal.* xxxv, 6, même tarif.
[2] Davoud-Oghlou, t. Ier, p. 87, sect. II, § 11.
[3] Davoud-Oghlou, pp. 404, 405.

pour mère une esclave est lui-même esclave. L'*Interpretatio* wisigothique du *Code de Théodose* exprime ainsi ce principe : « Ad inferiorem personam vadit origo[1]. »

2° Par le mariage avec un esclave. — Cependant chez les Alamans, la femme libre qui épouse un serf d'Eglise peut, à la rigueur, échapper à l'esclavage en remplissant certaines formalités[2].

3° Par *l'obnoxiatio*. — Un débiteur est dans l'impossibilité de remplir ses engagements; un criminel ne peut solder une composition pour crime à laquelle il a été condamné. Il se fait l'esclave de son créancier; cet esclavage sera, suivant les cas, perpétuel ou temporaire. Telle est *l'obnoxiatio*. Il arrive aussi qu'une personne aliène sa liberté, sans que les causes de cette détermination soient spécifiées. La misère a pu l'inspirer. La piété aussi. Pour expier ses fautes ou pour trouver un protecteur, on se fait esclave volontaire de Saint-Martin ou de quelque abbaye. Cet acte est souvent appelé *venditio de semetipso*[3].

4° On devient esclave par suite de la guerre, en qualité de prisonnier de guerre[4].

A ces faits généraux d'où procède la servitude il en faut joindre plusieurs autres qui sont secondaires et, pour ainsi dire, accidentels et que nous rencontrons seulement dans certaines lois. Ainsi chez les Wisigoths, le faux délateur devient esclave[5]; chez les Alamans, les conjoints qui se sont unis par mariage, bien que parents à un degré prohibé, deviennent esclaves du fisc[6], etc., etc.

3. *Des affranchissements.*

Cinq modes d'affranchissement. — D'après les textes barbares, l'esclave peut sortir de l'esclavage, peut être affranchi

1 Cf. Viollet, *Etabl.*, t. Ier, p. 177.
2 Davoud-Oghlou, t. Ier, p. 334.
3 Cf. *Loi des Lombards*, apud Davoud-Oghlou, t. II, pp. 36, 28; capit. de 822-823, art. 4, dans Boretius, *Capit.*, t. Ier, p. 317.
4 Eichhorn, *Deutsche Staats-und Rechtsgeschichte*, t. Ier, 1834, pp. 328, 329.
5 Davoud-Oghlou, t. Ier, p. 28.
6 Davoud-Oghlou, t. Ier, pp. 321, 325.

de cinq manières différentes. Les deux premiers modes sont germaniques ; les trois derniers sont d'origine romaine.

1° Affranchissement *par le denier* en présence du roi, et avec son intervention et probablement à l'origine avec l'intervention du peuple. — Le roi place un ou plusieurs deniers dans la main de l'esclave et les fait sauter en disant : « Je veux que cet homme soit libre[1]. » L'affranchissement par le denier ne fait pas seulement un individu libre : il fait un ingénu : *ingenuum dimittere*, disent les textes. C'est là le caractère particulier de ce mode solennel qui vraisemblablement nécessitait jadis l'intervention de la tribu et plus tard nécessita celle du roi. Le wergeld de l'affranchi par le denier, « homo denariatus ou denarialis, » est de 200 sous ; c'est le même vergeld que pour l'homme libre[2].

L'affranchissement royal par le dernier est très nettement un affranchissement usité chez les Francs : il a persisté fort longtemps après la période germanique. Je le retrouve en 1056 dans le livre *Des serfs* de Marmoutier : le roi Henri affranchit un serf, appartenant à Gausbert, clerc ; il l'affranchit : *more regio, excusso scilicet de palmo denario*. On retrouve encore au XIIe siècle, l'affranchissement par le denier[3].

2° Affranchissement *per hantradam*. — Il apparaît dans une seule des lois barbares, la coutume dite des Francs Chamaves. Cette coutume mentionne en ces termes l'affranchissement qui nous occupe : « Qui per hantradam hominem ingenuum dimittere voluerit, in loco qui dicitur sanctum, sua manu duodecima ipsum ingenuum dimittere faciat. » Ainsi, pour affranchir par ce mode, le maître devait prêter serment solennel, avec onze cojurateurs. Voilà ce que la loi dit expressément. Elle ne dit pas formellement que l'affranchissement a lieu devant l'assemblée du peuple ; mais cela est bien vraisemblable.

Ce mode d'affranchissement semble être une sorte de procès fictif devant l'assemblée du peuple. En effet, suivant cette même

[1] Je m'attache ici à un texte lombard cité par Stöck, *Die Freilassungen*, p. 8. Cf. *Lex Salica*, tit. 26, édit. Behrend, pp. 80, 81 ; *Lex Rib.*, 58, § 1 ; 61, § 3 ; 62, § 2 ; 64, § 2.

[2] Grandmaison, *Le livre des serfs*, p. 139.

[3] Cf. Marcel Fournier, dans *Revue hist.*, t. XXI, p. 46.

loi locale, si un homme libre est revendiqué comme esclave par un prétendu maître ou propriétaire, il n'a autre chose à faire qu'à attester sa liberté avec douze cojurateurs : et, dès lors, sa liberté est reconnue par le tribunal. Eh bien! ici, dans l'affranchissement *per hantradam*, c'est le maître qui se présente lui-même pour attester la liberté de l'esclave : il lui fournit les douze cojurateurs requis, à savoir lui-même et onze autres personnes. Dès lors, l'assemblée ou le tribunal, comme on voudra, déclare l'ancien esclave *homme libre* : il est affranchi par cette décision. Tel est, semble-t-il, le procédé que recèle le texte un peu trop concis de la *Loi* dite *des Chamaves* [1].

L'affranchi *per hantradam* paraît avoir joui d'une liberté complète analogue à celle de l'affranchi par le denier. L'un et l'autre sont placés sous la protection ou, si l'on veut, sous le pouvoir spécial du roi qui a droit à leur wergeld [2] et à leurs successions.

Aussi bien, ce droit de succession au profit du roi s'est étendu encore à d'autres catégories d'affranchis, probablement à tous ceux qui avaient obtenu une liberté complète et étaient devenus *ingenui* : la succession *ab intestat* de ces *ingenui* était dévolue au roi, même s'ils laissaient des enfants [3].

3° Affranchissement *par écrit, per cartam*. — Cet affranchissement dont la physionomie est toute romaine est mentionné dans une constitution de Justinien [4]; mais il existait certainement avant cet empereur. Aucune forme particulière n'est ici prescrite par les textes des lois barbares. L'autorité publique n'intervient pas : la seule condition essentielle et indispensable,

[1] Lire l'exposé complet de ces vues par M. Julien Havet dans *Nouvelle Revue hist.*, 1re année, 1877, pp. 660, 661. L'affranchissement *per hantradam* a provoqué bien d'autres hypothèses; voyez à ce sujet Gaupp, *Lex Francorum Chamavorum*, p. 65; Vinogradoff, dans *Forschungen zur deutschen Geschichte*, t. XVI, p. 600 (rapprochement entre l'affranchissement *per hantradam* et l'affranchissement décrit dans l'édit de Rotharis, art. 224).

[2] Vinogradoff, *ibid.*, pp. 602, 603.

[3] Zeumer, *Ueber die Beerbung der Freigelassenen durch den Fiscus nach fränk. Recht.* Cf. *Lex Franc. Cham.*, 12, avec le commentaire de Gaupp, *ibid.*, p. 68; cap. de 803, c. 10, dans Pertz, *Leges*, t. Ier, p. 118; capit. de 801-813, c. 6, dans Boretius, I, p. 171.

[4] *Code de Justinien*, VII, vi, 1. Cf. *Loi des Burgondes*, dans Pertz, *Leges*, t. III, p. 569.

c'est une charte constatant la volonté du maître : cette charte est originairement un moyen de preuve plus indispensable que les chartes qui relatent tel ou tel mode d'affranchissement, car il s'agit ici de constater non plus un acte déterminé du maître, mais purement et simplement sa volonté. Chez les Wisigoths et chez les Burgondes, le maître pouvait affranchir soit par charte, soit par devant témoins [1]. La charte est une preuve écrite. Les témoins sont une preuve orale. Les deux moyens de preuve se remplacent l'un l'autre. Toutefois ce moyen de preuve *per cartam* touche de si près au fait qu'il constate qu'il s'est identifié avec ce fait lui-même. La *traditio* de la *charta* est devenue souvent l'affranchissement lui-même. Au contraire, les chartes mentionnant les affranchissements réalisés par tel ou tel autre mode ne sont jamais que des moyens de preuve.

Les droits concédés à l'affranchi appelé souvent *chartularius* ou *cartularius* varient avec les termes de la charte par laquelle la liberté lui a été accordée. Le wergeld du *chartularius* est la moitié du wergeld de l'ingénu [2].

Le *chartularius* reste ordinairement sous la tutelle ou mainbournie de son ancien maître devenu son patron. Il est souvent tenu de remplir vis-à-vis du patron et de ses enfants certains devoirs, certains services déterminés, des prestations personnelles ; et ces devoirs sont d'habitude transmis aux héritiers du *chartularius*. La classe des *chartularii* devient ainsi une position sociale et héréditaire. Les *chartularii* et les *tabularii* dont il va être question sont dans des situations très analogues. Si, au contraire, l'affranchi a été déclaré *civis romanus* et si on lui a donné une pleine liberté, sa position est toute différente : il ne relève plus de personne. Cette situation indépendante est rendue dans les textes par cette formule : *Si quis servum suum libertum fecerit et civem romanum portasque apertas scripserit*, etc. [3].

[1] Loi barbare des Wisigoths, V, VII, *De libertatibus et libertis*, 1 (Walter, t. Ier, pp. 529, 530). *Lex Burg.*, ch. 88.

[2] Excepté dans la petite loi locale dite autrefois *Loi des Chamaves*, art. 13.

[3] Pour tout ce qui vient d'être dit sur l'affranchissement *per cartam*, voyez Eichhorn, *Deutsche Staats- und Rechtsgeschichte*, t. Ier, 1834, p. 332; du Cange, *Glossa-*

4° Affranchissement dans l'église. — Les Francs Ripuaires, les Bavarois, les Alamans, les Lombards ont pratiqué l'affranchissement d'origine ecclésiastique, sanctionné par le droit romain[1], et appelé : *manumissio in ecclesia*. Ce mode d'affranchissement est décrit dans le ch. 1er du tit. LVIII de la *Loi Ripuaire*[2]; c'est l'affranchissement par déclaration du maître devant l'évêque et l'assemblée des fidèles.

L'affranchi ainsi libéré de sa servitude s'appelait *tabularius*, parce que l'acte d'affranchissement était écrit sur des tablettes (*tabulæ*) : il ne jouissait pas d'une liberté pleine; il ne devenait pas l'égal de l'homme libre. Son wergeld était chez les Ripuaires de 100 s.[3] (celui du franc libre est de 200 s.). Il restait sous la protection et l'autorité de l'Eglise[4].

5° Affranchissement *par testament*. — Les Romains connaissaient aussi les affranchissements par testament. Ce mode romain a été pratiqué en France : il est mentionné dans la *Loi des Wisigoths*[5].

Une loi romaine dite loi *Furia, Fusia,* ou mieux *Fufia Caninia,* avait apporté une restriction aux affranchissements testamentaires; elle avait décidé qu'on ne pourrait affranchir par testament qu'une certaine portion des esclaves qu'on possédait. Cette portion était variable suivant leur nombre; mais on ne pouvait, en aucun cas, dépasser cent affranchissements. Justinien supprima cette loi rigoureuse. Mais cette suppression ne fut guère connue dans les pays de droit romain wisigothique ou théodosien : la loi *Fufia Caninia* était mentionnée et ana-

rium, édit. Didot, t. II, p. 318, 2e col.; Arth. Stock, *Die Freilassungen im Zeitalter der Volksrechte*, Halle, 1881, pp. 19, 23, 24. M. A. Stock fait de l'affranchissement où se trouvent les mots *civis romanus* et *portæ apertæ* un mode spécial : je l'ai compris parmi les affranchissements *per cartam*, afin de simplifier l'exposé. Il y a peut-être quelque fondement dans la classification de M. Stock, qui est également celle de M. Guérard.

[1] *Code de Justinien*, I, XIII, 1, 2 (Constitutions de Constantin). *Code de Théodose*, IV, VII, *De manumissionibus*, 1.

[2] Sur l'âge de cette partie de la *Loi Ripuaire* voyez ci-dessus, pp. 107, 108. Cf. Eichhorn, *Deutsche Staats- und Rechtsgeschichte*, 1834, t. Ier, pp. 334, 335.

[3] *Lex Rip.*, X, 1.

[4] *Lex Rip.*, LVIII (al. LX), 1, 4. Cf. Guérard, *Polypt. d'Irminon*, t. Ier, p. 369.

[5] Cf. Davoud-Oghlou, *Législ. des anciens Germains*, t. Ier, p. 149.

lysée dans le *Breviarium* d'Alaric[1], et on continua longtemps à s'y référer : au xe siècle, Gérard, comte d'Aurillac en Auvergne, qui possédait un grand nombre de serfs, s'interdit d'en affranchir plus de cent et cela pour obéir à la loi romaine : il s'agit de cette vieille loi *Fufia Caninia*[2].

J'ai mentionné le droit de protection spécial accordé par l'Eglise aux *tabularii :* il peut être utile d'ajouter que l'Eglise prétend aussi à un droit un peu vague de protection sur tous les affranchis en général[3].

Valeur des mots HOMO ROMANUS *dans la Loi Salique.* — On a longuement discuté le sens de ces mots : *Homo romanus.* M. Fustel de Coulanges pensait que dans la *Loi Salique,* ces mots signifient *affranchi.* J'estime, avec MM. Julien Havet et Thonissen, que cette expression ne désigne pas dans la *Loi Salique* l'affranchi, mais le Romain ou Gallo-romain[4].

BIBLIOGRAPHIE. — Perreciot, *De l'état civil des personnes,* t. Ier, 1845, p. 103 et suiv. — Biot, *De l'abolition de l'esclavage ancien en Occident,* Paris, 1840. — Wallon, *Histoire de l'esclavage dans l'antiquité,* 2e édit., Paris, 1879, 3 vol. — Hefele, *Sclaverei und Christenthum, Beiträge zur Kirchengeschichte,* Tüb., 1864, t. Ier, p. 212 et suiv. — A. Rivière, *L'Eglise et l'esclavage,* Paris, 1864. — Larroque (Patrice), *De l'esclavage chez les nations chrétiennes,* 2e édit., Paris, 1864. — Allard, *Les esclaves chrétiens,* 2e édit., Paris, Didier. — Waitz, *Deutsche Verfassungsgeschichte,* t. II, 2e édit., Kiel, 1870, p. 167 et suiv., et *passim.* — Pardessus, *De l'esclavage d'après la Loi Salique,* dans *Loi Salique,* p. 517 et suiv. — Naudet, *Sur la condition des personnes dans la Gaule franque,* dans *Mémoires de l'Académie des Inscriptions,* nouvelle série, t. III, p. 592 et suiv. — P. Roth, *Feudalität und Unterthanverband,* Weimar, 1863, p. 288 et suiv. — Vinogradoff, *Die Freilassung zu voller Unabhängigkeit in den deutschen Volskrechten,* dans *Forschungen zur deutschen Geschichte,* t. XVI, p. 599

[1] Paul, *Sentences,* IV, XIV.

[2] Savigny, *Hist. du droit romain au moyen âge*, t. II, trad. Guenoux, pp. 89, 90. — Je ne saurais voir avec Roth et d'autres auteurs un affranchi dans le *buccellarius* de la *Loi des Wisigoths;* je crois, avec Waitz, que c'est une sorte de client ou vassal. Voyez P. Roth, *Feudalität und Unterthanverband,* pp. 304-307; A. Stock, *Die Freilassungen im Zeitalter der Volksrechte,* p. 32 et suiv.; Waitz, *Über die Anfänge der Vassallität,* Göttingen, 1856, p. 64; Willems, *Le droit public romain,* p. 153.

[3] Cf. Marcel Fournier dans *Revue historique,* t. XXI, p. 23.

[4] Cf. *Revue historique,* t. II, pp. 120, 632, 460; Thonissen, *L'organisation judic. de la Loi Salique,* 2e édit., p. 557 et suiv.

et suiv. — Zeumer, *Ueber die Beerbung der Freigelassenen durch den Fiscus nach fränk. Recht,* dans *Forschungen zur deutschen Geschichte*, t. XXIII, p. 189 et suiv. — A. Stock, *Die Freilassungen im Zeitalter der Volksrechte,* Halle, 1881. — Marcel Fournier, *Les affranchissements du* v^e^ *au* xiiie *siècle; influence de l'Eglise, de la royauté et des particuliers sur la condition des affranchis,* dans *Revue historique*, t. XXI, p. 1 et suiv. — Marcel Fournier, *Essai sur les formes et les effets de l'affranchissement dans le droit gallo-franc*, Paris, 1885 (*Bibliothèque de l'Ecole des hautes études*, fasc. 60). — Fustel de Coulanges, *L'alleu et le domaine rural,* Paris, 1889, ch. IX à XII. — Fustel de Coulanges, *L'invasion germanique et la fin de l'empire*, Paris, 1891, pp. 226 à 257. — Fustel de Coulanges, *Nouvelles recherches sur quelques problèmes d'histoire*, Paris, 1891, pp. 361-397. — Joignez les travaux de Julien Havet et Thonissen, cités ci-dessus, p. 302.

DEUXIÈME SECTION.

Etats intermédiaires entre la liberté et l'esclavage.

Entre les hommes libres et les esclaves il y a des intermédiaires nombreux dont la position mixte donne lieu à de très grandes difficultés, si on veut entrer dans le détail et distinguer ces différentes classes de personnes avec une minutie et une précision contraires à l'esprit du temps, tandis que certaines notions générales très simples se dégagent, au contraire, facilement.

Nous passerons en revue les *colons*, les *colliberts* ou *cuverts*, les *lites*.

1. *Les colons.*

Colons sont hommes libres diminués. — Le colon (*colonus*[1]) est fermier d'un sol qui ne lui appartient pas et pour lequel il paie au propriétaire une redevance périodique : sa ferme est héréditaire et perpétuelle; il ne peut la quitter et le propriétaire ne peut la lui retirer. D'ailleurs, il est réputé libre[2]. Un jurisconsulte a rendu ainsi cette situation : « Licet conditione videantur ingenui, servi tamen terræ ipsius cui nati sunt, existimentur[3]. »

L'origine du colonat est très incertaine; les hypothèses se croisent et l'évidence ne se produit pas.

Le colonat, avec ce caractère héréditaire tout à fait caractéristique, existait dès le IIe siècle après Jésus-Christ. On le rencontre sur toute la surface de l'empire, sur les biens du fisc et

[1] L'*inquilinus* est souvent confondu avec le *colonus*. Un très ancien glossateur les distingue nettement en ces termes : « Distat inter inquilinos et colonos, quod inquilini sunt, qui alterius terram incolunt, sed non in ea perpetuo durant, sed migrant de loco ad locum; coloni vero colunt alterius terram quasi suam, sed non migrant, sed in ea perdurant. » (*Glossæ*, verbo *Inquilinus*, à la suite de Hænel, *Lex Romana Visigothorum*, p. 460.)

[2] Cf. J. Havet, analysant l'étude de Heisterbergk sur les origines du colonat, dans *Revue critique d'hist. et de littér.*, 1877, 1er semestre, p. 430.

[3] *Code de Justinien*, XI, LI, 1. Cf. Giraud, *Essai sur l'hist. du droit français*, t. Ier, pp. 164, 165, 167, 172, 179.

sur les propriétés privées. Il n'est pas né à l'origine d'un contrat librement consenti. C'est un état juridique qui, peu à peu, est venu couvrir une situation de fait très générale, car l'hérédité des tenures dans les domaines ruraux s'établit avant tout d'elle-même et par la force des choses.

Il est probable que les petits et les faibles, travailleurs, fermiers ou propriétaires libres, furent peu à peu absorbés par les forts et réduits à la position juridique de colons [1].

Les empereurs établirent en beaucoup de lieux sur le territoire dégarni de l'empire des barbares qui acceptèrent ou subirent la position de colons [2].

Plusieurs lois barbares et de nombreux textes des VIIIe, IXe, Xe siècles continuent à nous entretenir des colons dans des termes analogues : la *Loi des Alamans*, notamment, nous parle des colons de l'Eglise et de ceux du roi et, comme les jurisconsultes romains, elle les appelle *liberi* [3].

Les lieux cultivés par des groupes de colons s'appelaient *colonicæ*, en français *colonges*. Nous possédons de petites constitutions qni régissaient, au moyen âge, ces colonges, notamment en Alsace. Elles sont pour l'historien du plus haut intérêt. Quelques-unes de ces colonges subsistaient encore au XVIIIe siècle. Elles se signalaient par une organisation libre et par des franchises qui souvent portaient ombrage aux seigneurs dont elles relevaient [4].

La *Loi Salique* ne mentionne pas le *colonus*, mais elle s'oc-

[1] On admet souvent que quelque loi fiscale du bas empire, loi aujourd'hui perdue, aura attaché à leur condition les fermiers libres et défendu de les séparer du sol qu'ils cultivaient, et cela sans autre but que celui d'assurer l'assiette et le recouvrement de l'impôt; c'est à peu près de la même façon que la législation de la même époque, dans le même but, attachait les curiales aux curies et les ouvriers des villes à leurs industries diverses. Je suis porté à attribuer une grande importance à l'hypothèse exprimée dans le texte, parce que nous voyons à coup sûr le même fait se reproduire plus tard.

[2] J'ai emprunté quelques expressions à MM. Julien Havet, *loco cit.*, et Garsonnet, *Hist. des locat. perpét.*, pp. 156, 157, 158.

[3] Pertz, *Leges*, t. III, p. 52.

[4] Voyez Seignobos, *Le régime féodal en Bourgogne*, pp. 26, 27; Bréquigny et Pardessus, *Diplomata, chartæ*, t. Ier, pp. 231, 232; *Traité sur la nature des biens ruraux dans les deux départements du Rhin*, Strasbourg, p. 36 et suiv.; Hanauer, *Les constitutions des campagnes de l'Alsace au moyen âge*, Paris, 1865, p. 379.

Les colons avaient le droit d'agir en justice contre leurs propriétaires : jugement Pepin d'Aquitaine en 828 - (Polyptique d'Irminon).

cupe du *Romanus tributarius*[1] qu'elle distingue du Romain, *homo possessor*. Ce *Romanus tributarius*, c'est le Romain non propriétaire, habitant la campagne, ordinairement *colon*. Ce mot *tributarius* se présente dans un texte wisigothique avec le sens très net de *colon*. Il y est question du partage des enfants du *tributarius*[2].

2. *Les colliberts ou cuverts.*

Sens du mot et histoire. — Les *colliberti*, en français *cuverts*, sont des descendants d'affranchis. Ils ont conservé ce nom d'affranchis, *colliberti*.

On a beaucoup discuté sur le sens du mot *collibert*, *collibertus* : il se compose évidemment de la proposition *cum* et du mot *libertus*, *affranchi*. Le sens étymologique est donc *affranchi* et probablement *affranchi collectivement avec d'autres* ou *vivant avec d'autres affranchis*. Le mot *collibertus* a donné dans le français du moyen âge *culvert*, *cuvert* : nous devrions dire un *cuvert* et non un *collibert*; mais quand les érudits se sont préoccupés des *colliberti* des textes latins, ils n'ont point songé aux *culverts* des textes français[3] : ils ont dit à tort *colliberts* et nous nous trouvons obligés d'employer ce mot inutile.

Le mot *collibertus*, *conlibertus* au lieu de *libertus* apparaît déjà à l'époque romaine[4]; on le retrouve dans les lois des Lombards. Au moyen âge, il avait gardé quelque chose du sens étymologique d'*affranchi*; mais il régnait cependant une incertitude, une certaine obscurité sur le sens propre de ce mot. Ces colliberts, descendants d'affranchis et maintenus dans une position intermédiaire entre la liberté et le servage, semblent avoir intrigué, dès le XIe siècle, quelques esprits curieux. L'un d'eux

[1] *Sal.*, XLI, 6, 7; sixième capit. addit., 1 (édit. Behrend, pp. 54, 110).

[2] Zeumer, *Eine neuentdeckte westg. Rechtsquelle*, dans *Neues Archiv*, t. XII, pp. 392, 393.

[3] Voyez la *Chanson de Renaud de Montauban*, citée par Paulin Paris sur *Li romans de Garin le Loherain*, 1835, p. 265, note 1.

[4] « Exemplum epistulæ scripta mihi a Septimiano colliberto et adjutore meo subjeci » (*Epistula præfectorum prætorio*, dans Bruns et Mommsen, *Fontes juris romani*, 5e édit., p. 218). Cf. Dirksen, *Manuale*, v° *Collibertus*.

nous a transmis son explication et sa définition que je résume ainsi :

« Qu'est-ce que le collibert? C'est celui qui était esclave et que son maître dans un sentiment de piété a donné à un évêque ou à une église pour la rémission de ses péchés. Il l'a donné, il l'a remis à la *Libertas ecclesiastica*, non pas pour qu'il soit désormais entièrement libre ou affranchi, mais afin qu'il vive sous la domination de sa nouvelle famille religieuse, à certaines conditions qu'il ne pourra transgresser. Exemple : j'ai un esclave, *servus* : il est mon esclave : il n'est ni affranchi (*libertus*), ni collibert. Mais, pour le salut de mon âme, je le donne à une église devant l'autel de cette église, à la charge par lui de payer chaque année à cette église une redevance, un cens fixé par moi ou de s'acquitter d'une prestation personnelle. Dès lors, il ne sera plus mon esclave; mais il sera devenu *collibert*[1]. »

Un grand propriétaire possédait des serfs, des colons, des affranchis (*liberti*)[2]. Au temps de la *Loi Ripuaire*, le maître ou le patron d'un affranchi (*libertus*) pouvait affranchir ce *libertus* en lui donnant une liberté complète[3]; encore au moyen âge le *collibertus* ou *cuvert* pouvait être affranchi, tout comme un serf et nous possédons plusieurs chartes qui relatent ces affranchissements de colliberts[4].

Le mot *collibertus* ne s'est pas conservé aussi longtemps que le mot *colon*. Je n'en connais aucun exemple en deçà du XVe siècle[5]. Le mot devient extrêmement rare dès le XIIIe siècle. Le collibert se confond, en effet, dès le XIIe ou le XIIIe siècle,

[1] Définition du XIe siècle publiée par Lamprecht, *Beitraege zur Geschichte des franz. Wirthschaftslebens im elften Jahrhundert*, Leipzig, 1878, p. 151.

[2] « Et dono istos campos cum colonis, servis et libertis. » Testament d'Abbo (739), cité par M. Marcel Fournier dans *Revue hist.*, t. XXI, p. 54, note 1.

[3] *Ley. Rip.*, tit. LVII, art. 1er. De même en droit romain certains affranchis dits *Latini juniani* peuvent obtenir la *civitas* par un second affranchissement qui doit être solennel (*iteratio*) : voyez Willems, *Le droit public romain*, p. 135.

[4] Grandmaison et Salmon, *Le livre des serfs de Marmoutier*, p. 35. Si un collibert et une colliberte se sont unis par le mariage, leurs enfants sont partagés entre les deux maîtres (Glasson, *Hist. du droit et des inst. de l'Anglet.*, t. II, p. 249).

[5] Du Cange, *Glossarium*, Niort, 1884, t. II, p. 408, 2e col., texte de 1408; mais c'est une formule ancienne.

soit avec le serf dont la position s'est de plus en plus améliorée, soit avec le colon.

Aussi bien, dès le IXe siècle, les mots *colonus* et *collibertus* sont souvent pris l'un pour l'autre. En 851, un propriétaire d'esclaves, donnant des esclaves des deux sexes à l'abbaye de Cormery, a soin de spécifier qu'ils cessent d'être esclaves pour devenir colons; ils paieront désormais, à titre de colons, certaines redevances fixes. C'est exactement l'opération décrite plus haut par l'anonyme du XIe siècle qui s'est occupé des cuverts; seulement dans ce document tourangeau, le *servus* donné à l'église prend le nom de *colon* au lieu de prendre le nom de *collibert*[1]. *Colon* et *collibert* sont donc souvent synonymes.

3. *Les lites* (*Leti ou Liti*).

Les *lites* se rencontrent chez les Francs, les Alamans, les Frisons, les Saxons. Leur origine est douteuse et fort embarrassante. Ce sont peut-être ces esclaves-fermiers dont parle Tacite, dans le ch. 25 de la *Germanie :* « Les autres esclaves ne sont pas classés, comme chez nous, dit-il, et attachés aux différents emplois du service domestique. Chacun a son habitation, ses pénates, qu'il régit à son gré. Le maître leur impose, comme à des fermiers, une certaine redevance en blé, en bétail, en vêtements : là se borne leur servitude. »

Les *lites* des lois barbares ont un maître, un *dominus :* en les affranchissant *per denarium,* à la requête de leur maître, le roi en fait des ingénus[2]. Le wergeld du lite est de 100 s. dans la *Loi Sal.* (la moitié du wergeld de l'homme libre).

Les *aldiones* des lois lombardes occupent une situation très analogue à celle des *lites.*

La situation du *lite* est très voisine de celle du colon avec lequel, dès le IXe ou le Xe siècle[3], il se confond souvent. J'ai

[1] Glasson, *Hist. du droit et des instit. de l'Angleterre*, t. II, pp. 249, 250. Bourassé, *Cartul. de Cormery*, p. 40. Cf. Dupré, *Etudes et docum. sur le servage dans le Blésois*, p. 8.

[2] *Loi Salique*, tit. XXVI, 1-3. *Lex Fris.*, tit. XI, § 2.

[3] « Faregaus, Wiclericus, Winevoldus sunt *lidi*, quoniam de *colona* sunt nati » (Guérard, *Polypt. d'Irminon*, t. II, p. 143, ligne 13).

montré, d'autre part, les mots *colonus* et *collibertus* pris absolument dans le même sens. Voilà donc trois catégories de personnes, en tous temps très voisines, qui tendent sensiblement à se confondre, au moment où va s'ouvrir le moyen âge.

Le mot *lite* ou *lide* a persisté longtemps dans plusieurs régions. Les *lassi* saxons du xe siècle ne sont pas autre chose que les *lites*. Nous retrouvons les *laten* dans le *Miroir de Saxe*[1]. Encore aujourd'hui, en Flandre, certains colons ou fermiers s'appellent *luyden*, *læten*[2].

Ce chapitre des *lites* est, comme on le voit, très simple, quand on se restreint, comme je l'ai fait jusqu'ici, aux *lites* des lois barbares. Mais, avant les lois barbares, au temps de l'empire romain, un bon nombre de documents d'origine romaine nous parlent aussi de *letes*. Ces *læti* de l'empire romain se présentent surtout dans les textes sous un aspect militaire : ce sont des Barbares germains auxquels les empereurs avaient concédé des terres en échange de services militaires[3]. Faut-il rapprocher les *læti* de l'empire des *lites* ou *letes* des lois barbares? S'il existe entre eux une relation, quelle est-elle? Voilà, en des termes bien simples, un des problèmes les plus compliqués et les plus difficiles dont se soient occupés les érudits. M. Brunner pense l'avoir résolu. Il estime que les *letes* des textes romains sont des Barbares, identiques par le nom et par la condition aux *lites* des textes germaniques[4]. Sa démonstration m'a paru aussi simple qu'attrayante.

Bibliographie du § 1er. — Ch. Giraud, *Essai sur l'histoire du droit français*, t. Ier, p. 164 et suiv. — Zumpt, *Abhandlung über die Entstehung und historische Entwicklung des Colonats*, dans *Rhein. Museum für Philologie*, 1843. — Savigny, *Ueber den römischen Colonat*, dans *Vermischte Schriften*, t. II, pp. 1-66. — Huschke, *Census in der früheren Kaiserzeit*, p. 145 et suiv. — Révillout, *Etude sur l'histoire du colonat chez les Romains*, dans

1 *Sachsenspiegel*, III, 44, § 3; 45, § 7 (édit. Sachsse, pp. 254, 257).

2 Cf. Schulte, *Hist. du droit et des instit. de l'Allemagne*, trad. Fournier, p. 277; Thonissen, *L'organis. judic. de la Loi Salique*, 2e édit., p. 143, note 2. Sur *lili* et les formes parallèles voyez Hessels et Kern, *Lex Salica*, col. 440.

3 Voyez notamment la *Notitia dignitatum*, édit. Böcking, t. II, pp. 119-122. Je remarque aussi un *præfectus Lætorum Lingonensium* (p. 120).

4 Brunner, dans *Zeitschrift der Savigny-Stiftung*, t. V, 2e part., p. 82.

Revue historique du droit français et étranger, t. II, p. 417 et suiv. — Terrat (B.), *Du colonat en droit romain*, Versailles, 1872 (thèse). — Blanc (Félix), *Essai historique sur le colonat en Gaule*, Blois, 1866. — Léotard, *Essai sur la condition des Barbares établis dans l'empire romain au IVe siècle*, Paris, 1873, p. 42 et suiv. — Heisterbergk (B.), *Die Entstehung des Colonats*, Leipzig, Teubner, 1876. — Soulignac (R.), *Du colonat en droit romain*, Paris, 1878 (thèse). — Garsonnet, *Histoire des locations perpétuelles et des baux à longue durée*, pp. 156-163; 284-287. — Esmein, *Les colons du saltus Burunitanus*, dans *Journal des savants*, 1880, pp. 686-705. — Campana, *Etude historique et juridique sur le colonat et le servage*, Bordeaux, 1883 (thèse). — Fustel de Coulanges, *Le colonat romain*, dans *Recherches sur quelques problèmes d'histoire*, pp. 3-145 (Joignez : Dareste dans *Journal des savants*, 1886, p. 512-521; P. Fournier, dans *Revue des questions historiques*, juillet 1886; Mispoulet, dans *Bulletin critique* du 15 août 1886). — Mosmann, *Les colonges lorraines en Alsace*, dans *Mémoires de l'Académie de Stanislas*, 1887, p. 114 et suiv.

Bibliographie du § 2. — Guérard, *Prolégomènes du cartulaire de Saint-Père*, § 32. — Marchegay, *Les colliberts de Saint-Aubin d'Angers*, dans *Bibliothèque de l'Ecole des chartes*, 4e série, t. II, 1856, pp. 409-427. — A. Richard, *Les colliberts, Etude lue à la séance publique annuelle de la Société des antiquaires de l'Ouest, le 7 janvier 1876*, Poitiers, 1876. — Guillouard, étude dans le *Bulletin de la Soc. des antiq. de Normandie*, t. IX, année 1878-1879 et année 1879-1880. — Lamprecht, *Beiträge zur Geschichte des franz. Wirthschaftslebens im elften Jahrhundert*, Leipzig, 1878, p. 151. — Lamprecht, *Etudes sur l'état économique de la France pendant la première partie du moyen âge*, trad. Marignan, Paris, 1889, pp. 114, 199-222. — Luchaire, *Manuel des institutions françaises*, Paris, 1892, pp. 313-317.

Bibliographie du § 3. — Perreciot, *De l'état civil des personnes et de la condition des terres*, t. Ier, édit. de 1845, p. 321 et suiv.; t. II, 1845, p. 1 et suiv. — Guérard, *Prolégom.* au *Polyp. d'Irminon*, t. Ier, pp. 256 à 275. — Pardessus, *Des lites*, dans *Loi Salique*, p. 470 et suiv. — J. de Pétigny, *Etudes sur l'histoire, les lois et les institutions de l'époque mérovingienne*, t. Ier, 1843. — Deloche, *La trustis*, pp. 175, 332 et suiv. — Thonissen, *L'organis. judic. de la Loi Salique*, 2e édit., pp. 138 à 145. — Léotard, *Essai sur la condition des Barbares établis dans l'empire romain au IVe siècle*, Paris, 1873, ch. IV, p. 103 et suiv. — Waitz, *Deutsche Verfassungsgeschichte*, t. II, 2e édit., Kiel, 1870, pp. 182-185 et *passim*. Cf. 3e édit. — Garsonnet, *Histoire des locations perpétuelles*, pp. 287 à 291. — Brunner, *Deutsche Rechtsgeschichte*, t. Ier, p. 101 et suiv.

TROISIÈME SECTION.

Le servage.

1. *Aperçu général. Causes de la transformation de l'esclavage en servage. — Notion du servage.*

Influence religieuse et influence économique. — La situation de l'esclave s'améliora peu à peu sous des influences diverses : j'en relèverai deux principales : 1° une influence religieuse; 2° une cause économique.

Influence religieuse. — Il est impossible de ne pas accorder une grande place, parmi ces influences diverses, à l'influence de l'idée chrétienne.

L'esclave est le frère de l'homme libre. Il est convié aux mêmes destinées. Il participe ici-bas aux mêmes grâces spirituelles et aux mêmes sacrements. Entre autres sacrements, il y a pour lui un mariage, comme il y en a un pour les libres [1]. Telle est l'action du principe chrétien. Il atteint lentement l'esclavage au cœur.

J'arrive à l'action de l'autorité ecclésiastique. Nous voyons l'autorité ecclésiastique s'opposer souvent aux ventes d'esclaves. Elle ne proclame jamais l'iniquité absolue de l'esclavage, mais elle y apporte des entraves; elle en gêne le développement. Je citerai notamment un concile de Coblentz, de l'an 922; un acte solennel de Démétrius, roi de Dalmatie, de l'an 1076, par lequel ce prince s'engage, vis-à-vis de Grégoire VII, à empêcher les ventes d'hommes [2], etc., etc.

Ainsi l'idée chrétienne par elle-même [3] et une certaine action de l'autorité ecclésiastique ont contribué peu à peu à l'adoucissement de l'esclavage et à sa quasi-extinction.

[1] Voyez de nombreux textes à ce sujet dans Schulte, *Hist. du droit et des instit. de l'Allemagne*, trad. Marcel Fournier, p. 138, note; dans Tollemer, *Des origines de la charité catholique*, Paris, 1863, pp. 329-366.

[2] Wasserschleben, *Beiträge zur Geschichte der vorgr. Kirchenrechtsquellen*, Leipzig, 1839, p. 187. Deusdedit, édit. Martinucci, p. 332.

[3] Voyez de nombreux textes dans Wallon, *Hist. de l'esclavage*, 2e édit. t. III, pp. 1-46.

Nous verrons que cette action de l'autorité, qui répond si bien à l'idée chrétienne, ne s'est pas exercée, en toute circonstance, dans un sens favorable à la liberté et contraire à l'esclavage. Il convient d'ouvrir dès à présent certaines réserves; car on est tombé souvent ici dans l'exagération [1]. Il est nécessaire aussi de rappeler que tout esclave n'est pas chrétien; l'esclave non chrétien est bien plus facilement accepté que l'esclave chrétien.

Influence économique. — Pour expliquer la disparition de l'esclavage, il faut tenir également grand compte de cette observation purement économique : quand l'esclavage ne se renouvelle pas par la guerre et que l'esclave est fixé sur le sol, cet esclave, s'il n'est pas ignominieusement dégradé, travaille; et, bien qu'en principe le fruit de son travail appartienne à son maître, il se crée à la longue, et surtout les générations d'esclaves se créent peu à peu des économies, un pécule; ce pécule sera un jour le prix de la liberté.

Ainsi l'idée chrétienne et le travail avec une sage conduite et de bonnes mœurs élèveront peu à peu l'esclave vers la liberté.

Le servage. — La position de l'esclave, déjà adoucie par le mouvement qui se produisait au sein de la société romaine, ne cessa de s'améliorer. Il garda son nom *servus, serf;* mais il se trouva un jour que le *servus,* le serf, n'était plus esclave, qu'il s'était sensiblement rapproché de la liberté.

Il en fut de ce progrès comme de beaucoup d'autres progrès. Il se fit lentement et fut mêlé à de cruels et douloureux retours en arrière. Valentinien et Gratien promulguèrent, à la fin du IVe siècle, une loi qui défendait de vendre les esclaves ruraux sans le fonds auquel ils étaient attachés [2]. Il semble donc que dès lors le servage ait succédé dans les campagnes à l'esclavage; car on peut considérer cet adoucissement comme carac-

[1] Indépendamment de ce qui sera dit plus loin ici-même, cf. Boullier, *Essai sur l'hist. de la civil. en Italie*, t. II, p. 104, note 1 et concile de Latran de 1179, can. 27 (Labbe et Cossart, *Sacros. conc.*, t. X, col. 1523). Dans ce dernier texte toutefois, le sens du mot *servitus* voudrait être étudié de près. A titre de correctif et pour se garder de toute exagération dans le sens de l'influence religieuse, lire A. Rivière, *L'Eglise et l'esclavage*, pp. 297-320 (je suis bien loin d'ailleurs de partager toutes les vues de M. Rivière); Marcel Fournier dans *Revue hist.*, t. XXI.

[2] *Code de Justinien*, XI, XLVII, 7.

téristique du servage opposé à l'esclavage. Mais tout indique que cette loi ne fut point observée [1]. Cependant sous l'action du christianisme l'esclavage s'adoucissait incontestablement. Par malheur, dans le même temps, il s'étendait. Dès la fin du VIIIe siècle, on constate que le nombre des esclaves augmente [2]. Pendant cet âge de fer qui comprend les IXe, X[e], XIe siècles, on vit, de tous côtés, les hommes libres déchoir et succomber sous la main puissante de petits tyrans : il faut lire le récit éloquent d'un bon moine suisse, indigné d'apprendre, en 1106, que son couvent profite d'une de ces iniquités, consommée au XIe siècle par un seigneur laïque. Qu'on se reporte aussi à Beaumanoir, accusant les églises d'avoir empiré la situation des familles qui s'étaient données à elles [3].

Ici, d'ailleurs, le moyen âge nous offre comme toujours, les aspects les plus variés. Défions-nous des généralisations absolues. Au Xe siècle, l'abbaye de Saint-Arnould de Metz ne possédait que des hommes libres. Elle affranchit, en 967, tous les habitants de Morville-sur-Seille, localité que venait de lui donner un seigneur laïque. Ces gens vivront désormais « ingenuitatis lege, more aliorum in jus monasterii consistentium [4]. »

Variétés du servage. — D'anciens esclaves (*servi*) devenus serfs, d'anciens hommes libres plus ou moins déchus ou réduits en servage, la postérité confuse des *coloni*, *colliberti*, *inquilini*, *liti*. etc., et des affranchis à des conditions diverses, voilà quels sont, au moyen âge, les éléments de la population inférieure : c'est une variété de conditions inextricable, d'autant plus inextricable que l'homme libre, incontestablement libre, est soumis lui-même à des situations tout à fait différentes suivant les

[1] Voyez une décision absolument contraire dans l'édit de Théodoric, art. 142 (Pertz, *Leg.*, t. V, p. 166).

[2] Inama-Sternegg, *Deutsche Wirthschafts-Geschichte*, t. Ier, p. 237, note 2; pp. 237-261 et note 1 de cette page ; p. 276, notes. Dès le VIIe siècle, on constate que, chez les Wisigoths, les libres de condition moyenne sont opprimés par les grands. Chindassuinthe († 652) s'efforce de les protéger. Voyez Dahn, *Urgeschichte*, t. Ier, 1881, pp. 401, 471.

[3] Kiem, *Das Kloster Muri*, pp. 68-72, dans *Quellen zur schweizer Geschichte*, t. III. Beaumanoir, XLV, 19, édit. Beugnot, t. II, pp. 225, 226.

[4] *Musée des archives départementales*, p. 31.

lieux. — Les hommes libres paraissent avoir été beaucoup plus nombreux dans le midi que dans le nord.

Néanmoins, dans le sentiment de tous, l'ancien esclave, le serf est dans la situation la plus mauvaise : il est tout à fait au bas de l'échelle; chacun le sait, son origine pèse sur lui, mais elle pèse diversement. Jetons tout d'abord un coup d'œil sur cette diversité des conditions du servage.

« Cette manière de gens (il s'agit des serfs) ne sont pas tous d'une condition, mais sont plusieurs conditions de servitudes. Car les uns des serfs sont si sujets à leur seigneur que leur seigneur peut prendre tout ce qu'ils ont, à leur mort ou durant leur vie, et leurs corps tenir en prison toutes les fois qu'il lui plaît, soit à tort, soit à droit; et n'en est tenu à répondre qu'à Dieu. Et les autres sont traités plus débonnairement, car tant comme ils vivent, le seigneur ne leur peut rien demander, s'ils ne se rendent coupables, sauf leurs cens et leurs rentes et leurs redevances qu'ils ont accoutumé à payer pour leurs servitudes. Et quand ils meurent ou quand ils épousent des femmes libres, tout ce qu'ils ont échoit à leurs seigneurs, meubles et immeubles; et les enfants du serf (décédé) n'y ont rien, s'ils ne font au seigneur rachat de la succession[1]. »

Ainsi Beaumanoir, à la fin du XIIIe siècle, connaît encore des serfs qui, à vrai dire, sont presque des esclaves, au moins en théorie, puisque le seigneur peut les tenir en prison à sa volonté, à tort ou à droit; mais des serfs si malheureux sont rares en France, et le servage lui-même a déjà disparu en certaines provinces.

Des serfs obtinrent de payer une taille fixe et déterminée à l'avance au lieu d'être taillables à merci : ce sont les *taillables abonnés*[2].

De bonne heure des serfs purent acquérir et posséder des biens; ils purent les transmettre à leurs enfants[3] : c'est le cas en Touraine. En Bourgogne, au XIVe siècle, ils les transmettaient à leurs enfants, pourvu que ceux-ci vécussent en com-

[1] Beaumanoir, ch. XLV, 31, édit. Beugnot, t. II, p. 233.

[2] Cf. Beaune, *La condition des personnes*, pp. 244, 245.

[3] Grandmaison, *Le livre des serfs de Marmoutier*, pp. XXIV, XXXVIII.

munauté avec leurs parents et n'eussent pas quitté la maison paternelle[1].

Caractères du servage dans le Parisis au XIIIe siècle. — Essayerai-je, parmi cette diversité de conditions, de discerner cependant les traits tout à fait caractéristiques du servage? Une décision parisienne indique ceux-ci : 1° « Le serf ne peut se marier sans le congé du seigneur[2]; » 2° « Il ne peut donner ses biens entre-vifs ou à cause de mort. » Il ne peut en disposer par testament. Quiconque peut librement faire ces actes n'est pas serf[3]. Tels sont, au XIIIe siècle, à Paris, les caractères juridiques du servage. Le second de ces deux caractères est celui qui paraît avoir été le plus général et le plus tenace.

Le servage au XVIIIe siècle. Taille serve ou servile. — Le servage du XIIIe siècle, (je parle du servage le plus doux), subsiste au XVIIIe siècle et n'est pas en droit pur très sérieusement modifié. Un reste du pouvoir illimité que les seigneurs exerçaient autrefois sur les serfs, c'est le droit de taille, encore inscrit dans les coutumes de Franche-Comté, de Bourgogne, de Bourbonnois, Nivernois, Troyes et Chaumont : aux termes de la coutume de Troyes, les serfs sont *taillables* (c'est-à-dire *imposables*) *à volonté;* suivant celles de Franche-Comté et de Bourgogne, ils sont *taillables haut et bas;* ailleurs *à volonté raisonnable* (Bourbonnois, Chaumont); ailleurs encore, *à volonté raisonnable une fois l'an* (Nivernois). Cette dernière coutume contient quelques prescriptions sages et bienveillantes sur la manière d'imposer la taille.

En dépit des termes dont se servent les coutumes, la jurisprudence des derniers siècles a généralement fait prévaloir ces

1 Cf. Beaune, *La condition des personnes*, p. 259. M. Beaune montre bien dans les pages suivantes comment ce droit s'est développé plus tard en Bourgogne; Dunod, *Traités de la mainmorte et des retraits*, p. 84 et suiv.

2 En divers lieux, l'autorisation n'est requise, ce semble, que si le serf se marie en dehors de la seigneurie (*forismaritagium*); mais souvent aussi le serf a besoin d'une autorisation, même pour se marier à l'intérieur de la seigneurie (*maritagium*). Voyez du Cange, *Glossarium*, édit. Didot, t. IV, p. 297, 2e col. Bien entendu, le serf paie la licence de se marier.

3 *Bibl. de l'Ecole des chartes*, 1873, t. XXXIV, p. 323. Voyez dans le même sens, ci-dessus p. 246, un document parisien du XIVe siècle que j'ai cité, à propos de la définition de l'homme libre.

principes équitables : les taillables qui se prétendent surchargés peuvent recourir à la justice qui arbitre la taille, eu égard aux facultés des sujets. La taille *à volonté* ne doit pas dépasser le double du cens et des autres droits seigneuriaux que paye ordinairement le taillable[1]. En Savoie, un édit de 1591 a évidemment pour but d'enlever aux seigneurs le droit de tailler arbitrairement les hommes libres ou même les serfs[2].

Droit de poursuite ou de suite. — Dans les derniers siècles de l'ancien régime, la plupart des serfs jouissaient de la liberté matérielle d'aller et de venir, mais en quelque lieu qu'ils allassent, leur personne était toujours obligée selon la condition de la servitude : c'est ce que proclame un jurisconsulte du XVe siècle[3].

Toutefois quelques serfs restaient assujettis à la terre à ce point que, s'ils quittaient le lieu de la mainmorte, le seigneur pouvait les forcer à y revenir. C'est ce qu'on appelait le *droit de suite* ou *de poursuite* : application rigoureuse du principe formulé en ces termes par le droit romain : « Semper terræ inhæreant quam semel colendam patres eorum susceperunt[4]. » Ce *droit de poursuite* subsista jusqu'en 1779[5], très clairement inscrit, notamment dans les coutumes de Vitry et de Bar; il apparaît moins nettement dans quelques autres coutumes[6].

Certains jurisconsultes atténuent volontiers le *droit de suite.* Ainsi pour le bon abbé Fleury, le *droit de suite*, c'est tout simplement le droit de poursuivre les hommes de corps pour la

[1] Renauldon, *Dict. des fiefs*, Paris, 1765, pp. 256, 257, 258.

[2] *Edicts de Charles Emmanuel duc de Savoye*, 1644, p. 45.

[3] Manuscrit du *Grand coutumier*, reproduit dans *Revue hist. du droit*, t. VIII, p. 679. Ce principe souffre cependant quelques exceptions : il y a des terres franches sur lesquelles le serf peut conquérir la liberté soit en un an et un jour, soit immédiatement : nous en parlerons tout à l'heure.

[4] *Code de Just.*, XI, XLVII, 23, § 1.

[5] Encore l'édit du 7 août 1779 ne supprime-t-il qu'à peu près ce droit. Voici le texte : « Le droit de suite sur les mainmortables demeurera éteint et supprimé dans tout notre royaume, dès que le serf ou mainmortable aura acquis un *véritable domicile dans un lieu franc.* » (Edit de 1779, art. 6, dans Isambert, t. XXVI, pp. 141, 142).

[6] *Encycl. méthod., Jurisprudence*, t. V, pp. 686, 687. Brussel, *Nouvel examen de l'usage général des fiefs*, p. 905.

taille, quelque part qu'ils aillent[1]. Cette définition atténuée concorde bien avec les termes des coutumes de Nivernois et de Bourbonnois. En prenant ainsi l'expression *droit de poursuite* au sens dérivé et mitigé, on retrouve cette idée générale que la personne du serf est toujours obligée, en quelque lieu qu'il se transporte, sauf les lieux d'asile et de liberté, suivant la condition de la servitude. Dès lors, tous les serfs seraient, en ce sens secondaire, *serfs de poursuite :* c'est, en effet, la pensée de Renauldon[2].

Caractères du servage en Franche-Comté à la veille de la révolution. — Nous pouvons souvent déterminer avec précision les caractères juridiques du servage au XVIIIe siècle. Il varie un peu avec les provinces. Voici quels sont, en Franche-Comté, les traits caractéristiques du servage :

1° Le serf ne peut transmettre ses biens à ses enfants, si ses enfants ont cessé pendant une année de vivre avec lui à frais communs.

Cette expression *vivre avec lui à frais communs* est la dernière formule juridique adoptée par Dunod à la veille de la révolution. Elle représente d'une manière un peu atténuée un état de choses plus ancien et très répandu. Voici la règle primitive dans toute sa pureté : les serfs mainmortables ne se succèdent les uns aux autres *qu'au cas qu'ils demeurent ensemble et soient en communauté de biens*. Ces communautés serviles jouèrent un grand rôle au moyen âge.

2° La fille serve qui se marie ne conserve ses droits successoraux que si elle couche la première nuit des noces dans la maison paternelle.

3° Le serf ne peut vendre, aliéner, ni hypothéquer l'héritage mainmortable, sans le consentement du seigneur.

4° Il ne peut disposer de ces biens par acte de dernière volonté, à moins que ce ne soit au profit de ses parents vivant en communauté avec lui (parents communiers).

5° Tout serf peut s'affranchir en abandonnant ses biens immeubles mainmortables et une partie de ses meubles et en

[1] Fleury, *Institution au droit français*, édit. Laboulaye et Dareste, t. Ier, p. 220.

[2] Renauldon, *Dict. des fiefs*, 1765, p. 238, 2e col.

faisant connaître par un acte exprès qu'il agit ainsi dans le dessein d'acquérir la liberté[1].

Synonymes des mots SERF *et* SERVAGE. — Le mot *serf* est quelquefois remplacé par des expressions synonymes : j'indiquerai ces deux expressions : *homme de corps, mainmortable*[2].

Les mots *condition de mainmorte* sont synonymes de *condition serve*. La *mainmorte* (en latin *manus mortua*) était primitivement le nom donné au droit du seigneur sur tout ou partie de la succession du serf[3] : ce mot a fini par prendre un sens plus large et par désigner la condition même du serf; il est devenu synonyme de *servage*[4].

On distingue quelquefois : 1° les *serfs de corps;* 2° les *serfs d'héritage* appelés aussi plus spécialement *mainmortables* ou *mortaillables*. Les *serfs de corps* sont ceux qui ne peuvent se délivrer de la servitude, même en abandonnant tout à leur seigneur; ils sont soumis au *droit de suite* ou *de poursuite*. Les *serfs d'héritage, mainmortables ou mortaillables,* sont réputés tels à cause des héritages qu'ils tiennent du seigneur; ils peuvent s'affranchir en abandonnant leurs biens; c'est le cas en Franche-Comté[5].

2. *Comment on devient serf.*

Les sources du servage. — Nous savons comment on devient esclave. Mais comment devient-on serf? On devient serf de cinq manières :

[1] Voyez Dunod, *Traités de la mainmorte et des retraits*, pp. 99, 221 ; Voltaire, *Extrait d'un mémoire pour l'entière abolition de la servitude en France*, dans *Œuvres complètes*, t. XXXV, 1785, pp. 190-192.

[2] Archives nat., *Cartul. de Saint-Maur*, LL. 112, fol. 115 v° et 116 r° et v°. Ord. de 1315, dans Isambert, t. III, p. 103.

[3] Voyez du Cange, *Glossarium*, édit. Didot, t. IV, pp. 263, 264. Ces mots *manus mortua* n'ont rien à l'origine de technique pour les droits de succession sur la fortune du serf; ils peuvent s'appliquer aussi aux droits du suzerain sur la succession de son vassal noble; c'est le cas en Dauphiné. Voyez Salvaing, *De l'usage des fiefs*, pp. 132, 133.

[4] Dunod, *Traités de la mainmorte et des retraits*, pp. 1-15. Le mot *mainmorte* a un tout autre sens dont je ne m'occupe pas ici : il désigne aussi les biens d'Eglise qui sont dits *biens de mainmorte*.

[5] Cf. *Encyclopédie méth., Jurisprudence*, t. VII, p. 556, 2e col.; Picot, *Hist. des états généraux*, t. II, p. 539.

1° Naissance. — On devient serf par la naissance : c'est là la source principale du servage. Il est clair que l'enfant issu d'un serf et d'une serve sera serf lui-même. Mais quelle sera la condition de l'enfant, si l'un des parents est serf et l'autre libre? Ici deux solutions différentes sont en présence. L'une, la notion romaine et classique, est favorable à la liberté. L'autre solution est germanique, mais elle n'était pas inconnue du monde romano-provincial. Elle est plutôt favorable à la servitude. Suivant le droit romain classique, c'est la condition de la mère qui fait celle de l'enfant. Le fils d'une femme libre et d'un père serf sera donc libre. Le fils d'une femme serve et d'un père libre sera serf[1]. « Servitude vient de par les mères. » Liberté, aussi vient de par les mères. Ce principe qui comportait un progrès en faveur de la liberté, gagna du terrain au moyen âge. Il fut admis en diverses provinces, notamment en Orléanais. Le principe germanique et romano-provincial que le lecteur connaît déjà est tout différent. Il a été ainsi formulé dans l'*Interpretatio* : « ad inferiorem personam vadit origo. » Il se retrouve, au moyen âge, en certaines régions et même il a persisté, çà et là, jusqu'à l'abolition du servage sous Louis XVI. Ici, je le répète, la servitude de l'un des parents, père ou mère, suffit pour entraîner la servitude des enfants : je citerai en ce sens la coutume de Bourbonnois, art. 199; la coutume de Nivernois, ch. VIII, art. 22. Les formules françaises qui expriment cette idée défavorable à la liberté sont : « Les enfants suivent la pire condition; » ou encore : « Le mauvais emporte le bon[2]. »

Au XIe et au XIIe siècle, le droit canonique fut hostile au principe romain. Il avait admis, dans l'intérêt des monastères et des églises, le principe germanique. Il faut lire, à cet égard, un concile de Pavie de l'an 1018, et aussi le *Décret de Gratien* qui formule en ces termes la règle défavorable à la liberté : « Filii ex libero et ancilla servilis conditionis sunt. Semper enim qui nascitur deteriorem partem sumit[3]. » Mais je retrouve au XIIIe

[1] *Institutes de Justinien*, I, III, *De jure personarum*, 4; I, IV, *De ingen.*, prœm. Cf. Viollet, *Etabl. de saint Louis*, t. III, p. 283.

[2] Cf. Viollet, *Etabl.*, t. Ier, pp. 42, 178; Brussel, *Nouvel examen de l'usage général des fiefs*, p. 930.

[3] *Décret de Gratien*, secunda Pars, causa XXXII, quæst. XV, can. 15. En l'an

siècle, dans les *Décrétales*, le principe romain qui était autrefois celui de Grégoire le Grand[1].

La naissance reste jusqu'à l'abolition complète du servage la source principale où il se recrute.

2° Mariage. — On devient serf par le mariage. Dans certaines provinces, quiconque, homme ou femme, s'unit par le mariage à un conjoint serf devient serf lui-même[2]. A la fin de l'ancien régime, la servitude a perdu quelque chose de cette force absorbante : c'est seulement la femme qui, se mariant à un serf, tombe dans la condition de son époux. Et cela en un petit nombre de provinces[3]. La femme franche, la femme libre s'étant unie à un serf est, dans ces coutumes, réputée serve.

3° *Prise de meix* (*mansus*). — Cette expression bourguignonne est synonyme de *prise de maison*, *prise de domicile*. Si un homme libre va demeurer en lieu de mainmorte et y reçoit du seigneur ou acquiert d'une autre personne un meix mainmortable ou servile, quand ce ne serait que la place pour bâtir, il devient mainmortable. Tel est le droit en Bourgogne et en Franche-Comté[4].

Voici, à ce sujet, un passage fort remarquable de du Moulin : Des événements récents nous ont montré la mainmorte tenant lieu de refuge et d'asile contre la tyrannie. Dès le temps de François Ier, ces exactions que l'on nomme *tailles*, inventées plusieurs siècles après le règne de Charlemagne, et consenties d'abord comme temporaires, furent augmentées avec excès; tellement qu'une multitude nombreuse, chassée de Picardie et de Normandie par les extorsions des justiciers et des agents fiscaux, ne pouvant supporter de telles charges, se vit forcée de

1208, l'empereur Otton IV applique cette règle en faveur d'une église de Trente et la motive ainsi : «Alias omnes ministeriales omnium ecclesiarum imperii deperirent.» — « Autrement tous les serfs des églises disparaîtraient. » (Rink, *Codex Wangianus*, Wien, 1852, p. 176).

[1] Grégoire Ier, *Epist.*, I, 55; reproduit dans *Décrétales de Grégoire IX*, IV, x, *De natis ex libero ventre*, cap. un.

[2] Voyez pour le XIIe siècle, Tardif, *Monuments hist.*, n° 629; pour le XIIIe siècle, Vignat, *Cartulaire de Beaugency*, pp. 20, 21.

[3] Bourgogne, art. 94. Cf. Guyot, *Répertoire*, t. XI, p. 109; Franche-Comté, art. 9; Henrion de Pansey, *Dissert. féodales*, t. II, p. 167.

[4] Franche-Comté, titre de *De la mainmorte*, art. 2. Bourgogne, art. 91.

chercher d'autres terres que celles du royaume; fuyant cette désastreuse oppression, ces hommes rencontrèrent une barbarie non moins grande; car, en s'établissant dans les forêts et dans les déserts des Séquaniens (qu'on appelle la *Franche-Comté*[1]), pour les mettre en culture, ils ont été réduits à la condition de servitude que l'on nomme *mainmorte*. Ces choses, honteuses pour la France, se sont passées en 1556 et *je les ai vues*[2].

Ces émigrants deviennent serfs par suite de leur séjour dans un pays de mainmorte ou de servage.

4° Prescription de trente ans, d'un an. — On devient quelquefois serf par la prescription de trente ans. Cette prescription était admise dans la Marche au XVIIIe siècle[3]. Ailleurs, la résidence pendant an et jour sur certaines terres serviles emporte la servitude[4]. Cette prescription d'un an touche de bien près à la *prise de meix*. C'est une autre forme de la même idée.

5° Oblation volontaire, convention. — On voit souvent, dans les premiers siècles du moyen âge, des gens qui se font volontairement serfs d'une église, d'une abbaye. Leur condition était probablement assez douce, et ils trouvaient dans l'Eglise une puissante protectrice. Enfin, ils pensaient faire ainsi un acte pieux qui leur serait compté dans l'autre monde. En Touraine, la dernière charte d'oblation personnelle bien caractérisée est de 1113 à 1114[5]. Mais ces oblations volontaires se perpétuent ailleurs bien plus longtemps. A la veille même de la révolution, les jurisconsultes enseignent encore que dans la Marche, dans la Bourgogne et dans la Franche-Comté, un homme libre peut se rendre serf ou mainmortable, par convention expresse et à la condition de livrer avec sa personne un immeuble[6]. Dunod

1 Non encore française.

2 Du Moulin cité par Championnière, *De la propriété des eaux courantes*, p. 493, note 1.

3 Chassin, *ibid.*, p. 80. Elle doit dériver du droit romain qui appliquait la prescription de trente ans au colonat (*Code de Justinien*, XI, XLVII, *De agricolis*, 23, § 1). Voyez Garsonnet, *Hist. des locations perpétuelles*, p. 162.

4 Beaumanoir, ch. XLV, § 19 (Edit. Beugnot, t. II, p. 226).

5 Grandmaison, *Le livre des serfs*, p. XXXVIII.

6 Henrion de Pansey cité par Chassin, *L'Eglise et les derniers serfs*, p. 80. Dunod, *Traités de la mainmorte et des retraits*, Paris, 1760, pp. 28-31.

disserte ici doctement. Il doute qu'un homme puisse disposer gratuitement de sa liberté et de celle de sa postérité; mais, s'il est douteux qu'il puisse donner sa liberté, assurément il peut la vendre. Dunod n'est pas difficile, d'ailleurs, sur le prix de la liberté. Pour peu que ce singulier vendeur ait reçu, « ne fût-ce que de jouir de quelques droits dont jouissent les autres sujets de mainmorte, » il ne pourra se dire lésé, « parce que sa liberté n'a pas un prix certain et qu'elle ne doit être estimée qu'à ce à quoi l'estime celui même qui y renonce. »

3. *Comment on sort du servage.*

Quatre manières de sortir du servage. — On sort du servage de quatre manières : 1° par l'affranchissement; 2° par le séjour pendant un an et un jour sur certains territoires; 3° par la prescription de vingt ans; 4° par l'abandon de ses biens.

1° Affranchissement. — On sort du servage par l'affranchissement.

L'affranchissement par le denier apparaît encore, je l'ai dit, au commencement du moyen âge; mais les diverses variétés d'affranchissement tendent à s'unifier et à se concentrer dans l'affranchissement *per cartam*. Nous nous trouvons au XIIe et au XIIIe siècles en présence de chartes d'affranchissement très variées, tantôt collectives, tantôt concernant une seule personne ou une famille. La loi *Fufia Caninia* est parfaitement oubliée, et on affranchit souvent en bloc des pays entiers.

Il est de principe qu'aucun vassal ne peut affranchir son serf, sans le consentement de son suzerain.

L'affranchissement est ordinairement acheté par le serf, qui paie quelquefois fort cher sa liberté.

Par une ordonnance célèbre de 1315, le roi Louis X appela à la liberté civile les serfs des pays directement soumis à la couronne[1]. Les serfs étaient invités à se racheter; évidemment le roi avait besoin d'argent. Ils ne se pressèrent pas : car, en 1318, Philippe V renouvela la même invitation. Au XVIe siècle,

[1] Grandmaison, *Livre des serfs*, p. XLIII. *Ord.*, t. Ier, p. 653. Isambert, t. III, p. 103.

les affranchissements étaient encore pour le roi une source de revenus; de 1550 à 1581, ils lui rapportèrent, disait Froumenteau, neuf millions de livres tournois[1]. Il faut songer ici non seulement aux affranchissements directs des serfs du roi, mais à tous les affranchissements faits en France, car on en était venu à formuler ce principe : « Avant qu'un serf manumis par son seigneur soit franc, il faut qu'il paye finance au roy[2]. »

Les églises ont gardé des serfs plus longtemps que la plupart des autres propriétaires et les ont affranchis ou en moindre nombre, ou avec beaucoup moins de générosité[3]. La difficulté légale que l'Eglise éprouvait pour aliéner ses biens doit être une des causes de ce fait remarquable. Une autre considération me frappe : l'état de gêne d'un maître le déterminait souvent à affranchir ses serfs; il avait besoin d'argent : il affranchissait pour battre monnaie. Or un laïque est plus fréquemment à cou t d'argent qu'une église. D'ailleurs une fortune laïque se morcelait par la division des héritages quand s'ouvrait une succession : cause permanente d'appauvrissement qui n'existait pas pour les églises. Celles-ci se maintinrent, tout compte fait, dans une situation prospère beaucoup mieux que les grandes familles; et, par suite, elles n'éprouvèrent pas, comme les propriétaires laïques, le besoin de se faire de l'argent en affranchissant leurs serfs. Telles sont les deux considérations qui me paraissent expliquer la persistance plus générale du servage sur les terres des églises.

2° Séjour d'un an et un jour sur certains territoires. — C'est la prescription d'un an profitant cette fois à la liberté.

Lorsqu'un serf est resté un an et un jour sur le territoire de certains pays, sans être revendiqué par son seigneur, il jouit dès lors de la liberté. Parmi les pays qui jouissent de ce privilège, je citerai Maisons en Champagne, Contres en Blésois[4],

1 Froumenteau, *Le secret des finances de France*, livre Ier, 1581, p. 17.

2 Loisel, *Instit. coutum.*, I, 72 (al. 73).

3 Canons d'Agde (506) et d'Epaone (517), dans Hefele, trad. fr., t. III, pp. 263, 287. Grandmaison, *ibid.*, p. xxxvi. Cf. A. Rivière, *L'Eglise et l'esclavage*, p. 304; Marcel Fournier, dans *Revue hist.*, t. XXI, p. 13 et suiv.

4 Coutumes de Vitry-le-François avec le comment. de Ch. de Salligny, p. 341. Dupré, *Etudes sur le servage dans le Blésois*, p. 143.

la ville de Berne en Suisse [1], etc., etc. — Sur quelques points [2], la liberté était acquise dès que le serf avait touché le territoire privilégié.

3° Prescription de vingt ans. — On admet souvent que le serf qui a joui de la liberté pendant vingt ans est devenu libre [3].

4° Abandon de biens ou désaveu. — En divers lieux, notamment en Bourgogne et en Franche-Comté, le serf peut sortir du servage, en abandonnant ses biens immeubles mainmortables et une partie de ses meubles, et en faisant connaître par un acte exprès qu'il agit ainsi dans le dessein d'acquérir la liberté. C'est la contre-partie de la *prise de meix* [4].

4. *Abolition du servage.*

Vœux pour l'abolition du servage. — Au XVIIe siècle, la liberté civile était si bien établie et si générale dans certaines provinces que, dans ces provinces, de tranquilles bourgeois ignoraient absolument qu'il y eût encore des serfs dans le royaume. En 1606, un bourgeois de Paris qui ne s'en doutait pas l'apprend par aventure : il est stupéfait et consigne le renseignement sur ses tablettes [5].

Cette ignorance du fait n'en détruit pas l'existence. Tout le monde, d'ailleurs, ne l'ignore pas, comme cet honnête Parisien. Aux états de Blois de 1576, le tiers état a déjà demandé l'abolition de la servitude personnelle [6]; il l'a demandée une seconde fois aux états de Paris de 1614 [7]. Lamoignon au XVIIe siècle,

[1] Dipl. de Frédéric II de 1218, dans *Fontes rerum Bern.*, t. II, p. 4.

[2] Cf. Loisel, *Inst.*, édit. Laboulaye et Dupin, t. Ier, p. 40.

[3] Vitry, art. 146 (rédaction de 1509). Montargis, tit. VII, art. 1er (rédaction de 1531). Cf. Fleury, *Instit. au droit fr.*, édit. Laboulaye, t. Ier, p. 221.

[4] Cf. *Cout. de Bourgogne*, art. 46, apud Giraud, *Essai sur l'histoire du droit français*, t. II, p. 277; art. 9 de la coutume commentée par Chasseneuz, édit. de 1574, p. 1217; Dunod, *Traités de la mainmorte*, p. 221; Seignobos, *Le régime féodal en Bourgogne*, p. 48; Simonnet, *Documents inédits pour servir à l'histoire des institutions et de la vie privée en Bourgogne*, 1867, p. 186 et suiv. Voyez ci-dessus, pp. 320, 321.

[5] *Bulletin de la Soc. de l'hist. de France*, année 1853-1854, pp. 106-107.

[6] Picot, *Hist. des états génér.*, t. II, p. 539.

[7] *Ibid.*, t. IV, p. 68.

Pocquet de Livonnière au XVIIIe, ont réclamé l'affranchissement des serfs [1].

Ce servage dont on demandait l'abolition existait en Franche-Comté, où la plupart des personnes et des biens de campagne étaient de condition mainmortable [2], en Bourgogne, en Alsace, en Lorraine, dans les Trois-Evêchés, en Champagne, en Bourbonnois, dans la Marche, en Nivernois, en Berry [3].

Depuis le XIVe siècle [4] jusqu'au XVIIIe, la royauté ne prit, en France, aucune mesure générale pour l'abolition du servage.

Abolition tentée en Lorraine. Abolition en Savoie. — A nos portes et dans des pays qui depuis sont devenus français, la Lorraine et la Savoie, le pouvoir s'était préoccupé, avant nous, de cette question du servage. Dès l'année 1711, le duc Léopold avait proclamé en Lorraine l'abolition du servage qu'il appelle « un reste odieux de l'ancienne servitude, » et attribué en compensation aux seigneurs une redevance annuelle sur les anciens mainmortables; mais les serfs eux-mêmes réclamèrent; en rai-

1 *Arrêtés de Lamoignon*, art. 1er. Pocquet de Livonnière, liv. Ier, tit. II, règle 39.

2 Dunod, *Traités de la main-morte et des retraits*, Avertissement.

3 Voyez l'indication des pays de la temporalité de Touraine et de la spiritualité de Berry qui ont eu des serfs jusqu'en 1789, dans *Cout. du pays, duché et bailliage de Touraine*, Tours, 1699, pp. 326-349. Qu'on ne se représente pas ces serfs comme des quasi-esclaves courbés sous un joug épouvantable. Quelques faits et quelques exemples nous en apprendront beaucoup plus que de longs commentaires. Nous voyons, au XVe siècle, un prêtre-serf qui se fait affranchir. Ce serf est devenu prêtre par suite de certaines irrégularités; car, en principe, l'Eglise ne confère les ordres qu'à des hommes libres. Au XVIe siècle, nous rencontrons aussi un évêque-serf qui se fait affranchir. L'acte d'affranchissement de ce prêtre-serf, au XVe siècle, est fort explicite et nous prouve que l'unique préoccupation de cet ecclésiastique est d'assurer à sa famille la libre succession de ses biens qui, s'il restait serf, seraient, à sa mort, dévolus à son seigneur (le roi dans l'espèce). Autrement, le servage ne paraît le gêner en aucune façon; il ne tient qu'à deux choses, soit à pouvoir tester; soit, s'il ne teste pas, à laisser ses biens à ses héritiers naturels et non au roi. L'affranchissement lui assure l'un et l'autre avantage. Au XVIIIe siècle, nous apprenons par Voltaire qu'un serf est maître de poste et receveur du comte de Choiseul : ce doit être un gaillard assez riche et influent. La plupart étaient de pauvres gens de campagne dont la condition matérielle n'était pas de beaucoup inférieure à celle des hommes libres, et dont le servage était surtout utile à constater au moment de certains décès. Cf. Isambert, *Recueil*, t. X, pp. 685, 686; Guy Coquille sur Nivernois, dans Dupin, *Cout. de Nivernais* p. 222; Chassin, *L'Eglise et les derniers serfs*, pp. 4, 162 et suiv.

4 Voyez ci-dessus, p. 322.

son des « dommages et oppressions qu'ils souffriroient de l'exécution de cet édit; » ils supplièrent le bon duc « de remettre les choses au même état qu'elles étoient auparavant. » Léopold eut ainsi la main forcée : à contre-cœur et « pour un temps, » il rétablit la mainmorte [1].

En Savoie, le servage fut aboli en 1762 [2].

Mouvement pour l'abolition en France. Abolition. — C'est Voltaire qui, en France, provoqua les premières mesures touchant l'abolition de la mainmorte. Il se fit l'avocat des serfs du chapitre de Saint-Claude et conduisit pour eux l'une de ses plus célèbres campagnes : il échoua devant le parlement de Besançon qui se prononça, en 1775, pour le chapitre de Saint-Claude contre les serfs. Voltaire publia alors une pétition à Louis XVI pour demander l'abolition générale de la mainmorte [3].

C'est ainsi que l'opinion publique et le pouvoir furent saisis. L'histoire de l'abolition définitive du servage en France se résume en deux actes et deux dates : 1779, édit de Louis XVI, inspiré par Necker; 1789, nuit du 4 août.

Edit de 1779. — Par l'édit de 1779, Louis XVI abolit la servitude dans tous les domaines de la couronne (le domaine s'était étendu depuis le XIVe siècle et bien des pays de servage en faisaient maintenant partie; en outre, tous les serfs n'avaient pas répondu à l'appel de Louis X et de Philippe V). Par le même édit, Louis XVI déclare que l'état de ses finances ne lui permet pas de racheter le droit de servage des mains des seigneurs qui en jouissent; que, par respect pour le droit de propriété, il ne peut, en dehors de ses domaines, abolir purement et simplement la mainmorte, mais qu'il verra avec satisfaction l'abolition de ces droits odieux dans tout le royaume.

Le vœu de Louis XVI ne fut pas entendu comme il aurait dû l'être : un bien petit nombre de seigneurs affranchirent leurs serfs. Le dernier acte partiel d'affranchissement, acte rendu conformément au vœu de Necker et de Louis XVI, est peut-être

[1] *Recueil des édits du règne de Léopold Ier*, Nancy, 1733, t. II, p. 9.

[2] Cf. Voltaire, *Requête au roi pour les serfs de Saint-Claude*, dans *Œuvres complètes*, t. XXXV, 1785, p. 187.

[3] *Ibid.*, pp. 184-189.

celui par lequel une petite communauté de missionnaires Bernardins du diocèse de Toul affranchit ses serfs[1]. Quant aux serfs du Mont-Jura, le chapitre de Saint-Claude ne les avait point affranchis; et, au moment de l'ouverture des états généraux, ils demandaient la suppression de la mainmorte[2]. Le même vœu figurait dans un bon nombre de cahiers[3].

4 août 1789. — C'est dans la célèbre nuit du 4 août 1789 que fut décrétée, avec l'abolition des droits féodaux, la liberté des derniers serfs. Le duc de Noailles et le duc de La Rochefoucauld-Liancourt eurent l'honneur d'attacher leur nom à cette grande décision : La Rochefoucauld-Liancourt requit l'affranchissement pur et simple, sans nulle indemnité; et personne ne fit la moindre objection[4]. Ce vote fut ainsi libellé :

« L'Assemblée nationale détruit entièrement le régime féodal, et décrète que, dans les droits et devoirs tant féodaux que censuels, ceux qui tiennent à la mainmorte réelle ou personnelle et à la servitude personnelle, et ceux qui les représentent sont abolis sans indemnité...[5] »

Bibliographie. — Dunod, *Traités de la mainmorte et des retraits*, Paris, 1760, in-4°. — Voltaire, *Coutume de Franche-Comté*, *Sur l'esclavage imposé à des citoyens par une vieille coutume; Supplique des serfs de Saint-Claude à Monsieur le chancelier; Requête au roi pour les serfs de Saint-Claude; Extrait d'un mémoire pour l'entière abolition de la servitude en France*, dans *Œuvres complètes de Voltaire*, t. XXXV, 1785, pp. 168-197. — Mlle de Lezardière, *Théorie des lois politiques de la monarchie française*, nouvelle édition, t. III, pp. 436-493. — Dupuy, dans *Académie des Inscript., Hist.*, t. XXXVIII, pp. 196-215. — Hoverlant de Beauwelaere, *Mém. sur l'état de la servitude au royaume des Pays-Bas*, 1818. — Guérard, dans les *Prolégomènes* au *Polyptyque d'Irminon*, pp. 374-396. — Yanoski (J.), *De l'abolition de l'esclavage ancien au moyen âge et de sa transformation en servitude de la glèbe*, Paris, 1860. — Grandmaison et Salmon, *Le livre des serfs de Marmoutier*, Tours, 1864 (t. XVI des *Publications de la Société*

[1] Chassin, *L'Eglise et les derniers serfs*, p. 75.

[2] Voyez leurs doléances dans Chassin, *ibid.*, p. 263 et suiv.

[3] Voyez notamment le cahier du clergé de la Haute-Marne dans Duval, *Cahiers de la Marche et assemblée du département de Guéret*, Paris, 1873, p. 43 (seconde pagination du volume).

[4] Cf. Chassin, *ibid.*, pp. 204, 205, 210, 211.

[5] Décret des 4, 6, 7, 8 et 11 août-21 septembre et 3 novembre 1789.

archéologique de Touraine). — Dupré, *Etudes et documents sur le servage dans le Blésois*, 1867. — C. Chassin, *L'Eglise et les derniers serfs*, Paris, 1880. — Wauters, *Table chronologique des chartes et diplômes*, t. VI, 1881, in-fol., pp. LIX-LXIX. — R. de Maulde, *Les rachats de servage en Savoie au* XVe *siècle*, dans *Nouvelle revue hist. de droit français et étranger*, t. XI, 1887, pp. 175-181. — Autorde, *Etude d'histoire du droit. Transformation du servage dans la Marche depuis la rédaction de la coutume* (*1521*) *jusqu'à la révolution*, Guéret, 1891.

QUATRIÈME SECTION.

Second esclavage.

1. *Les origines et le développement.*

Persistance de l'esclavage antique. — Nous avons vu l'esclavage décroître et aboutir au servage et le servage succomber enfin sous l'action du temps et du mouvement généreux du XVIIIe siècle.

Mais au moment où s'évanouissaient les derniers débris de l'esclavage antique, cet esclavage lui-même avait repris depuis longtemps une vie nouvelle. Il est certain d'ailleurs qu'il n'avait jamais complètement disparu. Nous avons vu au XIe siècle un Démétrius, roi de Dalmatie, promettre à Grégoire VII de ne pas tolérer les ventes d'hommes. Il y avait évidemment de ce côté un commerce d'esclaves : et ces esclaves étaient la plupart du temps de race slave. De là leur nom. *Esclave* ou *slave*, c'est le même mot.

Il est incontestable qu'au moyen âge, les chrétiens vendirent souvent des esclaves aux musulmans et sans doute leur en achetèrent aussi [1]. Venise fit longtemps le commerce des esclaves [2]. L'esclavage s'est perpétué en Sicile jusqu'aux temps modernes [3]. Au XIIe siècle, on vendit, ce semble, des esclaves aux foires de Champagne [4]. Tel évêque du midi de la France possédait à la même époque des esclaves sarrasins [5]. Au XIIIe

1 Voyez Mas-Latrie, *Hist. de Chypre*, t. II, pp. 127, 458, note 1.

2 Boullier, *Essai sur l'hist. de la civil. en Italie*, t. II, p. 34.

3 Voyez V. di Giovanni, dans *Nuove Effemeridi Siciliane*, septembre-octobre 1880, d'après *Revue des questions hist.*, avril 1882, p. 661; Vito la Mantia, *Storia della legislazione di Sicilia*, vol. II, pars I, p. 115; Molière, édit. Regnier, t. IV, Paris, 1881, p. 220, note 1, p. 223.

4 Bourquelot, dans *Mém. présentés par divers savants*, 2e *série, Antiq. de la France*, t. V, 1re partie, p. 309.

5 « Laxo episcopo Bitterrensi omnes Sarracenos meos » (*Gallia Christ.*, t. VI, *Instrum.*, col. 39). A propos de ces Sarrasins faits prisonniers et devenus esclaves, qu'on me permette une remarque : les nations civilisées ne devront se féliciter de la disparition de l'esclavage par capture militaire que le jour où il sera démontré

siècle, le commerce des esclaves existe à Narbonne et en Provence[1]; nous rencontrons des esclaves à Perpignan au XIIIe siècle[2]; nous en trouvons dans tout le Roussillon jusqu'au moment de l'annexion définitive à la France[3].

Aversion française pour l'esclavage. — Mais Perpignan n'est pas une ville française. On peut constater de bonne heure, sur la terre française, une horreur de l'esclavage très accusée : les capitouls de Toulouse appliquèrent, en 1402 et 1406, à l'occasion d'esclaves fugitifs venus de Perpignan, le principe que tout esclave (ou serf) ayant mis le pied dans la banlieue de Toulouse est libre. En 1571, un arrêt du parlement de Bordeaux généralise cette pensée et l'applique à tout le royaume de France. Un peu plus tard, Loisel formulera cet adage : « Toutes personnes sont franches en ce roïaume : et, si tost qu'un esclave a atteint les marches d'icelui, se faisant baptizer, est affranchi[4]. »

Commerce des nègres. — Cette aversion pour l'esclavage est loin d'être générale dans la Chrétienté. Dès le milieu du XVe siècle, les Portugais faisaient un grand commerce de nègres[5], et ce commerce reçut, en 1454, une haute sanction, celle du pape Nicolas V[6]. Il se développa cruellement lorsque l'Amérique

que les tueries militaires des sauvages et des faibles par les forts et les *civilisés* n'ont pas pris la place des captures militaires suivies d'esclavage. Ces esclavages-là avaient un caractère qu'il ne faut pas méconnaître : ils rendaient en guerre l'humanité et la pitié utiles : on avait *intérêt* à épargner l'ennemi.

1 Vente publique d'un Sarrasin en 1296, dans Henry, *Hist. de Roussillon*, 1re partie, Paris, 1835, pp. 524, 525. Je dois l'indication de ce passage et du précédent à mon savant confrère et ami, A. Molinier.

2 Bourquelot, *ibid.*, p. 308.

3 Loisel, *Inst.*, édit. Laboulaye et Dupin, t. Ier, p. 40. Il me paraît évident que La Faille et Laurière avaient parfaitement compris les textes. Brutails, dans *Nouvelle revue hist.*, 1886, pp. 493, 494.

4 Loisel, *ibid.*, règle 24 (p. 38).

5 Cf. G. du Puynode, *De l'esclavage et des colonies*, p. 29.

6 « Exinde quoque multi Ghinei et alii Nigri vi capti, quidam etiam non prohibitarum rerum permutatione seu alio legitimo contractu emptionis ad dicta sunt regna transmissi. Quorum inibi copioso numero ad catholicam fidem conversi extiterunt; speraturque, divina favente Clementia, quod si hujusmodi cum eis continuetur progressus, vel populi ipsi ad fidem convertentur, vel saltem multorum ex eis animæ Christo lucri fient. » Et plus loin : « Cum olim præfato Alfonso regi quoscumque Saracenos et paganos aliosque Christi inimicos ubicumque constitutos..... subjugandi,

fut tombée aux mains des Européens : les nègres allaient remplacer dans le Nouveau-Monde les indigènes, les Indiens occidentaux, traqués et détruits par les Européens[1].

Ces infortunés, dépouillés, traînés en esclavage attirèrent, plus que les nègres, la commisération d'âmes généreuses. Chacun connaît, au moins de nom, leur impuissant, mais dévoué protecteur, Las Casas. La papauté fit entendre sa voix, à plusieurs reprises, en leur faveur : au XVIe, au XVIIe et au XVIIIe siècle, elle défendit solennellement de les dépouiller et de les réduire en servitude[2]. Défenses parfaitement vaines.

Etablissement légal de l'esclavage dans les colonies françaises. — Quant aux malheureux nègres, leur crucifiement se continue et leur esclavage se régularise : les colons français d'Amérique les utilisèrent aussi, et il fallut, au XVIIe siècle, organiser cet état de choses. C'est Louis XIII qui, le premier, sanctionna légalement l'esclavage des nègres dans les colonies françaises. Il s'en faisait une peine extrême; « mais quand on lui eut bien mis dans l'esprit que c'était la voie la plus sûre pour les convertir, il y consentit[3]. » Un peu plus tard, Colbert réglementa et protégea avec sollicitude le commerce des noirs. En 1673, « il autorisa

illorumque personas in perpetuam servitutem, redigendi..... aliis nostris litteris plenam et liberam inter cætera concessimus facultatem » (Acte du pape Nicolas V du 8 janvier 1454, dans Cocquelines, *Bullarium*, t. V, p. 71). Cette malédiction de l'Ancien Testament : « Maledictus Chanaan, servus servorum erit fratribus suis » (*Genèse*, IX, 25), pourrait bien servir à expliquer le document que nous venons de citer. Une bulle du pape Calixte III de l'an 1456 défend rigoureusement de réduire les *chrétiens* de l'Orient en servitude (*ibid.*, p. 78). Une bulle de Pie II de l'an 1462 blâme très sévèrement les chrétiens qui réduisent en servitude les *néophytes nègres*. Elle est visée par Grégoire XVI dans sa bulle contre l'esclavage des Indiens et des nègres (traduction française de cette bulle de Grégoire XVI, dans Thérou, *Le christ. et l'esclav.*, p 144). Cf. Wallon, *De l'esclavage dans les colonies pour servir d'introd. à l'hist. de l'esclavage dans l'antiq.*, t. Ier, p. 68; V. di Giovanni, dans *Nuove Effemeridi Siciliane*, sept.-oct. 1880, d'après *Revue des questions hist.*, avril 1882, p. 661.

1 Sur les premières importations aux îles espagnoles au commencement du XVIe siècle, voyez Thérou, *Le christ. et l'esclavage*, p. 105.

2 Cf. bref d'Urbain VIII qui vise un acte d'un de ses prédécesseurs de l'année 1537 et une très belle bulle de Benoît XIV de l'an 1741, dans Cocquelines, *Bullarium*, t. VI, pars II, p. 183 et dans *Benedicti papæ XIV Bullarium*, t. Ier, p. 45.

3 Montesquieu, *De l'esprit des lois*, liv. XV, ch. IV. Un annotateur moderne semble révoquer ce fait en doute; je ne suis pas frappé de son objection (*Œuvres complètes de Montesquieu*, t. Ier, 1865, p. 328).

une compagnie du Sénégal à faire, par exclusion de tous autres, le commerce des noirs sur la côte du Sénégal, au Cap-Vert et dans la rivière de Gambie. Indépendamment de ce privilège, la compagnie avait encore une prime de treize livres par tête de noir qu'elle porterait, dans les possessions de la compagnie française des Indes Orientales. Deux années après, une nouvelle compagnie fut créée sous le titre de compagnie de Guinée, à la condition de porter tous les ans 800 nègres aux colonies; mais elle faillit bientôt à l'exécution de son contrat et le privilège du commerce de Guinée lui fut retiré pour être transmis à la compagnie du Sénégal, qui fut, par suite, tenue de transporter tous les ans aux colonies 2,000 nègres pour lesquels le gouvernement lui allouait, d'ailleurs, la même prime de treize livres par tête de noir. » Une nouvelle compagnie de Guinée fut créée en 1685 et partagea le monopole de la traite avec la compagnie du Sénégal[1].

La situation des esclaves nègres fut ensuite réglée avec beaucoup de détails dans la grande ordonnance de Louis XIV de 1685, appelée le *Code noir*.

Contagion de l'esclavage américain en Europe. — L'esclavage américain paraît avoir porté jusqu'en Europe je ne sais quelle contagion malsaine. Ce sont tout d'abord des Etats; ce sont des têtes couronnées qui se servent d'esclaves pour les besoins publics. Aux XVIe, XVIIe, XVIIIe siècles, le pape avait des esclaves turcs pour ses galères[2]. Louis XIV faisait acheter pour le même service des esclaves, probablement turcs ou nègres, et même des juifs et des Russeaux (des Russes) catholiques[3].

Au XVIIIe siècle, le mal s'élargit et descend plus bas : c'est comme une tache hideuse qui s'étend graduellement. D'après le vieux principe qui, comme je l'ai dit, s'était peu à peu établi chez nous, tout esclave qui touchait le sol français était libre.

[1] Pierre Clément, *Le gouvernement de Louis XIV*, Paris, 1848, pp. 188, 189.

[2] *La Rassegna Settimanale* du 23 mars 1879 et du 16 novembre 1879, d'après la *Revue hist.* de mai-juin 1879, p. 236. Vito La Mantia, *Storia della legisl. italiana*, I, *Roma e stato romano*, Roma, 1884, p. 503, note 1. A. de Reumont, dans *Hist. Jahrbuch*, Munich, 1886, t. IX, cahier 1.

[3] E. de Laveleye, *Questions contemporaines*, pp. 298, 299. Corréard, *Choix de textes pour servir à l'étude des institutions de la France*, p. 190.

En 1716, des colons qui trouvaient conforme à leurs intérêts de faire passer quelques esclaves en France, obtinrent du roi la permission d'envoyer des nègres en France : ils donnèrent pour prétexte la nécessité de les confirmer dans les instructions et les exercices du christianisme. L'édit royal d'octobre 1716 permettait de les introduire en France, en remplissant certaines formalités et sans que ces nègres « puissent prétendre avoir acquis leur liberté, sous prétexte de leur arrivée dans le royaume. » L'édit de 1716 fut renouvelé en 1738. Grâce à ces édits, on s'habitua en France à la vue des esclaves, et il en vint un assez grand nombre. On oublia bientôt les formalités prévues par l'édit de 1716, et l'on vit, en pleine France, à Paris, vendre des hommes au plus offrant et dernier enchérisseur : « Il n'est pas de bourgeois ni d'ouvrier qui n'ait eu son nègre esclave, » lisons-nous dans un document officiel, empreint, il est vrai, d'une certaine exagération littéraire.

C'est en 1762 que le gouvernement coupa court à cette irruption de l'esclavage américain sur la terre de France[1]. Une loi, votée à l'unanimité le 28 septembre 1791, consacra en ces termes le vieux principe français : « Tout individu est libre, aussitôt qu'il est entré en France. »

2. *L'abolition.*

Mouvement pour l'abolition de l'esclavage au XVIIIe siècle. — Le mouvement généreux en faveur de la liberté des nègres commença sous l'inspiration chrétienne. Ce sont peut-être les Quakers de l'Amérique du Nord qui donnèrent le signal : leur secte entière accorda la liberté à ses esclaves, en 1751, et refusa d'admettre à sa communion ceux de ses membres qui voudraient garder des esclaves. Vingt-neuf ans plus tard, quelques années avant la révolution française, l'Etat de Pensylvanie

[1] Wallon, *De l'esclavage dans les colonies pour servir d'introd. à l'hist. de l'esclavage dans l'antiquité* (t. Ier), 1847, pp. LXXXIII-LXXXV. Ord. des 31 mars et 5 avril 1762 rendue par le duc de Penthièvre, amiral de France, dans *Le Code noir*, 1767, p. 427 et suiv. : cette ordonnance est toute imprégnée de l'esprit moderne et antiesclavagiste ; elle est à lire.

votait une première mesure législative favorable à la liberté : il déclarait libres tous les nègres nés depuis l'indépendance[1].

Abolition et rétablissement de l'esclavage dans nos colonies. — Dès lors le mouvement pour la liberté va se développant tous les jours; l'Angleterre en devint le foyer : en 1787, une société dite des *Amis des noirs* se fondait en ce pays. Son plus illustre représentant fut Wilberforce. C'est la France qui, la première en Europe, fit triompher dans un texte législatif cette idée généreuse et en proclama la réalisation immédiate : un décret du 16 pluviôse-21 germinal an II (4 février-11 avril 1794) abolit l'esclavage dans toutes les colonies françaises et conféra à tous les nègres la qualité de citoyens français avec « tous les droits assurés par la constitution ; » mais le moment était mal choisi pour une transformation toujours difficile : la mère-patrie et les colonies traversaient une crise terrible; et, à cette date (avril 1794) les nègres d'Haïti étaient déjà en pleine révolte.

En 1802[2], Bonaparte releva l'esclavage (les détails de cette opération déjà épouvantable par elle-même voudraient être examinés de près).

Nouvelle et définitive abolition. — Mais le mouvement commencé se continua glorieusement en Angleterre : le parlement anglais prononça, en 1807, l'abolition de la traite. Les traités de 1814 et 1815 firent entrer la France dans le concert européen contre la traite : des décrets de 1815 et 1817 l'abolirent pour nos colonies[3].

[1] G. du Puynode, *De l'esclavage et des colonies*, p. 55, note 1. Je n'ose citer en première ligne, comme il faudrait le faire peut-être, une lettre du collège des cardinaux adressée, en 1683, aux missionnaires d'Angola et flétrissant la traite des nègres (Thérou, *Le christ. et l'esclavage*, pp. 115, 116) : je n'ai pas ce document sous les yeux et je crains qu'il ne s'agisse que des nègres chrétiens.

[2] 30 floréal an X = 20 mai 1802. Les nègres d'Haïti (Saint-Domingue) qui, depuis 1793, étaient maîtres de l'île, tinrent bon et surent conserver leur indépendance. Ce grand exemple a eu certainement beaucoup d'influence sur l'esprit de quelques-uns des hommes politiques qui ont travaillé à la suppression de l'esclavage. Sur l'insigne mauvaise foi de Napoléon et les guet-apens dressés aux noirs voyez Adams, dans *Revue historique*, t. XXIV, pp. 114-117.

[3] Voyez traité du 30 mai 1814, art. 1er des art. addit.; traité du 20 nov. 1815. art. addit.; décret des 29 mars-1er avril 1815 ; ordonnance des 8 janvier-1er février 1817; ordonnance du 18 avril 1818.

Quant à l'abolition de l'esclavage lui-même, c'est l'Angleterre qui en donna le signal. Il fut supprimé dans les Antilles anglaises en 1833. Il ne le fut dans nos colonies que le 27 avril 1848[1].

Dès lors un courant d'opinion de plus en plus puissant a entraîné presque tous les peuples les uns après les autres. Les adversaires de l'esclavage ont remporté de grandes et signalées victoires. Ces victoires sont toutefois bien moins complètes qu'on ne serait tenté de le croire, car, sous la forme perfide d'engagements libres, l'esclavage renaît honteusement sous nos yeux[2].

Nos colonies ont connu aussi entre la liberté et l'esclavage un état intermédiaire que les mœurs créèrent et que, sinon les lois, du moins les règlements finirent par sanctionner; en d'autres termes, les nègres libres ne jouissaient pas des mêmes droits que les colons blancs. Par décret des 28 mars-4 avril 1792[3], l'Assemblée législative leur conféra tous les droits politiques et

[1] Quelques faits veulent être relevés. Le pape Pie VII négocia auprès des puissances pour faire cesser entièrement la traite des nègres parmi les chrétiens. J'emprunte ce renseignement à une bulle de Grégoire XVI contre la traite (Thérou, *Le christ. et l'esclavage*, pp. 144, 145). En janvier 1846, deux ans avant la suppression de l'esclavage par la France, Ahmed, bey de Tunis, décrétait l'abolition de l'esclavage dans ses états (Larroque, *De l'esclavage chez les nations chrétiennes*, p. 135). En 1890, nouvelle abolition et interdiction de l'esclavage en Tunisie. Voyez à ce sujet circulaire du 28 mai 1890, dans *Revue algérienne*, 1890, 3e partie, p. 35.

[2] Voyez Joseph Cooper, *Un continent perdu ou l'esclavage en Afrique*, ouvrage traduit de l'anglais et contenant une préface de M. Ed. Laboulaye, 2e édit. Paris, 1876, pp. 25, 50, 51 et *passim*. J'ajoute que l'esclavage n'est pas partout supprimé ou ne l'est pas sérieusement. D'ailleurs, les nations civilisées de l'Europe et de l'Amérique n'auront encore réalisé, en supprimant l'esclavage, qu'un bien mince progrès moral, tant qu'elles ne songeront pas à respecter l'indépendance, la propriété et la vie des peuples moins avancés et plus faibles qu'elles. Cette destruction d'indigènes, inaugurée par les Espagnols au XVIe siècle, se continue avec des moyens différents. Nos déclamations contre l'esclavage ne sont souvent qu'une feinte pour colorer l'asservissement des peuples faibles par les peuples dits civilisés. On ignore généralement en Europe la condition réelle de l'esclave chez les peuples peu avancés dans la civilisation. La plupart du temps, elle n'a rien de très dur ni de très pénible. Ce qui est horrible, c'est la traite, non pas l'esclavage. Il faut même ajouter que, fort souvent, le mot *esclavage* est, dans notre bouche, un pur contre-sens et ne rend pas l'état juridique du serviteur que nous qualifions esclave : celui qui *contre la volonté de son maître* peut se racheter ou se faire racheter, à proprement parler n'est pas esclave.

[3] Ce décret fut présenté, le 22 mars, par Gensonné et appuyé, le 23 mars, par Guadet.

les assimila aux colons blancs. Mais, en 1802, ils retombèrent dans l'état d'infériorité civile et politique dont ils étaient frappés avant 1792. Une ordonnance du 24 février 1831 et une loi du 23 avril 1833[1] mirent fin à ces choquantes inégalités.

BIBLIOGRAPHIE. — *Tradition de l'Eglise dans le soulagement ou le rachat des esclaves*, Rouen (vers 1713). — *Le Code noir*, édit. de 1767. — Montesquieu, *De l'esprit des lois*, liv. XV. — Granier de Cassagnac, *Voyage aux Antilles*, 1844. — A. de la Charrière, *De l'affranchissement des esclaves dans les colonies françaises*, 1836. — *Rapport de la commission instituée pour l'examen des questions relatives à l'esclavage* (1843). — Renouvellat de Cussac, *Situation des esclaves dans les colonies françaises, urgence de l'émancipation*, 1845. — L'abbé Dugoujon, *Lettres sur l'esclavage dans les colonies françaises*, Paris, 1845. — Schœlcher, *Colonies étrangères et Haïti*, Paris, 1843, 2 vol. — Schœlcher, *Des colonies françaises*, Paris, 1842. — Wallon, *L'esclavage dans les colonies* (1847), introduction de l'*Histoire de l'esclavage dans l'antiquité*, 2e édit., Paris, 1879, 3 vol. — Gustave du Puynode, *De l'esclavage et des colonies*, Paris, 1847. — L'abbé Thérou, *Le christianisme et l'esclavage, suivi d'un traité historique de Mœhler sur le même sujet*, Paris, 1841. — A. de Tocqueville, *Articles publiés dans le journal « Le Siècle » sur l'émancipation des esclaves et l'esclavage en Afrique*, dans *Œuvres complètes*, t. IX, Paris, 1878, p. 265 et suiv.; p. 443. — Cochin, *L'abolition de l'esclavage*, Paris, 1861, 2 vol. — Berlioux, *La traite orientale, histoire des chasses à l'homme organisées en Afrique depuis neuf ans*, Paris, 1870. — Schœlcher, *Restauration de la traite des noirs à Natal*, 1877. — Brutails, *Etude sur l'esclavage en Roussillon du XIIIe au XVIIe siècle*, dans *Nouvelle revue historique de droit français et étranger*, 1886, pp. 388-417. — Langer, *Sklaverei in Europa waehrend der letzten Jahrhunderte des Mittelalters*, Bautzen, 1891, in-4°. — A. Desjardins, *La France, l'esclavage africain et le droit de visite*, dans *Revue des Deux-Mondes* du 15 octobre 1891, pp. 864-903. — Ad. de Castro, *De la esclavitud en España*, dans *La España moderna*, t. XXXVIII, 1892, pp. 128-149.

[1] Sur l'art. 1er de cette loi lire des observations importantes dans Duvergier, t. XXXIII, p. 104, note 3.

CHAPITRE VII.

LES HÉRÉTIQUES.

(Leçon du 4 avril 1894)

1. *Première période. — Des origines au milieu du XVIe siècle.*

Avant le XIe siècle. — Sous les empereurs chrétiens, la liberté religieuse n'a existé qu'à d'assez rares intervalles qu'on peut considérer comme des phases de transition entre la persécution païenne contre les chrétiens et la persécution chrétienne contre les païens et les hérétiques.

La peine de mort ou le bannissement suivant le cas sont décernés contre les hérétiques [1] par les empereurs chrétiens.

Les choses changent d'aspect avec la domination barbare. Les Barbares ne paraissent pas avoir pris aux discussions théologiques et religieuses un intérêt aussi vif, aussi passionné que les Romains : ils avaient des préoccupations d'un tout autre ordre. Les Burgondes et les Wisigoths [2] se font remarquer surtout par leur mansuétude. Un roi burgonde, Sigismond (on l'appelle quelquefois saint Sigismond) se signale ici tout particulièrement. Il se montre plein de mansuétude pour les ariens et résiste aux sollicitations de ceux qui voudraient l'induire à la persécution [3].

Les Francs sont moins débonnaires : et même leur programme politique consiste dans la lutte contre les ariens. Cependant l'hérésie ne devient pas dans leur législation un fait punissable par

[1] Hauréau, dans *Mém. de l'Acad. des Inscript.*, t. XXVI, 1re part., pp. 167, 168.

[2] Comp. *Code de Théod.*, XVI, v, et *Lex Romana Visig.*, édit. Hænel, p. 252.

[3] Caillemer, *L'établ. des Burgondes dans le Lyonnais au milieu du ve siècle*, Lyon, 1877, p. 20, note 4 et p. 21. Je ne parle plus du fameux colloque entre prélats catholiques et ariens, qui se serait tenu à Lyon, en 499, en présence du roi burgonde, Gondebaud. M. Havet a démontré la fausseté de cette pièce, si souvent citée (Julien Havet, *Questions mérovingiennes*, II, 1885, pp. 34-50).

lui-même : les Mérovingiens se contentent d'interdire aux hérétiques l'exercice public de leur culte [1].

Sous les Carolingiens, le catholicisme et le paganisme paraissent presque seuls en présence. Nous ne rencontrons pendant cette période qu'un petit nombre d'hérésiarques; et leur condamnation est surtout une affaire ecclésiastique [2]. Elle ne semble pas entraîner d'effets civils.

Peine de mort contre les hérétiques. — Avec le XIe siècle, le catharisme fait son apparition en Occident. L'orthodoxie se défend par des peines sévères contre les hérétiques : la peine de mort et, en particulier, le feu est souvent employé [3]; il n'y a pas de loi formelle; mais c'est un usage qui s'établit. L'un des premiers exemples est l'exécution de treize hérétiques à Orléans, en l'an 1022, par l'ordre et en présence du roi Robert [4].

Ces procédés rencontrent, au début, quelque résistance parmi les orthodoxes. Il faut citer Wason, évêque de Liège (1042-1048), qui, consulté par l'évêque de Châlons, se déclare opposé à la persécution : il pense qu'on ne doit prononcer contre les hérétiques d'autre sentence que l'excommunication, peine ecclésiastique et qu'il faut les laisser vivre. Cependant l'usage de mettre à mort les hérétiques s'établit en France et en Allemagne. La première loi française qui sanctionne la peine de mort contre les hérétiques est une ordonnance de Louis VIII, pour le midi du royaume, du mois d'avril 1226. Ce texte porte simplement : « Les hérétiques seront punis du châtiment qui leur est dû. Mais il n'est pas permis de douter qu'il ne s'agisse du supplice du feu [5].

Concile de Latran de l'an 1215. — La peine de mort n'a point été, au moyen âge, promulguée directement par l'Eglise. Cette peine répugne en principe à l'Eglise; elle ne la prononce pas elle-même. L'observation toutefois n'a pas un grand intérêt

1 Cf. analyse de Lœning, dans *Revue crit.* du 12 juillet 1880, p. 32.

2 Havet, *L'hérésie et le bras séculier au moyen âge*, pp. 7, 11.

3 L'emploi du feu a peut-être une origine romaine. Paul dit en parlant des parricides : *hodie... vivi exuruntur vel ad bestias dantur* (*Sent.*, V, XXIV).

4 Havet, *ibid.*, pp. 12, 13.

5 Havet, *ibid.*, p. 55.

pratique, car un pape a officiellement confirmé la constitution célèbre de Frédéric II qui édicte la peine de mort contre les hérétiques [1]. Voici le résumé des pénalités que l'Eglise, légiférant elle-même, a décrétées, au XIIIe siècle, contre les hérétiques : je m'attache à un document fondamental, au quatrième concile de Latran, réuni en 1215.

Les biens des hérétiques et de leurs fauteurs sont confisqués. Les hérétiques jugés tels sont livrés au bras séculier, *animadversione debita puniendi*. Les princes sont obligés de chasser les hérétiques de leurs Etats (*exterminare*) : et s'ils ne les chassent point, ils perdront eux-mêmes leurs dignités. C'est pour « obéir à cette prescription du concile de Latran qu'on inséra dans le formulaire du couronnement des rois de France, à partir de Louis IX, un serment par lequel le roi jurait d'exterminer » — c'est-à-dire d'expulser — les hérétiques de son royaume. Toutefois saint Thomas entend : *exterminare per mortem*.

Le même concile déclare les fauteurs des hérétiques infâmes, incapables de témoigner, d'ester en justice, d'exercer des fonctions publiques, etc. A plus forte raison, ces incapacités atteignent, bien entendu, les hérétiques eux-mêmes, quand on leur fait grâce de la vie [2].

Tel est le droit de tout le moyen âge. Je n'énumérerai pas les textes où nous le retrouvons. En voici un fort notable du pape Innocent IV (décrétale du 15 juin 1254) : les hérétiques et leurs fauteurs, excommuniés et ne revenant pas à résipiscence, sont déclarés indignes de toute fonction publique; ils ne peuvent être reçus en témoignage; ils sont inhabiles à succéder et incapables de faire un testament. Ils ne peuvent intenter aucune action en justice [3].

C'est le renouvellement des lois sévères promulguées en 1215 par le concile de Latran.

Les réformés du XVIe siècle. — Un traitement non moins cruel

[1] Bulle d'Innocent IV de 1243, dans Cocquelines, *Bullarium*, t. III, pp. 295, 296.

[2] Havet, *ibid.*, p. 50. Il peut être utile d'ajouter que, dans la pensée de tous, ces hérétiques du XIIe et du XIIIe siècle sont coupables de délits de droit commun; voyez concile de Latran de 1179, canon 27 (Hefele, *Hist. des conc.*, trad. franç., t. VII, pp. 509, 510).

[3] Cocquelines, *Bullarium*, t. III, pars I, p. 345.

accueillit les réformés au XVIe siècle. Je signalerai à cet égard les édits de 1534, 1540, 1551[1]. L'Eglise prononce sur la question de droit, pour ainsi dire, c'est-à-dire la question de savoir s'il y a hérésie : les juges civils envoient le plus souvent l'hérétique au bûcher. Qui ne connaît les horribles exécutions de Cabrières et de Mérindol[2]? Paul IV promulgua, en 1559, une bulle où nous retrouvons à peu près textuellement les peines portées contre les hérétiques au XIIIe siècle[3]. Vers le même temps, Calvin faisait brûler Servet (1553) et écrivait une dissertation pour établir que les hérétiques doivent être punis de mort : *jure gladii coercendos esse hæreticos*[4]. Il faut punir les hérétiques et il est expédient quelquefois de les « punir mesme de mort, » écrivait de son côté Théodore de Bèze. La mort de Servet est une mort juste et méritée[5].

2. *Deuxième période. — Adoucissements. — Premières tentatives de tolérance et édit de Nantes.*

Premiers symptômes de tolérance. — Il faut signaler, au XVIe siècle, l'expédient lumineux d'esprits politiques qui essayèrent d'abandonner à l'Eglise seule le soin de juger et de condamner les hérétiques, sans que le pouvoir civil s'en occupât en aucune manière : de la sorte, la condamnation à mort fût devenue extrêmement difficile. On peut lire, en ce sens : une ordonnance de novembre 1549, ordonnance qui, malheureusement, fut modifiée précisément sur ce point par le parlement; une ordonnance de mai 1560[6] rendue à Romorantin. Ce sont des

[1] Guyot, *Répert.*, t. XV, pp. 88, 89. Il faut signaler aussi une bulle de Clément VII de 1525 (17 mai) dont la régente, Louise de Savoie, ordonna l'exécution par lettres du 10 juin 1525.

[2] Détails importants dans *Collection Leber*, t. XVII, pp. 544-557.

[3] *Bullarium*, t. IV, pars I, p. 356.

[4] Cf. Brunzen de la Martinière, *Lettres choisies de M. Simon*, t. II, p. 234.

[5] Th. de Besze, *Traitté de l'authorité du magistrat en la punition des hérétiques*, 1560, pp. 288, 326, 327, 328. Le livre même de Théodore de Bèze révèle d'ailleurs, à lui seul, l'existence d'un mouvement important d'opinion, en faveur de la tolérance. Bèze combat ce courant.

[6] Suivant Isambert, L'Hospital n'était pas encore chancelier : il ne fut, dit-il, chancelier qu'en juin (Isambert, *Recueil*, t. XIV, 1re part., p. 31, note 1). Cf.

actes fort remarquables par lesquels on essaye très finement d'introduire de la modération, de la mesure et comme de la tolérance dans la répression[1].

Aussi bien, il y a dans l'air je ne sais quel souffle de tolérance et de miséricorde. Il faut entendre ces belles paroles de l'abbé de Bois-Aubry, prononcées aux états d'Orléans, en 1560 : « De vouloir, en fait de conscience et de religion, user de force et d'autorité, cela n'a point de lieu, parce que la conscience est comme la palme, laquelle tant plus est pressée, tant plus elle résiste, et ne se laisse commander que par la raison et bonnes remontrances..... C'est chose non seulement dure et étrange de vouloir forcer les personnes à suivre une religion, mais aussi impossible et inique[2]. » Le couteau, a dit un vieil auteur ne vaut contre l'esprit.

Aux mêmes états, le tiers émet un vœu de paix et de tolérance[3].

Le premier édit de liberté en faveur des hérétiques est du 17 janvier 1562 (n. s.) : il est dû au grand chancelier L'Hospital.

On sait qu'à la suite du massacre de Vassy (1562), les guerres religieuses recommencèrent. Ces guerres furent la plupart terminées ou plutôt suspendues par des édits de plus en plus favorables aux protestants.

Edit de Nantes. — Ces séries de petites trèves ou de libertés temporaires furent enfin couronnées par la grande mesure libérale et pacificatrice qui est l'honneur d'Henri IV, par l'édit de Nantes de 1598[4]. En voici le résumé succinct :

Isambert, t. XIII, pp. 136, 138. Suivant Taillandier, l'édit de Romorantin est tout entier l'œuvre du chancelier L'Hospital (Taillandier, *Nouvelles recherches... sur la vie et les ouvrages du chancelier de L'Hospital*, p. 40). Il peut être important de rappeler ici que le pape Paul III (1534-1549) avait, disait-on, écrit à François Ier pour lui demander grâce et pardon pour les hérétiques (Picot, *Hist. des états généraux*, t. II, p. 111). L'ordonnance de 1549 se rattacherait-elle aux négociations de Paul III? Je n'en serais pas très surpris.

1 Voyez Guyot, *Répert.*, t. XV, p. 90.

2 *Des états généraux et autres assemblées nationales*, t. XII, pp. 234, 235, 240.

3 Picot, *Hist. des états généraux*, t. II, p. 107.

4 De tous côtés cette mesure rencontra une vive opposition : l'édit ne fut enregistré au parlement qu'après avoir subi diverses modifications. Cf. Palma Cayet, *Chron. septen.*, liv. II; Benoist, *Hist. de l'édit de Nantes*, t. Ier, 1693, pp. 272, 273, 276; *Bulletin de la société de l'Histoire du protestantisme français*, 4e année, 1856, p. 40.

L'exercice du culte protestant pourra être public dans les lieux désignés ou déterminés par l'édit.

Nul ne pourra être inquiété pour cause de religion.

Aux termes de l'article 27 de l'édit, les protestants sont déclarés capables d'exercer tous les états et dignités. Toutefois ils ne pourront « tenir écoles publiques qu'aux lieux où l'exercice public de la religion réformée leur est permis. »

Les réformés sont tenus d'observer les « fêtes indictes en l'Eglise catholique, » c'est-à-dire qu'ils ne pourront vendre ni travailler publiquement ces jours-là. Toutefois ils ne seront pas tenus d'étendre et parer le devant de leurs maisons aux « jours de fête ordonnés pour ce faire, mais seulement souffrir qu'il soit tendu et paré par l'autorité des officiers des lieux, » sans aucun frais à la charge des réformés (art. 20 de l'édit et 3 des articles secrets).

Afin d'assurer aux protestants une justice impartiale, il est créé dans tous[1] les parlements une chambre spéciale dite *chambre de l'édit,* composée de catholiques et de protestants : cette chambre connaîtra des causes et procès de ceux de la religion prétendue réformée (art. 30 à 37).

Enfin, l'édit rétablit la liberté entière de la religion catholique dans les lieux où elle a été supprimée pendant les troubles (art. 3)[2].

Il semble que l'ère moderne soit ouverte et la liberté des cultes assurée ; mais les esprits n'étaient pas partout mûrs pour cette législation nouvelle. On vit, au commencement du règne de Louis XIII, les protestants de Nîmes, de Calvisson, de Saint-Gilles, de Manduel, de Marguerittes, d'Uzès, etc., organiser de véritables persécutions contre les catholiques[3] ; toutefois, ce n'est pas de ce côté que la tolérance et la liberté couraient en France les plus grands dangers. Là où étaient le nombre et la force, là aussi était le péril : l'équilibre des forces n'est-ce point, en fait, le vrai boulevard des libertés ?

[1] Toutefois la *chambre de l'édit* du parlement de Paris comprend, pour commencer, les ressorts de Normandie et de Bretagne.

[2] Cf. Guyot, *ibid.*, pp. 88, 90.

[3] Germain, *Hist. de l'église de Nîmes*, t. II, pp. 217, 230.

3. *Troisième période. — De la révocation de l'édit de Nantes jusqu'en 1787.*

Révocation de l'édit de Nantes. — C'est Louis XIV qui porta à l'œuvre de son aïeul le coup fatal. Ce coup fut lentement et méthodiquement préparé. Bien avant la révocation, une persécution tantôt violente, tantôt cauteleuse sévit contre les protestants. On a dressé la liste des requêtes successives que, depuis 1660, le clergé adressa à Louis XIV pour arriver à détruire pièce à pièce l'édit d'Henri IV [1]. La liste des mesures de persécution nombreuses et variées que prit, en effet, Louis XIV, n'est pas moins facile à établir [2]. Enfin, en octobre 1685, l'édit de révocation fut signé et promulgué [3].

Si j'essaye ici, en combinant plusieurs ordonnances, de définir la situation faite aux protestants, je puis ramener à cinq chefs principaux les lois terribles qui pèsent sur eux :

1° Ils ne peuvent exercer publiquement leur culte (Edit de révocation, octobre 1685);

2° Ils sont incapables de toute fonction civile;

3° Ils ne peuvent exercer ni tutelle, ni curatelle, j'entends

[1] Camille Rousset, *Hist. de Louvois*, t. III, Paris, 1863, p. 437, note 1.

[2] On la trouvera notamment dans Germain, *ibid.*, t. II, p. 377, note 1. Joignez Paul Le Blanc, *Journal de Baudouin sur les grands jours de Languedoc* (1666-1667), dans *Annales de la Société d'agriculture du Puy*, t. XXX.

[3] La révocation de l'édit de Nantes fut accueillie, semble-t-il, par la cour de Rome avec froideur : on a sans doute un bref de félicitation adressé par Innocent XI à Louis XIV; mais ce bref paraît avoir été arraché par la diplomatie. Voyez *Archives des missions scientifiques*, t. VI, 1857, p. 343, note 2; duc de Noailles, *Hist. de Madame de Maintenon*, t. II, 2e édit., 1849, p. 449, note 2; Aug. Nicolas, *La révolution et l'ordre chrétien*, p. 234, note 2. Sur le bon accueil fait par le peuple aux mesures prises par Louis XIV, voyez Pierre Clément, *Lettres de Colbert*, t. VI, p. 98. Les résultats économiques de la révocation de l'édit de Nantes furent certainement déplorables ; mais ici comme partout il faut se garder de l'exagération et des assertions qui se répètent sans preuve de livre en livre : en ce qui concerne les soieries de Tours, par exemple, un savant d'un rare mérite, Mgr Chevalier a établi que les historiens se sont mépris en attribuant la décadence des manufactures de soieries de Tours à la révocation de l'édit de Nantes : il montre clairement que cette mesure n'y entre que pour une faible part (Voyez C. Chevalier, *La décadence de la manufacture des soieries à Tours*, dans *Bulletin de la société archéologique de Touraine*, t. V, pp. 361 et suiv.).

même à l'égard d'enfants nés de parents protestants : un catholique seul peut exercer ces fonctions (Déclaration du 14 août 1685);

4° Ils sont obligés de faire baptiser leurs enfants par le curé catholique et de les élever ou faire élever dans la religion catholique, apostolique et romaine (Révocation, oct. 1685, art. 8). La puissance paternelle est donc atteinte de la manière la plus grave et la plus cruelle[1].

5° Dernier coup; mais il n'est pas porté de front : aucun protestant ne peut contracter de véritable mariage; toute union entre hérétiques est réputée concubinage.

Ici quelques développements sont indispensables. Ce principe inouï n'a pas été formulé nettement pour la France : nous le verrons se dégager des textes. Il a été, au contraire, expressément posé pour les colonies. Voici, en effet, ce que je lis dans l'ordonnance de 1685, dite le *Code-noir :*

« Déclarons nos sujets qui ne sont pas de la religion catholique, apostolique et romaine, incapables de contracter à l'avenir aucuns mariages valables. Déclarons bâtards les enfants qui naîtront de pareilles conjonctions, que nous voulons être tenues et réputées, tenons et réputons pour vrais concubinages[2]. »

Ainsi, pour les colonies, le principe est formellement posé : les catholiques romains seuls peuvent contracter mariage. En France, on arriva indirectement et par certains détours au même résultat juridique, mais les moyens différèrent suivant les temps : un premier système prévalut pendant une première période; à une seconde période correspond un second système :

Premier système. — Une décision du 15 septembre 1685 permet aux protestants de se faire marier par leurs ministres suivant certaines conditions; mais l'ordonnance de révocation (oct. 1685, art. 4) expulse du royaume tous les ministres de la reli-

[1] Croirait-on qu'il y a moins de trente ans, dans le Kanzas, des enfants catholiques étaient enlevés par surprise à leurs parents pour être élevés dans le protestantisme ? (Voyez *Annales de la propagation de la foi*, janvier 1867, p. 57).

[2] *Code noir,* dans Isambert, t. XIX, p. 495. Cet article porte avant tout sur les noirs non baptisés; mais il atteint aussi les protestants. L'a-t-on remarqué?

gion réformée. Par suite, impossibilité pour les protestants de se marier légalement[1].

Deuxième système. — Quelques années plus tard, le mécanisme se modifie; mais le résultat légal est le même. On prend pour point de départ ce mensonge accepté comme une vérité : il n'y a plus en France de réformés; tous se sont convertis. C'est la fiction légale. Or, que prescrit-on, en ce qui touche le mariage, à ces *nouveaux convertis*, c'est-à-dire aux protestants? La déclaration du 13 décembre 1698 (art. 7) les oblige à se marier d'après les règles tracées par le concile de Trente, c'est-à-dire devant le prêtre catholique; ce qu'ils ne peuvent faire, s'ils sont restés protestants[2].

En d'autres termes, les protestants ne pourront contracter mariage qu'après une abjuration ou une quasi-abjuration. Dans une lettre écrite en 1700, un évêque raconte qu'à Mazères, petite ville de son diocèse, il a déclaré aux *nouveaux convertis*, vivant, comme il dit, en état de concubinage, qu'ils ne seraient tenus pour mariés dans les formes, que s'ils se séparaient momentanément de leurs prétendues femmes, se confessaient, signaient un acte d'abjuration et se faisaient ensuite marier à l'église[3]. Ainsi abjuration ou concubinage. Et non seulement l'autorité civile refuse toute valeur aux mariages contractés par devant les ministres protestants, restés malgré la loi et qui célébraient très souvent des mariages *au désert*, mais la peine des galères ou de l'emprisonnement est plus d'une fois prononcée contre les protestants qui se sont mariés *au désert*[4].

En Angleterre, la situation des catholiques était identique à celle des protestants en France, sinon plus dure encore[5].

A cette situation légale épouvantable, la jurisprudence des tribunaux, d'ailleurs fort divisée, a plus d'une fois apporté un remède et un adoucissement considérable, en déclarant que la

1 Cf. Guyot, *Répertoire*, t. XV, p. 103; Isambert, t. XIX, pp. 529, 532.

2 Anquez, *De l'état civil des réformés de France*, pp. 39, 40. Isambert, *Recueil*, t. XX, p. 316.

3 Anquez, *ibid.*, p. 43, note 1. Voyez une lettre de l'évêque de Mirepoix du 1er avril 1700, dans Bossuet, *Œuvres*, t. XI, 1846, p. 22, lettre 216.

4 Anquez, *ibid.*, p. 78.

5 Cf. Glasson, *Hist. du droit et des inst. de l'Anglet.*, t. V, pp. 460-463.

possession d'état et la bonne foi des père et mère rendent la situation des enfants inattaquable. Il y a plusieurs arrêts en ce sens au XVIIIe siècle, notamment un arrêt du parlement de Normandie. Ces arrêts réparateurs substituent à la rigueur du droit positif le bon sens et l'équité[1].

Situation exceptionnelle des protestants en Alsace. — Les luthériens et calvinistes d'Alsace échappèrent à une grande partie de ces persécutions. Ils avaient obtenu, en 1648, des capitulations spéciales qui les plaçaient sous la protection des traités de Westphalie et qui furent respectées officiellement par Louis XIV dans l'acte de révocation de l'édit de Nantes et confirmées par Louis XV[2]. Ce n'est pas à dire que l'exercice du culte public protestant et la liberté de conscience n'aient subi, même en Alsace, de graves restrictions[3].

4. *Quatrième période. — Ere moderne.*

Les prodromes. — Les idées de tolérance et de liberté religieuse qui avaient triomphé en Pologne dès le XVIe siècle sous le roi Sigismond Auguste (1548-1572)[4], qui, en 1630, avaient inspiré en Amérique la législation du Maryland[5], auxquelles nous avions dû l'édit de Nantes, qui avaient trouvé parmi nous

[1] Cf. Guyot, *Répert.*, t. XV, p. 107, et l'édit de Louis XVI de nov. 1787 qui mentionne avec éloge cette jurisprudence des tribunaux ; elle a pu arrêter des collatéraux avides disputant « aux enfants l'héritage de leurs pères. »

[2] Anquez, *ibid.*, p. 153.

[3] Cf. *Encyclopédie méthodique, Jurisprudence*, t. II, 1783, p. 186 et suiv.; Rod. Reuss, *Louis XIV et l'église protestante de Strasbourg au moment de la révocation de l'édit de Nantes*, Paris, 1887; Kieffer, *Le gouvernement français et les protestants d'Alsace*, 1868.

[4] Lelevel, *Hist. de Pologne*, t. Ier, 1844, p. 131. Je n'oublie pas en Autriche l'édit de tolérance de Maximilien II (1568), en Hollande la *paix de religion* de 1579 (tentative sans résultat). Cf. Hubert, *Etude sur la condition des protestants en Belgique*, 1882, p. 44 et suiv.; le texte de cette *paix* est donné dans le même ouvrage, p. 165 et suiv.; Lichtenberger, *Encycl. des sciences relig.*, t. IV, pp. 264, 265; de Meaux, dans *Le Correspondant* du 10 février 1883, pp. 430-431. Voyez enfin ci-dessus, pp. 340-342 pour les tentatives françaises de tolérance au XVIe siècle.

[5] Cf. Em. de Laveleye, Préface à lord Acton, *Hist. de la liberté dans l'antiquité et le christianisme*, Paris, 1878, p. 10.

au XVIe et au XVIIe siècle, de sages défenseurs[1], reçurent, au XVIIIe, en partie sous l'action du mouvement philosophique français, une énergique impulsion. Le *Traité sur la tolérance* de Voltaire parut en 1763.

Dès 1755, Ripert de Monclar, procureur général au parlement de Provence, avait publié un mémoire célèbre en faveur des réformés[2]. En 1770, Portalis, qui devait plus tard écrire le Discours préliminaire du *Code civil*, adressait à M. de Choiseul une *Consultation sur la validité des mariages des protestants;* enfin, en 1778, le parlement de Paris se préparait à soumettre à Louis XVI un vœu pour l'établissement d'un registre purement civil, destiné aux actes de mariage et de naissance des protestants[3].

Après avoir signalé ces manifestations de l'opinion en France, voyons quel est à l'étranger le mouvement des législations positives en faveur de la tolérance.

Avec George III (1760), l'esprit de tolérance se fait sentir en Angleterre : dès l'année 1769, la législation anglaise vis-à-vis des catholiques s'adoucit[4]. Deux ans plus tard, l'empereur Joseph II, beau-frère de Louis XVI, donne, dans les Etats Autrichiens, le signal des réformes décisives : il promulgue, en 1781, ses célèbres édits de tolérance[5]. Plusieurs évêques, l'u-

1 Aug. Nicolas, *Si la torture est un moyen sûr à vérifier les crimes secrets*, cité par M. Esmein, dans son beau livre intitulé : *Hist. de la procédure crim. en France*, p. 353, note 3. Joignez pour l'attitude conciliante de Mgr de Noailles, archevêque de Paris en 1698, Anquez, *De l'état civil des réformés de France*, pp. 36, 37. Du Cange émet discrètement un vœu en faveur de la tolérance dans *Observations sur l'hist. de saint Louis*, 1668, p. 39 : il cite une dissertation de l'an 1554 en faveur de la tolérance.

2 *Mémoire théolog. et pol.*, etc., 1755. La partie politique de ce *mémoire* est de Monclar; la partie théologique est due à l'abbé Quesnel, précepteur du duc de Penthièvre (Quérard, *La France littéraire*, t. VI, p. 185).

3 La consultation de Portalis fut rédigée par lui de concert avec Pàzeri, son confrère et son ami. Elle est reproduite dans Portalis, *Discours, rapports et travaux inédits sur le Code civil*, Paris, 1844, pp. 441-491. Voyez J. Ferry, *De l'influence des idées philosophiques sur le barreau*, pp. 13, 21, 25. En 1774, les ministres protestants furent autorisés, dans quelques provinces, à délivrer des actes de baptême et de mariage revêtus d'un certain caractère d'authenticité (*Discours à lire au conseil en présence du roi, par un ministre patriote*, 1787, Pièces justificatives, p. XXVII).

4 Glasson, *Hist. du droit et des instit. de l'Angleterre*, t. V, pp. 463, 466, 467.

5 Cf. Gustave Frank, *Das Toleranz-Patent Kaiser Joseph II*, Wien, 1882; analyse

niversité de Louvain, les états de Flandre, de Namur, du Luxembourg, du Hainaut, le conseil de Brabant protestèrent, mais vainement; les édits furent exécutés[1].

Mesures réparatrices prises par Louis XVI. — L'année suivante, Louis XVI entrait timidement dans la même voie en défendant aux curés catholiques de qualifier de bâtards, dans les actes publics, les enfants des calvinistes mariés *au désert.* C'est plutôt là un acte de tendance qu'une mesure de liberté; mais il indique un profond changement de direction. Dans la pratique, une tolérance de fait s'établit graduellement et présage un nouvel avenir légal. Enfin parut, le 19 novembre 1787, l'édit par lequel les non catholiques français furent réintégrés dans l'exercice de leurs droits civils. Cette mesure est due à l'influence de Malesherbes et de La Fayette. Ce dernier, dans son bureau de l'assemblée des notables, avait demandé des mesures réparatrices : il avait été appuyé par son neveu, un ecclésiastique éminent, Mgr de la Luzerne, évêque de Langres, et la motion avait passé à la presque unanimité du bureau[2]. Louis XVI accéda à ce vœu.

Voici les dispositions principales de l'édit royal de novembre 1787 : « Les non catholiques jouiront de tous les droits et biens qui leur appartiennent et exerceront leurs commerces, arts, métiers et professions, sans que, sous prétexte de leur religion, ils puissent être troublés et inquiétés. » « Les non catholiques pourront contracter des mariages, et ces mariages auront tous les effets civils à l'égard soit des parties qui les auront faits, soit des enfants qui en seront issus. » Les mariages seront célébrés ou plutôt déclarés soit devant le curé catholique, soit devant le premier officier de la justice du lieu. Les parties seront libres de se présenter ou devant le curé ou devant le juge du lieu.

par Dove dans *Zeitschrift für Kirchenrecht*, t. XVII, pp. 388-392. Les protestants ne seront admis aux emplois civils que par voie de dispense : leur culte sera privé et non public; mais cette dernière clause s'explique tout simplement ainsi : les temples protestants n'auront pas l'apparence d'églises et n'auront point de cloches. L'édit de tolérance fut révoqué pour le Hainaut en 1792 (Hubert, *ibid.*, p. 160).

1 Hubert, *ibid.*, pp. 117, 121, 132, 135.

2 Anquez, *ibid.*, pp. 206, 207, XIII.

Elles feront connaître leur intention de s'unir par le mariage : le curé ou le juge les déclarera unis. Ici le curé n'agit pas comme ministre du culte catholique : il reçoit une déclaration et ne fonctionne que comme officier civil. Quant aux mariages antérieurs à 1787, ils seront réhabilités de la même manière : les parties se présenteront devant le curé ou le juge royal et lui feront la déclaration de leur mariage antérieur. Les naissances seront constatées soit par l'acte de baptême, si les enfants ont été présentés au curé pour être baptisés, soit par une déclaration devant le juge du lieu. Les décès seront également déclarés soit au curé, soit au juge du lieu.

Ainsi l'édit de 1787 fit disparaître complètement cette espèce de *mort civile* dont étaient frappés les protestants de France. Il ne plaçait pas toutefois les protestants sur le pied de l'égalité avec les catholiques : ils restaient exclus de toutes les charges de judicature, « des municipalités régies en titre d'office, et ayant fonctions de judicature, de toutes les places qui donnent le droit d'enseignement public. »

Enfin, l'édit conservait au sujet de l'exercice du culte protestant un silence embarrassé ; mais, en fait, le culte redevenait libre et tout annonçait que le droit serait mis prochainement d'accord avec le fait.

Le clergé de France se montra très alarmé. Il approuvait hautement la pensée de donner aux mariages des protestants une sanction légale[1], et d'ouvrir à ceux-ci l'accès à toutes les professions qui ne sont pas « liées à l'ordre public ; » mais il redoutait la liberté du culte protestant, et voici à ce sujet le vœu qu'il exprimait : « Des ordonnances moins sévères, disait-il, mais plus fidèlement exécutées, proscriront l'exercice de toute autre religion que de la religion catholique, les prédicants disparaîtront, les assemblées cesseront[2]. »

1 Mais faisait quelques critiques très sages quant au mode adopté par l'édit : il souhaitait que les curés, vicaires et autres ecclésiastiques ne parussent ni activement, ni passivement dans les mariages des protestants.

2 *Remontrances du clergé de France, assemblé en 1788, au roi, sur l'édit du mois de novembre 1787, concernant les non catholiques*, Paris, 1788, pp. 42, 22, 34, 36. *Rapport de l'archevêque d'Arles, chef de la commission pour la religion et les juri-*

Ces réclamations se noyèrent dans le grand mouvement de 1789.

Liberté des cultes proclamée par la Constituante. — Dès le 24 décembre 1789, l'Assemblée Constituante déclara les non catholiques capables de tous les emplois civils et militaires. Ce décret visait surtout les protestants, mais non les juifs, au sujet desquels il n'était rien préjugé.

La Constituante, animée du désir de réparer les maux dus à un siècle entier de persécution, voulut revenir sur l'œuvre de Louis XIV. Elle ordonna la restitution des biens des protestants fugitifs, saisis depuis les persécutions et déclara naturel français tout descendant de religionnaire fugitif. Le descendant de religionnaire fugitif qui reviendra en France, y fixera son domicile et prêtera le serment civique, jouira de tous les droits attachés à la qualité de Français [1]. La constitution des 3-14 septembre 1791 acheva l'œuvre législative et consacra en ces termes l'égalité complète entre tous les Français : « La constitution garantit, comme droits naturels et civils : 1° que tous les citoyens sont admissibles aux places et emplois, sans autre distinction que celle des vertus et des talents... La constitution garantit pareillement, comme droits naturels et civils, la liberté à tout homme... d'exercer le culte religieux auquel il est attaché [2]. »

Cette garantie était déjà en grande partie illusoire au mois de septembre 1791 ; car les principes et les actes de la révolution sont, comme on sait, en contradiction flagrante et, en 1791, la persécution contre les prêtres catholiques insermentés était commencée. Elle devint terrible. Le principe triompha un peu plus

dictions devant l'assemblée du clergé, le 28 juin 1788 (*Archives nat.,* G 8* 706, un des folios numérotés 238-r°). Voyez, en sens inverse, les *desiderata* des protestants à la même époque dans Chassin, *La préparation de la guerre de Vendée,* t. Ier, pp. 2-6.

[1] Décret du 10 juillet 1790 ; des 9-15 décembre 1790. Constitution des 3-14 septembre 1791, tit., II, art. 2. Le décret de la Constituante a été récemment confirmé par la loi du 26 juin 1889 sur la nationalité, art. 4 : « Les descendants des familles proscrites lors de la révocation de l'édit de Nantes, continueront à bénéficier des dispositions de la loi du 15 déc. 1790, mais à la condition d'un décret spécial pour chaque demandeur. » (Duvergier, t. 89, p. 251). Voyez J. Pannier, *La loi du 15 décembre 1790,* dans *Société de l'histoire du protestantisme français, Bulletin,* 15 avril et 15 juillet 1891.

[2] Constitution des 3-14 septembre 1791, titre Ier.

tard; non point parce que les constituants l'avaient voté et solennellement inscrit dans une loi, mais parce qu'il était mûr, parce qu'il exprimait un état de l'opinion à peu près général et lentement, péniblement formé[1]. La liberté, a dit Mirabeau, ne fut jamais le fruit d'une doctrine travaillée en déductions philosophiques, mais de l'expérience de tous les jours. En 1814, le vénérable Pie VII essayait encore, mais aussi vainement que le clergé de France en 1788, de s'opposer à la liberté des cultes en France[2].

BIBLIOGRAPHIE. — Benoist, *Histoire de l'édit de Nantes,* Delft, 1693-1695, 3 tomes en 5 vol. in-4°. — Thomassin (et Bordes), *Traité dogmatique et historique des édits et des autres moïens spirituels et temporels dont on s'est servi dans tous les temps pour établir et pour maintenir l'unité de l'Eglise catholique et Supplément,* Paris, 1703, 3 vol. in-4°. — *Dissertation sur la tolérance civile et religieuse en Angleterre et en France à l'égard des non conformistes à la religion dominante,* Genève, 1778. — Lamoignon de Malesherbes, *Mémoire sur le mariage des protestants,* 1785; *Second mémoire,* Londres (Paris), 1787. — *Lettres sur la révocation de l'édit de*

1 Dès le XVIIe siècle, condamner à mort pour le simple crime d'hérésie eût été très difficile. Cette impossibilité latente, combinée avec le désir de détruire l'hérésie, pousse à la persécution savante dont nous avons donné une idée. La peine de mort fut portée, en 1724, contre les prédicants et contre les simples fidèles protestants, *se rassemblant en armes.* Cet édit terrible (dont l'assemblée générale du clergé demandait l'exécution en 1750), ne va pas lui-même jusqu'à prononcer la peine de mort contre le simple crime d'hérésie, mais il s'approche autant que possible de cette rigueur (Guichard, *Conférences sur le Code civil,* pp. 106-109).

2 Lettre du 29 avril 1814, adressée à Mgr de Boulogne, évêque de Troyes, dans Raulx, *Encyclique et documents,* 2e partie, Bar-le-Duc, 1865, pp. 131, 132 et suiv. Joignez Grégoire XVI, *ibid.,* pp. 203-205; *Syllabus,* prop. 77 à 80 (Raulx, *ibid.,* 1re partie, pp. 49, 50). Metz-Noblat a écrit, à ce propos, en 1867, quelques pages où il annonçait à l'avance, avec une rare sûreté de coup d'œil, le caractère des relations de l'Eglise et de l'Etat pendant la période qui allait s'ouvrir. Vingt-cinq ans, depuis lors, se sont écoulés et l'on peut juger si Metz-Noblat, essayant de lire dans l'avenir, avait vu juste (A. de Metz-Noblat, *L'Eglise et l'Etat,* Paris, 1867, *Post-scriptum* non folioté à la fin du volume). En regard de ces documents pontificaux, il nous plaît de noter un fait qui accuse une tendance à la conciliation, un rapprochement avec les mœurs modernes. Il y a quelques années, tout nouveau cardinal jurait encore lors de sa promotion « hæreticos, schismaticos et rebelles eidem domino nostro papæ vel successoribus prædictis omni conatu persecuturum et impugnaturum. » Ce serment d'un autre âge a été modifié. Malheureusement je ne connais pas la nouvelle formule. Voyez Hinschius, I, p. 343, note 4; Dove et Friedberg, *Zeitschrift,* t. XIV, pars I, p. 107 et suiv.

Nantes à Mme de ***, 1788. — Rulhière, *Eclaircissements historiques sur les causes de la révocation de l'édit de Nantes et sur l'état des protestants en France depuis le commencement du règne de Louis XIV* (Paris), 1788, 2 vol. — Anquez, *De l'état civil des réformés de France*, Paris, 1868. — J. Havet, *L'hérésie et le bras séculier au moyen âge*, dans *Bibl. de l'Ecole des chartes*, t. XLI. — Hubert, *De Charles-Quint à Joseph II. Etude sur la condition des protestants en Belgique (édit de tolérance de 1781)*, Bruxelles, 1882. — Puaux, *Les précurseurs français de la tolérance au XVIIe siècle*, Paris, 1881. — Weiss, *La Sorbonne, le parlement de Paris et les livres hérétiques de 1542 à 1546*, dans *Société de l'histoire du protestantisme français, Bulletin*, 15 décembre 1884. Tout ce recueil est à lire). — *Zur Einführung der Todesstrafe für Ketzerei*, dans *Mitth. des Instituts für oest. Geschichtsforschung*, t. IX, 1888, pp. 136-140. — Weiss, *La chambre ardente* (1540-1550), Paris, 1889. — Vicomte de Meaux, *La réforme et la politique française en Europe jusqu'à la paix de Westphalie*, Paris, 1889, 2 vol. — Henner, *Beiträge zur Organisation und Competenz der päpstl. Ketzergerichte*, Leipzig, 1890. — Ign. v. Döllinger, *Beiträge zur Sektengeschichte des Mittelalters*, München, 1890, 2 vol. — Fredericq, *Corpus documentorum inquisitionis hæreticæ pravitatis Neerlandicæ*, t. Ier, 'S Gravenhage, 1889.

CHAPITRE VIII.

LES JUIFS.

1. *Situation inférieure. — Persécution.*

Situation inférieure. — Mal vus des chrétiens auxquels ils ne cessent de rappeler la mort du Sauveur, les juifs ont subi depuis l'époque romaine une situation avilie et inférieure qui n'a pris fin qu'en 1789 ou plus exactement en 1791. On retrouve même, sous le premier empire, au commencement de ce siècle, une décision de Napoléon Ier qui se rattache à la tradition séculaire dont je vais donner un aperçu très rapide et très sommaire.

Les empereurs chrétiens ont frappé les juifs de diverses incapacités. La plus importante est inscrite dans une *novelle* de Théodose II, qui déclare les juifs incapables de toute fonction publique. Cette décision a été recueillie dans la *Lex romana Wisigothorum*, et, par la *Lex romana Wisigothorum*, elle a été en vigueur dans l'empire franc et souvent rappelée, surtout par les conciles[1]. Ces réclamations des conciles prouvent que la loi était souvent violée[2].

Parmi les autres incapacités des juifs je citerai : 1° la loi qui leur interdit tout mariage avec un chrétien ou une chrétienne : un pareil mariage n'a que l'apparence d'un mariage, il est nul; 2° la loi qui leur interdit de posséder un esclave chrétien.

Je ne poursuis pas l'énumération complète de ces incapacités

[1] Lœning, *Geschichte des deutschen Kirchenrechts*, t. II, pp. 52, 53.

[2] Elle le fut même assez souvent pendant la seconde période de l'histoire des juifs au moyen âge; voyez, pour le XIIIe siècle, une bulle de 1258 d'Alexandre IV (Arch. nat., L. 252, pièces 203, 204, 205) : Alexandre IV blâme les princes qui donnent des fonctions publiques aux juifs. On racontait, au XIIe siècle, qu'un juif était ministre des finances du pape (*Archiv für kath. Kirchenrecht*, nouvelle série, t. XLII, p. 391).

anciennes. Je me contente de faire observer que cette première phase de la vie juridique des juifs est beaucoup moins dure, moins pénible et moins douloureuse que la suivante.

La répulsion contre eux ne va pas jusqu'à la violence, la persécution, la spoliation. On prend à leur égard des précautions : on veut les tenir à l'écart. Telle est la pensée dont s'inspire la législation.

Période des persécutions. — Mais peu à peu l'horreur et la haine s'accusent davantage. Nous entrons graduellement dans une période nouvelle qu'on peut qualifier de période violente et aiguë.

L'un des premiers faits qui aient revêtu ce caractère remonte à l'époque mérovingienne. Chilpéric Ier obligea quelques juifs à se faire baptiser de force. En 629, Dagobert II promulgua un édit général dans le même sens. Cet édit ne reçut qu'une exécution très restreinte[1].

Ainsi, du premier coup, la persécution atteignait la dernière limite; elle procédait contre l'objet haï ou gênant par ce procédé élémentaire et tout barbare qui s'appelle la suppression de cet objet.

On supprimera le juif en le baptisant ou en l'expulsant :

En le baptisant : — L'instinct populaire trouva ici une barrière dans la résistance de l'Eglise. Cette idée élémentaire de la suppression du juif par le baptême administré de vive force, idée qui reparut souvent au moyen âge, fut formellement condamnée: il faut mentionner, à cet égard, un concile de Tolède de l'an 633[2], des décrétales d'Innocent III et d'Innocent IV[3], une décision du pape Grégoire X[4].

En l'expulsant : — Il existe un autre moyen non moins barbare, mais plus sûr de se débarrasser du juif, c'est de le chasser du territoire. Ce moyen a été pris souvent. L'une des premières mesures de ce genre est l'acte par lequel Louis II les chassa

[1] Lœning, *ibid.*, p. 56.

[2] Hefele, trad. fr., t. III, p. 625.

[3] *Archiv für kathol. Kirchenrecht*, nouvelle série, t. XLII, p. 395. Berger, *Les reg. d'Innocent IV*, fasc. 3, Paris, 1882, p. 424, n° 2838.

[4] Potthast, n° 20915.

d'Italie[1] (855). Je n'entreprends pas l'énumération de toutes les expulsions qui eurent lieu dans le cours du moyen âge. La situation des juifs est loin d'avoir été partout la même. Pendant des siècles ils ont prospéré dans le midi de la France.

Le juif qui est actif et laborieux et qui pratique le prêt à intérêt, graduellement interdit aux chrétiens, excite par là même contre lui la haine et les convoitises des chrétiens. Ce dernier sentiment, se greffant sur le premier, donne lieu à une série de mesures qui sont tantôt de simples humiliations et avanies, tantôt des spoliations violentes. Les juifs deviennent peu à peu créanciers de tous les chrétiens. Nombreuses mesures au sujet de ces créances. On interdit plus d'une fois aux juifs d'exiger un intérêt[2] : de temps en temps on annule en tout ou en partie le capital même de leurs créances; ainsi, en 1181, Philippe-Auguste prend, au sujet des créances des juifs, cette mesure violente : elles sont supprimées pour les quatre cinquièmes; quant au cinquième restant, il sera payé par les débiteurs chrétiens non pas aux juifs, c'est-à-dire aux créanciers, mais au roi lui-même qui se substitue à eux[3].

On va plus loin : on confisque en bloc les biens des juifs. Une des mesures de ce genre les plus importantes est la grande confiscation ordonnée par Philippe le Bel, en 1306[4]. Il est probable que, cette année-là, le roi, plus à court d'argent, ne pouvait plus se contenter des sommes pourtant énormes qu'il tirait annuellement de ses juifs[5].

Cependant aucune mesure de proscription ne réussit à éliminer définitivement le juif. Et cela pour deux motifs : le premier, c'est que le juif est, dans le mécanisme économique, un

[1] Pertz, *Leges*, t. Ier, p. 437.

[2] Voyez, par exemple, ordonnance de 1223, art. 1er, dans Isambert, t. Ier, p. 223.

[3] Rigord, édit. Delaborde, t. Ier, p. 24 et suiv. *Grande chron.*, édit. Paulin Paris, t. IV, pp. 12-14.

[4] Cf. Saige, *Des juifs du Languedoc*, p. 87 et suiv.

[5] « Mediantibus c. libris tur. in quibus nobis annuatim pro omni taillia et redevancia in quibus nobis tenentur nostri judei annuatim solvendis. » (Langlois, *Formulaires de lettres du xiie, du xiiie et du xive siècle*, dans *Notices et extraits*, t. XXXIV, 1re part., p. 18, pièce no 11). Comparez Julien Havet, *Compte du Trésor du Louvre sous Philippe Le Bel* (*Toussaint* 1296), pp. 9, 10, art. 83, 93, 105, 106, 107.

agent presque indispensable, puisqu'il est le seul prêteur, le prêt à intérêt étant défendu aux chrétiens par le droit canon; le second, c'est que le juif est une véritable vache à lait pour le roi ou le seigneur, une source de revenus qui disparaît avec lui. Son absence un peu prolongée fait le vide dans le fisc du roi ou dans le fisc du seigneur; c'est pourquoi on le laisse revenir, sauf à le spolier un peu plus tard.

Telle est toute l'économie des nombreux actes législatifs du moyen âge qui intéressent les juifs.

Le juif est servus. — A cet état de choses, né tout à la fois de la haine religieuse, de la convoitise pour le bien d'autrui et aussi d'un malaise souvent très profond et très réel, produit par l'abus du prêt à intérêt, correspond une théorie : car les jurisconsultes ne sont pas d'ordinaire fort embarrassés de créer une théorie pour justifier un fait.

Voici la théorie : le juif est *servus* du roi ou *servus* du seigneur. — J'aime mieux dire *servus* que *serf;* car ce mot, sous la plume des théoriciens du moyen âge qui l'ont employé, se traduirait peut-être mieux par *esclave* que par *serf.*

Du moment qu'il est *servus,* le juif ne possède, à bien prendre, aucune propriété; il ne peut être propriétaire. Son maître, son *dominus,* roi ou seigneur, peut disposer de tout ce qui a l'apparence d'être la propriété du juif; et voilà du coup toutes les spoliations justifiées par cette belle théorie[1]. Elle s'épanouit au XIIIe siècle; elle est exposée, à cette époque, par saint Thomas d'Aquin qui formule ainsi le principe : « Judæi sunt servi principum servitute civili[2]. »

L'une des conséquences les plus rigoureuses de ce principe fournit à saint Thomas d'Aquin un argument pour justifier une mesure concernant les juifs, appliquée dans tous les Etats relevant du Saint-Siège. Voici à quelle règle je fais allusion : tout esclave d'un juif, né dans la maison de ce juif et qui embrasse le christianisme, est par là même libre; son maître

[1] Saint Thomas d'Aquin, édit. de Parme, 1854. Cf. la table, v° *Judæi.* Saint Thomas ajoute que l'Eglise, par certaines lois protectrices, a un peu adouci et restreint la rigueur du droit.

[2] *Summa theologica,* secunda secundæ, quæstio X, art. 12.

juif perd tout droit sur lui et ne peut réclamer aucune indemnité; le tout, je le répète, s'il s'agit d'un esclave né dans la maison de son maître, *vernaculus*. Si c'est un esclave acheté *ad mercationem* (pour être vendu), le juif doit le mettre en vente dans les trois mois : « Si autem fuerit emptus ad mercationem, tenetur eum infra tres menses exponere ad vendendum[1]. »

Après avoir exposé cette législation, le docteur angélique se demande si, en libérant ainsi l'esclave, l'Eglise se rend coupable d'un tort causé au juif et viole le droit naturel. Nullement, répond-il : « Nec in hoc injuriam facit Ecclesia; quia cum ipsi judæi sint servi Ecclesiæ, potest disponere de rebus eorum[2]. » Les juifs étant esclaves de l'Eglise, *servi*, celle-ci a droit sur leurs biens et, par conséquent, sur leurs esclaves; car ces esclaves sont une partie des biens des juifs[3].

Spoliations diverses. — Je n'insiste pas sur les diverses spoliations et persécutions que subirent les juifs : l'une d'elles est bizarre. On imagina, — et le principe ci-dessus établi justifiait la mesure, — de confisquer les biens de tout juif qui embrassait le christianisme. La raison bien simple de cette mesure, c'est qu'en perdant un juif, le roi ou le seigneur perdait les taxes considérables qu'il levait sur lui : il était privé de ce bénéfice, puisqu'il n'y avait plus de juif; mais, à l'aide de la confiscation, il se couvrait, pour ainsi dire, et s'indemnisait du tort que lui faisait cette conversion. Ce qui domine dans cette conception, ce n'est plus la haine, c'est le sentiment de l'utilité que présente le juif, envisagé comme propriété de rapport.

Cet usage qui mettait un obstacle aux conversions fut aboli chez nous en 1393[4]. Dès l'année 1179, le concile de Latran l'avait rigoureusement prohibé[5], mais sans succès.

1 Il est immédiatement libre, *si, infidelis existens, fuerit emptus ad servitium.*

2 Saint Thomas, *Summa theologica,* secunda secundæ, quæstio X, art. 10, dans l'édit. de Parme, *Opera omnia*, t. III, p. 44.

3 On remarquera, en passant, ces expressions *emptus, exponere ad vendendum;* j'ai déjà fait observer que l'esclavage n'est pas inconnu au moyen âge, en Italie.

4 Guyot, *Répert.*, t. IX, p. 644. Isambert, t. VI, pp. 728, 729. Voyez une application mitigée du principe en 1382, apud Douët d'Arcq, *Choix de pièces inédites relatives au règne de Charles VI*, t. Ier, p. 26.

5 *Décrétales de Grégoire IX*, V, VI, *De judæis*, 5 (concile de Latran de 1179).

Il faut se rappeler, quand on étudie l'histoire des juifs en France, que, jusqu'en 1306, date de la proscription ordonnée par Philippe le Bel, les juifs jouirent dans le midi d'une liberté et souvent d'une influence extraordinaires. Ils furent plus d'une fois admis aux fonctions publiques et jouirent librement du droit de propriété, tandis qu'ailleurs on leur enleva le droit de posséder des immeubles : cette prohibition se rattache dans beaucoup de régions relevant de l'empire à la persécution que les juifs eurent à subir dans ce pays en 1298[1]. En Alsace notamment, les juifs ne pouvaient acquérir d'immeubles, si ce n'est pour leur habitation personnelle[2]; cette défense fut renouvelée par Louis XVI, en 1784[3]. Il y a peu d'années, il était encore douteux que les juifs pussent acquérir des terres dans le Mecklembourg[4].

Il semble qu'on ait, de divers côtés, cherché à arrêter la multiplication des juifs, en entravant leurs mariages : par l'ordonnance déjà citée de 1784, Louis XVI, cédant à des suggestions odieuses, fit expresse défense à tout juif ou juive résidant en Alsace « de contracter à l'avenir aucun mariage, sans permission formelle du roi. » La même défense avait été faite aux juifs de Prusse dès l'année 1722[5]. De nos jours enfin, le code civil autrichien récemment abrogé, interdisait encore aux juifs le mariage, à moins d'une permission de l'autorité politique : sauf dans les Etats italiens, cette permission n'était accordée que rarement, et les enfants israélites de parents mariés religieusement sans l'autorisation du pouvoir civil passaient aux yeux de la loi pour illégitimes[6].

Les juifs ont été expulsés pour la dernière fois de France sous

[1] Aloys Schulte, dans *Görres-Gesellschaft, Historiches Jahrbuch*, t. II, livraison 3, Münster, 1881, p. 465.

[2] Cf. *Recueil des édits... du conseil souverain d'Alsace*, t. II, p. 459.

[3] Isambert, t. XXVII, p. 440.

[4] J. Simon, *La liberté de conscience*, 4e édit., p. 312, note 3.

[5] *Quelques observations concernant les juifs en général*, 1806, p. 35. Cf. un édit de Frédéric II du 17 avril 1750, tit. V, § 13 (Roenne et Simon, *Die früheren und gegenwärtigen Verhältnisse der Juden*, Breslau, 1843, p. 246). Je dois l'indication de ce dernier document à l'obligeance de mon savant collègue, M. Isidore Loeb.

[6] *Revue des études juives*, oct.-déc., 1882, p. 316.

Charles VI, en 1394[1]. Cette mesure n'avait pas été formellement abrogée au XVIIIe siècle. Mais, outre qu'elle ne s'appliquait pas aux pays non encore annexés en 1394[2], d'autres décisions jointes au changement des idées et des mœurs avaient singulièrement modifié la situation; ainsi les juifs espagnols, portugais, avignonais avaient été régulièrement reçus en France et y jouissaient d'une bonne situation.

On sentit parfois très vivement l'utilité de ces juifs, légalement bannis. C'est ainsi, par exemple, qu'en 1714, un arrêt du conseil, pris en considération de la disette, déchargea de tous droits les juifs qui entreraient dans Paris. On faisait ce jour-là plus que de leur ouvrir les portes; on les appelait[3].

2. *Ere nouvelle. — Emancipation.*

Les prodromes. La Constituante. — La philosophie bruyante et, pour ainsi dire, officielle du XVIIIe siècle ne prit pas en main la cause des juifs; mais il s'opérait néanmoins en leur faveur, parmi les classes éclairées, un travail d'opinion souterrain qui produisit ses premiers fruits en Angleterre où ils se trouvèrent pendant un an (1753) en mesure de conquérir par la naturalisation tous les droits civils et politiques. En Toscane, le grand-duc usa à leur égard de procédés plus doux et « d'une politique plus saine[4]; » bannis de la Sicile depuis 1492, ils y furent rappelés pour cinquante ans en 1740[5]. Louis XVI suivit ce courant, lorsqu'en 1784, il affranchit les juifs du péage corporel et de divers

1 Ord. du 17 sept. 1394, dans *Ord.*, t. VII, pp. 675-677.

2 Mais il pouvait exister quelque mesure spéciale. Ainsi les juifs furent expulsés de la Provence en 1484 (Théodore Reinach, *Histoire des Israélites*, p. 402). Ajoutez un nouveau bannissement général en 1615 (Isambert, t. XVI, pp. 76-78).

3 Préfecture de police. Collection Lamoignon, t. XXV, p. 302 (d'après la table). Néanmoins, en 1761, le lieutenant général de police considère toujours qu'en principe, les juifs sont bannis de France, depuis 1394 (D***, lieutenant général de police, *Code de la police*, Paris, 1761, t. Ier, p. 17).

4 Mirabeau, *Sur Moses Mendelssohn, sur la réforme politique des juifs et en particulier sur la révolution tentée en leur faveur en 1753 dans la Grande Bretagne*, Londres, 1787, pp. 80, 92 et suiv.

5 Giovanni, *L'Ebraismo della Sicilia*, p. 241. Je dois cette indication à M. Isidore Loeb.

droits analogues auxquels ils étaient assujettis[1]; nous voyons ici disparaître un des débris de cette servitude civile[2] des juifs si nettement formulée, au XIIIe siècle, par saint Thomas.

Cette tendance de l'opinion se manifeste encore chez nous par un travail fort remarquable du grand Mirabeau (1787)[3]; par une décision de la *Société royale des sciences et arts de Metz*, qui, préoccupée, en 1785, de l'émancipation des juifs, mettait au concours, pour l'année 1787, la question suivante[4] : *Est-il des moyens de rendre les juifs plus heureux et plus utiles en France?* Ce concours produisit d'utiles mémoires parmi lesquels fut distingué, en première ligne, celui du curé, alors inconnu, d'Emberménil, l'abbé Grégoire[5]. Un conseiller au parlement de Metz s'occupa avec zèle de ce concours et en apprécia les résultats avec un rare bon sens : Rœderer. Enfin, à la veille de la révolution, en 1788, Louis XVI songeait à l'émancipation des juifs[6]. Le Dieu d'Israël allait donc enfin exaucer cette prière lamentable d'un juif avignonais du XVIe siècle, Ha-Cohen, qui, en tête du martyrologe de sa nation, intitulé *La vallée des pleurs*, écrivait : « J'ai appelé ce livre *La vallée des pleurs*, car il est bien selon ce titre; quiconque le lira sera haletant, ses

[1] Isambert, t. XXVII, p. 360. Il est vrai que, la même année, Louis XVI prend, à l'égard des juifs d'Alsace, une décision qui certes ne sent pas le progrès des idées. Voyez ci-dessus, p. 358.

[2] Encore en 1715, on avait vu le roi de France ou plutôt le régent, voulant faire un don au duc de Brancas et à la comtesse de Fontaine, imposer une redevance annuelle de 40 livres sur chaque famille juive établie dans la ville et généralité de Metz et gratifier, pour 30 ans, de cette redevance le duc et la comtesse ci-dessus cités (*Encycl. méthod., Jurisprudence*, t. V, p. 337). Ce don fut renouvelé; car, en 1790, les Israélites déclarent que les juifs de Metz sont assignés par le duc de Brancas, duc de Lauraguais, en paiement de 20,000 livres, droit cédé par le roi à la maison de Brancas (Mavidal et Laurent, *Archives parlementaires*, 1re série, t. XII, pp. 732, 733).

[3] Cité ci-dessus, p. 359, note 4.

[4] *Revue des études juives*, n° 1, juillet-sept. 1880, p. 83.

[5] A propos de l'abbé Grégoire, il est intéressant de noter que le cahier de Nancy se plaint des juifs, loin de réclamer leur émancipation, et demande formellement qu'ils soient réduits au nombre fixé par les ordonnannes (Mathieu, *L'ancien régime dans la province de Lorraine et Barrois*, p. 234).

[6] Hallez, *Les juifs en France*, pp. 163-165. Lémann, *L'entrée des Israélites dans la société française*, Paris, 1886, pp. 444-448.

paupières ruisselleront et, les mains posées sur les reins, il se dira : jusques à quand, ô mon Dieu[1]? »

Jusqu'à là Constituante. C'est la Constituante qui fit passer dans le domaine du droit positif les vues généreuses de quelques âmes d'élite. Résumons les votes de cette assemblée en faveur des juifs. Les deux premiers ne résolvent rien; ce sont des décrets de circonstance (28 sept. 1789 et 16 avril 1790), à l'occasion de violences exercées contre les juifs d'Alsace. Le style de ces décrets a encore une allure moyen âge assez curieuse : l'Assemblée met les juifs d'Alsace et des autres provinces sous la *sauvegarde* de la loi et défend d'attenter à leur sûreté. Cette conception et cette expression *sauvegarde* nous reportent aux habitudes du moyen âge : il est vrai que l'expression *loi* substituée à *roi* sent bien son XVIIIe siècle.

En 1790, l'Assemblée, sans prendre d'ailleurs de décision générale au sujet des juifs, incline visiblement vers l'émancipation absolue. Dès le 28 janvier 1790, elle préjuge, pour ainsi dire, la question par une décision en faveur des juifs portugais, espagnols et avignonais : « Tous les juifs connus en France sous le nom de *juifs portugais, espagnols et avignonais,* continueront d'y jouir des droits dont ils ont joui jusqu'à présent et qui leur avaient été accordés par des lettres patentes[2]. En conséquence, ils jouiront des droits de citoyen actif, lorsqu'ils réuniront, d'ailleurs, les conditions requises par les décrets de l'Assemblée nationale[3].

La constitution des 3-14 septembre 1791 mit implicitement tous les juifs sur le même rang que tous les autres Français et leur assura les mêmes droits. Cependant un constituant, ayant demandé une déclaration plus nette, l'Assemblée, par un décret du 28 septembre 1791, accorda explicitement aux juifs tous les droits civiques et les assimila formellement aux autres citoyens[4].

[1] L'ouvrage de Ha-Cohen a été publié en français par J. Sée, Paris, 1881. Cf. Bernard-Lazare, *La solidarité juive*, dans *Entret. polit. et littér.*, 1890, n° 7, p. 223.

[2] Pour comprendre cette allusion voyez Pauliat, *La politique coloniale sous l'ancien régime*, p. 181 et suiv.

[3] 28 janvier 1790 (Duvergier, t. Ier, p. 113).

[4] Le 27 septembre 1791, sur la proposition de Dupont, on s'occupa de la ques-

Ainsi était réalisé le vœu éloquemment exprimé, dès le mois de décembre 1789, par le comte de Clermont-Tonnerre[1]. Un droit nouveau était fondé.

L'émancipation un moment compromise sous Napoléon Ier. — J'ai dit : *fondé*. Cette situation fut toutefois ébranlée un moment, au XIXe siècle, sous Napoléon Ier. La position intolérable faite aux débiteurs des juifs en Alsace et dans les pays voisins fut l'occasion du grave péril que coururent à cette époque les droits civils et politiques des juifs : on vit, en 1806, un jurisconsulte français, Poujol, demander avec la dernière instance, au nom de l'intérêt général, qu'on ôtât temporairement aux juifs de France le droit de citoyen. On restituera ensuite individuellement, écrit-il, le droit de citoyen à ceux d'entre les juifs qui l'auront mérité, tels et tels juifs de Bordeaux, par exemple. Non pas ceux d'Alsace! C'est tout particulièrement contre ceux d'Alsace que Poujol prend la plume.

Pour atteindre le but pratique qu'il se propose, c'est-à-dire le soulagement des innombrables débiteurs des juifs d'Alsace, Poujol, qui examine la question en jurisconsulte très préoccupé des principes, ne voit d'autre moyen que de procéder méthodiquement et de commencer par dépouiller les juifs des droits de citoyen[2].

tion des juifs; on chargea Dupont de rédiger un projet de décret : ce qu'il fit. Le décret fut amendé par MM. Broglie et Prugnon, puis adopté le 28 septembre. Il faut joindre les observations de Rewbell dans la séance du 28 septembre 1791 : elles peuvent servir à expliquer le décret de 1806 dont il va être parlé. Cf. *Journal des Débats*, 26 et 27 septembre 1791, pp. 12, 13, 14; *Moniteur* du 28 septembre 1791, pp. 1133, 1134. Les deux décrets de 1790 et de 1791 relatifs aux juifs sont omis dans la collection des *Lois et actes du gouvernement* depuis août 1789, réimprimée en 1806; y aurait-il eu là quelque intention? Le gouvernement hésitait alors sur l'attitude à prendre vis-à-vis des juifs; Napoléon proposait formellement d'établir une patente sur les juifs non propriétaires (en d'autres termes, de les taxer comme sous l'ancien régime) et de leur enlever les droits civils. Voyez *Correspondance de Napoléon Ier*, t. XII, pp. 190, 701.

[1] Cf. *Archives parlementaires*, 1re série, t. X, p. 694; Hallez, *ibid.*, pp. 166, 167; Th. Reinach, *Histoire des Israélites*, pp. 318, 319. Dans le *Moniteur* et les *Archives parlementaires* je trouve la proposition de M. de Clermont-Tonnerre, mais non pas à cette date les paroles que rapporte M. Reinach. Voir du même un beau discours pour les juifs d'Alsace, prononcé le 29 septembre 1789 (*ibid.*, t. IX, p. 201).

[2] Poujol, *Quelques observat.*, etc., pp. 91, 95.

Napoléon hésita et conçut tout d'abord des projets voisins de ceux de Poujol, plus vexatoires peut-être. Il se décida à la fin ou on le décida à poursuivre le but désiré avec moins de pompe, moins de fracas, en prenant les choses de beaucoup moins haut et sans s'attaquer trop directement aux principes. Préoccupé de la situation des débiteurs d'une région considérable de l'empire, il rendit le décret du 30 mai 1806, par lequel un sursis est accordé aux cultivateurs qui devaient de l'argent à des juifs dans les départements de la Sarre, de la Roer, du Mont-Tonnerre, des Haut et Bas-Rhin, de Rhin-et-Moselle, de la Moselle et des Vosges. Il faut relever ce considérant du décret : « Sur le compte qui nous a été rendu que dans plusieurs départements septentrionaux de notre empire, certains juifs n'exerçant d'autre profession que celle de l'usure, ont, par l'accumulation des intérêts les plus immodérés, mis beaucoup de cultivateurs de ces pays dans un état de grande détresse. » Le sursis fut levé en 1808 [1]. Mais un décret du 17 mars 1808 apporta, pour une période de dix années, les plus graves restrictions à la liberté commerciale des juifs et, de plus, leur interdit de fournir des remplaçants pour le service militaire. Des décrets successifs exemptèrent de l'application de ces mesures rigoureuses les juifs de Paris, de Bordeaux, de Livourne, etc. Elles ne paraissent pas, d'ailleurs, avoir été rigoureusement appliquées, même en Alsace et dans les provinces rhénanes. Personne, en 1818, ne songea à renouveler le décret de 1808 qu'on aurait pu, d'ailleurs, considérer comme abrogé par la charte de 1814. L'émancipation complète et définitive des juifs en France, date donc, en réalité, de la restauration [2].

Ces mesures si remarquables prises au commencement de ce

[1] Cf. Desquiron, *Comment. sur le décret du 17 mars 1808*, p. 19; *Bulletin des lois*, 4e série, t. IV, pp. 582, 583. Dans l'intervalle avait été rendue la *Déclaration* ou *Décision du grand Sanhédrin*, datée du 2 mars 1807 : c'est grâce à cette *Déclaration* que les juifs gardèrent la jouissance de leurs droits civils. Portalis, en suggérant ingénieusement cette idée du Sanhédrin avait sauvé les juifs (je dois la connaissance de ce fait à M. Franck). Voyez le texte dans Duvergier, t. XVI, p. 119 et suiv. Barruel fit ce qu'il put pour « empêcher l'effet que pouvoit avoir le Sanhédrin. » (*Revue cathol. des instit. et du droit*, t. XX, p. 279).

[2] Cf. Th. Reinach, *Histoire des Israélites*, pp. 338-341.

siècle, se rattachent à toute la tradition antérieure et doivent être rapprochées d'une foule de décisions analogues, mais plus radicales, du XIIIe et du XIVe siècle. Elles provoquent la réflexion; elles nous permettent d'entrevoir l'état économique douloureux qui a pu, au moyen âge, motiver et expliquer, je ne dis pas justifier, plusieurs des mesures prises pour libérer les débiteurs des juifs; race essentiellement commerçante, en faveur de laquelle, il ne faut jamais l'oublier, les chrétiens eux-mêmes créèrent, sans le vouloir, le dangereux monopole de la banque et du commerce de l'argent. Tel fut, en effet, le résultat nécessaire de l'interdiction du prêt à intérêt.

BIBLIOGRAPHIE. — Fischer, *De statu et jurisdictione judæorum secundum leges Romanas, Germanicas, Alsaticas*, Argentorati, 1763. — Delamare, *Traité de la police*, liv. II, tit. III, ch. 1 et 2. — Beugnot (A.), *Les juifs d'Occident*, Paris, 1824. — Depping, *Les juifs dans le moyen âge*, 1844. — Achille Halphen, *Recueil des lois, décrets, ordonnances, avis du conseil d'Etat, arrêtés et règlemens concernant les Israélites depuis la révolution de 1789*, Paris, 1851. — Bédarride, *Les juifs en France, en Italie et en Espagne*, Paris, 1859; 2e édit., Paris, 1860. — Erler, *Historische-kritische Uebersicht der national-ökonomischen und social-politischen Literatur*, dans *Archiv für kath. Kirchenrecht*, t. XLI, p. 3 et suiv.; t. XLII, p. 3 et suiv.; t. XLIII, p. 361 et suiv.; t. XLIV, p. 353 et suiv.; t. XLVIII, p. 3 et suiv. (Sous ce titre général accompagné ensuite de divers sous-titres plus significatifs, Erler a commencé, à partir de la page 75 du tome XLI, une étude historique considérable sur les juifs au moyen âge). — Bardinet, *Condition civile des juifs du Comtat-Venaissin*, dans *Revue historique*, XII, 1; XIV, 1, et dans *Revue des études juives*, n° 11, janvier-mars 1883 (Les juifs du Comtat furent beaucoup mieux traités sous l'autorité des papes que les Israélites établis dans le reste de l'Europe). — Th. Reinach, *Histoire des Israélites*, Paris, Hachette. — Th. Malvezin, *Histoire des juifs à Bordeaux*, Bordeaux, 1875. — G. Saige, *Des juifs du Languedoc*, Paris, 1881. — L'abbé Lémann, *L'entrée des Israélites dans la société française*, Paris, 1886. — R. de Maulde, *Les juifs dans les Etats français du Saint-Siège*, Paris, 1886. — V. Molinier, *Cours élémentaire de droit constitutionnel*, 1887, pp. 168-183. — Aronius, *Regesten zur Geschichte der Juden im fränk. und deutschen Reiche*, Berlin, 1887 et années suiv., in-4°. — Isidore Loeb, *Les juifs en Europe*, Paris, 1884 (ouvrage écrit pour l'empereur de Russie; non mis dans le commerce). — Isidore Loeb, art. *Juifs*, dans Vivien de Saint-Martin, *Nouveau dictionnaire de géographie universelle*, t. II, in-4°, pp. 988-1000. — Anatole Leroy-Beaulieu, *Les juifs et l'antisémitisme*, dans *Revue des Deux-Mondes* des 15 février, 1er mai, 15 juillet 1891.

CHAPITRE IX.

LES AUBAINS ET LA NATURALISATION. — LES LÉPREUX.

[Leçon du 6 Avril 1894]

1. *Droit d'aubaine.*

Définition; histoire. — On appelle souvent l'étranger *aubain*, quelquefois *espave* [1], ou *epave*.

Quand l'aubain vient à mourir sans enfants nés en France, tout ou partie de sa succession est attribuée soit au seigneur du lieu, soit au roi : et c'est ce qu'on nomme : *droit d'aubaine*.

De graves indices permettent de supposer que tout étranger n'était point à l'origine considéré comme aubain et que le droit d'aubaine s'exerçait seulement sur la succession de l'individu inconnu qui n'avait point encore de domicile fixe ou ne pouvait s'avouer de personne [2]; ou encore sur l'homme de basse condition qui, arrivant de loin dans un pays, y prenait tout naturellement la position des petits du pays, des serfs [3].

[1] « Et voulons que pour ceste cause il ne doie, ne puisse jamais estre reputez pour aubein, *espave*, ou estrange de notre royaume » (Acte de 1340, aux *Archives Nationales*, JJ. 74, fol. 125 v°).

[2] Cette impression résulte pour moi de la lecture des textes suivants : Cassiodore, *Var.*, lib. IX, epist. XIV (édit. de Venise, 1729, t. Ier, p. 137); *Lex Burg.*, XXXIX, *De receptis advenis*; phrase ainsi conçue : « Peregrinum qui patronum non habebat vendebant Saxones, » extraite d'un hagiographe cité par Warnkœnig, *Franz. Staats-und Rechtsgeschichte*, t. II, p. 184, note 2; acte du XIe siecle cité par M. Beautemps-Beaupré, *Cout. et instit. de l'Anjou et du Maine*, t. III, Préface, p. LIX. Joignez le mot *mesqueneü* dans *Etablissements*, liv. Ier, ch. 100, qui me paraît se rattacher à la même tradition, et lisez ici : Lehuërou, *Hist. des instit. carol.*, pp. 16, 17, 447; Warnkœnig, *Franz. Staats-und Rechtsgeschichte*, t. II, pp. 180-188; G. d'Espinay, *La féodalité et le droit civil français*, p. 92. Voyez aussi Hænel, *Lex romana Visig.*, p. 286.

[3] Constitution de La Réole (fin du Xe siècle), art. 31 : « Si quis vero adventitius vel naturalis sine hærede legitimo decesserit, res ejus, si solutus fuerit, ad priorem pertinent : si conjugatus, medietas » (Giraud, *Essai sur l'hist. du droit franç.*, t. II, pp. 515, 516).

Cet usage s'étendit peu à peu. Tout étranger, même riche et considéré, fut un aubain et sa succession fut de bonne prise.

Les premiers symptômes du droit d'aubaine remontent très haut[1]. L'Eglise était hostile à cet usage barbare. C'est sous son inspiration que saint Etienne, roi de Hongrie, fit entendre, en faveur des étrangers, de nobles paroles dignes, en tout point, des plus généreuses conceptions de l'esprit moderne[2]. Au XIIIe siècle, un empereur, Frédéric II, essaya d'arrêter la formation définitive du droit d'aubaine et de l'abolir là où il existait. Il garantit tous les droits de l'aubain. Sa constitution fut, par ordre, ajoutée au *Code de Justinien*[3].

En 1315, Louis X adressa à un de ses officiers, le sénéchal de Beaucaire, une ampliation approuvée par lui, de l'ordonnance de Frédéric II[4] (cette constitution, malheureusement, ne concernait pas seulement les aubains).

Développements du droit d'aubaine. Le roi. — Mais les usages ne se fixèrent pas, du moins en France, comme l'auraient souhaité quelques esprits élevés. En dépit de cette constitution de Frédéric II, le seigneur féodal eut droit à tout ou partie de la succession de l'aubain. En Anjou, au XIIIe siècle, la coutume lui attribue dans un cas tous les meubles, dans un autre cas la moitié des meubles, et enfin tous les biens, si l'aubain vient à mourir sans enfants. Le droit se fixa généralement ainsi : succession de l'aubain déférée tout entière au seigneur ou au roi, si ledit aubain vient à mourir sans enfants nés en France[5].

[1] Voyez Salvien, *De gubern. Dei*, V, 9, édit. de l'académie de Vienne, p. 116.

[2] *Corpus juris Hungarici*, t. Ier, Tyrnaviæ, 1751, pp. 125, 126. Saint Etienne a régné de 997 à 1038. Cf. *Exode*, XII, 49.

[3] *Code de Justinien*, VI, LIX, auth. *Omnes peregrini*, sous loi 10. C'est l'art. 10, *al.* 8, de la célèbre constitution de Frédéric II contre les hérétiques, approuvée par le pape Honorius III. Voyez l'ordre envoyé par Frédéric II aux docteurs et aux écoliers de Bologne : « per imperialia vobis scripta mandantes quatenus has faciatis in vestris scribi codicibus... » (Huillard-Bréholles, *Historia diplomatica Friderici secundi*, II, I, p. 7).

[4] Isambert, t. III, p. 128. Je doute que le roi de France ait eu spécialement en vue l'article de cette ordonnance qui concernait les aubains. Les textes publiés ne permettent pas de se prononcer.

[5] *Et. de saint Louis*, liv. Ier, ch. 92, 100. La combinaison des ch. 92 et 100 des *Etablissements* n'a pas été, à mes yeux, heureusement faite jusqu'ici. Le ch. 92

Le roi de France est avant tout seigneur féodal; et sur ses domaines il jouit, comme les autres seigneurs, du droit d'aubaine. Il prit goût à ce droit : on le voit sans cesse contester le droit d'aubaine aux seigneurs sur leurs propres terres et y prétendre lui-même dans toute l'étendue du royaume[1]. Le droit du roi s'étend toujours parmi des contestations sans cesse renouvelées. Au XVIIe siècle, Colbert jugeait encore utile de faire une loi pour attribuer au roi seul les successions des aubains et projetait à ce sujet une ordonnance[2]; à la fin de l'ancien régime, tous les jurisconsultes[3] proclamaient le droit du roi à l'exclusion de celui des seigneurs : mais le texte de diverses coutumes était opposé à cette prétention.

L'aubain, ai-je dit, est l'étranger. Mais qu'entend-on, au juste, par *étranger?* Pour le seigneur, l'aubain est souvent l'étranger à la localité. Pour le roi, l'aubain est toujours l'étranger au royaume : et c'est en ce sens que se fixa la signification du mot.

A l'origine, on ne songea pas à empêcher l'aubain de faire un testament. Le testament de l'aubain paraît même être souhaité

suppose que l'aubain ne s'est pas, dans l'an et jour, déclaré l'homme du seigneur; le ch. 100 suppose, au contraire, qu'il est devenu l'homme du seigneur : les expressions employées pour désigner l'aubain sont dans les deux rubriques *ome estrange;* dans le texte du ch. 92 : *hom qui ne soit pas de la vile;* dans le texte du ch. 100 : *home mesqueneü*. C'est toujours le même personnage qui est visé, c'est-à-dire l'étranger. Le compilateur, auteur des rubriques, ne s'est point trompé en rendant par le même mot *estrange* les deux expressions différentes qu'il trouvait dans le texte de la coutume de Touraine-Anjou. Pour n'avoir pas bien vu la relation et le sens de ces deux chapitres, on a souvent introduit dans l'exposé de l'histoire du droit d'aubaine des distinctions et des bizarreries qui ne me paraissent pas fondées. On trouvait dans le même texte un *mesqueneü* et un *homme qui n'est pas de la vile,* traités de manières différentes. On en concluait qu'on avait affaire à deux personnages différents : de là cette distinction continuelle entre l'*aubain* et le *mesqueneü* ou *mescreü* (*mescreü* est tout simplement une variante de quelques manuscrits). On ne s'aperçut pas qu'il fallait chercher la raison de la différence de traitement dans la différence des deux positions prévues vis-à-vis du seigneur, et non dans une différence imaginaire entre le *mesqueneü* et l'*homme qui n'est pas de la vile*.

1 Cf. Vuitry, *Etudes sur le régime financier de la France, Nouvelle série*, t. Ier, p. 442.

2 Monnier, *Guillaume de Lamoignon et Colbert*, p. 153.

3 Voyez notamment Laurière, sur *Et.*, liv. Ier, ch. 100, dans mon édition des *Etablissements*.

par la coutume de Touraine-Anjou du XIIIe siècle[1]; mais peu à peu on lui dénia ce droit et tout indique que l'administration du domaine royal y contribua. Les officiers du roi se jetaient sur les biens des aubains, se préoccupant fort peu des testaments; et, s'il y avait un testament, ils en empêchaient l'exécution. Vainement, le parlement de Paris proclama à plusieurs reprises pour l'aubain le droit de tester[2]. Ce droit lui fut enlevé.

Cette avidité brutale du fisc royal s'explique, comme tant d'autres faits du même genre, par une considération qui domine toute notre histoire. L'Etat, tel que nous le concevons aujourd'hui, est en voie de formation au moyen âge et le roi représente l'Etat. Aussi chaque jour ses dépenses augmentent. Cependant il n'a guère d'autres ressources régulières que celles d'un grand propriétaire féodal, c'est-à-dire les revenus de son domaine. De là la nécessité d'étendre ce domaine et de lui faire rendre chaque jour davantage. De là cette avidité extraordinaire; c'est celle d'un riche toujours gêné.

Contre le droit de tester de l'aubain, on se servit du droit romain comme d'une arme redoutable. Chez les Romains, le citoyen avait seul la *testamenti factio;* en d'autres termes, pouvait seul recevoir par testament ou faire un testament (romain); le pérégrin n'avait point ce droit[3]. Cette considération

[1] *Cout. de Touraine-Anjou*, § 80, dans mes *Etabl. de saint Louis*, t. III, p. 51. Joignez le texte du XIIe siècle (1142-1144), cité par M. Beautemps-Beaupré, dans *Cout. et instit. de l'Anjou et du Maine*, t. III, Préface, p. LX.

[2] Voyez *Coust. des pays de Vermendois et ceulx de envyron*, édit. Beautemps-Beaupré, pp. 80, 81 (XVe siècle); Picot, *Hist. des états généraux*, t. Ier, pp. 469, 470. Dès le XIVe siècle, le droit de tester est contesté par le roi aux aubains, puisqu'il concède à tel ou tel aubain le privilège de tester; voyez aux Archives Nat., JJ. 74, fol. 125 v° (acte de l'année 1340). Dès la fin du XIIIe siècle, tentative contre le testament d'un clerc du roi d'Angleterre : le roi donne tort à son bailli (Lettre de 1292, dans ms. lat. 4763, fol. 39 v°). On lira avec intérêt une formule de privilège accordé à un aubain tout particulièrement en vue de la faculté de tester qui lui est concédée (*Le grant stille et prothocolle de la chancellerie de France*, 1532, fol. 238 verso). Pour le rôle que j'attribue ici à la royauté voyez encore un acte de 1477, dans *Recueil des édits, déclarations... concernant l'administration des états de Bourgogne*, t. Ier, pp. 216, 217.

[3] Cf. Willems, *Droit public romain*, 3e édit., p. 84; Ulpien, XX, 14 (Le pérégrin ne peut tester d'après le droit romain; mais il peut tester suivant le droit et les formes de sa *civitas*); Vangerow, *Leitfaden für Pandekten Vorlesungen*, t. II, 1846, pp. 80, 81; *Des états généraux et autres assemblées nat.*, t. XII, p. 232.

fut un auxiliaire puissant pour le fisc royal et la doctrine contraire à l'aubain triompha : *Aubains ne peuvent tester.*

Puisqu'on refusait aux parents de l'aubain le droit d'hériter, il était logique de le lui refuser à lui-même. On s'en aperçut et on adopta ce nouvel axiome : *Aubains ne peuvent succéder*[1].

Quant aux vexations, aux charges ou incapacités secondaires et variables dont les aubains eurent à souffrir[2], je ne crois pas nécessaire de m'y arrêter dans un résumé rapide comme celui-ci.

Ainsi aggravé, le droit d'aubaine devint plus odieux que jamais : à la fin du XVe siècle, en 1484, le Languedoc arrachait à la royauté l'abolition du droit d'aubaine dans cette province[3]. A la fin du XVIe siècle ou au commencement du XVIIe siècle, Maynard; au XVIIe siècle, Antoine Le Maistre; au XVIIIe siècle, Montesquieu, Necker, Le Trosne, s'élèvent contre le droit d'aubaine[4].

Ce sont là les adversaires directs, les moins dangereux toujours. Mais le droit d'aubaine est aussi, et d'une toute autre manière, miné sourdement : il s'effondre, pour ainsi dire, de lui-même : c'est ce qui sera expliqué dans le paragraphe suivant.

2. *Exemption du droit d'aubaine par naturalisation et par traités. — Suppression définitive.*

Exemption du droit d'aubaine par la voie de la naturalisation. — Il était dans la nature des choses que les aubains, ayant une famille et une situation, se préoccupassent, dans l'intérêt de leurs héritiers, de la mainmise dont leur succession était me-

[1] Cette aggravation doit dater du XVe siècle : les *lettres de naturalité* accordées en 1519 à Laurent de Médicis la supposent établie. Les privilèges du XIVe siècle pour les marchands italiens de Nîmes, pour les étrangers d'Aigues-Mortes, pour les marchands castillans, n'en parlent pas (*Ord.*, t. IV, pp. 670, 52, 430). Cf. Loisel, *Inst.*, liv. Ier, tit. Ier, règles XLIX, L.

[2] Cf. Warnkœnig, t. II, p. 187.

[3] Cf. Picot, *Hist. des états généraux*, t. Ier, pp. 470-472; ord. de mars 1484 (n. s.).

[4] Cf. E. Poiré, *De la condition civile des étrangers*, pp. 121-123.

nacée. D'ailleurs, cette défaveur attachée à la situation d'aubain était sans doute très sensible pour les héritiers au moment du décès de l'aubain; mais aussi, pendant sa vie, celui-ci supportait souvent certaines charges particulières : au XIVe siècle, par exemple, les marchands italiens payaient divers droits auxquels les Français n'étaient pas soumis [1]. Dans l'intérêt de ses héritiers et dans son intérêt propre, l'aubain était donc comme invité, comme engagé à demander au pouvoir un sort meilleur. C'est ce qu'il fit : et ceux qui purent payer cette faveur l'obtinrent. C'est là l'origine de la naturalisation ou, comme on disait, des *lettres de naturalité* [2].

Les plus anciennes de ces lettres que nous connaissions sont du commencement du XIVe siècle; mais il n'y a aucune bonne raison de penser que de semblables lettres n'aient pas été délivrées dès le XIIIe siècle. La dénomination technique *lettres de naturalité* n'existe pas encore à cette époque : une périphrase un peu longue et qui n'est pas uniforme [3] désigne ces actes : la

[1] Archives nationales, JJ. 73, fol. 48 v° *et passim*.

[2] L'expression *lettres de naturalité* a subsisté dans la langue officielle jusqu'en 1840. A cette date, l'expression *lettres de naturalisation* apparaît dans le *Bulletin des lois;* mais elle ne supplante pas brusquement la vieille forme *lettres de naturalité* : un même acte est qualifié, dans le même volume, *lettres de naturalité* et *lettres de naturalisation*. Voyez *Bulletin des lois*, IXe série, partie supplém., t. XVIII, pp. XVI, 524, v, 214; t. XVII, pp. IV, 290, 677.

[3] Voyez aux Archives nationales les registres JJ. 61, fol. 26 r°; JJ. 62, fol. 8 v°; etc. Je ne m'occupe pas de ce qui se passait en dehors de la France. Mais je crois devoir mentionner un texte qui nous apprend ou prétend nous apprendre comment, vers l'an 1000, l'empereur pouvait faire un Romain : *Qualiter Romanus fieri debeat.* Aucune condition spéciale n'est imposée au postulant. Les *judices* disent à l'empereur : « Cesar noster, quid præcepit summum imperium tuum? » L'empereur répond : « Ut amplificetur numerus Romanorum, illum quem vos hodie mihi denuntiastis Romanæ legis jubemus » (Texte dans Giesebrecht, *Geschichte der deutschen Kaiserzeit*, t. Ier, 1re part., p. 885). Ce document me paraît assez fantaisiste. Au XIVe siècle, les conditions de la naturalisation sont à peu près les mêmes à Rome et en France (Re, *Statuti della città di Roma*, dans *Studi e documenti di storia e diritto*, 4e année, 1883, *Documenti*, p. 274).

En France, au XIIe siècle, un diplôme de Louis VII en faveur de deux Anglais, établis en France, semble bien impliquer que le droit d'aubaine ne sera pas exercé, car il est question des héritiers de ces Anglais qui auront droit à la même protection que leurs auteurs. Mais ces deux Anglais ne changent pas de nationalité; ces lettres de Louis VII ne sont donc pas des lettres de naturalisation. Voyez Langlois, *Formulaires de lettres du XIIe, du XIIIe et du XIVe siècle,* dans notices et extraits, t. XXXIV, 1re partie, pp. 13, 14, n° 1.

teneur elle-même varie suivant les circonstances et suivant les préoccupations différentes du requérant.

Deux caractères principaux, deux traits bien reconnaissables dans ces anciennes *lettres de naturalité* du XIVe siècle : 1° il est dit que le concessionnaire ne sera plus traité comme étranger; 2° le même concessionnaire est décoré du titre de *bourgeois du roi*, de telle ou telle ville [1].

Ainsi, à l'origine, un aubain ne fut pas d'une façon abstraite et générale naturalisé français. L'opération eut un aspect bien plus local et plus concret. L'aubain se fit admettre dans la bourgeoisie de telle ville royale et devint *bourgeois du roi*.

Qu'est-ce donc que le *bourgeois du roi?* On appelle *bourgeois du roi* l'homme libre qui, même habitant sur les domaines d'un seigneur, est soustrait à la juridiction de ce seigneur en toute matière personnelle, et ne relève que de la juridiction du roi (sauf le cas de flagrant délit) [2].

Il y avait aussi des bourgeoisies seigneuriales. Tel grand feudataire avait ses bourgeois, comme le roi avait les siens [3]. On trouverait dans les archives de ces grands fiefs, des privilèges accordés à des étrangers en des termes tout à fait analogues à ceux des privilèges royaux. Louis II d'Orléans, par exemple, accorda, en 1497, des lettres de naturalité à un Ecossais, Jean Hadeyne [4].

Dès le milieu du XIVe siècle, la naturalisation, au sens plus large du mot, tend à se dégager. En effet, l'aubain n'est pas toujours constitué bourgeois de telle bourgeoisie royale; il de-

[1] Ce fait, qui résulte de la lecture des anciennes *lettres de naturalité*, est également attesté par Balde, qui s'exprime ainsi : « Quia per hujusmodi rescriptum a principe impetratum, extranei jus alicujus civitatis Galliæ, sive Parisiensis, siv Lugdunensis, sive Rothomagensis, assequi possunt » (Balde cité par Bacquet, *Œuvres*, t. II, p. 71, 1re col.).

[2] E. Babelon, *Les bourgeois du roi*, dans *Positions des thèses soutenues par l élèves de la promotion 1878 pour obtenir le diplôme d'archiviste-paléographe*, Paris 1877, pp. 3, 4; Laurière, sur Loisel, *Inst.*, liv. Ier, tit. Ier, règles 19, 20, 21, 2.

[3] Lire Droz, *Essai sur l'histoire des bourgeois du roi, des seigneurs et des villes* Besançon, 1760.

[4] Archives nationales, KK. 897, fol. 245 v°; d'après J. de Croÿ, *Etude sur chambre des comptes de Blois* (thèse manuscrite soutenue à l'Ecole des chartes en 1892).

vient souvent, en réalité, *bourgeois du roi* d'une manière tout à fait abstraite. Cependant, par respect pour la tradition, on a encore besoin de nom propre, mais on en met plusieurs et ils s'annulent ainsi les uns les autres; ainsi un certain Ambreton Grimal est déclaré « avec ses enfans nez et à nestre de loyal mariage, noz bourgeois de la ville de Paris, de Montpeslier et de tout nostre royaume » (janvier 1341, n. s.)[1].

A la même époque, la chancellerie royale s'affranchit quelquefois de ces vaines formules et accorde à l'impétrant que ses successeurs puissent hériter de lui, sans qu'il soit considéré comme aubain et que lui-même puisse tester, « tout aussi bien comme se il fust nez franchement de nostre royaume; et voulons que pour ceste cause il ne doie, ne puisse jamais estre reputez pour aubein, espave, ou estrange de nostre royaume (1340)[2]. »

Voilà la naturalisation parfaitement constituée.

Quant aux conditions requises pour l'obtenir, aucune règle bien nette, aucune règle absolue. L'intention de s'établir en France et d'y fixer son domicile est communément exprimée. Elle est bien loin d'être requise dans tous les cas; car on vit des princes étrangers qui n'avaient certes aucune velléité de venir habiter la France, obtenir des *lettres de naturalité :* je citerai Laurent de Médicis[3] (et sa fille Catherine) naturalisé en 1519; le cardinal Barberini[4] naturalisé en 1652; le duc de Savoie naturalisé en 1702[5], etc. Tels d'entre ces personnages ne demandaient pas des *lettres de naturalité* pour le vain plaisir de se dire Français; mais, par suite d'alliances de famille, ils avaient des intérêts et des propriétés en France : à un moment donné, le droit d'aubaine eût pu leur porter préjudice et les priver de riches successions, car « aubains ne peuvent succéder. » De là certaines *lettres de naturalité* qui, à première vue, paraissent fort singulières.

1 Archives nationales, JJ. 73, fol. 48 v°. Cf. JJ. 72, fol. 394 r°.

2 *Ibid.*, JJ. 74, fol. 125 v°. Cf. JJ. 74, fol. 184 r°; ce dernier acte présente un intérêt particulier, parce qu'il y est fait mention expresse de la composition ou finance payée au roi.

3 Archives nationales, *Reg.* O¹*343, fol. 3 r° et v°.

4 Archives nationales, *ibid.*, fol. 118.

5 Depping, *Correspondance administrative sous le règne de Louis XIV*, t. II, p. 375.

Les étrangers résidant pouvaient avoir un autre intérêt à demander la naturalisation, celui d'être admis aux charges et aux honneurs. En 1576, aux états de Blois, les députés du tiers se plaignaient de l'abus des *lettres de naturalité* et demandaient que les étrangers ne les obtinssent qu'à certaines conditions déterminées, au premier rang desquelles ils plaçaient un séjour de dix ans dans le royaume. Ils demandaient encore que ces lettres servissent aux étrangers pour les successions, non pas pour obtenir des places et des dignités dans le royaume[1].

L'usage de naturaliser des étrangers non résidant pouvait donner lieu à des abus et léser de bien des manières les intérêts des nationaux. On s'en aperçut en 1720. Par une ordonnance de février 1720, le roi révoqua et annula toutes les lettres de naturalité, accordées aux étrangers faisant le commerce maritime « qui ont conservé leur domicile dans les pays des princes et républiques dont ils étaient sujets ou hors de notre royaume et qui ne font point leur résidence actuelle dans les villes ou ports de notre dit royaume, même celles où la clause de non résidence dans icelui serait insérée[2]. » Au reste, par cet acte de 1720, le roi ne renonça pas au droit de naturaliser l'étranger, même non résidant en France. Ce droit fut considéré jusqu'à la fin de l'ancien régime comme un droit inhérent à la royauté. En principe, disait-on à la fin du dernier siècle, une lettre de naturalité n'a pas d'effet, si la personne à qui elle est accordée ne demeure pas dans le royaume; toutefois le roi peut toujours accorder la *dispense d'incolat*[3].

Exemption du droit d'aubaine sans naturalisation; traités. — L'exemption du droit d'aubaine ne fut pas seulement accordée à des individus isolés qui étaient en même temps naturalisés : elle fut aussi obtenue en bloc par des catégories considérables d'intéressés qui restaient étrangers. Ainsi le droit d'aubaine fut supprimé en 1351 pour tous les étrangers habitant

1 Pour les ord. qui ont exclu les étrangers non naturalisés voyez Warnkœnig, t. II, p. 187.

2 Bacquet, *Œuvres*, t. II, 1744, p. 73.

3 Picot, *Hist. des états généraux*, t. II, pp. 538, 539. *Encyclop. méthod., Jurispr.*, t. VI, p. 97.

Aigues-Mortes[1]; en 1364, pour tous les marchands castillans trafiquant en France[2]; en 1366, pour les marchands italiens établis à Nîmes[3].

On n'en finirait pas, si on voulait énumérer toutes les exemptions de droit d'aubaine sans naturalisation concédées par nos rois : je citerai encore un privilège de ce genre accordé en 1554 aux gendarmes et aux archers[4], etc., etc.

A ce mode d'exemption du droit d'aubaine sans naturalisation se rattachent les traités internationaux qui, depuis les dernières années du XVIe siècle[5], abolirent réciproquement, en tout ou en partie, le droit d'aubaine entre deux nations de l'Europe. Ces traités étaient devenus très nombreux à la fin de l'ancien régime. Je citerai le traité de 1773 avec les Etats généraux de Hollande[6], celui de 1787 avec la Russie[7], etc., etc.

Dans ces traités avec les puissances étrangères, les rois se réservèrent souvent un faible droit sur la succession des aubains, appelé *droit de détraction*. Ce droit fut fixé par plusieurs conventions à 5 % du capital : il fut stipulé, lorsque la puissance étrangère se réservait elle-même un droit analogue; c'est le cas pour l'Allemagne qui percevait sur les successions des Français un droit connu sous le nom d'*Abschuss*[8].

Abolition du droit d'aubaine. — On voit que les naturalisations et les traités minaient le droit d'aubaine : il existait toujours en principe, mais le fisc avait rarement l'occasion de le percevoir dans les derniers temps de l'ancien régime. La Constituante le supprima enfin en termes absolus, ainsi que le *droit de détraction* (Décret des 6-18 août 1790)[9].

1 Privilèges d'Aigues-Mortes, art. 32, dans *Ord.*, t. IV, p. 52.

2 Ord. pour les marchands castillans, art. 15, dans *Ord.*, t. IV, p. 430.

3 Privilèges des marchands italiens faisant le commerce à Nîmes, *ibid.*, p. 670.

4 Merlin, *Répert.*, t. II, p. 133.

5 Cf. Bonne, *Etude sur la condition des étrangers en France*, Bar-le-Duc, p. 51 et suiv.

6 Semonin de St-Gerans, *De usu hodierno Juris albinagii in Gallia*, p. 18.

7 Isambert, t. XXVIII, p. 483.

8 Voyez *Encycl. méth.*, *Jurispr.*, t. III, p. 687.

9 Joignez le décret des 13-17 août 1791 qui déclare le décret abolitif de 1790 exécutoire dans toutes les possessions françaises, et la constit. des 3-14 sept. 1791, qui renouvelle dans le titre VI le décret abolitif du 6 août 1790.

Le *Code civil* fit un pas en arrière. Il ne rétablit pas le droit d'aubaine proprement dit; mais il fit revivre une des incapacités de l'aubain. Il déclara l'étranger incapable de succéder, lorsque, d'après les traités internationaux, le Français n'était pas, dans le pays de cet étranger, apte lui-même à succéder (art. 11, 726, 912). Le *Code civil* alla plus loin encore : il enleva à l'aubain le droit de recevoir à titre gratuit par testament ou par donation entre vifs, à moins que ce même droit ne fût reconnu aux Français dans le pays de cet étranger. Le *Code* était donc sur ce point plus haineux que le droit ancien, lequel n'avait jamais enlevé à l'aubain le droit de recevoir, en France, une donation entre vifs. Au résumé, le *Code civil* exigeait, pour la capacité de succéder ou de recevoir à titre gratuit par testament ou donation entre vifs, ce qu'on appelle la *réciprocité diplomatique*. La loi du 14 juillet 1819 a abrogé les articles 727 et 912 du *Code civil*, et rétabli, par conséquent, les principes posés par la Constituante; c'est cette loi qui a définitivement aboli les derniers débris du droit d'aubaine[1].

3. *Les lépreux.*

Je dois dire, en finissant, un mot des lépreux, parce que le cruel isolement auquel ils étaient soumis au moyen âge, a trouvé, dans quelques coutumes, une sanction légale, et s'est traduit dans ces coutumes par une situation juridique qu'on peut qualifier de *mort civile*.

En Beauvoisis, au XIIIe siècle, le lépreux (*mesiax*), perd, à partir du jour où il est séparé matériellement de la société, tout droit de propriété : sa succession dès lors est ouverte : « Il est mort quant au siècle[2]. »

La coutume de Normandie est moins dure. Elle laisse au lépreux les biens qui lui appartenaient lorsqu'il fut séparé des hommes sains; du moins il jouit de ces biens par usufruit, mais

[1] Cf. Aubry et Rau, *Cours de droit civil français*, t. Ier, 1869, pp. 280-283.

[2] Beaumanoir, édit. Beugnot, t. II, p. 325. Beaumanoir ne s'exprime pas avec une netteté parfaite : j'ai rendu ce qui me paraît être évidemment sa pensée.

ne peut plus les aliéner : quant aux biens à venir, le lépreux est privé de tout droit de succession [1].

Tout bourgeois d'Ypres, admis dans la léproserie d'Ypres, devait, s'il n'avait ni femme ni enfants, donner à l'hôpital ses biens, meubles et immeubles; dans le cas contraire, une part seulement de sa fortune était remise à la léproserie. Toute succession dévolue au lépreux, après son admission, appartenait intégralement à l'établissement [2].

On trouve de bonne heure des traces de cette incapacité des lépreux; déjà les lois lombardes interdisent au lépreux reclus toute aliénation de biens et disent de lui que « tanquam mortuus habetur [3]. »

La situation des lépreux variait beaucoup avec les localités. Ainsi la coutume du Hainaut qui s'est occupée minutieusement des lépreux, a soin d'écarter à leur sujet toute idée de mort civile : « le lépreux pourra succéder comme autre personne et ses hoirs à lui [4]. » Je viens de dire que Beaumanoir considère les lépreux comme morts civilement. Nous savons cependant que les lépreux de la léproserie de Noyon pouvaient tester avec l'autorisation du maître [5].

A dater de la fin du xve siècle, la lèpre diminue peu à peu. Dans la plus grande partie de l'Europe elle avait cessé, au commencement du xviie siècle, d'être une calamité publique. Voici quelques dates extrêmes. En 1620, la maladrerie de Lescar comptait encore un petit nombre de lépreux. Jusque vers 1830, la Provence et le comté de Nice en ont conservé quelques familles; ces familles habitaient Vitrolles, Martigues, Oneille; le lépreux de la cité d'Aoste, célèbre par le récit touchant de Xavier de Maistre, était originaire d'Oneille. En 1858, il y avait

1 W. L. de Gruchy, *L'ancienne coutume de Normandie*, ch. 27, p. 90. Cout. de Normandie de 1583, art. 274.

2 Diegerick, *Invent. des chartes et documents appartenant aux archives de la ville d'Ypres*, t. Ier, pp. 27, 28.

3 *Edict. Roth.*, 176, apud Pertz, *Leges*, t. IV, p. 41.

4 Cf. Beaune, *La condition des personnes*, p. 322; *Encyclop. méthodique, Jurisprudence*, t. V, pp. 438, 439.

5 Beaumanoir, ch. lvi, § 2 (édit. Beugnot, t. II, pp. 325, 326). Lefranc, *Un règlement intérieur de léproserie au xiiie siècle*, p. 15.

encore, en Italie, une centaine de lépreux : une léproserie fut même créée, à cette époque, sur une colline, près de Saint-Remo. La lèpre n'est pas inconnue en Andalousie et en Portugal[1]. Elle subsiste en Norwège et en Livonie[2].

L'effet survit souvent à sa cause. La lèpre disparue en France, les descendants des lépreux continuèrent longtemps à inspirer la répulsion et la crainte qu'avaient inspirées leurs aïeux. Ces sentiments ont trouvé une expression très nette et très précise dans certains documents officiels ou certains usages locaux qui interdisent aux cagots (anciens lépreux) l'accès des villes ou bourgs, leur assignent telles places dans les églises, leur réservent des cimetières particuliers, etc. Les édits et les arrêts ne parvinrent pas toujours à vaincre ces répugnances traditionnelles. Elles s'affaiblirent d'elles-mêmes, mais fort lentement. Aujourd'hui même elles ne sont pas effacées tout à fait. Le mystère et la crainte qui entourent encore, en Bretagne, quelques cagots ou cacous, en sont le dernier souvenir[3].

BIBLIOGRAPHIE DES § 1 ET 2. — Bacquet, *Du droit d'aubaine*, notamment dans *Œuvres*, t. II, édit. de 1744, pp. 1-145. — Laurière, *Glossaire*, v° *Aubaine*. — Demangeat, *Histoire de la condition civile des étrangers en France*, Paris, 1844. — Sapey, *Les étrangers en France sous l'ancien et le nouveau droit*, Paris, 1843. — Soloman, *De la condition juridique des étrangers dans les législations anciennes et le droit moderne*, Paris, 1843. — Warnkœnig et Stein, *Französische Staats-und Rechtsgeschichte*, t. II, 1848, pp. 180-193. — Semonin de Saint-Gerans, *De usu hodierno juris albinagii in Gallia*, Argentorati, 1785, in-4°. — Gaschon, *Code diplomatique des aubains*, Paris, 1818. — Bonne, *Etude sur la condition des étrangers en France*, Bar-le-Duc, 1880.

BIBLIOGRAPHIE DU § 3. — Buvignier, *Les maladreries de la cité de Verdun* (Metz, 1862). — Guillouard, *Etude sur la condition des lépreux au moyen*

[1] V. de Rochas, *Les parias de France et d'Espagne*, pp. 23, 24.

[2] Voyez l'excellente correspondance russe du *Soleil*, n° du 22 juin 1887.

[3] Voyez V. de Rochas, *Les parias de France et d'Espagne*, pp. 69, 99, et *passim*. J'ai moi-même voyagé, en Bretagne, il y a trente ans, en compagnie d'une cacoue. Dans la région où je me trouvais, les cacous étaient envisagés comme quelque peu sorciers, ainsi que l'écrit à M. de Rochas mon confrère M. Rosenzweig. Cette vieille croyance, d'ailleurs, faisait sourire tout le monde, les cacous eux-mêmes. La dame cacoue eût pu me « dessécher, » en me regardant fixement. Elle n'usa pas de ce privilège et me parla très simplement des cacous et de leur imaginaire pouvoir.

âge notamment d'après la coutume de Normandie, Paris, 1875. — V. de Rochas, *Les parias de France et d'Espagne*, Paris, 1876. — Quantin, *Note sur les lépreux à l'occasion d'une ordonnance du bailli de Vézelay contre trois lépreux de Saint-Père-sous-Vézelay* (février 1607), dans *Bulletin du comité des travaux historiques et scientifiques, Section d'histoire et de philologie*, 1884, pp. 292-296. — Molard, *De la capacité civile des lépreux*, dans *Société des sciences historiques et naturelles de l'Yonne, Bulletin*, t. XLII, 1888. — Lefranc, *Un règlement intérieur de léproserie au* XIII*e siècle*, Saint-Quentin, 1889 (Extrait des *Mémoires de la société académique de Saint-Quentin*, 4e série, t. VIII).

CONCLUSION.

OBSERVATIONS GÉNÉRALES.

Le droit, les mœurs. — La longue liste des incapacités et des inégalités juridiques qui, dans notre ancienne société, distinguaient les personnes, est épuisée.

Le lecteur se doit garder ici des vues superficielles et fausses. D'aussi grandes modifications juridiques peuvent éblouir et facilement donner naissance à de regrettables illusions. Je voudrais, s'il est possible, les prévenir.

Le droit positif se borne souvent à consacrer des situations de fait créées par les intérêts et les passions des hommes, par leurs opinions et leurs mœurs. La plupart des inégalités juridiques sont donc nées d'elles-mêmes en des milieux qui les favorisaient : l'esprit des contemporains n'en a pas souffert autant que le nôtre.

Pour nous qui embrassons difficilement ces ensembles et qui ne pouvons que péniblement et imparfaitement les faire revivre sous nos yeux, nous risquons sans cesse de nous attacher à un détail qui nous choque, sans apercevoir les lignes générales du monument auxquelles il se rattache. Nous verrons, par exemple, avec horreur, au moyen âge, des serfs donnés ou vendus; et nous ne nous apercevrons peut-être pas qu'à la même époque des hommes libres et même des gentilshommes sont donnés, échangés, vendus en des termes identiques [1]. Ces transferts concernent la plupart du temps les services attachés à la terre et à la famille qui habite cette terre plutôt que l'homme lui-même, puisqu'on cède des bourgeois ou des chevaliers [2]. De

[1] Lire à ce point de vue Perreciot, *De l'état civil des personnes et de la condition des terres;* Dupré, *Etudes et documents sur le servage dans le Blésois,* p. 11.

[2] En Dauphiné, au XVIe siècle, un arrêt de notoriété fixe à dix livres le prix d'un homme qui n'est soumis, d'ailleurs, à aucune servitude réelle ou personnelle

nos jours, ces ventes ou cessions d'hommes libres subsistent, mais elles sont passées en des termes différents : ce genre d'affaires ne se traite plus guère que sur une grande échelle, à la suite de ces coups de force qu'on nomme conquêtes.

Il faut se rappeler aussi qu'une grande inégalité de droits n'est pas inconciliable, dans certains milieux, avec une harmonie véritable des divers éléments sociaux. Je ne prendrai qu'un exemple : l'homme et la femme sont-ils aujourd'hui chez nous en état de guerre, parce que le *Code civil* et la loi politique les traitent d'une manière si différente ? A l'inverse, la parité des situations juridiques n'est pas, bien qu'elle y puisse contribuer, une garantie certaine de l'harmonie des classes. Deux éléments servent puissamment à cette harmonie : la vie matérielle facile, le contact journalier. Il serait inexact de croire que la vie matérielle ait été pour les petits, dans les siècles passés, toujours difficile. Nos pères ont traversé des crises affreuses que nous ne connaissons plus : mais ils ont joui aussi de l'abondance et de la paix; et sur beaucoup de points les salaires des humbles ont été largement proportionnés à leurs dépenses[1]. Enfin toutes ces classes, tous ces états différents qu'à l'instant j'opposais les uns aux autres pour mieux faire apercevoir quelques différences juridiques, se sont trouvés en contact permanent, plus mêlés, plus confondus que ne le sont aujourd'hui nos bourgeois et nos paysans, nos hommes du monde et nos ouvriers. Nos droits à tous sont maintenant les mêmes, mais nos habitudes et nos vies diffèrent profondément; les relations n'existent pas. En outre, l'industrie a créé dans nos villes une plèbe dont le sort est plus incertain et peut un jour ou l'autre devenir plus mauvais que ne le fut souvent celui des populations serves. Ce sont là, parmi bien d'autres, des causes nouvelles de division et de souffrance, quelques-unes assez inaperçues, quoique très profondes et très réelles.

(Fauché-Prunelle, dans *Bulletin de la société delph.*, 2e série, t. II, p. 493-494). L'homme libre paye, en effet, des tailles ou des cens ou des droits de mutation et on évalue à dix livres en capital la valeur de ces revenus.

1 Lire à ce point de vue, Siméon Luce, *Hist. de Bertrand Duguesclin et de son époque ;* Hanauer (l'abbé), *Etudes économiques sur l'Alsace ancienne et moderne,* Paris, 1878, 2 vol.

Le bonheur parfait et la paix sociale n'ont point succédé aux souffrances et aux injustices passées. Aussi bien, le jour où l'abrogation de quelques lois, le jour où quelques modifications juridiques ou politiques banniraient du monde la peine et la douleur, la nature humaine serait transformée. Tant que l'homme restera semblable à lui-même, un certain état de malaise et de souffrance sera la condition nécessaire du progrès. Cette souffrance d'où naît une aspiration constante vers le mieux est de tous les temps; une société qui cesserait d'en être travaillée serait une société morte.

LIVRE III.

LES PERSONNES (suite et fin).

LA FAMILLE.

CHAPITRE PREMIER.

PRÉLIMINAIRES TOUCHANT L'HISTOIRE DE LA FAMILLE.

1. *Période préhistorique. — Hypothèses diverses.*

Les origines. — La famille s'est formée lentement. Nulle part, elle n'a atteint l'éminent degré de cohésion, d'unité et de stabilité qu'elle offre dans le monde chrétien. La science moderne s'essaye à retrouver les phases diverses de cette longue élaboration morale [1].

On peut ramener les nombreux essais des derniers investigateurs à deux systèmes contraires. Les uns aperçoivent, à l'origine des choses, une promiscuité des sexes plus ou moins

[1] Voyez ici Bachoffen, *Das Mutterrecht*, Stuttgart, 1861, in-4°; Giraud-Teulon, *Les origines de la famille;* John Ferguson M' Lennan, *Studies in ancient history comprising a reprint of primitive marriage*, London, 1876; sir John W. Lubboch, *The origin of civilisation and the primitive condition of man*, third edit., London, 1875; Tylor, *Researches into the early history of mankind*, 3e edit., London, 1878; Duguit, *Quelques mots sur la famille primitive*, Paris, Larose, 1883; Kohler, dans la *Zeitschrift* de Bernhöft, t. IV, p. 267; t. V, p. 334 et suiv. et la bibliographie à la fin du présent chapitre.

étendue. Les autres entrevoient, même en ces temps primitifs, des unions régulières assez analogues aux mariages modernes.

Un fait, indiscutable en lui-même, a suggéré l'hypothèse très répandue et très goûtée jusqu'à ces derniers temps de la promiscuité primitive des sexes. Le fait bien établi auquel je fais allusion, c'est le système de la parenté par les femmes. Chez les indigènes de l'Australie, chez les Indiens de l'Amérique [1] et ailleurs [2] encore, on rencontre des groupes qui établissent leur parenté par l'auteur féminin et non par le progéniteur mâle [3]. Les parents du père ne sont pas les parents de l'enfant ou, du moins, il n'y a point entre eux de droits successoraux. De ce fait non contesté on a cru pouvoir remonter à une phase primitive de l'humanité dont nous entretiennent aussi quelques récits anciens. Originairement, a-t-on dit, l'humanité ne connut que des unions libres et temporaires. Hommes et femmes vivant ainsi dans la promiscuité, il ne saurait y avoir de parenté certaine que la parenté par les femmes.

Un usage signalé par Strabon chez les Ibères [4], usage qui subsiste peut-être en Biscaye et sur quelques points de la Soule et de la Basse-Navarre, semble s'expliquer à merveille par ces lointaines origines. Je dois dire un mot de ce singulier usage. Quand une femme accouche, le mari se met au lit et se fait soigner lui-même [5]. C'est ce qu'on nomme la *covada*. N'est-il pas évident, nous disent les auteurs dont je résume la pensée, que cette *covada,* cette *couvée,* est une reconnaissance d'enfant, une déclaration de paternité qui avait sa valeur et sa signification bien des siècles avant Strabon, en un temps où la naissance d'un enfant donnait lieu à un problème difficile à résoudre? L'aveu formel du père était nécessaire pour qu'il y eût officiellement

[1] Vail, *Notice sur les Indiens de l'Amérique du nord,* p. 200.

[2] Sokolsky, *Spuren primitiver Familienordnungen bei den kaukasischen Bergvölkern,* dans *Russische Revue,* t. XII, 1883, p. 182. Post, *Bausteine,* t. II, p. 30.

[3] J'emprunte ces expressions à sir Henry Sumner Maine (*Etudes sur l'ancien droit et la coutume primitive*) ; cet auteur accorde au *Mutterrecht* la place la plus restreinte possible, et répugne beaucoup à ces théories. Voyez p. 285 et suiv.

[4] Strabon, liv. III, ch. IV, § 17, édit. Müller et Dübner, t. Ier, 1853, p. 137.

[5] Cordier, *Le droit de famille aux Pyrénées,* pp. 55, 56.

un père. On retrouve la *couvée* en Afrique et dans l'Amérique du sud[1].

Assez récemment, d'excellents observateurs ont limité cette promiscuité primitive. Ils l'ont comprise d'une tout autre manière et nous ont mis en présence d'une promiscuité *sui generis*, astreinte à certaines règles, à certaines lois morales, très précises et même très sévères. Voici un groupe d'indigènes australiens, le groupe Kumite, composé d'hommes et de femmes. Tout rapport sexuel est rigoureusement interdit entre ces hommes et ces femmes. Mais en revanche, tout homme Kumite possède les droits d'époux vis-à-vis de toutes les femmes d'un groupe voisin, le groupe Kroki. Tout Kroki possède les mêmes droits vis-à-vis de toutes les femmes Kumite. L'enfant appartient toujours au groupe de sa mère. Voilà, nous dit-on, la promiscuité restreinte que nous offre aujourd'hui l'Australie. Elle se combine avec *l'exogamie*, c'est-à-dire avec l'interdiction des rapports sexuels entre personnes appartenant au même groupe. Rien dès lors n'autoriserait à supposer que l'humanité ait jamais connu un autre genre de promiscuité. Encore, certains critiques soupçonnent-ils que les mœurs des Kroki et des Kumite ont pu être mal comprises. La promiscuité même restreinte dont on nous parle pourrait bien être, pensent-ils, un pur effet de mots, une apparence produite par le langage de ces peuples.

Unions régulières. — Cependant les grandes races humaines dont nous connaissons le mieux l'histoire et dont la philologie nous permet d'entrevoir l'état préhistorique, ne nous offrent rien ou à peu près rien qui rappelle soit cette promiscuité large, soit cette promiscuité restreinte. Nous sommes en présence d'unions régulières assez comparables aux mariages modernes. Dominateur et maître, l'homme est ici le centre moral et le chef de la famille. De cette situation est issue, chez un grand nombre de peuples, une notion de la parenté opposée à la précédente, et dans laquelle le lien du sang par les parents mâles joue le

1 Voyez Letourneau, *La sociologie*, p. 366. Mais joignez les observations critiques de Starcke qui ne voit pas dans la *covada* un indice de matriarcat antérieur (Starcke, *La famille primitive*, Paris, 1891, pp. 49-51).

rôle principal. Ce lien par les parents mâles, les Romains l'appellent l'*agnation;* les Slaves du sud, la *parenté par le gros sang*[1]. Cette notion de la parenté est d'une grande importance à Rome; elle apparaît aussi, ce semble, dans le droit germanique primitif. Mais elle n'a pas joué chez nous un grand rôle[2], et, lorsque un peu plus loin, j'étudierai la parenté, je pourrai prendre ce mot au sens moderne, sans distinguer l'*agnation* (parenté civile) et la *cognation* (parenté naturelle), comme faisaient les Romains.

Le système opposé de la parenté par les femmes implique-t-il donc un état de choses profondément différent? Implique-t-il cette promiscuité des sexes dont nous parlions à l'instant? Nullement, répondent les plus récents critiques. Supposez, en effet, (et cette supposition n'est nullement gratuite) que, dans des tribus vivant sous le régime de l'exogamie, il soit de règle que les filles qui se marient restent chez leurs parents, tandis que les maris quittent leur tribu et viennent habiter chez les parents de leurs femmes; vous aurez l'explication toute simple de la parenté par les femmes. Les enfants, issus de ces unions, vivent avec les parents de leur mère et ne connaissent que ces parents maternels. Les parents du père qui vivent dans une autre tribu, leur sont inconnus. Il n'y a, entre eux, ni relations, ni communauté de *gens*, ni lieu successoral. Au contraire, dans les pays où le système de l'*agnation* a triomphé, la femme quittait sa maison ou sa *gens* et allait vivre avec les parents de son mari. De là le système contraire de la parenté par le *gros sang*. Mais, dans les deux cas, l'union est régulière et ressemble aux unions modernes.

C'est ainsi que l'hypothèse d'unions régulières même dans les temps primitifs tend à se substituer à l'hypothèse du régime de la promiscuité. Cependant d'excellents esprits n'osent générali-

[1] Voyez sir Henry Sumner Maine, *Etudes sur l'ancien droit et la coutume primitive*, p. 327.

[2] Un débris considérable de l'*agnation* romaine se trouve dans le système successoral de la coutume de Toulouse, système où persiste, ce semble, un état de choses antérieur non seulement à la *novelle 118* de Justinien, mais même au sénatus-consulte Tertullien et au *Code Théodosien*. Voyez Jarriand, *Histoire de la novelle 118 dans les pays de droit écrit*, pp. 427, 428.

ser et s'en tiennent à ces sages observations du sagace M. Barth : « C'est un procédé souvent peu sûr de prétendre expliquer d'une seule façon les institutions et les coutumes qui, comme les fleuves, ont d'ordinaire plusieurs sources; d'admettre que, partout, les mêmes faits ont eu les mêmes causes et les mêmes conséquences; de repousser toute existence de courants contraires au sein des sociétés primitives, au nom de la simplicité peut-être fictive de ces sociétés; de placer partout en tête d'une certaine série de faits la forme que logiquement nous avons reconnue pour type [1]. »

Monogamie et polygamie — Si nous quittons les temps préhistoriques pour entrer dans la période historique, deux types d'unions bien différents se présentent à nous : la monogamie d'une part, la polygamie de l'autre.

Les Romains, depuis l'origine de leur histoire, sont en possession du mariage et, de droit, ils sont monogames [2]. Les Germains [3] et probablement les Gaulois [4] avaient quelquefois plusieurs femmes; mais seuls les grands, les riches usaient de la polygamie. C'est là, du reste, une observation qui s'applique encore de notre temps aux peuples qui pratiquent la polygamie. On peut avoir plusieurs femmes, mais il faut les nourrir, et, par conséquent, être riche.

[1] A. Barth, dans *Mélusine*, t. VI, janvier-février 1892, col. 11. J'ai dit de mon côté dans mon *Mémoire sur la tanistry*, Paris, 1891, p. 44 : « Des causes différentes peuvent produire des effets très voisins et presque identiques. » C'est une observation qu'il ne faut pas perdre de vue dans les études sociologiques et ethnographiques. Chez les Germains décrits par Tacite et dans la *Loi Salique* elle-même, quelques traits font songer à la parenté par les femmes : « Sororum filiis idem apud avunculum qui ad patrem honor. Quidam sanctiorem arctioremque hunc nexum sanguinis arbitrantur et in accipiendis obsidibus magis exigunt, tanquam et animum firmius et domum latius teneant. » Cette préférence pour les parents par les femmes n'exerce, d'après Tacite, aucune influence sur le droit successoral (Tacite, *Germ.*, 20). Elle semble, au contraire, jouer un certain rôle dans la *Loi Salique*, LIX, 3 : « Tunc si ipsi non fuerint, soror matris in hereditatem succedat. » Cf. Loth. Dargun, *Mutterrecht und Raubehe*, p. 60 et suiv.

[2] Sur la polygamie de fait chez les premiers Romains voyez Jollivet, *De la restitution de la dot*, p. 36.

[3] Tacite, *Germ.*, 18.

[4] César, VI, 19 : « Et cum paterfamiliæ inlustriore loco natus decessit, ejus propinqui conveniunt, et de morte, si res in suspicionem venit, de *uxoribus* in servilem modum quæstionem habent. » Cf. César, VII, 66 : « Ne ad liberos, ne ad parentes, ad *uxorem* aditum habeat. »

Etablis en Gaule et devenus chrétiens, les Francs gardèrent longtemps, malgré les efforts de l'Eglise, quelque chose de la barbarie primitive. Chilpéric eut plusieurs femmes à la fois, notamment les deux sœurs[1]. Dagobert entretint trois reines, sans parler d'un grand nombre de concubines[2]. Enfin, bien qu'on ne puisse assurément accuser Charlemagne de polygamie, il est difficile de ne pas apercevoir dans les mœurs de ce civilisateur de génie qui eut tant de femmes et tant de concubines, comme un souvenir lointain des usages d'une grande maison germaine.

Une province reculée, le Bigorre garda jusqu'au xve siècle inclusivement, sinon la polygamie, du moins le cumul du mariage proprement dit avec une union inférieure, sorte de concubinat appelé en Bigorre *massipia*[3]. Enfin, au moyen âge, les relations continues de Marseille avec l'Orient paraissent avoir importé de nouveau dans cette ville la polygamie. Elle ne put conquérir, comme le *massipia* en Bigorre, une position officielle. La municipalité de Marseille fit bonne garde et promulgua un statut ainsi conçu : *Quod [vir] non habeat duas uxores vel mulier duos viros*[4]. Mais ce sont là de tout petits faits presque inaperçus en présence de la grande transformation morale qui s'est opérée. Le monde chrétien est devenu monogame et le mariage y a pris un caractère frappant de dignité et de noblesse.

2. *La parenté et l'affinité ou alliance.*

Observation générale. — La parenté a été conçue suivant des vues et des aspects très différents : le court exposé qui précède permet d'entrevoir l'étonnante variété de ces aspects changeants. L'étude des conceptions diverses de la parenté forme aujour-

[1] Grégoire de Tours, IV, 28. Cf. Gengler, *Germ. Rechtsdenkmäler*, p. 200.

[2] Frédegaire, *Chronic.*, cap. LX. Cf. *Revue des questions historiques*, 18e année, p. 11.

[3] Des actes du xve siècle constatent authentiquement ces *massipia* ou achats temporaires d'une femme pour services conjugaux. Cf. de Lagrèze, *La féodalité dans les Pyrénées, Comté de Bigorre*, Paris, 1864, pp. 133, 134.

[4] Statuts de Marseille, liv. II, ch. XLIII, dans Méry et Guindon, *Histoire des actes de la municipalité de Marseille*, t. III, 1844, pp. CLIII, CLIV.

d'hui un des chapitres les plus intéressants et les plus difficiles[1] de cette science nouvelle, la *sociologie*, qui s'essaye à deviner le passé de l'humanité par la connaissance approfondie des relations sociales ou familiales en vigueur de nos jours parmi les peuples barbares.

Je ne dirai rien ici de ces investigations difficiles : je me contenterai d'exposer quelques notions très simples sur la parenté et l'alliance d'après le droit romain et d'après le droit canonique.

Parenté. — La parenté est le lien qui unit entre elles les personnes qui descendent d'une même tige ou souche, qui remontent à des ancêtres communs.

Mon frère est mon parent : la femme de mon frère n'est point ma parente.

On considère trois choses dans la parenté, la ligne directe, la ligne collatérale, le degré :

Ligne directe. — La ligne directe est le lien qui existe entre parents tellement unis par le sang que les uns ont reçu des autres la naissance. C'est, en d'autres termes, le lien qui relie les ascendants et les descendants. Le trisaïeul, le bisaïeul, l'aïeul, le père, le fils sont parents en ligne directe.

Ligne collatérale. — La ligne collatérale est le lien qui existe entre parents venant, bien entendu, d'une même souche, mais ne descendant pas les uns des autres. Des frères, des cousins sont parents en ligne collatérale. Il n'y a point de milieu : on est parent en ligne directe ou en ligne collatérale; ou on n'est pas parent du tout.

Degrés. — Les parents, tant en ligne directe que collatérale, sont plus ou moins éloignés les uns des autres. Ces éloignements ou distances sont appelées *degrés :* le degré est donc la distance plus ou moins grande qui existe entre parents.

Comment se comptent les degrés? Voilà ce que nous devons maintenant nous demander[2].

Il faut ici distinguer la ligne directe et la ligne collatérale :

En ligne directe, les degrés de parenté se comptent par le

[1] Voyez sir Henry Sumner Maine, *Etudes sur l'histoire des institutions primitives*, édit. Durieu de Leyritz, Paris, 1880, p. 81 et suiv.

[2] Cf. *Digeste*, XXXVIII, x.

nombre des générations : ainsi du père au fils il n'y a qu'un degré, parce que du père au fils il n'y a qu'une génération; du petit-fils à l'aïeul, il y a deux degrés, parce qu'il y a deux générations. On dira donc que le père et le fils sont parents au premier degré, le petit-fils et l'aïeul parents au second degré.

On remarquera le sens du mot *génération :* pour trouver le nombre des générations, nous ajoutons les personnes issues les unes des autres, sans compter l'auteur commun, *dempto stipite.*

En ligne collatérale, le droit civil et le droit canon comptent les degrés de manières différentes.

Voyons le mode de compter du droit civil. Je compte les degrés en remontant de l'un des parents à l'auteur commun, et en redescendant de l'auteur commun à l'autre parent : je fais le total et j'ai le nombre de degrés. Un exemple pris dans une famille dont la généalogie est déjà connue du lecteur, aura l'avantage de faire très facilement saisir ma pensée. Voulez-vous savoir quelle est la parenté entre Louis XVI et Louis XVIII? Vous remontez de Louis XVI au dauphin, fils de Louis XV; soit ici une génération ou un degré. Vous redescendez du dauphin, fils de Louis XV à Louis XVIII; ici encore une génération ou un degré; total : deux degrés. Louis XVI et Louis XVIII sont parents au second degré. En d'autres termes, deux frères sont parents au second degré. Par la même supputation, deux cousins germains se trouveront au quatrième degré.

En ligne collatérale, les parents ne sont pas toujours également distants, comme je le supposais tout à l'heure, de la souche commune : prenez, par exemple, l'oncle et le neveu : l'oncle Louis XVIII, le neveu Louis XVII. Vous avez de Louis XVII à Louis XVI un degré; de Louis XVI au dauphin, fils de Louis XV, un degré; soit de ce côté deux degrés; de Louis XVIII au même dauphin, fils de Louis XV, un degré; soit de ce côté un degré. Nous ajoutons ces deux degrés et ce degré unique : nous avons trois degrés. Louis XVII et Louis XVIII sont parents au troisième degré. En d'autres termes, l'oncle et le neveu sont parents au troisième degré. Voilà pour le droit civil.

Voyons le mode de compter les degrés en droit canonique en ligne collatérale. Les parents sont-ils également distants de la souche commune, sont-ils frères, cousins germains? On remonte de l'un des parents à l'auteur commun et on s'arrête là; en d'autres termes, on ne fait que la moitié de l'opération que nous décrivions tout à l'heure : par conséquent, des frères sont entre eux au premier degré de parenté; des cousins germains sont entre eux au second degré de parenté; tandis qu'en droit civil des frères sont au second degré, des cousins germains au quatrième degré.

Les parents sont-ils inégalement distants de la souche commune? — ce qu'on appelle quelquefois des parents collatéraux en ligne inégale, — on compte alors les degrés qui séparent le parent le plus éloigné de la tige commune. Reprenons notre exemple de tout à l'heure. A quel degré Louis XVIII et Louis XVII sont-ils parents? Nous comptons de Louis XVII à Louis XVI un degré; de Louis XVI au dauphin, son père, un degré; total : deux degrés : Louis XVIII et Louis XVII sont parents au second degré. En d'autres termes, d'après la terminologie du droit canon, l'oncle et le neveu sont parents au second degré [1].

Il paraît établi que la supputation canonique des degrés en ligne collatérale est d'origine germanique [2] : elle apparaît sous Grégoire Ier; elle se généralise au XIe siècle [3].

Affinité. — L'affinité ou alliance est distincte de la parenté. L'affinité est le lien qui existe entre deux personnes dont l'une a été mariée avec les parents de l'autre. Ainsi Marie-Antoinette a été mariée avec un parent de Madame Elisabeth, puisqu'elle a été mariée avec le frère de Madame Elisabeth, avec Louis XVI : Marie-Antoinette et Madame Elisabeth sont des alliées et non des parentes. Marie-Antoinette a épousé, en s'unissant à Louis XVI, un parent de Madame Victoire et, pour préciser davantage, elle a épousé le neveu de Madame Victoire. Marie-Antoi-

1 Cf. Durand de Maillane, *Dict.*, t. II, p. 258.

2 Siegel, *Die germanische Verwandschaftsberechnung mit besonderer Beziehung auf die Erbenfolge*, Giessen, 1853, pp. 9-11.

3 *Décret de Gratien*, Secunda Pars, Causa XXXV, Qu. v, c. 2 (Décrétale d'Alexandre II). Cf. *Institution du droit romain et du droit français..... avec des remarques*, par Fr. de Launay, Paris, 1686, pp. 173, 174; Fitting, *Jur.-Schriften des früheren Mittelalters*, p. 21; Löning, *Geschichte des deutschen Kirchenrechts*, t. II, 1878, pp. 554-557.

nette et Madame Victoire sont alliées : il y a entre elles non pas parenté, mais affinité ou alliance.

Tous les parents d'un conjoint sont liés à l'autre conjoint par un degré d'alliance ou d'affinité qui est exactement le même que le degré de parenté qui les lie au conjoint leur parent. Ainsi l'empereur Joseph II, frère de Marie-Antoinette, est le parent de celle-ci au premier degré, d'après le droit canon : il est par là même l'allié de Louis XVI au premier degré. En d'autres termes, deux frères sont parents au premier degré canonique; deux beaux-frères sont alliés au premier degré canonique; au second degré civil. Je viens de dire : tous les parents d'un conjoint sont les alliés de l'autre conjoint; mais ils ne sont pas les alliés des parents de l'autre conjoint. Ainsi l'empereur Joseph II est l'allié de Louis XVI dont il est le beau-frère; mais il n'est point l'allié de Madame Elisabeth[1].

J'ai supposé jusqu'ici une affinité ou alliance produite par un mariage; c'est la seule affinité que reconnaisse le droit civil : mais le droit canon admet aussi l'affinité produite par un commerce illégitime. A ce titre, il y aura affinité ou alliance entre Louis XV et les parents de la Dubarry, sa maîtresse (jusqu'au second degré) ; mais les parents de la Dubarry ne sont point les alliés du dauphin, fils de Louis XV.

Le droit canon connaît aussi une affinité ou alliance spirituelle qui se produit entre diverses personnes, à l'occasion du baptême. Nous y reviendrons.

Bibliographie. — Guyné, *Des degrés de parenté*, dans *Traité du droit de représentation; Traité du double lien*, Paris, 1779, p. 388 et suiv. — Walckenaer, *Essai sur l'histoire de l'espèce humaine*, Paris, 1798. — John Millar, *The origin of the distinction of ranks*, Edinburgh, 1806, ch. Ier, II, III, pp. 1-175. — Hülmann, *Herrschaftliche Stämme und Geschlechter*, dans *Urgeschichte des Staats*, Königsberg, 1817, p. 171 et suiv. — Laspeyres, *Dissertatio canonicæ computationis... historiam sistens*, 1824. — Siegel, *Die germanische Verwandschaftsberechnung mit besonderer Beziehung auf die Erbenfolge*, Giessen, 1853. — Giraud-Teulon, *Les origines du mariage et de la famille*, Genève et Paris, 1884. — Lewis H. Morgan, *Systems of consanguinity and affinity*, Washington city, 1871, 1 vol.

[1] Cf. Durand de Maillane, *Dict. de droit canon.*, t. Ier, p. 106.

in-fol. (*Smithsonian contributions to knowledge*, 218). — Mc Lennan, *Stud. in ancient history*, 1876. — Mc Lennan, *The patriarchal theory*, 1885. — John Fenton, *Early hebrew life*, London, 1880, pp. 6 à 9, 43, 44. — Andrew Lang, *The early history of the family*, dans *Contemporary Review*, septembre 1883, t. XLIX, pp. 406-422. — Julius Lippert, *Die Geschichte der Familie*, Stuttgart, 1884. — Engels, *Ursprung der Familie, des Privateigenthums und des Staats*, Zürich, 1884. — Wilken, *Het Matriarchaat bij de Ouden Arabieren*, Amsterdam, 1884 (traduction allemande, Leipzig, 1884). — Letourneau, *L'évolution du mariage et de la famille*, Paris, 1888. — Robertson Smith, *Mariage and Kinship in early Arabia*, Cambridge, 1885. — Hearn, *Aryan household*, London, 1878. — Starcke, *Die primitive Familie in ihrer Entstehung und Entwickelung*, Leipzig, 1888 (Cet ouvrage publié originairement en danois et en allemand a été traduit en français, Paris, 1891). — Bernhöft, *Verwandschaftsnamen und Eheformen der nordamerikanischen Volkstämme, Ein Beitrag zur Vorgeschichte der Ehe*, Rostock, 1889, in-4°. — Joh. Steenstrup, *Anvendt Darwinisme*, dans *Dagbladet*, 31 août 1889. — Berthold Delbrück, *Die indogermanischen Verwandschaftsnamen. Ein Beitrag zur vergleichenden Alterthumskunde*, Leipzig, 1889 (*Abhandlungen der phil.- hist. Classe der kön. Gesellschaft der Wissenschaften*, t. XI, nr. 5, pp. 381-602). — Henry Sumner Maine, *Ancient law*, ch. IV et V. — Henry Sumner Maine, *La famille patriarcale*, dans *Etudes sur l'histoire du droit*, Paris, 1889, pp. 435-506. — Westermarck, *The history of human marriage*, t. Ier, Helsingfors, 1889. — Westermarck, *The history of human marriage*, London, 1891. — Leist, *Alt- arisches jus gentium*, Jena, 1889. — Maxime Kovalevsky, *Tableau des origines et de l'évolution de la famille et de la propriété*, Stockholm, 1890 (*Skrifter utgifna af Lorénska Stiftelsen*, n° 2). — Post, *Studien zur Entwicklungsgeschichte des Familienrechts*, Oldenburg et Leipzig, 1890. — Alberto del Vecchio, *Lo zio materno*, Firenze, 1891 (*Nozze Ghiron-Sanguinetti*). — Ficker, *Untersuchungen zur Erbenfolge der ostgermanischen Rechte*, t. Ier, Innsbrück, 1891, pp. 21-380. — Joignez les indications données ci-dessus p. 383, note 1.

Pour faire la preuve de l'âge d'un homme, déclaration du parrain de la marraine - déclaration du prêtre (en parole de prêtrise) sans serment. Cela avant la preuve écrite. Pourquoi le prêtre ne prêtait-il serment? V. parole de [illegible] dans l'Evangile : Et moi je vous dis, ne jurez pas dites : Cela est, cela n'est pas etc. Cela se rattache à une interprétation de ce texte. V. un passage de St Augustin découvert par M. Delisle (Notice sur un mérovingien contenant fragments d'Eugyppius) - St Louis par prêtre ne jurait jamais (V. Geoffroy de Beaulieu) il disait : Est, non. ou il jurait : In nomine m[illegible]
[illegible]

nocent III la obligea à prêter serment. Il considère que l'interprétation du texte s' angl[illegible] déjà avait la mesure. Les Anabaptistes ont repris cette interprétation avaient admise les Vaudois. Ils proscrivent le serment.

Deuxième cause. De bonne heure curés prennent des notes. Il se fait pour ces écritures. Voici le premier exemple de ces notes, surtout en Bourgogne qui touche le baptême. La préoccupation de l'argent n'a pas joué le même [rôle]. Ce sont des considérations plus pures qui ont donné naissance aux registres de [illegible] de hautes et [illegible] du [illegible] pour ces registres. v. p. 459-460.

CHAPITRE II.

DU MARIAGE.

Aperçu général.

Pouvoir législatif sur le mariage. Progrès et décadence du rôle de l'Eglise. — Je ne saurais tracer l'histoire du mariage dans le monde chrétien et, en particulier, l'histoire du mariage en France, sans éclairer tout d'abord le sujet par quelques observations d'un intérêt général touchant le rôle des puissances ecclésiastique et séculière en matière de mariage.

Dès l'origine du christianisme, le mariage est tombé dans le domaine de l'Eglise : il a été par excellence, entre chrétiens, matière de conscience, soumise aux décisions et à la juridiction de l'Eglise.

Je dis *juridiction*, parce que l'Eglise a exercé une juridiction sur les consciences chrétiennes, avant d'exercer extérieurement et officiellement le moindre droit : cette juridiction sur les consciences fut la base la plus solide et le point de départ le plus sérieux de sa juridiction officielle.

Le mariage était du domaine de l'Eglise, non seulement en raison de ces paroles de saint Paul : « Sacramentum hoc magnum est, ego autem dico in Christo et in Ecclesia[1], » et de divers autres textes encore plus concluants[2]; mais aussi parce

[1] Saint Paul, *Epist. ad Ephes.*, V, 32. Des critiques font observer que la vulgate traduit par *sacramentum* le mot grec μυστήριον, et soutiennent que le mot latin *sacramentum* n'a pas ici le sens technique de *sacrement* (*Encycl. des sciences relig.*, t. VIII, p. 700; Rosenmüller, *Scholia in Novum Testamentum*, t. IV, 1787, p. 428). L'observation est-elle bien concluante? Cf. Drach dans *La Sainte Bible*, édit. Lethielleux, t. VIII, p. 419, note 32.

[2] « Unde sufficiam ad enarrandam fœlicitatem ejus matrimonii quod Ecclesia conciliat, et confirmat oblatio et obsignatum angeli renunciant, pater rato habet » (Tertullien, *Ad uxorem*, lib. II, c. IX, dans Tertullien, *Opera*, Parisiis, 1683, p. 334).

que la morale privée fut dès l'origine et ne cessera jamais d'être, par excellence, du domaine de la conscience et du domaine de l'Eglise, laquelle s'empare de l'homme en dominant avant tout sa conscience.

Avant son triomphe sous Constantin, l'Eglise légiférait[1] déjà en matière de mariage. Assurément sa législation n'avait aucune valeur officielle, mais elle obligeait tous ceux qui s'honoraient du nom de chrétien. Après Constantin, son influence et sa législation pénétrèrent de plus en plus la législation officielle; néanmoins les empereurs ne cessèrent point de se considérer, eux aussi, comme législateurs, en sorte que deux puissances parallèles fonctionnèrent au sein de l'empire romain, qui présenta, sous le rapport de la législation du mariage, un aspect comparable à celui qu'offrent, en ce moment, la plupart des Etats.

Je n'insiste pas, d'ailleurs, sur les divergences entre le droit canonique et le droit civil romain : je les signale.

Sous les Mérovingiens et sous les Carolingiens[2], la législation civile en matière de mariage tend constamment à se fondre dans la législation canonique : son objet principal semble être de faire passer les décisions de l'Eglise dans le domaine officiel et public. Ce travail d'assimilation est presque entièrement consommé au IXe siècle.

« Ideo penes nos occultæ quoque conjunctiones, id est non prius apud Ecclesiam professæ juxta mœchiam et fornicationem judicari periclitantur » (Tertullien, *De pudicitia*, cap. IV, *ibid.*, p. 1197). Cf. un texte très important dans Tertullien, *De monogamia*, cap. XI, même édit., p. 1143, avec la note 83, p. 1153. Bien qu'on s'y soit souvent trompé, il paraît probable que saint Augustin, dans un passage célèbre (*De bono conjugali*, cap. XVIII, 21), n'entend pas par *sacramentum* ce que nous appelons proprement aujourd'hui *sacrement;* c'est ce que fait remarquer le P. Ch. de Smedt dans son excellent ouvrage intitulé : *Principes de la critique historique*, pp. 111-114. Cf. saint Augustin, *ibid.*, XV, 17.

1 Voyez synode d'Elvire de 305 ou 306, can. 61, dans Hefele, *Hist. des conc.*, trad. franç., t. Ier, pp. 160, 161; concile de Néocésarée (entre 314 et 325), can. 2. Cf. un passage très important de saint Jean Chrysostome : Μὴ γάρ μοι τοὺς παρὰ, etc., dans le traité *De libello repudii*, apud *Opera*, édit. de Paris, 1837, t. III, p. 245; *De la juridiction de l'Eglise sur le contrat de mariage par un ancien vicaire général*, Lyon, 1823, p. 68.

2 Voyez notamment *Decretio* de Childebert II de l'an 596, art. 2, dans Boretius, *Capitularia*, t. Ier, pars I, p. 15 et Ansegise, *Capit.*, liv. Ier, art. 104, dans Pertz, *Leges*, t. Ier, p. 286.

C'est, ce semble, au xe siècle que l'Eglise conquit sur le mariage une juridiction exclusive et légiféra seule. C'est au xe siècle qu'en cette matière le dualisme fit à peu près place à l'unité[1]. Je dis à peu près, car un œil exercé peut suivre jusqu'en plein moyen âge deux courants contraires[2].

Un mouvement tout nouveau qui aboutira à faire rentrer le mariage dans la sphère du pouvoir législatif civil, se manifeste au xvie siècle. Toutefois la puissance séculière ne prétendit pas, du premier coup, au droit de légiférer dans un sens contraire aux lois de l'Eglise; mais, en louvoyant, elle s'approcha sinon de ce but, au moins de ce point d'arrivée. Dès le xvie siècle, plusieurs théoriciens avaient revendiqué pour les princes séculiers le droit d'établir des empêchements dirimants de mariage sans le concours ni l'approbation de l'autorité ecclésiastique. Cette doctrine, déjà mise en pratique au xviie siècle, devint courante au xviiie siècle[3]. La tendance vers la séparation du droit civil et du droit canonique en matière de mariage ne cessa de s'accuser. Ce mouvement aboutit à la fin du xviiie siècle, à une émancipation complète, et le législateur formula en ces termes le droit nouveau : « L'Etat ne considère le mariage que comme contrat civil[4]. »

1 Cf. Esmein, *Le mariage en droit canonique*, t. Ier, pp. 1-33.

2 Comparez notamment *Décrétales de Grégoire IX*, IV, viii, *De conjugio leprosorum* et *Assises des Bourgeois*, ch. 175, dans Beugnot, *Assises*, t. II, p. 118. En ce qui touche la juridiction, je renvoie à un curieux débat entre l'archevêque et les habitants de Cologne. Voici ce qu'expose l'archevêque : « Quod cum spectet ad ipsum archiepiscopum atque suum officialem, scilicet capitulum Coloniense et suum burdecanum atque suos plebanos Colon. specialiter judicare de usuris, perjuriis, adulteriis, matrimoniis et spectantibus ad matrimonia, de falsis mensuris et de omni eo quod vulgariter meynkoyf dicitur, et quod in synodis accusare consuevit, nullam tamen super premissis jurisdictionem vel correctionem ipse archiepiscopus atque predicti jam multis annis facere potuerunt propter civium prohibitionem atque procurationem. » Et voici la sentence des arbitres : « Dicimus quod de usuris, perjuriis, adulteriis, matrimoniis et spectantibus ad matrimonia et aliis hujusmodi cognoscere simpliciter pertinet ad forum ecclesiasticum. » (Sentence arbitrale de 1258 entre l'archevêque et les habitants de Cologne, dans Lacomblet, *Urkundenbuch*, t. II, pp. 245, 250).

3 Pothier, *Œuvres*, édit. in-4o, 1773, t. III, p. 136.

4 Constitution des 3-14 septembre 1791, tit. II, art. 7. Cf. loi des 20-25 septembre 1792.

Dès lors l'Etat « ignorera » la législation canonique. Il pourra s'en rapprocher, il pourra s'en éloigner : aucune influence religieuse ne sera avouée comme telle. Nous en sommes donc revenus au dualisme législatif des premiers siècles du christianisme, avec cette différence que les deux législations paraissent tendre aujourd'hui à s'écarter l'une de l'autre[1], tandis qu'une tendance à la fusion au profit des principes de l'Eglise caractérisait le dualisme de l'empire romain.

Pouvoir judiciaire sur le mariage. Progrès et décadence du rôle de l'Eglise. — Telle est l'histoire résumée du pouvoir législatif en matière de mariage : l'histoire du pouvoir de juridiction est calquée sur celle du pouvoir législatif.

A l'origine, les causes matrimoniales étaient portées devant les évêques par les parties elles-mêmes, en raison du devoir de conscience qui oblige les chrétiens à se soumettre au pouvoir de l'Eglise. La juridiction glissa ainsi insensiblement et tomba des mains du pouvoir civil.

Ce mouvement s'accuse de plus en plus sous les Mérovingiens et sous les Carolingiens : les rois Mérovingiens eux-mêmes tendent, dès le VIe siècle, à s'incliner devant la juridiction ecclésiastique en matière de mariage[2]. Dès lors, la juridiction civile matrimoniale va échapper peu à peu presque complètement aux regards et aux recherches de l'historien : le juge civil s'éva-

[1] L'Eglise constitutionnelle schismatique, tout en témoignant d'un esprit de conciliation excessif à l'égard de la législation civile et en lui sacrifiant une décision formelle du concile de Trente, n'a pas moins promulgué un petit code du mariage qui diffère fondamentalement de la législation civile (*Décrets du concile national de France*, p. 8, dans *Collection des pièces imprimées par ordre du concile national de France*, Paris, 1797).

[2] Cf. *De la juridiction de l'Eglise sur le contrat de mariage*, Lyon, 1823, pp. 137, 138; Lœning, t. II, pp. 547 et suiv., 559, note 2; Hincmar, *Opusculum de divortio Hlotarii regis et Telbergæ reginæ*, dans Hincmar, *Opuscula et epistolæ*, 1615, p. 285 et suiv.; Dove, *De jurisdictionis ecclesiasticæ apud Germanos Gallosque progressu*, Berolini, 1855, p. 27. Lire : Sohm, *Die geistliche Gerichtsbarkeit im fränkischen Reich*, dans Dove, *Zeitschrift für Kirchenrecht*, t. IX, 1870, p. 193 et suiv., et surtout pp. 243-246. Les textes relevés par M. Sohm dont l'opinion a toujours d'ailleurs un si grand poids, me paraissent se référer plus particulièrement à des crimes : inceste, mariage avec une religieuse. Pour le moyen âge voy. Friedberg, *De finium inter Ecclesiam et civitatem regundorum judicio quid medii ævi doctores et leges statuerint*, Lipsiæ, 1861, p. 120 et suiv.

nouira, parce qu'il n'aura plus de clients[1]. Cette transformation se consomma, semble-t-il, au xe siècle.

Quant aux intérêts pécuniaires des époux, aucun principe n'en a formellement enlevé la connaissance aux juridictions civiles. La limite qui sépare les intérêts pécuniaires et le mariage proprement dit forme donc, si l'on veut, la frontière théorique des deux juridictions.

La lutte s'engagea sur cette frontière; et c'est sur ce terrain que le pouvoir civil livra ses premiers combats. L'Eglise soutenait que les questions d'intérêt, se présentant non principalement mais accessoirement à une cause matrimoniale, devaient être résolues par elle, afin d'éviter les lenteurs et les confusions de deux procédures devant deux juridictions. Dès le XVIe siècle, l'Etat s'empara irrévocablement de ces questions accessoires, les disjoignit du procès principal et se les attribua. Ce fut un premier pas[2]. Un siècle plus tard, le juge civil connaît seul de la séparation d'habitation entre les mariés, « sous prétexte que cette séparation emporte toujours celle des biens[3]. »

Le pouvoir civil s'avança bientôt beaucoup plus loin et finit par saper complètement la juridiction de l'Eglise sur le mariage. J'indique l'une des principales directions données à ses coups. Les théologiens conviennent que le contrat nuptial est la matière du sacrement de mariage, et qu'il ne peut y avoir mariage là où il n'y a pas contrat[4]. Les juridictions civiles trouvèrent dans cette distinction une arme très puissante. Le sacrement, dirent-ils, n'est pas de notre compétence assurément, mais le contrat nous appartient. Partant de cette distinction, elles s'en-

1 Mais n'oublions pas que l'Eglise elle-même reconnaît jusqu'au concile de Trente l'existence du mariage qui a été conclu sans la participation de ses ministres; ce mariage, existant sans cérémonie religieuse, relève de l'Eglise, dès qu'il donne lieu à une difficulté juridique.

2 Chenu, *Statuta generalia judiciorum ecclesiasticorum..... in conventu Gallicanæ Ecclesiæ coacto Lutetiæ compacta anno* 1606 *cum pluribus aliis statutis*, Parisiis, 1621, pp. 6, 7 (Ce petit ouvrage, fort rare, est du plus grand intérêt). A. Bernard, *Procès-verbaux des états généraux de 1593*, p. 147.

3 Fleury, *Nouveaux opuscules*, Paris, 1807, pp. 89, 90.

4 Discussion intéressante sur cette matière au concile de Trente entre Camille Campège et Antoine Solisio; voyez Paolo Sarpi, *Hist. du conc. de Trente*, trad. Le Courayer, t. II, p. 586.

hardirent à prononcer des nullités de mariage [1]. Ce n'est pas le sacrement qu'elles déclarent nul : oh non! « ce serait une impiété absurde [2]. » Ce n'est que la matière du sacrement.

Les juges laïques et, pour préciser davantage, les parlements furent très souvent saisis de contestations relatives au mariage par des appels comme d'abus; car, si on accusait un mariage de nullité pour avoir été célébré entre mineurs, sans publication de bans, sans consentement des parents, etc., on appelait comme d'abus de la célébration du mariage, et on demandait qu'il fût déclaré avoir été mal, nullement et abusivement contracté, parce que l'on savait que les juges laïcs prononceraient plutôt ainsi que les juges ecclésiastiques [3].

Ce raisonnement et cette procédure, fréquents au XVIIe siècle, usuels au XVIIIe, permirent aux juridictions civiles de s'emparer du mariage et de constituer en fait un certain mariage civil qui, à l'ombre des tribunaux civils, se fit sa place à côté du mariage, sacrement de l'Eglise [4]. Cette coexistence prit dans la loi une place officielle en novembre 1787 : les protestants eurent dès lors un mariage officiel qui n'était autre chose que le contrat civil nuptial. Que le pouvoir civil fasse un dernier pas : qu'il déclare ne pas reconnaître le sacrement de mariage, mais seulement le contrat civil, et toute compétence, au point de vue du droit civil, aura échappé à l'Eglise; celle-ci n'exercera plus sa juridiction en matière de mariage qu'en vertu du droit que lui reconnaissent les consciences soumises. Quant aux personnes étrangères à l'Eglise, elles pourront se marier sans se préoccuper des lois ecclésiastiques. Elles auront la liberté et l'égalité [5].

[1] L'expression adoptée est : *non valablement contracté,* synonyme adouci du mot *nul.*

[2] Hoüard, *Dict. de la cout. de Normandie,* t. Ier, p. 337. Cf. *De la juridiction de l'Eglise sur le contrat de mariage par un ancien vicaire général,* Lyon, 1823, p. 14. D'après l'édit de Nantes, la validité des mariages entre protestants était jugée par les juges royaux (*Edit de Nantes, articles secrets,* 41, dans Isambert, t. XV, p. 207).

[3] Fleury, *Institution au droit ecclés.,* édit. Boucher d'Argis, t. II, 1767, p. 46.

[4] Dans cette direction d'idées il faut noter une décision importante du synode de Pistoie en 1786 (de Potter, *Vie et mémoires de Scipion de Ricci,* t. IV, Paris, 1826, p. 244).

[5] Il y avait plusieurs manières différentes d'atteindre ce but. L'a-t-on atteint de la manière la meilleure et la plus libérale? C'est une autre question. Le *Code civil*

Ce dernier pas fut fait en 1791-1792.

est loin de me donner ici pleine satisfaction. Voyez, à ce sujet, de très importantes discussions entre Batbie et Duverger dans *Revue critique*, t. XXVIII, pp. 125, 308; t. XXIX, p. 116; t. XXX, pp. 50, 128, 213, 322, 402; P. Daniel, *Le mariage chrétien et le Code Napoléon*, Paris, 1870; Paoli, *Etude sur les origines et la nature du mariage civil mis en regard de la doctrine catholique*, Paris, 1890.

La loi civile française ne reconnaît pas le sacrement de mariage même à titre de contrat civil; le droit canon, dont les solutions dans une société mêlée comme la nôtre prennent ici un aspect beaucoup plus libéral que celles du droit civil, déclare qu'un mariage entre deux personnes non baptisées ne doit pas être considéré seulement comme un contrat social, mais bien comme un contrat qui emprunte sa validité à la loi naturelle et non à la loi civile (*Exposé des évêques d'Irlande*, cité dans Lawrence, *Etude de législation comparée et de droit international sur le mariage*, Gand, 1870, p. 10).

PREMIÈRE SECTION.

L'essence du mariage.

1. *Le consentement mutuel. — Rôle des parents.*

Définition. Consentement mutuel; idée relativement moderne. — Les jurisconsultes romains ont donné du mariage une belle définition. On la retrouve presque textuellement dans les textes canoniques et elle exprime assez bien notre conception moderne : « Nuptiæ sunt conjunctio maris et feminæ, consortium omnis vitæ, divini et humani juris communicatio[1]. »

Si, abstraction faite du droit positif, nous cherchons à pénétrer jusqu'à la nature intime du mariage, et si nous nous demandons quelle est aujourd'hui, à nos yeux, l'essence de cette institution, nous constatons que le mariage résulte intimement de la volonté réciproque des conjoints de se prendre pour mari et pour femme. Il existe entre le mari et la femme un mutuel *consensus*, et c'est par la force de ce *consensus* qu'ils sont mariés. « Matrimonium facit utriusque consensus legitimus[2]..... » Voyons donc, en peu de mots, l'histoire de ce *consensus*, de ce consentement mutuel.

Le fait et la théorie du consentement mutuel sont modernes, au moins chez beaucoup de peuples. A l'origine, un homme se procurait une femme en l'enlevant ou en l'achetant. En ce siècle même, les paysans finnois ou tatars achètent ou volent leur femme[3]. Au XVIIIe siècle, l'enlèvement était souvent simulé dans les noces suédoises[4]. Du rapt primitif il est resté parmi nous

[1] *Dig.*, XXIII, II, 1. Cf. *Instit. de Just.*, I, IX, 1; Lancelot, *Institutiones juris canonici*, II, IX; Durand de Maillane, *Dict. de droit canon.*, t. IV, p. 32.

[2] Bernard de Pavie, *Summula de matrimonio* publiée par Kunstmann dans *Archiv für kathol. Kirchenrecht*, t. VI, 1861, p. 223. Cf. *Décret de Gratien*, Secunda pars, Causa XXVII, Quæstio II, c. 2; Secunda pars, Causa XXX, Quæstio II, c. unic.

[3] Leroy-Beaulieu, *L'empire des Tsars*, t. Ier, p. 491.

[4] Salmon, *Die Wichtigkeit des Ehestandes*, Leipzig, 1738, pp. 287, 288. Amira admet qu'au temps des Vikings, il y a encore quelques traces du mariage par enlèvement (Karl v. Amira, *Nordgermanisches Obligationenrecht*, t. II, p. 32).

bien peu de chose dans les temps historiques : cependant un jeu usité dans certaines noces bas-bretonnes en dérive manifestement[1]. L'achat a mieux marqué son empreinte. Il est encore inscrit en toutes lettres dans quelques textes germaniques[2]. Chez les Burgondes, la somme remise par le fiancé s'appelle *wittimon*[3]. Chez les Francs le mariage *per solidum et denarium*[4] est un souvenir de cet usage; enfin, parmi les mêmes Francs, le prix payé par celui qui épouse une veuve, prix appelé *reipus*[5], se rattache à la même idée.

Cependant le prix d'achat se modifie peu à peu; il se transforme et se fond en usages divers dont nous aurons à nous occuper, à savoir les fiançailles et le douaire. Il laisse dans la langue sa marque indélébile : on disait encore au XVe siècle en Allemagne : *Weib kaufen, acheter sa femme*[6]. Au XIe siècle, en France, un père *achetait* une femme à son fils[7].

L'achat primitif n'existe plus chez les Romains : mais ils en ont gardé la figure, l'image dans le mariage *ex coemptione*, le *mariage par achat*. La réalité a disparu : l'achat primitif s'est figé, comme il arrive si souvent, dans une cérémonie, dans la *coemptio*[8].

1 La mariée se cache avant d'aller à l'église : il faut la chercher et la trouver. Voyez Baudrillart dans *Séances et travaux de l'Académie des Sciences morales*, janvier 1884, p. 36. Je pense — et tel est aussi le sentiment de M. Baudrillart — que ce jeu n'est pas spécial à la Bretagne; en Afrique, dans les pays du Bas-Niger, l'enlèvement de la mariée, cachée sous des feuillages, fait partie du rite du mariage (Edouard Viard, *Au Bas-Niger*, 1886, pp. 219-226).

2 « Litto regis liceat uxorem emere ubicunque voluerit » (*Lois des Saxons*, XVIII, 1, dans Walter, *Corpus*, t. Ier, p. 389). Cf. Davoud-Oghlou, t. II, p. 258. On a dit : « Le mari n'achète pas la femme, mais le *mundium* sur la femme. » Rien ne justifie cette subtilité : lire à ce sujet Richthofen, dans Pertz, *Leges*, t. V, p. 69, note.

3 *Lex Burg.*, tit. LXVI, dans Pertz, *Leg.*, t. III, p. 561; dans *Fontes rerum Bernensium*, t. Ier, p. 120.

4 Fredegaire, 18. Cf. du Cange, *Glossarium*, édit. de Paris, 1736, t. VI, p. 582. J'ai employé l'expression consacrée *mariage per solidum et denarium;* dans les textes on trouve les expressions *sponsare, desponsare per solidum et denarium*.

5 *Lex Salica*, tit. XLIV, édit. Behrend, p. 57 et suiv. Rapprochez Pertz, *Leges*, t. II, art. 6, 7; Behrend, *ibid.*, p. 90.

6 Grimm, *Deutsche Rechtsalterthümer*, p. 421.

7 « Donc li achatet filie ad un noble Franc » (Gaston Paris, *La vie de saint Alexis*, Paris, Vieweg, 1885, p. 2, vers 40).

8 Gaius, *Com.*, I, 113, 123, 136.

Consentement du paterfamilias. — Achetée ou vendue, la femme germaine n'a point à donner un consentement personnel à l'affaire de son mariage. Quant aux Romains, en dépit des belles paroles prononcées par leurs jurisconsultes au sujet du mariage, ils étaient encore voisins, même au temps des premiers Césars, de ces mœurs barbares [1]. Cependant les plus nobles esprits de l'antiquité sentirent de bonne heure la nécessité morale du consentement de la femme, et ils en introduisirent la notion dans les textes juridiques [2]. Point de mariage sans le consentement de la femme; mais ce consentement ne suffit pas : il faut encore celui du *paterfamilias* : il faut le consentement de celui qui, primitivement, vendait sa fille. Au reste, le fils de famille est dans le même cas [3]. Cette situation du fils ou de la fille dans la famille romaine est une conséquence de la puissance du père de famille, puissance appelée *patria potestas.*

Apparition et développement de l'idée d'un mariage valide sans le consentement du paterfamilias. — A la fin du VIIIe siècle au plus tard, on va beaucoup plus loin et on tend à proclamer la validité du mariage irrégulièrement contracté sans l'assentiment du père de famille. C'est là une notion nouvelle et comme un phare qui peu à peu projettera sa lumière sur tout ce domaine juridique. La doctrine que je viens de mentionner apparaît en Touraine dans les formules de Sirmond [4]; et, suivant

[1] « Sed, quæ patris voluntati non repugnat consentire intelligitur. Tunc autem solum dissentiendi a patre licentia filiæ conceditur, si indignum moribus vel turpem sponsum ei pater eligat » (*Dig.*, XXIII, I, 12). Il s'agit ici des fiançailles. Cf. *Code*, V, IV, 16, 18, 20. Lire Dorn Seiffen, *Specimen..... sistens jus feminarum apud Romanos tum antiquum quum novum*, Trajecti ad Rhenum, 1818.

[2] « Nuptiæ consistere non possunt, nisi consentiant omnes; id est qui coeunt, quorumque in potestate sunt » (*Dig.*, XXIII, II, 2). « Nuptias non concubitus, sed consensus facit. » Paroles d'Ulpien répétées deux fois au *Digeste*, XXXV, I, 15; L, XVII, 30. Sur cette répétition voyez Bluhme, *Dissertatio de geminatis et similibus quæ in Digestis inveniuntur capitibus*, Jenæ, 1820, pp. 45, 65. Joignez *Nov.*, 115, c. 3, § 11.

[3] *Instit. de Justinien*, I, X, prœmium et § 12.

[4] Elle est fondée sur ce texte de Paul, jurisconsulte du IIIe siècle : « Eorum qui in potestate patris sunt sine voluntate ejus matrimonia non contrahuntur; sed contracta non solvuntur; contemplatio enim publicæ utilitatis privatorum commodis præfertur » (Paul, *Sentences*, II, XIX, *al.* XX, 2). Voyez préambule de la formule 16 de Sirmond dans Eug. de Rozière, *Recueil général des formules*, t. Ier, p. 290, formule n° 241. Joignez les formules 242, 243, 244 du même recueil. Le sens que le rédacteur de la formule 16 de Sirmond donne au texte de Paul ne paraît pas exact.

toute probabilité, elle est antérieure à ces formules. Toutefois le triomphe définitif de ces idées est encore éloigné. L'Eglise, un jour, les acceptera solennellement. Mais, au début de notre histoire, le contact des populations moins avancées que les Romains fut une grande gêne et un véritable embarras pour les canonistes. Un synode irlandais du ve siècle se contente de ces conseils excellents, mais un peu vagues : « La fille doit obéir à son père, mais le père doit prêter l'oreille aux désirs de sa fille (pour ce qui concerne le mariage). » Des esprits plus difficiles, mais enfantins, cherchèrent à concilier par quelque tour de force intellectuel la brutale autorité du père de famille barbare avec la théorie du consentement mutuel : un clerc du IXe siècle trouva cette formule amusante : « Sciscitandum est, si vult, pater virginis, quia caput mulieris vir. Requirenda est a patre voluntas virginum[1]. » C'est là un des derniers textes juridiques qui, derrière le cliquetis des mots, nous laisse clairement apercevoir la femme jouant dans l'affaire de son mariage un rôle passif et n'étant pas appelée à donner son consentement. Sans doute, la langue française traduit assez bien aujourd'hui encore l'état de nos mœurs, quand elle nous fait dire qu'un père *donne sa fille en mariage*, (remarquez qu'il ne *donne* pas son fils[2]); mais, à partir du IXe siècle, ce fait ne pénètre plus dans le droit : le consentement des deux parties est désormais, sinon exigé toujours, du moins toujours supposé.

Suivant toute probabilité, Paul avait voulu dire : « Le mariage est nul, s'il est contracté sans l'assentiment du père de famille; mais, si le mariage a été contracté avec le consentement du père de famille, celui-ci ne pourra plus par sa volonté le dissoudre. » Le rédacteur de la formule de Sirmond a compris : « Le mariage ne doit pas être contracté sans le consentement du père de famille; mais, si cela a lieu, le mariage cependant n'est pas nul. » Les modernes ont souvent entendu aussi le texte de Paul en ce sens, et je ne suis pas sûr que les divers abréviateurs et annotateurs wisigoths ne l'aient pas déjà interprété de la sorte. On pourrait dire que le mouvement qui sapera peu à peu la pleine autorité du père est déjà perceptible dans le droit romain. Voyez *Dig.*, XXIII, II, 19.

1 Pseudo-capit. de Benoît le Lévite, liv. III, art. 455, dans Pertz, *Leges*, t. II, pars II, p. 131.

2 Ici, comme en un grand nombre de cas, je constate que le droit primitif laisse, après lui, dans une société comme la nôtre si peu primitive et si avancée, ce que j'appellerais volontiers un résidu irréductible qui tient à la nature humaine elle-même, toujours identique et une. Il y aurait une belle étude à faire sur cette irréductibilité des notions primitives.

Une seule question subsiste : le consentement du père est-il, lui aussi, nécessaire? Hincmar requiert expressément, pour la validité du mariage d'une fille, le consentement du père[1]. C'est la vieille idée romaine en parfaite harmonie avec les usages barbares. D'autres décisions d'une autorité plus haute sont d'accord avec ce texte d'Hincmar[2].

Le parent ou les parents sous la puissance desquels, à défaut du père, se trouve la fille jouent le rôle de ce dernier et autorisent le mariage de celle dont ils ont le *mundium*[3].

Ces traditions finissent cependant par s'affaiblir; et, au XIIe siècle, Pierre Lombard, l'une des lumières de l'école de Paris, paraît reconnaître déjà la validité du mariage contracté sans l'assentiment du père de famille[4]. Cette doctrine inspire, au commencement du XIIIe siècle, une décision d'Innocent III[5]. Les canonistes l'acceptent généralement. Elle est enfin proclamée avec éclat au concile de Trente : « [Eos Sancta Synodus anathemate damnat] qui falso affirmant matrimonia a filiisfamilias sine consensu parentum contracta irrita esse, et parentes ea rata vel irrita facere posse[6]. »

Le concile ne détermine pas l'âge à partir duquel le fils de famille peut contracter mariage : il se préoccupe d'une manière générale du fils de famille, quel que soit son âge. Mais les canonistes admettaient l'âge fixé par le droit romain pour le mariage : quatorze ans pour les hommes, douze ans pour les filles. C'est donc à dater de cet âge qu'un mariage sera valide[7], même s'il n'est pas autorisé par les parents. Le concile réprouve d'ailleurs et condamne énergiquement les mariages contractés sans l'assentiment des parents; mais il ne les annule pas. C'est la pensée qui inspirait déjà le rédacteur des formules de Sirmond.

Le droit français cherche à maintenir contre le droit cano-

[1] Hefele, *Hist. des conciles*, trad. franç., t. V, p. 427.

[2] *Décret de Gratien*, Secunda pars, Causa XXXV, Quæstio VI, c. 2, *Videtur nobis*.

[3] Au milieu du XIVe siècle, ce système était encore en pleine vigueur en Bohême (*Majestas Carolina*, ch. LXXXV, dans Jireček, *Codex juris Bohemici*, t. II, pars II, p. 168).

[4] Cf. Friedberg, *Lehrbuch des kath. und evangel. Kirchenrechts*, Leipzig, 1879, p. 235, avec la note 4.

[5] *Décrétales de Grégoire IX*, IV, v, 6.

[6] *Concile de Trente*, sessio XXIV, cap. I, édit. de Paris, 1666, p. 206.

[7] Cf. *Code matrimonial*, t. Ier, 1770, p. 64.

nique la nécessité du consentement du père de famille pour la validité du mariage. — Les juristes français[1] et le pouvoir civil étaient très opposés à cet amoindrissement de la puissance paternelle : ils s'attachaient aux traditions romaines, et les vieux effets de la *patria potestas* leur paraissaient ici salutaires. Les juridictions civiles essayèrent donc par des moyens détournés d'empêcher l'application des principes de liberté proclamés par le concile de Trente : l'un de ces moyens fut d'envisager comme rapt tout mariage consenti par un mineur de vingt-cinq ans. C'est ce qu'on a appelé le *rapt de séduction*. Cette conception avait d'ailleurs des attaches historiques fort anciennes[2]. Les prescriptions de certaines ordonnances rendues à l'occasion du *rapt de séduction* sont indignes des lois d'un peuple civilisé; elles feraient horreur à des sauvages[3]. Cette

1 Voyez notamment Pulvæus (Adr.), *De nuptiis sine parentum consensu non contrahendis*, Parisiis, L'Angelier, 1578. Cf. ord. de 1579, art. 40, dans Isambert, t. XIV, pp. 391, 392.

2 E. de Rozière, *Recueil général des formules*, Ire partie, nos 241 à 444.

3 Ord. du 22 nov. 1730, art. 2 : « Voulons que ceux ou celles qui seront convaincus dudit rapt de séduction soient condamnés à la peine de mort, sans qu'il puisse être ordonné qu'ils subiront cette peine s'ils n'aiment mieux épouser la personne ravie, ni pareillement que les juges puissent permettre la célébration du mariage avant ou après la condamnation, pour exempter l'accusé de la peine prononcée par les ordonnances, ce qui aura lieu quand même la personne ravie et ses père et mère, tuteur ou curateur, requerroient expressément le mariage » (Isambert, t. XXI, pp. 340, 341). Les rois de France ne sont pas responsables directement de l'épouvantable législation du rapt : ils n'ont fait que suivre une impulsion. Voyez notamment une lettre sanguinaire d'Estienne Pasquier, dans *Recueil chronologique..... concernant les mariages clandestins*, Paris, 1660, p. 14 et suiv. L'ordonnance du 22 nov. 1730 est rendue à la requête des états de Bretagne. Le système de cette ordonnance veut être bien compris : on se refuse, au premier moment, à saisir la pensée du législateur, tant elle est monstrueuse. La voici : en cas de mariage de mineur ou de mineure sans les autorisations voulues, le conjoint considéré comme ravisseur sera condamné à mort, car il y a *rapt de séduction*. En cas de simple commerce illicite sans mariage, celle des deux personnes en cause considérée comme ravisseur ne sera pas condamnée à mort, à moins de circonstances aggravantes particulières. Dans le passage que je cite, on suppose que des juges tiendraient pour *nul* un mariage contracté sans les autorisations voulues et que, par suite, ils seraient tentés de faire grâce au coupable en considérant ce mariage nul (*rapt de séduction*) comme une simple fréquentation et en ouvrant la voie à un mariage régulier, qui ne serait pas un second mariage, puisque le premier serait nul.

L'ordonnance du 22 novembre 1730 est conforme à la célèbre ordonnance dite de Blois de mai 1579, art. 42 (Isambert, t. XIV, p. 392). Cf. pour l'interprétation de ces textes, *Encyclopédie méthodique, Jurisprudence*, t. VII, p. 198.

fiction du rapt inspire la législation française aux XVIe, XVIIe et XVIIIe siècles[1].

Mais on ne s'arrêta pas toujours à cette limite de vingt-cinq ans : divers mariages entre majeurs de vingt-cinq ans furent déclarés par arrêts de cours royales *non valablement contractés*[2]; et ceci par application des lois de l'ancienne Rome brutalement transportées au sein de la civilisation et des mœurs modernes. La jurisprudence s'arrêta enfin à une sorte de transaction : tout majeur de vingt-cinq ans dut requérir ses père et mère ou l'un d'eux de consentir au mariage; c'est ce qu'on appela la *sommation respectueuse*[3]. Cette formalité remplie, le mariage pourra être validement célébré. Toutefois, en Lorraine, on ne pouvait se marier contre le gré de ses ascendants qu'après trente ans[4].

Nos anciens jurisconsultes appellent souvent *mariage clandestin* le mariage qui a eu lieu sans le consentement du père et de la mère[5].

Contre les mariages dits *clandestins*, notre ancienne législation employa parallèlement à ces moyens violents des voies plus douces et peut-être plus efficaces. Une ordonnance de février 1556 (a. s.) déclara que les enfants de famille mineurs (savoir les fils de trente ans, les filles de vingt-cinq), et mariés sans le consentement de leurs parents pourraient être exhérédés par leurs père et mère; que les donations à eux faites pourraient être révoquées[6]. Cette ordonnance fut confirmée en 1579[7]. Au

[1] Voyez Pasquier, *L'interprétation des Instit. de Justinian*, pp. 74, 75; Durand de Maillane, *Dict. de droit canon.*, t. V, p. 72 et suiv. A lire : Duguit, *Etude historique sur le rapt de séduction*, dans *Nouvelle revue hist.*, nov.-déc. 1886.

[2] Voyez notamment un arrêt du 6 août 1661, et plusieurs autres arrêts dans *Code matrimonial*, Paris, 1770, t. II, p. 552 et suiv.

[3] Voyez ordonnance de février 1556 (a. s.); ord. du 26 nov. 1639, art. 2 (trente ans pour les fils, vingt-cinq ans pour les filles), dans Isambert, t. XIII, p. 469-471; t. XVI, p. 522; *Encyclopédie méthodique, Jurisprudence*, t. VII, p. 622. Le texte fondamental est un arrêt de règlement du 27 août 1692. Cf. Pottier de Mancourt, *Dissertatio de sponsalibus*, pp. 11, 12.

[4] Mathieu, *L'ancien régime dans la province de Lorraine*, p. 234.

[5] Voyez notamment Ayrault, *De la puissance paternelle*, Paris, 1598, p. 267.

[6] Ordonnance de février 1556 (a. s.) dans Isambert, t. XIII, pp. 469-471. M. Duguit nous apprend à quelle occasion parut cette ordonnance (*Nouvelle revue hist.*, 1886, pp. 605, 606).

[7] Ordonnance dite de Blois de mai 1579, art. 41, dans Isambert, t. XIV, p. 392.

XVIIe siècle, un nouveau pas fut fait dans cette voie : les enfants de famille, mineurs de vingt-cinq ans et ainsi mariés irrégulièrement, furent déclarés, par l'ordonnance de novembre 1639, déchus *ipso facto*, eux et leur postérité, de tous droits successoraux[1], de tous droits et avantages provenant de testament ou de contrats de mariage.

Réaction révolutionnaire en faveur de la liberté des mariages. Le Code civil. — La législation révolutionnaire mit fin à cette situation douloureuse. Le décret du 20 septembre 1792 fixa l'âge du mariage à quinze ans pour les hommes, à treize ans pour les filles et n'imposa la nécessité du consentement du père que jusqu'à l'âge de vingt et un ans. Un décret postérieur du 7 septembre 1793 autorisa même les mineurs orphelins à se marier, après certaines formalités, contre l'avis du conseil de famille, sauf en deux cas particuliers déterminés par la loi.

Ainsi se traduisit la répulsion profonde qu'avaient suscitée les lois inouïes de l'ancien régime sur le *rapt de séduction*. Bien entendu, aucune des lois qui frappaient civilement ou criminellement les mariages d'enfants de famille ne fut maintenue.

Le *Code civil*, faisant un retour vers le passé, fixa l'âge du mariage à dix-huit ans pour les hommes, à quinze ans pour les filles; exigea le consentement des père et mère ou, au moins, celui du père jusqu'à vingt-cinq ans pour les hommes, jusqu'à vingt et un ans pour les filles; et ce, à peine de nullité. Plus encore : reprenant dans la tradition des derniers siècles ces souvenirs de la *patria potestas* romaine, ressuscités par l'ancienne jurisprudence française, le *Code* imposa à toute personne majeure, quel que soit son âge, qui veut contracter mariage, l'obligation de demander le conseil de son père et de sa mère, ou celui de ses aïeux et aïeules; c'est l'ancienne *sommation respectueuse* qu'il a appelée, par un perfectionnement délicat mais puéril, *acte respectueux*.

Voilà le seul débris de l'ancienne *patria potestas* au sens romain qui subsiste dans nos codes. Leur langage même est ici

[1] « Indignes et incapables à jamais des successions de leurs pères, mères et aïeuls, et de toutes autres directes et collatérales » (ord. de nov. 1639, dans Isambert, t. XVI, p. 522).

romain : les majeurs de vingt-cinq ans sont appelés *les enfants de famille*[1].

Les premiers projets du *Code civil* ne contenaient rien d'analogue[2]; mais quelques-uns de ces esprits honnêtes qui ont dans les lois une confiance si mal placée, espérèrent, grâce à ces souvenirs classiques introduits dans le *Code*, restaurer, avec les vieilles mœurs, le respect du père de famille, base nécessaire de tout ordre social.

2. *Le consentement* (suite). — *Rôle du roi ou des seigneurs.*

Le roi, les seigneurs ordonnant certains mariages. — Le père ou les parents de la femme n'ont pas seuls joué un rôle prépondérant dans l'affaire de son mariage. D'autres puissances sont souvent intervenues : le roi, à l'époque germanique ; le roi ou les seigneurs suzerains au moyen âge.

Non seulement le roi, en qualité de mainbour d'une fille ou d'une veuve, pouvait avoir à exercer les droits dont je viens de

[1] Voyez *Code civil*, art. 144 à 154.

[2] Voyez Seruzier, *Précis hist. sur les codes français*, p. 23, note 1. La loi française et les procédés des administrateurs qui l'appliquent sont en partie la cause du grand nombre d'unions illicites qui existent chez nous dans les classes inférieures; les exigences paperassières des bureaux rebutent les pauvres gens qui reculent devant ces formalités et ne se marient pas. Le mal a été signalé dès 1826; mais on s'en est trop peu préoccupé. J'ai pu constater par moi-même combien sont exactes les observations de Lawrence, ancien ministre des Etats-Unis à Londres, dans son *Etude de législation comparée et de droit international sur le mariage*, Gand, 1870, p. 61, note 1; de Lesur-Bernard, *Le mariage des indigents*, dans l'*Economiste français* du 12 juillet 1890, pp. 45, 46; de Lagneau, *Remarques démographiques sur le célibat en France*, 1885, pp. 34, 35, et du même, *Des mesures propres à rendre moins faible l'accroissement de la population de la France*, 1890, pp. 44, 45. Il existe, il est vrai, une loi bienveillante et naïve des 10-18 décembre 1850, qui charge le ministère public de procurer aux indigents toutes les pièces dont ils ont besoin pour leur mariage. Mais l'Etat, en ce siècle, a fort à faire et le temps lui manque pour servir de secrétaire aux indigents. La loi de 1850 n'a pas rempli et ne pouvait remplir son but. L'Italie et la Belgique ont su se faire une législation meilleure que la nôtre. (*Annuaire de législation étrangère*, 1887, pp. 608-610). Chez nous, une proposition de loi qui améliorerait la situation sommeille depuis 1888. Voyez *Journal officiel*, 1888, *Annexes de la chambre des députés*, n° 2872, séance du 2 juillet 1888, proposition de loi de M. Félix Le Roy; *Journal officiel*, 1889, annexe n° 3609, séance du 16 mars 1889. Rapport par M. Gomot; *Annuaire de législation française*, 1889, p. 8.

parler; mais, dans bien d'autres cas, il étendait son autorité suivant son bon plaisir et disposait souverainement de la main de telle de ses sujettes. C'est peut-être le vieux droit des chefs de tribus[1], dont les rois auraient hérité. Dès l'année 614, les grands du royaume arrachèrent à Clotaire II une renonciation à ce privilège royal[2]; mais cette renonciation fut éphémère, car, au moyen âge, le roi de France usa quelquefois du même droit[3]. Il appartenait aussi à l'empereur qui, en 1232, consentit en faveur des bourgeois de Francfort et d'autres localités, à une diminution considérable de ses privilèges : ce prince promit de ne plus contraindre les habitants de Francfort à donner leur fille à tel ou tel seigneur de sa cour. Il se contentera désormais d'une prière, d'une invitation. La famille gardera sa liberté[4].

Les seigneurs féodaux avaient un intérêt considérable à se ménager de sérieux et fidèles vassaux : un mariage pouvait en introduisant dans leur mouvance un vassal turbulent, un vassal

1 Post, *Bausteine für eine allgemeine Rechtswissenschaft auf vergleichendethnologischer Basis*, t. II, p. 123. J'exprime un doute dans le texte, car cet usage a aussi des attaches romaines. Voyez Lampride, *Alexander Severus*, 42; *Code de Théodose*, III, x, *Si nuptiæ*, 1; *Lex Romana Rætica Curiensis*, I, III, édit. Brunner et Zeumer, dans Pertz, *Leges*, t. V, p. 307. Sur ce dernier texte, je remarque que les mots *aut de puelle sponsalia vel nuptias* de la *Lex Curiensis* n'ont pas leur équivalent dans l'*Interpretatio du Code de Théodose*, telle qu'elle nous est parvenue.

2 « Nullus per auctoritatem nostram matrimunium viduæ vel puellæ sine ipsarum voluntate præsumat expetire; neque per sugessionis subreptitias rapientur injuste » (*Chlotarii II præceptio*, art. 7, dans Fahlbeck, *La royauté et le droit royal francs*, p. 332). L'article 28 de l'*Edictum* (*ibid.*), laisse quelque doute dans l'esprit et ne concerne peut-être que les femmes vouées à Dieu. Le document que je viens de citer a été très souvent attribué à Clotaire Ier, par conséquent au VIe siècle; voyez notamment Pertz, *Leges*, t. Ier, p. 2. M. Fahlbeck que je suis ici se prononce pour Clotaire II : la question est sans grand intérêt pour notre sujet. Cf. Grimm, *Deutsche Rechtsalterthümer*, 2e édit., 1854, pp. 436, 437; Lœning, t. II, p. 605, note 2; p. 606, note 1.

3 La chanson de *Raoul de Cambrai* nous peint certainement un état de choses réel et non point imaginaire, quand elle nous montre le roi mariant malgré elle Béatrix à Herchambaut de Ponthieu : il veut aussi marier Aalaïs, mais celle-ci résiste et réussit à garder son veuvage. Voyez Meyer et Longnon, *Raoul de Cambrai*, p. IV, XI, 7, 231, 232.

4 Diplôme pour Francfort dans Bœhmer, *Codex diplomaticus Mœnofrancofurtanus*, t. Ier, 1836, p. 55. Le roi d'Angleterre tirait de l'argent de ses sujets, à l'occasion des mariages (Roberts, *Excerpta e rotulis finium Henrico tertio rege*, t. II, p. 56). Voyez pour le pays des Galles, Loth, *L'émigration bretonne en Armorique*, p. 128; pour l'Irlande au XIIIe siècle, Francisque-Michel, *Rôles gascons*, p. 211, no 1595.

pauvre ou un vassal trop riche et trop puissant, apporter à leurs intérêts un dommage considérable. Ils exercèrent donc généralement un contrôle sur les mariages : leur autorisation formelle fut souvent nécessaire[1]. Les familles serves avaient, la plupart du temps, besoin d'autorisations analogues[2]; et toutes les familles bourgeoises n'étaient pas exemptes de sujétions de ce genre.

Entre le mariage conseillé par un seigneur puissant et l'union imposée la différence en droit est immense : la distinction en pratique est oiseuse; car telle « priere, » comme dit la vieille coutume de Charroux, « est force[3]. » Cette contrainte dont se plaignaient les Francs au VIIe siècle et à laquelle Clotaire II renonçait solennellement, en 614, se renouvela donc souvent du fait des seigneurs[4]. Le concile de Trente interdit rigoureusement ces atteintes à la liberté des mariages[5]. Aux états de Blois de 1576, le clergé et le tiers se plaignirent de cet abus, et l'ordonnance de Blois le prohiba[6]. Mais elle ne le déracina pas; car les mêmes plaintes furent reproduites par le tiers aux états de 1614. En 1623, une ordonnance de Philippe IV, roi d'Espagne, s'occupe encore une fois de la liberté des mariages en Franche-Comté, et défend aux seigneurs et gentilshommes d'y porter atteinte[7]. Enfin, on retrouve dans une constitution célèbre de Pie IX, la constitution *Apostolicæ Sedis* promulguée en 1869, le décret même du concile de Trente que je citais à l'instant[8].

1 Jean d'Ibelin, chap. 227, 228, 231, dans *Assises*, édit. Beugnot, t. Ier, pp. 359 et suiv.; 362 et suiv.; 366 et suiv. Joignez mes *Etablissements de saint Louis*, t. III, p. 357 et suiv.

2 Voyez ci-dessus, p. 315, et joignez les observations générales des pp. 379, 380.

3 Cout. de Charroux, art. 11, dans Giraud, *Essai sur l'histoire du droit français*, t. II, 1846, p. 402.

4 Voyez, à cet égard, en 1408, une lutte, très honorable pour le parlement de Paris, entre ce grand corps judiciaire et le duc de Berry, qui voulait marier de force une petite fille de huit ans (Douët d'Arcq, *Choix de pièces inédites relatives au règne de Charles VI*, t. Ier, p. 313, no 135).

5 Sessio XXIV, *Decretum de reformatione matrimonii*, cap. IX, édit. de Paris, 1666, pp. 212, 213.

6 Art. 281. Cf. Picot, *Hist. des états généraux*, t. III, p. 57; t. IV, pp. 147, 148; *Des états généraux et autres assemblées nat.*, t. XVII, pp. 195, 196.

7 *Code matrimonial*, t. Ier, p. 217.

8 Constitution *Apostolicæ Sedis*, édit. de Rome, 1870, p. 16.

Derniers débris du pouvoir du roi sur les mariages. — Quant au roi, son droit se perpétua aussi, bien au delà du moyen âge, et même les derniers débris de cette prérogative figurent, comme on le verra, dans les constitutions impériales de 1804 et de 1852.

En 1459, Charles VII invoque ce droit royal[1]. Louis XI l'exerça souvent et d'une manière odieuse[2]. C'est en vertu de ce droit que le bon Louis XII obligea Alain d'Albret de consentir à l'union de sa fille Charlotte avec le misérable César Borgia[3]. En 1596, Henri IV, gracieux et charmant comme toujours, destine sa fille naturelle Henriette-Catherine, âgée de quelques mois, au fils du connétable de Montmorency, lui-même au berceau[4]. Je ne suis pas sûr que le vieux droit monarchique ne donne pas ici à la pensée du roi une autorité qui se cache sous un aimable enjouement. Au milieu du XVIIe siècle, le *Style des secrétaires* (*du roy*) contient encore plusieurs formules par lesquelles le roi invite instamment tel de ses sujets ou de ses sujettes à marier sa fille à un favori ou à un grand seigneur[5]. Au XVIIIe siècle et jusqu'à la fin de l'ancien régime, le roi ne marie plus d'autorité les princes du sang, ni les grands du royaume; mais ceux-ci ne se marient pas sans son consentement[6]. C'est là une maxime du droit public, universellement reconnue et très sérieusement appliquée en ce qui concerne les princes du sang.

Bonaparte arrivé au trône estima ce vieil usage utile à sa politique : il le reprit dans le grand musée historique qui lui était ouvert et l'inscrivit dans ses constitutions, avec une grave restriction toutefois; car les seuls membres de la famille impériale furent astreints à demander, pour se marier, l'autorisation de

1 Louis de la Trémoille, *Archives d'un serviteur de Louis XI*, p. 4, n° 2.

2 R. de Maulde-la-Clavière, *Histoire de Louis XII*, 1re partie, *Louis d'Orléans*, t. Ier, p. 334 et suiv.

3 Voyez Bossuet, *Histoire de France*, liv. XIV, *Louis XII*, dans *Œuvres*, t. VI, 1846, pp. 162, 163; Pelicier, dans *Revue critique* du 18 février 1884, p. 155.

4 Berger de Xivrey, *Recueil des lettres..... de Henri IV*, t. IV, pp. 659, 662.

5 *Le Style des secrétaires*, dans Tagereau, *Le vray praticien françois*, Paris, 1647, pp. 624, 625.

6 Principe formulé par Lebret au XVIIe siècle et répété par Durand de Maillane, *Dict. de droit canonique*, t. IV, p. 36.

l'empereur[1]. Nos dernières constitutions royales (1791, 1814, 1830) n'ont rien dit de cette loi de famille, commune à presque toutes les maisons princières de l'Europe : ce silence du droit écrit est peut-être de bon goût.

En plein XVIIe siècle, les rois de France, en vue d'arriver à la colonisation du Canada, ont exercé sur les mariages une pression dont l'intérêt et l'importance historique sont considérables : le mariage, en ce pays, était à peu près forcé. On vit même la métropole y envoyer des cargaisons de jeunes filles : dans les quinze jours de leur débarquement, tout célibataire devait avoir fait choix d'une femme, sous peine de ne pouvoir trafiquer dans les bois[2].

Au reste, le mariage des personnes qui n'appartiennent à aucune famille impériale ou royale n'est pas aujourd'hui aussi libre que le pourrait faire croire la lecture du titre *Du mariage* au *Code civil,* et l'Etat, à défaut du roi ou des seigneurs, continue à exercer sur les mariages d'un grand nombre de citoyens un contrôle qui ne va plus jusqu'à les faire convoler de vive force, mais qui suffit à opposer à leurs inclinations matrimoniales des retards ou des obstacles insurmontables. Les militaires et les préposés forestiers[3], par exemple, en savent quelque chose.

3. *De l'âge.*

La puberté. Les deux systèmes romains. — Si le consentement des parties est la seule chose essentiellement requise pour le mariage, la considération de l'âge ne semble devoir jouer

[1] Sénatus-consulte du 18 mai 1804, art. 12; Sénatus-consulte des 7-10 nov. 1852, art. 6.

[2] Voyez Doutre et Lareau, *Le droit civil canadien*, t. Ier, Montréal, 1873, p. 213; Depping, *Corresp. admin. sous le règne de Louis XIV,* t. II, p. 593; sir Henry Sumner Maine, *Etudes sur l'ancien droit et la coutume primitive,* pp. 309, 310. Je me permettrai de rapprocher de ce *consensus* du XVIIe siècle le *consensus* que donnent de nos jours les détenues de Bourail pour épouser un concessionnaire célibataire : ne regardons pas de si haut nos aïeux. Sur les mariages dans la Nouvelle-Calédonie, voyez *La Liberté* du 8 mai 1884.

[3] Arrêté du ministre des finances du 27 février 1861, dans Puton, *Code de législation forestière,* Paris, 1883, pp. 208, 209.

un rôle qu'au point de vue de l'intelligence et du discernement, non pas au point de vue de la capacité des actes du mariage. En effet, des personnes âgées [1] ou infirmes devenues incapables de consommer le mariage se peuvent marier : pourquoi des jeunes gens ou des enfants impubères, capables de comprendre ce qu'ils font, ne se pourraient-ils pas unir par le mariage? Le développement du corps et le développement de l'intelligence sont trop sensiblement simultanés pour que cette distinction, facile à établir au déclin de la vie, ait jamais paru possible pendant la jeunesse. Les jurisconsultes romains, et, après eux, les canonistes ont donc attaché ici une importance décisive à la puberté. Il a été presque unanimement reconnu que les pubères seuls pouvaient valablement contracter mariage. Il reste à s'entendre sur la puberté.

On sait que les anciens Romains étaient divisés ici en deux écoles. Aux yeux des Cassiens qui, dans l'espèce, représentaient évidemment la tradition et les usages primitifs, la conformation et l'aptitude du corps pour le mariage décidaient la puberté. Les Proculéiens pensaient que cette règle blessait la pudeur et fixaient la puberté à un certain âge pour les hommes, à un certain âge pour les filles [2]; en d'autres termes, ils substituaient à la puberté de fait une puberté légale. Justinien préféra le système des Proculéiens et fixa la puberté légale à quatorze ans pour les mâles, à douze ans pour les filles [3].

Influence de la tradition cassienne sur le droit canonique. — Le droit canonique, tout en acceptant d'une manière générale cette décision de Justinien [4], ne se l'est pas imposée cependant comme règle absolue; et la tradition cassienne représentée par Isidore de Séville a joué un certain rôle dans notre droit canonique. Pasquier résume en ces termes la décision d'Isidore recueillie dans les *Décrétales de Grégoire IX* : « Sont pubères et mariables, tant masles que femelles qui peuvent coha-

[1] Sauf toutefois en Russie, où, à moins de dispense, on ne peut contracter mariage après soixante-dix ans.

[2] Ulpien, *Regulæ*, XI, 28.

[3] *Code*, V, XL, 3 (constitution de l'an 529).

[4] Voyez surtout *Décrétales de Grégoire IX*, IV, II, 10.

biter ensemblement et se trouvent capables à la copulation corporelle [1]. »

Les mariages d'enfants mineurs de quatorze et de douze ans ne paraissent pas avoir été très rares au moyen âge ; car Beaumanoir s'en occupe fort sérieusement. Il accepte à peu près l'opinion cassienne reproduite par Isidore, ou, plus simplement, la doctrine des *Décrétales de Grégoire IX* : dès lors, dit-il, que « compagnie charnelle a esté entr'eus, » tel mariage ne peut être dissous [2].

Nous savons qu'au moyen âge [3] et jusqu'en plein XVIIIe siècle [4], les mariages entre jeunes gens de quatorze et douze ans étaient assez fréquents : il ne faut donc pas s'étonner qu'on ait quelquefois devancé cet acte légal. C'est ainsi qu'au XIVe siècle, Dom Pèdre, roi d'Aragon, épousa Marie, fille de Philippe III, roi de Navarre, qui n'avait pas atteint l'âge de douze ans [5]. Au commencement du XVIIe siècle, le parlement eut à statuer sur les prétentions d'une veuve qui, avant douze ans, avait déjà perdu son mari et réclamait son douaire. *Au coucher gagne la femme son douaire,* disaient nos vieux jurisconsultes : celle-ci eût gagné, outre son douaire, la validité de son mariage. Elle ne gagna rien..... fort heureusement [6].

Un pape du IXe siècle semble même admettre, ou mieux tolérer, *pro bono pacis,* des mariages entre enfants incapables de discernement, et par conséquent incapables de consentement [7] :

[1] *Décrétales de Grégoire IX,* IV, II, 3. Cf. Pasquier, *Interpret. des inst. de Justinian,* édit. Giraud, p. 69.

[2] Beaumanoir, édit. Beugnot, t. II, p. 37. Il y a quelque chose d'analogue au *Digeste,* mais non pas d'identique (*Digeste,* XXIII, I, 4).

[3] Acte gascon de 1284 par lequel un père s'oblige à bailler sa fille en mariage, dès qu'elle aura douze ans accomplis, dans Barabé, *Recherches historiques sur le tabellionage royal,* p. 473.

[4] Il faut citer le témoignage formel de Biarnoy de Merville, *Traité des majoritez coutumières,* 1729, p. 516. Cf. G. d'Avenel, *Richelieu et la monarchie absolue,* t. Ier, p. 367.

[5] B. de Lagrèze, *La Navarre française,* t. II, p. 183.

[6] *Code matrimonial,* t. II, p. 549, 550. Duval, *Cahiers de la Marche et assemblée du département de Guéret,* p. 22, note 1.

[7] *Décrétales de Grégoire IX,* IV, II, 2. Il peut être utile de peser ici les mots : le pape se sert des expressions *conjungantur, conjunctio* : il ne dit pas *matrimonium.* J'admettrais volontiers qu'il y a là une intention.

il s'agit évidemment dans ce texte de mariages princiers, scellant la paix entre deux pays ou deux partis.

L'empereur Léon se réserve, de son côté, la faculté d'autoriser des mariages avant l'âge légal[1].

Louis XI se maria, avant quatorze ans, muni d'une dispense de l'archevêque de Tours et d'une autorisation émanée du roi son père[2].

En traitant du consentement, j'ai mentionné plus haut la lutte du droit civil français et du droit canonique touchant le mariage des mineurs de vingt-cinq ans sans l'autorisation des parents. Mais, en ce qui touche directement l'âge, l'un et l'autre droit reconnaissaient la validité et la parfaite régularité des mariages à partir de quatorze et de douze ans, du moment que les parents avaient donné leur consentement.

[1] Constitution 109 de l'empereur Léon.

[2] Leibnitz, *Codex diplom.*, 1693, pars I, pp. 364, 365.

DEUXIÈME SECTION.

La forme du mariage.

1. *Les fiançailles.*

Fiançailles primitivement nécessaires chez les Germains à la validité du mariage. — J'ai montré que le consentement mutuel qui constitue pour des modernes l'essence du mariage, n'existait pas autrefois chez les Germains, dont les mœurs ressemblaient, sur ce point comme sur tant d'autres, à celles de tous les peuples qui n'ont pas encore atteint une culture relativement développée. Plus difficiles, plus délicats que nos pères, nous distinguons volontiers, au moins par la pensée, la *forme* du mariage et nous l'opposons à l'*essence* et au fond du droit. Eux, moins subtils, confondaient la forme et le fond, et le fond disparaissait tout entier sous la forme.

Je laisse de côté le mariage par enlèvement, plus lointain et dont la simplicité ne se prête guère à des développements juridiques. Je m'attache au mariage par achat. Deux opérations, deux actes étaient ici nécessaires pour qu'il y eût mariage : 1° la vente de la femme; 2° la remise ou tradition de la femme.

La vente proprement dite s'est altérée peu à peu et a donné naissance aux *fiançailles* qu'on pourrait appeler le *traité de mariage*. Les fiançailles furent donc primitivement nécessaires chez les Germains à la validité du mariage : elles étaient au mariage ce qu'en droit romain la vente est à la transmission de la propriété[1]. On a même soutenu que les fiançailles à elles

[1] Brunner résumé par Dargun, dans *Zeitschrift für das privat- und öffentl. Recht*, t. X, 1883, liv. 2, p. 437. Voyez un acte italien de l'an 966 : un père a fiancé sa fille; plus tard il en a fait la remise, *tradit per baculum* (Lœrsch et Schröder, *Urkunden zur Geschichte des deutschen Rechts*, I. *Privatrecht*, 1881, p. 61, n° 78). Cf. pour l'Irlande H. d'Arbois de Jubainville, *Etudes sur le droit celtique*, p. 31.

seules suffisaient à constituer un mariage parfait, mais cette opinion émise par un éminent jurisconsulte[1] est empreinte d'une certaine exagération et ne paraît pas entièrement conforme à la vérité historique[2].

Le prix de la femme se fixa rapidement d'une manière irrévocable et devint dès lors dans l'affaire du mariage un élément tout matériel de la cérémonie. Ainsi vont se perdre dans le cérémonial quantité d'éléments juridiques et constitutionnels primitifs : le cérémonial est le grand musée de l'histoire.

Ce prix fixe est de treize deniers, et ces treize deniers remontent à une époque extrêmement reculée : nous les pouvons suivre à travers le moyen âge jusqu'au mariage du malheureux Louis XVI, où ils figurent encore[3]. De nos jours, les treize deniers persistent sur quelques points, notamment à Dijon, à Bordeaux et dans le Barrois.

Autres fiançailles se rattachant au droit hébraïque par l'intermédiaire du christianisme et du droit romain. — Ce nombre historique et tout germanique de treize deniers n'est pas le seul que nous rencontrions : en effet, outre que ce chiffre de *treize* religieusement conservé dans la famille royale et sur plusieurs points du territoire s'est oublié ailleurs, il importe d'ajouter

[1] Sohm, *Das Recht der Eheschliessung*, Weimar, 1875. Sohm, *Trauung und Verlobung*, Weimar, 1876.

[2] Cf. Lœning, *Geschichte d. deutschen Kirchenrechts*, t. II, p. 588 et suiv.; K. Lehmann, *Verlobung und Hochzeit nach den nordgerm. Rechten des früheren Mittelalters*, pp. 98, 99, 123, 124; Stobbe, *Handbuch des deutschen Privatrechts*, t. IV, pp. 16, 17; pour les Lombards Kohler dans *Zeitschrift für vergl. Rechtswissenschaft*, t. III, p. 354.

[3] Mention des treize deniers dans le rituel d'Amiens cité par Sohm, *Eheschliessung*, p. 54 et suiv. et par M. Esmein, *Etudes sur les contrats dans le très ancien droit français*, p. 16, note 1. Pour les treize pièces (d'or) au mariage de Louis XVI, voyez de Goncourt, *Vie de Marie-Antoinette*, p. 23. Le mariage dit *per solidum et denarium* suppose treize deniers d'argent suivant une certaine valeur du sou. Voyez mes *Etablissements de saint Louis*, t. Ier, p. 247. Dans le Barrois, avant la messe de mariage, les fiancés s'approchent de la balustrade qui sépare l'avant-chœur du sanctuaire; là, se trouvent le prêtre officiant et ses acolytes. Un enfant de chœur présente alors un plat à la fiancée, qui y dépose, avec son anneau, *treize* pièces de monnaie. Le prêtre, après la bénédiction de l'anneau et des pièces de monnaie, présente l'anneau au fiancé qui le passe au doigt de la jeune fille, puis se retire pour commencer la messe (les treize pièces de monnaie lui restent). Cela s'appelle « *acheter son mari.* » (Je dois ce renseignement à une bienveillante communication de M. Cl. Bonnabelle).

qu'une autre origine, une origine à demi religieuse, à demi romaine, a joué son rôle dans l'histoire des fiançailles.

En effet, nous savons que les rabbins exigeaient que l'avenir de la femme fût assuré par une donation [1]. De plus, l'antique achat de la femme s'était fixé depuis longtemps dans la cérémonie du mariage juif : le mari remettait à la femme une monnaie ou un objet, ordinairement un anneau, en lui disant : « Voici que tu es réservée exclusivement à moi, moyennant cet anneau, cette monnaie..... [2]. »

Le mariage romain du bas empire subit sur ce point, par l'intermédiaire du christianisme, l'influence hébraïque, et recueille ces divers éléments. Les fiançailles romaines dont je ne recherche pas ici l'origine première, prennent à cette époque un caractère tout nouveau. Elles se fondent avec la donation que le mari faisait à sa femme avant le mariage, *donatio ante nuptias;* et, soit cette donation, soit la dot constituée par le père à sa fille, devient une condition quasi-essentielle du mariage [3]. Deux circonstances matérielles forment dès lors comme l'écorce nécessaire et indispensable des fiançailles romaines :

[1] Voyez le traité *Khelhouboth*, dans Rabbinovicz, *Législation civile du Thalmud*, t. Ier, Paris, 1880, p. 101 et suiv., notamment p. 103. Cf. Pouhaër, *Essai sur l'histoire générale du droit*, Paris, 1849, p. 370; Léon de Modène, *Cérémonies et cout. qui s'observent aujourd'hui parmi les juifs*, traduites par le Sr de Simonville, Paris, 1710, p. 126 et suiv.

[2] Drach, *Du divorce dans la synagogue*, Rome, 1840, p. 193. Cf. Lud. de Compiègne de Veille, *Hebræorum de connubiis jus civile et pontificium seu ex r. Mosis Majemonidæ secundæ legis sive manus fortis eo libro, qui est de re uxoria tract. primus*, Parisiis, 1673, pp. 13-17; Heinrich Ewald, *Die Alterthümer des Volkes Israel*, Göttingen, 1866, p. 287.

[3] *Code de Théodose*, III, VII, 3. *Nov.* 89, c. 8. *Loi des Burgondes*, tit. XXXVII, 1, 2, apud Pertz, *Leges*, t. III, p. 619. Texte attribué à un concile d'Arles de l'an 524 ou 525 dans Ives de Chartres, *Decretum*, VIII, 144 (Ives, *Opera omnia*, édit. Migne, t. Ier, col. 616) et dans *Décret de Gratien*, Secunda pars, Causa XXX, Quæst. V, c. 6. Dans cette phrase *Nullum sine dote fiat conjugium*, le mot *dos* désigne plutôt la dot constituée par le mari que par le père. Déjà, au IIIe siècle, dans Tertullien, le mot *dotalia* paraît bien désigner les dons faits par le mari (*Ad uxorem*, lib. II, c. IX; *De monogamia*, cap. XI, dans *Opera*, édit. de Paris, 1683, pp. 333, 334, 1143, avec la note 86, p. 1153). Cf. Wilda, dans *Zeitschrift für deutsches Recht*, t. IV, p. 181; Esmein dans *Nouvelle revue historique*, janvier-février 1884, p. 22; Martel, *Etude sur l'enregistrement des actes de droit privé*, p. 94; Conrat (Cohn), dans *Zeitschrift der Savigny-Stiftung*, t. X, 2e partie, *Rom. Abtheil.*, 1889, pp. 140, 141.

1° un baiser, *osculum*, accompagné d'une donation; cette donation prit elle-même le nom d'*osculum*, plus tard *oscle*, dans le midi de la France et jusque dans le Berry[1] et dans l'Orléanais[2]; 2° la remise d'un anneau ou d'une pièce d'argent, ou la remise de ces deux objets à la fois[3]. Ceci rappelle d'une manière frappante le cérémonial juif[4].

Pour compléter le parallélisme entre les usages romains du bas empire et les usages germains, j'ajouterai que les fiançailles romaines devinrent, comme les fiançailles barbares, un élément presque inséparable du mariage : je dis *presque*, car, en définitive, les derniers jurisconsultes romains n'abandonnèrent pas absolument le principe auquel ils étaient précédemment arrivés, à savoir que du seul consentement naît le mariage[5].

C'est ce dernier point de vue qui triompha grâce aux influences religieuses.

Distinction des fiançailles par paroles de futur et par paroles de présent. — Jusqu'à ce moment, en parlant des fiançailles, j'ai toujours supposé que les promesses échangées sont conçues à peu près en ces termes : *Je vous prendrai à époux; Je vous prendrai à épouse.* Ce sont là, en effet, les fiançailles proprement dites : on les nomme souvent *fiançailles par paroles de futur; sponsalia per verba de futuro*, afin de les bien distinguer d'un autre engagement appelé à tort *fiançailles par paroles de*

[1] Cf. *Code de Théodose*, III, v, 5. Sur l'antiquité de l'*oscle* qu'on trouve à Cordoue notamment, lire un fragment de Sénèque qui fut communiqué par Paul Sadolet à Arnoul Le Ferron et que cite M. Rivier dans son excellent livre, *Précis du droit de famille romain*, Paris, 1891, p. 135, note 3, p. 137. Quant au moyen âge, voyez, pour le Berry, Boutaric, *Actes du parlement de Paris*, t. Ier, 1863, p. 188, n° 2043; pour le Limousin, Deloche, *Cartulaire de l'abbaye de Beaulieu*, p. 62. L'*oscle* est encore mentionné à Limoges dans les contrats de mariage du XVIIe et du XVIIIe siècle (L. Guibert, *La famille limousine d'autrefois*, p. 42). Cf. Esmein dans *Nouvelle revue hist.*, janvier-février, 1884, pp. 24, 25.

[2] Ms. Voss. lat. 8° 15, fol. 206 v°, 210 v° (Bibliothèque de Leyde). Je dois l'indication et la copie de ces documents à mon savant ami, M. Omont.

[3] Esmein, *Etudes sur les contrats dans le très ancien droit français*, pp. 13, 14, 15.

[4] Il y a aussi d'anciens usages romains analogues qui ont pu revivre et pénétrer dans le droit. Voyez Nonius Marcellus, v° *Nubentes*, dans Bruns, *Fontes*, 5e édit., p. 390.

[5] *Code de Théodose*, III, VII, 3. *Code de Justinien*, V, IV, 22. Cf. Wilda, dans *Zeitschrift für deutsches Recht*, t. IV, pp. 178, 179.

présent; sponsalia per verba de præsenti. Je dis *à tort,* car, jusqu'au concile de Trente, ces « fiançailles » *par paroles de présent* ne sont pas autre chose qu'un mariage[1]. L'engagement pris par les fiançailles *de præsenti* est celui-ci : *Je vous prends à époux; Je vous prends à épouse.*

Les fiançailles *par paroles de présent* ont été de bonne heure l'objet de prohibitions fréquentes : un concile de 1279 notamment les interdit tant que les parties ne sont pas *ante fores ecclesiæ, quando debet nuptialis benedictio celebrari*[2]. C'est sous une autre forme l'interdiction du mariage sans cérémonie religieuse dont il sera parlé dans le chapitre suivant. Néanmoins, encore au XIVe siècle, les fiançailles *par paroles de présent* sont constantes, à Marseille, par exemple[3]; on les retrouve, comme nous le verrons, jusqu'au XVIIe siècle.

Ce texte de 1279 — on en pourrait citer beaucoup d'autres — nous montre les fiançailles tendant à se fondre avec la cérémonie religieuse du mariage. Les fiançailles *par paroles de futur* ont suivi, dans beaucoup de pays, la même pente et ont disparu, réunies peu à peu au mariage. C'est ainsi que le cérémonial des fiançailles dont je parlais tout à l'heure, la remise de l'anneau et de quelques pièces de monnaie, se retrouve de nos jours, en France, dans les cérémonies du mariage à l'église. Une ordonnance du 26 novembre 1639 a dû beaucoup contribuer en France à la décadence des fiançailles distinctes ; cette ordonnance interdit de recevoir la preuve par témoins de promesse de mariage. Toute promesse de mariage, pour avoir une valeur juridique, devra donc être reçue par écrit et en présence de quatre parents des parties[4].

Aujourd'hui, non seulement les fiançailles proprement dites n'existent plus; mais, d'après la jurisprudence, une promesse de mariage est nulle et ne peut donner ouverture à des dom-

1 *Décrétales de Grégoire IX,* IV, I, 31; IV, IV, 3. Cf. Thibaut, *System des Pandekten-Rechts,* t. Ier, 1834, p. 236.

2 Synode d'Ofen, can. 119, dans Hubé, *Antiq. const. synod.,* Petropoli, 1856, p. 156.

3 Guilhiermoz, *Etudes sur les actes des notaires à Marseille,* thèse manuscrite soutenue à l'Ecole des chartes, p. 414.

4 Ord. du 26 novembre 1639, art. 7, dans Isambert, t. XVI, p. 524.

mages-intérêts[1]. L'ancienne jurisprudence française n'allait pas jusque-là : elle accordait des dommages-intérêts en cas de promesse de mariage non tenue[2]. Tel est encore, par exemple, le droit prussien[3].

Fiançailles dans le contrat de mariage. — Si les fiançailles n'existent plus, l'acte civil dans lequel elles étaient d'ordinaire tantôt simplement relatées, tantôt formellement et directement contractées, subsiste toujours; je veux parler du *contrat de mariage* qui a pour objet de régler les intérêts pécuniaires des époux.

Les anciens *contrats de mariage* contenaient presque toujours une clause de ce genre[4] : (1786) « Lesquelles parties..... se sont promis la foy de mariage; en conséquence, elles conviennent de le célébrer incessamment[5]. » Ce sont là les fiançailles ou promesse de mariage; cette promesse figure encore dans les contrats de la période révolutionnaire[6]. J'ai pu la suivre en Auvergne jusqu'au

1 Laurent, *Principes de droit civil*, t. II, pp. 410, 411.

2 *Code matrimonial*, t. II, pp. 815, 817, 818, 827.

3 Dernburg, *Lehrbuch des preussischben Privatrechts und der Privatrechtsnormen des Reichs*, t. III, Halle, 1884, p. 31.

4 (XIVe s.). « Hinc est quod dictus *talis* sua spontanea voluntate..... juramento per ipsum ad Sancta Dei Evangelia sponte prestito corporaliter..... nobilem *talem* in uxorem legitimam recipere et cum ea matrimonium contrahere in facie Sanctæ Matris Ecclesiæ..... et vice versa dicta nobilis *talis*..... promisit et ad Sancta Dei Euvangelia per ipsam corporaliter tacta gratis juravit se dictum nobilem *talem* in virum legitimum recipere et cum eo matrimonium..... contrahere in facie Sanctæ Matris Ecclesiæ. » (contrat de mariage de 1363 à Bourg-Saint-Andéol — ma collection). Cf. contrat de mariage de Philippe de Comines et d'Héleine de Jambes dans *Divers traitez..... servans de preuves et d'illustrations aux mémoires de Comines*, Brusselle, 1714, p. 534; Guilhiermoz, *Etudes sur les actes des notaires à Marseille*, thèse manuscrite soutenue à l'Ecole des chartes, p. 414.

(XVIIe s.). « Premièrement a esté convenu et accordé que lesdits sieur..... et damoiselle de..... se prendront à mary et femme, et sera le mariage solemnisé en face de Saincte Mère Eglise catholique » (Gabriel Cayron, *Le parfait praticien françois*, Tolose, 1665, p. 343). Cf. *Stile..... pour l'instruct. des procez..... es chat. du parlement de Metz*, Metz, 1682, p. 252.

5 Contrat de mariage du 5 février 1786 par devant Me Gervaize, notaire à Tours.

6 « Ledit citoyen .... et ladite citoyenne .... ont, de l'avis et agrément de leurs dits père et mère, autres parents et amis soussignés, promis de s'unir en mariage à la première réquisition de l'un d'eux..... » (Contrat de mariage par devant Me Gervaize, notaire à Tours, du 2 pluviôse an V). On remarquera cette clause curieuse qui mentionne l'avis et agrément des parents et amis autres que le père et

milieu de ce siècle[1]. Nos notaires atténuent aujourd'hui la clause correspondante du contrat de mariage de façon à supprimer la promesse formelle. Ils se contentent d'écrire : « Lesquels en vue du mariage *projeté* entre..... et dont la célébration doit avoir lieu (souvent : ce jourd'hui même) à la mairie de..., en ont arrêté les clauses et conditions civiles de la manière suivante. »

Nous pouvons donc suivre dans les contrats de mariage la décadence, puis la disparition complète des fiançailles ou de la promesse de mariage.

2. *Le mariage* in facie Ecclesiæ.

Jusqu'au concile de Trente la présence du prêtre n'est pas nécessaire pour l'existence du mariage. — Si cette promesse échangée *Je vous prends à époux; Je vous prends à épouse,* constitue à elle seule un mariage, c'est donc que le mariage est un contrat purement consensuel, existant par le seul effet de la volonté des parties, indépendamment de toute forme déterminée. Telle est, en effet, la doctrine de l'Eglise. La bénédiction nuptiale que, dès l'origine, les mariés chrétiens demandèrent à l'Eglise n'était pas, aux yeux de l'Eglise, une condition essentielle à la validité du sacrement. Celle-ci obligeait les époux, sous peine de péché, à lui demander cette bénédiction; néanmoins, sans cette bénédiction, ils étaient mariés dès lors qu'ils avaient voulu être mariés. C'est ce que proclame le pape Nicolas Ier[2]; c'est ce que répète, après tant d'autres théologiens, l'illustre saint Thomas d'Aquin : « Dicendum quod verba expri-

la mère; c'est un trait germanique : le plus ancien témoignage à ce sujet se trouve dans Tacite et on peut suivre dans les contrats de mariage cette notion devenue de pur style au moins jusqu'à l'an V. Encore aujourd'hui, à l'église, l'époux, en mettant la pièce de mariage dans la main de son épouse, prononce ou plutôt devrait prononcer ces paroles que le prêtre lui suggère : « Recevez ce signe des conventions matrimoniales faites *entre vos parents et les miens.* » (*Manuel pour la célébration du sacrement de mariage selon le rituel romain à l'usage du diocèse de Paris*, Paris, 1874, p. 18).

[1] Double contrat de mariage Dunaud du 8 novembre 1838 (Etude Dunaud à Vollore, Puy-de-Dôme).

[2] Cf. J. v. Pflugk-Harttung, *Iter italicum*, p. 178, n° 150.

mentia consensum de præsenti sint forma hujus sacramenti, non autem sacerdotalis benedictio, quæ non est de necessitate, sed de solemnitate[1]. »

Tous les sacrements, en effet, n'exigent pas l'intervention du prêtre; ainsi le baptême peut être administré par un laïque et même par une femme.

Ces mariages en dehors de l'Eglise sont assez fréquents[2] au moyen âge pour que l'autorité religieuse et l'autorité civile s'en préoccupent à plusieurs reprises. Nous possédons le texte d'un de ces engagements civils qui date de la période lombarde[3]. Au XIIe siècle, ils sont prohibés en Sicile[4]. Au XIIIe siècle, un concile d'Arles s'exprime ainsi : « L'abus..... de conclure des mariages sans la participation de l'Eglise doit être aboli[5]. » Si l'Eglise prohibe ces engagements purement civils non suivis de la bénédiction nuptiale, l'autorité ecclésiastique ne paraît pas avoir toujours bien sérieusement interdit l'usage de ces engagements, lorsqu'ils doivent être suivis d'une solennité religieuse; et nous voyons, à Rome même, sous les yeux du pape, en présence d'un cardinal, se conclure par devant notaire un « matrimonium legitimum... mutuo consensu interveniente per verba de præsenti[6]. »

Un glossateur normand du XVe siècle a bien exprimé l'état du droit en disant : « Les solennitez que on fait à l'Eglise » ne servent..... synon « pour confermer et nottifier ce que » les époux ont fait. Et « aussi se ung homme et une femme fiançoient l'un l'autre par parolles de present, ja soit ce qu'il n'y eust point eu

1 Saint Thomas d'Aquin cité par Walter, *Lehrbuch*, 1846, p. 622, note *e*; 14e édit., Bonn, 1871, p. 667, note 1.

2 Voyez notamment *Décrét. de Grégoire IX*, IV, IV, 3.

3 Pertz, *Leges*, t. IV, p. 605.

4 Merkel, *Commentatio qua juris Siculi sive assisarum regum regni Siciliæ fragmenta ex codicibus manuscriptis proponuntur*, Halis, pp. 25, 36.

5 Hefele, *Hist. des conc.*, trad. franç., t. VIII, p. 480. Cf. un concile de Prague de l'an 1301, dans Hefele, trad. franç., t. IX, p. 274; *Ecole franç. de Rome, Mélanges d'archéol. et d'hist.*, 3e année, p. 299.

6 Second mariage de la célèbre Vannoza en 1486, dans Gregorovius, *Das Archiv der Notare des Capitols*, p. 503. Voyez un acte analogue de 1397 (Pérouse), dans Adamo Rossi, *Ricordo nuziale*, p. 7, note 4.

de couple charnel entre eulx, ne autres espousailles faictes, si sont ilz tenuz et reputez des lors pour mariez et le mariage fait[1]. »

Bénédiction nuptiale nécessaire à l'existence du mariage depuis le concile de Trente. — Le premier acte législatif qui ait frappé de nullité ces mariages purement civils émane de l'autorité civile et ne concerne que l'empire byzantin; c'est une constitution de l'empereur Léon VI (886-911)[2]. La jurisprudence canonique de l'Occident n'a pas été influencée par cette décision; et il nous faut descendre jusqu'au concile de Trente pour rencontrer une modification radicale au droit positif de l'Eglise touchant la forme du mariage. De contrat purement consensuel le mariage est devenu, en vertu d'un des décrets de ce concile, contrat formel; c'est-à-dire que la perfection du mariage a été attachée à certaines circonstances et formes déterminées, désormais indispensables à l'existence du mariage. Quelles sont donc ces formes? C'est la célébration du mariage *in facie Ecclesiæ*. A peine de nullité, tout mariage devra être reçu (je ne dis pas : célébré) par le propre curé de l'une des parties, en présence de deux ou trois témoins. Ce décret fut rendu le 11 novembre 1563[3]. Suivant l'opinion théologique commune, le prêtre ici n'administre pas le sacrement, mais sa présence est devenue une condition indispensable.

Mariages à la Gaumine. — En France, l'ordonnance de Blois de 1579 est conçue dans le même esprit que le concile de Trente, mais un peu moins nette et moins précise[4]. Un mariage contracté en France *per verba de præsenti* était encore reconnu valable par arrêt de 1576[5]; et, postérieurement à l'ordonnance de 1579, l'usage des mariages par devant notaire ne se perdit pas entièrement, malgré les efforts du législateur et

[1] *Grande glose* sur le chapitre de la coutume de Normandie intitulé *D'empeschemens de succession*, dans mon exemplaire à la fin du cahier H IIII.

[2] Constitution 89. Cf. Walter, *Lehrbuch des Kirchenrechts*, § 299. Justinien, *Nov.* 74, cap. IV, § 1. Justinien incline ici sensiblement vers le droit qui sera formellement adopté par son successeur Léon VI.

[3] Sessio XXIV, *Decretum de reformatione matrimonii*, c. 1, édit. de Paris, 1666, p. 206.

[4] Glasson, *Le mariage civil et le divorce*, p. 34. Isambert, t. XIV, pp. 391, 392.

[5] M. Beauchet dans *Nouvelle revue hist.*, 1882, pp. 392, 633.

des magistrats[1] : pendant la Fronde, le doyen des maîtres des requêtes, nommé Gaumin ou Gaulmin se maria de cette manière par simple contrat civil, en présence d'un notaire ; ce contrat fut ensuite signifié au curé[2]. On appelait ces unions *mariages à la Gaumine*.

En 1680, le clergé assemblé à Saint-Germain-en-Laye se plaint encore au roi du scandale causé par ces mariages à la Gaulmine, lesquels se font par un simple acte au curé, par lequel les deux parties, en présence d'un notaire, déclarent qu'elles se prennent pour mari et femme[3].

En 1697, Louis XIV renouvela et précisa les règles posées par l'ordonnance de Blois de 1579 : toute union célébrée hors de la présence du propre curé fut frappée de nullité[4].

Ainsi la législation du concile de Trente est devenue la loi française. Celle-ci en a même exagéré le formalisme : le concile de Trente n'exigeait à la rigueur que deux témoins. « Le roi a voulu qu'il y en eût quatre[5]. » Ce luxe royal a passé dans notre *Code civil*[6].

Influence du concile de Trente. — Ce formalisme du mariage introduit par le concile de Trente a pénétré peu à peu dans presque toute l'Europe chrétienne. Les pays protestants eux-mêmes, à la suite du concile de Trente, ont la plupart abandonné la notion d'un mariage parfait par le seul consentement : et lorsqu'en 1787 le législateur français a organisé le mariage des non catholiques, lorsqu'en 1792 il a créé un mariage civil sans aucun caractère religieux, c'est encore le mariage formaliste du concile de Trente qu'il a transplanté dans le domaine de la loi civile.

1 *Ibid.*, p. 643.

2 Duverger, *Observations sur le mémoire de M. Batbie intitulé : Révision du Code Napoléon*, Paris, 1867, p. 34, note 1. Cf. Glasson, *Le mariage civil et le divorce*, p. 27.

3 Duverger, *loc. citato*, p. 34, note 1.

4 Edit de mars 1697 et déclaration de juin 1697 (Anquez, *De l'état civil des réformés de France*, p. 30). Isambert, t. XX, pp. 287, 292.

5 Durand de Maillane, *Dict. de droit canonique*, t. IV, p. 37. Cf. ordonnance dite de Blois du 4 mai 1579, art. 40, dans Isambert, t. XIV, p. 391 ; ordonnance du 26 nov. 1639, art. 1er, dans Isambert, t. XVI, p. 521.

6 *Code civil*, art. 75.

Système antérieur au concile de Trente conservé en Ecosse et aux Etats-Unis. — Le mariage est resté, aux Etats-Unís et en Ecosse, contrat purement consensuel, indépendant de toute forme, de toute circonstance matérielle déterminée. Les mariages de Gretna-Green (village écossais sur la frontière anglaise à quelques milles de Carlisle), sont célèbres : par suite d'un long usage, c'est le maréchal-ferrant de Gretna-Green qui tenait registre de ces mariages : l'union était contractée par devant lui[1]. Les Anglais soumis depuis 1757 à un régime analogue à celui du concile de Trente, ont longtemps profité du voisinage de Gretna-Green pour contracter dans la libérale Ecosse de faciles mariages.

Ces mariages dont on a tant parlé ne sont point une invention du droit écossais : ils s'expliquent, comme presque toutes les bizarreries juridiques, par la persistance d'un état ancien qui s'est maintenu sous une forme particulièrement piquante et originale.

Le maréchal-ferrant et son registre ne sont pas, bien entendu, nécessaires par eux-mêmes à l'existence du mariage : ils ne sont qu'un moyen de preuve. Un Ecossais et une Ecossaise échangèrent tout simplement, en 1804, une déclaration écrite constatant qu'ils se prenaient pour mari et pour femme : en 1811, les tribunaux écossais reconnurent l'existence de ce mariage[2]. Cette décision est entièrement conforme à l'ancienne jurisprudence canonique.

3. *Mariage civil.*

Mariages civils introduits par les lois de 1787 et de 1792. — La loi des 20-25 septembre 1792 fonda définitivement en France ce que nous appelons le *mariage civil*, c'est-à-dire le mariage

[1] *Revue Fœlix*, t. IV, pp. 7, 639. Cf. Boileux, édit. Poncelet, 5e édit., t. Ier, p. LXXXIII, note 1; Bell, *Principles of the law of Scotland*, 7e édit., 1876, p. 698 et suiv. Le curé de Lay-Saint-Remy, en Lorraine, fait pendant au maréchal-ferrant de Gretna-Green. Sur le curé de Lay-Saint-Remy voyez Digot, *Histoire de Lorraine*, t. III, 2e édit., p. 208.

[2] Colfavru, *Du mariage et du contrat de mariage en Angleterre et aux Etats-Unis*, p. 49.

dans la maison commune par devant l'officier public de la municipalité, sans aucune intervention du clergé. Le précédent le plus considérable en ce sens était l'ordonnance de 1787 relative aux protestants : on sait qu'aux termes de cette ordonnance, les mariages pouvaient être déclarés soit devant le curé catholique, soit devant le premier officier de la justice du lieu.

Un bon nombre de mariages civils avaient donc été déjà contractés par des protestants lorsqu'intervint la loi de 1792.

Détail bien moins connu et d'un grand intérêt : quelques catholiques orthodoxes avaient été conduits à devancer la loi de 1792, et, sous l'inspiration de l'autorité ecclésiastique, ils avaient inauguré le mariage civil. Voici dans quelles circonstances. La *Constitution civile* des 12 et 24 juillet-24 août 1790 jeta toute la population catholique dans la perturbation la plus épouvantable. Tous les curés reconnus par l'Etat devenaient du coup schismatiques et, en conscience, les catholiques ne pouvaient se marier devant eux. Ces curés seuls, néanmoins, avaient légalement qualité pour recevoir les mariages. La situation faite sous Louis XIV aux protestants renaissait ainsi; mais, cette fois, c'étaient les catholiques orthodoxes qui se trouvaient privés du mariage.

Un an plus tard, la constitution des 3-14 septembre 1791 parut ouvrir une issue à cette situation intolérable. Elle portait textuellement : « La loi ne considère le mariage que comme contrat civil. Le pouvoir législatif établira pour tous les habitants sans distinction le mode par lequel les naissances, mariages et décès seront constatés, et il désignera les officiers publics qui en recevront et conserveront les actes[1]. » Dès lors, en attendant cette loi promise, les catholiques ne pouvaient-ils pas contracter devant un officier public choisi par eux, un mariage, nul sans doute à leurs propres yeux, mais constituant vis-à-vis de l'Etat le contrat nuptial? Ils célébreront ensuite par devant leur pasteur légitime le vrai mariage, ils recevront le sacrement : et, grâce à ces deux actes dont le premier est nul à leurs yeux et le second nul aux yeux de l'Etat, ils auront, en fin de compte,

[1] Constit. des 3-14 sept. 1791, tit. II, art. 7.

réussi à se marier, aux yeux de l'Etat et à leurs propres yeux.

Tel fut le raisonnement que paraît avoir fait l'autorité ecclésiastique. Quelques notaires de Limoges et très probablement d'autres villes reçurent ainsi des actes de mariage avant la loi de 1792[1]; car c'est le notaire que tout naturellement on adopta pour ce contrat civil.

Si le concile de Trente n'avait modifié au XVIe siècle le droit positif de l'Eglise touchant la législation du mariage, ces mariages par devant notaires de l'année 1791-1792 et les mariages par devant l'officier public de la municipalité en vigueur depuis la loi de 1792 eussent été, aux yeux même de l'Eglise, des mariages parfaitement valides, tandis qu'en vertu de la législation du concile de Trente, ils ne constituent pas, aux yeux des catholiques, un mariage.

Il faut ajouter que tout vestige du droit antérieur au concile de Trente n'a pas disparu. En effet, les théologiens reconnaissent toujours que, dans les pays où ce concile n'a pas été promulgué, le mariage peut exister sans aucune cérémonie religieuse[2].

Bans de mariage. — La formalité des *bans de mariage* que le droit civil moderne a empruntée au droit canonique est probablement d'origine française. Elle remonte au commencement du XIIe siècle. C'est à cette date qu'elle fut introduite à Thérouanne (pour y être supprimée en 1150, *propter mala plurima que inde accidebant*[3]). En 1198, Eudes de Sully organisa à Paris le système des bans de mariage[4]. Le concile de Latran

[1] Quant aux bans de mariage, « on peut s'adresser aux curés constitutionnels pour la publication des bans, qui peut être considérée comme une formalité purement civile, ou mieux on fait faire cette publication par un huissier ou par le greffier de la municipalité..... » (*Correspondance originale des émigrés*, Ire partie, pp. 271-290). Un art. de la loi des 20-25 sept. 1792 paraît viser ces mariages devant le notaire (titre IV, section IV, art. 9). Quant aux mariages des catholiques pendant la Terreur, voyez, à ce sujet, une déclaration de Pie VI à l'évêque de Genève, en date du 5 oct. 1793, dans *Revue des sciences ecclésiastiques*, 6e série, t. X, pp. 534-536.

[2] Walter, *Lehrbuch*, 1846, p. 619; édit. de 1871, p. 662.

[3] *Cartulaire de Notre-Dame de Thérouenne*, pièce no 98. (Copie communiquée par M. Giry).

[4] *Synodicæ constit.*, c. VII, art. 1 (*Patrol. latine*, t. 212, p. 62).

de l'an 1215 en fit une loi générale de l'Eglise [1], loi renouvelée par le concile de Trente [2]. Ces bans par lesquels les promesses de mariage sont rendues publiques, ont pour objet d'empêcher les mariages clandestins, et surtout les mariages qui pourraient être contractés entre personnes entre lesquelles il existe quelque empêchement canonique. Le défaut de publication ne rend point, à lui seul, le mariage nul. Telle est indubitablement la pensée du législateur ecclésiastique; mais le roi a pris à son compte ces règles canoniques [3]; il les a exagérées et il a prétendu que le défaut de publication emportait la nullité du mariage.

[1] Canon 51 (Hefele, *Hist. des conc.*, trad. Delarc, t. VIII, p. 146). Inséré aux *Décrétales de Grégoire IX*, IV, III, *De clandestina desponsatione*, 3. Toutefois cette loi ne fut pas universellement suivie. Au milieu du XVe siècle, le magistrat de Halle-an-der-Saale s'oppose à ce système des bans de mariage comme à une nouveauté. (Wilda, dans *Zeitschrift für deutsch. Recht*, t. IV, p. 185).

[2] Sessio XXIV, *Decretum de reformatione matrimonii*, c. 1.

[3] *Ord. de Blois*, 1579, art. 40. Cf. de Verdelin, *Institution aux lois ecclésiastiques de France ou analyse des actes et titres qui composent les mémoires du clergé*, 2e édit., t. Ier, Toulouse, 1821, pp. 419-423.

TROISIÈME SECTION.

Nullités et empêchements.

1. *Les cas de nullité. — Les empêchements.*

Consentement vicié. Impuissance. — Une bonne partie de la matière des nullités et des empêchements de mariage est renfermée d'une manière implicite dans les développements qui précèdent : je serai donc ici très bref.

A dater du jour où le consentement mutuel des parties fut considéré comme l'essence du mariage, l'absence du consentement entraîna, bien entendu, la nullité du mariage. Des circonstances très diverses peuvent vicier le consentement : je mentionnerai la folie, la violence, la peur, l'erreur sur la personne.

L'impuissance, lorsqu'elle était, au moment du mariage, inconnue de l'autre partie et qu'elle est incurable, constitue-t-elle l'erreur sur la personne? Le droit canon répondait affirmativement[1]. Mais comment constater l'impuissance? Telle est ici la difficulté. Une procédure singulièrement réaliste s'est introduite dès le XIVe siècle, je veux parler du *congrès* dont on a plus d'une fois exagéré la grossièreté. Une affaire célèbre dans l'ancienne jurisprudence, l'affaire du marquis de Langey, donna lieu à un arrêt du parlement de Paris du 16 février 1677, qui défendit le *congrès;* mais le principe de la nullité du mariage pour cause d'impuissance subsista. Il fut sérieusement attaqué, dès 1739, par un plaideur intéressé; ce plaideur perdit son procès[2]. Il y a

[1] *Décrétales de Grégoire IX,* IV, XV. Le droit romain admet en ce cas le divorce (Justinien, *Nov.* 22, c. 6).

[2] *Traité de la dissolution du mariage pour cause d'impuissance,* pp. 87, 96, 97, 100, 120. Boucher d'Argis, *Principes sur la nullité du mariage pour cause d'impuissance,* Londres, 1756, pp. 136, 137. Au lieu de la procédure du *congrès*, on semble avoir employé plus d'une fois une procédure non moins réaliste, mais plus immorale, à mon humble avis. Cette procédure subsiste longtemps après l'abolition du congrès. Nous la rencontrons encore en 1711, à Langres. Voyez Archives nationales, L. 730. acte de 1711 (Langres); L. 736, acte de 1675 (Lyon).

peu d'années, en Hongrie, un tribunal ecclésiastique annulait encore un mariage, *ex capite impotentiæ mulieris*[1].

Notre *Code civil* ne se prononce pas nettement sur la question de savoir si l'impuissance entraîne la nullité du mariage et les auteurs sont divisés. Un éminent jurisconsulte, Zachariæ et quelques commentateurs admettent encore le principe de la nullité du mariage pour cause d'impuissance; mais la jurisprudence et la plupart des auteurs rejettent l'opinion traditionnelle et tiennent malgré l'impuissance, le mariage pour valide[2]. Tel commentateur[3] paraît vivement impressionné par cette parole d'un spiritualiste, assez peu connu comme tel, Napoléon Ier : « Le mariage est l'union des âmes. » Cette belle raison pourrait tout aussi bien être invoquée pour valider le mariage entre personnes du même sexe.

Du jour où le mariage cessa d'être un contrat consensuel pour devenir un contrat formel, l'absence de certaines formalités considérées comme substantielles entraîna la nullité.

Est-il besoin d'ajouter que l'existence d'un mariage antérieur non dissous entraîne la nullité de tout mariage ultérieur?

Mais je n'ai rien dit encore des nombreux empêchements de mariage qui ont joué un si grand rôle dans la législation canonique.

Parenté. — Au premier rang de ces empêchements il faut placer la parenté.

Le droit canon a étendu les empêchements pour cause de parenté beaucoup plus que ne l'avaient fait le droit romain et le droit hébraïque[4] : c'est sous l'influence de l'Eglise que les empêchements de mariage pour cause de parenté commencèrent à se développer dans la législation romaine.

Chez les Romains comme chez les Germains, la parenté en

[1] *Le journal du droit et de la jurisprudence canonique*, 1re année, p. 556.

[2] Cf. Aubry et Rau, *Cours de droit civil français*, t. V, 1872, p. 8, avec la note 4, pp. 101, 102; Laurent, *Principes de droit civil*, t. II, p. 343.

[3] Laurent, *Principes de droit civil*, t. II, p. 394.

[4] Pour le droit hébraïque voyez ici Ewald, *Die Alterthümer des Volkes Israel*, Göttingen, 1866, pp. 262, 263. Joignez Gaudenzi, *L'opera di Cassiodoro a Ravenna*, II, p. 133.

ligne directe ascendante ou descendante et à l'infini fait obstacle au mariage.

En ligne collatérale, la parenté, chez les Romains, empêchait le mariage, lorsque l'un des parents n'était éloigné de l'auteur commun que d'un degré : le frère ne pouvait épouser sa sœur, l'oncle sa nièce, le grand-oncle sa petite-nièce, son arrière-petite-nièce, la tante son neveu, etc. L'oncle, la tante, le grand-oncle, etc., ne sont qu'à un degré de l'auteur commun. Les mariages entre cousins germains (parents entre eux au quatrième degré) étaient permis. Ils furent prohibés par Théodose le Grand; et cette prohibition se maintint en Occident, bien qu'elle ait été modérée par Théodose le Jeune, puis levée par Arcadius et Justinien[1].

Sous l'influence de l'Eglise, les prohibitions s'étendent peu à peu : au VIIIe et au IXe siècle, elles embrassent toute la parenté, c'est-à-dire, suivant une manière de voir assez répandue, les parents jusqu'au septième degré romain inclusivement, quelquefois les parents jusqu'au sixième degré seulement[2]. Ces prohibitions ne sont, d'ailleurs, que l'expression de ce principe général, à savoir que le mariage est prohibé entre personnes descendant d'un auteur commun par filiation naturelle ou filiation légitime. Parmi les motifs mis en avant pour justifier ces prohibitions, on ne saurait trop remarquer la raison physiologique[3].

Le principe général dont je parlais à l'instant porta tous ses fruits, et on en vint à prohiber le mariage entre parents jusqu'au septième degré canonique et non plus romain[4] : le septième degré canonique est le quatorzième degré romain. Une

[1] *Institutes de Justinien*, I, x. *Code de Justinien*, V, IV, 19. *Institution du droit romain et du droit françois..... avec des remarques*, par Fr. de Launay, 1686, p. 177. Cf. concile d'Agde de l'an 506, can. 61 et concile de 517, can. 30, apud Hefele, *Hist. des conc.*, trad. Delarc, t. III, pp. 263, 289.

[2] Lœning, t. II, p. 558. Walter, *Lehrbuch*, édit. de 1846, pp. 644, 645. *Edict. Roth.*, 153, apud Pertz, *Leg.*, t. IV, p. 35.

[3] Cf. Scherer, *Ueber das Eherecht bei Benedictus Levita und Pseudo-Isidor*, p. 29. Au IXe siècle, l'extension des prohibitions étonne les esprits réfléchis; ils dissertent à ce sujet; voyez Kunstmann, *Hrabanus..... Maurus*, p. 104.

[4] *Décret de Gratien*, Secunda pars, Causa XXXV, Quæstio v, c. 2, § 8, *in fine*. *Décrét. de Grégoire IX*, IV, XIV, 3, 5.

réaction était nécessaire : en l'an 1215, le concile de Latran restreignit l'interdiction du mariage au quatrième degré canonique (huitième degré civil). Les parents au quatrième degré canonique sont les petits-fils de cousins-germains.

Affinité ou alliance. — Il faut rattacher à la parenté :

1° L'affinité ou alliance qui entraîne les mêmes empêchements que la parenté. Toutefois, le concile de Trente a borné au second degré l'empêchement qui naît de l'affinité illicite [1].

A l'époque du droit romain classique, l'alliance ne formait jamais, en ligne collatérale, obstacle au mariage. Mais les conciles d'Elvire (305 ou 306) et de Néocésarée (entre 314 et 325) prohibèrent le mariage entre le beau-frère et la belle-sœur [2] : un peu plus tard (355), les empereurs Constantin II et Constant Ier transportèrent ces prohibitions dans la législation civile [3].

Non seulement les mariages entre parents ou alliés au degré prohibé sont nuls, mais ils sont souvent qualifiés *incestes* et comme tels sévèrement punis [4].

2° L'affinité spirituelle résultant du parrainage. Le mariage est interdit : 1° entre le parrain ou la marraine et l'enfant tenu sur les fonts; 2° entre le parrain et la marraine d'une part et les père et mère d'autre part; 3° entre celui qui baptise et la personne qui est baptisée; 4° entre celui qui baptise et le père et la mère de l'enfant baptisé [5]. Tel est le dernier état de l'affi-

[1] Sur l'affinité produite par un commerce illégitime voyez ci-dessus, p. 392. Bœhmer, *Instit. juris canonici*, 1760, pp. 592, 593; Durand de Maillane, *Dict. de droit canon.*, t. Ier, p. 107.

[2] Synode d'Elvire, can. 61; concile de Néocésarée, can. 2, dans Hefele, *Hist. des conc.*, trad. franç., t. Ier, pp. 160, 161, 218. Voyez aussi les témoignages de saint Basile rapportés et commentés dans *Examen du pouvoir législatif de l'Eglise sur le mariage*, Paris, 1817, p. 55.

[3] *Code de Théodose*, III, XII, 2.

[4] Accarias, *Précis*, seconde édit., p. 173. Pour la période franque voyez Hefele, *Hist. des conc.*, trad. franç., t. IV, p. 455; cap. de 856, dans Pertz, *Leg.*, t. Ier, p. 441.

[5] *Concilii Trident. canones et decreta*, sessio XXIV, *De reformatione matrimonii*, c. 2, édit. de 1666, p. 209. Cf. Durand de Maillane, *ibid.*, t. Ier, p. 107. Mais aucune affinité ne naît entre le parrain et la marraine; toutefois, au XVIIe siècle, on engageait vivement les curés à ne pas recevoir le mari et la femme comme parrain et marraine, *ut puritas spiritualis paternitatis ab omni labe et infamia conservetur immunis* (Jo. Clericatus, *Decis. cleri Patavini de sacramentis baptismi et confirmationis*, p. 79).

nité spirituelle : elle était beaucoup plus étendue avant le concile de Trente. Mais l'œuvre qu'a commencée le concile de Trente est loin d'être terminée. Il est de toute évidence que ces nombreux empêchements provenant de l'affinité spirituelle et conservés par la législation canonique devraient aujourd'hui être supprimés en tout ou en partie. Les paroles du concile de Trente ne cessent point de trouver chaque jour, parmi nous, leur application. « Docet experientia, propter multitudinem prohibitionum multoties in casibus prohibitis ignoranter contrahi matrimonia. » Le vœu que je viens d'exprimer l'a été souvent; plusieurs évêques français l'ont renouvelé lors du dernier concile général[1]. La confirmation produit aussi certaines affinités spirituelles qui sont des empêchements au mariage[2].

Empêchements divers. — Autres séries d'empêchements au mariage :

1° Le sous-diaconat et les autres ordres majeurs. C'est l'*empêchement de l'ordre.*

2° L'état de religieux ayant fait vœu de chasteté. C'est ce qu'on nomme l'*empêchement du vœu.*

3° La diversité complète de religion entre les deux parties : ainsi le mariage entre chrétien et infidèle, entre juif et chrétien est souvent considéré comme nul. Le mariage entre catholique et hérétique (mariage mixte) est interdit, mais non pas nul. Telle est la doctrine catholique; mais Louis XIV a déclaré ces mariages nuls en France et a décrété que les enfants issus de telles unions seraient bâtards[3].

4° L'adultère; empêchement entre les deux personnes qui s'en sont rendues coupables, lorsque les parties ont joint à l'adultère une promesse de s'épouser, faite du vivant de l'époux outragé[4].

5° Le meurtre dans l'espèce que voici : Primus et Secunda

[1] *Postulata complurium Galliæ episcoporum*, dans Conrad Martin, *Omnium concilii Vaticani docum. collectio*, Paderbornæ, 1873, p. 162.

[2] Concile de Trente, Sessio XXIV, *De reform. matrimonii*, c. 2, *in fine*.

[3] Durand de Maillane, *Dict. de droit canon.*, t. II, p. 498.

[4] Tel est le nouveau droit des *Décrétales* (*Décrétales de Grégoire IX*, IV, VII, *De eo qui duxit in matrimonium*, 6, *Significasti*).

sont mari et femme : Tertius tue Primus avec la participation de Secunda : il ne pourra épouser Secunda[1].

Plusieurs de ces empêchements peuvent être levés par des dispenses émanées de l'autorité ecclésiastique, quelquefois de l'autorité civile. En France, les dispenses de parenté ont souvent été accordées à la fois par l'autorité ecclésiastique et par le roi[2].

Mais je n'entreprendrai pas de donner une liste complète des divers empêchements de mariage. Je me contente de renvoyer aux notions générales qui dominent toute la matière du mariage.

Empêchements dirimants et empêchements prohibitifs. — Il peut être utile de distinguer à ce propos les empêchements *dirimant* et les empêchements *prohibitifs*. L'empêchement *dirimants* (du mot *dirimere*) est celui qui emporte nullité : l'empêchement simplement *prohibitif*, celui qui n'entraîne pas la nullité du mariage. Cette distinction en elle-même est très simple et très claire; mais l'application donne lieu à bien des difficultés que je n'aborde pas. Créée par les canonistes, la distinction des empêchements de mariage en *dirimants* et en *prohibitifs*, a passé dans le droit civil de la plupart des nations occidentales. Elle est déjà exposée très nettement par Ives de Chartres[3].

La législation nouvelle. — La loi du 20 septembre 1792 modifia profondément cette législation. Tout ce qui regarde les empêchements de mariage était contenu dans cet article de la loi :

« Le mariage est prohibé entre les parents naturels et légitimes en ligne directe; entre les alliés dans cette ligne, et entre le frère et la sœur[4]. »

1 *Décrétales de Grégoire IX*, IV, VII, *De eo qui*, 3, *Super hoc*. Cf. *Encycl. méth.*, *Jurisprudence*, t. IV, p. 253. Il faut, en outre, qu'il y ait, chez l'un des deux coupables, l'intention de contracter mariage avec l'autre et qu'elle soit manifestée de quelque manière. Cette intention est présumée; c'est à l'époux coupable à prouver qu'elle n'a pas existé.

2 Voici le tarif de la chancellerie royale en 1672 : « Dispense d'aage ou de parenté, à contre-sceau, 17 livres, 9 s.; ... sans contre-sceau, 17 livres, 6 s. » (*Manuscrit de la Compagnie des conseillers-secrétaires du roi*, appartenant à M. Léturgeon et conservé dans sa bibliothèque de Sens, à Rochocorbon, Indre-et-Loire).

3 Esmein, *Le mariage en droit canonique*, t. Ier, pp. 75-77.

4 Tit. IV, sect. Ire, art. 11.

Notre *Code* est un peu moins large; mais il reste très éloigné de l'ancien droit[1].

Aucune loi moderne n'interdit le mariage des religieux ou des personnes entrées dans les ordres (prêtrise, diaconat ou sous-diaconat). Napoléon Ier a songé, à plusieurs reprises, à faire revivre, par une loi nouvelle, l'ancienne règle qui interdisait le mariage aux clercs entrés dans les ordres majeurs; mais ce projet ne s'est pas réalisé[2]. Le mariage civil, acte qui, aux yeux d'un catholique, produit ses effets civils mais ne constitue pas, à proprement parler, le mariage, reste, dans le dernier état de la jurisprudence, ouvert aux prêtres ou aux religieux[3] : cette situation me paraît conforme à la notion moderne de la séparation de l'Eglise et de l'Etat[4].

2. *Le mariage putatif.*

Définition et historique. — On appelle *mariage putatif* un mariage contracté de bonne foi et plus tard déclaré nul. La logique voudrait que les enfants issus de cette union fussent bâtards; mais on s'est départi de cette logique rigoureuse. Le droit canonique a admis que, si l'un des conjoints avait été de bonne foi, avait ignoré lors du contrat l'empêchement dirimant, le mariage, quoique nul, produirait tous les effets d'un mariage

[1] *Code civil*, art. 162, 163.

[2] Valette, *Cours de Code civil*, t. Ier, 1re année, 1872, p. 189.

[3] Voyez rapport du conseiller Merville et arrêt de la Cour de cassation du 25 janvier 1888, dans *Gazette des tribunaux* des 29 janvier et 3 mars 1888. Cet arrêt a renversé la jurisprudence que je critiquais dans la première édition de cet ouvrage.

[4] Cf. sur cette question : Sarrat, *Le mariage des prêtres devant la cour de cassation*, Paris, 1887; Horoy, *Du mariage civil du prêtre catholique en France*, Paris, 1890. Le respect de la liberté d'autrui m'engage ici à demander une modification secondaire dans le régime du mariage. Il me déplaît que le maire catholique d'une commune catholique puisse être obligé à marier un prêtre catholique ou à marier un divorcé. La répugnance qu'inspirent ces mariages civils dans certains milieux catholiques fait partie d'un précieux patrimoine moral qu'il est fâcheux d'entamer. Ne pourrait-on pas prendre certaine mesure libérale, installer, par exemple dans les préfectures un officier public, ayant mission de recevoir les déclarations de mariage que les parties jugeraient à propos de porter devant lui? On respecterait ainsi les consciences de tous : celles de certains maires et de leurs concitoyens, celles des aspirants au mariage.

légitime pour le temps qui aurait précédé la déclaration de nullité et quant aux enfants nés ou conçus à cette époque. Mais, pour cela, la bonne foi ne suffisait pas; il fallait, en outre, suivant la plupart des auteurs[1], que le mariage eût été contracté *in facie Ecclesiæ :* le mariage clandestin, alors même que la preuve en était possible, ne pouvait jamais constituer un mariage putatif. Lorsqu'au quatrième concile de Latran, la publication préalable des bans eût été imposée, il fallut aussi que cette formalité eût été remplie, pour que le mariage pût jouir de cette faveur.

La théorie du mariage putatif est déjà toute formée dans Pierre Lombard[2]. Elle est appliquée dans le droit des décrétales depuis Alexandre III[3]. Ce système adopté par l'ancienne jurisprudence française[4] se retrouve aujourd'hui dans notre *Code civil*[5]. Il ne me paraît pas impossible d'en apercevoir déjà quelque chose, mais à l'état rudimentaire, dans certains textes du droit romain[6].

Bibliographie (Sections I, II, III). — Saint Thomas d'Aquin, *Somme théologique*, Pars tertia, Supplementum, Quæstio xli à Quæstio lxvi. — Bellarmin, *De sacramento matrimonii*, dans *Disputationes de controversiis christianæ fidei adversus hujus temporis hæreticos*, *Quinta controversia*, Ingolstadii, 1597, t. II, col. 1524-1738. — Sanchez, *Disputationes de s. matrimonii sacramento*, plusieurs éditions, notamment Antuerpiæ, 1607, 3 tom. en 1 vol. in-fol. — Launoi (J. de), *Regia in matrimonium potestas*, Paris, 1674, in-4°. — Thiers, *Traité des superstitions qui regardent les sacremens*, t. IV, 1704, pp. 451-600. — Boucher et Le Semelier, *Conférences*

1 C'est avec intention que je tempère ici la doctrine de M. Esmein. Voyez Fischer, *Die Ungültigkeit der Ehe und ihre Folgen insbesondere bei Formmängeln*, dans *Jahrbücher fur die Dogmatik des heutigen römischen und deutschen Privatrechts*, t. XXIX, 1889, p. 253.

2 Esmein, *Le mariage en droit canonique*, t. II, pp. 33-35. Une partie de ce qui est dit dans le texte sur le mariage putatif est emprunté mot pour mot à M. Esmein.

3 *Décrétales de Grégoire IX*, IV, xvii, *Qui filii sint legitimi*, 2, 8; IV, iii, *De clandestina desponsatione*, 3. Cf. Ant. Starace, dans *Continuazione delle ore solitarie*, Napoli, 1844, pp. 159-167.

4 Pothier, *Contrat de mariage*, nos 437 et suiv. Cf. Valette, *Cours de Code civil*, t. Ier, pp. 302, 303.

5 *Code civil*, art. 201.

6 *Code de Justinien*, V, v, *De incestis et inutilibus nuptiis*, 4. *Digeste*, XXIII, ii, *De ritu nuptiarum*, 57.

ecclésiastiques sur le mariage imprimées par ordre du cardinal de Noailles, Paris, 1712, 4 vol. (plusieurs éditions). — Agier, *Du mariage dans ses rapports avec la religion et les lois nouvelles de France*, Paris, an IX, 2 vol. — Boyer, *Examen du pouvoir législatif de l'Eglise sur le mariage, avec une dissertation sur la réception du concile de Trente dans l'Eglise de France*, Paris, 1817. — Tabaraud, *Principes sur la distinction du contrat et du sacrement de mariage, sur le pouvoir d'établir des empêchements dirimants et d'en dispenser*, Paris, 1825. — (Lesurre), *De la juridiction de l'Eglise sur le contrat de mariage considéré comme matière du sacrement*, Lyon, 1823. — Duchesne, *Du mariage, examen comparatif des principes qui le régissent suivant le Code civil français, le droit romain, le droit canonique et les législations des états modernes*, Paris, 1845. — Troplong, *Des empêchements pour parenté*, dans l'ouvrage intitulé *De l'influence du christianisme sur le droit civil des Romains*, 1843, p. 191 et suiv. — Pardessus, *Dissertation treizième. De la législation du mariage chez les Francs*, dans *Loi Salique*, Paris, 1843, p. 665 et suiv. — Schulte, *Handbuch des katholischen Eherechts*, 1855. — Meier, *Jus quod de forma matrimonii valet*, Berolini, 1856. — A. de Richecour, *Essai sur l'histoire et la législation des formes requises pour la validité du mariage*, Paris, 1856. — Friedberg, *Das Recht der Ehe in seiner geschichtl. Entwicklung*, Leipzig, 1865. — Sohm, *Das Recht der Eheschliessung*, Weimar, 1875. — Friedberg, *Verlobung und Trauung*, Leipzig, 1876. — Sohm, *Trauung und Verlobung*, Weimar, 1876. — Laemmer, *Von Sacrament der Ehe*, dans Laemmer, *Die vortridentinisch-katholische Theologie des Reformations-Zeitalters*, Berlin, 1858, p. 325 et suiv. — Habicht, *Die altdeutsche Verlobung*, 1879. — Mansella, *De impedimentis matrimonium dirimentibus ac de processu judiciali in causis matrimonialibus notiones et disceptationes canonicæ*, Romæ, 1881. — Beauchet, *Etude historique sur les formes de la célébration du mariage dans l'ancien droit français*, dans *Nouvelle revue historique*, 1882. — P. Daniel, *Le mariage chrétien et le Code Napoléon*, Paris, 1870. — Lawrence, *Etude de législation comparée et de droit international sur le mariage*, Gand, 1870 (Extrait de la *Revue de droit international et de législation comparée*, t. II). — Rosmini-Serbati, *Sul matrimonio christiano e le leggi civili che lo riguardano*, Firenze, 1862. — Weber, *Die canonischen Ehehindernisse*, 1884. — Horoy, *Cours de droit canonique dans ses rapports avec le droit civil*, *Traité du mariage*, Paris, 1886. — Desforges (Léon), *Etude historique sur la formation du mariage en droit romain et en droit français*, Paris, 1887 (thèse). — Léon Giraud, *Les promesses de mariage*, dans *Revue critique de législation*, 1888 (tirage à part, Paris, Pichon). — L. R. von Salis, *Die Publikation des tridentinischen Rechts der Eheschliessung*, Basel, 1888. — Freisen, *Geschichte des canonischen Eherechts bis zum Verfall der Glossen Litteratur*, Tübingen, 1888. — Paoli, *Etude sur les origines et la nature du mariage civil mis en regard de la doctrine catholique*, Paris, 1890. — Duchesne, *Origines du culte chrétien, Etude sur la liturgie latine avant Charlemagne*, ch. XIV, *La bénédic-*

tion nuptiale. — Esmein, *Le mariage en droit canonique*, Paris, 1891, 2 vol. — Gasparri, *Tractatus canonicus de matrimonio*, Paris, 1891, 2 vol. — Alfred Martin, *Exposé de l'ancienne législation génevoise sur le mariage*, Genève, 1891. — Périès, *Procédure canonique dans les causes matrimoniales*, dans *Le canoniste contemporain*, janvier, avril, juin 1892 (en cours).

CHAPITRE III.

DU DIVORCE ET DE LA SÉPARATION DE CORPS.

Définition du divorce. Historique. — J'appelle divorce la dissolution du mariage survenue du vivant des conjoints.

Le divorce brise tous les liens qui existaient entre les époux et, par conséquent, ouvre la voie à un nouveau mariage.

Le divorce existait chez les Romains. Il existait aussi chez les juifs et chez les Germains : nous l'apercevons à l'origine chez tous ces peuples avec son caractère primitif, celui d'un divorce unilatéral, tout au profit du mari, à qui il est loisible de renvoyer sa femme, sans que celle-ci puisse user du même droit[1]. Le divorce devient ensuite une arme aux mains de chacun des conjoints. Tel est son développement historique.

Le Sauveur prononça quelques paroles qui consacrent l'indissolubilité du mariage. Suivant l'interprétation catholique, la prohibition du divorce par le Sauveur est absolue : suivant d'autres interprétations, elle n'est que relative et le divorce reste, en un cas, possible. Ces divergences d'interprétation s'expliquent par les divergences matérielles qu'on peut remarquer dans le texte des évangélistes.

Les paroles prononcées par Jésus-Christ sont rapportées en ces termes par saint Marc et saint Luc : « Omnis qui dimittit

[1] Cf. Warnkœnig, *Französische Staats- und Rechtsgeschichte*, t. II, pp. 238, 239. « La Mischna et le Talmud, écrit M. Dareste, permettent à la femme de provoquer le divorce et lui donnent ainsi, quoique dans une mesure restreinte, un droit qui jusque-là n'appartenait qu'au mari » (Dareste, *Code rabbinique*, dans *Journal des savants*, juillet 1884, p. 379). Pour le droit romain, voyez Esmein, *La manus, la paternité et le divorce dans l'ancien droit romain*, Paris, 1883, p. 20 (Extrait de la *Revue générale du droit*).

uxorem suam et alteram ducit, mœchatur[1]; » en ces termes par saint Matthieu : « Dico autem vobis quia quicumque dimiserit uxorem suam, nisi ob fornicationem, et aliam duxerit, mœchatur et qui dimissam duxerit mœchatur[2]. »

Aux yeux de tous, le Sauveur voit d'un œil très défavorable le divorce en général : mais la prohibition est-elle absolue? Dans la pensée de quelques interprètes, le divorce est toléré dans un cas unique, à savoir l'inconduite de la femme. Telle est la doctrine d'Astérius, évêque d'Amasie, de saint Epiphane[3], de Lactance[4]; mais la généralité des docteurs, saint Jérôme notamment et surtout saint Augustin, se prononcèrent pour l'indissolubilité absolue[5]. C'est la doctrine de l'Eglise catholique. Les Eglises orientales, au contraire, reçoivent le divorce.

L'Eglise ne réussit pas à faire pénétrer dans le droit romain la prohibition du divorce : son influence n'entama la législation qu'au point de vue du divorce par consentement mutuel (*bona gratia*). Ce divorce, prohibé par Constantin[6], puis rétabli, fut[7], après diverses hésitations de la législation, aboli par Justinien[8];

1 Texte de saint Luc. Voici le passage complet : « Omnis qui dimittit uxorem suam et alteram ducit, mœchatur; et qui dimissam a viro ducit, mœchatur » (S. Luc, XVI, 18). Saint Marc rapporte ainsi les paroles du Sauveur : « Quicumque dimiserit uxorem suam et aliam duxerit, adulterium committit super eam. Et si uxor dimiserit virum suum et alii nupserit, mæchatur » (S. Marc, X, 11, 12).

2 Saint Matthieu, XIX, 9. Joignez le verset 6 : « Quod ergo Deus conjunxit, homo non separet. » Cf. saint Matthieu, V, 32; saint Paul, *Epist. ad Cor.*, I, VII, 10. On trouvera une interprétation étudiée de saint Matthieu dans le sens de la prohibition absolue du divorce dans Chapt de Rastignac, *Accord de la révélation et de la raison contre le divorce*, p. 108 et suiv.

3 Saint Epiphane paraît accorder le droit de se remarier aux deux époux. Voyez Esmein, *Le mariage en droit canonique*, t. II, p. 51.

4 Cf. D. Calmet, *Dissertation sur le divorce*, dans *Sainte Bible*, t. III, Toulouse et Nismes, 1779, p. 62.

5 Voyez Glasson, *Le mariage civil et le divorce*, 2e édit., pp. 214, 215; 1re édit., p. 29; Hefele, *Hist. des conc.*, trad. franç., t. IV, p. 425; Jovanović, dans *Bulletin de la Société de législation comparée*, t. XIV, pp. 265-267; Esmein, *Le mariage en droit canonique*, t. II, pp. 48-53; Tertullien, *De monogamia*, c. v, IX, dans *Opera*, édit. de Paris, 1683, pp. 1139, 1140, 1142.

6 Constitution de 321, dans *Code de Théodose*, III, XVI, 1.

7 En 429 par Théodose le Jeune et Vallentinien III (*Code de Justinien*, V, XVII, 8).

8 *Nov.* 134, c. 11. Cf. Glasson, *ibid.*, p. 205. Justin II rétablit le divorce par consentement mutuel (*Nov.* 140).

mais le divorce pour causes déterminées[1] fut admis par la législation de Justinien et ne disparut pas du droit romain.

L'Eglise triompha, au contraire, des mœurs barbares, ou, du moins, elle triompha presque complètement. Son influence s'exerça lentement; car nous possédons des formules de divorce par consentement mutuel d'une date assez récente[2]. Au IXe siècle, les capitulaires prohibent énergiquement et absolument le divorce[3]; mais il ne disparaît pas tout à fait. On sait qu'à la fin du Xe siècle, Adélaïde, abandonnée par Louis V dit le Fainéant, épousa Guillaume d'Arles[4]. Le divorce s'est maintenu très longtemps dans l'Islande chrétienne[5]. Enfin un divorce unilatéral tout au profit du mari, est nettement admis, dans certains cas, par les *Assises de Jérusalem*[6].

1 *Nov.* 22, c. 4-7. *Nov.* 134, c. 11.

2 Voici un relevé général de formules de divorce : Marc., liv. II, form. 30, apud Zeumer, *Formulæ*, Pars prior, 1882, p. 94, apud Rozière, *Recueil général*, 111; *ibid.*, form. 110, 112, 113, 114. Plusieurs de ces formules sont des formules de divorce par consentement mutuel, notamment 114. Cf. *Lex Burgund.*, tit. XXXIV, apud Pertz, *Leges*, t. III, pp. 546, 547.

3 Capit. de 829, art. 3; autre capit. de 829, art. 20, dans Pertz, *Leg.*, t. Ier, pp. 345, 353. Cf. Anségise, liv. Ier, art. 42 (*ibid.*, p. 277).

4 Richer, liv. III, ch. XCIV, XCV, édit. Guadet, t. II, p. 116. Il est vrai qu'aux yeux de Richer le mariage d'Adélaïde et de Guillaume est un *adulterium publicum*. De cet *adulterium publicum* est née, suivant M. Lot, la reine Constance, femme du roi Robert (Lot, *Les derniers Carol.*, pp. 366-368).

5 Dareste, *Les anciennes lois de l'Islande*, p. 6 (Extrait du *Journal des savants*, août 1881). Dareste, *Etudes d'histoire du droit*, pp. 348, 349.

6 *Assises des bourgeois*, ch. 175, dans Beugnot, *Assises*, t. II, p. 118. M. Esmein pense que les principes suivis dans l'empire d'Orient ont inspiré les décisions des *Assises de Jérusalem* (Esmein, *Le mariage en droit canonique*, t. II, pp. 83, 84). Voyez, en effet, une constitution des empereurs Léon et Constantin de l'an 740 (Zachariæ, *Hist. du droit privé gréco-romain*, trad. Lauth, pp. 20, 21). Mais je remarque qu'au XVIe siècle, en France, malgré les décisions des canonistes, les juristes et les tribunaux proclamaient, comme les *Assises*, la lèpre une juste cause de dissolution du mariage (Buvignier, *Les maladreries de la cité de Verdun*, p. 45, note, p. 48). Joignez capit. de 757, art. 19 (Boretius, *Cap.*, I, p. 39). On pouvait ici invoquer *Deutéronome*, XXIV, 1. Les historiens écrivent couramment que Blanche de Bourgogne fut répudiée par Charles le Bel à cause de sa mauvaise conduite, et que ce prince épousa, du vivant de sa première femme, Marie de Luxembourg. Ce serait un divorce pour cause d'adultère. Mais, au point de vue juridique et canonique, les choses se passèrent tout autrement. Blanche étant en prison pour crime d'adultère, on se souvint très opportunément que sa mère avait tenu sur les fonts au baptême le roi Charles. Or, avant le concile de Trente, il y avait affinité ou alliance spirituelle entre le baptisé et l'enfant du parrain ou de la marraine et, par suite, empêchement de

Substitution de la séparation de corps au divorce. — L'Eglise a substitué à l'ancien divorce, c'est-à-dire à la rupture du lien qui unit les époux, un autre divorce tout différent qui laisse subsister le lien, qui, par conséquent, ne donne point ouverture à un nouveau mariage, mais autorise seulement les époux à vivre séparés[1]. Ce nouveau divorce s'est conservé dans le droit moderne, c'est la *séparation de corps* : je l'appelle *nouveau divorce,* afin d'éveiller l'attention du lecteur sur le vrai sens du mot *divortium*[2], qui, très souvent, dans les textes du moyen âge, signifie non pas *divorce* au sens actuel du mot, mais *séparation de corps.*

Ce nouveau *divortium* ne vaut que *quoad thorum et habitationem,* non pas *quoad fœdus et vinculum.*

La séparation de corps figure déjà dans la *Loi des Wisigoths*[3].

Bien qu'on puisse citer en France des exemples de séparation de corps par consentement mutuel[4], la jurisprudence et la coutume se sont de bonne heure fixées en sens contraire; et il a été universellement admis que la séparation de corps ne pouvait être prononcée que pour causes graves et déterminées[5].

Réaction en faveur du divorce. La réforme. La révolution. — Un retour vers le divorce se manifesta en Europe au moment de

mariage entre eux. Dès lors, le pape Jean XXII put prononcer que le mariage de Charles le Bel et de Blanche de Bourgogne « ne se povoit ou devoit tenir. » Le mariage étant nul, Charles IV put épouser Marie de Luxembourg (Bibl. nat., ms. fr. 17268, contenant une continuation de la chronique française de Nangis, fol. 90 v°. Durand de Maillane, *Dict. de droit canonique,* t. Ier, p. 107).

1 Voyez saint Paul, *Epist. ad Corinth.,* I, VII, 11; *Concile de Trente,* Sessio XXIV, *De sacramento matrimonii,* can. 7, 8 (édit. de Paris, 1666, p. 204).

2 Voyez, par exemple, le mot *divortium,* dans Pertz, *Scriptores*, t. XIV, p. 216. Les exemples abondent. Dans les *Décrétales de Grégoire IX,* les matières relatives à la séparation de corps sont rangées sous la rubrique *De divortiis* (*Décrétales de Grégoire IX,* IV, XIX).

3 *Lex Wisigoth.,* III, VI, 1, 2, apud Georgisch, *Corpus juris Germ.,* pp. 1948, 1949. Il semble toutefois que la femme, après le *divortium,* peut épouser un second mari, si le premier l'y autorise.

4 Archives nationales, arrêt de 1378, dans X1a27, fol. 11 r°. Dans le même esprit, *Nov.* 134, c. 11.

5 Julien, *Eléments de jurisprudence*, p. 43. *Encyclopédie méthodique, Jurisprudence,* t. VII, p. 552.

la réforme : non seulement les Eglises protestantes admirent le divorce, mais la plupart d'entre elles, se plaçant, malgré leur prétention contraire, manifestement et matériellement en dehors de l'enseignement de Jésus-Christ, l'admirent en d'autres cas que celui de l'adultère de la femme [1].

Sous l'influence de ce mouvement, le divorce a été rétabli en Hollande, dans la plupart des pays allemands, en Danemark, en Suède [2], etc.

Les législateurs de 1792 [3], emportés par une réaction violente contre l'indissolubilité du mariage [4], supprimèrent la séparation de corps et y substituèrent le divorce; ils admirent le divorce par consentement mutuel et même pour incompatibilité d'humeur invoquée par un seul des époux.

La Convention, par le décret du 4 floréal an II, renchérit sur la loi de 1792 et rendit le divorce plus facile encore; mais elle revint en l'an III [5] à la loi de 1792. Deux ans plus tard, en l'an V, sous le Directoire, une loi nouvelle [6] apporta sinon des entraves, au moins des lenteurs à la procédure de divorce pour incompatibilité d'humeur créée par la loi de 1792. Vers le même temps, l'Eglise constitutionnelle faisait, lors du concile de 1797 (an VI), cette déclaration solennelle : « L'Eglise gallicane demeure inviolablement attachée à la doctrine évangélique et à l'enseignement de l'Eglise universelle sur l'unité, la perpétuité et l'indissolubilité du mariage [7]. »

Le *Code civil* autorisa tout à la fois le divorce et la séparation de corps, au choix des époux. Mais il soumit le divorce à des conditions plus difficiles que ne l'avaient fait les législateurs de 1792. Toutefois l'empereur obligea, par statut spécial (art. 7), les membres de sa famille à des vertus plus hautes et à des

[1] *Encyclopédie des sciences religieuses*, t. VIII, p. 702.

[2] Cf. Glasson, *Le mariage civil et le divorce dans les principaux pays de l'Europe*, 1re édit., pp. 89 à 209.

[3] Décret des 20-25 septembre 1792.

[4] Indications utiles pour suivre, à ce point de vue, le mouvement des idées en 1789, dans Chassin, *Le génie de la révolution*, t. Ier, pp. 480, 481.

[5] 15 thermidor an III.

[6] Loi du premier jour complémentaire an V (17 septembre 1797).

[7] *Décret du concile national de France*, p. 8, dans *Collection des pièces imprimées par ordre du concile national de France*, Paris, 1797.

mœurs plus pures que le reste des Français : il interdit « le divorce aux membres de la maison impériale de tout sexe et de tout âge[1]. » L'empereur s'épuisait, en ce temps-là, en efforts inutiles pour obtenir du pape l'annulation du mariage Bonaparte-Paterson. Le doux Pie VII ne se laissait pas convaincre. Il avait envoyé au tout-puissant monarque cette grave déclaration : « Il est hors de notre pouvoir... de prononcer le jugement de nullité...; le désir dont nous sommes toujours animés de seconder autant qu'il dépend de nous ses desseins, particulièrement dans une affaire qui touche de si près à son auguste personne, n'a été cette fois rendu inefficace que par l'absence absolue de pouvoir[2]. » Je suis tenté d'apercevoir en ce curieux article 7 un moyen de persuasion diplomatique, une politesse à l'adresse du Saint-Siège. Napoléon espère vaincre la résistance du pontife, en proclamant ainsi bien haut que la nullité de mariage demandée ne saurait jamais être considérée comme un divorce. Cette interdiction du divorce toute spéciale aux membres de la famille impériale n'est pas une des preuves les plus frappantes de l'esprit de prévoyance du grand homme. On sait, en effet, que, trois ans plus tard, en 1809, il se décida lui-même à répudier Joséphine et fit solennellement proclamer par le Sénat le divorce de l'empereur et de l'impératrice, « sacrifice le plus grand qui ait été fait sur la terre, » assura l'orateur du gouvernement. « Le mariage [civil] contracté entre l'empereur Napoléon et l'impératrice Joséphine est dissous[3]. » Tels sont les termes du sénatus-consulte. Le mot *divorce* est soigneusement évité. C'est le seul hommage rendu au statut de 1806. Aussi bien, Napoléon était au-dessus je ne dis pas seulement du statut de sa famille, mais des lois en général : son divorce, ai-je besoin de le dire? ne s'autorise en aucune manière du titre *Du divorce* au *Code Napoléon*[4]. On se garda de faire valoir les

[1] Statut du 30 mars 1806 sur l'état de la famille impériale, art. 7.

[2] Voyez comte d'Haussonville, *L'Eglise romaine et le premier empire*, t. II, 1868, pp. 39, 40, 409 et suiv.

[3] *Moniteur* du 16 décembre 1809. Joignez comte d'Haussonville, *L'Eglise romaine et le premier empire*, t. III, pp. 199-211.

[4] Joséphine avait plus de quarante-cinq ans; on ne pouvait donc invoquer le *Code Napoléon*, art. 277 (ch. *Du divorce par consentement mutuel*).

seules causes légales de divorce qui eussent pu être invoquées[1].

La loi du 8 mai 1816 supprima ce titre *Du divorce* et ne laissa subsister que la séparation de corps[2]. Sous l'empire du *Code* aussi bien que dans l'ancien droit français, la séparation de corps ne peut avoir lieu par consentement mutuel, mais seulement pour causes déterminées.

La Chambre des députés vota, en 1831, le rétablissement du divorce; mais la Chambre des pairs ne se rallia pas à cette pensée. En 1848, M. Couturier de Vienne réclamait encore une fois le rétablissement du divorce : le divorce, « salutaire épouvantail, » « remède héroïque, mais indispensable à de bien tristes souffrances, » viendra, disait-il, « raffermir le ménage et la famille[3]. » Deux lois récentes[4] ont réalisé ce vœu pieux. La famille est raffermie. Qu'il me soit permis de rappeler que Portalis avait prononcé jadis, à l'occasion du divorce, quelques paroles plus sérieuses que celles de M. Couturier de Vienne. Ces paroles, un peu oubliées, veulent aujourd'hui être méditées : « Le véritable motif, disait Portalis, qui oblige les lois civiles d'admettre le divorce, c'est la liberté des cultes. Il est des cultes qui autorisent le divorce, il en est qui le prohibent; la loi doit donc le permettre, afin que ceux dont la croyance l'autorise, puissent en user[5]. » Ceci est digne d'attention. L'application de

[1] *Code Napoléon*, art. 229, 230. Livre sur le divorce de Napoléon : Sehling, *Die Ehescheidung Napoleons*, dans *Zeitschrift für Kirchenrecht*, t. XX, 1885, p. 1 et suiv.; Welschinger, *Le divorce de Napoléon*, Paris, 1889; Dolhagaray, *Le divorce de Napoléon*, dans *Revue des sciences ecclésiastiques*, 1889, 6e série, t. IX, pp. 534-561; t. X, pp. 39-64, 531-537; P. Bernard Duhr, dans *Zeitschrift für kathol. Theologie*, 1888, 4e partie. — Lecoy de La Marche, *Le mariage religieux de Napoléon et de Joséphine*, dans *La guerre aux erreurs historiques*, pp. 322-345.

[2] Pour le mouvement des idées à cet égard au moment de la restauration, voir notamment Chrestien de Poly, *Du divorce et de la séparation*, Paris, 1815.

[3] Couturier de Vienne, docteur en droit, *Réforme de l'ordre judiciaire, Rétablissement du divorce, Pétition adressée à l'Assemblée nationale constituante*, Paris, 1848, p. 33.

[4] Lois du 27 juillet 1884 et du 18 avril 1886.

[5] Voyez Laurent, *Principes de droit civil*, t. III, p. 215, où cette pensée est citée et combattue. La pensée de Portalis n'a pas évidemment une valeur absolue : on ne saurait invoquer aveuglément la liberté des cultes pour introduire dans la loi et consacrer législativement tout usage ou toute licence admise par une religion quelconque; mais, dans l'espèce et à un point de vue relatif, l'observation me paraît

la même idée à l'ensemble de nos lois sur le mariage produirait un élargissement singulier de notre code matrimonial; et ceux-là même que l'introduction du divorce a blessés ou offensés, trouveraient, ce semble, dans les modifications inspirées par la même préoccupation libérale, une abondante compensation.

La loi nouvelle du divorce a motivé une lettre de Léon XIII au président de la république (12 juin 1883) et une note du secrétaire d'Etat de Sa Sainteté à l'ambassadeur de France. Je n'ai eu sous les yeux qu'un résumé de cette très importante note. Voici quelques extraits de ce résumé : « En présence de la nouvelle loi sur le divorce l'Eglise est obligée d'enseigner à ses enfants que les mariages contractés en vertu de cette loi sont nuls et adultérins, qu'ils doivent, en théorie, la réprouver comme contraire au dogme, en fait, n'en pas profiter parce qu'elle est opposée aux préceptes de l'Evangile. Quiconque, par suite, tenterait de violer le lien sacré du mariage, encourra les peines spirituelles dont sont menacés les adultères et les concubinaires publics[1]. »

Après avoir reproduit cette doctrine, jetons un coup d'œil sur la pratique. Plus d'un conjoint, appartenant à la religion catholique, bénéficie, au point de vue civil, de la loi sur le divorce, et s'arrange pour utiliser, au point de vue religieux, quelqu'une des nombreuses causes de nullité de mariage que le droit canon met à sa disposition. L'officialité de Paris en sait quelque chose.

importante. Si cette pensée est remarquable par elle-même et digne de fixer l'attention de tout esprit *libéral* (c'est-à-dire *préoccupé de la liberté d'autrui*), je ne voudrais pas cependant que le lecteur se fît du libéralisme de Portalis une trop haute idée. Le même Portalis a émis, précisément à l'occasion du divorce, une doctrine contraire aux lois les plus élémentaires de la liberté religieuse. En juin 1802, il écrivait aux évêques : « Le divorce est admis par la loi civile. Il serait donc aussi injuste qu'imprudent de refuser la bénédiction nuptiale à tous ceux qui contracteraient un second mariage après un divorce » (Comte d'Haussonville, *L'Eglise romaine et le premier empire*, t. Ier, p. 279). De pareilles doctrines suffisent presque pour disqualifier à mes yeux celui qui les a émises. Il est vrai que ce petit mot *tous* peut ouvrir la voie à la conciliation.

[1] *Résumé analytique de la Note adressée par le cardinal secrétaire d'Etat de Sa Sainteté à l'ambassadeur de France près le Saint-Siège*, dans *Archiv fur kathol. Kirchenrecht*, t. LIV, p. 166. Joignez encyclique *Arcanum divinæ* du 10 février 1880, dans Gasparri, *Tractatus canonicus de matrim.*, t. II, pp. 407-425.

C'est ainsi que deux solutions juridiques différentes (dissolution du mariage en droit civil; nullité du mariage en droit canon) conduisent au but désiré qui est encore le mariage. Napoléon, lorsqu'il répudia Joséphine pour épouser Marie-Louise suivit, lui aussi, cette double voie. Les deux législations, ecclésiastique et civile, si opposées par les principes, se rejoignent par les effets, beaucoup plus souvent qu'on ne le croit communément, parce que, si le droit canonique n'admet pas la dissolution du mariage, il en admet la nullité plus facilement que notre droit civil. J'irai plus loin : il serait peut-être permis de dire, en changeant un peu la terminologie usuelle, qu'en un cas tout particulier l'Eglise romaine reçoit elle-même le divorce, un divorce *sui generis*. En effet, tous les canonistes reconnaissent que le pape peut rompre le *ligamen* unissant deux époux, lorsqu'il y a *matrimonium ratum sed non consommatum*. Gratien enseignait que seul le mariage consommé est véritablement indissoluble. Cette *dispensatio* du pape qui vient rompre le *ligamen*, lorsque le mariage n'est pas consommé et qui permet aux deux époux de contracter un nouveau mariage, n'est pas autre chose qu'une survivance partielle de la théorie de Gratien. La dispense du mariage non consommé « joue un rôle important dans la pratique romaine, » surtout en ce qui concerne les demandes en nullité, fondées sur l'impuissance[1].

Malheureusement ce chapitre du divorce où des esprits conciliants trouveraient, comme on vient de le voir, matière à de féconds développements, est riche, d'autre part, en difficultés presque inextricables entre l'Eglise et l'Etat. On pourra s'en faire une idée en lisant les réponses qui sont faites depuis quelques années aux questions et aux doutes soumis à la Cour de Rome par les évêques[2].

« Le nombre croissant des divorces donne lieu de craindre l'augmentation des vices et la décadence des nations. » C'est là une remarque douloureuse que j'emprunte à cette note du secrétaire d'Etat de Sa Sainteté, analysée un peu plus haut et que

[1] Esmein, *Le mariage en droit canonique*, t. II, pp. 338, 339. Gasparri, *Tractatus canonicus de matrimonio*, t. II, pp. 242, 243.

[2] Gasparri, *ibid.*, pp. 391-406.

répétera tristement tout observateur impartial. Le plus grand péril n'est pas dans la loi ; il est dans les mœurs.

Bibliographie. — *Décrétales de Grégoire IX*, IV, xix, *De divortiis*. — D. Calmet, *Dissertation sur le divorce*, dans *Sainte Bible en latin et en françois*, Toulouse et Nismes, 1779, t. III, p. 48 et suiv. — [Hennet], *Du divorce*, Paris, de l'imprimerie de Monsieur, 1789. — L'abbé de Chapt de Rastignac, *Accord de la révélation et de la raison contre le divorce, coutumes et loix de plusieurs anciens peuples sur le divorce*, Paris, 1790. — Tissot, *Le mariage, la séparation et le divorce*, Paris, 1868. — Hinschius, *Das Ehescheidungsrecht nach den angelsäsch. und fränk. Bussordnungen*, dans *Zeitschrift für deutsches Recht*, t. XX, p. 66 et suiv. — Glasson, *Le mariage civil et le divorce dans les principaux pays de l'Europe*, Paris, 1879; 2e édit., 1880. — Maurice d'Auteville, *Le divorce pendant la révolution*, dans *Revue de la révolution*, livraisons de septembre, octobre, décembre 1883. — Le Senne, *Traité de la séparation de corps*, Paris, Marchal. — Naquet, *Le divorce*, Paris, 1876. — Vidieu (l'abbé), *Famille et divorce*, Paris, 1879 ; — Didon (P.), *Indissolubilité et divorce*, nouvelle édit., Paris, 1892. — Nourrison, *De lege nova circa divortium in Gallia*, dans *Archiv für katholisches Kirchenrecht*, t. LIII, 1885, pp. 126-136. — *Résumé analytique de la Note adressée par le cardinal secrétaire d'Etat de Sa Sainteté à l'ambassadeur de France près le Saint-Siège au sujet de la nouvelle loi relative au divorce, ibid.*, 1885, t. LIV, pp. 163-166. — Poulle, *Le divorce*, Paris, 1887. — Jovanović, *Etude sur les causes de dissolution du mariage d'après la doctrine de l'Eglise chrétienne d'Orient*, dans *Bulletin de la Société de législation comparée*, t. XIV, 1884-1885, pp. 259-270. — Georges Michel, *Le divorce en France et aux Etats-Unis d'après les récentes statistiques*, dans *L'économiste français* du 3 oct. 1891, pp. 421-423.

CHAPITRE IV.

DU BAPTÊME.

Importance civile et politique du baptême. — Le baptême joue dans la vie juridique du moyen âge un rôle trop important pour n'en pas dire un mot.

S'il ouvre la vie chrétienne, il est, en même temps, la seule voie qui conduise à la vie civile ou, du moins, à la vie civile dans sa plénitude. Un axiome formulé par Loisel fera bien sentir cet état de choses : « Toutes personnes, écrit cet auteur, sont franches en ce roïaume; et si tost qu'un esclave a atteint les marches d'icelui, *se faisant baptiser,* est affranchi [1]. »

Lorsque Richelieu provoqua la colonisation du Canada, il voulut que le baptême assurât aux sauvages tous les droits dont jouissaient les Français : « Les sauvages qui seront amenés à la connoissance de la foi et en feront profession, seront censés et réputés naturels français [2]. » C'est donc le baptême qui assimile au Français le sauvage canadien.

Un dernier exemple achèvera de mettre ma pensée en relief. En droit pur, le baptême était l'unique condition requise pour parvenir à la plus haute dignité civile du monde chrétien occidental, à l'empire : le saint empire romain de la nation germa-

1 Livre Ier, tit. 1er, art. 6 (24 dans le numérotage général). Pour l'Angleterre, il faut lire ce passage capital d'un pénitentiel : « Si vero non putat uxorem esse quæ ante baptismum ducta, ergo nec filii ante generati pro filiis habentur, nec inter se fratres vocari vel hereditatis consortes fieri possunt » (*Das Rechtsbuch des Theodor von Canterburg,* § 179, dans Hildenbrand, *Untersuchungen über die german. Pöniten tialbücher,* Würzburg, 1851, pp. 109, 110). En Islande, le baptême a été jusqu'en 1877 la condition essentielle de l'exercice des droits de succession (Dareste, dans *Annuaire de législation comparée,* 16e année, 1881, p. 546).

2 Etablissement de la compagnie du Canada en 1627, art. 17, dans *Edits et ord. royaux..... concernant le Canada,* t. Ier, Québec, 1854, p. 10.

nique était accessible, en théorie, par la voie de l'élection, à tout chrétien baptisé [1].

Enfin, ai-je besoin de rappeler que l'histoire du nom se lie chez nous intimement à l'histoire du baptême [2]? L'histoire du baptême peut, à ce point de vue, être considérée comme une introduction à l'histoire de l'article 57 du *Code civil* [3].

L'importance extrareligieuse du baptême a disparu en France avec les lois et constitutions qui ont accordé à tous les Français les mêmes droits civils et politiques [4].

L'étude du baptême va nous placer pour un moment dans le domaine incontesté du droit canonique.

Définition. Modes de collation. Age. — Le baptême est le sacrement initial qui fait d'un homme un chrétien, un membre de l'Eglise chrétienne [5].

Cette ablution purificatoire par l'eau se retrouve chez un grand nombre de peuples : elle a joué notamment un rôle considérable chez les juifs [6].

Le baptême avait lieu primitivement par immersion : quelques anciens baptistères disposés pour le baptême par immersion subsistent de nos jours en pays latins. Aujourd'hui encore, dans l'Eglise grecque de Constantinople, on n'admet comme valide que le baptême par immersion. Par suite, aux yeux de cette Eglise, les catholiques latins et les protestants n'ayant pas été baptisés par immersion ne sont pas chrétiens. Si l'un d'entre eux demande à être reçu dans l'Eglise grecque, on lui impose l'obligation de se faire baptiser. « La doctrine de l'Eglise russe est plus libérale; à ses yeux, le baptême par immersion est une affaire de rite et non pas de dogme. Elle reconnaît que les latins

[1] Sir Henry Sumner Maine, *Etudes sur l'ancien droit et la coutume primitive*, p. 182.

[2] Voyez notamment *Appendice à Marculf*, 52, dans Rozière, *Recueil général*, t. Ier, p. 166, no 130; Mabillon, *Annales ordinis sancti Benedicti*, t. II, p. 408.

[3] Voyez déclaration du 9 avril 1736, art. 4; décret des 20-25 sept. 1792, tit. III, art. 7; loi du 11 germinal an XI, art. 1er; *Code civil*, art. 57.

[4] Constitution des 3-14 septembre 1791. Décret du 28 septembre 1791 relatif aux juifs. Cf. ci-dessus, pp. 361, 362. Enfin la loi du 20 septembre 1792 a substitué les registres de naissances aux registres de baptêmes dont nous parlerons dans le chapitre suivant.

[5] Cf. saint Jean, *Evangile*, ch. 3.

[6] Voyez notamment Schwab, *Le Talmud de Jérusalem*, t. VI, p. 232.

et les protestants sont validement baptisés et, par conséquent, chrétiens[1]. »

Au baptême par immersion s'est substitué, dans l'Eglise latine, le baptême par aspersion ou infusion qui consiste à verser simplement de l'eau sur la tête du baptisé. Cette forme du baptême avait été usitée dès les temps apostoliques, mais exceptionnellement[2]. Encore au XIIIe siècle, l'immersion était usitée en Italie et en France. Elle s'est conservée longtemps en Italie : Benoît XIII, étant archevêque de Bénévent, baptisait encore par immersion.

A l'origine, le baptême était souvent conféré à des adultes auxquels les éléments de la foi catholique avaient été enseignés (catéchumènes); on considérait comme souhaitable que le baptisé eût atteint l'âge de raison et eût conscience de l'acte solennel qui le rendait chrétien; et, bien que les usages aient varié, on peut dire que, dans les premiers siècles, le baptême des enfants fut ordinairement ajourné. Plus tard, on en vint à baptiser toujours les enfants. Un capitulaire de Charlemagne ordonne déjà de les baptiser dans l'année. Depuis lors, cet usage se généralisa de plus en plus[3].

Ministre du baptême. Parrain et marraine. — Le baptême est administré ordinairement par le prêtre[4]; mais il peut être administré validement par un simple laïque et même par une femme. Il y a plus : si une personne non baptisée a baptisé une autre personne, ce baptême est valide, s'il a été conféré au nom de la Sainte Trinité[5].

Des répondants de la vie chrétienne du baptisé assistent à la

[1] Gagarin, *Le clergé russe*, 1871, pp. 297, 298.

[2] Voyez Διδαχή, VII, 3. (Funk, *Doctrina duodecim apostolorum*, Tubingæ, 1887, p. 23).

[3] Pour tout ce qui précède voyez Corblet, *Histoire du sacrement de baptême*, t. Ier, pp. 20, 21, 44-47, 226, 494; t. II, p. 242; Alcuin, *Opera*, édit. Froben, t. II, p. 523; capitulaire de 775-790, art. 19, dans Boretius, *Capitularia*, t. Ier, p. 69.

[4] *Décret de Gratien*, Tertia Pars, *De consecratione*, Dist. IV, c. 19.

[5] Hefele, *Hist. des conc.*, trad. franç., t. V, pp. 8, 569. Walter, *Lehrbuch*, § 279. Duchesne, *Origines du culte chrétien*, p. 324. Cf. décision du pape Jean VI, apud Jaffé, *Regesta*, édit. Wattenbach, p. 245, n° 2137; *Décret de Gratien*, Tertia Pars, *De consecratione*, Dist. IV, c. 44, 51, 52; saint Thomas, *Somme théologique*, Pars ertia, Quæstio LXVII, art. 5; *Concile de Trente*, Sessio VII, *De baptismo*.

cérémonie. On les nomme : *susceptores, gestantes;* à partir du VIIIe siècle : *patrinus, matrina* (parrain, marraine; compère, commère)[1].

L'institution du parrainage a développé, dans certaines contrées et dans certaines familles, ce sentiment d'union entre les classes auquel l'état économique général et le sentiment religieux étaient jadis bien plus favorables qu'on ne le croit communément. Ainsi, en Bretagne, les plus nobles familles choisissaient souvent le parrain et la marraine parmi de simples paysans. On trouve ailleurs bien des exemples analogues : « Le bon père que Dieu me donna, dit Montaigne,.... me donna à tenir sur les fonds à des personnes de la plus abjecte fortune, pour m'y obliger et attacher. » Buffon, à la naissance de son fils, lui choisit pour parrain le plus pauvre homme de Montbard et pour marraine une mendiante. Montesquieu fut tenu sur les fonts par un pauvre de sa paroisse, « à cette fin, dit un papier du temps, que son parrain lui rappelle, toute sa vie, que les pauvres sont ses frères[2]. »

A l'inverse, les petites gens prenaient volontiers pour parrain et pour marraine de leurs enfants[3] les seigneurs ou les puissants de la localité.

Au moyen âge, le parrain et la marraine jouent souvent, même dans les affaires civiles, un rôle considérable. Ce sont eux qui viennent, avec le prêtre qui baptisa l'enfant, déclarer son âge, si l'âge est contesté. Ces trois personnages : le parrain, la marraine et le prêtre, rendent le même service qu'aujourd'hui la production d'un acte de l'état civil. Le parrain et la marraine jurent sur les évangiles que tel est l'âge de la personne. Le prêtre ne jure pas : il donne seulement sa parole de prêtre, « parole de prévoire, » comme disent nos textes du XIIIe siècle[4].

[1] Corblet, *ibid.*, t. Ier, pp. 352, 353; t. II, p. 177. Je ne puis citer tous les textes relatifs aux *patrini;* en voici un qui est intéressant, c'est le canon 19 du concile d'Arles reproduit dans un capitulaire de 826 ou 829 : on exhorte les *patrini* « ut... quos de fonte lavacri suscipiunt erudire summopere studeant » (Boretius, *Capitularia,* t. Ier, p. 313). Il s'agit certainement de l'instruction religieuse. Cf. Burchard, *Decretorum libri XX,* lib. I, c. 94, interrog. 73, édit. de 1549, p. 20.

[2] Corblet, *ibid.*, t. II, p. 185. Joignez *La correspondance littéraire,* t. V, pp. 33, 34.

[3] Cf. *Mém. de la Soc. de l'histoire de Paris*, t. X, 1883, pp. 182, 183.

[4] Viollet, *Etabl.,* t. Ier, pp. 204, 205.

La femme, — qu'on me permette cette remarque, — jouait ici un rôle important qu'elle a perdu depuis par le fait du *Code civil*. Comme marraine, elle témoignait de l'âge d'une personne; elle est aujourd'hui à peu près complètement déchue de ce droit, car elle n'est pas reçue comme témoin instrumentaire dans un acte de l'état civil[1].

Bibliographie. — Jérôme de Jérusalem, auteur du VIIIe siècle, fragment traduit et intitulé par Frédéric Morel, *Commentarius de effectu baptismi et notis christiani*, 1598. — Burchard de Worms, lib. IV, *De sacramento baptismatis et confirmationis*, édit. de 1549, p. 119 et suiv. — Saint Thomas d'Aquin, *Somme théologique*, Pars tertia, Quæstio LXVI à LXXI. — Clericatus (J.), *Decisiones cleri Patavini anno Domini 1688, editæ de sacramentis baptismi et confirmationis*, Pictavii, 1693, in-4°. — Thiers, *Traité des superstitions qui regardent les sacremens*, Paris, 1704, t. II, pp. 1-176. — *Règlemens qui concernent le sacrement de baptême*, dans *Recueil des actes, titres et mémoires du clergé de France*, t. V, 1769, p 18 et suiv. — Corblet, *Histoire..... du sacrement de baptême*, Paris, Lecoffre, 1882, 2 vol. — Duchesne, *Origines du culte chrétien*, *Etude sur la liturgie latine avant Charlemagne*, Paris, 1889, ch. IX, *L'initiation chrétienne*, pp. 281-328.

1 *Code civil*, art. 37, 56. Beaucoup plus raisonnable que le *Code civil*, le décret des 20-25 sept. 1792, tit. III, art. 1er, laissait aux majeurs de l'un et de l'autre sexe le droit d'être témoins dans les actes de l'état civil. Dans un procès criminel, une femme peut aujourd'hui être entendue comme témoin et déterminer la condamnation à mort d'un coupable; que dis-je, d'un innocent! Servir de témoin à l'acte de naissance d'un enfant; non pas, elle en est incapable. Cette incapacité-là est inattendue. Je n'ignore pas que la sage-femme peut *déclarer* la naissance de l'enfant (art. 56); mais le législateur paraît savoir ce qu'il dit : cette sage-femme n'est pas témoin, son sexe s'y oppose (art. 37, 56). Beaumanoir est bien plus sage (ch. XXXIX, § 54). L'Italie vient de réformer sur ce point une législation qu'elle avait eu le tort de nous emprunter (loi du 9 décembre 1877). Pourquoi ne trouverions-nous pas aussi le temps d'amender notre *Code?* Voyez *Annuaire de législ. étrangère*, 7e année, Paris, 1878, p. 23; Paul Viollet, *Les témoins mâles*, dans *Nouvelle revue hist. de droit*, 1890, p. 715.

CHAPITRE V.

DES ACTES DE L'ÉTAT CIVIL.

Définition. Origines. — Les *actes de l'état civil* sont les actes écrits par lesquels on fait preuve d'un mariage, d'un décès, d'une naissance et par suite de l'âge.

Cette preuve ne se faisait point autrefois par écrit, mais par le témoignage oral. Je viens de donner quelques renseignements sur la manière dont on prouvait au moyen âge l'âge d'une personne. Comment la preuve écrite se substitua-t-elle ici peu à peu à la preuve orale? Comment en vint-on, en d'autres termes, à tenir des registres de l'état civil?

Les registres de l'état civil ont une double origine.

1° Les registres de baptême ont été inaugurés dans un but très louâble, en vue de pouvoir obéir fidèlement aux prescriptions canoniques touchant les mariages entre parents. Telle est, du moins, l'origine des registres de baptême dans le diocèse de Nantes, dans celui d'Angers et certainement dans beaucoup d'autres diocèses.

2° Les premières notes écrites relatives aux mariages et aux enterrements ont été prises, au contraire, dans le but d'assurer et de régulariser certaines habitudes contraires aux prescriptions du droit canonique.

Passons en revue cette double origine[1] :

Registres de baptême. Le plus ancien document connu qui mentionne la tenue d'un registre de baptême est de l'an 1406 :

[1] Il peut être utile de rappeler ici que Marc-Aurèle fit établir dans les provinces des bureaux où l'on enregistrait les noms des enfants nouveau-nés (Cf. Hegewisch, *Essai sur l'époque de l'histoire romaine...*, p. 147; Loir, *De l'état civil des nouveau-nés*, pp. 8, 9; Marquardt et Mommsen, *Handbuch der römischen Alterthümer*, t. VII, 1879, p. 85); mais ce fait est sans aucun lien historique avec nos registres de l'état civil. Un autre fait très ancien qui touche peut-être à notre matière doit être relevé : de

c'est un statut d'Henri le Barbu, évêque de Nantes, qui prescrit ou peut-être qui rappelle aux curés de son diocèse de consigner les baptêmes sur des registres et d'y mentionner les noms des parrains et des marraines. Le motif de cette prescription est donné par l'évêque et il n'en faut point chercher d'autre : les généalogies étant mal connues et, par suite, les parentés ignorées, des parents au degré prohibé se marient dans l'ignorance où ils sont de leur parenté : il faut donc fournir à tous un moyen sûr de démêler les parentés et, pour cela, inscrire avec soin les baptêmes. Les curés devront présenter chaque année à l'évêque de Nantes, lors de sa visite paroissiale, ou à ses délégués, les registres de baptêmes; et si désormais ils négligent ces registres et qu'un mariage illicite ait lieu par suite de cette négligence, l'évêque punira les curés comme coupables de fautes, *tanquam de delicto*.

A la fin du XVe siècle, une paroisse de Châteaudun tenait un registre des baptêmes.

En 1504 et 1507, l'évêque d'Angers ordonne, de son côté, à ses prêtres de tenir des registres de baptême; ses motifs sont exactement les mêmes[1] que ceux de l'évêque de Nantes, au siècle précédent.

Registres de mariages et registres de décès. — La discipline de l'Eglise interdisait formellement aux curés de rien demander pour l'administration des sacrements ou la sépulture des fidèles : « Nullus pretium pro baptismo, neque pro pœnitentia danda, neque pro sepultura accipiat, nisi quod fideles sponte dare vel offerre voluerint. » Tels sont les termes du canon 12 du concile de Bourges tenu en 1031 ; tel est également le sens de plusieurs canons des conciles des siècles suivants qui condamnèrent les exigences des curés et n'approuvèrent que les dons autorisés par une louable coutume. Ces dons, ces aumônes, acceptables mais non exigibles, se payaient probablement en nature, sur-

très bonne heure il est fait mention de listes d'enfants devant être baptisés; cf. Corblet, *Hist. du sacrement de baptême*, t. II, p. 481. M. Egger a fort bien exposé tout ce qui, chez les Romains, rappelle notre état civil (*Revue archéologique*, nouvelle série, 2e année, t. IV, 1861, pp. 184, 185).

[1] *Statuts du diocèse d'Angers*, Angers, 1680, pp. 186, 201.

tout dans les campagnes; mais peu à peu l'argent se substitua à la chose, et la dette à l'offrande.

Cet abus se généralisa et s'érigea en coutume. Les curés en vinrent à tenir des registres ou des livres de compte où s'inscrivaient les prétendus droits qu'on n'acquittait pas sur-le-champ. Sur ces livres de compte sont consignés les mariages et les enterrements; non pas les baptêmes. Peut-être les honoraires des baptêmes étaient-ils laissés entièrement à la générosité des parrain et marraine et se payaient-ils comptant. Peut-être la cérémonie du baptême, plus simple et plus conforme au véritable esprit chrétien que l'orgueilleux mariage ou le pompeux enterrement, échappait-elle souvent à toute fiscalité. Le baptême a conservé de nos jours quelque chose de ce caractère antique.

Ainsi les registres de mariages et de sépultures tirent leur origine d'une contravention aux règles de la discipline ecclésiastique; ils ont pour but de sauvegarder les intérêts temporels des curés.

C'est en Bourgogne que nous trouvons les plus anciennes traces d'écritures de ce genre. Dans la première moitié du XIVe siècle, de 1335 à 1350, un curé de Givry (Saône-et-Loire) prenait note des mariages et des décès de sa paroisse. Des écritures du même genre sont mentionnées dans un document de 1378, et nous possédons une série de notes de cette nature des premières années du XVe siècle, conservées non en original, mais dans une copie de 1415 (n. s.)[1].

L'un des curés dont nous avons les écritures n'inscrivait pas tous les mariages et toutes les sépultures, mais simplement les cérémonies pour lesquelles il lui restait une question d'argent à régler. L'autre semble avoir été plus complet, mais ses préoccupations sont exactement les mêmes.

L'usage de ces écritures se répandit peu à peu et tendit à rendre des services, non plus seulement aux curés, mais à tous.

Intervention de l'autorité civile et du concile de Trente. —

[1] Cf. Harold de Fontenay dont je reproduis souvent les expressions dans *Bibl. de l'Ecole des chartes,* 6e série, t. V, pp. 546, 547; Lex, *Enregistrement des décès et des mariages au XIVe siècle*, *ibid.*, t. LI, p. 376.

A partir du XVIe siècle, l'autorité royale intervient et se préoccupe de la tenue des registres de paroisses. Le concile de Trente prend, de son côté, deux décisions générales d'une grande importance. Voici quelques détails.

En 1539, une ordonnance de François Ier établit des registres de baptêmes. Ce qui est dit à ce sujet est fort net; c'est depuis 1539 que les registres de baptêmes servirent à faire la preuve de l'âge d'une personne. « Ainsi sera fait registre, en forme de preuve, des baptêmes qui contiendront le temps et l'heure de la nativité, et par l'extrait dudit registre se pourra prouver le temps de majorité ou minorité et sera pleine foi à ceste fin[1]. »

L'article suivant veut que ces registres soient visés par un notaire pour plus de garantie, « afin qu'il n'y ait faute auxdits registres. »

La même ordonnance prescrit aussi la tenue de registres de décès, mais ces registres de décès n'ont plus du tout le même caractère. Il s'agit uniquement du décès des ecclésiastiques pourvus de bénéfices. La date de la mort pouvait, en ce cas, avoir beaucoup d'importance pratique à divers points de vue. On veut, en la fixant, prévenir les contestations. On ne songe nullement à enregistrer tous les décès, mais seulement ceux des bénéficiers.

En 1563, le concile de Trente imposa, de son côté, à tous les curés, l'obligation de tenir un registre où seraient inscrits les noms des baptisés et ceux de leurs parrains. Il prescrivit aussi la tenue d'un registre pour les mariages[2].

L'ordonnance de 1579 s'occupe encore des registres, et cette fois des registres de baptêmes, mariages et enterrements. Tous les ans ces registres seront apportés par les curés et vicaires aux greffes royaux. Le curé ou son procureur affirmera judiciairement que le registre contient vérité[3].

Cette matière des registres de l'état civil tenus par les curés

[1] Isambert, t. XII, p. 610.

[2] Session XXIV, *De reform. matrim.*, c. 1, 2, dans *Concil. Trident. canones et decreta*, Parisiis, 1666, pp. 208, 209. Cf. Corblet, *Histoire du sacrement de baptême*, t. II, p. 481.

[3] *Ibid.*, t. XIV, p. 423.

a continué depuis lors à être régie par les ordonnances royales : il faut citer à cet égard une ordonnance de Louis XIV de 1667, une ordonnance de Louis XV de 1736 et une ordonnance de Louis XVI de 1782.

Je signale ici, en passant, l'une des innombrables fissures par lesquelles l'autorité civile prit peu à peu possession de fonctions que l'Eglise primitivement exerçait seule.

Les prescriptions multipliées de l'autorité civile au sujet de la tenue des registres de baptêmes, mariages et sépultures doivent être considérées comme la préface de la loi du 20 septembre 1792, qui confia aux municipalités la tenue des registres de l'état civil. Le *Code civil* a consacré le même ordre de choses [1]. Lachèze-Murel proposa, en 1816, de rendre au clergé la tenue des registres de l'état civil; évidemment cette proposition ne pouvait aboutir [2].

Si nous voulions pénétrer dans le détail, nous constaterions facilement que la plupart des prescriptions relatives à la tenue de ces registres ont pour origine la législation royale.

L'Eglise continue à tenir des registres de baptêmes et de mariages : ce sont des aïeux qu'une jeune postérité représentée par les registres des municipalités n'a point tués. On sait que, dans les communes du département de la Seine, à la suite des incendies allumés par la commune en 1871, les registres tenus par les ministres des différents cultes ont repris une valeur légale. Ils ont été utilisés pendant quelque temps pour suppléer aux actes de naissance détruits. Enfin, ils ont servi à la reconstitution des registres de l'état civil [3]. C'est, à ma connaissance, la

1 *Code civil*, art. 34 et suiv.

2 Cf. Tabaraud, *Principes sur la distinction du contrat et du sacrement de mariage*, Paris, 1825, p. 443 et suiv.

3 Voyez lois des 10-12 juillet 1871; du 12 février 1872; des 13-22 février 1873; décret des 30-31 décembre 1873. Il ne faut pas chercher dans les *Livres de raison* l'origine de nos registres de l'état civil; mais ils s'y rattachent de trop près pour n'en pas dire ici un mot. On appelle *Livres de raison* les livres sur lesquels un chef de famille consignait les événements les plus importants intéressant la famille : tout naturellement les mariages, les naissances et les décès y jouaient le plus grand rôle. Quelquefois même ces notes sont exclusivement consacrées à ces dernières constatations. Depuis une vingtaine d'années on s'est beaucoup occupé des *Livres de raison* assez répandus dans le midi de la France : tel de ces *Livres de raison* publié

seule circonstance où les registres modernes des paroisses aient joué, en ce siècle, un rôle officiel.

BIBLIOGRAPHIE. — E. Egger, *Observations historiques sur l'institution qui correspondait chez les Athéniens à notre état civil, et explication de l'inscription inédite d'une plaque de bronze provenant d'Athènes*, dans *Revue archéologique*, nouvelle série, 2e année, t. IV, p. 169 et suiv. — Taillandier, *Notice historique sur les anciens registres de l'état civil à Paris*, dans *Annuaire de la Société de l'histoire de France*, 1847, p. 200 et suiv. — Art. de M. Harold de Fontenay, dans la *Bibl. de l'Ecole des chartes*, 6e série, t. V; j'en ai fait un grand usage. — Loir, *De l'état civil des nouveau-nés*, Paris, 1865. — Merlet, *Des actes de l'état civil au* XVe *siècle et particulièrement de ceux de la Madeleine de Châteaudun*, Chartres, 1857. — Chaverondier, *Registres des baptêmes, mariages et sépultures de Montarcher*, 1469-1470 (Départ. de la Loire), dans *Musée des archives départementales*, 1878, p. 317 et suiv. — Lex, *Enregistrement des décès et des mariages au* XIVe *siècle*, dans *Bibliothèque de l'Ecole des chartes*, t. LI, p. 376.

par M. de Ribbe constitue un petit tableau exquis d'une famille au XVIe siècle. Il fut question, en l'an VI, d'organiser légalement les *Livres de famille* ou *Livres de raison*. Voyez : Guigue, *Le livre de raison d'un bourgeois de Lyon au* XIVe *siècle;* L. Guibert, dans *Bulletin de la Société archéologique et hist. du Limousin*, t. XXIX, pp. 232, 260, 264; de Ribbe, *Une famille au* XVIe *siècle*, 2e édit., Paris, 1868; Denys d'Aussy, dans *Revue des questions hist.*, 18e année, livr. 69, p. 239.

CHAPITRE VI.

DE LA BATARDISE ET DE LA LÉGITIMATION.

1. *De la bâtardise.*

Définition et notions historiques. — Nous appelons *bâtard* tout enfant né hors mariage[1].

La bâtardise paraît avoir joué un bien faible rôle dans les temps primitifs; et ceci s'explique à merveille. La distinction entre bâtards et légitimes apparaît à peine parmi les nations livrées à la polygamie. Sous ce régime, en effet, toute inclination sérieuse donne lieu à une sorte de mariage; les enfants des divers lits peuvent, sans doute, occuper des rangs différents : il se crée alors, si l'on veut, des degrés dans la descendance légitime; mais le bâtard proprement dit ne figure pas parmi les produits directs de la polygamie. Quant aux unions fortuites d'où peuvent naître des bâtards, elles sont d'autant plus rares que la polygamie est plus répandue. Je ne parle pas des rapports fréquents d'hommes libres avec des femmes esclaves sur lesquelles le maître exerce un *droit du seigneur* permanent. Les enfants qui naissent de ces unions sont habituellement[2] esclaves comme leur mère. Ils ne comptent ni dans la famille, ni dans le droit.

Le bâtard entre donc sérieusement dans l'histoire avec la monogamie, avec le mariage au sens moderne du mot, enfin avec la liberté. En d'autres termes, le développement de la bâtardise coïncide avec un progrès moral considérable; mais

[1] Sur les expressions *bâtard* et *enfant naturel* on lira avec fruit Coin-Delisle, dans *Revue critique*, t. IV, 1854, pp. 570-574.

[2] Je me garde ici d'une affirmation absolue. Voyez l'enseignement remarquable de docteurs musulmans du rite malékite (Khalîl-Ibn-Ish' Âk, *Précis de jurisprud. musulm.*, 2e partie, *Jurisprudence civile*, ch. LII, sect. 1, § 1, trad. Perron, t. VI, p. 221).

ce progrès comme tous les autres se consommera lentement : je veux dire que le souvenir du temps où tous les enfants étaient placés sur le même rang se perpétuera pendant des siècles, au sein des nations qui ont dépassé l'ère de la polygamie et qui sont déjà en possession du mariage. Un enfant est bâtard, s'il n'est pas issu d'une union légitime. Soit! Mais sa position n'en est guère plus mauvaise; car le bâtard n'est pas tombé tout d'un coup au rang avili qu'il occupera plus tard. Nous sommes en mesure de suivre cette lente et progressive décadence du bâtard. Non pas que le courant d'opinion défavorable qui devait à la fin triompher n'apparaisse de très bonne heure ; créé et alimenté par les influences religieuses en même temps que par les influences romaines, il se dégage dès l'époque mérovingienne [1] : mais il ne détruit pas subitement les vieilles mœurs : elles subsistent çà et là, débris et témoins du passé.

On ne saurait trop remarquer cette persistance prolongée du sentiment primitif qui ne distinguait pas les bâtards des légitimes. Les faits suivants qui appartiennent à l'histoire politique et que je cite au hasard parmi bien d'autres trahissent un état de l'opinion qui veut être signalé. En 895, à la diète de Worms, l'empereur Arnoul cède le royaume de Lotharingie à son fils naturel, *omnibus assentientibus atque collaudantibus* [2]. Cinq cents ans plus tard, en 1391, les trois ordres de Béarn élisent pour régent Ivan, fils bâtard de Gaston Phœbus [3]. L'idée de la bâtardise n'a donc rien de très choquant pour ces assemblées politiques. Au XIe siècle, Guillaume le Conquérant s'intitule lui-même *bâtard : ego Wilhelmus, cognomine Bastardus.* Encore au XVIe siècle, la qualification de *bâtard* est acceptée volontiers par de grands seigneurs [4].

1 Cf. Grégoire de Tours, *Hist. Francorum*, V, 21, édit. Guadet et Taranne, t. Ier, p. 321; Laurière, *Glossaire du droit français*, t. Ier, pp. 149, 150; Fahlbeck, *La royauté et le droit royal francs*, p. 121, note 2.

2 *Annales Metenses*, année 895, dans Dom Bouquet, *Recueil des hist.*, t. VIII, p. 74. L'année précédente, les grands avaient refusé leur consentement (*Annales Metenses*, *ibid.*). Cf. *Exposition des trois états..... de Flandres*, 1711, p. 19.

3 Raymond, *Notice sur l'intendance en Béarn et sur les états de cette province*, Paris, 1865, pp. 94, 95. Cf. G. B. de Lagrèze, *La Navarre française*, t. II, p. 216.

4 G. B. de Lagrèze, *Histoire du droit dans les Pyrénées (comté de Bigorre)*, pp. 158-160.

Position juridique des bâtards au moyen âge et pendant la période révolutionnaire. — Mais ce sont là les restes d'une égalité primitive bien lointaine. Un sentiment tout différent n'a cessé de battre en brèche la situation des bâtards : et, sauf quelques exceptions locales, ils sont tombés en France de très bonne heure dans une situation juridique tout à fait inférieure. A Rome, les bâtards ne succédaient pas à leur père[1]; mais ils avaient été appelés, dans le second siècle de l'ère chrétienne, à la succession de leur mère. La plupart de nos coutumes ne les appelèrent à la succession *ab intestat* ni de leur père ni de leur mère : ils furent de plus frappés, en beaucoup de lieux, de l'incapacité de disposer de leurs biens par acte de dernière volonté[2]. Leur succession était, à défaut d'enfants, dévolue au seignenr ou au roi[3]. A la fin de l'ancien régime, le bâtard n'était plus frappé, pour ainsi dire[4], d'aucune incapacité civile; mais il ne succédait pas *ab intestat* à son père, et généralement il ne succédait pas non plus à sa mère.

Un mouvement rétrograde violent mit tout à coup en 1793 les bâtards sur le même rang que les enfants légitimes, quant à la succession des père et mère[5]. Les enfants naturels ont repris, en 1803, un rang inférieur aux légitimes[6] : retour nécessaire aux notions que déjà les Romains et très promptement les Barbares s'étaient faites de la famille.

1 *Institutes de Justinien,* III, I, 2. Cf. *Nov.* 12, c. 4. Les *naturales* furent admis par Justinien à succéder conjointement avec leur mère au sixième des biens paternels, lorsqu'il n'y avait ni épouse, ni descendants légitimes (*Nov.* 18, c. 5; *Nov.* 89, c. 12, § 4).

2 Voyez notamment coutume de Poitou de 1417, dans ms. fr. 12042, fol. 96 v° (les bâtards en Poitou succèdent à leur mère); en Champagne, bâtard n'hérite ni de père ni de mère (*Abrégé champenois,* art. 27, dans mes *Etabl. de saint Louis,* t. III, p. 150. Cf. *ibid.,* t. IV, p. 76).

3 *Etabl.,* t. Ier, ch. 101, dans mon édit., t. II, p. 172.

4 *Encyclopédie méthodique, Jurispr.,* t. Ier, p. 789. J'introduis une certaine restriction par allusion à une incapacité toute spéciale des bâtards, qui, dans le dernier état du droit, ne pouvaient recevoir de leurs père ou mère naturels des legs universels ou donations considérables. Cf. Guyot, *Répertoire,* t. II, 1784, p. 220.

5 Décrets du 4 juin 1793 et du 2 novembre 1793 (12 brumaire an II). Joignez la loi du 15 thermidor an IV. Lire ici Laferrière, *Histoire du droit français,* t. II, 1838, p. 331.

6 *Code civil,* art. 756, 757.

2. *De la recherche de la paternité naturelle.*

Le droit ancien admettait la recherche de la paternité naturelle. Pourquoi elle a été supprimée. — Les décrets du 4 juin 1793 et du 2 novembre 1793 accordèrent aux enfants naturels des droits successoraux égaux à ceux des enfants légitimes. Le *Code civil* ne leur retira qu'une partie de ces droits : il leur conféra une quote-part de la succession d'enfant légitime. Les lois révolutionnaires et le *Code civil* semblent donc, à première vue, avoir singulièrement amélioré la position des bâtards. Néanmoins il paraît certain qu'en fait, et sauf un très petit nombre de privilégiés de la bâtardise, le sort des bâtards pris en masse est plus mauvais qu'il n'a jamais été. Je m'explique facilement ce résultat imprévu. Emporté par un mouvement humain et généreux, on a dépassé le but et atteint un résultat tout opposé à celui qu'on avait en vue. C'est ce que l'histoire nous fera toucher du doigt.

L'ancien droit français, en son dernier état, n'accordait au bâtard nul droit à la succession de son père ; mais à la mère et à l'enfant il donnait toute facilité pour la recherche de la paternité naturelle. Le serment de la fille enceinte suffisait même sinon pour établir d'une façon définitive la paternité naturelle, du moins pour faire condamner provisoirement le père présumé à une contribution pécuniaire ; en un mot, pour assurer l'existence de la mère et de l'enfant : *creditur virgini se prægnantem asserenti.*

Non seulement ce serment était reçu en justice ; mais dans la pratique la déclaration de grossesse prescrite par plusieurs ordonnances royales qui ont pour point de départ un édit de 1556 [1],

[1] Cf. édit de février 1556 ; déclaration du 25 février 1708 ; arrêt du conseil souverain du 8 septembre 1784 concernant la Martinique (Isambert, t. XIII, p. 471 ; t. XX, p. 527 ; t. XXVII, p. 472) ; pour la Lorraine, édit de Léopold Ier du 7 septembre 1711 (*Recueil des édits du règne de Léopold Ier*, Nancy, 1733, t. Ier, pp. 757, 758). Les déclarations de grossesse conservées encore aujourd'hui dans les archives contiennent l'indication sous la foi du serment du nom du père de l'enfant (Duval, *Cahiers de la Marche et assemblée du département de Guéret*, p. 118). Suivant la jurisprudence ou, du moins, suivant un arrêt du 28 mars 1637, la justice ne pouvait pas

déclaration exigée d'office, était réunie dans un seul et même acte au serment de la fille donnant le nom du père.

De pareilles facilités parurent à juste titre effrayantes du jour où l'enfant naturel fut mis sur le pied de l'enfant légitime. Elles exposaient les plus honnêtes familles non plus seulement à des chantages scandaleux, mais à des spoliations monstrueuses. On y mit ordre par le décret du 12 brumaire an II (2 novembre 1793). Cette loi était encore modérée : elle admettait, sinon la recherche de la paternité naturelle, du moins la preuve de la possession d'état, et déterminait elle-même les moyens d'établir cette possession d'état. Mais elle parut insuffisante : on sentait le besoin d'aller plus loin et d'opposer aux revendications des enfants naturels une barrière plus solide. De là cet article célèbre du *Code civil :*

« La recherche de la paternité (naturelle) est interdite. Dans le cas d'enlèvement, lorsque l'époque de cet enlèvement[1] se rapportera à celle de la conception, le ravisseur pourra être, sur la demande des parties intéressées, déclaré père de l'enfant » (*Code civil,* art. 340).

La recherche de la paternité naturelle est interdite! Par conséquent, le sort de la femme et de l'enfant est abandonné à la générosité du père. Il est impossible d'ignorer (dirai-je : plus

exiger que la femme nommât l'auteur de sa grossesse (Paul Baret, *Histoire et critique des règles sur la preuve de la filiation naturelle*, p. 2). Soit! Mais il ne faut pas juger la pratique d'après cet arrêt du parlement de Rennes. En fait, la fille, en déclarant sa grossesse, faisait connaître sous la foi du serment le nom du père. C'est ainsi que les choses se passaient, d'après les documents conservés aux archives de la Creuse et étudiés par M. Duval. Même usage dans le Barrois. Voyez ici Cl. Bonnabelle, *Mognéville, commune du canton de Revigny*, Bar-le-Duc, 1883, p. 15.

[1] Napoléon contribua à faire écarter le plus possible les exceptions au principe : « La recherche de la paternité naturelle est interdite. » L'exception de l'enlèvement fut pourtant admise : celle du viol fut rejetée. On s'inspirait de cette pensée : la preuve du viol est souvent trop difficile à faire : il faut donc exclure le viol et l'exclusion fut prononcée. Qu'arriva-t-il? On obtint ce résultat merveilleux auquel s'attachent quelques interprètes : la recherche de la paternité est admise en cas d'enlèvement : *elle ne l'est pas en cas de viol prouvé et incontestable!* On croit rêver. Voyez le *Procès-verbal du conseil d'Etat* (séance du 26 brumaire an X, 17 novembre 1801) dans Acollas, *L'enfant né hors mariage*, p. 142 et suiv.; Allard, *Des preuves de la filiation hors mariage*, Tournai, 1858, p. 97. De bons commentateurs se tirent habilement d'embarras, en disant que le viol est un enlèvement momentané. Voyez Dalloz, *Répertoire*, Paris, 1855, t. XXXV, p. 366.

naïvement ou : plus perfidement?) les lâchetés du cœur humain et de sacrifier plus sûrement les bâtards dont on pense avoir pris la cause en main.

Il y a quelques années, des propositions de loi, ayant pour objet de modifier l'art. 340 du *Code civil,* furent déposées au Sénat par MM. Bérenger, de Belcastel, Foucher de Careil et Schœlcher, à la Chambre des députés par M. Gustave Rivet. Avant 1803, écrit M. Bérenger dans l'*Exposé des motifs,* « aucun Etat n'avait cru pouvoir priver l'enfant issu de relations illégitimes du droit de réclamer son père[1]. » Encore à l'heure actuelle, la plupart des législations étrangères « diffèrent entièrement de la nôtre, sous le rapport de la protection accordée aux enfants illégitimes; » sans imposer au père la reconnaissance légale de son enfant, elles l'obligent du moins à pourvoir à ses besoins. Dans les nombreux pays où la loi est plus morale et plus humaine que la nôtre, l'homme qui abandonne une jeune fille, après l'avoir rendue mère, est astreint à payer une pension pour l'entretien de l'enfant[2].

Les propositions de loi Bérenger et Rivet n'ont pas abouti. Je crains que, dans l'avenir, les propositions identiques ou n'échouent de même ou, votées, ne produisent des effets mauvais, si, du même coup, on ne modifie pas la loi successorale. Quoi qu'il en soit, cette question, effacée de l'ordre du jour des Chambres, ne l'est pas, a dit justement M. de Pressensé, de la conscience publique. Plus sages que nous, les Français du Canada

[1] Rappelons toutefois que l'interdiction de la recherche de la paternité figurait déjà dans le projet de Code de la Convention (liv. Ier, titre IV, art. 12).

Voici, sur les deux propositions de loi dont je parle dans le texte, quelques indications bibliographiques qui pourront être utiles au lecteur; — Sénat, session 1878, no 71 *bis,* Annexe au procès-verbal de la séance du 16 février 1878, *Proposition de loi relative à la recherche de la paternité* présentée par MM. Bérenger, de Belcastel, Foucher de Careil et Schœlcher; — Sénat, session 1879, no 171, Annexe au procès-verbal de la séance du 5 avril 1879. *Rapport sommaire* par M. de Gavardie; 1re *délibération sur la proposition de loi relative à la recherche de la paternité* (Sénat, 7 décembre 1883). — Chambre des députés, *Documents parlementaires,* Annexe no 1935, séance du 26 mai 1883, *Proposition de loi relative à la recherche de la paternité,* présentée par M. Gust. Rivet.

[2] Lagneau, *Remarques sur la natalité et la mortalité des enfants naturels ainsi que sur la matrimonialité, Mémoire lu à l'Académie de médecine dans la séance du 13 août 1878,* p. 2 (Extrait de la *Gazette hebdomadaire de médecine et de chirurgie*).

n'ont pas ici rompu avec toutes les traditions : ils se sont contentés de retoucher et d'améliorer le droit ancien[1]. C'est la marche ordinaire du progrès. Il redresse; il ne brise pas.

3. *De la légitimation.*

Définition. Influences chrétiennes. — Les bâtards ou enfants naturels ont un grand intérêt à obtenir par faveur la situation d'enfants légitimes; cette faveur, c'est ce qu'on nomme la légitimation.

Nous allons passer en revue les divers modes de légitimation que nous ramenons à quatre. Les trois premiers modes sont purement romains : le quatrième doit être considéré comme une application particulière du troisième mode romain dont nous parlerons.

Les Romains n'admettaient pas la légitimation de tout bâtard, mais seulement des enfants issus d'une concubine, c'est-à-dire d'une sorte de demi-épouse (le concubinat était devenu à Rome une institution sinon légale, du moins si bien circonscrite par la loi qu'elle prenait indirectement ce caractère[2]). Ces enfants étaient proprement les *liberi naturales*. Les *spurii* ou *vulgo quæsiti*, issus d'une femme de basse condition avec laquelle le père n'avait eu aucune liaison stable, ne pouvaient en droit romain être légitimés.

Cette exclusion a disparu sous l'influence humaine et bienfaisante du christianisme : les *spurii* ou *vulgo quæsiti* ont été

1 *Code civil* du Bas-Canada, art. 232, 233, 234, 241, édit. d'Ottawa, 1866, pp. 60, 62. Le *Code civil* du Bas-Canada ne reconnaît à l'enfant naturel aucun droit successoral. Dès lors, les raisons de la règle célèbre de notre *Code civil* s'évanouissent. Il est permis de se demander si on ne ménagerait pas les vrais intérêts des enfants naturels et si on ne donnerait pas satisfaction aux lois éternelles de l'humanité, en retirant aux bâtards toute quote-part des droits successoraux sur la fortune du père, mais en leur attribuant sur la fortune de leur mère les mêmes droits qu'aux légitimes. Sans cette mesure radicale, les bonnes intentions d'une loi nouvelle échoueront probablement : il y a trop d'intérêts conjurés contre le bâtard ! A lire : H. Duméril, *Caractères du droit civil anglais*, 1886, pp. 18, 19.

2 *Code de Justinien*, V, XXVI; V, XXVII. *Digeste*, XXV, VII. Voyez ici les observations de notre éminent et regretté Paul Gide à la suite de l'*Etude sur la condition privée de la femme*, édit. Esmein, p. 584.

admis comme les *naturales* à la légitimation. Nous confondons les uns et les autres sous les noms de *bâtards* ou *enfants naturels.*

Quatre modes de légitimation. — Les quatre modes de légitimation sont : 1. la légitimation par oblation à la curie; 2. la légitimation par mariage subséquent; 3. la légitimation par rescrit du prince; 4. la légitimation par rescrit du pape.

1. Légitimation par oblation à la curie. — Théodose et Valentinien décidèrent que si un père, décurion ou non, donnait son fils naturel à la curie, il pourrait lui transmettre la totalité de ses biens : c'était un moyen de pourvoir au recrutement des curies; car les enfants naturels n'étant pas *filii decurionum,* n'étaient pas *subjecti curiæ.* Il importait d'avoir beaucoup de *subjecti curiæ.* La fille naturelle était légitimée en épousant un décurion[1].

Théodose et Valentinien ne permettaient ce mode de légitimation qu'au père qui n'avait pas d'enfants légitimes : cette exigence fut supprimée par Justinien[2].

La légitimation par oblation à la curie figure dans la *Loi romaine des Wisigoths*[3].

Ce premier mode de légitimation ne fut pas créé dans l'intérêt des bâtards : c'est à l'origine tout simplement une invention administrative pour recruter la curie.

Les trois autres modes de légitimation dont nous allons nous occuper ont été, au contraire, imaginés dans l'intérêt des bâtards.

2. Légitimation par mariage subséquent des père et mère. — Ce mode de légitimation remonte à l'empereur Constantin[4].

[1] *Code de Justinien,* V, XXVII, 3, 9. Cf. Houdoy, *Le droit municipal,* 1re partie, p. 587.

[2] *Code de Justinien,* V, XXVII, 9, § 3. Cf. *Nov.* 89. A lire von Löhr, *Uebersicht der das Privatrecht betreffenden Constitutionen der röm. Kaiser* (1812), p. 27.

[3] Hænel, *Lex Romana Visigoth.,* p. 270. Cf. Martel, *Etude sur l'enregistrement des actes de droit privé dans les Gesta municipalia,* p. 78.

[4] La constitution de Constantin n'est pas parvenue jusqu'à nous; elle est visée par l'empereur Zénon (*Code de Justinien,* V, XXVII, 5). Il me semble qu'on peut apercevoir chez les Romains, avant les influences chrétiennes, certains faits qui sont en corrélation avec la légitimation par mariage subséquent. Voyez Suétone, *Caligula,* 25; Tite-Live, XXXVIII, 36; Voigt, *Jus naturale,* t. IV, p. 27.

Postérieurement à Constantin, plusieurs empereurs, notamment Zénon et Justinien [1], ont légiféré sur cette matière.

L'Eglise qui, suivant toute vraisemblance, avait inspiré sur ce point la législation de Constantin, a reçu dans son propre droit [2] le principe de la légitimation par mariage subséquent qui, d'ailleurs, s'est répandu dans presque toute l'Europe chrétienne [3]. Les efforts de l'Eglise ne paraissent avoir échoué qu'en Angleterre [4] où la légitimation par mariage subséquent est encore aujourd'hui rejetée [5], de telle sorte que si un aîné de deux frères est venu au monde avant le mariage et le cadet après le mariage, l'aîné est bâtard et le cadet seul est enfant légitime!

En France, la légitimation par mariage subséquent est mentionnée notamment à la fin du XIe siècle dans les *Petri exceptiones legum Romanorum* [6]. Beaumanoir en dit un mot : il nous apprend qu'au moment de la célébration du mariage l'enfant était mis sous le poële, sous le « drap » placé au-dessus de la tête de son père et de sa mère [7].

Pour que cette légitimation ait lieu, il faut que les père et mère puissent contracter mariage; par conséquent, des enfants incestueux ne peuvent être légitimés par mariage subséquent.

3. Légitimation par rescrit du prince. — Ce mode de légitimation a été introduit par Justinien [8]. Il était très fréquent en

[1] *Code de Justinien*, V, XXVII, 5, 10. *Nov.* 12, c. 4.

[2] *Décrétales de Grégoire IX*, IV, XVII, 1 (Décrétale d'Alexandre III).

[3] Voyez pour l'Allemagne, Müller, *Promptuarium juris novum*, t. IV, pp. 290, 291; pour Venise, Daniel Manin, *Jurisprudence vénète*, préface et traduction par Millaud, p. 42; pour l'Italie moderne, *Code civil italien*, art. 194 et Traina, *Il riconoscimento e la legittimazione dei figli naturali secundo il diritto civile*, Torino, 1883, pp. 85, 86, etc., etc.

[4] *Statutes of the realm*, t. Ier, p. 4. La légitimation par mariage subséquent existe en Ecosse.

[5] Cf. Richard Burn, *A new law dictionary*, t. Ier, London, 1782, p. 97, v° *Bastard eigné*; Laurent, *Le droit civil internat.*, t. VIII, p. 474, v° *Progrès*.

[6] *Petri Except.*, I, 41, dans Savigny, *Histoire du droit romain au moyen âge*, traduction Guenoux, t. II, p. 327.

[7] Beaumanoir, XVIII, 24, édit. Beugnot, t. Ier, p. 292.

[8] *Nov.* 89, c. 9. La légitimation par testament (*Nov.* 74, c. 2; *Nov.* 117, c. 2) n'a pas joué en France un rôle historique digne d'être relevé : je l'omets avec intention.

France dès le commencement du XIVe siècle[1] : il a été usité, comme le précédent, dans la plupart des pays de l'Europe[2].

En Allemagne les empereurs ont souvent accordé à des comtes du palais ou à divers grands seigneurs le droit de délivrer des lettres de légitimation[3] (source de revenus assez importante). L'empereur Charles IV concéda à l'illustre jurisconsulte Bartole et à ses descendants, docteurs en droit, le privilège de délivrer des lettres de légitimation[4]. On peut citer en France quelques concessions analogues; ainsi, en 1380, Charles VI, établissant le duc de Berry, son frère son lieutenant dans le Languedoc, lui donne le pouvoir d'accorder des lettres de légitimation et de faire payer finance aux légitimés[5]; mais ces exemples sont fort rares. Et si, en fait, les lieutenants du roi ou gouverneurs ont plus d'une fois accordé des lettres de légitimation, ce fait a été, au XVe et au XVIe siècle, déclaré abusif : le roi s'est réservé exclusivement le droit de légitimer les bâtards[6]. C'était une branche de revenus pour le roi et pour sa chancellerie[7].

Les jurisconsultes reconnaissaient au roi de France le droit

[1] Cf. Boutaric, *La France sous Philippe le Bel*, p. 16; Arch. Nat., JJ. 72, fol. 215.

[2] Voyez pour l'Allemagne un acte de 1329, dans Lœrsch et Schröder, *Urkunden zur Geschichte des deutschen Rechtes*, t. Ier, 1881, p. 139, no 182 (159); Müller, *Promtarium juris novum*, t. IV, p. 293 et suiv.; pour les Pays-Bas, Kœnigswarter dans *Revue Fœlix*, t. IX, p. 939; pour Venise, Daniel Manin, *Jurisprudence vénète*, préface et trad. par Millaud, 1867, pp. 42, 43; pour les Deux-Siciles et la Sardaigne, Anthoine de Saint-Joseph, *Concordance entre les Codes civils étrangers et le Code Napoléon*, 1840, pp. 13, 14, etc. Ce mode de légitimation est loin d'être abandonné partout comme en France; voyez notamment *Code civil italien*, art. 198, 199. Il peut offrir, discrètement employé, de précieux avantages.

[3] Pfeffinger, *Corpus juris publici*, t. III, pp. 113, 115, 117; Gilliod'ts-van Severen, *Cout. des pays et comté de Flandre*, t. Ier, 1883, p. 31; Müller, *Promptuarium juris novum*, Lipsiæ, 1792, t. Ier, pp. 709, 711.

[4] Voyez à ce sujet le témoignage de Bartole lui-même reproduit dans Savigny, *Geschichte des römischen Rechts im Mittelalter*, t. VI, 1831, p. 133, note 36; 2e édit., t. VI, p. 150.

[5] Cf. *Encyclopédie méthod., Jurisprudence*, t. V, p. 423.

[6] Ord. de mars 1498, art. 70, dans Isambert, t. XI, p. 353. Ginoulhiac, *Cours élémentaire d'histoire générale de droit français*, p. 734.

[7] Voyez, par exemple, Arch. Nat., KK. 16, fol. 18 ro; Froumenteau, *Le secret des finances de France*, liv. Ier, 1581, p. 3; ord. de 1697, dans Isambert, t. XX, pp. 298, 300.

de légitimer des enfants adultérins ou incestueux : on a des exemples de fils de prêtre, de fils d'évêque légitimés par le roi[1].

Le roi, dans les lettres de légitimation, tantôt nommait les père et mère naturels, tantôt ne nommait que l'un d'eux : la légitimation des bâtards de Madame de Montespan, sans que la mère soit nommée, n'est donc point une nouveauté[2]. Il est à peine nécessaire de faire remarquer que Henri IV et Louis XIV, en légitimant leurs propres bâtards, n'ont fait autre chose que s'appliquer à eux-mêmes le droit commun[3]. Philippe-Auguste, comme on le verra bientôt, avait pris dans une circonstance analogue, une autre voie.

La légitimation par rescrit du prince produisait des effets juridiques moins complets que la légitimation par mariage subséquent. Elle ne donnait pas par elle-même au légitimé la capacité de succéder *ab intestat* à ses père et mère : pour que la légitimation par rescrit du prince eût cette force, le consentement des parents à la légitimation était indispensable[4].

4. Légitimation par rescrit du pape. — L'histoire de ces légitimations est assez piquante. C'est un roi de France, c'est Philippe-Auguste qui provoqua, en faveur des enfants qu'il avait eus d'Agnès de Méranie, la première de ces légitimations. Elle émane du pape Innocent III[5] (année 1201). Un autre solliciteur, un comte de Montpellier, suit, peu d'années après, l'exemple de Philippe-Auguste. Mais sa demande est rejetée.

1 Pasquier, *Interprét. des Institutes de Justinian*, édit. Ch. Giraud, pp. 89, 90. G. d'Avenel, *Richelieu et la monarchie absolue*, t. Ier, p. 378. Sur une constitution de Pie V relative à cette matière et les interprétations auxquelles elle a donné lieu, voyez Chaillot, *Privilèges du clergé*, Paris, 1866, pp. 32-39.

2 D'Avenel, *Richelieu et la monarchie absolue*, t. Ier, p. 378.

3 Voyez Isambert, *Recueil général des anciennes lois françaises*, t. XV, p. 97 avec la note 1; t. XIX, pp. 124, 158, 368. Henri IV, en légitimant son fils naturel, César de Vendôme, déclare qu'il ne pourra jamais succéder ni à la couronne de France, ni à la couronne de Navarre; c'est ce qui distingue cette légitimation des légitimations ordonnées par Louis XIV. Voyez *Mémoires de l'académie de Nîmes*, 7e série, t. IX, pp. 308, 309.

4 *Encycl. méthod., Jurisprud.*, t. V, p. 423. Minier, *Précis hist. du droit franç.*, pp. 622, 623.

5 Bulle *Apostolica Sedes*, dans Dom Bouquet, t. XIX, p. 406; dans Cocquelines, *Bullarium*, t. III, p. 104. Cette légitimation des enfants de Philippe-Auguste (Philippe dit Hurepel et Marie) se mêle à une question de *mariage putatif*.

Le pape lui explique que le roi de France n'ayant aucun supérieur temporel et n'ayant pas jugé à propos d'user, dans une pareille circonstance, du droit de légitimation qu'il possède comme souverain, s'est adressé au Saint-Siège et a obtenu, à la vérité, la décision qu'il sollicitait, mais le comte de Montpellier n'est pas dans le même cas que le roi de France. Le pape lui laisse clairement entendre qu'il ait à s'adresser au prince temporel dont il est le vassal[1].

Cependant les papes cédèrent bientôt à d'autres sollicitations et la voie ouverte par Philippe-Auguste s'élargit tous les jours. Au xve et au xvie siècle, les légats du pape recevaient entre autres pouvoirs celui de « légitimer et habiliter bâtards, nobles et autres de telle ou semblable qualité. » Le parlement, en vérifiant les bulles du légat, ne manquait point de restreindre cette clause à l'ordre spirituel et de spécifier que le légat ne pourrait user de cette faculté que pour habiliter les bâtards « aux ordres et estats de l'Eglise. » Cette jurisprudence, qui paraît dater du xvie siècle, a inspiré l'article 21 des *Libertez de l'Eglise gallicane* de Pierre Pithou : « Le pape ne peut légitimer bastards et illégitimes pour les rendre capables de succéder ou leur estre succédé, ny pour obtenir offices et estats séculiers en ce royaume : mais bien les dispenser pour estre pourveus aux ordres sacrez et bénéfices..... [2]. »

Ces dispenses pour les ordres sacrés et bénéfices qui sont des espèces de légitimations dans l'ordre spirituel, Innocent III expliquait déjà au comte de Montpellier que les papes étaient dans l'usage de les délivrer[3]. Elles sont toujours nécessaires dans diverses circonstances : mais elles intéressent exclusivement le droit canon; je ne puis donc m'en occuper ici.

1 *Décrétales de Grégoire IX*, IV, xvii, *Qui filii sint legitimi*, 13.

2 Voyez *Les libertez de l'Eglise gallicane*, édit. Durand de Maillane, t. Ier, 1771, pp. 345 à 351.

3 Ces dispenses spirituelles emportaient dans l'Etat du pape la légitimation temporelle ou séculière : « Unde, quum in spiritualibus dispensetur, consequenter intelligitur in temporalibus dispensatum. Id autem in patrimonio beati Petri libere potest Apostolica Sedes efficere, in quo et Summi Pontificis auctoritatem exercet et summi principis exsequitur potestatem » (*Décrétales de Grégoire IX*, IV, xvii, *Qui filii sint legitimi*, 13).

La légitimation depuis la révolution. — La législation révolutionnaire a conservé un seul mode de légitimation, la légitimation par mariage subséquent [1]; et c'est aussi la seule légitimation admise par le *Code civil* [2]. Le *Code,* tout en maintenant la suppression des légitimations par rescrit du prince ou décision du pouvoir exécutif, a ajouté aux conditions anciennes de la légitimation par mariage subséquent une condition nouvelle : l'enfant ou les enfants qu'il s'agit de légitimer devront être reconnus *au plus tard* dans l'acte de célébration du mariage [3]. Combien de parents qui se marient précisément pour légitimer leur enfant, ignorent cette condition : ignorance irréparable! Ainsi ont été rendues à jamais impossibles bon nombre de légitimations que le père et la mère croyaient avoir réalisées par le mariage [4].

La législation actuelle, beaucoup plus dure que toutes les précédentes, ouvre mal aux bâtards une seule voie pour entrer dans la famille légitime : le Code italien [5] et le Code français du Canada [6] pourraient nous servir à corriger sur un point si important une législation qui, involontairement, s'est faite inclémente et cruelle.

Bibliographie du § 1er. — Saint Thomas d'Aquin, *Summa theologica*, Pars tertia, Supplementum, Quæstio LXVIII. — Bacquet, *Traité du droit de bâtardise*, dans *Œuvres*, t. II, 1744, p. 145 et suiv. — Palæotus, *De nothis*, diverses éditions, notamment La Haye, 1655. — Fr. de Launay, *Commentaire sur les institutes coutumières de Me Ant. Loisel*, Paris, 1688, pp. 289 à 324. — Daguesseau, *Dissertation sur les bâtards*, dans *Œuvres*, t. VII, 1772, p. 397 et suiv. — Kœnigswarter, *Essai sur la législation des*

1 La légitimation par rescrit du prince a disparu sans texte formel en raison de la constitution de 1791. La légitimation par mariage subséquent s'est maintenue par suite de l'usage traditionnel plutôt qu'en vertu d'une disposition législative précise; voyez un exemple de reconnaissance d'enfant dans l'acte de célébration de mariage le 11 floréal an II, dans Merlin, *Répertoire*, t. XVII, 1827, p. 15.

2 *Code civil*, art. 331, 332, 333.

3 *Code civil*, art. 331.

4 Voyez, à ce sujet, d'excellentes critiques dans Baudry-Lacantinerie, *Précis de droit civil*, t. Ier, pp. 462, 463.

5 Cf. Traina, *Il riconoscimento e la legittimazione dei figli naturali secundo il diritto civile*, Torino, 1883, pp. 85, 86.

6 *Code civil du Bas-Canada*, art. 237, 238 (édit. d'Ottawa, 1866, p. 60).

peuples anciens et modernes relative aux enfants nés hors mariage, Paris, 1843. — Lehuërou, *Histoire des institutions carolingiennes*, Paris, 1843, p. 119 et suiv. — Morillot, *De la condition des enfants nés hors mariage dans l'antiquité et au moyen âge en Europe*, dans *Revue historique de droit français et étranger*, t. XII, p. 149 et suiv. — Paul Viollet, *Les Etablissements de saint Louis*, t. IV, pp. 72 à 78. — Paul Gide, *De la condition de l'enfant naturel et de la concubine*, Paris, 1880 (tirage à part du *Compte-rendu de l'Académie des sciences morales*); reproduit dans Paul Gide, *Etude sur la condition privée de la femme*, 2e édit. par A. Esmein, Paris, 1885, p. 543 et suiv. — Robiquet, *Les enfants naturels et la révolution*, dans *La révolution française*, 14 juillet 1891, nº 1. — Thos. F. Uttley, *Unborn children and their rights*, dans *American law review*, t. XXVI, 1892, pp. 50-65.

Bibliographie du § 2. — Fournel, *Traité de la séduction*, Paris, 1781. — Röder, *Krit. Beiträge über die auss. Geschlechtsgemeinschaft, Vaterschaft und Kindschaft zunächst in Bezug auf den Art. 340 des Code Napoléon*, Darmstadt, 1837. — Allard, *Des preuves de la filiation hors mariage*, Tournai, 1858. — Acollas, *L'enfant né hors mariage*, Paris, 1865. — Héan, *De la paternité et de la filiation*, Paris, Rétaux, 1868. — Baret (Paul), *Histoire et critique des règles sur la preuve de la filiation naturelle en droit français et étranger*, Paris, 1872. — Bianchi, *Le indagini sulla paternità naturale, proposta di riforma dell' art. 189 del Codice civile italiano*, dans *Archivio giuridico*, t. XXIV, p. 162 et suiv. — Cuturi, *Studi sulla dichiarazione giudiziale della paternità dei figli naturali*, *ibid.*, t. XXV, p. 385 et suiv. — Laurens, *Appréciation critique de l'article 340 du Code civil*, dans *Revue catholique des institutions et du droit*, t. Ier, pp. 568-576. — Jacquier, *De la recherche de la paternité*, *ibid.*, t. II, pp. 69, 182, 319. — Bresson, *De la recherche de la paternité*, *ibid.*, t. XXII, p. 296 et suiv. — Blanchon, *De la preuve de la filiation des enfants naturels en droit français*, Paris, 1874 (thèse). — Pauly, *De la preuve de la filiation naturelle*, Dijon, 1876 (thèse). — Millet, *La séduction*, 1876. — Berge, *La recherche de la paternité*, dans *Revue générale*, t. II, 1878, p. 417 et suiv. — Coulet et Vaunois, *Etude sur la recherche de la paternité*, Paris, 1880. — Jonnesco, *Recherche de la filiation naturelle*, Paris, 1881. — L. Giraud, *La vérité sur la recherche de la paternité*, dans *Revue critique de législation*, nouvelle série, t. XIII, 1884, pp. 590-633, 672-687. — Amiable, *De la preuve de la paternité hors mariage*, Paris, 1885. — G. Rivet, *La recherche de la paternité*, Paris, 1890.

Bibliographie du § 3. — Guy Coquille, *Des légitimations*, dans *Questions et responses sur les coustumes de France*, Paris, 1634, p. 90 et suiv., ch. xxviii. — D'Auteserre, *Jus legitimandi seu natalibus restituendi*, ch. ix du traité intitulé, *De ducibus et comitibus provincialibus Galliæ libri tres*, Tolosæ, 1643, pp. 171-178. — Daguesseau, Plaidoyer du 4 juin 1697 relatif à la légitimation par mariage subséquent, dans *Œuvres*, t. IV, Paris, 1764,

p. 261 et suiv. — Püttmann, *De opinata spuriorum legitimatione per subsecuta sponsalia*, dans Püttmann, *Miscellaneorum liber singularis*, Lipsiæ, 1793, p. 15 et suiv. — Dieck, *Beiträge zur Lehre von der Legitimation*, Halle, 1832. — Molitor, *Die Decretale Per venerabilem*, Münster, 1876. — Woltz (H.), *Die legitimatio per subsequens matrimonium nach Justinian. Recht*, Braunschweig, 1881.

CHAPITRE VII.

DE L'ADOPTION ET DE L'AFFILIATION.

(18 Avril 1894)

1. De l'adoption.

L'adoption chez les peuples primitifs. — L'adoption est un acte qui établit entre l'adopté et l'adoptant les rapports civils de paternité et de filiation.

L'adoption semble avoir joué chez tous les peuples anciens un rôle considérable : elle était très usitée chez les Egyptiens et chez les Chaldéens[1], chez les Indiens[2], chez les Grecs[3], et chez les Romains. Nous la retrouvons chez les Slaves[4] et nous pouvons affirmer qu'elle a été assez fréquente chez les Germains[5] et chez les Celtes d'Irlande[6].

Chez le Romain comme chez l'Indien ou le Grec, l'adoption se liait primitivement à une pensée religieuse. L'adoptant vou-

1 E. et V. Révillout, *Contrats de mariage et d'adoption dans l'Egypte et dans la Chaldée*, dans *Proceedings of the society of biblical archeology*, t. IX, 1887, p. 167 et suiv. Paturet, *La condition juridique de la femme dans l'anc. Egypte*, p. 27.

2 L'adopté dans l'Inde prend la place et les droits d'un fils, héritier du sang. Celui qui n'a pas d'enfants peut seul adopter. Cf. Kohler, dans *Krit. Vierteljahrschrift*, Neue Folge, t. IV, p. 19; sir Henry Sumner Maine, *Etudes sur l'ancien droit et la coutume primitive*, pp. 121, 122; Post, *Bausteine*, t. II, 1881, pp. 17, 18. Textes dans *Sacred books of the East*, t. XIV, p. 75 et suiv.; t. XVIII, p. 188 et suiv., p. 334 et suiv.

3 Loi de Gortyne, IX, X, XI, édit. Lewy, pp. 22, 23. Dareste, *La loi de Gortyne*, dans *Bulletin de correspond. hellén.*, t. IX, p. 315. Isée, VII, 30, 32. Cf. Goguet, *De l'origine des lois*, 6e édit., t. II, p. 59; Barrilleau, *Des sources du droit grec*, p. 10 (tirage à part); Haussoullier, *La vie municipale en Attique*, p. 23 et suiv. (*Bibliothèque des écoles d'Athènes et de Rome*, fascicule 38).

4 Cf. Bernhöft, *Staat und Recht der römischen Königszeit*, p. 199, note 10; Macieiowski, *Slavische Rechtsgeschichte aus dem polnischen übersezt von* Buss und Nawrocki, 2e partie, 1836, p. 221 et suiv.

5 Cf. Grimm, *Deutsche Rechtsalterthümer*, pp. 146, 147, 464 et suiv.

6 Cf. *Ancient laws of Ireland*, t. IV, 1879, p. 289 et suiv.

lait transmettre les dieux domestiques à des héritiers directs et assurer la perpétuité du culte privé : *Sacra privata perpetua manento*[1]. Cependant à Rome, — le droit romain, en l'état où il nous est parvenu, ne représente probablement pas sur ce point les usages primitifs, — l'adoptant pouvait avoir des enfants naturels[2].

Je ne m'occupe ici que de l'adoption définie plus haut, celle qui établit entre l'adopté et l'adoptant les rapports civils de paternité et de filiation, parce que c'est la seule qui ait joué un certain rôle dans notre droit privé[3]. Mais je ne puis passer entièrement sous silence une autre adoption, répandue chez un grand nombre de peuples, qui établit entre l'adopté et l'adoptant des rapports non plus de filiation, mais de fraternité. L'adoption fraternelle se retrouve chez les Scandinaves[4], chez les Slaves[5], en Syrie[6], en Arabie[7], au Cambodge[8], etc. Qu'il me suffise d'éveiller ici, sur ce point très important, l'attention du lecteur.

Les adoptions germaniques. — Les modes primitifs d'adoption paraissent avoir été très variés chez les Germains. Le plus ancien est probablement ce procédé symbolique commun à beaucoup de peuples primitifs et qui a laissé sa trace dans la mythologie grecque, celui par lequel Junon adopta Hercule[9]. Nous savons par Diodore que ce mode d'adoption était usité de son temps chez les Barbares et nous le retrouvons dans l'Europe chrétienne au XIe siècle : c'est l'adoption *per pallium et indusium*, l'adoption sous la chemise ou sous le manteau. Cette

1 Cicéron, *De legibus*, II, IX, édit. Orelli, t. IV, p. 787. Cf. Cicéron, *Dom.*, 35.

2 Cf. *Inst. de Just.*, I, XI, *De adoptionibus*, 5, 6, 7.

3 Pour le droit public voyez la très importante et très remarquable étude de M. Flach, *Le campagnonnage dans les chansons de geste*.

4 Flach, *ibid.*, pp. 146, 147, 166 et suiv.

5 Volkov, *La fraternisation*, dans *Mélusine*, t. V, n° 8, mars-avril 1891.

6 Livre de droit romain syrien, l. 86 (art. 127, arm. 126). D'après Mitteis, *Reichsrecht und Voklsrecht in den östl. Provinzen des röm. Kaiserreichs*, p. 217. Joignez *Code de Just.*, VI, XXIV, *De hered. instit.*, 7.

7 Robertson Smith, *Kinship and marriage in early Arabia*, 1885, pp. 48-52.

8 Adh. Leclerc, *Recherches sur la législation cambodg.*, p. 60.

9 Diodore de Sicile, IV, 39, édit. de Strasbourg, 1798, t. III, p. 116. Cf. Grimm, *ibid.*, pp. 160, 464. Sur les procédés indiens qui rappellent la même idée, voyez Adh. Leclerc, *Recherches sur la législ. cambodg.*, p. 159, note 1.

adoption, image de la génération ou de l'accouchement, présente un caractère primitif bien marqué; et c'est celle sur laquelle nous possédons les témoignages les plus anciens.

Je mentionnerai aussi l'adoption par les armes[1], l'adoption par la coupe des cheveux ou de la barbe[2].

Nous rencontrons chez les Francs une cérémonie compliquée que je ne décrirai pas ici en détail, mais dont je ne puis me dispenser de dire un mot : il s'agit de cet acte juridique soigneusement décrit dans le tit. XLVI de la *Loi Salique* intitulé *Dehac famirem* et sur lequel la *Loi Ripuaire*[3] et les *Capitulaires*[4] fournissent à leur tour de précieuses données. Cet acte auquel prend part l'assemblée du peuple résume à peu près les opérations juridiques que nous appellerions aujourd'hui testament et adoption. Il tient de l'adoption, puisque le Franc, aux termes de la *Loi Ripuaire*, n'y peut procéder que s'il n'a pas d'enfants. Par cet acte sur lequel je reviendrai, le testateur transmet sa fortune à un donataire ou héritier[5] qui reçoit ainsi tous les avantages ordinairement attribués aux enfants.

C'est là, à mon sens, sinon à proprement parler un quatrième mode germanique d'adoption, du moins le procédé par

1 Gontram, voulant déclarer majeur son neveu Childebert et de plus l'adopter, lui dit : « J'ai mis ce javelot dans tes mains, comme un signe que je t'ai donné mon royaume. » Et, se tournant vers l'assemblée : « Vous voyez que mon fils Childebert est devenu un homme; obéissez-lui. » Cf. traité d'Andelot de 587, dans Pardessus, *Diplomata, chartæ*, t. Ier, p. 158 (seconde pagination du volume); Tardif (auquel j'emprunte le commencement de cette note), *Etudes sur les institutions politiques et administratives de la France, Période mérov.*, t. Ier, p. 16; Cassiodore, *Var.*, IV, 2; VIII, 9, dans *Opera*, Venise, 1729, t. Ier, pp. 56, 119; Sohm dans Thévenin, *Procédure de la Lex Salica*, Paris, 1873, p. 177, note 3, p. 180, note 3.

2 Aimoin, liv. Ier, ch. 20, dans Dom Bouquet, *Recueil des hist.*, t. III, p. 41. Pour le moyen âge voyez B. de Lagrèze, *La Navarre française*, t. II, p. 203. Heineccius et d'autres auteurs refusent à l'adoption par la barbe et les cheveux ainsi qu'à l'adoption par les armes, une valeur juridique : ils y voient une sorte d'adoption d'honneur. Grimm, avec raison, ce semble, conteste cette opinion (Grimm, *Deutsche Rechtsalterthümer*, pp. 146, 147, 464, 465).

3 *Lex Rip.*, tit. XLVIII (50), dans Walter, *Corpus*, t. Ier, p. 178; éditée par Sohm dans *Mon. Germ.*, *Leges*, t. V, p. 238.

4 Cf. Pertz, *Leges*, t. Ier, p. 443. Joignez *Capitul.*, VI, 212, apud Baluze, *Capit.*, t. Ier, col. 960.

5 Cf. Dareste dans *Journal des savants*, octobre 1883, pp. 586, 587 (tirage à part, pp. 18, 19).

lequel l'adopté, chez les Francs, se voyait assurer tous les avantages pratiques de l'adoption; c'est, si l'on veut, une adoption utile[1].

Du franc qui sort de sa famille. — Les Francs n'ont pas seulement pratiqué l'adoption : ils ont connu aussi un acte juridique qui est absolument le contraire de l'adoption, celui par lequel un homme rompt tout lien avec sa propre famille. C'est l'objet du titre LX de la *Loi Salique, De eum qui se de parentilla tollere vult.* L'homme qui veut user de ce droit se présente à l'assemblée (le mâl), devant le *thunginus*. Il prend trois baguettes d'aune, les rompt au-dessus de sa tête, et jette les morceaux aux quatre coins du mâl, puis il déclare avec serment qu'il renonce par avance à tout droit de succession ou de parenté à l'égard de telles personnes. S'il vient à mourir ou à être tué, sa composition et sa succession sont dévolues au fisc[2].

Cette sortie de la famille avait certainement[3] pour objet d'échapper à la responsabilité collective des parents pour le paiement du wergeld : peut-être, dans certaines circonstances, était-elle aussi nécessaire pour qu'un Franc pût entrer par l'adoption dans une autre famille. Mais c'est là une pure hypothèse; nous n'avons aucune donnée directe.

A la fin du XIIe siècle dans la prévôté d'Aspre, on trouve encore cette faculté de rompre les liens de la famille, inscrite dans la vieille *Loi Salique*[4]. Au commencement du même siècle, elle apparaît dans un texte juridique qui concerne l'Angleterre[5].

Les adoptions romaines. — Les Romains distinguaient avec soin l'adoption simple qui s'appliquait à une personne *alieni juris,* c'est-à-dire sous la puissance d'une autre, et l'*adrogatio* ou adoption d'un chef de famille *sui juris.*

1 Cf. Sohm dans *Mon. Germ., Leges,* t. V, p. 238.

2 J'emprunte textuellement cette description à M. Rod. Dareste (*ibid.*, tirage à part, p. 23).

3 Cf. *Leges Henrici primi,* ch. 88, § 13, dans Schmid, *Die Gesetze der Angelsachsen,* 1re partie, 1832, p. 268.

4 Thonissen, *L'organisation judiciaire..... de la Loi Salique,* 2e édit,, p. 228, note 1.

5 *Leges Henrici primi,* ch. 88, § 13, *ibid.* Cette œuvre privée est antérieure à 1118 (Liebermann, dans *Forschungen zur deutschen Geschichte,* t. XVI, pp. 582-586).

Cette distinction qui joue un grand rôle dans le droit romain perd son importance technique dans le droit qui nous occupe; mais elle ne disparaît pas entièrement, car il est dans la nature même des choses qu'une personne déjà soumise à une autre ne puisse être adoptée de la même manière qu'une personne dégagée des liens de la puissance paternelle, personne *sui juris*, comme disaient les Romains.

Sous les empereurs, l'adoption simple s'opérait par devant le magistrat : les parties comparaissaient devant le magistrat compétent (le proconsul, le *legatus*) et lui déclaraient leur volonté[1]. Nous apprenons par l'*Interpretatio* du *Code de Théodose* que la curie des villes fut en pratique l'autorité par devant laquelle se réalisaient la plupart du temps les adoptions à la fin de l'empire[2].

L'adoption pendant les premiers siècles de notre histoire. — Plusieurs formules d'adoption par devant la curie nous sont parvenues. L'une d'elles est tourangelle. Ces formules supposent l'adoption d'une personne déjà en puissance; le consentement du père naturel est mentionné : *una cum consensu patris tui*[3].

Les Romains paraissent avoir pratiqué sous l'empire un procédé encore plus simple, auquel les jurisconsultes ne reconnaissaient aucune valeur, celui de l'adoption par charte, par convention écrite[4]. Ce procédé extralégal se développa après les invasions. Plusieurs formules de ce genre nous sont parvenues. Il n'y est pas question du consentement du père naturel; l'adopté semble donc *sui juris*[5].

Toutes ces formules d'adoption, simples chartes ou adoptions devant la curie, supposent invariablement que l'adoptant n'a pas

1 Voyez Gaius, I, 98 à 102; *Code de Justinien*, VIII, XLVIII; *Institutes de Justinien*, I, XI, *Quibus modis jus potestatis solvitur;* I, XII, *De adoptionibus*, 8.

2 *Interpretatio* sur le *Code de Théodose*, V, I, *De legitimis heredibus*, 2, édit. Hænel, 1837, col. 444, 445. Cf. Hænel, *Lex Romana Visigothorum*, Lipsiæ, 1848, p. 136.

3 *Form. Sirm.*, 23, dans Eug. de Rozière, *Recueil général des formules*, t. Ier, p. 143; Lindenbr., 59 (*ibid.*). Cf. Zeumer, *Formulæ*, t. Ier, pp. 147, 148.

4 Je tire cette présomption du *Code de Justinien*, VIII, XLVIII, *De adoptionibus*, 4.

5 Cf. Eug. de Rozière, *ibid.*, pp. 144 à 147; Zeumer, *Formulæ Merowingici et Karolini ævi*, Hannoveræ, 1882, t. Ier, p. 83 (Marculf, II, 13).

d'enfants. L'adoptant est toujours un homme, non une femme[1].

Ainsi, pendant la première période de notre histoire nationale, l'adoption fut usitée en Gaule tantôt sous une forme germanique, tantôt sous la forme romaine pure, tantôt sous la forme romaine extralégale et populaire.

Décadence et disparition de l'adoption. — Ce début serait de nature à laisser supposer que l'adoption joua un rôle important au moyen âge. Il n'en est rien. On peut affirmer, au contraire, qu'elle fut très rare en France et qu'elle perdit peu à peu presque toute valeur pratique[2]. Au XVIe siècle, le fils adoptif, même en pays de droit écrit, ne succédait pas *ab intestat* à son père adoptif : en revanche, il prenait part à la succession de son père naturel, comme les autres enfants[3]. Ainsi nos juris-

[1] Le droit romain impérial qui concéda aux femmes la faculté d'adopter paraît donc être resté ici sans influence. Voyez *Institutes de Justinien*, I, XI, *De adoptionibus*, § 10; *Code de Justinien*, VIII, XLVIII, *De adoptionibus*, 5; constitution 27 de l'empereur Léon.

[2] Voyez *Somme rural*, Ire partie, tit. 94, édit. de Lyon, 1621, pp. 948, 949. Parmi les textes favorables, au contraire, à l'adoption, l'un des plus remarquables qui m'est signalé par mon savant confrère, M. Cauwès, se trouve dans G. Durand, *Speculum juris*, liv. IV, part. IV, édit. de Francfort, 1592, t. II, p. 442. C'est le droit de Justinien : on y voit apparaître l'empereur et son *judex ordinarius* (probablement le notaire impérial). Cela rappelle l'adrogation par rescrit impérial, dernière forme de l'adrogation romaine. L'adoption par rescrit impérial a joué un rôle en Allemagne. Je n'oserais affirmer que l'adrogation par rescrit royal ait été inconnue en France, mais je ne puis citer aucun texte probant. Guillaume Durant parle de l'empereur et non du roi de France : il vise les formulaires des notaires impériaux. Cf. *Summa Orlandini* (pour *Rolandini*), Venetiis, 1485, fol. 38 v°, 39 r°. Il est probable que certains notaires impériaux instrumentant en France ont délivré des lettres d'adoption.

[3] Voyez Imbert, *Enchiridion ou brief recueil du droit escrit*, Poitiers, 1565, p. 228; Buchereau et Guy de La Roche, *Les Institutes de Justinian joinctes avec la jurisprudence françoise*, Paris, 1580, p. 488. Pour le XVe siècle, dans le même sens Masuer, tit. XVI, *De probationibus*, § 34, édit. de 1673, pp. 240, 241; pour le XVIIe, Fr. de Launay, *Institution du droit romain et du droit françois avec des remarques*, Paris, 1686, p. 263. D'après Joh. Berberii (fin du XVe siècle), l'adoption semble produire encore, dans certaines régions du midi, tous les effets civils; mais elle est fort rare (Joh. Berberii, *Viatorium juris utriusque*, tertia pars, ch. *De successionibus ab intestato*). Un arrêt inédit de 1637 rapidement analysé par M. G. d'Avenel (*Richelieu et la monarchie absolue*, t. Ier, p. 379, note 2) pourrait donner le change, si on ne le lisait avec soin. Bien compris, il confirme, au contraire, tout ce que je dis dans le texte. Voyez Archives Nat., *Plaidoiries*, X[1a] 5616, à la date du 4 septembre 1637.

On cite un arrêt du 8 juin 1576 qui paraît avoir reconnu à un fils adoptif le droit de succéder *ab intestat* à son père adoptif. (Jean Papon, *Recueil d'arrests notables*, livre V, tit. II, art. 4, édit. de Paris, 1607, p. 243).

consultes, quoiqu'influencés[1] par la législation de Justinien, ont généralement tranché, contrairement[2] à cette législation, la question qui forme comme le nœud et comme le point central de l'institution de l'adoption : ils n'ont pas reconnu à l'adopté le droit de succéder *ab intestat* à son père adoptif.

L'adoption, perdant ainsi toute efficacité, tomba en pleine désuétude. Quelques coutumes la proscrivirent en termes formels[3]. Au XVIIIe siècle, un jurisconsulte provençal, très bien informé, n'en apercevait d'autre débris que certaines institutions d'héritier ou donations faites à la charge de porter le nom et les armes du testateur ou du donateur[4]. Néanmoins, l'adoption, cette institution éteinte, survivait encore sur un point et dans des conditions exceptionnelles fort remarquables : à Lyon, la *Charité* ou *Aumône générale* adoptait, au sens technique et juridique du mot, ses orphelins. Les recteurs de ce grand établissement exerçaient sur leurs enfants la puissance paternelle. L'*Aumône* jouissait de l'usufruit des biens des orphelins aussi longtemps qu'elle en avait la garde : elle pouvait venir à la succession de ses enfants[5]. Cette organisation ne mériterait-elle pas d'être étudiée de très près par ceux qui s'intéressent aujourd'hui à la législation charitable?

L'adoption rentre dans nos lois en 1792. — L'adoption avait obtenu plus de faveur en Allemagne qu'en France. La « réception » du droit romain contribua beaucoup à l'implanter en

1 Car, dans le droit de Justinien, celui qui est adopté par un *extraneus* ne change pas de famille et reste sous la puissance de son père naturel (*Institutes de Justinien*, I, XI, *De adoptionibus*, 2).

2 En effet, dans le droit de Justinien, l'adopté a des droits à la succession *ab intestat* de l'adoptant (*ibid.*). Voyez aussi le *Code de Justinien*, VIII, XLVIII, *De adoptionibus*, 10, § 1 *in fine*).

3 Coutume de la châtellenie de Lille, tit. XVI, art. 4. Coutume d'Audenarde, rubrique 20, art. 3. Cf. Merlin, *Répertoire*, t. Ier, 1825, p. 215.

4 Julien, *Elémens de jurisprudence*, p. 103.

5 Henrys, *Œuvres*, édit. de 1772, t. III, pp. 822, 823, 828. Suivant l'*Encyclopédie générale, Jurisprudence*, t. Ier, p. 176 et d'autres recueils, deux hôpitaux de Lyon avaient ce privilège : l'*Hôtel-Dieu* et la *Charité;* mais l'*Hôtel-Dieu* de Lyon, veut bien m'écrire mon savant collègue, M. Guigue, ne recevait pas d'enfants. On a cité aussi l'hôpital du Saint-Esprit à Paris (M. Gillet dans *Revue pratique*, t. XLIV); je n'ai pu vérifier l'exactitude de cette assertion.

ce pays : et lorsqu'en 1751 les rédacteurs du projet de Code prussien inscrivirent l'adoption dans le *Code Frédéric*[1], ils ne firent guère que consacrer une jurisprudence à peu près constante[2].

L'adoption fut mise à l'ordre du jour par l'Assemblée législative, et décrétée en principe par cette Assemblée[3]. Peut-être le projet de Code prussien publié en langue française ne fut-il pas étranger à cette réaction. En tout cas, lorsque les rédacteurs du *Code civil* introduisirent dans ce monument législatif le titre de l'adoption que la commission n'y avait pas compris[4], ils s'inspirèrent et du droit romain et du Code prussien qui avait été enfin promulgué[5] en 1794.

Le Code civil du Bas-Canada[6], pas plus que le droit français du XVIIIe siècle, ne connaît l'adoption. La Hollande, tout en recevant notre *Code civil,* a supprimé le titre de l'adoption[7].

1 *Code Frédéric,* 1751, t. Ier, p. 58 et suiv. Ce projet de code est dû à Cocceii.

2 Cf. Pfeffinger, *Corpus juris publici,* t. III, 1754, pp. 113, 115; Hem. Menninga, *Varia jurium principia,* Basileæ, 1685, feuille B, § XVII; Müller, *Promptuarium juris novum,* Lipsiæ, 1792, t. Ier, pp. 96 à 99.

3 Décision du 18 janvier 1792; omise dans Galisset; on en trouvera le texte notamment dans Tripier, *Les Codes,* 1861, p. 60, note *a* sur le chapitre *De l'adoption.* Cf. décision du 16 frimaire an III; loi du 25 germinal an XI, dans Galisset *Corps du droit français,* t. Ier, p. 1296; t. II, p. 333; projet de loi de Leclerc sur l'état civil, rapport en brumaire an VI, réponse de Leclerc le 23 frimaire an VI (voir *Revue des questions historiques,* 18e année, p. 242).

4 Seruzier, *Précis hist. sur les codes français,* p. 25, note 2.

5 Cf. Gaschon, *Code diplom. des aubains,* pp. 30, 31; Anthoine de Saint-Joseph, *Concord. entre les Codes civils étrangers et le Code Napoléon,* p. VI.

6 Cf. Rondet, *Le Code civil du Bas-Canada,* dans *Revue catholique des institutions et du droit,* t. XX, p. 319.

7 Cf. Kœnigswarter, *Histoire de l'organisation de la famille en France,* p. 297, note 1. Je ne parle pas ici des adoptions par la nation pompeusement décrétées de 1793 à 1848 : la nation a successivement adopté : la fille du représentant du peuple Lepelletier; le jeune Latour; les six enfants du brave Richer; les enfants des généraux, officiers et soldats français morts à la bataille d'Austerlitz. Elle a encore adopté, le 26 février 1848, « les enfants des citoyens morts en combattant. » De telles adoptions n'appartiennent pas à l'histoire du droit, pas même à l'histoire politique : elles sont du domaine de la rhétorique. Cf. décret du 25 janvier 1793; décret du 6 octobre 1793 (15 vendémiaire an II); décret du 12 janvier 1794 (23 nivôse an II); décret du 7 décembre 1805 (16 frimaire an XIV); décret du 26 février 1848.

2. *De l'affiliation.*

Idée générale de l'affiliation. — L'affiliation (dont il ne reste absolument rien dans le droit français moderne[1]) est une institution très voisine de l'adoption et qui parfois en prend le nom : mais elle est inspirée par un tout autre sentiment que celui d'où naît l'adoption. L'affiliation, en effet, suppose que l'affiliant a déjà des enfants naturels, tandis que l'adoption, considérée dans ses origines, suppose que l'adoptant n'a pas d'enfants naturels.

Je puis distinguer deux sortes d'affiliations :

1. *Affiliation par suite d'un second mariage* (*unio prolium*). — Un veuf et une veuve, chargés d'enfants se marient. Ces enfants ne feront qu'une famille à laquelle s'ajouteront les enfants à venir de l'union nouvelle. Voilà l'affiliation la plus large et la plus complète. Si un seul des conjoints est chargé d'enfants, l'affiliation ou assimilation a lieu entre les enfants du premier lit et ceux à venir du second lit.

Cette affiliation suppose que le conjoint veuf chargé d'enfants vit avec eux dans l'indivision : l'indivision s'accroît des biens du nouveau conjoint et se continue dans le nouveau ménage. Tous les biens forment un seul tout et les enfants une seule famille.

L'affiliation tacite ou coutumière que je viens de décrire a joué au moyen âge un grand rôle en Allemagne sous le nom d'*Einkindschaft*[2]. Mais les jurisconsultes allemands se sont acharnés sur cette vieille institution patriarcale qui témoigne de mœurs simples bien éloignées des nôtres, et qui contrariait toute leur éducation juridique. Ils l'ont tuée prématurément, avant qu'elle succombât d'elle-même sous l'action des transformations matérielles et économiques.

A l'affiliation tacite ou coutumière a succédé en Allemagne l'affiliation expresse ou conventionnelle soumise à des formalités déterminées : elle est encore en vigueur[3].

1 Cf. *Code civil*, art. 1389.

2 Cf. Bluntschli, *Deutsches Privatrecht*, t. II, p. 305 et suiv. ; G. Phillips, *Grundsätze des gemeinen deutschen Privatrechts*, 3e édit., t. II, 1846, p. 216 et suiv.

3 Cf. Holtzendorff, *Rechtslexikon*, t. Ier, 1875, p. 455.

L'affiliation tacite ou coutumière a joué aussi un rôle dans nos usages français; mais je ne puis citer qu'un petit nombre de textes. A Paris, à la fin du xive siècle, les jurisconsultes reconnaissaient une affiliation tacite réduite aux meubles et aux acquêts[1]. D'autres coutumes plus modernes ne paraissent s'appliquer qu'à l'affiliation expresse : je veux parler des coutumes de Saint-Amand (département du Nord) et de Saint-Jean-d'Angély[2]. A Chartres, au xve siècle, l'*unio prolium* tacite ou coutumière n'existe pas; mais l'*unio prolium*, en fait, est très fréquente. Les testaments en font foi[3].

2. *Affiliation par suite d'un double mariage.* — Deux coutumes françaises mentionnent ce genre d'affiliation : en Bourbonnais[4] et en Nivernois[5], lorsque deux familles s'unissent par un double mariage, il peut y avoir comme on dit, *mariage par échange*. Les enfants ainsi baillés en échange jouissent dans la famille où ils entrent des droits qu'ils avaient dans la maison dont ils sont sortis et sont, en conséquence, admis à la succession de leurs père et mère adoptifs de la même manière que ceux auxquels ils sont substitués[6].

[1] « Si, après la mort du pere ou de mere, ung enffant mineur d'ans, aiant biens meubles, demeure par an et par jour avecques le survivant d'eulx sans faire inventoire ou partage, sans ce aussi que pourveü lui soit de tuteur ou curateur, il peut requerir communaulté, s'il lui plaist, tellement que se icellui survivant se marie, ilz sont troys testes, c'est assavoir l'une au survivant, l'autre au mineur, l'autre au parastre ou marastre du mineur et sont communs en biens meubles et conquestz tant acquis d'iceulx biens comme d'autres » (*Style du Châtelet*, dans ms. fr., 1076, fol. 22 r°; cf. fol. 90 r°).

[2] Cout. de Saint-Amand, art. 26, dans Merlin, *Répert.*, 1825, t. Ier, p. 270; l'*affiliation* y prend le nom d'*affrérissement*, Coutume de Saint-Jean d'Angély, art. 1er. Cette dernière coutume est souvent appelée improprement *Coutume de Saintonge*. Cf. Vigneus, *Paraphrasis ad consuetudinem Santangeliacam*, Santonis, 1638, p. 2 et suiv. Un mot du jurisconsulte Gabriel Labbé permet de supposer que l'affiliation avait lieu en Berry : il dit : « l'affilié qui est héritier par fiction n'est pas saisi par vertu de la coustume contenuë en ce § » (Gabriel Labbé, *Coustumes générales de Berry*, Bourges, 1579, p. 609; édit. de 1607, p. 586).

[3] Voyez les testaments cités par M. Merlet dans *Bulletin du comité des travaux hist. et scientifiques, Section des sciences économiques et sociales*, 1889, p. 65.

[4] Bourbonnois, art. 265.

[5] Nivernois, ch. VIII, art. 31; ch. XXIII, art. 25.

[6] Cf. *Encycl. méth., Jurispr.*, t. Ier, p. 196. J'emprunte ici presque textuellement quelques lignes à l'*Encyclopédie méthodique*, Voici l'analyse d'un acte du 16 avril

Le droit nouveau ne reconnaîtrait pas la validité de pareils engagements. Cependant on en a vu quelques-uns en ce siècle. « Je n'ai jamais ouï dire, écrit Dupin, qu'aucun des contractants ait excipé du droit nouveau pour revenir sur ces sortes d'arrangements. C'est une affaire d'honneur entre les deux familles [1]. » Le dernier *mariage par échange* est probablement celui qui fut célébré à Gacogne (Nièvre) en 1839 et dont parle Dupin [2].

BIBLIOGRAPHIE. — Du Cange, *Dissertation XXII* sur l'Histoire de saint Louis. — [D'Egli], *Sur les adoptions par les armes,* dans *Mémoires de l'Académie des Inscript.*, t. XXI, 1754, in-4°, pp. 76-83. — Struvius, *Jurisprudentia heroica*, t. IV, in-4°, p. 434 et suiv. — Grimm, *Deutsche Rechtsalterthümer*, pp. 146, 147, 464, 465. — Moureau, *Essai sur l'esprit des lois françaises relatives à l'adoption des enfants naturels*, Paris, 1817. — Schmitt, *De adoptione minus plena cum præmio de adoptione minus plena Codicis legum Borussicarum civilium Germanicis civitatibus suadenda*, Jena, 1823. — Gillet, *De l'adoption et de la tutelle officieuse,* dans *Revue pratique*, t. XLIII; t. XLIV. — Wetstein (Joh.-Frid.), *De unione prolium von Eindkindschaft*, Basileæ, 1709. — Ringelmann, *Ueber die hist. Ausbildung und rechtliche Natur der Einkindschaft,* Würzburg, 1825. — Gerber, *De unione prolium observationes*, Jena, 1844. — Robertson, *Adoption; a study in comparative jurisprudence,* dans *Hermathena*, t. IV, n° 8, pp. 317-325. — Gide, Caillemer et Baudry, art. *Adoptio*, dans Daremberg et Saglio, *Dictionnaire des antiquités*, Paris, 1873, t. Ier, in-4°, p. 75 et suiv. — Indications utiles dans Léonard A. Jones, *An index to legal periodical literature*, Boston, 1888, in-4°, p. 6, v° *Adoption.*

1793 qui se rapproche du système prévu par la coutume, sans y rentrer complètement : Jean Vallot épouse Lazarette Paradis; Louis Paradis, frère de Lazarette Paradis, épouse Lazarette Vallot, sœur de Jean Vallot. Jean Vallot abandonne par le contrat de mariage les droits de Lazarette Paradis à Louis Paradis; celui-ci, à son tour, abandonne les droits de Lazarette Vallot, sa femme, à Jean Vallot (contrat de mariage du 16 avril 1793, étude Thirault à Moulins-Engilbert, Nièvre). C'est ici, à proprement parler, une renonciation à succession de la part des deux futures.

[1] Dupin, *La cout. du Nivernais*, nouvelle édition, Paris, 1864, p. 237.

[2] Dupin, *Le Morvan*, Paris, 1853, p. 99. Mes recherches dans les minutes des notaires me permettent d'affirmer que le *mariage par échange* de 1839 n'a pas donné lieu à un contrat de mariage. Dupin fait sans doute allusion à une convention privée.

CHAPITRE VIII.

DE LA PUISSANCE DU CHEF DE FAMILLE.

1. *Idée générale du chef de famille à Rome, en Germanie et en France.*

Le mundium à Rome, en Germanie et en Gaule. — Le père gouverne la famille, c'est-à-dire tous ceux qui sont groupés autour de lui, la femme, les enfants, les serviteurs. Sa puissance prend à Rome le nom de *manus*[1]; en Germanie le nom de *Mund*. Et ce mot *Mund* signifie étymologiquement soit *main*, *manus*, soit *bouche*[2]. La main et la bouche sont les organes

[1] A Rome le mot *manus* désigne le plus souvent la puissance du mari sur la femme. La signification du mot, large à l'origine, a été se fixer et se spécialiser dans cette application : mais nous pouvons néanmoins citer plusieurs exemples du sens large et primitif sur lequel j'insiste ici. Voyez *Digeste*, I, I, 4; *Institutes*, I, V, prœm. (au sens de *potestas dominica*); *Code de Justinien*, VII, XL, 1, § 2 (au sens de *patria potestas*). Cf. Accarias, *Précis*, t. Ier, 1879, p. 278, note 2. Gaius a dit : « Sed in potestate quidem et masculi et feminæ esse solent, in manum autem feminæ tantum conveniunt » (Gaius I, 105. Cf. Gaius, I, 49). Il ne faut pas attribuer à ce passage une valeur absolue.

[2] Il est certain qu'au moment des invasions le mot *Mund* signifiait *bouche* dans la pensée d'un bon nombre de Germains, je ne dis pas de tous. Voyez ci-dessus p. 287, note 2. Mais la véritable étymologie ne serait-elle pas *Munt* au sens de *main?* On a même des textes qui paraissent indiquer que, dans notre milieu, certains Germains avaient quelque conscience de cette signification. Voyez, en faveur du sens de *main*, Grimm, *Deutsche Rechtsalterthümer*, pp. 447, 448; Roth, *Feudalität*, pp. 275, 276. Les Germains auraient-ils possédé dès l'origine une double expression qu'on trouve un peu plus tard : *bouche et main*, *ore et manu?* Voyez Haltaus, *Glossarium Germanicum*, Lipsiæ, 1758, pp. 791, 792. En tout cas, plus le sens de *main* serait appuyé, mieux se trouveraient justifiés mes rapprochements avec la *manus* des Romains.

Le mot *mundium* est très rarement appliqué à l'autorité du maître sur les esclaves : il y a cependant des exemples. Voyez le passage *in mundio suprascriptorum Sigirard et Arochis*, dans Pertz, *Leges*, t. IV, p. 658; *Liutpr.*, 126, apud Pertz, *Leges*, t. IV, p. 160; capit. de 790 environ dans Boretius, *Capitularia*, t. Ier, p. 201. Cf. Schupfer di Chioggia, *Degli ordini sociali del possesso fondiario appoi Longobardi*, Wien, 1861, p. 11.

extérieurs du gouvernement du père. Sa parole et son geste sont des ordres.

Quant au sens figuré et dérivé de *Mund* (en latin *mundium*), c'est tout simplement l'idée large, aux aspects multiples et divers, d'*autorité*. Le tuteur germanique a le *mundium* comme le chef de famille; son autorité au moyen âge s'appelle comme celle du chef de famille la *mainbournie*[1]. Le père est *mainbour*. Le tuteur germanique est *mainbour*. L'autorité royale prend souvent le nom de *mundium*, tantôt avec une signification vague, tantôt et plus volontiers quand il s'agit d'une protection spéciale : le *mundium* du roi sur certains monastères, sur certaines églises, sur les femmes dans certaines conditions de famille, éveille avant tout une idée de protection. Le sens large de la racine *mund* subsiste encore au XVe siècle : les gouverneurs du duché de Luxembourg sont appelés « *mambours*[2] et gouverneurs; » c'est dire tout simplement qu'ils ont l'autorité.

La puissance paternelle à Rome. — A Rome, le chef de famille avait sous sa puissance et généralement dans sa demeure tous ses descendants en ligne masculine. Par suite de cette vie commune, tous ses petits-enfants s'appelaient *fratres patrueles*[3]; nous disons simplement *cousins germains*.

Toute la famille restant groupée sous l'hégémonie du père, celui-ci gardait toute sa vie sur la famille entière sa puissance : il ne la perdait que sur ses filles mariées[4], parce que celles-ci allaient habiter dans un autre groupe avec leurs maris. Le fils, père lui-même ou grand-père, restait sous la puissance de son propre père et n'était point *paterfamilias;* il était *filiusfamilias*.

Telle est la situation, tel est le groupement matériel et économique sur lequel est venu se mouler, se dessiner l'institution

[1] Cf. Loisel, *Instit.*, édit. Laurière, t. Ier, p. 236.

[2] Gachard, *Rapport sur les documents concernant l'histoire de la Belgique qui existent dans les dépôts de Dijon et de Paris*, Bruxelles, 1843, p. 88.

[3] *Dig.*, XXXVIII, x, 1, § 6. Cf. une note d'Alphonse R[ivier?] dans l'*Intermédiaire* du 10 septembre 1883, col. 522.

[4] On sait que le mariage avec *manus* entraînait seul la perte de la puissance paternelle. Dans cet exposé des temps primitifs je suppose une époque préhistorique où le mariage n'existe que là où il y a *manus*. La critique la plus récente admet cette manière de voir. Cf. Esmein, *La manus, la paternité et le divorce*, p. 3.

de la puissance paternelle à Rome. Comme tant d'autres institutions juridiques, elle a survécu à l'état économique qui lui avait donné naissance.

Quelque chose d'analogue se rencontre originairement chez tous les peuples. On se tromperait donc en cherchant des différences primordiales et fondamentales entre le chef de famille germanique et le chef de famille romain. Les similitudes premières sont, au contraire, très frappantes : de part et d'autre, nous apercevons clairement aux origines une famille qui possède en commun des biens sous l'autorité d'un chef, le père. Mais la notion de l'autorité du père se développe à Rome et absorbe très vite celle de la communauté de biens : cette dernière s'atrophie et ne laisse guère de trace que dans la langue juridique[1]. Le pouvoir du père absorbe tout : les enfants en puissance sont réputés n'avoir rien en propre. Ils ne peuvent rien acquérir qui ne soit à leur père. En Germanie, au contraire, le droit des enfants sur la fortune commune s'accuse dans les usages au point qu'on voit quelquefois les enfants se partager les biens du vivant du père[2]. Au moyen âge et en France, la notion du droit des enfants sur les biens du père s'affirme d'une manière frappante dans le droit successoral et dans les limites apportées au droit de tester. De ce sentiment est née une clause qu'on rencontre dans des milliers de chartes, clause par laquelle les enfants interviennent et donnent leur consentement aux aliénations opérées par le père. Très souvent même des

[1] « In suis heredibus evidentius apparet continuationem dominii eo rem perducere, ut nulla videatur hereditas fuisse, quasi olim hi domini essent, qui etiam vivo patre quodammodo domini existimantur : unde etiam filiusfamilias appellatur, sicut paterfamilias, sola nota hac adjecta, per quam distinguitur genitor ab eo, qui genitus sit : itaque post mortem patris non hereditatem percipere videntur; sed magis liberam bonorum administrationem consequuntur : hac ex causa, licet non sint heredes instituti, domini sunt : nec obstat quod licet eos exheredare, quod et occidere licebat » (Texte de Paul dans *Dig.*, XXVIII, II, 11). Cf. *Institutes de Justinien*, II, XIX, 2; III, I, 3; Gaius, II, 157; *Lex Dei*, XVI, III, 6 (Paul).

[2] Cf. Grimm, *Deutsche Rechtsalterthümer*, pp. 486-489; *Thord Degns Artikler*, XXVII (24), dans Kolderup-Rosenvinge, *Kong Valdemar den Andens Jydske Lov og Thord Degns Artikler*, Copenhague, 1837, p. 466. Pour la lutte contre ces tendances voyez Hraban Maur, *Liber de reverentia*, édit. Baluze, à la suite du *De concordia* de Marca, 1705, col. 1374, 1375.

parents plus éloignés jouent ce rôle dans les chartes; et chacun sait que le droit de retrait lignager consacre d'une autre manière, en cas de vente, la solidarité et certains droits de la famille entière[1].

A Rome, l'autorité du père dure autant que sa vie et s'étend sur toute la postérité dans la lignée mâle. Le droit romain s'est fixé de bonne heure et les modifications économiques dans l'organisation de la famille ne se sont manifestées qu'à une époque où le droit avait déjà acquis toute sa rigidité : elles n'ont donc pu exercer sur lui une influence créatrice immédiate et directe. Sous l'action de ces modifications économiques, le groupe de la famille romaine pourra se briser; la famille pourra se désagréger matériellement : elle ne se désagrégera pas juridiquement. Le *paterfamilias* gardera son autorité, tant que, par un acte formel appelé *émancipation*, il n'aura pas mis en dehors de cette autorité celui qui y est soumis.

Les lois germaniques, ou très concises ou influencées par la civilisation romaine, nous laissent souvent dans de grandes incertitudes, quand nous leur demandons la solution de certains problèmes. C'est le cas en cette rencontre : la question de savoir si l'autorité du chef de famille germain cessait ou non à la majorité[2] de l'enfant, a donné lieu à de grandes difficultés. Pour ma part, après avoir longtemps réfléchi à ce problème, je reste convaincu que très souvent le chef de famille germain continue jusqu'à sa mort à régir la famille. Mais le droit chez les Germains ne s'est pas fixé d'aussi bonne heure qu'à Rome : il est resté plus souple : il a mieux suivi les besoins matériels et les réalités de la vie, en un mot, les transformations écono-

[1] Voyez Laurière sur *Etabl.*, liv. Ier, ch. 161 (dans mon édition des *Etablissements*, t. IV).

[2] Voyez dans le sens de l'affirmative, Pardessus, *Loi Salique*, pp. 455, 456, 457, et joignez un texte wisigothique qu'il faut rapprocher de celui qu'invoque Pardessus (*Forum judicum*, IV, II, 13, dans *Portugaliæ monumenta historica, Leges et consuetudines*, t. Ier, p. 46). La solution ne me paraît pas se dégager nettement de ces textes qui ont trait à des cas particuliers et concernent les biens. On sait qu'en droit romain theodosien, le père remarié ne conservait l'usufruit des biens laissés au fils par sa mère que pendant la minorité du fils (*Code de Théodose*, VIII, XVIII, 3). Solution différente et postérieure dans le *Code de Justinien*, VI, LX, 4). Cf. Troplong, *De l'influence du christianisme sur le droit civil des Romains*, Paris, 1843, p. 265.

miques. Ainsi, conformément à la nature même des choses, le fils qui continue à habiter avec son père reste sous son autorité jusqu'à l'âge le plus avancé; mais le fils majeur qui quitte la communauté familiale devient *sui juris*[1], ce qui n'a pas lieu à Rome : il est dès lors affranchi de l'autorité paternelle.

A Rome, le dernier mot de cette puissance du chef de famille, c'est le droit de vie et de mort[2]. Nous retrouvons le même droit en Germanie[3], un peu moins accusé toutefois. Nous le retrouvons dans les Gaules[4]. Les Romains étaient frappés du caractère original et rigoureux de leur puissance paternelle : elle ne se retrouve, dit Gaius, avec tous ses caractères, que chez les Galates[5]. Les Galates sont les Gaulois d'Asie. Le témoignage de Gaius rapproché des renseignements concordants fournis par César nous permet, en effet, de supposer que la puissance paternelle s'était édifiée sur le même plan dans les Gaules et à Rome. Mais nous ne possédons aucun renseignement très précis.

Vues générales sur l'histoire de la puissance du chef de famille. — Je m'occuperai non pas en général du *mundium*, mais exclusivement du *mundium* du père et du *mundium* du mari. En d'autres termes, je dirai très rapidement les origines de la puissance paternelle et de la puissance maritale : je traiterai donc du droit d'exposition et de vente, du droit de vie et de mort, du droit de correction, de la majorité et de l'émancipation.

Si j'essayais ici de tracer l'histoire complète de la puissance paternelle, j'écrirais l'histoire d'une royauté qui, de despotique

[1] En ce sens, Grimm, *Deutsche Rechtsalterthümer*, 1854, p. 462; Schulte, *Histoire du droit et des instit. de l'Allemagne*, trad. Marcel Fournier, p. 31; Freund, *Was in der Were verstirbt erbt wieder an die Were*, Breslau, 1880, p. 10. Cf. Bernhöft, *Staat und Recht der römischen Königszeit*, p. 200. La situation sur laquelle j'insiste dans le texte s'est maintenue jusqu'en plein moyen âge. Voyez les textes réunis par L. R. von Salis, *Beitrag zur Geschichte der väterlichen Gewalt nach altfranz. Recht*, p. 169.

[2] Cf. Accarias, *Précis de droit romain*, t. Ier, 1879, pp. 163, 164; Gaume, *Hist. de la soc. domest.*, t. II, pp. 157, 159.

[3] Cf. Richthofen, *Untersuchungen über fries. Rechtsgeschichte*, Theil II, Band I, p. 407.

[4] César, VI, 19.

[5] Gaius, *Com.*, I, 55.

et perpétuelle, est devenue tempérée et temporaire et qui a vu, en outre, son domaine dont l'étendue était à l'origine très vaste, se circonscrire et se fermer. Le père de famille a perdu une immense catégorie de sujets, les esclaves. En outre, son pouvoir sur sa femme s'est singulièrement atténué. Son pouvoir sur ses enfants a été réglé, pondéré, limité. Enfin — et ceci domine toute la matière — une idée en grande partie nouvelle s'est développée, l'idée d'une majorité émancipatrice.

Cet amoindrissement de la puissance paternelle s'est manifesté de bonne heure en France et les étrangers ont exprimé, à ce sujet, leur surprise. Un glossateur, habitué probablement à des mœurs bien différentes, résume ainsi son impression :

> Aliæ vero gentes ut servos tenent filios, ut Sclavi.
> Aliæ vero ut prorsus absolutos, ut Francigenæ[1].

Je dois remarquer que le pouvoir du père sur la partie des biens que nous appelons aujourd'hui la fortune personnelle du père de famille s'est développé chez nous en même temps que son autorité sur les personnes s'est effondrée : le chef de famille est aujourd'hui beaucoup plus maître de sa fortune qu'il ne l'était au moyen âge. Il peut la gérer bien plus librement, sans l'intervention de sa femme et de ses enfants. Il peut en enlever une partie à ces derniers : il peut avantager tel d'entre eux; ce que, dans plusieurs provinces coutumières, il n'avait pas le droit de faire autrefois. Enfin, des collatéraux ne font plus obstacle par la réserve coutumière à la liberté de ses dispositions. Ses droits sur les personnes ont été, au contraire, constamment amoindris.

L'importance originelle et la décadence graduelle de l'autorité maritale et paternelle s'expliquent facilement par quelques considérations générales. La famille, c'est la société primitive, la société tout entière; le mari-père, c'est l'autorité primitive,

1 Glose sur les *Institutes de Justinien,* I, IX, dans l'ouvrage intitulé *Volumen legum parvum quod vocant,* Parisiis, 1559, col. 44 au bas (seconde pagination du volume). Ce *volumen legum parvum* est le dernier de la grande édition du *Corpus juris* de Paris, 1559.

l'autorité tout entière. De la famille est issue une société plus large ; de la puissance paternelle est issue pour partie la puissance sociale. Mais ces deux forces ne purent subsister intégralement l'une en face de l'autre : elles se contrarièrent, car les premiers rois furent à peu près des *patresfamilias,* et les pères de famille ne cessèrent point d'être à peu près des rois. Il y avait là un conflit fatal. L'Etat diminua le père et atteignit la famille. L'équilibre entre ces deux puissances, l'une primitive et nécessaire, l'autre de formation secondaire, reste l'un de ces problèmes éternellement mobiles autour desquels s'agite l'activité douloureuse de l'humanité.

2. *Droit de vie et de mort. — Droit d'exposition et de vente. — Droit de correction.*

Idée générale de la matière. — Je reviendrai sommairement à la fin de cette étude sur les effets de la puissance paternelle au sens romain, en ce qui touche les biens.

Je m'occupe ici de l'autorité du chef de famille sur la personne de ses sujets.

Dans cet exposé, je suivrai une gamme descendante qui me paraît tout à fait dans le sentiment historique.

A l'origine, le droit de vie et de mort, le droit d'exposition et de vente, le droit de correction se confondent dans l'unité du pouvoir absolu.

A la fin du long cycle historique que nous parcourons, ce dernier droit subsiste seul et pendant un laps de temps restreint, à savoir l'enfance et la jeunesse du fils de famille.

Droit de vie et de mort. — En Germanie, l'opinion ne paraît avoir accordé au père le droit de vie et de mort qu'au moment de la naissance, avant que l'enfant ait sucé le lait de la mère[1].

[1] *Vita Liudgeri,* citée par Richthofen, *Untersuchungen über fries. Rechtsgeschichte,* Theil II, Band I, p. 407. D'après Grimm, cette restriction n'a pas une valeur absolue ; voyez Grimm, *Deutsche Rechtsalterthümer,* 1828, pp. 457 à 461. Je ne dois pas omettre de faire remarquer qu'un passage de Tacite peut paraître en contradiction avec l'opinion que je professe ici. « Numerum liberorum finire aut quemquam ex agnatis necare, flagitium habetur. » (Tacite, *Germ.*, c. 19, *in fine*).

Chez les anciens Romains, le père pouvait exposer, vendre, tuer ses enfants. Le droit de vie et de mort disparut sous les empereurs[1]; mais si le droit n'existait plus, la vie des petits enfants n'était guère mieux protégée. Au VIe siècle, plusieurs conciles sont encore obligés de lutter contre ces mœurs barbares[2].

Chez les Romains, le mari a le *jus vitæ necisque* sur la femme soumise à la *manus;* mais la *manus* disparaît à la fin du IIIe siècle[3]. La situation réciproque du mari et de la femme était analogue dans le monde germanique : les traces du droit primitif subsistèrent longtemps. Le meurtre d'une femme par son mari était, au IXe siècle, un fait assez simple. Je pense qu'à cette époque un mari était dans son droit en tuant sa femme, pourvu qu'il eût un bon motif[4]. Encore au commencement du XIe siècle, dans le diocèse de Worms, les témoins synodaux sont interrogés en ces termes : « Est aliquis qui uxorem suam absque » lege aut probatione interfecerit[5]? » Conséquemment, si le mari a tué sa femme *cum lege et probatione,* le fait cesse d'être synodal et n'a rien de très grave. Peut-être même il est licite, comme autrefois chez les Lombards : « Non licet eam (scilicet uxorem) interficere ad suum libitum, sed rationabiliter[6]. »

On sait que dans le droit moderne le meurtre de la femme et de son complice pris en flagrant délit dans la maison conjugale est excusable[7].

Droit d'exposition et de vente. — L'histoire de la législation

1 Cf. Accarias, *Précis de droit romain,* t. Ier, 1879, pp. 163, 164; édit. de 1882, pp. 169, 170, 166, 167.

2 Concile de Lérida de l'an 524 ou 546, can. 2. Concile de Tolède de l'an 589, can. 17. Voyez Hefele, *Hist. des conciles,* trad. Delarc, t. III, pp. 310, 593. Ce dernier canon de Tolède de l'an 589 nous apprend que l' « abominable coutume de tuer les enfants pour ne pas les nourrir » est très répandue.

3 Cf. Accarias, *ibid.,* 1882, t. Ier, pp. 280, 281, 282.

4 Capitulaire de 829, art. 3, dans Pertz, *Leg.,* t. Ier, p. 353. Cf. Grimm, *Deutsche Rechtsalterthümer,* p. 450.

5 Burchard, *Decretorum libri XX,* lib. I, cap. 93, Interrogatio 7, édit. de 1549, p. 17.

6 *Form. ad edict. Roth.,* 201. Cf. *Edict. Roth.,* 200 (Kraut, *Die Vormundschaft,* t. Ier, pp. 294, 295); *Lex Wisig.,* III, IV, 5. Les papes combattirent ces notions barbares. Voyez Jaffé-Wattenbach, *Regesta,* n° 2845 (lettre de Nicolas Ier).

7 *Code pénal,* art. 324.

touchant la vente ou l'exposition des enfants achèvera de jeter quelque jour sur cette matière. Un empereur payen, Dioclétien[1] défendit la vente des enfants; mais c'était indirectement les exposer à perdre la vie. Un pareil remède était mortel. Constantin[2], revenant sur cette décision dans un esprit beaucoup plus pratique, permit aux pères de vendre leurs enfants. Il voulut ainsi écarter l'abandon (l'exposition) de l'enfant ou l'infanticide; mais il ne permit ces ventes qu'avec d'importantes réserves : elles ne purent avoir lieu désormais qu'au moment de la naissance : et l'aliénation de la liberté de l'enfant ne fut pas considérée comme définitive, car sa liberté put toujours être rachetée soit par le père, soit par l'enfant lui-même, en remboursant au maître de l'enfant le prix d'acquisition ou en lui donnant un esclave en échange. Ce dernier état du droit a été maintenu par Justinien[3].

Ce droit de vente qui correspond tout à la fois aux vieilles traditions germaniques[4] et aux mœurs romaines s'est conservé très longtemps sur certains points[5], et c'est en vain que les

[1] *Code de Justinien*, IV, XLIII, 1.

[2] *Code de Théodose*, V, VIII, 1. Cf. *Fragmenta Vaticana*, 34.

[3] *Code de Justinien*, IV, XLIII, 2. Ne regardons pas de trop haut et de trop loin ces législateurs d'autrefois. Placés en face des mêmes plaies sociales, agissons-nous avec plus d'intelligence et plus d'humanité? Notre *Code pénal* condamne à un emprisonnement de trois mois à un an et à une amende « ceux qui auront exposé et délaissé en un lieu non solitaire un enfant au-dessous de l'âge de sept ans accomplis » (art. 352). Rechercher la femme qui « expose » son enfant ou plutôt le livre dans une grande ville comme Paris à la pitié publique, c'est travailler sûrement à la destruction des pauvres enfants, c'est provoquer indirectement à l'avortement et à l'infanticide. Malgré les réclamations énergiques de l'*Assistance publique*, le ministère public et la police se croient obligés de continuer ces incroyables poursuites ou recherches. En fait d'humanité et de préoccupation pour la vie de l'enfant, que penser encore de l'article 348 du *Code pénal?* La révision des articles 348 et 352 du *Code pénal* est urgente. Mais qui y songe?

Qu'on veuille bien combiner par la pensée l'article 352 du *Code pénal*, la suppression des tours et l'article 340 du *Code civil* interdisant la recherche de la paternité naturelle, et qu'on dise s'il existe des moyens plus sûrs et mieux compris de provoquer l'avortement et l'infanticide.

[4] Cf. Warnkœnig, *Franz. Staats-und Rechtsgeschichte*, t. II, p. 267; Wasserschleben, *Die Bussordnungen*, Halle, 1851, pp. 155, 156; Kunstmann, *Die latein. Pœnitentialbücher*, p. 141.

[5] Cf. *Petri excep.*, I, 14, apud Savigny, *Histoire du droit romain au moyen âge*, t. II, p. 314.

législateurs wisigoths l'ont formellement abrogé[1]. Les restrictions considérables apportées à cet usage par Constantin et Justinien, plus tard les efforts très louables de la législation carolingienne[2] n'ont pas radicalement transformé le droit occidental. Nous possédons, en effet, des actes du XVe siècle[3] par lesquels des enfants de six ans sont aliénés par leur père : en 1489, la coutume de Bazas, tout en déniant au père le droit de vendre son fils lorsque cette vente doit livrer l'enfant à des mains immorales ou cruelles, reconnaît que le père peut louer les services de son fils, s'il est dans la misère, ou le donner en gage pour sortir de prison[4]. Telle est la dernière trace juridique du vieux droit de vente de l'enfant par le père.

En règle générale, ce qui a été acheté peut être vendu. On ne voit donc pas pourquoi la femme serait hors du commerce, pourquoi le mari n'aurait pas le droit de la vendre. Les usages germaniques nous offrent, en effet, quelques vestiges de cet état de choses[5]. La femme a été quelquefois vendue séparément. Dans d'autres cas, elle a suivi le sort de ses enfants. A la fin du XIe ou au commencement du XIIe siècle, un père de famille, un homme de cœur, j'imagine (car j'analyse probablement ici l'*instrumentum* d'un acte d'héroïsme), un homme de cœur abandonne (*tradit*) à une église de Cologne sa femme, ses deux fils, ses trois esclaves et tous ses biens. Lui seul garde la liberté (et la misère, compagne de la liberté); il les garde, *spe hereditatis propinquorum*[6]. Ainsi une église se charge des biens et de la famille devenue serve : seul, le père continuera, *spe hereditatis propinquorum*, à affronter la liberté et la lutte pour l'existence.

De nos jours, le paysan anglais qui, las de sa femme, la conduit au marché une corde au cou et la vend au plus offrant,

[1] *Lex Wisig.*, V, IV, 12.

[2] *Edict. Pist.*, an 864, c. 34, apud Pertz, *Leges*, t. Ier, p. 497.

[3] Plus exactement un acte du 25 juillet 1440 publié dans le *Recueil de l'Académie de législation de Toulouse*, t. VI, p. 169, note.

[4] Coutume de Bazas de 1489, art. 171, dans *Archives historiques de la Gironde*, t. XV, pp. 83, 146.

[5] Cf. Grimm, *Deutsche Rechtsalterthümer*, p. 450.

[6] Lœrsch et Schröder, *Urkunden, Privatrecht*, t. Ier, p. 67, n° 87 (62).

est moins intéressant à coup sûr que ce malheureux père de famille du XIe siècle; mais il est au moins autant dans la pure tradition historique : il [re]vend (pour des motifs qui peuvent être excellents) un objet devenu pour lui hors d'usage[1].

Droit de correction. — A la racine des droits du père nous rencontrons un droit nécessaire que les changements d'habitude ne pourront jamais détruire, parce qu'il est voulu par la nature humaine elle-même : je veux parler du droit de correction.

Ce droit a été amoindri, circonscrit, mais il ne saurait être supprimé. A l'origine, il s'étend au domaine tout entier soumis à la puissance du père, depuis la femme jusqu'aux serviteurs.

J'ai nommé d'abord la femme : elle est la première servante de son mari, de son seigneur (*dominus*). Qu'elle est humble près de lui! Les femmes mangent debout derrière les hommes assis à table et elles les servent[2]. Si, dans quelques grandes familles, l'épouse doit prendre place à la table du mari, elle attend d'abord ses ordres. Les ayant reçus, elle baise les genoux de son mari, avant de prendre place. Tel est le cérémonial de la période germanique[3]. Au XVIe siècle, une princesse de la maison de France, la femme du valeureux capitaine, Louis de la Trémoille, *le chevalier sans reproche*, appelle encore son mari : « *Monseigneur*, *monseigneur* mon amy. » Elle est sa « *très humble* mygnonne[4]. »

Comme la ménie tout entiere, la femme est soumise au droit de correction de son seigneur. Au XIIIe siècle, en Normandie, on admettait qu'un père de famille ne pouvait être poursuivi pour avoir battu sa femme, son serviteur, son fils ou sa fille

1 Lorieux, dans *Revue Fœlix*, t. VIII, p. 672. Lorieux consigne ce fait en 1841. Il s'est renouvelé à des dates beaucoup plus rapprochées encore de la présente année (1884). Bien entendu ces ventes sont parfaitement nulles juridiquement; mais cet usage a un grand intérêt historique.

2 Je décris ici l'usage actuel de l'Auvergne et de la Saintonge parmi les paysans riches. Je m'en sers pour interpréter le trait suivant qui est de la période germanique et que j'emprunte à M. Lehuërou (Doniol, *De l'état physique et moral des popul. en Auvergne avant et depuis 1789*, p. 111. Extrait du 3e volume de *L'Ancienne Auvergne et le Vélay*).

3 Cf. Lehuërou, *Hist. des instit. Carol.*, p. 39.

4 *Chartrier de Thouars, Documents historiques et généalogiques*, Paris, 1877, p. 43.

ou aucun qui soit « en sa mesgnie[1]. » Le droit est identique dans d'autres parties de la France, notamment à Bergerac[2].

Toutefois on vit de bonne heure des échevins flamands condamner un mari qui avait battu sa femme jusqu'au sang. Ces juges du moyen âge étaient ici de véritables initiateurs. La révolution à laquelle ils travaillaient s'accomplit lentement. Elle n'était pas encore consommée avec toutes ces conséquences et dans tous les esprits, au commencement du XIXe siècle; car, en l'an X, un commissaire du gouvernement français près le tribunal criminel de l'Escaut soutenait encore officiellement que les sévices entre époux ne peuvent faire la matière d'une action publique et criminelle[3].

Tel est le dernier débris (débris tout honteux et inavoué) du droit de correction maritale purement domestique. En un sens strict et absolu, ce droit a disparu. Mais, sous une forme moins pure et en prenant pour point d'appui l'autorité publique, le droit de correction maritale s'est conservé jusqu'à nous. Il a été très atténué et limité à un cas unique. Je m'explique. Conformément au droit de Justinien, le mari, dans notre ancien droit, pouvait faire incarcérer sa femme adultère dans un couvent[4] et même, ajoutaient nos jurisconsultes, dans une maison de force, si le cas est très grave. L'autorité judiciaire examinait les motifs du mari et statuait sur sa demande. En 1774, le grand Mirabeau s'adressait à la justice pour faire condamner sa jeune femme à la réclusion[5]. Les grands seigneurs ou les personnages ayant de belles relations obtenaient quelquefois du roi un ordre direct sans passer par les formalités judiciaires. Nous savons que Louis XIV n'accordait cette faveur qu'à bon escient. Il y mettait beaucoup d'esprit de justice. On n'enfermait jamais la femme sur le seul exposé du mari : on entendait toujours sa

[1] Cf. Cauvet, *Le droit civil de la Normandie au* XIIIe *siècle*, pp. 8, 9.

[2] *Ord.*, t. XII, p. 492, art. 50; p. 541, art. 82.

[3] Cf. Lemeere, *Le recours au chef de sens*, p. 25.

[4] *Code de Justinien*, IX, IX, authentique *Sed hodie* sous loi 30. Cf. Guyot, *Répert.*, t. V, 1784, p. 93. Suivant Guyot, le mari doit prendre l'avis des plus proches parents de la femme.

[5] Joly, *Les procès de Mirabeau en Provence*, p. 104.

défense avant de l'incarcérer[1]. Au xve siècle, un sire de Craon obtint du roi Louis XI l'autorisation de tenir sa femme close et emmurée[2]. Il s'agit ici, semble-t-il, du régime de l'incarcération privée. La détention de la femme pouvait durer toute la vie. Sauf des nuances juridiques et une atténuation considérable de la peine, nous avons conservé au mari ces droits importants. Ils ne sont pas inscrits explicitement dans la loi, et le mari, pour en user, doit faire usage d'un petit détour juridique; mais ce détour constitue à peine une modification à la procédure ancienne. Voici le texte même des articles du *Code pénal* : « L'adultère de la femme ne pourra être dénoncé que par le mari..... La femme convaincue d'adultère subira la peine de l'emprisonnement pendant trois mois au moins et deux ans au plus. Le mari restera le maître d'arrêter l'effet de cette condamnation, en consentant à reprendre sa femme[3]. » Ainsi le droit de correction du mari, caché sous le couvert de l'action publique, subsiste en un cas, celui de l'adultère.

L'adultère de la femme peut avoir des conséquences autrement graves que celui du mari. Traiter ici les deux époux de la même manière, ce serait méconnaître cette différence. L'inégalité de traitement subsiste pour attester ici encore l'indestructibilité d'une notion primitive.

La femme, enfin, doit toujours obéissance à son mari[4]. La seule conséquence de ce principe exprimée par la loi, c'est qu'elle est obligée d'habiter avec le mari et de le suivre partout où il juge à propos de résider[5]. Nos derniers jurisconsultes insistaient avec complaisance[6] sur ce devoir de la femme. On sent, en les lisant, que l'article 214 du *Code civil* est en voie de formation[7].

[1] Voyez une lettre du comte de Pontchartrain à l'archevêque de Paris, dans Depping, *Correspondance admin. sous le règne de Louis XIV*, t. II, pp. 694, 695.

[2] Louis de La Trémoïlle, *Archives d'un serviteur de Louis XI*, p. 39.

[3] *Code pénal*, art. 336, 337. Les art. 308, 309 du *Code civil* ont été abrogés par la loi du 27 juillet 1884, art. 1er, § 3.

[4] *Code civil*, art. 213.

[5] *Code civil*, art. 214.

[6] Voyez notamment Julien, *Elémens de jurisprudence*, 1785, p. 42; Pothier, *De la puissance du mari*, dans *Œuvres*, édit. Bugnet, t. Ier, 1845, p. 255.

[7] N'abandonnons pas trop facilement ces débris d'autorité. La vie est un combat

Quant au droit de correction paternelle, il est demeuré bien entendu au père de famille. On a dit longtemps que c'était une partie « imprescriptible et inaliénable » de ses droits. Mais on a fini par comprendre que le père était tenu sinon d'être juste, au moins d'être modéré. Une loi récente déclare déchus de plein droit de la puissance paternelle les père, mère et ascendants, coupables à un certain degré envers les enfants et passibles de cette déchéance une autre catégorie de coupables [1].

Origine des articles 375 à 381 du Code civil. — Nous réservons aujourd'hui volontiers l'expression *correction paternelle* aux procédés de correction prévus par les articles 375 à 381 du *Code civil.* Le père, aux termes de ces articles, peut mettre en œuvre l'autorité publique et faire détenir son enfant. Le *Code civil* s'est ici inspiré d'un arrêt de règlement du parlement de Paris du 9 mars 1673. Cet arrêt nous apprend qu'à cette date les prisons de Paris renfermaient des majeurs de trente ans et même des prêtres détenus par voie de correction paternelle. Le parlement apporta diverses limites à ce droit de correction; il en restreignit l'exercice jusqu'à l'âge de vingt-cinq ans [2].

très dur, une lutte douloureuse. Quelles victoires gagnera-t-on, même à deux, sans un peu de soumission d'une part et un peu d'autorité de l'autre? Dans l'ordre politique, le développement durable des libertés est lié intimement au maintien et même au développement du respect des autorités. En serait-il autrement dans l'ordre domestique? Les droits de la femme n'impliquent pas la destruction des droits du mari.

[1] Loi du 24 juillet 1889, art. 1 et 2. Lire sur cette importante loi appelée aussi *loi Roussel* du nom de son principal promoteur : Roussel, *Rapport,* Paris, 1882, 2 vol. in-4° (Sénat, session 1882, n° 451); Roussel, *Rapport,* Paris, 1884, 2 vol. in-4° (Sénat, session 1884, n° 157). On trouvera l'indication des autres documents officiels dans Lallemand, *Loi du 24 juillet 1889,* Paris, 1890 (Extrait de l'*Annuaire français de la société de législation comparée*); Lallemand, *La question des enfants abandonnés et délaissés au XIXe siècle,* Paris, 1885; Brueyre, *De la loi du 24 juillet 1889 et de son application, Rapport adressé au comité de défense des enfants traduits en justice,* Paris, 1891; Leloir, *Code de la puissance paternelle sur la personne des enfants et descendants,* Paris, 1892, 2 vol. (bonne introduction).

[2] Voyez arrêt de règlement du 9 mars 1673; arrêt confirmatif du 27 octobre 1696, à la préfecture de police, *Collection Lamoignon,* t. XVI, fol. 84 à 86, fol. 87; t. XIX, fol. 876 à 879. Cf. ordonnance du 20 avril 1684, dans Isambert, t. XIX, p. 441; reproduite dans *Impressions du Sénat,* session 1882, n° 451, t. Ier, p. 350 et suiv. Il faut mentionner aussi une ordonnance royale du 15 juillet 1763 : les « parents » dont les fils (jeunes gens de famille) seront tombés dans des cas de dérange-

Cet arrêt semble avoir exercé une influence indirecte sur les pays de droit écrit. Cependant il restait au père de famille un moyen de faire emprisonner son fils majeur de vingt-cinq ans : il pouvait obtenir du roi une lettre de cachet. Lorsque le grand Mirabeau fut incarcéré en vertu d'une lettre de cachet [1] et sur la demande de son père au château d'If, il avait vingt-cinq ans sonnés.

La loi des 16-24 août 1790 organisa à nouveau le droit de correction paternelle : la détention de l'enfant dut être décidée par le tribunal de famille et confirmée, avant l'exécution, par le président du tribunal du district.

Notre *Code civil* s'est sensiblement rapproché de l'arrêt de règlement de 1673; la limite de vingt-cinq ans posée en 1673 a été abaissée à vingt et un ans [2].

Relèvement de la femme. — J'ai tracé l'histoire de la puissance du mari et du père; j'ai montré la femme et la ménie tout entière soumise à cette puissance. J'ai pu suivre ainsi à travers les âges les origines de notre puissance maritale.

Mais sous cette autorité un peu rude la femme n'a point été avilie. Des mœurs simples et imprégnées de l'esprit chrétien, une association vraie entre les époux, je ne sais enfin quel souffle civilisateur ont transformé peu à peu, sans y jeter la révolution, l'état domestique.

Ce courant régénérateur remonte très haut. J'en aperçois les

ment de conduite, capables d'exposer l'honneur et la tranquilité de leurs familles....., sans cependant s'être rendus coupables de crimes dont les lois ont prononcé la punition, pourront demander au secrétaire d'Etat ayant le département de la guerre et de la marine, leur exportation dans l'île de la Désirade. Si les motifs des parents sont trouvés légitimes, les jeunes gens seront conduits à la Désirade sur un ordre de Sa Majesté qui se charge depuis l'arrivée à Rochefort de tous les frais de détention et de nourriture. — Suivent des mesures qui ont pour objet la mise en culture des terrains de la Désirade par ces jeunes gens. Cette combinaison féconde des droits de correction du père et de l'idée de colonisation est assurément fort remarquable (Ordonnance du roi dans Peuchet, *Collection des lois, ordonnances et règlemens de police*, 2e série, t. VII, p. 247 et suiv.).

[1] 12 septembre 1774. Mirabeau était né le 9 mars 1749 (Joly, *Les procès de Mirabeau*, Paris, 1863, pp. 71, 83; L. de Loménie, *Les Mirabeau*, t. Ier, p. 568).

[2] La majorité civile ayant été abaissée à vingt et un ans par le décret du 20 septembre 1792 (Décret du 20 sept. 1792, titre IV, section Ire, art. 2).

prémices chez les Burgondes[1] et chez les Wisigoths[2], ces nobles Barbares si largement ouverts à la civilisation et au progrès.

Le roi de la famille s'est peu à peu rapproché de son premier serviteur et l'a associé insensiblement à son autorité : ainsi se sont lentement formées les mœurs modernes. Ne respirent-elles pas déjà dans ces quelques coutumes tout à fait exceptionnelles[3] qui remettent l'autorité paternelle conjointement et solidairement au père et à la mère? Et que dire de ces testaments fréquents dans le midi par lesquels un père léguait en mourant à sa veuve ses biens avec sa puissance sur les enfants[4]? Elle était honorée et respectée la mère qui pouvait recueillir un tel legs. Elle n'était point avilie sous l'autorité maritale, cette autre femme du XVIIIe siècle qui, chaque soir, bénissait son fils, chef d'une famille nombreuse. — (Et dans les veines de ce fils de cinquante ans, à genoux sous la main de sa mère, coulait avec le sang l'orgueil tumultueux de la race des Mirabeau[5]!)!!

Si les mœurs anciennes préparent déjà la douceur de nos mœurs modernes, ne leur restent-elles pas supérieures en dignité? Le respect y cimente admirablement les affections et les liens de la famille.

1 *Lex Burg.*, LIX, LXXXV, dans Pertz, *Leges*, t. III, pp. 559, 568.

2 *Lex Wisig.*, IV, II, 13; III, I, 8; IV, V, 1.

3 Chartres, 103. Châteauneuf-en-Thimerais, 133. Dreux, 93. Montargis, ch. VII, art. 3. Vitry, 63. Cette tendance remonte très haut : je la rencontre à Schlestadt, dès l'année 1292 (Statuts de Schlestadt de 1292, dans Winkelmann, *Acta imperii inedita*, t. II, 1885, p. 154). Cf. Pothier, sur coutume d'Orléans, tit. IX, § 1, no 3, édit. de 1776, t. Ier, p. 418; L. R. von Salis, *Beitrag zur Geschichte der väterl. Gewalt nach altfr. Recht*, p. 152 et suiv.

4 « Laysso ma moher Margarido donna et maistressa de la persona de nos enfans et de nos bens, tant qu'ela vioura, sans faire inventari. Vol que, quand nos enfans saran grans et que non continuguesson istar eme ela, siegue dama et maistressa » (Testament d'un paysan provençal de l'an 1541, cité par C. de Ribbe, *Les familles et la société en France avant la révolution*, t. II, 4e édition, p. 137; cf. pp. 134-136).

5 Joly, *Les procès de Mirabeau en Provence*, p. 26. Cet usage de la bénédiction quotidienne par la mère existe encore dans quelques familles belges.

3. *De la majorité.*

PREMIÈRE PÉRIODE : *Les majorités primitives.*

Idée générale de la majorité. — J'appelle *majeur* celui qui a atteint l'âge de la capacité.

La majorité, à Rome, ne brisait pas les liens de la puissance paternelle et probablement elle ne les brisait pas en Germanie, sans l'addition d'une autre circonstance dépendant de la volonté du majeur [1].

Je ne suppose donc pas la puissance du père détruite par la majorité de l'enfant; je rappelle néanmoins dès à présent le fait nouveau qui doit peu à peu transformer tout le droit de la famille. Ce fait peut être énoncé en ces termes très simples : l'âge seul, la majorité seule, indépendamment de toute autre circonstance, conquerra la vertu d'émanciper l'enfant, c'est-à-dire de le soustraire à la puissance paternelle. La majorité deviendra par elle-même émancipatrice. Le droit germanique ne porta-t-il pas de bonne heure en germe cette grande transformation sociale? En effet, le majeur germain put, en quittant l'habitation de son père, s'affranchir de l'autorité paternelle. Il y avait donc, pour ainsi parler, dans la majorité germanique une émancipation en puissance. Qu'on ne soit pas surpris dès lors de voir un jour la majorité briser par sa seule force les liens de la puissance paternelle! C'est là l'élément nouveau qui, au moyen âge, se dégage çà et là, triomphe dans les pays coutumiers, se fait accepter peu à peu par les meilleurs esprits et, à la fin, en 1792, s'impose à la législation française tout entière [2].

Telle est la grande nouveauté, la grande création du droit de famille. Mais je la néglige ici : je la retrouverai, un peu plus loin, en traitant de l'émancipation. Je m'occupe de la majorité considérée en elle-même par rapport à la capacité du majeur.

Majorité précoce chez tous les peuples jeunes. — Chez tous les

[1] Les textes sont obscurs; ici et plus loin j'interprète.

[2] Décret du 28 août 1792.

peuples jeunes l'enfant a joui d'une certaine capacité juridique, à partir du jour où il a joui, en fait, d'une certaine capacité intellectuelle et d'une certaine puissance physique : le droit, comme il arrive si souvent, n'a été, à l'origine, que la consécration du fait.

Soumis à une éducation, je devrais dire à un élevage mâle et rude, de bonne heure aux prises avec la nécessité, cette grande éducatrice, l'enfant, dans une société pauvre, atteint très vite cette majorité ou capacité précoce qui, à première vue, nous paraît aujourd'hui si extraordinaire. Polybe a entendu conter que, lors de la seconde guerre punique, des enfants de douze ans avaient pris part aux délibérations du Sénat : l'historien grec n'en croit rien[1]. Pourquoi non? Les Romains des guerres puniques ne valaient-ils pas les Goths de la décadence qui formulaient en ces termes énergiques toute la théorie de la majorité chez les peuples primitifs :

Ætatem legitimam virtus facit[2].

Aussi bien nous avons plusieurs témoignages indiscutables de cette capacité de l'enfant romain. Impubère et soumis à la puissance paternelle, il peut, dès qu'il est sorti de l'*infantia*, c'est-à-dire âgé de plus de sept ans, intervenir dans un acte juridique à l'effet d'acquérir un droit de créance, la propriété, la possession, un droit réel quelconque[3] (ce droit passera sur la tête du père de famille); impubère et *sui juris*, mais soumis à un tuteur, il peut, sans l'autorisation du tuteur, agir seul, pour faire sa condition meilleure[4].

[1] Polybe, III, 20, 3, édit. Didot, Paris, 1859, p. 132.

[2] Cassiodore, *Var.*, liv. Ier, ep. 38, édit. de Venise, 1729, t. Ier, p. 17.

[3] En termes moins précis, le fils de famille pouvait faire valablement seul tous les actes qui rendent notre condition meilleure : comme ces actes profitent au père, je rejette ici intentionnellement cette expression qui pourrait donner le change et je me sers de l'analyse juridique de cette expression large donnée par M. Accarias, *Précis*, t. Ier, 1882, p. 372. Voyez *Dig.*, XLV, I, 141, § 2 : « Quod autem in pupillo dicimus, idem et in filiofamilias impubere dicendum est. » Peut-être faut-il lire ici avec Mommsen *filiafamilias* et corriger ensuite *impubere* en *pubere*. Cf. *Dig.*, XLI, II, *De adquirenda vel amittenda possessione*, 1, § 3, 32, § 2; *Digeste*, XXVI, VIII, *De auctoritatem et consensu tutorum*, 9, prœm.

[4] *Instit. de Justinien*, I, XXI, *De auctoritate tutorum*, prœm.

Enfin, chez les mêmes Romains, la pleine majorité primitive se confond avec la puberté. Le jeune Romain pubère et fils de famille jouit de tous les droits politiques (autant du moins que les obscurités qui couvrent cette matière nous permettent ici une affirmation) : il peut occuper les emplois publics les plus considérables, tout en restant subordonné dans la famille[1].

La puberté elle-même fut d'abord une simple question de fait. Plus tard, elle fut fixée à quatorze ans dans le système des Proculéiens[2] qu'adopta Justinien[3].

La puberté ou capacité romaine de quatorze ans se retrouve chez les Francs Ripuaires[4], chez les Burgondes[5] et chez les Wisigoths qui ont adopté une majorité de quatorze ou de quinze ans[6]. Cette limite décèle évidemment des influences romaines.

Les majorités purement germaniques sont très précoces : nous rencontrons chez les Anglo-Saxons[7] une majorité de dix ans qui ne paraît pas non plus inconnue des Francs Saliens[8]. Toutefois ces derniers adoptèrent très vite une majorité un peu moins hâtive de douze ans[9]. La même limite a joué un grand rôle en Islande : l'Islandais âgé de douze ans pouvait être témoin, juré, juge[10]. Le Franc âgé de douze ans, prêtait serment de fidélité à l'empereur Charlemagne[11]; trois cents ans plus tard, tous les Français âgés de douze ans faisaient serment

1 *Digeste*, I, VI, 9.

2 Ulpien, *Fragments*, XI, 28.

3 *Institutes*, I, XXII, *Quibus modis tutela finitur*, prœm. Nous dirons un mot plus loin des divers prolongements de minorité créés par les Romains.

4 *Lex Rip.*, LXXXI (83).

5 *Lex Burg.*, LXXXVII.

6 *Lex Wisig.*, II, V, 11; IV, III, 4. Les Wisigoths ont connu aussi une *perfecta ætas* de vingt ans (IV, II, 13).

7 *Ina*, VII, § 2; *Hloth.* et *Eadr.*, 6, dans Schmid, *Die Gesetze der Angelsachsen*, Leipzig, 1858, pp. 24, 25, 12, 13.

8 *Lex Salica*, XXIV, 1, édit. Behrend, p. 27. Cf. Codex 1 de Hessels, *Lex Salica*, London, 1880, col. 118.

9 *Lex Salica*, XXIV, 1, avec les variantes de l'édition Behrend; plusieurs des textes de l'édition Hessels.

10 Cf. Mallet, *North. Antiq.* translated by Percy, édit. Blackwell, London, 1847, p. 307; Dareste, dans *Journal des savants*, 1881, p. 495.

11 Pertz, *Leges*, t. Ier, p. 91, art. 2.

d'observer la trêve de Dieu [1]. En dehors du monde germanique, les Hongrois ont connu aussi une majorité de douze ans [2].

Suivant les très anciens usages de la Navarre, les Hidalgos, à l'âge de sept ans, pouvaient faire un testament, passer des contrats, aliéner leurs biens [3].

J'ai suffisamment établi le fait incontestable d'une majorité très précoce chez les peuples primitifs et, en particulier, chez les Romains et chez les Germains, nos ancêtres communs.

Problèmes que soulèvent ces majorités précoces. — Il est plus difficile de montrer en toutes rencontres avec une précision parfaite le lien de fait ou le lien de droit qui le plus souvent rattache ce petit majeur au père sous la puissance duquel il se trouve, à la famille au milieu de laquelle il vit. Les Romains, ces maîtres en analyse, ont laissé quelques données précises que j'ai fait passer sommairement dans l'exposition qui précède. Les Germains nous ont abandonné le soin de débrouiller le problème et il reste assez obscur.

Nous pourrions nous faire une idée approximative de ces capacités ou majorités existant sous le *mundium* paternel, en étudiant de près l'organisation contemporaine de certaines familles slaves, mais je ne saurais entrer ici dans ces détails. Qu'il me suffise de poser ces deux principes : majorité et capacité relative d'une part; d'autre part, persistance du *mundium*, tant que celui qui y est soumis ne quitte pas le toit paternel.

Autre problème non moins embarrassant pour nous : quelle peut être la situation d'un enfant de douze ans qui, ayant quitté la maison paternelle, n'est plus sous le *mundium* de son père ou d'un parent? Le plus souvent, le danger de ces majorités précoces est singulièrement atténué soit par le voisinage et l'autorité morale du père, soit par la présence et l'influence de la

[1] Concile de Clermont de 1095, dans Thaumas de la Thaumassière, *Coutumes locales de Berry et celle de Lorris*, p. 27.

[2] Frank, *Principia juris civilis Hungarici*, Pestini, 1829, p. 101.

[3] De Lagrèze, *La Navarre française*, t. II, p. 204. D. Seg. Moret y Prendesgast y D. Luis Silvela, *La familia foral y la familia castellana*, Madrid, 1863, p. 69. Sur les droits des fils des maîtres bouchers de Paris dès l'âge de sept ans et un jour, voyez Coville, *Les Cabochiens*, p. 102.

famille, qui n'est pas comme aujourd'hui désagrégée et fragmentée, mais qui entoure matériellement et moralement chacun de ses membres d'une sauvegarde sérieuse. Le Salien majeur de douze ans qui, usant de son droit, a quitté l'habitation de son père et n'est plus sous le *mundium* paternel n'est pas pour cela sans famille. Il n'est pas sorti de la parentèle. Il vit très probablement à l'ombre de l'autorité et de la protection latente de sa famille. Cette protection et cette autorité n'ont point de nom en droit. Mais les forces sans nom légal, les forces non codifiées ne sont-elles pas les plus efficaces? Que si l'enfant est allé au loin tenter la fortune, sa faiblesse le poussera sans doute non seulement à se réunir à quelque groupe avec lequel il fera vie commune, mais peut-être à se chercher un autre père qui l'adoptera, car l'adoption est fréquente, ou, au moins, un protecteur spécial, un patron, à qui il se recommandera, en échange de services rendus[1].

4. *De la majorité* (Suite).

DEUXIÈME PÉRIODE : *Les majorités de création secondaire. — Quelques majorités primitives longtemps conservées.*

Prolongement des minorités chez les peuples plus avancés. — Partout, sous l'action du temps et sous l'influence dissolvante de la richesse, la famille se désagrège. Précisément à la même époque, les intérêts de l'enfant deviennent plus considérables; son éducation, au sein d'une société délicate et riche, plus compliquée et plus longue. Ainsi tout concourt à rendre nécessaire un prolongement des minorités primitives.

Dans le groupe que nous étudions, les Romains, arrivés les premiers à la richesse, à la civilisation et à la caducité ont les premiers construit l'édifice juridique de ce prolongement des minorités. Leurs conceptions ont exercé tout naturellement sur

[1] Il peut être utile de rappeler à ce propos ce qui se passait au XVIIIe siècle en Russie : « Un laboureur, écrit Catherine II, sort à l'âge de quinze ans de chez lui, va chercher sa subsistance dans des villes éloignées, erre dans tout l'empire » (Catherine II, *Instruction donnée à la commission établie pour travailler à la rédaction d'un nouveau code de loix*, p. 84).

notre droit une grande influence : car, les mêmes besoins de réforme se produisant, il était tout naturel de faire à un droit déjà formé pour répondre à ces besoins, de nombreux emprunts.

Qu'imaginèrent donc les Romains? Ils retardèrent jusqu'à l'âge de vingt-cinq ans la capacité définitive et entière (*ætas legitima*). Et ceci grâce à deux procédés différents. Tout d'abord, ils accordèrent au mineur de vingt-cinq ans, dans le cas où il aurait procédé à un acte valable en droit civil mais préjudiciable à ses intérêts, la *restitutio in integrum* qui le rétablissait dans la position où il était avant l'acte dommageable[1]. Un peu plus tard ils organisèrent pour les mineurs de vingt-cinq ans une protection spéciale appelée la *curatelle,* protection facultative, mais qui prit bientôt un caractère à peu près général[2].

Les Wisigoths, si accessibles aux influences romaines, prolongèrent les premiers la minorité jusqu'à vingt ans : leur *perfecta ætas* est vingt ans[3].

Les majorités au moyen âge. — Au XIIIe siècle, on peut ramener la variété très grande des coutumes à ces règles généralement observées : dans l'ouest et en Angleterre, le gentilhomme est majeur à vingt et un ans; le roturier est majeur à quinze ans. La fille noble est majeure à quinze ans : la fille roturière l'est à douze.

Dans l'est de la France et dans les établissements des Latins en orient, le gentilhomme est majeur à quatorze ou quinze ans, la fille noble à douze ans, quelquefois à onze ans accomplis (douzième année[4]). Quant aux roturiers, il y a une tendance bien remarquable à abaisser encore l'âge de leur majorité. On va jusqu'à dire que « li enfant de poosté sont toujours en aage; » mais Beaumanoir maintient pour eux les deux limites de quinze et de douze ans. Britton, jurisconsulte anglais, se fait, au con-

[1] *Digeste*, IV, IV, 1, § 1, 3, § 11. *Code de Justinien*, II, XXV, 2, 3.

[2] *Institutes de Justinien*, I, XXIII, 2.

[3] *Forum judicum*, IV, II, 13, dans *Portugaliæ monumenta historica, Leges et Consuetudines*, t. Ier, p. 46.

[4] Cf. mes *Etablissements*, t. Ier, p. 158; t. III, pp. 166, 167, avec la note; H. d'Arbois de Jubainville, *Recherches sur la minorité et ses effets*, pp. 64, 68 (tirage à part).

traire, l'interprète de l'opinion combattue par Beaumanoir, en décidant qu'un roturier, dès qu'il sait auner le drap, compter les deniers, « sagement marcheander, » est majeur; qu'une fille aussi est majeure, dès qu'elle sait tenir une maison[1]. Je reconnais ici, au sein du populaire et en plein moyen âge, la majorité précoce des temps primitifs. C'est le principe des Goths : *ætatem legitimam virtus facit*, appliqué non plus à la guerre, mais à la vie paisible de chaque jour.

Au XIIIe et au XIVe siècles, les actes faits par les mineurs (*sous-âgés*) étaient annulables en cas de lésion[2]. Les légistes leur appliquaient les règles du droit romain relatives aux mineurs de vingt-cinq ans; notamment l'*in integrum restitutio*[3]. Au delà des limites d'âge que je viens d'indiquer, ils étaient pleinement capables.

Cependant la nation vieillit et, par suite, les influences ro-

[1] Voyez Beaumanoir, ch. XV, § 22, édit. Beugnot, t. Ier, p. 256; Britton, édit. Nichols, t. II, pp. 8, 9. On peut découvrir dans nos codes quelque souvenir de cette majorité précoce; mais ce qui en reste n'a de valeur que contre l'enfant et ne saurait lui profiter : à partir de sept ans, l'enfant peut être abandonné par son père, sans que celui-ci soit passible de la loi pénale (*Code pénal*, art. 348 à 353). Remarquez que le père peut faire emprisonner ce même enfant d'autorité et sans qu'en principe le président du tribunal puisse apprécier le bien fondé de sa réquisition (*Code civil*, art. 376). Cependant il n'est pas en la puissance d'un enfant de commettre un crime comparable à celui qui, commis par le père, reste impuni. J'ai rencontré, il y a plusieurs années, à la porte de l'école de droit de Paris, un père qui paraissait très versé en ces matières et qui usait avec audace et dextérité de l'abandon combiné avec la prison. La police et l'*Assistance publique* savent si ces pères-là sont rares! La loi Roussel n'a pas absolument mis fin à cette situation. Sans doute un père ou une mère condamnée deux fois pour abandon d'enfants peut être déclaré déchu de la puissance paternelle (art. 2, § 2), mais le père qui abandonne son fils âgé de sept ans n'est passible d'aucune peine et ne peut être condamné (*Code pénal*, art. 349, 352). Ce père-là ne tombe donc pas sous l'application de l'art. 2 de la loi Roussel. Celui qui jette impitoyablement son enfant dans la rue sans commettre aucun délit légal, peut toujours en principe envoyer ce même enfant en prison : le président du tribunal *devra*, sur sa demande, délivrer l'ordre d'arrestation (*Code civil*, art. 376)!! Toutefois, les art. 19 et 20 de la même loi Roussel ouvrent à l'enfant abandonné des chances favorables : s'il a été recueilli par des personnes charitables et désireuses de le protéger contre son père, la déchéance pourra être obtenue.

[2] Beaumanoir, ch. XVI, 8, édit. Beugnot, t. Ier, pp. 266, 267.

[3] Pierre de Fontaines, ch. XV, 35, édit. Marnier, pp. 132, 133. Boutillier, *Somme rural*, liv. Ier, tit. 92, édit. de Lyon, 1621, p. 892. Cf. Mortet, *Le livre des constitucions demenées el Chastelet de Paris*, 1883, p. 81, § 74 avec la note 2; mes *Etablissements*, t. Ier, p. 158.

maines gagnent sans cesse du terrain : la majorité qui était de quatorze ans en Bourgogne est retardée jusqu'à vingt et un ans au XVIe siècle, plus tard jusqu'à vingt-cinq ans[1]. Dans le même siècle, un jurisconsulte déclare que les coutumes sont très variables et que « l'aage parfaicte est tantôt de vingt-cinq ans, tantôt de quinze ans ; » il aurait pu ajouter : « tantôt de vingt ou de vingt et un ans[2]. »

Les influences romaines ne cessèrent point d'agir : et, à la fin du XVIIe siècle, dans l'usage, on demeurait à peu près d'accord qu'en dépit de ces différences des coutumes, l'âge de vingt-cinq ans était nécessaire pour aliéner les immeubles, en disposer, et les charger d'hypothèques[3]. La pratique avait fait prévaloir une pleine majorité de vingt-cinq ans.

5. *De l'émancipation.*

Influences diverses sur cette matière. — Les influences romaines et les influences germaniques se sont pour ainsi dire donné rendez-vous sur ce terrain de la puissance paternelle, soumis d'ailleurs à l'action si puissante des transformations sociales et économiques. L'histoire de l'émancipation nous fera toucher du doigt ces influences.

Un événement naturel, la mort du père ou un événement assimilé à la mort naturelle, la mort civile, rend l'enfant *sui juris*, en d'autres termes, le met hors de la puissance paternelle. Dans quelques coutumes (Chartres[4], Châteauneuf[5], Dreux[6], Montargis[7] et Vitry[8]), qui regardent les enfants comme en la puissance conjointe et solidaire des père et mère, non seulement la mort du père, mais celle de la mère dissout cette puissance.

1 Simonnet, *Etudes sur l'ancien droit en Bourgogne*, (tirage à part), pp. 46, 78, 79.

2 Buchereau et Guy de La Roche, *Les institutes de Justinien joinctes avec la jurisprudence françoise*, Paris, 1580, p. 109.

3 *Arrestez de M. le P. P. de L.*, 1re part., 1702, p. 9. Cf. ci-après p. 524, note 4.

4 Chartres, 103.

5 Châteauneuf-en-Thimerais, 133.

6 Dreux, 93.

7 Montargis, ch. VII, 3 (entre gens non nobles).

8 Vitry, 63, 143.

Le même résultat juridique peut se produire par une autre voie que par la mort naturelle ou civile : c'est ce que j'appelle l'*émancipation*.

J'énumère les émancipations diverses, les unes expresses, les autres taisibles qui ont joué un rôle parmi nous; elles sont au nombre de six :

1. *Emancipation par mancipations.* — C'est le mode romain primitif. Il a, dans le droit romain cristallisé qui nous est parvenu, une physionomie artificielle et bizarre à laquelle on pourrait, si je ne m'abuse, arracher son masque classique; mais tel n'est pas ici mon rôle; car c'est précisément l'émancipation classique qui paraît se retrouver aux origines de notre droit chez les Wisigoths. Dans le droit romain, il y avait, lorsque le père émancipait son fils[1], une triple *mancipation* (explication rapide : *aliénation*) de la part du père. Celui-ci opérait avec l'aide d'un tiers, sorte de comparse juridique dont le rôle consistait à affranchir, souvent à affranchir et à manciper. Le tiers affranchissait deux fois l'enfant, lequel, deux fois, retombait sous la puissance du père : une troisième fois, enfin, le tiers affranchissait encore et ce troisième affranchissement était définitif. On remancipait le fils au père qui l'affranchissait lui-même, afin de devenir son patron. Dès lors l'enfant était *sui juris*.

Nous retrouvons cette antique émancipation dans les textes wisigothiques[2]. Elle avait lieu autrefois devant le *præses* de la province : la curie a pris chez les Wisigoths la place du *præses*[3]. Je ne connais en deçà de la période wisigothique aucun souvenir de l'*émancipation par triple mancipation*.

2. *Emancipation par déclaration devant le magistrat ou le corps municipal.* — Justinien, régularisant et simplifiant des

[1] « Ceteri vero liberi, sive masculini sexus, sive feminini, una mancipatione exeunt de parentium potestate » (Gaius, I, 132).

[2] *Epitome* de Gaius, VI, 3, dans Hænel, *Lex Romana Visigothorum*, 1848, pp. 320, 321, 322.

[3] Gaius, VI, VII, apud Hænel, *Lex Romana Visigothorum*, p. 322. Le texte original de Gaius est perdu ou corrompu en cet endroit, mais personne ne songe à y introduire cette donnée wisigothique (Voyez Dubois, *Institutes de Gaius*, pp. 80 à 84). Cf. Paul, *Sent.*, II, XXV *al.* XXVI, 4; *Digeste*, I, VII, 4.

habitudes déjà introduites, accepta et sanctionna l'émancipation par simple déclaration devant le magistrat[1].

Nous retrouvons au moyen âge, et sur certains points jusqu'à la fin de l'ancien régime, une émancipation par devant le corps municipal ou par devant le magistrat qui rappelle ces anciens usages. Je citerai les émancipations devant la municipalité de Provins[2], devant les juges de la commune de Marseille[3]; à Paris les émancipations au Châtelet[4], etc., etc.

Nos émancipations actuelles par déclarations reçues par le juge de paix et son greffier[5] procèdent en droite ligne de cette catégorie d'émancipations.

Le bénéfice d'âge. — Dans les derniers siècles de l'ancien régime, les magistrats locaux de plusieurs provinces perdirent le droit d'émanciper, ou, du moins, ce droit fut diminué entre leurs mains : on exigea en même temps des *lettres du prince.*

Il nous faut dire un mot de ces *lettres du prince,* concédant comme on disait, le *bénéfice d'âge* (*venia ætatis*). L'intérêt du fisc et le goût du droit romain se combinent ici et nous donnent la clef de cette institution.

On sait qu'en droit romain la minorité primitive fut prolongée et qu'on assura aux mineurs de vingt-cinq ans une garantie particulière, grâce à divers procédés, parmi lesquels l'*in integrum restitutio.*

L'*in integrum restitutio* fut souvent pour les mineurs une protection fort gênante, car elle leur ôtait tout crédit et les empêchait de contracter avec des tiers qu'effrayait l'éventualité de l'*in integrum restitutio*[6]. On en arriva à supprimer dans cer-

[1] *Institutes,* I, XII, 6. *Code de Justinien,* VIII, XLIX, 6.

[2] Textes publiés par Bourquelot dans *Bibliothèque de l'Ecole des charles,* IVe série, t. II, p. 201.

[3] Cf. R. de Fresquet, *Etude sur les statuts de Marseille,* Paris, 1865, p. 85.

[4] Archives nationales, Châtelet, Y. 5220, fol. 199 (émancipation d'un homme de vingt-six ans); Y. 5220, fol. 144 (émancipation d'un enfant de neuf ans). Cf. fol. 262 v°. — Ces renseignements m'ont été fournis par mon excellent et savant ami, Gustave Fagniez. Je signale aussi, en 1245, une émancipation par devant l'official de Clermont (Bibl. Nat., *Collection Baluze,* t. 379, fol. 11).

[5] *Code civil,* art. 477.

[6] *Digeste,* IV, IV, 24, § 1.

tains cas particuliers cette protection embarrassante. Ce résultat fut obtenu au moyen de la *venia ætatis* ou *bénéfice d'âge,* accordée par rescrit impérial à tel ou tel mineur *sui juris*. La *venia ætatis* put être concédée par rescrit impérial aux femmes dès l'âge de dix-huit ans, aux hommes à partir de vingt ans. Voici les principaux effets de la *venia ætatis* : elle rend l'*in integrum restitutio* non recevable pour les actes à venir du mineur[1]; elle supprime toute curatelle[2]. En un mot, le mineur acquiert tous les droits du majeur, à une seule exception près : il ne peut aliéner, ni hypothéquer des immeubles[3].

Ainsi la *venia ætatis* était, si l'on veut, une sorte d'émancipation civile nouvelle à l'usage soit des émancipés mineurs de vingt-cinq ans, soit des personnes devenues *sui juris* de bonne heure et d'ailleurs pubères.

L'âge de la majorité tendant sans cesse à s'élever en France sous la double influence des besoins nouveaux et du droit romain, et le jeune homme bénéficiant des diverses protections romaines, le droit de famille rencontra tout naturellement sur sa route la *venia ætatis* des Romains : elle pouvait présenter la même utilité. Donc de bonne heure le prince intervint dans les émancipations : au XVIIe siècle, il prétendit qu'aucune émancipation ne pouvait avoir lieu sans *lettres de bénéfice d'âge*[4]. Ce principe ne fut pas admis dans tous les parlements, mais il prévalut généralement et les *lettres de bénéfice d'âge* devinrent une des sources de revenus de la chancellerie royale.

Par une étrange contradiction juridique, les pays de droit écrit furent précisément exemptés de la nécessité d'obtenir des *lettres de bénéfice d'âge*[5], c'est-à-dire de la nécessité d'adopter cette forme toute romaine. Les pays de droit écrit jouissaient la plupart d'une certaine indépendance. Ils avaient des états. Ils parvinrent à se soustraire à cette mesure fiscale[6]; je l'appelle

1 *Code de Justinien*, II, XLV, 1.

2 *Code de Justinien*, V, LXXIV, 3.

3 *Code de Justinien*, II, XLV, 3.

4 Depping, *Correspondance administrative*, t. II, p. 350. Sanlaville, *Etude sur l'émancipation*, p. 168.

5 Sanlaville, *ibid.*, p. 182.

Il faut tenir compte aussi d'une considération pratique, c'est que beaucoup d'é-

ainsi, car il était facile de se créer sur les lieux, sans recourir au prince, les divers avantages de la *venia ætatis*.

L'émancipation de notre *Code civil* ne confère au mineur qu'une demi-capacité[1] : elle crée en sa faveur une situation tout à fait analogue à celle du *sui juris* romain, pourvu de la *venia ætatis*. Ceci n'est pas une création du *Code civil;* le législateur moderne s'est contenté de simplifier très heureusement l'ancien droit coutumier. Notre émancipation produit par elle-même la situation qui résultait, dans la plupart de nos anciennes provinces, d'une émancipation locale accompagnée de *lettres royales de bénéfice d'âge*.

3. *Emancipation par rescrit du prince.* — L'empereur Anastase, voulant faciliter les émancipations, décida que le fils de famille absent pourrait être émancipé par rescrit impérial[2].

L'émancipation par rescrit royal a joué quelque rôle dans le droit français : elle est théoriquement distincte des *lettres de bénéfice d'âge* dont il vient d'être parlé. Charles de Valois fut autorisé, en 1325, par lettres du roi Charles le Bel, à émanciper son fils âgé de sept ans. On apercevra peut-être ici l'influence de l'émancipation anastasienne[3].

Nous possédons aussi des actes royaux ou ducaux par lesquels un roi de France, un duc de Bourgogne émancipe son fils, le premier en lui constituant un apanage, le second en vue de lui céder, sauf réserve d'usufruit, sa couronne de duc[4]. Ce roi,

mancipations ne pouvaient, dans les pays de droit écrit, donner lieu à des *lettres de bénéfice d'âge;* je veux parler de toutes les émancipations de majeur. Ces nombreuses émancipations au sujet desquelles le roi ne pouvait intervenir contribuèrent à empêcher l'usage de s'établir même dans les cas où on eût eu besoin de la *venia ætatis*.

[1] *Code civil*, art. 481 à 484.

[2] *Institutes de Justinien*, I, XII, 6. *Code de Justinien*, VIII, XLIX, 5.

[3] Laurière, *Glossaire*, édit. de Niort, 1882, p. 190.

[4] Robert II, duc de Bourgogne, fut affranchi par Hugues IV, duc de Bourgogne, son père, en 1272. Cf. Simonnet, *Etudes sur l'ancien droit en Bourgogne*, dans *Revue historique du droit français*, t. XIV, p. 530; tirage à part, p. 37; Dom Plancher, *Histoire de Bourgogne*, t. II, p. 36. En 1363, le roi Jean émancipa son fils Philippe, en lui donnant le duché de Bourgogne; cf. *Recueil des édits..... concernant l'administration des états de Bourgogne*, t. Ier, 1784, p. 47; Simonnet, *ibid.*, p. 38 (tirage à part).

ce duc sont aussi pères : il ne faudrait donc pas se hâter d'apercevoir ici l'influence de l'émancipation anastasienne. Dans les derniers siècles de l'ancien régime nous voyons, plus nettement, le roi agir en sa qualité de roi. Il délivre des lettres que la chancellerie appelle *lettres d'émancipation* et non *lettres de bénéfice d'âge*. Il les accorde à des mineurs n'ayant ni père ni mère. Elles sont adressées au juge du domicile qui prend l'avis et le consentement des parents et, sur les conclusions du ministère public, les met à exécution. Ces lettres ne s'obtiennent qu'après l'âge de puberté, c'est-à-dire quatorze ans pour les mâles, douze ans pour les filles[1].

4. *Emancipation avec don d'une partie de la fortune. Emancipation par domicile distinct.* — Chez les peuples primitifs, la communauté de biens entre les membres de la famille est, avant tout, un fait matériel : si un enfant quitte la maison paternelle pour s'établir ailleurs et chercher fortune, il recevra une portion du bien; mais il perdra désormais toute part à la communauté, et le droit de succession qui n'est qu'un prolongement du droit de communauté lui échappera aussi. Cet usage existe encore aujourd'hui chez les Slaves du sud et en Russie[2]. Pareillement chez les Lombards, chez les Saxons, le père, en émancipant son fils, lui donnait une part de ses biens. Le fils, exclu dès lors de la famille (*forisfamiliatus*), la quittait, ainsi pourvu sur les biens communs, mais ne prenait plus tard aucune part à la succession de ses parents. Cet usage peut être constaté de bonne heure dans les pays francs[3] : il se retrouve fréquemment au

[1] Voyez Archives nationales, O.1* 541B, *passim; Encyclopédie méthodique Jurisprudence*, t. IV, p. 240.

[2] Sumner Maine, dans *Revue gén. du droit*, année 1879, p. 235. Cf. Leroy-Beaulieu, *L'empire des Tsars*, t. Ier, pp. 481, 482.

[3] Voyez *Lex Salica*, édit. Hessels, ch. CLXVIII, p. 412. En combinant ce chapitre avec *Lex Sal.*, XXX (Cod. 7, 8, 9), XXVIII (Cod. 10), édit. Hessels, pp. 123 à 125, on en est venu à dire que la cérémonie de la coupe des cheveux (*capillatoria*) attestait le passage de l'enfance à la majorité chez les Francs » (Voyez notamment Pardessus, *Loi Salique*, pp. 454, 455). Il me reste à cet égard des doutes sérieux. A l'émancipation germanique avec attribution d'une part de propriété on peut rattacher plusieurs faits de l'histoire mérovingienne et carolingienne relevés par Lehuërou, *Hist. des institutions carolingiennes*, pp. 58, 59. Cf. Sohm, *Die altdeutsche Reichs-und Gerichtsverfassung*, p. 345, note 29.

moyen âge[1]. On a souvent appelé cette émancipation *mise hors de pain*.

A Rome, l'émancipé se trouvait originairement exclu de la succession paternelle, comme le *forisfamiliatus* barbare : c'est le préteur qui fit arriver l'émancipé à la succession de son père et de ses ascendants paternels[2].

On peut ajouter, ce semble, un trait important à ce parallélisme : il paraît très probable que le père de famille romain, en émancipant son fils, lui donna souvent une part de sa fortune ou lui abandonna le pécule profectice[3]. Mais ce don, chez les Romains, n'a pas pris corps avec l'émancipation elle-même, tandis qu'au moyen âge il est devenu, dans beaucoup de pays, une des conditions nécessaires de l'émancipation.

Si le fils de famille a pris un domicile distinct sans émancipation formelle, les liens de la puissance paternelle sont-ils brisés? Beaumanoir paraît bien admettre, en ce cas, l'émancipation taisible[4] : elle est reçue aussi par la coutume de Bordeaux[5] et par celle de Bretagne[6], pourvu que le fils de famille soit âgé de vingt-cinq ans. Ces décisions sont d'accord avec la *Novelle* 25 de l'empereur Léon; les mêmes transformations économiques amenèrent en Orient les mêmes transformations juridiques qu'en Occident.

Enfin la séparation peut se consommer moralement et financièrement, sans se révéler matériellement. Cette séparation financière produit dans certaines coutumes le même effet qu'une

[1] Beaumanoir. ch. XXI, *De compaignie*, §§ 20, 21, édit. Beugnot, t. Ier, p. 313. Coutume de Clermont-en-Beauvoisis de 1496, dans ms. fr. 4515, fol. 64 v° (Bibl. Nat.).

[2] Gaius, II, 135; III, 26.

[3] Une glose de la loi romaine des Wisigoths m'apprend l'existence de cet usage à une époque relativement très récente. Il est bien naturel de supposer qu'on agissait de même dans l'antiquité. Une constitution de Justinien vient confirmer cette hypothèse. Voyez Hænel, *Lex Rom. Visig.*, p. 462, 2e col., glose d'un ms. de Paris de date relativement récente; *Code de Justinien*, VIII, XLIX, 6; *Fragm. Vaticana*, 266a.

[4] Beaumanoir, ch. XXI, § 20, édit. Beugnot, t. Ier, pp. 312, 313.

[5] Bordeaux, dernière rédaction, art. 2.

[6] Bretagne, dernière rédaction, art. 528.

séparation matérielle : dans les coutumes de Reims[1], de Sédan[2] le commerce séparé émancipe les enfants.

On recevait en pays de droit écrit une émancipation tacite plus rigoureuse que les précédentes et qui relève directement du droit de Justinien; je veux parler de l'émancipation par suite d'une séparation ayant duré dix ans[3], lorsque le fils, pendant ce temps, s'est conduit en père de famille.

5. *Emancipation par mariage.* — Le mariage entraîne souvent le domicile distinct. En ce cas, l'émancipation par mariage se confond avec celle dont il vient d'être parlé. Mais le mariage seul n'emporte-t-il pas par lui-même émancipation, alors même que les conjoints continueraient d'habiter avec le père et la mère? Plusieurs coutumes, à dater du XIIIe siècle, se décident pour l'affirmative; je citerai les usages de Reims[4], la coutume de Bourbonnois[5], la coutume de Paris[6], etc. La maxime que le mariage émancipe est devenue de droit commun en pays coutumiers[7].

Dans les pays de droit écrit, le mariage n'emporte généralement pas par lui-même émancipation. Toutefois la fille sort, par son mariage, de la puissance paternelle pour passer sous la puissance maritale[8].

1 Reims, 7.

2 Sédan, 6. Cf. Berry, 6.

3 *Dix ans* est l'interprétation des glossateurs. Il y a dans le texte *diu* (*Code de Justinien*, VIII, XLVII, 1). Cf. *Digeste*, I, VII, 25; Julien, *Elémens de jurisprudence*, p. 111.

4 *Liber practicus de consuet. Remensi*, dans Varin, *Archives législatives de la ville de Reims*, Ire partie, *Cout.*, p. 39. On voit poindre dans la *Lex Romana Rætica Curiensis* l'émancipation par mariage : « Et alio modo filii (*al.* filie) mancipantur (*al.* emancipantur) aut si ad ipsos filios uxores dederint, ut in sua ipsorum potestatem eos dimittat vivere » (*Lex Rom. Visig.*, lib. XXII, incipit Gagii, VI, dans Pertz, *Leges* t. V, p. 409; édit. Hænel, p. 321, dernière col.).

5 Bourbonnois, ch. XXIII, art. 26 (certaine restriction quant à la capacité jusqu'à vingt-cinq ans).

6 Paris, 239 (une restriction quant à la capacité des émancipés).

7 Cf. *Coutumes du ressort du parlement de Guienne*, t. II, p. 107.

8 *Arrestez de M. le P. P. de L.*, Ire partie, p. 7. Accompagné de certaines circonstances d'ailleurs fréquentes, le mariage emporte émancipation à Toulouse (*Coutume de Toulouse*, Tertia pars, tit. IV, art. 121, édit. Tardif, Paris, 1884, p. 57). Rapprochez *Lex Rom. Visig.*, lib. XXII, Gaius VI, dans Walter, *Corpus juris germ.*, t. III, p. 746; édit. Hænel, p. 321; j'ai cité ce texte plus haut, note 4.

Certaines dignités civiles supérieures, telles que les offices de présidents, procureurs et avocats généraux, émancipent souvent dans les pays coutumiers[1]. L'épiscopat a la même vertu. En Bourbonnois[2], la prêtrise émancipe.

6. *Majorité émancipatrice.* — Ainsi des émancipations de toutes sortes viennent émietter la puissance paternelle. Nous sommes loin du droit romain qui ne pouvait guère trancher les liens de la puissance paternelle que par une rupture accusée et nette et qui ne connaissait qu'un nombre bien restreint d'émancipations tacites. Le flot des émancipations taisibles monte tous les jours et menace de submerger la *patria potestas*. Elle périra tout à fait, si une dernière émancipation taisible se fait jour et se généralise, si la majorité conquiert la vertu de produire par elle-même l'émancipation. Ceci eut lieu, en effet, mais non dans les pays de droit écrit; à la fin de l'ancien régime, la majorité dans tous les pays coutumiers, sauf en Poitou pour le fils non marié[3], emportait émancipation.

Quant à l'âge de la majorité, j'en ai parlé plus haut[4].

[1] Je suis ici Lamoignon, *Arrestez*, 1702, Ire partie, p. 7. Mais il faut ajouter que cette émancipation tacite se rattache précisément au dernier état du droit romain. Cf. *Nov.* 81; *Coutumes du ressort du parlement de Guienne*, t. II, p. 104. Les romanistes purs du midi ne retrouvant pas en France l'équivalent exact des charges qui émancipaient en droit romain répugnaient beaucoup à accepter ces émancipations tacites. Aussi bien ces émancipations introduites par Justinien avaient contre elles la tradition du Code Théodosien. Voyez Julien, *Elémens de jurisprudence*, 1785, p. 110.

[2] Bourbonnois, 166.

[3] Poitou, 310 à 318.

[4] Voyez ci-dessus, p. 516. A titre de renseignements complémentaires, j'indique ici les majorités de certaines coutumes : Montargis, ch. VII, art. 5 (vingt ans et un jour). Normandie, vingt ans; arrêt de règlement de 1666, art. 38 (sans espérance de restitution *in integrum*), dans *Coutumes..... de Normandie*, Rouen, 1742, p. 172. Reims, 6, 8, vingt ans. Bourbonnois, seize ans pour les filles, vingt ans pour les mâles, nouv. cout., art. 173. Le même article nous apprend que la majorité ancienne en Bourbonnois était quatorze ans pour les mâles et douze ans pour les femmes. Malgré cette majorité de seize et de vingt ans, la coutume admet la *restitutio in integrum* jusqu'à vingt-cinq ans. Berry, 3, vingt-cinq ans. Cf. *Arrestez de M. le P. P. de L.*, 1702, 1re partie, p. 6.

6. *Fin de la puissance paternelle romaine.*

La patria potestas quant aux biens en pays de droit écrit. — Ainsi, en pays coutumier, la majorité, dans les derniers siècles de l'ancien régime, émancipe l'enfant et le soustrait à l'autorité du père, quant aux biens et quant à la personne.

En pays de droit écrit, les mœurs se sont si complètement modifiées que la puissance sur la personne ne se prolonge pas non plus au delà de la majorité[1]; mais cette puissance subsiste sur les biens. Elle survit au point de vue fiscal et financier; et voici quels sont ses effets :

A l'exception des pécules tout appartient au père. Le père a la propriété des biens d'une certaine nature et la jouissance de tous les autres[2].

Le fils de famille ne peut s'obliger pour cause de prêt[3].

Il ne peut tester, sauf en ce qui touche certains biens particuliers, à savoir le pécule *castrense* et le pécule *quasi-castrense*[4].

Ces effets de la puissance paternelle ont été, je le répète, acceptés en pays de droit écrit et rejetés en pays coutumier. A la vérité, quelques coutumes, notamment Reims[5], Châlons[6], Montargis[7], Sédan[8], Berry[9], Poitou[10], Bourbonnois[11] mention-

1 Sauf, comme je l'ai dit, l'intervention du roi, par le moyen d'une lettre de cachet.

2 *Institutes de Justinien*, II, IX, 1. Cf. Fenet, *Recueil*, t. X, pp. 515, 516. J'emprunte ici aux documents publiés par Fenet quelques expressions résumées et concises.

3 *Digeste*, XIV, VI, 1, 2.

4 Henrys, liv. IV, Quæstio 127, § 18 (*Œuvres*, 1771, t. II). Cf. Accarias, *Précis*, t. Ier, 1882, pp. 726 à 731.

5 Reims, 6, 8.

6 Châlons, 7, 8.

7 Montargis, ch. VII, art. 2, 7.

8 Sédan, 5, 7.

9 Berry, 3, 4, 5.

10 Poitou, art. 310 à 318.

11 Bourbonnois, 166 à 173, 174. Cf. Warnkœnig, *Französische Staats-und Rechtsgeschichte*, t. II, p. 287. N'oublions pas toutefois qu'on trouve au moyen âge, en pays coutumier, des applications bien frappantes des idées romaines touchant la *patria potestas* : il y eut un mouvement romain qu'il ne faut pas méconnaître. Voyez, entre autres textes, un acte de 1293 concernant la Bretagne, dans Struvius, *Jurisprudentia heroica*, Pars V, pp. 183, 184.

nent la puissance paternelle; mais les effets de cette puissance y sont généralement bien éloignés du droit romain. Enfin, nulle part en pays coutumier (sauf en Poitou pour le fils non marié), ils ne se prolongent au delà de la majorité.

Dans les pays de droit écrit, au contraire, non seulement ces effets de la puissance paternelle subsistent, mais ils durent autant que la vie même du père de famille. Le fils, quel que soit son âge, ne peut vaquer utilement et valablement à ses affaires, s'il n'est émancipé. Le petit-fils dont le père est fils de famille vit, à certains égards, sous la puissance de son aïeul paternel; il ne tombe sous la puissance de son père que par la mort de cet aïeul. Cette rigueur toute romaine est de règle dans la plupart des pays de droit écrit[1].

Droit de puissance paternelle n'a lieu en pays coutumier. — Dès le commencement du XVIIe siècle, Loisel, préoccupé des seuls pays coutumiers, avait dit :

« Droit de puissance paternelle n'a lieu[2]. »

Nous venons de voir dans quelle mesure cette assertion était exacte. Très rare et très atténuée en pays coutumier, la puissance paternelle romaine y manquait partout de son caractère le plus saillant, la durée illimitée. Tel est le dernier état du droit; mais il ne faut pas oublier qu'on trouve au moyen âge en pays coutumier et même à Paris des traces très frappantes de la puissance paternelle romaine[3].

Abolition générale de la patria potestas en 1792. — Au XVIIe siècle, Lamoignon réclamait formellement pour la France entière l'abolition de la puissance paternelle au sens romain : il demandait que la majorité de vingt-cinq ans emportât émancipation[4].

La loi du 28 août 1792 réalisa le vœu de Lamoignon, en décidant que les majeurs cesseraient d'être soumis à la puissance

1 Cf. Julien, *Elemens de jurisprudence*, Aix, 1785, p. 72.

2 Loisel, *Institutes coutumières*, liv. Ier, XXXVII, 55. Cette règle est tirée de l'article 221 de la coutume de Senlis, comme l'a remarqué Laurière.

3 Cf. Bretonnier, *Recueil..... des principales questions de droit*, 5e édit., Paris, 1773, p. 269.

4 Lamoignon, *Arrestez*, 1702, 1re partie, p. 7; 2e partie, p. 5.

paternelle. Un peu plus tard, les lois des 20 septembre 1792 et 31 janvier 1793 fixèrent l'âge de la majorité civile à vingt et un ans.

A Limoges, deux mois avant cette loi fondamentale du 28 août 1792, à la date du 12 juin, un père émancipait encore son fils, âgé de près de cinquante ans. Cette émancipation, conçue dans un esprit tout romain, est très probablement la dernière qui ait eu lieu en France. Le procès-verbal qui nous en a été conservé nous fait connaître les vieux rites de l'émancipation :

L'enfant en puissance est Pierre Chapoulaud fils, âgé de quarante-sept ans, curé de Bazoches en Gâtinais. Il est émancipé dans la maison de Pierre Chapoulaud, père, imprimeur à Limoges, au domicile duquel, vu l'état d'infirmité de ce dernier, s'est transporté un juge du tribunal du district. « Le fils se met à genoux, les mains jointes et prie son père de l'émanciper, afin qu'il puisse traiter dans ses affaires comme une personne libre et indépendante. Le vieillard déclare consentir à ce que son fils soit désormais affranchi de l'autorité paternelle; en signe de laquelle émancipation, le père a relevé son fils et lui a disjoint les mains[1].

Dès lors, Pierre Chapoulaud cessa d'être soumis à la puissance paternelle : il devint *sui juris.*

Dans cette scène limousine viennent se refléter, à la veille du 10 août, les mœurs de la Rome antique. Certes, il y a là quelque chose de saint! Mais le vieil arbre romain de la puissance paternelle est vermoulu. La royauté domestique et la royauté politique vont tomber en même temps, abattues par la hache si facilement terrible de la révolution.

J'ai dit *abattues*. Et pourtant j'aperçois, aujourd'hui encore, un rameau à terre qui semble végéter; mais c'est une de ces branches séparées du tronc et sans vie, dont la végétation misérable ne saurait longtemps tromper nos regards. Je dois, pour me faire comprendre, rappeler ici en deux mots ce que j'ai exposé plus haut à l'occasion du mariage. Dans les trois derniers siècles de la monarchie nos pères avaient cherché à rendre

[1] L. Guibert, *La famille limousine*, pp. 23, 24 (opuscule d'un très grand intérêt).

à la *patria potestas* romaine quelque chose de sa force primitive, en ce qui concerne le mariage des fils de famille. Ils avaient sur ce point prolongé les minorités coutumières et créé expressément une majorité spéciale de vingt-cinq ans[1], projetant même par delà cette majorité émancipatrice comme une ombre de puissance paternelle. Notre Code a fait revivre cette majorité tardive du mariage[2] et il a pieusement recueilli ce lambeau, cette apparence de puissance paternelle[3] continuée par delà la majorité de vingt-cinq ans. Singulière puissance, illimitée quant à la durée, absolument vaine quant à l'effet! L'utilité que présente en certains cas ce droit d'intimidation laissé au père, droit d'intimidation en soi excellent, compense-t-elle, à l'heure présente, le mal moral[4] produit dans la pratique par les exigences paperassières qu'engendre la présence de ce débris romain conservé dans nos codes?

Tentatives de réaction en faveur de la patria potestas. — Peu habitués à mesurer la force irrésistible des phénomènes historiques, nous cherchons quelquefois avec une inexpérience enfantine à défaire l'œuvre du temps et à refaire artificiellement le passé. La disparition de la *patria potestas* n'a pas manqué de provoquer ces regrets et de susciter ces tentatives. De ces essais stériles de réaction je ne dirai qu'un mot.

On se préoccupa sous la restauration de fortifier la puissance paternelle. Tel est l'esprit du livre de Chrestien de Poly, publié

[1] L'ordonnance de novembre 1639, art. 2, déclare déroger formellement aux coutumes qui permettent aux enfants de se marier après l'âge de vingt ans, sans le consentement des pères (Isambert, *Recueil général*, t. XVI, p. 522). Cf. l'édit plus absolu encore de 1556 (*ibid.*, t. XIII, pp. 469, 470).

[2] *Code civil*, art. 148.

[3] *Code civil*, art. 151 à 154.

[4] Je déplorais un peu plus haut (ci-dessus, p. 410, note 2) le grand nombre d'unions illicites n'ayant pas d'autre cause que les complications apportées chez nous au mariage civil. Le *Code civil* garda jusqu'en 1816 un débris plus sérieux de la puissance paternelle. Ses défenseurs lui avaient conservé un petit refuge dans le titre *Du divorce* qui contenait cet article : « Dans aucun cas le consentement mutuel des époux ne suffira, s'il n'est autorisé par leurs pères et mères, ou par leurs autres ascendants vivants..... » (*Code civil*, art. 278). Mais le divorce fut supprimé en 1816 et le souvenir le plus vivant de la puissance paternelle disparut en même temps. Rien de semblable n'a été rétabli en 1884 : on sait que le divorce par consentement mutuel n'a pas été admis par la loi de 1884.

en 1820[1]. Telle est la pensée d'un projet de loi déposé en 1817 par Dubruel[2], député de l'Aveyron.

Benoît-Champy formait des vœux semblables[3].

Enfin Le Play a suscité depuis trente ans un courant d'opinion très digne d'attention; mais Le Play qui prétendait souvent s'appuyer sur l'histoire ne semble pas l'avoir suffisamment approfondie[4]. L'école qu'il a fondée est toujours active et prospère. Il serait peut-être exact de dire qu'au point de vue scientifique, elle est en progrès depuis la mort du maître.

Bibliographie. — Ayrault (Pierre), *De la puissance paternelle, A René Ayrault son fils, soy disant jésuite*, Paris, 1598. — Struvius, *De patria illustrium potestate*, dans *Jurisprudentia heroica*, Pars V, Jenæ, 1737, in 4°. — Græter (Jos.), *Disputatio inauguralis de concessione veniæ ætatis*, Basileæ, 1695, in-4°. — Græfe, *De emancipatione Saxonica*, 1715. — Brandeler, *Dissertatio juridica ad locum codicis Francici et Neerlandici de emancipatione et de venia ætatis*, Lugd. Batav., 1835 (thèse). — Troplong, *La puissance paternelle*, dans Troplong, *De l'influence du christianisme sur le droit civil des Romains*, Paris, 1843, p. 253 et suiv. — Pardessus, *Dissertation troisième, Des personnes libres considérées dans l'état de famille*, dans *Loi Salique*, pp. 451 à 458. — Bernard (Marie-Paul), *Histoire de l'autorité paternelle en France*, Montdidier, 1863. — Serrigny, *De l'exposition des enfants et des esclaves*, dans *Droit public et administratif romain*, t. II, pp. 440 à 445. — Amiable, *Essai historique et critique sur l'âge de la majorité*, dans *Revue hist. de droit français et étranger*, t. VII, p. 205 et suiv. — Schupfer, *La famiglia presso i Longobardi*, Bologna, 1868, p. 65 à 109. — H. Beaune, *Droit coutumier français, La condition des personnes*, Paris,

[1] Chrestien de Poly, *Essai sur la puissance paternelle*, Paris, 1820, 2 vol.

[2] Cf. Bernard, *Hist. de l'autorité paternelle en France*, p. 324.

[3] *Ibid.*, p. 353, note 1. On a fait grand état d'un passage du *Recueil* de Fenet où je lis : Napoléon voulait « que le projet de loi prît l'enfant à sa naissance, pourvût à son éducation, le préparât à une profession, réglât comment et à quelles conditions il pourrait se marier, voyager, choisir un état. » Que voulait au juste Napoléon? Je ne sais. Tout cela est trop concis. On peut, ce semble, entrevoir ici une pensée de despotisme et un vœu ayant pour objet de substituer en partie au père l'Etat-Providence. Cf. Oscar de Vallée, dans *Revue Wolowski*, année 1852, t. II, p. 238; Fenet, *Recueil*, t. X, p. 484.

[4] Je suis bien loin de considérer comme inutile et vaine toute la pensée de Le Play : je songe ici surtout à la *liberté de tester* à laquelle Le Play attachait une importance démesurée. Quant au respect du Décalogue, autre partie de son programme, les hommes réfléchis qui n'acceptent pas un pareil vœu sont plus rares qu'on ne le suppose.

1882, pp. 539 à 565. — Voigt, *Die XII Tafeln, Das Civil-und Criminalrecht der XII Tafeln*, t. II, p. 257 et suiv. — Leist, *Græco-italische Rechtsgeschichte*, Jena, 1884, p. 57 et suiv. — Maxime Kovalevsky, *Tableau des origines et de l'évolution de la famille et de la propriété*, pp. 133-134. — H. d'Arbois de Jubainville, *La puissance paternelle sur le fils en droit irlandais*, dans *Nouvelle revue historique de droit*, t. IX, p. 466 et suiv. — L. R. von Salis, *Beitrag zur Geschichte der väterlichen Gewalt nach altfranzösischem Recht*, dans *Zeitschrift d. Savigny-Stiftung*, t. VII, *Germ. Abth.*, pp. 137-204. — Communications sur la puissance paternelle dans les différents pays de l'Europe, dans *Société de législation comparée, Session extraordinaire de 1889, Célébration du vingtième anniversaire de la fondation*, pp. 89-245 (p. 107, note 1, bibliographie importante des travaux publiés en France sur la puissance paternelle).

CHAPITRE IX.

DES TUTELLES ET DES CURATELLES.

PREMIÈRE SECTION.

Des tutelles.

Définition. Doublet. — Je donnerai de la tutelle une définition un peu élastique : je l'appellerai un pouvoir exercé sur les biens ou la personne soit d'une femme, soit d'un impubère ou d'un mineur, pouvoir qui n'est pas toujours bien distinct de la puissance paternelle. Cette définition est large, car elle s'applique à plusieurs tutelles très différentes.

En effet, nous sommes ici en présence d'un doublet, phénomène assez fréquent dans l'histoire du droit : *mundium* et tutelle romaine; plus tard, bail et tutelle romaine; voilà le doublet. Il y a donc deux tutelles; et il y a deux tutelles, parce que deux droits se sont trouvés en présence qui avaient chacun une tutelle : le droit romain et le droit germanique.

1. *Période barbare.*

Parallèle de la tutelle romaine et de la tutelle germanique. — Pour gouverner les impubères se trouvant hors de la puissance paternelle, les Romains possédaient une institution appelée la tutelle, institution sagement régularisée et réglementée. La tutelle romaine s'applique d'une part aux impubères, d'autre part aux femmes pendant toute leur vie.

Les Germains possédaient une institution analogue s'étendant aussi et aux mineurs et aux femmes pendant toute leur vie. La plupart des textes mérovingiens et carolingiens et bon nombre de textes postérieurs ne donnent pas à cette institution germanique le nom de tutelle; ils disent plutôt *mundium* ou *mainbournie* et désignent, par conséquent, ce pouvoir de la même manière que le pouvoir du père.

La tutelle germanique de la période mérovingienne et carolingienne est encore flottante et soumise, autant que nous le laisse entrevoir la pénurie des textes, aux caprices et aux violences. En d'autres termes, la tutelle germanique est à sa naissance; la tutelle romaine est une institution définie et formée.

Pendant la période barbare, ces deux institutions sont facilement distinctes et occupent des domaines différents. L'institution romaine peu modifiée se retrouve chez les Wisigoths et chez les Burgondes; la tutelle germanique ou *mundium* chez les Francs.

La tutelle romaine et la tutelle germanique ont un point de départ commun : l'intérêt du tuteur. Le tuteur primitif[1] fut, à Rome, l'héritier mâle présomptif; en Germanie, autant que nous pouvons en juger, le plus proche parent mâle du côté paternel[2].

L'idée originelle de la tutelle, à savoir l'intérêt du tuteur, s'est peu à peu effacée chez les Romains et nous nous trouvons, à la

[1] Je songe au tuteur légitime. « Ubi est emolumentum successionis, ibi et onus tutelæ esse debet » (*Institutes de Justinien*, I, XVII, *De legitima patronorum tutela*). Je n'ignore pas que la *Loi des douze tables* subordonnait la vocation des agnats à l'absence d'un tuteur testamentaire (Gaius, I, 155). Mais il ne faut pas que le peu que nous savons de la *Loi des douze tables* nous fasse concevoir des idées fausses sur les origines du testament à Rome : le droit comparé rectifierait à ce sujet nos idées, si déjà les romanistes n'étaient arrivés par eux-mêmes à des vues beaucoup plus justes. Cf. Lange, *Römische Alterthümer*, t. Ier, Berlin, 1856, pp. 135, 136. Sur la tutelle romaine, voyez Gérardin, *La tutelle et la curatelle dans l'ancien droit romain*, dans *Nouvelle revue hist.*, t. XIII, 1889, pp. 1-20.

[2] Grande pénurie de textes se référant directement à la tutelle des impubères : il s'agit presque toujours de la tutelle des femmes. Voici un texte de l'an 829; mais il est tout imprégné de l'esprit nouveau : « legitimus ejus propinquus qui juste ei tutor ac defensor esse videtur » (Pertz, *Leges*, t. Ier, p. 353). La tutelle romaine pouvait être déférée à la fois à plusieurs tuteurs légitimes, si plusieurs se trouvaient sur le même rang, *proximiores gradu*. Tout indique qu'il en a été quelquefois de même pour la tutelle germanique. Voyez *Digeste*, XXVI, IV, *De legitimis tutoribus*, 8; Struvius, *Jurisprud. heroica*, pars VI, *De tutela*, Jenæ, 1748, p. 18. Le plus souvent, surtout dans les derniers siècles, le bail était exercé par le plus âgé des parents au même degré; voyez coutume de Berry, art. 35.

fin de l'empire, aussi loin que possible de ces origines : à cette date et depuis longtemps déjà, la tutelle est devenue à Rome une institution protectrice[1] de l'impubère. Chez les Francs, au contraire, la tutelle primitive se laisse deviner, si je ne me trompe, dans toute sa crudité native : évidemment le tuteur ou mieux le mainbour est souvent le loup qui dévore la brebis. La famille, la tribu, le roi, représentant de la tribu, tels sont, à mon sens, les défenseurs pour le moins officieux de l'enfant germain qui n'a plus de père. Quant à son mainbour ou *mundoaldus*, j'y vois un parent exerçant une autorité et des droits plutôt qu'un protecteur.

La notion d'une tutelle protectrice inspire les Burgondes et les Wisigoths : leurs lois consacrent la tutelle légitime de la mère[2] non remariée. Chez ces peuples, cette tutelle est la première de toutes[3]; elle prime celle des parents. Le droit romain officiel n'allait pas aussi loin et nous pouvons supposer que ce droit officiel couvrait des usages dont les lois wisigothique et burgonde[4] nous révèlent l'existence. Il est probable que le christianisme contribua à ce progrès. Chez les Germains non christianisés, la mère ne joue point ce rôle public.

Parmi les Francs bien moins romanisés que les autres Barbares établis en Gaule, la position du mineur orphelin paraît avoir été très périlleuse. Les textes nombreux du VIIIe et du IXe siècle qui le recommandent à la pitié publique et privée ne sont certainement pas des recommandations officielles, sonores et creuses[5]. Ce faible rencontrait alors deux forces nouvelles qui lui furent d'un grand secours, à savoir le droit romain et la Bible. J'ai dit que le droit romain avait transformé le tuteur en un protecteur. La Bible contenait, de son côté, quantité de

[1] « Ad tuendum eum qui propter ætatem sua sponte se defendere nequit » (*Digeste*, XXVI, I, *De tutelis*, 1).

[2] *Lex Burg.*, LIX, LXXXV, § 1. Papien, XXXVI. *Lex Visig.*, III, I, 7; IV, II, 13. Cf. mes *Etablissements de saint Louis*, t. Ier, p. 154.

[3] Ces lois ne mentionnent pas la tutelle testamentaire : elle paraît inconnue.

[4] A l'appui de cette opinion j'invoquerai notamment *Papien*, XXXVI, 1, dans Pertz, *Leges*, t. III, p. 617.

[5] Voyez les textes nombreux réunis par Kraut, *Die Vormundschaft*, t. Ier, pp. 77, 80, 81.

recommandations en faveur de l'orphelin[1], recommandations inspirées probablement par un état social analogue à celui des Germains. Les empereurs carolingiens, sous l'inspiration de l'Eglise, se déclarèrent les défenseurs, les tuteurs des orphelins. La protection qu'en vertu du vieux droit germanique[2] les rois accordaient aux orphelins prit dès lors un développement tout nouveau et vraiment extraordinaire.

Le rôle du tuteur germanique. — Les textes de la période germanique ne nous apprennent directement à peu près rien sur le rôle du mundoald ou mainbour. A mon sens, sa première et plus importante fonction, c'est celle que nous verrons s'épanouir au moyen âge : le mainbour jouit des revenus du pupille... quand il ne s'empare pas définitivement de sa fortune. Tous les meubles, en outre, lui appartiennent et il est chargé de toutes les dettes. Ce droit sera écrit en toutes lettres dans les textes juridiques quelques siècles plus tard : il se laisse seulement deviner pendant la période barbare.

Les Wisigoths ont gardé de cet état de choses une faible trace : ils n'ont laissé au tuteur qu'un dixième des revenus[3]. La loi des Burgondes ne paraît lui accorder aucune part des revenus[4].

Sous cette puissance absorbante, l'enfant disparaît entièrement. Ses droits (je suppose une tutelle réservant certains droits) dorment, sommeillent, pour ainsi dire, pendant la tutelle. Le mainbour ne représente pas l'enfant en justice, mais il se trouve que cette absence même le protège, car un tiers ne peut lui intenter aucune action[5]. Cette situation était fort gênante pour les tiers. Dans leur intérêt, un roi lombard[6] imagina

[1] Voyez *Isaïe*, I, 17; *Deutér.*, X, 18. Cf. *Lois d'Alfred*, Introd., 34 (Schmid, *Die Gesetze der Angelsachsen*, 1858, p. 63).

[2] Cf. Schupfer, *La famiglia presso i Longobardi*, p. 108.

[3] « Cui tamen de fructibus ad victum præsumendi partem decimam non negamus » (*Lex Wisig.*, IX, III, 3).

[4] *Lex Gundebati*, LXXXV, dans Pertz, *Leges*, t. III, p. 568. Cf. LIX.

[5] *Lex Rip.*, tit. 83.

[6] « Ut ipse qui causam suam querit non perdat justitiam suam pro eo quod infans intra etate esse vedetur. » *Liut.* 75; cf. *Liut.* 58 (Pertz, *Leges*, t. IV, pp. 137, 130). Voyez Schupfer, *La famiglia presso i Longobardi*, Bologna, 1868, p. 87.

un procédé pour que les procès pussent se suivre contre les mineurs; dans leur intérêt encore, Louis le Débonnaire [1] autorisa le tuteur (entendez le mainbour) à représenter son pupille en justice. Mais cette décision impériale resta, en grande partie, inefficace en France; car c'est seulement à partir de l'année 1330 que les actions réelles intentées par le père d'un mineur ou contre lui cessèrent d'être, à sa mort, forcément suspendues jusqu'à la majorité du mineur. Depuis l'ordonnance de 1330, le mineur put être pourvu d'un tuteur ou curateur (personnage tout romain), chargé de suivre l'instance.

Le mainbour conserva jusqu'à la fin de l'ancien régime quelque chose de son inaptitude primitive à représenter le mineur en justice. Plusieurs coutumes supposent, en effet, comme l'ordonnance de 1330, l'adjonction d'un tuteur ou curateur, en cas de procès [2]. Les deux fonctions de baillistre ou mainbour et de tuteur n'étaient pas d'ailleurs incompatibles.

Déjà chez les Burgondes et chez les Wisigoths, le tuteur représentait le mineur en justice [3] : et cela était tout romain [4].

Il est probable que l'empereur ne fut pas toujours entièrement désintéressé dans son beau zèle pour les orphelins; il pouvait, tout en profitant de leurs revenus comme l'eût fait un parent, leur être fort utile et les préserver de bien des iniquités. Il ne leur rendit peut-être pas toujours des services gratuits.

La tutelle des femmes ne laisse que de faibles traces dans la période féodale où nous entrons. Je n'en ferai plus aucune mention, m'en étant déjà suffisamment occupé [5].

1 Capit. de 819, art. 5. Capitulaire de 829, art. 4, dans Pertz, *Leges*, t. Ier, pp. 226, 353. Cf. mes *Etablissements de saint Louis*, liv. Ier, ch. 78; t. II, pp. 126, 127; t. IV, p. 12.

2 *Ord.*, t. II, p. 63. Coutume de Paris, art. 270. Clermont-en-Beauvoisis, 178. Calais, 141, 142.

3 *Lex Burg.*, LXXXV, 4. *Lex Wisig.*, IV, III, 3.

4 Matière d'ailleurs très compliquée elle-même en droit romain. En sondant ce droit, on retrouverait ici aux origines des analogies frappantes avec le droit germanique; mais nous prenons le droit romain en son dernier état. Voyez *Digeste*, XXVI, IX, notamment lois 2, 7; *Institutes de Justinien*, IV, X, prœm.

5 Voy. ci-dessus, pp. 287-291.

2. *Moyen âge et temps modernes.*

Nous rencontrons au moyen âge deux tutelles : 1° le *bail* appelé souvent *garde* ou *mainbournie,* ancienne tutelle ou *mundium* germanique (le mot *bail* signifie tout simplement *garde*[1]); 2° la *tutelle,* institution d'origine romaine.

1. *Du bail.* — Le *bail* s'ouvre par la mort du père ou par la mort de la mère. Le bail peut même s'ouvrir du vivant du père et de la mère, s'il échet un fief noble au mineur, à quelque titre que ce soit[2].

Celui qui l'exerce s'appelle *bail, mainbour* ou *baillistre.* Le *bail* ou *baillistre* (le mot *baillistre* est plus moderne que *bail;* ces deux mots veulent dire : *gardien*) jouit des revenus du mineur. Il fait siens les meubles du mineur; il fait siennes les créances et les dettes du mineur. Il doit nourrir l'enfant et conserver ses immeubles en bon état[3]. S'il s'agit d'un fief — et c'est le cas le plus fréquent — il rend hommage au suzerain et est tenu envers lui à tous les services féodaux; il reçoit lui-même les hommages et perçoit les droits attachés au fief du mineur. Il est tenu de laisser au mineur devenu majeur une situation absolument liquide : *Qui bail ou garde prend, quitte le rend*[4]. Il est loisible au baillistre de décliner une fonction qui peut être soit très avantageuse, soit ruineuse,

[1] Le mot latin *bajulare* avait pris le sens de *garder* : « boves quos *bajolat* » (Tardif, *Monuments historiques*, p. 34).

[2] *Encyclop. méthod., Jurisprudence*, t. IV, p. 707.

[3] La coutume inédite de Paris à la fin du XIVe siècle présente une exception extrêmement remarquable, exception d'autant plus curieuse qu'elle intéresse les familles roturières (des faubourgs) et non les familles nobles : « DE CONSUETUDINE CIRCA GARDIAM. — La première est telle que les pere et mere, aïeul ou aïeule et *sic deinceps* en ligne directe en montant et en descendant ont à Paris ès faubourgs et non ailleurs la garde de leurs enfans et nepveuz mineurs d'aage et font les fruiz leurs des heritages d'iceulx mineurs, sans rendre compte; et ne les acquitent des debtes de leurs predecesseurs, ne ne soubstiennent leurs heritages. Et a ce lieu durant leur minorité et entre gens de posté. *Ista est mirabilis consuetudo. Questio si servetur?* (Lecture douteuse) » (*Style du Châtelet* dans ms. fr., 1076, fol. 22 verso).

[4] *Institutes de Loisel*, I, IV, 11. Cf. Beaumanoir, XVI, 14, 16, édit. Beugnot, t. Ier, pp. 269, 270; XV, *ibid.*, pp. 244 et suiv.; *Grand coutumier*, liv. II, ch. 41.

suivant la situation de fortune de l'enfant : *Il n'accepte garde, ni bail qui ne veut*[1].

Le droit primitif sur les meubles parut à la fin exorbitant et fut peu à peu enlevé au baillistre[2].

Cette tutelle si avantageuse au tuteur est reçue chez les nobles : on l'appelle, en ce cas, *garde noble*. Elle est reçue chez les roturiers : on l'appelle, en ce cas, *garde bourgeoise*. Elle est plus fréquente dans les familles nobles[3] pour les terres nobles que dans les terres roturières ou vilenages.

La tradition germanique et les usages féodaux se réunissent pour expliquer cette institution.

Le bail peut être exercé par le seigneur ou par le roi ; par un parent. Il est fort avantageux et par suite très disputé. Passons en revue les divers prétendants au bail.

Bail seigneurial et bail royal. — Lorsque les fiefs devinrent héréditaires, la présence d'un vassal mineur fut un grand embarras pour le suzerain ; car l'enfant ne pouvait rendre aucun service féodal. Or tout suzerain avait originairement le droit strict de reprendre le fief à la mort du vassal et on conçoit facilement que, dans les premiers temps de la féodalité, plusieurs suzerains aient usé de leur droit à la rigueur, et, en présence d'un héritier mineur, soient rentrés en possession du fief.

Mais ce droit absolu disparut peu à peu. Une semblable mesure eût paru trop dure pour les enfants. Il fut admis qu'en cas de minorité le seigneur ne reprendrait le fief que provisoirement et qu'il le détiendrait jusqu'à la majorité du mineur. Ce fut le bail seigneurial.

Les ducs de Normandie et de Bretagne exercèrent avec une rigueur et une précision remarquables le bail seigneurial. Ce

1 Loisel, *ibid.*, I, IV, 4.

2 Cf. H. d'Arbois de Jubainville, dans *Bibl. de l'Ecole des chartes*, 3e série, t. III, pp. 162, 163.

3 On présente souvent tout autrement la position relative des *gardes noble* et *bourgeoise*. Après de longues réflexions sur cette matière je m'arrête à cette conception et à cette terminologie, celle de Garran de Coulon, avocat au parlement, dont l'étude sur les gardes a été, avant moi, signalée comme très importante (Guyot, *Répertoire*, t. VIII, 1784, p. 51 et suiv.). Cf. Beaumanoir, XXI, 10, édit. Beugnot, t. Ier, p. 309.

bail des mains du duc de Normandie passa au roi de France, qui, jusqu'à la fin de l'ancien régime, exerça théoriquement en Normandie le bail seigneurial devenu royal.

Le roi de France mettait, en Normandie, aux enchères entre les parents du mineur le droit de bail ou garde royale. Au XVIIe siècle, cette garde était adjugée à un prix à peu près nul et exercée par un parent qui en avait les véritables profits. En 1675, Colbert se préoccupait encore de savoir si la garde noble ou royale était usitée dans les provinces de Poitou, de Bretagne et de Guyenne. Ce ne fut, d'ailleurs, qu'une velléité fiscale[1].

On trouve quelques autres traces d'un bail royal qui ne peuvent guère s'expliquer comme ici par ce fait que le roi serait aux droits d'un seigneur féodal. Il convient d'y apercevoir les débris du *mundium* impérial de la période précédente[2].

La garde royale et la garde seigneuriale furent abolies le 6 mars 1790[3].

Bail des ascendants. — Le droit commun accordait aux ascendants l'exercice des droits de leurs enfants. Les ascendants se présentèrent armés du droit héréditaire des enfants et de leur propre capacité. Les seigneurs durent leur céder le pas. De là le bail des ascendants[4].

Dans les terres non féodales, le bail des ascendants, comme celui des collatéraux dont il va être question, s'exerça tout naturellement, sans aucune lutte avec le suzerain. Cette garde fructuaire appartient au père, si la mère vient à mourir la première; dans le cas inverse, à la mère, et à celle-ci du vivant même de l'aïeul paternel et préférablement à celui-ci. La jouissance des biens des enfants accordée par le *Code civil* non seulement au père durant le mariage, mais au survivant des

[1] Pierre Clément, *Lettres, instructions et mémoires de Colbert*, t. VI, p. 103.

[2] Cette idée du *mundium* impérial de la période précédente inspire le jurisconsulte normand qui a écrit les *Statuta et consuetudines Normannie*, Pars prima, c. XI, apud Tardif, *Coutumiers de Normandie*, 1re partie, pp. 11, 12. Remarquez cette doctrine : « et exitus terre ponent in provectum ipsorum parvulorum. »

[3] Décret des 15-28 mars 1790, tit. Ier, art. 12.

[4] J'emprunte ici quelques expressions à M. H. d'Arbois de Jubainville dans son beau travail intitulé, *Recherches sur la minorité et ses effets dans le droit féodal français* (*Bibliothèque de l'Ecole des chartes*, 3e série, t. II, p. 417).

père et mère après la dissolution du mariage jusqu'à l'âge de dix-huit ans ou jusqu'à l'émancipation[1], paraît bien procéder en partie de l'ancien bail des ascendants.

Bail des collatéraux. — Un autre bail entra en concurrence avec le bail seigneurial. Les collatéraux qui, contrairement au droit primitif, ne tardèrent pas à être admis à la succession des fiefs, prétendirent au droit d'exercer, pendant la minorité de l'enfant, cette espèce de succession provisoire. Les familles très nombreuses dont les alleux se convertissaient en fiefs ne faisaient d'ailleurs que continuer de la sorte sous le régime féodal un usage antérieur à la féodalité.

Les collatéraux appelés au bail sont : 1° le frère aîné ; 2° quelquefois la sœur aînée ; 3° enfin le parent mâle[2] le plus rapproché.

Les collatéraux ne furent généralement admis à exercer le bail d'un mineur propriétaire de fief qu'à la condition de payer au seigneur un droit considérable appelé *Droit de rachat*. Ce droit n'a été payé que fort rarement par le père et la mère[3].

Double bail. — Le bail, très avantageux pour le baillistre héritier présomptif de l'enfant, constituait en même temps pour ce dernier un grave péril. On le sentit : et on en vint à confier la personne de l'enfant à un gardien, distinct du ballistre à qui étaient remis les biens :

> Ne doit mie garder l'agnel
> Qui en deit avoir le pel[4].

Un pareil danger n'existe pas, lorsque le baillistre est le père ou la mère : il n'y a donc pas lieu, en ce cas, au double bail.

Le double bail en pleine vigueur au moyen âge dans plusieurs coutumes s'est progressivement effacé en même temps que décli-

1 *Code civil*, art. 384.

2 Voyez coutume de Berry, art. 34, 35.

3 Voyez Beaumanoir, xv, 10, édit. Beugnot, t. Ier, p. 249. Cf. H. d'Arbois de Jubainville, dans *Bibliothèque de l'Ecole des chartes*, 3e série, t. III, p. 139 ; Demangeat, dans *Revue Fœlix*, 2e série, t. II, p. 663.

4 Cf. Warnkœnig, t. II, p. 270 ; mes *Etablissements*, t. Ier, p. 16.

nait l'institution du bail elle-même. Cependant on en suit les traces jusqu'à la fin de l'ancien régime[1]. Et peut-être notre *Code civil,* en instituant tout à la fois un tuteur et un subrogé-tuteur, s'est-il inspiré dans une certaine mesure de ces traditions historiques[2]. La jurisprudence moderne admet encore que la tutelle peut, en certains cas, être divisée entre un tuteur à la personne et un tuteur aux biens[3]. Le souvenir de l'ancien droit inspire cette solution si sage.

Les familles nobles ont seules pratiqué le double bail.

Le principe du double bail n'était pas étranger au droit public : « Quand le roy demeure en bas âge, le plus prochain à succéder doit estre régent durant la minorité du jeune roy. Mais au regard de la personne, elle doit estre mise entre les mains de ses plus prochains non capables de sa succession[4]. »

Le bail des biens fut à son tour divisé lui-même en deux parties : bail du côté paternel; bail du côté maternel. C'est une application de la règle successorale : *paterna paternis, materna maternis.* Là où il y a deux héritiers présomptifs, il doit y avoir deux baillistres.

1 En Normandie, celui qui a la garde noble, soit royale ou seigneuriale, ne peut avoir l'éducation du mineur, si les parents qui ont été appelés à la tutelle dudit mineur n'en sont d'avis (coutume, art. 213; placitez, 33; arrêt de règlement du parlement de Normandie du 7 mars 1673, art. 29, dans *Cout. du pays et duché de Normandie*, 1742, p. 198).

2 *Code civil*, art. 389 à 426.

3 Arrêt de la cour de Dijon du 14 mai 1862. Cet arrêt invoque expressément l'ancien droit français et la législation romaine (Dalloz, 1862, 2e *partie, Cours*, pp. 121, 122, Godard contre Godard).

4 Saint Gelais, *Histoire de Louis XII*, p. 43; cité par Pélicier, *Essai sur le gouvernement de la dame de Beaujeu,* p. 69, note 3. Le passage de l'ordonnance de 1407 qui nous apporterait quelque lumière, paraît altéré dans *Ord.*, t. IX, p. 268 et par suite dans Isambert, t. VII, p. 154. Le célèbre testament de Louis XIV modifié par le parlement de Paris rappelle cette idée traditionnelle : le roi instituait le duc d'Orléans chef du conseil de régence et confiait la personne du roi à un autre gardien, le duc du Maine. Toutefois la personne du roi mineur était mise « sous la tutelle et la garde du conseil de régence ; » le duc du Maine avait un rôle secondaire et subordonné au conseil de régence. Cf. Archives nationales, K. 136 2 *bis*; K. 136 3; Corréard, *Choix de textes*, pp. 278-284. En 1791, les constituants revinrent à ce système : ils établirent, comme Louis XIV, une double tutelle du roi mineur. Cf. constitution des 3-14 septembre 1791, section II, art. 1 à 17. Joignez la loi sur la régence des 30-31 août 1842, art. 2, 3, 6.

Dans les derniers siècles, un grand nombre de coutumes, celle de Paris entre autres, supprimèrent le bail des collatéraux. On n'en voyait plus la raison d'être : cet avantage exorbitant accordé aux parents collatéraux choquait l'équité. L'usufruit des biens du mineur ne fut ordinairement laissé qu'au survivant des conjoints; rarement à l'aïeul et à l'aïeule; très rarement aux collatéraux[1].

Aussi bien, le bail des collatéraux paraît avoir été, dès le moyen âge, extrêmement rare pour les tenures non nobles. Tel est le sens de la règle célèbre : *Bail si est en fié, més en vilenage n'a point de bail*[2]. Il n'y a guère de bail en vilenage que pour le père et la mère. Les tenures roturières donnent lieu, en l'absence du père et de la mère, à une protection bien plus voisine du droit romain, appelée souvent *tutelle*, quelquefois aussi *garde;* mais ce n'est plus la *garde* ou *bail* dont il vient d'être parlé.

Nous arrivons à cette tutelle.

2. *De la tutelle. Triple division.* — Le tuteur n'a pas la jouissance des biens du mineur. Il administre lesdits biens à la charge d'en rendre compte. Il exerce, en général, pour son pupille tous les droits qui appartiennent à ce dernier. Toutefois les aliénations volontaires d'immeubles passent les bornes de son pouvoir.

La tutelle est considérée comme une sorte de fonction publique : il faut, pour en être déchargé, des excuses légitimes[3].

Les pays de droit écrit ont généralement pratiqué une tutelle bien plus rapprochée du droit romain pur que les pays coutumiers. Dans le midi, les jurisconsultes se servent de l'expression romaine *tutelle* et ne disent pas *garde*, comme il arrive assez souvent aux coutumiers[4].

1 Je citerai : Hainaut, ch. 78; Boulonois, 77, 86; d'après Garran de Coulon (Guyot, *Répert.*, t. VIII, p. 62). Conf. H. d'Arbois, dans *Bibl. de l'Ecole des chartes*, 3e série, t. II, p. 438; Warnkœnig, t. II, p. 279, note 2.

2 *Etabl. de saint Louis*, liv. II, ch. 19, dans mes *Etablissements*, t. II, p. 401. Cf. *ibid.*, t. Ier, p. 507.

3 Cf. *Institutes de Justinien*, I, XXV; *Code de Justinien*, V, LXII; *Code civil*, art. 427 à 441.

4 Les gardiens nobles de la coutume d'Auxerre, par exemple, sont de vrais tuteurs (coutume d'Auxerre, art. 254 à 259, dans Bourdot de Richebourg, t. III, p. 609).

Nos jurisconsultes et même nos coutumes[1] relatent souvent la division romaine des tutelles[2] en : 1° tutelle testamentaire, déférée par le testament du père; 2° tutelle légitime, déférée par la coutume elle-même; 3° tutelle dative, déférée par le magistrat.

Tutelle testamentaire. — Chez les Romains, la tutelle testamentaire était préférée à toutes les tutelles et ce n'est qu'à défaut d'un tuteur testamentaire qu'on avait recours aux autres tuteurs.

Nous n'avons pas admis la tutelle testamentaire dans tous les pays coutumiers. Dans certaines provinces, quelques jurisconsultes, fidèles à un sentiment tout germanique, ont rejeté la tutelle testamentaire jusqu'à la fin de l'ancien régime[3]. Mais cette tutelle, acceptée bien entendu en pays de droit écrit, a pénétré aussi dans plusieurs coutumes. Toutefois, dans trois coutumes seulement, Bourbonnois, Auvergne, Nivernois[4], on admet que la tutelle testamentaire prime les autres tutelles, même sans confirmation du juge.

Tutelle légitime. — C'est celle qui, à la mort du père, appartient à un parent désigné à l'avance par la coutume elle-même. Dans les pays de droit écrit, la tutelle légitime est dévolue d'abord à la mère non remariée, puis à un ascendant (aïeul ou aïeule), enfin au collatéral héritier présomptif. La grand'mère est toujours préférée au collatéral. C'est là une règle romaine[5], reçue en pays de droit écrit[6].

[1] Voyez notamment Nivernois, xxx, 1.

[2] Cette division est conforme à l'ordre général de l'exposition de Justinien, mais elle n'est pas textuellement indiquée par lui. Elle s'est établie de bonne heure parmi les romanistes et on la retrouve encore aujourd'hui dans les précis de droit romain. Voyez sur la classification des tutelles chez les jurisconsultes romains quelques lignes de Gaius, très curieuses mais insuffisantes pour nous (Gaius, *Com.*, I,188).

[3] C'est l'opinion de Prévot de la Jannès, *Les principes de la jurisprudence françoise*, t. Ier, p. 16. Il invoque la coutume d'Orléans, art. 183. Pothier, dans ses notes sur la coutume d'Orléans, ne fait aucune mention de tutelle testamentaire : il ne paraît pas non plus en reconnaître l'existence (Pothier, *Coutume d'Orléans*, t. Ier, 1776, pp. 420 à 432). A Bourges, au contraire, la tutelle testamentaire apparaît dès le XIIe siècle (*Ord.*, t. Ier, p. 22). Il en est de même à Fribourg (*Freiburg Stadt.*, 34; cité par Kraut, *Die Vormundschaft*, t. Ier, p. 202).

[4] Bourbonnois, 177, 178. Auvergne, XI, 1. Nivernois, XXX, 1.

[5] *Code de Justinien*, V, XXXV, 2. *Novelle* 118, c. 5. Cette règle qui existait déjà au temps des Wisigoths a maintenant un point d'appui dans le droit de Justinien (*Nov.* 118, c. 5).

[6] Cf. Julien, *Elémens de jurisprudence*, pp. 118, 119; Boutaric, *Les institutes de*

En pays coutumier, il y a lieu ordinairement, en cas de décès d'un des conjoints, au bail et non à la tutelle proprement dite, car le survivant a, comme on sait, la jouissance des biens du mineur [1]. Toutefois, il n'en est pas toujours ainsi : à Auxerre, le survivant des père et mère est un vrai tuteur romain [2]. L'expression tuteur se généralise dans les derniers siècles.

En seconde ligne arrive à la tutelle légitime un parent mâle [3] ascendant ou collatéral. Mais dans quel ordre les parents sont-ils appelés à la tutelle? Ici nos petits codes provinciaux manquent la plupart de précision [4]. Ils ont quelque chose de vague et comme de flottant : souplesse heureuse et voulue, élasticité intelligente, qui permet de se plier aux nécessités du moment et d'organiser chaque tutelle suivant l'état moral et la composition de chaque famille. La tutelle légitime se fond, en effet, chez nous, avec la tutelle dative à laquelle j'arrive.

Tutelle dative. — Elle a joué un très grand rôle dans notre droit coutumier, à ce point qu'on a pu dire avec quelque vérité : « En France toutes tutelles sont datives [5]. »

Toutes tutelles sont datives parce que, sauf dans les trois coutumes déjà citées, le tuteur, même testamentaire ou légitime, a besoin de la confirmation du juge. A cette confirmation du juge se rattache le rôle des parents qui sont souvent appelés à désigner, sous le contrôle du magistrat, le parent qui exercera la tutelle.

l'empereur Justinien conférées avec le droit français, p. 87 et suiv. En pays de droit écrit, le père ne devient pas, à la mort de la mère, tuteur, comme il devient bail ou gardien, en pays coutumier. Chez les Romains, le père ne pouvait être tuteur de son fils que dans le cas où il l'aurait émancipé impubère (Gaius, I, 175. *Institutes de Justinien*, I, XIX, prœm.). Rien ne s'oppose absolument à une hypothèse du même genre en pays de droit écrit; mais il s'agit ici d'une espèce trop rare et trop exceptionnelle pour que je m'en préoccupe dans cet exposé général.

1 Des Marès, *Décis.* 281. *Cout. notoires*, art. 157. *Etabl.*, liv. Ier, ch. 141, dans mes *Etabl.*, t. II, pp. 270, 272.

2 Coutume d'Auxerre, art. 254 à 259.

3 En Anjou, au moyen âge, le frère ou même la sœur noble avait le bail comme le père ou la mère (Beautemps-Beaupré, *Coutumes et institutions de l'Anjou et du Maine*, 1re partie, t. II, pp. 279, 280).

4 Cf. Warnkœnig, *Franz. Staats-und Rechtsgeschichte*, t. II, p. 282.

5 Brocard souvent répété; voyez notamment Buchereau et Guy de la Roche, *Les institutes de Justinian joinctes avec la jurisprudence françoise*, Paris, 1580, p. 93.

Cette ingérence des magistratures locales dans le choix du tuteur plonge ses racines très avant dans le passé. Les Romains avaient accordé le *jus dandi tutores* à tous les magistrats municipaux [1]. Il est évident que l'autorité locale, quelle qu'elle fût, usa souvent de ce droit au moyen âge : le *jus dandi tutores* appartint tantôt au seigneur [2], tantôt à la commune [3]. Suivant toute vraisemblance, les Germains connaissaient eux-mêmes quelque chose de semblable : comment la tribu se serait-elle toujours contentée de la grossière et brutale autorité du *mundoaldus* et, d'ailleurs, que faire, si aucun *mundoaldus* ne se présente?

Ce qui est certain, c'est qu'au moyen âge, les autorités locales non seulement s'occupèrent du choix des tuteurs, mais sur beaucoup de points montrèrent pour les orphelins une touchante sollicitude. On ne peut citer sans admiration les *gard'orphenes,* plus tard *gardes-orphelines* de Lille, de Dunkerque, de Gravelines, sortes de commissions municipales qui veillaient aux intérêts des mineurs, sous la haute inspection de l'échevinage [4].

Le principe salutaire *Toutes tutelles sont datives* s'est propagé silencieusement non seulement dans la France coutumière, mais dans presque tout le midi de la France [5], et il a contribué à la

[1] Cf. *Digeste*, XXVI, v, 3; XXVII, VIII, 1, § 10. A lire ici : Giraud, *Les tables de Salpensa et de Malaga*, 2e édit., Paris, Dupont, 1856, pp. 150-154; Cuq, dans *Mélanges d'archéologie et d'hist.*, novembre 1881, p. 301; Accarias, *Précis*, t. Ier, 1882, p. 319 avec la note 2.

[2] Voy. Beaum., ch. XVII, édit. Beugnot, t. Ier, p. 273 et suiv.

[3] Voyez pour Bordeaux, Lamothe, *Cout. du ressort du Parlement de Guienne*, t. Ier, pp. 146, 147; pour Provins, *Bibl. de l'Ecole des chartes*, 4e série, t. II, p. 201; pour la Bourgogne, Simonnet, *Etudes sur l'ancien droit en Bourgogne* (tirage à part), pp. 65 à 67.

[4] *Encycl. méth., Jurisprud.*, t. IV, p. 704. J. Périn, *De la garde des orphelins*, dans *Bulletin de la société protectrice des apprentis*, 10e année, t. IX, p. 154. Voyez encore pour Oléron, *Les bons usages de la commune d'Oléron*, dans sir Travers Twiss, *The black book of the admiralty*, t. II, p. 288. Il est intéressant de rapprocher des *gard'orphenes*, le *prætor tutelaris* institué par Marc-Aurèle. Voyez ici Paul Barron Watson, *Marcus Aurelius Antoninus*, p. 101. Joignez *Code de Justinien*, I, IV, 30.

[5] Guy du Rousseaud de La Combe, *Recueil de jurisprudence civile*, Paris, 1785, p. 579.

protection des orphelins plus efficacement que le système rigide de notre *Code civil*[1].

3. *Fin du bail ou de la tutelle.*

On sort du bail ou de la tutelle : 1° par la majorité ; 2° par l'émancipation.

1. *Majorité.* — La garde noble dans plusieurs de nos coutumes dure aux mâles jusqu'à vingt ans accomplis, aux femelles jusqu'à quinze ans ; la garde bourgeoise aux mâles jusqu'à quatorze ans et aux femelles jusqu'à douze ans[2].

On se souvient, en effet, de ce qui a été dit plus haut sur la majorité bourgeoise plus précoce que la majorité noble.

En pays de droit écrit, la tutelle finit ordinairement à l'âge de puberté[3]. Elle se continue par la curatelle.

2. *Emancipation.* — Le mariage produit ici, bien entendu, une émancipation tacite. J'arrive à l'émancipation expresse.

L'élévation progressive de l'âge de la majorité et diverses considérations pratiques ont fait naître, en certains cas, le besoin d'employer l'émancipation pour affranchir de la tutelle, comme pour affranchir de la puissance paternelle.

Dans les pays coutumiers, l'émancipation du mineur a lieu par *lettres du prince*. Dans les provinces de droit écrit, l'émancipation du mineur qui n'a ni père ni mère est faite par le juge sur l'avis des parents. Le juge déclare le mineur émancipé et lui nomme un curateur aux causes.

Ce curateur du mineur émancipé n'était pas chargé d'administrer ses biens, mais devait l'assister en jugement en cas de procès, lui donner certaines autorisations et surtout entendre

[1] Voyez *Code civil*, art. 402, 403. Les raisons données par Cambacérès pour justifier ce système artificiel ne supportent pas l'examen (Fenet, *Recueil*, t. X, p. 576). Huguet est tout aussi faible (Fenet, *ibid.*, p. 654). Le système du *Code civil* est presque entièrement inconnu dans notre droit coutumier. Exceptionnellement toutefois je le rencontre à Blois (coutume de Blois, art. 4).

[2] Laurière dans mes *Etablissements de saint Louis*, t. IV, p. 11.

[3] Cf. *Encyclop. méthod.*, *Jurisprudence*, t. III, p. 436, 1re col.

et régler le compte de tutelle [1]. Ceci subsiste dans notre droit moderne [2].

L'émancipation d'un pupille est une idée étrangère au droit romain. Notre ancien droit l'a léguée au *Code civil* [3].

Peu de matières sont plus complexes et plus emmêlées que celle dont je viens de donner un aperçu. Le bail et la garde bourgeoise se croisent et se confondent : puis la tutelle, entendue en un sens de plus en plus romain, intervient et augmente la confusion. Inextricable labyrinthe où luttent stérilement deux ou trois institutions parallèles! Je me suis appliqué à éviter les difficultés et à dégager quelques idées simples et claires.

4. *Du conseil de famille.*

Le rôle des parents. — J'ai mentionné, à l'occasion de la tutelle dative, le rôle des parents appelés à désigner, sous le contrôle du magistrat, le parent qui exercera la tutelle.

C'est en présence d'un bail ou d'une tutelle que les parents d'un enfant orphelin de père ou de mère sont, en diverses circonstances, appelés à jouer un rôle protecteur et à exercer une certaine autorité. Ce conseil de famille se composait autrefois des parents du côté paternel : ainsi, au XIIIe siècle, en Touraine et en Anjou, la fille orpheline et sous la tutelle de sa mère ne pouvait se marier sans l'avis des parents paternels [4].

Les parents maternels entrèrent peu à peu dans le conseil de famille [5].

Ce conseil qui représente vis-à-vis des mineurs l'esprit, la tradition et la cohésion de la famille, mais dont le rôle n'est

[1] Cf. Simonnet, *Etudes sur l'ancien droit en Bourgogne*, pp. 78, 79; *Encyclopédie méthodique, Jurisprudence*, t. III, p. 436; t. IV, p. 239; Prévot de la Jannès, *Les principes de la jurisprudence françoise*, t. Ier, p. 18; Pothier, *Coutume d'Orléans*, t. Ier, 1776, p. 424. Je parle ici des pays de droit écrit qui ne sont pas du ressort du parlement de Paris (Guyot, *Répert.*, t. V, p. 193, note 2).

[2] *Code civil*, art. 476 à 482.

[3] *Code civil*, art. 478, 479.

[4] *Etabl.*, liv. Ier, ch. 67. Cf. mes *Etablissements de saint Louis*, t. Ier, p. 145.

[5] Au commencement du XIVe siècle, le roi de France intervient pour introduire les parents maternels dans un conseil de famille. Voyez : Bibl. Nat., ms. lat. 4763, fol. 105 v° (l'affaire se passe en Saintonge); mes *Etablissements*, t. III, p. 33.

pas toujours très apparent dans la loi et dans la coutume, a été de siècle en siècle amoindri, à mesure que la famille a perdu de son unité. On a cherché pendant la période révolutionnaire à lui rendre une vie nouvelle et on l'a même érigé en tribunal de famille[1]. Le conseil de famille conserve dans notre *Code civil* un rôle important[2] : il prononce, au besoin, la destitution du tuteur. C'est également sur son avis que dans l'ancien droit français le juge pouvait révoquer le tuteur incapable ou infidèle[3].

1 Décret des 16-24 août 1790, tit. x, art. 15, 16. Cf. loi du 25 juin 1794 (7 messidor an II).

2 *Code civil*, art. 446, 447.

3 Cf. Beaune, *Droit cout. français, La condition des personnes*, p. 580.

DEUXIÈME SECTION.

Des curatelles.

Définition. — La curatelle est une tutelle romaine amoindrie. Nous distinguons : 1° la curatelle des mineurs de vingt-cinq ans ; 2° la curatelle des prodigues et des fous. Nous laisserons de côté quelques curatelles secondaires beaucoup moins importantes.

Curatelle des mineurs de vingt-cinq ans. — On lit dans les *Institutes de Justinien :* « Les hommes pubères et les femmes « viripotentes » reçoivent des curateurs jusqu'à leur vingt-cinquième année accomplie ; car, bien que pubères, ils sont encore d'un âge trop tendre pour défendre eux-mêmes leurs intérêts..... Les adultes ne reçoivent pas de curateur malgré eux, si ce n'est pour un procès[1]. »

Ce prolongement des minorités par le moyen de la curatelle s'est développé chez nous avec le droit de Justinien ; mais il existait bien des siècles avant Justinien[2]. La loi romaine des Burgondes fait allusion à la curatelle. Elle est aussi mentionnée vers le IXe siècle dans un document additionnel aux *capitulaires*[3]. Au moyen âge, elle est fréquente dans le midi de la France[4]. Au XIVe siècle, à Marseille, on se conformait aux *Insti-*

1 *Institutes de Justinien*, I, XXIII, prœm., 2.

2 La curatelle des mineurs de vingt-cinq ans est devenue habituelle sous Marc-Aurèle : « De curatoribus vero, quum ante non nisi ex lege [P]lætoria, vel propter lasciviam, vel propter dementiam darentur, ita statuit ut omnes adulti curatores acciperent, non redditis causis » (Julius Capitolinus, *M. Antonini Philosophi vita*, 10, édit. Valton, Paris, Panckoucke, p. 56). On sait que Marc-Antonin le Philosophe est celui que nous appelons plus ordinairement Marc-Aurèle du nom de son père adoptif, Titus Aurelius Antoninus Pius. Sur le rôle de Marc-Aurèle en matière de tutelle et de curatelle voyez Paul Barron Watson, *Marcus Aurelius Antoninus*, London, 1884, p. 102 et suiv. Cf. Accarias, *Précis de droit romain*, t. Ier, 1872, p. 362, § 168 *in fine*.

3 *Papien*, XXXVI, 3, 5, apud Pertz, *Leges*, t. III, pp. 617, 618. *Capitulare*, additio tertia, 50 (Pertz, *Leges*, t. II, 2e partie, p. 141). Ce capitulaire est apocryphe, mais c'est un document d'une haute valeur d'information.

4 Pour Limoges au XIIIe siècle voyez Marvaud, *Hist. des vicomtes et de la vicomté de Limoges*, t. II, p. 391.

tutes de Justinien : les Marseillais mineurs de vingt-cinq ans ne recevaient pas de curateurs malgré eux[1].

Toutefois chez les Romains, on en était venu de très bonne heure à imposer un curateur au jeune homme sortant de tutelle[2]. Ce curateur devait entendre et régler le compte de tutelle, plus tard surveiller l'administration des biens dont il avait surveillé la restitution. Cet usage fut adopté dans les pays de droit écrit[3].

Dans beaucoup de pays coutumiers on prolongea tout simplement la tutelle jusqu'à vingt-cinq ans. Pratique qui donna lieu à ce brocard : « tutelle et curatelle n'est qu'un; » ou encore, après avoir nettement spécifié une pleine majorité de vingt ans et un jour, on usa de ce brocard : « tutelle et curatelle n'est qu'un, » afin de bien faire entendre que la curatelle romaine n'était pas reçue et n'avait aucune prise sur le majeur de vingt ans[4].

J'ai mentionné plus haut le curateur du mineur émancipé[5] : c'est le seul curateur de mineur qui subsiste dans nos lois.

Curatelle des fous et des prodigues. — Pareillement, continue Justinien, les fous et les prodigues, quoique majeurs de vingt-cinq ans, sont pourtant en curatelle[6]... »

Les Barbares ne connaissaient pas ces mesures protectrices; ou du moins leur droit n'en a conservé aucune trace. Il est bien probable que les Bourguignons et les Wisigoths empruntèrent ici dans la pratique quelque chose aux lois romaines; mais nous n'en avons pas la preuve, et il nous faut descendre jusqu'au

1 Guilhiermoz, *Etudes sur les actes des notaires à Marseille*, thèse manuscrite présentée à l'Ecole des chartes, pp. 28, 29 et les notes. Sur les curateurs à Marseille voyez encore les *Statuts de Marseille*, dans Méry et Guindon, *Hist. de Marseille*, t. III, 2e partie du vol., p. CLXIII.

2 *Digeste*, IV, IV, 1, § 2. *Digeste*, XXVI, VII, 5, § 5. *Code de Justinien*, V, XXXI, 7.

3 Cf. *Encycl. méthod.*, *Jurisprud.*, t. III, p. 436.

4 Cambrai, VI, 5. Montargis, VII, 7 (Bourdot de Richebourg, *Nouveau coutumier général*, t. II, p. 289; t. III, p. 842). Sur l'introduction de la curatelle en Bourgogne, voyez Simonnet, *Etudes sur l'ancien droit en Bourgogne* (tirage à part), pp. 78, 79.

5 Pour le curateur du mineur émancipé voyez ci-dessus p. 545.

6 *Institutes de Justinien*, I, XXIII, *De curatoribus*, 3. Cf. *Digeste*, XXVII, X, *De curatoribus furioso et aliis extra minores dandis.* Sur le sens de *furiosus* voyez Audibert, *Etudes sur l'histoire du droit romain*, I, *La folie et la prodigalité*, Paris, 1892, pp. 40-61.

moyen âge pour rencontrer les premières mesures de ce genre. Dès le commencement du XIIIe siècle, à Limoges, les consuls nommaient peut-être des curateurs aux prodigues majeurs de vingt-cinq ans[1]. Au commencement du XIVe siècle, nous voyons le roi de France charger le bailli d'Amiens de nommer, sur avis du conseil de famille, un curateur à un « ydiota, prodigus et bonorum suorum dissipator[2]. » La curatelle des majeurs fous ou prodigues existe en Bourgogne[3] au XIVe siècle. Ces usages se régularisèrent dans les derniers siècles. Le fou reçut un curateur qui était un vrai tuteur comptable de sa gestion et de son administration. Les auteurs du dernier siècle ne manquaient guère de mettre en relief ce caractère du curateur de l'insensé qui eût été, disaient-ils, mieux appelé *tuteur*[4]. Notre *Code civil* a réalisé ce changement de nom[5], tandis que le Code civil du Bas-Canada[6] a gardé la vieille expression : *curateur*.

Le *prodigue* recevait dans les derniers siècles tantôt un curateur comme à Rome; tantôt un conseil[7], qui portait une moindre atteinte à la liberté de son administration. C'est maintenant un conseil que notre *Code civil*[8] donne au prodigue; mais ce conseil est à peu près le curateur de l'ancien droit.

Dans le droit français des derniers siècles, le dérèglement des mœurs fut quelquefois assimilé à la démence ou à la prodigalité. On alla plus loin encore : l'article 182 de l'ordonnance de Blois interdit « dans ses biens » la veuve ayant des enfants

1 Coutume de 1212, citée par M. Guibert, *La famille limousine d'autrefois*, p. 34. Cf. Morvaud, *Hist. des vicomtes et de la vicomté de Limoges*, t. II, p. 391.

2 Bibl. Nat., ms. lat. 4763, fol. 23 v°. Le mot *curator* n'est pas écrit dans le mandement du roi : il y a : *curam gerat*. Dans la rubrique de l'acte on a mis : *tutor ydioto et mente capto*. Cf. fol. 92 v° (année 1303).

3 Simonnet, *Etudes sur l'ancien droit en Bourgogne* (tirage à part), pp. 108, 109, 110, 111. En Angleterre, le roi avait la garde des insensés et jouissait du revenu de leurs terres, comme un baillistre ou mainbour. Je ne vois pas apparaître en France cet aspect fiscal de la curatelle. Cf. *Statutes of the realm*, t. Ier, 1810, p. 226.

4 Voyez *Encyclopédie méthod., Jurisprud.*, t. III, p. 437; Guyot, *Répert.*, t. V, p. 193.

5 *Code civil*, art. 505 à 509.

6 *Code civil* du Bas-Canada, art. 341 à 344, édit. d'Ottawa, 1866, pp. 84, 86.

7 Cf. *Encyclop. méthod., Jurisprudence*, t. III, p. 438.

8 *Code civil*, art. 513 et suiv.

de son premier mariage qui se remariait follement à une « personne indigne de sa qualité. » Toute veuve ainsi remariée fut déclarée incapable d'aliéner ses biens, de quelque manière que ce puisse être[1].

Le droit moderne n'accepte aucune de ces extensions données à la notion de folie ou à celle de prodigalité.

BIBLIOGRAPHIE. (Sections I et II.) — Damhouder (Jodoc.), *Patrocinium pupillorum in quo nervose tractatur de tutorum et curatorum munere*, Amstelodami, 1671. — Struvius, *Jurisprudentia heroica*, Pars VI, *De tutela*, Jenæ, 1748, in-4°. — Pothier, *Traité de la garde noble et bourgeoise*, Orléans, 1777. — Kraut, *Die Vormundschaft*, Göttingen, 1835-1859, 3 vol. — Rive, *Geschichte der deutschen Vormundschaft*, 1861-1865, 2 vol. — Demangeat, *Etude historique sur l'ancien droit de bail ou de garde*, dans *Revue Fœlix*, nouvelle série, t. II, p. 655 et suiv.; t. IV, p. 635 et suiv. — Kœnigswarter, dans *Revue Wolowski*, t. XVI, p. 321 et suiv. — H. d'Arbois de Jubainville, *Recherches sur la minorité et ses effets dans le droit féodal français* (*Bibl. de l'Ecole des chartes*, 3e série, II, 415; III, 136, 533). — Flach, *Etude historique sur la durée et les effets de la minorité*, Paris, 1870. — H. Beaune, *Droit coutumier français, La condition des personnes*, Lyon et Paris, 1882, pp. 569-591.

[1] Ord. dite de Blois de mai 1579, art. 182 (Isambert, t. XIV, p. 423. Cf. Beaune, *Droit coutumier français, La condition des personnes*, p. 586). Cet article 182 semble aujourd'hui monstrueux; mais la capacité de la veuve devait présenter à l'esprit, il y a trois siècles, quelque chose de bien faible encore et mal assis, si on songe aux incapacités dont la frappait l'ancien droit; voyez notamment *Etabl. de saint Louis*, liv. Ier, ch. 68 et rapprochez mes *Etabl. de saint Louis*, t. Ier, p. 150.

LIVRE IV.

LES BIENS ET LES CONTRATS.

CHAPITRE PREMIER.

DE LA PROPRIÉTÉ. — DES DROITS RÉELS.

1. *Notions générales sur les droits réels.*

Vues générales. Définitions. — Les Barbares n'ont pas songé à définir la propriété. Ils avaient d'autres soins. L'effort de réflexion que suppose toute définition n'est point le fait d'esprits encore peu cultivés.

Aussi, dans l'exposé qui va suivre je n'emprunterai rien aux lois barbares ; mais je m'inspirerai dans une certaine mesure des écrits des jurisconsultes romains. Sans jamais se mettre en servage sous ces grands maîtres il est bon d'utiliser leurs pénétrants efforts : ils ont parfois tracé d'une main sûre des cadres assez larges pour que nous y puissions placer des institutions et des faits juridiques en grande partie inconnus du monde romain.

Nous appelons *droits réels*[1] tous les droits qui portent directement sur une chose déterminée.

[1] En latin *jus in re* (*Institutes de Justinien*, II, IV, prœm.). On oppose quelquefois au *droit réel* proprement dit un certain droit réel inférieur, *jus ad rem ;* cette expression *jus ad rem* n'est pas romaine. Nos anciens qui ont créé l'expression *jus ad rem* ne l'employaient pas au sens qu'on lui donne assez volontiers de nos jours (Cf. Accarias, *Précis de droit romain*, 4e édit., Paris, 1886, t. Ier, p. 481, note 3) de *droit de créance :* le *jus ad rem* était dans leur terminologie un droit réel inférieur. « Tel a droit *en la chose* qui ne l'a pas *à la chose.* Et pour ce dit l'on : *jus in re* et

Pour ne mentionner en ce moment que des droits réels connus, au moins de nom, et existant de nos jours, je citerai la propriété, l'usufruit, l'usage, le droit d'habitation, les servitudes ou services fonciers. Il existait autrefois une variété bien plus grande de *droits réels*. Celui de tous ces droits qui nous procure l'utilité la plus considérable, c'est la propriété (en latin *dominium* ou *proprietas*[1]). Il n'est pas toujours facile de déterminer la limite entre un droit réel très développé et le droit de propriété. L'utilité et l'intensité des droits réels variaient jadis presque à l'infini.

L'étude des *droits réels* nous occupera quelque temps : c'est une des parties les plus importantes de l'histoire juridique du moyen âge.

Les jurisconsultes se sont accoutumés à concevoir les divers droits réels secondaires comme des démembrements du droit réel par excellence, du droit de propriété; en sorte qu'un droit de propriété complet préexisterait à tout autre droit réel; une servitude de pacage, par exemple, exercée par des tiers sur un fonds, serait un droit détaché de la propriété de ce fonds lequel primitivement n'aurait point connu cette servitude, le droit réel de pacage se confondant originairement avec l'ensemble des droits exclusifs du propriétaire du fonds. Cette manière de concevoir la naissance des divers droits réels est loin d'être toujours conforme aux faits; c'est une explication théorique à laquelle il serait dangereux d'accorder une valeur générale et absolue. Les choses ne se sont pas partout passées comme le voudrait la théorie, et, en plus d'un cas, celle-ci est, à bien prendre, le contre-pied de l'histoire[2].

jus ad rem. Jus in re est d'avoir la propriété; *jus ad rem* est comme l'usufruit, rente, doaire, etc. » (*Style du Châtelet*, ms. fr. 1076, fol. 127 v°). L'expression *jus ad rem* paraît bien avoir été créée par les canonistes et avoir passé ensuite du droit canonique dans le droit civil.

[1] « Dominium id est proprietas » (*Digeste*, XLI, I, 13).

[2] Cf. Pollock, *The Landlaws*, p. 41; Viollet, *Une charte de Philippe de Beaumanoir*, dans *Notices et documents* publiés par la Société de l'histoire de France, pp. 178, 179.

2. *Les commencements de la propriété immobilière. — Collectivité primitive.*

Propriété privée et propriété commune à l'origine des sociétés. — Avoir individuellement sur un bien un droit complet et personnel, c'est un fait aussi ancien que l'humanité. La propriété individuelle n'est pas d'origine plus moderne que l'homme lui-même.

Avoir sur un bien un droit commun avec d'autres personnes, c'est un fait aussi ancien que l'existence d'un groupe ou d'une famille humaine. La propriété collective n'est pas d'origine plus moderne que la famille ou que les premiers groupements humains.

Si ces deux natures de propriété, la propriété individuelle et la propriété collective coexistèrent à l'origine aussi bien qu'elles coexistent de nos jours, elles n'eurent point dans les premiers temps la même importance relative. La propriété individuelle fut aussi restreinte que possible. Quelques objets mobiliers d'un usage tout personnel appartinrent à des individus; mais la propriété collective absorba la grande majorité des biens.

Les nomades se groupèrent. Le groupement, pour des nomades, c'est la condition même de l'existence. Les premiers repas furent des repas communs où l'on se partageait les produits de la chasse et de la pêche. Plus tard on eut des troupeaux communs et des terres communes. Cette propriété immobilière collective des premiers temps a joué un rôle capital dans l'histoire économique et juridique d'un grand nombre de peuples. Elle s'est fractionnée et individualisée peu à peu : car la propriété individuelle et la propriété de famille opposée à la propriété plus large de la tribu se développèrent et grandirent à peu près dans la mesure où montait l'humanité.

Les Grecs et les Romains arrivèrent de très bonne heure à la propriété individuelle et nous ne pouvons qu'entrevoir chez ces peuples l'état primitif que je viens d'indiquer.

La propriété collective chez les Germains. — Beaucoup moins avancés dans la civilisation, les Germains nous offrent à une époque pleinement historique le spectacle de la propriété collective de la terre. César la décrit en ces termes : « Chez les Germains nul n'a de champs limités, ni de terrain qui lui appartienne en propre; mais, tous les ans, les magistrats et les premiers du peuple assignent, dans l'endroit choisi par eux et dans la mesure qui leur convient, une certaine étendue de terre aux familles et aux groupes de même parenté (gentibus cognationibusque hominum) : l'année suivante, ils les forcent à aller s'établir ailleurs[1]. »

A la fin du premier siècle de l'ère chrétienne, environ cent cinquante ans après César, Tacite confirme le témoignage de cet auteur; mais ce qu'il nous apprend de la propriété chez les Germains n'est pas une simple répétition des assertions de César; il s'exprime d'une manière un peu différente; et ces différences dans le langage des deux écrivains ont peut-être elles-mêmes un intérêt. Les termes employés par Tacite nous permettent, en effet, de supposer que depuis un siècle et demi l'appropriation non pas des terres en général, mais d'une partie des terres était commencée en Germanie : le Germain de Tacite possède une maison, autour de laquelle il laisse ordinairement un espace vide, « soit pour prévenir le danger des incendies, soit par ignorance dans l'art de bâtir. » Les demeures sont éparses et isolées[2]. Ces traits paraissent indiquer la vie sédentaire et la propriété individuelle ou, du moins, la propriété de famille. Mais voici qui nous ramène à la vie commune : « Chaque tribu en masse occupe tour à tour[3] le terrain qu'elle peut cultiver et le partage proportionnellement au rang et à la dignité. L'étendue des campagnes facilite cette répartition. Ils changent de terre tous les ans, et ils n'en manquent jamais. »

[1] César, *Com.*, VI, 22. Comparez ce que le même auteur dit des Suèves, IV, 1, 3.

[2] Tacite, *Germ.*, XVI.

[3] Tacite, *ibid.*, XXVI. J'emprunte ici presque textuellement la traduction de Burnouf. Cette traduction suppose la leçon : *ab universis in vicem* (ou *in vices*) et non *in universis vicis*. On a discuté à perte de vue sur ces témoignages de César et de Tacite. Cf. Waitz, *Deutsche Verfassungsgeschichte*, t. Ier, 2e édit., Kiel, 1865, pp. 104 et suiv.; 132 et suiv., et surtout 3e édit., 1880, pp. 109 et suiv., 123, note 1, 2; 140 et suiv. A lire : observations importantes de M. Aucoc dans *Revue critique*, t. XIV, 1885, p. 115.

Vraisemblablement, les partages annuels dont parle Tacite n'avaient plus lieu, dans la plupart des groupes barbares, au moment des invasions. Depuis Tacite, la propriété privée avait fait de nouveaux progrès. Néanmoins elle n'avait certainement pas remplacé partout la propriété collective.

Aussi bien, certains terrains communaux sont, de nos jours, les témoins et les débris subsistants de l'antique propriété commune. Ils correspondent aux biens que les Anglo-Saxons appelaient *Folkland*[1], terre du peuple. (D'autres communaux[2] ont été concédés à des groupes par des propriétaires ou ne sont autre chose que les pâtis communs dont jouissaient jadis les tenanciers d'un seigneur.)

Théorie des biens possédés ut universitas. — Les jurisconsultes ont appliqué aux droits et aux biens communaux une théorie un peu subtile, assez étrangère aux origines, mais très conforme au développement naturel des choses : ils ont distingué les habitants d'une commune de la communauté ou personne morale elle-même. Les biens communaux, ont-ils dit, sont la propriété de la personne morale, de l'être moral appelé commune qui les possède, *ut universitas*[3] : mais ils ne sont point la propriété des habitants de la commune.

Cette distinction d'école[4] permit, si je ne me trompe, d'opposer une digue juridique aux convoitises de tel ou tel parti-

1 Sur le *Folkland* voyez Brunner, *Zur Rechtsgeschichte der röm. und germ. Urkunde*, t. Ier, 1880, p. 153.

2 L'expression *commune* est assez souvent employée au sens de terrain communal. Voyez notamment ordonnance d'avril 1667 (Isambert, t. XVIII, p. 187). Je m'efforce, dans cette édition, de tenir compte très expressément des origines diverses des communaux.

3 « Collegium est personarum plurium in corpus unum quasi conjunctio vel collectio : quod generali sermone universitas appellatur, corpus quoque vulgariter apud nos, consortium vel schola » (Pillius, *Summa Cod.*, 11, 17, nr. 1, cité par Gierke, *Das deutsche Genossenschaftsrecht*, t. III, p. 193).

4 *Digeste*, I, VIII, 6. *Instit.*, II, I, 6. *Digeste*, XLVI, I, 22. *Digeste*, X, II, 43; X, III. Voyez tous les textes réunis par Gierke, dans *Das deutsche Genossenschaftsrecht*, t. III, p. 40, note 15; cette théorie se développe au moyen âge. Le principe proclamé par le *Code civil*, art. 815, figure déjà dans les *Etablissements de saint Louis* et dans Beaumanoir. Voyez *Et. de saint Louis*, livre Ier, ch. 110, dans mon édit., t. II, p. 192 et suiv.; cf. t. IV, pp. 88 à 91; Beaumanoir, XXII, 4, édit. Beugnot, t. Ier, p. 325.

culier qui eût voulu provoquer une répartition générale, en vertu du principe : nul ne peut être contraint à demeurer dans l'indivision[1]. Elle contribua puissamment à la conservation des biens communaux.

3. *Souvenirs de la propriété collective persistant même sur les terres appropriées. — Retrait de voisinage et retrait féodal. — Vaine pâture.*

Débris des droits collectifs subsistant sur les terres privées. — Après avoir montré la persistance de la propriété commune, j'ajouterai que les droits de la communauté continuèrent, pour ainsi dire, à projeter leur ombre sur les terres appropriées : la propriété immobilière privée ne se constitua pas en un jour. Elle se dégagea lentement. Parmi les Francs Saliens, au moment des invasions, elle existait assurément, mais elle était encore, sur beaucoup de points, comme la chrysalide à demi sortie du cocon qu'elle déchire. Un groupe de Francs est établi dans une localité et y forme une *villa* ou *village* : ils habitent des maisons de bois autour desquelles se trouve un terrain approprié. Le reste des terres est commun et la plus grande partie consacrée au pâturage. Personne ne pourra vendre ou céder sa propriété et par suite son droit au pacage commun sans l'autorisation de tous. A plus forte raison, aucun étranger ne pourra s'établir sur les terres communes et s'en approprier une fraction sans cette même autorisation[2]. On voit quel rôle considérable, quelle suprématie le groupe, la collectivité exerce sur la propriété individuelle.

Retrait de voisinage et retrait féodal. Leurs origines. — On

[1] De nombreux partages furent provoqués par le législateur au XVIIIe siècle. Les lois du 14 août 1792 et du 10 juin 1793 exagérèrent la même idée; mais à partir de l'an XII (1804), les partages des biens communaux entre habitants ont cessé d'être permis. Cf. Ducrocq, *Des partages de biens communaux et des sections de commune*, Paris, 1865 (Extrait de la *Revue pratique*, t. XIX). Les termes de l'article 542 du *Code civil* cadrent fort mal avec la théorie de la propriété appartenant à l'être moral *ut universitas*. Cf. ici Valette, *De la propriété et de la distinction des biens*, Paris, 1879, p. 98 et suiv.

[2] *Lex Salica*, XIV, 4; XLV.

retrouve sur certains points des formalités de ce genre jusqu'en plein XIIIe siècle[1]. Dans quelques localités, les droits de la communauté se font sentir d'une manière un peu plus lointaine. Le propriétaire vend; l'acheteur entre en possession : le tout sans mettre en cause les *vicini* (notre mot *voisins* n'est plus un équivalent exact de *vicini*). Ceux-ci, néanmoins, conservent leur droit intact et pourront, pendant un certain laps de temps, annuler le marché et reprendre la terre : pour exclure l'étranger, il leur[2] suffira ou à l'un d'eux de rembourser le prix de l'immeuble. Tel est le *retrait de voisinage*, très vivace en Allemagne sous les noms de *Näherrecht, Gespielde, Nachbarrecht*[3].

Cette institution n'est point particulière aux races indo-germaniques; nous la retrouvons dans d'autres milieux, notamment chez les Hongrois[4].

Le droit d'exclusion et de substitution qui appartenait à l'origine aux *vicini* pourrait bien avoir été sur quelques points dévolu au seigneur[5] : ce serait, en ce cas, l'une des origines du *retrait*

1 Voyez cout. de Lechenich (près de Düren dans la région d'Aix-la-Chapelle) apud Grimm, *Weisth.*, t. II, p. 732.

2 *Code de Justinien*, IV, XXXVIII, *De contrahenda emptione et venditione*, 14. *Code de Théodose*, III, I, *De contrahenda emptione*, 6, avec l'*Interpretatio*. La loi que je cite mentionne ce droit de retrait pour le supprimer; mais cette première phase apparaît encore très nettement dans le texte suivant qui concerne Spalatro en Dalmatie et qui appartient à l'année 1364 : « Et si quis emerit aliquam terram de ipsis terris villarum, quod eidem restituatur precium pro quo emit, ostendendo clare per instrumentum, et ipsa terra deveniat in commune et dividatur » (*Statuta et leges civitatis Spalati*, ch. 81, *Ordo divisionis villarum*, dans *Monumenta hist. jurid. Slav. Merid.*, pars I, vol. II, p. 287). Le retrait par le groupe local a été très fréquent en Alsace au moyen âge : il a persisté à Strasbourg jusqu'à la fin de l'ancien régime (Engelmann, *Dissertatio de retractu locali*, Argent., 1776, pp. 9-13).

3 Voyez Engelmann, *Dissertatio de retractu locali*, Argent., 1776, p. 9-13; Mittermaier, *Grundsätze des gemeinen deutschen Privatrechts*, Regensburg, 1843, t. II, 33-37; Grimm, *Deutsche Rechtsalterthümer*, p. 531; G. Phillips, *Grundsätze des gem. deutsch. Privatrechts*, t. Ier, 1846, p. 517; Beseler, *System des gemeinen deutschen Privatrechts*, Berlin, 1873, 3e édit., t. Ier, p. 438. Comparez en droit musulman le *shaffa*, tel que l'entendent et tel que l'expliquent les Haneefites, car il y a deux systèmes (Hamilton, *The hedaya or guide... on the musulman laws*, London, 1870, pp. 548, 549).

4 Cf. R. Dareste, *Mémoire sur les anciens monuments du droit de la Hongrie*, p. 23.

5 J'atténue ici, comme dans la première édition de cet ouvrage et plus encore, ce que j'ai dit du retrait, en 1872, dans mon essai sur le *Caractère collectif des premières propriétés immobilières*, dans *Bibl. de l'Ecole des chartes*, t. XXXIII, p. 491, 501.

féodal ou *seigneurial*. Ce retrait féodal ou seigneurial dérive dans les fiefs d'origine pure de la constitution même du fief. Dans certaines régions il se confond avec ce droit de retrait que la législation romaine accordait au bailleur dans le bail emphytéotique [1].

Les divers droits de retrait dont je viens de parler n'ont été supprimés que par les décrets des 15-28 mars; 17-21 et 26 mai; 13-18 juin; 18-29 décembre 1790.

Droits de vaine pâture et de parcours. Leurs origines. — Un autre débris des droits de la communauté subsiste çà et là sur les propriétés privées et mériterait plus d'égards qu'on ne lui en accorde communément; je veux parler des droits de vaine pâture et de parcours sur les terres privées. Ces droits de vaine pâture ne sont pas toujours un souvenir de l'ancienne communauté sur des terrains devenus peu à peu propriétés privées; ils sont, sur beaucoup de points, le résultat d'une concession faite par un grand propriétaire à ses hommes, à ses tenanciers.

Au XVIIIe siècle, sous l'influence de besoins économiques nouveaux et des théories souvent exagérées qui correspondaient à ces besoins, les droits de vaine pâture et de parcours furent attaqués très vivement. Les propriétaires soumis à ces droits furent, dans diverses régions, autorisés à s'y soustraire, en se faisant clore [2]. La loi des 28 septembre-6 octobre 1791 généralisa cette émancipation [3] et, s'inspirant d'idées absolues qui n'ont rien de commun avec l'histoire et avec la marche réelle de l'humanité, elle proclama ce principe :

« Le droit de clorre et de déclorre ses héritages résulte essentiellement de celui de propriété et ne peut être contesté à aucun propriétaire [4]. »

Le *Code civil* a recueilli cette pensée émancipatrice dans l'article 648 [5].

[1] *Code de Justinien*, IV, LXVI, *De jure emphyteutico*, 3.

[2] Voyez Lepasquier, *Législation de la vaine pâture*, pp. 6, 7, 110, 111, 112; Ferron, *Essai d'un système du droit coutumier luxembourgeois*, Luxembourg, 1853, p. 71; Jacques de Valserres, *Manuel de droit rural*, p. 661.

[3] Loi des 28 sept.-6 oct. 1891, section IV, art. 4, 5, 6.

[4] Sect. IV, art. 4.

[5] La doctrine du *Code civil* en cette matière se trouve déjà dans la coutume de Bretagne (anc., 392; nouv., 408, dans Bourdot de Richebourg, t. IV, p. 313).

Ainsi succomba, ici l'antique droit populaire, antérieur de quelque mille ans à cette féodalité dont on apercevait partout alors l'odieuse image, ici le droit de tenanciers émancipés qui pensaient jouir à titre incommutable du parcours ou de la vaine pâture sur la terre qui avait été jadis terre du seigneur.

4. *Les diverses propriétés collectives. — Luttes et évolutions des diverses natures de propriétés. — Le domaine public.*

La propriété de famille. — J'ai montré la propriété privée immobilière se dégageant peu à peu de la propriété commune ou propriété du groupe; cette propriété privée opposée à la propriété commune n'est elle-même tout d'abord qu'exceptionnellement propriété individuelle. Les premières propriétés qui se dessinent au sein de la communauté sont des propriétés de famille : et, par conséquent, elles aussi, sont communes; mais les ayants droit sont moins nombreux et bien plus concentrés.

Dans la famille, l'individu tendit constamment à se faire sa place personnelle : les partages devinrent plus fréquents et plus complets à mesure que la richesse augmenta et que les conditions économiques se modifièrent. Cette transformation est remarquable chez les Burgondes. Non seulement les frères se partagent assez souvent l'héritage; mais les fils, du vivant du père, peuvent exiger la division et réduire le père à sa quote-part. Il en est de même dans l'Inde. Cette règle est inscrite aussi dans l'ancien droit hongrois [1].

On voit que le principe fameux du *Code civil :* nul ne peut être contraint à demeurer dans l'indivision [2], a des attaches germaniques indéniables. Il trouve dans le droit romain un

[1] *Liber legum Gundebati,* I, 1, 2; XXIV, 5; LI, 1, dans Pertz, *Leges*, t. III, pp. 532, 544, 554, 555. Cf. Huber, *Die hist. Grundlage des ehelichen Güterrechts der Berner Handfeste*, Basel, 1884, p. 16; *Mitacshara,* I, 2, 7, trad. Orianne, p. 52; d'après Poisnel, dans *Nouvelle revue hist.*, t. III, p. 445, note 1; R. Dareste, *Mémoire sur les anciens monuments du droit de la Hongrie,* p. 28. Sir Henry Sumner Maine a rencontré ce vieil usage dans l'Inde; mais il s'y est comme embarrassé, n'osant y croire (*Etudes sur l'ancien droit et la coutume primitive,* pp. 35-37, 165, 166).

[2] *Code civil,* art. 815.

autre point d'appui. L'idée est exprimée au XIIIe siècle dans les *Etablissements de saint Louis* et dans Beaumanoir[1]; mais elle n'a pas, dans ces textes, l'énergie qui s'accuse dans la loi des Burgondes.

Néanmoins, en fait, la famille restait souvent groupée autour d'un chef, et vivait en commun sous sa direction, sans faire usage de ce droit permanent de liquidation. Cet état d'indivision pouvait se prolonger pendant des siècles, et alors le chef n'était pas nécessairement l'aïeul ou l'aîné. « Le choix du maître » variait avec les besoins et la composition du groupe[2]. Cette organisation primitive subsiste à l'état de curiosité historique, au cœur de la France moderne : quelques groupes auvergnats que je pourrais nommer peuvent être mis en parallèle avec la *zadruga* ou l'*inokoština* des Serbes[3].

Retrait lignager. — La copropriété de famille a donné naissance à une institution analogue au retrait de voisinage, je veux parler du *retrait lignager*[4]. L'individu, en se dégageant de la famille, ne s'est pas du premier coup isolé complètement : la famille ou, comme on disait au moyen âge, le *lignage* con-

1 *Etablissements de saint Louis*, liv. Ier, ch. 110; cf. mon édit., t. IV, pp. 88 à 91. Beaumanoir, XXII, 4, édit. Beugnot, t. Ier, p. 325. Cf. *Digeste*, X, II, 43; X, III.

2 Ces mêmes Burgondes chez lesquels nous constatons des droits au partage si intenses nous offrent aussi et même à une époque relativement moderne des exemples frappants de collectivisme familial : « Mos in illa (Burgundia) qui pene in omnibus Galliæ provinciis servatur, remansit, quod semper seniori fratri ejusque liberis seu maribus seu fœminis paterna hæreditatis cedat auctoritas, cæteris ad illum tanquam ad dominum respicientibus » (Otto de Freisingen, *Gesta Frid. imper.*, dans Pertz, *Script.*, t. XX, p. 413). Aujourd'hui encore dans la province de France où se sont conservées les communautés familiales les plus vivaces et dans la région même où subsistent ces communautés, les notaires reçoivent de temps à autre la visite d'un paysan qui vient leur exposer que son père, étant âgé de soixante ans, ne peut plus gérer sa fortune : il est obligé, soutient le paysan, de céder sa fortune à ses enfants et il se croit en droit de contraindre son père à faire abandon de ses biens.

3 Voyez l'importante étude de M. Bogišić intitulée : *De la forme dite Inokosna de la famille rurale chez les Serbes et les Croates*, Paris, 1884.

4 Sur le retrait lignager voyez notes intéressantes de Richthofen dans Pertz, *Leges*, t. V, p. 79, note 58; p. 80, note 59; Paulsen, *De antiqui populorum juris hereditarii nexu cum eorum statu civili*, Havniæ, t. Ier, p. 77; *Petri except.*, I, 19, apud Savigny, *Hist. du droit romain au moyen âge*, trad. Guenoux, t. II, pp. 216, 217; *Leges de Toro*, 70-73, dans *Los Códigos Españoles*, t. VI, 1872, p. 580; *Coutumes de Bazas*, art. 6, dans *Archives hist. de la Gironde*, t. XV, p. 87. A lire : *Encyclo-*

serva certains droits sur les biens propres de chaque individu. Exemple : je veux vendre un bien de famille (un propre); originairement je ne puis le faire qu'en l'offrant d'abord à ma famille[1]. Plus tard je pourrai le vendre, sans aucune offre préalable, mais mes plus proches parents seront autorisés à reprendre la terre des mains de l'acheteur, en lui remboursant le prix d'achat; et c'est là le *retrait lignager*[2]. Il a été aboli par le décret des 19-23 juillet 1790[3].

Le *retrait lignager*, pas plus que le *retrait de voisinage*, n'est spécial aux races indo-germaniques. Nous le retrouvons presque partout, notamment chez les Hongrois[4].

Les progrès de l'individu au sein de la famille se manifestent de mille manières. L'histoire du mariage et de la puissance paternelle nous a déjà ouvert l'un des aspects de cette émancipation progressive. L'histoire du droit de tester nous montrera sous un autre jour le même phénomène. Je dois me contenter de signaler ici ce travail intérieur au sein de la famille.

Les propriétés publiques de l'Etat ou du roi. — En même temps que la propriété individuelle se développe dans les couches profondes de la société, la propriété collective ou commune se reconstitue au sommet. Ce double phénomène historique qui semble l'expression d'une loi générale de compensation veut être exposé en peu de mots. Le groupe local, tribu, village, commune, possède de vastes terrains communs, des prai-

pédie méthodique, *Jurisprudence*, t. VII, p. 412 et suiv.; Jobbé-Duval, *Etude sur la condition résolutoire en droit romain, l'histoire du retrait lignager et la vente à réméré*, Paris, 1874 (thèse de doctorat). Le retrait lignager avait lieu dans plusieurs provinces de droit écrit, savoir en Guienne, en Provence, en Mâconnois, dans quelques localités du Dauphiné, sur plusieurs points du Languedoc. Il n'était pas reçu dans le Lyonnais, le Forez, le Beaujolais (Henrys, *Œuvres*, t. Ier, 1772, pp. 344, 345). Il était de droit commun dans les pays coutumiers.

[1] Voyez pour l'Ecosse *Leges burgorum*, XXVII, 2, apud Houard, *Traités sur les coutumes anglo-normandes*, t. II, 1776, p. 449.

[2] En Allemagne ce droit s'appelle : *Erblosung*.

[3] Cf. décret du 13 mai 1792.

[4] R. Dareste, *Mémoire sur les anciens monuments du droit de la Hongrie*, p. 23. On trouvera des clauses de retrait fort remarquables dans un acte hongrois de 1263 publié dans *Monum. Hung. hist.*, *Diplom.*, t. VIII, Pest, 1862, p. 72. Cet acte prouverait, s'il en était besoin, que le recueil du XVe siècle analysé par M. Dareste ne crée rien en matière de retrait et se contente de constater les usages.

ries, des forêts, des étangs qu'il occupe de temps immémorial. Or ces villages, ces communes reçoivent une impulsion supérieure; elles ont un chef que nous appelons en France le *roi.* Autour du roi se concentrent des intérêts généraux mêlés à une foule de convoitises et d'intérêts privés. Le domaine du roi se forme en face des domaines communaux. Ces domaines communaux, le roi les place sous sa puissante tutelle : il les protège quelquefois[1]; il les envahit souvent[2]. Les biens de la communauté ont, en effet, deux ennemis en même temps que deux protecteurs naturels : le seigneur, à leur porte; le roi, au loin. Le domaine royal se formera souvent aux dépens de beaux domaines communaux. La lutte des convoitises sur ces biens vagues qu'on appelle les communaux, est née de très bonne heure et elle se poursuit de nos jours par des procédés et des moyens souvent calqués sur ceux de l'ancien régime[3].

Le domaine royal ou domaine de la couronne[4], domaine qui jusqu'à la fin de l'ancien régime n'eût mérité qu'imparfaitement la dénomination de *domaine national,* a pris ou repris ce carac-

1 Il faut citer, en ce sens, la déclaration du 27 avril 1567 (Isambert, t. XIV, p. 220); l'édit d'avril 1667 (Isambert, t. XVIII, p. 187).

2 De tous côtés le roi s'attribue les communaux et, généreux avec le bien d'autrui, il les donne ou les vend très souvent aux véritables propriétaires. En Angleterre, c'est le roi qui concède à tel ou tel des fractions du folkland (cf. Lebret, *Etude sur la propriété foncière en Angleterre*, p. 19); à Paris, en 1141, les bourgeois obtiennent du roi la propriété de la place de Grève et du Monceau et donnent pour cela à la cour 70 livres (Luchaire, t. Ier, p. 198, note 1); un moment, au XVIe siècle, le roi de France s'attribua en bloc tous les communaux (Pasquier, *Interpret. des Inst. de Justinian*, pp. 189, 190 et suiv.); les générosités du duc ou roi de Pologne sont tout à fait semblables à celles du roi de France ou du roi d'Angleterre : il vend les *pascua* à ceux auxquels appartiennent les *pascua* (*Codex diplomaticus Majoris Poloniæ*, t. Ier, 1877, p. 344, acte no 389 de l'année 1260). De bonne heure, ce qui est commun tend à devenir royal. Voyez les textes que j'ai réunis dans *Droit public*, t. Ier, p. 319, note 2.

3 On a encore invoqué, il y a vingt-cinq ans, des arrêts du conseil d'Etat du roi du 21 avril et du 26 oct. 1739 (Aucoc, dans *Revue critique*, nouvelle série, t. XI, 1882, pp. 684 à 687; 691 à 693).

4 Sous l'ancien régime on a assez souvent distingué le *domaine du roi* ou *domaine particulier du roi* et le *domaine de la couronne;* mais, dans un exposé sommaire, je ne puis tenir compte de cette distinction. Voyez, à ce sujet, Desjardins, *De l'aliénation et de la prescription des biens de l'Etat*, pp. 154, 156; *Le guidon général des finances*, 1631, pp. 686, 687.

tère, en vertu du décret des 22 novembre-1er décembre 1790. Ce décret qualifie solennellement *domaine national* ou *domaine public* la grande catégorie de biens qui jusqu'alors était connue sous le nom de *domaine royal*.

De l'acquisition de la propriété. — La meilleure donnée historique générale est ici une donnée courante et banale parmi les jurisconsultes. C'est en se mettant en possession d'une terre ou d'un bien, *jure occupationis,* qu'originairement, enseignent-ils, on a commencé à acquérir la propriété[1]; de telle sorte que la propriété suppose une mainmise réelle et effective sur un bien.

Voilà une notion historique très exacte. Elle a marqué sa profonde empreinte dans le droit. C'est ce que nous constaterons en étudiant un peu plus loin l'histoire du droit de vente.

Vues générales et résumées sur l'histoire de la propriété. — Je résume en peu de mots les notions générales qui se dégagent de ce chapitre.

La propriété commune de la terre a précédé la propriété individuelle[2].

La propriété privée s'est constituée lentement.

Elle n'a jamais remplacé complètement la propriété commune qui susbsiste dans certains domaines communaux et dans le domaine de l'Etat.

J'ajouterai enfin que la propriété privée demeure assez étroitement enserrée et comme étreinte sous les puissances formidables de l'Etat et des communes qui lui prennent par l'impôt une part notable de son rendement et la suppriment, sauf indemnité, quand elles le jugent à propos, par le moyen de l'expropriation pour cause d'utilité publique. L'émancipation de la propriété privée est loin d'être aussi radicale et aussi complète qu'on pourrait le supposer à première vue.

[1] Pothier, *Traité du droit de domaine de propriété*, art. 245.

[2] Au moins la plupart du temps : je n'entends pas formuler un principe absolu. Voyez, à cet égard, ce que j'ai dit, en 1872, dans mon essai sur le *Caractère collectif des premières propriétés immobilières* : « Il faut se défier des règles universelles appliquées à l'humanité, etc. » (*Bibliothèque de l'Ecole des chartes*, 1872, p. 463, note 1).

Bibliographie. — Goguet, *De l'origine des lois, des arts et des sciences*, Paris, 1758, 3 vol. — Proudhon, *Traité des droits d'usufruit, d'usage, d'habitation et de superficie*, Dijon, 1827, t. VI, p. 93 et suiv.; t. VII; VIII. — Ch. Giraud, *Recherches sur le droit de propriété chez les Romains*, Aix, 1838. — Maurer, *Einleitung zur Geschichte der Mark- Hof- Dorf- und Stadtverfassung*, München, 1854. — Maurer, *Geschichte der Markverfassung in Deutschland*, Erlangen, 1858. — Maurer, *Geschichte der Fronhöfe, der Bauernhöfe und der Hofverfassung in Deutschland*, Erlangen, 1862-1863, 4 vol. — Maurer, *Geschichte der Dorfverfassung in Deutschland*, Erlangen, 1865-1866, 2 vol. — Leist, *Practische Stellung der Eigenthumsinstitution*, dans *Civilistische Studien auf dem Gebiete dogmatischer Analyse*, Jena, 1859, 3e partie, p. 1 et suiv. — Rivière, *Histoire des biens communaux en France depuis leur origine jusqu'à la fin du* XIIIe *siècle*, Paris, 1856. — Thudichum, *Gau- und Mark-Verfassung*, 1860. — Aucoc, *Des sections de commune et des biens communaux qui leur appartiennent*, 2e édit., Paris, 1864. — Henry Sumner Maine, *Ancient Law*, 5e édit., London, 1870. — Henry Sumner Maine, *Village communities in the East and West*, London, 1871. — Paul Viollet, *Caractère collectif des premières propriétés immobilières*, dans *Bibliothèque de l'Ecole des chartes*, t. XXXIII, p. 455 et suiv. — Digby, *History of the real property*, London, 1879. — Hennings, *Ueber die agrarische Verfassung der alten Deutschen nach Tacitus und Cæsar*, Kiel, 1869. — Inama-Sternegg, *Untersuchungen über das Hofsystem*, 1873. — Meitzen, *Der älteste Anbau der Deutschen*, dans *Jahrbücher für Nationalökonomie und Statistik*, Neue Folge, t. II, liv. I, 1881. — Hanssen, *Agrarhistorische Abhandlungen*, Leipzig, 1880. — Seebohm, *The english village community*, London, 1883. — Dargun, *Ursprung und Entwicklungs-geschichte des Eigenthums*, dans *Zeitschrift für vergleichende Rechtswissenschaft*, t. V, 1883. — Fr. Engels, *Der Ursprung der Familie, des Privateigenthums und des Staats, im Anschluss an Lewis H. Morgan's Forschungen*, 1884. — J. Hjelmérus, *Bidrag till svenska Jordeganderättens Historia*, I, Lund, 1884, in-4o (*Akademisk Afhandling*. Extrait des *Acta Universitatis Lundensis*, t. XX). — Denman W. Ross, *The early history of land-holding among the Germans*, Boston, 1883. — Post, *Die Grundlagen des Rechts und die Grundzüge seiner Entwickelungsgeschichte*, Oldenburg, 1884. — Kohler, dans *Kristische Vierteljahrschrift für Gesetzgebung und Rechtswissenschaft*, Neue Folge, t. IV, p. 27 et suiv. — Belot, *Nantucket, Etude sur les diverses sortes de propriétés primitives*, dans *Annuaire de la faculté des lettres de Lyon*, 2e année, Paris, 1884, p. 91 et suiv. — G. de Azcárate, *Ensayo sobre la historia del derecho de propriedad*, Madrid, 1879-1880, 2 vol. — Aucoc, *La question des propriétés primitives*, 1885 (Extrait de la *Revue critique*, 1885, t. XIV). — Schacht, *Das System der Feldsysteme*, dans *Zeitschrift für die gesammte Staatswissenschaft*, t. 42, 1re partie, 1886, p. 112 et suiv. — Fustel de Coulanges, *Recherches sur quelques problèmes d'histoire*, Paris, 1885, pp. 189-358. — Fustel de Coulanges, *Etude sur le titre « De migrantibus » de la Loi Salique*, Paris, 1886. Extrait de la Revue générale de droit. Reproduit dans *Nouvelles recherches sur quelques problèmes d'histoire*, pp. 327-360. (Joignez *Revue critique* des 9 août et 11 octobre 1886). — Fustel de Coulanges, *L'alleu et le domaine rural*, Paris, 1889. — Fustel de Coulanges, *Le problème des origines de la propriété foncière*, dans *Revue des questions historiques*, avril 1889. (Joignez Paul Viollet, *Droit public*, *Histoire des instit. politiques et administratives de la France*, t. Ier, 1890, p. 313, note 1, p. 319, note 2). — Paul Fournier, *Le dernier livre de M. Fustel de Coulanges*, Paris, Palmé, 1886 (Extrait de la *Revue des questions historiques*, juillet 1886). — E. de Laveleye, *La propriété collective du sol en différents pays*, Bruxelles, Librairie européenne, 1886 (Extrait de *la Revue de Belgique*, 15 nov. 1885). — E. de Laveleye, *La propriété primitive dans les townships écossais*, dans *Séances et travaux de l'Académie des sciences morales*, nouvelle série, t. XXIV, p. 364 et suiv. — E. de Laveleye, *De la propriété et de ses formes primitives*, 4e éd., Paris, 1891. — Thévenin, *Etudes sur la propriété au moyen âge, Les communia* (1886). — Letourneau, *Evolution de la propriété*, Paris, 1888. — Lécrivain, *La propriété foncière chez les Gaulois*, dans *Annales de la faculté des lettres de Bordeaux*, 1889, n° 2, p. 182 et suiv. — Lamprecht, *Fustel de Coulanges économiste*, dans *Le moyen âge*, juin 1889, pp. 129-132. — Th. Reinach, *Le collectivisme des Grecs de Lipari*, dans *Revue des études grecques*, 1890, pp. 86-96. — H. d'Arbois de Jubainville, *Réponse à M. Fustel de Coulanges*, dans *Recherches sur l'origine de la propriété foncière et des noms de lieux habités en France*, Paris, 1890, pp. XXIII-XXXI. — Maxime Kovalevsky, *Tableau des origines et de l'évolution de la famille et de la propriété*, Stockholm, Samson et Wallin (*Skrifter utgifna af Lorénska Stiftelsen*, n° 2, 1890). — R. Dareste, dans *Journal des Savants*, année 1890, pp. 74-77. — Esmein, *La propriété foncière dans les poèmes homériques*, dans *Nouvelle revue historique de droit*, 1890, pp. 821-845. — Glasson, *Les communaux et le domaine rural à l'époque franque*, *Réponse à M. Fustel de Coulanges*, Paris, 1890. — Glasson, *Communaux et communautés dans l'ancien droit français*, dans *Nouvelle revue historique de droit français et étranger*, 1891, p. 446 et suiv. — Platon, *Le droit de propriété dans la société franque et en Germanie*, *Le droit de propriété dans la société franque* (Extrait de la *Revue d'économie politique*, 1887-1890), Paris, 1890. — Blumenstok, *Studya nad historya wlasności nieruchomej u ludów germańskich. I. Stosunek czlowieka do ziemi u Franków salickich przed wkroczeniem na terytoryum rzymskie* (*Etudes sur l'histoire de la propriété immobilière chez les peuplades germaniques. I. L'homme et le sol chez les Francs Saliens, avant l'invasion de l'empire romain*). Résumé en français de ce dernier ouvrage, dans *Bulletin de l'Académie des siences de Cracovie*, octobre 1891. — Rioult de Neuville, *Les origines de la propriété suivant M. Emile de Laveleye*, dans *Revue des questions historiques*, 1er juillet 1891, pp. 214-227. — Errera, *Les Masuirs, Recherches historiques et juridiques sur quelques vestiges des formes anciennes de la propriété en Belgique*, Bruxelles, 1891, 2 vol. — Vinogradoff, *Villainage in England*, *Essays in english mediæval history*, Oxford, 1892. — Baden-Powell, *The land-systems of british India*, Oxford, 1892, 3 vol.

CHAPITRE II.

DE LA POSSESSION ET DE LA PRESCRIPTION.

1. *Possession et prescription.*

Définitions. — On a défini la possession ou, comme on disait au moyen âge, la *saisine*[1] une propriété en voie de formation, une propriété commençante. J'en donnerai une idée plus juste encore, en disant avec Ihering, qu'elle n'est autre chose que l'extériorité, la visibilité de la propriété[2]. Un exemple fera bien saisir ma pensée : je suis propriétaire de la maison La Sablonière; un intrigant, X. s'avise de vendre à Simplicius La Sablonière qui ne lui appartient pas et il lui délivre cette maison; car je n'y ai pas l'œil et je l'ai délaissée. Simplicius est dès lors possesseur. Il a pris, pour ainsi parler, mon habit de propriétaire : il a pour lui la possession, c'est-à-dire l'extériorité de la propriété. Toutefois, je reste, bien entendu, propriétaire.

Dans les législations arrivées à maturité, le possesseur est tenu pour propriétaire jusqu'à preuve contraire et le fait de la possession est entouré d'une certaine protection légale.

Dans les législations rudimentaires et barbares, cette faveur accordée au possesseur, cette protection accordée à la possession n'est point encore nettement formulée, bien qu'elle existe assurément à l'état latent.

[1] On a quelquefois distingué la *possession* et la *saisine;* voyez notamment *Le grand coustumier,* édit. Charondas le Caron, Paris, 1598, p. 139; Laurière sur l'article 96 de la coutume de Paris dans *Texte des coutumes de la prévôté de Paris*, t. Ier, 1777, p. 263; mais ce sont jeux de mots qui font plus honneur à l'esprit qu'à la science des jurisconsultes, car « le droict de possession et saisine n'ont point de différence expresse. »

[2] R. v. Ihering, *Du fondement de la protection possessoire,* trad. O. de Meulenaere, Gand et Paris, 1875, pp. 50, 204.

Mais dans toute législation, dans les droits primitifs comme dans les droits très développés et très cultivés, une certaine durée de possession conduit à la propriété : c'est ce que nous appelons la *prescription*[1]. La durée requise pour que la possession se transforme en propriété est beaucoup plus courte chez les peuples jeunes[2] que chez les nations avancées en civilisation.

2. *Délais de la prescription.*

Prescription germanique d'un an et prescriptions romaines. — Au moment où les Francs Saliens envahirent les Gaules, ils admettaient encore qu'une possession prolongée pendant un an ou possession annale suffisait pour conduire à la propriété[3]. Ce délai d'un an (on a dit très souvent *an et jour* afin de bien accuser une année révolue et complète) s'explique à merveille par la nature même des choses; n'est-il pas, en effet, tout naturel que le fait d'avoir ensemencé et récolté, d'avoir cultivé un terrain pendant une année entière, ait été, à l'origine des choses, au temps où se constitua la propriété immobilière, un des titres les plus sérieux à cette propriété?

Les Romains possédaient, au moment des invasions, deux

[1] La prescription est un moyen d'acquérir ou de se libérer, c'est-à-dire de deveni propriétaire ou de cesser d'être débiteur. Je l'envisage exclusivement ici sous le premier de ces deux aspects et je n'en trace pas un historique complet; j'indique les points qui peuvent prendre place dans un résumé général de l'histoire du droit, comme celui-ci.

[2] Les Grecs, les Romains, les Germains ont connu la prescription d'un an. Voyez pour les Grecs Caillemer, *Etude sur les antiquités juridiques d'Athènes, 7e étude, La prescription*, Paris, 1869, pp. 7, 8. Nous ne connaissons pas le délai de la prescription grecque pour les immeubles : elle était d'un an pour les meubles. Chez les Romains, l'*usucapio* d'un an semble à première vue s'appliquer aux meubles seulement; c'est la notion juridique apparente (Gaius, II, 42); mais les *res quæ solo continentur* pouvaient être usucapées *pro herede* (Gaius, II, 52-58); il en faut dire autant de l'*usureceptio* (Gaius, II, 59-61). Je n'hésite pas à apercevoir ici des débris d'une *usucapio* primitive d'un an applicable aux immeubles comme aux meubles. L'*Usus auctoritas fundi biennium* de la *Loi des douze tables* fut certainement une innovation juridique.

[3] *Lex Salica*, XLV, XLVI. Cf. Unterholzner, *Ausführliche Entwickelung der Verjährungslehre*, édit. Schirmer, t. Ier, 1858, p. 64, note 67.

prescriptions parallèles : 1° une prescription ancienne (*usucapio*) d'un an et de deux ans[1]; 2° une prescription nouvelle de dix, vingt[2] ou trente ans[3]; la première tombant de vétusté et mourante; la seconde, devenue à peu près maîtresse du terrain juridique et toute prête à remplacer l'*usucapio* primitive.

Justinien devait fondre avec l'ancienne *usucapio* la prescription de dix, vingt et trente ans; mais cette fusion n'était pas encore accomplie lors des invasions barbares[4].

La rencontre des éléments germaniques et romains. — La rencontre eut lieu entre l'institution romaine vivante ou longue prescription[5] et la prescription germanique d'un an. L'élément germanique fut facilement vaincu chez les Burgondes et chez les Wisigoths qui adoptèrent tout simplement la longue prescription romaine[6]. Il en fut autrement chez les Francs : ici s'engagea, dès la fin du VIe siècle, une lutte qui devait se prolonger pendant plus d'un millier d'années. Le système romain était bien vu à la cour mérovingienne où affluaient les éléments civilisateurs. Clotaire II mit en honneur la prescription de trente ans : il ne prétendit pas toutefois y astreindre les Francs, mais il l'imposa aux *provinciales* (Gallo-Romains) et aux égli-

[1] Ulpien, XIX, 8. Gaius, II, 42, 52-58; III, 201. *Code de Just.*, VII, XXIX, 3. *Institutes de Justinien*, II, VI, prœm.

[2] *Code de Justinien*, VII, XXXIII, XXXIV, XXXV. *Code de Théodose*, IV, XIII.

[3] *Code de Justinien*, VII, XXXIX. *Code de Théodose*, IV, XIV. Le juste titre et la bonne foi n'étaient pas nécessaires pour la prescription de trente ans établie par une constitution de Théodose II que Valentinien III appliqua en Gaule. *Nov.* de Valentinien III, tit. 26, dans Hænel (*Novell., constit.*, p. 211). A l'origine, les *prescriptions* étaient des moyens défensifs d'acquérir et non des moyens offensifs. Ajoutez une prescription de quarante ans introduite par Anastase (*Code de Justinien*, VII, XXXIX, *De præscription.* XXX *vel* XL *annorum*, 4).

[4] *Code de Justinien*, VII, XXXI, *De usucapione transformanda. Inst. de Just.*, II, VI, *De usucapionibus.*

[5] La prescription de long temps était surtout utile pour les fonds provinciaux non gratifiés du *jus italicum;* l'usucapion (un ou deux ans) ne s'appliquait pas à ces sortes de biens (Gaius, II, 46). Cf. Demangeat, *Cours élémentaire de droit romain*, t. Ier, 1864, p. 546; Bernier, *De la condition des fonds provinciaux*, p. XXVI.

[6] *Lex Burg.*, tit. LXXIX, *De præscript.*, apud Pertz, *Leges*, t. III, p. 566. Nous apprenons par ce texte que les Burgondes avaient adopté d'abord une prescription de quinze ans. Blume, *Die westg. Antiqua*, Halle, 1847, p. 2 et suiv. *Forum judicum*, X, II, dans *Portug. monum.*, *Leges et consuet.*, t. Ier, pp. 106, 107.

ses[1]. Childebert II, dans l'édit de 596, parle des prescriptions de dix ans et de trente ans et paraît s'adresser à tous ses sujets [2]. Enfin Louis le Débonnaire s'attaque plus directement encore au délai germanique qui choquait évidemment tout esprit cultivé et honnête : il l'abroge formellement, en 819, dans le célèbre ch. XLV de la *Loi Salique*[3].

Mais des décrets royaux ne tuent pas une institution vivante. Ce germanisme reparaîtra comme beaucoup d'autres germanismes et la lutte se continuera longtemps.

Pendant tout le moyen âge nous rencontrons dans de nombreuses coutumes françaises la prescription d'un an. Elle a donné à la langue allemande le nom même de la prescription, *Verjährung,* et nos anciens ont dit aussi en un sens juridique : *suranné, surannation*[4].

Les Allemands disaient *Jahr und Tag,* comme nous disions nous-mêmes; *an et jour;* mais ce jour additionnel, *Tag,* équivaut parmi les Allemands à « six semaines et trois jours. » Ces « six semaines et trois jours » représentent originairement les trois délais de quinzaine qui pouvaient être accordés au défendeur avant le jugement d'une affaire[5].

Triomphe de la prescription romaine. Débris germaniques. — Les délais romains et divers délais nouveaux finirent cependant par triompher presque partout de l'antique prescription germanique d'un an. La coutume de Bretagne est, je crois, la seule qui jusqu'à la fin de l'ancien régime nous ait conservé la prescription d'un an, entourée, il est vrai, de certaines garanties de publicité fort remarquables dans le détail desquelles je

1 *Chlotarii II præscriptio* (584-628), art. 13, dans Boretius, *Capit.*, t. Ier, pars Ia, p. 19.

2 *Childeberti II decretio,* art. 3, apud Boretius, *ibid.*, pp. 15, 16.

3 Capitulaire de Louis le Débonnaire de 819, art. 9, dans Behrend, *Lex Salica,* p. 115. Les mots *per annos* de cet article ne peuvent pas viser autre chose que la prescription annale mentionnée dans le ch. XLV de la *Loi Sal.*, § 3.

4 Rapprochez encore le latin *perennis* dont le sens primitif est *pendant un an* et qui a pris le sens dérivé de *perpétuel* : l'usucapion d'un an donne la clef de cette transmutation de sens. Les trois langues sont parfaitement parallèles.

5 G. Phillips, *Gruntsätze des gemeinen deutschen Privatrechts,* 3e édit., t. Ier, 1846, p. 467 et suiv.

ne puis entrer ici. C'est ce qu'on appelait en Bretagne l'*appropriement* ou *appropriance*[1].

Dans les autres coutumes, le délai d'un an est descendu à un rang secondaire. Il ne sert plus à acquérir la propriété immobilière : mais il continue à jouer un rôle dans un grand nombre de circonstances. Voici deux exemples :

1° Le droit de retrait se prescrit par *an et jour*. Qu'est-ce à dire? Le droit de retrait est, comme je l'ai expliqué, la faculté accordée au plus proche parent du vendeur (retrait lignager) ou au seigneur (retrait seigneurial) de se substituer à l'acheteur en lui remboursant le prix d'achat. Eh bien! cette faculté est éteinte au bout de l'an et jour.

2° En beaucoup de lieux, le domicile s'acquiert par une année de résidence (Paris, Bruxelles).

Je m'en tiens à ces exemples, choisis de préférence à d'autres, parce qu'ils se rattachent à des faits juridiques importants; mais je pourrais facilement entreprendre ici une assez longue énumération[2]. Nous retrouverons un peu plus loin le délai d'un an, en traitant de la protection accordée à la possession.

Je n'ai pas mentionné quelques prescriptions d'origine romaine qui ont joué un certain rôle dans notre ancien droit : je citerai la *Novelle* 9 aux termes de laquelle un délai de cent[3] ans est nécessaire pour prescrire contre les biens de l'Eglise; les *Novelles* 111 et 131, suivant lesquelles[4] ce délai est ramené à quarante ans.

Mais je n'insiste pas sur les délais nécessaires pour la prescription : ce chapitre pourrait me mener loin sans grand profit.

[1] *Cout. de Bretagne*, art, 269. Desjardins, *De l'aliénation et de la prescription des biens de l'Etat*, p. 100 et suiv.; *Encyclopédie méthodique, Jurisprud.*, t. Ier, p. 403.

[2] Voyez Dunod de Charnage, *Traité des prescriptions*, 1753, pp. 133-136; Guyot, *Répert. de jurisprudence*, t. XIII, p. 349 et suiv. Pour le domicile voyez Hoüard, *Dict. de la cout. de Normandie*, t. Ier, p. 557; *Observations des commissions consultatives sur le projet de Code rural*, t. II, p. 234.

[3] L'Eglise romaine n'admettait contre ses droits d'autre prescription que celle de cent ans (*Décrétales de Grégoire IX*, II, XXVI, *De præscriptionibus*, 13, 14. Berger, *Les reg. d'Innocent IV*, 2e fascicule, p. 129, n°. 752).

[4] *Nov.* 111, c. 1. *Nov.* 131, c. 6.

Je me contenterai de dire que les délais romains de dix, vingt et trente ans ont passé dans le *Code civil*[1].

Propriété et prescription des meubles. — L'histoire de la propriété mobilière a été récemment étudiée par un jurisconsulte dont les conclusions ne sont pas encore acceptées par tous les savants compétents, mais qui a versé à la discussion des textes importants et émis des vues nouvelles d'un grand intérêt, dont il me faudra dire un mot. Je rappelle tout d'abord quelle était, avant l'apparition du livre auquel je fais allusion, la théorie reçue.

Tout indique, disait-on, que, chez les Germains, la propriété des meubles s'acquérait par le seul fait de la possession, sauf toutefois le cas de perte ou de vol. Ainsi en règle générale la revendication des meubles n'était pas admise. Cette règle d'origine germanique se retrouve dans beaucoup de textes du moyen âge. La coutume d'Orléans est du nombre; et cette coutume resta jusqu'au bout fidèle à la tradition germanique. La prescription, même dans la dernière rédaction, ne s'y applique qu'aux immeubles[2]. Elle devient inutile dès qu'il s'agit de meubles. On en dira autant de la coutume de Touraine qui, parlant de la prescription, vise exclusivement les immeubles[3].

Ce résumé rapide d'une doctrine qui a été universellement adoptée doit aujourd'hui être suivi d'un point d'interrogation. M. van Bemmelen soutient, en effet, avec une grande vigueur de pensée servie par une connaissance très étendue des sources, qu'on se trompe en disant que, chez les Germains et au moyen âge, la propriété des meubles ait pu en règle générale s'acquérir par la seule possession. Ce système de l'acquisition des meubles par la seule possession n'était pas absolu, soutient M. van Bemmelen. Il a seulement été admis par bon nombre de coutumes dans des cas spéciaux et déterminés. On a été conduit à limiter ainsi et à restreindre le droit de revendication des objets mobiliers, parce qu'on a voulu favoriser les échanges, entretenir la confiance et le crédit public[4].

[1] *Code civil*, art. 2262, 2265.

[2] Art. 260 à 271. Rapprochez le commentaire de Pothier, t. Ier, 1776, pp. 641, 642.

[3] Dufrementel, *Conférence*, 1786, p. 198 et suiv.

[4] Van Bemmelen, *Le système de la propriété mobilière, droit antérieur, système du*

Il faut se hâter d'ajouter que le principe de l'acquisition des meubles par la seule possession, quels qu'en soient d'ailleurs le sens et l'étendue, ne figure pas dans toutes nos anciennes coutumes. Dans le dernier état du droit romain, la propriété des meubles corporels se prescrivait par trois ans, même contre l'Eglise, pourvu que le possesseur eût titre et bonne foi[1]. Cette prescription romaine fut reçue en plusieurs provinces, notamment dans l'Anjou et dans le Maine; ailleurs, dans le ressort du parlement de Toulouse, par exemple, la prescription des meubles était, dans les derniers siècles de l'ancien régime, assimilée à celle des immeubles[2].

La notion de l'acquisition de la propriété des meubles par le seul fait de la possession a laissé sa trace dans le *Code civil* et le délai romain de trois ans s'y retrouve également, mais limité au cas de perte ou de vol : « En fait de meubles, la possession vaut titre. Néanmoins celui qui a perdu ou auquel il a été volé une chose, peut la revendiquer pendant trois ans, à compter du jour de la perte ou du vol, contre celui dans les mains duquel il la trouve; sauf à celui-ci son recours contre celui duquel il la tient[3]. »

Ce brocard célèbre de notre *Code civil : En fait de meubles possession vaut titre,* a été emprunté à Bourjon qui se sert de cette formule pour résumer la jurisprudence du Châtelet de Paris. « En matière de meubles, la possession, écrit Bourjon, vaut titre de propriété; la sûreté du commerce[4] l'exige ainsi. » Nos commentateurs reconnaissent que cette règle est inapplicable, toutes les fois que le possesseur d'un meuble est attaqué par une action personnelle en restitution. Le dépositaire ou l'emprunteur à usage, recherché par l'action personnelle née du

Code civil, droit futur, Leyde et Paris, 1887. Cf. Dareste dans *Nouvelle revue hist.,* 1889, p. 445.

[1] *Code de Justinien,* VII, XXXI, lex unic. *Instit. de Justinien,* II, VI, prœm.

[2] Guyot, *Répert.,* t. XIII, p. 357. Voyez sur la propriété des meubles mes *Etablissements,* t. Ier, pp. 116, 117.

[3] *Code civil,* art. 2279. Cf. Baudry-Lacantinerie, *Précis de droit civil,* t. III, p. 973 et suiv.; Jobbé-Duval, *Etude historique sur la revendication des meubles en droit français,* Paris, 1881; observations très importantes de Post, *Die Grundlagen,* pp. 325, 326.

[4] Bourjon, *Le droit commun de la France et la cout. de Paris,* t. II, p. 695.

dépôt ou du prêt, ne saurait donc invoquer cet axiome. Mais celui qui, de bonne foi (?), a acquis l'objet mobilier de ce dépositaire ou de cet emprunteur, celui-là pourra opposer à l'action en revendication du propriétaire une fin de non-recevoir, basée sur l'axiome : *En fait de meubles possession vaut titre.* Quelle sera au juste l'étendue et la force de cette fin de non-recevoir? Ici les jurisconsultes sont divisés. Les uns admettent que le possesseur de l'objet mobilier est devenu propriétaire[1]. Ce serait dans sa pureté cette idée de l'acquisition de la propriété des meubles par le seul fait de la possession. Les autres soutiennent qu'il a seulement pour lui une présomption de propriété, mais que cette présomption n'est point irréfragable et peut être combattue par la preuve contraire[2]. Je souhaite qu'un historien, ne se contentant pas de quelques lignes de Bourjon, étudie un jour de très près la jurisprudence du Châtelet de Paris et nous dise, pièces en main, comment cet axiome était compris, à Paris, au XVIIIe siècle.

3. *Désaccord entre le droit civil et le droit canonique au point de vue du juste titre et de la bonne foi.*

Notion du juste titre et de la bonne foi. Lutte entre le droit romain et le droit canon. — Outre les délais dont j'ai parlé à l'instant, le droit romain exigeait pour la prescription diverses conditions que je n'énumère pas toutes. J'en indiquerai deux qui jouent un rôle important dans l'histoire de la prescription, à savoir le *juste titre* et la *bonne foi.*

Le *juste titre* (*justa causa*) est l'acte qui révèle chez le précédent possesseur l'intention de transférer la propriété, l'intention d'aliéner. Exemple : j'ai reçu d'un non-propriétaire une chose comme donataire, comme acheteur, comme légataire : voilà le juste titre; ou, comme ont dit fort heureusement nos anciens, voilà le « titre coloré. »

1 Les expressions de Bourjon me paraissent favorables à cette interprétation : « La sûreté du commerce, écrit-il, *ne permet pas qu'on écoute une telle revendication.* »

2 Voyez Baudry-Lacantinerie, *Précis de droit civil*, t. III, §§ 1698 à 1702. Demante et Colmet de Santerre, *Cours analytique de Code civil*, t. VIII, §§ 387 à 389.

La *bonne foi* est la croyance que celui de qui on tient la chose en était propriétaire[1] ou avait pouvoir de l'aliéner.

Le droit romain exigeait pour la *præscriptio longi temporis* (dix ou vingt ans) le juste titre et la bonne foi[2]. J'entends la bonne foi au début de la possession : la mauvaise foi survenue après coup n'empêchait pas la prescription de s'accomplir. Les Romains n'exigeaient à l'origine ni le juste titre, ni la bonne foi pour la *præscriptio longissimi temporis* (trente ou quarante ans)[3].

Justinien introduisit certaines exigences nouvelles relatives à la bonne foi; mais elles visent un cas unique, celui où l'individu qui a possédé même trente ou quarante ans serait dans le cas d'intenter une action en revendication contre le propriétaire jadis évincé par lui[4] : le législateur n'alla pas jusqu'à faire de la bonne foi la condition nécessaire de la prescription acquisitive.

Cette première transformation juridique due certainement à des influences religieuses s'achève sous les mêmes influences au moyen âge.

En effet, cette part encore si large faite à la mauvaise foi, (puisque la bonne foi peut manquer même à l'origine dans la prescription de trente ans, peut disparaître impunément après avoir existé à l'origine dans les prescriptions de dix et de vingt ans), l'Eglise ne l'admit pas. Les canonistes hésitèrent tout d'abord[5]. Mais, au XIIIe siècle, un concile s'éleva au nom de la conscience et de la morale contre cette loi civile et défendit de

[1] Cf. Stintzing, *Das Wesen von bona fides und titulus in der röm. Usucapionslehre*, Heidelberg, 1852.

[2] *Code de Justinien*, VII, XXXIX, 8.

[3] Ceci ressort du *Code de Justinien*, VII, XXXIX, 2, 3. Mais il reste des obscurités (*Code de Justinien*, VII, XXXIX, 8, § 1). Serait-il bien exact de soutenir que la prescription *acquisitive* appartient, d'après ce texte, au seul possesseur de bonne foi, comme on le dit souvent? Je ne le pense pas : ce serait exagérer la portée et les termes du § 1er de la loi 8. Je dirais plutôt que la bonne foi est ici exigée par Justinien pour la prescription *offensive*, mais non pour la prescription *acquisitive* et *défensive*. Cf. Unterholzner, *Ausführliche Entwickelung der gesammten Verjährungslehre*, édit. Schirmer, 1858, t. Ier, pp. 317, 318; t. II, pp. 84, 85, 86.

[4] *Code de Justinien*, VII, XXXIX, 8, § 1.

[5] Voyez dans le sens romain *Décret de Gratien*, Secunda pars, Causa XVI, Quæstio III, 1 (Joignez Gross, *Incertus auctor*, 1870, pp. 264, 265); en sens contraire, *ibid.*, Causa XXXIV, Qu. I, 5.

l'appliquer. Le texte fondamental en cette matière est un canon du concile de Latran de 1215 dont voici la teneur :

« Synodali judicio definimus ut nulla valeat absque bona fide præscriptio, tam canonica quam civilis; cum sit generaliter omni constitutioni atque consuetudini derogandum, quæ absque mortali non potest observari peccato : unde oportet ut qui præscribit, in nulla temporis parte rei habeat conscientiam alienæ[1]. »

Placés entre le droit romain et l'Eglise, les jurisconsultes se partagèrent, et cette question devint une des grosses difficultés du sujet.

Beaumanoir paraît admettre la mauvaise foi en matière de prescription trentenaire, bien qu'il ne le dise pas expressément[2].

C'est le système du droit romain qui l'emporta en fait de prescription trentenaire. Au XVIIIe siècle, la pratique était fixée en ce sens[3], bien que les théoriciens discutassent encore.

Notre *Code civil* a hérité de cette jurisprudence : dans le droit français moderne, la bonne foi n'est pas nécessaire pour la prescription de trente ans[4].

En ce qui touche la prescription de dix et de vingt ans, la pratique se conformait souvent, à la fin de l'ancien régime, au droit canon : on exigeait presque universellement la bonne foi pendant toute la durée de la possession. La bonne foi initiale ne suffisait pas[5]. Le *Code civil* a adopté purement et simplement la doctrine romaine. Pour la prescription de dix ou de vingt ans la bonne foi n'est exigée qu'au moment de l'acquisition. La connaissance que le possesseur obtiendrait ultérieurement des droits du véritable propriétaire, ne forme aucun obstacle à la prescription[6].

1 Hefele, *Conc.*, trad. Delarc, t. VIII, p. 141. C'est le fameux canon *Quoniam* (*Décrétales de Grégoire IX*, II, XXVI, 20. Cf. II, XXVI, 5).

2 Cout. de Beauv., t. Ier, édit. Beugnot, p. 339. Beaumanoir se sert du mot *usage* et non du mot *prescription*.

3 Dunod de Charnage, *Traité des prescriptions*, Paris, 1753, p. 42. Pourquoi ne suivons-nous pas ici Pothier qui est beaucoup plus moral? (Pothier, *Traité de la possession et de la prescription*, t. II, p. 306, édit. in-12 de 1777).

4 *Code civil*, art. 2262.

5 Dunod de Charnage, *ibid.*, p. 42.

6 *Code civil*, art. 2269. Cf. Zachariæ, *Cours de droit civil français*, trad. Aubry et Rau, t. II, 1863, p. 343.

On ne saurait méconnaître ici la supériorité morale du droit canonique et de l'ancienne jurisprudence française[1].

4. *De la protection accordée à la possession.*

Distinction du possessoire et du pétitoire. — Le Romains jouissaient d'un droit et d'une procédure très riches en ce qui touche la protection accordée au possesseur. Nous ne savons rien des moyens que pouvaient employer les Germains pour protéger la possession, abstraction faite de la propriété; mais nous pourrons signaler tel moyen protecteur du moyen âge qui n'est pas d'origine romaine et qui rappelle le droit germanique.

Dès le XIVe siècle on appelait couramment en France *possessoire* tout ce qui touche à la possession et on opposait au *possessoire* le *pétitoire,* c'est-à-dire toute contestation au fond sur la propriété, sur un droit réel[2]. Le *pétitoire* c'est donc le droit au fond, le droit *in se,* opposé à l'extériorité du droit, au *possessoire*[3].

Voilà une notion d'école qui paraît singulièrement pacifique et inoffensive. Qui soupçonnerait le possessoire de porter la guerre dans ses flancs? Et quelle guerre! Rien moins que la lutte éternelle du sacerdoce et de l'empire. Je m'explique. C'est grâce à la distinction du possessoire et du pétitoire que les juges laïques statuèrent dans une foule de contestations qui semblaient du ressort de l'Eglise : le fond du litige est assurément ecclésiastique, disait-on; mais le côté extérieur de la question, le *possessoire,* relève des tribunaux civils. Or l'extériorité d'une question de droit, c'est bien souvent son côté pratique : une fois le procès engagé sur le possessoire, les parties seront rivées au juge laïque : un second procès au pétitoire sera long et coû-

[1] La critique que j'adresse ici au *Code civil* a été déjà exprimée par Valette dont je suis heureux d'invoquer la haute autorité (Valette, *De la propriété et de la distinct. des biens,* Paris, 1879, pp. 133, 134).

[2] G. du Breuil, *Style du parlement,* édit. Lot., pp. 34, 39.

[3] Ces deux expressions *possessoire* et *pétitoire* sont romaines : elles sont devenues en droit français plus fréquentes, plus usuelles, plus larges. D'adjectifs on en a fait des substantifs.

teux. Le perdant et quelquefois les deux parties pourront être ruinées ou mortes avant qu'il soit vidé. Quelques exemples ici feront bien saisir ma pensée et mettront en relief le mouvement juridique. De très bonne heure, les matières bénéficiales furent attirées devant le juge laïque sous couleur du possessoire : la doctrine de la compétence du juge civil au possessoire est formulée dès le XIIIe siècle[1]. Au XVIIe siècle, bien que les ordonnances reconnussent le droit de se pourvoir devant le juge ecclésiastique pour le pétitoire en matières bénéficiales, les gens du roi ne le permettaient pas et les contestations prenaient fin au possessoire devant le juge laïque[2]. « Sous le même prétexte du possessoire, écrit l'abbé Fleury, les juges laïques se sont attribué la connaissance des dîmes non seulement inféodées, mais ecclésiastiques[3]. »

Mais ce n'est pas ici le lieu d'insister sur les luttes des juridictions civile et ecclésiastique. J'ai voulu seulement indiquer, en passant, quelques-unes des applications politiques de la distinction du possessoire et du pétitoire.

5. *Double moyen de protection accordé à la possession dans l'ancien droit français.*

Doublet. — Il me faut dire un mot des principaux moyens employés dans notre ancien droit pour protéger la possession. Nous y relèverons un doublet juridique fort intéressant, je veux dire une double voie de protection, l'une d'origine romaine, adoptée et développée par les canonistes, acceptée par le droit civil français; l'autre dont il est facile de discerner, à travers les plus graves transformations, l'attache germanique.

Premier moyen dérivé de l'interdit romain *unde vi.* — Les Romains avaient créé des moyens divers de protéger la posses-

[1] *Liber practicus Remensis* (XIIIe siècle), cité par Laferrière, *Hist. du droit*, VI, 97. Cf. pour le XIVe siècle, *Grand coutumier*, édit. Laboulaye et Dareste, p. 254. Elle a même des attaches plus anciennes, je remarque qu'en 870 un pape invite Charles le Chauve à faire rendre par provision la possession de son église à un prêtre, en attendant la décision du synode provincial (*Patrol. Migne*, t. 122, p. 1306).

[2] Fleury, *Nouveaux opuscules*, Paris, 1807, p. 90.

[3] Fleury, *Nouveaux opuscules*, Paris, 1807, p. 90.

sion, moyens rentrant dans cette classe nombreuse de procédés qui relevaient du préteur et qu'on appelait *interdits*. La procédure spéciale à laquelle les interdits devaient leur nom étant devenue la procédure commune, toute différence de forme entre les interdits et les procès ordinaires disparut. Les *interdits* ne conservèrent d'original que leur nom ancien.

L'un de ces interdits, l'interdit *unde vi* a parcouru une longue et brillante carrière. Il était donné à celui qui avait été expulsé d'un immeuble par la violence pour se faire réintégrer dans sa possession et obtenir la réparation du préjudice causé. L'individu dépouillé (*dejectus*) ne pouvait à l'origine triompher contre l'auteur de la violence que si sa possession était exempte à l'égard de ce dernier de certains vices spéciaux (clandestinité, violence, précarité, *nec vi, nec clam, nec precario*), à moins toutefois qu'il n'eût subi une violence armée[1]. L'interdit n'était pas accordé contre une autre personne que l'auteur de la violence, ou, pour parler plus brièvement, il n'était pas accordé contre un tiers détenteur[2].

Cet interdit était annal, c'est-à-dire qu'il devait être intenté dans le délai d'un an, à partir de la dépossession[3].

Une tendance à protéger avec plus d'efficacité encore la possession contre les voies de fait et contre tout envahissement se manifeste dans les constitutions du bas empire[4]. La même tendance s'accuse dans les textes canoniques. On est conduit à étendre les prévisions de l'ancien droit romain, qui, sur ce point (et sur tant d'autres), était, comme tous les droits primitifs, incomplet parce qu'il était trop déterminatif et trop concret. La première extension qu'on puisse constater est celle-ci : l'action ou l'interdit pourra être intentée contre le tiers possesseur de mauvaise foi. La notion romaine dans sa pureté primitive et la conception nouvelle en formation coexistaient encore

1 Plus rigoureusement encore on peut dire qu'en cas de violence armée, il y a lieu à l'interdit spécial *de vi armata*. Voyez : Cicéron, *Pro Tullio*, 44; *Pro Cecina*, 30; Gaius, IV, 154, 155. En sens un peu différent, Molitor, *La possession*, pp. 141, 142.

2 *Digeste*, XLIII, XVI, 7.

3 *Digeste*, XLIII, XVI, 1 pr. et § 39. Cf. toutefois Molitor, *ibid.*, p. 144.

4 *Code de Justinien*, VIII, IV, 7, 11, 5, 8 (interdit *momentariæ possessionis*).

au milieu du XIIIe siècle[1]. A la fin du même siècle, le droit canonique et le droit civil français pratiquaient définitivement un système protecteur de la possession, plus large, plus compréhensif, plus souple que l'interdit *unde vi,* mais dérivé manifestement de cet interdit : j'ai nommé la *réintégrande* ou *remedium spolii.* La pensée dont s'inspire le droit nouveau se formule ainsi : *Spoliatus ante omnia restituatur.* L'expression *réintégrande* est empruntée au premier mot *Redintegranda* de deux canons de Gratien[2]. Elle n'apparaît pas encore dans la langue française du XIIIe siècle; mais la chose signifiée par ce mot existe dans le droit français dès cette époque.

On peut résumer ainsi la notion juridique de la réintégrande : toute possession, ou mieux encore, toute détention, quelle qu'elle soit, bonne ou mauvaise, grande ou petite, n'eût-elle duré que quelques mois, quelques jours, quelques heures, est couverte par la réintégrande. Quiconque est dépouillé par violence, doit, avant tout, recouvrer la possession par la voie de la réintégrande.

Telle est la protection romano-canonique de la possession.

Second moyen dont l'attache est germanique. — Voyons maintenant comment le droit germanique, en se transformant sous des influences romaines, se trouva, de son côté, enrichi d'un autre mode de protection de la possession, très analogue au précédent.

Le point de départ ici, c'est cette prescription d'un an que nous connaissons déjà. Que se passait-il, encore au XIIIe siècle, dans une province coutumière où régnait la prescription d'un an, alors qu'un individu, possédant depuis plus d'un an, venait à être dépossédé? Un procès s'engageait où, tout en ne parlant que de possession (*saisine*), les plaideurs agitaient en réalité une question de propriété[3]. En effet, le plaignant avait-il été dépossédé depuis moins d'un an et était-il (lui-même ou son

[1] Cf. Molitor, *La possession,* 2e édit., pp. 147, 148; Monnier, dans *Revue critique,* nouvelle série, t. X, 1881, p. 254.

[2] *Décret de Gratien,* Pars II, Causa III, Quæstio I, c. 3, 4. Cf. *Décrétales de Grégoire IX,* II, XIII, 18.

[3] Voyez mes *Etabl. de saint Louis,* t. Ier, p. 112 et suiv.; t. II, p. 104 et suiv.

auteur) en possession depuis plus d'un an, avant le jour de cette dessaisine? il était reconnu propriétaire et son procès était gagné. Si l'envahisseur avait possédé lui-même un an, c'est lui qui gagnait. En d'autres termes, entre deux compétiteurs d'un immeuble, la jouissance tranquille d'un an suffisait.

Cette condition requise se rencontrait si souvent qu'on n'avait pas creusé le problème davantage, au point de vue de la théorie du possessoire. Si le fait de la jouissance pendant un an était douteux ou si l'année était partagée entre les plaideurs, n'avait-on pas le duel, les épreuves judiciaires pour résoudre le problème? Lorsque la prescription romaine de dix, vingt, trente ans se fut implantée dans les pays coutumiers, les choses changèrent de face. La question de propriété ne se trouva plus aussi facilement ni aussi souvent résolue en même temps que la possession : la longueur des délais fit distinguer tout naturellement le possessoire et le pétitoire. D'ailleurs, les romanistes étaient accoutumés à distinguer dans leurs solutions la possession et la propriété et à statuer sur la possession, sans rien trancher au pétitoire.

En cet état des esprits, la procédure que je viens de mentionner ne fut pas abandonnée : elle conserva une utilité, mais une utilité secondaire. Désormais, en plaidant saisine, on cessa de traiter une question de propriété : les juges ne statuèrent et ne purent statuer qu'au possessoire. C'est ce qu'on nomma la *complainte en cas de saisine et de nouvelleté*[1]. *La complainte* a ceci d'essentiel et qui rappelle bien les origines germaniques, à savoir que le demandeur doit avoir été en possession lui-même un an. L'annalité de la possession est exigée[2].

La *complainte* s'appelle encore en Touraine-Anjou *procédure d'applègement et de contr'applègement.* Ce nom lui vient d'un

[1] Voyez mes *Etabl.*, t. Ier, p. 339. On a dit d'abord *nouvelle dessaisine* (dépossession) au lieu de *saisine et nouvelleté*. Cette dernière expression avait un but pratique : on vit un avantage à se feindre encore *saisi :* chaque partie se disait *saisie et empeschée*. Simon de Bucy semble avoir eu le premier cette conception et avoir trouvé cette expression *saisine et nouvelleté* (*Grand coutumier*, liv. II, ch. 21, édit. Charondas le Caron, 1598, pp. 151, 156; Laurière, *Dissert. sur le tènement de cinq ans*, p. 82).

[2] Voyez cout. d'Anjou de 1411, art. 292, dans Beautemps-Beaupré, Ire partie, t. Ier, p. 566.

détail de procédure dont je n'ai pas le loisir de m'occuper ici[1].

Quels seront les rôles respectifs de la complainte et de la réintégrande? — Nous nous trouvons ainsi en présence de deux moyens analogues de protéger la possession. Véritable doublet juridique. La complainte et la réintégrande entrèrent comme en concurrence dans le monde judiciaire. La complainte fut tout d'abord goûtée dans les milieux où triomphaient les études romaines et canoniques. C'est le cas, par exemple, à Orléans. La coutume orléanaise du XIIIe siècle, fortement imprégnée d'influences romaines, mentionne très clairement la réintégrande et ne parle pas de la complainte[2].

Cependant les jurisconsultes s'ingénièrent à trouver à chacun de ces deux moyens sa place spéciale. Le premier essai de ce genre fut un coup de maître. Il est dû à Beaumanoir. En voici toute l'économie. Quelle que soit la possession ou plutôt la détention, bonne ou mauvaise, grande ou petite, n'eût-elle duré que quelques heures, celui qui est dépouillé par violence doit avant tout recouvrer la possession par la voie de la réintégrande. Le spoliateur fera ensuite valoir ses droits à la possession légale par la complainte ou ses droits à la propriété. Et si la question de possession est seule vidée dans cette seconde instance (complainte), il y aura lieu à un troisième procès sur la propriété[3].

Cet enchaînement est heureusement imaginé. Le moyen romano-canonique différait en un point important du moyen coutumier : il protégeait la possession non annale. Eh bien! il est toujours utile de défendre cette possession : ce sera l'objet de la réintégrande. Le moyen germanique ou coutumier protège seulement la possession annale. Soit! Il sera employé, lorsque le plaideur pourra invoquer l'annalité de la possession.

Ainsi nos aïeux, jadis très pauvres au possessoire, se sont singulièrement enrichis. Ils ont désormais :

1° La *réintégrande*, pour sauvegarder toute possession, quelles qu'en soient la durée et l'origine.

[1] Voyez Mortet, dans *La grande encyclopédie*, t. III, p. 425, v° *Applègement.*

[2] *Etablissements,* liv. II, ch. 7, édit. Viollet, t. II, pp. 341, 342.

[3] Beaumanoir, ch. XXXII. Cf. Henrion de Pansey, *De la compétence des juges de paix,* 8e édit., 1827, pp. 322, 323, 462, 463 et suiv.

2° La *complainte en cas de saisine et de nouvelleté*, pour protéger une possession annale. Elle sera invoquée dans l'année de la dépossession.

Ajoutez enfin :

3° La *complainte en cas de saisine simple* pour protéger toute possession annale après l'année du trouble et avant dix ans révolus[1].

Tout ingénieuse qu'elle soit, la solution imaginée par Beaumanoir pour trouver à la complainte et à la réintégrande une place rationnelle et bien équilibrée dans le droit n'est en définitive qu'un système. Et ce système ne peut invoquer une pratique incontestée. Après Beaumanoir, les jurisconsultes continuèrent à chercher la solution du problème : et chacun y apporta des vues différentes.

Aux yeux de Pasquier et de bien d'autres jurisconsultes, la dépossession *sans force, sans violence*, donne lieu à la complainte, et la dépossession *par force* donne lieu à la réintégrande. Rien de plus faux que cette distinction; car le plus ancien texte concernant la complainte, le ch. 69 au liv. Ier des *Etabl.*, nous parle précisément de la dépossession par force : « m'en a dessaisi à tort et à force[2] : » et le second texte, celui de Beaumanoir bien plus complet, plus juridique, parle aussi de la force. Au XIVe siècle, lorsque la complainte est devenue en Anjou un moyen possessoire bien caractérisé et bien distinct du pétitoire, les mots « *tort* et *force* » sont rigoureusement nécessaires dans les formules d'applègement et de contr'applègement[3]. La distinction fautive qu'adoptait Pasquier et dont il serait facile de montrer l'origine s'est perpétuée. On dit souvent encore que la réintégrande est une action possessoire à raison d'expulsion ou de spoliation, la complainte une action posses-

1 *Grand coutumier*, liv. II, ch. 21. Cout. de Reims de 1481, dans Varin, *Archives législ. de Reims*, Ire partie, *Coutumes*, p. 794 et suiv.; p. 802 et suiv. Cout. de Clermont de 1496, dans ms. fr. 4515, fol. 54 vo (Bibl. nat.). Cout. de Clermont de 1539, art. 52.

2 Pour tout ce qui précède voyez mes *Etabl.*, t. Ier, p. 112 et suiv.; pp. 338 à 340.

3 Beautemps-Beaupré, Ire partie, t. Ier, p. 274 et suiv.

soire à raison d'un trouble causé[1]. Cette distinction que je ne crois pas fondée historiquement donne lieu à bien des difficultés.

Toutes les questions relatives au possessoire font le tourment des jurisconsultes. Le possessoire est comme une forêt obscure au travers de laquelle quelques voies se laissent à peine reconnaître, encombrées et presque entièrement couvertes de vieux troncs morts et de pousses nouvelles. J'ai voulu marquer les artères principales et tracer comme un croquis à vol d'oiseau. Je ne m'aventure pas dans les fourrés et dans l'inextricable dédale du possessoire.

Bibliographie. — Dunod de Charnage, *Traité des prescriptions, de l'aliénation des biens d'Eglise et des dixmes*, 3e édit., Paris, 1753, in-4°. — Klimrath, *Etude historique sur la saisine d'après les coutumiers du moyen âge* (1835), dans Klimrath, *Travaux sur l'histoire du droit français*, t. II, pp. 339 à 399. — Unterholzner, *Ausführliche Entwickelung der gesammten Verjährungslehre aus den gemeinen in Deutschland geltenden Rechten*, 2e édit., par Th. Schirmer, Leipzig, 1858, 2 vol. — Laurière, *Dissertation sur le ténement de cinq ans*, Paris, 1696, p. 66 et suiv. — Gfrörer, *Die Verjährung*, dans *Zur Geschichte deutscher Volksrechte im Mittelalter*, t. Ier, 1865, p. 68 et suiv. — Molitor, *La possession, la revendication, la publicienne et les servitudes en droit romain avec les rapports entre la législation romaine et le droit français*, 1868, 2e édit. — Bruns, *Das Recht des Besitzes im Mittelalter und in der Gegenwart*, 1848. — Bruns, *Der ältere Besitz und das Possessorium ordinarium*, dans Bruns, *Kleinere Schriften*, t. Ier, p. 136 et suiv. — Esquirou de Parieu, *Etudes sur les actions possessoires*, Paris, 1850. — Renaud, *Die Besitzklagen nach französ. Rechte*, dans Mittermaier et Mohl, *Krit. Zeitschrift*, t. XXV, 1853, pp. 306-323 (compte rendu de l'ouvrage de M. Esquirou de Parieu; mais ce compte rendu a la valeur d'un article original). — Meischeider (E.), *Besitz und Besitzschutz, Studien über alte Probleme*, Berlin, 1876. — Alauzet, *Histoire de la possession et des actions possessoires en droit français*, Paris, 1849. — Valentin-Smith, *De l'origine de la possession annale*, 1854. — Heusler, *Die Gewere*, Weimar, 1872 (Joignez Paul Laband, *Zur Geschichte des deutschen Sachenrechts*, dans *Krit. Vierteljahrsschrift*, t. XV, 3e livr., München, 1873, pp. 378-421). —

[1] Parce qu'évidemment on a voulu assimiler la complainte à l'interdit *uti possidetis*. Sur ce sens des deux mots voyez Boitard et Colmet-Daage, *Leç. de proc. civ.*, t. Ier, 1876, p. 631. Sur l'interdit *uti possidetis* donné en cas de simple trouble voyez Ortlieb, *De la collatio, Des effets de la possession des meubles*, p. 59; et sur l'assimilation de la complainte à l'interdit *uti possidetis* voyez Laurière dans mes *Etabl.*, t. III, p. 369.

Ortlieb, *De la collatio en droit romain, Des effets de la possession des meubles dans le droit français ancien et moderne*, Nancy, 1871 (thèse). — Jobbé-Duval, *Etude historique sur la revendication des meubles en droit français*, Paris, 1881. — R. Poincaré, *De la possession des meubles en droit romain. De la revendication des meubles dans l'ancien droit et sous le Code civil* (thèse), Paris, 1883. — Van Bemmelen, *Le système de la propriété mobilière*, Leyde et Paris, 1887. — Glasson, *De la possession et des actions possessoires au moyen âge*, dans *Nouvelle revue hist. de droit français et étranger*, t. XIV, 1890, pp. 588-633.

CHAPITRE III.

DES CONTRATS EN GÉNÉRAL ET DE LA VENTE.

27 avril

1. *Préliminaires historiques.*

Définition. Solidarités primitives. — Les anciens législateurs avaient une conception concrète du droit. L'abstraction philosophique n'avait pas encore, en ces premiers temps, élaboré la matière. On ne définissait pas la propriété et les contrats. On était loin de distinguer et de classer scientifiquement les diverses espèces d'obligations. Cette définition et ce classement sont « le fruit d'un long travail qui a été accompli par la philosophie grecque et la jurisprudence romaine[1]. » Un moderne est facilement en mesure d'y ajouter aujourd'hui quelque chose.

Tout d'abord, nous avons besoin d'une définition qui nous aidera à pénétrer dans le monde barbare, bien qu'assurément les Barbares ne l'aient pas formulée eux-mêmes. Contrat, ou comme on disait au moyen âge, *convenence*[2], *marché*[3], s'entend, chez les peuples primitifs, de l'accord *sensible* de deux ou plusieurs volontés pour produire un effet juridique. Telle est la définition qui convient le mieux aux périodes historiques très anciennes. Je reviendrai sur cette définition et sur la forme du contrat; mais avant tout une courte introduction générale me paraît nécessaire.

L'état de communauté des peuples primitifs se manifeste de bien des manières. Le régime de la propriété est l'expression la plus frappante de cet état social; mais nous en rencontrons

[1] R. Dareste, *Etudes d'histoire du droit*, p. 43.

[2] Voyez Beaumanoir, ch. xxxiv, *Des convenences*, édit. Beugnot, t. II, p. 1 et suiv.

[3] Voyez P. de Fontaines, édit. Marnier, p. 343; ordonnance sur la procédure au Châtelet, dans mes *Establiss.*, t. Ier, p. 483.

peut-être aussi quelques effets dans le système des contrats et des obligations. Cela est très sensible, en ce qui concerne le contrat de vente. Nous verrons, en effet, que le contrat de vente d'un immeuble était primitivement sanctionné et consommé au sein de l'assemblée du peuple. Plusieurs autres contrats semblent porter avec eux chez les Germains comme un sentiment de communauté : lorsqu'un individu s'engage, il présente la plupart du temps avec lui comme garantie de son obligation, quelques cautions qui s'engagent elles-mêmes solidairement et sont liées aussi étroitement que le débiteur principal. De même dans l'ancien droit romain, les créances ou les dettes ont très souvent un caractère d'étroite solidarité; je veux parler des obligations dites corréales qui ont si fort intrigué les interprètes [1]. Dans le même droit romain, les débiteurs accessoires appelés fidéjusseurs sont au fond dans une position très voisine de celle des *rei promittendi*. La dette, à l'origine, ne se divise pas entre eux : le créancier peut demander le paiement intégral à tel d'entre eux, à son choix [2]. Chez les Germains, le débiteur accessoire est, pour ainsi dire, un second débiteur principal [3]; ce débiteur accessoire (caution, ou, pour parler latin, fidéjusseur) s'appelle, au moyen âge, *pleige* et continue à jouer le même rôle. Il apparaît continuellement dans les textes. Poursuivi par le créancier, le pleige ne peut échapper à la nécessité du paiement total, en faisant diviser la dette par le juge entre lui et les autres pleiges [4]. Le droit romain de Justinien accordait au fidéjusseur le bénéfice de division vis-à-vis des cofidéjusseurs; le bénéfice d'ordre ou de discussion vis-à-vis du débiteur principal [5]. Ces deux adoucissements vien-

[1] *Institutes de Justinien*, III, XVI, *De duobus reis*.

[2] Gaius, III, 121. Cette situation fut modifiée par un rescrit d'Adrien (*Institutes de Justinien*, III, XX, 4). Les autres cautions verbales antérieures aux fidéjusseurs étaient primitivement solidaires à la manière des fidéjusseurs avant Adrien. Voyez Appleton, *Etudes sur les sponsores, fidepromissores et fidejussores*, dans *Revue de législation ancienne et moderne*, année 1876, p. 544 et suiv. La solidarité dont je parle est donc bien un fait primitif en droit romain.

[3] Cf. Esmein, *Etudes sur les contrats*, p. 85 et suiv.

[4] Beaumanoir, XLIII, 7. Cf. Mortet, *Le livre des constitucions demenées el Chastelet de Paris*, Paris, 1883, p. 80, note 3; mes *Etablissements de saint Louis*, t. Ier, p. 187.

[5] *Nov.* 4, c. 1.

nent, à mesure que le droit de Justinien gagne du terrain, battre en brèche la forte position du créancier en face des pleiges[1]; mais les praticiens tinrent longtemps en échec les idées nouvelles en introduisant dans les actes une clause de style par laquelle les pleiges renonçaient au bénéfice de division et au bénéfice de discussion.

La coutume de Toulouse s'est montrée plus énergique encore. Elle a conservé jusqu'à la fin de l'ancien régime un droit antérieur à Justinien et bien plus rigoureux même que le droit mitigé d'Adrien. Si plusieurs Toulousains sont débiteurs solidaires ou fidéjusseurs d'une dette contractée par un Toulousain ou un étranger[2] envers un habitant de Toulouse, ce créancier toulousain peut poursuivre à son choix tel des fidéjusseurs ou des débiteurs solidaires; et celui-ci est tenu au paiement intégral. Les statuts de Montpellier refusent également le bénéfice de division au fidéjusseur[3]. Cette rigueur du droit nous révèle des nécessités commerciales très impérieuses dans des centres actifs comme Toulouse et Montpellier[4].

Rôle de la ménie et de la famille. — Les pleiges sont la plupart du temps des parents du débiteur : sous le masque de ces personnages juridiques, nous devons donc apercevoir des fa-

[1] *Etabl. de saint Louis*, liv. Ier, ch. 122. Cf. mon commentaire dans *Etablissements*, t. IV, p. 109.

[2] Le texte porte : « Si aliquis vel aliqua manens extra villam et barrie Tholose, vel maneat infra dex Tholose vel extra, fuerit alicui civi Tholose obligatus cum aliquo cive vel civibus Tholosanis in aliquo debito persolvendo, vel etiam pro tali extraneo aliquis civis vel cives Tholose fuerint fidejussores, creditor ille de consuetudine Tholosana potest principalem debitorem sive principales cives Tholose vel fidejussorem vel fidejussores cives Tholose convenire et petere, et recuperare ab eodem vel ab eisdem, et tenentur et debent debitores seu fidejussores Tholose cives totum illud debitum solvere creditori, quamvis etiam fuerit allegatum primo principalem debitorem fore conveniendum, et bona sua excutere quam ad civem Tholose principalem cum alio extraneo vel fidejussorem civem Tholose devenire » (*Coutumes de Toulouse*, 76, édit. Tardif, p. 37).

[3] *Thalamus parvus*, Ire partie, *Les coutumes* publiées par de Saint-Paul, 1836, pp. 36, 84, 86.

[4] Au XVIe siècle, dans le midi, la solidarité des fidéjusseurs commerciaux est généralement admise, sans bénéfice de discussion. (Julien, *Elémens de jurisprudence*, p. 367.) Cette solidarité se retrouve aujourd'hui dans la position juridique des endosseurs d'une lettre de change ou d'un billet à ordre. (*Code de commerce*, art. 118, 120, 187.)

milles dont la solidarité et la cohésion se sont plus tard brisées. Evidemment à l'époque mérovingienne toute la maison, toute la ménie[1] fut assez souvent appelée à s'engager pour son chef.

Il y a plus : dans certains cas, la famille pouvait avoir à répondre pour un de ses membres, sans s'être particulièrement obligée par aucun contrat déterminé. En effet, d'après la *Loi Salique*, l'homme condamné à payer une composition (au moins la *compositio homicidii*), pouvait, s'il était insolvable, rejeter sur ses proches, le paiement de sa dette : ainsi le voulait l'antique solidarité de la famille. Mais, en imposant à ses parents cette contribution forcée, il devait leur abandonner sa maison et son enclos. Le titre *De chrenecruda* décrit le transfert symbolique qui intervenait alors[2].

Sanction des obligations. — Les obligations, chez les peuples primitifs, sont garanties par les meubles et par la personne du débiteur, mais non par les immeubles qui ne répondent pas de la dette.

Le créancier poursuit son débiteur sans faire intervenir l'autorité publique : il opère une saisie privée appelée *pignoratio* ou *pigneratio*. Cette saisie nantit le créancier et, au bout d'un temps plus ou moins long, elle aboutit non à une vente, mais à une appropriation directe au profit du créancier. Ce qui, au fond, est bien naturel, car, chez les Barbares, le paiement d'une dette se fait ordinairement non en argent, mais en meubles corporels. Les lois barbares qui se ressentent plus ou moins des

[1] J'ai cru longtemps que toute la ménie était désignée dans l'*Edit de Chilpéric*, 6, par le mot *mitium*, sur lequel on a tant discuté et auquel on a voulu récemment substituer *initium*. Un récent et très remarquable travail de M. Brunner a ébranlé ma conviction : ce passage semble devoir être entendu autrement. Voyez Hessels, *Lex Salica*, p. 409, 3e colonne. Toutefois *mitium* se prend quelquefois pour la maison ou ménie elle-même (Table et ch. LVI dans les mss. H B G de la *Loi Salique*, édit. Hessels; comparez Hessels, p. XXV, col. 3, note *e;* col. 199-207). A lire : Waitz, *Deutsche Verfassungsgeschichte*, t. II, Ire partie, 3e édit., 1882, p. 426 et suiv.; Brunner, *Mithio und sperantes*, dans *Jurist. Abhandlungen, Festgabe für Georg Beseler*, Berlin, 1885, p. 22 et suiv.; Platon, dans *Revue d'économie politique*, 1888, pp. 161-167.

[2] *Loi Salique*, LVIII, édit. Behrend, p. 76. J'emprunte textuellement ce résumé du titre LVIII à l'importante publication de M. Esmein, *Etudes sur les contrats dans le très ancien droit français*, pp. 153, 154.

influences romaines ont généralement cherché à restreindre l'exercice de la *pignoratio*, à l'atténuer, à la modifier, parfois à l'exclure; mais elle reparaît vivace au moyen âge et s'éteint ensuite graduellement sous l'action de plus en plus active de l'autorité publique[1].

Si le débiteur ou le pleige n'a pas de meuble qu'on puisse gager, que fera le créancier qui ne peut, à l'origine, s'attaquer aux immeubles? Chez les anciens Romains, il pouvait se saisir du corps du créancier et lui couper quelque membre : ce droit barbare dont les vieilles législations scandinaves nous gardent des traces bien remarquables[2], n'en a laissé aucune dans notre histoire; mais le créancier peut toujours se saisir de la personne. C'est la contrainte par corps réalisée par un *emprisonnement privé*. Cet *emprisonnement privé* existe chez nous pendant la période germanique et au moyen âge : il tend à disparaître dans la seconde moitié du XIIIe siècle[3], du moins en tant que prérogative légale du créancier, mais il subsiste à titre de garantie conventionnelle. « Les cautions en particulier s'obligeaient à tenir prison à toute réquisition du créancier. Cela était

[1] Voyez mes *Etablissements de saint Louis*, t. Ier, pp. 97, 185, 186, 329, 330; Esmein, *Etudes sur les contrats*, pp. 90, 109, 113, 127, 150, 154. La *pignoratio* a joué contre la caution un plus grand rôle que contre le débiteur principal; voyez à ce sujet mes *Etabl.*, t. Ier, p. 187; Esmein, *ibid.*, p. 90 et *passim*. De nos jours un gage commercial ayant été constitué et reconnu par warrant, dès que le porteur du warrant a fait faire le protêt du warrant, il a droit de faire vendre le gage aux enchères sans aucune formalité de justice. Enfin notre *Code de commerce* lui-même, modifié en 1863, a emprunté à cette loi de 1858 les facilités introduites pour la vente publique du gage commercial. Ainsi certains usages primitifs qui, à première vue, nous paraissent monstrueux, avaient dans la pratique une raison d'être si profonde que nous y revenons ou que nous nous en rapprochons sans nous en douter, et qu'un des grands progrès du crédit moderne est de retrouver par des voies détournées l'équivalent d'un usage primitif. Voyez loi de 1858, art. 7; loi du 23 mai 1863 (*Code de commerce*, art. 93). Tout ce qui concerne le gage commercial est exposé avec détail et netteté par MM. Lyon-Caen et Renault, *Précis de droit commercial*, 1er fascicule, 1879, pp. 379 à 393.

[2] Voyez Kohler, *Shakespeare vor dem Forum der Jurisprudenz*, 1884, pp. 30, 31, 32, 33.

[3] En 1256, saint Louis supprime la contrainte par corps pour les débiteurs autres que les débiteurs du fisc *qui ont fait cession de biens* (Voyez mes *Etablissements*, t. Ier, p. 227).

une forme de plégerie si usitée qu'elle prit un nom particulier, l'*ostage, ostagium*[1]. »

Cependant le créancier fut peu à peu mis en possession d'une sûreté nouvelle autrement importante, je veux parler de l'immeuble. On ne donna d'abord au créancier que le revenu des immeubles de son débiteur : au XIVe siècle, Boutillier nous apprend que tel est encore le droit commun dans la région du nord[2]. Toutefois, au XIIIe siècle, dans la plus grande partie de la France, l'immeuble, sauf des cas exceptionnels[3], est devenu le gage du créancier[4].

2. *Contrats formalistes ou réels à l'origine. — Décadence du formalisme. — Invasion du droit romain.*

Caractère antique des contrats formalistes ou réels. Variétés. — Nous définissons aujourd'hui un contrat l'accord de deux ou plusieurs volontés pour produire un effet juridique. Chez les peuples primitifs l'accord de deux volontés ou, si l'on veut, le simple consentement ne suffit pas pour constituer un contrat; aussi ai-je défini le contrat des peuples primitifs l'*accord sensible* des volontés. Dans le vieux droit romain comme dans le droit germanique, l'accord de deux volontés ne produit un effet juridique qu'autant qu'il s'y joint une forme déterminée[5] ou une prestation (*res*)[6]. En d'autres termes, il n'existe en droit germanique que des contrats formels (on dit aussi formalistes) ou réels; pas de contrats consensuels. « La *Loi Salique* ne connaît que deux espèces d'obligations contractuelles, sui-

[1] Esmein, *ibid.*, p. 128. Cf. mes *Etablissements*, t. Ier, p. 226 et suiv.; Meyer et Longnon, *Raoul de Cambrai*, pp. v, 327; Kohler, *Shakespeare vor dem Forum der Jurisprudenz*, p. 57; *Recueil de l'Académie de législ. de Toulouse*, t. VI, p. 180 et suiv.

[2] Esmein, *ibid.*, p. 165. J'emprunte ici encore quelques expressions à M. Esmein. A lire : Franken, *Das französische Pfandrecht*, Berlin, 1879.

[3] Voyez Esmein, *ibid.*, p. 166.

[4] *Ibid.*, pp. 170, 172.

[5] Par exemple, écriture, paroles.

[6] Prestation ou remise d'une chose, comme dans le prêt de consommation ou prêt à usage, le dépôt, le gage.

vant qu'il y a *res pristita* ou *fides facta*[1]. » Aussi bien, c'est là un fait général : les contrats formalistes ou réels semblent avoir précédé partout les contrats purement consensuels.

Le contrat formaliste des Germains porte souvent dans les textes le nom de *fides facta*. Il n'est pas très facile de déterminer avec une précision parfaite le formalisme de la *fides facta*[2]. Suivant toutes probabilités, ce formalisme n'était pas toujours le même : il variait avec les milieux et avec les circonstances.

La *paumée* ou poignée de main est à mon sens une forme très ancienne et c'est aussi une forme germanique[3]. Elle est devenue caractéristique du contrat par excellence de la période féodale, du contrat de fief, mais elle n'était pas spéciale à ce contrat et nous la rencontrons fréquemment en plein moyen âge à l'occasion de beaucoup d'autres conventions[4]. C'est, à mes

[1] Dareste, dans *Journal des savants*, oct. 1883, p. 587.

[2] Voyez *Lex Salica*, tit. L, LI, édit. Behrend, pp. 65, 66, 67, 68. Notre éminent Paul Gide a déjà fait allusion à la *fides facta* à propos de la stipulation romaine (Gide, *Etude sur la novation*, pp. 22, 23). Voyez les observations que je présenterai à mon tour un peu plus loin, pp. 597, 598. Elles ajoutent, si je ne m'abuse, aux vues de Paul Gide un rapprochement très frappant. L'expression *fides facta* des textes barbares se rattache d'ailleurs aux formules de stipulation romaine, bien que cette expression romaine puisse désigner souvent dans les textes barbares un formalisme barbare, car il faut ici distinguer le mot qui est romain et la chose qui peut être barbare. Sur les formules romaines, voyez Voigt, *Alter und Entstehung der verschiedenen Stipulationsformeln*, dans *Jus naturale*, t. IV, pp. 423-425; Giraud, *La Lex Malacitana*, 1868, pp. 74-76.

[3] Lorsque je fais l'histoire du droit français, je ne puis guère appeler autrement que « germaniques » les éléments qui, présents dans les milieux germaniques, sont étrangers au droit romain et au sujet desquels le peu que nous savons du droit gaulois ne nous apprend rien; mais je n'ai garde d'exprimer une pensée exclusive et d'imaginer en disant « germaniques » que les éléments ainsi qualifiés sont étrangers à tout autre peuple que le peuple germain. Rien ne serait plus contraire à mes vues générales sur l'histoire du droit comparé. La *paumée* notamment n'a pas pris place dans le droit romain : mais elle existe dans les usages populaires romains; elle est constatée aussi chez les Grecs. Cf. Esmein dans *Nouvelle Revue hist.*, 1882, pp. 64, 65. Pour la paumée chez les anciens Perses voyez Cornelius Nepos, *Datames*, 10; Diodore, XVI, 34.

[4] Voyez les textes réunis par M. Esmein, *ibid.*, pp. 65, 66, 67; *Etudes sur les contrats*, pp. 26, 27. La *paumée* joue un grand rôle dans les provinces dites de droit écrit : dans un acte de 1344 intéressant Bourg-Saint-Andéol (Ardèche), je lis : « Et insuper se (le vendeur) de predictis rebus venditis devestivit et dictum Jordanum stipulantem et recipientem *per tactum manuum* investivit de eisdem » (Ma collection;

yeux, une des variétés les plus importantes de la *fides facta*[1].

Le fait de boire ensemble a été souvent considéré comme le signe matériel, indispensable à la validité d'un contrat. En Anjou et dans quelques contrées de l'Alsace, « les vins bus au cabaret du lieu dans lequel les biens sont situés[2] » ont joué, jusqu'à la fin de l'ancien régime, un rôle considérable dans le système juridique de la vente[3]. Il en est de même en Russie[4].

J'arrive à un formalisme qui a joué un grand rôle dans le droit barbare; la remise d'un fétu (*festuca*), d'un bâton, d'une verge ou d'une chose sans valeur, un gant[5], un bout de drap, en termes plus généraux, un gage (*wadium*). Si je ne m'abuse, les Romains des temps préhistoriques ont connu, eux aussi, le formalisme de la *festuca*. Chez eux, le contrat formel se nouait par un procédé identique au procédé germanique de la *festuca*, procédé dans lequel un fétu, appelé par Isidore *stipula*, jouait le même rôle que la *festuca* des textes d'origine germanique[6].

liasse intitulée : *Actes divers intéressant Bourg-Saint-Andéol*). Cette formule est très fréquente. Cf. *Coutume d'Alais*, art. 41, dans Beugnot, *Les Olim*, t. III, 2e part., p. 1474. M. Esmein a cité des textes de Bayonne, Marseille, Montpellier. La *paumée*, aujourd'hui encore, joue un rôle officiel en Allemagne : à Bonn et certainement sur beaucoup d'autres points, c'est par la paumée ou poignée de main que les conseillers municipaux nouvellement élus sont installés par le bourgmestre (Leclerc, *La vie municipale en Prusse, Bonn*, Paris, 1889, p. 16).

1 Je confonds avec intention ce que M. Esmein dans son savant et si remarquable travail sur les contrats a cru devoir distinguer (Esmein, *Etudes sur les contrats*, pp. 26, 27, 97, 98).

2 D'Agon de Lacontrie, *Ancien statutaire d'Alsace*, Colmar, 1825, p. 70. *Etablissements de saint Louis*, t. IV, p. 190.

3 Le savant jurisconsulte M. Bogišić (dans *Mélusine*, t. II, p. 6) s'est cru autorisé à conclure de ce fait à la certitude de l'étymologie proposée depuis longtemps pour le mot *ratafia* (*Res rata fiat!*) Les philologues que je consulte ne m'autorisent pas à accepter cette étymologie : quel dommage!

4 Cf. Esmein, dans *Nouvelle Revue hist.*, janvier-février 1887, pp. 63-65.

5 « Cum festuca fidem faciat » (*Lex Rip.*, XXXI, édit. Sohm, apud Pertz, *Leges*, t. V, p. 222). Le formalisme complet de la *festuca* qui, sans doute, ne fut pas toujours observé, est décrit dans Baluze, *Cap.*, I, col. 989; *Lex Romana Rætica Curiensis*, II, II, dans Pertz, *Leges*, t. V, p. 421.

6 Voici les opinions des anciens sur la valeur étymologique du mot *stipulatio* : « (Stipulatio) hoc nomine inde utitur, quia stipulum apud veteres firmum appellabatur, forte a stipite descendens » (*Institutes de Justinien*, III, XV, prœm.). Cf. Paul, *Sententes*, V, VII, 1. « Dicta autem stipulatio a stipula. Veteres enim quando sibi aliquid promittebant, stipulam tenentes frangebant : quam iterum jungentes, sponsiones

Cette *stipula* romaine a disparu légalement sous l'action de la civilisation et le formalisme du bâton a été remplacé à Rome par le formalisme verbal de la question et de la réponse. Mais ce formalisme secondaire conserve, dans son nom même, la marque de son origine : on l'appelle *stipulatio*. La *stipulatio* ou contrat verbal formel par interrogation suivie d'une réponse concordante était en vigueur chez les Gallo-Romains, lors des invasions germaniques ou du moins elle existait théoriquement parmi eux, car on se contentait souvent d'énoncer dans un acte écrit qu'il y avait eu *stipulatio* [1]. La *stipulatio* servait surtout à cette époque à consolider tous les pactes par l'addition d'une *pœna* contre le débiteur qui violerait la convention. La *stipulatio* se rencontra avec la *festuca*, son aïeule; et, curieux phénomène, une affinité intime appela l'une vers l'autre ces deux institutions et les fondit l'une dans l'autre. Le peuple avait certainement conservé un sentiment vrai de la valeur étymologique du mot *stipulatio*; et, d'ailleurs, il pouvait bien aussi avoir gardé dans la pratique extralégale l'usage de la *stipula* ou du fétu, tout comme aujourd'hui, sous l'empire du *Code civil*, nous concluons volontiers un contrat soit en nous donnant une poignée de main, soit en buvant un verre de vin au cabaret, procédés qui ont perdu, mais qui eurent autrefois une valeur juridique.

Quelques détails sur cette fusion de la *festuca* et de la *stipulatio* pourront peut-être intéresser le lecteur. Les Romains mentionnaient avec soin dans les rédactions écrites de leurs actes le formalisme de la *stipulatio*; et nous voyons, dès le ve siècle, dans un milieu qui n'est pas purement romain, appa-

suas agnoscebant. Sive quod *stipulum* juxta Paulum juridicum *firmum* appellaverunt » (Isidore, *Etymologies*, lib. V, c. xxiv, 30, édit. Migne, t. III, 1877, p. 206). « Stipem dicebant pecuniam signatam, quod stiparetur : ideo stipulari dicitur is qui interrogat alterum, spondeatne stipem, id est æs » (Festus, xvii, édit. Savagner, 1846, p. 561).

La philologie moderne n'a pas d'autre solution que celle d'Isidore de Séville; de sorte que, tout en reproduisant dans le texte l'étymologie d'Isidore, je suis en réalité une autorité philologique sensiblement plus considérable qu'Isidore, à savoir M. Michel Bréal. M. Bréal a fait observer que le *sagmen* ou fétu joue un rôle dans une stipulation solennelle décrite par Tite-Live (I, 24). Il faut lire les pages que M. Bréal a consacrées à la *stipulatio* dans *Les tables Eugubines*, Paris, 1875, p. 14 et suiv.

[1] Suivant M. Gérardin, il en était ainsi dès le IIIe siècle de l'ère chrétienne (Gérardin, dans *Nouvelle Revue hist.*, mars-avril 1885, p. 139).

raître la formule *stipulatione interposita*[1], qui paraît être tout simplement une allusion au contrat verbal romain. Mais, dans d'autres actes plus récents, *stipulatione* est remplacé par *stipula*[2] et même par *culmo (= calamo)*. Dès lors, nous ne pouvons douter que le mot *stipulatio* ne vise assez souvent le rite de la *festuca*. Ce sens barbare du mot *stipulatio* me paraît très digne d'attention. Je signalais tout à l'heure la *festuca* à l'origine de la *stipulatio* romaine. Et voici que je retrouve cette *festuca* treize cents ans plus tard dans les temps barbares. La *stipulatio* romaine à son déclin s'est rapprochée, en se germanisant, de la *stipulatio* romaine des temps primitifs.

Autour de ce mot *stipulatio* les notions se troublent et se confondent; dans d'autres actes, la formule *stipulatione subnixa* annonce tout simplement les souscriptions[3]. Mais ces confusions et ces métamorphoses n'eurent pas complètement raison de la *stipulatio* romaine, ce contrat formaliste verbal si vrai, si simple, si adéquat à la nature des choses. Non seulement les scribes la mentionnèrent très souvent dans les formules et dans les chartes où elle apparaît comme une ombre juridique, comme un fantôme sans corps, mais elle prit (un peu dénaturée, il est vrai) dans la célébration du mariage une place bien réelle et non plus fictive, une place de plus en plus importante[4] d'où est issue la forme actuelle du mariage français.

Germanisation des contrats au commencement de notre his-

[1] Acte des années 450-480, cité par Zœpfl, *Alterthümer*, t. II, p. 346. La formule *stipulatione interposita* est évidemment une manière abrégée de dire ce qu'un acte de l'an 491 dit plus longuement : « stipulantique tibi..... spopondi ego. » (Mabillon, *De re diplomatica. Supplementum*, t. II, Neapoli, 1789, p. 89). Comparez, dans un acte purement romain de l'an 565, la formule : « stipulatione et sponsione interposita » (*ibid.*, p. 91, ligne 13).

[2] *Stipulatione subnixa. Stipula subnixa* (*ibid.*, 351).

[3] Brunner, *Zur Geschichte der römischen und germanischen Urkunde*, t. Ier, p. 224 et suiv.

[4] Pour la stipulation dans le mariage voici un texte qui nous permet de remonter très haut : « Coemptio vero certis solemnitatibus apud priscos peragebatur in contrahendo matrimonio et sese coemendo vir et uxor interrogabant, vir ita : an mulier sibi materfamilias esse vellet. Illa respondit : velle. Item mulier interrogabat utrum vir sibi paterfamilias esse vellet. Ille respondebat : velle. » (Ulpien, *Instit.*, dans Servius, *Ad Æneid.*, IV; d'après Bremer, *De Domitii Ulpiani institutionibus*, Bonnæ, 1863, p. 19. Ce passage concorde avec ce que Boëce a cité d'Ulpien). Voyez Servius Sulpicius cité par Aulu-Gelle, IV, 4e édit., Hertz, t. Ier, p. 253.

toire. Décadence ultérieure du formalisme. — Pendant la période germanique, c'est-à-dire à l'époque mérovingienne et carolingienne, la nécessité d'une prestation (*res*) ou d'une forme déterminée envahissent le droit. Certains éléments romains, se dénaturant, viennent élargir le cercle des contrats formalistes ou réels. Ainsi, en droit romain, les arrhes données à propos d'un contrat consensuel romain, de la vente en particulier, sont un signe extérieur, mais non un élément constitutif de l'obligation. Chez les Wisigoths et chez les Bavarois, les arrhes rendent obligatoire une convention qui, sans elles, ne l'eût pas été. Elles pénètrent dans le contrat[1], qui dès lors se forme au moyen d'une prestation, *re*.

Enfin l'écriture ou la charte contenant le contrat écrit semble avoir pris souvent le caractère non pas d'un moyen de preuve, mais d'un élément matériel indispensable à la naissance du contrat[2]. Ce fut une extension à des cas nouveaux du contrat littéral des Romains, car les Romains eux-mêmes, dans certaines circonstances, subordonnaient la naissance du contrat à l'existence d'une formule écrite[3].

Ces phénomènes juridiques s'expliquent très facilement ; la raison d'être puissante et intime du formalisme primitif, c'est qu'il constitue un excellent moyen de preuve, parfaitement adapté à la faible culture d'un peuple barbare. L'esprit d'analyse n'existe pas encore chez ce peuple ou plutôt n'existe qu'à l'état rudimentaire: il ne distingue pas le contrat lui-même de la preuve de ce contrat et il conçoit la preuve, c'est-à-dire le signe matériel comme un élément même du contrat[4].

1 Esmein, *Etudes sur les contrats*, pp. 13, 14.

2 Et même au transfert de la propriété. Voyez *ibid.*, p. 19, note 5. Voici un des textes les plus probants : « Venditio facta per scripturam plenam habeat firmitatem. Cæterum si etiam scriptura facta non fuerit, et datum pretium præsentibus testibus conroboretur, et plenum habeat emptio robur. Venditio vero si fuerit violenter et per metum extorta, nulla valeat ratione » (*Forum judicum*, V, IV, 3, dans *Portugaliæ monum. historica, Leges et consuetudines*, t. Ier, p. 57). Le droit romain de Justinien incline sensiblement vers cette conception. Voyez *Code de Justinien*, IV, XXI, 17; IV, XXXVIII, 15.

3 *Institutes de Justinien*, III, XXI.

4 Lire sur le formalisme : R. von Ihering, *L'esprit du droit romain*, trad. O. de Meulenaere, t. III, Paris, 1877, p. 177 et suiv. et *passim*.

La décadence du formalisme se manifeste très nettement au XIIIe siècle. Diverses influences se combinent à cette époque et exercent simultanément leur action sur l'esprit des jurisconsultes. L'Eglise se refusa à rejeter les conventions même dénuées des formes voulues, dès qu'elles avaient été accompagnées du serment. Ce fut un premier pas. D'autre part, les canonistes continuèrent et développèrent le mouvement déjà très accusé parmi les jurisconsultes romains qui tendaient à transformer les conventions ou contrats en actes purement consensuels. En effet, le droit romain classique reconnaissait déjà l'existence de quelques contrats purement consensuels, c'est-à-dire existant par le seul fait du consentement mutuel des parties[1]; de plus, à côté des contrats, il y avait les pactes ou simples conventions non obligatoires suivant l'ancien droit civil. Un bon nombre de pactes furent peu à peu rendus obligatoires et munis, comme disaient les Romains, d'une action; mais d'autres pactes continuèrent à ne produire aucun lien juridique : on les appela les *pacta nuda*[2]. Les canonistes franchirent ce pas : ils reconnurent aux *pacta nuda* une valeur exécutoire[3]. Cette conception passa au XVe siècle de l'enseignement canonique dans l'enseignement civil, à la suite des travaux du *Panormitain* : « Autant vaut une simple promesse ou convenance que les stipulations du droit romain[4]. »

La tradition formaliste et l'idée nouvelle sont en lutte au XIIIe siècle. L'idée nouvelle triomphera un jour. Elle est inscrite au frontispice de la théorie moderne. Cependant, en dépit des principes généraux, certains contrats écrits d'une grande importance demeurent, en droit français, contrats formalistes. Les donations et les contrats de mariage, ces actes, comme on dit aujourd'hui, solennels, sont, en effet, par excellence, des

[1] Gaius, III, 135, 136. Cf. Hænel, *Lex romana Visig.*, p. 334.

[2] *Digeste*, II, XIV, *Code de Just.*, II, III. Sur les quelques cas dans lesquels la règle *ex pacto actio non nascitur*, subsiste dans le dernier état du droit romain, voyez Labbé sur Ortolan, *Droit romain*, t. III, p. 890. Lire ici Cuq, *De pactis. Des obligations naturelles*, Paris, 1874 (thèse).

[3] *Décrétales de Grégoire IX*, I, XXXV, 1, 3.

[4] Cf. Karsten, *Die Lehre vom Vertrage*, Rostock, 1882, pp. 112, 135; Esmein, *Etudes sur les contrats*, p. 33 et suiv.; Loisel, *Instit. coutum.*, III, I, II, 357.

contrats formalistes. Ajoutez enfin le mariage. Voilà les trois forteresses avancées et avouées du formalisme moderne : elles semblent nous inviter à méditer les raisons d'être profondes et persistantes d'une foule de notions primitives que, trop légèrement, nous considérons comme surannées et barbares [1].

Toutefois, abstraction faite de ces contrats exceptionnels, nous formulons aujourd'hui le principe que les contrats sont purement consensuels. Cette règle apparaît, je le répète, au XIIIe siècle ; elle s'établit assez solidement dans le droit au XVe siècle.

Mais elle est, on ne saurait se le dissimuler, pleine de périls. Ces périls furent aperçus de bonne heure. Et ce même sens pratique qui avait conçu originairement le formalisme des contrats sut parfaitement barrer aux contrats consensuels le chemin des affaires et les routes battues. Au principe nouveau on opposa des règles nouvelles touchant la preuve des contrats. Je songe ici à l'article 54 de l'ordonnance de Moulins de 1566. Aux termes de cette ordonnance il doit être passé acte « par devant notaires et témoins » de toutes choses excédant la valeur de cent livres : et il n'est reçu aucune preuve par témoins outre le contenu au contrat. Cette règle a passé dans l'ordonnance de 1667 (tit. XX, art. 2) et de là dans notre *Code civil* qui a changé le chiffre de cent livres en celui de cent cinquante francs et exigé seulement un acte écrit par devant notaires ou sous signature privée [2].

Les premières tentatives dans le sens de cette réforme importante datent du XIIIe siècle [3].

La communauté des juifs de Metz a conservé jusqu'à la fin de l'ancien régime un formalisme très caractérisé : les contrats

1 Il y aurait quelque puérilité à parler du formalisme des temps primitifs, sans songer au formalisme plus lourd des périodes avancées en civilisation. Ce serait être le jouet de conceptions de l'esprit qui n'ont pas une grande action dans la vie pratique.

2 *Code civil*, art. 1341.

3 Voyez mes *Etablissements*, t. Ier, p. 324 ; t. III, p. 143, avec la note 3. Les statuts d'Arles que je cite à la note 3, sont de 1245 environ, ainsi que M. Giry l'a établi. Cf. ci-dessus, p. 140.

n'y étaient réputés parfaits et consommés que par l'attouchement du vêtement, attouchement dit *Quiniazouder*[1].

Les influences romaines, constamment sensibles dans l'histoire des contrats, changent de caractère à partir de la seconde moitié du XIVe siècle. Le droit romain s'était jusqu'alors propagé par infiltration et pénétration. C'est maintenant un large flot qui submerge ce terrain juridique. La terminologie et les théories romaines s'établissent et règnent. Toute cette matière avait été très finement et très sagement analysée par les jurisconsultes romains. Quand on voulut préciser, classer, distinguer, fonder enfin une doctrine et une théorie, on copia ces grands maîtres. Je ne puis entrer dans le détail; je me contenterai de quelques généralités.

L'analyse philosophique des éléments essentiels du contrat, dessinée, avec le secours du bon sens et du droit romain, dans le *Code civil*, avait été approfondie par Domat, Pothier, et autres jurisconsultes. Les rédacteurs du *Code* résumèrent en quelques lignes les réflexions et les essais de leurs prédécesseurs : « Quatre conditions sont essentielles pour la validité d'une convention : le consentement de la partie qui s'oblige; sa capacité de contracter; un objet certain qui forme la matière de l'engagement; une cause licite dans l'obligation[2]. »

[1] *Sic* dans *Coutumes et usages observés par les juifs de Metz*, 1743, tit. III, ch. 1er, art. 2; exemplaire ms. de la Bibl. de la faculté de droit de Paris. La véritable orthographe est *Kiniân Soudâr* (littéralement *acquisition par le vêtement*). L'attouchement ou offre réciproque du pan de l'habit remonte chez les juifs à la plus haute antiquité. Cet usage se rattache au procédé mentionné dans *Ruth*, IV, 7. (Je résume ici une bienveillante communication de M. Derenbourg, mon excellent confrère, dont la science en ces matières n'a point de rivale.) Cf. Buxtorf, *Lexicon Chaldaicum, Talmudicum et Rabinicum*, edidit Fischer, Lipsiæ, 1869, t. Ier, pp. 964, 1026, note 97.

[2] *Code civil*, art. 1108. *Digeste*, XLIV, VII, 1, § 9, 12, 13, 52, § 4, 9; II, XIV, 1, § 2; 27, § 4; XLV, I, 26, 35, 61, 115, 137, § 1. *Code de Justinien*, II, III, 6. Domat, *Les lois civiles*, 1re part., liv. Ier, tit. Ier, sect. 1. Pothier, *Traité des obligations*, art. 5, édit. de Paris, 1774, t. Ier, p. 11 et suiv. Divers travaux qui veulent être médités, tendent à établir que la cause ne forme pas l'un des éléments essentiels de la validité des contrats : Ernst dans *Bibl. du jurisc. et du publiciste*, 1826, t. Ier, p. 250 et suiv.; Timbal, *De la cause dans les contrats*, Toulouse; Crouzel, *Note sur la théorie générale des conventions;* Brissaud, *De la notion de cause dans les oblig. convent.*, Bordeaux; Artur (Emile), *De la cause*, Paris, 1878 (thèse).

Cet article 1108 du *Code civil* se retrouve essentiellement, mais non encore systématisé et condensé, dans le droit romain.

D'autres résumés systématiques avaient été déjà donnés par les jurisconsultes romains : ils circulèrent de très bonne heure dans nos livres de droit. Il faut signaler notamment parmi ces emprunts anciens le cadre où les Romains avaient tracé l'origine, la naissance de toutes les obligations. Une courte explication est ici nécessaire. Les contrats engendrent les obligations, c'est-à-dire qu'ils font naître entre deux personnes des rapports juridiques tels que l'une peut exiger de l'autre un avantage, un service. Mais ce rapport juridique appelé par les Romains *obligatio* existe souvent en dehors des contrats. C'est ce que les jurisconsultes romains ne manquèrent point d'observer. Avec un peu de réflexion, ils constatèrent facilement que les obligations sont créées par les contrats, par les délits et par des actes voisins des contrats (*quasi ex contractu*) ou des délits (*quasi ex delicto*[1]). Nos anciens copiaient déjà cette théorie à la fin du XIVe siècle dans le *Style du Châtelet :* « Obligation[2] procede par quatre maniere : par contract; ou aussi comme contract; par maleffice; ou aussi comme maleffice. » Il faut ajouter, toujours avec les Romains, que l'obligation est encore créée par la loi elle-même[3]. Ces théories passèrent dans le *Grand coutumier*[4]. Elles furent charriées depuis lors par le train un peu lourd des jurisconsultes des cinq derniers siècles et versées enfin de Pothier[5] dans le *Code civil*[6].

Le droit romain n'est pas moins apparent dans notre système actuel des obligations solidaires. L'obligation solidaire[7], dans son but et ses principaux caractères, est telle encore que la

[1] *Institutes de Justinien*, III, XIII, 2.

[2] *Style du Châtelet*, dans le ms. fr. 1076 (Bibl. Nat.), fol. 129 v°.

[3] *Digeste*, XLIV, VII, 1.

[4] *Grand Coutumier*, liv. II, ch. 12, édit. de Charondas le Caron, 1598, p. 110 et suiv. Boutillier, *Somme rural*, liv. Ier, tit. XXV.

[5] Pothier, *Traité des oblig.*, § 2, édit. de Paris, 1774, t. Ier, p. 5.

[6] *Code civil*, art. 1370, 1371 et suiv.; 1382 et suiv.

[7] *Code civil*, art. 1197 et suiv.

jurisprudence romaine l'avait construite. Elle n'a subi qu'un petit nombre de modifications [1].

Mais je ne puis entrer dans le détail des emprunts faits au droit romain par le mouvement juridique des derniers siècles. La matière des contrats et des obligations est éminemment délicate et fine. Les Romains avaient ici fait jouer tous les ressorts de leur intelligence analytique. Placés en face des mêmes problèmes, les jurisconsultes français se sont mis à leur école. Pothier a résumé ce labeur dans son *Traité des obligations* qui souvent a été transcrit littéralement par les rédacteurs du *Code civil.*

3. *De la vente.*

Le droit romain primitif. Le droit germanique primitif. — Je ne puis aborder l'histoire de tous les contrats; je dois dans un ouvrage sommaire laisser de côté, comme on dit, l'histoire des *petits contrats*. Je ne m'occuperai que des contrats les plus importants. La vente est au premier rang. Un mot sur l'histoire de ce contrat préparera l'esprit du lecteur à bien entendre celle des grands contrats terriens du moyen âge, le fief, l'emphytéose, etc., contrats qui se rattachent si intimement, comme nous le verrons, à l'étude des biens.

Le droit romain classique est tout pénétré de ce dogme fondamental : le contrat ne peut transférer la propriété ou un droit réel quelconque : il ne crée, comme on a dit plus tard, que des droits personnels ou droits de créance. Le contrat de vente, enseignent les jurisconsultes romains, crée donc seulement une obligation de livrer [2]; c'est par la tradition effectuée en exécution de l'obligation et suivie du paiement réel et intégral du

1 *Somme rural*, liv. Ier, tit. XXVI. Loisel, *Instit. cout.*, règle 367, avec les notes. A lire : M. Gérardin, *Etude sur la solidarité*, dans *Nouvelle revue hist.*, mai-juin 1884, p. 237 et suiv.

2 En droit romain la vente est un contrat par lequel le vendeur s'oblige envers l'acheteur *à lui faire avoir librement la chose vendue; præstare emptori rem licere habere* (*Digeste*, XIX, I, 30, § 1). Ces mots ne renferment même pas l'obligation précise de transférer le domaine à l'acheteur (Cf. Pothier, *Vente*, art. prél.; Aubépin, dans *Revue crit.*, t. XIV, p. 432).

prix que la propriété ou, au moins, la possession sera transmise[1].

Examinons ce dogme un moment. Il est tout plein de finesse et de distinctions, de savante analyse. *A priori* n'est-il point moderne? Un peuple jeune n'est pas, ce semble, jurisconsulte aussi subtil.

Si je cherche à vérifier l'exactitude de cette présomption historique, j'en rencontre immédiatement dans le droit romain primitif la confirmation éclatante. Comment la propriété des immeubles et d'un bon nombre de choses ayant quelque affinité avec les immeubles se transférait-elle chez les anciens Romains? Précisément par un contrat, par un contrat formaliste par excellence, ou, pour mieux dire, par un acte éminemment synthétique qui contenait, dans sa simplicité primitive, les éléments divers qu'on a distingués plus tard sous les noms de *contrat*, de *tradition*, de *transfert de propriété*. La célèbre mancipation romaine est à la fois tout cela. Elle avait lieu en présence de cinq témoins, citoyens romains, pubères, et d'une sixième personne réunissant les mêmes qualités et tenant une balance de cuivre (*libripens*). L'acquéreur disait : *Je déclare que cette chose* (la tenant, si elle est mobilière) *est mienne d'après le droit des Quirites et je l'ai achetée par ce cuivre et cette balance de cuivre*. En même temps, il posait sur la balance un morceau de cuivre qu'il tenait à la main, et il le donnait au propriétaire de qui il recevait la chose mancipée[2].

On a supposé, il y a longtemps, que les cinq témoins de la mancipation romaine, témoins tirés des classes, *testes classici*, représentaient les cinq classes du peuple romain, originairement réunies pour un acte de ce genre[3]. Aucune hypothèse ne

1 *Institutes de Justinien*, II, I, 40, 41.

2 Gaius, I, 119. Sur le double caractère de la *mancipation* à la fois contrat et transfert voyez Voigt, *Die XII Tafeln*, p. 139.

3 Voyez Engelbach, *Ueber die Usucapion zur Zeit der zwölf Tafeln*, Marburg, 1828, pp. 40, 41. A lire sur la mancipation : Leist, *Mancipation und Eigenthumstradition*, Jena, 1865; Voigt, *Die XII Tafeln*, p. 125 et suiv.; Kohler, dans *Krit. Vierteljahresschrift für Gesetzgebung und Rechtswissenschaft*, Neue Folge, t. IV, 1881, p. 30; Bruns, *Die sieben Zeugen des röm. Rechts*, dans *Comment. philog., in honorem Theod. Mommseni scripserunt amici*, Berolini, 1877, p. 489 et suiv.; Reynolds, *De vera ju-*

me paraît plus vraisemblable. Les choses *mancipi* auraient donc été jadis aliénées dans l'assemblée du peuple romain. Dès lors, nous pourrions affirmer que les Germains à l'origine n'ont point transféré la propriété d'un immeuble d'une autre manière que les Romains primitifs. C'est, en effet, à mon avis, dans l'assemblée publique, c'est dans le plaid et avec le consentement de la tribu que l'acte se réalisait [1]. L'acheteur était investi symboliquement [2] et nous pourrons suivre cet investissement symbolique jusqu'à la fin de l'ancien régime.

Une institution juridique primitive peut subir, en des pays très divers, les mêmes métamorphoses et rester ainsi, sous sa forme nouvelle, très facilement reconnaissable. La vente scandinave sous la forme solennelle appelée *scotatio* et la mancipation romaine me font songer, vu leur ressemblance, à une même institution primitive, à une institution populaire. C'est, à mon sens, la vente primitive du droit germanique, la vente conclue

dicii juratorum origine, 1842, pp. I, II (à la fin de la brochure); Böcking, *Pandekten*, t. Ier, 1853, p. 177, note 19; Cuq, *Les instit. jurid. des Romains, L'ancien droit*, p. 104; Cogliolo, *Storia del diritto privato romano*, t. II, p. 27; Guillot, *De la mancipation*, Lyon, 1890 (thèse); Bonfante, *Res mancipi e nec mancipi*, Roma, 1889; Brezzo, *La mancipatio*, Torino, 1891. Joignez compte rendu critique de ces deux derniers ouvrages par Audibert, dans *Nouvelle revue hist. de droit*, 1891, pp. 803-812. Le droit comparé vient à mes yeux résoudre contre Bruns et autres critiques d'une grande valeur cette question des origines de la mancipation très débattue entre les romanistes.

1 Cf. *Lex Ripuar.*, tit. LIX (61), *De venditionibus*, 1, 7, dans Walter, *Corpus juris*, t. Ier, pp. 182, 183; dans Pertz, *Leges*, t. V. pp. 247, 248; *Lex Salica*, tit. XLV, *De migrantibus*. Le rapprochement entre la mancipation et la vente germanique a été fait, dès 1859, par M. Aubépin dans *Revue critique de législation*, t. XIV, 1859, pp. 188, 189. Voyez sur ce passage célèbre de la *Loi Ripuaire*, *Revue critique d'histoire et de littérature*, 7e année, 2e semestre, pp. 174, 374; Brunner, *Beiträge zur Geschichte und Domaglik der Werthpapiere*, dans Goldschmidt, *Zeitschrift für das gesammte Handelsrecht*, t. XXII, 1877, pp. 537, 538, 550. Pris isolément, le titre de la *Loi Rip.* que j'interprète dans le texte, pourrait être mal compris. Il faut songer, pour l'entendre historiquement, au titre XLV de la *Loi Salique* : le rédacteur semble mettre sur le compte d'une fantaisie de l'acheteur ce qui est tout à fait dans la tradition et les usages germaniques. Pourquoi? A mon avis, il y a là un sentiment romain; le rédacteur veut laisser à l'acheteur la liberté de suivre les mœurs nouvelles. De ce titre LIX de la *Loi Ripuaire* je crois légitime de rapprocher le *gairethinx* des Lombards. Voyez notamment Pertz, *Leges*, t. IV, pp. 40, 428 et *passim*.

2 Tel est le sens véritable des mots : *et rem accipiat*. Voyez dans Pertz, *Leges*, t. V, p. 248, la note 28 de Sohm.

et réalisée au sein de l'assemblée populaire qui aboutit, au moyen âge, chez les Scandinaves, à la forme de la *scotatio*. Quant à la *mancipation* romaine, il y a longtemps qu'on l'a rattachée aussi à une forme populaire primitive perdue. Les témoins rigides de la *scotatio* m'apparaissent comme les représentants pétrifiés de la tribu ou du village germain[1]; de même les témoins de la mancipation ne sont autre chose, aux yeux d'excellents critiques, que les statues symboliques des cinq classes du peuple romain. Mais c'est là une simple hypothèse. Nous n'oublions pas qu'au dire des vieux jurisconsultes scandinaves, les témoins de la *scotatio* n'avaient d'autre mission que celle d'attester la vente[2].

Conception du moyen âge en matière de vente. — Le droit, comme l'industrie, progresse en spécialisant les fonctions. Les Romains, je l'ai dit, sont partis de la mancipation, cet acte éminemment synthétique et formaliste, pour arriver, dans le dernier état du droit, à des conceptions analytiques qui peuvent être ainsi résumés :

1° Le contrat de vente est purement consensuel, il existe sans remise d'une chose, sans écriture, sans stipulation[3]. Il engendre une obligation de livrer. Il ne transfère ni possession, ni propriété.

2° Le transfert de la possession ou de la propriété n'a lieu que par la tradition ou livraison de la chose aux mains de l'acheteur, tradition suivie du paiement réel et intégral du prix[4].

[1] Cf. Schlyter, *Glossarium ad Corpus juris Sueo-Gotorum antiqui*, Lund, 1877, pp. 210, 211, 212; Hildebrand, *Svenskt Diplomatarium*, t. V, 1er liv., 1878, pp. 2, 9, 10, 24, 26; Grimm, *Deutsche Rechtsalterthümer*, p. 433; *Loi de Valdemar*, 37, 38, dans Kold.-Rosenv., *Samling*, t. III, 1837, p. 76. Ce rapprochement avec la mancipation que je proposais déjà en 1885, s'est présenté aussi à l'esprit de M. Beauchet (*Nouvelle revue hist.*, 1887, pp. 382, 383, avec la note 5).

[2] *Antiquæ leges Scaniæ*, 38, dans Kolderup-Rosenvinge, *Samling af gamle danske Love*, t. Ier, 1846, p. 48.

[3] Gaius, III, 135, 136. Cf. Hænel, *Lex romana Visig.*, p. 334. Sur les origines de la vente (et du louage) chez les Romains, voyez les conjectures très remarquables de Mommsen, dans *Zeitschrift der Savigny Stiftung für Rechtsgeschichte, Rom. Abth.*, t. VI, p. 260 et suiv.

[4] *Institutes de Justinien*, II, 1, 41. Parfois, un acte constate le contrat proprement dit, *instrumentum venditionis;* un autre acte l'envoi en possession et le transfert de la propriété, *epistula traditionis* (Marini, *Papiri dipl.*, pp. 176-177, n° cxv).

Nos aïeux dont le point de départ était la vente *in mallo*[1], ont descendu la même pente. Un mouvement spontané et conforme à la marche naturelle des choses les y poussait peu à peu. Ce mouvement fut, d'ailleurs, fortifié par les influences romaines. Il y a plus : notre droit a réalisé une dernière transformation vers laquelle les habitudes romaines s'acheminaient peut-être silencieusement. Bannissant de ses conceptions la nécessité de la tradition, il en est venu à émettre ce principe nouveau, monstrueuse hérésie aux yeux d'un jurisconsulte romain de la période classique : l'acheteur devient propriétaire par le seul consentement des parties contractantes[2].

Cette grande transformation s'est préparée et réalisée lentement dans le cours des siècles. Les phénomènes de la période germanique que j'ai résumés dans le paragraphe précédent, ne semblent pas un acheminement vers ce point d'arrivée. C'est, tout au contraire, un envahissement général du formalisme qui se fait sentir au début de notre histoire. Encore au IXe siècle, l'idée de vente et celle de tradition paraissent constituer dans les milieux germaniques purs un agrégat que l'analyse juridique n'a pas disjoint[3]. Mais, à la même époque et déjà antérieurement, grand nombre d'actes de vente distinguent, suivant la conception romaine, la vente de la tradition ou ensaisinement[4]. Au moyen âge, nous voyons clairement se dégager de la masse confuse des textes une situation d'où est sorti sans effort le droit moderne. La conception du moyen âge se résume en ces termes :

[1] Pour être tout à fait exact, je dois faire observer que les termes de la *Loi Ripuaire* permettent déjà, à la rigueur, de discerner le contrat et le transfert, mais il y a là un effet de mots auquel il ne faut pas attacher trop d'importance : « Si quis alteri aliquid vendiderit et emptor testamentum vindicionis accipere voluerit, in mallo hoc facere voluerit, precium in præsente tradat et rem accipiat, et testamentum publice conscribatur. »

[2] *Code civil*, art. 1138. Cf. *Code civil*, art. 1583, 1703; *Code de procédure*, art. 834. Voyez ici Marcadé, *Explication du Code Napoléon*, 6e édit., t. IV, 1866, pp. 403 à 411.

[3] *Hludowici capituli legibus addendi versio Francica*, dans Boretius, *Capitularia*, t. Ier, pars Ia, p. 380.

[4] Voyez notamment Marculf, II, 20 (Rozière, 275); Sirmond, 43 (Rozière, 276); Rozière, 278. Un peu plus tard voyez l'idée romaine dans *Petri exceptiones*, II, 13.

Le but que se proposent un vendeur et un acheteur est atteint par deux opérations théoriquement distinctes : 1° contrat appelé vente (contrat que les Romains considéraient comme purement consensuel; et c'est là l'idée qui peu à peu reprend autorité et crédit[1]); 2° ensaisinement de l'acheteur. Cet ensaisinement, cette mise en possession répond à la *tradition* romaine. Mais il ne faut pas négliger ici une différence importante. La tradition romaine est un fait[2] qui peut à la vérité être, pour ainsi dire, négatif, mais auquel, en règle générale[3], rien ne supplée. L'ensaisinement du moyen âge n'est, en réalité, qu'une fiction de remise de possession. Cette fiction s'opère tantôt symboliquement par la motte de terre, par le bâton, la verge, le fétu, le couteau[4], etc., ou plus simplement par la comparution matérielle des parties devant l'autorité judiciaire (souvenirs de l'antique vente *in mallo*), tantôt par la simple insertion dans un acte de la clause d'ensaisinement ou de dessaisine-saisine[5], laquelle, suivant un bon nombre de coutumes, équipole à tradition[6].

L'ensaisinement ou *vêture*, ou encore *vest et devest*, a persisté dans le nord-est de la France jusqu'à la révolution. Il est resté symbolique dans diverses régions, à Laon, par exemple, jusqu'à la fin de l'ancien régime. La simple clause de dessaisine-saisine

1 Rien de plus net dès le commencement du XVe siècle ou à la fin du XIVe dans le *Style du Châtelet* : « DE EMPTION ET VENDICION. — Achatz et ventes sont faictes des ce que les parties consentent au pris, ja soit ce que arres n'en soient baillées, ne lettres faictes; mais quant arres en sont baillées, ce fait preuve le marchié. Aussi font lectres preuve du marchié » (*Style du Châtelet*, dans ms. fr. 18419, fol. XLVI r°).

2 Cf. *Institutes de Justinien*, II, I, *De divisione rerum*, 40, 41.

3 Par cette restriction je fais surtout allusion au *Code de Justinien*, VIII, LIV, *De donationibus*, 1.

4 Sur ces symboles pendant la période germanique voyez notamment Brunner, dans Goldschmidt, *Zeitschrift für das gesammte Handelsrecht*, t. XXII, pp. 537, 538, 550. Il ne faut pas oublier non plus la *traditio per chartam*, fréquente pendant la période germanique. Voyez ici Brunner, *Zur Rechtsgeschichte der römischen und germanischen Urkunde*, t. Ier, pp. 115, 260 et suiv.

5 Ex. : « Devestientes nos, et ipsum Burchardum emptorem corporaliter investientes de venditis et traditis antedictis » : (acte du 29 nov. 1300, dans *Fontes rerum Bernensium*, t. IV, p. 41).

6 Voyez notamment coutume d'Orléans, art. 278, dans Bourdot de Richebourg, t. III, p. 795.

était usitée dans le centre et dans le midi : elle se confondait sensiblement avec la tradition romaine.

L'ensaisinement a été, jusqu'à la fin, considéré partout comme indispensable, en ce qui touche les propriétés féodales ou fiefs. Il a succombé dans plusieurs coutumes, quant aux alleux, alors que ces mêmes coutumes en maintenaient la nécessité pour les autres natures de biens[1].

A la suite de la clause de saisine, on trouve souvent une clause spéciale dite *clause de constitut* ou de *précaire*. Elle a pour objet de mettre d'accord la clause de tradition ou de saisine avec le fait contradictoire du séjour persistant du vendeur sur l'immeuble vendu. Par cette *clause de constitut*, le vendeur se *constitue* détenteur de l'immeuble à titre purement précaire et au nom de l'acheteur, jusqu'à ce que ce dernier soit entré réellement en possession[2]. La clause de constitut rappelle probablement l'expression dont se sert Azo pour résumer ce passage du *Digeste* : « Quod meo nomine possideo, possum alieno nomine possidere, nec enim muto mihi causam possessionis, etc. » « Illud, écrit Azo, quod meo nomine possideo, *constituo* me possidere nomine alieno[3]. » L'école semble donc avoir ici inspiré la pratique.

[1] Cf. Thionville, tit. VI, art. 1er; Lille, ch. V, art. 7; Beaumanoir, XXVII, 7; coutume de Clermont en Beauvoisis de 1539, art. 48; Laon, 126, 133; Reims, 162 à 166; Valois, 13, 14; Sédan, 258, 259, etc. A lire : Aubépin, dans *Revue pratique*, t. XIV, p. 429; Pothier, *Traité des fiefs*, t. Ier, 1776, p. 13 et suiv.

Il faut remarquer que l'ensaisinement symbolique équivaut plus d'une fois à la simple clause de dessaisine-saisine; car il n'est bien souvent autre chose qu'une formule écrite ou, comme on dit, du noir sur du blanc. La formule suivante qui est du XIe siècle me paraît, vu l'abondance bizarre des symboles mentionnés, déceler déjà cette situation : « ..... In integrum ab ac die in eodem monasterio donmamus (*sic*) et offerimus. Insuper per cultellum fistuca nodatum, vuantone et vuasone terre adque ramum arboris et nos exinde foris etspolivimus, vuarpivimus et ap sarsito fecimus et a parte ipsius monasterio proprietario jure abendum relinquimus » (Acte de 1023, dans Zaccaria, *De' santi martiri Fedele, Carpoforo, Gratiniano... libri due*, Milano, 1750, p. 124). Même accumulation de symboles donnant lieu aux mêmes présomptions dans la donation de Hugues, marquis de Toscane, au Saint-Sépulcre (xe siècle), publiée par le comte Riant, *La donation de Hugues au Saint-Sépulcre*, Paris, 1884, p. 14.

[2] *Digeste*, XLI, II, *De adquirenda vel amittenda possessione*, 18 (Celsus). Cf. *Code de Just.*, VIII, LIV, *De donationibus*, 28.

[3] Ce mot *constituo* est évidemment emprunté par Azo à la loi 17, au *Digeste*, XLI, II, *De adq. vel am. poss.* Cf. Biermann, *Traditio ficta*, pp. 36, 51, 105-130.

Les jurisconsultes des derniers siècles suivent les glossateurs et les praticiens. A leur tour, ils travaillent à élargir la théorie. Domat sous-entend la *clause de précaire* dans les contrats de vente où elle n'est pas exprimée, « car la vente, écrit-il, *transférant la propriété*, elle renferme le consentement du vendeur que l'acheteur se mette en possession[1]. »

Dans le même esprit, Grotius et Pufendorf soutiennent, au point de vue du droit naturel, la légitimité du transfert de la propriété par le simple consentement. Déjà quelques coutumes entrant dans cette voie avaient déclaré que certains héritages, participant jusqu'à un certain point de nature d'alleux, peuvent *passer en la possession de l'acquéreur par le consentement du vendeur*[2]. Pothier, tout au contraire, résiste au courant. Il s'en tient résolûment au droit romain classique[3]. Mais il n'arrêtera pas le flot tranquille et lent qui porte la réforme. Elle fut enfin réalisée par les rédacteurs du *Code civil*. Le principe qu'ils formulèrent, certes, n'était pas nouveau; les intelligences en étaient depuis longtemps ensaisinées. On connaît ce principe qu'avait élaboré un travail séculaire : l'acheteur devient propriétaire par le seul consentement des parties contractantes[4]; le droit réel par excellence, la propriété, est transférée directement par le contrat.

Exemple de *clause de constitut* : « constituensque se dictus Johannes venditor per se et suos a modo dictum hospicium superius venditum..... tenere et possidere seu quasi nomine ipsius Petri emptoris ac suorum ac precario, donec, etc. » (Formule marseillaise du XIVe siècle, citée par M. Guilhiermoz, thèse manuscrite de l'Ecole des chartes, p. 103). Cf. Ranchinus sur Guy Pape, *Decisio* 101, Lugduni, 1593, p. 180; Brunner, *Zur Rechtsgeschichte der römischen und germanischen Urkunde*, t. Ier, p. 91.

1 Domat, *Lois civiles*, part. I, liv. Ier, tit. II, section 2, no 8, édit. de Paris, 1777, t. Ier, p. 51. Dès le XIIIe siècle, la coutume de Toulouse disait : « Si aliquis vendiderit alicui honorem suum liberum cum instrumento publico, vel dedit ad feudum, predictus honor habetur pro tradito *quantum ad eum qui vendidit vel dedit ad feudum*, si tempore dicte venditionis vel doni feudi, idem venditor vel dator feudi illum honorem possidebat. » Toutefois, un second acheteur mis en possession serait préféré au premier, si celui-ci n'avait pas *adeptus corporalem possessionem* (Tardif, *Cout. de Toulouse*, pp. 42, 43).

2 Châlons, 123, 124.

3 Pothier, *Traité du droit de domaine de propriété*, no 245, édit. de Paris, 1776, p. 240 et suiv., édit. in-4o, t. IV, 1774, p. 435 et suiv. Je cite Grotius et Pufendorf d'après Pothier, *ibid.*

4 *Code civil*, art. 1138, 1583. Même doctrine dans le projet de *Code civil* de la

Il peut être utile de nous résumer ici en peu de mots. Ce résumé nous fournira l'occasion de faire sentir l'extrême lenteur du mouvement intellectuel; de montrer toute la peine et toutes les difficultés qu'offre la genèse d'une idée nouvelle.

A l'origine, la propriété s'acquérait par l'occupation ou prise de possession. On mettra des milliers d'années à concevoir que la propriété se puisse acquérir par le seul consentement et on n'y arrivera que par la voie, habituelle en pareil cas, d'une fiction. Le fait matériel de l'occupation était à la base de la théorie de la tradition romaine. A ce fait matériel (déjà en voie de décadence[1]) se substitua la fiction d'occupation, car on n'eût généralement pas osé s'avouer que la propriété pût être obtenue par la seule volonté. Cette fiction ménagea la transition vers la notion de l'acquisition de la propriété par la seule volonté, par le seul consentement. Ainsi s'élabore en quelque mille ans une idée nouvelle.

BIBLIOGRAPHIE des §§ 1 et 2. — Pardessus, *Loi Salique*, Paris, 1843, pp. 644-650. — Zöpfl, *Stipulatio subnixa, Aquiliana, Arcadiana, Festuca*, dans *Alterthümer des deutschen Reichs und Rechts*, t. II, Leipzig, 1860, pp. 345-358. — Michelsen, *Ueber die Festuca notata*, Jena, 1856. — Stobbe, *Reurecht und Vertragsschluss nach älterem deutschen Recht*, dans *Zeitschrift für Rechtsgeschichte*, t. XIII, p. 214 et suiv. — Molitor, *Les obligations en droit romain avec l'indication des rapports entre la législation romaine et le droit français*, Paris, 1866-1867, 2 vol. — Richard Löning, *Der Vertragsbruch und seine Rechtsfolgen*, 1876. — Brunner, *Zur Rechtsgeschichte der römischen und germanischen Urkunde*, t. Ier, Berlin, 1880. — Esmein,

Convention, livre III, tit. III, art. 1er. Cf. loi du 11 brumaire an VII, art. 26; Portalis, *De l'usage et de l'abus de l'esprit philosophique*, t. II, p. 214. On sait qu'aux termes de la loi du 23 mars 1855, tout acte entre vifs, translatif de propriété immobilière ou de droits réels susceptibles d'hypothèque, doit être transcrit au bureau des hypothèques de la situation des biens et ne peut, jusqu'à la transcription, être opposé aux tiers.

1 *Digeste*, XIX, I, 30, § 1 : « Venditorem hactenus teneri ut rem emptori habere liceat, non etiam ut ejus faciat » (Africanus). Les formules d'actes de vente qu'il semble légitime d'appeler romains correspondent exactement à cette théorie : « Venditor eundem emptorem actoresque ejus in rem ire, mittere, ingredi, possidereque permisit. » Suit une clause formelle de dessaisinement (Spangenberg, *Juris romani tabulæ negotiorum solemnium*, p. 246. Cf. pp. 247, 261). Pour la naissance de la fiction dans le droit romain lui-même voyez surtout *Code de Justinien*, VIII, LIV, *De donationibus*, 1.

Etudes sur les contrats dans le très ancien droit français, Paris, 1883. — Esmein, *Courtes études*, *L'intransmissibilité première des créances et des dettes*, dans *Nouvelle revue historique*, 1887, p. 48 et suiv. — Seuffert, *Zur Geschichte der obligatorischen Verträge*, Nördlingen, 1881. — Karsten, *Die Lehre vom Vertrage*, Rostock, 1882. — Marcel Thévenin, *Contributions à l'histoire du droit germanique*, Paris, 1879 (*al.* 1880), (Extrait de la *Nouvelle revue hist. de droit français et étranger*). — Stouff, *Etude sur la formation des contrats par l'écriture dans le droit des formules du* v^e *au* xiie *siècle*, Paris, 1887 (Extrait de la *Nouvelle Revue hist. de droit français et étranger*). — Beaune, *Les contrats*, Paris, 1889.

Bibliographie du § 3. — Aubépin, *Origines et progrès en France du droit coutumier, féodal et privé, sur la nature des ventes, échanges et promesses de vente jusqu'au temps de Pothier*, dans *Revue critique de législation et de jurisprudence*, t. XIV, 1859, p. 177 et suiv.; p. 399 et suiv. — Sohm, *Zur Geschichte der Auflassung*, dans *Festgabe zum Doctor-Jubil. des Dr. H. Thöl*, Strasbourg, 1879, p. 81 et suiv. — Brunner, *Carta und Notitia*, dans *Commentationes philologæ in honorem Theodori Mommseni*, 1877, p. 570 et suiv. — Brunner, *Das Gerichtszeugniss und die fränkische Königsurkunde*, dans *Festgaben für Heffter*, 1873, p. 161. — Brunner, *Zur Rechtsgeschichte der römischen und germanischen Urkunde*, 1880, pp. 270-275. — Endemann, *Das Kaufgeschäft*, dans *Studien in der rom. kan. Wirthschafts- und Rechtslehre*, Berlin, 1883, t. II, p. 3 et suiv. — Marcel Thévenin, *Contributions à l'histoire du droit germanique*, Paris, 1879. — Lehmann, *Die altnordische Auflassung*, dans *Zeitschrift der Savigny-Stiftung für Rechtsgeschichte*, t. V, 2e partie, *Germanistische Abtheilung*, Weimar, 1884, p. 84 et suiv. — Beaune, *Les contrats*, Paris, 1889. — Biermann, *Traditio ficta, Ein Beitrag zum heutigen Civilrecht auf geschichtlicher Grundlage*, Stuttgart, 1891.

CHAPITRE IV.

DIVISIONS DES BIENS EMPRUNTÉES A LA NATURE MÊME DES BIENS.

Biens corporels et biens incorporels. — Après ce qui vient d'être dit touchant l'histoire de la vente, le lecteur ne sera pas très surpris d'apprendre que divers droits réels d'une importance capitale au moyen âge, droits réels caractéristiques de cette époque, ont été transférés ou créés plus ou moins directement par des contrats dont l'étude est inséparable de l'histoire de ces droits réels eux-mêmes.

Je m'occuperai de ces contrats dans l'un des chapitres consacrés à l'étude des diverses catégories de biens de l'ancien régime. Mais je commence tout naturellement cette étude sur les biens par les grandes divisions empruntées à la nature même des choses, divisions plus résistantes et plus solides que les autres distinctions, car, considérées en elles-mêmes, elles sont de tous les temps comme de tous les pays.

Les biens que l'homme fait entrer dans l'ensemble de sa fortune peuvent être considérés comme corporels ou incorporels. Sont corporelles, disent les *Institutes de Justinien*[1], les choses qui peuvent être touchées, *quæ sua natura tangi possunt*, comme un fonds de terre, un esclave, un habit, de l'or, de l'argent, etc., et *incorporelles* les choses *quæ tangi non possunt*, lesquelles sont des abstractions juridiques (*quæ in jure consistunt*), telles qu'un usufruit, un droit d'usage, une rente.

Cette division des choses suppose un certain effort de réflexion : on n'en trouve pas la formule chez un peuple barbare : et je ne la rencontre pas chez les anciens Germains. Au XIVe siècle, nos jurisconsultes l'empruntèrent au droit romain[2] et

[1] *Inst. de Just.*, II, II.

[2] *Style du Châtelet*, dans ms. fr. 1076 (Bibl. Nat.), fol. 57 v°, fol. 127 v°.

depuis lors elle n'a jamais disparu de nos livres français : non expressément formulée, elle est cependant implicitement admise par le *Code civil* .

Division très ancienne des biens en meubles et immeubles. — Une seconde division des biens se présente : elle est empruntée à la nature même des choses et ne se rattache originairement à aucune conception juridique. Certains biens sont susceptibles de déplacement ; ce sont les meubles : d'autres ont reçu de la nature ou de la main de l'homme une assiette fixe ; ce sont les immeubles. Voilà une division bien simple à coup sûr. Il est probable que l'antique et primitive division des biens chez les Romains en *res mancipi* et *res nec mancipi*[2] s'y rattache dans une certaine mesure, les *res mancipi* rappelant assez bien les immeubles par nature ou par assimilation. A une date plus récente, le droit romain nous offre directement la division des biens dont je m'occupe. Les Romains, en effet, distinguaient la *res immobilis* et la *res mobilis*[3]. Ainsi la division en meubles et immeubles existait chez les Romains ; mais elle n'avait dans leur droit qu'une médiocre importance. Elle n'avait rien de fondamental. C'était une distinction de fait « plutôt qu'une division juridique. » Les immeubles étant économiquement différents des meubles par leur nature et par leur importance il dut se produire, au point de vue juridique, une réglementation différente des droits sur les immeubles et des droits sur les meubles[4]. Mais ces différences n'affectèrent pas profondément le droit romain.

Le *mobile* et l'*immobile* sont distingués dans une formule angevine, et dans d'autres textes de la période germanique[5]. Cette distinction, déjà présente, à mon avis, dans l'ancienne *Loi Sa-*

1 En effet, le *Code* (art. 526, 529, 530) range parmi les biens des droits réels et personnels. A lire ici : Pellat, *Traduction du livre VII des Pandectes*, p. 8, note 1.

2 Gaius, II, 15-17. Ulpien, *Regulæ*, XIX, 1.

3 Pour les meubles, voyez *Dig.*, L, XVI, 93 ; pour les immeubles, L, XVI, 115. Cf. *Digeste*, XLI, III, 23 ; II, VIII, 15 ; VI, I, 8 *in fine*.

4 César-Bru, *De la division des biens en meubles et immeubles*, p. 13.

5 E. de Rozière, *Recueil général des formules*, 1re partie, p. 157. Schrœder, dans *Zeitschrift der Savigny-Stiftung für Rechtsgeschichte*, t. IV, 3e partie, *Germ. Abth.*, Weimar, 1883, pp. 95, 97, 98.

lique[1], n'a plus quitté notre droit[2]. Elle y a joué un rôle considérable. Elle est toujours présente dans notre *Code civil*[3].

Le moyen âge français disait volontiers *héritage*[4] pour *immeuble*. Ce vieux sens du mot se retrouve dans le *Code civil*[5]. Quant aux *meubles* nos pères les appelaient aussi *cateux, catix, chatels*[6].

Les conditions économiques changent avec les siècles. Ce qui est immeuble aujourd'hui ne le fut pas toujours. La maison était chez nos aïeux nomades la tente ou la case, et la case était meuble, non immeuble. Elle se transforma peu à peu en maison fixe et immobile; mais cette transformation fut lente. Au XVIIIe siècle et encore en ce siècle, on pouvait voir à Moscou sur une grande place le marché aux maisons. Elles étaient là, couchées à terre sous les regards des amateurs : acheter une maison, la transporter, la monter, l'habiter, c'était l'affaire d'une semaine[7]. Si la maison reste matériellement meuble pendant de longs siècles, elle reste juridiquement meuble beaucoup plus longtemps encore; car c'est le propre des notions juridiques[8] de ne suivre le mouvement économique que péniblement et lourdement.

1 Voyez *Loi Salique*, tit. LIX, *De alodis*, édit. Behrend, pp. 77, 78.

2 Voyez notamment *Grand coutumier*, II, XIV, édit. de Charondas le Caron, Paris, 1598, p. 116 et suiv.

3 *Code civil*, art. 516. Rapprochez coutume de Paris, art. 88.

4 Pour le mot *héritage* employé au sens d'immeuble, voyez Beaumanoir, XXIII, XXXV, 2; mes *Etablissements*, t. Ier, pp. 47, 226, 333, 354, 379, 497.

5 Voyez notamment *Code civil*, art. 637.

6 Voyez Beaumanoir, XXIII, édit. Beugnot, t. Ier, p. 332 et suiv.; mes *Etablissements*, t. Ier, p. 505. Toutefois « aucuns sages » ne prennent pas *meubles* et *cateux* exactement dans le même sens; voyez notamment Boutillier, *Somme rural*, liv. Ier, tit. LXXIV, édit. de Lyon, 1621, p. 742.

7 Coxe, *Voyage en Pologne, Russie, Suède, Danemark*, traduit par Mallet, t. Ier, Genève, 1786, pp. 308, 309. Paris, *La chronique de Nestor*, t. II, p. 131.

8 J'en dirai autant de l'art. Il suit souvent de très loin les transformations économiques : « L'architecture funéraire des Lyciens prit naissance dans les pays riches en forêts où se conservèrent intactes les formes traditionnelles des tombeaux construits en bois, puis taillés dans la pierre. » Certaines formes anciennes de l'art égyptien sont nées de l'emploi du bois. Enfin, les anciens édifices ronds de la vieille Rome ne dérivent-ils pas des cabanes rondes faites de joncs entrelacés qu'habitaient les paysans de l'antique Italie? On pourrait multiplier les observations de ce genre. Voyez : Dieulafoy, *L'art antique de la Perse*, 1re partie, p. 55; Perrot et Chipiez, *Histoire de l'art dans l'antiquité*, t. Ier, p. 511.

Les jurisconsultes artésiens de l'an 1300 environ tendent à considérer comme meuble et chatel toute maison qui n'est pas de pierre ou au moins tout ce qui n'est pas maçonnerie à chaux et à sable. Les maisons de bois sont donc meubles [1]. A Saverne, en 1489, toute maison dont le heurtoir (*Ring*) et le jambage de la porte sont en bois est réputée objet mobilier (*farende Gut*) [2]. Dans le petit pays de Lallœu, en Artois, on a considéré jusqu'en 1741 comme « meubles et catheux tous les édifices..... et généralement tout ce qui est sur la superficie du sol [3]. » Les idées se transforment lentement, péniblement; nous l'avons déjà constaté à plusieurs reprises. Le présent exemple de la longévité d'une notion juridique est à coup sûr un des plus frappants. Mais qu'on ne s'imagine pas qu'au moyen âge les maisons soient restées *meubles* dans toute la France. L'Artois a conservé sur ce point un sentiment d'archaïsme très remarquable.

C'était d'ailleurs une question souvent épineuse de distinguer les meubles et les immeubles [4]. Au XIIIe siècle, en Beauvoisis, on discutait la question de savoir si le blé sur pied est meuble ou immeuble : une jurisprudence relatée par Beaumanoir [5] le considérait en certains cas comme meuble, en d'autres comme immeuble. On adopta ailleurs ce principe qui triompha plus tard dans notre droit : « Fruits pendans par racine sont immeubles [6]. »

Je ferai sentir par quelques exemples saillants l'intérêt de cette distinction des biens en meubles et immeubles.

1° Dans plusieurs provinces, au XIIe et quelquefois encore au XIIIe siècle, les biens mobiliers du débiteur répondent seuls de ses obligations. Il ne paie pas sur la valeur de ses immeubles.

1 *Anc. cout. d'Artois*, tit. XXXIX, édit. Tardif, pp. 90, 91. Voyez pour le XIIIe siècle un certain nombre de textes qui considèrent la maison comme meuble, dans Vanderkindere, *Notice sur l'origine des magistrats municipaux*, p. 32.

2 *Curiosités d'Alsace*, 1re série, 3e livraison, p. 296.

3 Ancienne coutume de Lallœu, art. 38 et observations à ce sujet, dans *Cout. loc. de la loy,..... et échevinage de la ville d'Arras*, Paris, 1746, p. 194.

4 Voyez un arrêt très important de 1280, dans Boutaric, *Actes du parlement de Paris*, t. Ier, p. 220.

5 Beaumanoir, XXIII, 7, édit. Beugnot, t. Ier, pp. 334, 335. Cf. *Coutumier d'Artois*, XXXIX, 2, édit. Tardif, p. 90.

6 Cf. coutume de Paris, art. 92; *Code civil*, art. 520.

Ce fait important remonte aux origines germaniques et nous le retrouvons chez les Allemands qui le résument par ce brocard : *Wer nur noch Immobilien hat ist insolvent.*

2° Autre fait à noter procédant des mêmes origines germaniques : au moyen âge, dans plusieurs provinces, le roi ou le haut justicier confisque les meubles mais non pas les immeubles de certains criminels appartenant à la classe des vilains ou coutumiers [1].

3° Dans les successions on n'a jamais à s'occuper de l'origine des meubles, tandis que cette recherche est fort importante pour certains immeubles. Que les meubles viennent originairement du côté paternel ou du côté maternel, ils sont partagés de la même manière. On a résumé ainsi cette pensée : « Meubles ne tiennent côté ni ligne [2]. »

Tout au contraire, suivant l'ancien droit des pays coutumiers, les biens immeubles que le défunt avait recueillis comme héritier légitime ou comme donataire d'un ascendant, étaient qualifiés *propres de succession* et devaient, si le *de cujus* ne laissait pas d'héritier direct, retourner à la ligne paternelle ou maternelle de laquelle ils étaient sortis. Règle exprimée par la maxime : *Paterna paternis, materna maternis* [3]. Ce principe a été aboli par la loi du 17 nivôse an II [4].

La division des biens en meubles et immeubles conserve d'ailleurs un grand intérêt pratique dans le droit moderne. On sait, en effet, que les immeubles possédés antérieurement au mariage n'entrent pas dans la communauté légale [5], tandis que les meubles en font partie; que, sous le régime dotal, les immeubles dotaux sont en principe inaliénables et imprescriptibles [6]; que seuls les immeubles peuvent être frappés d'hypothèque [7].

1 Voyez mes *Etablissements*, t. Ier, pp. 106-109. Cf. ci-dessus, pp. 593, 594.

2 Loisel, *Institutes*, règle 220 (édit. Dupin et Laboulaye, t. Ier, p. 235).

3 Loisel, *Institutes*, règle 332 (édit. Dupin et Laboulaye, t. Ier, p. 335). Cf. *Abrégé champenois*, 26, dans *Etabl.*, t. III, pp. 149, 150.

4 Loi du 17 nivôse an II, art. 62. Cf. *Code civil*, art. 732; Valette (*De la propriété et de la distinction des biens*, p. 10) auquel j'emprunte ici quelques expressions.

5 *Code civil*, art. 1401-1°; 1402, 1404 à 1408; 1433 à 1436.

6 *Code civil*, art. 1554 à 1561.

7 *Code civil*, art. 2114 et 2119. Toutefois, depuis une loi du 10 décembre 1874,

Dans les pays de droit écrit, les choses incorporelles ont généralement constitué, à côté des biens meubles et immeubles, une troisième espèce de biens : les jurisconsultes estimaient que le caractère de meubles et d'immeubles ne pouvait convenir qu'aux choses corporelles. Ils ne se trouvaient pas conduits, à l'occasion des liquidations de succession, à répartir tous les biens en meubles et immeubles : ils ne sentaient le besoin d'aucune fiction[1]. Dans les pays coutumiers, au contraire, on a rattaché à la division en meubles et immeubles non seulement tous les objets mobiliers, mais même les choses incorporelles. Ainsi les cens et rentes foncières[2] constituées ont été ordinairement considérés comme immeubles.

On en est venu aussi à considérer tel meuble non en lui-même, mais en raison de l'objet immobilier qu'il représente occasionnellement. Ainsi il est bien évident que l'or et l'argent monnayé sont des meubles par leur nature. Cependant l'argent qui procède de ventes d'immeubles, de ventes d'héritages, est souvent réputé *immeuble*. Des meubles pouvaient par contrat de mariage être réputés immeubles et prendre nature de *propres de communauté*[3]. A l'inverse, tel immeuble pouvait être tenu pour meuble, être *ameubli*. Dès le XIVe siècle, les jurisconsultes enseignent qu'un héritage (entendez immeuble) acheté avec le « meuble d'aucun ha toujours nature de meuble[4]. » Aujourd'hui encore, sous l'empire du *Code civil*, un immeuble peut être ameubli et entrer à ce titre dans la communauté[5]. Cette convention dite d'ameublissement était usitée dans notre ancien droit[6].

les navires sont susceptibles d'hypothèque. On trouvera énumérées toutes les circonstances où cette distinction des biens joue encore un rôle dans *Revue Fœlix*, t. VII, p. 449 et suiv. (art. de Kœnigswarter).

[1] Julien, *Elémens de jurisprudence*, pp. 148, 149.

[2] Beaumanoir, XXIII, § 3, édit. Beugnot, t. Ier, p. 332. Cf. Esmein, *Etudes sur les contrats*, p. 201.

[3] Cf. Giraud, *Précis de l'ancien droit coutumier français*, 1852, p. 25.

[4] Des Marès, décision 145. Cf. texte de 1383 intéressant le droit de Lubeck, dans *Zeitschrift für Rechtsgeschichte*, t. VII, 1868, p. 433, note 56.

[5] *Code civil*, art. 1497, 1505, 1506 à 1508.

[6] Pothier, *Traité de la communauté*, t. Ier, 1770, p. 335 et suiv., §§ 303 à 314.

Bibliographie. — Paul Voet, *Mobilium et immobilium natura*, Ultrajecti, 1714. — Prévot de la Jannès, *Les principes de la jurisprudence française*, t. Ier, 1780, pp. 24 à 28. — Warnkœnig, *Franz. Staats- und Rechtsgeschichte*, t. II, pp. 290 à 294. — Jacques (Ch.), *Histoire de la distinction des biens en meubles et immeubles à Rome, en pays coutumier et dans le Code civil*, Paris, 1884 (thèse). — L. Barthou, *De la distinction des biens en meubles et immeubles* (Droit romain, thèse). *De l'origine de l'adage* Vilis mobilium possessio *et de son influence sur le Code civil* (Droit français, thèse), Paris, 1886. — César-Bru, *De la division des biens en meubles et immeubles* (Droit romain), Toulouse, 1890 (thèse).

CHAPITRE V.

DIVISIONS DES BIENS QUI NE SONT PAS EMPRUNTÉES A LA NATURE DES CHOSES.

Préliminaires.

Droit réel sert de mesure commune à ces diverses catégories de biens. — J'arrive à des catégories de biens que ne distingue entre elles rien de tangible, rien de matériel. Quel sera ici notre *criterium?* De quel étalon nous servirons-nous? C'est le droit réel qui jouera ce rôle. Nous mesurerons ces divers biens à l'intensité des droits réels qui les affectent; nous les classerons suivant les modalités de ces droits réels.

Nous toucherons ici à des considérations et à des phénomènes historiques très variés, les diverses catégories de biens qui vont nous occuper ayant des points de départ très dissemblables. Cette étude nous ramènera souvent vers les contrats, car les droits réels auxquels nous arrivons ont été non seulement transférés mais souvent créés (soit médiatement soit immédiatement) par des contrats.

Ces grands contrats qui couvrent de leur ombre puissante tout notre passé, sont donc, si on va au fond des choses, et si on ne se paie pas de formules vides ou de distinctions subtiles, générateurs de droits réels. Ces droits réels, nés des contrats du moyen âge, sont très souvent des droits perpétuels, comme la propriété elle-même.

Nous en arrivons finalement à constater que l'étude des grands contrats terriens du moyen âge doit former l'un des chapitres les plus importants de la classification générale des biens.

De nos jours, nous ne connaissons communément que deux moyens de jouir d'un immeuble : nous en jouissons la plupart du temps à titre de propriétaire ou à titre de locataire ou fermier. Il n'en était pas ainsi dans l'ancienne France : quantité d'immeubles étaient possédés par des quasi-propriétaires dont la position intermédiaire entre celle de propriétaire et celle de locataire se rapprochait beaucoup plus de la première de ces deux situations que de la seconde. Notre langue a conservé un mot excellent pour désigner toutes ces situations mixtes, mot excellent parce qu'il est resté large et souple; c'est le mot *tenure*[1].

C'est donc le régime des tenures que nous étudions dans cette section.

Les tenures variaient autrefois à l'infini. Nous sommes ici obligé de dessiner une large esquisse, sans entrer dans le détail et de décrire seulement les principales tenures. Nous arriverons ensuite aux deux types de propriété parfaite qu'a connus l'ancien régime, à savoir un type laïque et un type ecclésiastique (alleu, franche aumône).

L'histoire des tenures présente, au point de vue économique et social, un intérêt supérieur. Elle explique les progrès et le magnifique développement de la classe agricole. C'est le régime des tenures qui a permis aux masses populaires de bénéficier durablement de l'accroissement dans la puissance productive et qui a apporté à cette même puissance productive un stimulant sans égal, l'intérêt personnel du travailleur.

Deux traits fondamentaux caractérisent la plupart des tenures en leur dernier état. Ces traits sont : la perpétuité, la fixité.

Perpétuité. — De tous côtés, les tenures agraires, d'origines si variées, tendent à devenir perpétuelles et transmissibles. Le droit qui, originairement, était précaire, temporaire ou viager, se fait héréditaire, et la perpétuité s'étend sur la terre presque tout entière; car, les locations pour une durée d'années déterminées ne sont, dans le haut moyen âge, que l'exception comparativement au nombre immense des tenures ou déjà perpétuelles ou en marche vers la perpétuité.

Fixité. — Un grand nombre de tenanciers perpétuels sont

[1] Voyez ce mot au sens où je le prends ici dans *Abrégé Champenois*, 34 (mes *Etablissements*, t. III, p. 151). Sur les droits réels conservés de nos jours, voyez *Code civil*, art. 526, 543, 2118.

débiteurs d'une redevance fixe. Par conséquent, ils profitent seuls de toute amélioration, de toute augmentation de production, et, si les paiements sont stipulés en argent, de toute diminution dans la valeur de l'argent.

Perpétuité et fixité! Ces deux termes réunis ne sont-ils pas de toutes les conditions d'un bail la meilleure! Condition incomparable, qui lentement, goutte à goutte, année par année, en quelque mille ans, métamorphose le tenancier en propriétaire ou, pour parler plus rigoureusement, le rapproche indéfiniment de cette situation, comme un calcul indéfiniment continué rapproche indéfiniment le géomètre de la mesure exacte du cercle.

Bibliographie. — Lefort, *Histoire des contrats de location perpétuelle ou à longue durée*, Paris, 1875. — Lefort, *La condition de la propriété dans le nord de la France. Le droit de marché*, Paris, 1892. — Garsonnet, *Histoire des locations perpétuelles et des baux à longue durée*, Paris, 1879. — Chénon, *Les démembrements de la propriété foncière en France avant et après la révolution*, Paris, 1881. — Prache, *De la condition juridique et économique du preneur dans le bail à ferme ordinaire et sous ses diverses variétés*, Paris, 1882 (thèse). — Lamprecht, *Deutsches Wirthschaftsleben im Mittelalter*, Leipzig, 1886 et années suiv., 4 vol. — Lamprecht, *Etudes sur l'état économique de la France pendant la première partie du moyen âge*, trad. par Marignan, Paris, 1889.

PREMIÈRE SECTION.

Des fiefs.

1. *Vassalité et séniorat.*

Usages germains et romains. — Le fief a donné son nom au régime foncier qui, miné depuis longtemps, disparut rapidement dans l'intervalle compris entre la nuit du 4 août et le 17 juillet 1793.

Le fief, c'est le chef, c'est le roi incontesté de l'armée immense des tenures perpétuelles, armée disparate en apparence et composée des éléments originaires les plus divers, mais pleine de sève et de vigueur; car tous ces éléments se sont harmonisés et fondus. Nous ne sommes pas ici en présence d'un système né en un jour des spéculations creuses de quelques théoriciens; c'est une force que nous rencontrons, force sortie des entrailles des choses et qui s'est fait sa place avec cette puissante lenteur qui caractérise les phénomènes historiques. Suivons donc cette reine des tenures depuis ses origines jusqu'à son plein développement. Nous en comprendrons mieux l'organisme, si nous réussissons, avant tout, à nous faire une idée juste des rapports de compagnonnage entre hommes libres pendant la période barbare.

Nous savons par César[1] et par Tacite[2] qu'en Germanie comme en Gaule les gens se groupaient autour de quelque puissant dont ils formaient la troupe, la clientèle, le clan : le chef récompensait ses compagnons en leur donnant des armes, des chevaux[3]. Tacite mentionne ailleurs expressément les dons en bétail[4].

[1] César, *De bello Gallico,* VI, 11, 13, 15; III, 22; VII, 40. Cf. A. de Courson, dans *Revue de législ. et de jurisp.*, nouvelle collect., année 1847, t. II, pp. 420, 421.

[2] Tacite, *Germanie,* 13, 14. Cf. César, *De bello Gallico,* VI, 23.

[3] « Exigunt enim principis sui liberalitate illum bellatorem equum, illam cruentam victricemque frameam » (*Germ.*, 14).

[4] « Mos est civitatibus ultro ac viritim conferre principibus vel armentorum, vel frugum, quod pro honore acceptum, etiam necessitatibus subvenit » (Tacite, *Germ.*, 15). Cf. sir Henry Sumner Maine, *Dissertations on early law and custom*, London, 1883, pp. 346, 347.

Un historien philosophe disait déjà, au dernier siècle : « César et Tacite se trouvent dans un tel concert avec les lois des peuples barbares, qu'en lisant César et Tacite on trouve partout ces codes, et qu'en lisant ces codes, on trouve partout César et Tacite[1]. » Éprouvons rapidement cette pensée de Montesquieu.

J'aperçois dans la *Loi des Wisigoths* des chefs ou patrons entourés de clients appelés par la loi *buccellarii*. Le *buccellarius* peut changer de patron ou, comme on dira plus tard, de seigneur, *senior;* mais il doit, en ce cas, remettre au patron qu'il quitte tous les dons que celui-ci lui a faits. A la mort du patron ou à la mort du client, le contrat s'éteint de plein droit entre le survivant et les héritiers du décédé : les dons sont remis au patron ou à ses héritiers, à moins que le survivant ne veuille renouer le lien rompu[2].

Ces *buccellarii* dont l'organisation rappelle merveilleusement

[1] Montesquieu, *De l'esprit des lois*, liv. XXX, ch. 2.

[2] *Lex antiqua Wisigoth.*, 310, édit. Blume, p. 28 : « Si quis buccellario arma dederit vel aliquid donaverit, si in patroni sui manserit obsequio, aput ipsum quæ sunt donata permaneant. Si vero alium sibi patronum elegerit, habeat licentiam cui se voluerit commendare, quoniam ingenuus homo non potest prohiberi, quia in sua potestate consistit; sed reddat omnia patrono quem desuerit. Similis et de circa filios patroni buccellarii forma servetur; ut si ipsi quis eorum obsequi voluerit, donata possideat : si vero patroni filios vel nepotes crediderint relinquendos, reddant universa quæ parentibus eorum a patrono donata sunt. Et quidquid buccellarius sub patrono adquesierit, medietas ex omnibus in patroni vel filiorum ejus potestate consistat. Aliam medietatem buccellarius qui adquæsivit obtineat. Et si filiam reliquerit, ipsam in patroni potestatem manere jubemus, sic tamen ut ipse patronus æqualem ei provideat qui eam sibi possit in matrimonium sociare. Quod si ipsa sibi contra voluntatem patroni alium forte elegit, quidquid patri ejus a patrono fuerat donatum vel a parentibus patroni, omnia patrono vel heredibus ejus restituat. » Ce passage de la *Lex Wisig.* est le seul clair et important : les autres mentions des *buccellarii* sont énigmatiques (Blume, *Die westgothische Antiqua*, 1847, p. 30). Cf. du Cange, *Glossarium*, v° *Buccellarius; Code de Justinien*, IX, XII, 10. Les Romains ont eu des *buccellarii* à leur service (Zozime, V, 13, ad annum 397; *Notitia or.*, c. VI, dans Böcking, *Notitia dignit.*, t. Ier, p. 26, dernière ligne). Böcking estime que les *letes* et les *gentiles* devaient présenter une organisation analogue à celle des *buccellarii* (Böcking, *Notitia dignitatum*, t. II, p. 1046, note 1; p. 1070). Le résumé d'Olympiodore (auteur du ve siècle) qui nous est parvenu, contient sur les *buccellarii* deux passages; voici le plus important : Ὅτι τὸ Βουκελλάριος ὄνομα ἐν ταῖς ἡμέραις Ὁνωρίου ἐφέρετο κατὰ σρατιωτῶν οὐ μόνων Ῥωμαίων, ἀλλὰ καὶ Γότθων τινῶν· ὡς δ' αὔτως καὶ τὸ φοιδεράτων κατὰ διαφόρου καὶ συμμιγοῦς ἐφέρετο πλήθους (Olympiodore à la suite de Dexippe, édit. Bekker et Niebuhr, Bonnæ, 1829, p. 449, 450). Cf. même p. 450, lignes 14, 15, 16.

les descriptions de César et de Tacite ont servi dans les armées romaines; et même des soldats d'origine romaine, calquant une organisation barbare, se sont quelquefois groupés de la sorte à la mode des Goths. Nous apercevons une organisation analogue chez les Lombards[1].

Dans le monde franc, les compagnons et serviteurs[2] se groupaient, suivant toute vraisemblance, autour de leur chef, comme les *buccellarii* wisigoths autour de leur *patronus* : évidemment la ménie[3] d'un grand seigneur était composée de fidèles[4] que le patron rétribuait en détail, en revenus, en terres[5]. Parmi les Francs, ces subordonnés appelés quelquefois *gasindi*[6], *compagnons*, prirent un nom commun qui primitivement désignait des

[1] Chez les Lombards, l'affranchi, *fulcfrei*, laisse ses biens à ses enfants. Toutefois ce qu'il a reçu de son bienfaiteur (*benefactor*) retourne à ce dernier ou à ses héritiers. « Et si aliquid in casindio ducis aut privatorum hominum obsequium donum, munus conquisivit, res ad donatore revertantur. » Ce *senior* ou suzerain est bien distinct du patron qui a affranchi, comme le prouve le contexte. Il me paraît évident que ce droit successoral quant aux biens donnés au profit du chef d'un *casindium*, existe aussi si le compagnon est ingénu. Cf. *Roth.*, 225, dans C. Meyer, *Sprache und Sprachdenkmäler der Langobarden*, pp. 35, 36; dans Pertz, *Leges*, t. IV, pp. 55, 56.

[2] Les gens d'un fils aîné de roi sont ainsi énumérés par Grégoire de Tours : « Comitibus, domesticis, majoribus atque nutritiis » (*Hist. Franc.*, IX, 36, édit. Guadet et Taranne, t. II, p. 184).

[3] Sur le *milium* pris, si je ne me trompe, quelquefois en ce sens, voyez Brunner, *Mithio und sperantes*, dans *Jurist. Abhandlungen, Festgabe für Georg Beseler*, Berlin, 1885, pp. 22, 26, 27, 28. Voyez sur la ménie un texte très intéressant de l'an 829, « De liberis hominibus qui proprium non habent, etc. » (Pertz, *Leges*, t. Ier, p. 354).

[4] Voyez notamment dans la *Loi Ripuaire*, tit. XXXIII, *al.* XXXI, un *homo ingenuus in obsequio alterius* (édit. Sohm, p. 223). Joignez la note précédente.

[5] Cette manière de gages s'explique tout naturellement en un temps où l'argent monnayé est relativement rare. Au reste, ce procédé de rétribution a survécu au régime féodal : il existait encore en 1834 dans le département de l'Eure où on pouvait voir de petites gens qui recevaient un logement et une terre contre certains services dus à leur patron (Garsonnet, *Hist. des loc. perpét.*, p. 555). On voit quelle importance j'attache au vasselage privé : je le considère comme contemporain du vasselage royal et je n'estime pas qu'il soit issu par imitation du vasselage royal. En tout temps, le roi et les particuliers ont suivi les mœurs du siècle. Nos maîtres Pardessus et Guérard avaient fort bien vu l'importance du vasselage privé (Pardessus, *Loi Salique*, p. 500). Roth a combattu ici Pardessus bien à tort, à mon sens (Roth, *Geschichte des Beneficialwesens*, Erlangen, 1850, p. 146 et suiv.). Cf. Guérard, *Polypt. de l'abbé Irminon*, t. Ier, 2e partie, pp. 506, 507.

[6] Voyez Marculf, I, 23 (édit. Zeumer, p. 57; Rozière, no 455). Rubr. de Marculf, II, 36. (E. de Rozière, *Rec. général*, t. Ier, p. 210, no 161.) Dipl. no 168, dans Pardessus. *Casindi, gasindi*, c'est l'entourage. Cf. Carl Meyer, *Sprache und Sprach-*

serviteurs non libres, le nom de *vassus*[1]. Ce changement de nom coïncide, ce semble, avec un certain changement dans les usages. Les compagnons ou hommes libres *in obsequio alterius* se firent petits par politesse de langage et s'appelèrent *vassi*, *serviteurs*. La législation carolingienne contient de nombreuses prescriptions relatives aux *vassi*[2]. Nous reconnaissons, sans hésiter, en ces *vassi* les compagnons du chef, les *comites* dont parle Tacite : *comites et vassi domestici*, (ou *dominici*) dit expressément un concile du IXe siècle[3]. Le patron des vassaux ou *vassi* est appelé *senior*[4] ; au moyen âge, *sire* (cas-sujet), *seigneur* (cas-régime).

Ces habitudes de clientèle et de patronat n'étaient pas, dans le monde romain, au moment de l'invasion des Barbares, quel-

denkmäler der Langobarden, Paderborn, 1877, p. 293; Roth, *Feudalität und Unterthanverband*, pp. 211, 212. Le *gasindus* (l'expression est surtout fréquente en Lombardie) correspond au *gesith* anglo-saxon. Voyez Stubbs, *The const. history of England*, t. Ier, pp. 152-156.

1 Cf. Roth, *Beneficialwesen*, pp. 367-370; Roth, *Feudal. und Unterthanverband*, pp. 247-249; Prou, Hincmar, *De ordine palatii*, p. 68, note 3. La valeur étymologique de *vassus*, mot auquel M. Mackel attribue une origine germanique et qu'il rapproche d'une forme *vatlas*, serait, d'après cet auteur, *engagé* (Mackel, *Die germanischen Elemente in der franz. und prov. Sprache*, p. 51). Les *vassi* pourraient donc originairement être rapprochés des *obœrati* gaulois et des *nexi* romains. M. H. d'Arbois de Jubainville préfère une autre étymologie. Il voit dans *vassus* un mot d'origine gauloise, correspondant au vieil irlandais, *fos*, *serviteur*, et au breton, *gwas*, *garçon*. (H. d'Arbois de Jubainville, *Recherches sur l'origine de la propriété foncière et des noms de lieux habités en France*, pp. 333, 334, 503, 504). Ce qu'il y a d'embarrassant dans la théorie de M. Mackel, c'est qu'il raisonne sur des formes en partie supposées. Ce qu'il y a de délicat dans celle de M. H. d'Arbois de Jubainville, c'est que ce savant considère comme gaulois un mot qu'on voit apparaître pour la première fois, isolément du moins, dans le latin de la *Loi Salique*. Non pas, certes, qu'il y ait là une fin de non-recevoir ! Il faut bien entendre que, dans la pensée de M. H. d'Arbois de Jubainville, ce mot d'origine gauloise nous revient par les langues germaniques où depuis longtemps il a pris place.

2 Voyez notamment Pertz, *Leges*, t. Ier, p. 196.

3 Concil. Ticin., an 855, dans Labbe et Cossart, *Sacros. Conc.*, t. VIII, p. 447. Toutefois, ces deux mots ne sont pas synonymes dans ce concile de 855 : il s'agit et des *comites* et des *vassi* du roi que le concile met à peu près sur la même ligne.

4 Voyez notamment capit. de 787, c. 5; capit. de Mersen de 847, c. 2, 3 (Boretius, *Capit.*, t. Ier, p. 199; Pertz, *Leges*, t. Ier, p. 395). Ce mot *senior* désigne déjà dans Grégoire de Tours un personnage de la haute classe. Cf. Fustel de Coulanges, *Hist. des inst. polit. de l'ancienne France*, 1re partie, 2e édit., Paris, 1877, p. 576, note 5. Joignez ce qui a été dit ci-dessus, pp. 248, 249.

que chose d'entièrement nouveau : tant s'en faut. En effet, le monde antique paraît avoir connu, avant la période historique qui nous est familière, une organisation assez semblable à notre féodalité. De cette période préhistorique un débris a surnagé et s'est perpétué sous l'empire romain; je veux parler du patronat. A la fin de l'empire, ce patronat qui avait été jusqu'alors quelque chose d'honorifique sans grande portée pratique, prit des développements inattendus et sembla revivre d'une vie nouvelle. On vit de tous côtés dans ce vaste monde désorganisé, les *potentiores* usurper sur leur voisinage un *patrocinium*[1] dont une foule de textes nous entretiennent. D'autre part, le compagnonnage militaire, usité chez les Germains, s'insinua de très bonne heure dans le monde romain. Nous savons, en effet, que des soldats honorés d'une récompense ou jouissant d'un privilège, les *beneficiarii*[2], se groupaient volontiers autour de leur bienfaiteur, officier d'un rang élevé, chef ou gouverneur de province. Nous en avons des exemples dès le temps de César[3]. Plus tard, la faiblesse et la désorganisation du pouvoir central firent que, chacun songeant à sa défense, les chefs de maison armèrent leurs serviteurs et s'entourèrent précisément de *buccellarii*,

[1] *Code de Théodose*, XI, XXIV. *Code de Justinien*, XI, LIII, LIV; II, XIV; II, XV. Salvien, *De gubernatione Dei*, V, 8. Cf. ci-après la section de ce chapitre consacrée aux précaires. La répétition de ces prohibitions prouve qu'elles furent inutiles. Voyez Zachariæ von Lingenthal, *Geschichte des gr. röm. Rechts*, 1877, p. 228; Roth, *Feudalität*, p. 283.

[2] Sur les *beneficiarii* voyez : *Corpus inscriptionum latinarum*, t. VIII, pars II, Berolini, 1881, p. 1078; Forcellini, *Lexicon*, édit. De-Vit, t. Ier, p. 548; Perreciot, *De l'état civil des personnes et de la condition des terres*, t. II, 1786, p. 33, note 1; Ferrero, *L'ordinamento delle armate romane*, p. 59; Darenberg et Saglio, *Dict. des antiquités*, aux mots *Beneficiarius* et *Beneficium;* Kraner, *L'armée romaine au temps de César*, traduit de l'allemand par MM. Benoist, Baldy et Larroumet, p. 48; et surtout Jullian, dans *Bulletin épigraphique de la Gaule*, 1883, mars-avril, pp. 61 à 71.

[3] « Petreius vero non deserit sese. Armat familiam : cum hac et prætoria cohorte cetratorum barbarisque equitibus paucis, beneficiariis suis, quos suæ custodiæ causa habere consuerat, improviso ad vallum advolat » (César, *De bello civili*, I, 75). Les Germains au service des empereurs sont désignés sous le nom de *collegium Germanorum*. Ce nom romain ne couvre-t-il pas l'organisation décrite par César et par Tacite : des clients autour d'un chef et le groupe entier avec son chef au service de l'empereur? Cf. Zell, *Handbuch*, t. Ier, pp. 310, 311; t. II, nº 1042. Les mœurs romaines elles-mêmes n'étaient pas très éloignées de ces usages. Voyez Naudet, *De la noblesse chez les Romains*, 1863, p. 146 et suiv.

sorte de clientèle libre et, si je ne m'abuse, ordinairement barbare[1].

Nous suivons, sans méprise possible, l'existence de ces clientèles pendant les premiers siècles de la période franque. C'est au VIIIe et au IXe siècle que le système de la vassalité et du séniorat acquit une importance et une valeur générales.

On le voit, les habitudes et les mœurs gallo-romaines ou germaniques ne répugnaient en aucune façon à la décision prise par l'empereur Charles le Chauve, qui, en 847, ordonna à tous ses sujets de se choisir un *senior*[2]. L'empereur voulait systématiser un usage déjà très répandu. Au reste ses ordres ne furent pas suivis partout : quelques hommes libres restèrent hors rang sur leurs terres; et ces terres furent appelées plus tard les *alleux*.

La recommandation. — L'acte par lequel un homme se constitue le *vassus* d'un *senior*, c'est la recommandation, *commendare, se commendare*. On dit aussi *se tradere*[3]. Tacite fait allusion à un acte usité chez les Germains qui paraît bien être la recommandation de ces temps-là[4]. Elle existait chez les Bre-

[1] « Omnibus per civitates et agros habendi buccellarios vel Isauros armatosque servos licentiam volumus esse præclusam. Quod si quis præter hæc, quæ nostra mansuetudo salubriter ordinavit, armata mancipia seu buccellarios aut Isauros in suis prædiis aut juxta se habere tentaverit, post exactam centum librarum auri condemnationem, vindictam in eos severrimam proferri sancimus » (Const. de l'an 468, dans *Code de Justinien*, IX, XII, 10).

[2] Capit. de Mersen de 847, c. 2 (Pertz, *Leges*, t. Ier, p. 395).

[3] Grégoire de Tours, IV, 47, édit. Guadet et Taranne, t. Ier, p. 254; *Form. Turon.* (Sirm.), 44, dans Rozière, t. Ier, p. 69, n° 43; dans Lœrsch et Schrœder, *Urk. zur Geschichte des deutschen Rechtes*, 1, *Privatrecht*, 2e édit., pp. 1, 2, acte n° 1. Cf. Waitz, *Deutsche Verfassungsgeschichte* (2e édit.), t. II, p. 194 et suiv.; Roth, *Feud. und Unterthanverb.*, pp. 208 à 214, 269.

[4] « Illum defendere, tueri, sua quoque fortia facta gloriæ ejus assignare præcipuum sacramentum est » (Tacite, *Germ.*, 14). J'estime que nous possédons une formule très voisine de celle qui devait être usitée en Germanie ou en Gaule. C'est une formule, à mes yeux toute barbare qu'employèrent les habitants d'une ville de Lusitanie pour témoigner de leur fidélité à Caligula (Bruns et Mommsen, *Fontes juris Romani antiqui*, 5e édit., p. 236). Cette formule rappelle d'une manière frappante les hommages du moyen âge et semble le développement de la phrase de Tacite que je viens de citer. Elle doit être ibérienne ou plus probablement gauloise, car les Lusitans font leur apparition dans l'histoire comme débris des Kempses, population ibère vaincue au sein de laquelle les Gaulois firent, en Espagne, leur principal établissement (H. d'Arbois de Jubainville, *Les premiers habitants de l'Europe*, pp. 36, 326).

tons insulaires; et nous en retrouvons le nom (*kemen, kemenet*) chez les Bretons continentaux[1]. Tout indique qu'elle était usitée chez les Gaulois[2]. De la recommandation des temps mérovingiens et carolingiens procède l'hommage des temps féodaux : l'hommage, *hominium*, acte par lequel je me reconnais l'homme de quelqu'un n'est autre chose qu'une recommandation solennelle. Cette recommandation se renouvelle chaque fois que l'hommage est prêté par le vassal à son suzerain.

Les recommandations initiales ne cessent pas au xe siècle; nous pouvons les suivre au moins jusqu'au XIIIe siècle[3] et même bien au delà. Elles varient singulièrement d'importance : il en est d'insignifiantes qui, dès l'origine, ne donnèrent lieu à aucune solennité; ces recommandations modestes n'ont jamais pris la forme de l'hommage[4]. Ainsi, au xve siècle, un pauvre homme se dessaisit de ses biens en faveur d'un couvent, d'un parent, d'un ami, à la charge par le preneur de le nourrir, vêtir et enterrer[5]. Cette humble *lettre de rendue* procède évidemment de l'ancienne recommandation : en tous les siècles, il y eut des recommandations aux degrés les plus divers, de même qu'aujourd'hui il y a au service des particuliers et des administrations des employés et des serviteurs bien éloignés hiérarchiquement les uns des autres.

1 Cf. A. de Courson, dans *Revue de législation et de jurisprudence*, nouvelle collection, année 1847, t. II, p. 391 avec la note 3; A. de Courson, *Cartul. de l'abbaye de Redon*, p. CCXL. Le mot *kemen*, veut bien me dire M. H. d'Arbois de Jubainville, dérive tout simplement du latin *commendare* et n'est pas breton; mais, poursuit M. H. d'Arbois de Jubainville, la recommandation existait incontestablement chez les Irlandais, chez les Gaulois, chez les Bretons.

2 « In Gallia non solum in omnibus civitatibus atque in omnibus pagis partibusque, sed pene etiam singulis domibus factiones sunt. Earumque factionum principes sunt qui summam auctoritatem eorum judicio habere existumantur, quorum ad arbitrium judiciumque omnium rerum consiliorumque redeat. Itaque ejus rei causa antiquitus institutum videtur, ne quis ex plebe contra potentiorem auxilii egeret. Suos enim opprimi quisque et circumveniri non patitur : neque, aliter si faciat, ullam inter suos habet auctoritatem (César, VI, 11, édit. Oehler, 1855, p. 108).

3 Boutaric, *Des origines et de l'établissement du régime féodal*, pp. 19, 20.

4 On peut conclure de la rubrique d'un acte de 1090 que la recommandation en cette circonstance donna lieu aux liens du collibertage (Chevalier, *Cartulaire de Noyers*, 1872, p. 227).

5 Ch. de Robillard de Beaurepaire, *Notes et documents concernant l'état des campagnes de la Haute-Normandie*, pp. 204, 205.

A l'origine, le *vassus* n'était probablement[1] pas indissolublement lié au *senior :* il pouvait, j'imagine, comme le *buccellarius* wisigoth, quitter son patron, en lui remettant les dons reçus. Mais Charlemagne et Louis le Débonnaire édictèrent plusieurs capitulaires qui ont pour objet d'empêcher le *vassus* de quitter son *senior;* sauf dans quelques cas nettement déterminés[2]. Toutefois il reste entendu qu'à la mort du *senior* tous les liens sont rompus[3] (à plus forte raison à la mort du *vassus*).

Les décisions de Charlemagne et de Louis le Débonnaire ne réussirent pas à solidifier la vassalité. Dès l'année 856, Charles le Chauve dut reconnaître aux vassaux le droit de quitter leur *senior*[4]. Quatre siècles plus tard, en plein moyen âge, cette liberté primitive consacrée par Charles le Chauve se laissera encore apercevoir dans le système féodal[5]. Mais elle y jouera un bien faible rôle, car un lien très solide, l'intérêt, unira, en fait, le seigneur à son vassal; il l'y unira aussi étroitement que le propriétaire foncier est uni à sa terre.

Les *vassi* eux-mêmes peuvent avoir des vassaux; ces vassaux secondaires sont des *vassi vassorum, vavasseurs*[6].

[1] Il y a des formules de recommandation où l'engagement pris par l'homme libre est à vie : le contrat spécial fait loi, mais ce n'est pas, suivant moi, la règle universelle. Voyez une de ces formules dans Rozière, *Form.* 43 (Sirmond, 44).

[2] Voyez capit. de 813, dans Pertz, *Leges,* t. Ier, p. 189; cap. de 816 (environ), *ibid.,* p. 196. Joignez ces textes : capit. de 787, c. 5 : « Stetit nobis de illos homines qui hic intra Italia eorum seniores dimittunt ut nullus eos debeat recipere in vassatico sine comeatu senioris sui, antequam sciat veraciter pro qua causa aut culpa ipse suum seniorem dimisit; » capit. de Mersen de 847, c. 2 : « Volumus etiam ut unusquisque liber homo in nostro regno seniorem qualem voluerit in nobis et in nostris fidelibus accipiat, c. 3 : Mandamus etiam ut nullus homo seniorem suum sine justa ratione dimittat, nec aliquis eum recipiat, nisi sicut tempore antecessorum nostrorum consuetudo fuit » (Boretius, *Capitularia,* t. Ier, p. 199. Pertz, *Leges,* t. Ier, p. 395).

[3] Capit. de 806 : « Unusquisque liber homo post mortem domini sui licentiam habeat se commendandi..... » (*Divisio regnorum,* art. 10, dans Boretius, *Capit.,* t. Ier, p. 128). Cf. Roth, *Feudalität und Unterthanverband,* pp. 210, 211.

[4] Capit. de 856, c. 13 : « Et mandat vobis noster senior quia si aliquis de vobis talis est cui suus senioratus non placet, etc. » (Baluze, *Capit.,* t. II, p. 84).

[5] Voyez ci-après, pp. 641, 642.

[6] En 869, le roi parle de ses *vassi* et des vassaux de ceux-ci (*vasalli... vassorum nostrorum*) (Pertz, *Leges,* t. Ier, p. 511). Voyez, sur les vavasseurs au moyen âge, le *Grand cout. de Normandie,* ch. 26, édit. W. Laurence de Gruchy, Jersey, 1881, p. 80; mes *Etablissements de saint Louis,* t. Ier, p. 12, 165; t. II, pp. 36, 50, 59, 61.

2. *Bénéfices et fiefs.*

Usages romains et usages germains. Moyen âge. — De l'homme passons au bien; du compagnonnage à la tenure.

Une étymologie incontestée éclaire ici l'histoire. Le mot *fief* (*fevum*) dérive d'une racine germanique qui signifie *bétail*, racine que nous retrouvons jusqu'à trois fois dans les fragments de la langue lombarde qui nous sont parvenus [1]. Ce mot ramène donc notre esprit vers ces temps lointains où le bétail constituait la principale et presque l'unique richesse : toutes les combinaisons financières se résumaient chez les Irlandais en diverses variétés de cheptel [2] et, suivant toute probabilité, nous constaterions, si les documents ne nous faisaient défaut, des situations analogues chez les Germains [3] et chez les Gaulois. Un Germain salarié était souvent payé en bétail. Le chef récompensait ses compagnons en leur donnant des armes, des chevaux. Tacite mentionne expressément les dons en bétail [4].

Qu'aux dons en armes, en chevaux, en bétail se substituent des dons en terres; que le lien fragile qui unissait primitivement le client et le patron se solidifie et devienne héréditaire : voilà le fief, ou, du moins, l'un des aspects du fief.

[1] « Fader*fio* » = quod de parentes adduxit mulier; « *Figang* » = s'en aller avec le bétail; « Mêt*fio* » = paiement en bétail, prix de la femme. Voyez *Roth.*, 182, 199, 200, *al.* 181, 198, 199; *Roth.*, 253, 291; *Liutpr.*, 103 (Carl Meyer, *Sprache und Sprachdenkmäler der Langobarden*, pp. 27, 31, 285, 267). Forme gothique : *faihu.* C'est le latin *pecus.* Comparez le développement de sens que nous trouvons dans *pecunia* (A lire : Bréal et Bailly, *Dict. étym.*, 1885, p. 254). On remarquera que je ne parle pas, dans le texte, de l'étymologie du mot *feodum.* Il est assez probable que ce mot embarrassant réunit les deux radicaux suivants : *fe* (*fevum*) dont je parle dans le texte et *od, bien.* Gaston Paris a traité l'étymologie du vieux français *fieut* (*fe-udum*) dans *Romania,* VII, 132. Comment l'étymologie de *fief* laisse-t-elle M. Mackel si perplexe et incertain (Mackel, *Die germ. Elemente in der franz. und provenz. Sprache*, Heilbronn, 1887, p. 125)?

[2] H. d'Arbois de Jubainville, *Etude sur le droit celtique*, p. 65 et *passim.*

[3] Il pourrait bien y avoir quelquefois une combinaison de ce genre entre le *buccellarius* wisigoth et son patron. Un certain partage par moitié dont parle l'*Antiqua* des Wisigoths y ferait songer (Blume, *Die westgothische Antiqua*, pp. 28, 30).

[4] Voyez les textes ci-dessus, p. 626, note 4.

Cette double transformation commença vite. Les influences romaines y contribuèrent. Non seulement la terre était, chez les Romains, un objet ordinaire de vente, d'échange et de donation, mais, à Rome, dans le monde militaire, régnaient des habitudes assez analogues à celles des Germains. Ces soldats romains dits *beneficiarii* dont j'ai déjà parlé, recevaient des récompenses ou des exemptions de charge appelées *beneficia*. J'estime que des terres ont pu de même être concédées à des soldats romains à titre de bénéfice[1]. Il est formellement question dans Hygin des terres données en bénéfice à des colonies[2]. La possession d'un bénéfice était vraisemblablement précaire, du moins en droit pur[3]. Toutefois ce sens ne ressort pas des expressions d'Hygin.

On ne saurait ici trop remarquer que les Germains concevaient l'idée de donation tout autrement que les modernes. Dans leur esprit comme dans l'esprit de l'enfant, un donateur peut toujours révoquer la donation qu'il a faite. Tout acte de générosité n'est donc autre chose à leurs yeux qu'un *beneficium* révocable.

1 Voyez les textes bien connus de Lampride et de Vopiscus que cite notamment Lehuërou, *Hist. des institut. mérovingiennes*, p. 356, note 9, p. 357, note 3.

2 « Hæc beneficio colonia habent. Et si qua beneficio concessa aut adsignata coloniæ fuerint in proximo sive inter alias civitates, in libro beneficiorum adscribemus » (Hygin, *De limitibus constituendis*, dans Blume, Lachmann et Rudorff, *Gromatici veteres*, t. Ier, pp. 202, 203).

3 « His enim tribus modis aliena sumuntur : jure, beneficio, impetu, id est dominio, precario, vi, dominio non suppetente » (Tertullien, *Adversus Hermogenem*, c. IX, *in fine*, dans Tertullien, *Opera*, Paris, 1583, p. 491). *Beneficium* implique donc, d'après Tertullien, une notion de précarité et une absence de *dominium*. Ceci ajoute beaucoup d'acuité et de force à ce fragment de Paul : « Magis... ad donationes et beneficii causam quam ad negotii contracti spectat precarii conditio » (*Digeste*, XLIII, XXVI, 14). Le texte suivant confirme notre manière de voir et indique en même temps la tendance à la stabilité des bénéfices : « Quum ex instituto Tiberii omnes dehinc Cæsares beneficia à superioribus concessa principibus aliter rata non haberent, quam si eadem iisdem et ipsi dedissent, primus præterita omnia uno confirmavit edicto, nec a se peti passus est » (Suétone, *Titus*, 8. Cf. Dion Cassus, liv. LXVI, 19, et pour Domitien, LXVII, 2, édit. Gros, t. IX, pp. 320, 340). Sur la tendance à l'hérédité des bénéfices chez les Romains, cf. du Buat, *Les origines de l'ancien gouvernement de la France*, t. Ier, p. 199 et suiv. Qu'on ne se méprenne pas sur la portée de ces rapprochements : je me transporte pour un moment sur le terrain de la grammaire et je constate qu'à Rome le mot *beneficium, bienfait*, est mêlé d'une idée de précarité. Voilà tout ce que j'entends tirer des citations qui précèdent.

Ceci est très net dans le droit lombard[1], mais se laisse seulement entrevoir dans le monde franc et dans la législation wisigothique[2].

Si la donation barbare est précaire et révocable du vivant du donataire, à plus forte raison elle est caduque à la mort de ce donataire. Elle ne passe, en principe, à ses héritiers que si cela a été expressément stipulé. On sent de bonne heure un courant favorable à la consolidation du don[3]; mais le triomphe définitif de cette conception nouvelle est lent comme tous les triomphes juridiques, qui supposent une transformation dans les idées.

Ces donations de Barbares (ordinairement salaires de services rendus) sont souvent désignées par le mot latin *beneficium*. Quant à l'expression franque, elle ne s'est pas conservée jusqu'à nous, mais on peut affirmer que cette expression, aujourd'hui perdue, a donné en bas latin *fevum*[4] (on a dit aussi *feodum* ou *feudum*) et, en français, *fief*. Ce mot d'origine germanique, *fevum*, apparaît assez tardivement dans nos textes. Il se substitue lentement au mot latin *beneficium*. Dans plusieurs documents du XIe et du XIIe siècles, les deux expressions sont accouplées et s'expliquent l'une l'autre. Un scribe du XIe siècle a pris la peine de nous laisser cette courte, mais précieuse observation :

[1] *Roth.*, 175 (Pertz, *Leges*, t. IV, p. 41). Capit. lombard de 776, art. 3 (Boretius, I, p. 188). Cf. *Luitprand*, 43; *Roth.*, 223 (Pertz, *Leges*, t. IV, pp. 126, 54).

[2] Ancienne compilation attribuée à Euric, XIV, édit. Gaudenzi, p. 204. Pour le monde franc, il faut se reporter non pas à des textes juridiques, mais à des faits nombreux de révocation de donation qui ont été souvent relevés. Les vues de M. Gaudenzi éclairent ces agissements d'un jour nouveau. Voyez les faits relevés notamment par Naudet, dans *Mém. de l'Acad. des Inscriptions*, t. VIII, pp. 444, 445; acte de l'empereur Henri II pour Reichenau, de l'an 1016 (Dümge, *Regesta Badensia*, 1836, p. 98, n° 40), et joignez Gaudenzi, *Un' antica compilazione di diritto romano e visigoto*, pp. 167-173. M. Gaudenzi explique parfaitement le *launegild* lombard en faisant intervenir cette conception primitive de précarité. Le *launegild* est un contre-don qui produit l'irrévocabilité.

[3] Traité d'Andelot, dans Grégoire de Tours, IX, 20 (Boretius, I, p. 14). Edit de Clotaire II, de 614, art. 17 (Boretius, I, p. 23).

[4] Cf. Zœpfl, *Alterthümer des deutschen Reichs und Rechts*, t. Ier, p. 227. La racine germanique à laquelle se rattache *fevum* signifie, comme je l'ai dit, *bétail*. On a les formes saxonne, lombarde, haute-allemande, frisonne, anglo-saxonne; on n'a pas la forme franque. Voyez von Inama-Sternegg, *Deutsche Wirthschaftsgeschichte bis zum Schluss der karolinger Periode*, t. Ier, p. 181, note 1.

« Beneficium, écrit-il, quod vulgo dicitur feudum[1]. » On dira encore au XIVe siècle : *beneficium seu feudum*[2].

Le bénéfice est, je le répète, un avantage précaire et révocable. Toutefois on l'envisage volontiers sous un aspect un peu différent : on y voit quelque chose de moins fragile, à savoir un usufruit qui s'éteint soit par la mort de l'usufruitier, soit par celle du bailleur[3]. Les deux idées de bénéfice et d'usufruit[4] viager sont continuellement réunies : elles s'appellent l'une l'autre; mais les bénéficiers ou *feodati* ont une tendance générale à transmettre leur bénéfice à leurs enfants. C'est là un sentiment humain dont la force est grande. L'hérédité du bénéfice ou fief se fera lentement, péniblement, en cinq ou six siècles. Dès le VIe siècle, en Burgondie, le roi Gondebaud[5] permit à tous ceux de ses sujets qui avaient reçu des bénéfices de ses ancêtres de les transmettre à leurs enfants. Cependant, au XIe siècle[6], on trouve encore en France des fiefs viagers. Il y en eut, en Angleterre, jusqu'à la fin du XIIIe siècle ou au commencement du XIVe[7]. J'irai plus loin : au XIIe siècle, sous un roi puissant

1 Acte de 1087, cité par Perreciot, *De l'état civil des personnes et de la condition des terres dans les Gaules*, t. II, 1786, p. 24, note 1. En 1166, un individu appelé Rudengerus de Meyrla reçoit une pièce de vigne en *bénéfice* : il la possédera *feodali jure* (Beyer, *Urkundenbuch zur Geschichte..... Coblenz und Trier*, t. Ier, p. 705). Les mots *feodum* et *beneficium* sont synonymes dans un acte de 1152 (*ibid.*, t. Ier, p. 625). Cf. Brussel, *Nouvel examen de l'usage général des fiefs*, t. Ier, p. 72 et suiv.

2 Acte de 1317, dans Fauché-Prunelle, *Essai sur les anc. inst. des Alpes Cottiennes-Briançonnaises*, t. Ier, p. 213.

3 Cf. Guérard, *Polypt. de l'abbé Irminon*, t. Ier, 2e partie, pp. 506, 508 et suiv., p. 525 et suiv.

4 Formule intitulée *Precaria*, dans Zeumer, *Formulæ*, p. 242. Loersch et Schröder, *Urk. zur Geschichte des deutschen Rechtes*, I, *Privatrecht*, 1881, p. 251, n° 38 (31). « Jure beneficiario et usufructuario, » dans un diplôme du roi Eudes de l'an 889 (Lépinois et Merlet, *Cart. de N.-D. de Chartres*, t. Ier, p. 73, n° 6).

5 *Loi Gambette*, tit. Ier, art. 3, 4, dans Pertz, *Leges*, t. III, p. 532. Joignez, pour des bénéfices héréditaires en Bavière dès le VIIIe siècle, Gfrörer, *Zur Geschichte deutscher Volksrechte im Mittelalter*, t. Ier, 1865, pp. 403, 426, 427.

6 M. d'Espinay a prouvé qu'il y avait encore au Xe et au XIe siècle beaucoup de fiefs viagers (d'Espinay, *Etudes sur le droit de l'Anjou au moyen âge*, dans *Revue hist. de droit français et étranger*, t. VIII, pp. 546, 547). Un document important relatif à l'hérédité des fiefs (le texte dit encore *bénéfices*) est la constitution de l'empereur Conrad de l'an 1037 qui admet l'hérédité des fiefs, sauf les cas de forfaiture (Pertz, *Leges*, t. II, p. 39).

7 « Duas partes maneriorum de Aldermanston et Spersholt quas Robertus Achard

comme Philippe-Auguste, certains fiefs semblent reprendre un caractère de précarité et rester à la disposition constante du suzerain[1].

On peut dire, d'une manière générale, qu'au XIIIe siècle en France presque tous les fiefs terriens sont devenus héréditaires.

Les transformations économiques contribuèrent ici puissamment à l'hérédité. Elles l'entraînèrent peu à peu. Et voici comment. Un bénéfice en bétail est facilement viager. Le bénéficier et sa famille ont profité du croît ou d'une part du croît. A la mort du bénéficier, les enfants peuvent restituer le bétail baillé en bénéfice, sans être ruinés. Mais la restitution d'une terre restée longtemps dans une famille entraînerait un changement de position beaucoup plus pénible et plus difficile. La famille s'attacha donc à la terre; elle conquit l'hérédité, profitant de sa propre puissance ou de la faiblesse du suzerain. « Au Xe siècle, toute fonction publique et toute délégation du pouvoir tendit à se transformer en fief héréditaire[2]. » C'est là le côté politique de l'histoire féodale : je l'indique sans y insister dans ce volume consacré au droit privé.

On a créé des fiefs aussi bien que des emphytéoses ou des

tenuit ad vitam suam de nobis in capite » (Document du temps d'Edouard Ier, roi d'Angleterre, dans *Rotul. orig. in curia scaccarii abbreviatio*, t. Ier, 1805, p. 104.)

[1] Exemple : le fief d'Hennezis est donné par Philippe-Auguste à Gérard Flandrine, puis à Robert de Lesseville, puis à Raoul Bogis (Tuetey, dans *Archives des missions scientifiques*, 3e série, t. VI, p. 334, note 4). Rapprochez ce texte important : « Antiquissimo enim tempore sic erat in dominorum potestate connexum ut, quando vellent, possent auferre rem in feudum a se datam. Postea vero eo ventum est ut per annum tantum firmitatem haberent. Deinde statutum est ut usque ad vitam fidelis produceretur » (*Libri feudorum*, I, I, § 1). Cette théorie du moyen âge rappelle merveilleusement la notion de *précarité* que renferme, suivant moi, le mot *beneficium*. Cf. p. 635, note 3.

[2] Luchaire, t. Ier, p. 190. On répète souvent que le capitulaire de Quierzy-sur-Oise de 877 a établi l'hérédité des bénéfices. Ce capitulaire contient un article relatif au remplacement des comtes et des vassaux du roi pendant son expédition en Italie (art. 3). Il n'a pas, en cette question, surtout quand il s'agit des bénéfices en général et non en particulier des bénéfices royaux, l'importance qu'on lui attribue. Voyez Pertz, *Leges*, t. Ier, pp. 539, 542; Bourgeois, *Le capitulaire de Kiersy-sur-Oise*, Paris, 1885; mon *Droit public*, t. Ier, p. 453.

baux à rente jusqu'à la fin de l'ancien régime[1] ; mais en moins grand nombre.

Les évêques accordèrent aussi à des ecclésiastiques des biens d'église en bénéfice, c'est-à-dire en usufruit. Ces bénéfices ecclésiastiques ont mieux gardé leur caractère originaire[2] : le bénéficier n'ayant pas de famille, la transformation sur laquelle j'insistais tout à l'heure ne s'est pas faite.

Le bénéfice ou fief noble se rattachant à des services militaires n'a été originairement attribué qu'à des hommes[3] : et c'est aussi en faveur de la lignée mâle que s'est établie l'hérédité. Toutefois les femmes furent assez promptement admises à succéder aux fiefs; nous avons des exemples considérables du XIIe siècle[4]. Mais cette évolution n'est pas universelle : en 1789, il existait encore, en Alsace, des fiefs réversibles au seigneur dominant, en cas d'extinction de la race masculine du vassal[5].

A l'hérédité s'ajouta peu à peu la cessibilité, la transmissibilité du fief. Mais, comme nous le verrons, le caractère viager et personnel du fief laissa jusqu'à la fin quelques traces, quelques souvenirs dans la constitution de ce bien.

Après la période germanique, c'est-à-dire après les Carolingiens, nous rencontrons fort peu de *vassi* dont la dépendance

[1] Voyez une formule de création de fief noble, dans Corrozet, *L'office et pratique des notaires*, Paris, 1658, p. 356; le texte d'une création de fief noble en 1748, dans Villard, *Hist. du prolétariat ancien et moderne*, pp. 706, 707. L'inféodation du sol de la forêt de Beaufort faite au sieur Baraudier-Dessuile par arrêt du conseil du 9 août 1771 fut annulée par l'Assemblée nationale, le 19 juillet 1791. La grande entreprise du canal du Languedoc fut créée sous forme de fief. En 1717, la Louisiane fut concédée à la Cie d'Occident sous forme de fief. Voyez Corréard, *Choix de textes*, Paris, p. 187; *Edits et ord. royaux... concernant le Canada*, t. Ier, p. 378.

[2] Cf. Durand de Maillane, *Dict. du droit canonique*, t. Ier, p. 303 et suiv.; mon *Droit public*, t. Ier, pp. 353, 354.

[3] Pour bénéfices attribués à des femmes, voyez Guérard, *Pol. de l'abbé Irminon*, t. Ier, 2e partie, p. 531; Roth, *Feud. und Unterthanverband*, p. 204.

[4] Cf. le beau livre de M. Luchaire, *Hist. des inst. mon. de la France sous les premiers Capétiens*, t. II, p. 20.

[5] Merlin, *Rapport fait au comité des droits féodaux le 4 septembre 1789*, pp. 11, 12. Cette évolution, non réalisée en Alsace en 1789, fut consommée dans le Briançonnais en 1343. « Quod masculi et femine utriusque sexus succedant et succedere possint et debeant in feudis » (Grande charte de 1343, citée par Fauché-Prunelle, *Essai sur les anc. instit. des Alpes Cottiennes-Briançonnaises*, t. II, p. 496).

soit purement personnelle. On est vassal parce qu'on détient un bénéfice ou fief. Presque tout le comitat germanique décrit par Tacite s'est fixé sur la terre; c'est l'armée régulière implantée dans le sol. Toutefois la vassalité purement personnelle ne disparaît pas pour cela entièrement[1]. Un prince pouvait toujours avoir intérêt à s'attacher extraordinairement un fidèle dévoué et les circonstances pouvaient faire qu'il récompensât ce dévouement autrement que par la concession d'un fief terrien. Saint Louis, au XIIIe siècle, fit de Joinville son homme lige moyennant une rente perpétuelle de 200 livres tournois[2]; Galéas Visconti, à la fin du XIVe siècle, se procura l'hommage et les services d'un utile capitaine, Guy de la Trémoille, en allouant à ce personnage qui devint son fidèle, une pension annuelle de mille florins d'or[3]. Mais j'insiste ici sur la masse des *vassi*, pourvue de fiefs territoriaux. Les origines de ces fiefs sont très diverses. Ici, un *vassus*, lié à son chef par un lien personnel, a reçu de lui un bénéfice-fief; dès lors, ce fief que lui et sa famille ne veulent pas perdre, constitue le lien, l'attache envers le seigneur : ce lien suivra l'héritier ou l'acheteur du fief, car le seigneur ne consentira à ce changement de main que moyennant un nouvel hommage, c'est-à-dire une reconnaissance et déclaration de vassalité. Là, un propriétaire, apportant son bien à un seigneur qui lui procurait en retour sa protection et certains avantages déterminés, s'est fait *vassus*, en se recommandant lui et son bien : dès lors, ce bien se trouve dans une position identique à celle du fief dont je parlais tout à l'heure; d'alleu il est devenu fief. Ailleurs encore, un autre *vassus*, engagé primitivement par de simples liens

[1] Je modifie ici sur un point important ce que j'ai dit dans la première édition de cet ouvrage et aussi, mais déjà avec quelque hésitation, dans *Droit public*, t. Ier, p. 434.

[2] Champollion, *Documents historiques inédits*, t. Ier, p. 620. C'est la rente elle-même qui constitue ici le fief de Joinville; le domaine de Joinville, *dominium de Gienvilla*, dont il est aussi question dans l'acte, n'est point le fief pour lequel Joinville a rendu hommage lige au roi. Cet hommage lige est fait pour la rente de 200 livres tournois. Toutefois, il y a dans cet acte une attache territoriale : la rente est accordée à perpétuité à Joinville « et heredibus de uxore sua desponsata qui per tempora tenebunt dominium de Gienvilla. »

[3] Louis de La Trémoille, *Livre de comptes, Guy de La Trémoille et Marie de Sully*, p. 168, n° 11.

personnels est resté pacifiquement sur une terre qui lui appartient en propre : ses héritiers, poussés par l'intérêt et la nécessité, sont demeurés *vassi* et ont habité la même terre. Voilà un bien très compromis : il va perdre son caractère primitif; il sera lentement confondu avec les fiefs précédemment décrits ; il deviendra fief progressivement et par assimilation. En un temps où les hommes libres perdirent trop souvent la liberté, on peut être assuré que bien des terres dont les propriétaires ne tombèrent pas aussi bas, s'affaissèrent du moins au rang de fief, quand elles ne descendirent pas à un degré inférieur.

J'espère avoir fait sentir quelles variétés, quelles contrariétés de droits couvre dans le même temps cette expression *fief* ou *bénéfice*. Ici, le fief est une concession viagère et même précaire; là, il est l'atténuation d'un droit héréditaire. Je n'oublie pas enfin ces hommes libres qui, groupés autour d'un chef, semblent avoir considéré à l'origine le chef et eux-mêmes comme copropriétaires. Chef et fidèles, formant souvent une sorte de gilde, sont originairement frères et compagnons. Les biens des compagnons et ceux du chef sont communs ou quasi-communs[1]. Plus tard les compagnons du chef ne sont plus guère que ses *vassi;* leurs terres deviennent elles-mêmes des fiefs servants, des terres vassales. Toutefois le sentiment de la communauté primitive persiste souvent au profit du vassal. Qu'on ne s'étonne donc pas de voir des suzerains liés étroitement à leurs vassaux et ne pouvant, par exemple, faire une donation sans l'approbation de ces derniers[2]. L'antique compagnonnage du *senior* et des fidèles, la connexité et l'enchevêtrement des droits du suzerain et de ceux des vassaux explique l'intervention de ces derniers, assez fréquente au moyen âge.

Les vassaux féodaux, en Allemagne[3] et en Terre-Sainte[4],

[1] « Si dominus Monsterioli perrexerit in exercitum comitis Andecavensis et duxerit secum milites suos et gildiam » (Marchegay et Mabille, *Chroniques des églises d'Anjou,* p. 80). Cf. Flach, *Le compagnonnage dans les chansons de geste,* pp. 146, 147, 166 et suiv.; mon *Droit public,* t. Ier, pp. 428, 429.

[2] Exemple de l'an 927-942, dans Bruel, *Cartulaire de Cluny,* t. Ier, p. 321.

[3] Daniels, *Land- und Lehenrechtbuch,* Berlin, 1863, t. Ier, col. 12, 16; t. II, col. 204.

[4] Jean d'Ibelin, ch. 250, dans Beugnot, *Assises,* t. Ier, pp. 400, 401.

étaient expressément libres de rompre tout lien avec leur suzerain, en lui abandonnant leur fief. Ce trait archaïque rappelle la situation du *buccellarius* wisigoth, libre de quitter son patron, en lui remettant tout ce qu'il tient de sa générosité. C'est précisément cette liberté du *vassus* que consacrait Charles le Chauve en 856! Il est évident que dans les coutumes qui ne mentionnent pas ce droit du vassal, la même faculté existe cependant virtuellement : mais il est souverainement improbable qu'un vassal renonce à sa fortune pour briser les liens de vassalité; par suite, la plupart du temps les jurisconsultes n'ont pas été conduits à examiner ce point de droit. Notre grand Beaumanoir en a dit un mot: il accepte le principe, avec une réserve très justifiée pour le cas où le vassal quitterait le fief, afin de se soustraire à un devoir militaire immédiat[1].

Variétés des bénéfices ou fiefs. — Je n'ai parlé encore que des fiefs les plus importants, c'est-à-dire de ceux qui correspondaient ordinairement à des services militaires rendus par le *vassus;* mais les concessions diverses que pouvait faire un homme puissant variaient avec les besoins de sa clientèle et les siens propres. De là une extrême diversité dans les concessions et dans les tenures féodales, diversité qui n'indique en aucune manière une dégénérescence de l'institution primitive, mais qui correspond parfaitement à la diversité des situations dans tous les temps. Quelques exemples feront saisir ma pensée.

Une grande maison cherche un cuisinier. Elle s'en attachera un, en lui faisant certains avantages. Elle lui donnera, par exemple, des gages annuels, plus une habitation et une terre : l'habitation, la terre et les gages (*sive in annona sive in denariis*) constituent, réunis, le *feodum de coquina, fief de la cuisine*[2]; et les exemples de ce genre abondent.

Ailleurs, le bienfait que reçoit le détenteur du fief sera tout simplement le droit de toucher vingt sous de rente, quarante

1 Beaumanoir, ch. LXI, 29, 30, édit. Beugnot, t. II, pp. 385, 386.

2 Guérard, *Cartul. de Saint-Père de Chartres*, t. II, p. 277. Voyez un *feodum equorum a sarcinis*, dans Brinckmeier, *Glossarium diplomatic.*, t. Ier, p. 796; un fief de batelier, dans Beyer, *Urkundenbuch zur Geschichte..... Coblenz und Trier*, t. Ier, p. 161, note 4.

setiers de blé, etc. : le droit aux vingt sous, aux quarante setiers de blé, tel est son fief[1]. Un Accurse, avocat du roi d'Angleterre en cour de Rome, touche annuellement quarante marcs sur la cassette du roi pour son fief annuel[2].

Ailleurs encore, une terre est baillée en bénéfice, plus tard en fief, moyennant une rente annuelle payée par le détenteur du bénéfice ou du fief[3]. C'est tout simplement un bail perpétuel appelé fief.

Du *beneficium*, concession en apparence toute gracieuse faite à un compagnon d'armes, me voici descendu jusqu'au *beneficium* ou fief, concession intéressée et lucrative faite à un cultivateur.

En continuant à descendre l'échelle des bénéficiaires, nous allons retrouver d'autres concessions gratuites d'un genre bien différent. Cette chaîne des bénéfices nous aura conduit d'un extrême à l'autre : ici plus que jamais, si on examine l'essence des choses, les deux extrêmes se touchent.

J'arrive donc au dernier des possesseurs de fief, à ce fieffé (on disait au moyen âge *fievé*) ou *feodatus*, qui, lui, n'est plus autre chose qu'un pauvre misérable. On lui a constitué par pitié, *pro misericordia*[4], une petite rente. Je pourrais appeler ce fief le *fief aumône*. Les comptes royaux nous fournissent, à ce sujet, de précieux renseignements : ils ont ouvert jusqu'à la fin de l'ancien régime un chapitre intitulé *Fiefs et aumônes*, consacré aux rentes de charité, de piété, de bienfaisance[5].

[1] Longnon, *Livre des vassaux*, p. 165, n° 2229; p. 169, n°s 2275, 2276, 2277. Guérard, *Cartulaire de Saint-Père*, t. II, p. 464, n° 71.

[2] Prynne, *Antiquæ const. regni Angliæ*, Londini, 1672, p. 431.

[3] Capit. d'Anségise, liv. Ier, art. 157, édit. Baluze, t. Ier, col. 731, 732. Capit. de 829, art. 5, dans Pertz, *Leges*, t. Ier, p. 350. *Lex Wisig.*, X, II, 11, apud Walter, *Corpus juris germ.*, t. Ier, p. 618. Document du 12 décembre 1372, dans Champollion-Figeac, *Lettres de rois, reines et autres personnages*, t. II, pp. 184, 185.

[4] Guérard, *Cartulaire de Saint-Père de Chartres*, t. II, pp. 384, 371. Cf. t. Ier, p. XXIV.

[5] *Ord.*, t. Ier, p. 664, note. Charte de la commune de Beaumont, de 1223, dans Teulet, *Layettes du Trésor*, t. II, p. 21, A. de Boislisle, *Le budget et la population de la France sous Philippe de Valois*, Paris, 1875, p. 6. Isambert, *Recueil général*, t. VI, p. 627. *Vestige et instruction des finances*, à la suite du *Grand stille et prothocolle de la chancellerie de France*, Paris, 1532, fol. CCXLVII. Ord. de 1669, tit. 20, art. 2, 61. Jacqueton, *Documents relatifs à l'administration financière en France de Charles VII à François Ier*, Paris, 1891, pp. 210, 211. Décret des 15-23 octobre 1790

On voit que le mot *fief* est un de ces bons mots souples et vivants comme la langue vulgaire seule en possède. Dès qu'un savant s'exerce sur un mot, expression toujours vivante de relations, de besoins, de faits infiniment variés, il commence trop souvent par tuer ce mot vivant pour le pouvoir comprendre, semblable à l'anatomiste qui ne peut disséquer que des cadavres [1].

Et maintenant ai-je besoin de dire que le fief n'a en soi rien de noble, rien qui répugne à la roture? Les fiefs d'ailleurs peuvent être acquis non seulement par des roturiers, mais même par des serfs [2]. Toutefois la première catégorie de fiefs dont j'ai parlé au début diffère évidemment beaucoup de ceux dont j'ai parlé en seconde ligne. Un guerrier reçoit une terre qui n'est chargée d'aucune redevance. Quant à lui, il est tenu plus strictement que jamais au service militaire : en cas de défaillance, il perdrait immédiatement son bénéfice [3]. Voilà certes une position bien différente de celle du cultivateur qui reçoit une terre en fief moyennant redevance. Le premier de ces fiefs est devenu le fief noble [4]; on l'appela de bonne heure le *franc fief;* le second, c'est le fief roturier. On dira très vite : « Non est verum

dans Galisset, I, 175. L'examen de quelques comptes royaux manuscrits me porte à croire que, plus d'une fois, l'expression classique *fiez et aumosnes* y a été remplacée par les mots *Dons, Aumosnes*. Les comptes de l'hôtel (1421-1422) (Archives nat., KK. 33, fol. 14 r° et 26 v°) contiennent des chapitres intitulés l'un *Dons*, l'autre *Aumosnes*, qui me paraissent répondre au chapitre *Fiez et aumosnes* des comptes de Jeanne de Navarre (Archives nat., KK. 3b, fol. 32 et 68 v°).

1 Je suis porté à croire avec Roth que l'obtention d'un bénéfice ne suppose pas nécessairement la vassalité. Les mots *bénéfice* et *fief* sont souples et peuvent s'adapter à des relations très diverses. Cf. Roth, *Feud. und Unterthanverband*, pp. 202, 203; Waitz, *Vassalität*, pp. 24, 25; Waitz, *Verf.-Geschichte*, t. IV, p. 216.

2 Voyez ici : un acte d'affranchissement de l'an 1299 (Molinier, *Etude sur l'admin. de saint Louis et d'Alf. de Poitiers*, Toulouse, p. 93, tirage à part extrait du t. VII de l'*Histoire du Languedoc*); un autre acte d'affranchissement cité par M. Fournier, *Revue hist.*, t. XXI, p. 18; enfin le jurisconsulte Colombi cité par Tailliar, *Notice de mss. concernant la législ. du moyen âge*, p. 87.

3 Capitulaire de 805, art. 6, dans Boretius, *Capitularia regum Francorum*, t. Ier, p. 123. Les obligations militaires des bénéficiers sont particulièrement rigoureuses; voyez capit. de 807, art. 1er (*ibid.*, p. 134); capit. de 811, 5 (Pertz, *Leges*, t. Ier, p. 173).

4 On arrivait primitivement à la noblesse par la possession d'un fief noble; voyez ci-dessus, pp. 254, 255.

feudum de quo census annuus præstatur[1]. » Mais cette prétendue règle ne représente que l'effort des théoriciens qui s'acharnent sur le mot *fief;* ils réussiront à faire prévaloir officiellement ce sens restreint du mot *fief :* déjà, au XIIIe siècle, l'auteur des *Etablissements de saint Louis* et Beaumanoir paraissent adopter cette terminologie. Elle a des racines fort anciennes dans la langue de certaines provinces[2]. Mais ces habitudes de langage, quoique secondées et développées par l'effort des théoriciens, ne prévalurent jamais dans la France entière. Le fief sujet à redevance, c'est-à-dire le fief roturier, subsista jusqu'à la fin de l'ancien régime sur une grande partie du territoire[3].

Au XIIe et au XIIIe siècles, lorsqu'un bourgeois achetait un fief noble ou franc fief[4] et s'y établissait, il acquérait lui-même la noblesse ou il y acheminait ses descendants. On fit payer un droit au vilain qui achetait un franc fief, puis on enleva au vilain la possibilité de s'anoblir en achetant le fief et en payant le *droit*

1 *Schwab-Lehen-recht,* ch. XXIX, § 1, apud Senkenberg, *Corpus juris feudalis Germanici*, p. 36.

2 *Cartulaire de Saint-Vincent du Mans*, édit. Menjot d'Elbenne, p. 457, n° 806 (acte de la fin du XIe siècle).

3 Coutume de Nivernois, tit. IV, art. 27 et suiv. (*La coutume de Nivernais*, édit. Dupin, 1864, pp. 159, 160). Coutume de Bretagne, art. 356, où est mentionné le fief tenu roturièrement. Joignez ce que M. du Chatellier a dit des afféagements bretons au XVIIe siècle dans *Compte rendu de l'Académie des sciences morales et politiques*, t. LXII, 1862, pp. 200, 201. Pour les fiefs roturiers en Normandie au moyen âge voyez Delisle, *Etudes sur la condition de la classe agricole en Normandie*, p. 4, note 8, pp. 695, 696. Pour l'époque postérieure voyez coutume de Normandie, art. 101; Hoüard, *Dict. de la cout. de Normandie*, t. II, p. 319, art. *Fieffe.* (Cette différence d'orthographe entre *fieffe* et *fief* est purement arbitraire et sans aucune valeur scientifique ou historique.) Pour le Cambrésis voyez toute une série de fiefs à simple hommage chargés de rente annuelle dans *Mémoires de la Société d'émulation de Cambrai*, t. XXXII, 1re partie, pp. 545, 546 et suiv. Pour le Noyonnois et le Beauvoisis voyez un dénombrement de 1511, dans *Bulletin de la Société historique de Compiègne*, t. VI, p. 176; un dénombrement de 1454, dans Deladreue, *Auneuil, Notice historique et archéologique*, Beauvais, 1876, p. 29; pour le midi, coutume de Toulouse, Quarta pars, titre Ier, art. 135, édit. Tardif, p. 65.

Pour l'Allemagne voyez le *servile... feodum* et les *piscatores feodati* d'Ebersheimmünster dont parle Zöpfl, *Alterthümer des deutschen Reichs und Rechts*, t. Ier, pp. 228, 229.

4 Pour cette valeur primitive du mot *franc fief* voyez notamment *Pierre de Fontaines*, III, 4, 5, 6, édit. Marnier, pp. 11-13. Voyez ci-dessus, p. 255 et suiv.

de *franc fief*. Ces mots *franc fief* étant sans cesse accouplés à l'idée d'acquisition d'un fief par un roturier, d'excellents jurisconsultes en sont arrivés à définir le franc fief le fief tenu par un roturier de condition libre[1]. Ce sens secondaire du mot *franc fief* est en désaccord avec la bonne langue du XIIIe siècle; mais il a néanmoins des attaches historiques très respectables : ainsi, dès le commencement du XIVe siècle, le *feudum francum et liberum* est volontiers distingué du *feudum nobile et gentile*[2].

Fief et justice n'ont rien de commun ensemble, répètent à l'envi les juristes des derniers siècles[3]. Cette formule dont la rédaction est un peu absolue exprime une idée rigoureusement vraie au point de vue historique. Et pour peu qu'on se reporte à ce qui vient d'être dit sur les nombreuses variétés de fiefs, on reconnaîtra sans peine que l'idée de fief ne saurait comporter par elle-même et en toute circonstance la notion d'un droit de justice. En fait, le droit de justice fut souvent réuni au fief noble[4]. En effet, ici, le roi, dès l'origine, a formellement concédé ce droit avec le fief; là, le fief n'est précisément autre chose qu'une fonction judiciaire féodalisée et devenue héréditaire; ailleurs, un feudataire originairement à la tête d'une population serve a vu insensiblement ses droits de propriété se transformer en droits de justice vis-à-vis d'hommes qui jadis étaient sa chose et qui sont maintenant ses sujets; ailleurs encore, le justicier féodal a tout simplement usurpé sur ses coutumiers des droits de justice qui ne lui appartenaient à aucun titre. Au reste, le droit de justice appartient souvent aussi au propriétaire allodial. Mais, je le répète, un certain nombre de fiefs, même de fiefs francs, n'eurent jamais de droits de justice[5]. L'histoire et les faits bien étudiés justifient donc le prin-

[1] Laurière, *Glossaire du droit françois*, t. Ier, p. 506.

[2] Aveu rendu par Guillaume et François Stephani à l'évêque de Viviers le 19 juillet 1336 (ma collection, liasse *Viviers*).

[3] J'emprunte ce résumé à Loisel : « Fief, ressort et justice n'ont rien de commun ensemble » (Loisel, *Instit. coutum.*, liv. II, tit. II, 44 (271 dans l'ordre général).

[4] C'était la règle dans le comté de Clermont (Beaumanoir, X, 2, édit. Beugnot, t. Ier, p. 150; t. II, p. 338).

[5] *Etablissements de saint Louis*, liv. Ier, ch. 115. Cf. le commentaire de ce chapitre dans mon édition, t. IV, pp. 97, 98.

cipe posé par les feudistes des derniers siècles, à savoir que le fief n'entraîne pas le droit de justice[1].

Traces persistantes du caractère viager primitif du fief. — J'appellerai l'attention sur les deux vestiges les plus importants, à savoir : 1° les droits de *relief* ou *rachat;* 2° l'acte de *foi et hommage.*

1. Relief ou rachat. — Le droit réel du bénéficier prenait originairement fin avec la vie du bénéficier ou celle du suzerain. Dans l'un et l'autre cas, la situation antérieure renaissait souvent entre le survivant et l'ayant droit du décédé; elle renaissait au moyen de conventions nouvelles; en d'autres termes, au moyen d'une recommandation nouvelle suivie d'une concession nouvelle. Ce renouvellement fut ordinairement vendu, concédé à prix d'argent par le seigneur. Lorsque les fiefs devinrent héréditaires, leur caractère primitif resta marqué d'une manière indébile, car, à chaque mutation de vassal, le suzerain perçut un droit appelé *rachat* ou *relief,* représentant en général le revenu du fief pendant une année. Le vassal dut aussi, à chaque mutation de vassal ou de suzerain, prêter, comme on disait, foi et hommage entre les mains du suzerain. Le droit de rachat disparut peu à peu dans presque toutes les coutumes pour les successions en ligne directe ascendante ou descendante. Dans le dernier état du droit, le fils ne payait le rachat pour le fief de son père que dans le Vexin français[2]. En cas de vente du fief, le droit dû par l'acheteur s'appelle ordinairement *quint.* J'en parlerai un peu plus loin.

2. Foi et hommage. — La *foi et hommage* est un acte solennel qu'on peut définir avec le président Bouhier « la promesse de fidélité solennellement faite par le vassal à son seigneur, avec les marques de soumission et de respect prescrites par les cou-

1 Toutefois l'idée contraire à laquelle les faits infligent un démenti certain sur beaucoup de points, est déjà exprimée par Beaumanoir pour le comté de Clermont. Cf. ci-dessus, p. 646, note 4. Si le fief par lui-même n'implique pas un droit de justice, au fief se joint souvent une relation de personne à personne où figure le droit de justice (voyez mon *Droit public,* t. Ier, p. 428). De là la confusion des idées.

2 Cf. coutume de Paris, art. 3; Perreciot, *De l'état civil des personnes et de la condition des terres,* t. II, 1845, p. 346; Loisel, *Inst. coutum.,* liv. IV, tit. III, 12 (563), 13 (564) avec les notes.

tumes ou réglées par l'usage des lieux[1]. » Le vassal, les mains dans les mains du suzerain (c'est la paumée), se reconnaît l'homme (d'où *hominium, hommage*) de celui-ci et lui promet foi et loyauté. Le suzerain le « reçoit et prend à homme, » le baise, s'il est noble[2], et lui donne l'investiture du fief.

La foi et hommage est due à chaque mutation de seigneur ou de vassal, pourvu que le vassal soit majeur. Ce n'est autre chose historiquement qu'une recommandation nouvelle qui a pour objet de rétablir, de reconstituer une situation détruite par la mort de l'une des deux parties contractantes. C'est le signe du lien personnel qui unit le vassal et le suzerain.

J'ai réuni, d'accord avec la plupart des jurisconsultes, les deux mots *foi* et *hommage*. Cette réunion de deux mots pour désigner un seul acte a souvent embarrassé les esprits réfléchis[3]. Ce petit problème doit être résolu très simplement : la *foi*, c'est la promesse solennelle de fidélité : l'*hommage* désigne plus particulièrement le cérémonial qui accompagne cette promesse et aussi cet engagement plus personnel qui lie l'homme à l'homme (*hominium*)[4]. Il peut arriver que le simple serment de fidélité soit prêté sans hommage : c'est la foi sans hommage (que porte souvent le roturier). C'est aussi le serment que prê-

[1] Président Bouhier, *Observ. sur la coutume de Bourgogne*, ch. XLIII, dans *Œuvres*, édit. de 1788, t. II, p. 73.

[2] Cf. Laurière sur l'art. 3 de la cout. de Paris, dans *Texte des cout. de la prévôté de Paris*, t. Ier, pp. 13, 14; le *Roman de la Rose*, dans mes *Etablissements*, t. IV, pp. 252, 253; *Libri feudorum*, II, v, vi, vii.

[3] Cf. Brussel, *Nouvel examen de l'usage général des fiefs*, t. Ier, p. 18 et suiv.

[4] Ce protocole de l'an 1336 montre bien où gît la distinction : « Predicti fratres pro se et suis dicto domino episcopo presenti, stipulanti sollempniter et recipienti nominibus quibus supra homagium litgium, flexis genibus, fecerunt, junctis manibus suis positis inter manus dicti domini episcopi, pacis osculum tribuendo, et fidelitatis prestiterunt ad Sancta Dei Euvangelia juramentum » (Aveu rendu par Guillaume et François Stephani à l'évêque de Viviers le 19 juillet 1336; ma collection). Cf. cette bonne définition de Laurière : « La bouche et les mains font l'hommage. Et le serment de fidélité est la foi » (Laurière, sur l'art. 3 de la cout. de Paris, dans *Texte des cout. de la prévôté et vicomté de Paris*, t. Ier, p. 13). Joignez Galbert de Bruges, *Histoire du meurtre de Charles le Bon*, no 56, édit. Pirenne, p. 89.

Voyez un passage de Jacques d'Ibelin qui distingue deux serments : un d'hommage, un de féauté. Ces deux serments se ressemblent singulièrement (Jacques d'Ibelin, *Les assises de la Haute Cour*, ch. 1er, édit. Beugnot, t. Ier, p. 454).

tèrent souvent les évêques qui pouvaient en principe jurer fidélité à un prince mais non se faire par l'hommage hommes d'un seigneur temporel[1]. Il est aussi question d'hommage sans foi, porté par des mineurs dont le serment de fidélité serait sans valeur. Ils s'acquittent, ce semble, du cérémonial sans prêter le serment[2].

L'acte de foi et hommage est le plus souvent caractéristique du fief noble[3] : il contenait ordinairement une clause relatant les obligations militaires du vassal vis-à-vis du suzerain ainsi que ses devoirs civils, c'est-à-dire l'obligation de lui donner conseil et de l'assister dans ses plaids lorsqu'il rendait la justice. Ces clauses, surtout la première, disparurent presque partout avec la féodalité militaire[4].

Lorsque le droit officiel, négligeant le fief roturier, n'a plus connu que le fief noble, il a défini cette tenure en lui donnant pour marque distinctive la foi et hommage et il a dit : « Le nom de fief se donne à la concession qui est faite à quelqu'un d'un héritage ou d'un droit immobilier, pour être tenu et possédé à la charge de la foi et hommage[5]. »

1 Glanville, IX, 1 *in fine*, édit. de Londres, 1780, p. 140.

2 Cf. mes *Etabl. de saint Louis*, t. III, p. 138, note 5; Laurière, sur l'art. 3 de la cout. de Paris, *loco cit.*, t. Ier, pp. 13, 14. La distinction que fait Littleton entre la féauté et l'hommage revient, en définitive, à une observation analogue à celle que je fais moi-même (Littleton, dans Hoüard, t. Ier, pp. 107, 123, 125). Perreciot a vu un acte de foi et hommage dans la cérémonie décrite par Suétone au ch. 13 de son Histoire de Néron; je veux parler de l'investiture du royaume d'Arménie, donnée par Néron à Tiridate. L'analogie est réelle : le cérémonial de la recommandation conservé dans la foi et hommage remonte évidemment à une haute antiquité et est dessiné sur certains gestes et certaines attitudes très naturelles chez un homme faible qui se rend (se tradit) aux mains d'un homme plus puissant et plus fort. Cf. Suétone, *Nero*, 13; Perreciot, *De l'état civil des personnes et de la condition des terres*, t. II, 1786, p. 30.

3 La coutume de Normandie s'efforce de caractériser le fief noble par la *foi et hommage* (art. 100); mais elle est immédiatement obligée de se donner un démenti (art. 101). Voyez l'acte de foi et hommage d'un homme de peine chargé du service des charrois, dans Guérard, *Cartulaire de Saint-Père*, t. II, p. 735 : dans cet acte fort remarquable, on a évité l'expression antique *donné en fief :* il est parlé de *rente perpétuelle;* mais historiquement il s'agit si bien d'un fief que l'immeuble baillé s'appelle *Fié et evesché du Val*. Cet entrepreneur féodal chargé des foins, du labourage et des charrois est en même temps prêtre et curé.

4 Cf. Salvaing, *Les usages des fiefs*, ch. XII, Grenoble, 1668, p. 63 et suiv.

5 Pothier, *Traité des fiefs*, dans *Œuvres posthumes*, t. Ier, p. 2.

L'acte de *foi et hommage* est souvent désigné par cette expression : *La bouche et les mains;* c'est une allusion aux formalités de l'hommage. Lorsqu'il est dit qu'un vassal ne doit à son seigneur que *la bouche et les mains*, cela signifie qu'il ne lui doit que *la foi et l'hommage*, sans aucun droit de *relief*, de *quint* ou de *requint*[1].

L'*aveu et dénombrement* est la description détaillée de tout ce qui compose le fief servant. Cet acte doit être fourni par le vassal dans les quarante jours qui suivent la foi et hommage. C'est une formalité qui décèle une période secondaire et bureaucratique : on en trouve cependant des traces à une date très reculée, car le besoin de se rendre bien compte du détail des possessions concédées se fit sentir avant qu'on ait érigé en système et en règle absolue le procédé qui devait donner satisfaction à ce besoin. Nous voyons déjà Charlemagne demander des descriptions précises des biens tenus en bénéfice par ses vassaux[2]. Des descriptions analogues du XIe siècle nous sont parvenues[3]. Ce sont là les premiers aveux et dénombrements. Ils remontent à une époque où l'aveu n'était pas encore exigé d'une manière générale et uniforme. Une descente sur les lieux appelée *monstrée de fief* a généralement précédé l'usage de l'acte écrit appelé *aveu et dénombrement*. Au XIIIe siècle, la *monstrée de fief* est prévue dans les *Etablissements de saint Louis* qui ne parlent pas encore de l'aveu et du dénombrement[4].

La *souffrance* est un délai que la coutume ou le seigneur accorde au vassal pour la prestation des devoirs dont il est tenu

1 Cf. coutume de Paris, art. 66; Guyot, *Répert.*, t. II, 1784, p. 454, 455; Loisel, *Instit. coutum.*, liv. IV, tit. III, 10 (561) avec les notes.

2 « Ut missi nostri diligenter inquirant et describere faciant unusquisque in missatico, quid unusquisque de beneficio habeat, vel quot homines casatos in ipso beneficio..... Ut non solum beneficia episcoporum, abbatum, abbatissarum, atque comitum, sive vassallorum nostrorum, sed etiam nostri fisci describantur, ut scire possemus quantum etiam de nostra in uniuscujusque legatione habeamus » (Capit. de 812, art. 5, 7, dans Pertz, *Leges*, t. Ier, p. 174). Cf. *De protocollo feudali*, dans Biener, *Opuscula acad.*, t. Ier, 1830, pp. 226, 227.

3 *Carta de feudo Ainardi, fratris Pontii* (1040 environ), dans Marion, *Cartulaire de l'église cathédrale de Grenoble*, Paris, 1869, p. 119.

4 Voyez mes *Etablissements de saint Louis*, t. Ier, p. 69 et suiv.; t. III, p. 323 et suiv.

et surtout pour celle de la foi et hommage[1]. On exprime toute la force utile de ce délai par ce brocard énergique et concis : « Souffrance vaut foi[2]. »

Si l'hommage n'a pas été porté dans le délai normal (ordinairement quarante jours) ou dans le délai exceptionnel concédé par la *souffrance*, il y a *défaute d'homme* ou *faute d'homme*, c'est-à-dire *manque d'homme;* en d'autres termes, le suzerain n'a pas d'homme, puisque celui qui doit être le vassal n'est pas venu se déclarer l'homme du suzerain. Dès lors, ce dernier a droit de saisir le fief et d'en percevoir les revenus ; c'est la *saisie féodale pour défaute d'homme*[3].

Marques longtemps persistantes des droits primitifs du suzerain. — Le suzerain, amoindri, garda néanmoins certains droits importants. Je signalerai : 1° la commise; 2° les règles relatives à l'aliénation et à l'abrègement de fief; 3° les fiefs jurables et rendables.

1. Commise. — La fragilité primitive des droits du bénéficier a laissé ici des traces bien remarquables. Divers crimes prévus par les capitulaires faisaient perdre au bénéficier son bénéfice. Au XIIIe siècle, le vassal perd encore son fief avec une grande facilité : c'est ce qu'on nomme la *commise*. Au XIIIe siècle, la commise du fief est aussi absolue que celle du bénéfice au IXe siècle. Mais la propriété féodale se consolida plus tard : et on en vint dans quelques provinces, à la fin du XIVe siècle, à limiter les effets de la commise ou confiscation du fief à la durée de la vie du coupable.

Lorsque la *saisie pour défaute d'homme* n'a pas amené le vassal à prêter foi et hommage, il y a lieu à commise, c'est-à-dire que le fief est adjugé au suzerain[4]. Plusieurs autres cas de

1 Voyez *Encyclopédie méthodique. Jurisprudence*, t. VII, p. 626. A lire : Bonnassieux, *Des souffrances féodales au moyen âge*, dans *Bibliothèque de l'Ecole des chartes*, t. XXXVII, p. 51 et suiv.

2 Cf. Buche, *Essai sur l'ancienne coutume de Paris*, dans *Nouvelle revue hist. de droit*, janvier-février 1884, p. 52.

3 *Etablissements de saint Louis*, liv. Ier, ch. 72; liv. II, ch. 19. Beaumanoir, ch. II, 21. Coutume de Paris, art. 65. *Souffrance* de 1464, publiée par M. Bonnassieux, *Des souffrances féodales au moyen âge*, p. 13 (tirage à part).

4 *Etablissements de saint Louis*, livre Ier, ch. 72. *Abrégé champenois*, ch. 111.

commise peuvent se ramener à ces deux chefs principaux : 1° *Désaveu*, c'est-à-dire déclaration par le vassal qu'il tient le fief d'un autre que de son seigneur; 2° *Félonie*, c'est-à-dire injure atroce ou ingratitude du vassal envers le seigneur[1].

Dans le dernier état du droit, la commise est devenue fort rare; quant à la notion d'une commise à vie, elle n'a pas prévalu.

Si le vassal perd facilement son fief, en retour, le suzerain s'expose, de son côté, à perdre sa suzeraineté, s'il agit déloyalement envers son homme. Ces cas de rupture du lien de vassalité prévus par les capitulaires subsistent au moyen âge et même en théorie jusqu'à la fin de l'ancien régime. Comme la vassalité et le séniorat se sont fixés sur la terre, la rupture du lien féodal n'est plus autre chose, à dater du moyen âge, que la perte de la suzeraineté du seigneur dominant (*chief seignor*) sur le fief servant[2]. La propriété du vassal, son droit sur son fief est alors consolidé. Il ne dépend plus de son ancien suzerain.

2. Aliénation et abrègement du fief. — Parmi les cas de commise du fief figure encore au XIIIe siècle celui de l'aliénation du fief sans l'autorisation du suzerain. A l'origine, c'était le *senior* lui-même qui aliénait le fief sur la demande du vassal. Plus tard, ce dernier figura dans l'acte d'aliénation; mais, sous peine de commise, il dut obtenir le consentement du suzerain. Ce consentement, d'ailleurs, s'achetait, se payait. Le droit dû, en pareil cas, au suzerain s'appelle le *quint*. Le quint subsista seul : il est dû, dit fort bien Loisel, « pour et au lieu de l'assentiment du seigneur. » Le droit de quint consiste, comme l'indique son nom, dans la cinquième partie du prix du fief vendu. Au quint s'ajoute souvent le *requint*, qui est le cinquième du quint.

A plus forte raison, le vassal ne pouvait démembrer son fief, ou, comme on disait, l'*abréger*. La parcelle démembrée était dévolue au seigneur. Ce droit primitif fut adouci et on en vint à déclarer tout simplement qu'en cas d'*abrègement* sans autorisa-

1 Cf. *Libri feudorum*, I, XXI; *Encyclopédie méthodique*, *Jurisprudence*, t. III, pp. 10, 11; Giraud, *Précis de l'ancien droit coutumier français*, 1852, pp. 33, 34.

2 Voyez mes *Etablissements de saint Louis*, t. Ier, pp. 160-162.

tion, le suzerain gagne l'hommage de celui qui a acquis la parcelle démembrée. En d'autres termes, la parcelle démembrée reste le plain fief du suzerain, au lieu de devenir son arrière-fief[1].

Le fief change de main non seulement par suite d'aliénation (vente ou donation) mais aussi et surtout par voie de succession. En ce cas encore un droit considérable est dû, comme je l'ai déjà dit, au seigneur : il perçoit une année du revenu[2]. Un nom générique est souvent appliqué aux divers droits dus au suzerain, en cas de mutation de vassal : on les appelle droits de *rachat* ou de *relief*[3]. Cette expression bien connue du lecteur rappelle le droit primitif. Le nouveau vassal est censé racheter le fief du seigneur aux mains duquel il est revenu théoriquement.

3. Fiefs jurables et rendables. — Certains bénéfices ou fiefs ont conservé un trait archaïque qui rappelle à merveille la fragilité primitive du fief; je veux parler des *fiefs jurables et rendables*. Ces fiefs doivent être remis aux mains du suzerain à toute réquisition[4]. J'estime qu'il s'agissait originairement d'une rentrée en possession définitive de la part du suzerain; mais le mot *rendable* a été très vite interprété dans le sens d'une rentrée temporaire du suzerain dans la possession du domaine fieffé.

3. *Valeurs diverses des mots* fief *et* domaine. — *Quelques expressions féodales.*

Les sens du mot fief. *Le domaine.* — Je me suis servi jusqu'à présent du mot *fief* pour désigner le bien baillé au vas-

1 Pour tout ce qui concerne l'aliénation et l'abrègement de fief voyez Beaumanoir, édit. Beugnot, t. Ier, pp. 53, 388; t. II, p. 229; Loisel, *Instit. cout.*, liv. IV, tit. III, 21 (numérotage général, 572); Laurière, *Glossaire*, v° *Requints*, édit. de Niort, 1882, p. 430; Laurière, dans mes *Etablissements*, t. IV, p. 299; mes *Etablissements*, t. Ier, pp. 162, 163; l'*Encyclopédie méthodique, Jurisprudence*, t. Ier, p. 33; cout. de Paris, art. 51, avec le commentaire de Laurière, dans *Texte des cout. de la prévôté et vicomté de Paris*, t. Ier, p. 134 et suiv.

2 Voyez Pothier, *Cout. d'Orléans*, Introd. au titre des fiefs, §§ 175, 177, 164 à 174.

3 Dans les *Etablissements*, ce mot s'applique au droit dû en cas de vente (*Et.*, II, 19, dans mon édit., t. II, p. 399). Loisel l'applique au cas de vente ou au cas de succession (règle 569).

4 Cf. du Cange, dissertation 30 sur l'Histoire de saint Louis.

sal. C'est là, si je ne me trompe, le sens primitif du mot : mais il en a reçu beaucoup d'autres. Le droit du suzerain sur le fief possédé par un vassal s'appelle souvent *feodum* comme ce bien lui-même : au lieu de *feodum* ou *fief* on dira volontiers en ce sens, au XIIIe siècle, *obéissance*, plus tard *mouvance*[1]. Ici *feodum* désigne simplement un rapport, une relation. De son côté, le tenancier pourra dire qu'il tient le même bien en fief de son suzerain. C'est la même relation au sens passif, tandis que tout à l'heure nous l'envisagions activement.

Enfin, le mot *fief* a été quelquefois défini le contrat, la convention même d'où naissent les rapports que nous venons d'étudier : *feodum est contractus*[2].

Le mot *domaine* qui dérive du latin *dominium*, *propriété*, a pris, au moyen âge, des sens divers dont il est bon de donner une idée. En premier lieu il garde souvent son emploi primitif et désigne les biens donnés en fief, *fieffés*, ainsi que les biens non donnés en fief, *non fieffés* : au commencement du XIVe siècle, le roi a ses *domaines fieffés* et ses *domaines non fieffés*[3]. Tel est le sens le plus large du mot *domaine*. Il désigne plus ordinairement les biens non fieffés par opposition aux biens fieffés ; c'est le sens étroit du mot.

Une même terre possédée féodalement est l'objet de droits réels différents : l'un de ces droits, droit immédiat, appartient au détenteur du fief, au vassal ; l'autre, droit médiat et lointain, appartient au bailleur primitif, au suzerain. C'est ce qui résulte de tout ce que nous venons de dire. Le premier de ces deux droits, celui du vassal, s'appelle *domaine utile ;* le second, celui du suzerain, a reçu le nom de *domaine direct ;* on dit aussi la *seigneurie directe* ou plus rapidement la *directe*. Ces expres-

[1] Voyez du Cange, *Observations sur Joinville*, p. 46 ; *L'art de vérifier les dates*, t. II, 1784, p. 506 ; Laurière dans mes *Etablissements*, t. IV, p. 277 ; *Ibid.*, t. Ier, pp. 67, 377, 500, 507, 511, 515 ; t. II, pp. 61, 206, 218, 219, 248 ; Nat. de Wailly, à la suite de Jean, sire de Joinville, Paris, 1874, p. 482. Le mot *mouvance* n'existe pas encore au XIIIe siècle, mais on dit très bien que des terres *muevent* d'un fief (*Bibl. de l'Ecole des chartes*, t. XLV, p. 659).

[2] Cf. Aubépin, dans *Revue critique de législation et de jurisprudence*, t. III, p. 616.

[3] *Instruction de la chambre des comptes*, rédigée probablement sous Charles le Bel dans Boutaric, *La France sous Philippe le Bel*, Paris, 1861, p. 225.

sions apparaissent au XIIIe siècle; elles sont bien établies au XV[e][1]. Au lieu de *domaine direct* on disait aussi *feodum, fief;* plus tard on a dit : *mouvance*[2].

Ces expressions *domaine direct, domaine utile,* nous sont venues des romanistes; voici comment. On appelait *action directe*[3], celle qui dérive expressément du droit; *action utile,* celle qui est accordée par assimilation au cas d'où naît l'*action directe*. L'*action utile* est donc une extension de l'*action directe*[4]. Les romanistes, notamment Azo, employèrent les expressions *domaine direct, dominium directum; domaine utile, dominium utile*. On sent qu'ils s'inspirent des expressions *action directe, action utile* et qu'ils entendent appeler *domaine direct, dominium directum,* le droit réel d'où naît une *action directe; domaine utile,* le droit qui donne lieu à une *action utile*[5]. Ensuite on assimila le droit imparfait du vassal au *dominium utile* des glossateurs et le droit du suzerain au *dominium directum*. Ces deux expressions impliquent la notion d'un droit très faible chez le vassal, d'un droit bien plus puissant, d'une propriété au moins légale chez le suzerain. Le droit du suzerain n'ayant cessé de s'affaiblir, les mots se sont bientôt trouvés en désaccord avec les faits. L'importance juridique du *domaine direct* s'en alla donc décroissant de siècle en siècle; à la fin de l'ancien régime, l'évolution est complète. Le domaine utile est

[1] « Retineo... meum plenum et directum domanium et censum unius denarii » (Acte de 1276. Ma collection, liasse *Bourg-Saint-Andéol, Chartes diverses*, petit format). Acte de 1260, dans Salvaing, *Traité de l'usage des fiefs*, 3e édit., pp. 380-382. Coutume de Vermandois de 1448, édit. Beautemps-Beaupré, p. 7. Cf. Garsonnet, *Hist. des locations perpétuelles*, p. 403.

[2] Voyez mes *Etabl. de saint Louis*, t. IV, pp. 283, 284.

[3] *Digeste*, III, v, 47.

[4] *Digeste*, XIII, v, 5, § 9; XLIII, XVIII, 1, § 6. Cf. *Digeste*, VI, III, 1, § 1.

[5] Azo, *Ad singulas leges XII librorum Codicis commentarius*, Parisiis, 1577, pp. 74, 394. Cf. Bartole, *In primam Digesti novi partem commentaria*, Augusti Taurinorum, 1589, fol. 108 v°, fol. 109 r°, n°s 7, 8 (sur *Digeste*, XLI, II, 17). A lire ici : Landsberg, *Die Glosse des Accursius und ihre Lehre vom Eigenthum*, pp. 98-101; Höpfner, *Theoretisch-practischer Commentar über die heineccischen Institutionen*, 8e édit., Frankfurt, 1818, p. 219, § 291, note 2; Chénon, *Des démembrements de la propriété foncière*, pp. 27-30 (je lui emprunte quelques expressions); Aubry et Rau, *Cours de droit civil français*, 4e édit., t. II, § 224, note 3, p. 446.

considéré comme la véritable propriété. Le domaine direct n'est plus qu'une sorte de servitude gênante.

Au lieu de *domaine utile*, on trouve quelquefois, dès le XIVe siècle, l'expression *seigneurie profitable*[1].

Il y a, en France, un *domaine direct*, une *seigneurie directe*, ou plus simplement, une *directe* dont parlent souvent les vieux jurisconsultes : c'est la *directe* du roi. Suivant eux, le roi était suzerain de tous les fiefs de France ; il avait la *directe* sur toutes les terres du royaume[2]. Seules, les terres de franc alleu échappent à la *directe* du roi : toutefois elles sont, disent les jurisconsultes, sous la sauvegarde de sa justice.

Quelques expressions féodales. — La nomenclature des diverses variétés de fiefs est énorme. Je me contenterai d'indiquer et de définir les dénominations les plus importantes.

Dans plusieurs coutumes[3] on oppose l'une à l'autre les expressions *fief plain* et *arrière-fief*. Le sens de ces deux expressions est très facile à saisir. Il faut supposer, pour le bien entendre, trois personnages et trois terres en présence : Primus a pour vassal Secundus ; l'héritage de Secundus est un *fief plain*. Mais Secundus a lui-même un vassal, Tertius ; l'héritage ou fief de Tertius est tenu en arrière-fief par rapport à Primus.

Au XIIIe siècle, on exprimait volontiers ces mêmes idées d'une autre manière : au lieu de *fief plain* certains textes parlent de fief tenu *nu à nu* ou *nuement :* au lieu *d'arrière-fief* on trouve l'expression *fief tenu par moyen*[4].

Le mot *fief plain* reçoit aussi un tout autre sens : il s'oppose à *fief lige*. D'une manière générale on peut dire que le *fief lige*

[1] *Grand Coutumier*, liv. II, ch. XXVII, édit. Charondas le Caron, 1598, p. 180.

[2] Voyez un édit de 1692, dans Néron, *Recueil d'édits*, t. II, p. 239.

[3] *Cout. de Veulguessin* (Vexin) de la fin du XIVe siècle, art. 19, dans *Nouvelle revue hist.*, mars-avril 1884, p. 219. Coutume d'Orléans de 1509, ch. 1er, art. 47, 48. Coutume de Nivernois, ch. XXXVII, art. 9, 10. Coutume d'Auxerre de 1507, art. 242. Coutume d'Auxerre de 1561, art. 52, etc., etc. Pothier emploie les mêmes expressions (*Traités des fiefs, censives*, t. Ier, 1776, pp. 300, 301).

[4] *Et.*, liv. II, ch. 38 (dans mon édit., t. II, p. 466). *Anc. cout. normand*, ch. 29, dans Bourdot de Richebourg, t. IV, p. 15. L'expression *arrière-fief* existe d'ailleurs au XIIIe siècle (Acte de 1264, publié par M. Bruel dans *Bibl. de l'Ecole des chartes*, t. XLV, p. 657. Beaumanoir, édit. Beugnot, t. Ier, p. 53 ; t. II, p. 247).

suppose des obligations bien plus étendues et bien plus étroites que le *fief plain*. A moins d'entrer dans le détail qui varie avec chaque localité, il convient de se contenter de cette définition un peu large.

Le mot *lige* se rattache à la racine germanique *ledich, ledieg, libre, dégagé, libre de tout engagement*. *Plain*, c'est le mot latin *planus, uni, plat*, et, figurativement, *ordinaire, simple*.

Etymologiquement, un vassal lige est celui qui est libre de tout engagement envers des tiers[1]. A cette valeur étymologique du mot *lige* correspond ce principe archaïque : « Nul home ne peut faire plus d'une ligece[2]. » Cette glose sur le fief lige est également tout à fait dans le sentiment historique : « Feudi ligii proprium hoc est ut qui feudum ligium a domino acceperit contra omnes ei fidelitatem debeat, ut ne quidem imperator excipiatur antiquiorve dominus[3]. »

En fait, les vassaux en sont venus à faire plusieurs *ligeces* ou *ligences;* mais ils doivent, comme on dit, en portant la foi et hommage, « sauver[4] » la ligece antérieure, c'est-à-dire exprimer que, contrairement à la notion générale de la vassalité lige, ils ont déjà prêté antérieurement à un tiers un hommage lige (pour quelque autre fief).

Les jurisconsultes s'occupent ordinairement de vassaux liges

1 « Hartradus de Merenberg, partem castri... beato Petro tradidit, ratione cujus vassallum se fecit Wormat. ecclesiæ absolutum quod vulgo dicitur *ledichmann*. » « Proinde effecti sumus ligius homo quod teutonice dicitur *ledigman* ejusdem comitis Gelriensis contra quóslibet, præterquam contra dominos nostros archiep. Brem., etc. » (Brinckmeier, *Glossar. diplom.*, Gothæ, 1863, t. II, p. 35). Dans le même sens, une veuve, pour exprimer qu'elle est dégagée de toute puissance ou autorité, se déclare *in libera viduitate mea et in ligia potestate mea; in ligia potestate et viduitate mea* » (Textes cités par M. Beaudouin dans *Nouv. revue hist.*, nov.-déc. 1883, p. 665).

Voici un texte embarrassant dont Brussel s'est occupé : « Garnerus de Puiseaus fecit hommagium ligium de plano feodo » (*Fiefs de Champagne*, cités dans Brussel, *Nouvel examen*, t. Ier, p. 94; cf. d'Arbois, *Hist. des comtes de Champagne*, t. II, p. XXXIII). Je pense qu'il s'agit tout simplement d'un fief plain converti en fief lige.

2 Jean d'Ibelin, ch. 195, dans *Assises*, édit. Beugnot, t. Ier, p. 313.

3 Glose sur les *Libri feudorum*, II, XCIX.

4 Jean d'Ibelin, *ibid.* Les exemples de ces ligeces « sauvées » sont très fréquents. Ex. : Simon de Montfort lige (du comte de Champagne) « sauve la foielté deu roi; » « Dominus de Waignoru, ligius post comitem Burgundiæ » (Longnon, *Livre des vassaux*, 1869, p. I, Introduction, pp. 6, 7).

nobles et astreints à des devoirs militaires. Mais en cela ne consiste point l'essence de la *ligece* : le lige, c'est originairement celui qui est libre de tout lien envers un tiers; c'est, en un sens secondaire, celui dont les obligations envers le suzerain sont très étroites. Rien de plus. La *ligece* n'implique ni noblesse du vassal, ni obligations militaires. Les textes nous font connaître des vassaux liges, possesseurs de fiefs parfaitement roturiers : je citerai, par exemple, des vassaux liges de l'archevêque de Tours, qui sont, tout simplement, ses fermiers et charretiers[1].

Dans quelques coutumes, le vassal lige porte la foi en prêtant serment sur les saints Evangiles, tandis que le vassal qui ne doit que l'hommage plain jure « sans livre, » c'est-à-dire sans les Evangiles[2].

Bibliographie. — *Libri* ou *Consuetudines feudorum* à la fin des anciennes éditions du *Corpus juris civilis.* — Chantereau-Lefèvre, *Traité des fiefs et de leur origine*, Paris, 1662, in-fol. — Alteserra (Auteserre), *De origine feudorum*, Toulouse, 1643, à la suite du *De ducibus et comitibus provincialibus Galliæ;* réimprimé notamment dans le t. Ier des OEuvres d'Auteserre, Naples, Moritta, 1777-1780. — Salvaing, *Traité de l'usage des fiefs et autres droits seigneuriaux*, 3e édit., Grenoble, 1731, in-fol. — Brussel, *Nouvel examen de l'usage général des fiefs en France pendant les* xie-xive *siècles*, Paris, 1725, 2 vol. in-4o. — Boulainvilliers, *Histoire de l'ancien gouvernement de la France avec quatorze lettres historiques sur les parlements et états généraux*, La Haye, 1727, 3 vol. — Montesquieu, *De l'esprit des lois*, liv. XXX, ch. 2, 3; liv. XXXI, ch. 33 et *passim.* — Dubos, *Histoire critique de l'établissement de la monarchie française*, liv. Ier, ch. 9; liv. VI, ch. 13 et *passim.* — Du Buat, *Les origines de l'ancien gouvernement de la France, l'Allemagne et l'Italie*, La Haye, 1757, t. Ier, pp. 7, 199 à 240, *passim.* — Mably, *Observations sur l'histoire de France*, *Remarques et preuves*, ch. 3, Genève, 1765, pp. 293 et suiv., *passim.* — Hervé, *Théorie des matières féodales et censuelles*, Paris, 1775-1788, 8 vol. — Guyot, *Traité des matières féodales*, 7 vol. in-4o. — Perreciot, *De l'état civil des personnes et de la condition des terres dans les Gaules... jusqu'à la réduction des coutumes*, en Suisse, 1784-1786, 2 vol. in-4o. — Mlle de La Lézardière, *Théorie des lois politiques de*

[1] Voyez mes *Etablissements de saint Louis*, t. IV, notes sur *Et.*, liv. Ier, ch. 110.

[2] Cout. de Poitou, dans ms. fr. 12042, fol. 84 vo, 85 ro. *Livre des droiz*, 960. Beautemps-Beaupré, *Cout. et instit. de l'Anjou et du Maine*, t. IV, p. 120.

la monarchie française, Paris, 1792, 8 vol. — Championnière, *De la propriété des eaux courantes, du droit des riverains... ouvrage contenant l'exposé complet des institutions seigneuriales*, Paris, 1846 (à joindre : Bordier, dans *Bibliothèque de l'Ecole des chartes*, 2e série, t. IV, pp. 193-228). — Guizot, *Des bénéfices*, dans *Essais sur l'histoire de France*, 4e essai, édit. de 1858, p. 101 et suiv. — Lehuërou, *Histoire des institutions mérovingiennes*, 1842, ch. III. — Lehuërou, *Histoire des institutions carolingiennes*, 1843, ch. VII. — Guérard, *Polyptyque de l'abbé Irminon*, t. Ier, 2e partie, pp. 503 à 575. — Waitz, *Deutsche Verfassungsgeschichte*, t. III, 2e édit., 1883, p. 14 et suiv., p. 37 et suiv., *passim;* t. IV, 2e édit., 1884-1885, p. 158 et suiv., p. 164 et suiv., *passim*. — Waitz, *Über die Anfänge der Vassalität*, Göttingen, 1856, in-4°. — Roth (Paul), *Geschichte des Beneficialwesens von den ältesten Zeiten*, Erlangen, 1850. — Roth (Paul), *Feudalität und Unterthanverband*, Weimar, 1863. — A. de Courson, *Mémoire sur l'origine des institutions féodales chez les Bretons et chez les Germains*, dans *Revue de législation et de jurisprudence*, nouvelle collection, année 1847, t. II, p. 257 et suiv.; p. 385 et suiv. — Secrétan, *Essai sur la féodalité*, Lausanne, 1858. — Faugeron, *Les bénéfices et la vassalité au IXe siècle*, Rennes, 1868. — Fustel de Coulanges, *L'organisation de la justice dans l'antiquité et les temps modernes, La justice dans la société féodale*, dans *Revue des Deux-Mondes*, t. 92, pp. 274-298. — Fustel de Coulanges, *Les origines du régime féodal*, dans *Revue des Deux-Mondes*, t. 105, p. 436 et suiv. — Fustel de Coulanges, *Histoire des institutions politiques de l'ancienne France, Les origines du système féodal*, Paris, 1890. — Fustel de Coulanges, *Histoire des institutions politiques de l'ancienne France, Les transformations de la royauté*, Paris, 1892, liv. IV, *Le triomphe de la féodalité*. — Boutaric, *Des origines et de l'établissement du régime féodal et particulièrement de l'immunité*, Paris, 1875 (Extrait de la *Revue des questions historiques*). — Vinogradoff, *Proïschojdénie féodalnich otnochénie v langobardskoï Italii* (*Les origines du système féodal dans l'Italie lombarde*), Saint-Pétersbourg, 1880. — De Bellefon, *De l'hommage dans la vicomté de Turenne. Aperçu sur la condition des personnes et des terres à l'époque féodale*, Brive, 1882. — Ch. Seignobos, *Le régime féodal en Bourgogne jusqu'en 1360*, Paris, 1882. — Brunner, *Die Landschenkungen der Merowinger und der Agilolfinger* (*Sitzungsberichte der Akademie der Wissenchaften zu Berlin*, 17 déc. 1885). — Menzel, *Lehnswesen*, 1890. — Luchaire, *Manuel des institutions françaises. Période des Capétiens directs*, Paris, 1892. — Joignez mon *Droit public*, t. Ier, p. 464 et ci-dessus, pp. 166-168, 206.

DEUXIÈME SECTION.

De l'emphytéose.

Définition. Historique. — L'emphytéose est un droit de jouissance réel et transmissible, à la charge de payer une redevance annuelle (canon).

Cette tenure paraît très ancienne. Elle correspond à une situation assez fréquente qui a engendré dans le monde grec, dans le monde romain et dans notre milieu français des conventions tout à fait analogues entre propriétaires et tenanciers.

En Grèce, un dême, une société religieuse qui possède des terres incultes les baille à un tenancier qui les plantera (ἐμφυτεύω), les fertilisera et les transmettra à ses successeurs [1].

Les jurisconsultes romains expliqueront plus tard que le tenancier peut les transmettre non seulement à ses héritiers ou successeurs *in universum jus*, mais encore à des successeurs à titre particulier.

Voilà l'emphytéose.

En France, la même combinaison a donné naissance au même contrat et ce contrat français a reçu, je puis le dire, le même nom que le contrat grec : *complant* [2]. Mais, chez nous, le *complant*, produit national, a été comme étouffé par son puissant frère qui avait sur le petit *complant* français le double avantage de porter un nom grec et d'avoir été adopté par la législation romaine. J'arrive donc aux Romains.

[1] Sur l'emphytéose en Grèce voyez Caillemer, *Le contrat de louage à Athènes*, 1869, pp. 16, 17. La célèbre *Table d'Héraclée* relate et expose les conditions d'un contrat qui n'est autre que l'emphytéose. Cf. Tocilesco, *Etude... sur l'emphytéose*, p. 74 et suiv.; Brants, *Les formes juridiques de l'exploitation du sol dans l'ancienne Attique*, Paris, 1883, p. 10; Hermann, *Lehrbuch der gr. Antiq.*, 2e édit., t. III, p. 517, § 67, note 2.

[2] Sur le *complant* voyez charte de 968, dans Bruel, *Recueil des chartes de l'abbaye de Cluny*, t. II, pp. 328, 329; acte du XIIe siècle, dans Marchegay, *Cartulaire du Bas-Poitou*, p. 249; *Coutume de Poitou* de 1417, dans ms. fr. 12042, fol. LVI ro; Henrion de Pansey, *De la compétence des juges de paix*, 8e édit., Paris, 1827, p. 375; Masson, *Exposé de la législation rurale*, Epernay, 1879, pp. 25, 26. Sur les terres de l'abbaye de Gellone, le complant était une tenure viagère (Alaus, dans *Positions des thèses soutenues par les élèves de la promotion de 1885* à l'*Ecole des chartes*, p. 8).

Ceux-ci ont connu de très bonne heure la combinaison dont je viens d'esquisser les grandes lignes[1]; très vite aussi ils ont emprunté aux Grecs un nom pour désigner ce contrat et, suivant toute vraisemblance, quelques coutumes ou usages. Toutefois, cette tenure fut mal définie jusqu'à l'empereur Zénon qui lui imposa officiellement le nom de *contractus emphyteuticarius* et la soumit à une réglementation précise[2]; mais cette constitution postérieure de dix ans à la chute de l'empire d'Occident n'a jamais été promulguée dans les Gaules[3].

L'emphytéote acquitte au profit du *dominus* (le bailleur) une redevance annuelle. Son droit est perpétuel ou pour un temps très long (cent ans par exemple). Il peut de toutes sortes de manières aliéner ce droit. Suivant la législation de Justinien, il devra, en ce dernier cas, avertir le *dominus* et obtenir son consentement[4]. Le propriétaire, s'il autorise la vente, touche le cinquantième ou 2 °/o du prix de la vente[5] : il peut aussi se substituer à l'acheteur en payant à l'emphytéote le prix que lui offre l'acquéreur éventuel[6]. Un droit emphytéotique perpétuel s'éteint par la mort de l'emphytéote sans successeur; en ce cas, le droit fait retour au propriétaire[7]. L'emphytéote est déchu de son droit, s'il néglige pendant trois ans[8] (ailleurs deux ans[9]) d'acquitter la redevance.

On admet généralement que l'emphytéose des Romains doit

[1] « Si jus ἐμφυτευτικὸν vel ἐμβατευτικὸν habeat pupillus, videamus an distrahi hoc a tutoribus possit » (Ulpien au *Digeste*, XXVII, IX, 3, § 4). Cf. *Code de Justinien*, V, LXXI, 13.

[2] *Code de Justinien*, IV, LXVI, 1. Cf. *Institutes de Justinien*, III, XXIV, 3.

[3] Remarque très importante faite par M. Demante dans *Revue hist. de droit français*, t. VI, 1860, p. 53.

[4] « Minime licere emphyteutæ sine consensu domini meliorationes suas aliis vendere, vel jus emphyteuticum transferre » (*Code de Justinien*, IV, LXVI, 3).

[5] « Et ne avaritia tenti domini magnam molem pecuniarum propter hoc efflagitent (quod usque ad præsens tempus perpetrari cognovimus), non amplius eis liceat pro subscriptione sua vel depositione, nisi quinquagesimam partem pretii vel æstimationis loci, qui ad aliam personam transfertur, accipere (*ibid.*).

[6] *Ibid.*

[7] Cf. Tocilesco, *Etude historique et juridique sur l'emphytéose*, pp. 147, 148.

[8] *Code de Justinien*, IV, LXVI, *De jure emphyteutico*, 2.

[9] *Nov.* 120, c. 8. *Code de Just.*, I, II, addition à la loi 14, *in fine*. *Exceptiones Petri*, I, 60. Ce délai de deux ans concerne les biens qui appartiennent à l'Eglise.

son origine à la location des terrains publics affermés par l'Etat ou par un municipe[1] moyennant un revenu appelé *vectigal*. Plus tard l'usage de ces locations perpétuelles se serait étendu aux biens des particuliers[2].

Nous pouvons suivre l'emphytéose appelée aussi *libellus* depuis l'époque romaine jusqu'à nos jours[3]. L'autorisation que le *dominus* donnait en cas d'aliénation de l'emphytéose prit d'assez bonne heure le nom de *laudemium*[4]. On appela aussi *laudemium* le droit perçu par le *dominus*, à l'occasion de cette autorisation : ce sont les *lods et ventes* de notre ancien droit. Cette redevance n'est pas spéciale au contrat emphytéotique : elle est perçue à l'occasion des transmissions d'un grand nombre de tenures analogues[5].

Emphytéose, fief et bail à cens. — Comme on le voit, l'emphytéose présente les plus grandes analogies avec le fief roturier devenu héréditaire et transmissible. Aussi les textes du moyen

[1] Gaius, III, 145. *Digeste*, VI, III, 1, pr.

[2] Ce n'est là qu'une hypothèse : il n'est pas certain que les particuliers aient copié l'Etat ou les municipes; peut-être ont-ils su trouver eux-mêmes cette combinaison simple et conforme à leurs intérêts bien compris; il faudrait ajouter en adoptant cette dernière manière de voir que les particuliers ont fait de l'emphytéose un usage moins fréquent que les municipes et surtout bien moins connu de nous.

[3] Voyez deux gloses sur l'emphytéose dans Hænel, *Lex Romana Visigoth.*, p. 460; pour les concessions emphytéotiques à Ravenne, Tardif, *Demande de concession emphytéotique adressée à l'église de Ravenne* (Document du VIe siècle), dans *Bibl. de l'Ecole des chartes*, 4e série, t. III, 1857-1858, pp. 45-47; Spangenberg, *Juris Romani tabulæ negotiorum solemnium*, 1822, p. 294; *Capitularium*, II, 29, dans Baluze, *Capit.*, t. Ier, 1780, p. 746, dans Boretius, *Capit.*, t. Ier, pars prior, p. 421 ; capitulaire de 876, art. 10, dans Pertz, *Leges*, t. Ier, p. 531; *Exceptiones Petri*, I, 60. Depuis le XIIe siècle, le mot *emphytéose*, assez rare jusque-là dans les textes intéressant la Gaule, devient fréquent. Je suis porté à croire qu'il ne faut pas attacher une très grande importance à cette rareté du mot *emphytéose*. J'estime que le caractère un peu vague du contrat perpétuel que Zénon avait voulu, par sa célèbre constitution, faire disparaître, s'était maintenu dans notre pays et que la renaissance du droit de Justinien généralisa le nom et précisa les conditions du contrat.

[4] Cf. François, *Essai sur l'emphytéose*, Grenoble, 1883, p. 51 ; du Cange, *Glossarium*, édit. Didot, t. IV, pp. 42, 43. Rapprochez le mot *laudemium* dans une ordonnance de 1315 confirmée en 1446 (*Ord.*, t. XIII, p. 486).

[5] Voyez un véritable traité des *lods et ventes* dans Guyot, *Répertoire*, t. X, p. 594 et suiv. Le taux des lods et ventes est généralement plus élevé que le prix de l'autorisation du *Code de Justinien* : en Provence, par exemple, il est ordinairement d'un douzième du prix de vente (Grégoire, *Les droits seigneuriaux en Provence*, p. 41).

âge réunissent-ils très souvent ces expressions : *fief et emphytéose* [1]. Lorsque le fief roturier concédé avec quelque solennité conserve par la cérémonie de la foi et hommage un cachet germanique visible, il reste par là même généralement bien distinct de l'emphytéose. Mais si la foi et hommage viennent à disparaître, le fief roturier se confond alors avec l'emphytéose. Ces deux institutions se sont donc mêlées sur plusieurs points [2]. Il y eut une action de l'emphytéose sur le fief et une action du fief sur l'emphytéose : dans le midi notamment on peut constater l'influence de la notion du fief à l'occasion des cas de commise du fief qui furent appliqués dans les derniers siècles à l'emphytéose [3].

Le fief héréditaire et roturier sans foi et hommage, l'emphytéose perpétuelle et le bail à cens ou à rente dont je parlerai bientôt sont trois tenures extrêmement voisines les unes des autres qui se confondent perpétuellement.

Même dans les pays de droit écrit, l'emphytéose pure est rare et on en vint souvent à considérer tous les baux perpétuels comme des baux à cens, tandis que la notion d'emphytéose était réservée dans les derniers siècles aux baux à longue durée (quatre-vingt-dix-neuf ans [4]), consentis la plupart du temps par les églises [5].

Bibliographie. — Melchior Pastor, *De jure feudali et emphyteutico*, dans *Opera omnia*, Tolosæ, 1712, in-fol. — Huygens, *De emphyteusi ex principiis juris Romani et juris antiqui Belgici et quid de ea jure novo Belgico*

[1] « Cepi in emphiteosim ac in perpetuum feodum et hereditagium » (Acte de 1271, dans Delisle, *Etude sur la condition de la classe agricole en Normandie*, p. 46 et note 82).

[2] Voyez, entre autres, *Cout. de Bergerac*, art. 61, 68 à 72, édit. de Lamothe, Bergerac, 1779, pp. 87, 92 à 97. Sur l'union intime du fief et de l'emphytéose dans le Dauphiné voyez Fauché-Prunelle, *Recherches des anciens vestiges germaniques en Dauphiné*, dans *Bulletin de l'Académie delphinale*, 2e série, 1857, p. 288 et suiv. : dans le Dauphiné les actes qualifiés *emphytéose* contiennent la stipulation de fidélité.

[3] Voyez Laurière, *Glossaire*, vo *Commis* (édit. de Niort, 1882, p. 133).

[4] Et non cent ans, afin d'éviter les prétentions de preneurs dont les ayants cause songeraient à se prévaloir de la possession centenaire (Pasquier, *L'interprét. des Inst. de Just.*, p. 711).

[5] Cf. Pasquier, *ibid.*, pp. 710, 711; Chénon, *Les démembrements de la propriété foncière en France avant et après la révolution*, p. 51.

statutum est, Lugd. Batav., 1830. — Vuy, *De originibus, natura emphyteutici Romanorum*, Heildelbergæ, 1838. — Proudhon, dans *Traité du domaine de propriété*, t. II, 1839, pp. 320 à 332. — Pépin le Halleur, *Histoire de l'emphytéose en droit romain et en droit français*, Paris, 1843. — Giraud, *De l'emphytéose*, dans *Essai sur l'histoire du droit français au moyen âge*, t. Ier, 1846, p. 198 et suiv. — Borsari, *Il contratto d'enfiteusi*, Ferrara, 1850. — Jacobi (R.), *Anselminus de Orto super contractibus emphyteosis et precarii et libelli atque investiture*, Wimariæ, 1854. — Lattes, *Studi storici sopra il contratto d'enfiteusi nelle sue relazioni col colonato*, Torino, 1868, in-4° (Extrait des Mémoires de l'Académie des sciences de Turin). — Guyot, *Des droits d'emphytéose et de superficie*, Paris, 1876. — François, *Essai sur l'emphytéose*, Grenoble, 1883 (thèse). — Tocilesco, *Etude sur l'emphytéose*, Paris, 1883 (thèse). — Garsonnet, *Histoire des locations perpétuelles*, p. 153 et suiv.; p. 261 et suiv. — *Projet de loi sur le Code rural présenté au Sénat* le 13 juillet 1876, par M. Teisserenc de Bort, ministre de l'agriculture, n° 106, distribué le 30 octobre. — *Rapport au Sénat* le 3 décembre 1881, par M. Ribière, sur le titre V au livre Ier du *Code rural* (bail emphytéotique), n° 48, session extraordinaire de 1881, *Journal officiel*, Annexes, p. 17; *Annales, Documents*, t. III, p. 14; première délibération le 27 janvier 1882; deuxième délibération et adoption le 28 février 1882; projet de loi, n° 13. — *Exposé des motifs et texte du projet de loi, adopté par le Sénat*, *Chambre des députés*, 11 mars 1882. *Impressions*, n° 593.

TROISIÈME SECTION.

Des précaires.

Le précaire en droit romain; la précaire aux temps barbares. — Le précaire ou, pour parler la langue des bas siècles, la précaire nous ramène encore au droit romain.

Le précaire est l'acte par lequel j'abandonne à quelqu'un sur sa demande l'usage d'une chose ; je puis, en toute circonstance, *ad nutum,* faire cesser cette concession[1]. On a beaucoup discuté sur l'origine de cette combinaison, qui procure au détenteur un avantage si incertain et si fragile. Je ne m'arrête pas à ces origines douteuses, mais j'appelle l'attention sur un emploi bien connu du précaire chez les Romains[2]. En un temps où l'hypothèque proprement dite n'existait pas, mais seulement le gage, le précaire a rendu des services analogues à l'hypothèque. Voici comment. Un débiteur, pour fournir à son créancier une sûreté, lui livrait son bien en gage. Après quoi, le créancier, à la demande du débiteur, lui remettait le bien en question, lui permettant d'en jouir à titre purement gracieux, tant que lui, le créancier, ne ferait pas cesser cette concession.

Dans la conception romaine, le précaire ne constitue pas un contrat : il n'engendre, à proprement parler, ni droits, ni obligations[3]. Il ne se transmet pas aux héritiers du précariste[4].

[1] « Precarium est quod precibus petenti utendum conceditur, tamdium quamdiu is qui concessit, patitur » (*Digeste*, XLIII, xxvi, 1).

[2] Cet emploi du précaire fournit à Isidore sa définition : « Precarium est, dum prece creditor rogatus permittit debitorem in possessione fundi sibi obligati demorari, et ex eo fructus capere » (Isidore, *Etym.*, V, xxv, 17, dans Isidore, édit. Migne, t. III, p. 207). Parmi les textes qui nous font connaître cet usage du précaire il faut voir, *Digeste*, XLIII, xxvi, 6, § 4; Gaius, II, 60.

[3] *Digeste*, XLIII, xxvi, 12, § 1.

[4] Les Romains ont pris la peine de dire que les héritiers du précariste sont réputés posséder au même titre que leur auteur (*Digeste*, XLIII, xxvi, 8, § 8, *Code de Justinien*, VIII, ix, 2). Mais tout ceci est conçu dans l'intérêt du bailleur à précaire, non pas dans l'intérêt de la famille du précariste; c'est, en définitive, une conception de l'esprit plutôt qu'une consolidation de la détention à précaire.

En droit pur, le précaire conserva jusqu'à la fin de l'empire romain son caractère le plus original : il resta révocable *ad nutum*.

Au ve siècle, du temps de Salvien, on vit souvent de pauvres gens donner leurs biens à des puissants auxquels ils achetaient ainsi non pas un secours en argent, mais simplement leur protection. Le protecteur rendait ensuite son bien au protégé[1] et celui-ci en conservait l'usage sa vie durant. Ceci ressemble déjà à une précaire adoucie et consolidée.

Il est certain que le même motif détermina souvent pendant la période barbare les opérations de précaire. Nous voyons se dessiner pendant cette même période le prolongement et l'affermissement de la tenure en précaire. Au lieu d'une concession révocable *ad nutum*, le précaire appelé le plus souvent à cette époque *la précaire*[2], *precaria*, devint[3] l'octroi de l'usufruit d'un bien pour un temps limité. Le précariste ne fut plus, ordinaire-

[1] Tout ce que je dis dans le texte me paraît résulter d'un passage célèbre de Salvien, *De gubern. Dei*, v, 8, édit. de l'Académie de Vienne, pp. 114, 115. Déjà Perreciot, au XVIIIe siècle, avait reconnu la précaire dans ce passage de Salvien (Perreciot, *Histoire des conditions et de l'état des personnes en France*, t. Ier, 1790, pp. 228-231). Dans le style des jurisconsultes, le débiteur tantôt reprend le gage à titre de précaire, « precario rogaverit, » tantôt le loue : « conduxerit eam rem a creditore debitor » (Gaius, II, 60). Il est bien vraisemblable que même les praticiens romains ne distinguaient pas toujours nettement, comme les jurisconsultes, le *precarium* juridique de la *conductio*, lorsque le débiteur reprenait le *pignus*, d'autant plus qu'une *conductio* en pareil cas devait avoir une physionomie bien humble et bien modeste. Si nous avions sous les yeux un grand nombre de reprises à précaire du temps de l'empire romain, reprises rédigées dans mille circonstances et sous mille influences diverses, nous y retrouverions probablement déjà quelques-unes de ces clauses contraires à la notion juridique du précaire qui, sous les Mérovingiens et les Carolingiens, vinrent transformer le précaire juridique romain (Voyez déjà *Digeste*, XIX, II, *Locati conducti*, 4). La pratique et la théorie ne sont jamais parfaitement d'accord.

[2] Cf. Roth, *Feud. und Unterthanverband*, pp. 143, 147 et suiv., 168; Waitz, *Deutsche Verfassungsgeschichte*, t. II, 2e édit., Kiel, 1870, p. 226 et *passim*.

[3] *Lex Wisig.*, X, I, 12. Dans ce passage de la *Loi Salique*, texte d'Hérold, LXXII : « Si quis alteri avicam (aviaticam) terram commendaverit, et ei noluerit reddere, si eum admallaverit et convinxerit, sol. XV culpabilis judicetur, » M. Löning a vu une concession pour un temps limité à titre de *precaria*. Cf. Esmein, *Etude sur les contrats dans le très ancien droit français*, p. 11; du Cange, *Glossarium*, v^o *Precaria*. Le précaire romain se rencontre en Burgondie (*Lex Romana Papiensis*, XXXV, 2, apud Pertz, *Leges*, t. III, p. 616).

ment du moins[1], soumis à une révocation arbitraire : il eut un droit proprement dit, limité à un certain espace de temps.

L'opération était réalisée par deux actes *distincts* : la *precaria* proprement dite, contenant la requête ou prière du preneur; la *præstaria*, rédigée au nom du cédant et constatant la concession. Dans la suite, les deux actes portèrent assez souvent l'un et l'autre le nom de précaire et furent alors confondus[2].

En règle générale, la précaire des temps barbares suppose une redevance payée par le précariste[3].

Les églises ont fait un très grand usage des concessions à précaire : ce mode de tenure paraissait sauvegarder merveilleusement leurs intérêts, parce qu'il écartait plus que tout autre l'idée d'une aliénation ou d'une concession ayant de l'analogie avec l'aliénation[4].

Plusieurs conciles posèrent la règle d'une durée de cinq ans pour la concession de précaire qui devait être renouvelée à chaque échéance quinquennale[5]. Mais nous possédons aussi

[1] Voyez des exemples de précaires barbares révocables *ad nutum*, dans Roth, *Feud.*, p. 146 et suiv.

[2] Cf. Guérard, dans *Bibl. de l'Ecole des chartes*, Ire série, t. III, p. 114. Cette forme qui nous est bien connue par les actes et les formules des temps barbares est certainement d'origine romaine. Bien qu'elle ait donné son nom au précaire, elle ne lui est pas spéciale (voyez Paul, *Sent.*, V, VI, 11. *Digeste*, XXXIX, v, *De donationibus*, 32). On possède sous cette forme des concessions emphytéotiques (Spangenberg, *Juris Romani tabulæ negotiorum solemnium*, pp. 292, 293-297).

[3] Voyez notamment *Form. Tur.* (Sirmond), 7, dans Rozière, *Recueil*, t. Ier, p. 380, n° 319; dans Loersch et Schrœder, *Urkunden zur Geschichte des deutschen Rechtes*, I, *Privatrecht*, 2e édit., p. 4, n° 8; Rozière, *ibid.*, form. 329, p. 394, form. 320, p. 382; form. 321, p. 383; form. 322, p. 385; form. 323, p. 385; form. 325, p. 388; form. 326, pp. 388, 389, etc.

[4] Voyez sur l'inaliénabilité ou, du moins, l'aliénation difficile des biens de l'Eglise, *Code de Just.*, I, II, *De sacrosanctis ecclesiis*, 14, 17; *Capitularium*, II, 29, apud Baluze, *Capit.*, t. Ier, 1780, p. 746; apud Pertz, *Leges*, t. Ier, p. 297; Blume, *Die westgothische Antiqua*, p. 24.

[5] Concile de Meaux de l'an 845, can. 22 (d'après un canon de Beauvais); capit. de l'an 846, art. 22, dans Pertz, *Leges*, t. Ier, p. 390. Ce texte a passé dans le *Décret de Gratien*, Secunda pars, Causa X, Quæstio II, c. 5. Cf. *ibid.*, c. 4, 6. Voyez, en 859, une application de ce principe dans Deloche, *Cartulaire de Beaulieu*, pp. 51, 52. Joignez Jacobi, *Anselminus de Orto*, 1854, p. 66. Ce délai de cinq ans n'est pas inventé arbitrairement; il correspond à de très vieilles habitudes romaines. Voyez : les textes cités par Huschke dans *Zeitschrift fur vergleichende Rechtswissenschaft*, t. Ier, pp. 170, 174, 179; la loi de Genetiva, 82. D'après ce dernier texte, les biens

un grand nombre de précaires à vie ou de précaires dont la durée comprend la vie du précariste, celle de ses fils et celle de ses petits-fils[1]. Cette dernière limite est la plus longue qui ait été admise par le droit des temps barbares[2]. Vers l'an 819, Louis le Débonnaire se préoccupe de la situation de pauvres tenanciers qui pourraient être réduits à la misère par l'expulsion légale à la mort du petit-fils. Il reconnaît l'existence du droit, mais il y veut quelque tempérament, quelque ménagement[3].

La précaire et les églises. — La précaire a été pour les églises, suivant les temps et les circonstances, un moyen normal d'exploitation agricole; un instrument de spoliation dirigé contre leurs biens; un merveilleux procédé financier qu'on pourrait appeler la rente viagère de ces temps-là.

La précaire, moyen normal d'exploitation. — Une église confère à précaire un bien lui appartenant, moyennant un cens annuel : rien de plus simple et de plus naturel[4].

La précaire, instrument de spoliation. — Les biens des églises attirent-ils les convoitises des grands ou celles de l'empereur, en un temps où ses finances sont embarrassées? on ne confisquera pas brutalement les biens de l'Eglise; on obligera celle-ci à les donner à précaire à de puissants personnages; ces derniers seront tenus légalement à un cens minime et profiteront de la meilleure part du revenu. Couvrir cette

publics ne peuvent être loués pour une tenure de plus de cinq ans (Giraud, *Les nouveaux bronzes d'Osuna*, nouvelle édit., 1877, p. 59. Mommsen, *Fontes juris Romani antiqui*, 5e édit., p. 125.)

1 Cf. notamment Neugart, *Codex diplomaticus*, t. Ier, p. 79 (acte de 784). Cette dernière limite est évidemment empruntée à la législation de Justinien sur l'emphytéose. Voyez *Nov.* 7, c. 2; *Nov.* 120, c. 1.

2 Je dis *par le droit.* Guérard cite une précaire de l'an 871 jusqu'à la cinquième génération. (*Polypt. de l'abbé Irminon*, t. Ier, 2e partie, p. 569, note 4). Voyez des précaires *usque ad quartum; usque ad quintum hæredem*, dans du Cange, *Glossarium*, t. V, p. 423.

3 Capit. de l'an 818-819, art. 4, dans Boretius, *Capitularia*, t. Ier, p. 287. Le mot *précaire* n'est pas prononcé; mais il est parfaitement évident qu'il s'agit de la précaire. Cf. capit. de 827, art. 37, dans Pertz, *Leges*, t. Ier, p. 317.

4 Voyez, par exemple, un acte de 947, cité par Boutaric, *Des origines et de l'établissement du régime féodal*, p. 29, note 1; un acte qui se place entre 954 et 994, dans Bruel, *Recueil des chartes de l'abbaye de Cluny*, t. II, p. 21.

opération du nom de précaire, comme on le fit, c'était lui donner la forme la plus polie et la plus douce, comme il est d'usage en ce genre d'affaires[1]. On appelle souvent ces précaires, précaires *verbo regis*, c'est-à-dire conclues par ordre du roi.

La précaire, procédé financier jouant le rôle de rente viagère ou d'aliénation à fonds perdu. — Il est évident que les églises ont fait avec les précaires de magnifiques opérations. Voici comment. Un propriétaire gêné voudrait augmenter son revenu : comment s'y prendra-t-il? Il s'adressera à une église, il lui donnera son bien. Après quoi, il reprendra en précaire ce même bien auquel l'église ajoutera d'autres biens, addition calculée de telle sorte que le précariste doit recevoir en précaire deux fois plus qu'il n'apporte[2]. Il exploitera, en outre, dans des conditions meilleures parce qu'il profitera des diverses exemptions et immunités de l'église[3]; il paiera à celle-ci un cens annuel, mais ce cens ne représente qu'une faible partie du revenu dont il jouit. A sa mort[4] ou, suivant les conventions faites, à celle de son

1 « Statuimus quoque cum consilio servorum Dei et populi Christiani, propter inminentia bella et persecutiones ceterarum gentium quæ in circuitu nostro sunt, ut sub precario et censu aliquam partem ecclesialis pecuniæ in adjutorium exercitus nostri cum indulgentia Dei aliquantò tempore retineamus, ea conditione ut annis singulis de unaquaque casata solidus, id est duodecim denarii, ad ecclesiam vel ad monasterium reddatur; eo modo, ut si moriatur ille cui pecunia commodata fuit, ecclesia cum propria pecunia revestita sit. Et iterum, si necessitas cogat ut princeps jubeat precarium renovetur, rescribatur novum » (Capit. de Carloman de l'an 743, art. 2, dans Boretius, *Capitularia*, t. Ier, p. 28). Rapprochez un texte de 858, dans Baluze, *Capit.*, t. II, col. 109.

2 Concile de Meaux de l'an 845, can. 22, dans Labbe et Cossart, *Sacros. Conc.*, t. VII, col. 1827; reproduit dans le *Décret de Gratien*, Secunda Pars, Causa X, Quæstio II, c. 4. Capitulaire de 846, art. 22, dans Baluze, t. II, col. 32; dans Pertz, *Leges*, t. II, p. 390. Cf. les commentaires de Moreau, *Principes de morale*, t. X, pp. 256, 257; de Warnkœnig, *Franz. Staats- und Rechtsgeschichte*, t. II, p. 386, notes 1, 2. Cette opération a des origines anciennes. Au ve siècle, une constitution impériale semble considérer une combinaison de ce genre comme une sûreté indispensable à l'église pour les locations ou quasi-locations de ses terres. On veut que le fermier présente des garanties et on exige qu'il soit lui-même propriétaire et fasse l'abandon à l'église d'une propriété égale à celle qu'il reçoit *beneficii gratia* (*Code de Justinien*, I, II, *De sacros. ecclesiis*, 14, § 5); de part et d'autre, la combinaison, si je ne me trompe, est temporaire dans la pensée du législateur.

3 Cf. *Liber Papiensis*, *Loth.*, 22, dans Pertz, *Leges*, t. IV, p. 543.

4 Exemple de l'an 887, dans Guérard, *Cartulaire de l'abbaye de Saint-Bertin*, pp. 129, 130; de l'an 889, *ibid.*, p. 131.

fils[1], à celle de son petit-fils[2], les biens concédés feront retour à l'église. Dans d'autres cas, l'opération est un peu différente : le précariste reçoit non plus une terre nouvelle ajoutée à la sienne, mais une somme d'argent[3]. Cette combinaison remplace évidemment le prêt à intérêt prohibé.

J'aperçois ici une tradition plusieurs fois séculaire :

Dans la vieille Rome c'était aussi un emprunteur qui recevait à précaire son propre bien ; et voici que, dans notre moyen âge, c'est encore un pauvre homme obéré qui reçoit son propre bien à précaire. Mais quelle transformation! Le bailleur d'argent, ou, ce qui vaut mieux, de terres, tout en faisant souvent d'excellentes opérations[4], est devenu large et humain. L'emprunteur pourra bénir[5] la main du prêteur, car celui-ci laisse au précariste sur le bien qui lui appartenait originairement des droits considérables; par les terres qu'il ajoute à ce noyau primitif ou par la somme d'argent non exigible qu'il lui remet, il enrichit peut-être cet homme, tout en s'enrichissant lui-même. Ce n'est

[1] Exemple de l'an 883, *ibid.;* de l'an 909 dans Champollion-Figeac, *Mélanges hist.*, t. Ier, pp. 478 à 480.

[2] Exemple de l'an 972, dans Bruel, *Recueil des chartes de l'abbaye de Cluny,* t. II, pp. 397, 398, acte n° 1322.

[3] Voyez un texte de l'an 1135, dans Hanauer, *Les constitutions des campagnes de l'Alsace au moyen âge*, p. 55. Cf. Lefort, *Hist. des contrats de location perpét.*, p. 143.

[4] Dans un acte du XIe siècle, nous voyons un archevêque de Trèves provoquer et conclure une opération de ce genre : il ne dissimule pas qu'il agit en vue d'augmenter les biens de l'église (Beyer, *Urkundenbuch zur Geschichte... Coblenz und Trier,* t. Ier, pp. 377, 378). Aucune redevance n'est stipulée dans cet acte de précaire.

[5] Je ne voudrais pas laisser entendre que le véritable sentiment chrétien ait toujours été compris par les couvents et les églises et que le désintéressement ait été le grand moteur. Voyez ici l'histoire d'une donation à l'abbaye de Noyers vers l'an 1071, dans l'abbé Chevalier, *Cartulaire de Noyers*, p. 77; Giraud, dans *Revue Wolowski*, t. XVII, pp. 581, 583, 584; acte de 1162, dans Marchegay, *Archives d'Anjou;* t. II, p. 155; la note ci-dessus. L'humanité, la charité et le dévouement ont joué un grand rôle dans l'histoire religieuse et monacale; n'y pas voir autre chose, ce serait fermer les yeux à l'évidence.

Les temples grecs ont fait, dans l'antiquité, des opérations qui ne sont pas sans analogie avec la précaire des temps mérovingiens et carolingiens. Voyez Frœhner, *Musée du Louvre*, *Les inscriptions grecques interprétées*, pp. 109, 110, 120; Reinach, *Traité d'épigraphie grecque*, p. 94. On peut se demander si, dans le monde romain, les temples n'auraient pas agi de même et si, par conséquent, les églises chrétiennes n'auraient pas ici suivi, avec certaines modifications, une tradition païenne.

pas là l'usure qui ronge; n'est-ce pas le crédit naissant qui féconde ou qui, du moins, atténue, adoucit les souffrances des hommes libres, opprimés et amoindris?

Quant au précariste, si ses projets immédiats d'exploitation agricole échouent, sa combinaison néanmoins garde des chances heureuses; probablement il ne ruinera pas sa postérité, car il sait qu'en fin de compte l'église aura toujours besoin d'un tenancier. Pourquoi l'arrière-petit-fils ne stipulerait-il pas, lui aussi, quelque concession emphytéotique? Si cet arrière-petit-fils a le bon esprit ou la bonne fortune de s'engager pour un cens fixe en argent, les siècles, grâce à la dépréciation constante de l'argent, rendront peu à peu à cette ancienne famille de propriétaires tous les avantages et toute l'utilité des droits de propriété aliénés par un ancêtre malheureux.

Il arriva souvent qu'en vue d'éviter les charges publiques, des gens avisés plutôt qu'indigents, firent don de leurs biens à une église qui les leur rétrocédait à titre de précaire. Les empereurs s'efforcèrent d'empêcher cet abus[1].

La fin des précaires. — La tenure dite précaire, dès lors qu'elle perdait son caractère original et primitif de concession de fait, toujours révocable, se confondait juridiquement avec le bail, avec le bénéfice[2] et même jusqu'à un certain point avec l'emphytéose[3]. Elle subsista longtemps sous ce nom de *précaire,* alors qu'en droit, elle n'avait plus, si on va au fond des choses, d'existence propre. Il est donc tout simple qu'elle vienne continuellement dans les chartes se confondre avec le bénéfice et quelquefois avec l'emphytéose. C'est ainsi qu'elle prit fin : je

[1] « Placuit nobis ut liberi homines qui non propter paupertatem sed ob vitandum rei publicæ utilitatem fraudulenter ac ingeniose res suas ecclesiis delegant easque denuo sub censu utendas recipiunt, ut, quousque ipsas res possident, hostes et reliquas publicas functiones faciant, etc. » (*Liber Papiensis, Loth.* 22, dans Pertz, *Leges,* t. IV, p. 543).

[2] Cf. Waitz, *Die Verfassung des fränk. Reichs*, t. III, 2e édit., 1884, p. 179 et suiv. (*Deutsche Verfassungsgeschichte,* t. IV). Cf. Neugart, *Codex diplomaticus*, t. Ier, p. 37 (acte de 761).

[3] « Nam non habeant potestatem ipsum xenodochium nemini in emphyteusim id est precariam dandi aut concedendi » (Ughelli, t. VI, p. 634; d'après du Cange, *Glossarium,* v° *Precaria*).

doute qu'on puisse la suivre en tant que tenure au delà du XIIIe siècle[1].

Métamorphosée en bail perpétuel ou en emphytéose, la précaire n'est plus elle-même : elle est devenue quasi la propriété. Franchira-t-elle ce dernier pas? S'élèvera-t-elle enfin jusqu'à la propriété? C'est ce que va nous apprendre la section suivante.

Quant à l'idée romaine pure du précaire, de ce précaire primitif qui n'est pas un contrat et, à proprement parler, ne crée pas un droit en faveur du précariste, nous en sommes bien loin. Toutefois cette notion romaine répond en définitive à des situations diverses mais juridiquement les mêmes qui renaissent en tous les temps : elle est donc demeurée ou redevenue notion courante. De nos jours encore nous parlons volontiers de détention précaire; lorsque, par exemple, l'administration concède à un particulier la faculté de faire certains établissements sur le domaine public, ces concessions sont essentiellement précaires et, par suite, révocables sans indemnité[2].

Au XIVe siècle, les notaires de Marseille étaient bien dans le sentiment romain, lorsqu'ils constituaient un emprunteur détenteur en précaire du bien qu'il venait de donner en gage à son créancier[3].

BIBLIOGRAPHIE. — Bulling (Carl), *Das precarium Eine, römischrechtliche Abhandlung*, Leipzig, 1846. — Jacobi, *Anselminus de Orto super contractibus emphyteosis et precarii et libelli atque investiture*, Wimariæ, 1854. — Demante, *Des précaires ecclésiastiques dans leur rapport avec les sources du droit romain*, dans *Revue hist. de droit français et étranger*, t. VI, 1860, p. 54 et suiv. — Guérard, *Polyptyque de l'abbé Irminon*, t. Ier, 2e partie, p. 569 et suiv. — Garbasso Carlo Luigi, *Il diritto di ritenzione ed il precario nello*

[1] Voyez un document de 1219, cité par du Cange, édit. Didot, t. V, p. 425. Les *Décrétales de Grégoire IX* contiennent un petit titre consacré aux précaires (*Décrétales de Grégoire IX*, III, XIV).

[2] Cf. Gauthier, *Précis de mat. adm.*, t. Ier, p. 119; Molitor, *La possession, la revendication, la publicienne et les servitudes en droit romain*, p. 192.

[3] Un débiteur donne en gage une vigne (tradens in tenesonem et specialem ypothecam ac principalem regressum); après quoi, comme autrefois à Rome, le même débiteur se déclare détenteur en précaire de ce gage. Bibl. Nat., ms. lat. 1344, fol. 114; d'après M. Guilhiermoz, *Etude sur les actes des notaires à Marseille*, thèse manuscrite soutenue à l'Ecole des chartes, p. 356.

legislazione italiana, Torino, 1883. — Lamprecht, *Beiträge zur Geschichte des franz. Wirthschaftslebens im elften Jahrhundert*, p. 56 et suiv. — Lœning, *Geschichte des deutschen Kirchenrechts*, t. II, 1878, p. 710 et suiv. — Stouff, *Du précaire*, Grenoble, 1884 (thèse). — Brunner, *Die Erbpacht der Formelsammlungen von Angers und Tours und die spätrömische Verpachtung der Gemeindegüter*, dans *Zeitschrift der Savigny-Stiftung für Rechtsgeschichte*, t. V, 1884, *Germ. Abtheil.*, p. 69 et suiv. — Esmein, compte-rendu de ce travail, dans *Nouvelle revue hist.*, mars-avril 1885, p. 249 et suiv. — Fustel de Coulanges, *Les origines du système féodal*, Paris, 1890, pp. 63-151 et *passim*.

QUATRIÈME SECTION.

Des cens et des rentes.

1. *Origines. — Notions générales.*

Origines très diverses. — Une masse énorme de biens était grevée dans notre ancien droit d'une redevance annuelle appelée *census, cens.*

Ces cens ont les origines les plus diverses. Je ramènerai ces origines à quatre chefs principaux. L'énumération, bien entendu, n'est pas limitative :

1. L'impôt romain. — Le *census* impôt foncier, mais non pas purement foncier portait sur la terre et les autres richesses[1]. Sous l'empire, on vit déjà cet impôt passer dans quelques localités aux mains de particuliers auxquels les empereurs en faisaient le don gracieux[2] ; on vit aussi des fonctionnaires puissants aggraver l'impôt et en absorber eux-mêmes une grande partie : l'impôt devenait leur proie personnelle[3].

Ainsi déjà l'impôt tendait sur certains points à se transformer en redevance privée. Cette tendance se développa rapidement pendant la période mérovingienne et carolingienne ; on a peine à discerner, au IXe siècle, un *census* royal ou impérial. Ce *census* apparaît çà et là : ce n'est plus qu'un débris, qu'un fragment de l'ancien impôt[4]. En revanche, un grand nombre de fonds

1 *Digeste*, L, xv, 4. *Code de Justinien*, XI, LVII. *Code de Théodose*, XIII, x; XIII, xi.

2 Des métrocomies entières sont données à des particuliers (*Code de Théodose*, XI, xxiv, 6 *in fine*). Qu'est-ce à dire? Le donataire ne devient pas propriétaire des terres de la métrocomie; mais les impôts, au lieu d'arriver au fisc, sont désormais versés entre ses mains et c'est lui qui en profite. Cf. Zachariæ von Lingenthal, *Geschichte des griechisch-römischen Rechts*, Berlin, 1877, p. 227. Arsène, moine du déser de Scété, fut doté, en 403, par Arcadius des revenus de ce pays; il les refusa (E. de Muralt, *Essai de chronographie byzantine*, p. 10).

3 Lydus, *De magistr.*, III, 49, édit. Bekker, Bonne, 1837, p. 242. Salvien, *De gubern. Dei*, V, 6, édit. de l'Académie de Vienne, 1883, p. 109. Cf. Zachariæ von Lingenthal, *ibid.*, pp. 107, 223, 224.

4 Cf. Guérard, *Polypt. de l'abbé Irminon*, t. Ier, 2e partie, pp. 697, 698 ; A. de Courson, *Cartulaire de Redon*, p. 103, acte no 136.

payent un *census* au gros propriétaire, leur voisin, leur seigneur. Voilà bien, à nos yeux, un débris du cens romain[1].

2. Les redevances des colons. — Ces demi-libres, ces colons dont j'ai parlé ci-dessus, paient une redevance aux seigneurs dont ils relèvent. Cette redevance prend encore le nom de *census*[2].

3. Les redevances payées par les anciens serfs. — La plupart du temps, les propriétaires, en affranchissant leurs serfs, les soumirent, pour l'avenir, à une redevance annuelle[3]. Il est évident qu'à la longue cette redevance s'est souvent confondue avec les précédentes.

4. Les redevances stipulées à l'occasion d'une concession en précaire[4], en bénéfice[5] ou fief, d'une création d'emphytéose ou de la conclusion d'un bail à longue durée, plus ou moins voisin de l'emphytéose pure.

Au bout d'un certain laps de temps, les fonds grevés de charges analogues se rapprochèrent juridiquement de plus en plus. Le caractère commun qui les réunissait surnagea presque seul, à mesure que les origines diverses s'oublièrent. On eut de tous côtés des fonds grevés de redevances dont l'origine était inconnue, fonds qui s'échangeaient, se vendaient et se transmettaient presque aussi facilement que les fonds libres de toute charge. Ces fonds chargés de rentes ou cens prirent le nom de *fonds censuels*. Le mot *censive* désigne une certaine étendue de terrain dans laquelle tous les héritages sont assujettis à un cens envers le même seigneur[6]. Le mot *vilenage*, à peu près synonyme de *censive*, est un peu plus vague : « Noz apelons *vilenage*, heritage qui est tenus de segneur à cens ou à rente ou à campart, » écrit Beaumanoir[7].

[1] Pour cette origine de nos cens je suis heureux de pouvoir invoquer l'autorité de M. L. Delisle, *Etudes sur la condition de la classe agricole... en Normandie*, p. 60.

[2] Guérard, *Polypt. de l'abbé Irminon*, t. II, p. 112, art. 283 et *passim*.

[3] Exemple entre mille dans Garnier, *Chartes de communes et d'affranchissements en Bourgogne*, t. II, p. 140.

[4] Cf. précaire de 729, citée par Guérard, *Polypt. d'Irminon*, t. Ier, 2e partie, p. 699.

[5] Guérard, *ibid.*, t. II, p. 5 et *passim*.

[6] Voyez l'emploi du mot *censiva* dans Teulet, *Layettes*, t. Ier, p. 556, n° 1556 ; dans mes *Etabl. de saint Louis*, t. Ier, pp. 496, 498. Le sens est moins net, t. Ier, p. 515 ; t. II, p. 175. Cf. Renauldon, *Dict. des fiefs*, v° *Censive*.

[7] Beaumanoir, XIV, 7, édit. Beugnot, t. Ier, p. 226.

J'ai parlé de fonds chargés de cens ou rentes. C'est qu'en effet on disait indifféremment *cens* ou *rente* (du latin *reddita*). Les deux mots étaient souvent réunis dans des formules de ce genre : « annuo censu seu redditu[1]. »

Les jurisconsultes que, volontiers, j'appellerai classiques, opposèrent d'assez bonne heure le fief au vilenage ou à la censive. Après avoir défini le vilenage, Beaumanoir ajoute : car de l'héritage « qui est tenu en fief, on ne doit rendre nule tele redevance[2]. »

Idée générale du bail à cens ou à rente. — Ainsi les revenus d'une précaire, d'un long bail, d'une emphytéose, de certains bénéfices, s'appellent *census* et les situations, diverses mais très voisines, créées par ces contrats tendent à s'unifier. Il y a plus : les mots *précaire* et *bénéfice* disparaissent de la langue.

Cette unification se fit, nous le savons, au profit du tenancier dont les droits réels ne cessèrent de se fortifier et de s'augmenter. Le dernier mot de cette évolution juridique c'est celui-ci : tenancier-propriétaire.

Vers cette situation converge le fécond mouvement économique dont nous pouvons maintenant nous faire une idée. Vers cette formule le droit lui-même semble se mouvoir et marcher. Mais cette situation qui synthétise et résume les tendances générales, pourquoi ne se créerait-elle pas artificiellement par un contrat déterminé? Ce contrat existe, en effet, c'est le bail à cens ou à rente : nous lui devons cette nouvelle figure juridique du tenancier-propriétaire.

Le bail à cens est continuel au moyen âge; c'est un contrat envahissant et attractif : on lui assimile volontiers l'emphytéose; dans une foule de circonstances on en suppose l'existence et on imagine un bail à cens pour expliquer des relations traditionnelles dont on ignore la véritable origine.

[1] Arrêt du parlement de Paris de 1315, cité par Mortet, *Le livre des constitucions demenées el Chastelet de Paris*, 1883, p. 72, note 2 sur le § 62. Cf. *Cout. notoires*, 171 (Buche dans *Nouvelle revue historique*, mai-juin 1884, p. 331).

[2] Beaumanoir, *ibid.*

Nous voyons poindre le bail à cens dès le temps des Romains[1] : mais il se développe, il s'épanouit au moyen âge.

Avant d'entrer dans les détails, contentons-nous tout d'abord d'une exposition générale.

Le censitaire (on appelle ainsi celui dont le fonds est grevé d'un cens) est propriétaire. Il peut donc librement vendre sa terre censuelle. Cette vente donne souvent lieu au profit du bailleur ou de ses ayants cause à la perception d'un droit dont les noms et la quotité ont varié. Le lecteur connaît déjà l'un de ces noms, celui de *lods et ventes*.

Il y a plus : le droit de toucher le cens ou la rente peut, lui-même, être vendu comme tout autre bien (une opération analogue[2] se fait encore tous les jours, lorsque nous vendons et que nous achetons de la rente sur l'Etat). Un droit de mutation est perçu à l'occasion de ces ventes, comme s'il s'agissait de la vente de l'héritage lui-même[3].

Primitivement, le censitaire n'était pas libre de racheter la redevance due[4]; mais il a toujours eu la facilité de se décharger

[1] Voyez Vialla, *Des intérêts et des rentes*, pp. 64 à 68; très important article de M. Caillemer, dans *Annuaire de l'association pour l'encouragement des études grecques*, année 1876, p. 164; Huschke, *Avitum et patritum, und der Ager vectigalis*, dans *Zeitschrift für vergleichende Rechtswissenschaft*, t. Ier, p. 165 et suiv. Textes à lire : *Lettres de Pline*, VII, 18; *Digeste*, XVIII, I, 81, § 1 (Dans ce texte on voit, ce me semble, une propriété grevée de rente dans la pensée des parties; mais Scævola n'admet pas cette situation); *Digeste*, II, XIV, 4, § 3; *Nov.* 160; *Code de Just.*, XI, XXXII, 2; fondation alimentaire de Trajan en l'an 103, dans Zell, *Handbuch der röm. Epigraphie*, t. Ier, 1850, p. 391 et suiv.; fondation de A. Plutius Epaphroditus, dans Orelli, *Inscriptiones latinæ*, t. Ier, no 1368.

[2] Il ne faut pas omettre cette différence juridique : la créance sur l'Etat est un droit personnel; le droit de toucher le cens ou la rente est un droit réel.

[3] En s'en tenant à un court passage de Delalande, à la doctrine très nette de Loiseau (*Traité du déguerpissement*, liv. Ier, ch. 5, art. 4) et de plusieurs autres jurisconsultes, on pourrait croire que la rente foncière par opposition au bail à cens (voyez le § 3 ci-après, p. 683 et suiv.) ne donne pas lieu à un droit en cas de vente (Cf. Delalande, *Cout. d'Orléans*, t. Ier, 1704, p. 275). Mais il est certain que, dans plusieurs coutumes, le bail à cens et la rente foncière ont donné lieu, l'un et l'autre, surtout originairement, à la perception d'un droit de mutation : voyez Guyot, *Répert.*, t. XV, 1785, p. 163; coutume de Paris, art. 87; Laurière, dans *Texte des cout. de la prévôté et vicomté de Paris*, t. Ier, pp. 190, 191. Voyez ci-après, p. 682, ce qui est dit à propos de du Moulin et de la rente constituée.

[4] Il y a pourtant sur ce point quelque doute quant aux origines en ce qui touche la rente constituée. A une certaine date elle devint rachetable : l'était-elle aux origines? Peut-être.

d'un fardeau devenu pour lui trop lourd, en délaissant le bien baillé à cens ou à rente. Cet abandon s'appelait le *déguerpissement*[1].

Il semble qu'à l'origine le déguerpissement ait libéré le débiteur de la rente de l'obligation de payer, à dater du déguerpissement, les arrérages, mais qu'il n'ait pas eu d'autre effet[2]. Il acquit plus tard une vertu plus efficace : il opéra, pour l'avenir, la résolution du bail à rente, et donna au créancier de la rente la faculté de rentrer dans l'héritage déguerpi[3].

En cas de cessation de paiement même pendant trois ans, il n'y avait pas lieu, comme dans l'emphytéose, à commise, c'est-à-dire à confiscation au profit du bailleur. Telle est, du moins, la règle générale. Je n'entre pas dans le détail des mesures qui avaient pour objet de sauvegarder en pareil cas les droits lésés[4]. Le principe est celui-ci : le débirentier ou débicensier n'est pas

1 Voyez *Abrégé champenois*, ch. 23, dans mes *Etablissements*, t. III, pp. 148, 149; ord. de 1287 dans *Ord.*, t. XII, p. 328; coutume dite de 1411, dans Beautemps-Beaupré, *Cout. et instit.*, 1re partie, t. Ier, pp. 583-586; cout. de Montargis-Lorris-Orléans, ch. II, art. 15, dans Thaumas de la Thaumassière *Cout. locales de Berry*, p. 452; cout. d'Orléans, dernière rédaction, art. 134, 412; *Coutumes notoires*, 97, 171, dans Brodeau, *Cout. de Paris*, t. II, pp. 542, 554; coutume de Paris, art. 101, 102, 109. Cf. Garsonnet, *Hist. des locations perpét.*, p. 423.

2 Voyez une ordonnance de 1287, dans *Ord.*, t. XII, p. 328. Cette ordonnance de 1287 me paraît avoir fait cesser l'état des choses dont je parle dans le texte. L'opinion que je propose ici a été rejetée par mon savant confrère, M. Glasson (*Hist. du droit et des instit. de la France*, t. IV, p. 409, note 2). Je relis l'ordonnance de 1287 et j'incline toujours vers la même interprétation. Une considération toutefois serait de nature à l'ébranler : si le déguerpissement était soumis, au XIIIe siècle, à des formalités analogues à celles qui furent imposées plus tard (voyez Guyot, *Répert.*, t. V, p. 341), on pourra essayer de se rendre compte de la situation en disant que les débirentiers dont il s'agit ont sans doute déguerpi en fait sans remplir les formalités de droit. Joignez curieux débats en 1438 à Paris et ordre du roi pour la réparation des maisons grevées de rente (Isambert, t. IX, pp. 1, 2).

3 Pothier, *Traité du contrat de bail à rente*, Paris, 1771, pp. 134, 138, 139.

4 En 1287, tentative fort remarquable d'assimilation à l'emphytéose de telle sorte que le seigneur censier puisse reprendre possession de l'héritage après trois ans de retard dans le paiement des arrérages. Ce texte ne concerne que Paris (*Ord.*, t. XII, p. 328). Sur l'absence de commise dans le bail à cens comme dans le bail à rente, voyez Garsonnet, *Hist. des locations perpét.*, p. 422. Cf. coutume de Paris, art. 74, 86, 101, 102; Guyot, *Répert.*, t. II, pp. 797, 803; Pothier, *Traités des fiefs, censives, relevoisons*, t. II, 1776, pp. 289-291; Pasquier, *L'interprétation des Institutes de Justinian*, p. 711.

débiteur personnel de la rente; il n'est tenu que *propter rem*[1].

Le cens ou la rente est indivisible; c'est-à-dire que chaque partie de l'immeuble est tenue pour le tout[2]. Telle est la règle générale; toutefois quelques coutumes et quelques auteurs admettent la divisibilité du cens[3].

Le cens ou la rente naissait par contrat de deux manières.

Premier mode. Rente constituée. — Propriétaire d'immeuble, je reçois d'un capitaliste une somme d'argent que je ne suis point obligé à rembourser, ou encore un bien, une valeur quelconque. En échange de ce service, je grève à perpétuité ma terre d'un cens ou rente annuelle en fruits ou en deniers. C'est là ce que nous nommons la *rente constituée*. Elle est fort ancienne parmi nous : on en pourrait peut-être citer des exemples du IXe siècle. Les Romains et les Grecs paraissent l'avoir connue[4]; mais c'est une opération dont ils n'ont pas fait la théorie, qu'ils n'ont pas systématisée.

Deuxième mode. Rente foncière. — Ici je n'étais pas propriétaire avant l'opération; mais je reçois d'une autre personne un fonds : ce bailleur me fait propriétaire du fonds qu'il me remet; je ne lui en paie pas le prix principal, mais je grève à perpétuité cette terre d'une rente ou cens annuel au profit de mon bailleur ou de ses ayants cause. Je n'ai pas la faculté de libérer ma terre, en payant le capital correspondant à la rente créée. Voilà la *rente foncière* dite aussi *cens foncier*[5].

L'expression *mainferme* est souvent synonyme de *tenure à cens*. On employa d'assez bonne heure cette expression énergique qui a pour objet de bien marquer le caractère de solidité de la tenure aux mains du preneur; on dit qu'il recevait la terre *in manu firma, en mainferme*. Cette expression s'oppose originairement à l'idée de précaire ou de bénéfice. Elle a pris d'ail-

[1] Cf. Chénon, *Les démembrements de la propriété foncière en France*, p. 141.

[2] J. des Marés, 276. *Coutumes notoires*, 165. Cf. Buche dans *Nouvelle revue hist.* 1885, pp. 78, 79.

[3] Cf. Guyot, *Institutes féodales*, 1753, p. 165.

[4] Voyez ci-dessus, p. 677, note 1.

[5] Innombrables exemples. Voyez une création de rente foncière, vers 1180, dans Port, *Cartul. de l'hôpital Saint-Jean d'Angers*, Paris, 1870, Documents, p. II, pièce II.

leurs, suivant les lieux, des sens un peu différents, mais qui couvrent toujours cette idée première et fondamentale de tenure non révocable. Dans certaines régions on appelle, comme je l'ai dit, *mainferme* ce qu'on appellerait ailleurs *censive*. Dans d'autres ce mot est synonyme de franc alleu[1]. Nous étudierons un peu plus loin le franc alleu.

Comme on le voit, ces deux rentes, rente constituée et rente foncière, diffèrent surtout entre elles par le mode de création. Assignées l'une et l'autre sur un fonds, elles restèrent confondues pendant des siècles; mais la division qui s'établit plus tard dans l'histoire de ces deux rentes nous oblige à traiter séparément de chacune d'elles.

2. *Rente constituée.*

Précaire et rente constituée. — Cette première rente s'est substituée aux précaires. Le grand développement qu'elle a pris n'est pas autre chose que la suite de l'histoire des précaires. Je m'explique :

Recevoir, comme je disais à l'instant, une somme d'argent ou une valeur, et, en échange de ce service, obliger à perpétuité sa terre au paiement d'un cens, c'est là une opération simple qui fut rare à l'origine. Le procédé, ordinairement employé pour se procurer de l'argent sur sa terre, était plus compliqué. Nous connaissons d'ailleurs ce procédé et nous venons de l'étudier; c'est la précaire.

Devenu bénéficier viager, puis bénéficier héréditaire, nous avons laissé le précariste, au seuil même de la propriété. Il va franchir ce pas. Ce pas franchi, que se passera-t-il, si le vieux moule du précaire est conservé? Voici l'opération compliquée qui se pratiquera. Propriétaire, j'ai besoin d'argent; je vends ma terre à Pierre moyennant une somme d'argent que j'encaisse. Pierre me rend immédiatement ma terre. C'est l'ancienne pré-

[1] Voyez du Cange, *Glossarium*, t. V, p. 239, v° *Manufirma; Encyclopédie méthodique, Jurisprudence*, t. V, p. 674, v° *Mainferme* (art. de Garran de Coulon); pour la mainferme dans le Hainaut et à Valenciennes, Dubois, dans *Revue critique*, t. III, p. 997 et suiv.

caire. Cette opération est assez fréquente au XIIIe siècle[1]. Seulement le mot *précaire* n'y figure plus et pour une bonne raison : je ne possède plus à précaire, ni même à usufruit; je suis, comme devant, propriétaire; je n'ai cessé de l'être qu'un moment. Mais ce moment, cet instant de raison pendant lequel j'ai cessé d'être propriétaire, joue-t-il donc un rôle nécessaire dans l'opération? Nullement. Il suffit que je reçoive l'argent et que je déclare mon fonds obligé à servir la rente. Le procédé simple se substituera donc au procédé compliqué. Celui-ci n'a plus de raison d'être, dès lors qu'après avoir reçu l'argent désiré, je reste néanmoins propriétaire. J'ai dit qu'on avait employé de très bonne heure, peut-être dès le IXe siècle[2], le procédé simple; mais il était, sans doute, encore rare. On s'y arrêta, on s'y fixa à dater, ce semble, du XIVe siècle.

Interdiction du prêt à intérêt et rentes. — L'interdiction du prêt à intérêt fondée sur l'interprétation littérale d'une parole du Sauveur[3] a joué depuis la période carolingienne[4] un rôle de plus en plus considérable dans notre histoire économique : elle a puissamment contribué au grand développement des rentes constituées. Il était interdit de prêter une somme d'argent moyennant intérêt (l'intérêt était appelé *usure*); mais on pouvait donner cette somme d'argent et stipuler que le preneur et

[1] Acte de 1218 à Saint-Quentin, dans *Bibl. de l'Ecole des chartes,* t. XXXV, 1874, p. 441. « Item nos major et jurati dicimus quod, quando contingit aliquem nostrum emere in fundo ecclesie predicte domum vel aliam hereditatem, quamticumque valoris sit et quantocumque pretio venditur, quod debet investiri de illa et licet ei reddere domum vel hereditatem emptam venditori (rente constituée) vel cuicumque alii (rente foncière) ad supercensum magnum vel parvum. » L'église de Senlis nie la légitimité de ce contrat; les arbitres statuent : « Is autem qui sic emerit hereditatem vel domum, poterit rem emptam tradere absque reclamatione ecclesie vel ipsi venditori vel alii ad supercensum magnum vel parvum » (Acte de 1239, dans Flammermont, *Hist. des instit. municipales de Senlis*, pp. 180, 181).

[2] Acte de 813 environ, dans Lœrsch et Schrœder, *Urkunden zur Geschichte des deutschen Rechtes*, I, *Privatrecht*, p. 30, n° 46. Cela ressemble beaucoup à une rente constituée : cette rente est évidemment rachetable. Voyez une constitution de rente en 1165, dans *Bulletin de la soc. hist. de Compiègne*, t. VI, p. 219, note 1.

[3] « Mutuum date, nil inde sperantes » (S. Luc, ch. VI, 35). Rapprochez saint Matthieu, ch. V, 42; *Lévitique*, ch. XXV, 35, 36, 37; *Exode*, ch. XXII, 25; *Deutéronome*, ch. XXIII, 19, 20.

[4] Capit. de 789, art. 5; capit. de 806, art. 16, 17, dans Boretius, *Capit.*, t. Ier, pp. 54, 132.

ses ayants cause paieraient à perpétuité une rente assignée sur tel fonds produisant des fruits. C'est ce qu'on appelait acheter une rente. La création d'une pareille rente était, en général, permise par les théologiens[1] (permise, mais déconseillée, car ces rentes avaient une couleur usuraire). Quant aux rentes, non pas assignées sur un fonds mais constituées sur la personne, elles étaient, dans l'opinion générale, illicites et rigoureusement interdites.

En Allemagne, ceux qui devaient des rentes assignées sur leurs biens s'avisèrent, au xve siècle, de soutenir que ces rentes étaient usuraires et refusèrent de payer les arrérages. Martin V et Calixte III consultés déclarèrent, en 1420 et en 1455, ces sortes de contrats justes et légitimes[2]; mais il s'agissait toujours exclusivement des rentes constituées assignées sur des fonds.

Du Moulin est le premier auteur considérable qui ait admis la légitimité de rentes constituées non assignées sur des fonds. Dès lors les auteurs se partagèrent. La question fut posée indirectement, en 1557, devant le parlement de Paris. Il s'agissait de savoir si les lods et ventes étaient dus, à Paris, lors de la création ou du rachat d'une rente constituée : en se décidant pour l'affirmative, le parlement suivait l'opinion des canonistes et considérait les rentes constituées comme des charges réelles; en se décidant pour la négative, il confirmait l'opinion de du Moulin qui appelait les rentes constituées des dettes personnelles auxquelles les fonds n'étaient qu'hypothéqués. Le parlement supprima tous droits de lods et ventes pour les rentes constituées dans Paris[3], et trancha ainsi la question en faveur de du Moulin.

Onze ans après, en 1568, le pape Pie V condamna encore

[1] En sens contraire, le célèbre Henri de Gand, cité par Thomassin, *Traité du négoce et de l'usure*, 1697, p. 454.

[2] Bulles *Regimini*, dans *Extrav. comm.*, III, v, 1, 2; reproduites dans Laurière, *Dissertation sur le tènement de cinq ans*, pp. 3, 29 (seconde pagination du vol.). Cf. Laurière, *ibid.*, p. 21 et suiv. (première pagination du vol.).

[3] Voyez le texte de cet arrêt, dans Laurière, *Dissertation sur le tènement de cinq ans*, p. 3 (troisième pagination du vol.) et l'excellent exposé de Laurière, *ibid.*, p. 196 et suiv. (première pagination du vol.).

formellement les rentes constituées non assignées sur des fonds ; mais cette bulle ne fut pas reçue en France.

Les coutumes réformées postérieurement à l'arrêt de 1557 s'inspirèrent plus ou moins de l'esprit de cet arrêt qui ouvrait aux rentes constituées une direction nouvelle. Elles cessèrent (sauf des souvenirs ou des débris plus ou moins conscients de l'ancien état de choses) d'être tenues pour foncières ou réelles : elles furent envisagées comme des dettes personnelles, pour la sûreté desquelles des biens étaient hypothéqués. Or l'hypothèque n'est qu'une obligation accessoire de l'héritage pour assurer d'autant mieux l'obligation personnelle de celui qui a constitué la rente; au contraire, la charge d'une rente foncière est une obligation principale de l'héritage; c'est l'héritage qui en est le principal débiteur plutôt que la personne du preneur lequel n'est tenu de la rente qu'autant qu'il possède l'héritage[1]. Il en sera désormais tout autrement en cas de rente constituée. Le débiteur d'une rente constituée sera tenu personnellement. Il ne pourra donc plus — et ceci est contraire au droit primitif — se libérer en déguerpissant. Ainsi les rentes constituées se détachèrent du cadre historique dont nous nous occupons en ce moment.

3. *Bail à cens et bail à rente. — Doublet historique.*

Chef cens et surcens. Cens sur cens. — Lorsque deux cens successifs ont été créés sur un même fonds, le plus ancien s'appelle *droit cens, chef cens* ou *menu cens;* le plus récent *surcens, crois cens, cens costier, gros cens*[2]. L'ancien cens est appelé le

[1] Pothier, *Traité du contrat de bail à rente*, pp. 18, 20. Je lui emprunte textuellement quelques lignes.

[2] Acte de 1202, cité par Thaumas de la Thaumassière sur Beaumanoir, p. 405. Beaumanoir, édit. Beugnot, t. Ier, pp. 349, 350. *Style du Châtelet* dans ms. fr. 1076, fol. 125 r°. Un acte parisien de 1289 nous montre bien comment peut se produire un *crois cens, incrementum census :* la maison de Saint-Gervais payait au prieur du Val de Saint-Eloi un chef-cens de 7 deniers pour une grange située *in censiva et dominio* du Val de Saint-Eloi. Elle cède cette grange à une certaine Marie dite la Chandelière qui l'habite et qui devra désormais à la dite maison de Saint-Gervais un *incrementum census seu redditus* (*redditus,* c'est rente) de 18 sous. Sur quoi le prieur du Val de Saint-Eloi fait mine d'empêcher l'affaire, en vertu du principe *Cens sur*

menu cens, car depuis sa création l'argent a diminué et le fonds a augmenté de valeur. Ce cens est donc devenu insignifiant. Le cens plus jeune de date s'appelle le *gros cens*, parce que l'action du temps ne l'a pas encore atteint et qu'il représente toujours une valeur beaucoup plus importante que l'ancien cens.

Ces cens successifs ressemblent aux couches diverses de terrain que présentent les sols d'alluvion : c'est l'œuvre des hommes et du temps qui laisse son limon de siècle en siècle sur la propriété foncière.

Des entraves ont été de bonne heure apportées à la création de ces doubles cens. Un brocard bien connu résume ces tendances : *Cens sur cens n'a lieu*[1]. En d'autres termes, un censitaire ne peut sans l'autorisation du crédirentier ou, comme on disait, du seigneur censier ou « sire du treffons, » accenser lui-même le fonds qu'il tient déjà à cens. Accenser, c'était faire, mais à perpétuité, une opération analogue à celle que nous appelons aujourd'hui sous-location[2]. Une maison chargée de deux cens pourra se vendre moins cher que grevée d'un seul cens : les droits de lods et ventes seront donc diminués[3] et le sire du treffons a intérêt à empêcher ces surcens ou, au moins, à en surveiller la création.

J'ajouterai que des considérations économiques générales se combinaient avec l'intérêt du crédirentier pour faire établir la règle : *Cens sur cens n'a lieu*. Lorsque des spéculateurs successifs se jetaient sur un même fonds et que les circonstances n'étaient pas favorables, il arrivait qu'un fonds grevé de plu-

cens n'a lieu; mais on s'arrange à la condition que la maison de Saint-Gervais paiera elle-même un crois cens (*incrementum census*) au prieur du Val de Saint-Eloi, indépendamment du *chef-cens* primitif. Ainsi voilà deux *crois cens* qui naissent en même temps. Il est clair que la grange a pris une valeur énorme depuis la concession primitive. L'acte que j'analyse a été publié par M. Charavay, *Revue des documents hist.*, 8e année, pp. 58, 59.

[1] Coutume de Montargis de 1531, ch. II, art. 28, dans Thaumas de la Thaumassière, *Coutumes locales de Berry*, p. 536. Loisel, règle 533, édit. Dupin et Laboulaye, t. II, p. 16. Coutume d'Orléans, art. 122. La règle, sinon la formule *Cens sur cens n'a lieu*, existe, dès le XIIIe siècle; voyez la note 2 de la p. suiv.

[2] Il ne faut pas oublier, bien entendu, cette différence juridique importante : le locataire est tenu personnellement; le censitaire n'est pas tenu personnellement.

[3] Cf. Beautemps-Beaupré, *Le livre des droiz*, t. II, p. 235, no 843.

sieurs cens devenait une charge trop lourde entre les mains des censitaires qui n'avaient qu'une ressource : déguerpir. Trait bien remarquable : ce déguerpissement à l'origine exemptait le débiteur du paiement du cens, mais il ne donnait pas, semble-t-il, au créancier de la rente le droit d'entrer en possession de l'immeuble délaissé[1]; et on voyait, dans les villes, des maisons en ruine depuis longtemps abandonnées en raison des charges excessives qui les grevaient. D'où la règle : *Cens sur cens n'a point de lieu,* sans l'autorisation du seigneur censier ou seigneur de censive[2].

Mais deux causes économiques puissantes battaient en brèche cette règle, issue elle-même d'une considération économique. D'une part, le cens primitif, quand il avait été stipulé en argent, perdait constamment de son importance par suite de la dépréciation des monnaies et de la dépréciation de l'argent. D'autre part, un fonds bien entretenu et longtemps cultivé, une maison rebâtie à neuf (en pierre peut-être au lieu d'une maison de bois) pouvait évidemment trouver un second preneur, sans que personne y perdît. La mauvaise volonté du « seigneur du tref-fons » ne pouvait entraver longtemps et définitivement des opérations lucratives indiquées par la nature même des choses.

1 « Quando domus vel possessiones hujusmodi sunt vacuæ..... aut possessores earumdem domorum vel possessionum sunt deficientes in solvendo census vel redditus eorumdem, dicendo quod plures domus corruerant et ruina deterioratæ erant in villa Parisiensi et ejus pertinentiis, et loca remanserant vacua et plures possessiones inanes erant et vacuæ : quæ non essent, si illi quibus census vel redditus de eisdem debentur, possent ad domos vel possessiones proprias assignare » (*Ord.*, t. XII, p. 327). Voyez ci-dessus p. 678, avec la note 2.

2 Voyez Beaumanoir, édit. Beugnot, t. Ier, p. 350. Joignez un acte de 1245, cité par Thaumas de la Thaumassière, *Nouveaux commentaires sur les cout. de Berry*, p. 209; Pothier, *Traités des fiefs*, t. II, p. 333, 334. Un acte tourangeau de 1290 montre bien que la règle *Cens sur cens n'a lieu*, ne supposait nullement à l'origine cette seconde règle qui en est la négation économique *Rente sur cens a lieu :* Laurent de La Couture reconnaît devoir diverses rentes à l'abbaye de la Clarté-Dieu; il est déclaré que ni lui, ni ses héritiers, ne pourront grever les biens en question « de nulle autre charge que de la rente « desus motie tant solement » (Acte publié par M. Ch. de Grandmaison, dans *Bulletin de la Société archéologique de Touraine*, t. VI, p. 315). Au moyen âge, le Roussillon semble avoir complètement ignoré la règle : *Cens sur cens n'a lieu.* Voyez Brutails, *Etude sur la condition des populations rurales du Roussillon au moyen âge*, pp. 128, 129 avec la note 1.

Quantité de sous-accensements se conclurent donc et s'exécutèrent sans qu'on tînt aucun compte de la vieille règle.

Bail à rente et bail à cens. — La jurisprudence se trouva dès lors en présence de deux catégories de cens : les anciens et les nouveaux. Elle créa la théorie non plus économique mais juridique des deux baux, l'un à cens, l'autre à rente.

Cette théorie couvre et systématise une pratique qui s'était imposée de très bonne heure. Du jour où plusieurs crédirentiers s'étaient trouvés en présence d'un même fonds, il avait fallu nécessairement échelonner leurs droits, en faisant meilleure et plus favorable la position du plus ancien de ces créanciers.

Cette situation primitive très simple en elle-même a subsisté dans quelques coutumes[1]; mais les théoriciens ont voulu raffiner, subtiliser. Ils ont aperçu deux contrats et deux tenures : un bail à cens (c'est la plus ancienne rente); un bail à rente (c'est la rente nouvelle).

C'était, à mes yeux, une erreur, mais une erreur édifiée sur une vérité; je m'explique.

Originairement et avant que la théorie ne soit venue exercer son influence sur la pratique, il n'y eut certainement pas deux contrats, l'un dit bail à cens et l'autre dit bail à rente; mais il y eut cependant très souvent deux situations différentes. Les anciens cens provenant de l'impôt romain ou d'un rachat de

[1] A mon sens, la coutume de Gand jette sur cette question beaucoup de lumière. En voici le texte : « Les chefs cens, sur-cens et autres anciennes rentes héréditaires non rachetables... sont exécutoires en eux-mesmes et leurs arrérages peuvent estre récouvrez par saisie, par éviction et décret... en vertu du registre terrier ou rolles de rentes en faisant mention; quand ce seroit que l'on en eut point d'autres lettres ou actes judiciaires. Les rentes rachettables hypothéquées, les paiements ou les autres dettes réalisées dans la ville et l'eschevinage ne peuvent estre récouvrez par saisie ou exécution en vertu de simple reconnoissance et notice de *Landt-heer* ou seigneur foncier, sans lettres judiciaires précédentes (*sic*) des eschevins, avec clause de condamnation, les reconnoissances devant les *Landt-heeren* donnant bien hypothèque et saisine, mais nulle exécution à l'égard des susdits points. En exécution et décret d'hypothèque les chefs cens et leurs arrérages vont devant les autres charges qui sont dessus; et ensuite les anciens sur-cens ecclésiastiques ou séculiers sans date; et là où l'on trouvera la date, on se réglera selon l'antériorité du temps, soit en sur-cens ou autre, rachettable ou non rachettable » (*Coustume de Gand*, rubrique VI, art. 11, 12,13, dans Le Grand, *Les coustumes et loix du comté de Flandre*, t. Ier, Cambrai, 1719, pp. 27, 28. Joignez Beaumanoir, XXX, 39).

servitude étaient évidemment d'une autre nature constitutionnelle que les cens nés d'une convention libre entre deux parties. Ajoutez aussi, comme je l'ai déjà dit, qu'entre plusieurs conventions superposées, la plus ancienne ne peut être traitée en tout comme les plus récentes.

Ces faits incontestables ont inspiré la conception des deux contrats, l'un le contrat noble dit bail à cens; l'autre le contrat roturier dit bail à rente.

Ce doublet se laisse peut-être déjà entrevoir au XIVe siècle[1]; il s'accuse dès lors de siècle en siècle; et, à la fin de l'ancien régime, une doctrine courante, mais subtile et fragile, distingue le bail à cens et le bail à rente[2].

Cette distinction prit, au moment de la révolution, l'importance pratique la plus considérable, car elle servit de *criterium* pour distinguer les revenus féodaux supprimés des revenus non féodaux maintenus. Elle n'était point assez simple; elle ne contenait pas une part de vérité assez considérable pour jouer le rôle qu'on lui fit jouer.

Disons rapidement en quoi diffèrent théoriquement ces deux contrats.

Le contrat de bail à cens est un contrat par lequel le propriétaire d'un héritage ou d'un autre droit immobilier l'aliène sous la réserve qu'il fait de la seigneurie directe et d'une redevance annuelle, qui doit lui être payée par le preneur ou ses successeurs en reconnaissance de ladite seigneurie.

Il est de l'essence du contrat de bail à cens que le bailleur se réserve le domaine direct ou seigneurie directe. La redevance annuelle[3] récognitive de cette seigneurie ne peut être prescrite par le détenteur contre le seigneur.

Le propriétaire d'un héritage censuel ne possède que le do-

[1] Voyez le *Style du Châtelet*, dans ms. fr. 1076, fol. 125 r° à 126 r° (Manuscrit de la Bibl. Nat. de la fin du XIVe siècle).

[2] Sur l'identité primitive voyez déjà un aperçu dans Laurière, *Dissertation sur le tènement de cinq ans*, p. 43; dans Astrié, *Des rentes dans le droit français*, p. 128. Ces deux auteurs entrevoient; certainement ils accepteraient mes explications.

[3] Mais la quotité du cens est prescriptible, les arrérages aussi; ce qui est imprescriptible, c'est le principe de la directe. Toutefois, en Dauphiné, le cens est pre-

maine utile : il ne peut pas en faire un bail à cens, selon la règle : *Cens sur cens n'a lieu.*

La rente foncière, au contraire, n'est pas seigneuriale; c'est une simple charge de l'héritage. La rente foncière n'étant pas seigneuriale est prescriptible[1].

Si, dans le fait, le propriétaire d'un héritage censuel avait fait un bail de cet héritage pour une certaine redevance annuelle et perpétuelle, qui, par le bail, aurait été qualifiée cens, ce bail ne serait qu'un simple bail à rente foncière[2].

Quant au propriétaire d'un héritage chargé d'une rente foncière, il peut en faire un nouveau bail à rente[3], car la règle *Cens sur cens* ne s'applique pas ici[4].

scriptible, parce qu'on le considère comme emphytéotique; en Bourgogne, il est prescriptible quand il dépend du fief, imprescriptible quand il dépend de la justice (Merlin, dans *Archives parlem.*, 1re série, t. XI, p. 500).

1 Pothier, *Traités des fiefs, censives, relevoisons et champarts,* t. II, 1776, pp. 285, 288, 292, 313, 331-333. Guyot, *Répert.*, t. XV, p. 163.

2 Pothier, *ibid.*, t. II, p. 288. Je reproduis les expressions même de cet auteur. Son système ne tient pas; car le preneur à cens n'a que le domaine utile, c'est-à-dire, si on va au fond des choses, une quasi-propriété. Comment peut-il, en baillant à rente, céder la propriété, céder plus qu'il n'a? On sait, en effet, que, dans le système de Pothier, le bailleur à rente transfère la propriété au preneur (Pothier, *Traité du contrat de bail à rente*, §§ 1, 14). Celui qui n'a qu'une quasi-propriété ne peut pas céder la propriété. Cette difficulté ne frappait pas l'esprit de Pothier, parce que le sens historique et vrai des mots *dominium utile* s'était perdu. — Cette observation fait bien sentir qu'il ne faut pas chercher dans le domaine juridique l'explication de la règle *Cens sur cens*. Cette règle est inspirée uniquement par des considérations économiques. Elle s'applique, en son sens historique et vrai, à toute seconde opération : création de rente ou de cens, peu importe. Cette seconde opération, voilà ce qu'on avait voulu interdire.

3 Les ouvrages anciens que je consulte ne mentionnent pas cette faculté à l'avantage du débirentier; mais ceci me paraît résulter invinciblement et directement des distinctions établies; en pratique, le cas ne se présente guère; car une rente bien caractérisée est neuve et, par conséquent, grosse; il n'y a donc pas lieu à une seconde spéculation.

4 Ajoutez que plus nous nous rapprochons des temps modernes, plus les jurisconsultes s'efforcent d'établir que les lods et ventes sont dus en cas de cens, et non en cas de rente, sauf convention spéciale. Ajoutez aussi le droit de *saisie censuelle* non admis en cas de rente : « la saisie censuelle est la mainmise du seigneur sur l'héritage qui relève de lui à cens à l'effet d'empêcher le censitaire d'en jouir jusqu'à ce qu'il ait satisfait à ses devoirs » (Pothier, *Œuvres posthumes*, t. II, 1776, p. 337). La coutume de Gand que j'ai citée un peu plus haut, p. 686, note 1, jette beaucoup de lumière sur les origines de la saisie censuelle. Voyez sur la saisie censuelle Merlin, dans *Archives parlem.*, 1re série, t. XI, p. 500; Tocilesco, *Etude hist. et juridique sur l'emphythéose*, p. 225.

Se peut-il imaginer une distinction plus simple, plus claire? Prenez garde. Cette limpidité n'est qu'apparente. Il pourrait bien n'y avoir là, comme on dit, que du noir sur du blanc. Je constate, en effet, que ces deux mots *cens* et *rente* ne sont distingués que par les théoriciens : la pratique continue à les confondre continuellement.

Si je voulais traduire en langue vulgaire les distinctions juridiques que je viens d'exposer, je dirais tout simplement : il y a des rentes féodales, ce sont les cens : des rentes non féodales, ce sont les rentes. Féodal, voilà, en effet, le mot vulgaire qui, au XVIIIe siècle, exprime confusément les notions les plus vagues, les plus diverses. Chargés de traduire ce mot *féodal* en un langage juridique précis, les théoriciens se sont arrêtés au système que je viens d'exposer. L'idée-mère de ce système est celle-ci : là où nous apercevons une directe, il y a féodalité; si la directe est absente, il n'y a pas féodalité. La directe, voilà le signe juridique du contrat féodal! A cette étiquette romaine les feudistes reconnaissent..... le contrat germanique! J'ai parlé d'étiquette romaine : il faut dire plus exactement : étiquette empruntée aux romanistes du moyen âge. Mais à quoi avaient songé ces romanistes eux-mêmes? Aux fiefs? Non pas! Ils se préoccupaient primitivement de certaines relations d'origine romaine qu'on a plus tard assimilées aux relations féodales. Ils avaient voulu dire que, dans certaines situations doubles comme celle du bailleur et du preneur à emphytéose, la propriété proprement dite, la propriété légale, était du côté du bailleur, la propriété extralégale ou utile du côté du preneur. Par le mot *directe* ils avaient voulu souligner l'importance des droits du bailleur ou de ses ayants cause. Ces mots *dominium directum* dont nous avons signalé l'invasion dans la terminologie féodale continuèrent d'ailleurs à être employés à l'occasion de contrats différents du fief et que personne ne pouvait accuser de féodalité. De là une nouvelle distinction : il existe une directe seigneuriale ou féodale et une directe non féodale, une directe privée[1].

1 Sur la directe féodale, la directe censuelle et la directe privée voyez un excellent exposé par M. Chénon, *Les démembrements de la propriété foncière en France*, p. 31 et suiv.

Comment les distinguer? L'esprit humain ne s'arrête guère devant les difficultés qu'il se crée : ce serait s'arrêter devant sa propre force. Les jurisconsultes sortaient donc victorieux de cet embarras « apparent. » D'ailleurs ce canton juridique offrait bien d'autres embûches; il était semé de chausse-trapes. Mais on tombait d'accord sur ce point : il faut chercher dans la directe la distinction des relations féodales et des relations non féodales; c'est là qu'elle gît. Tous les jurisconsultes en convenaient.

Le jour où les revenus féodaux furent supprimés sans indemnité[1], il fallut distinguer les rentes féodales des rentes non féodales. La fameuse *directe* servit de *criterium;* et la jurisprudence se chargea de démontrer, aux dépens du public, que le bon d'Argentré avait parfaitement défini la directe : du brouillard sur un marais[2].

Depuis des siècles on s'était servi de la directe avec une iniquité flagrante pour tirer un peu d'argent des terres qui n'en rendaient pas. Mais la directe, ce mot perfide, n'eût été qu'une arme émoussée et inutile, sans le secours du principe : il n'y a point de prescription de la part des tenanciers contre la directe[3]. Dans le court exposé doctrinal que je viens de reproduire touchant la différence théorique du bail à cens et du bail à rente, on a pu apercevoir comme au passage ce principe fameux de l'imprescriptibilité de la directe. Nous apprendrons à le mieux connaître et nous le verrons, pour ainsi dire, à l'œuvre, dans les pages qui seront plus loin consacrées à l'alleu et à la guerre dirigée pendant des siècles contre l'alleu[4].

4. *Du rachat des rentes.*

Mouvement en faveur du rachat des rentes. — On sentit de bonne heure, et dans des régions très éloignées les unes des autres, la nécessité de permettre aux débiteurs des cens ou

[1] 25-28 août 1792 et surtout 17 juillet 1793.

[2] Cf. Astrié, *Des rentes dans le droit français*, p. 128.

[3] Mais un seigneur peut la prescrire contre l'autre par l'espace de trente ans. Cf. Renauldon, *Dict. des fiefs*, p. 232.

[4] Voyez ci-après, cinquième section, p. 696 et suiv.

rentes de libérer leurs fonds en rachetant la rente assignée sur ces fonds. Dès la fin du XIIIe siècle, le rachat des rentes foncières était autorisé dans la ville de Lille[1]. Un siècle plus tard, il était admis à Amiens[2] (1393) et à Saint-Quentin[3] (1404) sous la forme du retrait : c'est-à-dire que si une rente venait à être vendue par le crédirentier à un tiers, le propriétaire du fonds grevé pouvait intervenir et prendre pour son compte l'opération, en remboursant l'acheteur. La rente dès lors était éteinte.

En 1441, Charles VII déclara rachetables toutes les rentes dues sur les maisons de Paris[4]. En 1553, Henri II étendit ce privilège à toutes les villes du royaume[5]; il n'en excepta que les rentes dues à l'Eglise qui ne purent être rachetées, les biens de l'Eglise étant inaliénables.

On peut suivre ce mouvement du rachat sur une foule de points, notamment à Luxembourg, à Arlon, à Thionville[6] et à Bâle[7]. Enfin Martin V, en 1420[8], Calixte III, en 1455[9], dans des bulles intéressant des pays allemands, déclarèrent toutes les rentes constituées essentiellement rachetables. Une décision identique fut prise par le pape Pie V, en 1568[10]. En 1614, le tiers état de Touraine demandait que toutes les rentes, sans nulle distinction, fussent rachetables, au gré des débiteurs de rentes[11].

1 Ord. du bailli de Lille de 1293, dans Tailliar, *Recueil d'actes*, p. 365, n° 241. Nous possédons d'ailleurs des rachats de rentes antérieurs à cette ordonnance lilloise de 1293; mais ces rachats isolés sont le fait d'une convention libre entre deux parties : ils ne prouvent pas l'existence d'un droit au rachat. Je connais une convention de rachat de 1276 (Ma collection, liasse *Bourg-Saint-Andéol*); une autre de 1277 (*Bibl. de l'Ecole des chartes*, t. XLIV, p. 291). Dans ces deux pactes, le rachat n'est pas absolu : le débirentier continuera à payer un denier; le crédirentier conserve le domaine direct.

2 Ord. de 1393 dans Isambert, t. VI, p. 729.

3 Bouchot et Lemaire, *Le livre rouge de Saint-Quentin*, p. 206.

4 Isambert, t. IX, p. 91.

5 *Ibid.*, t. XII, p. 645.

6 *Commission royale pour la public. des anc. lois et ord. de Belgique, Procès-verbaux des séances*, t. VI, 1871, pp. 390, 391.

7 Arnold, *Zur Geschichte des Eigentums in den deutschen Städten*, pp. 302, 303.

8 Laurière, *Dissertation sur le tènement de cinq ans*, p. 3 (seconde pagination du vol.).

9 Laurière, *ibid.*, p. 29.

10 Laurière, *ibid.*, p. 35.

11 Doléances du tiers état de Touraine publiées par Ch. de Grandmaison; *Bulletin de la soc. arch. de Touraine*, t. VIII, pp. 68, 69.

Ces décisions et ces vœux en faveur du rachat des rentes forment comme la préface et l'introduction aux décisions générales prises dans le même sens en 1789[1]. La Constituante généralisa un mouvement commencé, mais inachevé et incomplet. Henri II en effet n'avait statué que pour les rentes dues par les immeubles urbains : il n'était pas question des fonds ruraux qui ne pouvaient se libérer. Et, d'ailleurs, même en ce qui touche les villes, la jurisprudence avait introduit des restrictions qui amoindrissaient singulièrement la portée de l'ordonnance royale[2].

Rentes constituées à deniers sont rachetables à toujours. — Quant aux rentes constituées, un mouvement[3] de plus en plus accusé en faveur du droit de rachat se prononça ici parmi les jurisconsultes. On les considéra promptement comme essentiellement rachetables ; mais, lorsque le titre constitutif de la rente était perdu, il devenait très difficile de savoir si une rente était constituée ou foncière; et c'était là, pour le rachat, un obstacle très fréquent.

La distinction entre le cens (seigneurial) et la rente (purement civile) fut, ce semble, une autre barrière. Comment admettre que le censitaire fût toujours libre de libérer son fonds, en réunissant à son gré le domaine direct au domaine utile? L'expression et la conception dite *bail à cens* couvraient, nous l'avons expliqué, des situations historiques variées et nombreuses, qui n'étaient pas nées d'un contrat et qui, naturellement et historiquement, excluaient le droit au rachat.

La Constituante effaça toutes ces distinctions et proclama la faculté générale du rachat[4].

5. *Abondance de l'argent et décadence des rentes.*

Importance des rentes alors que le prêt à intérêt était prohibé. — La rente était le placement par excellence en un temps

[1] Décrets des 4, 6, 7, 8, 11 août-21 sept., 3 nov. 1789, art. 6.

[2] Cf. Chénon, *Les démembrements de la propriété foncière*, p. 61.

[3] Cf. Loisel, *Instit. cout.*, liv. IV, tit. Ier, 7 (511), édit. Dupin et Laboulaye, p. 5; Laurière, *Dissertation sur le tènement de cinq ans*, p. 225; Pothier, *Traité du contrat de const. de rente*, 1773, p. 53 et suiv.

[4] Décrets des 4, 6, 7, 8, 11 août 1789, art. 6. Décret des 18-29 décembre 1790.

où le capital-argent était rare et où d'ailleurs le prêt à intérêt était prohibé.

Assurément cette prohibition n'empêchait pas les prêts à intérêt[1]; mais elle les rendait difficiles, car ils étaient considérés comme délictueux; toutefois les tribunaux civils, dès le XIVe siècle, admirent souvent la légitimité du prêt à intérêt, quand il s'agissait de placer les deniers des mineurs[2].

L'abondance de l'argent due surtout à la découverte de l'Amérique fit baisser le taux de l'intérêt, qui, en fait, était souvent convenu entre les parties : elle le rendit, par là même, moins odieux et les barrières qui lui étaient opposées par la doctrine s'inclinèrent peu à peu. Dès le XIIe siècle[3], on avait vu les rois de France accorder des autorisations d'usure à des personnes ou à des villes favorisées. Au XVIIe siècle, ces autorisations ne sont plus nécessaires et, dans sa défense, Fouquet parle ouvertement des « interests legitimes[4] » auxquels il avait droit pour sommes avancées au roi.

Toutefois jusqu'en 1789, le prêt à intérêt continua à être prohibé en principe. Les rentes dites *rentes courantes* servirent de pont entre les rentes proprement dites et le prêt à intérêt. C'était tout simplement des prêts d'argent dont le capital n'était remboursable qu'au gré du débiteur. Le taux légal des rentes fut

[1] Sur les procédés employés pour déguiser l'usure voyez notamment L. Delisle, *Etudes sur la condit. de la classe agricole en Normandie*, p. 204.

[2] Cf. *Style du Châtelet*, dans ms. fr., 1076, fol. 122 r° (fin du XIVe siècle).

[3] « Nec causabimus eos de usura, neque de turpi lucro, neque de aliqua multiplicatione pecunie » (Acte de Louis VII en faveur des bourgeois de Châteauneuf (Tours) dans Giry, *Les établissements de Rouen*, t. Ier, p. 190, note 1). Joignez concile de 1212, dans Mansi, *Supplem. ad concil. Veneto-Labb.*, t. II, col. 835; autorisation en 1311 pour les foires de Champagne citée par Wallut, *Des intérêts et des rentes*, p. 123; ord. de 1344 et 1349 (*ibid.*); autorisation de 1372 en faveur des juifs dans *Ord.*, t. V, p. 493, art. 8; acte du 26 avril 1378, dans A. Thierry, *Rec. de mon. inéd. de l'hist. du tiers-état*, 1re partie, *Région du Nord*, t. Ier, p. 693; autorisation de 1469, mentionnée dans *Bibl. de l'Ecole des chartes*, t. XLV, p. 154, n° 610, etc.

[4] *Défense de M. Fouquet sur tous les points de son procez*, t. II, p. 347. Ce trait ne manque pas d'une certaine hardiesse, car les rentes perpétuelles étaient encore, au XVIIe siècle, le moyen ordinaire et honnête de placer de l'argent : Jean de La Bruyère en plaçait beaucoup de cette manière (*Notice biographique sur La Bruyère*, dans *Les grands écrivains de France*, pp. XXX, XXXI.)

souvent fixé par ordonnance royale depuis Henri IV[1] jusqu'à Louis XV[2].

La liberté du prêt à intérêt au taux légal fut introduite dans la législation française par le décret du 3 octobre 1789.

Le prêt à intérêt portait en germe la ruine des rentes constituées. Du jour où un bailleur d'argent pourra facilement s'assurer tout à la fois un revenu annuel et fixe et le remboursement de son capital, il prêtera sur hypothèque au lieu d'acheter une rente.

L'abondance des capitaux produisit d'autres effets : dès qu'on eut de l'argent à sa disposition, on fut plus souvent qu'autrefois tenté d'acheter une terre libre de toute rente moyennant une somme d'argent une fois donnée, au lieu de recevoir cette terre sans bourse délier, en la grevant comme jadis d'une rente foncière perpétuelle.

La rente foncière et la rente constituée furent donc, l'une et l'autre, battues en brèche par le capital.

Au point de vue qui nous occupe ici, la rente foncière ne différait en rien de l'emphytéose et du bail perpétuel. Toutes les situations que je viens de décrire, toutes les tenures perpétuelles rencontrèrent donc le même ennemi, à savoir le capital-argent : plutôt que de bailler à rente, on s'habitua soit à vendre, soit à louer à court terme; la perpétuité apparut aux bailleurs comme une charge intolérable[3] et trop souvent ils s'efforcèrent d'éluder ou de violer d'anciens engagements.

Il se forma un double courant d'opinion (et ce double courant aboutissait à une même conclusion) : mécontentement du côté des censitaires qui trouvaient intolérables des charges perpétuelles non rachetables; disposition du côté des bailleurs à ne plus concéder un droit perpétuel qui leur enlevait la faculté de congédier les preneurs comme de simples fermiers.

Ainsi se prépara dans les esprits l'assaut qui allait être donné aux tenures perpétuelles.

1 Cf. Pasquier, *L'interprét. des Institutes de Justinian*, pp. 560, 561.

2 En dernier lieu ordonnance de 1770 qui fixe l'intérêt à cinq pour cent. Cf. Desquiron, *Comment. sur le décret du 17 mars 1808*, p. 29.

3 Cf. *Le jurisconsulte cartulaire*, 1698, pp. 165-170.

Bibliographie. — C. Molinæus, (Du Moulin) *Tractatus commerciorum et usurarum redituumque pecunia constitutorum...*, 1547; reproduit dans *Œuvres* complètes. — Loyseau, *Traité de la garantie des rentes*, 1599. — Loyseau, *Traité du déguerpissement et délaissement par hypothèque*, 1613 (Ces deux traités sont reproduits dans toutes les éditions des *Œuvres* complètes de Loyseau, 1640, 1660, 1702, etc.). — *Traicté des rentes selon le droict civil et coustumes de diverses provinces de France, Extraict des mémoires de L. B.*, 1615. — Thomassin, *Traité du négoce et de l'usure*, Paris, 1697. — L. de Laurière, *Dissertation sur le tènement de cinq ans*, Paris, 1698. — Pothier, *Traité du contrat du bail à rente*, Paris et Orléans, 1771. — Pothier, *Traité du contrat de constitution de rente*, Paris, 1773. — Pothier, *Traité des cens*, dans *Œuvres posthumes*, t. II, 1776, p. 285 et suiv. — Henrion de Pansey, *Cens*, dans *Dissertations féodales*, t. Ier, 1789, pp. 260 à 324. — Johanet (S.-L.), *Dissertation sur la féodalité et les rentes foncières*, 1814. — Jacques, *Recherches historiques sur les rentes*, dans *Revue critique*, t. X, p. 30 et suiv. — *Traité sur la nature des biens ruraux dans les deux départements du Rhin*, Strasbourg, s. d., in-4°. — Astrié, *Des rentes dans le droit français et de plusieurs formes du revenu à Rome*, Paris, 1853 (thèse). — Wallut, *Des intérêts et des rentes*, Paris, 1854 (thèse). — Dureteste, *Des rentes constituées*, dans *Thèse pour le doctorat*, Paris, 1856, p. 53 et suiv. — Caillemer, *Des intérêts*, Paris, 1861. — Vialla (Etienne), *Des intérêts et des rentes dus par la volonté de l'homme en droit romain. Des rentes perpétuelles en droit français*, Paris, 1875 (thèse). — Pelisse, *Du prêt à intérêt et de son histoire*, Paris, 1877. — Endemann, *Studien in der rom.- kan. Wirthschafts- und Rechtslehre*, Berlin, t. II, 1882, pp. 103-156. — Arnold, *Zur Geschichte des Eigentums in den deutschen Städten*, p. 34 et suiv., *passim*. — Buche, *Des censives et droits seigneuriaux* (d'après la coutume de Paris), dans *Nouvelle revue historique*, 1884, pp. 74 à 86. — Serrigny, *Du cens féodal*, dans *Revue critique*, nouvelle série, t. III, pp. 417 à 423. — Jaeger, *Die Rechtsverhältnisse des Grundbesitzes in der Stadt Strassburg während des Mittelalters*, Strassburg, 1888. — Willem Bezemer, *Bijdrage tot de kennis van het oude cijns-en grondrenterecht in Brabant, Proefschrift*, 'S-Hertogenbosch, 1889.

CINQUIÈME SECTION.

De l'alleu et de la franche aumône.

J'arrive à la proprieté par excellence, à la propriété essentiellement libre.

1. *De l'alleu.*

Sens du mot alleu. *Alleu noble et alleu roturier.* — Le mot *alod, alleu,* contient ces deux racines : *al,* totus, integer; *od,* bonum, possessio. Grimm traduit *mere proprium*[1]; et cette traduction est exacte. L'alleu c'est ce qui m'appartient parfaitement. Ce mot a désigné tout d'abord les biens venus de succession et opposés soit aux biens acquis[2], soit aux biens reçus en bénéfice[3]. On se souvient, en effet, de la fragilité du bénéfice. Il ne passe pas aux héritiers : il s'oppose donc tout naturellement à l'alleu.

Lorsque les bénéfices ou fiefs devinrent héréditaires, on continua à opposer les deux mots *alleu* et *bénéfice;* car des différences importantes subsistaient entre ces deux natures de biens : et notamment l'alleu n'était pas soumis aux droits de relief ou de quint. L'alleu s'opposa non seulement aux fiefs, mais à toutes les autres tenures; car ou elles avaient pour origine une situation non héréditaire (précaire, long bail), ou elles entraînaient des obligations et des devoirs (emphytéose, cens) en face desquelles l'alleu libre continua à se dessiner très nettement.

1 Grimm, *Deutsche Rechtsalterthümer,* pp. 492-493. Schade, *Alt-deutsches Woerterbuch,* v° *Alod.* Mackel, *Die germanischen Elemente in der französischen und provenzalischen Sprache,* Heilbronn, 1887, pp. 27, 44, 121, 161. M. Mackel insiste sur certaines difficultés philologiques. Qu'il me soit permis de signaler cette traduction d'*allodium* en langue allemande du moyen âge, traduction qui confirme d'une manière frappante l'étymologie de Grimm : « *allodia* quæ *vri eigin* dicuntur » (Acte de 1266, dans *Urkundenbuch der Stadt Strasburg,* t. III, n° 1, p. 1).

2 « Res meas proprias quæ tam ex alodio quam ex conquestu mihi legibus advenerunt » (H. Doniol, *Cartulaire de Brioude,* Clermont et Paris, 1863, p. 53, n° 30. Cf. p. 72, n° 50). Voyez ici Zoepfl, *Alterthümer des deutschen Reichs und Rechts,* t. II, p. 344; Pertz, *Leges,* t. III, pp. 104, 312.

3 Capit. de 806, art. 7, dans Boretius, *Capit.,* t. Ier, p. 131.

On a souvent distingué le franc alleu noble et le franc alleu roturier :

Le franc alleu est noble, lorsqu'il a justice annexée, censive ou fief en dépendant et mouvant de lui.

Le franc alleu est roturier, lorsqu'il ne possède pas ces dépendances féodales.

Tous les avantages de la féodalité[1] existent, comme on le voit, au profit du propriétaire du franc alleu noble; il a sous lui des justiciables et des tenanciers ou vassaux qui lui paient toutes les redevances féodales ou coutumières. Lui-même ne rend ces devoirs à personne : il a tous les avantages sans les inconvénients de la féodalité.

On pourrait dire que le franc alleu noble est alleu par en haut, fief par en bas[2].

On admet généralement que le franc alleu noble ou roturier est sujet, quant à la justice, à la juridiction du seigneur justicier dans laquelle il est situé. Cependant, au XIIIe siècle, quelques Bordelais, propriétaires d'alleux, prétendaient ne *devoir rien au roi ni à personne qui vive* et déclaraient que, s'il leur arrivait de comparaître en justice devant le roi, c'était l'effet de la violence[3]. Un bon nombre d'alleux semblent avoir être placés dans ces conditions d'indépendance absolue[4].

Guerre contre l'alleu. — L'alleu s'est surtout développé au milieu des désordres des IXe, Xe et XIe siècles; mais il n'a cessé, même en ces temps-là, d'être battu en brèche par le flot montant de la féodalité. Peut-être pourrait-on considérer la règle posée par Charles le Chauve : « Volumus ut unusquisque liber

1 Je rappelle ici qu'à mes yeux justice et fief ne sont point des idées originairement connexes et, en parlant des avantages féodaux pour le franc alleu, j'emploie le mot *féodalité* en un sens large et vague plutôt qu'en un sens rigoureux et scientifique.

2 Cf. cout. de Paris, tit. 1er, art. 68; *Encyclopédie méth., Jurisprudence,* t. IV, pp. 604, 605.

3 Voyez ici *Arrestez de M. le P. P. de L.*, 1702, p. 137 (2e pagination du volume); Martial et J. Delpit, *Notice d'un ms. de la bibliothèque de Wolfenbüttel*, pp. 40 à 51 et note 1 de la p. 45.

4 Cf. Flach, *Les origines de l'ancienne France, Le régime seigneurial,* I, p. 204 et suiv.

homo in nostro regno seniorem qualem voluerit in nobis et in nostris fidelibus accipiat[1] » comme le point de départ le plus apparent de cette lutte qui s'étend sur un millier d'années.

Les petits propriétaires isolés sentirent souvent le besoin de se donner un suzerain qui fût, dans une certaine mesure, leur protecteur : et quand ils ne firent pas cette conversion de bon gré; on sut la plupart du temps la leur imposer. Les conversions d'alleux en fiefs sont fréquentes jusqu'au XIIIe siècle inclusivement[2]. Depuis lors cette opération devint rare, ce semble; mais l'invasion féodale se continua : la censive surtout, cette bonne tenure productive d'un revenu annuel au profit du seigneur du treffons ne cessa de mordre sur l'alleu.

En 1283, Beaumanoir expose déjà une doctrine qui sera un peu plus tard condensée sous cette forme axiomatique : « Nulle terre sans seigneur, » c'est-à-dire toute terre relève d'un seigneur, à moins de preuve contraire. Cette doctrine est perfide, car normalement, régulièrement, un alleu est sans titre. Il est sans titre, parce qu'il est alleu. La conversion en fief, en censive, en précaire, voilà ce qui donne lieu à la création d'un titre; mais la vieille propriété traditionnelle ne peut guère en posséder. Cet axiome : « Nulle terre sans seigneur (à moins de preuve contraire) » fut donc, contre l'alleu, une arme très dangereuse en même temps qu'un moyen très inique. A ce principe redoutable on joignit cette autre règle qui en doublait la force : « La directe est imprescriptible. »

Ces deux brocards ne sont pas encore trouvés au XIIIe siècle; mais la pensée qu'ils expriment est en pleine activité dans certaines provinces[3].

[1] Capit. de Mersen de 847, art. 2, dans Pertz, *Leges*, t. Ier, p. 395.

[2] Acte de 877, cité par Guérard, *Pol. d'Irminon*, t. Ier, 2e partie, p. 476, note 6. Acte de 1269, analysé par Boutaric, *Liste chron. de documents relatifs à l'hist. de France, conservés dans les archives de Belgique*, dans *Archives des missions scientif.*, 2e série, t. II, 1re livr., p. 254. M. et J. Delpit, *Notice d'un ms. de la bibl. de Wolfenbüttel*, pp. 40 à 51. On trouve aussi des fiefs convertis en alleux : ces conversions, effet de la bienveillance et de la générosité d'un suzerain, ne correspondent pas au grand mouvement que nous étudions ici. Voyez Guérard, *Polypt. d'Irminon*, t. Ier, 2e partie, p. 477 et note 7, p. 532, p. 545; *Monumenta Germaniæ, Diplomata regum et imperatorum*, t. Ier, pars Ia, p. 40, acte no 2.

[3] Voyez Beaumanoir, ch. XXIV, 5, édit. Beugnot, t. Ier, pp. 340, 341.

La règle « Nulle terre sans seigneur » est consignée dans les *Institutes* de Loisel[1] qui furent enseignées comme une sorte de *Code civil* à la faculté de droit de Paris, lorsque Louis XIV[2] y créa une chaire de droit français à côté des chaires de droit canonique.

Les coutumes de Bretagne (328), Poitou (52), Senlis (262), Meaux (189), Angoumois (35), Blois (33), Melun (105), Péronne (102)[3] sont comme Loisel, hostiles au franc alleu.

Dans d'autres provinces, il y a, au contraire, présomption en faveur du franc alleu. Cette présomption est exprimée par ce brocard bien connu : « Nul seigneur sans titre. »

Les coutumes de Troyes (51), Chaumont-en-Bassigny (62), Langres (4), Nivernois (VII, 1), Auxerre (23), le Dauphiné[4] et la plupart des pays de droit écrit[5] admettaient cette doctrine.

Une longue guerre entre ces deux principes opposés : « Nulle terre sans seigneur, » « Nul seigneur sans titre, » guerre qui aboutit au triomphe à peu près complet de l'axiome : *Nulle terre sans seigneur* ; voilà en deux mots toute l'histoire de l'alleu.

Je n'en retracerai pas les détails; j'en indiquerai sommairement les principaux épisodes. La lutte fut ardente surtout dans le Languedoc qui défendit ses alleux avec énergie.

C'est le roi, remarquons-le bien, qui mène l'assaut contre l'alleu : car, s'il combat la féodalité quand elle lui fait ombrage, il représente, au contraire, l'idée féodale, dès qu'elle est utile à ses finances. Si telle terre, disent les avocats du fisc, n'a pas de seigneur, en ce cas elle relève féodalement du roi non seulement comme souverain, mais comme suzerain féodal; car il n'y a pas de terre sans seigneur; c'est donc le roi (auquel appartient la directe universelle) qui percevra les divers profits féodaux. Le Languedoc menacé, attaqué, fit reconnaître solennellement ses droits en 1368[6] et en 1484[7].

1 *Institutes*, liv. II, tit. II, 1 (228), édit. Dupin et Laboulaye, t. Ier, p. 241.

2 En 1679. Voyez ci-dessus, p. 217.

3 Warnkœnig, II, 346.

4 Warnkœnig, *ibid. Recueil de l'Acad. de lég. de Toul.*, t. VII, p. 158 et suiv.

5 *Arrestez de M. le P. P.*, 1702, p. 136 (2e pagin. du volume).

6 Laurière, *Ord.*, t. V, p. 99-100.

7 Ord. de 1484 (n. s.), reproduite par Galland, *Du franc aleu*, 1637, p. 204.

Au XVIe et au XVIIe siècle, une lutte presque générale s'engagea. La noblesse donna le signal aux états de Blois en 1577. L'ordre de la noblesse présenta au roi une requête « tendant à ce que, par une ordonnance générale, toutes les terres du royaume fussent déclarées féodales et censuelles : c'était en propres termes demander pour la France entière, l'abolition pure et simple du privilège de franc alleu. Cependant, sur les remontrances de deux députés de la noblesse du Dauphiné, la requête excepta les terres situées en cette province, *où les héritages sont réputés francs et libres, s'il n'y a quelque chose d'individu ou de spécifique au contraire*[1]. »

Tentative de 1629 et jurisprudence postérieure. — L'ordonnance générale que réclamait la noblesse ne fut pas rendue au XVIe siècle; mais un arrêt célèbre du conseil privé de l'an 1626 et, un peu plus tard (1629), l'ordonnance de Marillac dite *Code Michau* proclamèrent pour le royaume entier le principe : « Nulle terre sans seigneur. » Voici le texte de l'ordonnance : « Tous héritages relevant de nous en pays coutumiers ou de droit écrit, sont tenus et sujets aux droits de lods, ventes, quints et autres droits ordinaires, selon la condition des héritages et coutumes des lieux : *et sont tous héritages ne relevans d'autres seigneurs, censez relever de nous,* si non, pour tout ce que dessus, que les possesseurs des héritages fassent apparoir de bons titres qui les en déchargent[2]. »

« Choses justes, combien que nouvelles, ne sont à rejeter[3], » disait à ce propos un érudit courtisan. Ces choses nouvelles, tout le monde ne les trouva pas justes, comme Galland. La force manquait d'ailleurs au législateur de 1629 et il n'atteignit pas son but. La lutte continua.

Le parlement de Grenoble refusa d'enregistrer l'ordonnance. Il opposa la restriction suivante : « Sur le 383e article : Le franc alleu a lieu en Dauphiné par possession immémoriale et libertés

[1] *Académie de législation de Toulouse,* t. VII, 1858, p. 169.

[2] Isambert, *Recueil général,* t. XVI, p. 317. Le texte donné par Galland, p. 37, est un peu différent et paraît meilleur. La foi et l'hommage y sont mentionnés; c'est pour Galland l'article 103. Cf. Galland, *Du franc aleu,* pp. 36, 203.

[3] Galland, *ibid.,* p. 35.

de la province. L'ancien usage sera continué conformément à l'ordonnance du 15 janvier 1555 ». Le gouvernement royal finit par accepter cette restriction : et nous lisons dans un édit d'octobre 1658 cette reconnaissance formelle du franc alleu en Dauphiné : « Dans notre province de Dauphiné, le franc alleu est établi suivant l'usage de tout temps observé en icelle et tel admis non seulement par les anciens dauphins, mais par les déclarations des rois nos prédécesseurs. » Dans le dispositif de l'édit, le roi déclare qu'il veut que les propriétaires des héritages tenus allodialement ne puissent être inquiétés..... dans leurs anciens usages et privilèges auxquels Sa Majesté les maintient et confirme[1].

En Languedoc, l'ordonnance de 1629 ne produisit pas non plus son effet d'une manière décisive. Les contestations continuèrent jusqu'à un arrêt célèbre du 22 mai 1667. Cet arrêt adopta un moyen terme : il distingua entre le franc alleu noble et le franc alleu roturier. Il admit la présomption en faveur du franc alleu roturier et la rejeta pour le franc alleu noble. Cette jurisprudence fit fortune. En 1693, des lettres patentes en font application à la Bourgogne. Le 26 février 1694, un arrêt du conseil interprète de la même manière la coutume de Troyes. Le 6 février, même interprétation pour la coutume de Chaumont[2].

Ainsi, en dépit de l'ordonnance de 1629, le principe de Loisel « Nulle terre sans seigneur » ne triomphe en Languedoc, en Bourgogne, à Troyes, à Chaumont que contre le franc alleu noble. Le franc alleu roturier continue d'être présumé.

La lutte contre le franc alleu se continua au XVIIIe siècle avec des péripéties diverses[3]. C'était une des questions les plus irritantes et les plus compliquées de l'ancienne jurisprudence; on vit de grands seigneurs se faire adjuger tout à coup des cens avec droits de lods et ventes sur des terres qui avaient traversé mille ou douze cents ans de liberté et de franchise[4]; car toute

[1] *Recueil de l'Acad. de lég. de Toulouse*, 1re partie, t. VII, p. 170.

[2] *Encyclopédie méthodique, Jurisprudence*, t. IV, pp. 611, 612.

[3] Un des rares triomphes de l'alleu fut remporté par les habitants d'Autry en 1785 (Merlin, *Répert. de jurisprudence*, t. XII, 1826, p. 381).

[4] En 1776, le marquis de Courtanvaux se fit tout à coup adjuger la directe sur la ville de Tonnerre (Guyot, *Répert.*, t. II, 1784, p. 797).

terre, disait-on, relève d'un seigneur connu ou inconnu et la directe de ce seigneur inconnu est imprescriptible. Le roi, surtout, ne cessa d'envahir au nom de sa directe universelle les pays de franc alleu.

Le franc alleu ne fut pas seulement attaqué de front : il y eut aussi la série des mesures savantes et cauteleuses. Je mentionnerai en ce sens : 1° l'édit de 1692, qui, sous prétexte de confirmer les francs alleux, a pour objet d'arracher de l'argent à leurs propriétaires[1]; 2° un peu plus tard l'*édit du centième denier* (décembre 1703); cet édit ordonna l'enregistrement de toute mutation aux greffes des bailliages; le centième denier du prix des biens était perçu à cette occasion. Les alleux ne furent pas expressément et directement soumis, en 1703, à ce droit de mutation; mais on sent, en lisant l'ordonnance, qu'ils sont menacés[2]. Dès l'année suivante, en juillet 1704, ils furent directement frappés et soumis au *centième denier*[3].

2. *De la franche aumône.*

Définition et historique. — On peut définir la franche aumône un franc alleu noble ecclésiastique, né avec son titre. C'est un franc alleu de la plus haute catégorie, échappant à toute juridiction civile.

Les diplômes de l'époque mérovingienne et carlovingienne accordent souvent aux biens de telle ou telle église des privilèges dits *immunités* où nous croyons apercevoir l'exemption de toute juridiction civile[4] et de toute charge ou impôt[5]. Ceci est

[1] Il faut lire cet édit non dans Isambert, mais dans Néron, *Recueil d'édits*, t. II, p. 239.

[2] Ord. de décembre 1703 et de juin 1705, dans Néron, t. II, pp. 338, 368. *Encyclopédie méthodique, Jurisprudence*, t. II, p. 367.

[3] Ord. du 19 juillet 1704, dans Isambert, t. XX, p. 450.

[4] Voyez ici le beau travail de M. Fustel de Coulanges intitulé : *Etude sur l'immunité mérovingienne*, Paris, 1883, p. 31 et suiv. (Extrait de la *Revue hist.*). M. Fustel de Coulanges contredit les travaux de M. Prost en France (*Nouvelle revue hist.*, t. VI, pp. 113 et suiv., 262 et suiv.) et ceux de l'école allemande (Voyez surtout Sickel, *Beiträge zur Diplomatik*, V, pp. 2-72; dans un autre tirage, pp. 311-380). Je crois devoir me ranger ici à l'opinion de M. Fustel de Coulanges.

[5] Fustel de Coulanges, *ibid.*, pp. 44, 45, 46.

exprimé plus clairement à partir du xe et du xie siècle[1]. Les expressions consacrées sont : *eleemosyna in perpetuum libera; pure et perpétuelle aumône; franche aumône*[2], etc.

Des biens donnés en franche aumône l'Eglise est « pure possesseresse sans moyen; » elle ne les « tient que de Dieu[3]. »

En Normandie et en Angleterre on plantait sur les maisons de franche aumône des croix de bois et on appelait pour ce motif ces maisons *maisons croisées*[4].

A l'origine, la *pure* ou *franche aumône* bien nette et caractérisée ne contenait, ce semble, aucune réserve en faveur du donateur[5]. Plus tard et dès le xiiie siècle, on admit que le donateur en pure aumône conservait un droit de patronage[6] sur le bien aumôné[7].

On a distingué de bonne heure la *franche aumône* et l'*aumône simple :* sur cette dernière le roi garde un droit de juridiction[8] : il n'en possède aucun sur la franche aumône.

La tenure en pure aumône est présumée dans quelques coutumes. L'usance de Saintes[9], la coutume de Poitiers[10] admettent, dans certaines conditions, cette présomption favorable,

[1] Voyez des textes dans Brinckmeier, *Glossar. diplom.*, t. Ier, p. 680; Laffleur de Kermaingant, *Cartulaire de l'abbaye de Saint-Michel de Tréport*, Paris, 1880, p. 84; Guérard, *Cartulaire de Saint-Victor*, t. II, 1857, p. 600, n° 1125, etc.

[2] Walter de Gray Birch, *Cartularium Saxonicum*, part. I, 1883, p. 33. Cf. du Cange, *Glossarium*, édit. Didot, t. III, p. 23, 2e col.; Laurière, *Glossaire*, t. Ier, p. 101.

[3] Boutillier, *Somme rural*, édit. d'Abbeville, 1486, fol. 130 r°.

[4] Delisle, *Etudes sur la condition de la classe agricole en Normandie au moyen âge*, pp. 38, 39 avec la note 42.

[5] Un jugement de l'assise de Caen de 1157 déclare formellement que quiconque a fait un don en aumône ne peut désormais, en ce qui le concerne, rien retenir ni réclamer autre chose que des prières, à moins de charte du duc de Normandie établissant que le donateur se réserve tel ou tel droit. Cf. Brussel, *Nouvel examen de l'usage des fiefs*, p. 813, note *a*.

[6] Le patron choisit ou présente l'ecclésiastique qui doit être attaché à l'établissement religieux dont il est patron (Maillane, *Dict. de droit can.*, t. IV, p. 318).

[7] *Grand cout. norm.*, ch. 32, apud Bourdot de Richebourg, t. IV, p. 16.

[8] Commentateur normand du xve siècle sur l'art. 32 du *Grand coutumier*.

[9] Usance de Saintes, art. 18. Jurisprudence identique sur le territoire de Saint-Jean-d'Angély (Henrion de Pansey, *Dissert. féodales*, t. II, p. 113).

[10] Voy *Revue hist. du droit français*, 1856, p. 17; Henrion de Pansey, *ibid.*, t. II, p. 56.

sauf la preuve contraire. Ces deux coutumes sont même plus favorables à la franche aumône qu'à l'alleu. Dans l'ancienne coutume de Normandie[1], toute terre possédée allodialement par l'Eglise pendant trente ans était réputée franche aumône : la nouvelle coutume[2] exige une possession allodiale de quarante ans.

La coutume d'Orléans est, au contraire, très nettement hostile à la franche aumône[3].

Enfin beaucoup de coutumes sont muettes; ce qui ouvre la voie aux débats et aux discussions.

La lutte contre la franche aumône. — Les franches aumônes, à dater de la fin du moyen âge, furent combattues comme le franc alleu. C'est la même guerre avec des moyens différents.

La coutume normande de 1583 cesse de proclamer, comme celle du XIIIe siècle, l'exemption des biens tenus en franche aumône de toute juridiction civile[4]. Loisel combat les franches aumônes comme le franc alleu, mais moins nettement à première vue; pour saisir toute sa pensée, qui est un peu voilée dans ses *Institutes*[5], il faut se reporter à ses *Opuscules*[6].

Les lois, les coutumes, les règles juridiques, ne sont que l'expression d'un certain état économique, religieux, intellectuel. Supposez une inspiration différente et vous assisterez à une œuvre de destruction savante. Les vieux principes seront travaillés et sollicités en tous sens. On les fera servir, au besoin, d'instruments pour se briser eux-mêmes. Ce jour-là, une jurisprudence audacieuse en même temps que cauteleuse, saura renverser l'antique édifice, tout en affectant pour lui le plus grand respect. Tel est le caractère général de la guerre judi-

1 Art. 32.

2 Art. 141.

3 Anc. cout. d'Orléans, art. 128. Nouvelle, art. 120. Voyez Henrion de Pansey, *Dissert. féod.*, t. II, p. 113.

4 Voyez dans la nouvelle coutume de Normandie les art. 41, 139, 140.

5 « Tenir en main-morte, franc-alleu ou franc-aumône, est tout un en effet » (Loisel, *Instit. coutum.*, I, LXVI, 84, édit. Dupin et Laboulaye, t. Ier, p. 112).

6 A. Loisel, *Divers opuscules*, Paris, 1656, p. 128.

ciaire, entreprise contre la franche aumône. Je n'entre pas ici dans le détail des raisonnements et des discussions. En épargnant au lecteur cette analyse minutieuse, je lui éviterai un de ces exercices intellectuels, toujours fatigants, ordinairement stériles et qui, trop souvent répétés, ne sont pas sans danger pour l'esprit. Je me contente donc de marquer les résultats obtenus et je les échelonne par ordre d'importance. On peut ramener cette jurisprudence hostile à deux groupes de décisions.

1er groupe d'arrêts. — Aucune franche aumône ne peut être un alleu noble. Cette idée antihistorique est formulée dans un grand nombre d'arrêts.

2e groupe d'arrêts. — Aucune pure aumône ne peut constituer un fief noble. Tout immeuble donné à l'Eglise est, dans ses mains, une tenure roturière[1].

Ici la jurisprudence se décide à décapiter nettement la franche aumône. Elle lui trouve un suzerain : elle affirme que la franche aumône a toujours un seigneur, qu'elle est soumise à une directe. Sans doute les chartes anciennes proclament le contraire; mais elle lit les chartes tout autrement qu'elles ne sont écrites.

La jurisprudence était obligée de commencer par cette décapitation. Si elle avait voulu, sans cette préface nécessaire, faire usage du principe *Nulle terre sans seigneur* (sauf titre contraire), elle se fût heurtée à la charte de franche aumône. Le principe que je viens de rappeler ne jouait donc plus le premier rôle; cette arme passait au second rang. Mais au second rang elle devenait formidable. En effet, si la franche aumône est toujours, en dépit des titres de fondation, soumise à une directe, le principe *Nulle terre sans seigneur* prend contre elle une énergie terrible, puisqu'il n'est plus limité comme dans l'alleu par la réserve *à moins de titre contraire.*

La franche aumône va donc s'effondrer. Elle est à la merci de toute convoitise; car la directe existe nécessairement quelque part : il ne s'agit que de la trouver. Les coffres-forts vides en quête de directe ne manqueront pas : et l'on verra, par

[1] L'arrêt du 9 avril 1739 pour le duc et la duchesse de Luxembourg contre les religieux de Bellozane (diocèse de Rouen) est typique à cet égard.

exemple, tel grand seigneur, parfait galant homme[1] peut-être, savant désintéressé, voué aux plus nobles études, se faire adjuger la directe et tous ses profits sur les terres d'une abbaye parfaitement indépendante jusque-là de sa seigneurie : grâce à la théorie de la directe, piller son voisin n'est plus que l'exercice d'un droit.

Le régime nouveau fut préparé par cette longue lutte contre l'alleu. — Ainsi s'élaborait à l'ombre des principes féodaux une partie du régime nouveau qui devait proclamer l'égalité de tous les citoyens et de toutes les terres sous le même impôt. Ce principe nouveau était si bien entré dans les esprits et déjà si mûr que le clergé et la noblesse l'acceptaient à l'avance, à la veille de 1789[2].

Merlin proclama, en 1789, le triomphe de l'alleu. « Il crut ou feignit de croire à une réaction victorieuse de l'allodialité contre la féodalité. Est-il donc au pouvoir des hommes de réagir ainsi et de triompher d'une force historique six ou huit fois séculaire? L'alleu était vaincu. Le mort ne ressuscita pas. Nous nous trompons gravement, en répétant, depuis 1789, que toutes les terres sont devenues allodiales. Tout au contraire, l'évolution fiscale, menée de concert par la royauté et la féodalité, a été sanctionnée, consommée et régularisée; toutes les terres paient aujourd'hui le relief ou les lods et ventes, car elles sont soumises aux droits de mutation. Le principe de la directe imprescriptible a contribué à fonder nos droits de mutation et nos droits de succession. Il n'y a plus de fiefs sans doute; d'alleux moins encore. Mais, au point de vue fiscal, nos biens sont devenus des censives et nous sommes tous aujourd'hui sous la directe du roi; car ici roi où république est tout un en effet, eût dit le bon Loisel, et a nom Etat[3].

[1] Affaire du marquis de Courtanvaux contre les religieux de Molosme (1778). Cf. Denisart, *Collect. de décis. nouv.*, t. IX, pp. 34, 35; Henrion de Pansey, *Dissert. féod.*, t. II, p. 88; *Biographie univ.* (Michaud), t. IX, 1855, pp. 374, 375.

[2] Avis des pairs du royaume de déc. 1788, cité par de Beauchesne, *La vie de Madame Elisabeth*, t. Ier, p. 280. Cf. Combier, *Doléances de 1789*, Laon, 1877, p. 16; vœu du clergé de la Haute-Marche, dans Duval, *Cahiers de la Marche et assemblée du département du Guéret*, p. 42.

[3] Je parle de la directe de l'Etat. Un jurisconsulte voudra, je le crains, distinguer

Un problème psychologique qui nous ramènera très vite à l'histoire s'impose ici à notre attention. Comment les deux règles « Nulle terre sans seigneur » ; « La directe est imprescriptible » ont-elles pu s'établir dans les esprits et régner sur des intelligences aussi éclairées, aussi nobles et aussi équitables que celles d'un Beaumanoir[1] au XIIIe siècle ou d'un Lamoignon[2] au XVIIe siècle? Comment ces règles ont-elles pu dominer une magistrature vénérable au point de lui dicter, dans une foule de circonstances, des arrêts dont l'iniquité matérielle est scandaleuse? Je ne puis expliquer ces faits que par la force presque invincible des traditions historiques. Ce *census*, ce *cens* auquel Beaumanoir soumet si brutalement des terres qu'il croit ne l'avoir jamais payé, c'est l'ancien impôt romain. La vieille idée qu'il faut payer le *census* (l'impôt) règne sur son esprit comme sur celui de ses contemporains; la notion d'un *census*, payable annuellement, est demeurée assez puissante; elle règne suffisamment sur les intelligences pour permettre tantôt aux seigneurs, tantôt au roi d'arracher le cens aux particuliers que des chances heureuses ou des privilèges en ont affranchi. A la vérité, personne ne sait qu'en exigeant le cens récognitif de la directe, on exige le vieil impôt romain; mais la notion d'une redevance due annuellement, notion plus forte que l'évidente équité, n'est aussi puissante, aussi énergique que parce qu'elle est *tradition*, non pas *invention*.

entre *directe* et *souveraineté*. Il me fera observer que, depuis un arrêt de la Cour de cassation de 1857, on ne peut plus admettre que l'Etat jouisse sur les biens des particuliers d'un domaine éminent, analogue à l'ancienne directe. On tient aujourd'hui qu'il n'y a plus directe de l'Etat mais seulement souveraineté (Chénon, *Etude sur l'histoire des alleux en France*, pp. 229-237). Cela résulte d'une jurisprudence qui remonte à 1857. Soit! La jurisprudence, d'ailleurs, pourra changer, comme elle a changé déjà. Mais la chose importe assez peu au contribuable. Ce qui l'intéresse, ce qui l'a toujours intéressé, c'est le point de vue pratique, le point de vue fiscal. Ce fut là, dans tous les temps et dans tous les siècles, la grosse affaire. « L'héritage en alleu, disait-on encore au XVIIIe siècle en négligeant le centième denier, est *exempt de toutes charges et impositions foncières* et des redevances féodales » (*Encyclopédie méthodique, Jurisprudence*, t. Ier, p. 283, vo *Alleu*). Or il est bien certain qu'à ce point de vue fiscal, il n'y a plus aujourd'hui en France un seul alleu. Aucun raisonnement ne changera ce fait, et ce fait est capital pour chaque citoyen, fût-il magistrat ou jurisconsulte de profession.

[1] Beaumanoir, ch. XXIV, § 5, édit. Beugnot, t. Ier, pp. 340, 341.

[2] *Arrestez de M. le P. P. de L.*, 1702, Ire partie, pp. 46, 47 (après la p. 380).

Bibliographie. — Bacquet, *Traicté des droits de francs fiefs, de nouveaux acquests*, etc., ch. II. — [Galland], *Contre le franc alleu sans tiltre prétendu par quelques provinces au préjudice du roy*, Paris, 1629. — [Galland], *Du franc aleu et origines des droits seigneuriaux...*, Paris, 1637, in-4°. — Caseneuve, *Le franc alleu de la province de Languedoc*, Tolose, 1645, in-fol. — Thaumas de la Thaumassière, *Traité du franc aleu de Berry*, à la suite des *Nouveaux commentaires sur les coutumes générales des pays et duché de Berry*, Paris, 1701, in-fol. — *Mémoire à Monseigneur le controlleur général* (sur le franc-aleu et le terrier de Provence), Aix, 1732, in-4°. — Bouquet, *Le droit public de France éclairci par les monumens de l'antiquité*, Paris, 1756, t. Ier, pp. 207 et suiv., 258 et suiv., pp. 389-393. — Polverel, *Mémoire à consulter et consultation sur le franc aleu du royaume de Navarre*, Paris, 1784, in-4°. — Furgole, *Traité de la seigneurie féodale universelle et du franc alleu naturel*, Paris, 1767. — Henrion de Pansey, *Aleu, franche aumône*, dans *Dissertations féodales*, 1789, t. Ier, pp. 11 à 27; t. 2, pp. 54 à 149. — Championnière, *De la propriété des eaux courantes*, Paris, 1846, pp. 278-327. — Quinon, *L'origine et les effets du franc alleu dans l'ancienne province du Dauphiné*, mémoire analysé par Rodière, dans *Académie de législation de Toulouse*, t. VII, 1858, p. 156 et suiv. — Serrigny, *Des aleux*, dans *Revue critique*, nouvelle série, t. III, pp. 472 à 486. — Tholin, *Ville libre et barons, Essai sur les limites de la juridiction d'Agen*, 1886, pp. 74-154; 219-225. — Schupfer, *L'allodio, Studi sulla proprietà dei secoli barbarici*, Torino, 1886. — Lanéry d'Arc, *Du franc aleu*, Paris, 1888. — Chénon, *Etude sur l'histoire des alleux en France avec une carte des pays allodiaux*, Paris, 1888. — Fustel de Coulanges, *Histoire des institutions politiques de l'ancienne France, L'alleu et le domaine rural pendant l'époque mérovingienne*, Paris, 1889. — Fr. de Cárdenas, *Ensayo sobre la historia de la propriedad territorial en España*, t. Ier, p. 223 et suiv., p. 445 et suiv.

SIXIÈME SECTION.

Du Complexum feudale et de l'abolition des droits féodaux.

1. *Préliminaires historiques.*

Le complexum feudale. — Nous arrivons au dénouement. En quelque mille ans la petite propriété partout s'est créée. Ici elle est sortie de concessions libres et de tenures fragiles à l'origine : là elle a émergé du néant; elle est aux mains de ces serfs qui vivaient autrefois sur la terre du maître et qui, sans avoir changé de domicile, sont maintenant chez eux. Sans doute, la propriété libre, l'alleu, s'est effondré presque entièrement; mais le domaine n'est point tombé des mains des propriétaires jadis allodiaux : il a simplement perdu quelque chose de sa pureté primitive. Un nivellement général s'est donc opéré : les sommets ont baissé; les bas-fonds ont monté.

Une enveloppe vieillie et qu'il faudra briser couvre ce droit nouveau. Si le cens, la rente, le fief embarrassent les juristes qui se perdent soit à fouiller les vieux livres et les titres jaunis, soit à *trouver* des explications rationnelles, ils gênent davantage encore les intéressés eux-mêmes, le paysan, le bourgeois, le gentilhomme vassal, tous assujettis à des droits dont ils ignorent, la plupart du temps, la cause et l'origine.

Le respect constant des usages et des droits acquis qu'on a sans cesse affaiblis sans les abolir jamais depuis douze cents ans, a produit à la fin ce labyrinthe inextricable que j'appellerai, pour parler comme tout le monde, le régime féodal ou la féodalité et qu'on a qualifié aussi plus savamment de *complexum feudale. Complexum :* je n'y contredis pas. Quant à *feudale* ou féodal, c'est là un terme commode qui, depuis plusieurs siècles, couvre en politique comme en histoire,... l'inconnu, l'incompris.

Nous avons ramené le fief à ses véritables proportions; et nous savons si cette tenure d'origine gallo-germanique est en soi inoffensive et modeste. Elle n'est pas la cause première du *complexum feudale*. Le *complexum feudale*, c'est la masse des débris historiques que porte encore sur ses épaules une société qui, en treize cents ans, s'est merveilleusement transformée. Toutefois la plupart du temps tous ces limons déposés par les siècles sont venus se grouper autour du fief noble; ainsi se peut justifier, si l'on veut, le mot *féodal* ou *feudale*.

L'esclavage et le servage d'abord! Voilà les grands faits sociaux qui ont disparu. Sans doute il reste quelques serfs, il reste d'anciens esclaves. Mais ces serfs ressemblent un peu aux maisons que certaine coutume du XVIIIe siècle qualifiait encore meubles; ils sont serfs juridiquement; mais quelle distance de ces serfs du XVIIIe siècle aux *servi*, aux esclaves!

Là même où le servage a disparu, il a laissé sa marque après lui; jadis propriété d'un homme, l'esclave est devenu son sujet et il a maintenant pour juge celui qu'il avait jadis pour maître. Quantité de justices féodales ou allodiales n'ont pas d'autre origine[1]. Ailleurs le droit de justice fut jadis concédé par le souverain[2] ou tomba de ses faibles mains en celles d'un vassal ou d'un délégué, d'un comte, d'un duc qui savait sur un territoire circonscrit faire respecter son autorité.

Voilà les origines multiples des justices féodales.

L'esclave n'avait pas autrefois d'autre moulin ou d'autre four que le moulin ou le four du maître. Devenu libre, il a été astreint à se servir comme par le passé du moulin ou du four de l'ancien maître devenu le seigneur.

Ailleurs, au contraire, des hommes libres ont vu le premier d'entre eux mettre la main sur le four et le moulin communal. Cet usurpateur s'est fait avec ces établissements publics un revenu personnel.

Sur quelques points enfin, l'antique communauté du four et du moulin entre hommes libres semble avoir subsisté jusqu'aux temps modernes ou encore ce droit s'est constitué par voie de cession consentie par le seigneur. Ici, comme dans les deux cas

[1] Cf. Seignobos, *Le régime féodal en Bourgogne*, p. 236 et suiv.

[2] Voyez actes de 795 et 815 dans Dom Bouquet, t. V, p. 778; t. VI, p. 472; acte de 839 dans Bouquet, *Le droit public de France*, t. Ier (et unique), p. 389.

précédents, le four communal est un monopole exclusif; les particuliers ne peuvent avoir ni four ni moulin.

Et voilà les origines multiples des banalités[1].

Les communaux et les pacages, objet de tant de discussions entre seigneurs et vilains, sont très comparables aux banalités. Ici le seigneur, ancien maître et propriétaire, revendique la propriété des terrains vagues, des forêts et des communaux qui ne sont qu'un débris de son ancienne fortune; ailleurs un groupe d'hommes libres a été spolié par son chef naturel : il a perdu tout ou partie des communaux qui lui appartenaient. Les usages légués par la tradition et les envahissements injustifiables ont pris une forme légale et trouvé une formule générale dans la loi qui attribue au seigneur dans certaines circonstances déterminées le droit au tiers des bois des communautés[2]; c'est ce qu'on nomme le *triage* (ancien *tiers et danger*). Le *triage*, et, en général, les restrictions apportées aux droits de pacage et d'usage dans les bois ont été l'une des souffrances les plus senties, l'un des maux qui a excité sous l'ancien régime le plus de colères populaires. Conversions arbitraires des pâturages et des marais en terres labourables contre le vœu et l'intérêt des habitants, spoliations violentes, règlements tyranniques[3]; aucune de ces vexations n'a été épargnée aux faibles et aux petits.

Les historiens n'ont vu dans l'envahissement des forêts qui

1 Voyez sur les banalités mes *Etablissements de saint Louis*, t. Ier, p. 104 et suiv.; Léonide Guiot, *Les droits de bandite dans le comté de Nice*, pp. 51, 75, et *passim;* Pignot, *Un jurisconsulte au* XVIe *siècle, Barth. de Chasseneuz*, p. 123; Merlin, *Répert. de jurispr.*, 5e édit., t. II, pp. 399-423; Paul Viollet, *De la communauté des moulins et des fours au moyen âge*, dans *Revue historique*, 1886, t. XXXII, pp. 869

2 Ord. de 1669, tit. XXV, art. 4. Cf. de Fréminville, *Traité de jurisprudence sur l'origine et le gouvernement des communes ou communaux*, Paris, 1763, p. 152 et suiv.; Isambert, t. XVIII, p. 280.

3 J'emprunte ici quelques expressions à M. de Robespierre : je me suis assez occupé depuis plus de vingt ans de l'histoire de la propriété immobilière pour affirmer que sa motion pour la restitution des biens communaux contient beaucoup de vérités (Mavidal et Laurent, *Archives parlement.*, t. X, p. 486 et suiv.). Les populations des montagnes, celles qui élèvent le bétail, sont-elles aujourd'hui à l'abri de l'arbitraire et des expropriations sans indemnité ? Voyez ici notre grand et sage Proudhon qu'il est intéressant de comparer avec Robespierre (*Traité des droits d'usufruit, d'usage*, t. VI, p. 156 et suiv.).

signala la période de désorganisation révolutionnaire autre chose qu'une sauvage et brutale dépréciation. Non! Cet envahissement était, si on va au fond des choses, une revendication populaire, revendication désordonnée, funeste, mais enfin revendication!

Parmi les droits accessoires du fief noble figure souvent le droit de colombier. C'est un débris de droit commun qui s'est fait privilège. Jadis les dévastations causées par les pigeons ou autres « bestes aletanz » ne donnaient pas lieu à des dommages-intérêts[1]; par suite, chacun pouvait avoir un colombier. A mesure que la population devint plus dense, le mal causé fut plus sensible, et on y pourvut. Dès 1276, en Normandie, il fut défendu d'établir des colombiers en dehors des fiefs nobles[2]. Suivant la coutume de Paris, les seigneurs haut-justiciers et les seigneurs non haut-justiciers possédant des terres de cinquante arpents d'étendue pouvaient seuls avoir des colombiers[3].

Il faut mentionner encore le droit de chasse, autre accessoire du fief noble[4]; c'est aussi un débris de droit commun qui, comme le colombier, s'est fait privilège.

Le colombier et le droit de chasse sont des privilèges souverainement vexatoires et nuisibles.

Enfin le cens, le surcens, les droits de quint, de lods et ventes, forment le cœur et comme la citadelle du régime féodal; voilà le centre du système terrien qui s'en va.

Ces droits auxquels il faut ajouter la dîme[5], la plus lourde

[1] *Compilatio*, 89. *Jostice et plet*, p. 321.

[2] Delisle, *Etudes sur la condition de la classe agricole en Normandie*, p. 734.

[3] Coutume de Paris, art. 69, 70. Cf. *Revue hist.*, t. XII, p. 205; Salvaing, *Traité de l'usage des fiefs*, p. 199; Pasquier, *Interprét. des Instit. de Justinian*, pp. 202 à 204. La métamorphose nobiliaire du colombier n'était pas encore effectuée dans les Flandres, à la fin de l'ancien régime : elle s'annonçait à peine. Tout possesseur d'une certaine quantité de terres cultivées dans certaines conditions pouvait avoir un colombier et des pigeons. Le seigneur haut-justicier pouvait seul avoir un colombier à pied, bâti en forme de tour. Encore cette distinction était-elle récente en Flandre (Dumées, *Traité des droits féodaux ou seigneuriaux pour les provinces du ressort du parlement de Flandre*, 2e partie, 1762, pp. 70, 71).

[4] Ord. de 1669, tit. xxx, art. 28. Cf. mes *Etablissements de saint Louis*, t. Ier, pp. 102, 103, 392.

[5] La dîme est une portion de fruits due à l'Eglise. L'abolition générale des dîmes compensa souvent le préjudice causé aux propriétaires par la suppression de tous

des charges annuelles, peuvent être dûs à des personnes différentes, éloignées les unes des autres et souvent aussi fort éloignées et inconnues du propriétaire du fonds qui leur vaut ce revenu.

Mais je ne puis énumérer tous les éléments du *complexum feudale*. La plupart ne sont pas inhérents à la noblesse; car s'il existe une noblesse non propriétaire de fief, une sorte de *noblesse en l'air*, il ne faut pas oublier que le fief noble reste accessible aux roturiers. En achetant un fief et en payant les droits de franc fief, un roturier, que dis-je? un baladin pourra non seulement jouir du droit de chasse ou du droit de colombier, mais devenir haut-justicier[1].

Un droit d'aînesse insuffisant a appauvri la plupart des anciennes familles féodales. On a, de plus, enlevé à la noblesse le droit de réparer ses pertes par le négoce ou par l'exploitation de terres prises à ferme[2]. Elle est donc fatalement pauvre et faible, condamnée, par sa pauvreté même à la rapacité. Elle peut montrer quelque activité en appliquant autour d'elle la spoliation légale qui s'appelle l'imprescriptibilité de la directe, non pas en s'enrichissant elle-même et le pays par le commerce et l'industrie!

Le propriétaire féodal est environné de petits propriétaires que ses privilèges blessent et offensent beaucoup plus qu'ils n'offenseraient des serfs ou des tenanciers étroitement dépendants. Lui-même bien souvent n'est pas autre chose qu'un petit propriétaire. Sans fortune, sans action dans l'administration, ne conservant, si la justice est réunie au fief, qu'un droit de justice affaibli dont il est, à proprement parler, le dépositaire impuissant!

La considération et le respect qui accompagnent souvent

les droits féodaux. C'est une considération qu'on oublie trop facilement, m'a plus d'une fois fait observer M. H. d'Arbois de Jubainville, qui a étudié de très près cette question, à l'aide des documents conservés dans les archives de l'Aube.

[1] Voyez ci-dessus, pp. 254, 255; rapprochez mon rapport à la Société de l'histoire de Paris, le 13 mai 1884, dans *Bulletin de la société de l'hist. de Paris*, XIe année, 3e livr., pp. 75, 76.

[2] Voyez A. du Chatellier, *L'agriculture et les classes agricoles de la Bretagne*, Paris, 1863, pp. 107, 108.

d'anciennes familles amoindries, mais encore dignes et nobles sont loin de s'attacher toujours au seigneur du fief; car les bourgeois et les parvenus sont nombreux parmi les propriétaires féodaux. Et ces demi-seigneurs, suzerains sans être nobles, dont la vanité est à la fois surexcitée et inassouvie sont probablement eux-mêmes autant de foyers de mécontentement et de haines méchantes.

En deux mots, les droits féodaux sont particulièrement intolérables chez nous, parce que le propriétaire féodal est faible et parce que le tenancier est fort.

Des pouvoirs publics centralisés coûtent nécessairement cher. La France paye déjà depuis longtemps la centralisation (qui a facilité son action au dehors et l'a aidée dans des entreprises qu'elle n'eût pas dû faire) : l'impôt royal s'ajoute donc lourdement à tous les impôts féodaux censiers. La foule des privilégiés ou demi-privilégiés le rend moralement et matériellement plus pesant à ceux qui le supportent[1].

2. *L'abolition.*

L'état des esprits. — Telles sont en abrégé, les ruines destinées à disparaître.

La féodalité, minée depuis des siècles, a conservé chez nous plus de physionomie extérieure et plus d'apparence qu'en d'autres pays, notamment en Italie, où, dès le XIIIe siècle, un despote de génie essayait de la renverser[2]; moins de force réelle qu'en Angleterre et dans une grande partie de l'Allemagne.

Nous avons respecté tous ces débris dans un esprit déplorable de routine et de puérile tenacité. Nos parlements ont condamné au feu les propositions modérées de réformateurs qui deman-

[1] Cf. ici René Stourm, *Les finances de l'ancien régime*, t. Ier, p. 53.

[2] Je fais allusion aux tentatives de Frédéric II en Sicile. Voyez *Const. Siciliæ*, lib. I, tit. XLIX; lib. II, tit. V, IX, dans Huillard-Bréh., *Hist. diplom., Frid. secundi*, t. IV, pars I, Paris, 1854, pp. 53, 122, 127. Sur la décadence de la féodalité en Italie voyez, en outre, Pertile, *Storia del diritto italiano*, t. II, parte II, Padova, 1882, pp. 789 à 793 avec les notes.

daient, à la veille de la révolution, le rachat des droits féodaux dans le domaine royal, espérant que les seigneurs imiteraient promptement le roi et autoriseraient eux-mêmes le rachat dans leurs fiefs[1]. Le parlement de Paris brûlait le livre de Boncerf[2], dans le temps même où un roi voisin, le roi de Sardaigne, réalisait pacifiquement les réformes!

De tels aveuglements peuvent coûter bien cher! L'entêtement dans la faiblesse est ordinaire, mais funeste!

Ainsi les esprits sont surexcités. L'opinion publique est mal préparée. Ah! si une direction scientifique et vraiment philosophique avait pu être donnée aux intelligences, si nos pères généreux, enthousiastes, épris de justice et de savoir, avaient su! Ils eussent recueilli avec circonspection et prudence des fruits mûrs, car cette société nouvelle qu'ils avaient à organiser était issue de celle qui disparaissait. Ils ne nous eussent pas donné le spectacle d'enfants, tragiquement furieux contre la mère qui les mit au monde. Il eût fallu ici, tout d'abord, beaucoup plus de temps, pour une rénovation qui allait porter sur l'organisation générale et le droit public tout entier; puis moins de théories philosophiques (au sens du XVIIIe siècle), moins de principes abstraits; quelques notions de sens commun, celle-ci par exemple : des droits pécuniaires ne peuvent être abolis sans indemnité, lorsqu'ils sont nés de situations qui jadis n'étaient pas considérées comme contraires au droit.

On avait sous les yeux un modèle à suivre auquel je viens de faire allusion. L'abbé Sieyès chez qui il ne faut pas voir seulement un métaphysicien dogmatique ouvrit ici l'avis le plus sage, le plus simple, le plus pratique : regardez à vos portes, dit-il, et voyez comment, depuis quinze ans, fonctionne régulièrement dans les Etats sardes, par la voie du rachat, la suppression des

[1] [Boncerf], *Les inconveniens des droits féodaux*, 1776; *Mémoire sur les rentes foncières*.

[2] La condamnation de l'ouvrage de Boncerf se rattache aux luttes du parlement et du conseil et au mouvement d'opinion hostile à Turgot; Boncerf, une fois son livre condamné, faillit être poursuivi lui-même extraordinairement; mais Turgot fit intervenir le roi, qui intima au parlement l'ordre de cesser toute poursuite. Voyez Delacroix, *Le procès de Boncerf*, dans *Mémoires de la Société d'émulation du Doubs*, 6e série, t. II, 1887, pp. 328-348.

droits féodaux[1]. La Constituante ne profita pas de ce sage conseil.

Il nous reste à exposer en détail ce qu'elle fit et ce qui fut fait après elle.

Abolition des droits féodaux par la Constituante. — C'est le vicomte de Noailles qui, dans la nuit du 4 août, donna le signal de l'abolition de la féodalité. Après avoir proposé à l'Assemblée ces deux principes fondamentaux : impôt égal pour tous; accès de tous aux emplois, il demanda :

1° Le rachat des droits proprement féodaux;

2° L'abolition sans indemnité des corvées seigneuriales, mainmorte et autres servitudes personnelles[2]; droits que le vicomte distinguait des droits purement féodaux.

Après quoi, le duc d'Aiguillon, en termes élevés et corrects, appuya la proposition du rachat non pas pour certains droits mais pour tous les droits féodaux. Le duc posait ce principe : l'équité défend d'exiger l'abandon d'aucune propriété, sans accorder une juste indemnité au propriétaire.

Ces deux motions furent « accueillies par l'Assemblée avec un transport inexprimable ». Elles « allaient être votées sur-le-champ, sans qu'on eût même aperçu la différence capitale qui les séparait, lorsque Dupont de Nemours, comprenant le danger de ces résolutions irréfléchies, intervint au débat » et essaya d'arrêter l'entraînement général. Mais une véhémente sortie de Le Guen de Kerengal, député du tiers état de la Basse-Bretagne, acheva d'enlever l'Assemblée. Ce fut, non point une discussion suivie de vote mais une prodigieuse explosion d'enthousiasme et de désintéressement, scène unique et grandiose où l'on vit tout à coup villes et provinces, clergé et noblesse sacrifier leurs privilèges et réclamer pour tous le droit commun. Véritable fièvre de générosité! Patriotique délire d'abnégation!

Parmi les résolutions nombreuses prises le 4 août, figurent les suivantes qui touchent à notre matière et sur lesquelles je n'aurai pas à revenir :

[1] Annexe à la séance du 27 août 1789, dans Mavidal et Laurent, *Archives parlem.*, 1re série, t. VIII, p. 592. Joignez [Boncerf], *Les moyens pour éteindre et méthode pour liquider les droits féodaux.*

[2] *Archives parlem.*, 1re série, t. VIII, p. 344.

Abolition des juridictions seigneuriales sans indemnité;

Suppression du droit exclusif de la chasse, des colombiers, des garennes[1].

Un peu plus tard les trois abolitions suivantes furent également décrétées :

Abolition sans indemnité des banalités féodales, n'ayant leur source ni dans une concession de droits d'usage ou de quelque autre avantage, ni dans une convention entre une communauté et un particulier non seigneur. — Les banalités exceptées de la suppression sont déclarées rachetables;

Abolition du triage;

Abolition de toutes les distinctions honorifiques, supériorité, puissance résultant du régime féodal[2].

Sur ces divers points pas de difficultés fondamentales. Les difficultés (on les avait faites inextricables et elles contribuèrent à mettre la France en feu) surgirent à l'occasion des redevances dues au propriétaires de fiefs.

Les fameux décrets du 4 août commençaient imprudemment par cette phrase à effet :

« L'Assemblée nationale détruit entièrement le régime féodal et décrète que, dans les droits et devoirs tant féodaux que censuels, ceux qui tiennent à la mainmorte réelle ou personnelle et à la servitude personnelle, et ceux qui les représentent, sont abolis sans indemnité[3], et tous les autres déclarés rachetables. »

Ainsi une *destruction entière* était annoncée au peuple. Après quoi, l'Assemblée, comprenant qu'elle ne pouvait procéder à une expropriation générale, posait immédiatement le principe équitable du rachat, mais elle ne le posait pas nettement et

1. *Archives parlem.*, 1re série, t. VIII, p. 350; t. XI, p. 499. Décret des 4, 6, 7, 8, 11 août-21 sept. et 3 nov. 1789, art. 1 à 4. Remarquez cette promulgation tardive à la date du 3 novembre 1789. C'est de ce jour seulement, 3 nov. 1789, que le régime féodal a légalement cessé d'exister, comme le fait fort bien observer M. Robert Beudant dont il faut lire l'exposé dans l'ouvrage intitulé, *La transformation juridique de la propriété foncière dans le droit intermédiaire*, pp. 210-222. Les passages entre guillemets sont empruntés à cet ouvrage.

2. *Ibid.*, t. XI, p. 501 (8 février 1790). Décret des 15-28 mars 1790, tit. Ier, art. 1er; titre II, art. 23, 30. Joignez, sur le triage, la loi du 10 juin 1793; sur les biens communaux, la loi des 28 août-14 sept. 1792.

3. Décret des 4, 6, 7, 8, 11 août-21 sept. et 3 nov. 1789, art. 1er.

uniformément; elle introduisait en ces matières obscures pour les jurisconsultes les plus exercés des principes philosophiques et des distinctions juridiques; elle abolissait certains droits sans indemnité; elle déclarait d'autres droits rachetables : division théorique établie dès la première heure par le vicomte de Noailles.

Cependant où finit la mainmorte réelle[1]? Où commence le cens non mêlé de mainmorte et ne représentant pas une mainmorte éteinte? Personne ne le sait et ceux qui veulent le savoir sont plus dangereux que ceux qui avouent l'ignorer. En outre, si tous les droits dits de mainmorte ou s'y rattachant sont abolis sans rachat, un paysan réputé serf par de subtils jurisconsultes (ce sont là fort souvent en 1789 pures distinctions d'école), sera traité beaucoup plus favorablement que le voisin, soumis à des obligations analogues, mais juridiquement un peu différentes, lesquelles ne sont pas réputées serviles et donneront lieu à un rachat.

La Constituante, avertie par Merlin, s'aperçut tardivement de l'injustice criante que consacrait implicitement l'article 1er du décret du 4 août. En mars 1790, elle essaya de réparer cette erreur et de déterminer les droits et devoirs qui, bien que tenant à la mainmorte, ne seraient point abolis, mais seulement déclarés rachetables. Voici les décisions qu'elle formula après une étude approfondie :

Sont abolis sans indemnité tous les droits que le seigneur perçoit à titre d'ancien propriétaire des personnes, c'est-à-dire ceux que le censitaire paye à titre de serf ou mainmortable et qui se rattachent à la mainmorte personnelle; sont maintenus et déclarés rachetables tous les droits que le seigneur perçoit à titre de propriétaire foncier et de bailleur, tous ceux que le censitaire paye à titre de contractant libre, d'ancien conces-

[1] Henrion de Pansey n'ose s'aventurer à définir nettement la *mainmorte réelle* : c'est, dit-il, une servitude plus attachée à la glèbe qu'à la personne (*Encycl. méth., Jurispr.*, t. V, p. 681). La mainmorte réelle la mieux caractérisée est celle de Bourgogne et de Franche-Comté où le serf peut sortir du servage, en abandonnant ses biens immeubles mainmortables et une partie de ses meubles, et en faisant connaître par un acte exprès qu'il agit ainsi dans le dessein d'acquérir la liberté (ci-dessus, p. 324).

sionnaire du fonds, ceux même qui, grevant directement non les personnes mais les fonds, sont le fruit d'une conversion de mainmorte réelle ou mixte.

Ainsi étaient abolis, comme on disait, les droits de la féodalité dominante, maintenus les droits de la féodalité contractante.

En procédant de la sorte, la Constituante pensa respecter la propriété légitime et sacrifier seulement le bien mal acquis. Dans cette immense fauchée d'épis mûrs et d'herbes jaunies, elle crut avoir séparé l'ivraie du grain[1]. En réalité, elle augmenta le trouble et la confusion. Elle promulguait, en effet, à huit mois d'intervalle, ces deux décisions contradictoires :

« Dans les droits et devoirs tant féodaux que censuels, ceux qui tiennent à la mainmorte réelle ou personnelle et à la servitude personnelle et ceux qui les représentent sont abolis sans indemnité » (décret du 4 août, art. 1er).

« Tous les actes d'affranchissement par lesquels la mainmorte réelle ou mixte aura été convertie... en redevances foncières et en droits de lods aux mutations seront exécutés selon leur forme et teneur, » sauf excès relatif dans la charge foncière imposée (décret des 15-28 mars 1790, tit. II, art. 1 à 5).

D'autres solutions se dégageaient nettement. Les profits casuels et les droits utiles furent maintenus mais déclarés rachetables et, quant à la nature intime du droit, assimilés aux rentes foncières : un fief servant se trouva donc à bien des égards vis-à-vis du fief dominant dans une position comparable à celle d'un fonds grevé d'une rente foncière. Furent abolis la foi et hommage; abolie la saisie féodale; aboli, mais imparfaitement, le principe de l'imprescriptibilité du cens[2]; aboli le retrait féodal et censuel[3].

1 Décret des 15-28 mars 1790, titre Ier, art. 1 à 15; titre II, art. 1 à 5. Cf. Taine, *Les origines de la France contemp.*, *La révol.*, t. Ier, 1878, p. 199; Mavidal et Laurent, *Archives parlem.*, 1re série, t. XI, p. 502.

2 Le 4 septembre 1789, Merlin ne paraissait pas parfaitement décidé à abandonner ce principe; et — le croirait-on? — un article du décret du 15 mars 1790 laisse encore entrevoir dans la pénombre le fameux principe de l'imprescriptibilité de la directe (titre III, art. 3).

3 Décret des 15-28 mars 1790, préambule, titre Ier, art. 4, 7, 10. Cf. *Archives parlementaires*, 1re série, t. XI, pp. 500, 501. Une série de décrets dont le dernier est du 30 sept. 1793, abolit d'ailleurs toutes espèces de retraits.

Toute rente foncière fut déclarée rachetable[1].

Aux termes des décrets de l'Assemblée constituante, les redevances annuelles telles que le cens et le champart, les revenus casuels, c'est-à-dire les droits dûs en cas de mutation (reliefs, lods et ventes) étaient présumés le prix d'une ancienne concession de fonds. Par suite, la preuve du contraire était à la charge du tenancier[2].

Œuvre de la Législative en matière de droits féodaux. — Sous la pression d'un mouvement violent contre le rachat, l'Assemblée législative fit une évolution complète. Elle présuma que les droits casuels étaient l'effet d'une vieille usurpation féodale : par suite, elle mit la preuve du contraire à la charge du créancier[3], et cette preuve dut être faite par la production de l'acte primordial d'inféodation ou d'accensement.

La Législative poussa plus avant. Par le décret des 25-28 août 1792, elle abolit toute trace de l'imprescriptibilité de la directe (décision qui aurait dû être prise dès le premier jour), et donna même à cette décision une force rétroactive[4]. Par le même décret, elle abolit sans indemnité toute redevance représentative de la mainmorte réelle ou mixte. Cette abolition, empruntée à des considérations théoriques que j'ai appréciées, s'imposait peut-être au législateur ; car la Constituante avait promulgué ici deux décisions logiquement inconciliables. Mais si la redevance représentative de la mainmorte réelle ou mixte était abolie, il restait toujours à distinguer les redevances originairement foncières des redevances représentatives de mainmorte. Distinction souvent impossible. On pensa sortir de cette difficulté par une résolution nouvelle et singulièrement grave qui prit place dans ce même décret des 25-28 août 1792. Jusqu'à ce moment tous les revenus ordinaires de la terre avaient été respectés : on ne s'était pas avisé de distinguer les revenus fonciers entachés de féodalité et les revenus purement fonciers. Cette distinction fut

[1] Décrets du 4 août 1789, art. 5, 6. Décret du 29 déc. 1790, art. 1er.

[2] Arrêt du conseil d'Etat du roi du 11 juillet 1790, cassant les délibérations des municipalités de Marsangy, Termancy, Angély et Buisson, dans Galisset, t. Ier, p. 99).

[3] Décret des 18 juin-6 juillet 1792. Cf. Taine, *ibid.*, p. 204.

[4] Décret des 25-28 août 1792, art. 1 à 5.

introduite par notre décret. La Législative y déclara solennellement toute propriété franche et libre de droits féodaux ou censuels et de redevances seigneuriales, réservant toutefois la preuve contraire. Cette preuve ne pourra être faite qu'en rapportant l'acte primordial d'inféodation, acensement ou bail à cens. Les rentes non féodales sont nettement distinguées : elles ne seront point soumises à cette législation, à moins pourtant qu'elles ne soient dues à des seigneurs ou à des possesseurs de fiefs ; car, en ce cas, la féodalité de la personne réagit sur ses droits[1]. Un seigneur, s'il est crédirentier d'une rente purement foncière, verra son droit supprimé, sauf la preuve contraire.

Il ne restait plus qu'un pas à faire : abolir tous les revenus fonciers ordinaires dits féodaux, fussent-ils établis par acte en bonne et due forme, fussent-ils, aux termes de cet acte, le prix d'une concession de terre.

Abolition des droits féodaux par la Convention. — C'est la Convention qui, en pleine Terreur, fit ce dernier pas. Le 17 juillet 1793, elle supprima toutes les redevances féodales et ne conserva que les rentes ou prestations purement foncières et non féodales. Elle condamna en même temps au feu tous les titres constitutifs ou récognitifs de droits féodaux (c'est-à-dire une très grande partie de ces chartes innombrables, à l'aide desquelles nous construisons aujourd'hui l'histoire économique et sociale).

On a peine à croire que les mots puissent jouer, dans l'histoire politique, juridique et économique, le rôle qu'ils y ont joué quelquefois. Je ne connais pas à l'appui de cette observation d'exemple plus frappant que celui-ci.

Les droits féodaux sont supprimés, décrète la Convention. Mais comment distinguer un droit féodal d'un droit purement foncier?

Par la directe seigneuriale qui caractérise les contrats féodaux, répondent les feudistes. Mots!

[1] Art. 17. Ainsi, « ce n'est plus la nature du droit en lui-même, c'est la qualité du possesseur que l'Assemblée considère » (Chénon, *Les démembrements de la propriété foncière en France*, p. 123).

Par la présence du cens; par tout autre signe de seigneurie et de féodalité, répond la Convention[1]. Mots! Rien que mots!

Chargés depuis 1793 d'appliquer la loi et armés de ces *criterium* « scientifiques », les tribunaux et les cours ont poursuivi du mieux qu'ils ont pu, le fantôme féodal. La directe, conception empruntée aux relations non féodales, a continué à caractériser le fief ou la censive; elle a servi, non plus comme au XVIIIe siècle, à étayer des distinctions d'une importance secondaire, mais à éteindre des propriétés et des droits[2].

Nous connaissons par les recueils d'arrêts les rentes supprimées comme entachées de féodalité. Je signale un travail considérable à entreprendre : c'est la recherche des rentes féodales dont on ne songea pas à s'affranchir, que d'honnêtes tenanciers ne cessèrent point de payer, parce qu'équitablement ils les devaient et qu'ils n'avaient pas étudié dans les feudistes la théorie de la directe[3].

Terrible directe! Debout et vivace, elle avait fatigué, pendant des siècles, l'esprit des jurisconsultes et épuisé leur subtilité. Abattue et sans vie, elle continua à les torturer. Il fallut, en effet,

1 25 février 1794 (7 ventôse an II). 18 mai 1794 (29 floréal an II). Cf. ci-dessus présent chapitre, *Quatrième section, Les cens et les rentes*, pp. 683-690.

2 Sur l'étrange résurrection féodale tentée au point de vue politique par Napoléon Ier, voyez-ci-dessus, p. 264.

3 Au reste, je ne vise pas seulement les tenanciers ignorants : le cas a dû se présenter avec des tenanciers lettrés et instruits. Je m'adresse à vous-même, lecteur qui vous étonnez de cette assertion. Pour me faire bien et rapidement entendre, permettez-moi de vous supposer d'un âge extrêmement avancé : vous avez fait, en 1789, avant le 4 août (je pourrais dire avant le 3 novembre), deux acquisitions considérables presque sans bourse délier; vous êtes devenu propriétaire d'une première terre dont vous devez payer une rente perpétuelle et annuelle de 1,000 livres; d'une seconde terre dont vous devez payer un cens perpétuel et annuel de 1,000 livres; le bailleur de cette seconde terre a retenu la directe. Les droits féodaux furent supprimés sans indemnité en 1793. Avez-vous profité de cette suppression? Etes-vous resté propriétaire, sans payer le cens, lequel était le prix de la concession reçue? — Non, sans doute, me répondez-vous. Les deux terres m'avaient coûté le même prix. J'en reste, en dépit de tous les décrets, propriétaire aux mêmes conditions, c'est-à-dire à charge d'une rente annuelle de 1,000 fr., rente devenue rachetable; car, moi, je suis un honnête homme. — Eh! Vous n'êtes pas le seul honnête homme de France. Voilà toute ma thèse. Je n'oublie pas que la partie des droits supprimés, de beaucoup la plus commune, se composait de redevances anciennes d'origine obscure et inconnue : mon observation ne s'applique pas à cette catégorie considérable de redevances.

pour tenter de sauver les droits les plus respectables s'évertuer à faire valoir la fugace distinction ébauchée entre directe féodale et directe privée. Juristes et magistrats y consumèrent leurs forces. Les décisions les plus contradictoires se heurtèrent comme au hasard. Dans une province entière (l'Auvergne), toute directe fut réputée féodale de l'an II à l'an XIV; non féodale, à dater de l'an XIV[1]. Mais c'est en Bretagne que les décrets révolutionnaires produisirent les effets les plus monstrueux. Ces effets furent tels que le législateur révolutionnaire lui-même recula devant son œuvre et dut, à la fin, se résoudre à restituer leurs droits à toute une catégorie de propriétaires. Je fais allusion aux bailleurs des domaines congéables. Rien de plus curieux, au point de vue historique et juridique, que cette question toute bretonne des domaines congéables. Dans la province de Bretagne, une tenure avait conservé jusqu'en 1789 son caractère primitif de précarité : je veux parler du bail à convenant ou domaine congéable. Comme l'indique cette désignation même, le bailleur ou ses ayants droit peuvent toujours, sous ce régime, congédier le tenancier[2] (mais celui-ci doit être indemnisé de la valeur des édifices et superficies). Si le bailleur a maintenu ici très nettement sa situation primitive, il ne lui en a été que plus facile d'adopter le langage des romanistes ou des feudistes, en déclarant garder, comme on disait, la directe. Enfin, il a pu aussi appeler *cens* la redevance due par son tenancier. Mais directe, cens, ces mots ont une odeur de féodalité. La tenure à domaine congéable est donc suspecte. Les tenanciers bretons, d'ailleurs, convoitent depuis des siècles cette solidification de la tenure, réalisée et consommée dans presque toute la France. L'occasion a paru à quelques-uns d'entre eux excellente pour franchir d'un

[1] Merlin, *Répertoire de jurisprudence*, t. VIII, 1826, pp. 95-97.

[2] Je m'attache ici au domaine congéable pur. Mais ce régime admet des adoucissements. Dans les usements de Cornouailles et de Vannes, en investissant le domanier, le propriétaire « lui accorde une assurance contre le congément pendant un nombre fixe d'années, après lequel il peut obtenir une nouvelle assurance, si le seigneur y consent; mais il lui en coûte une finance appelée *commission* ou *nouveauté*, ou une augmentation de sa prestation convenancière. Souvent on cumule, comme dit Bohan, ces deux rançons » (*Conseil des Cinq-Cents, Opinion de Bohan sur le domaine congéable*, séance du 25 pluviôse an V, p. 33).

bond toute la carrière. Ils ont, en conséquence, fait monter leurs vœux jusqu'à nos assemblées. Ces vœux furent entendus. Les lois du 27 août 1792 et du 29 floréal an II (celle-ci renouvelant expressément la loi du 17 juillet 1793), abolirent les tenures à domaine congéable, supprimèrent toute rente convenancière, créée avec quelque mélange de féodalité et convertirent les tenanciers en propriétaires francs et incommutables du fonds. C'est ainsi qu'un individu dont le droit sur la terre était plus fragile que ne l'est de nos jours celui d'un fermier à bail, devint légalement propriétaire sans devoir aucun rachat au véritable propriétaire exproprié. Une pareille énormité souleva des réclamations si nombreuses et si violentes[1] qu'il fallut, enfin, revenir sur le passé, reconnaître le domaine congéable et rendre au bailleur les droits qui lui appartenaient. Cet acte réparateur est daté du 9 brumaire an VI[2]. Il réintègre les fonciers dans la propriété du fonds de leur tenure. Ce très rapide historique permet d'apprécier la valeur du *criterium* qu'avait adopté la Convention pour reconnaître et discerner la présence du virus féodal.

Suppression des tenures perpétuelles. Dernier terme de l'évolution de la tenure vers la propriété. — La législation moderne, croyant innover, mais ne faisant au fond que consacrer en l'exagérant un mouvement économique qui date de plusieurs siècles, n'admet plus les baux perpétuels[3]. Ces baux appelés

[1] Il faut aussi tenir grand compte des pertes énormes que le Trésor national supportait de ce chef. Voyez Garsonnet, *Hist. des locat. perpét. et des baux à longue durée*, p. 543. Joignez p. 398, note 2.

[2] La loi du 9 brumaire an VI remet en vigueur un décret de la Constituante des 30 mai, 1er, 6, 7 juin-6 août 1791, dont je n'ai pas parlé. Ce décret maintenait la situation des propriétaires fonciers de domaines congéables. On trouvera les décrets du 6 août 1791, des 23 et 27 août 1792, du 29 floréal an II, la loi du 9 brumaire an VI, réunis dans Aulanier, *Traité du domaine congéable*, Saint-Brieuc, 1824, pp. 312-331. (L'ouvrage d'Aulanier est arrivé, si je ne me trompe, en 1874, à sa 3e édit.). Joignez *Proposition de loi sur les domaines congéables*, présentée par MM. Paul Guieysse et autres (Chambre, Session de 1891, *Documents parlementaires*, annexe n° 1553). A cette proposition de loi est jointe (annexe n° 1) une bonne bibliographie du sujet). M. A. du Chatellier a consacré au domaine congéable quelques pages importantes, *L'agriculture et les classes agricoles de la Bretagne*, pp. 25-53, 204.

[3] Décret des 18-29 déc. 1790, art. 1er. *Code civil*, art. 1709. Les articles 529 et 530 du *Code civil* font du bail à rente (ou de l'emphytéose perpétuelle, si elle était sti-

jadis en Normandie *baux à héritage* ou *fieffes*, en Bretagne *quevaises* ou *convenants non congéables*, en Alsace *Schauffelrecht*, etc., étaient en décadence dès le XVIe siècle. Ils sont aujourd'hui légalement supprimés; nous ne créons plus que des fermes muables[1], comme on disait au XVIe siècle, c'est-à-dire des baux temporaires.

La législation moderne n'admet plus les baux perpétuels, c'est-à-dire ces situations intermédiaires entre la propriété et la location auxquelles nous venons de consacrer la plus grande partie du présent chapitre.

Admet-elle du moins la stipulation de rente foncière perpétuelle, cette stipulation *sui generis* d'où naît une charge grevant à perpétuité une propriété (Pour rendre en deux mots cette situation j'ai appelé le propriétaire d'un fonds grevé de rente perpétuelle un tenancier-propriétaire)?

Le bail à rente était, je l'ai dit, comme la synthèse et l'expression juridique des aspirations de tous les locataires perpétuels vers la propriété; mais cette synthèse n'avait conduit nos pères, avant 1789, qu'à la création d'une propriété encore très alourdie. Le mouvement de libération s'est continué sur le bail à rente lui-même; nous l'avons conservé en le transformant.

pulée) un acte translatif de la pleine et entière propriété : le bailleur est armé d'une créance personnelle purement mobilière. Cf. Tocilesco, *Etude hist. et juridique sur l'emphytéose*, p. 283. La jurisprudence admettait le bail héréditaire en Alsace (Voyez Prache, *De la condition juridique et économique du preneur dans le bail à ferme*, p. 151). On voudra bien remarquer que, dans le texte, je parle de la loi, de la législation, non de la jurisprudence. Celle-ci est appelée à corriger heureusement la loi, parce que la connaissance immédiate des faits lui révèle certains aspects des choses que n'avait pas aperçus le législateur. Rien de plus intéressant que le mouvement de la jurisprudence moderne en faveur des baux à métairie perpétuels. Voyez ici, outre Prache déjà cité, Lefort, *Histoire des contrats de location perpétuelle ou à longue durée*, Paris, 1875, pp. 320, 321, 325-328; Garsonnet, *Histoire des locations perpétuelles et des baux à longue durée*, Paris, 1878, pp. 540-546.

1 Robillard de Beaurepaire, *Notes et documents concernant l'état des campagnes de la Haute-Normandie*, pp. 3, 4, 299. A. du Chatellier, *De quelques modes de la propriété en Bretagne*, Paris, 1861, pp. 23 à 40. Brackenhoffer, *Specimen juris georgici Alsatici*, Argentorati, 1783, pp. 20, 21. Bitsch, *Commentatio ad constitutionem Argentoratensem de emponematum jure vulgo vom Schauffelrecht*, Argentorati, 1698. Frantz et Koch, *Traité sur la nature des biens ruraux dans les deux départements du Rhin*, p. 9. On confond très souvent le *bail à domaine congéable* avec le *convenant non congéable* ou *quevaise* : l'un est précisément l'opposé de l'autre.

Un bail à rente perpétuelle (aussi bien d'ailleurs que la stipulation d'une emphytéose perpétuelle) transfère désormais au preneur une propriété pleine et entière. La créance du bailleur contre ce preneur est purement personnelle et mobilière. Enfin la dette du preneur est essentiellement rachetable[1]; mais il est débiteur personnel, sans déguerpissement possible; ce qui empire notablement sa situation[2]. Tel est le dernier terme de l'évolution économique et juridique à laquelle nous venons d'assister. Un des rédacteurs du *Code civil*, Maleville, déplorait cette transformation juridique, contraire aux intérêts des petites gens et au bien public. Il a écrit en faveur de la rente foncière quelques pages saisissantes[3].

La rente foncière dont il eût mieux valu, à coup sûr, laisser s'éteindre et disparaître peu à peu l'usage, n'a succombé si facilement que parce que les transformations économiques y acheminaient depuis longtemps notre droit. La pratique, docile elle-même à l'impulsion toujours si puissante des intérêts, tendait déjà, au XVIIIe siècle, à assujettir le preneur à une obligation personnelle, subsidiaire à l'obligation de l'héritage. Elle y arrivait au moyen de la clause, très commune au temps de Pothier, de *fournir et faire valoir*[4]. Cette clause enlevait au débirentier la faculté précieuse de se libérer définitivement de la rente pour l'avenir, en aliénant l'héritage grevé ou en déguerpissant. Il s'obligeait personnellement envers le bailleur à lui payer à perpétuité la rente créée par le bail. Cette clause, très intéressante au point de vue historique, forme la transition et comme le lien entre l'ancien bail à rente et le bail à rente moderne, celui qui pourrait être contracté de nos jours suivant les principes posés par le *Code civil*.

[1] *Code civil*, art. 530, 1911, 1912, 1913. Pour donner une idée de l'écart qui se produit souvent entre le droit et la pratique, je pourrais citer des rentes perpétuelles créées en 1809 et stipulées à cette date non rachetables par devant notaires.

[2] Le déguerpissement était maintenu par le projet de *Code civil* de la Convention ; ce qui me paraît très favorable au crédit agricole (Projet de *Code civil*, liv. II, tit. II, § 6, art. 73).

[3] Maleville, *Mémoire sur les rentes foncières* (*Analyse raisonnée de la discussion du Code civil*, t. IV, 1805, 4 pages non foliotées à la fin du vol., dans *Errata et omissions*). Au conseil d'Etat, Maleville avait vigoureusement défendu les rentes foncières.

[4] Pothier, *Traité du contrat de bail à rente*, §§ 50, 51, édit. de 1771, p. 42.

Tenanciers qui ont rétrogradé au lieu d'arriver à la propriété. — Non contents de ne plus autoriser la création de baux perpétuels, nous nous révoltons à la pensée qu'il puisse exister encore au cœur de la France moderne des fermiers qui, s'estimant quasi-propriétaires, prétendent transmettre entre vifs et laisser à leurs héritiers des droits perpétuels, c'est-à-dire une sorte de domaine utile auquel ils tiennent fortement. Les fermiers du Santerre dans la région de Péronne sont dans ce cas; ils invoquent un droit local appelé *Droit de marché*[1]. Ces pauvres gens n'ont pas été les favoris de la fortune. Alors que le droit réel perpétuel se consolidait ailleurs, il s'affaiblissait parmi eux. Leurs frères transformèrent leurs tenures en propriétés libres, tandis qu'eux ne réussirent pas même à garder intactes leurs *droitures*, comme disaient nos aïeux : de quasi-propriétaires ils tombent chaque jour au rang de fermiers. Ils se plaignent avec vivacité de cette transformation et luttent âprement. La même évolution s'est faite ailleurs facilement et sans déchirements très apparents; mais enfin elle s'est consommée sur plusieurs points; et je tiens à le faire ici remarquer; car je ne voudrais pas laisser entendre que l'ascension de la tenure vers la propriété, ascension dont je viens de tracer l'histoire et que 1789 a consacrée ait abouti toujours et en tous lieux. Non! Les tenanciers n'ont pas monté par tous pays : beaucoup n'ont pu suivre la longue route que nous venons de parcourir nous-même et sont tombés avant la victoire.

Ainsi peut-être se compensent dans l'ordre économique les injustices et les erreurs des hommes : ici les petits sont frappés; ailleurs les grands. Cependant le troupeau humain, meurtri, blessé, ne dévie pas très sensiblement et continue sa marche douloureuse vers l'inconnu.

Ces longs pactes du travail avec la terre, à peu près proscrits par la loi, ne vont-ils point renaître[2]? Un nouveau cycle écono-

[1] Cf. Prache, *De la condition juridique et économique du preneur*, 1882, p. 157 et suiv.; Lefort, *La condition de la propriété dans le nord de la France, Le droit de marché*, Paris, 1892.

[2] Sur les projets de loi concernant l'emphytéose, voyez ci-dessus, p. 664. Tocilesco, *Etude hist. et juridique sur l'emphytéose*, p. 350 et suiv. Sur l'utilité

mique comparable à celui qui s'est fermé il y a bientôt cent ans, ne va-t-il pas s'ouvrir sous nos yeux? Comme à la fin de l'empire romain, la terre abandonnée appelle les bras courageux qui contracteront avec elle de durables alliances. La terre, cette bonne mère, source de tous biens, serait-elle appelée une fois encore à enrichir et à doter tous ces prolétaires qui demandent une part du capital? Ah! si cela était, puissent-ils trouver, au sein de notre société renouvelée, une fortune comparable à celle de leurs devanciers, lesquels, partis du servage et de la détresse, sont arrivés, après mille ans de christianisme, à la liberté et à la propriété!

Bibliographie. — [Boncerf], *Les inconvéniens des droits féodaux*, Londres et Paris (condamné au feu par le parlement). — [Boncerf], *Mémoire sur les rentes foncières dues aux gens de mainmorte et les avantages que l'Etat peut en tirer, en autorisant les débiteurs à les racheter, conformément aux édits et déclarations de 1441, 1539, 1553 et 1554*, s. l. n. d. — Merlin, *Rapport fait au comité des droits féodaux le 4 septembre 1789 sur l'objet et l'ordre du travail dont il est chargé*, Versailles, Baudouin, 30 pages. — Merlin, *Rapport à l'Assemblée nationale au nom du comité de féodalité le 8 févrir 1790*, Paris, Baudouin, pièce. — Merlin, *Suite du rapport fait à l'Assemblée nationale le 8 février 1790*, Paris, Baudouin, pièce. Ces rapports de Merlin sont reproduits dans Mavidal et Laurent, *Archives parlementaires*, 1re série, t. VIII, p. 574 et suiv.; t. XI, p. 498 et suiv., p. 763 et suiv. — Chabrol; *Opinion sur le rachat des droits casuels censiers*, Paris, 1790, pièce. — *Instruction sur les attributions des corps administratifs relativement à la féodalité*, 12-20 août 1790. — *Instruction de l'Assemblée nationale sur les ci-devant droits seigneuriaux déclarés rachetables par le décret du 15 mars 1790*, 15-19 juin 1791. Ce dernier texte est reproduit dans Dalloz, *Répertoire*, t. XXXVIII, Paris,

actuelle des baux à long terme, voyez Grandeau, *Production agricole*, 1885. La rente foncière perpétuelle et non rachetable existe en Tunisie : l'état de la propriété foncière ainsi grevée est désigné sous le nom d'*enzel*. Cet état de chose est consacré par une loi récente (projet de loi, art. 14, dans *Revue algérienne et tunisienne de législ.*, février 1885, Alger, 1885, 1re année, p. 45; loi du 15 mars 1892, portant modification à la loi foncière en Tunisie, art. 358, 368, *ibid.*, avril 1892, 3e partie, p. 135). Il est malheureusement rare que les peuples forts qui, en vertu de l'odieux « droit de conquête, » s'établissent chez les faibles, consacrent et respectent quelque chose : leur mode de civilisation n'est guère qu'une brutale application de lois et de notions juridiques qui perdent toute valeur ou même deviennent très dangereuses et très nuisibles, en changeant de milieu. On pourrait peut-être signaler chez nous, en ce moment, quelques faibles symptômes d'une entente plus profonde des choses.

1857, p. 325 et suiv., v° *Propriété féodale*. — *Circulaires de la régie*, dans collection intitulée : *Circulaires de la régie, de l'enregistrement et du domaine national*, t. Ier, pp. 82, 100, 292, 374, 398. — Louis Blanc, *Hist. de la révolution française*, t. II, 1848, livre Ier, chap. XV, pp. 476 à 492. — Laferrière, *Histoire des principes, des institutions et des lois de la révolution française depuis 1789 jusqu'à 1800*, Paris, 1850; 2e édition, Paris, 1852. — A. de Tocqueville, *Pourquoi les droits féodaux étaient devenus plus odieux au peuple en France que partout ailleurs*, dans *L'ancien régime et la révolution*, livre II, chap. Ier, édit. de 1856, pp. 33 à 48. — Doniol (H.), *La révolution française et la féodalité*, 2e édition, Paris, 1876. — Janet (Paul), *Les origines du socialisme contemporain*, Paris, 1883, Introduction, *La propriété pendant la révolution française*, pp. 1 à 66. — Taine, *Les origines de la France contemporaine*, *La révolution*, t. Ier, chap. II, pp. 179 à 243. — Laurent Prache, *De la condition juridique et économique du preneur dans le bail à ferme ordinaire et sous ses diverses variétés en droit romain et en droit français avec un aperçu historique sur l'origine du droit de marché*, Paris, Larose, 1882 (thèse). — De Loménie, *Les droits féodaux et la révolution*, dans *Le Correspondant*, t. LXX, 10 février 1877. — Robert Beudant, *La transformation juridique de la propriété foncière dans le droit intermédiaire*, Paris, 1889 (thèse). — Joignez Lefort, Garsonnet, Chénon, etc., ouvrages déjà cités ci-dessus, p. 625.

CHAPITRE VI.

DU GAGE ET DE L'HYPOTHÈQUE.

1. *Du gage et de l'hypothèque à Rome.*

Idée du gage et de l'hypothèque. Trois phases. — Le gage et plus tard l'hypothèque (perfectionnement du gage) est un droit réel accessoire, destiné à garantir l'exécution d'une obligation.

Primitivement toute dette avait pour garantie la personne et la fortune du débiteur. Les rigueurs de l'exécution sur la personne, terribles à l'origine des législations, vont s'adoucissant avec le progrès des mœurs. Le créancier impayé eut d'abord pour gage la vie de son débiteur[1], puis sa liberté[2]. Il perdit enfin cette dernière garantie; ses droits se concentrèrent sur la fortune du débiteur. Mais, que les créanciers aient pour garantie la fortune et la personne ou la fortune seule du débiteur, c'est là une garantie collective de tous; elle peut être insuffisante. Chacun d'eux a donc intérêt à se créer une situation privilégiée et sûre. De cette préoccupation du créancier est né le gage; l'hypothèque suivra le gage.

Résumons rapidement ce chapitre de l'histoire du droit dans le monde romain, car l'histoire du droit romain éclaire ici l'histoire générale du droit et, en particulier, l'histoire du droit français. Je distinguerai trois situations différentes.

1 Voyez Aulu-Gelle, XX, I. Restitution de Voigt, dans *Die XII Tafeln*, t. Ier, pp. 702, 703.

2 Dans le droit franc nous ne retrouvons la vie du débiteur servant de gage qu'à l'occasion des dettes nées d'un crime, de ces dettes dites *compositions*. Voyez notamment *Childeberti decretio* (596), c. 5 (Pertz, *Leges*, t. Ier, p. 10). Quant aux obligations contractuelles, les formules nous prouvent que, dans la pratique courante, le débiteur insolvable devenait l'esclave du créancier (E. de Rozière, *Recueil génér.*, t. Ier, form. 47-52). Cf. *Forum judicum*, V, VI, 5.

Le gage eut à l'origine une énergie et une intensité bien remarquables. Le débiteur transférait au créancier la propriété du gage[1] : celui-ci s'engageait de confiance (*fiducia*) à rétrocéder la chose qu'il avait acquise, dès que le débiteur aurait acquitté sa dette[2].

Ce gage primitif n'était donc autre chose qu'une vente à réméré.

Cette situation du débiteur fut adoucie : au lieu de transférer la propriété, on imagina de transférer seulement au créancier la possession du gage. Le créancier, en cas de non paiement à l'échéance, pouvait aliéner la chose[3].

Le gage combiné avec le précaire, dont nous connaissons déjà le mécanisme[4], produisit à Rome certains résultats comparables à ceux de l'hypothèque à laquelle nous arrivons; mais il est fort douteux que l'hypothèque soit née directement de ces combinaisons.

J'arrive à la troisième et dernière phase. Le préteur admit que, par un simple pacte et sans aucun déplacement de possession, le débiteur pût transférer une sûreté réelle au créancier. C'est ce qu'on appelle le *pacte d'hypothèque*[5].

[1] Je m'occupe ici exclusivement du gage préventif : quant au gage saisi après coup par le débiteur non payé à l'échéance, ce gage extrajudiciaire qui a joué un si grand rôle chez tous les peuples primitifs, mais qui est déjà atrophié, grâce au progrès de la civilisation, dans le droit romain parvenu jusqu'à nous, j'en ai dit un mot plus haut (Présent livre, ch. III, ci-dessus, pp. 592, 593). Je n'en traite pas ici.

[2] Gaius, II, 60. Paul, *Sentences*, II, XIII, 1-7.

[3] Gaius, II, 64 (édit. Böcking, 1866). *Digeste*, XLVII, II, 73.

[4] Voyez ci-dessus chapitre V, troisième section, p. 665. Une combinaison du gage et du précaire peut être signalée à Marseille au XIVe siècle : en général, dans cette ville, le débiteur qui constitue une hypothèque déclare tenir en précaire de son créancier la chose qu'il vient de donner en hypothèque (Guilhiermoz, *Etude sur les actes de notaires à Marseille,* thèse manuscrite soutenue à l'Ecole des chartes, p. 356). Le mot *hypothèque* paraît donc désigner ici un véritable *gage*.

[5] Cf. Demangeat (auquel j'emprunte ici dans mon exposé quelques expressions) *Cours élém. de droit romain,* t. Ier, liv. II, p. 594. Nous sommes ici en présence d'un cas exceptionnel en droit romain, puisque d'un simple pacte naît un droit réel. Cf. *Digeste,* XIII, VII, 35, § 1; *Inst. de Just.,* IV, VI, 7. *Dig.,* II, XIV, 17, § 2. Ce troisième système fut d'abord employé pour permettre au fermier d'affecter au paiement des fermages des objets lui appartenant (évidemment meubles et ustensiles d'exploitation, Gaius, IV, 147). Il fut ensuite généralisé (*Inst. de Just.,* IV, VI, 7; XV, 3).

Les Romains ont pris aux Grecs ce mot *hypothèque*[1]; avant cet emprunt à la langue grecque, ils disaient *obligatio*. Les meubles comme les immeubles étaient susceptibles d'*obligatio* ou hypothèque.

L'hypothèque conventionnelle pouvait être : 1° générale, c'est-à-dire embrasser tous les biens du débiteur; 2° spéciale, c'est-à-dire ne s'appliquer qu'à un bien déterminé. Elle était occulte, puisqu'elle résultait d'un simple pacte.

Les deux effets principaux de l'*obligatio bonorum* ou hypothèque sont le droit de suite et le droit de préférence. Armé du droit de suite, le créancier hypothécaire poursuit et vend l'objet hypothéqué en quelques mains qu'il le trouve. Armé du droit de préférence, le créancier hypothécaire exige son paiement par préférence à tous autres et à l'exclusion de tous autres.

Ces trois systèmes trouvés successivement ne se remplacèrent pas les uns les autres[2] : ils coexistèrent longtemps[3].

Une évolution analogue s'était produite en Grèce[4] : l'Inde en resta au gage : elle n'atteignit pas l'hypothèque[5].

2. *Du gage et de l'hypothèque en France.*

Mortgage. Vifgage. — Quant à nos Français, ils n'adoptèrent pas au début l'hypothèque romaine[6] : les sûretés données ori-

[1] On a même conjecturé que non seulement le mot, mais la chose avait passé des Grecs aux Romains : le mot *hypothèque* figure déjà dans Cicéron (*Epistolæ*, XIII, 56. Cf. *Ad Attic.*, II, 17 *in fine*).

[2] Lire ici Machelard, *Textes de droit romain*, 2e partie, *Sur l'hypothèque*, p. 106 et suiv.

[3] Il n'est plus question de *fiducie* dans les textes des compilations de Justinien; mais la *fiducie* joue un rôle dans les *Sentences* de Paul (II, XIII), si intéressantes pour l'histoire du droit romain en Gaule.

[4] Cf. Dareste, *Une loi éphésienne du premier siècle avant notre ère*, Paris, 1877, p. 15; Meier et Schömann, *Der attische Process, Vier Bücher neu bearbeitet* von Lipsius, 6e livr., 1885, p. 693. L'hypothèque grecque n'était pas occulte : l'ὅρος en assurait la publicité.

[5] Cf. Kohler, dans *Zeitschrift für vergl. Rechtswissenschaft*, t. III, 1882, p. 185.

[6] L'hypothèque romaine est visée dans la loi romaine des Wisigoths : un titre de la loi barbare des Wisigoths autorise peut-être à la considérer comme étrangère aux usages des Wisigoths (*Lex Rom. Visig.*, édit. Hænel, p. 438; Paul, *Sentences*, V, XXVIII, 4; *Forum judicum*, V, VI).

ginairement au créancier se ressentirent assez peu des idées romaines. Si nos origines juridiques rappellent ici dans une certaine mesure l'histoire du droit romain, c'est que nous nous trouvons en présence de phénomènes qui se sont produits chez tous les peuples dans des conditions très analogues.

Chez nous, comme en Grèce et à Rome, on a pratiqué au début le sytème de la vente à réméré, appelée au moyen âge le *mortgage*. « Une terre est baillée à mortgage, quand les fruicts d'icelle n'acquittent rien du deu et que celui auquel elle est baillée en jouyt sans en rien rendre, jusques à ce qu'on lui ait rachetée et payé la somme pour laquelle elle luy est baillée[1]. »

En un temps où le prêt à intérêt était interdit, le mortgage était un moyen bien simple de s'assurer un intérêt, en prêtant de l'argent. L'immeuble livré en mortgage produisait des fruits dont certains créanciers que ne tourmentait pas une conscience très scrupuleuse pensaient jouir licitement[2], tandis qu'ils n'eussent pas osé stipuler un intérêt pour la somme remise. Les fruits de l'immeuble remplaçaient l'intérêt de l'argent. Ils n'étaient pas imputés sur le principal; mais ils appartenaient au créancier en pure perte pour le débiteur. Ce système était très goûté notamment par les abbayes de Redon, en Bretagne, et de Gellone[3] (diocèse de Lodève).

Parallèlement au *mortgage* nous avons employé fréquemment le *vifgage*. Le vifgage est un nantissement immobilier dont les fruits ou revenus sont affectés à l'extinction de la dette. Ce gage est *vivant* pour le débiteur, puisque, chaque année, les fruits

[1] Charondas le Caron sur la *Somme rural*, liv. Ier, tit. 72, édit. de 1621, p. 463. Voyez des exemples de *mortsgages* ou *ventes à réméré*, dans A. de Courson, *Cartulaire de Redon*, nº 34 (année 826); nº 133 (année 826); nº 200 (année 826-840); nº 135 (année 814), etc.; exemple de 954-994, dans Bruel, *Recueil des chartes de l'abbaye de Cluny*, t. II, pp. 21, 22, nº 908; exemple de 1135, dans Germain, *Arnaud de Verdale*, p. 190, etc.

[2] Contre cette opinion voyez notamment Pothier : « En France, il est évident que la convention d'antichrèse ne peut avoir lieu dans le prêt d'argent, car nos lois ne permettent pas aux créanciers de stipuler un intérêt des sommes qu'ils prêtent, c'est une conséquence que, dans notre droit, la convention d'antichrèse est illicite entre ces sortes de créanciers et leurs débiteurs » (Pothier, *Traité de l'hypothèque*, chap. V, art. 1er, édit. de 1777, p. 274).

[3] Voyez Alaus, dans *Positions des thèses soutenues par les élèves de la promotion de 1885* (Ecole des chartes), p. 6.

sont comptés en déduction de la somme principale pour sûreté de laquelle il a été donné. Le *vifgage* était, au point de vue de la théologie morale, seul légitime. Tout gage était présumé *vif*[1].

Le *mortgage* et le *vifgage* ont joué un grand rôle dans les premiers temps de notre histoire. Ils nous étaient tout particulièrement utiles ; car jusqu'en plein moyen âge les meubles seuls et les revenus des fonds servaient de garantie aux créances, non pas les immeubles[2]; ce, à moins de convention contraire obtenue, arrachée par le créancier. La convention contraire la plus sûre, la plus radicale et la plus simple, c'était le *mortgage*. Quant au *vifgage*, la combinaison ainsi appelée tenait le plus grand compte du principe de l'interdiction du prêt à intérêt : on obéissait à cette loi de l'Eglise en affectant à l'extinction de la dette les revenus de l'immeuble.

Ces deux gages ne se sont pas transformés chez nous de manière à aboutir à l'hypothèque. Ils sont encore reconnaissables (quoique sensiblement modifiés) dans le droit moderne : notre *Code civil* nous offre, en effet, l'antique *mortgage* sous le nom de *vente à réméré*[3] (opération bien connue de certains usuriers), et aussi le *vifgage*, orné maintenant d'un nom grec (car, à l'exemple des Romains, nous négligeons volontiers notre langue pour parler grec); j'ai nommé l'*antichrèse*[4]. Mais ce nouveau *vifgage* peut être lui-même « usuraire, » car le créancier impute annuellement les fruits de l'immeuble sur les intérêts, s'il lui en est dû.

En Angleterre, le gage est devenu une manière d'hypothèque (*mortgage*)[5]. J'ai déjà dit que cette évolution dans le sens de l'hypothèque n'a pas eu lieu chez nous. Mais un autre mouve-

[1] Voyez *Encyclop. méth., Jurisprudence*, t. IV, pp. 681, 682.

[2] Cf. *Jostice et plet*, p. 170; mes *Etablissements de saint Louis*, t. Ier, p. 106 et suiv.; Esmein, *Etudes sur les contrats*, p. 165 et suiv.; présent livre, chapitre III, *Des contrats en général*, 1, *Préliminaires hist.* (ci-dessus, p. 594).

[3] *Code civil*, art. 1659 à 1673.

[4] *Code civil*, art. 2085, 2087. C'est par l'intermédiaire des Romains que nous avons adopté le mot grec *antichrèse*; voyez *Digeste*, XX, I, 11, § 1.

[5] Pollock, *The landlaws*, p. 128. Victor de Saint-Genis, *L'hypothèque judiciaire en France*, pp. 22, 24.

ment extrêmement remarquable s'est produit. Nous le connaissons déjà : le gage, remis à précaire au débiteur, s'est consolidé entre ses mains et est devenu en quelques siècles la rente constituée assignée sur un fonds. Je n'insiste pas sur cette féconde métamorphose dont j'ai parlé plus haut[1]. Elle n'exclut pas la persistance parallèle du gage immobilier.

Hypothèque. — Comment donc sommes-nous arrivés à l'hypothèque? Je le dirai rapidement. Prenant ici pour guide les belles études de M. Esmein sur les contrats dans le très ancien droit français, je reproduirai textuellement les parties les plus saillantes de l'exposé de M. Esmein.

Ce qui, en l'absence du mortgage ou du vifgage, entravait ou gênait l'exécution sur les immeubles du débiteur, c'est qu'on se faisait scrupule d'en disposer sans le consentement du propriétaire : par tous les moyens, on cherchait à avoir son concours au moins dans la forme. Mais toute difficulté ne disparaîtrait-elle pas, si, dans le contrat, le créancier obtenait l'autorisation de saisir et de vendre tous les biens du débiteur, meubles et immeubles, pour le cas où il ne serait pas payé à l'échéance[2]? Cette combinaison existe au XIIIe siècle. Elle prend le nom d'*obligation*[3]. Nos praticiens et nos jurisconsultes ont emprunté cette clause au droit romain : c'est l'*obligatio bonorum*, l'hypothèque conventionnelle des Romains. Dès le début, elle offrit les deux variétés qu'elle présentait à Rome : d'un côté, l'obligation générale; d'autre part, la spéciale; mais elle ne produisit pas du premier coup tous les effets de l'hypothèque romaine.

L'*obligation générale* ne produisit d'abord le droit de suite

[1] Voyez présent livre, ch. V, quatrième section, *Les cens et les rentes*, 2, *Rente constituée* (ci-dessus, pp. 680, 681).

[2] Esmein, p. 177.

[3] M. Arnold rencontre en Allemagne au XIIIe siècle sous le nom de *subpignus* l'hypothèque spéciale (Arnold, *Zur Geschichte des Eigentums in deutschen Städten*, pp. 128, 129). Au commencement du XIIIe siècle, le mot *hypothèque* se trouve déjà dans la coutume de Montpellier, art. 38. Cf. Tardif, *Le droit privé au XIIIe siècle d'après les coutumes de Toulouse et de Montpellier*, pp. 97, 98. Dans un acte de 1318 concernant Bourg-Saint-Andéol je trouve l'expression : *jure pignoris et ypoteche* (ma collection). Cf. Boutaric, *Actes du parlement de Paris*, n° 3723.

que dans des limites fort restreintes[1]. Elle n'entraînait pas le droit de préférence[2].

Quant à l'*obligation spéciale* on lui donna dès le début une force plus grande : en restreignant le droit du créancier à un ou plusieurs immeubles déterminés, les parties avaient voulu lui faire gagner en énergie ce qu'il perdait en étendue. Ici le droit de suite fut reconnu d'une manière complète[3]; le droit de préférence lui-même s'affirme rapidement[4]. Sous ces deux aspects, l'obligation spéciale devient de très bonne heure égale à l'hypothèque romaine[5].

Les dernières traces de la supériorité de l'hypothèque spéciale sur l'hypothèque générale sont de la fin du XVIe siècle et du commencement du XVIIe. Depuis lors, il ne subsista aucune différence, quant au droit de suite et au droit de préférence, entre l'hypothèque générale et l'hypothèque spéciale[6].

Notre hypothèque occulte sauf dans les pays de nantissement. — L'hypothèque romaine était occulte. Au début, notre hypothèque conventionnelle n'eut généralement pas ce caractère. Vendre un immeuble ou concéder sur un immeuble un droit réel, c'était là une opération qui ne pouvait guère se réaliser sans l'intervention soit du seigneur, soit de l'autorité locale qui ensaisinait l'acheteur en cas de vente, le créancier hypothécaire, en cas de constitution d'hypothèque (solennité appelée *vest et dévest*). Ces procédures se sont maintenues dans

1 Au commencement du XIVe siècle, on a recours au roi pour obtenir l'effet du droit de suite dans le cas d'une hypothèque générale : un individu s'est obligé, lui et ses héritiers, « una cum bonis suis hereditariis » au paiement d'une somme d'argent de quarante livres tournois. Après quoi, le débiteur a vendu ses « bona hereditaria » à des tiers : ce qui porte un grand préjudice au créancier : « propter quod debita solutio indebite ac contra patrie consuetudinem retardatur. » Le roi mande au bailli « quatenus..... litteras suas obligatorias in et super bonis hereditariis predictis executioni debite usque ad quictationem dicti debiti studeas demandari » (Bibl. Nat., ms. lat. 4763, fol. 1 v°).

2 Esmein, p. 182.

3 Esmein, p. 185.

4 Voyez notamment *Coutume de Toulouse*, Quarta pars, tit. I, art. 130, édit. Tardif, p. 62.

5 Esmein, *ibid.*, p. 186.

6 Esmein, *ibid.*, pp. 197, 198.

quelques coutumes du nord-est de la France dites *coutumes de nantissement*, et, dans quelques-unes de ces coutumes, elles se sont converties en une simple inscription sur le registre du greffe[1]. On obtenait ainsi deux avantages considérables : la publicité et la spécialité de l'hypothèque conventionnelle[2]. Un système un peu différent produisait, en Bretagne, des effets analogues non pas identiques, je veux parler de l'*appropriance*[3]. Dans le reste de la France, le nantissement tomba en désuétude et on pratiqua, comme à Rome, l'hypothèque occulte.

A dater du XVIe siècle, le pouvoir royal s'efforça, à plusieurs reprises, de généraliser un système de publicité qui, à l'origine, n'était pas autre chose que l'ensaisinement métamorphosé en inscription ou insinuation; l'écriture substituée (comme dans quelques coutumes d'ensaisinement) à la vieille procédure publique et extérieure.

Ces tentatives qui datent des années 1581[4], 1657[5], 1673[6], produisirent dans une seule province, en Normandie[7], un ré-

1 Besson, *Les livres fonciers et la réforme hypothécaire*, p. 61.

2 Esmein, pp. 187, 190, 191.

3 Coutume de Bretagne, art. 269. L'appropriance purge l'hypothèque, mais ne la rend pas publique.

4 Ord. de juin 1581, art. 1er (Isambert, t. XIV, p. 495). Cf. Nougarède, *Régime hyp. et crédit foncier*, Paris, 1850, pp. 4, 5.

5 Archives nationales, *Conseil du parlement*, U. 191, aux dates du 20 et du 28 avril 1657. Aux archives nationales où j'ai copié jadis ces relations du 20 et du 28 avril 1657 dans U. 191, je ne retrouve plus aujourd'hui la relation très curieuse du 28 avril 1657, relation dont j'ai pris jadis un extrait. Il résulte de cet extrait qu'il était question, en 1657, de créer des conservateurs des hypothèques. J'ai cru un moment que les cotes de la série U avaient été changées, mais peut-être ma seconde recherche ayant pour objet de relire encore une fois dans U. 191 la relation du 28 avril 1657 a-t-elle été trop rapide. Voici la copie textuelle du registre pour le 20 avril 1657 : « 20 avril 1657, — ce jour la Cour, toutes les chambres assemblées, ayant délibéré deux matinées sur l'édit des insinuations, conclusions du procureur général du roy, arresté que très humbles remonstrances seront faites au roy sur ledit édit. » Evidemment ces remontrances empêchèrent la publication de l'édit. Une faute d'impression m'a fait dire dans la première édition de cet ouvrage U. 891 au lieu de U. 191.

6 Isambert, t. XIX, pp. 73, 133. Rapprochez Pierre Clément, *Lettres, instruct. et mémoires de Colbert*, t. II, pp. 332, 333. Joignez ord. de 1629, art. 161, pour la tenue d'un registre des oppositions des créanciers aux adjudications par décret. L'ordonnance de 1673 fut révoquée en 1674 (Besson, *Les livres fonciers*, p. 82).

7 Ce renseignement nous est fourni par l'édit de mars 1693, préambule (Néron,

sultat durable. Pendant un siècle entier, elles échouèrent partout ailleurs. Ces projets de réforme n'étaient point désintéressés. Les préoccupations fiscales y jouaient le plus grand rôle. D'excellents esprits les voyaient d'un œil défavorable[1]. Les actes divers que j'ai énumérés ne sont en effet autre chose que les actes de naissance de l'impopulaire *contrôle*. Le pouvoir royal revint à la charge en 1693[2] et s'efforça de généraliser l'établissement du contrôle. Mais cet édit mal exécuté n'assura pas d'une manière suffisante la publicité de l'hypothèque.

Sous Louis XV un édit très important inspiré d'une tentative faite par Colbert en 1673 organisa un système de purge des hypothèques dont je n'ai pas à m'occuper ici. Ce système connu sous le nom de système des *lettres de ratification* sauvegardait les droits des créanciers hypothécaires au moment des mutations de propriété et protégeait l'acquéreur contre les effets du droit de suite, mais il ne fournissait point aux intéressés la possibilité de connaître à toute heure, si bon leur semblait, la situation hypothécaire d'un immeuble. Cette situation hypothécaire restait occulte dans les provinces qui n'avaient pas un régime sérieux de nantissement ou de contrôle. Le législateur estimait cependant donner satisfaction à tous les besoins; car il abrogeait du même coup l'usage « des saisine et nantissement, pour acquérir hypothèque et préférence[3]. » Les pays de nantissement étaient donc ramenés, en principe, en matière d'hypothèque, au droit commun. Ainsi disparut légalement un régime de publicité hypothécaire, né spontanément au cœur de notre vieux droit coutumier[4]. Toutefois l'hypothèque semble avoir gardé en fait dans ces pays jusqu'à la révolution un certain caractère de

t. II, p. 245). Nous savons aussi qu'en 1614-1615, le tiers état demanda la suppression du contrôle en Normandie. (Lalourcé et Duval, *Recueil*, t. XVI de la tomaison générale, pp. 362, 363, 364). Cf. Esmein, *ibid.*, p. 221.

[1] Nougarède, *ibid.*, p. 7 et suiv.

[2] Néron, t. II, p. 245. Sur la situation privilégiée de Paris à l'égard de l'édit de 1693 voyez *Encycl. méthodique, Jurisprudence*, t. V, pp. 100, 101.

[3] Isambert, t. XXII, pp. 530-537. L'édit de 1771 porte création de conservateurs des hypothèques.

[4] Ord. de juin 1771, art. 35 (Isambert, t. XXII, p. 537). Cf. Esmein, *ibid.*, p. 192, note 1.

publicité. A cette publicité le décret du 20 septembre 1790 substitua[1] dans toute cette région la transcription de l'hypothèque qui désormais « tiendra lieu » du nantissement et suffira pour consommer les constitutions d'hypothèques. »

Notre hypothèque ne s'étend pas aux meubles. — L'hypothèque romaine portait sur les meubles comme sur les immeubles. Nos anciens tentèrent aussi de faire porter l'obligation sur les meubles. Mais cette convention ne pouvait produire son effet. L'obligation, en effet, se manifestait surtout par le droit de suite; or c'était une vieille maxime coutumière assez répandue que les meubles n'ont point de suite : pourvu que le meuble n'ait été ni volé, ni perdu, son possesseur est volontiers protégé contre toute revendication ou action réelle. Dès lors la seule manière d'affecter spécialement des objets mobiliers à la garantie d'une créance, c'était d'en remettre la possession au créancier[2]; en d'autres termes, c'était le gage et non l'hypothèque.

L'influence du droit romain ne fut pas assez forte pour faire étendre l'hypothèque aux meubles comme aux immeubles et avec les mêmes effets[3]. Nous pouvons résumer la situation en ces termes :

Dans les pays de droit écrit et dans un petit nombre de coutumes, on retint quelque chose de l'hypothèque mobilière des Romains, à savoir un droit de préférence sur les meubles du débiteur; mais l'hypothèque des meubles ne produisait aucun effet contre les tiers acquéreurs[4]. Le droit commun des pays coutumiers rejeta entièrement l'hypothèque des meubles, aussi bien comme droit de collocation par préférence que comme droit de suite[5].

Notre *Code,* fidèle à la tradition historique, n'admet pas l'hy-

1 Je dirais peut-être plus exactement : de cette publicité le décret du 19 septembre 1790 ne laisse subsister que la transcription.

2 Esmein, p. 188. Joignez ce qui a été dit plus haut, p. 574.

3 *Ibid.,* p. 198.

4 En sens contraire, d'Argentré pour la Bretagne cité par M. Esmein, *ibid.,* p. 200, note 5.

5 Résumé d'après Valette, *De la règle que les meubles n'ont pas de suite par hypothèque,* dans Revue Fœlix, t. II, pp. 365-367. Cf. Julien, *Elémens de jurisprudence,* Aix, 1785, p. 352.

pothèque des meubles. La loi du 10 décembre 1874 a ouvert à cette règle une exception importante, en autorisant l'hypothèque conventionnelle des navires.

La maxime *Les meubles n'ont pas de suite par hypothèque* est la traduction exacte de la jurisprudence des pays de droit écrit et de quelques coutumes qui accordaient à l'hypothèque sur les meubles un droit de préférence sans droit de suite.

La même formule se retrouve dans plusieurs coutumes (notamment Paris et Orléans) qui n'admettaient à aucun titre l'hypothèque sur les meubles. Elle signifie alors tout simplement : *Les meubles ne sont pas susceptibles d'hypothèque.* Le *Code civil* a reproduit ce brocard[1]. Le Code n'admettant pas l'hypothèque sur les meubles, cette règle y a évidemment le même sens que dans les coutumes de Paris et d'Orléans[2].

Formation du principe que tout contrat en forme authentique emporte hypothèque générale. — A l'origine, la seule volonté des parties créa l'hypothèque générale. L'usage d'insérer dans les contrats une clause de ce genre devint constant[3]. C'était une clause de style et on en arriva à décider qu'elle serait sous-entendue dans les actes où le rédacteur aurait oublié de l'exprimer. De là ce principe d'ailleurs éphémère : toute obligation reconnue emporte hypothèque, sans autre stipulation.

Ce principe, je le répète, ne prit pas une place définitive dans le droit français. Celui-ci évolua insensiblement et peu à peu ces deux règles nouvelles, règles fondamentales, se dégagèrent : 1° l'hypothèque conventionnelle, ne peut résulter que d'un acte authentique ; 2° tout contrat en forme authentique emporte hypothèque générale[4]. Pour bien comprendre cette évolution et en

1 *Code civil*, art. 2119.

2 Voyez coutume de Paris, art. 170 ; Orléans, art. 447 ; Loisel, *Inst. cout.*, art. 487 (liv. III, tit. VII, 5). A lire : Jobbé-Duval, *Etude hist. sur la revendication des meubles en droit français*, pp. 183-189.

3 Elle était déjà très fréquente à Rome (*Digeste*, XX, I, 15, § 1).

4 Voyez Basnage, *Traité des hypothèques*, nouvelle édit., Rouen, 1702, p. 126 ; Pothier, *Traité de l'hypothèque*, ch. 1er (*Œuvres posthumes*, t. III, pp. 102-109). Cf. Esmein, pp. 201, 204, 210, 211, 219, 220-222. Notre *Code civil* a modifié ici le droit coutumier : l'hypothèque conventionnelle ne peut être consentie que par un acte authentique ; mais elle doit être constituée expressément : tout acte authentique ne

saisir toutes les phases, il nous faudrait assister à la genèse de l'acte authentique. La notion de l'acte authentique, notion avec laquelle nous sommes aujourd'hui si familiarisés, ne s'est pas formée en un jour. Je n'ai pas le loisir d'en tracer ici les origines et le développement. Je me contenterai de rappeler que l'acte authentique s'est fait peu à peu chez nous une place privilégiée. Elle est ici comme sur certains autres points nettement accusée.

Aux états de 1614-1615, le tiers demandait que désormais l'hypothèque ne pût être établie que par acte authentique. Il blâmait la coutume de certaines provinces où l'acte notarié n'avait pas encore conquis cette situation privilégiée[1]. Le vœu du tiers état fut réalisé peu à peu par la doctrine et par la jurisprudence, qui de bonne heure avait pris cette direction[2].

Hypothèque par reconnaissance en justice d'acte sous seing privé. Hypothèque judiciaire. — Cependant, tout en dépréciant les actes sous signature privée, la jurisprudence inventa un procédé pour leur communiquer une nouvelle force. On admit que celui qu'un acte sous seing privé désigne comme s'obligeant par cet acte, pourra être cité en justice et forcé de reconnaître ou de dénier ce titre[3]. On décida de plus que, de plein droit, sans clause obligatoire, l'acte sous seing privé, reconnu ou vérifié en justice, emporterait dès lors l'hypothèque sur tous les biens du débiteur. Cette jurisprudence très ancienne fut transformée en loi par l'ordonnance de Villers-Cotterets (1539)[4]. Ceci est parfaitement logique; et cette règle n'est au fond que le corollaire de celle qui attachait l'hypothèque générale à tous les

l'emporte pas. (Il me paraît fort douteux que cette innovation constitue un progrès). En outre, l'hypothèque consentie par acte authentique ne peut pas être purement et simplement générale (*Code civil*, art. 2127, 2129, 2130).

1 Lalourcé et Duval, *Recueil*, t. XVI (de la tomaison générale), pp. 362, 363, 364.

2 En 1712, un auteur soutient la doctrine contraire et prétend que l'hypothèque peut naître de l'acte sous seing privé. (Nic. de Passeribus a Genoa, *Tractatus duo quorum primus de scriptura privata*, Coloniæ Agrippinæ, 1712, p. 99). En 1785, l'auteur de l'art. *Hypothèque* dans l'*Encyclopédie méthodique*, *Jurisprudence*, t. V, p. 100, écrit encore : « En général, il est de principe que l'hypothèque conventionnelle est acquise par le seul consentement des parties. »

3 Esmein, p. 214.

4 Ord. d'août 1539, art. 92, 93, dans Isambert, t. XII, pp. 618, 619.

actes notariés : dans un cas comme dans l'autre on sous-entendait l'hypothèque générale; seulement dans les actes sous seing privé on ne la faisait apparaître que lorsqu'elles pourrait produire tous ses effets, lorsque l'acte sous signature privée aurait acquis force probante par reconnaissance en justice. Jusque-là elle sommeillait. Le jugement, prononçant cette hypothèque générale, la *déclarait*, ne la constituait pas[1].

On le voit : l'hypothèque générale résultant des actes notariés et l'hypothèque générale résultant des actes sous seings

[1] Esmein, pp. 217, 218. Pour tout ce qui touche l'acte sous seing privé reconnu en justice je reproduis la doctrine et la plupart du temps les expressions de M. Esmein. Toutefois il me reste ici quelques doutes. La reconnaissance en justice joue-t-elle bien dans toute cette formation un rôle secondaire? Ne se rattache-t-elle pas aux origines même de l'hypothèque? Je remarque, en effet, que, dans une foule d'actes du XIIIe siècle où une *obligatio* est constituée il y a *confessio in jure ;* ce qui fai soupçonner des origines un peu différentes. La *confessio in jure* procurait au créancier l'exécution parée, c'est-à-dire un droit d'exécution extrajudiciaire. Ce droit d'exécution n'aurait-il pas abouti, quant aux immeubles, à l'hypothèque? Il est tout simple que la *confessio in jure,* toujours stipulée dans les actes notariés, ait produit *à fortiori* son effet, lorsqu'au lieu d'être fictive, elle avait lieu réellement devant le tribunal : la *confessio in jure* réelle et non fictive, c'est la reconnaissance d'écriture en justice. Avant le mémoire si neuf, si plein de faits, si entraînant de M. Esmein, j'avais édifié sur les bases que je viens d'indiquer une théorie historique de l'hypothèque : je ne m'en sens pas encore pleinement détaché. La *confessio in jure* et le sceau produisaient des effets analogues, et avant tout l'exécution parée : ceci est incontesté. Mais divers textes relient l'hypothèque à l'exécution parée et montrent l'étroite parenté de ces deux idées. Voici l'un de ces textes : « Item. Le prevost de Paris, à cause de sa juridiction ordinaire, est en saisine d'avoir la cognoissance par vertu de son seelle de toutes les personnes et biens estans ou roiaume de France, separement ou conjoinctement tant de la personne lyée que de hypotheque ou des deux ensemble. Et peut icelui prevost faire adjourner par tout le roiaume personelement comme ypothequairement. Et y est l'en tenu de y respondre devant lui; et ainsi en use l'en. Se le debteur est mort, le creancier ne peut ensuir les heritiers par voie de execucion, selon raison et par le stille du Chastellet, mais par action personnelle ou ypotheqaire ou par les deux..... Et l'heritier ne sera point tenu de garnir la main du deu et le principal debteur le seroit, s'il vivoit. La raison : car icelui principal doit estre plus certain de son fait que son heritier qui n'i estoit pas » (*Style du Châtelet,* dans ms. fr. 18419, fol. XVIII r°). On remarquera aussi que le sceau fut de bonne heure indispensable à l'existence de l'acte authentique. (Voyez notamment Baudouin, *Lettres inédites de Philippe le Bel,* p. 119, n° 126, p. 155, n° 140; Masuer, *Practica,* tit. XVIII, *De literis, notis et notatis*, § 6). Divers textes très importants du XIIIe siècle que cite M. Brutails, lui inspirent aussi cette conclusion : « L'hypothèque conférait, je crois, au créancier le droit de saisir le gage de sa propre autorité, en dehors de toute formalité judiciaire » (Brutails, *Etude sur la condition des populations rurales au moyen âge*, p. 68 et note 4).

privés reconnus en jugement sont sorties du même œuf. Les rédacteurs du *Code civil* ont supprimé d'une part l'hypothèque générale résultant des actes notariés[1] et gardé, d'autre part, l'hypothèque générale résultant des actes sous seings privés reconnus en jugement[2]. Assurément parmi les motifs qui ont pu leur inspirer cette double décision, les considérations historiques ne jouent aucun rôle.

Nous touchons à l'hypothèque judiciaire. C'est au cours du XVIe siècle que la jurisprudence attacha de plein droit l'hypothèque générale à toutes les sentences de condamnation. N'était-il pas juste d'entourer des mêmes garanties la créance sur laquelle le juge avait prononcé et celle que constatait un acte authentique ou un acte sous signature privée reconnu en justice? D'ailleurs un jugement n'était-il pas regardé comme un contrat ou quasi-contrat entre les plaideurs? Cette manière de voir fut expressément consacrée par l'ordonnance de Moulins (1566)[3].

Hypothèques légales. — Dans certaines circonstances le droit romain accordait au créancier une hypothèque tacite, indépendamment de toute convention. Je citerai l'hypothèque du fisc sur les biens de ses administrateurs et, en général, de ses débiteurs[4]; plus tard l'hypothèque du pupille ou du mineur de vingt-cinq ans sur les biens du tuteur et sur ceux du curateur[5]; l'hypothèque de la femme sur les biens du mari, afin d'assurer le recouvrement de sa dot[6], etc. Le droit coutumier des derniers siècles accueillit ces hypothèques tacites du droit romain. Le mouvement juridique se dessine en ce sens de très bonne heure : au XIVe siècle, en Anjou, « touz les biens au mari sont obligiez taisiblement à la fame pour doaire[7]. »

[1] *Code civil*, art. 2129. Voyez toutefois l'art. 2130.

[2] *Code civil*, art. 2123. Cf. Esmein, p. 218.

[3] Art. 53. Esmein, p. 227.

[4] *Digeste*, XLIX, XIV, 46, § 3. *Code de Just.*, VIII, XV, 1.

[5] *Code de Justinien*, V, XXXVII, 20.

[6] *Code*, V, XIII, 1. *Institutes de Justinien*, IV, VI, 29 *in fine*. Je soupçonne ici quelque influence grecque sur le droit romain : voyez Caillemer, *La restitution de la dot à Athènes*, 1867, p. 35; Carle Wescher, *Notice sur une stèle hypothécaire des environs d'Athènes*, dans *Revue archéol.*, nouvelle série, t. XV, 1867, p. 36 et suiv.

[7] *Coutume glosée d'Anjou et du Maine*, dans Beautemps-Beaupré, *Cout. et inst. de l'Anjou et du Maine*, t. Ier, pp. 197, 198.

Plusieurs hypothèques tacites avaient leur effet même dans les pays de nantissement, sans qu'il ait été procédé à aucun nantissement[1].

Les hypothèques tacites que je viens de mentionner, appelées aussi légales « parce que la loi seule les produit sans aucun titre[2], » ont passé du droit coutumier dans le *Code civil*[3].

Les effets de l'hypothèque ne sont pas identiques en droit romain et en droit français. A Rome, le créancier peut vendre lui-même le gage conventionnel sans aucune solennité de subhastation[4]. Il se fait, à ce point de vue, justice à lui-même; ses droits rappellent peut-être l'antique saisie extrajudiciaire des peuples primitifs. En France, dans les derniers siècles, le créancier doit obtenir du juge, partie appelée, permission de vendre le gage mobilier. Quant à l'immeuble hypothéqué et saisi, il doit être vendu par décret, ce qui veut dire que l'adjudication de l'héritage se fait en pleine audience par le juge[5].

Efforts et réformes pour arriver à la publicité de l'hypothèque. — La plupart des tentatives faites pour établir des greffes d'enregistrement des hypothèques ayant échoué, l'hypothèque était restée très ordinairement occulte dans notre ancien droit. Un contractant, au moment de devenir créancier d'une personne, n'avait aucun moyen officiel et sûr de connaître l'état des hypothèques qui pouvaient déjà grever la fortune de cette personne.

On se préoccupa beaucoup de cette situation pendant la période révolutionnaire. J'ai déjà cité le décret du 20 septembre 1790. Mais ce décret ne concernait que les pays de nantisse-

1 Voyez Louet, *Recueil de plusieurs arrêts*, t. Ier, p. 860, lettre H, 26.

2 Pothier, *Traité de l'hypothèque*, ch. Ier, art. 3.

3 *Code civil*, art. 2121, 2122.

4 *Digeste*, XIII, VII, 6 prœm., 8, § 3, 13; XLVII, X, 15, § 32. *Code de Justinien*, VIII, XXVIII, 4; VIII, XXVIII (*al.* XXIX), 1, 2; VIII. XXIX (*al.* XXX), 1.

5 Cf. ici Loyseau, *Traité du déguerpissement et délaissement par hypothèque*, liv. Ier, ch. 2, dans *Œuvres*, 1702, pp. 68, 70; Sohm dans *Zeitschrift für das Privat-und öff. Recht*, t, V, pp. 18-21; Dernburg, *Das Pfandrecht*, Leipzig, 1864, t. II, pp. 134 à 269; Schilling, *Traité du droit de gage et d'hypothèque*, trad. Pellat, à la suite de *Traduction du livre XX et du titre VII du livre XIII des Pandectes*, Paris, 1840, p. 64 et suiv.

ment. La loi du 9 messidor an III qui organisait un système nouveau de crédit ou plutôt de mobilisation foncière, système fort dangereux pendant une période aussi troublée, posait en même temps le principe général de la publicité des hypothèques; mais cette loi ne reçut jamais d'exécution [1].

La loi du 11 brumaire an VII s'inspira des procédés de transcription des pays de nantissement et du système hypothécaire organisé par le Code prussien de 1794. Elle soumit toutes les hypothèques sans exception à la formalité de l'inscription et posa le principe de la spécialité de toute hypothèque.

Les chapitres du *Code civil* consacrés à l'hypothèque donnèrent lieu aux plus grandes hésitations. A la fin, les innovations de la loi de l'an VII furent maintenues, sauf des modifications importantes. Ainsi le *Code civil* admit la publicité de l'hypothèque, mais il introduisit une exception en faveur des hypothèques légales des femmes mariées, des mineurs et des interdits : celles-ci produisent leur effet indépendamment de toute inscription et restent occultes [2]. Ainsi encore le *Code civil* admit le principe de la spécialité de l'hypothèque, mais il ouvrit une exception en faveur des hypothèques légales et judiciaires, lesquelles sont générales [3].

Notre législation hypothécaire a été vivement critiquée. Je n'entends ni l'attaquer, ni la défendre. Ce terrain est essentiellement un terrain pratique. Je me contente d'écarter avec convic-

[1] Le système foncier imaginé par la loi du 9 messidor an III a été introduit en Prusse par une loi récente du 5 mai 1872; la loi prussienne peut se résumer en cette formule précise : *l'indépendance de l'hypothèque*. La dette foncière n'est point ici l'accessoire d'une autre dette : c'est la terre qui doit. Voyez à ce sujet Challamel, *Du jus offerendæ pecuniæ en droit romain. De la cession des créances hypothécaires en droit français*, Paris, 1878, p. 140 et suiv., et rapprochez ce qui a été dit plus haut sur les rentes, pp. 683, 724, 725, 726. De la loi du 9 messidor an III rapprochez aussi la loi génevoise du 31 janvier 1857. (Flammer, *Le droit civil génevois dans son développement historique*, dans *Bulletin de l'Institut national génevois*, t. XX, p. 215 et suiv.).

[2] *Code civil*, art. 2135. Joignez loi du 23 mars 1855, art. 8.

[3] *Code civil*, art. 2122, 2123. — Cf. Martelin, *Du droit d'hypothèque*, pp. 90-95. L'hypothèque judiciaire a été supprimée à Genève par la loi du 6 janvier 1851, en Belgique par la loi du 16 mai 1851. La loi génevoise du 12 septembre 1868 a soumis l'hypothèque légale au droit commun au point de vue de la publicité et de la spécialité.

tion les théories. A mon sens, les praticiens intelligents et désintéressés, *ceux des campagnes* comme ceux des villes, devraient ici avoir le dernier mot : « Il y a, disait Leibnitz, une infinité de belles pensées et observations utiles qui se trouvent dans les auteurs, mais il y en a encore bien plus qui se trouvent dispersées parmi les hommes dans la pratique de chaque profession[1]. »

BIBLIOGRAPHIE. — Negusantius (D. Ant.), *Tractatus de pignoribus et hypothecis*, Coloniæ Agripp., 1589. — Loyseau, Traités déjà cités plus haut dans la bibliographie des *Cens et rentes*, p. 695. — Basnage, *Traité des hypothèques*, Rouen, 1687, in-4° (plusieurs éditions). — Pothier, *Traité de l'hypothèque*, dans *Œuvres posthumes*, Orléans et Paris, 1777, t. III, pp. 99-246. — Daguesseau, *Projet d'établissement de conservateur des hypothèques*, dans *Œuvres*, t. XIII, Paris, 1789, p. 620 et suiv. — J. de Maleville, *Analyse raisonnée de la discussion du Code civil*, t. IV, 1805, pp. 174-239. — Grenier, *Traité des hypothèques*, Clermont-Ferrand, 1822, 2 vol. in-4°. — Pellat, *Traduction du livre XX et du titre* VII *du livre XIII des Pandectes... suivie d'un traité succinct du droit de gage et d'hypothèque chez les Romains traduit de l'allemand*, Paris, 1846. — Valette, *Traité des privilèges et des hypothèques*, Paris, 1846. — Bachofen, *Das römische Pfandrecht*, t. Ier, Basel, 1847. — H. Dernburg, *Das Pfandrecht nach den Grundsätzen des heutigen römischen Rechts*, Leipzig, 1860-1864, 2 vol. — Matzen, *Den danske Panterets Historie*, 1869. — Meibom (V. v.), *Das deutsche Pfandrecht*, Marburg, 1867. — Martelin, *Du droit d'hypothèque*, Paris, 1875 (thèse). — A. Flammer, *Le droit civil génevois dans son développement historique*, dans *Bulletin de l'Institut national génevois*, t. XX, 1875, pp. 198-211. — Jourdan, *Etudes de droit romain, L'hypothèque*, Paris et Aix, 1876. — R. Sohm, *Ueber Natur und Geschichte der modernen Hypothek*, dans *Zeitschrift für das Privat- und oeffentliche Recht der Gegenwart*, t. V, n° 1. — Franken, *Das französische Pfandrecht*, Berlin, 1879. — Challamel, *L'hypothèque judiciaire, Etude critique de législation française et étrangère* (*Mémoire couronné par la Faculté de droit de Paris*), Paris, 1881. — F. de Cours, *Des causes de l'hypothèque en droit romain, De l'hypothèque judiciaire*, Paris, 1881 (thèse). — Roscher, *System der Volkswirthschaft*, t. II, 10e édit., Stuttgart, 1882, pp. 427-455, §§ 128-137. — Esmein, *Etudes sur les contrats dans le très ancien droit français*, Paris, 1883. — Dangeais, *Du délaissement par hypothèque*, Paris, 1885 (thèse). — Dain, *Mission en Tunisie, Le système Torrens*, Alger, 1885. — Michel, *De la réforme du crédit immobilier*, dans *L'Economiste français* du 20 déc. 1888, p. 792 et suiv. — Beaune, *Les contrats*, Paris, 1889, pp. 511-569. — Challamel, *Des procédés*

[1] Leibnitz, *Discours touchant la méthode de la certitude et de l'art d'inventer*, dans *Œuvres philosophiques*, Amsterdam, 1765, p. 527.

de mobilisation de la propriété foncière expérimentés ou proposés en France ou à l'étranger, dans *Bulletin du comité des travaux historiques et scientifiques, Section des sciences économiques et sociales*, année 1886, p. 52 et suiv., cf. p. 79 et suiv. — Rochetin, *La réforme de notre régime hypothécaire,* dans *Journal des économistes*, juillet 1890, pp. 57-64. — Thomereau et Rochetin, *ibid.*, août 1890, pp. 247-250. — Besson, *Les livres fonciers et la réforme hypothécaire*, Paris, 1891. — A. de Lagrevol, *Etude historique et théorique sur le privilegium dotis et l'hypothèque tacite des femmes. De la renonciation par la femme mariée à son hypothèque légale*, Grenoble, 1891 (thèse). — Gillard, *La constitution de l'hypothèque conventionnelle*, Paris, 1891 (thèse). — Buot de l'Epine, *Hypothèque légale de la femme,* Paris, 1891 (Extrait de la *Revue du notariat et de l'enregistrement*). — *Commission extraparlementaire du cadastre instituée au ministère des finances, Procès-verbaux,* fascicule 1, Paris, 1891, in-fol. (en cours). — Danjon, *La publicité de la propriété foncière et le cadastre*, Caen, 1892.

CHAPITRE VII.

DES SOCIÉTÉS[1].

Division générale. — Je diviserai ce chapitre en deux parties. J'étudierai tout d'abord les sociétés primitives et de formation spontanée qui ne sont autre chose à l'origine qu'un état d'indivision prolongé; ensuite les sociétés de formation artificielle, lesquelles ne sont plus un état, mais une combinaison voulue.

1. *Sociétés de formation spontanée.*

L'indivision primitive. Les communautés taisibles. — La société ou association est sortie de l'état d'indivision : l'état d'indivision n'est qu'un prolongement de la vie de famille.

Une famille groupée sous l'hégémonie du père ne se disperse pas toujours à sa mort : les fils habitués à la vie commune demeurent en communauté. C'est un état de fait qui se perpétue. Ces communautés de fait, nées spontanément, s'appelaient, dans notre ancien droit, *communautés taisibles*. Plusieurs coutumes les réduisaient aux acquêts et aux meubles; mais on peut affirmer qu'elles embrassèrent tout d'abord l'universalité des biens[2].

La critique moderne perçoit, non sans effort mais avec cer-

[1] Je prends ici le mot *société* en son sens vulgaire, c'est-à-dire que je lui laisse la largeur et l'élasticité que lui enlèvent les jurisconsultes, obligés, quand ils serrent de près les textes de notre droit moderne, de se plier à la définition insuffisante et étroite de l'article 1832 du *Code civil*. Quand ils ne peuvent dire comme tout le monde *société*, ils disent *association*.

[2] C'est encore la doctrine de Masuer, tit. XXVIII, *De societate*, §§ 14, 15. Cf. Beaumanoir, ch. XXI.

titude, derrière le rideau du droit romain classique, ces vieilles communautés taisibles dans le monde romain[1] : on les rencontre aujourd'hui encore dans l'Inde. Elles existaient parmi les anciens habitants de l'Arabie[2]. On les retrouverait chez tous les peuples.

Au XIIIe siècle, la communauté taisible existait chez nous (constamment entre vilains, quelquefois entre nobles[3]), par suite de la cohabitation pendant l'an et jour : les personnes, qui cohabitaient, même non parentes, se trouvaient communes en biens par le fait seul de cette cohabitation prolongée pendant un an. Chacun des membres de la communauté pouvait toujours demander le partage[4].

Ce danger journalier de liquidation forcée n'a rien d'inquiétant pour les communautés en un temps où elles correspondent aux mœurs générales et sont la condition ordinaire de tous. Il n'en est plus de même, si les mœurs changent et si le régime de la vie commune devient exceptionnel. Chaque communauté se trouve alors, pour ainsi dire, en danger de mort permanent. Cette situation était déjà inquiétante pour nos communautés taisibles au XVIe siècle.

Indépendamment de ce péril intérieur qui menaçait les communautés existantes, deux causes extérieures dues à des changements introduits dans le droit vinrent, depuis le XVIe siècle, battre en brèche le régime des communautés taisibles, en opposant des obstacles à leur naissance. On propagea cette règle qui paraît s'autoriser du droit romain, à savoir qu'une société doit naître d'une convention expresse[5]. On y ajouta cette règle nouvelle qu'il faut un acte notarié pour prouver l'existence d'un

[1] « Tamquam illud fuit anticum consortium, quod jure atque verbo romano appellabatur *ercto non cito* » (Aulu-Gelle, I, IX, 12, édit. Hertz, p. 68). Rapprochez *Digeste*, XVII, II, 4 avec le commentaire de M. Poisnel (*Nouvelle revue hist.*, t. III, p. 441).

[2] Strabon, XVI, IV, 25. Pour les vues que je résume ici en ce qui concerne le droit romain, lire Poisnel, *loc. cit.*

[3] Je fais allusion à la Champagne (Coutume de Troyes, art. 101).

[4] Beaumanoir, XXI, 5, édit. Beugnot, t. Ier, p. 306.

[5] *Digeste*, XVII, II, 32. En bonne critique, la loi 4 au même titre ne permet pas, ce semble, de donner à la loi 32 une valeur aussi absolue. Cf. ancienne coutume d'Orléans de 1509, art. 80; Pothier, *Du contrat de société*, § 80.

contrat excédant la valeur de 100 livres [1]. Toutefois le goût du droit romain et un article dans une ordonnance ne changent pas des habitudes séculaires, ne bouleversent pas en un jour un droit commun fondé sur les mœurs. On s'arrêta généralement à cette transaction : la communauté taisible se fonde par an et jour entre parents majeurs. Pour qu'elle se crée entre personnes qui ne sont pas parentes, il faut une convention écrite [2]. Tel était, au moins dans l'opinion de plusieurs jurisconsultes, l'état du droit au commencement du XVIIe siècle.

L'ordonnance de 1673 rendit plus difficile l'existence des communautés taisibles, en exigeant expressément un acte écrit pour la fondation d'une société [3].

Notre *Code civil* a reproduit cette décision [4].

Les sociétés taisibles n'étaient guère qu'un état d'indivision prolongé. Entre l'état d'indivision que j'appellerais volontiers la société de formation spontanée et la société proprement dite qu'on pourrait appeler la société de formation voulue et artificielle, il y a quantité de transitions douces et la limite n'est pas toujours bien marquée. De nos jours encore on peut étudier sur place un petit nombre d'anciennes communautés taisibles de propriétaires qui se perpétuent depuis quelques siècles à l'ombre de contrats périodiques par devant notaire. Ce sont des sociétés spontanées en l'essence, artificielles en la forme et par nécessité. Ces débris se meurent.

La loi moderne limite d'ailleurs singulièrement l'étendue de ces vieilles sociétés rurales : elles ne peuvent comprendre la propriété, mais seulement la jouissance des biens à venir par succession, donation ou legs [5]. La stipulation que prohibe ici le *Code civil* était admise par l'ancien droit coutumier [6] et même

1 Ord. de 1566, art. 54 (Isambert, t. XIV, p. 203).

2 Coutume de Chartres, titre X, art. 61 avec les notes de Gouart dans l'édit. de Chartres, 1687, pp. 286, 287. Pierre de Loulle, *Le Digeste du droit et pratique de France*, 1619, p. 117.

3 Titre IV, art. 1er.

4 *Code civil*, art. 1834. Toutefois, l'écriture n'est pas exigée *ad solemnitatem*, mais *ad probationem;* car la société est un contrat consensuel.

5 *Code civil*, art. 1837.

6 Coutume d'Orléans, art. 217.

présumée par le droit romain [1] et par le projet de *Code civil* de la Convention [2].

Le législateur moderne a cru porter le dernier coup aux sociétés taisibles. Pour moi, je craindrais d'être inexact, en répétant avec tout le monde qu'il n'y a plus de sociétés taisibles; car si deux personnes sont d'accord pour reconnaître que taisiblement elles ont voulu s'associer, la société qu'elles ont ainsi formée existe certainement devant la loi, car la société est un contrat consensuel et l'écriture est requise seulement *ad probationem*. Or l'hypothèse que je viens de faire n'est point imaginaire : le Bourbonnois nous a offert, en ce siècle, des exemples de métayers ainsi associés suivant l'ancien usage [3]. Ces sociétés taisibles existent encore dans le Nivernois [4].

Ainsi la volonté des intéressés, d'ordinaire plus intelligente que le législateur, est quelquefois en mesure de prévaloir contre lui.

Le principal, le plus ancien, le plus dangereux ennemi des sociétés taisibles, c'est l'argent. La richesse, en effet, fut ici le principal dissolvant; les dots des filles surtout jouèrent un grand rôle dans ce travail de désagrégation.

J'ai dit ce que la richesse et, après elle, la loi ont fait de nos vieilles sociétés taisibles. Estienne Pasquier, au XVIe siècle, attestait déjà leur décadence; Chabrol, au XVIIIe, les regardait végéter en Auvergne; vers le même temps, les économistes, notamment l'abbé de Vilard, les attaquaient énergiquement. Le tribunal de Paris, au commencement de ce siècle, les appelait avec mépris des *débris de nos institutions gothiques;* mais Gilbert daignait leur accorder de haut quelque bienveillance [5].

[1] *Digeste*, XVII, II, *Pro socio*, 1, § 1; 3, § 1.

[2] Titre V, § 2, art. 22 (Acollas, *Nécessité de refondre l'ensemble de nos Codes. Appendice contenant le Code civil de la Convention*, p. 180).

[3] Méplain, *Traité du bail à portion de fruits*, p. 164, note. Joignez pp. XXX, XXXI.

[4] V. de Cheverry, *Fermiers à communauté taisible du Nivernais*, dans *Les ouvriers des Deux-Mondes*, t. V, 1875, pp. 1 à 50.

[5] Voyez Gilbert cité par Méplain, dans *Traité du bail à portion de fruits*, p. XXXI, note 1; le tribunal de Paris cité par Troplong, *Du contrat de société*, t. Ier, p. 200, note 3; Chabrol, *Cout. d'Auvergne*, t. II, p. 509 et suiv.

2. *Sociétés de formation artificielle.*

Division du sujet. — Nous diviserons les associations de formation voulue et artificielles de tout temps innombrables en deux grandes sections :

1. Associations de l'ordre moral. — Ici se groupent les personnes, les intelligences, les âmes. Les capitaux ne jouent qu'un rôle secondaire : ils servent d'auxiliaire et de moyen. Telles sont les associations religieuses et charitables, les associations scientifiques et littéraires. L'idéal sera une association religieuse pauvre.

2. Associations de l'ordre matériel. — Celles-ci tendent vers le but opposé : associer les capitaux, sans associer les personnes, sans unir les intelligences et les âmes. Telles sont les commandites, les sociétés en nom collectif, etc. L'idéal sera une société anonyme, honnête et riche.

Les associations ou corporations ouvrières qui sont des unions d'interêt me paraissent tenir le milieu entre ces deux groupes : elles sont comme la transition de l'un à l'autre.

Les associations ont perdu, de nos jours, en étendue ce qu'elles ont gagné en intensité : l'association jadis était partout : elle existait sous les formes les plus diverses ; et lorsque nous voudrons énumérer, nécessairement nous resterons incomplets.

Associations de l'ordre moral. — Les associations morales d'abord. A cette noble conception se rattachent les nombreux ordres monastiques, les universités, les confréries, dans une large mesure, les corporations ouvrières.

L'espace me manque pour en tracer avec détail le développement et la décadence. Cette décadence eut, dans les derniers siècles, pour puissant auxiliaire la protection royale de plus en plus pesante. Dès le commencement du XVIIe siècle, les théoriciens formulaient cette règle dont les attaches sont très anciennes : aucune nouvelle congrégation, aucun ordre de chevalerie ne peut être institué ; aucun nouvel établissement de monastère ne peut avoir lieu, sans la permission du roi[1]. On di-

[1] Ord. du 21 novembre 1629, dans Isambert, t. XVI, p. 347. Le Bret, *De la sou-*

sait de même, depuis bien longtemps, qu'aucune commune ne peut exister en France sans l'autorisation du roi[1].

Voilà pour le droit de vivre. Quant au mode d'existence, toute association, disait-on (commune, corporation, congrégation, etc.), est mineure et, comme telle, elle est particulièrement soumise à la protection et à la surveillance du roi. La genèse de cette conception mérite d'être indiquée : on compara d'abord les administrateurs d'une association à des tuteurs, par conséquent l'association elle-même à un mineur[2]. Ainsi se forma cette notion courante : les communes, les associations sont assimilées à des mineurs. Chacun sait en gros ce qu'on fit rendre à ce principe. Nous le retrouverons en traitant du droit public.

L'association, plus résistante à l'Etat que l'individu isolé, fait nécessairement ombrage au despotisme. Il était donc dans la nature des choses que le grand mouvement de 1789 fût chez nous le signal d'une réaction favorable à la liberté des associations. Un décret de l'Assemblée constituante déclare, en effet, que les citoyens ont le droit de former entre eux des sociétés libres[3]; mais ce principe n'a porté aucun fruit. La tradition, c'est-à-dire le despotisme, l'emporta bien vite sur ces velléités libérales et rénovatrices. Les désastres se succédèrent rapides, foudroyants. Les corporations ouvrières, frappées une première fois en 1776[4], furent anéanties en 1791[5] (tandis qu'il eût suffi de proclamer la liberté des professions); anéanties les associa-

veraineté du roy, 1632, analysé par Corréard, *Choix de textes*, p. 49. Edit royal du 31 mars 1667, dans Peuchet, *Collection des lois, ordonnances et règlements de police, Seconde série*, t. Ier, 1818, p. 126 et suiv. Pour les influences romaines, voyez surtout *Digeste*, III, IV, 1.

1 Beaumanoir, ch. L, édit. Thaumas de la Thaumassière, p. 268. *Ord.*, t. XI, p. 29, note c.

2 Voyez les textes réunis par Gierke, *Das deutsche Genossenschaftsrecht*, t. III, p. 226, note 120.

3 Décret des 13-19 novembre 1790.

4 Edit de février 1776 (Turgot). Les corporations furent rétablies sur d'autres bases en août 1776 après la chute de Turgot.

5 Décret des 2-17 mars 1791. Décret des 14-17 juin 1791. Constitution des 3-14 septembre 1791, § placé entre la *Déclaration des droits* et le titre Ier. Il ne paraîtrait pas exact de dire que les cahiers de 1789 aient demandé l'abolition des maîtrises et jurandes (Bonnassieux, *Examen des cahiers de 1789 au point de vue commercial et industriel*, p. 33).

tions religieuses en 1790 et 1792[1]; anéanties les associations financières en 1794[2]; anéanties enfin, dans la mesure où une commune peut être anéantie, toutes les communes de France, ces groupes naturels, en l'an VIII[3].

Un principe proclamé à deux reprises, en juin 1791 et en août 1792, inspire ces mesures dévastatrices (sauf la dernière en date qui a une autre origine) : « Un Etat vraiment libre ne doit souffrir dans son sein aucune corporation[4]. » « L'anéantissement de toutes les espèces de corporations des citoyens du même état et profession est une des bases fondamentales de la Constitution française[5] »!!

Contre ces arrêts de mort la vie a prévalu et les restaurations légales ont suivi, la plupart insuffisantes, boiteuses[6].

A la veille de la révolution, l'ancien régime était arrivé lui-même à ces formules assez précises :

Aucune association religieuse ne peut exister sans autorisation royale.

Toute association est interdite entre ouvriers, sauf pourtant les corporations créées par l'édit d'août 1776.

Les autres associations ayant un objet licite peuvent se former sans autorisation[7].

Aucune association ne peut se constituer en personne morale

1 Décret des 13-19 février 1790 et surtout décret du 18 août 1792. Joignez l'abolition des académies et sociétés littéraires patentées ou dotées par la nation (8 août 1793, dans A. de Beauchamp, *Recueil des lois et règlements de l'enseignement supérieur*, t. Ier, p. 14).

2 Décret des 15-18 avril 1794 (26-29 germinal an II).

3 Loi du 28 pluviôse an VIII (17 février 1800), art. 15, 20. Arrêté du 19 floréal an VIII (9 mai 1800); arrêté du 9 messidor an VIII (28 juin 1800).

4 Décret du 18 août 1792, préambule.

5 Décret des 14-17 juin 1791, art. 1er.

6 Voyez décret du 3 messidor an XII; lois du 2 janvier 1817; du 24 mai 1825; ordonnance du 14 janvier 1831; décret du 31 janvier 1852.

7 Arrêt du parlement de Paris du 9 mai 1760, dans Peuchet, *Collection des lois... et règlements de police*, 2e série, t. VI, pp. 438, 439 (simple mention, dans Isambert, t. XXII, p. 299). Arrêt du parlement de Paris du 18 avril 1760, dans *Collection Lamoignon*, t. XLI, p. 28 et suiv. (Préfecture de police). Arrêt du parlement du 12 novembre 1778 (Isambert, t. XXV, p. 452. *Encyclopédie méthodique, Jurisprudence*, t. Ier, p. 519). Cf. Tardif, *Etude hist. sur la capacité des établissements ecclésiastiques et religieux*, dans *Revue de législ. anc. et moderne*, 1872, p. 517.

ou, comme on disait, en communauté, sans autorisation royale[1].

Ces traditions de l'ancien régime ont été recueillies. Le système a même été généralisé et aggravé par notre *Code pénal*[2] et par la loi de 1834[3]. Un jurisconsulte a résumé en termes saisissants les prescriptions de notre législation à cet égard. Le principe fondamental, c'est la prohibition. Sont prohibées toutes les associations « qui dépassent vingt personnes, quel qu'en soit l'objet, religieux, économique, scientifique, littéraire ou même électoral. Toutes les associations qui ne sont pas des sociétés civiles ou de commerce, c'est-à-dire qui ont un autre but que de réaliser des bénéfices, alors même qu'elles n'ont ni organisation, ni statuts et qu'elles se réduisent à des réunions périodiques, sont soumises, par l'art. 291 du *Code pénal*, à l'autorisation toujours révocable du gouvernement. » « Voilà pour le droit commun. S'il s'agit de congrégations religieuses, le droit devient exceptionnel. Toutes sont obligées de se faire autoriser, quel que soit le nombre des associés. Et l'autorisation ne s'accorde pas aisément : il en est même à qui on la refuse d'avance et par décrets. Est-ce tout? Il s'en faut et de beaucoup. Ce que le *Code pénal* a commencé, le *Code civil* le poursuit. L'autorisation réservée par l'art. 291 du *Code pénal* n'est qu'une autorisation de police ; elle ne couvre et ne légitime que le fait matériel de la réunion périodique, à certains jours déterminés. Mais, pour constituer à l'association une caisse et un patrimoine, pour lui permettre de se perpétuer, de posséder, de contracter et d'agir en justice, pour créer, suivant le terme technique, une personne morale, il faut que le gouvernement intervienne une seconde fois par une reconnaissance d'utilité publique ; et cette reconnaissance est prononcée par décret en conseil d'Etat. Faute de cette consécration, l'association, même autorisée, est incapable ; et cette incapacité est une règle d'ordre public qu'il n'est permis d'enfreindre ni de tourner. Non seulement elle n'aura pas de droits et ne pourra ni contracter, ni plaider, mais les actes passés en son nom se-

[1] *Encyclopédie méthodique, Jurisprudence*, t. III, p. 40.

[2] *Code pénal*, art. 291.

[3] Loi du 10 avril 1834.

ront nuls et les libéralités qui lui seront faites n'iront pas à leurs adresses. »

« A-t-on passé par toutes les formalités légales et obtenu la reconnaissance de l'administration? il faudra encore, à chaque instant, recourir à une autorisation nouvelle. Il le faudra d'abord, et de par la loi, pour recevoir un don ou un legs. Il le faudra, de plus, et le plus souvent en vertu des statuts approuvés, qui réserveront l'autorisation, pour les acquisitions, pour les ventes, pour tous les actes les plus importants de la vie civile. En consentant à faire vivre l'association, l'administration prend le soin de la maintenir en tutelle. » « Ainsi surveillée, refrénée, emprisonnée dans la rigueur des lois civiles et administratives, l'association relève directement du gouvernement qui la crée, la suit, la fait vivre et la dissout à volonté [1]. »

Telle est dans le droit moderne la floraison des doctrines de l'ancien régime. Tel le tableau fidèle de notre législation cent ans après ce fugitif décret de liberté des 13-19 novembre 1790 qui proclama pour les citoyens français le droit de former entre eux des sociétés libres. Rapide éclair au commencement de cette longue nuit!

Il est bien vrai que la tradition a été brisée par une loi du 21 mars 1884 en faveur des syndicats professionnels [2]. Serait-ce la brèche par où passeront un jour les libertés? Hélas! les bonnes lois ne sont, si précieuses qu'elles soient, qu'une valeur de second ordre. Il est difficile de les obtenir, parce que le souffle nouveau, l'esprit vraiment libéral, n'a pas pénétré nos intelligences [3]. Il est difficile de s'en bien servir, parce que, malheureusement, la modération, le sens pratique et le sens com-

[1] Pierre Dareste, *La liberté d'association*, dans *Revue des Deux-Mondes* du 15 octobre 1891, pp. 817-819.

[2] Joignez à cette loi : *Circulaire du ministre de l'Intérieur relative aux syndicats professionnels* (27 août 1884); Ledru et Worms, *Commentaire de la loi sur les syndicats professionnels*, Paris, 1885; Glotin, *Etude historique, juridique et économique sur les syndicats professionnels*, Paris, 1892.

[3] Parmi les nombreux projets de loi sur les associations, il faut citer avant tout la proposition Dufaure et plus récemment la proposition Goblet et le projet Fallières. Voici, à cet égard, quelques renseignements précis qui pourront être utiles au lecteur.

Proposition de loi de M. Dufaure, présentée au Sénat le 17 juin 1880; rapport le

mun, ces premiers et indispensables capitaux individuels, le législateur ne les distribue pas avec la liberté.

J'arrive aux associations de l'ordre matériel.

Associations de l'ordre matériel. — L'association existait jadis à tous les degrés de l'échelle sociale. J'énumérerai quelques-unes de ces associations et j'arriverai ainsi insensiblement jusqu'à nos sociétés commerciales.

Pariages. — Deux ou plusieurs seigneurs mettent en commun un fief, une seigneurie. Ils la possèdent *pro indiviso, jure societatis*[1]; c'est ce qu'on nomme les *pariages* ou *paréages*. Nous conservons des actes de pariage du commencement du XIIe siècle. Le roi de France conclut fréquemment des *pariages* ou *paréages* avec des seigneurs féodaux dont il entame ainsi l'autorité[2]. Des pariages entre roi et seigneur ecclésiastique subsistaient au XVIIe et au XVIIIe siècle[3]. Un pariage ou paréage de 1278 forme encore aujourd'hui la base du droit public en Andorre : ce pariage fut conclu entre l'évêque d'Urgel et les comtes de Foix dont la France a pris la place[4].

Métayage. — Le bail à portion de fruits ou métayage, très fréquent au moyen âge, et de nos jours encore si usité dans une grande partie de la France, est avec raison qualifié par Gaius *quasi societatis jus*[5]. Le métayage implique, en effet, une

27 juin 1882 par M. Jules Simon, n° 318, *Journal officiel, Annexe*, p. 422, *Annales, Documents*, t. VI, p. 45; distribué le 11 juillet; rejet le 8 mars 1883.

Proposition de loi de M. René Goblet, présentée au Sénat le 21 décembre 1891 (*Impressions, Sénat*, n° 106. Session extraordinaire de 1891; annexe au procès-verbal de la séance du 21 décembre 1891).

Projet de loi présenté à la Chambre des députés, par MM. Fallières et Constans, le 16 janvier 1892 (*Impressions, Chambre des députés*, n° 1880. Session de 1892; annexe au procès-verbal de la séance du 10 janvier 1892).

1 Ce sont les expressions d'un pariage de l'an 1123 entre l'abbaye de Saint-Rem de Reims et le comte de Réthel (*Bibl. de l'Ecole des chartes*, 6e série, t. IV, p. 156). Voyez *ibid.*, un pariage de 1155 entre Louis le Jeune et l'abbaye de Saint-Jean de Sens.

2 Cf. Luchaire, t. II, p. 188 et suiv.

3 Voyez Pierre Clément, *Lettres, instruct. et mémoires de Colbert*, t. IV, p. 156; t. VI, p. 75.

4 Lire ici Baudon de Mony, *Origines hist. de la question d'Andorre*, dans *Bibl. de l'Ecole des chartes*, t. XLVI, p. 95 et suiv.

5 « Partiarius colonus quasi societatis jure et damnum et lucrum cum domino fundi partitur » (*Digeste*, XIX, II, 25, § 6). Le métayage existait aussi en Grèce :

sorte de société entre le bailleur et le preneur. Bartole y voit nettement une société : « Inter dominum et colonum partiarium dicitur contrahi societas[1], » et Cujas ne professe pas une autre doctrine[2].

Lorsque le métayer doit une quantité fixe de fruits, au lieu de partager la récolte, le colonage incline alors vers le louage plutôt que vers la société.

Ces deux variétés du métayage étaient au moyen âge beaucoup plus répandues qu'aujourd'hui. On les appelait souvent : *baux à métairie*. Les *baux à métairie* avaient à peu près complètement disparu en Normandie au XVIe siècle : les prix en argent se substituaient presque partout aux prix en nature, preuve certaine de l'augmentation du numéraire[3]. Ainsi l'argent vint dissoudre ces petites sociétés artificielles tout aussi bien que les sociétés taisibles et, à la fin de l'ancien régime, le métayage n'existait plus dans les provinces où régnait la richesse. Les économistes prirent l'effet pour la cause, en faisant le métayage responsable de la pauvreté des pays à métayage.

Le métayage, si méprisé naguère, ne serait-il point appelé à rendre à notre pays de nouveaux et très grands services? « Il n'y a qu'une société de perte et de gain, a dit un philosophe du dernier siècle, qui puisse réconcilier ceux qui sont destinés à travailler avec ceux qui sont destinés à jouir[4]. » Et voici qu'aujourd'hui nos meilleurs agriculteurs jettent eux-mêmes

la redevance du métayer dans l'Attique était ordinairement du sixième, suivant M. Brants, (*Les formes juridiques de l'exploitation du sol dans l'ancienne Attique*, 1883, p. 4). Sur l'ancienneté du colonat partiaire contestée à tort, voyez Mispoulet, dans *Bulletin critique* du 15 août 1886.

1 Bartole sur *Digeste*, XIX, II, 28 (Bartole, *In primam Digesti veteris partem commentaria*, Augustæ Taurinorum, 1589, fol. 175 v°).

2 « Item, si quis colono aut cultori agrorum dat agrum colendum, ut fructus dividantur : nam tunc etiam societas est, nisi dominium translatum sit. Idem est si quis colono aut olitori agrum colendum det ut partiantur fructus, non contrahitur locatio, sed societas; nam locatio fit mercede, non partibus rei » (Cujas sur *Dig.*, XIX, v, 12, 13, dans Cujas, *Opera*, t. VII, Naples, 1722, p. 850).

3 Ch. de Robillard de Beaurepaire, *Notes et documents concernant l'état des campagnes de la Haute-Normandie*, Evreux, 1865, p. 31.

4 Montesquieu, *Esprit des lois*, liv. XIII, ch. 3.

les yeux vers le métayage comme vers une ancre de salut[1]. Pline, en son temps, avait trouvé de son côté la même solution[2].

La commandite. — Je définirai la commandite : une société qui se forme entre deux personnes dont l'une ne fait que mettre son apport en nature ou en argent dans la société, sans faire aucune fonction d'associé, et l'autre donne quelquefois son argent, mais toujours son industrie pour faire sous son nom les opérations dont ils sont convenus ensemble.

Cette définition s'étend facilement au *bail à cheptel,* autre forme de métayage, autre mode d'association entre bailleur et preneur, et c'est avec toute raison que quelques jurisconsultes ont placé le *bail à cheptel* au sommet de l'histoire des commandites[3].

Nous pouvons définir le *bail à cheptel* un bail d'animaux dont le profit se partage entre le bailleur et le preneur. Nos anciens appelaient volontiers cette combinaison : *societas pecudum*[4]. On disait aussi : *bail de bestiaux à métairie; bail à mouteploit*[5] (c'est-à-dire *bail à multiplication*); et enfin *commande de bestail*[6].

Ces *baux de bestiaux à métairie* ou *baux à cheptel* « étaient infiniment plus communs qu'ils ne le sont de nos jours. » Acheter

[1] Voyez *The rural population of Italy*, dans *The Edinburgh review*, July 1883, pp. 101, 102; de Larminat et J. de Garidel, *Le métayage dans le département de l'Allier*, Moulins, 1881; *Unions du Nivernais et du Bourbonnais, Réunion régionale du 6 avril 1884 à Montluçon*, Montluçon, 1884. Sur les projets nouveaux voyez : *Impressions, Sénat*, n° 106. Projet de loi sur le Code rural, présenté le 13 juillet 1876 ; Bail à colonage partiaire. Rapport au Sénat le 7 mai 1880 par M. Clément, sur le titre IV du livre Ier du Code rural (bail à colonage partiaire), n° 282, distribué le 27 mai; 1re délibération le 31 mai; 2e délibération et adoption le 17 juin 1880; projet de loi n° 161; *Chambre des députés, Exposé des motifs et texte du projet de loi adopté par le Sénat*, Code rural, livre Ier, titre IV, Bail à colonage partiaire (11 mars 1882, *Impressions*, n° 592).

[2] Pline le Jeune, liv. IX, lettre 37.

[3] Voyez Troplong, *Du contrat de société*, t. Ier, 1843, pp. LIV, 354.

[4] Bibl. nat., ms. fr. 22354, fol. 324 v°. Cujas enseigne expressément que le bail à cheptel est une société, « nisi appareat contrarium » (Cujas sur *Dig.*, XIX, v, 12, 13, dans Cujas, *Opera*, t. VII, Naples, 1722, p. 850).

[5] Ch. de Robillard de Beaurepaire, *Notes et documents concernant l'état des campagnes de la Haute-Normandie*, pp. 124, 125.

[6] Pierre de Loulle, *Le digeste du droit et pratique de France*, 1619, p. 119.

une vache ou une brebis qu'on baillait à cheptel à un petit fermier, se présentait naturellement à l'esprit pour tirer partie de ses économies, en un temps où le prêt à intérêt était sévèrement prohibé[1].

Le *bail à cheptel* est qualifié *cheptel de fer,* lorsque le preneur s'engage à laisser, à l'expiration du bail, des bestiaux d'une valeur égale au prix de l'estimation, sans qu'aucun événement de force majeure puisse l'exempter de cette obligation. Un proverbe allemand rend énergiquement cette situation :

> Eisern Vieh stirbe nie.
> Animal de fer ne meurt jamais[2].

Le *cheptel de fer* s'appelait en Alsace *stæhlerne Gilt*[3]. On sait que le *cheptel de fer* est prohibé par notre *Code civil*[4]. Cette prohibition a pour fondement historique l'opinion d'anciens théologiens et jurisconsultes qui condamnaient le bail à cheptel comme entaché d'usure[5].

Nous ne disons plus pour le *bail à cheptel, commande de bétail.* Ce mot *commande, commandite,* a pris un sens plus restreint et s'applique exclusivement aujourd'hui à certaines sociétés commerciales dont je retracerai rapidement les origines.

Les Romains qui usaient souvent du bail à cheptel[6], connurent aussi une combinaison commerciale d'où est issue directement la *commandite.* Confier une marchandise à un individu qui la vendra et prélèvera une quote-part sur le prix de vente, voilà une société en commandite[7], « si animo contrahendæ societatis id actum sit. »

1 Ch. de Robillard de Beaurepaire, *Notes et documents concernant l'état des campagnes de la Haute-Normandie,* pp. 124, 125. Voyez en outre ci-dessus, p. 634.

2 Chaisemartin, *Proverbes et maximes du droit germanique,* Paris, 1891, p. 272.

3 Cf. Brackenhoffer, *Specimen juris georgici Alsatici,* p. 43; Warnkœnig, *Franz. Staats- und Rechtsgeschichte,* t. II, p. 585; *Code civil,* art. 1821.

4 *Code civil,* art. 1811.

5 « Sed si non retinet sibi periculum animalium sed imputat conductori, est illicitus... » (Saint Antonin, *Summa theologiæ, secunda pars,* tit. Ier, *De usura,* c. VII, § 39, Lyon, Jean Cleyn, cahier CV). Cf. Pothier, *Cheptel,* § 82.

6 *Code de Justinien,* II, III, 9 (8).

7 *Digeste,* XVII, II, 44. Il en est tout autrement si l'*animus contrahendæ societatis*

Au XIIe et XIIIe siècle, dans les villes commerçantes de l'Italie, cette combinaison était très usitée. C'est de cette manière que de gros marchands écoulaient au loin leurs marchandises : les transports par terre et surtout par mer semblent avoir eu presque constamment pour base juridique une commandite en nature, telle que je viens de la définir[1].

Dès le XIIIe siècle nous rencontrons cette commandite à Montpellier[2], à Toulouse[3], à Marseille[4]. Elle existait déjà chez nous, je n'en puis douter, au siècle précédent.

Supposez que le bailleur fournisse non plus des marchandises, mais de l'argent que le preneur fera fructifier par le commerce, et vous avez la commandite en argent au lieu de la commandite en nature : c'est sous cette dernière forme que la commandite nous est parvenue. La commandite en argent se rencontre dès le milieu du XIIe siècle[5] en Italie, notamment à Venise. Nos *Assises de Jérusalem* s'en occupent assez longuement[6]. Elle était, au XIVe siècle, fréquente à Marseille[7]. Je crois la reconnaître dans la coutume de Clermont en Beauvoisis, rédigée ou plutôt admirablement commentée par Beaumanoir[8], à la fin du XIIIe siècle.

Dans la société en commandite, le bailleur de fonds ou commanditaire n'est passible des pertes que jusqu'à concurrence des fonds qu'il a mis ou dû mettre dans la société. Le comman-

fait défaut; voyez *Digeste*, XIX, v, 13, pr. Joignez Bruns et Sachau, *Syrisch-roem. Rechtsbuch aus dem fünften Jahrhundert*, 1880, trad. p. 73, § 82, avec une observation importante de M. Rubens Duval dans *Revue critique* du 17 mai 1886, p. 383.

1 Voyez Willy Silberschmidt, *Die Commenda*, p. 24 et suiv.

2 Germain, *Hist. du commerce de Montpellier*, t. II, pp. 98, 99, notes. Willy Silberschmidt, *ibid.*, p. 61.

3 *Coutumes de Toulouse*, édit. Tardif, p. 35.

4 Méry et Guindon, *Hist. de Marseille*, t. IV, pp. 46-54. Voyez un contrat marseillais de commande maritime, dans *Musée des archives départ.*, p. 150; un grand nombre de commandes marseillaises, dans Blancard, *Documents inédits sur le commerce de Marseille au moyen âge*, t. Ier, p. 6, no 3; p. 7, no 4; p. 384, no 296; p. 385, no 298 et *passim*.

5 Willy Silberschmidt, *Die Commenda*, pp. 29, 41.

6 *Assises de la Cour des bourgeois*, ch. 111, 112, 113, édit. Beugnot, t. II, pp. 79-81.

7 Thèse manuscrite de M. Guilhiermoz, soutenue à l'Ecole des chartes (sur les actes des notaires de Marseille).

8 Ch. XXI, § 33, édit. Beugnot, t. Ier, p. 321.

dité est obligé sur tous ses biens; s'il y a plusieurs commandités ou associés en nom, ils sont obligés solidairement.

Cette notion d'un associé responsable non sur sa fortune, mais sur sa mise seulement, notion qui devait porter des fruits si grandioses, s'est introduite, comme on voit, non point comme innovation ou invention, mais comme application toute simple, comme variété d'une opération courante, et par assimilation à la commandite en nature, commande de bétail ou commande de marchandises. Ainsi le bail à cheptel n'est pas autre chose que l'ancêtre vénérable des grandes sociétés dont nous dirons un mot en finissant ce chapitre.

La société en commandite était en grande faveur, car, écrit le second Savary, « toutes sortes de personnes, même les nobles et gens de robe, peuvent la contracter pour faire valoir leur argent à l'avantage du public, et ceux qui n'ont pas de fonds pour entreprendre un négoce rencontrent dans celle-ci les moyens de s'établir dans le monde et de faire valoir leur industrie [1]. »

C'est par la société en commandite dont les origines sont, comme on le voit, un peu éloignées de notre *Code de commerce,* que nous avons abordé l'historique des trois classes principales de sociétés commerciales.

Ces trois classes de sociétés sont : 1° les *commandites simples* dont nous venons de parler; 2° les *sociétés en nom collectif;* 3° les *sociétés par actions.*

Avant d'arriver aux deux dernières classes de sociétés qui nous restent à étudier, je dois dire un mot des conditions de publicité imposées à presque toutes les sociétés commerciales.

La loi moderne prescrit pour toutes les sociétés commerciales autres que les participations, l'accomplissement de formalités de publicité destinées à porter à la connaissance des tiers l'existence de ces sociétés et les clauses principales des actes sociaux [2]. Les origines de cette sage et nécessaire prescription ont été tracées par MM. Lyon-Caen et Renault, dont je suis l'exposé. Dès l'an-

[1] Savary cité par Lescœur, *Essai hist. et critique sur la législ. des sociétés commerciales,* pp. 10, 11.

[2] Cf. Lyon-Caen et Renault, *Précis de droit commercial,* 1879, p. 148.

née 1579, l'ordonnance de Blois s'occupa de la publicité des sociétés entre étrangers[1]. Cette disposition de l'ordonnance qui, d'ailleurs, ne semble pas avoir été observée, fut étendue aux régnicoles par l'ordonnance de 1629, dite *Code Michau*[2]; mais cette ordonnance repoussée par la plupart des parlements ne fut pas davantage exécutée. L'ordonnance de 1673 édicta de nouveau des règles de publicité[3]. Contrairement aux dispositions de l'ordonnance, jamais on n'admit dans la pratique la nullité des sociétés non publiées et les prescriptions du législateur tombèrent en désuétude[4]. Le *Code de commerce* a organisé à nouveau les formalités de publicité; et ce, à peine du nullité[5].

Certaines formalités de publicité étaient déjà usitées au siècle dernier dans les pays étrangers, à Genève[6] notamment et en Allemagne[7].

Société en nom collectif. — C'est une société dans laquelle tous les associés font le commerce sous une raison sociale et sont tenus personnellement et solidairement des dettes sociales : l'un d'eux ne saurait opposer le bénéfice de division entre lui et ses associés ou le bénéfice de discussion vis-à-vis du fonds social[8].

Ce trait caractéristique de la société en nom collectif, la solidarité, se laisse déjà reconnaître à la fin du XIIIe siècle dans Beaumanoir[9]; il est nettement dessiné dès le milieu du XIVe siècle dans les statuts de Florence[10] et il se reproduit dès lors de

[1] Art. 358.

[2] Art. 414.

[3] Titre IV, art. 2-6.

[4] Pothier, *Du contrat de société*, § 82. Claude Serres, *Les inst. du droit franç.*, 3e édit., p. 362.

[5] *Code de commerce*, art. 42-46. Cf. loi du 24 juillet 1867.

[6] Depuis 1698.

[7] Cf. H. Le Fort, *Le registre de commerce et les raisons de commerce*, Genève, 1884, pp. 3, 6, 19, 20.

[8] *Code de commerce*, art. 22. Cf. Boistel, *Précis de droit commercial*, 3e édit., 1884, p. 142, no 189; Lyon-Caen et Renault, *Précis de droit commercial*, 1879, pp. 139, 145.

[9] Beaumanoir, XXI, 31, édit. Beugnot, t. Ier, p. 320.

[10] Statut de Florence de 1355, cité par Lastig, dans *Zeitschrift für das gesammte Handelsrecht*, t. XXIV, p. 438.

siècle en siècle, parce qu'il correspond à une nécessité commerciale évidente[1].

La raison sociale ou raison de commerce est une dénomination formée du nom d'un ou de plusieurs des associés avec l'addition de ces mots *et Cie*. C'est le nom sous lequel se produit la société. L'usage du *nomen sociale* remonte à plusieurs siècles[2].

Sociétés par actions. — Une association atteint la perfection juridique le jour où elle possède la qualité de personne morale, d'*universitas*, comme disaient les Romains.

Faisant ici abstraction du droit positif, je crois pouvoir affirmer que le trait qui justifie le mieux la qualité de personne morale, d'*universitas*, le trait qui donne à un groupe cette qualité en sa plénitude, en un degré éminent, absolu, c'est le fait que son existence cesse de dépendre de la vie ou de la mort des individus qui font partie de l'association.

Une ville, une communauté locale d'habitants, subsiste et se continue, sans que la mort d'un habitant exerce la moindre influence sur ce *corpus*, sur cette *persona*. Elle est donc bien distincte des individus qui la composent : elle possède quelque chose de supérieur à l'*universitas* ou *persona* du droit positif ; elle possède le noyau solide et résistant de l'*universitas*, la vie.

Je m'attache à cette considération plus philosophique peut-être que strictement légale, afin de faire toucher du doigt le progrès et le mouvement qui s'est opéré dans l'organisme des sociétés. Grand nombre d'associations, communautés ou collèges, étaient arrivées dès l'antiquité à résoudre ce problème de la vie. Quelques-unes étaient personnes morales, *universitates*, par le bénéfice de la loi. Les autres l'étaient en fait et réellement par la continuité même de l'existence, par la persistance de la *persona*[3]. Les associations de l'ordre matériel du monde mo-

[1] Cf. Pothier, *Du contrat de société*, § 57.

[2] On constate l'existence de cet usage en 1509 : « Usato nome della compagnia. » Mais cet usage ne commence pas en 1509. Il est beaucoup plus ancien. Au XVIIIe siècle, Casaregis a écrit quelques pages intéressantes sur le *nomen sociale*. Cf. Weber, *Entwickelung des Solidarhaftprinzips und des Sondervermögens der offenen Handelsgesellschaft*, 1889, p. 53, notes 68, 69, 70 ; Lescœur, *Essai hist. et critique sur la législ. des soc. commerciales*, p. 8.

[3] Voyez notamment *Digeste*, III, IV, 7, § 2.

derne ne sont arrivées à la position de personnes morales que dans les derniers siècles. Nous considérons aujourd'hui en droit positif toutes les sociétés commerciales comme personnes morales et nous tirons de cette conception qui repose en partie sur une fiction, quelques conséquences pratiques importantes. Mais parmi les sociétés commerciales, celles dites par actions ont réalisé ce progrès sans nulle fiction. Jusqu'à elles, une société commerciale pouvait être considérée comme personne morale à divers points de vue, mais le fait venait bientôt donner un démenti à la théorie, car on voyait chaque jour cette prétendue personne mourir le jour même où mourait un de ses membres : elle n'était donc pas bien distincte des *personæ* ou individus qui la composaient.

Il en est autrement des sociétés par actions. Elles ne sont point sujettes à toutes les causes de dissolution qui tiennent à la personne des associés, mort, interdiction, déconfiture, faillite[1]; et c'est par là qu'elles sont plus éminemment personnes morales que les autres sociétés commerciales réputées telles d'ailleurs elles-mêmes par tous les jurisconsultes.

J'ai dit les *sociétés par actions*. Qu'est-ce donc que l'action? C'est la part d'intérêt normalement négociable d'après les statuts de la société. Chaque actionnaire, ayant le droit de céder son action, peut sortir de la société quand bon lui semble.

Il existe aujourd'hui chez nous deux sortes de sociétés par actions : les sociétés en commandite par actions et les sociétés anonymes. Dans les sociétés en commandite par actions, le capital formant la somme des fonds versés par les simples bailleurs de fonds ou associés commanditaires est divisé en actions. Cette forme de société n'a pas été inventée en ce siècle : la Banque de Law n'était autre chose qu'une société en commandite par actions[2].

J'arrive à la *société anonyme*. Elle réalise, pour ainsi dire, l'idéal de l'association des capitaux. Les personnes ici ne comptent plus : l'argent qu'elles apportent est seul mis dans la ba-

[1] *Code civil*, art. 1865. Cf. Boistel, *Précis de droit commercial*, 3e édit., p. 203.

[2] Tel est du moins l'avis de M. Lescœur, *loc. cit.*, p. 11. Je ne prétends pas donner sur ce point une opinion personnelle.

lance : aucun associé n'est tenu au delà de sa mise. Grâce à la commandite, on était depuis longtemps familiarisé avec la notion d'un associé responsable jusqu'à concurrence de sa mise et non au delà. Généraliser cette notion, l'étendre à tous les associés, voilà ce que sut faire la société anonyme. On la rencontre de bonne heure[1] en Italie (*Banque de Saint-Georges* de la République de Gênes, xve siècle); puis en Angleterre (*Compagnie de Moscovie*, 1555, *Compagnie anglaise des Indes Orientales*, 1599 [2]); en Hollande (*Compagnie hollandaise des Indes Orientales*, 1602). Elle apparaît chez nous quelques années plus tard dans la première moitié du xviie siècle : la *Compagnie des îles de l'Amérique* (1626) et plusieurs autres grandes compagnies un peu postérieures ne sont pas autre chose.

La part de chaque associé (nous disons aujourd'hui action) était dès lors cessible : dans l'acte d'association des *Seigneurs des îles d'Amérique*, il est dit que, si un associé vend sa part à un autre de la compagnie, il sera au pouvoir de la compagnie de rembourser celui qui l'aura achetée. Dans des compagnies plus vastes, l'associé avait la faculté de se substituer une autre personne sans condition.

Plusieurs de ces compagnies avaient, comme nos sociétés modernes, des assemblées générales annuelles, « où tous les associés, lisons-nous dans un acte de la première moitié du xviie siècle, étaient obligés de se trouver ou envoyer leurs procurations à l'un des associés, non à d'autres. Et les associés qui ne s'y trouveront ou n'envoieront leurs procurations ne laisseront d'être obligés aux résolutions qui auront été prises en ladite assemblée générale[3]. »

[1] La cessibilité des actions apparaît dès le xiie siècle : dans un acte de 1197, nous voyons la propriété d'un navire divisée en cent *sortes*. Un certain Sebastianus qui se rend acquéreur de quatre ou, dans un cas prévu au contrat, de huit *sortes*, est muni du pouvoir *vendendi, donandi, commutandi, locandi* (sortes istas) *cuicumque voluerit transactandi, et quicquid inde sibi placuerit faciendi, nullo sibi homine contradicente*. Acte de 1197, dans *Archivio veneto*, t. XXII, pars ii, pp. 315, 316.

[2] Adam Wiszniewski, *La méthode hist. appliquée à la réforme des banques, Hist. de la banque de Saint-Georges*, 1865, p. 37 et *passim*. Worms, *Sociétés par actions et opérations de bourse*, pp. 39-67.

[3] Lescœur, *ibid.*, pp. 14, 15.

Ces grandes sociétés étaient issues d'un acte de l'autorité royale[1]. De même le Code de 1807 soumit les sociétés anonymes à l'autorisation préalable : elle a été exigée jusqu'en 1867.

Ainsi se sont lentement élaborés et constitués les merveilleux instruments qui allaient, en ce siècle, décupler la puissance des grandes découvertes modernes, nées elles-mêmes d'une longue et très lente préparation scientifique.

BIBLIOGRAPHIE. — Le Brun, *Traité de la communauté entre mari et femme avec un traité des communautés ou sociétés tacites*, publié par L. Hideux, 1709, 2 vol. in-fol. — Frémery, *Etudes de droit commercial*, Paris, 1833. — Troplong, *Du contrat de société civile et commerciale*, t. Ier, Paris, 1843, préface (p. I à C). — Méplain, *Traité du bail à portion de fruits*, Moulins, 1850. — Worms, *Sociétés par actions et opérations de bourse*, Paris, 1867. — Talon, *Etude sur le contrat de société*, Paris, 1867. — Frignet, *Histoire de l'association commerciale depuis l'antiquité jusqu'au temps actuel*, Paris, 1868. — A. Flammer, *Le droit civil génevois dans son développement historique*, dans *Bulletin de l'Institut national génevois*, t. XX, 1875, pp. 95-107. — Poisnel, *Recherches sur les sociétés universelles chez les Romains*, dans *Nouvelle revue historique*, t. III, p. 431 et suiv., 531 et suiv. — Lescœur, *Essai historique et critique sur la législation des sociétés anonymes en France et à l'étranger*, Paris, 1877. — Endemann, *Studien in der rom.-kan. Wirthschafts- und Rechts-Lehre bis gegen Ende des siebz. Jahrhunderts*, t. Ier, pp. 341-420. — Lastig, *Beitr. zur Gesch. des Handelsrechts*, dans *Zeitschrift für das ges. Handelsrecht*, t. XXIV, 1879, pp. 387-449. — Krasnopolski, dans *Zeitschrift für das Privat- und öff. Recht der Gegenw.*, t. VIII, 1881, pp. 55-56. — Gierke, *Das deutsche Genossenschaftsrecht*, t. III, 1881, pp. 422 à 425 et *passim*. — Gierke, *Die Genossenschaftstheorie und die deutsche Rechtspr.*, Berlin, 1887. — Willy Silberschmidt, *Die Commenda in ihrer frühesten Entwicklung bis zum XIII. Jahrhundert*, Würzburg, 1884. — Van den Heuvel, *De la situation légale des associations sans but lucratif en France et en Belgique*, Paris, 1884, 2 vol. — Destouet, *Du bail à colonat partiaire*, Paris, 1885 (thèse). — Kohler, *Die Commenda in islam. Rechte*, 1885 (Joignez compte-rendu par Rubens Duval dans *Revue*

[1] J'ajouterai que le véritable fondateur de ces grandes compagnies coloniales était le roi. A leur tête étaient placés des personnages très importants du royaume.

Les compagnies coloniales prirent généralement en naissant la marque féodale. Leur entreprise était un fief pour lequel elles portaient au roi foi et hommage lige. Elles devaient, à titre de devoir féodal, une pièce ou couronne d'or « à chaque mutation du roi. » Cf. Lescœur, *Essai hist. et crit. sur la législ. des sociétés commerciales*, pp. 14, 15; *Edits, ordonnances royaux..... concernant le Canada* (t. Ier), Québec, 1854, p. 44.

critique d'histoire et de littérature, 17 mai 1886, p. 383). — Boissonade, *Le Code Napoléon et les sociétés coopératives civiles du Dauphiné* (Extrait de la *Revue critique*, t. XXVIII, mars 1886). — Hulot, *Le régime légal des associations en Suisse,* dans *Annales de l'Ecole libre des sciences politiques,* 15 avril 1886, pp. 249-258. — Vauthier, *Etudes sur les personnes morales dans le droit romain et dans le droit français,* Bruxelles et Paris, 1887. — Pierre Dareste, *La liberté d'association*, dans *Revue des Deux-Mondes*, 15 oct. 1891, pp. 817-834. — Pierre Bonnassieux, *Les grandes compagnies de commerce*, *Etude pour servir à l'histoire de la colonisation*, Paris, 1892.

CHAPITRE VIII.

DU RÉGIME DES BIENS DANS LE MARIAGE.

Préliminaires.

Les deux régimes des biens. Les propres et les acquêts. — Nous passerons ici en revue deux régimes différents : 1° la communauté, régime des pays coutumiers, sauf la Normandie; elle est aujourd'hui, aux termes du *Code civil,* le régime de droit commun pour toute la France; 2° le régime dotal usité dans les pays de droit écrit, ainsi qu'en Normandie : il nous vient des Romains. Son adoption par les époux est de jour en jour moins fréquente dans les pays de droit écrit. On a constaté que, modifié et assoupli, il était quelquefois, fort rarement d'ailleurs, adopté depuis un certain nombre d'années dans le nord-est de la France et même en Belgique[1].

J'indiquerai tout d'abord la valeur de deux expressions qui reviendront souvent dans les développements qui vont suivre.

[1] Voyez ici Laurent, *Principes de droit civil français*, t. XXIII, p. 452; Duverger, dans *Revue pratique*, t. XLIV, 1878, pp. 295, 296; Laurent, *Avant-projet de révision du Code civil,* t. V, p. 176. Dans le ressort de la Cour de Gand, m'écrit M. Lameere, procureur général, l'adoption du régime dotal est un cas des plus rares. « J'ai lieu de croire, ajoute ce savant magistrat, que, dans d'autres parties du pays et notamment à Bruxelles, on recourt plus au régime dotal que par le passé, » mais toujours à titre exceptionnel, « non point au régime dotal pur, mais à ce régime tempéré par la faculté d'aliéner les biens à charge de remploi et par la stipulation d'une société d'acquêts. » Quant au nord-est de la France, les renseignements que j'ai pris à Arras (auprès de mon ami, M. Laroche) et à Douai (auprès de mon ami, M. Espinas, alors conseiller à la Cour) concordent : le régime dotal est, dans cette région, de la plus grande rareté. J'y fais allusion afin de ne pas paraître ignorer ce qui a été écrit à ce sujet; mais M. Laurent s'est, ce semble, exagéré le mouvement (presque insensible) en faveur de la dotalité. Il faut parler bien plutôt des progrès du régime de la communauté dans le midi de la France. J'ai recueilli à cet égard des renseignements qui me paraissent concluants.

Je fais allusion à ces termes de la langue juridique, les *propres*, les *acquêts*.

Les *propres*, appelés dans les premiers siècles les *alleux*, sont les biens de famille, ceux qui nous viennent par succession : on les appelle aussi *héritages*[1].

Les *acquêts* ou *conquêts*[2] sont les biens qui ne nous viennent pas par succession, ceux dont nous avons acquis la propriété par achat ou donation. On distingue quelquefois les deux mots *acquêts* et *conquêts*, en réservant le premier aux biens acquis avant le mariage et le second aux biens acquis pendant la communauté existant entre le mari et la femme[3]. *Conquêts se font par deux, acquêts se font par un*[4].

Les biens qui adviennent à titre de succession à l'un des conjoints sont *propres* et non *acquêts :* il ne peuvent être *conquêts*, quoique la succession soit advenue durant la communauté[5].

Dans la plupart des coutumes, un acquêt immeuble devient propre entre les mains de celui auquel il échet par succession ou donation d'ascendant. On l'appelle alors *propre naissant*[6].

Telle est, dans les derniers siècles, la valeur ordinaire des mots *propres* et *conquêts*. Toutefois on trouve aussi le mot *propres* employé en un sens plus restreint et le mot *conquêts* en un sens plus large. Au XIVe siècle, à Paris, lorsqu'il s'agit des biens des époux, les mots *propres* ou *héritages* désignent exclusivement les biens venus de succession directe : l'expression *conquêts* embrasse alors les biens provenant de ligne collatérale[7].

[1] Voyez mes *Etablissements*, t. II, pp. 103, 104.

[2] Voyez ces deux mots confondus par Beaumanoir, XIV, 20, édit. Beugnot, t. Ier, pp. 234, 235.

[3] Cf. *Encyclopédie méthod.*, *Jurispr.*, t. Ier, p. 126.

[4] *Les axiomes du droit français du Sr. Catherinot*, publiés par Ed. Laboulaye dans *Nouv. revue hist.*, janvier-février 1883, p. 71.

[5] Pothier, *Cout. d'Orléans*, t. Ier, 1776, p. 435.

[6] Cf. *Encyclopédie méthodique*, *Jurisprudence*, t. VII, p. 41.

[7] Jean des Marés, *Décision* 26. Cf. *Style du Châtelet*, dans ms. fr. 18419, fol. LXXXV v°.

PREMIÈRE SECTION.

Des régimes de communauté.

1. *Notions générales.*

Définition. Origines. — La femme germaine que les idées chrétiennes et les influences civilisatrices nouvelles élevèrent peu à peu à un niveau supérieur, ne tarda pas à prendre sa place au sein de la communauté de famille et on vit se former entre époux la communauté de biens, très simplement définie une société de biens régie par des règles particulières.

Cette communauté se développa parmi des mœurs simples et chrétiennes et acquit du premier coup une force singulière qu'elle a perdue depuis. Ce n'était pas seulement une communauté de biens légale, un état juridique abstrait dont les conjoints ont une idée confuse et dont le notaire seul connaît l'essence; c'était une communauté de vie, une communauté de fait, toujours palpable, saisissable[1].

La communauté existait de plein droit entre mari et femme dans les pays coutumiers.

Le régime que nous allons étudier a pour assise historique ce fait primitif : une femme sans dot (au sens moderne ou au sens romain) et sans droits successoraux. Sur cette donnée première s'ébauche et s'édifie le régime de la communauté.

Ce système n'est que le développement, la transformation de certains usages germaniques : la communauté de biens est un arbre dont il faut chercher la racine ou, si on veut, la semence dans le droit germanique.

Chez les Germains, dans la période tout à fait primitive, le

[1] La femme est souvent près de son mari quand il monte la garde au château du suzerain (*Etabl.*, liv. Ier, ch. 57, dans mon édit., t. II, p. 81). Pour achats faits en commun voyez mes *Etablissements*, t. II, p. 268. Tout ceci rappelle merveilleusement ce passage de Tacite : « Venire se laborum periculorumque sociam, idem in pace, idem in prælio passuram ausuramque... sic vivendum, sic pereundum » (Tacite, *Germanie*, 18).

mari achetait sa femme. Plus tard, la notion d'achat s'affaiblit; le prix primitif se fixa et devint symbolique : il tomba, si je puis dire, dans le cérémonial et nous nous en sommes suffisamment occupés en traitant du mariage [1]. Mais le mari continua à remettre à sa femme une somme qui n'était plus, à proprement parler, un prix d'achat; ce don du mari, c'est la dot au sens germanique [2]. Parallèlement à la *dos* ou dot, les lois barbares parlent souvent d'un don fait par le mari à la femme après la première nuit; on l'appelle *don du matin* ou *morgengab* [3]. Ces apports se confondent souvent [4] et peu à peu s'unifient dans presque toute la France. Ils se concentrent sur la tête de la femme [5], au lieu d'aller en partie enrichir son père ou son mainbour.

Non seulement ces apports se concentrent, mais ils se fixent à un *quantum* déterminé. Deux modes de fixation se dessinent de bonne heure; de ces deux procédés de fixation dérivent deux systèmes de communauté de biens, à savoir la communauté universelle et la communauté réduite aux acquêts.

Communauté universelle. — Ce procédé de fixation est

[1] Voyez ci-dessus, p. 402, 403, 419, 420 et suiv.

[2] Voyez Tacite, *De moribus German.*, 18; *Lex Rip.*, XXXIX (*al.* XXXVII), 2; Pertz, *Leges*, t. IV, p. 599. « Qualiter vidua Salicha, etc.; » acte de 833 (environ) dans Bruel, *Recueil des chartes de l'abbaye de Cluny*, t. Ier, pp. 9, 10; acte de 907, dans Baluze, *Capit.*, t. II, col. 293, 294; acte de 973, dans Bruel, *ibid.*, t. II, p. 405, no 1331; formules nombreuses, dans E. de Rozière, *Recueil général des formules*, 1re partie, p. 264 et suiv.

[3] *Lex Rip.*, XXXIX (*al.* XXXVII), 2. *Lex Alam.*, 56, dans Pertz, *Leges*, t. III, p. 63; *Codex diplom. Cavensis*, t. III, 1876, no 476, pp. 91, 92, acte no 714. Baluze, *Capit.*, t. II, col. 1550. Joignez les divers textes cités par d'Olivecrona, *Précis hist. de l'origine et du développement de la communauté des biens entre époux*, p. 43, note 2. On retrouve le *morgengab* chez les Scandinaves jusqu'aux temps modernes : ce mot subsiste jusqu'au *Code civil* dans le droit alsacien. Voyez notamment ord. de Frédéric II, dans *Kongelige Majestatz obne Breff lydendes*, etc., pièce 6; d'Agon de Lacontrie, *Ancien statutaire d'Alsace*, p. 75.

[4] « Est autem dos illa donacio quam maritus dat uxori sue et vulgo vocatur *margengab* » (*Formularius de modo prosandi*, rédigé dans le couvent de Baumgartenberg, dans Rockinger, *Briefst. und Formelbücher*, p. 759).

[5] Voyez déjà *Lex Rip.*, XXXIX (*al.* XXXVII), 2. On a quelquefois rattaché notre communauté au régime décrit par César (*De bello Gallico*, VI, 19) et cité plus haut pp. 5, 6. Il n'y a aucun lien historique saisissable entre notre communauté et le régime des biens entre époux chez les Gaulois.

très simple : la femme aura droit ici à un quart[1], là à un tiers[2], ailleurs encore à la moitié[3] de toute la fortune de son mari.

La femme, à l'origine, ne succédait pas à la fortune immobilière de ses parents. En outre, une fois mariée, elle perdait ordinairement tout droit successoral. Par conséquent, lui attribuer le tiers, le quart, la moitié de la fortune du mari, c'était lui attribuer en gros cette même quote-part sur l'ensemble des biens qui se trouvaient entre les mains des époux, puisque tous les immeubles dont jouissaient ces derniers venaient du mari. Lorsque la femme cessa d'être exclue des successions immobilières, l'usage de faire ainsi masse de tous les biens dont jouissaient les époux se maintint en un assez grand nombre de pays. Et ce fut la communauté universelle. Elle était usitée à Tournai[4], à Arras[5], à Daours[6], sur plusieurs points de l'Alsace, notamment à Neuf-Brisach[7] (en cet endroit, elle était des deux tiers au tiers) : elle existait, au XVe siècle, en Auvergne[8]. Nous

[1] Acte de 995, dans *Codex diplomaticus Cavensis*, t. III, 1876, pp. 25, 26, n° 476. Cf. pp. 91, 92, acte n° 714; Gengler, *Grundriss der deutschen Rechtsgeschichte*, p. 200. Je ne rencontre cette quote-part du quart qu'en Italie chez les Lombards.

[2] La quote-part du tiers se trouve notamment à Artolsheim, à Bartenheim, à Neuf-Brisach en Alsace (D'Agon de Lacontrie, *Ancien statutaire d'Alsace*, Colmar, 1825, pp. 56, 57, 58, 140-142). Cf. Arnold, *Zur Geschichte des Eigentums in den deutschen Städten*, p. 167; Heydemann, *De jure successionum ex statutis Marchicis*, pp. 47, 48.

[3] Ypres, acte de 1171 ou 1174, analysé dans Diegerick, *Inventaire des chartes et documents appartenant aux archives de la ville d'Ypres*, t. Ier, p. 302, art. 19, etc., etc. Cf. Déglin, *Thèses pour le doctorat*, Nancy, 1883, pp. 108, 117; Bufnoir, dans *Bulletin de la Société de législation comparée*, 7e année, p. 170. Rapprochez *Edictus Chilperici*, 4, dans Behrend, *Lex Salica*, p. 106; cap. antérieur, art. 8, dans Behrend, *ibid.*, p. 91 (joignez mes *Etabl.*, t. Ier, p. 139).

[4] Coutume de Tournai, citée par Boutillier, *Somme rural*, liv. Ier, tit. LXXVI, édit. de 1621, p. 468.

[5] La communauté universelle existe à Arras, quand il n'y a pas d'entravestissement (*Cout. locales..... de la ville d'Arras*, art. 12, dans *Cout. locale de la loy, banlieue et échevinage d'Arras*, Paris, 1746, p. 37).

[6] Bouthors, *Cout. loc. du bailliage d'Amiens*, t. Ier, p. 308, art. 13.

[7] Cf. ci-dessus, note 2.

[8] Voyez Barberii, *Viatorium juris*, secunda pars, *De societate*, passage cité dans *Revue de législ.*, année 1873, 3e livr., pp. 224, 225. Dans l'exemplaire du *Viatorium juris* que j'ai sous les yeux, le texte se trouve à la 3e page qui suit la signature M IIII.

la retrouvons dans les villes danoises[1], en Allemagne[2], en Suisse[3], en Hollande[4] et jusqu'en Portugal[5]. Lors de la discussion du *Code civil,* Bérenger la proposa pour toute la France comme régime de droit commun. Cette idée fut combattue par Tronchet et rejetée[6].

Dans le système de la communauté universelle, le droit de la femme au tiers ou à la moitié de la fortune commune confond ordinairement deux éléments qui, sur d'autres points, restent séparés et qui s'appellent alors douaire et communauté réduite aux meubles et aux acquêts.

Douaire et communauté réduite aux meubles et aux acquêts. — Ici les droits de la femme furent fixés d'une manière un peu différente. On distingua — et cette distinction venait très naturellement à l'esprit — les biens présents et les biens à venir de la femme. Les biens présents, les biens existants, c'est la part faite à la femme dans les biens qui, dès aujourd'hui, appartiennent au mari ou qui doivent lui revenir, parce qu'ils appartiennent à ses ascendants; sur ces biens que j'appellerai *présents* porte la *dos, dotalitium* ou douaire de la femme. Elle aura aussi des droits sur les biens qui seront acquis pendant le mariage, *acquêts* ou *conquêts;* c'est là l'avenir et on en fait masse à part. Ainsi, dans cette conception, deux groupes de biens ou de droits : les propres (au sens restreint); les acquêts. Le douaire de la femme, sa *dos* proprement dite, lui est constitué sur les propres, mais s'étend, pour ainsi dire, éventuellement sur les conquêts à venir et sur les meubles qu'on assimile aux conquêts : ce droit sur les conquêts et sur les meubles ne

[1] Dareste, *Les anciennes lois du Danemark* (Extrait du *Journal des savants,* février 1881), p. 3.

[2] Voyez ci-dessus, p. 775, note 2.

[3] Arnold, *Zur Geschichte des Eigentums in den deutschen Städten,* p. 167.

[4] Code de 1840, liv. Ier, titre VII, sect. I, art. 174, 175 (texte français dans Ant. de Saint-Joseph, *Concordance,* 1840, p. 77; texte hollandais dans *De nederlandsche Wetboeken,* édit. Oudeman, Leiden, 1871, p. 30).

[5] Voyez mes *Etabl.,* t. Ier, p. 139; cout. de Ferreira d'Aves, 1111-1128, dans *Portugaliæ monumenta hist., Leges et consuet.,* t. Ier, p. 368. Pour le droit du Portugal depuis le XVe siècle voyez Guay, *Le régime de la communauté entre époux dans le nouveau Code portugais,* pp. 4, 7.

[6] Fenet, *Recueil,* t. XIII, pp. 552-554.

s'appelle plus douaire, c'est la part de la femme dans la communauté[1].

Très voisines au début, ces deux notions s'écartèrent l'une de l'autre; et voici comment. Le douaire de la femme était, à l'origine, un droit de propriété identique à son droit sur les conquêts et sur les meubles; mais ce droit de propriété s'affaiblit et fut converti en un usufruit viager, la femme gardant néanmoins certains droits réels pour la garantie de son douaire. Cette métamorphose du douaire était consommée dans beaucoup de provinces françaises au XIIIe siècle[2]. Elle s'explique à merveille par le développement des droits successoraux de la femme : son droit au douaire s'affaiblit, à mesure que ses droits successoraux s'affermissent[3]. L'ensemble des droits de la femme se composa dès lors de deux parts dont la nature juridique était très différente : un douaire viager et une part de propriété dans les meubles et les acquêts[4].

Telle est l'origine de la communauté réduite aux meubles et aux acquêts. La part de la femme dans cette communauté réduite est ordinairement de moitié : ailleurs, notamment dans quelques localités de la Lorraine, elle est seulement du tiers[5]. A Strasbourg, elle est du tiers des acquêts[6].

Le douaire lui-même est de la moitié[7] ou du tiers de la for-

[1] Voyez, entre autres textes, Ansegise, IV, 9, dans Pertz, *Leges*, t. Ier, p. 312 (cf. t. Ier, p. 230); acte de 833, dans Champollion-Figeac, *Mélanges historiques*, t. III, pp. 424, 425; Sohm, *La procédure de la Lex Salica*, trad. Thévenin, p. 181, note; acte de 1210-1211, analysé par M. Delisle, *Catalogue des actes de Philippe-Auguste*, n° 1206.

[2] Voyez mes *Etablissements*, t. Ier, p. 137 avec la note 1. Pour le douaire en usufruit à Cambrai en 1376, voyez Le Glay, *Analectes*, p. 124. Douaire d'usufruit en 1207, dans la Thaum., *Cout. loc. de Berry*, p. 439.

[3] Depuis le XVe siècle, le droit angevin supprime même le douaire, lorsque la femme est héritière de terre. Voyez *Etabl.*, t. III, p. 267.

[4] *Etabl. de saint Louis*, liv. Ier, ch. 17, 140, 143. Cf. G. d'Espinay, *Cart. angevins*, pp. 183, 186, 187, avec la note 1.

[5] Bonvalot, *Coust. du duché de Lorraine*, p. 47, note 1 et p. 95.

[6] « De consuetudine terre et civitatis Argentinæ, mulier in rebus emptis, constante matrimonio, terciam partem et vir duas partes lucretur » (Acte de 1293, dans *Urkundenbuch der Stadt Strassburg*, t. III, p. 92, n° 290.

[7] *Etablissements*, liv. Ier, ch. 138. Beaumanoir, XIII, 2, 12 (Beaumanoir mentionne ici une ordonnance de Philippe-Auguste fixant la quotité du douaire à la moitié).

tune du mari : la quotité du tiers est fréquente en Touraine et en Anjou dans les familles nobles[1] : le droit à la moitié est ordinaire chez les roturiers. C'est le douaire à la moitié qui a généralement prévalu dans le dernier état du droit[2].

Communément le douaire ne porte que sur les biens existants au moment du mariage et sur ceux provenus depuis au mari de successions en ligne directe[3]. Le douaire normand portait même sur les immeubles du père ou de l'aïeul du mari, ayant consenti au mariage et décédé après le mari[4]. Il en était de même en Touraine, en Anjou et dans le Maine[5]. Historiquement ce trait spécial à un petit nombre de coutumes n'a rien d'anormal. Il s'explique par l'intervention des parents dans l'affaire de la constitution du douaire : « Intersunt parentes et propinqui ac munera probant, » disait Tacite, parlant de la *dos* offerte par le mari à la femme[6]. Parmi nous, le prêtre faisait prononcer au mari cette formule qui rappelle parfaitement l'expression de Tacite : « Du doaire qui est devisés entre mes amis et les tiens, te deu[7]. » Il est tout naturel que, les parents ayant pris part à la convention du douaire, la femme ait un droit direct sur leur fortune.

Telle est la quotité et telles sont les lois du douaire dit *légal* ou *coutumier*, c'est-à-dire du douaire admis de plein droit par la coutume. Le douaire *conventionnel* ou *préfix* était celui qui résultait des engagements pris par le mari. Suivant la coutume

1 Sur le douaire au tiers en Castille voyez *Fuero viejo de Castilla*, liv. V, tit. I, dans *Los codigos españoles*, t. Ier, 1872, p. 294. Sur le douaire au tiers dans les familles nobles en Touraine-Anjou au moyen âge, voyez mes *Etabl.*, t. Ier, p. 138.

2 Giraud, *Précis de l'ancien droit coutumier français*, p. 70. Il était limitativement du tiers en Normandie (cout. de Normandie, art. 367 à 371). Sur le douaire à moitié à Paris à la fin du XIVe siècle et sur les biens qu'il frappe, texte important, dans *Style du Châtelet*, ms. fr. 18419, fol. LXXXV v°. Rapprochez cout. de Paris, art. 248.

3 Coutume de Paris, art. 248. Cf. *Observations présentées par la Faculté de droit de Caen sur le projet de loi de M. Delsol concernant les droits de l'époux survivant*, p. 16.

4 Tardif, *Cout. de Normandie*, 1re *partie*, *Le très ancien coutumier*, p. 81. Cout. de Norm., art. 369. Cf. *Observations*, etc., pp. 21, 22.

5 Cf. Touraine, 333; mes *Etablissements*, t. III, p. 276.

6 Tacite, *Germ.*, 18.

7 Beaum., XIII, 12. J'ai suivi les traces de cette formule jusqu'au milieu du XIXe siècle dans des contrats de mariage.

de Paris, l'existence d'un douaire *préfix* faisait cesser tout douaire coutumier. Ailleurs, la femme avait l'option entre les deux douaires.

Le douaire légal était de droit dans presque toutes les coutumes. Quelques-unes cependant exigeaient qu'il fût expressément stipulé[1].

A moins d'une autorisation spéciale du suzerain, la femme ne pouvait, à l'origine, obtenir son douaire sur une terre féodale. Ce principe n'était pas tout à fait oublié au XIIIe siècle[2]. Deux raisons justifient cette règle : le bénéfice est viager : pourquoi la femme en jouirait-elle, le jour où il doit revenir au suzerain? La femme, en second lieu, ne peut remplir les devoirs militaires imposés ordinairement au vassal, lorsqu'il s'agit d'un fief militaire.

Les dettes des deux époux au jour de leur mariage tombaient, à moins de stipulation contraire[3], dans la communauté : on sait que les meubles y tombaient également. Entre les dettes et les meubles existe, je l'ai déjà remarqué[4], une étroite solidarité.

A dater de quel moment la femme a-t-elle droit au douaire?

[1] Saintonge, 76 : « Entre roturiers, douaire n'a lieu, s'il n'est conventionnel. » Marche, 288. Cf. Giraud, *Précis de l'ancien droit cout. franç.*, 1852, p. 70. La coutume de Normandie ne permettait pas au mari de donner à sa femme, en faveur du mariage, autre chose que le tiers coutumier en douaire. En Bourgogne, le douaire coutumier (de moitié) ne pouvait non plus être excédé. Ailleurs, le mari pouvait faire à sa future épouse les libéralités qui lui convenaient (*Traité des contrats de mariage*, Paris, 1708, pp. 333-336). Voyez cout. de Normandie, art. 371; coutume du duché de Bourgogne, ch. *Des droits et appartenances à genz mariés*, art. 8, édit. de Dijon, 1624, p. 24.

[2] Voyez coutume de Touraine-Anjou du XIIIe siècle, dans mes *Etablissements*, t. II, p. 210; t. III, p. 70. Conf. une charte de 1029-1033 qui relate la permission du suzerain pour un douaire sur un bénéfice, dans Guérard, *Cartul. de l'abbaye de Saint-Père de Chartres*, t. II, p. 271, pièce n° XII. Le rédacteur de la coutume de Touraine-Anjou paraît reculer ici devant le mot *fief* qui présente évidemment à ses yeux l'idée d'une propriété trop solide : il parle de don de roi ou de comte et désigne ainsi ce que j'appellerais volontiers un fief tout frais, de création toute récente.

[3] Cette stipulation était devenue très ordinaire dans les contrats de mariage : mesure de prudence bien naturelle et qui n'est pas davantage négligée de nos jours. Cf. Guyot, *Répert. de jurisprudence*, t. IV, p. 615; *Code civil*, art. 1409, 1510. Pour la clause d'ameublissement voyez ci-dessus, p. 620.

[4] Voyez ci-dessus, pp. 594, 618, 619.

A dater de quel moment devient-elle commune? — A ces deux questions une seule réponse pour le droit des temps anciens : la femme gagne son douaire ou devient commune, dès qu'elle a couché avec son mari[1]. C'est, si l'on veut, la vieille idée du *morgengab;* on peut songer aussi à un transfert de propriété se réalisant par le coucher, bien que la *dos* (au sens germanique) ait été stipulée à l'avance.

Cette notion primitive s'est conservée longtemps pour le douaire; mais elle s'est effacée plus rapidement pour la communauté; cependant la notion primitive s'est maintenue en ce qui touche la communauté, à Groningue[2], en quelques pays allemands[3], à Strasbourg et dans certaines localités de l'Alsace[4], etc.

Dans le dernier état du droit, on acceptait dans presque toute la France cette règle posée par l'article 220 de la coutume de Paris, à savoir que la communauté entre époux date de la bénédiction nuptiale[5]. Mais le droit, à cet égard, était resté longtemps incertain, divisé, flottant : ici la communauté n'était réputée exister qu'après l'an et jour[6]; ailleurs, elle n'était fondée qu'à la naissance du premier enfant[7].

Quant au douaire, la vieille idée que la femme gagne son douaire au coucher finit aussi par disparaître et fut, mais plus lentement, remplacée par la règle ainsi formulée : la femme gagne son douaire à la bénédiction nuptiale[8].

1 Voyez ici Pothier, *Traité de la communauté*, § 22.

2 Van der Marck, *Inst. juris civilis privati communis et Reipublicæ Groningo-Omlandicæ proprii,* pars prima, § 122, Groningæ, 1761, pp. 232, 233.

3 Otto Stobbe, *Handbuch des deutschen Privatrechts*, t. IV, p. 120, note 12.

4 Notamment à Artolsheim (D'Agon de Lacontrie, *Ancien statutaire d'Alsace*, Colmar, 1825, p. 56). Cf. Silberrad, *De acquæstu conjugali secundum jus..... Argentinense*, Argentorati, 1771, p. 36.

5 Pothier, *Traité de la communauté*, § 22.

6 Beautemps-Beaupré, *Cout. et inst. de l'Anjou et du Maine*, 1re partie, t. IV, p. 262; t. II, pp. 230, 296. Très ancienne coutume de Bretagne, 6e partie, ch. 206. Cf. mes *Etabl.*, t. Ier, pp. 141, 142. Jusqu'à la fin de l'ancien régime, la communauté dans les coutumes d'Anjou, Maine, Grand-Perche, Chartres n'existait, à moins de stipulation expresse, qu'après l'an et jour (Pothier, *Traité de la com.*, art. pr., § 4).

7 Bayonne au XIIIe siècle. Cf. Jul. Vinson, dans *La réforme économique*, t. II, 6e liv., Rouen et Paris, 1876, p. 575.

8 Laurière sur l'art. 248 de la cout. de Paris, édit. de 1777, t. II, p. 256.

2. *Des droits du mari et de ceux de la femme dans le régime de communauté.*

Les droits du mari. Le concours des deux conjoints. — Mainbour de sa femme, le mari est par cela même chef de la communauté; il peut administrer seul les biens de la femme et ceux de la communauté : et même il dispose à son gré entre vifs des meubles et des revenus [1] ainsi que des conquêts immeubles; cette doctrine est formellement inscrite dans la coutume de Paris [2]. Toutefois, d'après quelques coutumes [3], le mari ne peut donner que sa part d'acquêts et non pas l'ensemble des conquêts.

Les mœurs apportèrent à cette rigueur du droit une atténuation d'une grande importance. Cette communauté de fait, cette communauté d'occupations et de soins journaliers dont est issue en partie la communauté juridique entre mari et femme, fit naître de très bonne heure l'usage pour le mari et la femme d'agir toujours en commun, d'agir à deux : en fait, ce n'est pas le mari seul qui, au moyen âge, dispose des acquêts; c'est le mari et la femme agissant en commun. Ce n'est pas le mari seul qui, ordinairement, fait une acquisition nouvelle, un conquêt; c'est le mari et la femme agissant en commun [4].

Au reste, pour deux séries d'opérations dont il nous reste à parler, le concours du mari et de la femme n'était plus seulement d'usage, il était de droit rigoureux ou de nécessité pratique presque absolue. Je veux parler des propres de la femme

[1] Beaumanoir, ch. XXI, 2, édit. Beugnot, t. Ier, p. 303. Des Marés, *Décision* 152. Cf. Beaum., XXX, 99, édit. Beugnot, t. Ier, p. 453.

[2] Des Marés, *Décision* 70. Coutume de Paris, art. 225. Voyez : pour la Lorraine, Bonvalot, *Les plus princip. et génér. coust. du duchié de Lorraine,* Paris, 1878, pp. 101, 102; arrêt du 14 août 1571, cité par L. Passy, *Les origines de la communauté de biens,* pp. 65, 66. Par testament le mari ne peut disposer que de sa part (Des Marés, *Décision* 70). La coutume d'Anjou de 1411 dit formellement que le mari peut aliéner ou hypothéquer les acquêts sans le consentement de sa femme (coutume d'Anjou de 1411, art. 197).

[3] Loudun, ch. XXVI, art. 6. Anjou, 289. Tours, 254. Maine, 304.

[4] « Si entre le signor et la fame aüssent fait achat » (mes *Etabl.,* t. II, p. 268). La coutume de Saintonge fait allusion à cet usage, tit. VIII, art. 68.

ou des propres du mari. Le mari n'avait pas le droit de vendre le propre de sa femme sans l'octroi de celle-ci : il ne pouvait guère mieux aliéner son propre à lui-même, sans l'intervention et le consentement de cette dernière[1], car elle avait sur les propres du mari un droit au douaire, c'est-à-dire un intérêt considérable (et à l'origine une part indivise de propriété).

Les pays de droit écrit présentent ici, dans la première période du moyen âge, certaines analogies que je puis signaler dès à présent. Non seulement les mêmes usages s'y établissent sous les mêmes influences[2], mais le droit romain antérieur à Justinien, le droit théodosien, conservé sur plusieurs points, y exige impérieusement le concours du mari et de la femme pour l'aliénation du fonds dotal[3]. Fonds dotal et douaire sont donc, à ce point de vue, très comparables[4].

De nos jours, les principes posés par le *Code civil* semblent, à première vue, en opposition complète avec ces vieux usages. En effet, le mari, aux termes de l'article 1421, peut non seulement administrer seul les biens de la communauté, mais les aliéner[5] ou hypothéquer sans le concours de sa femme. A plus forte raison il peut aliéner ou hypothéquer seul ses propres biens.

[1] Décision de 1293, dans Warnkœnig, *Franz. Staats- und Rechtsgeschichte*, t. II, appendice, p. 138. Beaumanoir, ch. xxi, 2, édit. Beugnot, t. Ier, p. 303. Texte cité par Bayle-Mouillard, *Etudes sur l'hist. du droit en Auvergne*, pp. 16, 17 avec la note 1. Dans les *Etablissements de saint Louis*, la vente consentie par le mari seul est valable; mais une pareille vente est presque impossible, car la femme, malgré la vente, jouit de son droit viager sur la terre vendue. A la mort de la femme, la terre fait retour à l'acquéreur (*Et.*, liv. Ier, ch. 173. Voyez mon édit., t. II, pp. 319-322; t. IV, p. 198.)

[2] Voyez les textes cités par Gide, *Etude sur la condition privée de la femme*, édit. Esmein, p. 392, note 3. Gide n'a pas noté cette influence du droit antérieur à Justinien.

[3] Paul, *Sentences*; II, xxi B, 2.

[4] Voyez encore, pour le concours du mari et de la femme, une donation faite par le mari et la femme de l'an 587, dans Pardessus, *Diplomata, chartæ*, t. Ier, pp. 156, 157 (seconde pagination du vol.); Luchaire, *Hist. des inst. mon. de la France*, t. Ier, pp. 143, 144 : (le roi et la reine agissent ensemble précisément dans des affaires où deux particuliers agiraient aussi en commun); chartes tourangelles de 1278 et de 1285 publiées par M. Ch. de Grandmaison, dans *Bulletin de la soc. archéol. de Touraine*, t. VI, 1884, pp. 306, 312, nos 6, 9.

[5] Toutefois il ne peut disposer entre vifs à titre gratuit des immeubles de la

Voilà la théorie. Si nous la regardons en face, c'est l'antipode du droit du moyen âge. De la théorie moderne passons à la pratique et nous verrons que les choses ne sont guère changées. En effet, depuis plusieurs siècles, on a transporté dans le droit coutumier le système romain qui accorde à la femme une hypothèque tacite sur les biens du mari pour assurer le recouvrement de sa dot[1]. La femme, en France, se trouve donc avoir comme garantie de ses droits et créances une hypothèque tacite sur les immeubles de son mari[2]. Par suite, les praticiens, prudents et sages, ne réalisent nulle vente de propres du mari ou d'acquêts de communauté sans l'intervention de la femme, laquelle renonce à son hypothèque légale. J'ajoute que la femme peut, en fait, opposer un obstacle très sérieux à la vente, en refusant de renoncer à cette hypothèque.

Le projet de *Code civil* de la Convention portait textuellement : « Tout acte emportant vente, engagement, obligation ou hypothèque sur les biens de l'un ou de l'autre époux n'est valable, s'il n'est consenti par l'un et l'autre des époux[3]. » Il n'y a pas là, comme on pourrait le croire, une profonde innovation juridique : la pratique antérieure[4] en est toute voisine.

Le projet de *Code civil* de la Convention ne dit pas un mot de la puissance maritale et paraît la supprimer purement et simplement : le droit du moyen âge la consacre énergiquement. Et voici que l'un et l'autre droit aboutissent, en ce qui touche les aliénations ou obligations des biens des époux, à des formules presque identiques. De pareilles surprises ne sont pas rares dans l'histoire du droit public et du droit privé.

communauté (*Code civil*, art. 1422). Cet article a pour objet évident de modifier le droit de la coutume de Paris qui accordait au mari la faculté de « disposer *par donation*,... à son plaisir et volonté, sans le consentement de la femme, des biens de la communauté » (Coutume de Paris, art. 225).

[1] *Code de Justinien*, V, XII, 30; V, XIII, loi unique, § 15; VIII, XVIII (*al.* XVII), 12.

[2] *Code civil*, art. 2121, 2135.

[3] *Code civil* de la Convention, liv. Ier, tit. III, art. 12, édit. Acollas, p. 124. Pour la situation de la femme mariée au moyen âge, joignez ce qui a été dit plus haut, pp. 247, 248 et mes *Etablissements*, t. Ier, pp. 147, 148, 149.

[4] Qu'on ouvre, par exemple, le *Stile et reglement pour l'instruction des procez es chatellenies... du parlement de Metz*, seconde édit., Metz, 1682, pp. 242, 243; on y trouvera la pleine confirmation de ce que j'avance.

Femme marchande publique. — On sait qu'aux termes du *Code de commerce,* la femme marchande publique (elle ne saurait l'être qu'avec le consentement de son mari) peut s'obliger, pour ce qui concerne son négoce, sans l'autorisation du mari. Elle peut aussi engager, hypothéquer et aliéner ses immeubles (non stipulés dotaux).

Ces droits de la femme marchande publique sont très anciens : le *Code de commerce* a ici pour base historique la coutume de Paris[1].

Quelques coutumes accordaient aussi à la femme marchande publique le droit d'ester en justice pour affaires relatives à son négoce. D'autres lui refusaient ce droit. La notion barbare et germanique de l'incapacité de la femme a triomphé sur ce point dans le *Code civil*[2].

3. *Dissolution de la communauté.*

Dissolution de la communauté et droit de renonciation de la femme. — La communauté était dissoute : 1° par la mort naturelle de l'un des époux, sauf ce qui sera dit plus bas sur la continuation possible de la communauté; 2° par la mort civile de l'un des époux; 3° par la séparation de corps et de biens, ou de biens seulement, prononcée par justice et exécutée[3].

La communauté dissoute, la femme ou ses héritiers pouvaient l'accepter ou la répudier. Cette option fut accordée d'abord dans plusieurs coutumes aux femmes nobles seules[4] : elle fut plus tard étendue aux roturières. La femme, à l'origine, pouvait se soustraire aux dettes de la communauté, en renonçant simplement aux meubles[5], car on sait que les meubles seuls répon-

1 Cf. cout. de Paris, art. 234, 235, 236; cout. d'Anjou, 510; *Code de commerce*, art. 4, 5, 7; Colmet de Santerre, *Cours analytique de Code civil*, 2e édit., t. VI, pp. 156, 157.

2 *Code civil*, art. 215. Cf. mes *Etabl. de saint Louis*, t. Ier, pp. 148, 149; t. IV, p. 166.

3 Giraud, *Précis de l'ancien droit coutumier français*, pp. 64, 65.

4 Beautemps-Beaupré, *Cout. et instit. de l'Anjou et du Maine*, 1re partie, t. II, p. 338. *Style du Châtelet* de Paris dans ms. fr. 18419, fol. LXXXV.

5 Cf. Les textes cités par M. Guilhiermoz dans *Bibl. de l'Ecole des chartes*, t. XLIV, p. 494; mes *Etabl. de saint Louis*, t. II, p. 26; Tardif, *Coutumier d'Artois*, p. 85.

daient primitivement des dettes; elle gardait donc, tout en renonçant aux meubles, son droit à la moitié des conquêts immeubles. Dès le XIVe siècle on constate à Paris une tendance hostile à cette distinction : on voudrait exiger une renonciation complète ou une acceptation [1]. Ce droit aux conquêts dégagé de l'obligation de payer les dettes heurte désormais toutes les notions d'équité, parce que le droit se modifie et que maintenant les immeubles répondent des dettes comme les meubles. L'effet, toutefois, survécut ici pendant quelque temps à la cause; la tendance nouvelle ne triompha que dans la coutume de Paris de 1510 [2] : la même transformation fut consommée en Bretagne au XVe siècle, en vertu d'une ordonnance du duc Jean V [3].

La renonciation de la femme a toujours été subordonnée à certaines conditions. Au moyen âge, cette renonciation s'effectuait symboliquement : la veuve renonçait sur la fosse de son mari, en y déposant sa bourse et les clefs du logis. C'est dans cette forme que Marguerite, duchesse de Bourgogne, renonça solennellement à la communauté, au témoignage de Monstrelet. Dans le dernier état du droit, « la renonciation se faisait partout par acte notarié ou déposé au greffe et signifié ensuite au mari ou à ses héritiers. Quelques coutumes seulement exigeaient qu'elle fût faite en justice, le mari ou ses héritiers dûment appelés [4]. »

L'article 1460 du *Code civil* déclare commune, nonobstant sa renonciation, la veuve qui a diverti ou recélé quelques effets de la communauté; l'article 1477 ajoute que celui des époux qui aurait diverti ou recélé quelques effets de la communauté est privé de sa portion dans lesdits effets.

[1] Guilhiermoz, *Le droit de renonciation de la femme lors de la dissolution de la communauté dans l'ancienne coutume de Paris*, pp. 8, 9 (Extrait de la *Bibliothèque de l'Ecole des chartes*, t. XLIV).

[2] Art. 115.

[3] Constitution de Jean V, art. 22, dans Dom Morice, *Mémoire pour servir de preuves à l'hist. de Bretagne*, t. II, 1744, col. 1058, 1059.

[4] Voyez pour Paris, *Style du Châtelet*, ms. fr. 18419, fol. LXXXV. *Grand coutumier*, édit. Laboulaye et Dareste, p. 375. Voyez aussi un document de 1396 qui prouve que l'auditoire du Châtelet pouvait, à cette date, être substitué à la fosse (mes *Etabl.*, t. III, p. 269); Giraud, *Précis*, pp. 65, 66.

Dès l'année 1614, le tiers état avait réclamé ces deux décisions salutaires. L'ordonnance de 1629 accepta une partie seulement de ce système. Pothier n'hésite pas à frapper de cette double peine la femme de mauvaise foi. Du *Traité de la communauté* de Pothier cette double pénalité demandée jadis par le tiers état a passé enfin dans la législation française [1].

En cas d'acceptation de la communauté, l'époux survivant et les héritiers de l'époux décédé prenaient chacun la moitié de la somme à partager déterminée par l'opération des reprises et des rapports, et en jouissaient en pleine propriété. Le partage comprenait le passif aussi bien que l'actif de la communauté; cependant la femme et ses héritiers n'étaient pas tenus des dettes au delà de leur émolument [2]. Cette disposition protectrice se retrouve dans le *Code civil* [3].

4. *Communautés ayant plus de deux têtes.*

Femme peut être commune avec son mari et autres communiers. — La communauté que j'ai supposée à l'instant aussi restreinte que possible et réduite à deux têtes, était assez souvent beaucoup plus nombreuse, ainsi que je l'ai exposé dans le chapitre précédent. La femme, en ce cas, n'était pas commune avec son mari seulement; elle était commune en bien avec tous les communiers ou *parçonniers*, et formait une tête [4]. Une tendance à supprimer ce large système de communauté et à compter, dans

1 Voyez Picot, *Hist. des états généraux*, t. IV, p. 72, note 1; Lalourcé et Duval, *Recueil*, t. XVI de la tomaison générale, p. 361; Pothier, *Traité de la communauté*, art. 690. Analogie romaine qui ne doit pas être négligée : *Digeste*, XXIX, II, *De adquirenda vel omittenda hereditate*, 71, §§ 3, 4. Rapprochez *Code civil* du Bas-Canada, art. 1339.

2 Coutume d'Orléans, art. 187. Pothier, *Coutume d'Orléans*, introd. au titre x, art. 135, édit. de 1776, t. Ier, p. 499; *Traité de la communauté*, art. 726, 733 à 750. Coutume de Paris, art. 228. Au moyen âge, le bénéfice d'émolument est inconnu en Terre-Sainte. Voyez *Assises de la Cour des bourgeois*, ch. 191, dans Beugnot, *Assises*, t. II, pp. 128, 129. Ici et plus haut j'emprunte quelques lignes à Ch. Giraud, *Précis de l'ancien droit coutumier français*, pp. 65 à 67.

3 *Code civil*, art. 1483.

4 Coutume d'Orléans, art. 213-217. Coutume d'Auvergne, ch. XIV, art. 32 avec le commentaire de Chabrol, *Coutumes d'Auvergne*, t. II, pp. 399, 400.

une communauté rurale, le mari et la femme pour une seule tête, se manifesta de bonne heure[1] et ne cessa de gagner du terrain.

Continuation de communauté. — Tout ce que j'ai dit dans le chapitre précédent touchant les communautés familiales et ce que je viens de dire à l'instant, a pu faire entrevoir au lecteur que la communauté ne se dissout pas nécessairement à la mort de l'un des époux. Ces continuations de communauté sont précisément l'origine la plus fréquente des larges communautés taisibles de famille dont j'ai déjà parlé à plusieurs reprises.

Les coutumes en leur dernière rédaction offrent ici trois états du droit qui représentent, pour ainsi dire, trois étapes sociologiques :

Première étape. — La communauté se continue entre tous les communiers et ces communiers peuvent être des collatéraux aussi bien que des enfants. C'est le droit primitif[2].

Deuxième étape. — La communauté se continue entre le survivant des époux et les enfants, dans le cas même où ils seraient tous majeurs[3]. Quant aux collatéraux, il n'en est pas fait mention; la coutume ne suppose pas qu'ils aient vécu en communauté avec le défunt.

Troisième et dernière étape. — La continuation de communauté a lieu, s'il y a des enfants mineurs.

Dans ces trois catégories de coutumes, la communauté se continue, à moins que le survivant n'ait fait « faire inventaire « avec personne capable et légitime contradicteur[4]. »

La troisième catégorie est représentée par la coutume de Paris, laquelle peu à peu s'est imposée à presque toute la France

[1] Voyez déjà ce texte normand de 1241 : « Judicatum est quod cum duo fratres sunt ad unum et eumdem catallum et aquirant simul, de quibus unus habeat uxorem, uxor illa non habebit nisi de parte hereditatis mariti sui, videlicet tertiam partem de hoc quod est extra borgagium mariti sui et de acquisitione mariti sui in borgagio facta habebit dicta uxor medietatem partis mariti sui » (cité par L. Passy, *Des origines de la communauté de biens*, p. 35, note 2).

[2] Montargis, ch. IX, art. 3. Berry, titre VIII, art. 19. Bourbonnois, 270. Bassigny, 55. Orléans, 216. Châteauneuf-en-Thimerais, 70. Metz-Ville, VI, 9.

[3] Cambrai, titre VII, art. 11. Poitou, 234. Joignez *Assises des bourgeois*, ch. 187 *in fine*, dans Beugnot, *Assises*, t. II, p. 126.

[4] Paris, art. 240, 241.

coutumière et est devenue à peu près le droit commun. Ainsi la continuation de communauté sans cesse limitée n'a plus été acceptée qu'au cas où il y a des enfants mineurs. C'est en leur faveur qu'on entend maintenir la communauté : sans doute, elle se continue vis-à-vis des enfants majeurs, s'il en existe à côté des mineurs ; mais c'est l'intérêt de ces derniers qu'on a en vue. Si le conjoint survivant a négligé de faire inventaire, il est suspect et l'intérêt des mineurs est préservé par la continuation de la communauté. Les biens demeurant confondus, il est naturel d'admettre que les acquisitions postérieures ont été faites des deniers communs[1].

Cette continuation parisienne de la communauté subsiste de nos jours dans le droit canadien[2]. Elle est interdite par notre *Code civil* qui s'est efforcé de donner d'autres garanties aux mineurs[3].

Nous présumons qu'à l'origine l'état d'indivision étant le fait ordinaire, le groupe se perpétuait sans que personne se demandât quelle était, au sein de la communauté, sa part de droits. Mais cette situation tout à fait primitive se modifia assez promptement et on se préoccupa, en vue des dissolutions de communauté de plus en plus fréquentes, de déterminer les droits de chacun au sein de ces communautés prolongées ; le droit commun des continuations de communauté dans le troisième et dernier système s'établit comme il suit : le survivant compte pour moitié, les enfants pour l'autre moitié[4]. Si le survivant se remarie sous le régime de la communauté, ce second mariage donnera lieu à une communauté tripartite ou communauté par tiers entre trois têtes : savoir le survivant, les enfants du premier mariage, la seconde femme[5]. Si cette seconde femme est

1 Valin, *Nouveau commentaire sur la coutume de La Rochelle*, t. II, 1756, pp. 752, 753.

2 *Code civil* du Bas-Canada, art. 1323, édit. d'Ottawa, 1866, p. 364.

3 *Code civil*, art. 1442.

4 Voyez Pothier, *Traité de la communauté*, 6e partie, *De la continuation de communauté*, §§ 769 et suiv. Coutume de Paris, art. 240, 241.

5 Beaumanoir, XXI, 8. Pothier, *ibid.*, § 907. La continuation de la communauté posée en principe par la coutume de Paris n'était pas générale dans la France coutumière, car, aux états de 1614-1615, le tiers demandait l'application du droit pari-

elle-même veuve en continuation de communauté avec ses enfants, il se formera une communauté quadripartite entre quatre têtes : le survivant, les enfants de son premier mariage, sa seconde femme, les enfants du premier mariage de sa seconde femme. Cette communauté tripartite ou quadripartite subsiste de nos jours dans le droit canadien[1].

Ceci n'est probablement pas autre chose qu'un mesurage juridique introduit au cœur de cette *unio prolium* primitive dont j'ai parlé ci-dessus[2]. L'*unio prolium* subsiste matériellement, mais il s'est fait en son sein une division des intérêts qui lui enlève son caractère profond de communauté et d'indivision; en effet, si chaque groupe inégal d'enfants a droit à un quart, ces deux lits ne sont pas profondément fusionnés; chaque enfant (à moins d'un nombre égal de part et d'autre) n'a plus le même droit sur la masse commune : et d'ailleurs cette masse commune ne se compose plus que des meubles et des acquêts. Nous sommes loin de l'*affiliation* ou *unio prolium*.

5. *De la séparation de biens.*

Les droits de la femme séparée. — Le régime de séparation de biens est, pour ainsi dire, le revers et la contre-partie de la communauté; il s'est établi à la suite de la communauté et après elle comme un remède aux maux que, dans certaines circonstances, celle-ci peut engendrer.

Nous distinguerons la séparation de biens judiciaire et la séparation de biens conventionnelle.

Séparation de biens judiciaire. — La séparation de corps

sien à tous les pays coutumiers; c'est ainsi que je comprends l'art. 322 du cahier du tiers état (Lalourcé et Duval, *Recueil*, t. XVI de la tomaison générale, p. 362). La jurisprudence et l'usage se chargèrent de donner suite au vœu du tiers, car, cent quarante ans plus tard, les jurisconsultes déclaraient que la continuation de communauté parisienne s'étendait aux coutumes muettes, même dans les pays de droit écrit, lorsque la communauté avait été stipulée (Valin, *Nouveau commentaire sur la coutume de La Rochelle*, t. II, 1756, p. 752). Joignez *Compil.*, 75, dans mes *Etabl.*, t. III, pp. 130, 131.

[1] *Code civil* du Bas-Canada, art. 1327, édit. d'Ottawa, 1866, p. 364.

[2] Voy. ci-dessus, pp. 489, 490.

entraînait accessoirement la séparation de biens[1]. Dès le XIIe siècle nous voyons des séparations de biens prononcées principalement à la requête de la femme et sans séparation de corps; je crois, du moins, pouvoir qualifier ainsi la position de la femme qui obtenait délivrance du « *douaire,* » du vivant même de son mari, en raison de la mauvaise administration de ce dernier. Ce cas est prévu par les *Assises de Jérusalem*[2]. En France, nous pouvons citer un accord de la fin du XIVe siècle, où sont réglées les conditions d'une séparation de biens amiable[3], accord vérifié et sanctionné au parlement de Paris.

Séparation de biens conventionnelle. — Enfin, dans le contrat même de mariage, il pouvait être stipulé que la femme emporterait ce qu'elle apporterait et non plus. Cette stipulation (sur laquelle nous manquons de renseignements) ressemble très fort à une séparation de biens. Nous savons que des contrats de ce genre n'étaient pas inconnus à Paris, dès la seconde moitié du XIVe siècle[4].

Il est temps de nous demander quels sont les droits de la femme séparée. Ici règne une grande incertitude. Les jurisconsultes sont en désaccord et les textes se heurtent péniblement.

Cette question, pour être résolue, doit être divisée. Nous nous demanderons d'abord si la femme séparée peut contracter et s'obliger; nous nous demanderons ensuite si la femme séparée peut aliéner ou hypothéquer ses biens sans autorisation.

La femme séparée peut-elle contracter et s'obliger? Suivant du Moulin, elle est libre de contracter et de s'obliger, sans autorisation du mari : c'est aussi ce que déclarent formellement quelques coutumes. La femme séparée ne peut, suivant Chopin,

[1] C'est là l'esprit des *Décrétales de Grégoire IX,* IV, xx (Joignez *Décrét. de Grég. IX,* I, IV, 10).

[2] *Assises de la Cour des bourgeois,* ch. 171, 172, dans Beugnot, *Assises,* t. II, p. 116. Dans les *Assises de Jérusalem,* le mot *douaire* comprend l'apport de la femme, *le mariage* (*ibid.,* pp. 114, 115, 116, 135). A la fin du XIIIe siècle, en France, Beaumanoir ne paraît pas connaître les séparations de biens judiciaires (ch. XXI, 2).

[3] *Archives nationales, Accords,* X1c (pièce qui m'a été signalée par mon ami, M. G. Fagniez).

[4] Jean des Marés, *Décision* 129.

s'obliger sans l'autorisation du mari et un arrêt a donné raison à Chopin[1].

C'est, on le voit, l'incertitude et la confusion. Si je ne me trompe, les jurisconsultes firent peu à peu la paix et l'harmonie dans ce domaine si agité, si troublé. Ils distinguèrent l'exclusion de communauté et la séparation de biens[2]. Dans la simple exclusion de communauté, la femme ne peut ni contracter, ni s'obliger : elle n'administre pas; c'est, du moins, ce que Pothier laisse entendre très clairement. Dans le régime de séparation de biens, elle administre; elle peut contracter et s'obliger, pour les actes de simple administration, sans autorisation du mari[3]. Dès lors nous n'apercevons plus deux solutions contradictoires; nous sommes en présence de deux régimes différents : l'exclusion de communauté et la séparation de biens.

Ces deux régimes distincts[4] ont passé dans le *Code civil*. Ils ne sont, au fond, autre chose qu'un doublet de la séparation de biens, doublet de formation récente : mais le régime dit exclusion de communauté n'a pas eu de succès et est fort rarement adopté[5].

La femme séparée peut-elle aliéner ou hypothéquer ses biens sans autorisation? Ici on s'accorde généralement à reconnaître qu'elle en est incapable, si le contrat est muet ou si la sépara-

[1] Voyez Montargis, ch. VIII, art. 6; Sédan, 95, 97; Le Brun, *Traité de la communauté*, 1754, p. 166; Laurière sur Paris, 224.

[2] Le Brun, *ibid.*, liv. Ier, ch. III, p. 29. Bourjon, *Le droit commun de la France*, t. Ier, 1770, p. 510. Pothier, *Traité de la communauté*, §§ 461 à 465.

[3] Pothier, *Traité de la communauté*, §§ 461 à 465.

[4] Le régime sans communauté fait l'objet des articles 1530 à 1535; le régime dit de séparation de biens fait l'objet des articles 1536 à 1539. Ces deux régimes se retrouvent dans le droit actuel du Bas-Canada (*Code civil* du Bas-Canada, art. 1415 à 1425).

[5] Le régime d'exclusion de communauté se rencontre dans le ressort de la Cour de Toulouse, et cela, semble-t-il, par accident et grâce au jeu inconscient des formules, exécuté par des mains peu expérimentées. Voici les faits tels que M. Bressolles croit, sinon les constater, du moins les entrevoir : jadis, dans cette région, les stipulations de dotalité étaient accompagnées de cette formule : « Les parties ont déclaré exclure toute espèce de communauté. Plus tard, la dotalité fut souvent écartée; mais la clause accessoire demeura et elle est devenue, pour ainsi dire par mégarde, la stipulation du régime spécialement organisé par le Code (Analyse très fine et très judicieuse de M. Bressolles, *Les régimes matrimoniaux actuellement pratiqués dans le pays Toulousain*, 1880, p. 21).

tion a été judiciaire[1]. Toutefois, en Bourgogne, le droit d'aliéner est généralement accordé à la femme par le tribunal qui prononce la séparation; dans le Hainaut français, le mari et la femme séparés sont l'un et l'autre dans une situation juridique identique[2]; enfin la coutume de Montargis accorde à la femme séparée judiciairement la faculté de disposer de ses biens meubles et immeubles[3].

Mais le contrat de mariage qui règle les conditions d'une séparation de biens ne peut-il pas accorder à la femme pour toute la durée du mariage une autorisation générale d'aliéner librement ses biens? Cette clause, au commencement du XVIIIe siècle, était presque devenue de style dans les conventions portant séparation contractuelle; mais la doctrine montrait une grande hostilité[4]; une pareille convention n'était acceptée qu'en Berry et dans le ressort du parlement de Flandre[5].

Les rédacteurs du *Code civil* suivirent l'opinion courante[6] et la jurisprudence la plus répandue, en décidant que la femme, en aucun cas, ne peut aliéner ou hypothéquer ses immeubles, sans le consentement spécial de son mari ou, à son refus, sans être autorisée par justice[7].

A-t-on remarqué que cette décision du *Code civil* met obs-

1 Le Brun, *ibid.*, p. 166.

2 Guyot, *Répert.*, t. XVI, v° *Séparation de biens*, pp. 222, 223.

3 Cout. de Montargis, ch. VIII, art. 6.

4 Le Brun, *ibid.*, pp. 186, 187.

5 Voyez Guyot, *Répert.*, t. Ier, 1784, pp. 828, 832; Berry, tit. Ier, art. 21.

6 Cf. Pothier, *Cout. d'Orléans*, t. Ier, 1776, p. 469; Lamoignon, *Arrestez, De la communauté de biens entre mary et femme*, art. 65, édit. de Paris, 1702, p. 247 (2e pagination du vol.); Pothier, *Traité de la communauté*, §§ 464, 522.

7 *Code civil*, art. 217, 223, 1535, 1538, 1449. Cf. coutume d'Orléans, art. 194 et ci-dessus, p. 292. On sait que la jurisprudence moderne, jurisprudence irréprochable au point de vue du texte et de l'esprit de la loi française, retient sous cette tutelle maritale la femme qui a obtenu contre son mari coupable la séparation de corps (Cf. Gide, *Etude sur la condition privée de la femme*, p. 432. A lire, observations de M. Lyon-Caen, dans *Bulletin du comité des travaux hist., Section des sciences économiques*, année 1884, p. 53). Joignez projet de loi déposé le 12 juin 1884 et dû à l'initiative de MM. Allou, Batbie, Denormandie et Jules Simon (*Documents parlementaires, Sénat*, année 1884, pp. 259, 260); amendement de MM. Naquet et Léon Renault, défendu au Sénat par M. Naquet dans la séance du 19 juin 1885 (*Débats parlementaires, Sénat*, 19 juin 1885, p. 710 et suiv.); enfin, deuxième délibération et vote du Sénat le 28 janvier 1887 (*Officiel, Débats parlementaires, Sénat*, 1887, p. 56).

tacle à un mouvement libéral de la pratique, signalé dès le commencement du XVIIIe siècle, abolit le droit et la jurisprudence du Berry et des Flandres, beaucoup plus favorables et plus larges, diminue en Bourgogne et sur le territoire de la coutume de Montargis les droits de la femme séparée judiciairement[1]?

Publicité des séparations de biens; mouvement en ce sens. — Non commune ou séparée, la femme n'est pas tenue des dettes contractées par le mari : ceci n'a jamais fait la moindre difficulté[2]. S'il en est ainsi, les tiers ont un grand intérêt à connaître le régime adopté par les époux. Cette question a beaucoup préoccupé nos aïeux au XVIIe siècle.

Aux états de 1614-1615, les représentants de la bourgeoisie demandèrent que les séparations de biens fussent rendues publiques, afin que les tiers ne pussent être victimes d'une situation exceptionnelle et qui ne saurait être présumée[3]. Une décision fut prise en ce sens par le présidial d'Orléans en 1624[4], et, cinq ans plus tard, l'ordonnance de 1629[5] fit droit aux réclamations des états de 1614 et imposa par toute la France une publicité sérieuse aux séparations de biens.

Ces divers textes semblent se référer aux séparations judiciaires plutôt qu'aux séparations de biens contractuelles. L'ordonnance du commerce de 1673[6] soumet expressément à la même publicité les clauses des contrats de mariage de marchands dérogeant à la communauté de biens. Savary, dans son *Parfait*

[1] Un projet de loi de M. Camille Sée, présenté en 1880, projet très favorable à la capacité civile de la femme, rendrait possibles les autorisations d'aliéner non spéciales. Toutefois, les explications verbales de M. Sée ont beaucoup atténué la portée de sa proposition, en ce qui touche ces autorisations générales. Peut-être la connaissance du droit antérieur au *Code civil* dans le Berry et dans les Flandres eût-elle dissipé les scrupules de M. Camille Sée et de la vingtième commission d'initiative parlementaire. Voyez la proposition de loi de M. Camille Sée et le rapport de M. Armand Rivière, dans le *Journal officiel* du 11 mai 1880 et du 10 juin 1880.

[2] Des Marés, *Décision* 129. Pothier, *Traité de la communauté*, § 461.

[3] *Recueil des cahiers génér. des trois ordres*, t. IV, *Etats de Paris en 1614*, Paris, 1789, p. 361. Cf. Picot, t. IV, p. 69.

[4] *Règlement sur les séparations*, dans Pothier, *Cout. d'Orléans*, t. II, 1776, p. 601.

[5] Ord. de 1629, art. 143, dans Isambert, t. XVI, p. 267.

[6] Ord. de mars 1673, titre VIII, art. 1, 2, dans Isambert, t. XIX, p. 102. Cf. arrêt du parlement de 1782 dans Isambert, t. XXVII, p. 251.

négociant, insiste avec complaisance sur cette mesure salutaire[1].

Les nouveaux codes, ne négligeant pas ces précédents, conservèrent la publicité de la séparation judiciaire et celle du régime adopté par les époux dont l'un est commerçant[2]. On sentit plus tard le besoin de généraliser ces mesures ; ce qui fut fait par la loi du 10 juillet 1850 : cette loi a organisé un système fort utile dont l'objet est d'informer les tiers de l'existence d'un contrat de mariage et de leur permettre, par conséquent, s'ils sont avisés, de s'enquérir et de ne s'obliger qu'à bon escient[3].

1 *Le parfait négociant*, 2e partie, 1679, p. 298.

2 *Code civil*, art. 1445. *Code de procédure civile*, art. 872. *Code de commerce* art. 67, 68, 69.

3 *Code civil*, art. 75, 1391, 1394 (loi du 10 juillet 1850). Quant aux difficultés qui subsistent et quant à l'état actuel de la jurisprudence en ces matières parfois très embarrassantes pour les tribunaux, voyez arrêts de cassation du 27 janvier 1857 et du 20 avril 1864.

DEUXIÈME SECTION.

Du régime dotal.

Origines romaines. Idée générale. — La communauté de biens ou société entre époux n'était complètement inconnue ni des Grecs, ni des Romains. Nous pouvons affirmer qu'un régime d'association fut quelquefois adopté en Grèce et aussi à Rome entre mari et femme[1]. Mais ce sont là des faits exceptionnels dans le monde romain : l'influence romaine a été nulle en ce sens. Le régime que pratiquaient ordinairement les Romains est appelé *régime dotal :* il a été très usité et il est encore aujourd'hui pratiqué dans les pays dits autrefois de droit écrit et en Normandie.

Tout le système que nous étudions ici est construit autour de ce fait juridique : une femme dotée, une dot protégée. Les Romains en étaient arrivés à cette phase sociologique, lorsque leur régime matrimonial se forma. Ce régime est parfaitement adapté à la fragilité du lien conjugal que le divorce pouvait briser si facilement. Le régime dotal n'associe pas la femme au mari : il ne confond pas les intérêts des deux époux : il les maintient soigneusement séparés[2].

En pays de droit écrit, le père, conformément aux règles du droit romain, est obligé de donner un établissement à sa fille, si elle veut se marier; en d'autres termes, il est obligé de la doter[3].

La dot de la femme mariée comprend soit tous les biens appartenant à cette femme, soit une partie de ces biens.

Les fruits et les revenus de la dot appartiennent au mari[4].

[1] Xénophon, *Economique*, ch. VII, §§ 12, 13, édit. Didot, 1878, p. 629. *Digeste*, XXXIV, I, 16, § 3. *Laudatio Turiæ* (*Nov. Ench.*, p. 673).

[2] Expressions de Gide, *Etude sur la condition privée de la femme*, p. 446.

[3] *Digeste*, XXIII, II, *De ritu nuptiarum*, 19. Cf. Roussilhe, édit. de 1856, p. 8. Pour la Normandie voyez *Arresta scacariorum*, dans Warnkœnig, *Franz. Staats- und Rechtsgeschichte*, t. II, appendice, p. 109, *De maritagio*.

[4] *Digeste*, XXIII, III, 7. *Code de Justinien*, V, XIII, loi unique. Paul, *Sentences*, XXIII, 1.

Si la constitution de dot ne comprend pas tous les biens de la femme, les biens non dotaux sont appelés paraphernaux (c'est-à-dire en dehors de la dot). La femme en a la jouissance et la libre disposition[1].

A l'origine, la dot de la femme devenait la propriété du mari. Vers le milieu du VIe siècle de Rome, la restitution de la dot, en cas de dissolution du mariage par le divorce, fut assurée à celle-ci; un peu plus tard, la restitution de la dot fut également assurée à la veuve[2]. Mais la dot resta la propriété du mari : le droit de la femme était non pas un droit de propriété, mais une créance dotale. Toutefois, les diverses applications du droit de propriété du mari « ont été tellement atténuées et éludées que ce droit a presque entièrement disparu de la pratique et qu'il faut le regard pénétrant du théoricien pour le découvrir[3]. » Un jurisconsulte éminent parmi ces théoriciens, Paul Gide, estime que, même dans le droit de Justinien, la femme n'est pas devenue, à proprement parler, propriétaire de sa dot[4].

Parmi nos anciens jurisconsultes plusieurs enseignaient que la femme conserve la propriété de sa dot; c'est ainsi qu'ils interprétaient le droit romain[5].

Quoi qu'il en soit de la théorie, voici les règles et les solutions pratiques. Le mari, jusqu'à Justinien, ne pouvait, en vertu de la loi *Julia de adulteriis* portée sous Auguste, aliéner les biens dotaux les plus précieux, c'est-à-dire les immeubles, sans le consentement de sa femme; il ne pouvait les hypothéquer, même du consentement de sa femme[6]. Justinien, effaçant cette distinction, défendit au mari d'aliéner ou d'hypothéquer le fonds dotal, même avec le consentement de la

1 Non pas dans la coutume de Bordeaux où le mari administre les paraphernaux (Tessier, *Traité de la société d'acquêts*, pp. 7, 8).

2 Gide, *Du caractère de la dot en droit romain*, édit. Esmein, pp. 508, 510.

3 Gide, *ibid.*, p. 542. La propriété du mari est encore nettement formulée dans la cout. de Toulouse (Cout. de Toulouse, secunda pars, titre VI, art. 87, édit. Tardif, p. 41).

4 *Ibid.*, p. 539 et suiv.

5 Masuer, XIV, *De dote et matrimonio*, 10. Julien, *Elemens de jurispr.*, p. 51.

6 Paul, *Sent.*, II, XXI B, 2. *Digeste*, XLVIII, V, 1.

femme[1]. De relative l'inaliénabilité devint donc absolue[2].

Au moyen âge, l'inaliénabilité relative antérieure à Justinien était généralement reçue dans le midi de la France[3], ainsi qu'en Normandie. La diffusion du droit de Justinien propagea l'inaliénabilité absolue[4] qui ne cessa de gagner du terrain. Toutefois, le droit antérieur à Justinien subsista jusqu'à la fin, plus ou moins modifié, en Normandie[5] et à Toulouse[6]. Cette influence romaine en Normandie est un fait historique d'un grand intérêt qui m'a été signalé, il y a plusieurs années, par mon savant confrère, M. Jules Lair. La *Loi des Wisigoths* fut copiée en Normandie, dès la première moitié du IXe siècle[7]. Cette in-

1 *Code de Justinien*, V, XIII, lex unic., § 15. D'après le *Code de Justinien*, la loi Julia concernait les fonds dotaux situés en Italie. Paul ne fait pas cette distinction.

2 Pour les exceptions de droit à l'inaliénabilité absolue voyez Julien, *ibid.*, p. 57 et suiv.

3 Je me sers, pour établir cette assertion, des textes que Gide cite à un autre point de vue dans son *Etude sur la condition privée de la femme*, édit. Esmein, p. 392, note 3.

4 Je n'entends pas par ce mot « absolue » faire allusion aux tiers; car d'excellents auteurs admettaient que les tiers ne pouvaient invoquer la nullité de l'aliénation (Roussilhe, édit. Sacase, p. 292).

5 J. Tardif, *Coutumiers de Normandie*, 1re partie, *Le très ancien cout.*, pars prima, c. IV, art. 1, 2 (à lire avec soin en pesant tous les mots); pars altera, c. LXXX, 5 (même observation; à réunir au texte précédent). Voici le passage décisif du *Grand coutumier* du XIIIe siècle : ch. C, (*al.* CI) : « Notandum autem est quod vir uxori suæ dicitur maritagium impedire, cum illud a saisina sua quocumque modo patitur declinare, ac si ipsa illud venderet vel abjuraret, nisi tamen per legem plene et per judicium celebratam obtentum fuerit et receptum... » Ainsi l'intervention de la justice est nécessaire (le texte français est ici défectueux). Cf. Laurent de Gruchy, *L'ancien coutumier de Normandie*, 1881, p. 241. Joignez pour le régime normand l'ordonnance de 1219 qui concerne la Normandie (Isambert, t. Ier, p. 217); cout. de Norm., art. 538 à 541.

6 Art. 109, édit. Tardif, pp. 48, 49. Tardif estime que la coutume de Toulouse resta en vigueur jusqu'à la promulgation du *Code civil* (*Coutume de Toulouse*, p. VIII). A la vérité, un arrêt du XVIIe siècle fit bon marché, sur la question qui nous occupe, des décisions de la coutume de Toulouse (Catellan, *Arrests remarquables*, IV, 49, édit. de Toulouse, t. II, 1723, p. 133).

7 Je fais allusion au ms. lat. 8843 de la Bibl. nat. La note du folio 157 qui nous indique l'origine de ce ms., aux yeux de M. Delisle et de M. Omont, est de première main; ce n'est pas une copie. Voici le texte de cette note que je dois à une obligeante communication de mon confrère et ami, M. Omont : « Ego Ragenardus clericus, Esau rogante, hunc librum scripsi sub tempore Chludouvico imperatore, anno XVIIII imperii sui, et sub tempore Erimberto, urbis Bajocas episcopo, et....... Duos Gemellis abbate, et hujus provincie H....... comite. Hoc primum fuit tunc tempore

fluence directe semble la meilleure explication des affinités du droit normand et du droit romain.

Le sénatus-consulte Velléien. — Entre l'avènement de Claude et la mort de Vespasien, le sénatus-consulte Velléien qui absorbait plutôt qu'il n'abrogeait des édits antérieurs, rendit les femmes incapables de s'obliger pour autrui et dans l'intérêt d'autrui (*intercedere*). S'entremettre comme caution, partager la dette d'un débiteur, ou se substituer à lui pour le libérer, voilà autant d'exemples d'intercessions.

Pendant cette période du droit romain, la femme ne peut donc intercéder ni au profit de son mari (édits antérieurs au Velléien), ni au profit d'un étranger (sénatus-consulte Velléien).

Le sénatus-consulte Velléien atteignait la capacité de la fille ou de la veuve aussi bien que celle de la femme mariée[1].

Justinien modifia le sénatus-consulte Velléien. Grâce aux réformes de ce prince, l'intérêt de ce sénatus-consulte se concentra presque exclusivement dans le domaine juridique qui nous occupe : ce sénatus-consulte servit dès lors par-dessus tout à compléter le régime dotal, à garantir l'inaliénabilité de la dot. Que fit donc Justinien? Il distingua entre l'intercession au profit d'un tiers et l'intercession au profit du mari. La femme s'est-elle obligée pour un autre que pour son mari? cette intercession peut, dans beaucoup de cas, être valable. S'est-elle obligée pour son mari? cette intercession est radicalement nulle, sauf une seule exception, sauf le cas où l'obligation est évidemment, dans son résultat, avantageuse à la femme[2].

A l'ancienne incapacité velléienne proprement dite fut donc substituée une incapacité d'une autre nature, spéciale à la femme mariée et destinée à garantir la dot contre les dissipations du mari et surtout contre les complaisances et les faiblesses de la femme[3].

pubertatis predicto Esau. » — Ceci nous reporte à l'année 832-833. *Duos Gemellis* est Deux-Jumeaux, canton d'Issigny, arrondissement de Bayeux (Calvados). Cf. Hænel, *Lex Romana Visig.*, p. LXV, Cod. 31.

[1] Pour tout ce qui précède voyez Gide, *Etude sur la condition privée de la femme*, pp. 154-162, 426.

[2] Voyez *Code de Justinien*, IV, XXIX, surtout lois 22, 24, 25. *Novelle* 134, c. 8 (Authentique *Si qua mulier* sous loi 22).

[3] Cf. Gide, *Etude sur la condition privée de la femme*, édit. Esmein, pp. 191 à 195.

Le Velléien assure, ai-je dit, l'inaliénabilité de la dot. En effet, cette inaliénabilité ne serait qu'un mot, si la femme pouvait prêter les mains à une aliénation indirecte et perdre, en définitive, son privilège dotal, en s'obligeant elle-même envers les créanciers de son mari, en le cautionnant. Une intercession de ce genre est radicalement nulle : voilà toute la raison d'être et toute l'économie du Velléien dans le droit de Justinien.

Le sénatus-consulte Velléien a joué un grand rôle dans l'ancien droit français en pays de droit écrit et même en pays coutumiers. Il n'a pas été appliqué uniformément : il s'est plié à des déformations assez nombreuses. Si, en Auvergne, par exemple, l'esprit du droit de Justinien était respecté, à Montpellier, au contraire, la nullité de l'intercession pouvait être couverte par l'autorisation maritale. Enfin, la plupart du temps, la loi municipale, enveloppant dans la même prohibition l'intercession en faveur du mari et l'intercession en faveur de l'étranger, permettait à la femme, dans les deux cas, de renoncer à son bénéfice[1].

Le Velléien était un grand obstacle aux relations sociales et commerciales : il contrariait les exigences les plus légitimes et entravait les affaires. Les praticiens, ces pionniers du droit, se chargèrent de le tourner : ils insérèrent dans les actes une clause de renonciation au bénéfice du Velléien.

Plus hardie, la coutume de Toulouse, dès le XIIIe siècle, rejeta formellement le Vélléien et permit à la femme de s'obliger pour son mari[2]. Cette coutume ouvre la série des mesures directement hostiles au Velléien. Nous arrivons à ces dispositions législatives.

La clause de renonciation était devenue de style[3]. Une fois ce style parfaitement établi, on se demanda s'il ne serait pas plus sage d'abolir législativement le Velléien : c'est ce qui fut fait, en 1606, par Henri IV pour les pays coutumiers et les pays de droit écrit; renouvelé, en 1683, par Louis XIV pour la Bretagne; étendu, en 1703, à la Franche-Comté par le même prince[4].

[1] Gide, *ibid.*, p. 393. Je lui emprunte quelques expressions.
[2] Tardif, *Coutume de Toulouse*, art. 68 (p. 34).
[3] Cf. mes *Etablissements*, t. III, p. 192, avec la note 5.
[4] Voyez Isambert, t. XV, p. 302; Marcel, *Du régime dotal*, p. 92, note, p. 93, note.

Toutefois, en Provence et dans la plupart des pays de droit écrit, l'abrogation du Velléien n'obtint qu'un demi-succès; et, jusqu'à la fin de l'ancien régime, les femmes purent invoquer le Velléien, à la condition de suivre une procédure assez fructueuse pour la chancellerie royale. Aboli en principe par les ordonnances, le Velléien ne pouvait être invoqué sans une autorisation particulière du roi. On impétrait donc des *lettres royaux de restitution*. Et ce, au plus tard dans les dix ans, à compter du jour de l'obligation. Ainsi le roi qui avait supprimé le Velléien le rétablissait au profit de telle ou telle personne déterminée [1]; procédé qui paraît, à première vue, singulièrement abusif et dangereux, mais qui n'est peut-être autre chose au fond qu'une complication de procédure.

Sur d'autres points, notamment dans la Marche et en Auvergne, le sénatus-consulte Velléien subsista, paraît-il, d'une manière plus apparente encore et plus directe [2].

Sous l'empire du *Code civil*, il ne reste officiellement rien du sénatus-consulte Velléien.

Quant à l'inaliénabilité du fonds dotal, elle est consacrée par le *Code* qui la pose en principe, pour le cas où le régime dotal a été stipulé par les parties et soumet les exceptions à ce principe à des formalités souvent coûteuses, ruineuses dans certains cas [3].

Le *Code* s'exprime ainsi :

« Les immeubles constitués en dot ne peuvent être aliénés ou hypothéqués pendant le mariage, ni par le mari, ni par la femme, ni par les deux conjointement (sauf les exceptions qui suivent) [4]. »

Il s'agit, comme on le voit, de l'inaliénabilité absolue du droit de Justinien.

Cette immobilisation de la dot souvent contraire à l'intérêt public et à l'intérêt privé a été maintes fois critiquée. Dès le XVIIe siècle, Louis XIV dans une ordonnance qui concerne le Lyon-

[1] Cf. Julien, *Elemens de jurisprudence*, pp. 370, 371.
[2] A. Desjardins, dans *Revue crit.*, t. XXX, p. 151.
[3] *Code civil*, art. 1123. Cf. Gide, *ibid.*, p. 434.
[4] *Code civil*, art. 1554.

nois, le Mâconnois et le Forez déclarait que la liberté d'hypothéquer ses biens « est plus accommodante à la société civile et plus favorable aux affaires des familles[1] » : il autorisait, en conséquence, les femmes à hypothéquer leurs biens dotaux.

Les divers projets de *Code civil* se montrèrent très hostiles au régime dotal dont le trait caractéristique était, aux yeux de tous, l'inaliénabilité des immeubles dotaux. Aucun de ces projets ne faisait à l'origine mention du régime dotal. Lorsque ce régime s'introduisit dans le dernier de ces projets, celui dont devait sortir le *Code civil*, un article d'une grande importance mitigeait ce nouveau régime dotal et lui enlevait précisément le caractère jusqu'alors distinctif de la dot romaine, l'inaliénabilité. « Les immeubles constitués en dot, portait ce projet de Code, ne sont point inaliénables. Toute convention contraire est nulle[2]. » Mais, une fois le régime dotal admis, il était bien difficile de maintenir cette suppression du trait distinctif de la dotalité : le projet fut attaqué; il succomba et l'inaliénabilité triompha.

Inaliénabilité plus absolue que celle du fonds dotal en Normandie, sous l'ancien régime! En effet, dans cette province, la dot pouvait être aliénée avec le consentement des deux conjoints[3]. Sans doute, dans la pratique, les notaires normands savent de nos jours éviter à leurs clients les inconvénients de l'inaliénabilité légale, en stipulant dans le contrat de mariage la faculté d'aliéner, ainsi que le permet l'article 1557 du *Code civil*. Mais cette immobilisation[4] de la propriété plus rigoureuse en principe dans le *Code civil* que dans le droit normand ou le droit toulousain du moyen âge, n'en reste pas moins une

1 Cf. Marcel, *Du régime dotal*, 1842, p. 87 et suiv. La déclaration de 1664 paraît avoir été rendue à la sollicitation de Pérachon, receveur général de Lyon, qui pensait trouver une plus grande sûreté dans les sous-fermes en faisant obliger les femmes des sous-fermiers (Lisleferme, *Abrégé méthodique du droit romain*, t. II, Agen, an X-1802, pp. 104-105).

2 Art. 138 du projet. Cf. Homberg, *Abus du régime dotal*, p. 164.

3 Coutume de Normandie, art. 538.

4 Il ne faut pas oublier que, par contre-coup et sans que le législateur l'ait directement voulu, l'inaliénabilité pèse, en fait, même sur les immeubles du mari. Voyez à ce sujet M. Bressolles, *Des régimes matrimoniaux actuellement pratiqués dans le pays Toulousain*, p. 26.

singulière anomalie. Le retour au droit qui régissait la matière avant Justinien, il y a environ treize siècles, constituerait aujourd'hui un véritable progrès, un très grand et très souhaitable progrès.

J'ai dit que le sénatus-consulte Velléien avait disparu officiellement; mais il a persisté secrètement parmi nous : il s'est glissé furtivement dans la jurisprudence, comme le compagnon inséparable et nécessaire de l'inaliénabilité de la dot. En effet, il n'y a pas, comme on l'a vu, d'inaliénabilité dotale sérieuse sans le sénatus-consulte Velléien ou quelque chose d'approchant. Or, dans notre régime dotal, l'immeuble dotal est déclaré inaliénable; sous peine de laisser le principe de l'inaliénabilité s'effondrer dans la pratique, la jurisprudence française a été conduite à maintenir dans une large mesure, mais sans le désigner jamais par son nom, le sénatus-consulte Velléien et à considérer comme nuls, en ce qui regarde les biens dotaux, tous les engagements que peut contracter la femme soit seule, soit avec son mari [1].

Le *Code civil* a introduit dans le régime dotal un principe emprunté au régime de la communauté de biens et très défavorable à la femme : généralisant le droit reçu déjà dans la plupart des pays de droit écrit qui relevaient du parlement de Paris [2], il a soumis l'aliénation des paraphernaux à l'autorisation maritale [3]. Par là encore les droits de la femme ont été diminués dans le droit moderne, je parle des droits de la femme tels que les entendaient les pays de droit écrit ne ressortissant pas au parlement de Paris [4].

[1] Cf. Gide, *ibid.*, pp. 446 à 456.

[2] *Encyclopédie méthodique*, *Jurisprudence*, t. VI, p. 376.

[3] *Code civil*, art. 1576.

[4] Ce droit d'aliéner les paraphernaux sans l'autorisation du mari était aussi admis en Auvergne. Cf. Roussilhe, *Traité de la dot*, t. Ier, 1785, pp. 182, 183.

TROISIÈME SECTION.

Influences réciproques du régime de communauté et du régime dotal.

Cette matière pourrait m'entraîner loin. Je me contenterai de quelques notions sommaires.

Influences coutumières dans les pays de droit écrit. — Je signalerai ici : 1° une certaine société d'acquêts qui s'ajouta de bonne heure au régime dotal; 2° une séparation de biens coutumière qui pénétra dans les pays de dotalité.

1° Société d'acquêts s'ajoutant au régime dotal. — Dès l'origine, l'idée de communauté se fit jour dans les pays occupés par les Wisigoths. Ceux-ci avaient organisé une petite société d'acquêts composée des économies des époux; elle se répartissait proportionnellement à l'apport des conjoints[1]. On sait que, dans le midi de la France, le régime dotal l'emporta généralement; sous ce régime, les biens acquis pendant le mariage par le travail commun des époux appartiennent en totalité au mari, lorsque l'industrie est exercée en son nom[2]. Une clause accessoire modifia fréquemment cette situation. En effet, au moyen âge (et encore de nos jours), on trouve dans plusieurs pays de droit écrit une société d'acquêts par moitié stipulée entre conjoints : cette société embrasse les produits de l'industrie et du travail des époux, ainsi que les revenus des biens dotaux et des biens du mari : ni biens d'aucune sorte, ni dettes existant au moment du mariage n'y peuvent entrer. Le mari est administrateur et chef de cette communauté accessoire. Cette clause était fréquente dans le ressort du parlement de Bordeaux[3]. Notre *Code civil* en prévoit toujours l'existence[4].

[1] *Lex Wisig.*, IV, II, 16. Cf. *ibid.*, III, I. Un manuscrit mentionne même une société d'acquêts par moitié pour les biens postérieurs au mariage; c'est tout à fait notre société d'acquêts (Liv. IV, tit. II, loi 11, apud Walter, *Corpus juris germanici antiqui*, t. Ier, 1824, p. 495, note o).

[2] Cf. Molinier, dans *Revue étrangère et française*, t. IX, p. 2, note 1.

[3] Voyez Tessier, *Traité de la société d'acquêts*, 1881, pp. 36, 67.

[4] *Code civil*, art. 1581.

2° Séparation de biens coutumière en pays de dotalité. — Le régime dotal est par lui-même une séparation de biens *sui generis* entre les époux. De plus, si la dot est mise en péril par le mari, la femme peut, aux termes de la loi romaine, en demander la restitution pendant le mariage, *dotis exactio*. Cette *exactio dotis* nous ramène à une situation équivalente à la séparation de biens des pays coutumiers favorables aux droits de la femme. On ne comprend donc pas, à première vue, que la *séparation de biens* coutumière ait pu pénétrer dans les pays de droit écrit. C'est pourtant ce qui a eu lieu au XVIIe siècle. Cette importation eut pour objet de sauvegarder les droits de la femme dans certaines circonstances données. Suivant la loi romaine, la femme ne pouvait agir en restitution de sa dot qu'à dater du moment où le mari devenait insolvable et la prescription de l'action en restitution datait du jour de l'insolvabilité du mari[1]. De là des embarras et des difficultés sans nombre. En modifiant le droit de la femme, en lui faisant perdre ses caractères romains, en l'assimilant à la demande en séparation des pays coutumiers, on échappait à toutes ces difficultés, à toutes ces embûches cachées. La femme n'était plus obligée de s'enquérir sans cesse de l'état des affaires du mari; elle n'avait plus à craindre qu'on lui opposât plus tard la prescription.

C'est ainsi que la séparation de biens se substitua dans les pays de droit écrit à la *dotis exactio*. La femme dotale séparée de biens fut assimilée, dans le dernier état du droit, à la femme commune séparée : elle n'eut pas le droit d'aliéner ses immeubles, sans l'autorisation du mari[2]. Le *Code civil* a sanctionné cette jurisprudence[3].

Influence du régime dotal dans les pays coutumiers. — J'arrive aux influences du régime dotal romain sur la communauté de biens.

Hypothèque de la femme commune. — J'ai pu exposer dans ses grandes lignes le régime de la communauté et prononcer à peine le mot *dot*, pris au sens romain ou moderne; c'est qu'en

1 *Digeste*, XXIV, III, 24. *Code de Justinien*, V, XII, *De jure dotium*, 30.
2 Roussilhe, *Traité de la dot*, 1785, t. II, p. 69.
3 *Code civil*, art. 1563. Cf. Sincholle, *De l'inaliénabilité de la dot*, p. 57, note.

effet la communauté de biens présuppose, comme je l'ai dit, une femme sans dot et sans droits successoraux. Mais lorsque les pères dotèrent leurs filles et lorsque celles-ci devinrent héritières, la communauté de biens ne s'évanouit pas pour cela, car elle était constituée; elle s'enrichit simplement d'appendices délicats : les reprises de la femme devinrent l'une des opérations les plus importantes et les plus difficiles d'une liquidation de communauté. Justinien avait accordé à la femme pour sûreté du recouvrement de la dot une hypothèque tacite[1]. Cette hypothèque fut attribuée à la femme dans les pays coutumiers pour garantie de ses droits et créances[2]. La législation moderne l'a conservée et lui a maintenu pendant le mariage son caractère occulte[3].

Le Velléien dans les pays coutumiers. — Enfin, j'ai déjà signalé l'invasion du sénatus-consulte Velléien dans les pays coutumiers. Il s'y est répandu de bonne heure : mais il est très difficile de déterminer, surtout en termes généraux, le rôle qu'il y a joué. Il apportait au droit de la femme une limite vague et mal définie, qui s'harmonisait assez bien avec l'incapacité dont était primitivement frappée la femme germaine[4]; mais il serait difficile de soutenir en thèse générale qu'il ait servi dans les pays coutumiers à protéger l'inaliénabilité absolue de la dot ou, pour parler comme nos pères, du « mariage[5] » de la femme; car, en pays coutumiers, le concours du mari et de la femme suffisait ordinairement pour aliéner les propres de la femme.

J'ai déjà signalé la Normandie comme pays de régime dotal. Il convient d'ajouter ici quelques mots sur la province de Normandie. En dépit d'un article de la coutume[6] dont les termes

1 *Code de Justinien*, V, XII, 30; V, XIII, loi unique, § 15; VIII, XVIII (*al.* XVII), 12.

2 Pothier, *Cout. d'Orléans*, t. II, 1776, pp. 424, 425.

3 *Code civil*, art. 2121, 2135. La femme doit inscrire son hypothèque légale dans l'année qui suit la dissolution du mariage. Cf. loi du 23 mars 1855, art. 8.

4 Voyez *Règles coutumières bretonnes*, 1re série, art. 17, dans mes *Etablissements*, t. III, p. 215; Gide, *loc. cit.*, pp. 397-401; Beaune, *Droit coutumier français, La condition des personnes*, pp. 523, 524.

5 Pour ce sens du mot *mariage* voyez mes *Etablissements de saint Louis*, t. Ier, p. 91; t. II, pp. 22, 24, 30, 31.

6 Art. 389.

sont trop absolus, le régime de communauté n'était pas inconnu en Normandie[1], mais il était proscrit pour toute terre autre que les terres roturières[2]. Enfin le régime dotal n'excluait pas, en Normandie, le douaire, mais un douaire étroitement limité et circonscrit[3].

1 *Décrétales de Grégoire IX*, IV, xx, 2 (Jaffé, n° 9877). Cf. Passy, *Les origines de la communauté de biens entre époux*, pp. 31-35.

2 Coutume de Normandie, art. 331, 332.

3 Cout. de Normandie, art. 371.

QUATRIÈME SECTION.

Des gains de survie.

Définition. — J'appelle *gains de survie* ou *gains nuptiaux* les avantages faits au conjoint survivant, quel qu'il soit, ou à tel d'entre eux. Ils diffèrent, comme on le voit, des droits résultant de la communauté, lesquels sont transmis par le prédécédé à ses héritiers.

Je passerai en revue les gains de survie des pays coutumiers et ceux des pays de droit écrit. Je m'occuperai ensuite de quelques gains de survie conventionnels.

Gains de survie des pays coutumiers. — Le douaire, en son dernier état, c'est-à-dire le douaire d'usufruit, n'est pas autre chose qu'un gain de survie. De tous les gains de survie, c'est le plus connu et le plus important. Son histoire est si intimement mêlée à celle de la communauté que j'ai dû en traiter dans la première section de ce chapitre. Je me contente d'y renvoyer le lecteur.

L'*entravestissement* est un *gain de survie* très important historiquement. C'est, à bien prendre, une autre forme juridique de la communauté.

Il y a deux sortes d'entravestissement : l'*entravestissement de sang* ou *légal;* l'*entravestissement par lettres* ou *conventionnel.*

L'*entravestissement de sang* a lieu de plein droit dans quelques coutumes entre deux conjoints qui ont eu un ou plusieurs enfants. En pareil cas, dans la coutume de Douai, par exemple, le survivant est propriétaire de tous les meubles et immeubles de la communauté. Il exclut même les enfants. Ce gain de survie n'avait lieu que pour le premier mariage ayant donné des enfants. En cas de secondes noces, les droits du survivant étaient réduits à la propriété des meubles.

L'entravestissement se retrouve, avec diverses modalités, à Arras, à Valenciennes, à Lille, à Cambrai.

L'*entravestissement par lettres* est une donation réciproque

que les conjoints font à celui des deux qui survivra l'autre. Il pouvait avoir lieu même en l'absence d'enfants[1].

Dans certaines coutumes, notamment dans l'Anjou et dans le Maine, le gain de survie consiste dans l'usufruit de la part des acquêts de communauté appartenant en nue propriété aux héritiers de l'époux prédécédé[2].

Dans ces mêmes provinces, le gain de survie du mari noble devient beaucoup plus important, si un enfant est né du mariage, n'eût-il vécu qu'un moment et si la femme était vierge au moment du mariage. En ce cas, le mari a un droit d'usufruit, sa vie durant, sur l'apport de sa femme[3]. Tel est le droit du XIIIe siècle.

Le même gain de survie se retrouve, sauf des différences secondaires, à Poitiers[4], à Limoges[5], en Normandie[6], chez les Latins établis à Antioche[7]. Dans les temps barbares, la *Loi des Alamans* en faisait déjà mention[8]. Il a été conservé par le *Miroir de Saxe*[9]. La *tenure par courtoisie (tenant by the curtesy)*, accordée de nos jours en Angleterre au mari veuf, s'il y a eu des enfants issus du mariage et capables de succéder, n'est pas autre chose[10] que cet ancien gain de survie de la coutume normande.

[1] Cf. *Inventaire chronologique des chartes de la ville d'Arras*, charte de 1248, nº 27, p. 30; Guyot, *Répert.*, t. VII, p. 9; P. de Croos, dans *Revue générale du droit*, t. III, 1879, pp. 50 à 55; 137 et suiv.; *Observations présentées par la Faculté de droit de Caen sur le projet de loi de M. Delsol concernant les droits de l'époux survivant*, Caen, 1875, pp. 18, 19; Boissonade, *Hist. des droits de l'époux survivant*, p. 233.

[2] Voyez mes *Etablissements*, t. Ier, p. 143; *Compil*, 28, dans mes *Etabl.*, t. III, p. 122; Beautemps-Beaupré, *Cout. et instit. de l'Anjou et du Maine*, t. III, p. 359; t. IV, p. 207. Anjou, dernière rédaction, 283. Maine, 299. Touraine, 319. Loudun, ch. XXIX, art. 21.

[3] Voyez *Etabl. de saint Louis*, liv. Ier, ch. 13, dans mon édition, t. II, p. 24; *Compil.*, 34, dans mes *Etabl.*, t. III, p. 124; *Coutume glosée*, dans Beautemps-Beaupré, t. Ier, pp. 189, 190.

[4] *Livre des droiz*, § 415.

[5] Louis Guibert, *La famille limousine d'autrefois*, p. 41.

[6] Décision de 1210, dans Warnkœnig, *Franz. Staats- und Rechtsgeschichte*, t. II, appendice, p. 75. Froland, *Mémoires concernans le comté-pairie d'Eu*, p. 97. Cout. de Normandie, art. 382, 383.

[7] *Assises d'Antioche, Assises des bourgeois*, ch. 1er, pp. 46, 48.

[8] *Lex Alamannorum*, lib. II, ch. XCV, dans Pertz, *Leges*, t. III, p. 78. Cf. p. 115.

[9] *Sachsenspiegel*, I, art. 33.

[10] Glasson, *Hist. du droit et des instit. de l'Angleterre*, t. VI, p. 277, note 22. Cf.

A Paris, entre nobles, il était en la faculté du survivant de prendre les meubles étant hors la ville et faubourgs, à la charge de payer les dettes mobilières et les obsèques, pourvu qu'il n'y ait enfants[1].

Gains de survie des pays de droit écrit. — Dans le Languedoc, la Guienne, le Béarn, le Dauphiné, le Forez, le Lyonnois, le Beaujolois, la femme survivante gagnait proportionnellement à sa dot une partie des biens de son mari; c'est ce qu'on appelait en beaucoup de lieux *augment de dot.* L'*augment de dot* était, dans certains cas, de la moitié, dans d'autres du tiers de la dot[2].

J'estime que l'*augment de dot* dérive de la *donatio ante nuptias* appelée plus tard *donatio propter nuptias*[3]. Cette *donatio* peut être définie un supplément de dot fourni par le mari.

Dans le ressort des parlements de Pau et de Bordeaux, le mari survivant recevait, à titre de gain de survie, une part de la dot de sa femme : c'est ce qu'on appelait le *contre-augment*[4].

Dans tous les pays de droit écrit, le conjoint survivant pauvre obtenait conformément aux règles édictées par le droit romain[5], le quart des biens du prédécédé. C'est ce qu'on appelle la *quarte du conjoint pauvre.* La législation du bas empire a varié sur ce point : deux *Novelles* règlent différemment les droits du conjoint survivant. La jurisprudence des pays de droit écrit semble avoir généralement suivi la *Novelle* 53 : le conjoint pauvre succédait au quart des biens de son conjoint riche, en concours avec tous les ordres d'héritiers. Ce quart, toutefois, n'était qu'en usufruit, lorsque le *de cujus* laissait des enfants[6].

Glanville, liv. VII, ch. 18, § 3; Bracton, *De legibus et cons. Angliæ*, édit. sir Travers Twis, t. VI, pp. 455, 456; mes *Etablissements*, t. Ier, p. 142; t. III, pp. 263, 264.

[1] Cout. de Paris, anc. rédact., art. 116 et 131; nouvelle rédaction, art. 238. Cf. document du XIVe siècle publié dans *Bibliothèque de l'Ecole des chartes*, 2e série, t. Ier, p. 400. Pour Paris, voyez encore l'article 314 de la coutume, dernière rédaction.

[2] Warnkœnig et Stein, *Franz. Staats- und Rechtsgeschichte*, t. II, p. 262.

[3] *Code de Justinien*, V, III. *Code de Justinien*, V, XIV, 9. *Novelle* 119. *Novelle* 127, c. 2. Voyez Laurière, *Glossaire*, v° *Augment de dot*, édit. de Niort, p. 51. Le texte toulousain cité est particulièrement remarquable.

[4] *Encyclopédie méth., Jurisprudence*, t. IV, pp. 688, 689.

[5] *Nov.* 53, c. 6. *Nov.* 117, c. 5. *Code de Justinien*, VI, XVIII.

[6] Cf. Boissonade, *Histoire des droits de l'époux survivant*, Paris, 1874, pp. 72, 289, 290.

Divers gains de survie conventionnels. — Tels sont les divers gains de survie légaux. Il y faut ajouter les avantages très variés qui pouvaient résulter, en pays coutumiers comme en pays de droit écrit, des conventions matrimoniales.

Parmi les conventions très usitées il faut citer en Provence la *donation de survie.* La somme que la femme donnait au mari, en cas de survie, était ordinairement la moitié de celle que le mari donnait à la femme survivante. L'*augment de dot* n'existant pas en Provence; cette convention matrimoniale en tenait lieu[1].

L'*oscle*[2], quelquefois synonyme parfait d'*augment de dot,* désigne la plupart du temps une donation de survie résultant du contrat de mariage et faite par le mari à sa femme. L'*oscle* ou *osclage* était usité dans le Limousin[3], à La Rochelle et dans l'Angoumois[4] : on le trouve, au XIIIe siècle, dans le Berry[5].

Don mutuel pendant le mariage. — Les donations entre époux pendant le mariage étaient rigoureusement défendues à Rome[6], à l'exception pourtant des donations à cause de mort[7] dont l'effet est subordonné au décès du donateur. Toutefois Septime-Sévère admit que, si l'époux donateur mourait sans avoir changé de volonté, le mariage ayant d'ailleurs subsisté jusqu'au décès, le prédécès du donateur confirmerait la donation[8].

L'ancien droit français fut ici influencé par la législation romaine; mais cette influence est vacillante et inégale[9]. Je ne puis entrer dans le détail, sous peine de m'égarer en un dédale de

1 Julien, *Elémens de jurisprudence,* p. 69.

2 Pour l'origine romaine voyez *Code de Théodose,* III, v, 5; Esmein dans *Nouvelle revue hist.,* 1884, pp. 23, 24.

3 Deloche, *Cartulaire de l'abbaye de Beaulieu,* p. 62. Guibert, *La famille limousine d'autrefois,* p. 42.

4 *Encyclopédie méth., Jurisprudence,* t. VI, p. 299.

5 Boutaric, *Actes du parlement de Paris,* t. Ier, 1863, p. 188, no 2043.

6 *Digeste,* XXIV, I, 1. Paul, *Sentences,* XXIII (*al.* XXIV), 3, 4, 5. *Code de Justinien,* V, XVI, 18. Cette prohibition est postérieure à la loi Cincia. Cf. Boutry [Boissonade], *Essai sur l'hist. des donations entre époux,* pp. 2, 3.

7 *Digeste,* XXIV, I, 9, § 2, 10. Paul, *Sentences, ibid.,* 6.

8 *Digeste,* XXIV, I, 32. Cette décision fut prise sur la proposition de Caracalla : on appelle cette innovation législative *sénatus-consulte Emilien,* du nom d'un des consuls de l'année, ou *oratio Antonini.*

9 Cf. Boissonade, *ibid.,* p. 190.

textes contradictoires. Un groupe considérable de coutumes à la tête desquelles il faut placer celles de Paris et d'Orléans, prohibaient entre époux toute espèce de libéralité soit entre vifs, soit à cause de mort, soit testamentaire, à une seule exception près : ces coutumes admettaient le *don mutuel*[1]. Mais le *don mutuel* était soumis dans plusieurs coutumes à des conditions sévères qui lui laissaient à peine le caractère de libéralité. Il fallait notamment qu'au moment de la donation les époux eussent autant de biens à se donner l'un que l'autre. De plus, le *don mutuel* ne pouvait avoir pour objet que l'usufruit des biens communs. Ces coutumes se sont donc montrées, en définitive, plus rigoureuses que le droit romain. Le désir de conserver les biens dans les familles les a, ce semble, inspirées.

Les intérêts de l'époux survivant oubliés dans le Code civil. — Après avoir passé en revue les gains de survie légaux et les gains de survie conventionnels de l'ancien droit, il nous reste à dire un mot du droit moderne. Les époux jouissent, dans le droit moderne, d'une assez grande liberté : ils peuvent se faire des donations par contrat de mariage[2], ou pendant le mariage[3], ou par testament[4]. Cette modification du droit contumier fut proposée dès 1794 : elle est déjà inscrite dans le projet de *Code civil* de la Convention du 23 fructidor an II[5].

Si le *Code civil* a laissé une grande liberté[6] aux conjoints, il n'avait par lui-même rien fait pour eux, ou ce qu'il avait fait était dérisoire. Il n'avait institué ni douaire, ni augment de

[1] *Ibid.*, pp. 241, 242, 243, 267. Cf. Kuntz dans *Revue générale du droit*, VIIe année, pp. 499-504. Ce principe du *don mutuel* (*grâce mutuelle*) est déjà posé pour Paris dans le *Style du Châtelet* (ms. fr. 18419, fol. LXXXIV v°). Rapprochez *Grand coutumier*, II, 33, cité par Paul Gide, *Etude sur la condition privée de la femme*, p. 400, note 6; coutume d'Anjou de 1463, art. 259, dans Beautemps-Beaupré, *Cout. et instit.*, 1re partie, t. III, pp. 388, 389; coutume de Paris, art. 280, 281, 284, 285. A lire sur les donations entre époux à l'époque mérovingienne et carolingienne : Rozière, *Form.* 20; Pardessus, *Loi Salique*, 1843, pp. 678, 679. Pour le moyen âge, voyez mes *Etabl.*, t. II, pp. 149, 150.

[2] *Code civil*, art. 1091 à 1093.

[3] Voyez surtout *Code civil*, art. 1094, 947. Joignez 1096, 1097, 1099, 1100.

[4] *Code civil*, art. 967. Cf. Boissonade, *ibid.*, pp. 340, 398, 399.

[5] *Code civil* de la Convention, liv. Ier, tit. VI, art. 47, 54.

[6] Pourvu toutefois que la quotité disponible ne soit pas dépassée. Voyez *Code civil*, art. 913, 915, 916, 917, 1094, 1098.

dot, ni aucun gain de survie sérieux[1]. En dehors des secours que peut procurer par elle-même la communauté de biens, le *Code* abandonnait complètement le conjoint survivant. Les brusques changements de fortune résultant de la mort du plus riche des deux conjoints atteignaient, sans nul adoucissement, le conjoint pauvre resté seul. « Les époux se doivent pendant la vie assistance et secours[2]; et c'est au moment, disait M. Boissonade, où le secours est devenu indispensable qu'il est refusé! » Veuf et sans enfants[3], je n'avais sous l'empire du *Code*, pas même une créance alimentaire sur la succession de ma femme : l'enfant naturel, adultérin ou incestueux[4] avait été mieux traité par le *Code* que l'époux.

Qu'on ne cherche pas la raison profonde, mais cachée, qui dut inspirer nos législateurs. Si le *Code civil* a omis ce qui faisait l'objet de toute l'attention de nos anciens, ce qui n'est négligé (sauf deux exceptions[5]) par aucune législation moderne, cela tient tout simplement à ce que, le 9 nivôse an XI, Treilhard eut une forte distraction que ses collègues inattentifs ne relevèrent pas. Les droits du conjoint survivant furent oubliés, furent omis par mégarde. Voilà le mot exact, le mot rigoureusement historique[6]. Après plus de quatre-vingts ans cet oubli déplorable vient enfin d'être réparé[7].

1 Voyez *Code civil*, art. 1492, 1495, 1566 (linges et hardes); art. 1481, 1570 (deuil de la veuve); art. 1465, 1570 (droit d'habitation temporaire et précaire). Je laisse de côté les lois spéciales plus favorables que le *Code* (loi sur les majorats; loi sur la propriété littéraire et artistique; droit des veuves sur les pensions civiles et militaires; droit de succession spéciale accordé au conjoint d'un déporté). Voyez ici Boissonade, *ibid.*, pp. 331 à 365.

2 *Code civil*, art. 212. Cf. Boissonade, *ibid.*, p. 340.

3 « Les enfants doivent des aliments à leur père et mère..... » (*Code civil*, art. 205).

4 *Code civil*, art. 762.

5 Belgique et Genève. Cf. Boissonade, *Histoire des droits de l'époux survivant*, pp. 513, 524, 525.

6 Voyez Boissonade, *ibid.*, p. 341; Zappalà, *Diritto ereditario del conjuge superstite*, Catania, 1856, pp. 16, 17.

7 M. Delsol, en 1872, proposa une loi ayant pour objet de réparer cet oubli : ce projet reçut les adhésions les plus autorisées. Voyez les avis des Facultés de droit de Paris, de Douai, de Caen, de Grenoble, de Bordeaux, de la Cour d'appel de Toulouse, etc., etc. Je mentionne les documents que j'ai sous les yeux : d'autres rapports non moins remarquables me manquent en ce moment. La Cour d'appel de

CINQUIÈME SECTION.

Du contrat de mariage.

Notaire et contrat de mariage dans l'ancien droit. — J'ai fait, en traitant du régime des biens dans le mariage, des allusions fréquentes au contrat de mariage. Le moment est venu d'en dire quelques mots.

Aux termes du *Code civil*, les conventions matrimoniales doivent être rédigées, avant le mariage, par acte devant notaire; elles ne peuvent recevoir aucun changement après la célébration du mariage [1].

L'ancien droit n'exigeait pas rigoureusement que le contrat de mariage fût rédigé par acte notarié; seulement, aux termes de deux déclarations de Louis XIV, les privilèges et hypothèques résultant du contrat étaient perdus, si les parties n'avaient pas recours au notaire. On convenait aussi que tout contrat de mariage contenant donation en faveur de l'un ou de l'autre des conjoints devait, à peine de nullité, être passé par devant notaire. De là une tendance à exiger d'une façon absolue l'intervention de cet officier public. A la fin de l'ancien régime, on admettait encore la validité des contrats de mariage sous signatures privées dans un assez grand nombre de provinces : le Poitou, le Béarn, la Navarre, la Provence, l'Alsace, la Nor-

Paris et la Cour de cassation n'ont pas ici partagé l'avis général. M. Delsol renouvela, au Sénat, le 13 juin 1876, sa proposition de loi : il en fut lui-même rapporteur le 20 février 1877; la loi fut enfin votée par le Sénat, le 9 mars 1877; mais on en resta là. La Chambre des députés n'ayant pas suivi l'affaire, rien n'était fait. La question fut reprise en 1886, puis sommeilla quatre ans. Peut-être une lettre que j'adressai, en décembre 1889, à M. Jules Simon et que publia *Le Matin* du 6 décembre 1889 contribua-t-elle à la réveiller. Elle revint sur l'eau en 1890. La loi fut enfin votée en mars 1891. *Impressions de l'Assemblée nationale, année* 1872, nº 1158; *du Sénat*, Session 1876, nº 58; *du Sénat*, Session ordinaire 1877, nº 36; *Journal officiel*, 10 mars 1877, p. 1820. *Code civil*, art. 767. (Loi du 9 mars 1891, art. 1er). Voyez Bouvier-Bangillon, *Des droits successoraux du conjoint survivant*, dans *Revue général du droit*, 15e année, 1891, pp. 259-269; 321-336; 532-547.

[1] *Code civil*, art. 1394, 1395.

mandie, les Flandres[1]; mais les jurisconsultes réclamaient la nullité absolue des contrats de mariage sous seings privés, réforme réalisée par le *Code civil.*

Quant à l'immutabilité des conventions matrimoniales, elle était généralement admise dans notre ancien droit. Toutefois l'idée contraire prévalait dans le droit alsacien (et dans la coutume de Bruxelles). D'excellents jurisconsultes admettaient que des époux mariés sous le régime exclusif de communauté pouvaient modifier leur contrat, en revenant au droit commun[2].

Dans les pays de droit écrit, il était loisible de constituer ou d'augmenter la dot pendant le mariage (non pas de la diminuer[3]).

BIBLIOGRAPHIE (sections I à V). — Le Brun, *Traité de la communauté*, Paris, 1709 in-fol. (plusieurs éditions). — Boucher d'Argis, *Traité des gains nuptiaux et de survie qui sont en usage dans les païs de droit écrit*, Lyon, 1738, in-4°. — Pothier, *Traité de la communauté*, Paris, 1770, 2 vol. — Pothier, *Traité du douaire*, Paris, 1770. — Roussilhe, *Traité de la dot à l'usage du pays de droit écrit et de celui de coutume*, Clermont-Ferrand, 1785, 2 vol. (réimprimé en 1856). — Ginoulhiac (Ch.), *Histoire du régime dotal et de la communauté en France*, Paris, 1842. — Marcel, *Du régime dotal et de la nécessité d'une réforme*, Paris, 1842. — E. Laboulaye, *Recherches sur la condition civile et politique des femmes*, Paris, 1843, liv. II, III, IV. — Homberg, *Abus du régime dotal*, Rouen et Paris, 1849. — Tardif (Ad.), *Des origines de la communauté de biens entre époux*, Paris, 1850 (thèse). — Paul de Salvandy, *Essai sur l'histoire et la législation particulière des gains de survie entre époux*, Paris, 1855 (thèse). — Passy (Louis), *Les origines de la communauté de biens entre époux*, Paris, 1857 (thèse). — Fons, *Coutumes non écrites relatives aux gains de survie dans les pays qui forment le ressort actuel de la cour de Toulouse*, dans *Académie de législation de Toulouse*, t. VI, 1857, pp. 115-147. — K. d'Olivecrona, *Précis historique de l'origine et du développement de la communauté des biens entre époux*, Paris, 1866 (Extrait de la *Revue hist. de droit français et étranger*,

[1] D'après Deloynes sur Teissier, *Traité de la société d'acquêts*, 1881, p. 41, note 1. Cf. Guyot, *Répertoire*, t. IV, 1784, p. 611; Pothier, *Traité de la communauté*, *Préface*, art. 12.

[2] Le Brun, *Traité de la communauté*, Paris, 1704, p. 21, liv. Ier, ch. II.

[3] Cf. *Traité des contrats de mariage*, Paris, 1708, p. 31; Bonvalot, *Coutumes du Val d'Orbey*, p. 52; Kuntz, dans *Revue générale du droit*, VIIe année, pp. 493-495; Pocquet de Livonnière sur *Coustume d'Anjou*, t. Ier, col. 644; Pothier, *ibid.*, art. 11. Sur le contrat de mariage, voyez encore ci-dessus, pp. 423, 424.

année 1865). — K. d'Olivecrona, *Om Makars giftorätt i bo*, Upsala, 1876, 4e édit. — Schröder, *Geschichte des ehelichen Güterrechts*, Danzig, 1863-1874, 2 vol. — G. Jollivet, *De la restitution de la dot et des donations entre époux en droit romain et des origines du douaire et de la communauté en droit français*, Paris, 1879 (thèse). — Kohler, *Indisches Ehe- und Familienrecht*, dans *Zeitschrift für vergleichende Rechtswissenschaft*, t. III, 1882, pp. 342 à 442. — Huber (Eugen), *Die historische Grundlage des ehelichen Güterrechts der Berner Handfeste*, Basel, 1884, in-4o. — Gide (Paul), *Etude sur la condition privée de la femme suivie du caractère de la dot en droit romain*, édit. Esmein, Paris, 1885. — Arth. Desjardins, *Comment le sénatus-consulte Velléien disparut de la législation française*, dans *Revue critique de législation*, t. XXX, p. 148 et suiv. — Sincholle, *De l'inaliénabilité de la dot mobilière et immobilière en droit romain et en droit français*, Paris, 1867. — Tessier, *Traité de la société d'acquêts suivant les principes de l'ancienne jurisprudence du parlement de Bordeaux*, 2e édit., par Deloynes, Bordeaux, 1881. — Boissonade, *Histoire des droits de l'époux survivant*, Paris, 1874. — Eckardt, *Das Witthum*, dans *Zeitschrift für deutsches Recht*, t. X, pp. 437-438. — Esmein, *Le testament du mari et la donatio ante nuptias*, dans *Nouvelle revue hist.*, 1884, pp. 1-31. — Todaro della Galia, *I diritti del conjuge superstite*, Palermo, 1884, 2 vol. — Dupuis, *Des droits accordés à la femme veuve par la coutume et par la loi dans l'ancien droit et dans le droit moderne*, Paris, 1887 (thèse). — Joignez ci-dessus, p. 812, note 7. — Cabouat, *Examen critique du projet de réforme de la séparation de corps adopté par le Sénat*, dans *Revue critique*, t. XVIII, 1889, pp. 703-729. — Desdevises du Dezert, *De la condition de la femme mariée en Navarre d'après le fuero général (XIVe et XVe siècles)*, Toulouse, 1890 (Extrait de la *Revue des Pyrénées et de la France mérid.*, 1890, no 4). — Bétolaud, *De l'inaliénabilité de la dot en droit romain. De l'inaliénabilité des immeubles dotaux sous le régime dotal*, Paris, 1891 (thèse).

CHAPITRE IX.

DES SUCCESSIONS AB INTESTAT.

PREMIÈRE SECTION.

Vues générales et notions préliminaires.

1. *Origines.*

Le droit de succession n'est pas fondé sur la présomption de la volonté du défunt. — Parmi les problèmes qu'agitent les philosophes et les théoriciens, l'origine du droit de succession est tout à la fois l'un des plus importants et l'un des plus délicats. Grotius estime que le droit de succession *ab intestat* est fondé sur la présomption de la volonté du défunt [1]; et d'excellents esprits se sont ralliés à cette pensée. Le droit de succession *ab intestat* ne serait donc, pour ainsi dire, autre chose qu'un droit dérivé d'un testament latent. Le droit de tester primerait ainsi théoriquement les successions *ab intestat.*

Il n'est pas possible de concevoir une théorie plus directement contraire à la réalité.

Non seulement le droit successoral *ab intestat* est le fait historique primitif, bien antérieur au droit dérivé d'un testament; mais il est tout à fait indépendant de la volonté même latente du *de cujus :* il est inhérent à la personne de l'héritier.

Le droit de succession, c'est le prolongement, c'est l'émanation de la communauté familiale.

Mais, dans nos textes germaniques, la communauté de fa-

[1] Grotius, *De jure belli et pacis*, liv. II, ch. 7, n. 3. Ce point de vue est adopté notamment par un excellent jurisconsulte que j'ai cité et utilisé très souvent, Julien, dans son *Nouveau commentaire sur les statuts de Provence*, Aix, 1778, t. Ier, p. 437. De nos jours, c'est une notion courante.

mille et la communauté de tribu sont, à certains points de vue, sensiblement confondues. Aussi les parents n'ont-ils pas toujours et en tous lieux écarté, sans discussion, les autres membres de la tribu. Telle est la situation qui se trahit encore exceptionnellement au VIe siècle. Sur un point du territoire occupé par les Francs, les membres de la tribu, les habitants du *vicus* (*vicini*) réussissaient souvent à primer dans les successions les membres de la famille. Il semble que la propriété privée ne soit pas encore bien constituée sur ce point et que le groupe local songe à ressaisir la terre à la mort de chaque détenteur, gratifié seulement aux yeux du groupe d'une jouissance viagère. Un roi mérovingien, Chilpéric Ier, décida que les fils, les filles, les frères, les sœurs, succéderaient avant le groupe des *vicini* dans les terres soumises ainsi à une certaine communauté tribale [1].

Je n'aperçois en France, postérieurement à l'édit de Chilpéric, aucun débris important se rattachant directement à ces origines.

Telle est la phase sociologique la plus reculée.

J'arrive à la communauté de famille distincte de la communauté de tribu. Ici se manifeste, dès le début, avec une évidence éclatante, l'origine que j'attribue au droit de succession. Je fais allusion à un droit déjà mentionné, à ce droit permanent de liquidation qui appartenait à un Burgonde, je ne puis dire sur les biens de son père, je dirai plus exactement sur les biens communs régis par son père [2] (il résulte d'un tel droit que les biens du père sont en réalité les biens de tous).

Ces partages forcés n'étaient pas particuliers aux Burgondes; car, au moyen âge, nous les voyons interdits dans l'île de Goth-

1 *Edictus Chilperici regis*, art. 1, 3, apud Behrend, *Lex Salica*, pp. 105, 106. A lire, sur cet édit : Waitz, *Das alte Recht der Salischen Franken*, p. 130 et suiv.; Amira, *Erbenfolge und Verwandschaftsgliederung nach den altniederdeutschen Rechten*, 1874, p. 1 et suiv.; p. 39 et suiv.; O. Gierke, dans *Zeitschrift für Rechtsgeschichte*, t. XII, p. 430 et suiv.

2 *Lex Burg.*, I, 1, 2; XXIV, 5; LI, 1. Ce droit permanent à la liquidation est le contre-poids nécessaire de la situation faite aux enfants ou mieux à tous les communiers dans une famille compacte soumise à une règle et à une discipline sévères. Rapprochez saint Luc, XV, 12; *Lex Bajuv.*, I, 1 (Pertz, *Leges*, t. III, p. 374). Cf. ci-dessus, pp. 561, 562.

land[1], preuve certaine que les mœurs anciennes les y admettaient. De nos jours, dans le Monténégro, la jurisprudence, se pliant à des usages invétérés plus forts que la loi, en reconnaît encore la validité[2]. Il y a plus : le *Code* rédigé par l'éminent professeur Bogišić respecte cette jurisprudence : car la loi, dans la pensée profonde de ce philosophe-législateur, ne doit pas toucher à la constitution intérieure de la famille.

Ces origines jettent un jour très vif sur les siècles postérieurs. Parmi nous, le droit au partage forcé du vivant du père disparaît avec la législation des Burgondes; mais, de toutes parts, le droit de copropriété des enfants se manifeste énergiquement par l'intervention de ceux-ci dans les aliénations et par l'énergie de leurs droits successoraux[3].

Si le droit de succession se rattache historiquement à la communauté familiale, on peut conjecturer *à priori* qu'à une certaine phase de l'évolution juridique, le droit successoral a dû se confondre avec le fait de la cohabitation ou du séjour commun sur le domaine à partager. En effet, les textes viennent confirmer cette conjecture : nous voyons très souvent au moyen âge les enfants qui sont hors de la famille, qui sont *forsfamiliés, forisfamiliati,* exclus de tout droit à la succession de leurs parents. Cette *forisfamiliatio* elle-même peut être considérée comme une émancipation qui ne saurait être consommée contre la volonté du jeune membre de la famille « *expatrié;* » elle n'a pas lieu, d'ailleurs, sans qu'on remette à ce dernier une part du patrimoine commun[4].

Quant aux parents autres que les enfants, nous les voyons aussi dans un petit nombre de textes exclus par les communiers.

1 *Guta-Lagh*, ch. XXXVIII, § 25, édit. Schildener, Greifswald, 1818, p. 64; ch. XXXVIII, § 8, édit. Schlyter, dans *Corpus juris Sueo-Gotorum antiqui*, t. VII, Lund, 1852, p. 148.

2 Malgré l'article 47 de la loi Danilo de 1855 (Bogišić, *De la forme dite Inokosna de la famille rurale chez les Serbes et les Croates*, p. 28). Cf. p. 13.

3 Voyez pour l'Inde Gibelin, *Etude sur le droit civil des Hindous*, t. II, p. 275. Le nombre des documents à citer serait infini. Il peut être intéressant de faire observer que cet usage subsiste en Bretagne au XVIIe siècle. Non seulement les fils ou les gendres, mais les neveux, les cousins même interviennent pour acquérir ou pour aliéner (A. du Chatellier, *De quelques modes de la propriété en Bretagne*, p. 27).

4 Voyez ci-dessus, p. 521. Cf. Esmein, *Thèse pour le doctorat*, p. 155 et suiv.

Jusqu'à la fin de l'ancien régime, les communiers, dans la Marche, héritaient de leur compagnon mort sans hoir de son corps, à l'exclusion des parents plus proches non communs[1]. La vieille idée s'est conservée d'une manière plus absolue et plus rigoureuse encore dans les bordelages nivernais : les tenures en bordelage ne se transmettaient héréditairement qu'entre communiers ou, pour parler le langage de la coutume, entre *communs* ou *parsonniers*[2] (le bordelage est une tenure particulière au Nivernois, qui se rapproche du bail à cens et de l'emphytéose).

C'est surtout dans les familles serves que la notion primitive s'est maintenue. Dans notre France, sur beaucoup de points, le droit successoral n'y était attribué qu'aux personnes vivant en communauté avec le *de cujus*[3].

La conception antique s'est conservée très pure en Moravie jusqu'en 1437; en Bohême jusqu'en 1497. Dans ces deux pays, antérieurement aux dates sus-indiquées, les biens de tout individu vivant sur une propriété divise et, n'ayant pas, en procréant des enfants, fondé une nouvelle communauté, étaient dévolus au roi[4].

C'est le droit primitif dans toute sa rigueur, sauf cette circonstance qui peut être fort ancienne, à savoir que le roi a pris la place de la communauté.

Aujourd'hui encore, chez les Serbes, les parents qui vivent ensemble dans la communauté héritent de préférence aux parents plus proches qui vivent en dehors de la *Zadruga*[5].

Le droit des descendants ne semble pas avoir été à l'origine un droit exclusif. — Les communautés familiales ne se composent pas seulement du père et des enfants. Elles sont ordinai-

[1] La Marche, art. 217 (Bourdot de Richebourg, t. IV, p. 1118). Voyez pour l'Anjou mes *Etabl. de saint Louis*, t. III, p. 277; pour la Touraine, coutume, art. 283. Cf. E. de Laveleye, *De la propriété et de ses formes primitives*, p. 227.

[2] Cout. de Nivernois, ch. VI, *Des bordelages*, art. 18, 27.

[3] Cf. cout. du pays et duché de Bourgogne, ch. IX, art. 13, dans Bourdot de Richebourg, t. II, 1178.

[4] Cf. Karl Ritter von Czyhlarz, *Zur Geschichte des ehelichen Güterrechts im böhmisch-mährischen-Landrecht*, Leipzig, 1883, pp. 5, 6.

[5] *Code civil* serbe, art. 528; cité par E. de Laveleye, *De la propriété et de ses formes primitives*, p. 210, note 1.

rement plus compréhensives. Bien des collatéraux en font partie. Plusieurs frères sont restés groupés et, par conséquent, la communauté se compose non seulement de pères et d'enfants, mais d'oncles et de neveux. Cet état primitif a projeté son ombre sur le droit successoral. Sans doute, dans les textes législatifs qui nous sont parvenus, et, déjà au temps de Tacite [1], les fils excluent tout autre parent et ont seuls droit à la succession de leur père; mais divers symptômes nous permettent d'entrevoir [2] une période primitive où les fils entraient en compétition avec les parents collatéraux.

Pendant la période barbare, cette phase primitive n'est pas si éloignée qu'on pourrait le croire des souvenirs populaires; car la *Loi des Wisigoths* prend soin de signifier aux collatéraux qu'ils n'ont rien à voir dans les successions où le *de cujus* a laissé des descendants ou des ascendants [3].

En ces temps-là, une recommandation de ce genre n'était pas superflue; car nous voyons très souvent, dans la famille mérovingienne, les oncles disputer la succession à leurs neveux. Ce procédé n'est plus de mise au moyen âge et dans les derniers siècles de notre histoire; mais il était facilement pratiqué à l'époque mérovingienne [4], parce que l'opinion publique ne condamnait pas encore unanimement les prétentions des oncles.

La lutte des oncles et des neveux pour la succession d'un *de cujus*, frère des uns, père des autres, n'est pas particulière à

[1] Tacite, *De moribus Germ.*, 20.

[2] Cette situation, nous n'avons pas, en droit celtique, à la conjecturer; nous la constatons. Elle ne s'effaça en Irlande que sous l'action des jurisconsultes anglais. Cf. Bélot, dans *Annuaire de la Faculté des lettres de Lyon*, 2e année, fasc. 1, p. 157. Quant au droit franc, l'une des présomptions est tirée du système de répartition du wergeld (*Lex Salica*, tit. LXII, édit. Behrend, pp. 79, 80), qui est partagé entre les héritiers directs et les collatéraux. Ce système de répartition pourrait bien avoir été autrefois dans une certaine corrélation avec un droit successoral ancien. La loi des Thuringiens ajoute à la succession de la terre la vengeance du meurtre d'un parent et le prix de ce meurtre (*Loi des Thuringiens*, tit. VI, § 5. Joignez Glasson, dans *Nouvelle revue hist.*, nov.-déc. 1885, p. 621). Opinion différente dans Waitz, *Das alte Recht der Salischen Franken*, Kiel, 1846, p. 113.

[3] *Lex Wisig.*, IV, II, 3.

[4] Voyez les faits réunis par Lehuërou, *Hist. des instit. carol.*, pp. 102, 106, 107; Paul Viollet, *Mémoire sur la tanistry*, dans *Mémoires de l'Académie des Inscriptions et Belles-Lettres*, t. XXXII, 2e partie.

notre histoire. Elle a certainement eu lieu en d'autres pays et chez d'autres races et ne s'est pas toujours terminée à l'avantage des enfants. On désigne sous le nom de *tanistry,* le droit successoral du plus âgé des parents mâles, ordinairement le frère, lequel hérite au détriment du fils. De nos jours encore, en Turquie, le sultan a pour successeur non son fils, mais son frère[1].

Est-il surprenant que le frère ait songé à supplanter le fils et y ait souvent réussi? L'état d'indivision qui a précédé le régime de la division et des partages laissait dans le vague tous ces problèmes et l'opinion indécise ne barrait pas la voie aux entreprises des forts. Or ici les forts bien souvent, ce sont les frères; en effet, les droits d'un neveu mineur, en présence d'un oncle dans la force de l'âge, ressemblent singulièrement aux droits des pauvres nations sauvages que les « races supérieures » vont « civiliser » au bout du monde.

J'ai montré parmi nous le mineur disparaissant, pour ainsi dire, sous le mainbour qui absorbe ses revenus et devient définitivement propriétaire de tous ses meubles[2]. Ce singulier protecteur, c'est ordinairement l'oncle paternel : sa tutelle peut être considérée comme une épave des droits de succession qu'il a un moment partagés avec son neveu.

De ces faits et de ces observations se dégagent, si je ne m'abuse, les notions suivantes :

Le droit de succession se rattache historiquement à la copropriété ou communauté familiale;

Les descendants n'excluaient probablement pas à l'origine les collatéraux;

Descendants et collatéraux pouvaient se trouver en compétition avec les membres qui formaient le groupe local de la tribu.

Je ne développerai pas davantage ces considérations sur les origines de droit de succession. J'aborde un certain nombre de notions préliminaires qui peu à peu nous rapprocheront des

1 Voyez ici sir Henry Sumner Maine, *Etudes sur l'ancien droit et la cout. prim.*, pp. 184, 185, 195, 196; Révillout, *apud* Paturet, *La condition juridique de la femme dans l'ancienne Egypte*, p. XLIII.

2 Voyez ci-dessus, pp. 534, 535.

temps modernes et nous placeront sur un terrain de plus en plus solide et de plus en plus historique.

2. *De l'exclusion primitive des filles. — De l'incapacité des religieux.*

Exclusion primitive des filles. — Originairement les filles ne possédaient aucun droit successoral ou n'avaient droit qu'à une part dans la fortune mobilière.

Cette phase sociologique n'a pas laissé directement son empreinte dans le droit romain; car, à Rome, les fils et les filles (si elles ne sont pas *in manu mariti*) héritent concurremment[1]; mais des symptômes graves[2] nous autorisent à dire que le droit romain décèle en l'état où il nous est parvenu une situation antérieure qui le rapproche à ce point de vue des autres droits primitifs[3]. La division fondamentale de la parenté en agnation et cognation qui joue à Rome un rôle si important et qui se retrouve à peu près chez tous les peuples a pour assise première, à mes yeux, ce fait évanoui : exclusion des femmes.

Cette exclusion primitive se fait sentir plus ou moins énergiquement dans toutes nos lois barbares[4], à l'exception d'une

[1] *Instit. de Justinien*, III, I, § 1.

[2] C'est seulement une constitution de Théodose, Arcadius et Valentinien qui attribua aux descendants par les filles le même degré et le même ordre de succession qu'aux descendants par les mâles, mais non la même quote-part (*Code de Théodose*, V, I, 4). Encore cette constitution n'appelle-t-elle que les descendants *ex familia* au premier degré, c'est-à-dire les petits-enfants; c'est Justinien qui appela tous les descendants (*Code de Justinien*, VI, LV, 12).

[3] C'est ce qu'Hugo avait fort bien vu dès l'année 1785, *Dissertatio de fundamento successionis ab intestato ex jure Romano*, 1785 (Cf. *Civil. Magazin*, 4e édit., 1823, t. II, pp. 98-107). M. Kahn qui vient de combattre cette hypothèse n'aurait probablement pas entrepris cette campagne, d'ailleurs fort remarquable, s'il s'était préoccupé du droit comparé qui donne aux vues d'Hugo une force et une jeunesse nouvelles (Kahn, *Zur Geschichte des röm. Frauenerbrechts*, p. 2 et note 3). Je sais qu'Hugo a depuis abandonné cette opinion. En quoi, à mon sens, il s'est trompé. Cf. Hugo, *Hist. du droit romain*, trad. franç., t. Ier, 1822, p. 170, note 2 (du § 115); Mc Culloch, *A treatise on the succession to property vacant by death*, London, 1848, pp. 18, 19. Même opinion chez Fustel de Coulanges, *La cité antique*, 1864, liv. II, ch. 7, pp. 87, 88. Toutefois l'assise matérielle et technique choisie par Fustel ne me paraît pas très solide.

[4] *Lex Burg.*, tit. XIV, § 1. *Lex Salica*, tit. LIX, 5. *Lex Francorum Chamavorum*,

seule, la *Loi des Wisigoths*[1] qui, largement pénétrée ici de l'esprit du droit romain classique, place sur le même rang les fils et les filles.

La *Loi Salique* qui admet les filles à la succession des meubles leur refuse d'une façon absolue le droit de succéder à la terre (suivant les plus anciens textes), le droit de succéder à la *terre salique, terra salica* (dans les textes postérieurs). On a entassé les dissertations sur ce chapitre célèbre de la *Loi Salique;* suivant toute vraisemblance, il n'a en soi rien de très original et la *Loi Salique* nous a conservé ici très purement une règle générale du vieux droit germanique. Le mot *terra* désigne, sans doute, la seule terre détachée originairement de la propriété de la tribu, c'est-à-dire la terre qui entoure la maison : les mots *terra salica* (terre de la maison) désignent, ce me semble, plus expressément la même chose dans les textes postérieurs, puis sont appliqués à l'exploitation agricole directe tout entière, à mesure que le domaine privé prend une grande importance[2]. Au lieu de *terra salica,* la *Loi Ripuaire* emploie l'expression *hereditas aviatica*[3].

L'évolution juridique, comme toute transformation importante, est, nous l'avons déjà remarqué à plusieurs reprises, infiniment lente. Le peuple barbare qui absorbe rapidement une idée nouvelle décèle par là même la plupart du temps un état constitutif faible : les nations ressemblent aux individus qui,

art. 42, dans *Revue hist. de droit français et étranger,* t. Ier, 1855, p. 442. *Lex Rip.,* tit. LVI. Voyez en sens contraire à l'opinion que je tiens pour vraie Otto Opet, *Die erbrechtliche Stellung der Weiber in der Zeit der Volksrechte,* dans *Untersuchungen zur deutschen Staats- und Rechtsgeschichte,* t. XXV, 1888.

1 *Lex Wisig.,* IV, II, 1.

2 Voyez Kohler, dans *Krit. Vierteljahrschrift, Neue Folge,* t. IV, p. 27 (compte-rendu de l'ouvrage d'Emile de Laveleye, *De la propriété et de ses formes primitives*). La *terra salica,* c'est la terre de la maison. A lire : Beyer, *Urkundenbuch zur Geschichte... Coblenz und Trier,* p. 708; Loccenius, *Antiq. Sueo-Goth.,* liv. II, c. 10; Grimm, *Deutsche Rechtsalterthümer,* p. 493; Otto Gierke, dans *Zeitschrift für Rechtsgeschichte,* t. XII, p. 447 et *passim;* Guérard, *Poliptyque de l'abbé Irminon,* t. Ier, 1844, §§ 242 à 249, pp. 483-495; ci-dessus, p. 556 et suiv. Voyez en sens contraire à l'opinion que j'adopte : Waitz, *Das alte Recht der Salischen Franken,* p. 117 et suiv.

3 *Lex. Rip.,* tit. LVI (*al.* LVIII), 5. Rapprochez Haltaus, *Glossarium Germanicum medii ævi,* 1758, t. II, p. 1582 et les textes réunis par Sohm, dans Pertz, *Leges,* t. V, p. 241, note 5.

soumis à une culture hâtive, dépérissent et meurent. Cette observation générale trouve ici son application. Les Wisigoths qui s'étaient assimilé rapidement la civilisation romaine disparurent les premiers de la scène politique. En ce qui concerne les droits successoraux de la femme, l'évolution juridique réalisée chez eux aux temps barbares n'était pas entièrement consommée sur tout le territoire de la France en 1789; et, même dans certains pays méridionaux, notamment en Provence, une réaction très accusée s'était produite; un retour aux traditions germaniques s'était manifesté et celles-ci avaient triomphé, appuyées d'ailleurs souterrainement par certains usages romains dont nous dirons un mot[1].

Le droit successoral des femmes pénétra lentement et inégalement le domaine juridique et s'insinua par des procédés très divers. Tantôt les femmes furent admises à défaut des hommes[2]; tantôt elles prirent à côté des hommes une part restreinte de l'hérédité[3]; tantôt elles furent appelées par le testament du père à partager avec leurs frères[4]; c'est par la voie d'un testament que Charlemagne songea à laisser quelque chose à ses filles[5]. Dans certaines régions, l'admission de la femme aux droits successoraux garda quelque chose de juridiquement imparfait. En Normandie, la femme ne fut pas considérée comme héritière à proprement parler, mais seulement comme créancière d'une partie de la succession[6].

L'Eglise était très hostile à cette exclusion des filles qu'une formule des temps barbares appelle *impia consuetudo*[7]. Au

1 Encore aujourd'hui, en Provence, ce vieux proverbe est usuel : « Li fèmo noun soun gèn. » « Les femmes ne sont personne. » On indique le nombre des enfants d'une famille, en ne comptant que les garçons et en négligeant les filles.

2 *Lex Burg.*, XIV. *Edictum Chilperici*, 3. *Lex Rip.*, LVI. Il semble que, chez les Bavarois, les filles héritent, s'il n'y a pas de fils (Pertz, *Leges*, t. III, pp. 320, 352, 430, 431).

3 *Roth.*, *Leges*, 158, 159, 160, dans Georgisch, *Corpus*, p. 967. Pour les lois scandinaves voyez M. Dareste, *Mémoire sur les anciennes lois suédoises*, p. 10 (Extrait du *Journal des savants*, sept-oct. 1880).

4 Marculf, II, 12, dans Rozière, n° 136. E. de Rozière, *Form.* 135.

5 Einhartus, 33, dans Gengler, *Germ. Rechtsdenkmäler*, Erlangen, 1865, p. 231.

6 Voyez Le Poittevin, dans *Nouvelle revue historique*, t. XIII, 1889, pp. 667, 672, note 2.

7 Marculf, II, 12,

moyen âge, un pape, fidèle à cette tradition, condamna de ce chef le *Miroir de Saxe*[1]. Ces protestations n'eurent pas grand succès; même en Italie, ce pays si romain, et jusque dans les Etats du pape, plusieurs législations excluaient les filles[2]; cette exclusion frappait surtout les filles dotées.

J'ai dit que le droit romain admettait les filles à la succession paternelle. Mais, à Rome, elles héritaient rarement, parce que le père avait l'habitude d'exhéréder sa fille, en lui léguant sa dot[3]. Qu'on ne s'étonne donc pas de voir l'Italie et les pays de droit écrit s'ingénier à exclure les filles; car, même dans ces régions, les droits successoraux de la femme n'avaient pas d'assise bien solide. On s'avisa, chez nous, en mariant les filles, de les faire renoncer à la succession future de leurs parents; mais il y avait là une difficulté. La loi romaine déclarait nulle toute renonciation à succession future. On couvrit cette nullité par un serment que prononçait la jeune fille. Ainsi tout un édifice artificiel et savant vint, comme il arrive si souvent, protéger un vieil usage.

« Le droit canon se prêta à ces vues et permit de couvrir par le serment la nullité des renonciations à succession future qu'avait prononcée la loi romaine[4]. Grâce à cet expédient, l'usage de faire renoncer les filles, en les mariant, à tous leurs droits héréditaires, se répandit bientôt dans les pays de droit écrit. Cet usage fut érigé en loi par un grand nombre de statuts[5];

[1] Canciani, *Barbarorum leges antiq.*, t. III, p. 51, notes.

[2] Vito la Mantia, *Storia della legisl. ital.*, I, *Roma*, pp. 242, 243, 409, 410, 595. Dans les Etats sardes les filles sont exclues, s'il y a des descendants mâles par ligne masculine qui peuvent conserver et perpétuer la famille (*Loix et constit... de S. M. le roi de Sardaigne publiées en 1770*, Paris, 1771, t. II, p. 312). Cf. statuts de Macerata de 1502, dans *Extrait du catal. de la bibl. du sénateur Hubé*, 5e partie. Varsovie, 1864, p. 73; statut de Gualdo du commencement du XVIe siècle, *ibid.*, p. 81, etc. Les papes ne s'arrêtèrent pas définitivement à la pensée romaine de l'égalité des filles et des garçons; c'est ce que prouve, au besoin, la législation pontificale du XIXe siècle (Vito la Mantia, *ibid.*, p. 595).

[3] Cf. Esmein, dans *Nouvelle revue hist.*, 8e année, p. 4, notes 1 et 2.

[4] *Sexte*, I, XVIII, 2 (Boniface VIII). Guy Pape, *Quæst.* 227, 228. Pasquier, *Recherches*, III, II.

[5] Cout. d'Arles, ann. 1142; de Montpellier, 90, ann. 1204 (Ch. Giraud, t. II, p. 2; t. Ier, Preuves, p. 66). Cout. des nobles de Narbonne, ann. 1232 (Dom Vaissete, t. III, Preuves, no 208). Stat. de Marseille, II, 54, ann. 1255 (de Fresquet, *Statuts de*

la jurisprudence proclama ces statuts éminemment favorables, et les romanistes surent les plier aux principes de la loi romaine, en disant que, à l'exemple de la *Novelle* 118, ils avaient léur fondement dans la volonté présumée des défunts et dans l'usage général des testateurs [1]. Certains statuts, non contents de priver les filles de leur part héréditaire, limitent le montant de leur dot; ils ne permettent de les doter en immeubles qu'avec l'homologation de la curie; ils réglementent par des lois somptuaires les frais et les présents de noces; ils vont jusqu'à interdire aux femmes l'usage de certains bijoux et vêtements précieux [2]. »

Dans cette difficulté de doter les filles en immeubles, je n'hésite pas à apercevoir un écho de ces prescriptions des lois barbares qui, si elles n'excluent pas entièrement les filles de toute succession, les excluent du moins rigoureusement des successions immobilières [3].

Quelques coutumes n'exigeaient pas que la renonciation des filles fût expresse « et statuaient que les filles nobles dotées, *fût-ce d'un chapeau de roses seulement,* étaient exclues de plein droit de la succession de leurs père et mère [4]. »

L'hostilité du droit successoral primitif à l'égard des femmes a marqué son empreinte dans notre droit français jusqu'à la fin de l'ancien régime.

Marseille, Aix, 1865, p. 106). Stat. de Salon, ann. 1293 (Ch. Giraud, t. II, p. 248). Cout. de Bergerac, 55, ann. 1337 (*Cout. génér.*, t. IV, 2e part.). Statuts de Provence, ann. 1472 (Julien, *Com. sur les statuts de Provence*, t. Ier, p. 433). En 1643, un auteur toulousain écrit : « Le statut et coustume portant exclusion des filles mariées et dotées par le père est légitime et conforme au droit » (*Remarques du droit françois*, Lyon, 1643, p. 738).

1 Julien, *l. c.* Peregrinus, *De fid.*, I, 24 : « Statutum excludens feminas propter agnatos favorabile esse, attenta principali ratione quæ fuit conservare bona in familia et agnatione, et est communis scribentium traditio. »

2 Stat. de Salon (Ch. Giraud, t. II, p. 260). Statuts de Marseille, II, 42 (de Fresquet, p. 86). Etabl. des consuls de Montpellier, ann. 1255 et 1365 (*Thalamus parvus*, pp. 142-162). Le texte guillemeté et la majeure partie des notes qui y correspondent sont empruntés à Paul Gide, *Etude sur la condition privée de la femme,* 1867, p. 441. Cf. Jarriand, dans *Nouvelle revue hist. de droit français et étranger,* t. XIV, 1890, pp. 228-231, 239.

3 *Loi des Thuringes,* tit. VI, § 1er. *Loi Salique,* édit. Merkel, p. 33.

4 Giraud, *Précis de l'ancien droit coutumier français*, p. 45. Mes *Etablissements de saint Louis,* t. III, p. 259. Coutume de Touraine, art. 284.

Ce trait est très accusé dans les successions féodales [1], car les obligations militaires ordinairement attachées aux fiefs nobles rendaient difficile l'admission des femmes. Dans les vilenages, au contraire, les fils et les filles partagent également, suivant les règles posées par la plupart de nos coutumes : cette égalité est déjà très commune au moyen âge [2]. Toutefois, le privilège du sexe fut conservé sur quelques points [3], même dans les familles roturières, jusqu'à la fin de l'ancien régime [4]. De nos jours il existe encore, à des degrés divers, dans les Etats scandinaves, en Russie, en Angleterre, en Serbie, dans plusieurs cantons suisses [5].

Ces vues générales suffisent ici [6]. Nous donnerons plus loin quelques détails qui ne seraient pas à leur place dans ce paragraphe.

Religieux incapables de succéder. — Dans les derniers siècles on excluait de toute succession les morts civils, et on rangeait parmi les morts civils les religieux et les religieuses considérés depuis longtemps comme incapables de succéder [7]. Cette inca-

1 Voyez notamment Beaumanoir, ch. XIV, 3; cout. de Touraine-Anjou, art. 17 (pour les baronnies) dans mes *Etablissements*, t. III, pp. 9, 10.

2 Voyez notamment *Grand coutumier normand*, ch. 26 : « In borgagiis autem æqualem sicut fratres percipient portionem » (édit. de Gruchy, p. 86). En Allemagne, cette règle était déjà inscrite dans le *Miroir de Souabe* (Matile, *Miroir de Souabe*, 1843, p. XXVI).

3 Je signalerai notamment quelques localités de l'Alsace (Bonvalot, *Coutumes du Val d'Orbey*, p. 50). En Provence, les enfants mâles excluent les filles qui n'ont que leur légitime (Julien, *Elémens de jur.*, p. 293). Cette situation date en Provence de 1472 (de Bomy, *Statuts... du pays de Provence*, Aix, 1620, pp. 127, 128. Guyton de Morveau, *Disc. publics et éloges*, 1775, t. Ier, p. 190, note 1. Ch. de Ribbe dans les *Ouvriers des Deux-Mondes*, t. III, pp. 126, 127).

4 Le décret des 15-28 mars 1790, tit. Ier, art. 11, « abolit tout privilège de masculinité en ce qui concerne les fiefs, domaines et alleux nobles. » Le décret des 8-15 avril 1791 règle d'une manière générale les partages entre cohéritiers et supprime toute inégalité résultant... « de la distinction des sexes » (art. 1er).

5 Amiaud, *Aperçu de l'état actuel des législations civiles*, pp. 12, 13.

6 On pourra les compléter en lisant Emile de Laveleye, *De la propriété et de ses formes primitives*, pp. 172 à 175 : j'ai fourni à ce très regretté savant une partie des faits qu'il a groupés dans les pages de son bel ouvrage, consacrées aux droits des femmes; il le déclare très courtoisement (p. 175, note 3).

7 Textes à consulter : Ebediesu, *Coll. can. syn.*, III, II, dans Mai, *Script. vet. nov. collect.*, X, 61; Petra, *Commentarii ad constit. apostol.*, t. III, 1729, p. 19; bulles de 1245, 1246, 1256, analysées par Wauters, *Hist. des environs de Bruxelles*, p. 661;

pacité contribue à nous expliquer le nombre exagéré de religieux et de religieuses qui peuplaient les monastères : les pères de famille destinaient presque toujours un ou plusieurs enfants à la vie monacale, afin d'assurer aux autres un patrimoine plus considérable et d'éviter la dispersion de la fortune.

3. *Du bénéfice d'inventaire. — De la règle* Le mort saisit le vif.

Bénéfice d'inventaire emprunté au droit de Justinien. — L'héritier pur et simple était tenu de toutes les dettes et, s'il y en avait plusieurs, ils en étaient tenus en commun, chacun pour sa part dans la succession [1].

Notre vieux droit coutumier semble avoir connu, de bonne heure, un principe très simple qui sauvegarde la situation d'héritiers qu'une succession obérée pourrait ruiner; je veux parler de cette règle élémentaire : « Il n'est héritier qui ne veut [2]. »

Le droit romain classique avait ouvert aux héritiers siens et nécessaires une porte de sortie analogue par le *bénéfice d'abstention* [3]. Justinien perfectionna ici les procédés : il créa le *bénéfice d'inventaire* [4] dont l'objet délicat est de conserver la

bulle de 1262 (n. s.) dans Varin, *Archives adm. de la ville de Reims*, t. Ier, p. 803; Beautemps-Beaupré, *Cout. et instit. de l'Anjou et du Maine*, t. IV, p. 539; cout. de Berry, *Des successions ab intestat*, art. 36, 37, 38, dans G. Labbé, *Les coust. de Berry*, Paris, 1607, p. 599; ord. de mai 1532 pour le Dauphiné, résumée dans Isambert, t. XII, p. 359; Delalande, *Cout. d'Orléans*, édit. Perreaux, t. II, pp. 83-86; Thomassin, *Ancienne et nouvelle discipline de l'Eglise*, 3e partie, liv. Ier, ch. 25, édit. de Bar-le-Duc, t. VI, p. 137 et suiv. La *Loi des Burgondes* favorisait, au contraire, la fille religieuse (*Lex Burg.*, XIV, 5, 6). Le décret des 19-26 mars 1790 accorda aux religieux sortis de leurs maisons le droit d'hériter quand ils ne se trouvaient en concours qu'avec le fisc. Le décret des 20 février-26 mars 1790 les avait déclarés en termes généraux incapables de succéder. Cette incapacité est incompatible avec les principes du droit moderne (Cf. décret du 5 brum. an II, art. 4; du 17 nivôse an II, art. 3, 4, 5).

[1] Giraud, *Précis de l'ancien droit coutumier français*, pp. 45, 46. *Assises des bourgeois*, ch. CXCIII, dans Beugnot, t. II, p. 130.

[2] Coutume de Paris, art. 316. Coutume de Poitou, art. 278. Loisel, *Instit. cout.*, II, V, 2.

[3] Gaius, II, 156-158.

[4] *Code de Justinien*, VI, XXX, 22. *Institutes de Justinien*, II, XIX, 6.

qualité d'héritier, tout en mettant l'intéressé à l'abri des conséquences préjudiciables qui peuvent résulter de cette qualité. Le bénéfice d'inventaire modère l'obligation de l'héritier, en la limitant aux ressources de la succession (*intra vires hereditatis*).

Comme le droit romain, notre droit avait besoin de ce mécanisme perfectionné. Il l'emprunta au droit romain de Justinien. Dès le XIIIe siècle, Durant, évêque de Mende, s'occupe du bénéfice d'inventaire dans son *Speculum juris*. Les témoignages deviennent plus imposants au XVe siècle [1].

Les avantages du bénéfice d'inventaire étant contraires en principe au droit commun des pays coutumiers, ce bénéfice devait être obtenu par concession spéciale du roi, en d'autres termes, par lettres de chancellerie. Telle était la règle pour les pays coutumiers, sauf le Berry et la Bretagne. Au XVIe siècle, les pays de droit écrit ne connaissaient point encore cette nécessité des lettres de chancellerie. Elle pesait d'ailleurs aux coutumiers qui, en 1614, demandèrent soit l'abrogation de cette formalité, soit de grandes modifications. Loin de faire droit à ces réclamations, la royauté, par l'ordonnance de 1629, étendit aux pays de droit écrit la nécessité [2] des lettres royaux. Cette disposition législative ne fut pas universellement adoptée : à la fin de l'ancien régime, la Provence était soumise à la nécessité des lettres de chancellerie, mais non pas, semble-t-il, tous les pays de droit écrit [3].

Le mort saisit le vif. — Les coutumes suivaient cette maxime fameuse : *Le mort saisit le vif son plus prochain heritier habile à luy succeder* [4]. Les origines et le sens primitif de ce brocard que je rencontre pour la première fois dans la coutume d'Orléans du XIIIe siècle [5] sont, à mes yeux, fort embarrassants.

1 Cf. Tambour, *Du bén. d'invent.*, pp. 123, 125; *Code civil*, art. 793 et suiv.

2 Pasquier, *Interprét. des Instit. de Justinian*, p. 426. Picot, *Hist. des états généraux*, t. IV, p. 71. Ord. de 1629, art. 129. Joignez déclaration de 1657, dans Isambert, t. XVII, p. 355.

3 Julien, *Elémens de jurisprudence*, p. 260.

4 Cout. de Lorris-Orléans, ch. XII, art. 6, dans la Thaumassière, *Cout. locales du Berry*, p. 460. Chartres, 94. Loisel, *Instit.*, liv. II, tit. V, règle 1 avec les notes de Laurière.

5 *Usage d'Orlenois restitué*, 3. *Et. de saint Louis*, liv. II, ch. 4.

J'estime que cette règle coutumière a été forgée probablement à Orléans sous l'inspiration des romanistes. Sans doute le droit romain avait formulé cette règle tout opposée : « Possessio nisi naturaliter comprehensa ad nos non pertinet[1] ; » mais le *Corpus juris* est un gros livre et on y peut trouver bien des choses : or on y avait remarqué cet autre texte : *Possessio defuncti quasi juncta descendit ad heredem*[2]. Enfin, il y avait aussi un certain interdit *quorum bonorum* accordé jadis à celui qui avait obtenu du préteur la *possession des biens* d'un défunt contre tout individu possédant des choses héréditaires *pro herede* ou *pro possessore*[3]. Il n'y a plus de préteur pour accorder la possession de biens : pourquoi donc ne pas donner de plein droit à tout héritier les bénéfices qui résultaient jadis de l'obtention de l'interdit *quorum bonorum?* Tels sont très probablement les textes et telles sont les considérations qui incitèrent nos Orléanais à proclamer ce principe : *Le mort saisit le vif,* qui semble la traduction très heureuse et très concise du latin : *Possessio defuncti quasi juncta descendit ad heredem.* Ils pouvaient aussi s'autoriser d'un texte très remarquable des *Institutes de Justinien*[4].

Tout indique qu'originairement cette maxime intéressait le droit civil pur : on voulait que l'héritier fût réputé possesseur à l'encontre du détenteur de fait d'une succession[5] ; on ne son-

[1] *Digeste,* XLI, II, 23.

[2] *Digeste,* IV, VI, 30 : « Possessio defuncti, quasi juncta, descendit ad heredem ; et plerumque, nondum hereditate adita, completur. »

[3] *Code de Théodose,* XI, XXXVI, 22. *Digeste,* XLIII, II. *Instit. de Justinien,* IV, XV, 3.

[4] « Sed bene anteriores principes et huic causæ providerunt ne quis pro petenda bonorum possessione curet, sed, quocumque modo si admittentis eam indicium, intra statutâ tamen tempora, ostenderit, plenum habeat earum beneficium. » (*Institutes de Justinien,* III, IX, *De bonorum possessionibus,* 10).

[5] Voyez ici Rosshirt, *Dogmen-geschichte des Civilrechts,* Heidelberg, 1853, p. 201; Liégeard, *De l'origine, de l'esprit et des cas d'application de la maxime : Le partage est déclaratif de propriété,* 1855, pp. 20-22 ; Dubois, dans *Nouvelle revue hist. de droit,* janvier-février 1880, p. 101 et suiv. ; mes *Etabl.,* t. Ier, p. 496 ; t. II, p. 337 ; Beautemps-Beaupré, *Cout. et instit. de l'Anjou et du Maine,* 1re partie, t. II, p. 374 (passage important parce que l'interdit *quorum bonorum* est rapproché de notre maxime) ; G. d'Espinay, *De l'influence du droit canonique sur la législ. franç.,* p. 193 ; Planiol, *Origine romaine de la saisine héréditaire,* dans *Revue crit.,* nouvelle série, t. XIV, p. 437 et suiv. Un grand nombre de statuts italiens admettent non pas textuellement

geait pas à autre chose. Mais rien n'est élastique et souple comme un brocard. Celui-ci, lancé dans la circulation, courut d'école en école, de livre en livre, et se répandit jusqu'en Allemagne[1]. On lui donna, dans quelques coutumes, cette signification que je pourrais appeler révolutionnaire : celui qui se trouve habile à succéder à un défunt au moment de son décès est saisi, dès ce moment, sans ensaisinement, ni permission du seigneur ou du juge. Par conséquent, pas de droits de relief ou de redevance à l'occasion de l'entrée en possession. Voilà notre brocard devenu arme de guerre contre le fisc[2].

Cette autre conséquence qui intéresse le droit civil pur est beaucoup plus conforme aux origines de la maxime en question : l'héritier présomptif d'un défunt, décédé lui-même avant d'avoir accepté une succession ou d'y avoir renoncé, transmet ses droits à ses héritiers ou autres successeurs[3].

4. *De la représentation.*

Définition. Historique. — La représentation est la subrogation légale d'un homme vivant à un homme mort; en vertu de la représentation, le fils prend la place de son père et en exerce les droits[4].

la formule *Le mort saisit le vif*, mais la règle qu'exprime cette formule (Caporali, *Della facoltà accordata all' erede di revocare la sua rinunzia*, dans *Studi Senesi*, vol. II, p. 319, note 1).

[1] Diplôme de 1322, cité par Kraut, *Grundriss zu Vorlesungen über das deutsche Privatrecht*, Berlin, 1872, § 159, 3, p. 310.

[2] Bouthors, *Coutumes locales d'Amiens* de 1507, art. 1er, dans *Coutumes locales du bailliage d'Amiens*, t. Ier, p. 83. Notre brocard ne prend pas encore ce caractère agressif au XIVe siècle, dans le *Grand coutumier de France* (livre II, ch. 21, édit. Charondas le Caron, 1598, p. 138). Joignez *Libellus antiquus de beneficiis*, I, 24, dans Senckenberg, *Corpus juris feudalis Germanici*, p. 161; *Sächs. Lehnr.*, 6 (dans Senckenberg, 1772, p. 267).

[3] Giraud, *Précis de l'ancien droit coutumier français*, pp. 44, 45. La littérature relative à notre brocard est trop considérable pour que je l'indique ici complètement; l'un des derniers travaux est celui de Cosack, *Der Besitz des Erben*, Weimar, 1877. Cf. mes *Etabl.*, t. IV, pp. 214, 215; Chaisemartin, *Proverbes et maximes du droit germanique*, p. 382 et suiv. (Je ne crois pas que la thèse de M. Chaisemartin soit exacte).

[4] Cf. la définition du *Code civil*, art. 739.

Primus est décédé, laissant son fils Secundus et un petit-fils Quartus dont le père, Tertius, est prédécédé. Si Quartus obtient de partager la succession avec son oncle, Secundus, il y a représentation; car il n'arrive à la succession qu'en représentant son père, Tertius. Voilà la représentation en ligne directe descendante.

Quant à la représentation en ligne collatérale, cet exemple, tout aussi simple, suffira pour en donner une idée : je meurs, laissant un frère Abel et un neveu, Jean, fils d'un autre frère prédécédé. Si Jean vient à ma succession et la partage avec Abel, il y vient en vertu du droit de représentation, en prenant la place de son père prédécédé.

Les droits primitifs sont tous très hostiles à la représentation; si nous apercevons la représentation dans le droit d'un peuple aussi haut que nous remontions dans son histoire, c'est probablement que nous avons affaire à un peuple très civilisé, lequel a perdu de très bonne heure ce cachet primitif des successions barbares : absence de toute représentation.

Quant à nous, Français, il nous a fallu environ treize siècles pour conquérir, dans la mesure où il est admis aujourd'hui, le droit de représentation.

Originairement, chez les Francs, le fils excluait les petits-fils orphelins de la succession de son père décédé; car il n'y avait pas de représentation en ligne directe; en d'autres termes, l'oncle excluait son neveu. Rien de plus naturel et de plus simple dans une société où ce même oncle est fort disposé à exclure son neveu non plus de la succession de son grand-père, mais même de la succession de son propre père; j'ai dit, en effet, que les luttes de ce genre au sein de la famille mérovingienne nous révèlent la tendance qui a triomphé ailleurs sous le nom de *tanistry*.

Même absence de représentation en ligne collatérale.

Résumons en peu de mots le mouvement favorable à la représentation dont le dernier et définitif triomphe date du mois d'avril 1791.

Chez les Romains, la représentation existait en ligne directe descendante[1] : elle ne fut reçue en ligne collatérale que par la *Novelle* 118 de Justinien qui admit les neveux à la succession d'un oncle concurremment avec les frères de cet oncle[2]. Les Burgondes et les Wisigoths admirent la représentation en ligne directe[3].

En 596, Childebert II introduisit parmi les Francs la représentation en ligne directe[4]. Les formules postérieures prouvent que cet édit n'eut aucun succès; car nous voyons des grand-pères appeler leur petit-fils à prendre part à la succession avec leur fils[5]. Cette précaution serait superflue, si l'édit du roi mérovingien eût été exécuté. Ces aïeux anonymes dont les formules nous ont transmis les testaments sont préoccupés de cette pensée : assurer au fils la situation qui lui est aujourd'hui acquise *ipso jure*, c'est-à-dire le droit de représenter son père. Deux siècles plus tard, en l'an 938, un combat judiciaire célèbre dans les annales juridiques résolvait, sur l'ordre d'Otton Ier[6], cette question toujours débattue en Allemagne et la cause du progrès, c'est-à-dire le droit de représentation, triomphait, ce jour-là, grâce aux hasards d'une petite guerre entre deux champions, guerre moins sanglante et moins ridicule après tout que tant d'autres où des milliers d'hommes discutent le fer à la main des questions plus frivoles ou des intérêts moins avouables.

1 *Institutes de Justinien*, III, I, 6. Dans le droit théodosien, les descendants de la fille prédécédée ne représentent pas intégralement leur mère (*Code de Théodose*, V, I, 4). Ceci se retrouve dans le *Papien* (X, 1, 2, apud Pertz, *Leges*, t. III, p. 602).

2 *Novelle* 118, c. 1, 3.

3 Fragments d'Euric ou dits d'Euric, 7, dans *Nouvelle revue hist.*, sept.-oct. 1886, p. 525 et suiv. *Lex Burg.*, LXXVIII; XIV, 1; LXXV. Cette représentation est établie en faveur du petit-fils, non de la petite-fille (*Lex Wisig.*, IV, V, 4). Elle fut introduite chez les Lombards par une loi de Grimoald en 671 (*Lex Langobard.*, *Grimuald.*, 5, apud Pertz, *Leges*, t. IV, p. 401).

4 « Ut nepotes ex filio vel ex filia ad aviaticas res cum avunculos vel amitas sic venirent, tanquam si pater aut mater vivi fuissent » (Pertz, *Leges*, t. Ier, p. 9). Dans ce texte et dans plusieurs autres de l'époque franque, le mot *avunculus* désigne en général l'oncle, c'est-à-dire le *patruus* aussi bien que l'*avunculus*. Ainsi se devine déjà dans le latin mérovingien la future langue française qui dira *oncle* pour *patruus* et *avunculus*. Cf. Brunner, *Über das Alter der Lex Alamannorum*, p. 7.

5 E. de Rozière, *Recueil général des formules*, t. Ier, p. 171, form. 134, 131, 132, 133, 168, 172.

6 Widukindus, *Res gestæ Saxonicæ*, lib. II, c. 10 apud Pertz, *Script.*, t. III, p. 440.

Ce duel n'est en Allemagne que l'un des épisodes du lent et pénible triomphe du droit de représentation. Chez nous, il gagne laborieusement du terrain, à dater du XIIIe siècle, et grâce surtout à l'influence du droit romain de Justinien[1].

A la fin de l'ancien régime, la représentation était encore absolument proscrite en ligne directe comme en ligne collatérale par les coutumes de Ponthieu[2], de Boulenois[3], de Channy[4] (réputé de l'Ile-de-France), de Senghein-en-Weppes (prévôté de Beauquesne)[5], de Hainaut[6], d'Artois-campagne[7].

La représentation en ligne collatérale n'avait été admise qu'en 1580 dans la coutume de Paris[8]; en 1583 dans la coutume d'Orléans[9].

Le décret des 8-15 avril 1791[10] a généralisé la représentation en ligne directe descendante : le *Code civil* l'a admise, en ligne collatérale, en faveur des enfants et descendants de frères et sœurs du défunt[11]. C'est le droit des coutumes de Paris[12] et d'Orléans et de la *Novelle* 118 de Justinien[13]. Quelques coutumes, dans un sentiment d'équité, étaient allées plus loin et admettaient la représentation à l'infini en ligne collatérale comme en

1 Voici quelques dates et faits importants : représentation admise en 1224 en Normandie (Tardif, *Cout. de Norm.*, 1re partie, texte latin, p. XCIV); admise par le parlement en 1323 pour la Flandre (Diegerick, *Invent. des chartes... de la ville d'Ypres*, t. Ier, p. 293, n° 366); tentative, en 1556, d'un fou de génie appelé Raoul Spifame; passage énergique dans lettres patentes d'Henri II de 1558 pour la coutume de Melun (Bretonnier, *Recueil par ordre alphab. des principales questions de droit*, Paris, 1718, pp. 309, 310).

2 Art. 8.

3 Art. 75, 83.

4 Art. 36 (Bourdot de Richebourg, t. II, p. 666).

5 Bouthors, *Cout. locales du bailliage d'Amiens*, t. II, p. 352.

6 Ch. XC, art. 5 (Bourdot de Richebourg, t. II, p. 119).

7 Cout. de 1509, art. 60; de 1540, art. 63; de 1544, art. 93 (Maillart, *Cout. générales d'Artois*, p. 101). La représentation fut admise à Arras-ville en 1745 (De Groos, dans *Revue générale*, t. III, 1879, p. 137).

8 Art. 320, 321.

9 Cf. Kohler, *Gesammelte Abhandlungen*, Mannheim, 1883, p. 347.

10 Art. 2.

11 *Code civil*, art. 742, 750.

12 Art. 320.

13 *Nov.* 118, c. 3. Cf. *Nov.* 127.

ligne directe[1]; c'est ce qu'avait fait aussi le décret du 17 nivôse an II[2].

Un problème juridique célèbre s'est élevé à l'occasion de la représentation; j'en dirai un mot.

Il est incontesté qu'en ligne directe, les enfants de plusieurs frères, venant à la succession de leur aïeul, partagent par souches[3]. Mais que se passera-t-il en ligne collatérale? Un *de cujus* laisse seulement des neveux, sans aucun frère, ni sœur : les neveux arrivent-ils par représentation et partagent-ils *par souches?* — c'était l'opinion d'Accurse — ou succèdent-ils de leur chef sans représentation et partagent-ils *par têtes?* — c'était l'opinion d'Azo.

Après quelques hésitations de la jurisprudence, l'opinion d'Azo triompha en Allemagne, à la diète de Spire (1529); en France, lors de la réformation des coutumes[4].

Le *Code civil* français et le Code italien se sont ralliés au sentiment plus équitable d'Accurse, jadis adopté par du Moulin[5].

1 Touraine, coutume de 1559, art. 287. Grand-Perche, coutume de 1558, art. 151. Anjou, 224, 225. Maine, 240, 241. Auvergne, XII, 9.

2 Décret du 17 nivôse an II, art. 77.

3 *Institutes de Justinien*, I, III, 6. Quant aux enfants issus non de plusieurs fils, mais d'un fils, la jurisprudence les faisait venir par têtes et non par représentation; ce qui pouvait augmenter leur légitime (Julien, *Nouveau commentaire sur les statuts de Provence*, t. Ier, pp. 439, 440).

4 Voyez ici Gaudenzi, *Un' antica compilazione de diritto romano e visigoto*, p. 163; Laurière, *Texte des coustumes de la prévôté de Paris*, t. III, pp. 85-87, 351 et suiv.; Kohler, *Gesammelte Abhandlungen*, p. 403 et suiv.

5 *Code civil*, 742. Berriat Saint-Prix, *Histoire du droit romain*, 1821, p. 189.

DEUXIÈME SECTION.

Des ordres de succession.

Divisions générales. — Je passerai brièvement en revue les différents ordres de succession, sans remonter au delà du moyen âge, les renseignements qui précèdent fournissant sur la période antérieure quelques vues générales suffisantes.

Nous distinguerons trois ordres de succéder : celui des descendants; celui des ascendants; celui des collatéraux. Après quoi nous nous occuperons du conjoint survivant et des successions dévolues au fisc et dites *successions irrégulières*.

1. *Succession directe des descendants.*

Pays de droit écrit. Pays coutumiers. Aînesse. Parage. Mainetė. — Les successions légitimes ouvertes en pays de droit écrit en faveur des descendants étaient principalement réglées par la *Novelle* 118 de Justinien, suivant laquelle garçons et filles partageaient également la succession de leurs père, mère et autres ascendants décédés *intestats* [1].

Dans les pays de coutumes, les enfants succédaient à leur père et mère de préférence aux autres parents. Mais tous ne succédaient pas toujours par égales portions et les filles, comme on l'a dit, n'étaient pas toujours sur le même pied que les fils. Quelques développements sont ici nécessaires.

En règle générale, les biens roturiers se partageaient également entre les enfants des deux sexes [2]. La coutume de Pon-

[1] Touchant l'absence ordinaire de droit d'aînesse en pays de droit écrit pour les terres nobles voyez *Encyclopédie méth., Jurisprudence*, t. Ier, p. 244. Quant aux exceptions voyez ci-après, p. 839.

Ne pas conclure de tout ceci que l'égalité des partages soit le fait ordinaire dans les pays de droit écrit; car je ne traite ici que des successions *ab intestat* : mais les testaments étaient fréquents dans le midi. Voyez le chapitre suivant. — J'ai déjà dit, que les filles étaient exclues par les fils en Provence. Voyez ci-dessus, pp. 825, 826.

[2] Voyez notamment Chartres, 97; *Coust. des pays de Vermendois*, édit. Beautemps-Beaupré, p. 89.

thieu faisait exception : elle n'admettait qu'un héritier, le fils aîné; à son défaut, l'aînée des filles; elle ne réservait aux autres enfants ensemble que le quint viager. Quelques coutumes statuaient aussi qu'entre nobles les biens même roturiers se partageaient noblement, c'est-à-dire avec de grands avantages à l'aîné.

Dans les successions aux fiefs nobles [1], le principe d'égalité n'était pas observé en pays coutumier. Toutes les coutumes, en effet, admettaient, en ce cas, au profit du fils aîné un droit d'aînesse et quelquefois même elles reconnaissaient ce droit, à défaut de fils, à l'aînée des filles.

Suivant la coutume de Paris, l'aîné recevait les deux tiers de tous les héritages et droits tenus noblement, lorsqu'il était en concurrence avec un seul héritier; la moitié, lorsqu'il était en concurrence avec deux ou plusieurs autres enfants. Il avait, en outre, à titre de préciput, en chacune des successions du père et de la mère, un hôtel tenu en fief, avec un arpent de l'enclos. S'il n'y avait qu'un seul manoir dans la succession, l'aîné le prenait pour son préciput, sauf aux puînés leur légitime sur le fief. Le droit était presque identique à Orléans [2]. En Bretagne et dans quelques autres provinces, l'aîné noble avait, outre son préciput, droit dans tous les cas aux deux tiers des terres féodales. En Touraine, l'aîné noble prenait, outre le préciput, les deux tiers tant en fief qu'en roture [3].

Certaines terres étaient soumises à un droit d'aînesse absolu. Ainsi en Touraine, dans le Loudunois, en Anjou, les baronnies étaient indivisibles [4] et passaient intégralement à l'aîné, quant à la propriété; il abandonnait seulement à ses cadets un tiers en usufruit. Nous rencontrons, à dater de l'année 1185, un système analogue en Bretagne [5].

[1] On a vu plus haut pp. 634-638, que l'hérédité des fiefs est un fait secondaire; j'ai suffisamment traité ce point.

[2] Cout. de Paris, art. 15 à 18. Cout. d'Orléans, art. 89 à 97. Voyez mes *Etablissements de saint Louis*, t. Ier, pp. 123-125; 315-316; 359-361; t. II, pp. 19 à 22; Giraud, *Précis de l'ancien droit coutumier français*, pp. 47, 48.

[3] Coutume de Touraine, art. 260. Bretagne, 541. Pour plus de détails cf. Warnkœnig, t. II, p. 479 et suiv.; G. d'Espinay, *Les réformes de la coutume de Touraine au XVIe siècle*, p. 230.

[4] *Etabl.*, liv. Ier, ch. 26. Cf. mes *Etabl.*, t. Ier, pp. 316, 317; t. III, pp. 284, 285.

[5] Mes *Etabl.*, t. Ier, pp. 294, 295.

Le souvenir de l'indivisibilité primitive des baronnies a subsisté jusqu'à la fin de l'ancien régime : on admettait encore, à la veille de 1789, que les terres érigées en baronnie ne se divisent, ni ne se partagent[1].

La grande division en pays de droit écrit et pays coutumiers est ici, comme à tant d'autres points de vue, soumise à des exceptions notables. Ainsi un droit d'aînesse très rigoureux existe à Barèges, dans le Labourt et dans la Soule pour les biens roturiers comme pour les biens nobles, pour les familles roturières comme pour les familles nobles[2]. Le droit d'aînesse jouait dans toute cette région un rôle considérable[3]. A Bordeaux, le droit d'aînesse existait pour tous les biens dans les familles nobles[4].

A la suite de la guerre des Albigeois, le droit successoral de la coutume de Paris et, par conséquent, le droit d'aînesse fut introduit dans la sénéchaussée de Carcassonne. Cet usage étranger fut aboli, dès le XIVe siècle, dans certains fiefs de la sénéchaussée, mais d'autres fiefs furent régis pendant très longtemps par cette loi successorale[5].

Tel est le droit d'aînesse. Quant à ses origines, la plus apparente, la plus sensible est facile à saisir. Le droit d'aînesse inconnu des lois germaniques[6] et des lois romaines s'est formé peu à peu avec le régime du fief et voici comment. Il était tout naturel qu'un suzerain se préoccupât d'avoir affaire, pour les divers services qui lui étaient dus, à une seule et même per-

[1] *Encyclopédie méth., Jurisprudence*, t. Ier, p. 772. Voyez sur les baronnies E. Boutaric, *Institutions militaires de la France*, p. 135.

[2] Cout. de Barèges de 1670, art. 1 et 8, dans *Cout. anc. et nouv. de Barèges*, Bagnères, 1836, pp. 5, 6, 32, 33. Soule, XXVII, 31 à 33. Labourt, XII, 16 à 18, d'après Cordier, *De l'organisation de la famille chez les Basques*, pp. 36, 43, 45.

[3] De Lagrèze, *Hist. du droit dans les Pyrénées*, pp. 180 à 185.

[4] Cf. Jarriand, *Histoire de la Novelle* 118, p. 329.

[5] Je résume ici une communication de mon confrère et ami, M. A. Molinier. La coutume de Paris introduite par les constitutions de Pamiers de 1212 ne subsista après 1229, m'écrit M. Molinier, que dans les fiefs de la sénéchaussée de Carcassonne. Cf. mes *Etabl. de saint Louis*, t. Ier, pp. 358, 359.

[6] Voyez cependant, pour les Tenctères, Tacite, *Germ.*, 32; et remarquez dans la *Loi Salique*, le tit. XLIV, *De reipus*, 4, 5. Voir un peu plus loin ce que je dirai des *parages* dans le présent article.

sonne et non à plusieurs héritiers. Ce résultat peut être obtenu de diverses manières. Le système de l'aînesse, le plus généralement adopté, n'est pas le seul qui se soit présenté à l'esprit des intéressés. Nous voyons, en effet, certains fiefs ou bénéfices concédés héréditairement à la condition qu'ils ne seront jamais divisés et qu'en cas de contestation, le suzerain choisira entre les héritiers celui qui lui conviendra pour détenteur du bénéfice[1]. C'est là un des procédés, parmi plusieurs, qui pouvait assurer le résultat désiré. Le plus répandu est, je l'ai dit, celui de l'aînesse. Le droit d'aînesse n'était généralement pas rigoureux et absolu en France : aussi la noblesse n'eut-elle jamais chez nous la cohésion et la puissance que lui donne en d'autres pays un droit d'aînesse fortement organisé[2].

Dans les concessions non nobles, fiefs roturiers ou censives, le besoin d'avoir affaire à une seule personne et non à plusieurs, se fait sentir aussi vivement que dans les tenures franches. Nous rencontrons, en effet, des bailleurs qui stipulent à l'avance, à peu près comme le suzerain dont nous parlions à l'instant, que le censitaire pourra vendre ou léguer son droit à qui il voudra, pourvu que ce soit à une seule personne[3]; d'autres qui stipulent que le fils aîné du preneur possédera seul les biens, *ita ut semper maneant indivisa apud unum*[4]. Toutefois ces procédés n'ont pas triomphé en France pour les tenures roturières. Un système tout différent a prévalu : on a proclamé l'indivisibilité du cens[5]; chaque ayant cause du tenancier primitif est donc tenu pour le tout. L'indivisibilité du cens ou de la rente et le droit d'aînesse dérivent d'une même préoccupation, d'un même besoin, la sûreté du seigneur foncier.

Le système successoral des fiefs a été très souvent appliqué aux alleux nobles[6].

Ce que j'ai dit du droit d'aînesse en France resterait insuffi-

[1] Acte de 1152, dans Beyer, *Urkundenbuch zur Geschichte..... Coblenz und Trier*, t. Ier, p. 629.

[2] Voyez ci-dessus, p. 259.

[3] Acte de juillet 939, dans *Musée des archives départementales*, p. 25.

[4] Kraut, *Grundriss*, 1872, p. 457.

[5] Voyez ci-dessus, p. 679.

[6] Pothier, *Traité des successions*, dans *Œuvres posthumes*, t. IV, p. 130.

sant et incomplet, si je ne donnais au lecteur une idée de ce qu'on appelait le *parage*. Le parage est une espèce de tenure dans laquelle, un fief noble étant échu à plusieurs cohéritiers, l'aîné rend au seigneur dominant la foi et hommage pour la totalité du fief, tandis que les puînés tiennent leurs portions divisément ou indivisément, sans en faire hommage ni au seigneur dominant, ni à l'aîné qui les garantit sous son hommage. L'aîné acquitte, ce semble, les reliefs et rachats et autres droits féodaux.

Les cadets ou aparageurs sont censés les pairs, les égaux de l'aîné ou chef parageur. Telle est la valeur étymologique et historique du mot *parage*. C'est l'antique égalité qui trouve sous le droit d'aînesse lui-même, sous le droit nouveau, un abri tutélaire[1].

Le parage maintenait l'unité du fief servant sans spolier très sérieusement les cadets.

Suivant toute vraisemblance, ce système fut extrêmement répandu en France et servit à pallier vis-à-vis du suzerain les inconvénients d'un droit d'aînesse incomplet.

Philippe-Auguste voulut supprimer le parage c'est-à-dire l'intermédiaire de l'aîné et placer les cadets directement en face du suzerain[2]. Cette tentative n'obtint pas un plein succès. Le parage a subsisté dans plusieurs coutumes jusqu'à la fin de l'ancien régime[3].

Le parage prend fin lorsque les enfants des aparageurs et du chef-parageur sont parents assez éloignés pour pouvoir s'unir par le mariage : les aparageurs font alors hommage au descendant de l'aîné et deviennent ses vassaux[4].

A mon sens, le parage n'est pas un système artificiellement conçu en vue de donner satisfaction aux intérêts du suzerain : si je ne me trompe, c'est une simple adaptation à la féodalité

[1] Voyez sur le parage *Etabl. de saint Louis*, liv. 1er, ch. 46, 47, 48, 79; mes *Etabl.*. t. Ier, pp. 125, 126; *Encyclopédie méth., Jurisprudence*, t. VI, p. 356 et suiv. J'ai emprunté presque textuellement à cet ouvrage la définition du parage.

[2] *Ord.*, t. Ier, p. 29.

[3] Cout. de Reims de 1556, art. 114 (74), dans Varin, *Arch. législ. de Reims, 1re partie, Cout.*, p. 949. Voyez aussi les coutumes de Normandie, de Blois, du Maine, d'Anjou, de Touraine, de Loudunois, de Poitou, etc. (*Encycl. méth., ibid.*, p. 360).

[4] *Etabl. de saint Louis*, liv. 1er, ch. 48. Coutume d'Anjou, art. 221.

d'usages bien antérieurs. Il est tout naturel de supposer que les familles groupées autour du père restaient souvent, à la mort de celui-ci, réunies autour du fils aîné qui devenait ainsi le chef d'une nouvelle communauté [1]; le parage nous représente fort bien ces anciennes communautés de famille.

On ne sera pas surpris de retrouver le parage ou l'équivalent du parage dans les tenures roturières et parmi les roturiers. L'*aînesse* des Normands est le chef-lieu d'un héritage en roture qui a été anciennement divisé entre frères. Le possesseur de cette *aînesse* est tenu de répondre au seigneur de la totalité de l'héritage qui a été démembré pour les divers services dus, sauf son recours contre ceux qui possèdent les portions démembrées [2]. Cette *aînesse* n'est donc pas autre chose qu'un parage roturier.

Dans quelques localités du comté de Cornouailles, en Bretagne, le plus jeune des enfants jouissait d'un droit exclusif qui est précisément le contrepied du droit d'aînesse : le dernier né, fils ou fille, succédait à toute la tenure dite *quevaise*, à l'exclusion de ses frères et sœurs [3]. C'est le droit de maineté.

On rencontre dans le nord-est de la France des vestiges de ce *droit de maineté*. Ce droit que je retrouve en Angleterre, en Frise, en Saxe, chez les Slaves, etc., n'est particulier à aucune race : on s'est quelquefois égaré à la recherche de ses origines. C'est tout simplement la consolidation d'un usage que la nécessité a rendu fréquent chez les petites gens : à la mort du père, les aînés sont souvent pourvus; le plus jeune resté dans la famille prend donc naturellement la place du père. Que ce fait se répète à plusieurs reprises et il deviendra le droit, alors même que les circonstances qui l'expliquaient et le justifiaient ne se rencontreraient plus : telle est, à mes yeux, l'une des origines du droit de maineté. Ajoutez aussi que, dans les tenures où le seigneur foncier exige un seul répondant, choisir le

[1] Brussel, *Nouvel examen de l'usage général des fiefs*, t. II, pp. 894, 895.

[2] Comme symptôme de cette situation, je signale les *reipi* donnés à l'aîné dans la *Loi Salique* (tit. XLIV, *De reipus*, 4, 5, édit. Behrend, p. 58).

[3] Usement de Cornouailles, art. 32, 33. L'irritation du commentateur Furic contre ce vieil usage est grotesque. Voyez l'*Usement du domaine congéable de l'évesché et comté de Cornouaille commenté par* M. Julien Furic, Paris, 1644, pp. 61, 62.

plus jeune est une solution qui se soutient à peu près aussi bien que le choix du plus âgé [1].

Garanties données aux enfants sur la succession de leurs parents. — Dans quelques coutumes, un usage bien remarquable où viennent se dessiner avec une énergie singulière les droits des enfants à la fortune de leurs parents avançait en faveur des enfants l'heure de la succession naturelle. La succession s'ouvrait pour eux, quant aux propres de leur père ou mère survivant, au moment du décès du premier conjoint : le survivant cessait dès lors d'être propriétaire de ses propres; il n'en était plus qu'usufruitier. C'est la *dévolution.* Grâce à ce système, les propres étaient assurés aux enfants du premier lit, à l'exclusion d'enfants issus d'un second mariage.

Cette combinaison ou une combinaison presque identique a existé jusqu'en 1509 à Orléans, jusqu'en 1531 dans la coutume de Lorris-Montargis. On la retrouve jusqu'à la fin de l'ancien régime dans le nord-est de la France. Louis XIV l'invoqua, en 1667, à l'appui de ses prétentions sur le Brabant, le comté de Namur, le Hainaut, la seigneurie de Malines [2].

L'*édit des secondes noces* rendu en 1560 sous François II et inspiré du droit romain impérial [3] répond aux mêmes préoccupations que le système de la dévolution; mais il donne aux enfants des garanties moins absolues. En voici le résumé. Il

[1] Sur le droit de mainеté voyez Grimm, *Deutsche Rechtsalterthümer*, p. 475; *Baüerliche Zustände in Deutschland, Bericht veröffentlicht vom Verein für Socialpolitik*, t. II, Leipzig, 1883, p. 33; Elton, *Origins of the english history*, p. 184 et suiv.; baron Ernouf, *Du droit de juveignerie (Borough-english) et de son origine probable*, dans *La France judiciaire*, t. VII, 1re partie, p. 313 et suiv. (d'après Elton); A. du Chatellier, *De quelques modes de la propriété en Bretagne*, Paris, 1861, pp. 22, 23. La *quevaise* bretonne est un *convenant non congéable.*

[2] Voyez ici : *Jostice et plet*, édit. Rapetti, p. 256; coutume de Lorris-Orléans dans Thaumas de la Thaumassière, *Cout. locales de Berry et celles de Lorris*, 1680, p. 459; coutume de Lorris-Montargis de 1531, ch. XIII, art. 2, dans Bourdot de Richebourg, t. III, p. 847; *Dialogue sur les droits de la reyne très chrestienne*, 1667, pp. 38, 42, 61, 63, 64; Bentzius, *Dissertatio de bonis juri devolutionis subjectis*, Argentorati, 1720; *Observations présentées par la Faculté de Caen sur le projet de loi de M. Delsol concernant les droits de l'époux survivant*, Caen, 1875, p. 18; mes *Etabl. de saint Louis*, t. Ier, p. 367, note 1. Le décret des 8-15 avril 1791 abrogea toutes les coutumes qui se rattachaient au système de la dévolution.

[3] *Code de Justinien*, V, VIII, 3, 6.

est défendu à la femme veuve, ayant des enfants ou des petits-enfants et qui se remarie, d'avantager son second mari au delà de la portion du moins prenant d'entre ses enfants; (cette disposition a passé dans l'article 1098 du *Code civil.*) Le conjoint veuf qui se remarie est obligé de réserver aux enfants du premier lit les biens qu'il doit à la libéralité de son premier conjoint.

Le premier chef de l'édit concerne seulement la femme, ainsi qu'on a pu le remarquer; le *Code civil* très sagement a étendu cette disposition à l'homme. En revanche il a entièrement laissé de côté le second chef de l'édit. Il y a quarante ans, l'illustre Pardessus déplorait avec raison l'absence dans le *Code civil* de cette tutélaire prescription de l'ordonnance de 1560. « Nos pères, disait-il, ont été plus sages que nous [1]. »

Des bâtards. — Tout ce que je viens de dire des successions en ligne directe descendante s'applique seulement, en règle générale, aux enfants légitimes. On sait, en effet, que la plupart de nos coutumes n'appelaient les bâtards à la succession *ab intestat* ni de leur père, ni de leur mère [2]. Le droit romain appelait tous les enfants légitimes ou naturels [3] à la succession de leur mère ingénue ou affranchie.

Notre ancien droit fut soumis à des influences très défavorables aux enfants naturels. Je viens d'indiquer le point d'arrivée et de résumer la tendance générale, mais quelques coutumes étaient restées réfractaires : ainsi la petite coutume de l'Allœu en Artois admit jusqu'en 1741 les enfants légitimes et les enfants naturels en concurrence à la succession de leur mère [4]. Jusqu'à la fin de l'ancien régime, plusieurs coutumes flamandes admirent en concurrence à la succession de leur mère

[1] Voyez Le Brun, *Traité des successions*, 1775, p. 406; Pardessus, *Loi Salique*, pp. 688, 689.

[2] Cf. ci-dessus, pp. 467, 468.

[3] Paul, IV, x, 2, 3. *Digeste*, XXXVIII, xvii, *Ad senatusconsultum Tertullianum*, 1, § 2. Par exception à la règle, les *vulgo concepti* issus d'une mère *illustris* ne lui succédaient jamais ni par testament, ni *ab intestat*, d'après une décision de Justinien (*Code*, VI, lvii, 5). Cf. Accarias, *Précis*, t. II, §§ 436, 471 *a*.

[4] *Cout. loc. de la Loy, banlieue et echevinage de la ville d'Arras*, etc., Paris, 1746, p. 190.

les légitimes et les bâtards nés *ex soluto et soluta*, c'est-à-dire les bâtards non adultérins [1].

2. *Succession en ligne directe ascendante.*

Pays de droit écrit. Pays coutumiers. — Dans les pays de droit écrit, les ascendants succèdent à leurs enfants et petits-enfants décédés sans postérité, concurremment avec les frères, sœurs et neveux germains des défunts, à l'exclusion de tous autres collatéraux : c'est le droit de la *Novelle* 118 de Justinien.

Dans les pays coutumiers, le père ou la mère succède, en règle générale, à son enfant, à l'exclusion des frères et sœurs du défunt [2].

Toutefois, une règle célèbre tempère cette situation et y apporte, dans la plupart des pays coutumiers, des exceptions très nombreuses. Cette règle est ainsi formulée : *Propres ne remontent pas* [3]. En vertu de cette règle, l'héritage qui m'est échu de la succession de ma mère ou d'un parent maternel, n'appartient pas, après mon décès, à mon père, mais à mes frères et sœurs ou autres parents collatéraux du côté et ligne de ma mère. Mon père n'aura que l'usufruit.

Propres ne remontent pas signifie donc tout simplement que les propres ne passent pas d'une ligne à une autre.

Quant aux meubles, acquêts ou conquêts immeubles, les père et mère, et, à leur défaut, les autres ascendants y succédaient à Paris et à Orléans, à l'exclusion de tous collatéraux. Quelques coutumes faisaient concourir les père et mère avec les enfants dans la succession aux meubles et aux acquêts im-

[1] Valenciennes, 152, 153 (coutume rédigée en 1619). Dumées, *Traité des droits féodaux ou seigneuriaux pour les provinces du ressort du parlement de Flandre*, 2e partie, 1762, p. 32. Bien des projets tendant à augmenter les droits successoraux des enfants naturels ont été mis en avant depuis la rédaction du *Code civil*. Je signalerai les dernières propositions de loi : *Proposition de loi relative aux droits des enfants naturels dans la succession de leurs père et mère*, présentée par MM. Alfred Letellier, Jullien et Rivet, députés (*Officiel*, Session de 1890, *Documents parlementaires*, no 459); Rapport par M. Jullien (*Officiel*, Session de 1891, *Documents parlementaires*, no 1733). Voyez plus haut, pp. 467-470.

[2] Voyez déjà *Lex Rip.*, LVI.

[3] Voyez notamment Chartres, ch. VIII, art. 43; Paris, 312.

meubles (Ribemont [1], Bourgogne [2], Bourbonnois [3]), et d'autres leur attribuaient, dans ce cas, la propriété des meubles et l'usufruit des immeubles (Berry [4]). Les père et mère, concourant ensemble, partageaient également (sauf en Normandie). La représentation n'avait pas lieu entre les ascendants, non plus que le rapport.

En Normandie, les ascendants étaient exclus tant qu'il existait « aucun descendu d'eux vivant : » quand il y avait ouverture à succession faute de descendants, le père excluait la mère [5].

Une règle spéciale est appliquée aux biens qui ont été donnés par un ascendant. Je veux parler du droit de *retour* ou *réversion.* En vertu du droit de *retour* ou *réversion,* les immeubles donnés retournent à l'ascendant donateur, quand le donataire meurt sans enfants.

Le droit de retour, aux termes de l'ancien droit romain [6], appartenait, sans stipulation expresse, au père et à l'ascendant paternel. Il fut étendu, au VIe siècle, à la mère et à tous les ascendants [7]. La jurisprudence française fit sienne cette décision que Justinien avait reproduite dans son Code. Il va sans dire

[1] Ribemont, 67.

[2] Coutume du duché de Bourgogne, ch. VII, *Des successions*, art. 14.

[3] Bourbonnois, 314.

[4] Berry, XIX, 4.

[5] Voyez ici Loisel, *Instit. cout.*, liv. II, tit. V, 16 (332) avec les notes de Laurière; Guichard, *Dissertation sur le régime actuel des successions*, Paris, an VII, pp. 18, 19; Giraud, *Précis de l'ancien droit coutumier français*, 1852, p. 49; Beaumanoir, XIV, 23, 24; Normandie, 241, 325; Paris, 311, 312, avec les notes de Laurière sur ce dernier article. La règle *Propres ne remontent pas* a-t-elle eu à l'origine une valeur plus absolue, comme le pense Laurière dans ses notes sur Loisel et sur la coutume de Paris, ou bien, mal comprise de bonne heure, a-t-elle donné lieu à des méprises contre lesquelles Beaumanoir s'élève déjà, comme le pense Warnkœnig (II, 451)? J'incline, sans me prononcer d'ailleurs, vers cette dernière solution.

[6] *Digeste*, V, XII, *De jure dotium*, 6. *Digeste*, XXIV, II, *De divortiis*, 5. *Code de Justinien*, V, XVIII, *Soluto matrimonio*, 4, 10. *Code de Just.*, VI, LXI, *De bonis quæ liberis*, 2. Le droit romain du IVe siècle n'accorde le retour légal à la mère que dans un cas spécial et tout à fait exceptionnel (*Code de Justinien*, VI, LVI, *Ad senatusconsultum Tertullianum*, 4).

[7] *Code de Justinien*, III, XXXVIII, *Communia utriusque judicii*, 12, *in fine*. Joignez *Novelle* 25 de l'empereur Léon. Bon article sur le *Retour*, dans *Encycl. méth.*, *Jurisprudence*, t. VII, p. 402 et suiv.

que la règle coutumière *Propres ne remontent pas* est ici sans application.

On sait que le droit de retour a été très sagement maintenu dans notre *Code civil*[1].

Edit des mères. — Dans cet exposé général, je n'ai pas tenu compte d'un incident législatif célèbre, mais qui n'a pas exercé une grande influence sur le droit, je veux parler de l'ordonnance connue sous le nom d'*édit des mères* et promulguée en 1567, au temps du chancelier L'Hospital.

L'*édit des mères* eut pour objet d'étendre à la France entière et, en particulier, aux pays de droit écrit, toute une moitié de la règle : *Propres ne remontent pas*. En droit romain, les propres remontent, puisque le père ou la mère survivant succède à ses enfants et petits-enfants, tantôt en concurrence avec des collatéraux, tantôt seul, toujours sans distinction de propres et d'acquêts. Charles IX, par l'édit de 1567, décida que les biens des enfants provenus du père ou du côté paternel retourneraient à la ligne paternelle, sans que la mère pût en avoir aucune part. On se proposait de promulguer une règle parallèle, en ce qui concerne les biens venant du côté de la mère; c'eût été l'*édit des pères*. Dès lors, le droit coutumier eût triomphé dans la France entière. Mais l'*édit des mères* eut une existence si traversée, donna lieu à tant de protestations et fut rejeté par un nombre si imposant de parlements qu'on se garda bien de promulguer un *édit des pères* et qu'à la fin, de guerre lasse, on se décida, en 1729, à révoquer l'édit de 1567 et à rétablir le droit de Justinien[2]. L'*édit des mères* a laissé les plus mauvais souvenirs. « Cujas l'appelait *ambitiosum decretum;* Mornac, *edictum adulterinum*. Bretonnier le comparait à un flambeau

[1] *Code civil*, art. 747.

[2] Voyez ici Chéruel, *Hist. de l'adm. monarchique en France*, t. Ier, p. 205; Michel de L'Hospital, *Œuvres inédites*, t. Ier, 1825, p. 145; [Bouhier], *Traité de la succession des mères*, Dijon, 1726, pp. 13, 15, 16; Picot, *Hist. des états généraux*, t. II, p. 540, 541; t. IV, pp. 74, 75, 188; Depping, *Corresp. adm. sous le règne de Louis XIV*, t. II, p. 365; Isambert, t. XXI, p. 322; Julien, *Nouveau com. sur les statuts de Provence*, t. Ier, pp. 458-461; ord. de 1629, art. 146 qui confirme l'*édit des mères;* Couart, *Cout. de Chartres*, art. 101. Le commentateur prétend que l'*édit des mères* ne se pratique pas en la France coutumière.

allumé par la discorde pour mettre le feu dans toutes les familles des pays de droit écrit. Il prétendait, en outre, qu'il avait été rendu dans l'intérêt particulier du maréchal de Montluc, « et cette raison seule, disait-il, devrait le faire rejeter, car une loi doit être faite pour l'utilité de tous les citoyens et non pour l'intérêt d'un seul[1]. »

3. *Successions en ligne collatérale.*

Pays de droit écrit. — En pays de droit écrit et surtout dans le sud-est, plus romain dans le haut moyen âge que le sud-ouest[2], la règle générale était que les parents les plus proches du défunt venaient ensemble et excluaient ceux d'un degré plus éloigné. La représentation avait lieu en faveur des neveux, venant en concurrence avec les frères du défunt. Conformément au droit de Justinien, aucune distinction n'était établie entre les parents du côté paternel ou maternel. La coutume de Toulouse faisait exception. Faut-il penser qu'un droit romain très ancien s'y est maintenu? A Toulouse, les parents du côté paternel succèdent seuls et excluent les parents du côté maternel. Cela rappelle l'ancienne agnation romaine[3].

Aux termes du droit de Justinien, les frères et sœurs germains du défunt, c'est-à-dire ses frères et sœurs de père et de mère, excluaient les frères et sœurs consanguins ou utérins, c'est-à-dire ses frères et sœurs de père ou ses frères et sœurs de mère. Ce système appelé *prérogative du double lien* était reçu en pays de droit écrit, sauf dans la coutume de Toulouse qui avait gardé le droit antérieur à Justinien et, n'ayant aucun

[1] Jarriand, *Histoire de la Novelle* 118, pp. 409, 410. Taillandier dans ses *Nouvelles recherches sur la vie et les ouvrages de L'Hospital* est vraiment bien sobre sur l'édit des mères (p. 190). Inutile d'y chercher le moindre complément d'information.

[2] Cf. Jarriand dans *Revue des questions hist.*, 1er juillet 1890, pp. 213, 214.

[3] Voyez ici *Novelle* 118; Soulatges, *Coutume de Toulouse*, Toulouse, 1770, pp. 386, 398; *Coutume de Toulouse*, art. 124, édit. Tardif, p. 59; sentence du 12 nov. 1246, dans Giraud, *Essai sur l'hist. du droit français*, t. Ier, 1846, pp. 116, 117 (appendice); Jarriand, dans *Nouvelle revue hist. de droit*, t. XIV, 1890, pp. 237, 238.

égard à la parenté du côté de la mère, ne pouvait se préoccuper du *double lien*[1].

Pays coutumiers. — En pays coutumiers nous devons établir tout d'abord une distinction capitale entre les biens et distinguer : 1° les meubles et les acquêts; 2° les propres.

A moins qu'il ne s'agisse de frères et sœurs germains, cette distinction joue un rôle considérable, comme on va le voir.

A l'égard des meubles et des acquêts, la règle générale était que le plus proche excluait le plus éloigné. Quelques coutumes cependant partageaient entre les deux lignes paternelle et maternelle (*fente*).

Quant aux propres, une règle coutumière que j'ai déjà mentionnée régit la matière, la règle : *Paterna paternis, materna maternis*. Les immeubles recueillis par le défunt comme héritier ou comme donataire d'un ascendant, immeubles qualifiés *propres de succession,* retournent à la ligne paternelle ou maternelle de laquelle ils sont sortis. Tel est le sens de la maxime célèbre : *Paterna paternis; materna maternis*[2].

Mais l'application de cette règle variait avec les coutumes. Dans les coutumes dites *souchères*[3], les propres étaient affectés aux seuls descendants du premier auteur qui les avait mis dans la famille, quelqu'éloignés qu'ils fussent, d'ailleurs, du défunt. Dans d'autres coutumes qu'on appelait de *côté et ligne*[4], il suffisait d'être parent du premier acquéreur : il n'était point nécessaire d'être son descendant. Enfin, dans une troisième catégorie de coutumes dites de *simple côté,* on s'abstenait de remonter jusqu'à l'origine des propres : on adjugeait indistinctement au plus proche parent paternel les héritages venus au défunt de la succession de son père ou de quelqu'un de ses parents paternels; au plus proche parent maternel, les propres

1 *Nov.* 84. *Nov.* 118, c. 3. *Code de Justinien*, VI, LVIII, authentiques *Cessante* et *Post fratres* sous loi 3. *Code de Justinien,* VI, LIX, authentique *Itaque* sous loi 11. Claude Serres, *Les institutes de droit françois*, pp. 297, 298.

2 Cf. Giraud, *Précis de l'ancien droit coutumier français*, pp. 49, 50; ci-dessus, p. 619. Paris, 330. Orléans, 326. Laon, 82, etc.

3 Mantes, 167. Montargis, ch. XV, *Des successions*, art. 3. Touraine, 288.

4 Paris, 326. Meaux, ch. VIII, art. 43, 44. Anjou, 268, 270. Orléans, 325. Artois, 105, etc.

venus au défunt de la succession de sa mère ou de quelqu'un de ses parents maternels. Il n'était nécessaire ni d'être descendu de l'acquéreur, ni d'être du côté et ligne de l'acquéreur[1].

La succession collatérale entre frères ou représentants de frères (si la représentation est admise) était régie tout naturellement par des règles plus simples que la succession collatérale entre parents à un degré plus éloigné. En effet, les frères et sœurs héritaient à l'exclusion de tous autres parents collatéraux, sans distinction de propres et d'acquêts. Mais il y avait ouverture à cette distinction, si le défunt laissait des frères consanguins ou utérins. En ce cas, dans plusieurs coutumes, la *prérogative du double lien* était admise quant aux meubles et aux acquêts[2]. Dans d'autres coutumes, ce privilège n'avait pas lieu[3] et les utérins ou consanguins venaient à la succession pour les meubles et les acquêts, en concours avec les germains. Quant aux propres, la plupart des coutumes appliquaient ici la règle : *Paterna paternis, materna maternis*[4].

Cette règle célèbre n'est pas inconnue, tant s'en faut, par tous les pays de droit écrit. Elle est pratiquée assez fréquemment au XIIe et au XIIIe siècle dans le sud-ouest de la France, notamment à Montpellier, dans l'Agenois, dans le Périgord, dans le Bordelois. Mais peu à peu les influences romaines triomphèrent dans le midi de ces traditions coutumières[5].

Quelques localités du midi (Conflent, petit pays voisin du Roussillon, Quercy) ont fait une application restreinte fort curieuse de la règle *Paterna paternis*. Ils n'ont appliqué cette règle qu'aux successions des impubères. Si « un enfant, fils ou

[1] Metz, tit. XI, art. 30. Sédan, 182. Cf. Guichard, *Dissert. sur le régime actuel des successions*, pp. 21, 22; Pothier, *Traité des successions*, ch. II, art. 4; Le Brun, *Traité des successions*, 1775, p. 175.

[2] Guy Coquille, *Instit. au droit des François*, Paris, 1623, p. 417. Pothier, *Des successions*, dans *Œuvres posthumes*, t. IV, p. 290.

[3] Paris, 340. Sens, 84. Auxerre, 63. Melun, 260. Vitry, 83. Loisel, *Instit.*, II, V, 19 (335).

[4] Guy Coquille, *ibid.*, pp. 417, 418. Berry fait prévaloir ici le principe romain du double lien (*Des successions*, art. 6).

[5] Cf. Jarriand, *L'évolution du droit écrit dans le midi de la France*, dans *Revue des quest. hist.*, 1er juillet 1890, p. 214; Jarriand, *La succession coutumière dans les pays de droit écrit*, dans *Nouvelle revue hist.*, t. XIV, 1890, pp. 240, 241, 251.

fille, meurt impubère, les terres qui lui venaient du père ou des parents paternels leur sont dévolues; celles qui provenaient du côté maternel retournent de même à la mère ou aux parents maternels. C'est là une coutume singulière et rare qui fut sans doute toute spontanée. Voici peut-être comment on peut se l'expliquer. Quand les biens ont été pendant si longtemps entre les mains d'un individu qu'il a pu faire sur eux des actes de maître, leur origine s'efface. On ne considère plus que ce qu'ils sont et ils ne sont plus que les éléments d'un patrimoine nouveau, véritable unité juridique au milieu de laquelle ils perdent leur individualité. Ils sont dévolus alors comme simples fractions de cette unité aux parents les plus proches, à quelque ligne qu'ils appartiennent et d'après la seule proximité du degré. Mais quand des biens passent à peine quelques années sur la tête d'un incapable qui ne peut exercer sur eux tous les droits du maître, qui ne peut tester, il semble qu'il n'y ait pas alors transmission définitive, parce qu'il n'y a pas appropriation complète. Si l'impubère, propriétaire pour ainsi dire nominal, meurt avant d'avoir atteint sa majorité, on ne tiendra pas compte de son existence; on oubliera cet intermédiaire dont la vie a été si brève; on fera comme si le père ou la mère était toujours demeuré propriétaire; les biens reviendront à chaque ligne comme cela aurait eu lieu à leur mort, s'ils n'avaient pas eu d'enfant[1]. »

Succession collatérale des fiefs. — Dans la plupart des coutumes, il n'y avait pas de droit d'aînesse en succession collatérale; mais les mâles excluaient presque partout les femmes, lorsqu'ils se trouvaient au même degré[2].

Au XIIIe siècle, à Paris, le privilège de masculinité était encore si vivace que les sœurs du vassal décédé « sans hoir de son cors » étaient primées par leurs propres enfants mâles. Au siècle suivant, le privilège de masculinité s'affaiblit : les femmes

[1] Jarriand, *La succession coutumière dans les pays de droit écrit*, dans *Nouvelle revue hist.*, t. XIV, 1890, pp. 243, 244.

[2] Guy Coquille, *ibid.*, pp. 416, 417. Giraud, *Précis*, 1852, p. 50. Dans quelques provinces, au contraire, le droit d'aînesse est absolu tantôt pour tous les biens, tantôt pour tous les propres, en ligne collatérale (Bretagne, 543. Touraine, 282).

ne furent exclues que par les collatéraux mâles du même degré qu'elles [1].

Jusqu'à quel degré les collatéraux sont-ils habiles à succéder? On a hésité entre le septième et le dixième degré. Puis, prenant pour point d'appui la coutume de Berry, on en est venu à décider que les parents, en quelque degré que ce soit, sont habiles à succéder. Tel était l'état de la jurisprudence à la fin du dernier siècle [2]. La loi du 17 nivôse an II s'inspira de cette jurisprudence et ne détermina pas limitativement le degré de parenté successible [3].

Le *Code civil*, dans un esprit très sage et très pratique, a assigné une limite au droit successoral : les parents au delà du douzième degré ne succèdent pas [4]. Mais cette limite éloignée se justifie-t-elle aujourd'hui? Plus d'un novateur, comparant à nos lois l'état de nos mœurs, soutient que le droit légal de succession subsiste à tort entre personnes qu'aucun véritable lien de famille n'unit plus, et l'historien peut dès aujourd'hui prévoir que le degré successible sera abaissé [5].

[1] Voyez ici *Coutumes notoires*, 71; *Constit. du Châtelet*, §§ 68, 75; *Grand coutumier*, liv. II, ch. 27, édit. de 1598, p. 182; Mortet, *Le livre des constitutions*, p. 77, note 3 du § 68; je lui emprunte quelques lignes.

[2] Guy Coquille, *Instit. au droit françois*, dans *Œuvres*, t. II, p. 102. *Encyclopédie méthod., Jurisprudence*, t. III, p. 676. Pour l'époque barbare lire Glasson, dans *Nouvelle revue hist.*, 1885, p. 618.

[3] Loi du 17 nivôse an II, art. 75 à 90.

[4] *Code civil*, art. 755, 767.

[5] Diverses propositions de loi tendant à restreindre le cercle des successibles ont été présentées aux Chambres depuis plusieurs années. Il faut citer une proposition de loi de M. Rameau, député (31 mars 1884, n° 2753, rapport en mars 1887 (*Officiel, Chambre, Documents parlementaires*, mars 1887, p. 529); une proposition de loi de MM. Camille Sabatier, Maurice Faure, députés (*Officiel, Documents parlementaires*, mai 1886, annexe n° 146, séance du 30 novembre 1885); une proposition de loi de MM. Morellet, Hugot, Merlin et autres sénateurs (*Officiel*, session de 1891, *Documents parlementaires*, annexe n° 48, Session ordinaire, séance du 16 mars 1891). Enfin, en 1888, le conseil général de la Seine émet le vœu « que la succession *ab intestat* en ligne collatérale soit abolie à partir du deuxième degré (frères et sœurs); qu'à défaut d'héritiers testamentaires ou d'héritiers en ligne directe, « la commune, le département, l'Etat, soient, chacun pour un tiers, appelés à lui succéder. » (Les rédacteurs n'ont pas très exactement exprimé, dans le libellé de leur vœu, ce qu'ils voulaient dire, comme le prouve le texte du considérant. Ils ont complètement oublié le droit de représentation). Voyez *Bulletin municipal officiel* du mardi 4 décembre 1888.

4. *Du conjoint survivant. — Des successions irrégulières.*

Le conjoint survivant. — Aux termes de la *Loi des Wisigoths*, le conjoint succédait à son conjoint prédécédé, lorsque ce dernier ne laissait aucun parent, jusques et y compris le septième degré [1]. Cette décision inspirée du droit romain [2] a prévalu en pays de droit écrit. Elle était généralement rejetée dans la France coutumière [3]; dans ces provinces, le fisc arrivait à la succession plutôt que le conjoint survivant. On constate, au XVIIIe siècle, une tendance des jurisconsultes très favorable au conjoint survivant [4] : d'autorité ils transforment le droit, en appelant le conjoint à la succession de son conjoint. Ce progrès fut réalisé législativement par le décret des 22 novembre-1er décembre 1790 [5].

Droit de déshérence. — A défaut de collatéraux et de conjoint survivant (dans les pays où le conjoint est appelé), les biens sont, par droit de déshérence, dévolus au fisc. Il s'agit soit du fisc du haut-justicier, soit du fisc du roi.

Le droit de déshérence fut entendu originairement en un sens très favorable au fisc. On considérait les héritiers d'une ligne comme étrangers aux biens de l'autre ligne et, à défaut de parents dans l'une des lignes, on attribuait les biens venant de cette ligne au roi ou au seigneur plutôt qu'aux parents de l'autre ligne. Dès l'année 1373, le roi d'Angleterre renonçait à ce droit exorbitant en faveur des Bordelais. Nous pourrions suivre, sur beaucoup d'autres points, la même évolution. Elle n'était pas achevée au XVIIIe siècle : à la veille de la révolution,

[1] *Forum judicum*, IV, II, 11, *apud Portugaliæ monumenta hist.*, *Leges et consuetudines*, t. Ier, p. 46.

[2] *Code de Justinien*, VI, XVIII.

[3] Bacquet, *Du droit d'aubaine*, ch. XXXIII, art. 2, 3. Loisel, *Instit.*, II, v, 24. Voyez, en sens contraire, coutume de Berry, ch. *Des successions ab intestat*, art. 8 ; Poitou, 299.

[4] Voyez Laurière sur Loisel, II, v, 24; *Encyclopédie méthodique*, *Jurisprudence*, t. III, p. 676.

[5] Art. 4. Ce que je dis ici du conjoint survivant doit ère complété par la quatrième section du ch. VIII, notamment par les paragraphes consacrés à l'entravestissement et à la quarte du conjoint pauvre. Voyez ci-dessus, pp. 807, 809.

le seigneur était encore préféré dans quelques coutumes (notamment Anjou, Maine) aux parents de l'autre ligne [1].

Droit d'aubaine. Droit de bâtardise. — Lorsque l'aubain vient à mourir sans enfants nés en France, tout ou partie de sa succession est attribuée soit au seigneur du lieu, soit au roi; c'est ce qu'on nomme *droit d'aubaine*. Le *droit d'aubaine* est une extension du *droit de déshérence* [2].

Le *droit d'aubaine* a été aboli par le décret des 6-18 août 1790.

Comme par le droit commun le bâtard ne succède à personne, personne non plus ne lui succède, excepté ses enfants légitimes ou son conjoint.

Les seigneurs et le roi se disputèrent, au moyen âge, la succession des bâtards. Les droits du roi ne cessèrent de s'étendre, aux dépens de ceux des seigneurs; toutefois, les droits des seigneurs hauts-justiciers étaient encore reconnus dans certaines conditions assez étroites à la veille de la révolution.

Le *droit de bâtardise* était reçu en général dans les pays de droit écrit aussi bien que dans la France coutumière [3].

Le droit de bâtardise fut aboli, au regard des seigneurs, par le décret des 13-20 avril 1791 [4].

5. *Législation révolutionnaire et Code civil.*

Abolition des privilèges d'aînesse et de masculinité. Uniformité. — L'Assemblée constituante annonça à plusieurs reprises l'intention de ramener cette diversité de coutumes à un régime uniforme. Cette Assemblée et la Convention posèrent les règles

[1] Voyez Champollion-Figeac, *Lettres de rois, reines et autres personnages*, t. II, pp. 442, 443; *Coutumes notoires*, 92; Loisel, *Institutes*, II, v, 26; Laurière, sur coutume de Paris, 330; Anjou, 268; Maine, 286; *Encyclopédie méthodique, Jurisprudence*, t. III, p. 677; Dumées, *Traité des droits féodaux ou seigneuriaux pour les provinces du ressort du parlement de Flandre*, 2e partie, 1762, pp. 38, 39.

[2] Cf. ci-dessus, p. 365 et suiv.

[3] Voyez *Encyclopédie méthodique, Jurisprudence*, t. Ier, pp. 788, 789; Julien, *Elémens de jurisprudence*, p. 33; Pothier, *Des successions*, ch. vi, dans *Œuvres posthumes*, t. IV, p. 19 et suiv.

[4] Décret des 13-20 avril 1791, tit. Ier, art. 7.

générales sur lesquelles est assise aujourd'hui notre législation en matière successorale.

Les décrets des 15 mars 1790 et 8 avril 1791 [1] abolirent les prérogatives d'aînesse et de masculinité et prescrivirent l'égalité de partage entre tous héritiers en égal degré dans les successions *ab intestat*[2].

Le décret du 17 nivôse an II abolit toute distinction dans la nature ou l'origine des biens pour en régler la transmission [3]. Il supprima la prérogative du *double lien* [4] et la remplaça par le système très équitable qui a passé par le *Code civil*[5]. Ce système avait déjà été proposé par Lamoignon[6].

Conformément au système établi par la loi de l'an II, notre *Code civil* divise[7] la succession collatérale en deux parts égales attribuées l'une à la ligne paternelle, l'autre à la ligne maternelle, sans aucun égard à l'origine des biens. Un magistrat très distingué, M. G. d'Espinay, fait, à ce propos, les observations suivantes : « Il est sans doute plus difficile aujourd'hui qu'il ne l'était autrefois de remonter à l'origine des biens. Mais, en restreignant la vieille règle *Paterna paternis* au premier degré seulement, on pourrait facilement retrouver l'apport de chaque famille ; en rendant à chacune des deux lignes une valeur égale ou proportionnelle à ce qui est venu d'elle, on éviterait certaines transmissions qui équivalent à une véritable confiscation[8]. » On voit que l'antique sentiment de la copropriété de famille d'où dérive la règle coutumière *Paterna paternis* n'est pas éteint parmi nous. Le lecteur n'ignore pas que le *Code civil* ouvre une exception bien remarquable au principe de la division par moitié

1 Le célèbre discours de Mirabeau sur l'égalité des partages fut lu une heure après sa mort devant l'Assemblée nationale, le 2 avril 1791.

2 Voyez toutefois ce qui sera dit ci-après, ch. X, Ire section, § 3, *Des substitutions.*

3 Art. 62.

4 Art. 89.

5 Art. 752. Cf. Guichard, *Dissert. sur le régime actuel des successions*, pp. 131, 137.

6 Lamoignon, *Recueil des arrêtés*, édit. de 1777, pp. 268, 271.

7 Art. 732, 733, 746.

8 G. d'Espinay, *La liberté de tester*, pp. 47, 48. Le savant auteur, très opposé à la liberté de tester réclamée par l'école de Le Play, demande aussi la représentation à l'infini en ligne collatérale : il fait observer que l'absence de représentation produit souvent les résultats les plus étranges.

entre les deux lignes, lorsque le défunt n'a laissé que des frères ou sœurs, soit utérins, soit consanguins. Le *Code* exclut en ce cas tous autres parents de l'autre ligne. Un défunt dont toute la fortune venait de sa mère, laissera cette fortune entière à ses frères consanguins à l'exclusion de ses parents maternels. C'est une évidente spoliation[1].

Je n'insiste pas sur les dispositions législatives révolutionnaires qui n'ont pas eu d'influence durable sur notre droit[2].

Bibliographie (sections I et II). — Albertus Brunus Astensis, *De statutis feminas et cognatorum lineam a successione excludentibus*, dans *Tractatus universi juris*, 1684, t. II, fol. 165. — Le Brun, *Traité des successions*, 1692; nombreuses éditions, notamment en 1743, 1775, avec les remarques de Fr. Bernard Espiard de Saux. — Bouhier (président), *Traité de la succession des mères, en vertu de l'édit de Saint-Maur*, Paris, 1726. — Guyné, *Traité du droit de représentation, traité du double lien*, Paris, 1779. — Gans, *Erbrecht in weltgeschichtlicher Entwickelung, Eine Abhandlung der Universalrechtsgeschichte*, Stuttgart, 1824-1835, 4 vol. — Rathery, *Histoire du droit de succession des femmes*, dans *Revue Volowski*, t. XVIII, 1843, p. 61 et suiv.; p. 385 et suiv.; p. 641 et suiv. — Maurocordato, *De legitimis ingenuorum hereditatibus. Des divers ordres de succession ab intestat*, Paris, 1847 (thèse). — Tambour, *Du bénéfice d'inventaire*, Paris, 1855 (thèse). — Zoepfl, dans *Die Euva Chamavorum*, 1856, pp. 57 à 65. — Schulze, *Das Recht der Erstgeburt*, Leipzig, 1851. — Brunner, dans *Zeitschrift für französisches Civilrecht*, t. VI, p. 178 et suiv. — Kohler, *ibid.*, t. VII, p. 156 et suiv.; art. reproduit dans Kohler, *Gesammelte Abhandlungen*, 1883. — H. Rosin, *Commentatio ad titulum legis Salicæ* LX, *De alodis*, Vratislaviæ, 1875. — Gierke, *Erbrecht und Vicinenrecht im Edikt Chilperichs*, dans *Zeitschrift für Rechtsgeschichte*, t. XII, 1876, p. 430 et suiv. — Thiercelin, *De la saisine héréditaire dans l'ancien droit*, dans *Revue critique*, nov. 1872. — Amira, *Erbenfolge und Verwandschaftsgliederung nach den altniederdeutschen Rechten*, München, 1874. — Reyscher, *Das Erbrecht der adelichen Töchter und deren Verzichte*, dans *Zeitschrift für deutsches Recht*, t. VI, pp. 256-334. — Michelsen, *Zur Auslegung und Anwendung von II, F. 45, Si contigerit vasallum sine omni prole decedere*, *ibid.*, t. V, pp. 210-225. — Kenny and Laurence, *The essays on the law*

[1] *Code civil*, art. 752 *in fine*. Une ancienne coutume de Bourgogne décrit très nettement l'espèce que prévoit cet art. 752 et la résout bien plus équitablement (*Anc. cout. de Bourgogne*, art. 19, dans Giraud, *Essai sur l'histoire du droit français*, t. II, p. 272).

[2] Voyez sur les bâtards ci-dessus, pp. 466, 468.

of primogeniture, Cambridge. — Marquis, *De la dot profectice en droit romain, Du droit de retour de l'ascendant donateur dans l'ancien droit français*, Paris, 1885 (thèse). — Fustel de Coulanges, *Du droit de succession chez les Germains*, dans *Recherches sur quelques problèmes d'histoire*, Paris, 1885, pp. 233 à 248. — Glasson, *Le droit de succession dans les lois barbares*, dans *Nouvelle revue hist.*, 1885, pp. 585-638. — Jarriand, *La Novelle 118 en droit romain. Histoire de la Novelle 118 dans les pays de droit écrit*, Paris, 1889 (thèse). — Jarriand, *L'évolution du droit écrit dans le midi de la France depuis le IXe siècle jusqu'en 1789*, dans *Revue des questions historiques*, 1er juillet 1890, pp. 204-216. — Jarriand, *La succession coutumière dans les pays de droit écrit*, dans *Nouvelle revue hist. de droit*, t. XIV, 1890, pp. 30-79, 222-268. — Le Poittevin, *Des droits de la fille ou du mariage avenant dans la coutume de Normandie*, Paris, 1889 (Extrait de la *Nouvelle revue historique de droit français et étranger*). — Vachier, *Le droit d'aînesse*, Reims, 1889 (thèse). — Maynial, *De quelques particularités des successions féodales dans les Assises de Jérusalem*, dans *Nouvelle revue historique de droit*, 1892, p. 408 et suiv.

CHAPITRE X.

DES TESTAMENTS, DES DONATIONS ET DES INSTITUTIONS CONTRACTUELLES.

PREMIÈRE SECTION.

Du droit de tester.

1. *Considérations générales.*

Pays coutumiers. Pays de droit écrit. — Le testament est un acte par lequel le testateur dispose, pour le temps où il n'existera plus, de tout ou partie de ses biens et qu'il peut révoquer[1].

L'exposé du système des successions testamentaires complétera l'histoire des successions. Nous achèverons, en l'étudiant, de pénétrer jusqu'au cœur des vieilles familles françaises.

Plusieurs des règles coutumières[2] que nous venons d'exposer dérivent d'une notion fondamentale que j'ai eu soin de mettre en relief au début du chapitre précédent, à savoir la copropriété familiale. Nous ne pouvons, en étudiant l'histoire du testament, perdre de vue la copropriété familiale et les droits qu'elle a laissés après elle. Elle s'est évanouie matériellement assez vite; mais elle a survécu moralement. La solidarité morale de la famille est la base des droits successoraux *ab intestat :* c'est aussi le roc qu'usera peu à peu le flot montant du droit testamentaire. L'histoire du testament dans nos pays coutumiers n'est pas, en effet, autre chose que la lutte entre les droits de la famille et le droit de tester. En pays coutumier, le testament, c'est l'ennemi de la famille; c'est lui qui, secondé par les mœurs, brisera peu à peu

[1] J'emprunte cette définition à l'art. 895 du *Code civil.*

[2] Notamment cet axiome célèbre : *Paterna paternis, materna maternis.*

l'antique groupe de la parenté et sa forte cohésion, inséparable dans les esprits d'une égalité absolue[1] de droits : contre cet ennemi la famille se défendra du mieux qu'elle pourra et luttera longtemps jusqu'au jour de la promulgation du *Code civil,* dernière étape et dernière victoire du droit de tester.

Victoire facile d'ailleurs comme presque toutes les victoires juridiques! La famille, en pays coutumier, est depuis longtemps assez désagrégée moralement pour que le triomphe du testament paraisse naturel et passe presque inaperçu.

Mais, entre les mains ingénieuses de l'homme le même instrument peut servir à des fins contraires. Tel a été le sort du testament. Il fut, dans un grand nombre de pays de droit écrit, l'auxiliaire plutôt que l'adversaire des liens de la famille. Assurément son rôle ne consista pas à protéger d'une manière immédiate et directe les droits de chaque individu; mais il servit très souvent à assurer la stabilité et la durée de la famille. Il lui permit de se perpétuer sur un même domaine qui se transmettait de père en fils, ordinairement d'aîné en aîné. Cette stabilité était souvent une garantie pour tous : les cadets et les collatéraux avaient un chef et, au besoin, un protecteur. Ainsi le testament combiné avec des habitudes religieuses et morales, un esprit d'union et de paix, devint une garantie de durée et de force pour les familles. Au reste, les cadets restaient, dans certaines régions, groupés autour de l'aîné et les droits de celui-ci avaient ainsi plus d'apparence juridique que de réalité pratique.

Dans les pays basques, le droit d'aînesse *ab intestat* joua le même rôle que le testament[2]. Mais on sait qu'en général les pays méridionaux n'usaient pas du droit d'aînesse : le testament qui y remplissait un rôle équivalent prit souvent, comme nous le verrons, un très grand développement, développement inconnu même au droit romain classique. Le régime moderne qui, pour les pays coutumiers, consacre le triomphe du testament, acquiert donc à bien des égards, pour les régions méridionales, une signification et une portée tout opposées.

[1] Je songe surtout aux familles roturières et aux biens roturiers.

[2] Soule, XXVII, 31 à 33. Labourt, XII, 16 à 18. Cf. Cordier, *De l'organisation de la famille chez les Basques*, pp. 36, 43, 45.

Une école très honorable et très active s'est attachée à démontrer que cette atteinte portée par le *Code* au droit de tester, atteinte qu'elle croit bien à tort un fait commun à la France entière, a eu des résultats très fâcheux au point de vue moral et économique. Il est nécessaire de reconnaître et de constater avec les représentants de cette école[1] que la question intéresse les classes moyennes et même les classes inférieures tout autant, sinon beaucoup plus que les classes élevées ; car les usages dont je viens de parler étaient fréquents parmi les bourgeois et au-dessous d'eux parmi les ménagers, les cultivateurs, les petites gens. C'est là un fait qui donne au problème qui nous occupe une valeur pratique et un intérêt économique assez inattendu : car on s'est accoutumé à considérer exclusivement le droit de tester comme un droit aristocratique, n'ayant d'autre effet que de perpétuer artificiellement les grandes familles.

Mais l'école de la *Réforme sociale*, tout en dégageant avec le zèle le plus louable des faits peu connus et tout en formulant des observations nouvelles, s'exagère l'influence économique et morale du *Code civil*. Le progrès de la richesse et le changement dans les idées et dans les mœurs dont le *Code* a été l'expression plutôt que la cause sont, dans une foule de circonstances, les agents les plus importants. En ce qui touche plus particulièrement les testaments, on demande avec instance une réforme générale, sans se douter qu'on soulèvera par là les sentiments les plus enracinés et les plus « historiques » d'une bonne moitié du pays. Aussi bien, ceux qui réclament l'extension de la liberté de

[1] Le Play, fondateur de l'école à laquelle je fais allusion, a laissé de nombreux ouvrages et des recueils périodiques qui se continuent. On trouvera le résumé de la doctrine de Le Play dans *La réforme sociale en France*, 1re édit., Paris, 1864, 2 vol. et dans une série d'ouvrages analogues publiés par le même auteur. Il a laissé aussi : *Les ouvriers européens*, Paris, 1855, in-fol. ; 2e édit., Tours, Mame, 1879-1878 (*sic*), 6 vol., recueil de faits et d'observations d'un grand intérêt social et économique. *Les ouvriers des Deux-Mondes*, recueil publié par la *Société internationale d'économie sociale*, contiennent des monographies des classes ouvrières. Cette revue commencée en 1856 est arrivée, en 1892, au tome III de la 2e série. Il y faut joindre *La réforme sociale*, autre revue plus récente, arrivée en 1892, au tome XXIII. Parmi les nombreux disciples de Le Play je citerai M. Ch. de Ribbe, M. de Butenval auteur des *Lois de succession appréciées dans leurs effets économiques*, Paris, 1884, M. Claudio Jannet, M. Ardant, M. du Maroussem, etc., etc.

tester commencent-ils par user eux-mêmes des droits reconnus par le *Code?*

Sous le bénéfice de ces observations d'une portée générale et qui n'expriment pas encore toute ma pensée, j'aborde l'histoire du droit de tester.

2. *Histoire du droit de tester.*

Le testament inconnu des Germains. Influence du droit romain et de l'Eglise. — Le testament est inconnu de tous les peuples primitifs. Les Germains en étaient encore à cette première phase, lorsque Tacite s'occupa de leurs institutions : « Heredes tamen successoresque sui cuique liberi et nullum testamentum[1]. »

Toutefois les Francs étaient en possession d'un procédé de transmission de la fortune qui aurait pu donner peu à peu naissance au testament, si les influences romaines n'étaient venues, chez nous, envahir entièrement ce terrain juridique. On peut définir l'acte auquel je fais allusion une donation publique de la succession du donateur; c'était, en même temps, une adoption, car le Franc n'y procédait qu'à défaut de postérité[2]. Le titre XLVI de la *Loi Salique* décrit cette solennité barbare. Les deux parties se présentent au mâl (le tribunal, l'assemblée). Un bouclier est arboré pour marquer le caractère légal de l'assemblée. Trois causes sont appelées; après quoi le donateur s'avance avec un intermédiaire (que nous retrouvons dans une foule d'actes postérieurs de plusieurs siècles sous le nom de *Salmann*[3]). Il lui transfère son patrimoine, en lui jetant un fétu de paille ou de bois. La loi ne se contente pas de cette translation de propriété. Elle exige, en outre, une prise de possession manifestée par des actes extérieurs. Le donataire se

[1] Tacite, *Germ.*, 20.

[2] Pertz, *Leges*, t. Ier, p. 443. *Lex Rip.*, tit. XLVIII(50), dans Walter, *Corpus*, t. Ier, p. 178. Cf. ci-dessus, pp. 483, 484.

[3] Voyez sur le *Salmann :* Stobbe, *Über die Salmannen*, dans *Zeitschrift für Rechtsgeschichte*, t. VII, p. 405 et suiv.; Bewer, *Sala, traditio, vestitura*, p. 71 et suiv.; Beseler, *Die Lehre von den Erbverträgen*, t. Ier, p. 262 et suiv.; Zoepfl, *Alterthümer*, t. II, pp. 294, 295.

tiendra dans la maison du donateur : il y recevra trois hôtes avec lesquels il mangera au même pot, et recevra l'expression de leur reconnaissance. Tout cela doit se passer devant témoins. Mais ce nouveau possesseur ne doit pas garder ce qui lui a été transmis. Il est tenu, au contraire, de transférer de nouveau le patrimoine aux personnes désignées pour recueillir la succession, et cette restitution doit avoir lieu au plus tard dans les douze mois (qui suivent la mort du donateur[1]), à l'assemblée ordinaire du mâl ou au plaid royal[2].

Cet acte paraît essentiellement irrévocable : ce n'est donc pas encore un testament au sens moderne. Et cependant il s'agit, suivant toute probabilité, d'une transmission de biens postérieure à la mort du donateur. Ce que cette opération juridique a de compliqué et d'embarrassé nous fait bien sentir quelles difficultés quasi insurmontables présentait originairement à l'esprit le projet de disposer de ses biens pour le moment où on aurait cessé de vivre. Le testateur franc croit nécessaire d'investir de son vivant un intermédiaire en qui il a pleine confiance. Ce tiers laisse probablement le donateur jouir jusqu'à sa mort, mais c'est là en droit une pure tolérance. Après la mort il transmet le bien au véritable héritier ou donataire. Les Romains étaient arrivés depuis longtemps à des formes plus simples. Nos pères, mis en contact avec cette civilisation avancée, lui empruntèrent, comme nous le verrons, ses procédés perfectionnés.

Demandons-nous tout d'abord comment la notion du testament se dégagea et s'isola de l'adoption.

C'est principalement sous l'influence de l'Eglise que le droit de tester fit ses premières conquêtes. Salvien recommandait déjà avec une insistance bien remarquable l'usage de faire un legs aux pauvres ou à l'Eglise, en vue de réparer les fautes commises pendant la vie. Cet usage devint très vite une règle rigoureuse[3]. Et

[1] Conjecture infiniment vraisemblable de Heusler, *Instit. des deutschen Privatrechts*, t. Ier, p. 215.

[2] J'emprunte cette description à M. Dareste, Compte-rendu de Thonissen, *L'organisation judiciaire de la Loi Salique*, pp. 18, 19 (Extrait du *Journal des savants*, août-octobre 1883).

[3] Cf. mes *Etabl. de saint Louis*, t. Ier, pp. 129, 130.

l'Eglise fut ainsi appelée à jouer, dans cette catégorie d'affaires, un rôle important. Dès le IXe siècle, au temps d'Hincmar, elle revendiquait un droit de juridiction sur les testaments[1].

Les luttes des deux juridictions furent d'ailleurs fréquentes et divers indices permettent, ce semble, d'affirmer que la juridiction de l'Eglise sur les testaments ne s'établit jamais d'une manière incontestée dans la France entière[2]. Au XIIIe siècle, dans le comté de Clermont, les exécuteurs testamentaires pouvaient s'adresser soit à la justice laïque, soit à la justice ecclésiastique[3]. A Paris, au XIVe siècle, on reconnaissait au roi un droit de prévention en cette matière : le parlement s'attribuait même une juridiction suprême sur les testaments. A la même époque et toujours à Paris, il paraît certain que l'évêque était de droit exécuteur testamentaire, si le testateur n'avait pas désigné d'autre exécuteur[4].

A dater de la fin du XIVe siècle, les droits de l'Eglise ne cessèrent guère de décliner et, à la fin de l'ancien régime, il n'était plus question de la juridiction ecclésiastique sur les testaments, bien que cette juridiction subsistât de droit dans la coutume de Bretagne[5], par exemple (quant à la forme des testaments).

La confession à l'article de la mort et les legs pieux étaient,

[1] Cf. Sohm, *Die geistliche Gerichtsbarkeit im fränkischen Reich*, dans *Zeitschrift für Kirchenrecht*, t. IX, 1870, pp. 198, 199; article très important et très remarquable que j'ai déjà eu l'occasion de citer (ci-dessus, p. 398, note 2).

[2] Je songe particulièrement au testament romain qui se maintint dans le midi : on n'y reçut pas universellement les adoucissements de forme du droit canonique dont il sera question ci-après.

[3] Beaumanoir, XI, 10, 11, édit. Beugnot, t. Ier, p. 161.

[4] Jean des Marés, *Décisions* 68, 69. Arrêt du parlement de Paris de 1376 aux Archives nationales, X1a 26, fol. 34.

[5] Cout. de Bretagne, art. 614. Joignez le commentaire de Michel Sauvageau. Dans la coutume de Lorris-(Orléans)-Montargis, la juridiction sur les testaments appartint jusqu'en 1531 « par prévention aussi bien aux lays comme aux gens d'Eglise. » En 1531, toute compétence fut enlevée à l'Eglise : il y eut des réclamations, mais la majorité du clergé ne paraît pas avoir fait d'opposition (Cout. de 1494, ch. XIII, art. 9; de 1531, ch. XIII, art. 9, dans la Thaumassière, *Cout. locales de Berry et celles de Lorris*, p. 460 et dans Bourdot de Richebourg, t. III, pp. 847, 859, 860, 872). L'ordonnance d'août 1539 a joué un rôle important dans le mouvement contraire aux juridictions ecclésiastiques : elle leur a enlevé la connaissance des actions pures personnelles dirigées contre les laïques (art. 1, 2). Cf. Picot, *Hist. des états généraux*,

au moyen âge, deux idées conjointes et, pour ainsi dire, inséparables. On appelait *déconfès* ou *intestat* celui qui était mort sans avoir fait ce legs pieux, sans avoir chargé sa famille ou ses amis d'accomplir pour lui cette suprême et dernière expiation. Au XVIe siècle, quelques synodes refusent encore aux *déconfès* ou *intestats* la sépulture religieuse. Au moyen âge, plusieurs seigneurs ecclésiastiques et plus d'une fois des seigneurs laïques s'étaient attribué les meubles des *déconfès* [1].

D'ailleurs, ces legs pieux par lesquels le testament s'introduisit en pays coutumier, étaient contenus, comme les autres legs [2], dans les limites que nous indiquerons plus loin.

Capacité de tester. Capacité de recevoir par testament. — Les conditions requises pour tester dans notre ancien droit peuvent être résumées dans cette formule générale [3] : pour tester, il suffit d'être sain d'esprit, âgé et usant de ses droits.

Agé. — Sur ce mot quelques observations sont indispensables : le droit écrit, comme le droit romain, exigeait quatorze ans pour les mâles, douze ans pour les filles.

A Paris, l'âge requis était de vingt ans accomplis pour tester des meubles et des acquêts ; de vingt-cinq ans pour tester d'une partie des propres [4]. Au lieu de vingt ans, quelques coutumes se contentaient de dix-huit ans pour les filles ; d'autres admettaient un âge moins avancé pour les deux sexes indistinctement.

Un grand nombre de coutumes ne tranchaient pas cette question de l'âge requis pour tester, et la jurisprudence hésita longtemps, incertaine entre l'autorité du droit romain et l'autorité de la coutume de Paris. A dater d'un arrêt de 1672, c'est la

t. III, pp. 499, 500 ; Isambert, t. XII, p. 601. A lire : *Libertez de l'église gallicane*, art. 25 avec les commentaires dans Durand de Maillane, *Les libertez de l'Eglise gallicane*, t. Ier, p. 373 et suiv.

[1] Cf. mes *Etabl. de saint Louis*, t. Ier, pp. 129, 130 ; Bochel, *Decreta Eccles. Gallic.*, pp. 526, 527.

[2] Telle est, du moins, la règle générale. Quelques textes révèlent une tendance contraire (Voyez notamment *Lex Alam.*, I, 1), et cette tendance trouve un point d'appui dans la législation de Justinien (*Code*, I, III, 49, §§ 2, 7. *Nov.* 131, c. 12). Joignez ce qu'écrit A. Tardif dans *Revue de législat. anc. et moderne*, année 1872, p. 514.

[3] Cf., pour le droit romain, *Institutes de Justinien*, II, XII.

[4] Paris, 292, 293 et suiv.

coutume de Paris qui triomphe : si la coutume locale est muette, on appliquera désormais le code parisien [1].

Usant de ses droits. — Chez les Romains, le fils de famille ne pouvait tester, sauf en ce qui concerne le *peculium castrense* et le *peculium quasi castrense*. Les pays de droit écrit admettaient deux exceptions à cette règle : on y permettait au fils de famille de tester entre ses enfants ou en faveur de la cause pie; en ce dernier cas, le fils de famille avait besoin du consentement de son père [2].

Il semble, à première vue, que la femme étant en puissance de mari ait dû être incapable de tester. Notre ancien droit présente, à ce sujet, des divergences remarquables.

A Montpellier, la femme mariée et sans enfants ne pouvait, bien que réputée émancipée par le mariage, tester sans l'autorisation de son père ou de sa mère et, à leur défaut, sans l'autorisation de ses proches parents [3]. Il n'est pas question de l'autorisation du mari.

En Bretagne, la femme mariée ne pouvait tester « sans l'authorité de son mari, si ce n'étoit pour aumônes, amendement ou récompense des services à elle faits [4]. » Disposition analogue dans les coutumes de Bourgogne [5] et de Normandie [6]. Mais, à Paris, la femme mariée pouvait tester sans autorisation [7]. Cette disposition a passé dans le *Code civil* [8].

Quant à la capacité de recevoir par testament, quelques dis-

[1] Cf. *Revue critique*, t. V, 5e année, pp. 308, 313, 314; Giraud (*Précis de l'ancien droit cout. français*, p. 58), auquel j'emprunte une partie de ce résumé. Joignez Beaumanoir, XII, 3, 45; Guy Coquille sur Nivernois, XXXIII, 1, édit. Dupin, p. 413; Labourt, XI, 1 à 4; Soule, XXVI, 1 à 4.

[2] Cf. *Instit. de Just.*, II, XI, 6; II, XII, pr.; Boutaric, *Les institutes de l'empereur Justinien*, Toulouse, 1757, pp. 250, 251.

[3] *Thalamus parvus*, 54, 55, édit. de Montpellier, 1836, pp. 28, 30.

[4] Cout. de Bretagne, art. 619.

[5] Cf. Laurière sur Paris, art. 292.

[6] Normandie, art. 417. Toutefois, d'après cet article, l'autorisation de tester peut être donnée dans le contrat de mariage.

[7] Cf. Laurière sur Paris, 292.

[8] *Code civil*, art. 905. Sur les testaments des gens d'Eglise voyez notamment *Libertez de l'Eglise gallicane*, art. 26, avec les commentaires, dans Durand de Maillane, *Les libertez de l'Eglise gallicane*, t. Ier, p. 378 et suiv.

positions coutumières remarquables doivent être notées. Ceux qui se sont trouvés en tutelle ou curatelle, bail ou garde, ne peuvent donner à leur tuteur, curateur, gardien et baillistre, durant le temps de l'administration et jusqu'à l'apurement des comptes. Sont toutefois exceptés de cette règle les père et mère, aïeul et aïeule du testateur; mais la coutume de Paris exige qu'ils ne soient pas remariés. Les apprentis et garçons de boutique, les domestiques, les écoliers et pensionnaires ne peuvent donner à leurs maîtres et maîtresses. Les legs faits au profit des témoins ou de ceux qui ont reçu le testament sont frappés de nullité. Il en est de même des legs immodérés faits au profit des concubinaires[1].

Le *Code civil* s'est inspiré de quelques-unes de ces décisions des coutumes et des ordonnances royales[2].

Le droit de tester dans les pays de droit écrit. — Je n'aborde pas les origines et l'histoire du droit de tester à Rome. Je me contente de résumer les prescriptions du droit impérial : j'indiquerai du même coup l'étendue et les limites ordinaires du droit de tester dans nos pays de droit écrit[3].

Certains héritiers ont droit à une *légitime*, c'est-à-dire à une part dont ils ne peuvent être privés par testament. Les héritiers légitimaires sont : 1° les descendants du testateur qui seraient venus à sa succession *ab intestat* et ses enfants adoptifs; 2° les ascendants, pourvu qu'ils eussent droit d'hériter *ab intestat;* 3° les frères et sœurs germains et consanguins (non pas les utérins), dans le cas où le testateur aurait institué une personne honteuse[4].

[1] Voyez ord. de Villers-Cotterets, août 1539, art. 131 (à lire sur cet article le commentaire de J. Constantinus, *Commentaria in leges regias seu ordinationes de litibus brevi decidendis*, Parisiis, 1549, p. 262); cout. de Paris, art. 276; Claude de Ferrière, *Nouv. instit. coutumière*, liv. III, tit. VI, *Des testamens*, art. 72; Giraud, *Précis de l'ancien droit coutumier français*, seconde édition, Paris, 1875, p. 96 : je lui emprunte ce résumé.

[2] *Code civil*, art. 907.

[3] Cf. Gide, *Etude sur la condition privée de la femme*, p. 432; *Coutumes du ressort du parlement de Guienne par deux avocats au même parlement*, t. Ier, 1768, pp. 132, 133, 373, 374, art. 75.

[4] *Instit. de Just.*, II, XVIII, 1, 2, 3. *Code de Théodose*, II, XIX, 1.

Dans l'origine, la légitime était du quart de la fortune[1]. Une *Novelle* de Justinien lui donna plus d'étendue, en statuant que, s'il existait quatre ou moins de quatre descendants du testateur, ayant droit à la légitime, elle serait du tiers des biens héréditaires et que, s'il y avait plus de quatre descendants, elle serait de la moitié[2].

La légitime des ascendants et des frères et sœurs resta fixée au quart de leur portion *ab intestat.*

La quotité disponible était donc en ligne directe descendante des deux tiers ou de la moitié, suivant le nombre d'enfants; en ligne ascendante et en collatérale des trois quarts[3].

Dans les temps barbares et au moyen âge, la légitime romaine est très souvent appelée la *Falcidie.* Cette désignation vulgaire n'est pas, en droit pur, d'une parfaite exactitude. En voici l'origine. L'une des premières restrictions très apparentes apportées par la loi positive au droit de tester ou plutôt de léguer fut, à Rome, l'œuvre de la *Lex Falcidia* (40 ans av. J.-C.). Aux termes de ce plébiscite, l'héritier institué par testament avait droit au quart de la fortune; plusieurs héritiers institués avaient droit, en commun, au quart des biens. Cette loi ne concernait d'abord que les legs : elle fut ensuite étendue aux fidéicommis dont l'héritier institué aurait pu être grevé et aux donations à cause de mort[4].

Puis la notion de la *Falcidie,* transportée dans les hérédités *ab intestat,* donna naissance à la légitime dont nous venons de parler. Quelques textes juridiques appellent cette légitime du vieux nom de *Falcidie.* Ceci est constant dans la langue populaire : les mots *Falcidie*, *Quarte Falcidie* y désignent couram-

[1] *Instit. de Just.*, II, XVIII, 3, 6. *Digeste*, V, II, 8, § 8. Dire que la légitime pour le ou les légitimaires est du quart, du tiers, de la moitié de la fortune ou dire qu'elle est, pour chaque légitimaire, du quart, du tiers, de la moitié de la part qu'il eût reçue *ab intestat,* c'est dire mathématiquement la même chose de deux manières différentes.

[2] *Novelle* 18, c. 1. *Code de Justinien*, III, XXIII, authentique *Novissima lege* sous loi 6. Julien, *Elémens de jurispr.*, pp. 255, 256.

[3] J'emprunte quelques parties de ce résumé à M. G. d'Espinay, *La liberté de tester,* p. 36.

[4] Cf. *Digeste*, XXXV, II, *Ad legem Falcidiam;* Gaius, 224 à 228; *Instit. de Just.*, II, XXII; Ortolan, *Législ. romaine*, t. II, édit. Labbé, pp. 637, 638.

ment la légitime *ab intestat*[1]. On ne s'en étonnera pas, si on songe que, la plupart du temps, à Rome, l'héritier ou les héritiers institués étaient tout simplement les héritiers naturels. La *Falcidie* et plus tard la légitime protégèrent donc, en fait, très ordinairement les intérêts d'une seule et même personne.

Sur plusieurs points (Montpellier, Toulouse, Limoges) un usage plus favorable au droit de tester que le droit romain impérial a prévalu en pays de droit écrit. La jurisprudence et la coutume admirent, en effet, qu'un père peut prévenir toute réclamation de tel de ses enfants, en lui laissant une somme insignifiante, cinq sous suivant la coutume de Toulouse[2]. L'ordonnance de 1735 rétablit, en cette matière, les principes du droit romain[3]. Le parlement de Toulouse luttait d'ailleurs depuis un ou deux siècles contre cette disposition de la coutume[4].

Dans certains cas déterminés, l'exhérédation peut être prononcée[5]. Aux cas légaux d'exhérédation prévus par la loi romaine, les ordonnances ont ajouté dans toute la France une cause nouvelle d'exhérédation : elles ont permis aux père et mère d'exhéréder l'enfant marié contre leur gré et sans leur consentement[6].

Les descendants, les ascendants, les frères et sœurs dans certains cas, peuvent attaquer le testament par la plainte d'inofficiosité, s'il y a eu, à leur égard, prétérition ou exhérédation sans cause légitime et s'ils n'ont pas d'autre voie de recours contre le testament. Dans le dernier état du droit de Justinien, le succès

[1] Cf. *Digeste*, XXXV, II, 18 (Paul). *Code de Justinien*, IX, VIII, 5, § 3. *Liber Novellarum Majoriani*, VI, 1, § 3 (édit. Hænel, col. 309); du Cange, *Glossarium*, édit. Didot, t. III, p. 190.

[2] *Coutume de Toulouse*, 123 c., édit. Tardif, p. 58. Cet article 123 c. ne fut pas approuvé par le roi de France au XIIIe siècle; mais, si je ne m'abuse, il continua longtemps à faire loi à Toulouse. *Thalamus parvus*, 56, 57, Montpellier, 1836, p. 30. Guibert, *La famille limousine d'autrefois*, pp. 25, 26.

[3] Ord. de 1735, art. 50, 51, 52 (Isambert, t. XXI, pp. 396. 397). Cf. Julien, *Elémens de jurisprudence*, p. 236.

[4] Furgole, *Recueil des questions de jurisprudence proposées par M. d'Aguesseau*, pp. 120 à 123.

[5] *Nov.* 115, c. 3, 4. *Nov.* 22, c. 47.

[6] Cf. ci-dessus, pp. 408, 409.

des légitimaires n'aboutit pas, en ce cas, à la nullité complète du testament, mais à la substitution comme héritiers des légitimaires en question à ceux qui avaient été institués par l'effet d'une préférence injuste. Les legs et les fidéicommis subsistent sauf réduction[1].

Si l'héritier légitimaire n'a pas reçu intégralement sa légitime, mais a été institué pour quelque légère partie de l'hérédité, il n'a plus le droit d'intenter la *querela inofficiosi testamenti :* il peut seulement demander un supplément de légitime[2].

Le droit de tester dans les pays coutumiers. — Les usages romains pénétrèrent très vite parmi les Barbares; car, dès le commencement de l'époque mérovingienne, nous trouvons dans les pays coutumiers des testaments romains d'un grand intérêt historique. Mais si le testament romain triompha, si la forme du testament romain s'imposa, il n'en faut pas dire autant du droit de tester romain. Ici la forte constitution de la famille opposa au droit de tester une digue puissante. Cette digue jusqu'au *Code civil* ne fut pas rompue; elle ne fut qu'entamée.

En Normandie, la quotité disponible était du tiers des acquêts et conquêts immeubles, si le testateur n'avait pas d'enfants; du tiers des meubles, s'il avait des enfants[3]. Le surplus de la fortune formait la réserve des héritiers.

Dans plusieurs pays coutumiers, on pouvait disposer des acquêts et des meubles et d'une portion limitée des propres; tantôt du tiers (Anjou), tantôt du cinquième (Orléanais, Beau-

[1] Avant la *Novelle* 115, le succès de la *querela* faisait tomber tout le testament, institution d'héritier, legs, affranchissements (*Digeste*, V, II, *De inoff. test.*, 6, § 1). Cf. M. Labbé sur Ortolan, *Législ. romaine*, t. II, 1883, pp. 740, 741. Je lui emprunte quelques expressions. Voyez : *Institutes de Justinien*, II, XVIII, 2 ; *Code de Justinien*, III, XXVIII, 22; *Nov.* 115, c. 3, 4; *Petri except.*, I, 17; Julien, *Elémens de jurisprudence*, pp. 238, 239, 253; Accarias, *Précis*, t. Ier, §§ 355, 357 *a*.

[2] *Digeste*, V, II, 8, § 14. *Nov.* 115. *Inst. de Just.*, II, XVIII, 3. *Code de Justinien*, III, XXVIII, 30. Voyez ici Furgole, *Recueil des questions de jurisprudence*, p. 121; Accarias, *Précis*, t. Ier, § 355. Avant Justinien, le droit romain admettait la *querela*, comme si l'enfant n'avait absolument rien reçu, à moins d'une certaine clause déterminée dans le testament (Paul, *Sentences*, IV, V, 6. *Code de Théodose*, II, XIX, 4).

[3] Normandie, art. 418, 422.

voisis, Paris[1]). Une quote-part indisponible des deux tiers des propres se retrouve dans le midi, à Bordeaux[2]. La réserve des propres apparaît aussi dans quelques statuts du midi, notamment dans l'Agenois et dans le Bordelois[3].

La réserve appartenait aux descendants et aux collatéraux[4].

Beaumanoir a bien soin d'ajouter que le testament ne devrait pas être respecté, si le testateur, en disposant de la quotité disponible ordinaire, se trouvait avoir enlevé aux enfants les ressources nécessaires pour « resnablement vivre et avoir lor soustenance selonc lor estat. » Cette quotité n'a donc rien d'absolu : le droit reste assez souple pour permettre au juge une équitable appréciation[5]. Si la réduction du legs est jugée nécessaire, une part d'enfant semble pouvoir être attribuée au légataire. Telle est la dernière limite du droit de tester pour Beaumanoir ; encore le jurisconsulte est-il ici visiblement incertain : il paraît faire une concession très grande à la liberté de tester.

Le droit d'exhérédation, même pour causes spécifiées par la loi, n'appartient pas au père, suivant Beaumanoir. Il pourra seulement, dans certains cas graves déterminés et prévus, disposer de la quotité disponible sus-indiquée (acquêts et meubles ; un cinquième des propres), alors même que ce legs mettrait les enfants dans la gêne[6].

La liberté du testateur est encore restreinte d'une autre manière : s'il a des enfants, il ne peut disposer de la quotité disponible qu'en faveur d'un étranger ; il n'a pas le droit de favoriser

1 Viollet, *Etablissements de saint Louis*, t. Ier, pp. 127, 128. Beaumanoir, XII, dans Beugnot, t. Ier, p. 180. Paris, 292. Cf. *Grand coutumier*, II, 40 (moitié des meubles et conquêts, quint des propres).

2 Cf. Jarriand, dans *Nouvelle revue hist.*, t. XIV, 1890, pp. 247, 251.

3 Coutume de Bordeaux, tit. V, art. 60, 61 dans *Cout. du ressort du parlement de Guienne*, t. Ier, pp. 330, 331, 337. Ord. de Louis XI, de juillet 1463, dans Isambert, *Rec. général des anc. lois franç.*, t. X, pp. 400, 401.

4 Les collatéraux sont déjà compris expressément parmi les réservataires par la *Loi des Bavarois*, XV, 10, apud Pertz, *Leges*, t. III, pp. 321, 352, 431.

5 Beaumanoir, ch. XII, 17, 18, 19, dans Beugnot, t. Ier, pp. 187, 188. Dans le même sens, des Fontaines, XXXIV, 10; toutefois ce jurisconsulte ne paraît pas faire la concession à laquelle arrive Beaumanoir.

6 Beaumanoir, *ibid.*

par un legs l'un de ses enfants[1]. Au XIIIe siècle, on appliquait même communément cette loi d'égalité nécessaire aux héritiers collatéraux. Au XIVe siècle, cette disposition n'existe plus que pour les descendants[2].

Jusqu'à la fin de l'ancien régime la quotité disponible ne changea généralement pas, mais elle se fixa; elle se solidifia[3] et les considérations morales que fait valoir Beaumanoir perdirent toute valeur juridique. Les collatéraux gardèrent leurs droits à la réserve coutumière. Toutefois ces réserves s'affaiblirent et constituèrent, entre les mains des réservataires, un droit moins absolu; car les causes légitimes d'exhérédation de la législation de Justinien pénétrèrent dans le droit coutumier : à ces causes romaines d'exhérédation s'ajouta un cas nouveau introduit par ordonnance royale et que j'ai déjà mentionné[4].

Les commentateurs admettent généralement, dans les derniers siècles, que les causes d'exhérédation du droit romain doivent, par voie d'assimilation, être appliquées aux réservataires collatéraux[5].

En quelques provinces, les familles roturières propriétaires de terres aussi roturières ont gardé jusqu'à la fin cette règle d'égalité absolue entre enfants que j'ai mentionnée à l'instant. Dans ces coutumes dites d'*égalité parfaite*, le père ne peut se servir de la quotité disponible pour avantager un de ses enfants : je citerai les coutumes de Touraine[6], d'Anjou[7], du Maine[8], de

[1] Beaumanoir, ch. XII, 3, *ibid.*, p. 180. *Grand coutumier*, liv. II, ch. XL, édit. Charondas le Caron, 1598, p. 265. La première coutume d'Agen était une coutume d'égalité parfaite (Jarriand, dans *Nouvelle rev. hist.*, t. XIV, 1890, p. 248).

[2] Décision du *Parloir aux bourgeois* du 13 août 1293; *Aliqua de stillo curie parlamenti*, 24, apud Bordier, *Bibl. de l'Ecole des chartes*, 2e série, t. Ier, pp. 399, 434, 435. Cf. cependant des Marés, *Décision* 235.

[3] A propos des donations, je dirai un mot plus loin de la rigidité que prennent souvent les règles juridiques, en vieillissant.

[4] Voyez ci-dessus, p. 408.

[5] Prévot de la Jannès, *Les princ. de la jur. franç.*, t. Ier, p. 109. Houard, *Dict. de droit normand*, t. II, p. 205. Laurière, *Texte des cout. de la prévôté de Paris*, t. II, p. 437. Chrestien de Poly, *Essai sur la puissance paternelle*, t. Ier, pp. 57, 58. Pocquet de Livonnière, *Coust. d'Anjou*, t. Ier, p. 704. Jacquet, *Abrégé du com. de la cout. de Touraine*, p. 294.

[6] Art. 302, 304, 309.

[7] Anjou, 260.

[8] Maine, 278.

Dunois[1], de Vitry[2]. Suivant ce système d'*égalité parfaite*, l'enfant donataire était, avant de venir à partage et succession de ses père ou mère, tenu à rapporter ou déduire ce qui lui avait été donné. Il ne lui était pas permis de s'en tenir au don, en renonçant à la succession[3].

Ailleurs, l'ancienne égalité parfaite, laissant une empreinte un peu moins profonde, a seulement légué au droit coutumier cette règle bien connue : « On ne peut être en ligne directe, héritier donataire ou légataire d'une même personne[4]; » mais celui qui voudrait s'en tenir à son don le peut faire, en s'abstenant de l'hérédité, la légitime réservée aux autres enfants[5].

La distinction des acquêts et des propres au point de vue de la disponibilité s'étendait dans le midi jusqu'à Limoges. On la retrouve aussi dans le pays basque. Enfin, j'ai constaté la présence de la réserve coutumière à Bordeaux.

A Limoges, les deux tiers des propres étaient réservés aux enfants; mais ce système coutumier se combinait avec la légitime de pure forme que j'ai signalée aussi à Toulouse : pouvu que les deux tiers des propres fussent réservés en bloc aux enfants, tel d'entre eux pouvait être réduit à une somme insignifiante et quasi nulle[6].

La légitime romaine en pays coutumier. — La légitime romaine dont j'ai parlé plus haut et les réserves coutumières que

[1] Art. 64 (Pallu, *Coust. de Touraine*, Tours, 1661, p. 505).

[2] Arrêt du 4 juillet 1729.

[3] Touraine, 309.

[4] Pocquet de Livonnière, *Règles du droit français*, liv. III, ch. 1er, sect. II, art. 2 (édit. de 1768, p. 219). Cf. cout. de Paris, art. 300.

[5] Cout. de Paris, art. 307. Cf. art. 303 et Laurière sur cet article.

[6] Cf. L. Guibert, *La famille limousine d'autrefois*, pp. 25, 26; G.-B. de Lagrèze, *La Navarre française*, t. II, p. 211; Soule, XXVI, 1 à 4; Labourt, XI, 1 à 4, dans Bourdot de Richebourg, t. IV, p. 993. Si je cherche à saisir dans ses origines la quotité disponible, je soupçonne qu'elle a été conçue primitivement comme la quote-part personnelle d'un sociétaire ou d'un copropriétaire. Un sociétaire ou un copropriétaire peut faire ce qu'il veut de sa part. Or un père et ses enfants sont copropriétaires du patrimoine : le père peut donc donner à l'Eglise sa quote-part : rien de plus. Telle est, si je ne me trompe, la plus ancienne conception de la quotité disponible; c'est sous cet aspect que les influences religieuses la firent originairement pénétrer dans les familles franques. Cf. capit. de 814-827, dans Boretius, *Capitularia*, t. Ier, pars Ia, pp. 378 à 381; des Fontaines, XXXIV, 10.

je viens de décrire donnaient, par des procédés divers, satisfaction à un même et unique vœu; car ces deux institutions tendaient l'une et l'autre à assurer aux héritiers une certaine part du patrimoine. Au XVIe siècle, les progrès du droit romain et l'influence des doctrines de du Moulin firent juxtaposer dans plusieurs coutumes une légitime tirée du droit romain à la vieille réserve coutumière[1]. Cette légitime, romaine d'origine mais non purement romaine, s'introduisit dans la coutume de Paris, en 1580 : elle était attribuée aux seuls descendants et était pour chaque enfant de la moitié de sa part *ab intestat*[2].

Il n'est pas bien difficile de saisir l'utilité de cette légitime combinée avec les réserves. L'héritier aura intérêt à réclamer soit la réserve coutumière, soit la légitime, suivant les circonstances. Une succession s'ouvre à Paris. Si l'ascendant a légué ses propres ainsi que ses meubles et ses acquêts, et si lesdits meubles et acquêts valent ensemble les quatre quints des propres, de telle sorte que la valeur totale de la succession soit de 5 (les propres) + 4 (les meubles et les acquêts) en tout 9, le descendant a avantage à demander la légitime, c'est-à-dire la moitié de la part héréditaire *ab intestat;* car, en s'en tenant à la réserve, il serait privé : 1° d'une valeur de 4 (les meubles et les acquêts); 2° de 1 (le 5e des propres), soit 5 sur 9; tandis qu'armé de la légitime, il est privé seulement de la moitié de 9, soit 4 1/2. Si, au contraire, l'ascendant qui a disposé par testament de ses biens n'avait que des propres, il est évident que le descendant aura tout avantage à s'en tenir à la réserve coutumière. Il touchera les quatre cinquièmes de la succession. En réclamant la légitime, il ne toucherait que la moitié.

La qualité d'héritier acceptant était nécessaire pour obtenir une réserve coutumière, non pas, dans l'opinion commune, pour

[1] En Auvergne et en Bourbonnois, la réserve est des trois quarts pour tout héritier (Auvergne, XII, 41. Bourbonnois, 291) ce qui n'empêche pas ces coutumes de mentionner la légitime. (Auvergne, XII, 14, 32, 33, 35. Bourbonnois, 305, 310). J'ai eu tort de dire dans la première édition de cet ouvrage que l'Auvergne et le Bourbonnois ne juxtaposaient pas la légitime et la réserve. Je dois cette rectification à une obligante communication de M. Ph. Regnier.

[2] Cout. de Paris, art. 298. Cf. cout. d'Orléans, art. 274.

obtenir la légitime en pays de droit écrit[1]. On admettait donc généralement[2] que l'héritier, même renonçant, pouvait demander la légitime, celle-ci étant considérée comme une dette naturelle.

On a remarqué la différence de cette légitime parisienne et de la légitime romaine : elle est fixée à une quotité invariable de la part *ab intestat*, tandis que la légitime romaine est graduée sur le nombre des légitimaires. Enfin elle n'est attribuée qu'aux enfants. Reims[3], Melun[4] réglaient la quotité de la légitime conformément au droit écrit. Le parlement de Paris décida, en 1672, que le silence des coutumes sur la quotité de la légitime devait être suppléé par les dispositions de la coutume de Paris[5].

Législation révolutionnaire. Code civil. — Le développement du droit testamentaire fut subitement entravé par plusieurs décrets célèbres de la Convention. Le décret des 7-11 mars 1793 abolit le droit de tester en ligne directe et déclara que « tous les descendants auraient un droit égal sur le partage des biens de leurs ascendants. » Un peu plus tard, les décrets du 5 brumaire et du 17 nivôse an II supprimèrent presque complètement le droit de tester, car ils réduisirent la quotité disponible au dixième en présence d'héritiers en ligne directe, au sixième en présence d'héritiers collatéraux. Cette quotité ne pouvait, en outre, être attribuée à l'un des héritiers *ab intestat*[6].

La Convention se préoccupait par dessus tout d'empêcher les familles nobles de maintenir artificiellement par des testaments

[1] De même, en droit moderne, le successible renonçant n'a rien à prétendre dans la réserve (arrêt solennel des Chambres réunies de la Cour de cassation du 27 novembre 1863).

[2] En sens contraire Roussilhe, *Les instit. au droit de légitime*, Avignon, 1768, pp. 59, 60.

[3] Reims, 232, 233.

[4] Melun, 232.

[5] Voyez ici M. Aubépin, dans *Revue critique*, t. V, p. 314; M. Ginoulhiac, dans *Revue Fœlix*, 2e série, t. II, pp. 443 à 461; Laurière, dans *Texte des cout. de la prévôté et vicomté de Paris*, t. II, p. 436 et suiv (sur l'art. 298); Laurière, *Traité des institutions et des substitutions contractuelles*, t. Ier, p. 168; *Encyclopédie méthodique, Jurisprudence*, t. V, p. 426; Bayle-Mouillard sur Grenier, *Traité des donations*, t. IV, 1847, p. 3, note *a;* Julien, *Elémens de jurisprudence*, p. 3; Machelard, *Dissert. de droit romain et de droit français*, édit. Labbé, p. 684.

[6] Décret du 17 nivôse an II (6 janvier 1794), art. 16.

les droits d'aînesse abolis dans les successions *ab intestat*. Inconsciemment soumise à une impulsion historique, elle s'inspirait, sans le soupçonner, des puissantes traditions du moyen âge qui faisaient de l'égalité des partages un dogme souvent méconnu mais jamais oublié. Son œuvre d'ailleurs était excessive et violente, contraire même aux principes généraux du droit; car elle donnait à ses décrets un effet rétroactif[1] jusqu'au 14 juillet 1789.

Une réaction était inévitable. Elle ne se fit pas attendre. Le droit de tester fut restauré par la loi du 4 germinal an VIII (25 mars 1800). Cette loi porta une atteinte assez sérieuse aux droits antiques des réservataires; car elle n'admit pas d'héritier réservataire au delà du degré de cousin issu de germain.

Un peu plus tard, le *Code civil*, plus favorable encore au testament, supprima tous les réservataires collatéraux. Ainsi une courte période d'égalité parfaite et de suppression presque absolue du droit de tester, (c'était un retour inconscient et violent vers le passé,) amena, comme il arrive si souvent, une réaction énergique et procura le triomphe probablement définitif du droit de tester vis-à-vis des collatéraux. Le *Code* n'admet d'autres réservataires que les descendants et les ascendants : il n'accorde aucune réserve aux frères et sœurs[2], bien qu'il les fasse passer dans l'ordre successoral avant les aïeux et ascendants plus éloignés; de sorte que le « droit héréditaire le plus fort est, comme on l'a déjà fait remarquer, moins garanti que le droit héréditaire le plus faible[3]. »

Jamais la cohésion primitive des intérêts et des droits de la famille n'avait subi une atteinte aussi grave : jamais l'individu n'avait pris dans la famille une position aussi indépendante et aussi isolée.

Aux termes du *Code civil*, la réserve des enfants est établie ainsi qu'il suit : la moitié, s'il n'y a qu'un enfant légitime; deux

[1] Cet effet rétroactif fut suspendu par un décret du 5 floréal an III.

[2] *Code civil*, art. 913 à 916. Voyez une étude comparative de la loi de germinal an VIII et du *Code civil*, dans Deloche, *Thèse de licence*, Toulouse, 1836. M. Deloche préfère aux solutions du *Code civil* celles de la loi de germinal.

[3] Cf. Baudry-Lacantinerie, *Précis de droit civil*, t. II, p. 278.

tiers, s'il y a deux enfants ; trois quarts, s'il y a trois enfants ou un plus grand nombre[1]. Une seconde catégorie d'héritiers a droit, comme je l'ai dit, à une réserve : je fais allusion aux ascendants[2]. Ce système exclut toutes les distinctions coutumières des acquêts et des propres. Notre réserve moderne se rapproche singulièrement de l'ancienne légitime, « car elle porte sur tous les biens et n'a lieu que pour deux catégories d'héritiers[3]. »

Les causes légitimes d'exhérédation ont été remplacées dans le *Code civil* par quelques indignités légales très restreintes[4].

Si je compare ce régime au système romain, je constate que la quotité disponible est beaucoup moins considérable. Cet écart est encore plus grand, si je songe aux usages de Toulouse, de Montpellier et de quelques autres lieux. Le *Code civil* m'apparaît alors comme le vainqueur, j'allais dire le destructeur du droit de tester.

La question change de face, si je tourne mes regards du côté des pays coutumiers. Les réserves des descendants, telles que les établit le *Code civil*[5], peuvent, dans la plupart des cas, se trouver inférieures comme importance aux réserves coutumières. Elles ont de plus une rigidité mathématique qui permet au père, si la fortune est ordinaire ou médiocre, de réduire ses enfants à la misère ou à la gêne, en disposant de la quotité disponible. On se rappelle que Beaumanoir n'admettait pas un pareil résultat. En outre, le père peut, à l'aide de la quotité disponible, avantager tel de ses enfants[6]. Cette faculté lui était refusée dans les pays coutumiers au moyen âge, et jusqu'à la fin de l'ancien régime un certain nombre de coutumes avaient maintenu la même interdiction.

Assurément les usages du nord et du midi de la France unifiés par le *Code* tendaient, avant le *Code*, à se rapprocher. Ainsi le droit absolu de tester de la coutume de Toulouse était battu

[1] *Code civil*, art. 913.

[2] *Code civil*, art. 915.

[3] Ph. Regnier, *De la répartition des héritages*, dans *La Revue judiciaire*, 1892, 1re partie, p. 190.

[4] *Code civil*, art. 727.

[5] *Code civil*, art. 913, 914.

[6] *Code civil*, art. 919.

en brèche depuis plusieurs siècles. Ainsi encore, dans certains cas, le cumul de la légitime et de la Falcidie[1] (au sens technique et rigoureux) égalait à peu près les droits utiles de l'héritier direct des pays méridionaux à ceux de l'héritier coutumier. Il restait, néanmoins, dans les mœurs et dans les usages des différences que je ne voudrais pas méconnaître. Il est de principe, à mes yeux, que l'évolution juridique doit suivre et non pas précéder l'évolution économique ou le changement des mœurs et des habitudes. L'unification économique et morale était-elle assez complète, en 1804, pour autoriser, en matière testamentaire, une loi unique? C'est là une question très délicate et très difficile à résoudre. Il ne répugnerait pas d'admettre, par exemple, qu'un montagnard pyrénéen et un citadin tourangeau ou parisien puissent être soumis à un régime successoral différent, alors que leurs besoins, leurs mœurs, leur régime économique sont si profondément dissemblables. Un Français qui connaît les affaires et les besoins de la France centrale sait-il toujours ce qu'il fait, quand il s'occupe des Pyrénées? Tous nos législateurs ont pensé, en promulguant le *Code civil*, travailler à la division de la propriété, à la multiplication des petits domaines : qui eût prévu que, dans telles localités du pays basque, le régime du *Code* aurait, au bout de quatre-vingts ans, pour résultat... l'anéantissement de la très petite propriété[2]?

[1] Voyez, sur ce point, *Décrét. de Grég. IX*, III, XXVI, *De testamentis*, 16, 18; Bretonnier, *Recueil des princ. questions de droit*, 1718, p. 453; ord. de 1735, art. 56 à 60; *Encycl. méthodique, Jurisprudence*, t. VII, pp. 89, 90. Avant l'ordonnance de 1735, la jurisprudence provençale reconnaissait aux enfants héritiers institués le droit de retenir la légitime et la quarte trébellianique, nonobstant la prohibition du testateur ou de la testatrice. Cf. Julien, *Nouv. comm. sur les statuts de Provence*, t. Ier, p. 420; Ricard, *Traité des donations*, t. Ier, 1754, 3e partie, ch. VIII, sect. 6, pp. 664, 665 (Ricard est opposé à cette jurisprudence); *Recueil des questions proposées par M. d'Aguesseau*, pp. 132, 133.

[2] « L'uniformité est un genre de perfection qui, selon le mot d'un auteur célèbre, *saisit quelquefois les grands esprits et frappe infailliblement les petits.* » On est heureux de trouver une pareille pensée au frontispice du *Code civil* (Portalis, *Discours prélim.*, dans Fenet, *Travaux préparat.*, t. Ier, p. 463). Voyez un très remarquable article de M. Etcheverry dans *La réforme sociale*, t. IX, p. 255 et suiv., p. 282 et suiv., et surtout p. 287. Avant de lire l'art. de M. Etcheverry, j'avais déjà recueilli la même information auprès d'une personne en mesure d'être fort bien renseignée.

3. *Des substitutions.*

Définition. Historique. — Par la substitution fidéicommissaire ou simplement substitution (les Romains disaient ici *fidéicommis*), un homme charge son héritier ou son donataire de rendre la succession qu'il lui laisse ou la libéralité qu'il lui fait, à un autre après son décès.

La substitution, empruntée au droit romain[1], a pris chez nous un développement considérable : elle est devenue un moyen de conserver le patrimoine des familles et de soutenir l'éclat des maisons illustres ou la durée de modestes familles.

Je doute qu'on rencontre dans la France coutumière des substitutions bien caractérisées avant le XIIIe siècle[2]. Dans le midi, elles suppléèrent au droit d'aînesse qui, sauf dans la région pyrénéenne[3] et dans le Bordelois, n'était généralement pas admis, et elles se développèrent plus largement et plus librement que dans le nord où elles étaient vues moins favorablement. Les substitutions testamentaires furent même prohibées

Voici les données que je tiens de ce témoin : « l'aîné, muni de la quotité disponible, s'est efforcé, suivant l'ancien usage, de garder la terre patrimoniale. Il a emprunté; ses affaires n'ont pas réussi : son petit domaine a été vendu; acheté par des capitalistes ou de gros propriétaires, il a été arrondir une propriété voisine, ou former, avec d'autres petits domaines ainsi acquis, une grande propriété. » Mon éminent confrère de l'Académie des sciences, M. Ant. d'Abbadie, m'a communiqué à son tour les mêmes observations. Je dois ajouter qu'un savant magistrat, auteur de travaux considérables sur l'histoire du droit dans les Pyrénées, consulté par moi sur cette question, a bien voulu m'écrire que le fait sur lequel j'appelais son attention, lui était complètement inconnu et qu'à ses yeux on commettrait une erreur en parlant d'une manière générale de l'anéantissement de la petite propriété dans le pays basque. Aussi ai-je employé cette expression : *localités du pays basque*. Joignez Le Play, *La réforme sociale en France*, t. Ier, p. 379 et suiv.

1 Voyez *Instit. de Justinien*, II, XVI, 9; II, XXIII.

2 Au XIVe siècle, l'auteur de l'*Abrégé des Assises* les considère peut-être comme un usage assez nouveau (Beugnot, *Assises*, t. II, p. 235). Mentionnons ici pour mémoire certaines clauses de contrats de mariage qui produisaient, dans une certaine mesure, les effets d'une substitution. Voyez mes *Etabl.*, t. II, pp. 213-217; t. IV, pp. 103, 104; joignez un acte de 1139 dans le midi (*Hist. du Languedoc*, t. II, 1733, col. 487). Pour les pays de droit écrit, voyez Martin Saint-Léon, *Des substit. fidéicomm.*, pp. 209, 210.

3 Soule, XXVII, 31 à 33. Labourt, XII, 16 à 18. *Cout. anc. et nouv. de Barèges*, Bagnères, 1836, pp. 5, 6, 32, 33.

dans plusieurs provinces coutumières (La Marche, Nivernois, Montargis, Sédan, Auvergne)[1].

Enfin, dans tous les pays coutumiers, la portion indisponible des propres ne pouvait être substituée[2].

Les substitutions s'étendirent non seulement à plusieurs personnes appelées les unes après les autres, mais à une longue suite de générations et souvent même à l'infini. Il se forma par là, dit Daguesseau, comme un nouveau genre de succession où la volonté de l'homme prit la place de la loi[3] et de la coutume.

Limitation des substitutions depuis le XVIe siècle. — Ces successions artificielles donnèrent lieu à des contestations et à des litiges de toutes sortes : et, dans l'intérêt même des familles que ruinaient les procès[4], il fallut apporter une limite aux substitutions : l'ordonnance d'Orléans (1561)[5] limita pour l'avenir toutes les substitutions à deux degrés après l'institution et première disposition, celle-ci non comprise. L'ordonnance de Moulins[6] (1566) restreignit au quatrième degré, non compris l'institution, toutes les substitutions faites avant l'ordonnance d'Orléans.

L'ordonnance d'Orléans fut assez mal exécutée, surtout dans les pays de droit écrit; et Daguesseau, en 1747, en renouvela les prescriptions[7].

Toutefois les substitutions perpétuelles étaient permises pour les duchés-pairies et les rois autorisèrent exceptionnellement certaines substitutions perpétuelles, par dérogation à l'ordonnance d'Orléans[8]. Enfin quelques provinces, postérieurement

[1] La Marche, art. 255. Nivernois, XXXIII, 10. Montargis, XIII, 1. Sédan, 130. Auvergne, XII, 53. La substitution n'est permise en Normandie que dans une mesure fort restreinte (*Articles placitez* de 1666, art. 54, 55).

[2] *Remarques du droit françois*, Paris, 1655, pp. 222, 223. Sallé, *L'esprit des ordonnances*, 1771, p. 251. D'Argou, *Instit. au droit français*, 2e édit., t. Ier, 1787, p. 382. *Encyclopédie méthodique, Jurisprudence*, t. VII, p. 654.

[3] Préambule de l'ordonnance de 1747.

[4] Cf. Bugnyon et Christyn, *Legum abrogat. tractatus*, Bruxellis, 1666, p. 239.

[5] Art. 59. Cf. ord. de 1629, art. 124, 125. La *Novelle* 159 paraît avoir été sans influence.

[6] Art. 57.

[7] Ord. de 1747, tit. Ier, ch. II, art. 30.

[8] Ord. de mai 1711, art. 6 (Isambert, t. XX, p. 568). Pocquet de Livonnière, *Règles du droit français*, ch. V, art. 9. Archives Nationales, Reg. U. 987, pp. 11, 28.

même à l'ordonnance de Daguesseau, conservèrent l'usage des substitutions perpétuelles[1].

Les biens substitués se trouvaient en dehors du commerce et ne pouvaient être utilement aliénés ou hypothéqués : c'eût été rendre vaine la substitution. Cette immobilisation des biens substitués qui portait atteinte au crédit et aux affaires, contribua singulièrement à l'impopularité des substitutions[2]. On avait essayé de pallier ce grave inconvénient, en soumettant les substitutions à des formalités très sérieuses de publicité et d'enregistrement[3].

Abolition des substitutions. — Le mouvement égalitaire de la révolution atteignit l'institution des substitutions, avant que le testament lui-même eût été quasi-supprimé. L'abolition des substitutions fut décrétée par l'Assemblée législative le 25 août 1792 et par la Convention le 14 novembre 1792[4]. Le *Code civil* a maintenu cette décision ou, au moins, l'esprit de cette décision : il a prohibé toute substitution d'un bien qui, à la mort du donataire ou légataire, devrait, en vertu de cette substitution, passer non à ses héritiers légitimes ou testamentaires, mais à une personne désignée par le disposant[5].

1 *Encyclopédie méthodique, Jurisprudence*, t. VII, p. 655.

2 Voyez *Arrestez de M. le P. P. de L.*, 1702, p. 366 (2e pagination); Muratori, *Dei difetti della giurisprudenza*, Venise, 1742, ch. XVII, *Dei fideicommissi, maggioraschi, primogeniture e sostituzioni.*

3 Voyez ord. de 1747, tit. Ier, ch. III, art. 55; tit. II, ch. 1er, art. 18; ord. de Moulins de 1566, art. 57; déclaration du 18 janvier 1712 (Sallé, *L'esprit des ordonnances*, pp. 325, 348).

4 Daguesseau y songeait déjà, mais dans un autre esprit. Voici ce qu'il écrivait, en 1730, au premier président du parlement de Provence : « L'abrogation entière de tout fidéicommis serait peut-être, comme vous le pensez, la meilleure de toutes les lois, et il pourrait y avoir des moyens plus simples pour conserver dans les grandes maisons ce qui suffirait à en soutenir l'éclat, mais j'ai peur que, pour y parvenir, surtout dans les pays de droit écrit, il ne fallût commencer par réformer les têtes, et ce serait l'entreprise d'une tête qui aurait elle-même besoin de réforme. C'est, en vérité, un grand malheur qu'il faille que la vanité des hommes domine sur les lois même » (Duvergier, *Collection des lois*, t. XXVI, p. 110). Avant 1789, d'autres réformateurs étaient, à l'inverse, très favorables aux substitutions (L'abbé de Saint-Pierre, *Ouvrages de politique*, t. II, p. 184 et suiv. Bargeton, résumé par le comte de Balincourt, dans *Mém. de l'Acad. de Nîmes*, 7e série, t. IX, pp. 285, 287). Il y avait deux courants d'opinion.

5 Cf. *Code civil*, art. 896, 1040, 1121.

Tentatives de rétablissement des substitutions. — Sous le nom de *majorats*[1], Napoléon essaya de reconstituer des substitutions perpétuelles sanctionnées officiellement avec le secours d'un assez pesant mécanisme administratif. Cette institution bâtarde tenait tout à la fois du fief et de la substitution.

Sous Charles X, la loi des 17-18 mai 1826 permit de substituer la quotité disponible jusqu'au deuxième degré après l'institution, celle-ci non comprise[2].

Mais des lois et des décrets ne restaurent pas une institution qui a cessé de correspondre aux mœurs d'une société : les substitutions reparurent à peine à la suite de la loi de 1826. Ces tentatives furent, en définitive, aussi vaines qu'éphémères. La loi du 12 mai 1835 prohiba pour l'avenir toute institution de majorats : elle limita à deux degrés, l'institution non comprise, les majorats déjà fondés avec des biens particuliers. Une loi des 17 janvier, 30 avril et 7 mai 1849 limita la transmission admise par la loi du 12 mai 1835 aux appelés déjà nés ou conçus au moment de ladite loi de 1849. La même loi abrogea celle de 1826.

Toutefois une certaine catégorie de majorats n'a pas été atteinte par les lois de 1835 et de 1849. Je veux parler des majorats de propre mouvement. On appelait ainsi ceux que l'empereur avait formés avec des biens du domaine extraordinaire, sortes d'apanages qui devaient revenir au domaine à l'extinction du majorat, faute d'héritier. Ces majorats impériaux (en fort petit nombre) subsistent encore[3]. Enfin on ignore généralement que, de nos jours en Artois, certaines propriétés toutes spéciales, les « parts de marais, » sont toujours dévolues « suivant la loi de l'aînesse[4] ».

1 Décret du 30 mars 1806. Sénatus-consulte du 14 août 1806. Décrets du 1er mars 1808; du 24 juin 1808; du 2 février 1809; du 16 mars 1809; du 4 mai 1809; du 17 mai 1809; du 4 juin 1809.

2 Cf. Duvergier, t. XXVI, p. 112 avec la note 2.

3 Cf. Dupuis, *Des droits accordés à la femme veuve par la coutume ou par la loi*, pp. 268, 269.

4 Voyez Passez, dans *Bulletin du comité des travaux historiques. Section des sciences économiques*, 1888, p. 145.

Sauf ces exceptions, le système du *Code civil* triomphe aujourd'hui pleinement [1].

Je mentionnerai pour mémoire : 1°, en 1848, une tentative du représentant Ceyras dans le sens traditionnel et historique de l'égalité des partages et des droits égaux des enfants. En lisant la proposition de ce député, on croit entendre un écho des traditions coutumières du moyen âge : écho d'autant plus sincère qu'il est parfaitement inconscient; 2°, en 1864 et en 1865, une proposition du baron de Veauce, favorable, au contraire, à l'extension de la liberté de tester. Ces tentatives n'ont pas eu de résultat [2].

Les deux lois de 1835 et de 1849 n'ayant jamais été promulguées à la Martinique [3], le régime des substitutions y subsiste légalement; mais, si je suis bien informé, la jurisprudence ne tient pas compte de cette situation exceptionnelle en droit.

[1] Cf. Aubry et Rau, *Cours de droit civil français*, t. VII, § 695; Laurent, *Principes de droit civil français*, t. XIV, § 389; Troplong, *Des donations entre vifs et des testaments*, t. Ier, pp. 236, 237.

[2] Cf. Clément de Royer, *Le droit de disposer par testament*, Paris, 1870, pp. 287-300.

[3] Remarquez ici ce qui fut dit à la Législative le 25 août 1792.

DEUXIÈME SECTION.

Des donations.

Donations entre vifs. Donations à cause de mort. — J'aborde ici quelques notions sommaires sur les donations, sans remonter au delà du moyen âge [1].

Dans quelques provinces, les donations étaient soumises, comme les testaments, aux limitations résultant des réserves coutumières et de la légitime romaine [2]. Dans un grand nombre de coutumes, le droit de tester était renfermé dans des bornes plus étroites que le droit de donner [3], les donations entre vifs n'étant sujettes qu'au retranchement nécessaire pour fournir la légitime des enfants [4].

On distinguait les donations entre vifs et les donations à cause de mort (distinction toute romaine) [5].

Les principales conditions de validité des donations entre vifs étaient : 1° un donateur majeur de vingt-cinq ans suivant certaines coutumes, de vingt ans suivant d'autres; 2° un donataire acceptant la donation. Cette dernière condition est expressément requise par les ordonnances royales, à dater du XVIe siècle [6]. Toutefois l'acceptation était suppléée de droit pour les

[1] L'histoire des origines pour ainsi dire préhistoriques serait fort attrayante et fort curieuse. Il semble qu'originairement l'homme n'ait pas eu plus que l'enfant qui croit toujours pouvoir reprendre ce qu'il a donné, une conception nette de la donation irrévocable. La révocabilité primitive des donations est un fait primitif qu'il est fort utile de rappeler dans l'exposé du droit public, à propos de l'origine des fiefs. Voyez mon *Droit public*, t. Ier, p. 320, et ci-dessus, p. 635.

[2] Le commentateur de Pennafort ne fait pas de distinction et affirme qu'il n'y a pas lieu d'en faire (Voyez mes *Etabl.*, t. III, p. 368). C'est là certainement à l'origine l'esprit général : je me crois dispensé d'entrer dans les détails. Cf. *Bibl. de l'Ecole des chartes*, 2e série, t. Ier, pp. 432, 433.

[3] Ex. Bourbonnois. Voy. Ducher, *Cout. génér. de Bourbonnois*, 1781, p. 190.

[4] Cf. Pothier, *Traité des donations entre vifs*, dans *Œuvres posthumes*, t. VI, p. 189.

[5] *Instit. de Just.*, II, VII, prœm., 1, 2. *Code de Just.*, VIII, LVII.

[6] Cf. Sallé, *L'esprit des ord.*, pp. 11, 12; Giraud, *Précis de l'ancien droit cout. français*, pp. 51 à 53. Rapprochez *Digeste*, XXXIX, v, *De donationibus*, 19, § 2 : « Non potest liberalitas nolenti adquiri; » Desjardins, *Recherches sur l'origine de la règle : Donner et retenir ne vaut*, pp. 33, 34.

donations faites par contrat de mariage aux conjoints ou à leurs enfants à naître[1].

La donation entre vifs ne peut, aux termes de l'ordonnance de 1731, porter sur les biens à venir. Cette solution contraire au droit de Justinien n'était pas universellement admise avant l'ordonnance[2]. Elle se retrouve dans notre *Code civil*[3].

La promesse de donner n'était pas obligatoire. La donation ne devenait ferme que lorsqu'elle avait été réalisée par la transmission de la saisine[4] : *Don ne vaut sans la saisine de la chose*[5]. Ces idées sont condensées dans l'axiome très connu : *Donner et retenir ne vaut*[6].

Par application plus ou moins lointaine ou, si on veut, par dérivation de ce principe, la donation, en règle générale, était irrévocable. Elle était, en outre, frappée de nullité : 1° lorsque le donateur s'était réservé la faculté de disposer de la chose ou qu'il avait donné sous des conditions dépendant entièrement de sa volonté; 2° lorsque la donation de tous biens était faite à la charge par le donataire de payer toutes les dettes que le donateur aurait au jour de son décès[7].

Ces diverses conséquences de la vieille maxime ont passé dans le *Code civil*[8].

Mais si les notions dérivées ont subsisté, l'idée-mère s'est affaiblie de bonne heure. Dès le XVIIe siècle, on admettait assez

1 Grenier, *Traité des donations* précédé d'un *Disc. hist.*, 1844, t. Ier, p. 39.

2 Ord., art. 15. Cf. Grenier, *ibid.*, pp. 39, 40, 41.

3 Art. 943.

4 C'est le contraire dans le droit de Justinien (*Code*, VIII, LIV, 35, § 5. *Instit. de Justinien*, II, VII, *De donat.*, 2); mais nous retrouvons la même conception dans l'ancien droit romain (*Code de Théod.*, VIII, XII, 1, 8). Et le droit de Justinien lui-même contient ce passage très frappant d'Ulpien : « Cum quis ea mente dat ut statim quidem faciat accipientis, si tamen aliquid factum fuerit aut non fuerit, velit ad se reverti, non proprie donatio dicitur » (*Digeste*, XXXIX, V, *De donationibus*, 1).

5 *Assises de Jérusalem, Cour des bourgeois*, ch. 214, édit. Beugnot, t. II, pp. 145-146.

6 Très anc. cout. de Champagne, art. 40. Anc. cout. de Lorris de 1494, ch. XI, art. 6, dans la Thaumassière, *Cout. locales de Berry*, p. 458. Cf. Desjardins, *Recherches sur l'origine de la règle :* Donner et retenir ne vaut (*Revue critique*, t. XXXIII, 1868).

7 Cf. Esmein, *Etude sur les contrats dans le très ancien droit français*, pp. 31, 44; Giraud, *Précis de l'ancien droit coutumier français*, 1852, pp. 51, 52. J'emprunte à ces deux auteurs quelques expressions.

8 *Code civil*, art. 894, 944, 945.

fréquemment en France que la donation est parfaite par le seul consentement des parties. La transmission de la saisine n'était donc plus essentielle aux yeux de tous les jurisconsultes. La vieille conception persistait, au contraire, dans la Flandre flamande : l'ensaisinement y était toujours nécessaire pour la validité de la donation [1].

Les règles dont l'origine historique est oubliée acquièrent souvent une raideur toute particulière. Tel est l'état actuel de quelques-uns des dérivés juridiques du vieil axiome : *Donner et retenir ne vaut* [2]. Il semble que dans l'ordre juridique les morts aient la même rigidité cadavérique que dans le règne animal. Toutefois la première conséquence de notre brocard, à savoir l'irrévocabilité, ne s'est qu'incomplètement solidifiée. Sans doute, elle est proclamée par le *Code civil* d'une façon très absolue et très dogmatique, à ce point qu'elle est entrée dans la définition même de la donation. Mais la loi moderne admet à ce principe plusieurs exceptions qui sont anciennes dans notre droit [3]. Je signale particulièrement deux de ces causes de révocation, empruntées par l'ancienne jurisprudence au droit romain, à savoir : 1° la révocation pour cause d'ingratitude [4]; 2° la révocation pour survenance d'enfant, spéciale en droit romain aux rapports de patron et d'affranchi [5], mais généralisée parmi nous sous l'influence du sentiment universel qui accordait aux enfants des droits si énergiques et si étendus sur le patrimoine de la famille [6]. Un procès célèbre contribua, au XVIe siècle, à affermir cette jurisprudence. On sait que le grand jurisconsulte Ch. du Moulin était fort mauvais administrateur de sa fortune personnelle. Pour se débarrasser de soins qui le dis-

[1] Cf. Desjardins, *Recherches sur l'origine de la règle :* Donner et retenir ne vaut, p. 7 (tirage à part).

[2] Cf. Batbie, dans *Revue critique*, t. XXVIII, pp. 137, 139; M. Desjardins, *loc. cit.*, p. 63.

[3] Voyez *Code civil*, art. 953, 955, 960, 961, 962, et joignez ord. de 1731, art. 39, 40, 41. Cf. art. 1096.

[4] *Fragmenta Vaticana*, 272. *Code de Just.*, VIII, LVI, 10. *Inst. de Just.*, II, VII, *De donat.*, 2. Cf. Méry et Guindon, *Histoire... de Marseille*, t. IV, 1845, p. 55.

[5] *Code de Justinien*, VIII, LVI, 8, *Si unquam.*

[6] Voyez Nivernois, ch. XXVII, *Des donations*, art. 13.

trayaient de ses études, il avait abandonné à son frère Ferry du Moulin toute sa part dans l'héritage paternel. Ferry du Moulin, oubliant le bienfait, s'était montré[1] fort mauvais frère. Plus tard, le jurisconsulte devint époux et père. Il se souvint alors des procédés de Ferry et songea à revenir sur cette libéralité imprudente. Il invoqua une loi du *Code de Justinien,* la loi *Si unquam* à laquelle je viens de faire allusion, et gagna sa cause. Ce procès paraît avoir eu un grand retentissement[2].

Aux termes de l'ordonnance de 1731, la révocation pour cause de survenance d'enfant a lieu de plein droit. La légitimation d'un enfant naturel par mariage subséquent produit les mêmes effets que la naissance d'un enfant légitime[3].

La donation à cause de mort se distinguait de la donation entre vifs, en ce que, faite dans la prévision d'une mort prochaine, elle ne se confirmait que par cette mort et demeurait révocable à la volonté du donateur. Dans quelle mesure la donation à cause de mort se rattachait-elle au testament; dans quelle mesure s'en écartait-elle? Les coutumes étaient, sur ce point, très divergentes. C'est l'ordonnance de 1731 qui fixa ici le droit français jusqu'alors très incertain et soumit les donations à cause de mort autres que les donations par contrats de mariage aux formes des testaments et des codicilles[4]. On peut donc dire qu'à partir de 1731 il n'y eut plus de donations à cause de mort. C'est la réforme que réclamait déjà Ricard[5] au XVIIe siècle. Les donations à cause de mort n'ont pas reparu dans le *Code civil*[6].

1 Prétendit Ch. du Moulin.

2 Brodeau, *La vie de maistre Ch. du Molin*, Paris, 1654, pp. 60-64. Je me sers du résumé de M. Thiercelin (Dalloz, *Répert.*, t. Ier, pp. 254, 255), tout en le modifiant sur un point important : il ne me paraît pas exact de dire que du Moulin ait *introduit* dans la jurisprudence française le principe de la révocation pour survenance d'enfant.

3 Ord. de février 1731, art. 39.

4 Cf. *Inst. de Justinien*, II, VII, *De donat.*, § 1. *Digeste*, XXXIX, VI; Giraud, *Précis de l'ancien droit cout. français*, pp. 53, 54; ord. de 1731, tit. Ier, art. 3; Sallé, *L'esprit des ord. de Louis XV*, 1759, p. 7.

5 Ricard, *Traité des donations*, ch. II, n° 37, édit. de Paris, 1754, p. 9.

6 Cf. Laurent, *Principes de droit civil français*, t. IX, p. 492.

TROISIÈME SECTION.

Des institutions contractuelles.

Définition. Origines et développement. — L'institution contractuelle ou pacte de succéder est une donation irrévocable de la succession de l'instituant. Cette donation ne dessaisit pas le donateur.

Ce mode de disposition est opposé aux principes du droit romain[1] qui toutefois l'a admis exceptionnellement entre militaires, à titre de convention mutuelle et réciproque et entre époux avec l'autorisation du prince[2].

J'incline à croire que l'institution contractuelle procède de germes plutôt barbares que romains : nous la rencontrons dans les lois lombardes et dans les formules dites de l'appendice de Marculf[3].

Au moyen âge, les institutions contractuelles sont fréquentes dans la France entière; mais elles sont généralement mal vues des romanistes[4]. L'usage tendit à les restreindre aux conventions et générosités stipulées par contrats de mariage en faveur des futurs conjoints et de leurs enfants à naître. En Auvergne, l'institution contractuelle d'héritier a pu s'effectuer jusqu'à la fin de l'ancien régime sans contrat de mariage, par pacte ou convenance apposée en contrat d'association universelle[5]. Cette exception est d'autant mieux justifiée, observe un auteur, que

[1] *Code de Just.*, V, XIV, *De pactis conventis*, 5. *Code de Justinien*, II, III, 15.

[2] *Code de Justinien*, II, III, *De pactis*, 19. *Nov.* de Valentinien III, tit. XX, édit. Hænel, col. 189.

[3] *Roth.*, 173 (Pertz, *Leges*, t. IV, p. 329). Marculf, *Appendice*, 47 (Rozière, 137, t. Ier, p. 175) : à la fin de cette formule 47, les mots *Si ego ipse*, etc., prouvent, comme on l'a déjà remarqué, l'irrévocabilité de l'acte. Rapprochez ce qui a été dit de l'*Hac famirem* au commencement de ce chapitre, ci-dessus, pp. 862, 863. A lire : Grenier, *Traité des donations*, t. Ier, 1844, p. 137, note de M. Bayle-Mouillard; Bonnet, *Des dispositions par contrat de mariage*, 1874, t. Ier, pp. 276-392. On a vu dans l'*adfatimie* une institution contractuelle.

[4] Beseler, *Die Lehre von den Erbverträgen*, 2e partie, 1837, pp. 118 à 129.

[5] *Cout. d'Auvergne*, tit. XV, édit. Chabrol, t. II, p. 498 et suiv. Cf. Masuer, tit. XXVIII, *De societate*, 19, 20.

l'institution contractuelle, insérée dans l'acte de société universelle, n'ajoute rien au droit de chaque associé, qui est déjà propriétaire par indivis de toute la fortune de l'autre [1].

On enseignait que l'institution contractuelle ne pouvait entamer la légitime des autres enfants [2]. On admettait généralement qu'elle était révocable par survenance d'enfant [3].

Les institutions contractuelles subirent le contre-coup des lois révolutionnaires dirigées contre les testaments. Le décret du 7 mars 1793 abolit toute institution contractuelle en ligne directe; le décret du 17 nivôse an II annule toute institution contractuelle dont l'auteur est encore vivant ou n'est décédé que le 14 juillet 1789 ou depuis ; l'effet rétroactif de ce décret fut supprimé le 9 fructidor an III.

Quant au *Code civil*, il n'admet les institutions contractuelles que dans les contrats de mariage, c'est-à-dire dans le cas où elles avaient lieu le plus fréquemment sous l'ancien régime [4].

[1] *Encyclopédie méthodique, Jurisprudence*, t. V, p. 202.

[2] *Encyclopédie méthodique, Jurisprudence*, t. V, p. 202.

[3] Grenier, *Traité des donations, des testaments*, t. Ier, 1844, pp. 145, 146. Cout. d'Auvergne, tit. xv, art. 4.

[4] Cf. *Code civil*, art. 791, 1130, 1600, 1082, 1084, 1086; Klimrath, *Essai sur l'étude hist. du droit et son utilité pour l'interprét. du Code civil*, 1833, pp. 50, 51.

QUATRIÈME SECTION.

De la forme des testaments et des donations.

1. *De la forme des testaments.*

La forme des testaments à Rome. — Nous abordons ici un curieux chapitre de l'histoire du droit. Il semble que le génie de l'archéologie ait présidé depuis trois mille ans à toute cette formation juridique.

A Rome, les citoyens testaient oralement devant le peuple qui approuvait cet acte solennel : c'est le testament *calatis comitiis*. Le peuple disparut bientôt et on testa *per æs et libram* avec les formes de la mancipation ; c'est-à-dire qu'au lieu du peuple, le testateur en eut l'image sous le masque des témoins de la mancipation.

Puis l'écriture s'insinua sous cette opération matérielle qui lui était étrangère et en supposait l'absence. Dès le temps de Gaius, les *tabulæ testamenti* se joignaient à la mancipation : ce qui n'empêchait pas le testateur de prononcer, entre autres paroles ces mots sacramentels : « Hæc ita, ut in his tabulis cerisque scripta sunt, ita do, ita lego, ita testor, itaque vos, Quirites, testimonium mihi perhibetote[1]. »

Dans l'ancien testament *per æs et libram*, le *familiæ emptor* avait le titre d'héritier, mais il n'était cependant qu'un intermédiaire[2] entre le testateur et les personnes appelées à recueillir définitivement la succession. Dans ce testament *per æs et libram* transformé le *familiæ emptor* n'est plus même l'héritier institué : il ne joue guère au fond que le rôle de témoin. L'écrit contenant le nom de l'héritier institué reste entre les mains du tes-

[1] Gaius, II, 101-104. Ulpien, *Reg.*, xx, 9. Isidore, *Etym.*, V, xxiv, 12. Cf. M. Labbé sur Ortolan, *Législation romaine*, t. II, p. 737.

[2] M. Dareste le rapproche du *Salmann* des Francs (compte-rendu de Thonissen, *L'organisation judiciaire de la Loi Salique*, pp. 18, 19). En suivant cette pensée, on arrive à supposer que dans le testament *calatis comitiis* il y avait aussi un intermédiaire comme en droit franc, mais ce n'est plus qu'une conjecture lointaine.

tateur et il peut l'anéantir à son gré. Voilà le testament avec ses caractères définitifs.

A côté du testament par mancipation se constitua de bonne heure un testament nuncupatif plus simple par devant cinq ou sept témoins, testament qui se fit facilement sa place à Rome[1].

Parallèlement se présente à nous un testament d'origine prétorienne qui n'est peut-être autre chose que le second testament *per æs et libram* simplifié : c'est un testament écrit et présenté à cinq ou sept témoins qui apposent leur cachet et leur signature[2].

Sous Justinien le nombre de sept témoins[3] prévalut, en règle générale, sur celui de cinq : cependant on continua à admettre, à la rigueur, le nombre de cinq pour les testaments des campagnards, *rusticani*[4].

Enfin les Romains ont connu, sous les empereurs, un testament écrit beaucoup plus simple, le testament olographe. Le testament olographe est écrit en entier de la main du testateur[5] et signé de lui[6]. La présence des témoins cesse d'y être nécessaire.

Ce préambule très sommaire nous ouvre l'histoire des testaments modernes.

De la forme des testaments en France. — L'ordonnance de 1735 et notre *Code civil* qui a copié cette ordonnance nous présentent le dernier état d'un formalisme qui remonte jusqu'aux Romains.

Je passerai en revue, dans l'ordre du *Code civil*, les trois testaments reconnus par le droit moderne.

1. Testament olographe. — Le lecteur en connaît l'origine.

1 *Inst. de Just.*, II, x, 14. *Code de Just.*, VI, xi, 2. *Digeste*, XXVIII, i, *Qui testamenta facere possunt*, 21 (Ulpien). *Code de Théodose*, IV, iv.

2 Gaius, II, 119, 147. *Instit. de Justinien*, II, x, 2, 3, 4, 5. Ulpien, *Regulæ*, xxiii, 6; xxviii, 6. *Novelles* de Valentinien III, tit. xx, 1, § 4 (édit. Hænel, col. 191). *Code de Théodose*, IV, iv.

3 *Instit. de Justinien*, II, x, 3.

4 *Code de Justinien*, VI, xxiii, *De testam.*, 31 (constit. de Justinien de l'an 534).

5 *Novelles* de Valentinien III, tit. xx, 2, § 1 (édit. Hænel, col. 194). Cf. Bretonnier, *Recueil des principales questions de droit*, 1718, p. 438.

6 *Forum judicum*, II, v, 15, 16.

Nous le retrouvons très nettement chez les Wisigoths [1]; toutefois il perdit du terrain dans les pays de droit écrit où il n'était reçu à la fin de l'ancien régime qu' « en faveur de la cause pie et dans les testaments des pères entre leurs enfants [2]. » Il fut usité de bonne heure en pays coutumier; mais ceux-là seuls pouvaient faire un testament de ce genre qui avaient scel authentique [3]. Cette limitation s'effaça peu à peu et, à la fin de l'ancien régime, le testament olographe était de droit commun dans presque toutes les provinces coutumières; toutefois il n'était pas reçu en Flandre.

L'ordonnance de 1735 ne modifia pas cette situation; c'est le *Code civil* qui a généralisé le testament olographe. Le *Code* exige, comme l'ordonnance de 1735, que le testament soit écrit en entier, daté et signé de la main du testateur [4].

2. Testament par acte public. — Les empereurs, tout en admettant le testament nuncupatif, nous laissent clairement entendre qu'il est bon que ce testament nuncupatif en principe soit cependant écrit. En d'autres termes, dès l'époque impériale, le testament nuncupatif ou oral tend à se transformer en testament écrit [5].

Jusqu'à ce que cette transformation s'accomplisse, l'écriture n'aura rien d'essentiel; elle ne sera qu'un moyen de transmission, qu'un moyen de preuve. Cet état de choses ne se modifiera en principe dans les pays de droit écrit que sous Louis XV,

1 *Forum judicum, loc. cit.*

2 Sallé, *L'esprit des ordonnances*, 1771, p. 146. L'ordonnance de 1629 (art. 126) avait essayé de généraliser le testament olographe; mais le résultat ne fut pas pleinement atteint (Ferrière, *Corps et compil. de tous les comment. sur la coutume de Paris*, t. IV, col. 84).

3 Voyez testament de 1322, dans Barabé, *Recherches hist. sur le tabell. royal*, p. 78; testament de 1394, dans *Mélanges hist.*, t. III, p. 279. Si le testateur n'avait pas de sceau, il pouvait, ce semble, y suppléer par les sceaux de personnes nobles (Beaumanoir, XII, 9). Au XIVe siècle, le *Style du Châtelet* s'exprime ainsi : « Sans tesmoings aucun testament ne vault, non mie testament escript de la main propre du testateur, s'il n'est chevalier ou qu'il soit en cas perilleux » (*Style du Châtelet*, ms. fr. 1076, fol. 82 r°; ms. fr. 18419, fol. LXXXVIII, r° et v°).

4 Ord. de 1735, tit. Ier, ch. II, art. 16, 19, 20. *Code civil*, art. 970. Cf. Sallé, *ibid.*, pp. 145, 146.

5 Lire, à ce point de vue, *Code de Justinien*, VI, XXIII, *De testam.*, 31 (const. de Justinien de l'an 534).

en 1735[1]. A cette date, la métamorphose enfin se consommera ; il n'y aura plus de testament nuncupatif pur; mais seulement un « testament nuncupatif écrit[2]. » La transmutation, comme le montre cette curieuse expression, ne fut pas absolue : elle ne l'est pas encore dans le droit moderne, car derrière le testament par acte public du *Code civil* nous apercevons facilement l'ombre portée du vieux testament nuncupatif.

J'entre dans quelques détails qui seront courts.

Sous nos Mérovingiens, à la fin du VIIe siècle, des testaments rédigés dans la forme dont je viens de tracer l'histoire contiennent encore la formule solennelle que mentionne Gaius et qui, de son temps, n'était déjà plus qu'un débris archaïque : « Ita do, ita lego, ita testor, i[ta, vos mihi, Quirites, testi]munium testanti citeri citerque proxemi proximæque tribuitote, pristote atque habetote[3]. »

Au moyen âge, dans les pays de droit écrit, le testament fait en présence d'un notaire et de sept témoins est tout à la fois nuncupatif et écrit. La formule orale essentielle : « heredem... mihi facio et *instituo ore meo proprio nominando*[4] » ou quelque indication de ce genre n'y manque pas. On insiste avant tout et par dessus tout sur le caractère nuncupatif du testament[5]; si bien que les pays de droit écrit étaient réputés ne connaître que le testament nuncupatif et le testament mystique[6]. Au XIVe siècle, tous les testaments rédigés par les notaires de

1 Sur le testament nuncupatif dans le ressort du parlement de Toulouse à la veille de l'ordonnance de 1735 voyez *Recueil des questions proposées par M. d'Aguesseau*, 1749, p. 101.

2 Ord. de 1735, art. 4, 5. A lire : Fons, *Un testament nuncupatif au XIVe siècle*, dans *Recueil de l'Académie de législation de Toulouse*, t. XI, p. 14 à 25; Cayron, *Stil de procédure*, p. 122; G. Berberii, *Viatorium utriusque juris*, cité dans *Revue de législation*, 1873, p. 227; Prudent de Saint-Mauris, *La pratique et stil judiciaire observé tant en la Cour du parlement qu'ès tribunaux de justice au comté de Bourgongne*, Dole, 1627, p. 99.

3 Testament de 690, dans Tardif, *Monuments hist.*, p. 22, n° 26.

4 Testament de 1363 à Bourg-Saint-Andéol (ma collection). Rapprochez G. Cayron, *Le parfait praticien françois*, 1665, pp. 358, 359.

5 Testaments de 1257 et de 1264 (ma collection).

6 Prévot de la Jannès, *Les principes de la jurisprudence françoise*, t. Ier, 1780, pp. 124, 125.

Marseille étaient formellement déclarés *testaments nuncupatifs*[1].

De même, dans les pays coutumiers où le testament nuncupatif pur existait au moyen âge[2], nous voyons le testament écrit ne prendre sa place qu'en conservant comme essentielles des formules nuncupatives : le testateur doit dicter et nommer lui-même sa volonté[3].

De nos jours comme au moyen âge, le testament par acte public doit être dicté au notaire[4]; c'est donc le testateur qui parle : cet acte se rédige à la première personne[5]. Il y a plus : l'acte en question ne saurait exister, si le testateur ne fait pas entendre sa voix : il faut bien qu'il parle, puisqu'il doit dicter. Nous retrouvons donc ici, à l'état de relique historique, de sédiment juridique, l'antique testament nuncupatif sous l'acte notarié moderne.

Le droit romain exigeait soit cinq[6], soit sept témoins pour le testament nuncupatif. On reconnaît dans ce chiffre cinq les cinq témoins de la mancipation : dans le chiffre sept on retrouve sans peine ces cinq témoins augmentés de l'ancien *libripens* et de l'ancien *familiæ emptor,* ce personnage distinct de l'héritier dans le testament *per æs et libram* de la seconde époque. Le *libripens* et le *familiæ emptor* sont devenus un sixième et un septième témoins.

Le même nombre de cinq ou de sept témoins figure dans la

1 A la fin du testament, le testateur déclare que, si cet acte ne peut avoir la valeur d'un testament nuncupatif, il entend qu'il ait celle de tout autre acte de dernière volonté : « Et si non valeret jure testamenti nuncupativi, volo saltem quod valeat jure codicillorum et vi epistole ac alterius cujuscunque ultime voluntatis ac donationis causa mortis et eo jure quod melius et firmius valere poterit et tenere » (Guilhiermoz, *Etude sur les actes des notaires à Marseille*, thèse manuscrite présentée à l'Ecole des chartes, pp. 360, 373).

2 Beaumanoir, XII, 40.

3 Coutume de Paris, art. 289.

4 *Code civil,* art. 972. Cf. ord. de 1735, art. 23.

5 Si cette forme n'est pas essentielle, c'est, du moins, « le mode le plus généralement suivi et qui doit être préféré » (Rolland de Villargues, *Répert. de la jurisprudence du notariat,* t. IX, p. 308).

6 *Nov.* de Valentinien III, tit. XX, 1, § 4, 2, § 1 (édit. Hænel, col. 191, 194). *Code de Théodose,* IV, IV. *Code de Justinien,* VI, XXIII, *De testam.*, 31. Cf. ci-dessus, pp. 891, 892.

Loi des Burgondes. Ce texte nous fait connaître aussi l'existence d'un courant d'opinion évidemment d'origine religieuse, qui poussait à une simplification importante : on soutenait que deux ou trois témoins suffisaient, conformément à cette parole du Sauveur : « In ore duorum vel trium testium stet omne verbum[1]. » La *Loi des Burgondes* maintient les principes du droit romain et condamne cette opinon nouvelle[2]; mais l'idée fit son chemin : je crois deviner qu'au XIe siècle elle était acceptée dans certain pays[3]; au XIIe siècle, elle fut définitivement introduite dans le domaine juridique par le pape Alexandre III[4], qui proclama la validité des testaments reçus par le curé du testateur en présence de deux ou de trois témoins. L'innovation du Souverain Pontife fut admise dans la plupart des pays coutumiers où l'on se contenta désormais de deux ou trois témoins, mais les sept témoins du droit de Justinien (on trouve quelquefois *six*) furent généralement exigés dans les pays de droit écrit[5].

La décision du pape Alexandre III introduisit dans les pays où elle pénétra une heureuse flexibilité. Une autre circonstance engendra une grande variété en cette matière : je veux parler du concours des curés et des notaires, en d'autres termes du concours du pouvoir civil et du pouvoir ecclésiastique. D'un côté les curés ainsi que les notaires apostoliques[6], de l'autre les

1 Saint Matthieu, XVIII, 16. Cf. saint Jean, VIII, 17; saint Paul, *Epist. ad Cor.*, II, c. XIII, 1. Voyez mes *Etabl. de saint Louis*, t. Ier, p. 203.

2 *Lex Burg.*, ch. XLIII, 1; ch. LX, dans *Fontes rerum Bernensium*, t. Ier, pp. 110, 118, 119.

3 *Petri excep.*, IV, 10.

4 *Décrét. de Grégoire IX*, III, XXVI, *De testamentis et ultimis voluntatibus*, 10, 11. Cf. Lotz, *Commentatio ad cap.* 11, X, *De testamentis et ultimis voluntatibus*, pp. 5, 6; V. Foucher, *Assises du royaume de Jérusalem*, t. Ier, 1re partie, 1840, p. 388.

5 *Style du Châtelet*, ms. fr. 1076, fol. 82 r°; ms. fr. 18419, fol. LXXXVIII r° et v°. A Montpellier, on se contentait de trois témoins (*Thalamus parvus*, 56, édit. de 1836, p. 30). A Toulouse, l'innovation canonique fut également admise (cout. de Toulouse, art. 123, édit. Tardif, p. 57), ainsi qu'à Bayonne, dans le Labourt et dans la Soule (*Encyclopédie méthodique*, *Jurisprudence*, t. II, pp. 699, 700).

6 L'édit de 1535 et celui de 1536 défendirent aux notaires apostoliques de recevoir des testaments : « Cependant quelques coutumes (Meaux, Melun) avaient une disposition contraire et la jurisprudence tendait à donner effet à cette forme de testament, nonobstant les ordonnances précitées » (Giraud, *Précis de l'ancien droit coutumier français*, 1852, p. 56).

notaires royaux se donnèrent rendez-vous sur ce terrain et l'exploitèrent concurremment. A Paris, le testament pouvait être passé : 1° par devant deux notaires; 2° par devant le curé et un notaire; 3° par devant le curé et trois témoins; 4° par devant le notaire et deux témoins[1]. Les coutumes du Bourbonnois, de la Marche, de l'Auvergne, de Melun admettaient les testaments faits en présence de quatre témoins, sans curé, vicaire ou notaire[2].

L'ordonnance de 1735, ne statuant ici que pour les pays coutumiers, laissa subsister, dans les provinces où il était admis, l'usage qui autorisait le curé à recevoir les testaments, assisté de deux témoins : mais celui-ci dut, immédiatement après le décès, déposer le testament chez le notaire ou tabellion du lieu. Quant aux testaments reçus par le pouvoir civil, Daguesseau généralisa les prescriptions de la coutume de Paris : les testaments durent être reçus : soit par deux notaires; soit par un notaire et deux témoins. — Certains officiers de justice étaient, dans quelques pays, assimilés aux notaires : l'assimilation subsista[3]. Les témoins doivent être mâles; dans les pays coutumiers, majeurs de vingt ans; dans les pays de droit écrit, pubères, c'est-à-dire âgés de quatorze ans[4]. On trouvera dans l'ordonnance de 1735 d'autres détails sur les témoins qu'il est inutile de reproduire ici[5].

Le *Code civil* s'est montré, tout en s'inspirant de l'ordonnance de Daguesseau, plus exigeant. Le testament doit être reçu, aux termes de la loi moderne, soit par deux notaires et deux témoins; soit par un notaire et quatre témoins[6]. L'ancien droit coutumier était moins formaliste.

[1] Cout. de Paris, art. 289.

[2] Bourbonnois, 289. Melun, 244. La Marche, 253. Auvergne, XII, 48. Cf. Laurière sur Loisel, *Inst.*, II, IV, 2 (301). L'article 289 de la cout. de Bourbonnois dit : *trois* et plus bas : *quatre témoins*. L'article 253 de la coutume de la Marche exige quatre témoins : la coutume d'Auvergne s'exprime de même.

[3] Art. 23 à 26.

[4] Cf. *Inst. de Justinien*, II, X, 6; ord. de 1735, art. 39; Julien, *Elémens de jurisprudence*, pp. 199, 200.

[5] Art. 39 à 44.

[6] *Code civil*, art. 971.

J'ai déjà plus d'une fois parlé du notaire, sans le présenter au lecteur. C'est lui pourtant qui aujourd'hui semble la clef de voûte du testament solennel ou par acte public. Mais il a pris cette position si lentement, si insensiblement, si naturellement que nous avons été amenés à ne parler de lui qu'au moment où il était devenu maître de la place. Dès le VIe siècle, sous l'empereur Justin, le *tabularius* écrit et souscrit le testament des aveugles[1] : mais que d'aveugles dont les deux yeux sont en parfait état! En d'autres termes, que de voyants ont besoin d'un *tabularius*! Ici comme dans plusieurs autres circonstances, le notaire est devenu un personnage de la plus grande utilité; il a attiré à lui toute une catégorie de testaments pour lesquels, avant d'être agent essentiel, il avait été longtemps auxiliaire très commode et très utile. L'ordonnance de 1735 et le *Code civil* ont définitivement consacré cette situation; l'ordonnance, en effet, considérait la présence du notaire comme essentielle dans les testaments « nuncupatifs écrits » des pays méridionaux; elle abrogeait formellement dans les pays coutumiers toute forme de disposer différente de celle qu'elle reconnaissait elle-même et que nous avons décrite un peu plus haut[2].

3. Testament mystique. — Les articles 976, 979 du *Code civil* nous donnent une description du testament mystique ou secret; cette description, alors même que nous ne tiendrions en main aucun intermédiaire, nous rappellerait très nettement le testament prétorien des Romains. Ce testament pourrait bien avoir été, dès l'origine, un testament secret; nous possédons, en tout cas, des textes anciens qui le supposent tel et qui nous donnent à ce sujet de précieux détails. Le testateur écrira ou fera écrire son testament. Il le pliera, le cachettera, puis le présentera à sept témoins, en leur déclarant que cet acte contient son testament. Ceux-ci apposeront leur sceau[3] et signeront[4] au

[1] *Code de Justinien*, VI, XXII, 8 (constitution de l'empereur Justin de l'an 521).

[2] Ord. de 1735, tit. Ier, ch. Ier, art. 5; tit. Ier, ch. II, art. 22, 23.

[3] C'est le sens du mot *signandam* (*Code de Just.*, VI, XXIII, 21).

[4] C'est le sens du mot *subscribendam* (*ibid.*). Joignez Gaius, II, 119; *Inst. de Just.*, II, X, 2; Ulpien, *Reg.*, XXIII, 6; XXVIII, 6.

dos du testament : le testateur lui-même, en présence des témoins, signera sur la partie du testament restée libre.

La loi des Burgondes vise ce mode de tester et il s'est perpétué jusqu'à nous dans les pays de droit écrit (très exceptionnellement en pays coutumier[1]).

Nous possédons des testaments du XIIIe siècle qui furent clos et scellés de cette manière. Quelques-uns d'entre eux ne sont scellés que par cinq témoins : on sait quelle est l'antiquité et l'intérêt historique de ce chiffre *cinq*. L'examen matériel de ces testaments du moyen âge peut servir de très utile commentaire aux lois romaines.

En 1735, Louis XV, légiférant dans cette partie de l'ordonnance pour les pays de droit écrit, se contenta de consacrer le testament mystique existant. Notre *Code* l'a généralisé et étendu à toute la France : il a respecté la tradition des sept témoins qui sont personnages purement romains. Quant aux scels de ces témoins, ils étaient tombés en désuétude dans les derniers siècles : Daguesseau prend la peine de dire qu'il n'est pas nécessaire de les apposer. Notre *Code* n'en parle plus.

Dans le testament mystique comme dans le testament solennel, le tabellion, cet homme expert et entendu, s'est fait sa place : c'est lui qui dresse l'acte de souscription écrit au dos du testament. Pendant des siècles, on avait agi de la sorte, sans qu'il y eût dans cette formalité rien d'essentiel; Daguesseau la supposa indispensable et nécessaire : en quoi il ne changeait rien aux usages. Notre *Code* a copié ici encore l'ordonnance de 1735[2].

Les ordonnances royales avaient simplifié la forme des testaments passés par les militaires en campagne, des testaments

[1] Il faut citer la coutume de Valenciennes. Voyez Guyot, *Répertoire*, t. XVII, 1785, p. 158 avec la note 1.

[2] Voyez *Code de Justinien*, VI, XXIII, 21; *Lex Burgund.*, tit. XLIII, § 1; LX, § 1; testament de 1245, dans *Musée des archives départ.*, pp. 140-145; testament de 1260, dans *Recueil des fac-simile de l'Ecole des chartes*, actes nos 103, 103 *bis;* description d'un testament dauphinois de 1246, dans Pilot de Thorey, *Etude sur la sigillographie du Dauphiné*, p. 28; description d'un testament de 1319, *ibid.*, p. 27; Savigny, *Geschichte des röm. Rechts in Mittelalter*, 2e édit., t. II, pp. 191-193; ord. de 1735, tit. Ier, ch. Ier, art. 9; Sallé, *L'esprit des ord.*, pp. 130, 131; *Code civil*, art. 976.

faits sur mer ou en temps de peste : ces simplifications ont passé plus ou moins purement dans le *Code civil*[1].

L'institution d'héritier est indispensable en pays de droit écrit et non en pays coutumier. — Chez les Romains, la désignation d'un héritier, succédant *in universum jus* et continuant la personne du défunt, était essentielle à l'existence du testament : *caput et fundamentum totius testamenti*. Sans institution d'héritier, un testament était nul[2]. Cette règle romaine s'est fixée dans les pays de droit écrit où elle a subsisté, sauf quelques exceptions, jusqu'à la fin de l'ancien régime[3]. La règle contraire prévalut dans les pays coutumiers; elle était ainsi formulée : « Institution d'héritier n'a lieu[4]. » En d'autres termes, l'institution d'héritier n'est pas nécessaire pour la validité du testament. « Sauf la coutume de Berry[5], toute la France coutumière ne reconnaissait que des legs universels ou particuliers, et faisait rentrer dans la classe des légataires universels l'héritier institué. » En quelques lieux même, l'institution était absolument nulle (Nivernois[6], Vitry-le-François[7]). Ceci rappelle les paroles bien connues de Glanville : « Solus Deus heredem facere potest, non homo[8]. »

1 Voyez ord. de 1735, art. 27, 30, 32, *Code civil*, art 981, 983, 984. Ord. de 1735, art. 33, 36, 37; *Code civil*, art. 985, 986, 987. Ord. de 1681, liv. III, tit. XI, art. 1, 2, 3; *Code civil*, art. 988, 997.

2 Gaius, *Instit.*, II, 229.

3 Cf. Sallé, *L'esprit des ordonnances*, 1771, p. 197 et suiv. La règle coutumière était acceptée, au contraire, au moyen âge, à Montpellier : l'institution d'héritier n'y était pas nécessaire (*Thalamus parvus*, 56). De même à Toulouse (*Cout.*, art. 123 b, édit. Tardif, p. 58). Cf. M. Cauwès dans *Positions des thèses* (Ecole des chartes), 1866-1867, p. 20.

4 Chartres, 95. Paris, 299. Cf. Loisel, *Inst.*, II, IV, 5; Couart sur Chartres, 95; Laurière sur Paris, 299.

5 Berry, XVIII, 1.

6 Nivernois, XXXIII, 10. Toutefois Coquille, sur cet article, dit que la disposition ne sera pas absolument nulle, mais par bénigne interprétation, vaudra comme legs.

7 Du Moulin et un arrêt de 1567 interprètent en ce sens l'article 101 de la coutume de Vitry-le-François, lequel ne dit, en soi, rien de plus que la plupart des autres coutumes (Bourdot de Richebourg, t. III, p. 321, note i). Cf. Giraud, *Précis de l'ancien droit coutumier français*, pp. 58, 59. Je retranche avec intention quelques-unes des coutumes que cite ici M. Giraud.

8 Glanville, VII, 1, édit. de Londres, 1780, p. 94.

L'esprit du droit coutumier (je ne parle pas de l'opinion extrême et radicale qui considérait comme nulle une institution d'héritier) a passé dans la législation moderne [1] : c'est là une réforme que Lamoignon proposait déjà, un siècle avant la rédaction du *Code civil* [2].

Des exécuteurs testamentaires. — Les exécuteurs testamentaires appelés d'abord *eleemosynarii* étaient d'un usage général dans les pays coutumiers. Chargés de faire la délivrance des legs et de payer les dettes mobilières, ils étaient saisis [3], durant l'an et jour du trépas, des meubles et effets mobiliers du défunt, à moins que l'héritier ne préférât leur fournir les deniers suffisants, en demeurant saisi. En cas d'insuffisance des effets mobiliers, l'exécuteur testamentaire pouvait prendre les fruits et revenus des immeubles et même faire vendre l'héritage, par autorité de justice, faute par l'héritier de lui fournir les deniers nécessaires [4].

Des codicilles. — Une institution sanctionnée officiellement sous Auguste, mais usitée bien avant ce prince, vint atténuer, à Rome même, le formalisme des testaments. Celui qui se trouve dans l'impossibilité de remplir les solennités nécessaires, soit pour tester une première fois, soit pour refaire à nouveau un testament, pourra prendre certaines dispositions, sans recourir aux formalités du testament. Voilà le codicille [5]. L'institution d'héritier, c'est-à-dire la désignation de l'individu qui continuera la personne juridique du défunt ne peut jamais être faite que par testament : on ne peut pas davantage enlever directement par codicille l'hérédité, en d'autres termes, exhé-

1 *Code civil*, art. 1002.

2 *Arrêtés*, titre XLVII, *Des testaments*, art. 61, édit. de 1777, p. 301.

3 Rapprochez cette formule qu'on a fini par suppléer quand elle n'avait pas été écrite par le testateur : « Nous prenons, reservons, retenons et mettons dès maintenant pour lors ès mains de nos executeurs... touz noz biens, etc. » (Testament de Blanche de Navarre, dans *Mém. de la soc. de l'histoire de Paris*, t. XII, p. 4).

4 Ce § est emprunté à M. Ch. Giraud, *Précis de l'ancien droit coutumier français*, 2e édit., 1875, p. 98. Cf. Durand de Maillane, *Dictionnaire de droit canonique*, t. III, 1776, pp. 461, 462; Laurière, *Glossaire du droit françois*, Paris, 1882, pp. 217, 218; Charvérial, *Des pœnæ testam. et des exécuteurs testamentaires*, Lyon, 1880, p. 58. *Code civil*, art. 1025 à 1034.

5 *Inst. de Just.*, II, XXV.

réder; mais on pourra par codicille faire une substitution[1] ou, comme disaient les Romains, un fidéicommis d'hérédité ou un legs (depuis Justinien).

Les codicilles n'étaient soumis originairement à aucune forme. En l'an 326, les empereurs Constantin et Constant exigèrent l'intervention de sept ou de cinq témoins pour les codicilles non précédés d'un testament[2]. Mais ceci n'a rien d'essentiel; ce n'est, somme toute, qu'un moyen de preuve; et, si ces formalités font défaut, la preuve pourra être faite par serment[3].

On voit quel profond ébranlement a subi de bonne heure l'institution du testament romain.

Les Romains se posèrent cette question importante : si un testament est nul comme tel, vaudra-t-il du moins comme codicille? La réponse des jurisconsultes classiques est très nette : un pareil acte ne sera valable comme codicille que si le testateur l'a expressément ordonné par une clause du genre de celle-ci : « ut vice etiam codicillorum scriptura debeat obtinere[4]. » Cette clause, les commentateurs l'ont nommée la *clause codicillaire :* elle est très fréquente dans les testaments du moyen âge[5].

De tout ce qui a été dit plus haut sur la forme des testaments dans l'ancienne France il résulte déjà que le codicille et le testament sont venus se fondre, dans les pays de coutume, en un seul et même acte appelé le plus ordinairement *testament*, mais qui n'est au fond qu'un simple codicille : on en peut dire autant de quelques régions du midi[6]. Toutefois, en thèse générale, les pays de droit écrit conservèrent, au moins théoriquement, la distinction des codicilles et des testaments : Daguesseau la

[1] Non pas une substitution au sens romain, c'est-à-dire une institution conditionnelle, placée secondairement sous une institution principale, substitution vulgaire, substitution pupillaire, substitution quasi-pupillaire (*Instit. de Just.*, II, xv, xvi, xxv, 2).

[2] *Code de Théodose*, IV, IV, 1.

[3] *Inst. de Justinien*, II, XXIII, 12.

[4] *Code de Justinien*, VI, XXXVI, 8, pr. et § 1. *Digeste*, XXIX, I, 3. Une pareille clause n'est jamais sous-entendue.

[5] Voyez notamment testament de 1407, dans *Mélanges historiques*, *Choix de documents*, t. III, p. 450; testament de 1257 à Bourg-Saint-Andéol (ma collection).

[6] Toulouse, Bayonne, Labourt, Soule (Voyez *Encyclopédie méthodique*, *Jurisprudence*, t. II, pp. 699, 700).

laissa subsister dans la grande ordonnance de 1735[1], tout en inclinant vers la fusion, car l'article 1er de l'ordonnance rejette d'une manière absolue toute disposition testamentaire ou codicillaire non écrite.

Le *Code civil* a donné ici la préférence aux principes du droit coutumier : il a consommé par toute la France la fusion du testament et du codicille.

Une règle générale complétera ces indications sur la forme des testaments. Cette règle a été formulée par Loisel : « Il faut tester selon la forme du lieu où on teste » (*Locus regit actum*). Quant au fond du droit de tester, il se règle par la coutume du domicile[2].

2. *De la forme des donations.*

Nécessité de l'acte notarié depuis 1731. — Le notaire s'est fait sa place dans la donation comme dans le testament. Longtemps utile et recherché, il est devenu, aux termes de l'ordonnance de 1731, personnage essentiel et indispensable. Daguesseau n'a pas ici très gravement innové; car plusieurs auteurs soutenaient déjà que toute donation devait être passée par devant notaire. Toutefois cette décision n'était pas unanimement adoptée. Le parlement de Toulouse protesta avec une certaine vivacité. « Par le droit romain, disait-il, les donations entre vifs justement comparées aux contrats de vente, prennent leur force du consentement du donateur et du donataire, en sorte qu'elles sont parfaites dès que le donateur a déclaré sa volonté, soit par écrit ou sans écrit, et que le donataire a accepté cette libéralité. Il suit de ce principe que l'écriture qui n'a été introduite que comme une sage précaution pour prouver l'existence ou pour conserver la mémoire des contrats, n'a jamais été regardée comme une portion de leur essence et que, par conséquent, on ne peut déclarer nulles les donations entre vifs qui auraient été faites sous signature privée, sans s'éloigner absolument des

[1] Art. 14, 15.
[2] Voyez Loisel, *Institutes*, II, IV, 3 (302) avec les notes de Laurière.

principes du droit écrit[1]. » Cette protestation contre l'introduction d'un formalisme nouveau ne fut pas entendue. Et notre *Code civil* a adopté à son tour la règle posée par Daguesseau[2]. Mais d'excellents jurisconsultes ajoutent que ni l'ordonnance de Daguesseau, ni le *Code civil* n'ont eu en vue le don manuel. La tradition qui caractérise le don manuel tient lieu, disent-ils, à son égard, de l'acte authentique imposé aux autres donations : elle est un élément constitutif de l'acte lui-même[3]. Cet argument ingénieux a pour objet de sauver, par une voie détournée, quelque lambeau de cette même cause que défendait ouvertement, en 1731, le parlement de Toulouse.

3. *De l'enregistrement des testaments et des donations.*

Insinuation des testaments et des donations dans les Gesta municipalia. — Il est fréquemment question, chez les Romains, d'actes transcrits dans les registres publics, dans les *Gesta municipalia;* précaution qui semble avoir eu pour but d'assurer la conservation de l'acte, car un document privé peut être facilement égaré, falsifié ou dénié[4]. A l'origine, cet enregistrement était purement facultatif; il devint obligatoire pour les testaments[5] et pour les donations.

C'est au commencement du IVe siècle que l'enregistrement, sous le nom d'*insinuation*, fut exigé pour les donations[6]. Un

[1] *Recueil des questions*, p. 57.

[2] Voyez ord. de février 1731, art. 1, 2; Sallé, *L'esprit des ord. de Louis XV*, 1771, pp. 4, 5; *Code civil*, art. 931.

[3] Je me sers ici de l'analyse d'un excellent mémoire de M. Paul Bressolles, donnée par M. Esmein dans son remarquable rapport de 1884 à la *Distribution des prix* de la Faculté des droit de Paris, pp. 12, 13.

[4] « ... Ut insinuent instrumenta : et profiteantur ea sub gestis monumentorum ipsi contrahentes, quatenus priventur nequitia et corruptione et falsitatibus » (*Nov.* 73, c. 7, § 3).

[5] Paul, *Sentences*, IV, VI, 1. *Code de Théodose*, IV, IV, 4 avec l'*Interpretatio*. Il y a même, au Ve siècle, une *Novelle* de Théodose et de Valentinien qui introduit et rend obligatoire l'enregistrement des ventes d'immeubles (*Nov.* Théodose, XXVII, 3, édit. Hænel, 1844, col. 119, 120). Cf. Fr. Renaud, dans *Revue de législ. anc. et moderne*, 1872, pp. 234, 235.

[6] *Fragmenta Vaticana*, 249. *Code de Théodose*, VIII, XII, 1. *Code de Justinien*, VIII, LIV, 25. Cf. *Code de Théodose*, VIII, XII, 6; III, V. 1. Joignez ici Martel, *Etude sur l'enregistrement des actes de droit privé dans les Gesta municipalia*, pp. 13-15.

siècle plus tard, en 428, la *donatio ante nuptias* inférieure à 200 *solidi* fut dispensée de l'insinuation[1].

Justinien généralisa cette dispense et l'étendit à toutes les donations n'excédant pas 300 *solidi*[2], puis à toutes les donations n'excédant pas 500 *solidi*[3]. Il y avait, en outre, certaines donations privilégiées exemptes de la formalité de l'insinuation, notamment les donations faites dans un but pieux ou charitable[4].

« Le motif prédominant de cette mesure, celui qui de jour en jour tend à effacer les autres, écrit M. Larnaude, c'est le besoin de publicité dans l'intérêt des tiers. On veut que les personnes qui ont traité ou qui vont se trouver en relations d'affaires avec le donateur sachent qu'il s'est dépouillé à titre gratuit d'une partie de son patrimoine[5]. »

En ce qui concerne les testaments, on peut distinguer l'intervention de l'autorité publique : 1° lors de la confection du testament : elle est facultative; 2° lors de l'ouverture du testament : elle est de rigueur : le testament, après avoir été ouvert et lu à haute voix, était enregistré dans les archives locales[6].

Interruption et renaissance des insinuations. — Ces usages se continuèrent au début des temps barbares, puis disparurent peu à peu[7].

Au XIIe siècle, dans le midi de la France et sous l'influence du droit de Justinien, nous voyons renaître[8] l'enregistrement des donations et des testaments.

Au XVIe siècle, enfin, la législation royale adopte elle-même et généralise l'insinuation des donations[9]. Cette règle a persisté

[1] *Code de Théodose*, III. V, 8. Le *solidus* valait environ 15 fr. de notre monnaie (Martel, *loc. cit.*, p. 18, note 1).

[2] *Code de Justinien*, VIII, LIV, 34.

[3] *Code de Justinien*, VIII, LIV, 36.

[4] *Institutes de Justinien*, II, VII, § 2. Cf. Martel, *loc. cit.*, pp. 21 à 23.

[5] Larnaude, *Etude sur la publicité des donations*, p. 36. Cf. p. 27.

[6] Cf. Martel, *ibid.*, pp. 30 à 34.

[7] Martel, *ibid.*, pp. 73 à 130.

[8] Voyez ici Renaud, *Recherches historiques sur la formalité de l'enregistrement en France au moyen âge*, Toulouse, 1872, p. 37 et suiv. (tirage à part de *Revue de législ. anc. et moderne*, 1872, p. 399 et suiv.).

[9] Ord. d'août 1539, art. 132. Ord. de Moulins de 1566, art. 58 (Isambert, t. XII, p. 627; t. XIV, pp. 204, 205). La série des insinuations des donations au Châtelet

jusqu'à la fin de l'ancien régime : les donations faites par contrat de mariage en ligne directe étaient seules exemptes de l'insinuation[1].

Quant aux testaments, ils ont été compris dans les mesures générales prises en 1581, 1693 et surtout 1703-1704 pour l'établissement du contrôle[2].

L'insinuation ou contrôle s'est scindé depuis la révolution en deux formalités bien distinctes, la *transcription*[3] et l'*enregistrement*[4]. Les donations de biens susceptibles d'hypothèques sont soumises à la formalité de la transcription[5]. Aucune prescription de ce genre n'a été édictée en ce qui concerne les testaments : ces actes, à moins de circonstances particulières, ne donnent lieu qu'à l'enregistrement[6].

Ainsi c'est par l'indication d'un formalisme nouveau et de formalités nouvelles ou rajeunies que je terminerai cette histoire du droit privé. Nous nous sommes habitués à considérer le formalisme comme la caractéristique des périodes primitives et barbares. Si nous voulions y regarder de plus près, nous nous apercevrions que le formalisme se modifie à mesure qu'un peuple vieillit, mais qu'il ne disparaît pas. Nous nous donnons beaucoup de peine pour reconnaître certains détails et certains aspects du formalisme des ancêtres, et nous ne voyons pas

de Paris commence très régulièrement en 1539, 11 septembre. Voici la forme à laquelle très vite le Châtelet s'arrêta. L'acte de donation est transcrit dans un registre ouvert à cet effet. La transcription est suivie de cette formule : « L'original de la donation cy-dessus transcripte a esté insinuée par (*nom et qualité*), nommé en ladite donation, en personne et enregistrées (*la date*). Et après icelles enregistrées, rendues au dit (*le nom*). » On voit que, dans cette formule, le mot *insinué* est à peu près synonyme de *présenté pour être transcrit* et le mot *enregistré* synonyme de *transcrit*. (*Archives nationales*, Y. 86 et suiv.)

1 Ord. de 1731, art. 19. Déclaration du 17 janvier 1736. Toutefois, dans le ressort du parlement de Flandre et en Artois, l'insinuation ferait double emploi avec les usages déjà existants; ces pays sont exceptés (*Encycl. méth., Jurisprudence*, t. IV, pp. 23, 24).

2 Edit de juin 1581. Edit de mars 1693. Edit de décembre 1703 dit *Edit des insinuations laïques*. Déclaration de juillet 1704. Edit du 17 octobre 1721. Tarif de 1722.

3 Loi du 11 brumaire an VII. Loi du 23 mars 1855.

4 Loi des 5-19 décembre 1790. Loi du 22 frimaire an VII.

5 *Code civil*, art. 939.

6 Cf. Rolland de Villargues, *Répert. de la jurisprudence du notariat*, t. IX, p. 348.

l'immense et pesant formalisme qui nous enveloppe de toutes parts.

J'aperçois l'unité du génie humain non seulement dans quelques-unes de ses conceptions primordiales, mais encore sous la variété des formes dont il recouvre ces conceptions. Le formalisme est indispensable, nécessaire à l'homme. L'homme ne le supprime pas en se perfectionnant : il le déplace, le modifie, le développe et le multiplie.

Bibliographie (sections I à IV). — Knipschildt (Phil.), *De fideicommissis familiarum nobilium sive de bonis quæ pro familiarum nobilium conservatione constituuntur tractatus*, Argentorati, 1626, in-fol. — E. de Laurière, *Des institutions contractuelles*, Paris, 1712, 2 vol. — Hommel, *Dissertatio de scriptura ejusque necessitate in testamento nuncupativo*, Lipsiæ, 1720. — Summermann, *Conjectur. de origine et progressu testamentorum apud Romanos pariter ac Germanos aliosque populos, Spec. I*, Berolini, 1735, in-4°. — Nettelbladt, *Dissertatio de testamento nuncupativo in scripturam redacto*, Hal., 1753. — Thevenot, *Traité des substitutions fidéicommissaires*, Paris, 1778, in-4°. — Rolland de Villargues, *Des substitutions prohibées*, Paris, 1821. — F. de Greve, *De testamenti holographi historia et de hodierno ejus usu*, Lugduni Batavorum, 1825, in-4°. — Grenier, *Traité des donations, des testaments et de toutes autres dispositions gratuites* précédé d'un *Discours historique sur l'ancienne législation relative à cette matière*, 4° édit. par Bayle-Mouillard, Clermont-Ferrand, 1844-1847, 4 vol. — Beseler, *Die Lehre von den Erbverträgen*, Göttingen, 1835-1840, 2 vol. — Villequez, *Etude historique sur les substitutions prohibées*, dans *Revue hist. de droit français et étranger*, t. IX, 1863, pp. 97-121; 189-214. — Coffinhal-Laprade, *Du droit de tester et de quelques-unes de ses restrictions dans le droit romain et dans le droit français*, Paris, 1865 (thèse). — Franck, *Le droit de tester dans ses rapports avec les conditions de la société moderne*, dans *Revue des cours littéraires*, 3e année, 1865-1866, p. 58 et suiv. — Ch. Brocher, *Etude historique et philosophique sur la légitime et les réserves en matière de succession héréditaire*, Paris, 1868. — Renaud, *Recherches historiques sur la formalité de l'enregistrement en France au moyen âge*, dans *Revue de législation ancienne et moderne*, année 1872, pp. 233 et suiv., 389 et suiv. — Boissonade, *De la liberté de tester*, *ibid.*, pp. 612 à 668. — Boissonade, *Histoire de la réserve héréditaire et de son influence morale et économique*, Paris, 1873. — Larnaude, *Etude sur la publicité des donations*, Paris, 1876 (thèse). — Martel, *Etude sur l'enregistrement des actes de droit privé dans les Gesta municipalia en droit romain*, Paris, 1877 (thèse). — Comte de Cornulier-Lucinière, *Etudes sur le droit de tester*, 7e édit., Orléans, 1880, 2 vol. — Tuetey, *Testaments enregistrés au parle-*

ment de Paris sous le règne de Charles VI, dans *Mélanges historiques, Choix de documents*, t. III, 1880, pp. 267 à 704 (tirage à part in-4°, Paris, Claudin). — G. d'Espinay, *La liberté de tester et la copropriété familiale*, Angers, 1882. — Bruns, *Die sieben Zeugen des römischen Rechts*, dans *Kleinere Schriften*, t. II, 1882, p. 139 et suiv. — Esmein, *Etude sur les contrats dans le très ancien droit français*, Paris, 1883, pp. 31 et suiv., 44. — Pfaff et Hoffmann, *Zur Geschichte der Fideikommisse*, Wien, 1884. — Molard, *Testaments des XIIe, XIIIe et XIVe siècles conservés aux archives de l'Yonne*, dans *Bulletin du comité des travaux historiques et scientifiques, Section d'histoire et de philologie*, 1884, pp. 224-276. — Etienne Martin Saint-Léon, *Des substitutions fidéicommissaires en droit romain et dans l'ancien droit français*, Paris, 1886 (thèse). — Falgairolle, *Lettres inédites du chancelier d'Aguesseau et de son fils le conseiller touchant un projet de substitutions*, Paris, 1887, in-4°. — E. Du Boys, *Les substitutions, la légitime et les partages testamentaires dans les coutumes de Paris et d'Orléans, Lettres inédites de Chuppé*, dans *Nouvelle revue historique de droit français*, 1889, p. 782 et suiv. — Glasson, *L'autorité paternelle et le droit de succession des enfants*, 1889 (Extrait de *La réforme sociale*). — Segers, *Donner et retenir ne vaut*, Leiden, 1889 (en hollandais). — Jarriand, *Histoire de la Novelle 118 dans les pays de droit écrit depuis Justinien jusqu'en 1789*, Paris, 1889. — Jarriand, *La succession coutumière dans les pays de droit écrit*, dans *Nouvelle revue hist. de droit*, t. XIV, 1890, pp. 30-79, 222-268. — Ph. Regnier, *De la répartition des héritages, Droit français et droit canadien*, dans *La France judiciaire*, 1892, 1re partie, pp. 185-194.

FIN.

TABLE MÉTHODIQUE DES MATIÈRES.

QUATRIÈME PARTIE.

Sources du droit germanique.

CINQUIÈME PARTIE.

Sources du droit français.

LIVRE II.

Les personnes.

LIVRE III.

Les personnes (*suite et fin*). — La famille.

LIVRE IV.

Les biens et les contrats.

FIN DE LA TABLE MÉTHODIQUE.

TABLE ALPHABÉTIQUE.

FIN DE LA TABLE ALPHABÉTIQUE.

BAR-LE-DUC, IMPRIMERIE CONTANT-LAGUERRE.

www.ingramcontent.com/pod-product-compliance
Lightning Source LLC
LaVergne TN
LVHW020954300926
849160LV00007B/146
* 9 7 8 2 0 1 2 6 7 0 6 4 8 *